Ott

Beratungsschwerpunkte Unternehmenskauf

Ott

Beratungsschwerpunkte Unternehmenskauf

Bilanzierung, Besteuerung und zivilrechtliche Fragen in der steuerberatenden Praxis

Herausgegeben von

Prof. Dr. Hans Ott, Steuerberater, vereidigter Buchprüfer, Köln

Bearbeitet von

Wolfgang Bolk, Steuerberater, Nordkirchen
Dr. Michael Demuth, Rechtsanwalt,
Fachanwalt für Handels- und Gesellschaftsrecht, Hamburg
Daniel Dörstling, Rechtsanwalt, Nürnberg
Dr. Nicolas Eberle, Rechtsanwalt, Syndikusrechtsanwalt, Frankfurt am Main
Andreas Fietz, Steuerberater, München
Dr. Christian Hensel, Rechtsanwalt, Nürnberg und Stuttgart
Markus Hüls, Steuerberater, Bocholt
Dr. Torsten Kohl, Steuerberater, Wirtschaftsprüfer, Bonn
Thorsten Kontny, Ministerialrat, Essen
Dr. Raoul Kreide, Rechtsanwalt, Heidelberg
Prof. Dr. Sebastian Mirbach, Wirtschaftsprüfer, Steuerberater,
Fachberater für Internationales Steuerrecht, Aachen
Prof. Dr. Hans Ott, Steuerberater, vereidigter Buchprüfer, Köln
Dr. Dominik Probst, Steuerberater, Stuttgart
Nico Schley, Steuerberater, Rechtsanwalt, Fachanwalt für Steuerrecht,
Frechen-Königsdorf
Axel Scholz, Steuerberater, Rechtsanwalt Fachanwalt für Steuerrecht,
Fachanwalt für Handels- und Gesellschaftsrecht, Delmenhorst
Dr. Philipp Schön, Rechtsanwalt,
Fachanwalt für Handels- und Gesellschaftsrecht, Berlin
Dr. Tobias Schwan, Steuerberater, Rechtsanwalt,
Fachanwalt für Steuerrecht, Bonn
Hans Jörg Weischedel, Rechtsanwalt, Kornwestheim

Deubner
Steuern & Praxis

IMPRESSUM

Bibliografische Information der Deutschen Nationalbibliothek
Die Deutsche Nationalbibliothek verzeichnet diese Publikation in der Deutschen Nationalbibliografie; detaillierte bibliografische Daten sind im Internet über http://dnb.d-nb.de abrufbar.

Wichtiger Hinweis
Die Deubner Recht & Steuern GmbH & Co. KG ist bemüht, ihre Produkte jeweils nach neuesten Erkenntnissen zu erstellen. Deren Richtigkeit sowie inhaltliche und technische Fehlerfreiheit werden ausdrücklich nicht zugesichert. Deubner Recht & Steuern GmbH & Co. KG gibt auch keine Zusicherung für die Anwendbarkeit bzw. Verwendbarkeit ihrer Produkte zu einem bestimmten Zweck. Die Auswahl der Ware, deren Einsatz und Nutzung fallen ausschließlich in den Verantwortungsbereich des Kunden.

Deubner Recht & Steuern GmbH & Co. KG
Sitz in Köln
Registergericht Köln
HRA 16268

Persönlich haftende Gesellschafterin:
Deubner Recht & Steuern Beteiligungs-GmbH
Sitz in Köln
Registergericht Köln
HRB 37127
Geschäftsführer: Ralf Wagner, Jochen Hortschansky, Kurt Skupin

Deubner Recht & Steuern GmbH & Co. KG
Oststraße 11, D-50996 Köln
Fon +49 221 937018-0
Fax +49 221 937018-90
kundenservice@deubner-verlag.de
www.deubner-info.de, alternativ: www.deubner-steuern.de

Umschlag geschützt als eingetragenes Design der
Deubner Recht & Steuern GmbH & Co. KG
Satz: Vladimir Pospischil, 86391 Stadtbergen
Druck: Druckerei Steinmeier, Deiningen

Bildquelle: Pormezz©stock.adobe.com
Printed in Germany

ISBN 978-3-88606-871-5

Vorwort

Als Instrument des betrieblichen Wachstums hat der Unternehmens- und Beteiligungskauf bzw. -verkauf seit vielen Jahren eine große praktische Bedeutung. Neben den zivilrechtlichen Problemstellungen sowie der Frage nach dem angemessenen Kaufpreis treten in der Praxis regelmäßig auch umfangreiche steuerrechtliche Fragestellungen auf. Wenngleich der Kauf eines Unternehmens in erster Linie auf strategischen Überlegungen beruht, machen es sowohl der absolute als auch der relative Umfang der steuerlichen Konsequenzen erforderlich, solche Entscheidungen grundsätzlich nur unter gleichzeitiger Berücksichtigung dieser Konsequenzen zu verwirklichen. Vielfach führt sogar erst die Einbeziehung der steuerlichen Komponenten verbunden mit einer geschickten Gestaltung der relevanten Parameter dazu, dass sich der Unternehmenskauf als vorteilhafte Investition erweist.

Das vorliegende Werk befasst sich mit ausgewählten Fragestellungen rund um den Unternehmenskauf und -verkauf und beleuchtet neben besonderen haftungs- und arbeitsrechtlichen Risiken auch Fragen der Kaufpreisbestimmung. Ein neuer Beitrag beschäftigt sich mit den rechtlichen Fallstricken u.a. des Wettbewerbs- und Kapitalmarktrechts beim Informationsaustausch im Rahmen der Due Diligence. Der Schwerpunkt des Werks liegt indes auf den steuerrechtlichen Problemstellungen, wobei neben der Behandlung im Umsatz- und Grunderwerbsteuerrecht die ertragsteuerlichen Folgen des Unternehmenskaufs sowohl aufseiten des Verkäufers als auch beim Erwerber im Vordergrund stehen. Dabei werden nicht nur die steuerlichen Vergünstigungen des Verkäufers und die steueroptimale Behandlung beim Erwerber sowie Fragen der optimalen Verlustnutzung diskutiert. In einem neuen Beitrag wird die steueroptimierte Unternehmensveräußerung unter Nutzung des Holdingmodells sowie die hierbei bestehenden steuerlichen Risiken diskutiert. Schließlich werden auch die vielfältigen steuerlichen Behalte- und Sperrfristen behandelt, deren Nichtbeachtung gravierende steuerliche Folgen auslösen kann.

Die *Beratungsschwerpunkte Unternehmenskauf* wenden sich in erster Linie an Wirtschaftsprüfer, Steuerberater sowie an Fachanwälte für Steuerrecht, aber auch an Mitarbeiter in Steuerabteilungen mittelständisch geprägter Unternehmen und Unternehmensstrukturen. Das Werk hat sich zum Ziel gesetzt, eine praktische Hilfestellung bei nicht alltäglich vorkommenden Fragestellungen zu liefern. Darüber hinaus finden aber auch Hochschullehrer, Dozenten, Referenten sowie Studenten und andere Personen mit fortgeschrittenem Ausbildungsstand mit dem Werk einen kompakten Überblick über die Fragen zum Unternehmenskauf und -verkauf.

Besonders erfreulich ist, neben erfahrenen Praktikern aus der Steuer- und Rechtsberatung auch Angehörige der Finanzverwaltung als Mitautoren gefunden zu haben, die verschiedene praktische Schwerpunkte rund um den Unternehmenskauf und -verkauf behandeln und die komplexe Materie unter Berücksichtigung der einschlägigen Rechtsprechung und der Vielzahl von Verwaltungsanweisungen aufarbeiten. Dies gewährleistet eine sofortige Umsetzbarkeit des Werks in die Praxis, die außerdem durch die zahlreichen Schaubilder und Checklisten unterstützt wird. Die Gliederung sowie das umfangreiche Stichwortverzeichnis ermöglichen es dem geneigten Leser, sich unmittelbar dem jeweils gesuchten Thema zuzuwenden.

Ein herzlicher Dank gebührt allen Autoren, ohne die dieses Werk nicht hätte entstehen können. Ein ebenso herzlicher Dank gebührt Deubner Recht & Steuern und seinen Mitarbeitern (vor allem Herrn Stephan Kindgen als treibender Kraft sowie Frau Tina Kittler) und – last but not least – der sehr geschätzten Lektorin Frau Ulrike Jung für ihre hervorragende Arbeit sowie ihr besonderes Engagement und die unermüdliche Unterstützung bei der Erstellung dieser zweiten Auflage.

Dem Leser wünschen wir, dass mit diesem Buch die erhofften Hilfestellungen bei der Lösung praktischer Fragestellungen an die Hand gegeben sein mögen. Für Anregungen und kritische Hinweise sind wir jederzeit dankbar.

Köln, im August 2023
Deubner Recht & Steuern *Prof. Dr. Hans Ott*

Die digitalen Komponenten

Zum Mitnehmen oder für hier? Diese Frage müssen Sie bei *Beratungsschwerpunkte Unternehmenskauf* nicht beantworten. Auch wenn Sie das Fachbuch in der Kanzleibibliothek belassen, haben Sie alle Inhalte schnell im Zugriff. Den kompletten Fachbuchinhalt, die zitierte Rechtsprechung und eine umfangreiche Gesetzessammlung finden Sie auf der beiliegenden DVD-ROM sowie online unter **www.deubner-steuern.de/produkte/unternehmenskauf**. Die Zugangsdaten zum Onlinebereich haben Sie per E-Mail erhalten.

Unsere Mein-Deubner-App

Kennen Sie schon unsere neue App ***Mein Deubner***? Damit haben Sie mit nur einem Klick Zugriff auf alle Ihre Deubner-Onlineprodukte. Kein umständlicher Anmeldeprozess mehr. Endlich Schluss mit der Suche nach Benutzernamen und Passwort. Egal, ob für Desktop oder Smartphone: Für jedes Medium die passende App.

Laden Sie die Desktop-Version einfach hier herunter:
https://www.deubner-steuern.de/service/app.html

Ihr Weg zur Mobile-App:

JETZT BEI Google Play

Laden im App Store

Testen Sie *Beratungsschwerpunkte Unternehmenskauf* 14 Tage kostenlos und unverbindlich.

Ich wünsche Ihnen weiterhin viel Erfolg bei der Beratung von Unternehmenskaufen und -verkäufen.

Tina Kittler (Produktmanagerin)

Das Expertenteam

Der Herausgeber

Prof. Dr. Hans Ott ist Steuerberater und vereidigter Buchprüfer. Nach dem Studium der Betriebswirtschaftslehre an der Universität zu Köln promovierte er im Jahre 1989. Es folgten die Bestellung zum Steuerberater im Jahr 1989 und zum vereidigten Buchprüfer im Jahr 1996. Ott ist geschäftsführender Partner der KOM Ott & Partner, Steuerberater, in Köln (**www.kom-partner.de**) mit Schwerpunkten in der steuerlichen Beratung bei Umstrukturierung und Umwandlung sowie beim Unternehmenskauf und bei der Unternehmensnachfolge. Im Zeitraum von 2000 bis 2016 war er als Professor für Steuer- und Revisionswesen an der Fachhochschule der Wirtschaft (FHDW) in Bergisch Gladbach mit den Lehrgebieten Ertrag- und Umwandlungssteuerrecht sowie Rechnungswesen und Bilanzierung tätig und ist als Referent zu steuer- und bilanzrechtlichen Themen sowie als Herausgeber und Fachautor mit zahlreichen Veröffentlichungen zum Umwandlungssteuerrecht und zur Unternehmensnachfolge bekannt. Für Deubner Recht & Steuern ist er außerdem als Herausgeber für die folgende Praxishandbücher verantwortlich: *Veräußerung, Übertragung und Aufgabe von Gewerbebetrieb und Freiberuflerpraxis* und *Steuergestaltung bei der Unternehmensnachfolge.*

Für die *Beratungsschwerpunkte Unternehmenskauf* hat er die Kapitel 4 „*Vorab-Auslagerung und Zurückbehalt wesentlicher Betriebsgrundlagen*“, 5 „*Steueroptimierte Unternehmensveräußerung unter Nutzung des Holdingmodells – Vorgehensweise und steuerliche Risiken*“, 6 „*Veräußerer-Umwandlungsmodell*“, 15 „*Ertragsteuerliche Auswirkungen beim Verkäufer*“, 16 „*Anteilsveräußerung bei der Betriebsaufspaltung*“ und 29 „*Sperrfristverstöße durch reale oder fiktive Umwandlungsvorgänge*“ bearbeitet.

Die Autoren

Wolfgang Bolk, Steuerberater, Regierungsdirektor a.D., war Dozent und Lehrbereichsleiter für Bilanz- und Unternehmenssteuerrecht an der Hochschule für Finanzen NRW, Nordkirchen, sowie Dozent in Lehrgängen zur Vorbereitung auf die Steuerberaterprüfung. Er ist Referent in Seminaren und Vortragsveranstaltungen für Steuerberater, Wirtschaftsprüfer und Fachanwälte für Steuerrecht mit den Schwerpunkten Buchführung und Bilanzierung nach Handels- und Steuerrecht, Besteuerung von Personen- und Kapitalgesellschaften und deren Gesellschafter im Hinblick auf Einkommensteuer, Umsatzsteuer und Gewerbesteuer. Bolk ist neben seiner schriftstellerischen Tätigkeit in Fachzeitschriften Mitautor des Praxishandbuchs *Buchführung und Bilanz* (Fleischer Verlag), Autor des Fachbuchs

Bilanzierung und Besteuerung der Personengesellschaft und ihrer Gesellschafter sowie Herausgeber und Mitautor des Fachbuchs *Beratungsschwerpunkte Kapitalgesellschaft* von Deubner Recht & Steuern.

Für die *Beratungsschwerpunkte Unternehmenskauf* hat er das Kapitel 23 „*Entgeltlicher Erwerb eines Mitunternehmeranteils*" bearbeitet.

Dr. Michael Demuth, LL.M. (Cape Town), ist seit 2001 Rechtsanwalt und seit 2010 Fachanwalt für Handels- und Gesellschaftsrecht. Nach Studium und Promotion an der Christian-Albrechts-Universität zu Kiel absolvierte er ein Master-Studium an der University of Cape Town, Südafrika. Nach Stationen bei einer internationalen Großkanzlei im Bereich M&A und einer großen nationalen Kanzlei im sanierungsbezogenen M&A arbeitete er mehrere Jahre im Beteiligungsbereich und im Investmentbanking bei einer Landesbank. Er ist seit 2015 bei ROSE & PARTNER in Hamburg (**www.rosepartner.de**) tätig. Sein Tätigkeitsschwerpunkt liegt u.a. in der mittelständischen Transaktionsberatung, insbesondere im Rahmen von Unternehmensnachfolgegestaltungen.

Für die *Beratungsschwerpunkte Unternehmenskauf* hat er das Kapitel 13 „*(Besonderheiten bei der) Ermittlung des Kaufpreises*" bearbeitet.

Daniel Dörstling ist Rechtsanwalt und Senior Associate im Bereich Corporate/M&A bei der KPMG Law Rechtsanwaltsgesellschaft mbH (**www.kpmg-law.de**). Von Nürnberg aus berät er nationale und internationale Mandanten in den Bereichen Gesellschaftsrecht, M&A und Prozessführung. Seine Schwerpunkte liegen dabei insbesondere in der Gründung und laufenden Betreuung von Kapital- und Personengesellschaften sowie in der Beratung von Unternehmenszusammenschlüssen, Joint Ventures, Reorganisationen und Gesellschafterstreitigkeiten. Neben seiner Tätigkeit als Rechtsanwalt ist er derzeit externer Doktorand an der Universität Konstanz.

Für die *Beratungsschwerpunkte Unternehmenskauf* hat er das Kapitel 11 „*Rechtliche Fallstricke beim Informationsaustausch im Rahmen der Due Diligence*" bearbeitet.

Dr. Nicolas Eberle, Rechtsanwalt und Syndikusrechtsanwalt, ist seit 2012 als Rechtsanwalt in Frankfurt am Main tätig. Seine Praxis hat die Schwerpunkte Gesellschaftsrecht und Aufsichtsrecht. Seine Erfahrungen im Gesellschaftsrecht reichen von der Vertragsgestaltung über die Vertretung bei Gesellschafterstreitigkeiten bis zur Begleitung von Unternehmenstransaktionen. Er berät insbesondere bei größeren nationalen und grenzüberschreitenden Unternehmenstransaktionen (M&A). Durch seine langjährige Forschungstätigkeit im Bereich der Regulierung von FinTech-Unternehmen (Peer-to-Peer-Lending, Crowdfunding, Security Token

Offerings (STOs), Blockchain/Distributed Ledger Technology) sowie im Bereich Corporate Governance und Compliance ist er nach wie vor mit diesen Spezialthemen verbunden. Neben seiner rechtsanwaltlichen Tätigkeit arbeitet Dr. Eberle als Syndikusrechtsanwalt für ein Unternehmen der Finanzbranche im Bereich der Risikobeurteilung bei größeren und großen M&A-Transaktionen. Er ist Lehrbeauftragter u.a. der EBS Universität für Wirtschaft und Recht und der DHBW Mannheim in den Fächergruppen Wirtschaftsrecht sowie Kommunikation, Rhetorik und juristische Methodenlehre.

Für die *Beratungsschwerpunkte Unternehmenskauf* hat er das Kapitel 10 „*Share Deal versus Asset Deal*" und den Teil 8.5 „*Exkurs: Absicherung der Verkäuferhaftung durch Transaktionsversicherungen*" bearbeitet.

Andreas Fietz, Steuerberater, studierte Rechts- und Wirtschaftswissenschaften an der Universität Augsburg. Heute ist er Partner der VATgroup (**www.vatgroup.de**). Seine Schwerpunkte liegen in den Bereichen des Umsatzsteuer- und Zollrechts, insbesondere bei grenzüberschreitenden und internationalen Sachverhalten. Er betreut eine Vielzahl an mittelständischen Unternehmen und Konzernen, insbesondere in der Automobilbranche, der Baubranche und dem E-Commerce und Versandhandel bei der Würdigung und Abbildung ihrer umsatzsteuerlichen Sachverhalte in SAP. Außerdem führt er regelmäßig SAP- und Compliance-Prüfungen in Unternehmen durch. Daneben berät er Einrichtungen der öffentlichen Hand im Bereich der Umsatzsteuer. Fietz hält regelmäßig Vorträge zu umsatzsteuerlichen Themen sowie an der Schnittstelle von Umsatzsteuer und Zoll und ist als Experte bei Steuerberaterverbänden tätig. Zudem ist er Autor vieler Publikationen rund um die Umsatzsteuer. Fietz ist Mitautor des Titels *Umsatzsteuer-Praxis – Das Lexikon von A–Z* von Deubner Recht & Steuern.

Für die *Beratungsschwerpunkte Unternehmenskauf* hat er Kapitel 20 „*Umsatzsteuer beim Unternehmenskauf*" bearbeitet.

Dr. Christian Hensel, LL.M. (UCL) ist Rechtsanwalt und Partner im Bereich Corporate/M&A bei der KPMG Law Rechtsanwaltsgesellschaft mbH (**www.kpmg-law.de**). Von Nürnberg und Stuttgart aus berät er Konzerne, mittelständische Unternehmen, Private Equity und Venture Capital Fonds sowie Start-ups bei Erwerb und Veräußerung von Beteiligungen oder Vermögenswerten sowie Investments und Exits. Neben seiner Tätigkeit als Rechtsanwalt ist er Autor zahlreicher Fachpublikationen.

Für die *Beratungsschwerpunkte Unternehmenskauf* hat er das Kapitel 11 „*Rechtliche Fallstricke beim Informationsaustausch im Rahmen der Due Diligence*" bearbeitet.

Markus Hüls, Steuerberater, ist seit 2020 Partner der Uepping, Hüls & Partner Steuerberater mbB, die sich auf die Unternehmensnachfolgeberatung sowie auf Unternehmensumstrukturierungen mittelständischer Unternehmen spezialisiert hat (**www.muemken.de**) in Bocholt. Zuvor unterrichtete er an der Fachhochschule für Finanzen Nordkirchen u.a. die Fächer Bilanz, Besteuerung der Gesellschaften, Umwandlungsteuer und Körperschaftsteuer. Nach der Ausbildung zum Steuerfachgehilfen und dem Studium an der Fachhochschule für Finanzen war der Diplom-Finanzwirt in verschiedenen Finanzämtern und anschließend bei der OFD Münster im Unternehmenssteuerreferat beschäftigt. Zudem vertrat Hüls die Landesfinanzverwaltung NRW in verschiedenen bundesweiten Arbeitsgruppen. Neben seiner Tätigkeit als Steuerberater ist Hüls als Lehrbeauftragter in der Steuerberateraus- und -fortbildung aktiv. Er ist Mitautor der *Beratungsschwerpunkte Kapitalgesellschaft* von Deubner Recht & Steuern.

Für die *Beratungsschwerpunkte Unternehmenskauf* hat er das Kapitel 21 „*Veräußerungsvorgänge bei vermögensverwaltenden Personengesellschaften*“ bearbeitet.

Dr. Torsten Kohl, Steuerberater und Wirtschaftsprüfer, ist seit 2006 Partner bei Flick Gocke Schaumburg (**www.fgs.de**). Er berät Unternehmen bei der Unternehmensbewertung und der bilanziellen Abbildung von Transaktionen und Restrukturierungen. Er hat sich als Spezialist für Unternehmensbewertungen und Bewertungen immaterieller Vermögenswerte einen Namen gemacht. Kohl ist u.a. Mitglied im Fachausschuss Unternehmensbewertung und Betriebswirtschaft des IDW, Gastdozent an der Bundesfinanzakademie und Autor einer Vielzahl von Veröffentlichungen zu Unternehmensbewertungen.

Für die *Beratungsschwerpunkte Unternehmenskauf* hat er Kapitel 1 *Preisfindung und Übersicht über die Bewertungsverfahren* bearbeitet.

Thorsten Kontny, Ministerialrat, ist seit 2008 im Ministerium der Finanzen NRW tätig und leitet seit Anfang 2019 ein Referat in der Steuerabteilung des Ministeriums. 1998 absolvierte er seinen Abschluss zum Diplom-Finanzwirt in der Fachhochschule für Finanzen NRW, Nordkirchen, und studierte im Anschluss daran Rechtswissenschaften an der Ruhr-Universität Bochum. Er ist Mitautor des Kommentars von Wendt/Suchanek/Möllmann/Heinemann zur Gewerbesteuer.

Für die *Beratungsschwerpunkte Unternehmenskauf* hat er die Kapitel 14 „*Ermittlung des Veräußerungsgewinns*“ und 18 „*Gewerbesteuerpflicht bei Veräußerung von Mitunternehmeranteilen*“ bearbeitet.

Dr. Raoul Kreide, Diplom-Betriebswirt (BA), ist als Rechtsanwalt und Partner der überörtlichen Sozietät GSK STOCKMANN (**www.gsk.de**) in den Bereichen Restrukturierung und Unternehmensfinanzierung tätig. Dort leitet er die Praxisgruppe Restrukturierung. Ein besonderer Schwerpunkt seiner Tätigkeit liegt im Immobilien-Insolvenzrecht, wo er vorrangig Investoren und Vermieter berät, auch bei der Wahrnehmung von Gläubigerausschussmandaten. Daneben berät er zur Sanierung von Familienunternehmen. Als ausgebildeter Mediator steht er für einen ganzheitlichen Beratungsansatz, der auch die Interessen der Familienmitglieder miteinbezieht. Kreide ist Lehrbeauftragter des LL.M.-Studiengangs „Corporate Restructuring" der Universität Heidelberg und als Dozent im „Zertifikatslehrgang Restrukturierungs- und Sanierungsberater" des IfUS-Instituts für Unternehmenssanierung tätig. Er ist Autor zahlreicher Veröffentlichungen im Bereich der Unternehmensrestrukturierung und hält regelmäßig Vorträge zu aktuellen insolvenzrechtlichen Themen. 2014 gründete er das Institut für Sanierungsbilanzrecht (**www.ifsbr.de**), eine nichtuniversitäre Einrichtung zum interdisziplinären Gedanken- und Erfahrungsaustausch von Sanierungspraktikern. Kreide ist Mitautor der *Beratungsschwerpunkte Kapitalgesellschaft* von Deubner Recht & Steuern.

Für die *Beratungsschwerpunkte Unternehmenskauf* hat er Kapitel 7 „*Unternehmenskauf in der Krise*" bearbeitet.

Prof. Dr. Sebastian Mirbach, Wirtschaftsprüfer, Steuerberater, Fachberater für Internationales Steuerrecht, M.Sc., ist Partner der Kanzlei Dr. Paffen Schreiber und Partner mbB (**www.vbr.de**) in Aachen. Nach dem Studium der Betriebswirtschaftslehre in Köln und Promotion an der Universität Freiburg ist er heute insbesondere in der steuerorientierten Gestaltungs- und Abwehrberatung, bei der Planung von Umstrukturierungen und Generationennachfolge und in der Beratung der Besteuerung grenzüberschreitender Tätigkeiten tätig. Mirbach ist Inhaber einer Professur an der Hochschule Düsseldorf und auch überdies umfassend unterrichtend sowie fachschriftstellerisch tätig.

Für die *Beratungsschwerpunkte Unternehmenskauf* hat er das Kapitel 2 „*Die Pensionszusage als potentielles Veräußerungshindernis*" und gemeinsam mit Probst das Kapitel 24 „*Optimale Verlustnutzung*" bearbeitet.

Dr. Dominik Probst, M.Sc., ist Steuerberater bei Flick Gocke Schaumburg (**www.fgs.de**) in Stuttgart. Nach seinem Bachelor in Volkswirtschaftslehre im Jahr 2014 an der Albert-Ludwigs-Universität Freiburg schloss er im Jahr 2016 den Master in Economics an der Universität zu Köln ab. Im Anschluss promovierte er zu einem konzernsteuerrechtlichen Thema am Lehrstuhl von Herrn Steuerberater Prof. Dr. Wolfgang Kessler. Er ist Autor zahlreicher Fachbeiträge und berät auf dem Gebiet der Verrechnungspreise und des Konzernsteuerrechts.

Für die *Beratungsschwerpunkte Unternehmenskauf* hat er das Kapitel 26 „*Rechtsformwahl nach Erwerb*" und gemeinsam mit Mirbach das Kapitel 24 „*Optimale Verlustnutzung*" bearbeitet.

Nico Schley, Diplom-Finanzwirt, Rechtsanwalt, Steuerberater und Fachanwalt für Steuerrecht, ist geschäftsführender Gesellschafter der Bavella Recht & Steuern GmbH in Frechen-Königsdorf (**www.bavella.net**). Im Anschluss an das duale Studium an der Fachhochschule für Finanzen NRW, Nordkirchen, studierte er Rechtswissenschaften an der Universität zu Köln mit den Schwerpunkten Steuer- und Gesellschaftsrecht. Der Fokus seiner Tätigkeit liegt in der Beratung von mittelständischen Unternehmen, vermögenden Privatpersonen und Steuerberaterkollegen in den Bereichen Immobiliensteuerrecht, Unternehmens- und Vermögensnachfolge, Umstrukturierung/M&A sowie Steuerstreit. Schley ist Autor zahlreicher Fachveröffentlichungen und hält regelmäßig Vorträge zu steuerrechtlichen Themen.

Für die *Beratungsschwerpunkte Unternehmenskauf* hat er das Kapitel 19 „*Grunderwerbsteuer beim Unternehmenskauf*" bearbeitet.

Axel Scholz, Steuerberater, Rechtsanwalt, Fachanwalt für Steuerrecht und Fachanwalt für Handels- und Gesellschaftsrecht, ist in Delmenhorst tätig, und zwar in eigener Kanzlei und als freier Mitarbeiter einer örtlichen Sozietät von Wirtschaftsprüfern, Steuerberatern und Rechtsanwälten. Er ist zudem seit 2007 freiberuflicher Dozent für Steuerrecht an einer überörtlichen Hochschule. Scholz ist als Autor des Werks *Aktuelle Musterverträge für die steuer- und rechtsberatende Praxis* aktiv.

Für die *Beratungsschwerpunkte Unternehmenskauf* hat er die Kapitel 17 „*Besonderheiten bei der teilentgeltlichen Übertragung*", Kapitel 25 „*Haftungsrisiken für den Erwerber*", 27 „*Weitere Tätigkeiten des Veräußerers*" und 28 „*Abwicklung des Altunternehmens*" bearbeitet.

Dr. Philipp Schön ist Rechtsanwalt und Fachanwalt für Handels- und Gesellschaftsrecht. Nach dem Studium an der Universität Hamburg und dem Rechtsreferendariat am OLG Hamburg promovierte er zu einem schiedsrechtlichen Thema mit Bezügen zum Steuer- und Gesellschaftsrecht. Er ist seit 2009 als Rechtsanwalt im Bereich Gesellschafts- und Immobilienrecht und seit 2023 in eigener Kanzlei (**www.rps.legal**) tätig. Sein Tätigkeitsschwerpunkt liegt in der Gestaltungs- und Transaktionsberatung.

Für die *Beratungsschwerpunkte Unternehmenskauf* hat er die Kapitel 3 „*Gesellschaftsrechtliche Strukturmaßnahmen im Vorfeld der Transaktion*" und 8 „*Haftungsrisiken für den Unternehmensverkäufer*" bearbeitet.

Dr. Tobias Schwan ist Rechtsanwalt und Steuerberater sowie Fachanwalt für Steuerrecht und seit 2020 assoziierter Partner bei Flick Gocke Schaumburg mbB (**www.fgs.de**). Er studierte Rechtswissenschaft an der Universität Bonn, an der er auch bei Herrn Professor Rainer Hüttemann zu einem Thema an der Schnittstelle zwischen Gesellschafts- und Steuerrecht promovierte. Schwan ist seit 2014 für Flick Gocke Schaumburg tätig und berät Mandanten schwerpunktmäßig zu steuerlichen Fragen von Unternehmenstransaktionen sowie im Bereich des Unternehmenssteuerrechts und zu Umstrukturierungen. Zudem veröffentlicht er regelmäßig in steuerlichen Fachzeitschriften.

Für die *Beratungsschwerpunkte Unternehmenskauf* hat er die Kapitel 12 „*Vertragliche Regelungen von steuerlichen Fragestellungen*" und Kapitel 22 „*Die Beendigung einer ertragsteuerlichen Organschaft im Rahmen eines Unternehmenskaufs*" bearbeitet.

Hans Jörg Weischedel ist seit 2010 Rechtsanwalt. Im Jahr 2017 hat er sich mit einer eigenen Kanzlei in Kornwestheim (**www.rechtsanwalt-weischedel.de**) selbständig gemacht. Herr Weischedel berät vorwiegend im Bereich des Arbeits- und Insolvenzrechts. Er veröffentlicht regelmäßig Fachbeiträge aus dem Bereich des Arbeitsrechts, ist Co-Autor des Fachbuchs *Der Konzernbetriebsrat* und Autor der arbeitsrechtlichen Teile des Werks *Aktuelle Musterverträge für die rechts- und steuerberatende Praxis* von Deubner Recht & Steuern.

Für die *Beratungsschwerpunkte Unternehmenskauf* hat er das Kapitel 9 „*Arbeitsrechtliche Fragestellungen beim Unternehmenskauf*" bearbeitet.

Inhaltsübersicht

Nachbereitungsphase

Vorbereitungsphase

1. Preisfindung und Übersicht über die Bewertungsverfahren

Inhalt **Rdnr.**

1.1 Objektive und subjektive Werte

Wertschätzung für ein Gut ist eine höchstpersönliche Eigenschaft. Dies gilt im Allgemeinen wie auch für die Unternehmensbewertung im Speziellen. Ob und inwieweit jemand einem Unternehmen einen Wert zubilligt, ist von vielen persönlichen Faktoren abhängig. 1.1

Einen objektiv richtigen Wert eines Unternehmens kann es aufgrund der persönlichen Eigenschaft nicht geben. Insbesondere bei einem Unternehmenskauf kommen die subjektiven Aspekte zur Geltung. Da der Unternehmenswert von dem subjektiven Nutzen bestimmt wird, den der Eigentümer aus dem Unternehmen ziehen kann, ergibt er sich aus den Absichten und Planungen des Verkäufers und des Käufers. Dabei sind insbesondere finanzielle Nutzenabwägungen relevant. Aber auch nicht finanzielle Nutzenüberlegungen können den Wert eines Unternehmens bestimmen. Eine Einigung zum Verkauf wird es schlussendlich nur dann 1.2

geben, wenn der Verkäufer einen höheren Preis erzielen kann, als wenn er das Unternehmen fortführt. Der Käufer wird dagegen nur bereit sein, einen bestimmten Maximalpreis für das Unternehmen zu bezahlen. Wenn diese subjektiven Grenzpreise des Erwerbers und des Veräußerers eine gemeinsame Schnittmenge aufweisen, kommt es schließlich zu dem vereinbarten Preis des Unternehmens.

1.3 Der später realisierte Preis für ein Unternehmen ergibt sich daher nicht aufgrund einer einzelnen methodischen Berechnung, sondern aus der verhandelten Einigung innerhalb eines Einigungsbereichs, der durch die subjektiven Grenzpreise bestimmt wird. Auch wenn diese subjektiven Grenzpreise im Regelfall nicht von außen beobachtet werden, stellen sie die maßgeblichen Einflussfaktoren für den Kaufpreis dar. Damit grenzen sich subjektive Grenzpreise von sogenannten objektivierten Bewertungen ab, in denen eine subjektive Wertfindung nicht möglich oder erlaubt ist. In diesen Fällen ersetzt eine Typisierung die individuellen subjektiven Ausprägungen. Die Bewertung wird objektiviert.[1)]

1.4 In Deutschland ist ein solches Vorgehen durch den objektivierten Unternehmenswert nach den Grundsätzen des IDW Standard Nummer 1 (IDW S 1) definiert.[2)] Heute stehen mit den IDW-S-1-Grundsätzen allgemein anerkannte Bewertungsgrundsätze zur Verfügung, die sowohl im Einklang mit der nationalen Rechtsprechung als auch mit der internationalen Praxis stehen. Grundgedanke ist die Ableitung von Unternehmenswerten durch den Vergleich mit Verkehrswerten. „Bewerten heißt Vergleichen" ist eine der gewonnenen Grunderkenntnisse, wonach Werte nur relativ im Vergleich zu anderen Gütern gewonnen werden.[3)]

1.5 Diese Grundsätze gelten dabei sowohl für objektivierte als auch subjektive Werte. Obwohl bei einem Unternehmenskauf die individuellen Grenzpreise maßgeblich sind, bieten diese Grundsätze daher einen konzeptionellen Rahmen. Daher werden die allgemeinen Methoden zur Abbildung dieser Grenzpreise dargestellt.

1.2 Methoden der Unternehmensbewertung

1.6 In Theorie und Praxis hat sich in den letzten Jahren eine große Methodenvielfalt an Bewertungsverfahren herausgebildet. Die einzelnen Verfahren lassen sich überblicksartig wie folgt zusammenfassen:[4)]

---

1) Vgl. Moxter, Grundsätze ordnungsmäßiger Unternehmensbewertung, 2. Aufl. 1983, S. 26.

2) Vgl. Jonas, in: Fleischer/Hüttemann, Rechtshandbuch Unternehmensbewertung, 2. Aufl. 2019, § 3 Rdnr. 11–13.

3) Vgl. Moxter, Grundsätze ordnungsmäßiger Unternehmensbewertung, 2. Aufl. 1983, S. 123.

4) Vgl. Castedello, in: WPH-Edition, Bewertung und Transaktionsberatung, 2018, Kapitel A Rdnr. 106.

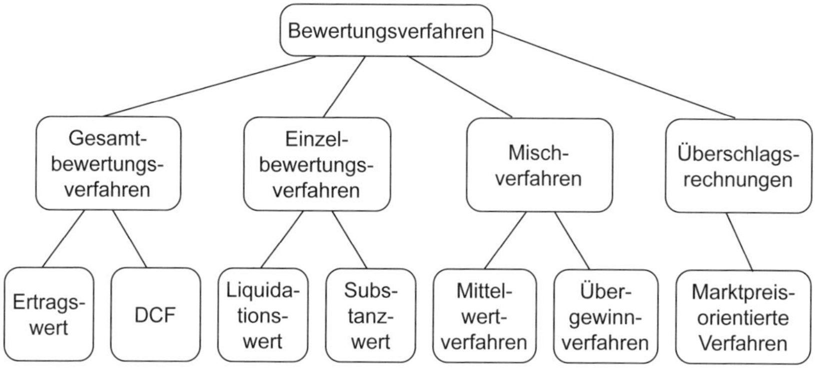

Bewertungsverfahren in der Unternehmensbewertung

Zentrale Bedeutung bei den Bewertungsverfahren haben die **Gesamtbewertungsverfahren.** Diese basieren im Regelfall auf dem Kapitalwertkalkül und stellen auf eine Bewertung der vom Unternehmen als Einheit zukünftig zu erwirtschaftenden Überschüsse ab. Dann wird der Unternehmenswert durch den Gesamtertrag bestimmt, der sich aus dem Unternehmen künftig herausholen lässt. In der Praxis finden sich solche Gesamtbewertungsverfahren in den unterschiedlichen Ausprägungen eines Ertragswertverfahrens und eines Discounted-Cashflow-Verfahrens (DCF).[5] Neben den Gesamtbewertungsverfahren werden auch sogenannte **Überschlagsverfahren** diskutiert. Bei diesen Rechnungen wird der Unternehmenswert aus erzielten oder potenziellen Preisen für das Unternehmen oder für vergleichbare Unternehmen abgeleitet. Wenn diese Verfahren auch auf eine Bewertung des Unternehmens als Ganzes abzielen, werden diese bei den Gesamtbewertungsverfahren dargestellt. Demgegenüber stellen die Einzelbewertungsverfahren nicht auf das Unternehmen als Ganzes, sondern auf die Summe der Werte der einzelnen Bestandteile (Vermögensgegenstände und Schulden) ab. Dabei werden zunächst die Werte der einzelnen Vermögensgegenstände bestimmt. Durch das Addieren der einzelnen Vermögensgegenstände und Schulden kommt es in Summe zu dem gesamten Unternehmenswert.[6] 1.7

Aus der Perspektive eines Erwerbers soll eine Investition dergestalt erfolgen, dass sie seine Rendite unter Risiko- und steuerlichen Gesichtspunkten optimiert. Unter Betrachtung ausschließlich finanzieller Ziele ist daher der Barwert der mit dem Eigentum an dem Unternehmen verbundenen Nettozuflüsse an die Unternehmenseigner als Saldo von Ausschüttung bzw. Entnahmen zu ermitteln. Dabei soll 1.8

5) Vgl. Castedello, in: WPH-Edition, Bewertung und Transaktionsberatung, 2018, Kapitel A Rdnr. 110.

6) Vgl. Ballwieser/Hachmeister, Unternehmensbewertung, 6. Aufl. 2021, S. 9–12.

bei der Ermittlung des Barwerts ein Kapitalisierungszinssatz verwendet werden, der die Rendite einer zur Investition in das zu bewertende Unternehmen adäquaten Alternativanlage repräsentiert (IDW S 1, Rdnr. 4). Bei erwerbswirtschaftlichen Unternehmen, die unter dem Gesichtspunkt finanzieller Zielsetzung zu bewerten sind, spielen daher die Gesamtbewertungsverfahren eine herausgehobene Rolle.[7] Im Rahmen von Unternehmenstransaktionen eignen sich diese Verfahren insbesondere deshalb, weil die unterschiedlichen subjektiven Annahmen entsprechend dargestellt werden können.

1.9 Daneben finden sich bei der Kaufpreisermittlung auch häufig Multiplikatorenverfahren. Diese ermöglichen es einem Erwerber u.a., auf der Grundlage einer begrenzten Datenbasis eine Wertindikation abzugeben. Insbesondere zu einem frühen Zeitpunkt einer Transaktion und begrenzten Einsichtsrechten ergeben sich bei dieser Methode entsprechende Vorteile.

1.3 Gesamtbewertungsverfahren

1.3.1 Abgrenzung der Verfahren

1.10 Bei den Gesamtbewertungsverfahren werden mit dem Ertragswertverfahren und dem DCF-Verfahren sogenannte Zukunftserfolgswerte erfasst. Kennzeichnend für diese ist die Ableitung des Unternehmenswerts durch Diskontierung der künftigen finanziellen Überschüsse auf den Bewertungsstichtag.[8] In seiner einfachsten Form ergibt sich bei einem konstanten jährlichen Überschuss (sog. ewige Rente) ein Zukunftserfolgswert wie folgt:[9]

$$\text{Unternehmenswert} = \frac{\text{jährlich konstanter finanzieller Überschuss}}{\text{Kapitalisierungszinssatz}}$$

1.11 Die maßgeblichen finanziellen Überschüsse unterliegen einer Unsicherheit und sind daher mehrwertig zu planen. Sofern diese auf Erwartungswerte verdichtet werden, sind sie mit einem risikoangepassten Zinssatz zu kapitalisieren. Dies kann durch eine Nettokapitalisierung erfolgen, indem direkt der Marktwert des Eigenkapitals ermittelt wird (sog. direkte Kapitalisierung). Bei der indirekten Kapitalisierung werden in einem ersten Schritt die finanziellen Überschüsse,

7) Vgl. Jonas, in: Fleischer/Hüttemann, Rechtshandbuch Unternehmensbewertung, 2. Aufl. 2019, § 3 Rdnr. 28.

8) Vgl. Moxter, Grundsätze ordnungsmäßiger Unternehmensbewertung, 2. Aufl. 1983, S. 116–118.

9) Vgl. Castedello, in: WPH-Edition, Bewertung und Transaktionsberatung, 2018, Kapitel A Rdnr. 113.

die Eigen- und Fremdkapitalgeber zustehen, ermittelt und mit unterschiedlichen Zinssätzen diskontiert. Das Ergebnis dieser Rechentechnik ist der sogenannte Gesamtunternehmenswert, der in einem zweiten Schritt auf die Eigen- und Fremdkapitalgeber aufzuteilen ist. In der Praxis wird dazu von diesem Gesamtunternehmenswert der Marktwert des Fremdkapitals abgezogen, um so auf den Marktwert des Eigenkapitals zu gelangen. Zu den indirekten Methoden werden dabei operative Überschüsse herangezogen, die noch nicht durch Fremdkapitalkosten gemindert wurden. Ein solches Vorgehen findet im Rahmen des DCF-Verfahrens bei Anwendung des sogenannten WACC-Ansatzes statt.[10)]

Daneben spielen Fragen der Finanzierung des operativen Geschäfts eine wichtige 1.12
Rolle. Aufgrund der grundsätzlichen steuerlichen Abzugsfähigkeit von Fremdkapitalzinsen kann sich über die Finanzierungsannahme ein Wertbeitrag des daraus resultierenden Steuervorteils (sog. Tax Shield) ergeben. In diesem Zusammenhang unterscheidet man zwischen autonomer und wertorientierter Finanzierung. Bei der autonomen Finanzierung wird unterstellt, dass die Höhe der künftig im Unternehmen gebundenen Fremdkapitalbestände zum Bewertungszeitpunkt sicher und bekannt ist. Daher sind die resultierenden Steuervorteile aus der Abzugsfähigkeit der Zinsen bereits sicher und unterliegen dem gleichen Risiko wie das Fremdkapital. Bei der wertorientierten Finanzierung wird dagegen ein Verschuldungsgrad geplant, der sich als konstanter Anteil eines schwankenden Gesamtunternehmenswerts ergibt. Die sich ergebenden Fremdkapitalbestände sind daher zum Bewertungsstichtag unsicher und unterliegen dem gleichen Risiko wie der Gesamtunternehmenswert.[11)]

Für Unternehmenstransaktionen eignet sich insbesondere das DCF-Verfahren 1.13
mit wertorientierter Finanzierung (d.h. die Anwendung einer konstanten Kapitalstruktur), da unterschiedliche Finanzierungsannahmen, die aus dem Erwerbsvorgang selbst herrühren, explizit modelliert werden können. Die DCF-Verfahren können je nach Definition der bewertungsrelevanten Cashflows und der anzuwendenden Diskontierungszinssätze unterschiedlich ausgestaltet werden. Zu nennen sind hier insbesondere der Weighted-Average-Cost-of-Capital- (WACC-Ansatz), der Flow-to-Equity- (FTE-Ansatz) sowie der Adjusted-Present-Value-Ansatz (APV-Ansatz).[12)]

Üblicherweise werden im Rahmen von DCF-Verfahren sogenannte WACC- 1.14
Ansätze verfolgt, in denen sämtliche allen Kapitalgebern zufließenden Cashflows

10) Vgl. Castedello, in: WPH-Edition, Bewertung und Transaktionsberatung, 2018, Kapitel A Rdnr. 120–129.

11) Vgl. Castedello, in: WPH-Edition, Bewertung und Transaktionsberatung, 2018, Kapitel A Rdnr. 116–118.

12) Vgl. Ballwieser/Hachmeister, Unternehmensbewertung, 6. Aufl. 2021, S. 237.

mit den gewichteten Kapitalkosten abgezinst werden. Dabei werden im ersten Schritt die finanziellen Überschüsse, die insgesamt allen Kapitalgebern zur Verfügung stehen, ermittelt (sog. Free Cashflows). Durch Abzinsung mit einem durchschnittlichen Kapitalkostensatz, der Eigen- und Fremdkapitalgeberaspekte berücksichtigt, gelangt man durch die Diskontierung zum Gesamtunternehmenswert. Dieser Gesamtkapitalwert ist unabhängig von der Finanzierung, wenn man von Steuereinflüssen absieht. Daher ist dieser anschließend auf das Eigenkapital und das Fremdkapital aufzuteilen. Wird von diesem Gesamtkapitalwert der Marktwert des Fremdkapitals in Abzug gebracht, so ergibt sich der Marktwert des Eigenkapitals, der den Unternehmenswert repräsentiert.[13)] In der Praxis wird dazu regelmäßig der Buchwert des Fremdkapitals herangezogen. Sofern für das Fremdkapital marktgerechte Zinsen vorliegen, ist dies eine sachgerechte Vorgehensweise. Andernfalls ist es möglich, durch die Anwendung aktueller risikoadäquater Zinskonditionen den Marktwert des Fremdkapitals durch Diskontierung der Cashflows an die Fremdkapitalgeber zu bestimmen.

1.15 Darüber hinaus können bei dieser Vorgehensweise auch identifizierte Risiken in Abzug gebracht werden, indem diese neben den bereits bestehenden Schulden abgezogen werden. Ein weiterer Vorteil dieser Vorgehensweise ist die gute Abstimmung mit dem zugrundeliegenden Kaufvertrag. Liegt dem Kaufvertrag eine sogenannte Cash-and-Debt-free-Klausel zugrunde, wird ein operativer Unternehmenswert in dem Vertrag fixiert. Die genaue Festlegung der Cash- und Schuldenbestände wird dagegen im Vertrag geregelt, aber häufig erst zum endgültigen Übertragungsstichtag ermittelt. Durch den expliziten Ausweis des Aufzugskapitals bei der Berechnung eines DCF-Verfahrens wird eine entsprechende Abstimmung mit dem Vertragswerk erleichtert.

1.16 Im Einzelnen ergibt sich der Wert des Unternehmens dann wie folgt:[14)]

$$\text{Marktwert des Gesamtkapitals} = \frac{FCF}{WACC^{FCF}}$$

Mit FCF = Entziehbarer Free Cashflow

$WACC^{FCF}$ = Weighted Average Cost of Capital

1.17 Die steuerliche Abzugsfähigkeit der Zinsen wird bei diesem Ansatz nicht bei der Ableitung der finanziellen Überschüsse erfasst. Stattdessen erfolgt eine Besteue-

13) Vgl. DRUKARCZYK/SCHÜLER, Unternehmensbewertung, 8. Aufl. 2021, S. 110 f.

14) Vgl. CASTEDELLO, in: WPH-Edition, Bewertung und Transaktionsberatung, 2018, Kapitel A Rdnr. 140.

rung eines fiktiv unverschuldeten Unternehmens. Die Effekte aus der Abzugsfähigkeit der Zinsen sind daher zusätzlich in den gewichteten Kapitalkosten zu erfassen. Diese setzen sich aus den jeweiligen Eigen- und Fremdkapitalkosten zusammen. Letztere sind dann um die erzielbare Entlastung von Steuern zu korrigieren (Tax Shield). Insofern liegen die gewichteten Kapitalkosten im Fall einer Fremdfinanzierung unter den Kapitalkosten eines unverschuldeten Unternehmens.

Im Einzelnen ergeben sich die gewichteten Kapitalkosten wie folgt[15] 1.18

$$WACC^{FCF} = r^{vSt}_{EK,\,verschuldet} * \frac{MW\ EK}{MW\ GK} + r_{FK} * (1 - S^{U}_{FK}) * \frac{MW\ FK}{MW\ GK}$$

Mit	$WACC^{FCF}$	=	Weighted Average Cost of Capital
	$rv^{St}_{EK,\,verschuldet}$	=	Eigenkapitalkosten des verschuldeten Unternehmens vor persönlichen Ertragsteuern
	MW EK	=	Marktwert des Eigenkapitals
	MW FK	=	Marktwert des Fremdkapitals
	MW GK	=	Gesamtunternehmenswert
	r_{FK}	=	Marktseitig erwarteter Fremdkapitalzins
	S^{U}_{FK}	=	Entlastungssatz des Fremdkapitals aus Unternehmenssteuern

1.3.2 Herleitung der finanziellen Überschüsse

Für Unternehmenskäufe gehören seit geraumer Zeit **Due-Diligence-Prüfungen** bei Transaktionen zur guten Unternehmensführung. Darunter wird die sorgfältige Untersuchung und Analyse des Zielunternehmens verstanden. Ziel dieser Arbeiten ist es, die wesentlichen Einflussfaktoren des Zielunternehmens aufzuzeigen und zu analysieren. Im Einzelnen sollen dabei folgende Hauptfunktionen im Transaktionsprozess erfüllt werden:[16] 1.19

- Informationsbeschaffung
- Ermittlung von Risiken
- Beweissicherung

15) Vgl. Castedello, in: WPH-Edition, Bewertung und Transaktionsberatung, 2018, Kapitel A Rdnr. 143.

16) Vgl. Russ, in: WPH-Edition, Bewertung und Transaktionsberatung, 2018, Kapitel H Rdnr. 1–5.

Insbesondere die ersten beiden Funktionen liefern dabei Informationen, die für seine sachgerechte Bewertung benötigt werden. Zur Herleitung zukünftiger Cashflows sind z.B. entsprechende Informationen zu beschaffen. Dafür sind auch vergangenheits-, stichtags- und zukunftsorientierte Unternehmensanalysen erforderlich.

1.20 Die Ergebnisse der Due-Diligence-Untersuchungen dienen im Weiteren als Grundlage für die Prognose künftiger Entwicklungen und für die Durchführung weiterer Plausibilitätsüberlegungen (IDW S 1 i.d.F. 2008, Rdnr. 72). Im Rahmen dieser Untersuchung sollte ein grundsätzliches Verständnis des Geschäftsmodells des zu bewertenden Unternehmens sowie der zentralen Werttreiber gewonnen werden. Auch betriebswirtschaftliche Zusammenhänge und Auswirkungen auf das Geschäftsmodell sind hier vorzunehmen. Dazu sind die leistungs- und finanzwirtschaftlichen Daten der Vergangenheit des Unternehmens entsprechend aufzubereiten.[17)] Hinsichtlich des Zeitraums einer Vergangenheitsanalyse gibt es keine konkreten Vorschriften. In der Praxis hat sich ein Zeitraum von drei bis fünf Jahren als sinnvoll etabliert. Insbesondere bei konjunkturabhängigen Unternehmen sollte dabei auch ein vollständiger Konjunkturzyklus betrachtet werden.[18)]

1.21 Um die entsprechenden Kennziffern in der Vergangenheit transparent herauszustellen und mit den Ausprägungen der Planungsrechnung zu vergleichen, sind diese im ersten Schritt zu bereinigen. Dabei sind die Erträge und Aufwendungen und Sondereffekte zu bereinigen, die nicht im normalen Geschäftsverlauf anfallen werden.[19)]

1.22 Neben der Aufbereitung der Vergangenheitszahlen sollte eine Analyse des Unternehmensumfelds erfolgen. Dazu sind u.a. die übergeordneten externen Rahmenbedingungen insbesondere gesamtwirtschaftlicher, politischer, gesellschaftlicher oder technologischer Entwicklungen zu verstehen. Daneben können sich durch eine Analyse der Branchen und Wettbewerber wichtige Anhaltspunkte ergeben.[20)]

1.23 Während diese Analyse wichtige Anhaltspunkte über das Umfeld des zu bewertenden Unternehmens bietet, ist abschließend die Stellung des betroffenen Unternehmens in diesem Umfeld zu analysieren. Dabei ist insbesondere zu erkunden, ob das Unternehmen strategische Wettbewerbsvorteile hat, die sich lange und zukunftsorientiert auswirken können.

---

17) Vgl. IDW, WP Handbuch, Band II 2014, Abschn. A Rdnr. 230.

18) Vgl. Popp, in: Peemöller, Praxishandbuch der Unternehmensbewertung, 8. Aufl. 2023, S. 212 f., der auch auf weitere Gründe für die Bestimmung des Zeitraums eingeht.

19) Vgl. IDW, WP Handbuch, Band II 2014, Abschn. A Rdnr. 257 ff.

20) Vgl. Ballwieser/Hachmeister, Unternehmensbewertung, 6. Aufl. 2021, S. 21–26.

Für die Planung dieser zukünftigen finanziellen Überschüsse wird in der Praxis zweistufig vorgegangen. Hintergrund ist die Annahme, dass eine Unternehmung eine unendliche Lebensdauer hat. Da eine Zukunftsentwicklung per se nur eingeschränkt vorhersagbar und planbar ist, wird dazu die voraussichtliche Entwicklung in unterschiedliche Phasen eingeteilt. Für einen überschaubaren Zeitraum lassen sich die voraussichtlichen Entwicklungen finanzieller Überschüsse beurteilen und hinreichend sicher prognostizieren. In der Praxis werden daher in dieser ersten Detailplanungsphase oder Phase 1 die künftigen finanziellen Überschüsse konkret prognostiziert. Kennzeichnend ist die konkrete Planung einzelner Gewinn-und-Verlust- und Bilanzpositionen auf Basis konkreter Erwartungen.[21] 1.24

Im Anschluss an die Detailplanungsphase schließt sich die sogenannte ewige Rente an. Mit zunehmender Länge des Planungszeitraums steigt dabei die Unsicherheit über die sachgerechte Planungsgröße. Dieser Unsicherheit darf aber nicht dadurch begegnet werden, dass nach Ablauf eines planbaren Zeitraums jede weitere Planung abgeschnitten wird. Daher basiert die ewige Rente ausgehend von der Detailplanung auf langfristiger Fortschreibung von Trendentwicklungen unter Berücksichtigung der erwarteten markt- und unternehmensbezogenen Veränderungen der finanziellen Überschüsse. Hinsichtlich der Länge des Detailplanungszeitraums gibt es keine allgemeine Vorgabe. Diese hängt vielmehr vom Einzelfall ab. Dazu zählen z.B. Faktoren wie Größe, Struktur und Branche des Unternehmens wie auch die Planbarkeit finanzieller Überschüsse im Konkreten. Üblicherweise findet man in der Praxis Zeiträume zwischen drei und fünf Jahren.[22] 1.25

Voraussetzung für eine adäquate Ableitung zukünftiger finanzieller Überschüsse ist eine integrierte Unternehmensplanung. Eine solche setzt daher neben der Planung der Gewinn- und Verlustrechnung (GuV) auch auf der Planung einer Bilanz sowie einer Finanzbedarfsrechnung auf. Eine solche Finanzbedarfsrechnung ist Grundlage für die Herleitung des Zinsergebnisses und stellt sicher, dass die Entwicklung der Plan-GuV konsistent zur Entwicklung der Planbilanzen verläuft.[23] 1.26

Da die erwarteten Größen nicht mit Sicherheit bestimmt werden können, steht und fällt die Qualität eines Unternehmenswerts mit der entsprechenden Prognose der künftigen finanziellen Überschüsse. Aus diesem Grund werden die Methoden zur Planungsplausibilisierung regelmäßig verbessert. Ein wichtiger Schritt in 1.27

---

21) Vgl. Castedello, in: WPH-Edition, Bewertung und Transaktionsberatung, 2018, Kapitel A Rdnr. 239 ff.

22) Vgl. Castedello, in: WPH-Edition, Bewertung und Transaktionsberatung, 2018, Kapitel A Rdnr. 251.

23) Vgl. Ballwieser/Hachmeister, Unternehmensbewertung, 6. Aufl. 2021, S. 61–63.

dieser Entwicklung ist der IDW-Praxishinweis 2017 „Beurteilung einer Unternehmensplanung bei Bewertung, Restrukturierung, Due Diligence und Fairness Opinion". Dort und in der Literatur finden sich auch für die Ermittlung subjektiver Grenzpreise eine Reihe von Anhaltspunkten für die Ableitung zukünftiger finanzieller Überschüsse.[24]

1.3.3 Ermittlung angemessener Kapitalisierungszinssätze

1.28 Elementar für Zukunftserfolgswertverfahren wie das DCF-Verfahren ist die Ableitung eines angemessenen Kapitalisierungszinssatzes, mit dem die zukünftigen finanziellen Überschüsse auf den Bewertungsstichtag abgezinst werden.[25] In der heute üblichen Praxis ist es anerkannt, den Kapitalisierungszinssatz anhand des Capital-Asset-Pricing-Modells (CAPM) bzw. einer Spielart, des Tax-CAPM, abzuleiten. Dieses Kapitalmarktpreisbildungsmodell beruht auf der Feststellung, dass unter der Annahme effizienter Kapitalmärkte am Markt ein Preis für die Übernahme des Risikos entsteht. Die wesentliche Annahme dieses Modells ist der Umstand, dass der Investor nicht für das gesamte Risiko einer Anlage entschädigt wird, sondern nur für den Teil des Risikos, den er nicht durch ein Portfolio diversifizieren kann (systematisches Risiko).[26]

1.29 Bei Anwendung des CAPM ergibt sich dann der Risikozuschlag als Produkt einer allgemeinen Marktrisikoprämie und eines unternehmensspezifischen Betafaktors. Dieses Produkt gibt das systematische Risiko eines Unternehmens an und wird von einem Investor als zusätzliche Renditevergütung verlangt dafür, dass dieser eine Investition in eine unsichere erwartete Zahlung aus dem Unternehmen akzeptiert.

1.30 Nach dem CAPM ermitteln sich die Renditen eines Wertpapiers wie folgt:[27]

$$r_i = r_f + \beta_i * (R_m - r_f)$$

Mit r_i = Rendite des Wertpapiers
r_f = Basiszinssatz (quasi risikolose Rendite)
β_i = Betafaktor
R_m = Rendite des Markts

24) Vgl. Franken/Schulte, in: Fleischer/Hüttemann, Rechtshandbuch Unternehmensbewertung, 2. Aufl. 2019, § 5 Rdnr. 104 ff.

25) Vgl. Ballwieser/Hachmeister, Unternehmensbewertung, 6. Aufl. 2021, S. 99.

26) Vgl. Castedello, in: WPH-Edition, Bewertung und Transaktionsberatung, 2018, Kapitel A Rdnr. 352.

27) Vgl. Castedello/Jonas/Schieszl/Lenckner, WPg 2018, 806, 821.

Gemäß der Formel ergibt sich die Rendite eines risikoreichen Wertpapiers aus der risikolosen Rendite zuzüglich der Marktrisikoprämie multipliziert mit dem Betafaktor des Wertpapiers. Dabei ergibt sich die Marktrisikoprämie aus der Differenz der Rendite des Markts und der quasi risikolosen Rendite. Zu berücksichtigen ist dabei, dass das CAPM ausschließlich ein nicht diversifizierbares Risiko vergütet. 1.31

1.3.3.1 Basiszinssatz

Ausgangspunkt für die Ableitung des Kapitalkostensatzes stellt der Basiszinssatz dar, der grundsätzlich eine quasi risikofreie und fristadäquate Alternativanlage zur Investition in das zu bewertende Unternehmen darstellt. Die Risikolosigkeit bzw. Äquivalenz bezieht sich dabei insbesondere auf die Währung, die Laufzeit, den Geldwert und die Verfügbarkeit. Daher verbleiben beim Ansatz des Basiszinssatzes zumindest ein Zinsänderungs- und ein Kaufkraftrisiko bei der sicheren Anlage. 1.32

Eine Möglichkeit zur Ableitung eines Basiszinssatzes ist die auf die Zukunft gerichtete Extrapolation der Zinssätze anhand der sogenannten **Svensson-Methode**. Durch diese Berechnung ist es möglich, Zinssätze für Zeitpunkte zu schätzen, die auch über die Laufzeiten börslich gehandelter Staatsanleihen hinausgehen. Die Anwendung derartiger Zinsstrukturkurven wird auch vom IDW für die Ableitung objektivierter Unternehmenswerte empfohlen. Dabei wird jedoch herausgestellt, dass die Rechenergebnisse, die über den 30-jährigen Zeitraum hinausgehen, mit einer erhöhten Unsicherheit belastet sind. Aus diesem Grund empfiehlt das IDW eine Fortschreibung des 30-jährigen Zinssatzes für die dann folgende Periode.[28] 1.33

1.3.3.2 Marktrisikoprämie

Nach dem CAPM ermittelt sich der Risikozuschlag aus dem Produkt einer allgemeinen Marktrisikoprämie sowie einem unternehmensindividuellen Betafaktor. Die Marktrisikoprämie stellt dabei den Zuschlag auf den sicheren Zins dar, den ein Investor für seine Investition in ein Marktportfolio verlangen würde. Kapitalmarktuntersuchungen langjähriger Betrachtungszeiträume haben dabei gezeigt, dass Investitionen in Aktien in der Vergangenheit höhere Renditen erzielt haben als Anlagen in risikoarme Gläubigerpapiere.[29] Technisch ergibt sich die Marktrisikoprämie als Differenz zwischen der Rendite eines Marktportfolios und dem risikolosen Basiszinssatz. 1.34

28) Vgl. Castedello, in: WPH-Edition, Bewertung und Transaktionsberatung, 2018, Kapitel A Rdnr. 377.

29) Vgl. z.B. Stehle, WPg 2004, 906, 921.

1.35 In der Betriebswirtschaftslehre sowie in der Bewertungspraxis ist es seit Jahren umstritten, welche Kapitalmarktuntersuchung eine geeignete Grundlage zur Ableitung der Marktrisikoprämie darstellen kann. Anders als die Ableitung des risikolosen Basiszinssatzes gibt es für die Bestimmung der Marktrisikoprämie keinen direkt beobachtbaren Parameter. Diese ist vielmehr aus der Differenz zwischen einer beobachtbaren Gesamtrendite und einem risikolosen Zins herzuleiten. Auch die zur Ermittlung der Marktrisikoprämie notwendige Gesamtrendite lässt sich nicht aus einem isolierten Anlageinstrument herleiten. Daher besteht die Notwendigkeit, eine solche Abschätzung indirekt vorzunehmen. Eine Festlegung auf die eine oder andere Methode oder Herausbildung einer vorherrschenden Methode hat bislang noch nicht stattgefunden. Dabei stehen sich die historischen und zukunftsorientierten Verfahren gegenüber. Insbesondere in den letzten Jahren während eines Niederzinsumfeldes war diese Frage Gegenstand heftiger Diskussionen.[30]

1.36 In einer Abwägung der jeweiligen Vor- und Nachteile dieser einzelnen Methoden verfolgt daher z.B. der Fachausschuss für Unternehmensbewertung und Betriebswirtschaft (FAUB) des IDW einen sogenannten pluralistischen Ansatz, in dem auf die Vielzahl der einzelnen Modelle abgestellt wird. Da sich kein Verfahren bislang als vorherrschend etabliert hat, erscheint es nicht sachgerecht, einzelne Verfahren bei diesem Vorgehen auszuschließen. Vor diesem Hintergrund veröffentlicht das IDW regelmäßig Bandbreiten mit einer Empfehlung für die anzusetzenden Marktrisikoprämien. Diese belaufen sich seit Oktober 2019 bei der Bewertung vor persönlichen Steuern in einer Bandbreite von 6 %–8 %.[31] Vor dem Hintergrund einer deutlich anziehenden Inflation sind diese Empfehlungen im konkreten Einzelfall auf Aktualität zu überprüfen.

1.3.3.3 Betafaktor

1.37 Während die Marktrisikoprämie die allgemeine Differenz zwischen Marktrendite und risikolosem Zinssatz widerspiegelt, erfolgt durch den Betafaktor eine **Konkretisierung des individuellen Risikos** des Bewertungsobjekts. Technisch ermitteln sich die Betafaktoren durch eine Regressionsanalyse, in der Zeitreihen über die in der Vergangenheit realisierten Renditen für ein bestimmtes risikobehaftetes Wertpapier gegen einen für das Marktportfolio als repräsentativ angesehenen Aktienindex regressiert werden.

---

30) Vgl. Castedello, in: WPH-Edition, Bewertung und Transaktionsberatung, 2018, Kapitel A Rdnr. 382 ff.

31) Vgl. Ergebnisbericht über die 136. Sitzung des Fachausschusses Unternehmensbewertung und Betriebswirtschaft des IDW v. 22.10.2019; für früher Erläuterungen vgl. IDW, Hinweise des FAUB v. 19.09.2012 zur Berücksichtigung der Finanzmarktkrise bei der Ermittlung des Kapitalisierungszinssatzes in der Unternehmensbewertung, FN-IDW 2012, 568 f.; ferner Wagner u.a., WPg 2013, 948 ff.

Wesentliche Bestimmungsgröße für die Ableitung des Betafaktors ist die Auswahl einer geeigneten **Peer Group**. Unter einer Peer Group werden dabei diejenigen Unternehmen verstanden, die eine vergleichbare Risikostruktur wie das Bewertungsobjekt aufweisen. Insbesondere für kleinere, nicht börsennotierte Unternehmen gestaltet es sich dabei häufig schwierig, geeignete Vergleichsunternehmen zu finden. Hierbei kann auch auf entsprechende Vereinfachungsmöglichkeiten zurückgegriffen werden.[32] Nach der Festlegung einer geeigneten Peer Group sind anschließend geeignete Parameter für die Ermittlung des Betafaktors festzulegen. Diese beziehen sich dabei insbesondere auf den maßgeblichen Referenzindex, den zugrundeliegenden Beobachtungszeitraum sowie das maßgebliche Renditeintervall.[33] 1.38

Neben dem Rückgriff auf Werte von vergleichbaren Unternehmen kann es im Rahmen von Transaktionen für den Erwerber auch sinnvoll sein, auf die Betafaktoren des erwerbenden Unternehmens abzustellen. Diese liegen in der Praxis bereits vor und spiegeln die subjektive Sicht auf die Einschätzung des Risikos aus der Perspektive des Erwerbers wider. 1.39

Ferner ist zu beachten, dass die am Kapitalmarkt beobachtbaren Betafaktoren Ausdruck von verschuldeten Unternehmen sind. Diese enthalten daher regelmäßig nicht nur einen Zuschlag für das operative Risiko, sondern auch für das aus der Verschuldung des Unternehmens resultierende Finanzierungsrisiko oder Kapitalstrukturrisiko. Dieses ist häufig mit dem Kapitalstrukturrisiko des zu bewertenden Unternehmens nicht vollständig kompatibel. Um den unterschiedlichen Strukturen Rechnung zu tragen, sind daher Anpassungen an eine abweichende Kapitalstruktur erforderlich. Nach kapitalmarkttheoretischen Überlegungen lassen sich dabei aus den beobachtbaren verschuldeten Betafaktoren auch Betafaktoren fiktiv unverschuldeter Unternehmen herleiten (sog. Unlevern). Dazu werden die beobachtbaren Größen um die Einflüsse der Fremdfinanzierung entsprechend bereinigt. Anschließend wird der so ermittelte Betafaktor für das unverschuldete Unternehmen wieder an die Kapitalstruktur des zu bewertenden Bewertungsobjekts angepasst (sog. Relevern).[34] 1.40

32) Vgl. Kohl, WPg 2018, 146, 152; vgl. Castedello, in: WPH-Edition, Bewertung und Transaktionsberatung, 2018, Kapitel A Rdnr. 405–406.

33) Vgl. Franken/Schulte, in: Fleischer/Hüttemann, Rechtshandbuch Unternehmensbewertung, 2. Aufl. 2019, § 6 Rdnr. 178–182, mit einem Überblick der jeweiligen Vor- und Nachteile; ferner vgl. Castedello, in: WPH-Edition, Bewertung und Transaktionsberatung, 2018, Kapitel A Rdnr. 407–412.

34) Zu den Einzelheiten der verschiedenen Formeln zum un- und relevern siehe Dörschell/Franken/Schulte, Der Kapitalisierungszinssatz in der Unternehmensbewertung, 2. Aufl. 2012, S. 198 ff.

1.41 Bei Transaktionen kann es auch sinnvoll sein, auf die Kapitalstruktur des Erwerbers abzustellen. Damit wäre dann unterstellt, dass die Finanzierung des Erwerbs auch in der aktuellen Kapitalstruktur erfolgt. In Einzelfällen kann es dabei empfehlenswert sein, nicht auf die Kapitalstruktur des zu bewertenden Unternehmens, sondern auf die Kapitalstruktur der Peer-Unternehmen abzustellen. Dies ist insbesondere bei hochverschuldeten Unternehmen der Fall.[35]

1.42 In der Praxis werden darüber hinaus regelmäßig weitere Zuschläge diskutiert, die insbesondere für kleine und mittlere Unternehmen gelten sollen. Dazu werden auch Zuschläge für eine geringe Unternehmensgröße, eine eingeschränkte Fungibilität oder mangelnde Diversifikation betrachtet. Bei objektivierten Bewertungen kommen diese Zuschläge nicht in Betracht. Bei subjektiven Bewertungen ist daher ein möglicher Einsatz im Einzelfall zu begründen.

1.3.3.4 Wachstumsabschlag

1.43 Wie bei der Ableitung der finanziellen Überschüsse (siehe Rdnr. 1.19) dargestellt, wird dort zwischen unterschiedlichen Phasen differenziert. Für die sogenannte zweite Phase wird dabei eine ewige Rente angesetzt und ein Ergebnisniveau definiert, welches dauerhaft in einem eingeschwungenen Zustand erzielt werden kann. Der Kapitalisierungszinssatz enthält dabei zumindest theoretisch einen Zuschlag für mögliche Geldentwertungsrisiken. Fraglich ist, ob sich auch die zugrunde gelegten Unternehmensergebnisse im Rahmen der ewigen Rente weiterhin anpassen werden. Diese ändern sich nicht zwangsläufig automatisch mit der zugrunde gelegten Geldentwertungsrate. Eine Anpassungsmöglichkeit hängt jeweils im Einzelfall von den individuellen Möglichkeiten des Unternehmens ab.

1.44 Sofern dies aufgrund der technischen und unternehmerischen Fähigkeiten des Unternehmens möglich ist, geschieht dies in der Praxis durch den Ansatz eines sogenannten Wachstumsabschlags, indem vom nominalen Kapitalisierungszinssatz ein Abschlag in Höhe der nachhaltigen Wachstumsrate vorgenommen wird.

1.4 Multiplikatorverfahren

1.45 Zu diesen sonstigen Verfahren zählen insbesondere sogenannte Multiplikatorverfahren. Nach diesen Methoden errechnet sich der Wert eines Unternehmens aus dem Produkt einer Bezugsgröße mit einem Multiplikator. Hierbei werden Bewertungsrelationen, die am Kapitalmarkt oder aus Transaktionen beobachtet werden können, auf das Bewertungsobjekt übertragen. Dazu werden Verhältnisse zwischen dem beobachtbaren Marktpreis und einzelnen bekannten Bezugsgrößen,

35) Vgl. IDW Praxishinweis 2/2018, Rdnr. 43–50.

z.B. Umsätze, EBITDA, EBIT, Gewinn, abgeleitet. Ein aus solchen beobachtbaren Preisen ermittelter Multiplikator wird anschließend auf dieselbe Bezugsgröße des zu bewertenden Unternehmens angewandt.

Das Verhältnis der Bezugsgrößen lässt sich wie folgt darstellen: 1.46

$$\frac{MP_{VO}}{EG_{VO}} = m_{EG} = \frac{UW}{EG_{BO}}$$

$$UW = EG_{BO} * m_{EG}$$

Mit MP_{VO} = Marktpreis Vergleichsobjekt
EG_{VO} = Erfolgsgröße Vergleichsobjekt
UW = Unternehmenswert Bewertungsobjekt
EG_{BO} = Erfolgsgröße Bewertungsobjekt
m_{FG} = Multiplikator bezogen auf die relevante Erfolgsgröße

Ein solches Vorgehen setzt im Wesentlichen drei Schritte voraus. In einem ersten Schritt müssen vergleichbare Unternehmen identifiziert werden, aus denen Vergleichspreise abgeleitet werden. Darüber hinaus müssen die ermittelten Preise über eine Bezugsgröße standardisiert werden können. Schließlich sind die standardisierten Preise der Vergleichsunternehmen zu einem einzelnen Multiplikator oder in einer Bandbreite von Multiplikatoren zu aggregieren.[36] Dieser aggregierte Wert kann hinterher auf die vergleichbare Bezugsgröße des Bewertungsobjekts angewandt werden.[37] 1.47

Diese Verfahren lassen sich systematisieren anhand der unterschiedlichen Bezugsgröße, die durch die Ermittlung des Multiplikators herangezogen wird. Darüber hinaus lassen sich die Multiplikatoren dahingehend unterscheiden, ob der ermittelte Marktpreis aus Sicht der Eigenkapitalgeber oder aus Sicht von Eigen- und Fremdkapitalgebern (Marktpreis des Gesamtkapitals) erhoben wird. Dabei ist zu beachten, dass sowohl Zähler als auch Nenner der Multiplikatorengleichung nach einheitlichen Kriterien abgeleitet werden. 1.48

---

36) Vgl. Hachmeister/Ruthardt, DStR 2015, 1769, 1770 mit einer Würdigung unterschiedlicher Aggregationsmöglichkeiten.

37) Vgl. Franken/Schulte, in: Fleischer/Hüttemann, Rechtshandbuch Unternehmensbewertung, 2. Aufl. 2019, § 10 Rdnr. 8.

1.49 Bei der Abgrenzung im Hinblick auf die Bezugsgröße kommen insbesondere finanzielle Ergebnisgrößen wie der Umsatz, das EBITDA oder EBIT zur Anwendung. Da bei diesen Ergebnissen noch kein Abzugsposten für Fremdkapitalzinsen vorgenommen wurde, spiegeln diese Bezugsgrößen einen Gesamtunternehmenswert wider. Fraglich ist das Vorgehen, wenn nicht auf finanzielle Größen, sondern auf physische Größen (z.B. Anzahl Kundenverträge) abgestellt wird. Insbesondere bei dem Abstellen auf physische Kenngrößen ist eine Überprüfung erforderlich, ob der Vergleichswert ebenfalls einen Gesamtunternehmenswert widerspiegelt.

1.50 Derartige Verfahren bestechen in ihrer Anwendung durch ihre mutmaßlich einfache Handhabung. Während bei DCF-Verfahren hohe Anforderungen an die Ableitung künftiger finanzieller Überschüsse gestellt werden, ergibt sich ein Multiplikatorwert als einfaches Produkt einer Bezugsgröße mit einem Multiplikator.[38)] In der mutmaßlich einfachen Anwendung werden jedoch auch die Grenzen dieses Verfahrens deutlich.[39)] Um den komplexen Wirkungszusammenhängen bei der Ableitung zukünftiger finanzieller Überschüsse gerecht zu werden, ist die Identifikation geeigneter Vergleichsunternehmen die größte Herausforderung bei der Anwendung einer solchen Methode.[40)] Dabei müssen alle wertrelevanten Eigenschaften des Bewertungsobjekts in der verwendeten eindimensionalen Multiplikatorengröße zum Ausdruck kommen. Ansonsten würden sich systematische Bewertungsfehler ergeben.[41)]

1.51 Darüber hinaus ist zu beachten, dass Multiplikatorenverfahren häufig bestimmte Prämien enthalten. So leiten sich die Multiplikatoren aus beobachtbaren Preisen am Kapitalmarkt oder gezahlten Kaufpreisen bei sogenannten *transaction multiples* ab. So kann z.B. beobachtetet werden, dass Transaktionsmultiplikatoren regelmäßig eine höhere Ausprägung haben als sogenannte Kapitalmarktmultiplikatoren. Hintergrund ist die Tatsache, dass in tatsächlichen Transaktionen teilweise auch Synergien seitens des Käufers mitvergütet werden.[42)] Bei der Ableitung subjektiver Grenzpreise ist dann zu überprüfen, ob implizit enthaltene Prämien in den Vergleichstransaktionen auch in dem konkreten Einzelfall eingepreist werden sollen.

---

38) Vgl. Hachmeister/Ruthhardt, DStR 2015, 1702.

39) Vgl. Ballwieser/Hachmeister, Unternehmensbewertung, 6. Aufl. 2021, S. 262.

40) Vgl. Hachmeister/Ruthardt, DStR 2015, 1769.

41) Vgl. Franken/Schulte, in: Fleischer/Hüttemann, Rechtshandbuch Unternehmensbewertung, 2. Aufl. 2019, § 10 Rdnr. 9; ferner Franken/Schulte, in: WPH-Edition, Bewertung und Transaktionsberatung, 2018, Kapitel G Rdnr. 9.

42) Vgl. Peemöller/Meister/Beckmann, FB 2002, 197, 199–201; ferner Löhnert/Böckmann, in: Peemöller, Praxishandbuch der Unternehmensbewertung, 8. Aufl. 2023, S. 885 f.; Coenenberg/Schultze, FB 2002, 697, 698.

In Abhängigkeit der verwendeten Bezugsgröße unterstellen Multiplikatoren daher auch in einem unterschiedlichen Umfang vergleichbare Aspekte. Kommt z.B. ein Umsatzmultiplikator zur Anwendung, so sollten das Bewertungsobjekt und das Vergleichsobjekt über eine vergleichbare Kostenstruktur verfügen. Bei Anwendung eines sogenannten EBITDA-Multiplikators bleibt die tatsächliche Abschreibung des Bewertungsobjekts außen vor. Dies setzt voraus, dass das Bewertungsobjekt und das Vergleichsobjekt über eine vergleichbare Ausstattung an abschreibbaren Vermögenswerten verfügen. Bei Branchen, in denen daher in einem unterschiedlichen Umfang immaterielle Vermögenswerte aufgedeckt werden, kann es sinnvoll sein, auf eine solche Größe abzustellen. Die Anwendung der Bezugsgröße EBIT berücksichtigt schon die individuelle Kostenstruktur des Bewertungsobjekts sowie die unterschiedliche Höhe möglicher Abschreibungen, stellt aber auf eine vergleichbare Finanzierung ab.[43] 1.52

Dem Rückgriff auf Vergleichsunternehmen derselben Branche liegt die Annahme zugrunde, dass die Unternehmen einer Branche ein ähnlich operatives Risiko aufweisen. Dies kann der Fall sein, wenn beide Unternehmen über ähnliche Produkte verfügen und in einem ähnlichen Zyklus ihrer Investitions- und Entwicklungstätigkeiten sind. Insbesondere bei zyklischen Branchen können sich dabei systematische Unterschiede ergeben.[44] Als Beispiel kann die Pharmabranche genannt werden, bei der die Ertragskraft als Unternehmen primär von den entwickelten Produkten abhängt. Bei der Auswahl der Vergleichsunternehmen ist in einer solchen Branche daher auch zu beachten, dass das Bewertungsobjekt und das Vergleichsobjekt sich in einem vergleichbaren Entwicklungsstadium befinden.[45] 1.53

1.5 Besonderheiten bei der Bewertung von KMU

Eine besondere Herausforderung ergibt sich bei der Bewertung von sogenannten kleinen und mittelgroßen Unternehmen (KMU). Grundsätzlich ist festzuhalten, dass die allgemeinen Regeln und Vorgehensweisen der Unternehmensbewertung sowohl für börsennotierte Unternehmen als auch für Familienunternehmen und für kleine und mittlere Unternehmen zutreffend sind. Daneben gibt es eine Reihe von Veröffentlichungen, die sich bei der Bewertung derartiger Unternehmen für die Anwendung möglicher Multiplikatoren oder möglicher pauschaler Wertabschläge stark machen. Derartige Praktikervorschläge zielen damit primär auf eine 1.54

43) Vgl. Hachmeister/Ruthardt, DStR 2015, 1702, 1706–1708.

44) Vgl. Peemöller/Meister/Beckmann, FB 2002, 197, 204.

45) Vgl. Franken/Schulte, in: Fleischer/Hüttemann, Rechtshandbuch Unternehmensbewertung, 2. Aufl. 2019, § 10 Rdnr. 58; ferner dies., in: WPH-Edition, Bewertung und Transaktionsberatung, 2018, Kapitel G Rdnr. 77.

Pauschalisierung wesentlicher Bewertungsparameter ab.[46] Begründet werden diese Typisierungen mit dem häufig notwendigen angemessenen Mitteleinsatz bei der Bewertung kleinerer Unternehmen. Wichtiger als eine Pauschalisierung der wesentlichen Verhältnisse ist aber für eine sachgerechte Ableitung von Unternehmenswerten einzelner KMU vielmehr eine Identifizierung wesentlicher Besonderheiten und ihre angemessene Abbildung.[47]

1.5.1 Abgrenzung des Bewertungsobjekts

1.55 Ein wesentlicher Aspekt bei der Bewertung derartiger Unternehmen ist die eindeutige Abgrenzung des Bewertungsobjekts. Da es sich bei KMU oft um Einzelunternehmen oder Personengesellschaften handelt, ist eine Trennung zwischen privater und betrieblicher Sphäre häufig nicht gegeben. Essenziell für eine sachgerechte Bewertung des Unternehmens sind die Identifizierung des zu bewertenden betrieblichen Vermögens sowie die Identifizierung aller Erträge und Aufwendungen, die mit diesem betrieblichen Vermögen in Zusammenhang stehen. Etwaige Leistungen zwischen dem Gesellschafter und dem Unternehmen sind zu marktüblichen Konditionen anzusetzen.

1.5.2 Besonderheiten bei der Ermittlung der finanziellen Überschüsse

1.56 Der wesentliche Aspekt bei der Ableitung zukünftiger finanzieller Überschüsse ist jedoch die Eliminierung möglicher KMU-spezifischer Risiken. Aus Sicht eines Erwerbers ist darauf zu achten, dass er nur die sogenannte übertragbare Ertragskraft vergütet. Dieser Grundsatz folgt der Überlegung, dass ein möglicher Käufer eines Unternehmens nur für die Ertragskraft bereit ist, einen Kaufpreis zu entrichten, der im Rahmen des Kaufs nachhaltig auf ihn übergeht. Sofern die vorhandene Ertragskraft bei dem Verkäufer verbleibt, wird der Käufer dafür keinen Kaufpreis vergüten. Solche Fälle können z.B. beim Vorliegen spezifischer Kundenbeziehungen einschlägig werden, wenn diese unmittelbar von dem Ausscheiden des Gesellschafters beeinflusst sind. Gleiches gilt für möglicherweise spezifisches Know-how, das ausschließlich in der Person des Gesellschafters vorhanden ist. Liegen derartige Sachverhalte vor, ist kritisch zu hinterfragen, ob die ausgewiesene Ertragslage sich auch zukünftig ergeben wird.

1.57 Sofern diese nicht oder nicht vollständig auf einen Käufer übertragbar ist, stellt sich die Frage, für welchen Zeitraum sich entsprechende Erfolgsfaktoren verbrauchen. Weiterhin ist zu fragen, ob für die Bewertung eines KMU-Unternehmens der Verbleib des aktuellen Gesellschafters im Unternehmen unterstellt werden

46) Vgl. Rohde, DStR 2016, 1566.

47) Vgl. Kohl/Sack, WPg 2021, 1030.

darf. Neben diesen grundsätzlichen Aspekten ergibt sich technisch die Frage, wie konkret die Ertragskraft in übertragbare und nicht übertragbare Komponenten aufgeteilt werden kann.

1.5.3 Annahme zum Verbleib des bisherigen Gesellschafters

1.58 Wie oben (Rdnr. 1.57) dargestellt, könnten sich spezifische Auswirkungen durch den Verbleib des aktuellen Gesellschafters auf die finanziellen Überschüsse ergeben. Um derartige Faktoren vollständig zu eliminieren, ist es sachgerecht, ein Ausscheiden des bisherigen Eigentümers aus dem Unternehmen zu unterstellen und damit sämtliche mit ihm verbundenen Einflüsse auf die Ertragskraft zu korrigieren. Als Ergebnis dieser Annahme bliebe diejenige Ertragskraft übrig, die das Unternehmen mit seinen verfügbaren Potenzialen und einer marktüblich entlohnten Geschäftsführung zukünftig realisieren kann.[48)]

1.59 Ob ein sofortiges Ausscheiden des Gesellschafters aus dem Unternehmen unterstellt werden muss, hängt dabei maßgeblich vom Einzelfall ab. Beispielsweise kann im Rahmen eines Unternehmenskaufs die Käuferseite sich die Dienste des bestehenden Gesellschafters über einen gewissen Zeitraum im Rahmen des Kaufvertrags weiterhin sichern. Durch die Anwendung von Earn-out-Klauseln (siehe dazu ausführlich Rdnr. 13.86 ff.) und das Erreichen bestimmter Ziele, z.B. dem Verbleib wesentlicher Kunden beim Unternehmen, kann der aktuelle Gesellschafter motiviert werden, auch nach dem Verkauf für das Unternehmen tätig zu werden und einen Beitrag zum Erhalt wesentlicher Erfolgsfaktoren zu leisten.[49)]

1.5.4 Abgrenzung der übertragbaren Ertragskraft

1.60 Eindeutige Bewertungsfälle, in denen die Ertragskraft vollständig oder nicht übertragbar ist, werden sich in der Praxis selten finden. Vielmehr werden regelmäßig Konstellationen vorliegen, in denen ein Teil der ausgewiesenen Ertragskraft mit dem Gesellschafter verbunden ist und sich nicht auf einen möglichen Käufer übertragen lassen wird. In diesen Fällen stellt sich dann die Frage, wie aus den ausgewiesenen Ergebnissen eine Aufteilung in übertragbare und nicht übertragbare Komponenten vorgenommen werden kann. Dazu wird in der Literatur vorgeschlagen, eine Aufteilung anhand des investierten Kapitals vorzunehmen. Bei diesem Ansatz wird im ersten Schritt der Teil der Ertragskraft genommen, der auf das investierte Kapital entfällt. Der darüber hinausgehende Teil der ausgewiesenen Ergebnisse wird als nicht übertragbar klassifiziert und über den sogenannten Abschmelzungszeitraum abgeschmolzen. Ein solches Vorgehen erscheint

---

48) Vgl. Ihlau/Duscha/Gödecke, Besonderheiten bei der Bewertung von KMU, 2. Aufl. 2019, S. 123.

49) Vgl. Kohl, WPg 2018, 146, 149.

dann sachgerecht, wenn die ausgewiesenen Vermögensgegenstände des investierten Kapitals keine stillen Reserven enthalten und die Ertragslage vor allem von keinem wesentlichen immateriellen Vermögenswert, z.B. Kundenbeziehungen, geprägt ist.[50]

1.61 Daneben können sich vergleichbare Effekte auch in einer besseren Margensituation des zu bewertenden Unternehmens niederschlagen. In diesen Fällen kann es sinnvoll sein, auf eine marktübliche Rendite abzustellen. Der Teil der ausgewiesenen Ertragskraft, der mit der marktüblichen Rendite identisch ist, soll dabei als übertragbar angesehen werden. Der darüber hinausgehende Teil wird als nicht übertragbar angesehen und ausschließlich durch das Gesellschaftereinwirken begründet.

1.5.5 Ermittlung des Abschmelzungszeitraums

1.62 Liegen die oben beschriebenen Besonderheiten vor, dass ein bestimmter Teil der Ertragslage nicht dauerhaft zur Verfügung steht, so ist abschließend festzuhalten, über welchen Zeitraum sich diese Effekte verbrauchen. Auch für die Beantwortung dieser Frage ist auf die individuellen Verhältnisse des Unternehmens abzustellen. Grundsätzlich kann festgehalten werden, dass je höher die Wettbewerbsintensivität ist, desto schneller sich auch die entsprechenden Vorteile verbrauchen können. Grundsätzlich kann man sich an entsprechenden Kriterien orientieren:[51]

- Vertragslaufzeiten und erwartete Vertragsverlängerung
- Produktlebenszyklen
- Verhalten von Wettbewerbern
- demographische und biometrische Aspekte
- Abhängigkeit von einzelnen Kunden

1.63 Anhaltspunkte dabei können auch durch die Analyse der vorhandenen Kundenstruktur gewonnen werden. So kann anhand der aktuellen Kundenstruktur analysiert werden, wie hoch die Kundenbindung in der Vergangenheit war und in welchem Zyklus regelmäßig neue Kunden gewonnen werden mussten.[52]

---

50) Vgl. Ballwieser u.a., WPg 2014, 463, 467.

51) Vgl. Ballwieser u.a., WPg 2014, 463, 467.

52) Vgl. dazu Kohl, WPg 2018, 146, 151.

1.6 Besonderheiten bei der Bewertung von Personengesellschaften

Die oben (Rdnr. 1.6 ff.) gemachten Ausführungen zu den Bewertungsmethoden haben allgemeine Gültigkeit und können für die Bewertung von Gesellschaften unterschiedlicher Größenordnung oder Rechtsform herangezogen werden. Dies bedeutet, dass Kapital- und Personengesellschaften anhand dieser Grundsätze bewertet werden können. Wesentlicher Unterschied ist die Festsetzung eines adäquaten Steuersatzes. Dies betrifft zum einen die laufende Besteuerung der operativen Ergebnisse und zum anderen mögliche steuerliche Effekte aus der Behandlung steuerlicher Ergänzungsbilanzen. 1.64

1.6.1 Besteuerung der laufenden Ergebnisse

Wie auch bei der Kapitalgesellschaft kann es bei Personengesellschaften zu Steuerstundungseffekten kommen. Nach § 34a EStG können unter bestimmten Voraussetzungen nicht entnommene Gewinne (Thesaurierung) aus der Personengesellschaft mit einem Steuersatz i.H.v. 28,25 % zuzüglich Solidaritätszuschlag und ggf. Kirchensteuer besteuert werden. Im Fall einer zukünftigen Entnahme dieser nicht entnommenen Gewinne kommt es zu einer Nachversteuerung der Thesaurierungsbeträge. Der Steuersatz entspricht dabei einer Höhe von 25 % zuzüglich Solidaritätszuschlag und entspricht damit der derzeit gültigen Höhe der Abgeltungsteuer.[53] 1.65

Die Vorteilhaftigkeit der Thesaurierungsbegünstigung steht im unmittelbaren Zusammenhang mit der Annahme des zugrunde gelegten Einkommensteuersatzes. So können sich bei niedrigen Grenzeinkommensteuersätzen keine Vorteile aus der Thesaurierungsbegünstigung ergeben, durchaus allerdings bei hohen Grenzeinkommensteuersätzen.[54] Bei einem typisierten Einkommensteuersatz i.H.v. 35 % wird daher die Annahme der Vollausschüttung empfohlen.[55] 1.66

Bei hohen nominalen Steuersätzen können sich jedoch Vorteile aus der Thesaurierungsbegünstigung ergeben. Modellrechnungen haben gezeigt, dass bei typisierten Ausprägungen die Gesamtsteuerbelastung ausgehend von einem nominalen Steuersatz von 45 % um rund zwei bis drei Prozentpunkte gemindert werden kann.[56] Dazu wird angenommen, dass eine Ausschüttung nur zur Begleichung 1.67

53) Vgl. Müller, WPg 2018, 576, 579.

54) Vgl. Dörschell/Franken/Schulte, WPg 2008, 444, 449.

55) Vgl. Jonas/Wieland-Blöse, in: Fleischer/Hüttemann, Rechtshandbuch Unternehmensbewertung, 2. Aufl. 2019, § 15 Rdnr. 71.

56) Ein ausführliches Beispiel zu der Thematik der Thesaurierungsbegünstigung und Vorteilhaftigkeit bei unterschiedlichen persönlichen Einkommensteuersätzen liefern Dörschell/Franken/Schulte, WPg 2008, 444, 448 ff.

der persönlichen Steuerschuld erfolgt. Das restliche Ergebnis wird als Thesaurierungsbetrag betrachtet. Dabei ist zu berücksichtigen, dass die Thesaurierungsbeträge zunächst einem Einkommensteuersatz i.H.v. 28,25 % zuzüglich Solidaritätszuschlag unterliegen. Der ausgeschüttete Teilbetrag wird hingegen mit dem persönlichen Einkommensteuersatz besteuert. Ferner muss zur Berücksichtigung der Gesamtsteuerbelastung einschließlich der Nachbesteuerung die Nachbesteuerung der Thesaurierungsbeträge ins Kalkül einbezogen werden.

1.68 Um diese Effekte in einer Bewertung zu erfassen, kann daher vereinfacht mit einem entsprechend geminderten Steuersatz bezogen auf das erwartete Ergebnis vor Steuern gerechnet werden. Dadurch kann ein explizites Abbilden der einzelnen Annahmen unterbleiben.

1.6.2 Berücksichtigung von Mehrwerten aus steuerlichen Ergänzungsbilanzen

1.69 Eine Besonderheit bei dem Kauf von Personengesellschaften besteht in der Behandlung der Effekte aus der Transaktion selbst. Wie bereits oben dargestellt, ist die Personengesellschaft selbst Schuldnerin der Gewerbesteuer, die auf den Veräußerungsgewinn entfällt. Da diese Belastung wirtschaftlich dem Verkäufer zuzurechnen ist, sollte diese bei der Definition des Abzugskapitals entsprechend wertmindernd berücksichtigt werden.

1.70 Darüber hinaus ist aber zu beachten, dass der Erwerber den gezahlten Kaufpreis durch Bildung von Ergänzungsbilanzen und anschließende Abschreibung steuerlich geltend machen kann. Daraus resultieren steuerliche Vorteile im Vergleich zu dem Erwerb von Anteilen an Kapitalgesellschaften.

1.71 Bei diesen Effekten stellt sich zum einen die Frage, ob sie wirklich Kaufpreisrelevanz haben können. Da sie nicht durch das Kaufobjekt selbst in seiner aktuellen Beschaffenheit entstehen, sondern erst beim Erwerber durch den Transaktionsvorgang, handelt es sich um Synergieeffekte, die ohne eine Transaktion nicht realisiert werden können. Daher erscheint es fraglich, ob ein Veräußerer von diesen Effekten profitieren sollte. Folgende Aspekte sprechen gegen bzw. für eine Berücksichtigung im Kaufpreis:

1.72 **Contra:**

- Es handelt sich um klassische Synergieeffekte, die erst durch das Handeln des Käufers entstehen.

- Es kann fraglich sein, ob und in welchem Umfang steuerliche Mehrabschreibungen genutzt werden können. Vorhandene Verlustvorträge, hohe Finanzierungskosten beim Erwerber oder andere steuerliche Aspekte können eine Realisierung erschweren.
- Die steuerlichen Vorteile stellen nur eine Kompensation für die spätere Besteuerung bei einem Verkauf dar. Ein Erwerber wird sich in seinem Kalkül auch die Frage nach der Halteabsicht stellen. Bei einem angedachten kurzfristigen Weiterverkauf würde der Erwerber wiederum mit einer Veräußerungsgewinnbesteuerung bedacht, die er wirtschaftlich den Vorteilen entgegenstellen würde.

Pro: 1.73

- Die steuerlichen Mehrabschreibungen können häufig ohne große steuerliche Gestaltung realisiert werden.
- Sie stellen daher im Regelfall einen wirtschaftlichen Mehrwert dar, der von vielen Erwerbern realisiert werden könnte. Es handelt es sich daher nicht um einen spezifischen Mehrwert des konkreten Käufers und würde sich daher allgemein in einem Verkehrswert niederschlagen.

Unabhängig von der Durchsetzung im konkreten Fall ist aus Erwerbersicht die Frage zu stellen, ob diese steuerlichen Mehrabschreibungen genutzt werden können. Sollte dies der Fall sein, erhöhen diese den Grenzpreis des Erwerbers und sollten entsprechend modelliert werden. 1.74

Eine finanzmathematische Abbildung kann dabei auf zweierlei Arten erfolgen. 1.75

- Zum einen können diese Abschreibungen in das Gesamtmodell integriert werden. In diesem Fall wären die Abschreibungen aus den Ergänzungsbilanzen einzeln zu planen und in dem Gesamtmodell darzustellen.
- Zum anderen könnte eine vereinfachte Berechnung in Form des sogenannten TAB (Tax Amortization Benefit) erfolgen. Dabei erfolgt die Berechnung über einen sogenannten Step-up-Faktor.

Beispiel 1.76

Berechnung steuerlicher Mehrwert („TAB")

Objektivierter Anteilswert	100
steuerbilanzielles Eigenkapital zum Bewertungsstichtag	60
zusätzliches steuerliches Abschreibungsvolumen	40

durchschnittliche Nutzungsdauer	5
jähliche Abschreibung	8
Steuersatz 30 %	
jährliche Steuersparnis	2,4
Step-up-Faktor (Kapitalisierungszinssatz 10 %)	**1,294**
Ermittlung des Anspruchs	
Objektivierter Anteilswert	100,0
Steuerlicher Mehrwert (1,294 * 40 – 40)	11,8
Anteilswert mit Ergänzungsbilanzen	**111,8**

Der Step-up-Faktor errechnet sich dabei wie folgt:

Jahr	Barwert	bauwertige Steuerlast	AfA	gewichtete Steuerersparnis
1	0,9091	0,27273	0,2	0,054545
2	0,8264	0,24793	0,2	0,049587
3	0,7513	0,22539	0,2	0,045079
4	0,6830	0,20490	0,2	0,040981
5	0,6209	0,18628	0,2	0,037255
Summe der Steuerersparnis				**0,227447**
Step-up-Faktor				**1,2944**

1.77 In diesem Beispiel wird von einem objektivierten Anteilswert von 100 Geldeinheiten (GE) ausgegangen. Diesem Wert steht ein anteiliges Eigenkapital von 60 GE gegenüber, so dass es zur Bildung von Ergänzungsbilanzen i.H.v. 40 GE kommt. Diese stillen Reserven von 40 GE sind für steuerliche Zwecke dann auf die einzelnen Vermögenswerte zu verteilen. Dabei kommen aktivierte Vermögensgegenstände in Betracht, die stille Reserven aufweisen. Diese können in aktivierten Vorräten oder technischen Anlagen enthalten sein. Darüber hinaus können diese auch Vermögensgegenstände reflektieren, die noch nicht in der bisherigen Bilanz ausgewiesen werden. Beispiele können immaterielle Vermögensgegenstände in Form von selbstgeschaffenen Markenrechten oder Technologien sein. Abschließend ist der nicht zuordenbare Teil in einem Geschäfts- und Firmenwert zu erfassen.

Die konkrete Zuordnung der stillen Reserven auf einzelne Vermögensgegenstände hat Auswirkungen auf die Abschreibungsdauer. Während sich stille Reserven in den Vorräten sehr kurzfristig realisieren lassen, ist für einen Geschäftswert oder Markenrechte eine Nutzungsdauer von 15 Jahren zu unterstellen. Im konkreten Beispiel ist eine durchschnittliche Nutzungsdauer von fünf Jahren unterstellt. Maßgeblich sind die steuerlichen Abschreibungsdauern. 1.78

Eine Abschreibung der aufgedeckten stillen Reserven von 40 GE und Abschreibung über fünf Jahre führt zu einem steuerlichen Ergebnisabzug von 8 GE. Bei einem unterstellten Steuersatz von 30 % führt diese zu einer steuerlichen Entlastung von 2,4 GE pro Jahr. Über die gesamte Abschreibungsdauer können dann 5 x 2,4 GE = 12 GE geltend gemacht werden. Da sich dieser Gesamtbetrag aber über mehrere Jahre verteilt, ist er entsprechend abzuzinsen. 1.79

Diese Effekte können durch die oben (Rdnr. 1.76) dargestellte Berechnung eines Step-up-Faktors aufgegriffen werden. Dazu werden in einem ersten Schritt die Barwerte für die Nutzung der Steuerersparnisse errechnet. Im Beispiel (Rdnr. 1.76) erfolgt diese Berechnung vereinfacht mit einem Zinssatz von 10 %. Die barwertige Steuerlast ergibt sich als Produkt dieses Barwerts mit dem nominalen Steuersatz. Bei einer fünfjährigen Nutzungsdauer ergibt sich zudem eine jährliche Abschreibung von 20 %. Das Produkt der barwertigen Steuerlast mit der jährlichen Abschreibung ergibt die barwertige Steuerersparnis. In Summe beträgt diese 22,74 %. Die Differenz zwischen dem nominalen Steuersatz von 30 % und dieser barwertigen Steuerersparnis zeigt den zeitlichen Effekt über fünf Jahre. Da die Nutzungsdauer von möglichen Vermögensgegenständen mit stillen Reserven hoch ist (sie beträgt bis zu 15 Jahren), können sich aus dieser Analyse wichtige Erkenntnisse für den Kaufpreis ergeben. 1.80

Der Step-up-Faktor ergibt sich wie folgt: 1.81

$$\frac{1}{(1 - 0{,}2274)} = 1{,}2944$$

Dieser Faktor hat dann den Vorteil, dass er einfach auf die Bemessungsgrundlage für die Abschreibung (dies sind hier die stillen Reserven) angewendet werden kann.

2. Die Pensionszusage als potenzielles Veräußerungshindernis

Inhalt **Rdnr.**

2.1 Die Pensionszusage als Gestaltungsmittel und Verkaufshindernis

Die Gewährung einer Pensionszusage kann ein steuerlich interessantes Gestaltungsmittel sein. Grundsätzlich gilt, dass laufende Beiträge, Zuwendungen und Sonderzahlungen, die ein Arbeitgeber aus einem bestehenden Dienstverhältnis an einen Pensionsfonds, eine Pensionskasse oder für eine Direktversicherung zahlt, unmittelbar – im Zeitpunkt der Zahlung der Beiträge durch den Arbeitgeber an die Versorgungseinrichtung – zu **Arbeitslohn** i.S.d. § 19 Abs. 1 Satz 1 Nr. 3 EStG führen.[1)] Damit zeitigt die Dotierung eines dieser externen Versorgungsträger i.S.d. BetrAVG einen (fiktiven) **Zufluss von steuerpflichtigem Arbeitslohn,** wenn nicht ausnahmsweise eine der Befreiungsvorschriften des § 3 Nr. 55, 56, 63, 65 oder 66 EStG greift. 2.1

1) BMF-Schreiben v. 12.08.2021 – IV C 5 – S 2333/19/10008, BStBl I, 1050, Rdnr. 8; vgl. unlängst auch BFH, Urt. v. 19.04.2021 – VI R 45/18, BStBl II, 775.

2.2 Anders liegt dies jedoch im Fall einer **Direktzusage** des Arbeitgebers, bei welcher der Arbeitgeber unter den Voraussetzungen des § 6a EStG für die Pensionsverpflichtung eine Pensionsrückstellung bilden muss[2] und ein Zufluss auf Seiten des Arbeitnehmers erst im Zeitpunkt der Zahlung der Altersversorgungsleistungen zu versteuern ist.

2.3 Bestehende Pensionszusagen können jedoch einen „immensen Lästigkeitsgrad"[3] annehmen und auch ein veritables **Verkaufshindernis** darstellen, insbesondere wenn sie nicht vollständig ausfinanziert sind. Das gilt auch, wenn der präsumtive Unternehmenserwerber nicht bereit ist, das biometrische Risiko der Langlebigkeit des Pensionsberechtigten zu übernehmen.[4]

2.2 Maßnahmen zur Beseitigung des Verkaufshindernisses

2.4 Aus den vorstehenden Gründen kann es angezeigt sein, bestehende Pensionsverpflichtungen vor einer avisierten Veräußerung auszulagern und somit gleichsam zu „beseitigen". Dies kann etwa auch für die Verbesserung des Bilanzbilds oder zur Vermeidung einer Überschuldung sinnvoll sein. Selbstverständlich ist es in Anbetracht der regelmäßig sehr hohen Volumina von über lange Zeit angesammelten Pensionsrückstellungen wichtig, dass die Ausgliederung sich steuerneutral vollzieht. Die Frage, ob bestehende Pensionszusagen **steuerneutral ausgelagert** werden können, war in der Vergangenheit allerdings mit erheblicher Unsicherheit behaftet.

2.2.1 Verzicht auf bestehende Pensionszusagen

2.5 Soweit es sich bei den durch die Zusage Begünstigten um den/die **Gesellschafter-Geschäftsführer** selbst handelt, kann erwogen werden, auf die bestehende(n) Zusage(n) schlichtweg zu verzichten. Ein solcher Verzicht kann sich steuerlich jedoch auf zweierlei Weise auswirken, wobei wie folgt zu unterscheiden ist:

- Der unentgeltliche Verzicht auf die Pensionszusage stellt lediglich im Fall von **nicht unverfallbaren Versorgungszusagen** eines Gesellschafter-Geschäftsführers eine Gestaltungsmöglichkeit dar. Der BFH hat für diesen Fall entschieden, dass ein Verzicht auf nicht unverfallbare Ansprüche aus Pensionszusagen im Zuge einer Anteilsübertragung unter Beendigung des Dienstverhältnisses

2) Vgl. dazu eingehend Schätzlein/Siebenlist, DStR 2023, 788.

3) Wübbelsmann, DStR 2014, 1861.

4) Vgl. nur Fuhrmann, in: Stahl/Strahl/Carlé u.a., Steuerplanung und Umstrukturierung, 2016, Rdnr. B/118.

keine verdeckte Einlage darstellt (bzw. die verdeckte Einlage mit 0 € zu bewerten ist).[5] Auf Gesellschafterebene liegt spiegelbildlich kein fiktiver Lohnzufluss vor.[6]

- Handelt es sich jedoch um eine steuerlich anzuerkennende, **unverfallbare und werthaltige Pensionszusage**, so kann ein schlichter Verzicht nicht als adäquate Gestaltungsmöglichkeit angesehen werden. Denn bei gesellschaftlicher Veranlassung liegt in diesem Fall in Höhe des Teilwerts (d.h. der Wiederbeschaffungskosten) der Pensionsanwartschaft eine verdeckte Einlage vor. Auf Gesellschafterebene führt der Verzicht spiegelbildlich zu einem (fiktiven) Zufluss von steuerpflichtigem Arbeitslohn i.S.d. § 19 EStG.[7]

2.2.2 Übertragung der Pensionszusagen auf eine sogenannte Rentner-GmbH

Statt des schlichten Verzichts wurde in der Vergangenheit vielfach die Übertragung der Pensionslast auf eine sogenannte Rentner-GmbH erwogen. Insoweit war aufgrund des BFH-Urteils vom 06.04.2007[8] jedoch lange zweifelhaft, ob damit nicht ebenfalls ein **sofortiger Lohnzufluss** beim Arbeitnehmer verbunden ist.[9] 2.6

In der vorzitierten Entscheidung stellte der BFH für den Fall der Ablösung einer vom Arbeitgeber erteilten Pensionszusage einen Lohnzufluss fest, obwohl der Ablösungsbetrag zur Übernahme der Pensionsverpflichtung an einen Dritten – im Streitfall handelte es sich um eine eigens dafür gegründete GmbH – gezahlt worden war. Mithin musste bei der Übertragung einer Pensionsverpflichtung auf eine Rentner-GmbH ohne Versteuerung eines Lohnzuflusses auf Seiten des Pensionsberechtigten in der Vergangenheit mit Gegenwehr der Finanzverwaltung gerechnet werden. 2.7

2.3 Die Übertragung auf eine Rentner-GmbH als Gestaltungsmöglichkeit

Im Jahr 2016 hat der BFH jedoch in gleich zwei Entscheidungen[10] klargestellt, dass ein Zufluss von Arbeitslohn bei Ablösung einer Pensionsverpflichtung nur noch dann anzunehmen ist, wenn der Geschäftsführer über ein **Wahlrecht** ver- 2.8

---

5) Vgl. BFH, Urt. v. 08.06.2011 – I R 62/10, BFH/NV 2011, 2117.
6) Vgl. Demuth/Fuhrmann, ködsi 2011, 17618, 17625.
7) BFH, Beschl. v. 09.06.1997 – GrS 1/94, BStBl II 1998, 307; BFH, Urt. v. 11.09.2013 – I R 28/13, BStBl II 2014, 726.
8) BFH, Urt. v. 06.04.2007 – VI R 6/02, BStBl II, 581.
9) Vgl. etwa Geilert/Retzlaff/Schnathmeier, DStR 2010, 87 m.w.N.
10) BFH, Urt. v. 18.08.2016 – VI R 18/13, BStBl II 2017, 730 (Pensionsfondsentscheidung I), und BFH, Urt. v. 18.08.2016 – VI R 46/13, BFH/NV 2017, 16 (Pensionsfondsentscheidung II).

fügt, nach dem er sich den Ablösebetrag auch an sich selbst auszahlen lassen kann.[11] Hierin liegt nach Meinung des erkennenden VI. Senats auch kein Widerspruch zu der „Vorgängerentscheidung“ vom 06.04.2007, da in dem dort streitbehafteten Sachverhalt ein solches Wahlrecht zur sofortigen Auszahlung vorgesehen war. Ohne ein derartiges Wahlrecht liege indes eine bloße Schuldübernahme vor, die keinen Zufluss von Arbeitslohn zeitigt. Aufgrund der erheblichen Relevanz dieser beiden Entscheidungen (Pensionsfondsentscheidung I und II) für die Gestaltungspraxis werden diese nachfolgend analysiert und in ihren wesentlichen Grundsätzen erläutert.

2.3.1 Die Pensionsfondsentscheidungen I und II

2.9 In der **Pensionsfondsentscheidung I** war die Übertragung einer Pensionszusage durch eine GmbH, die ihrem Gesellschafter-Geschäftsführer – dem Kläger – ein **Ruhegehalt** i.H.v. 50 % seiner letzten Vergütung zugesagt hatte, streitgegenständlich. Zur Rückdeckung dieser Zusage war eine Lebensversicherung abgeschlossen worden, die im Streitjahr bereits ausgezahlt worden war. Als Kapital für das vereinbarte Ruhegehalt von 3.500 € monatlich stellte die GmbH den Auszahlungsbetrag der Lebensversicherung zur Verfügung. Im Vorfeld einer Anteilsveräußerung wurde zunächst vereinbart, dass die Verpflichtung zur Zahlung der Rente entfällt, sobald dieser Betrag aufgezehrt ist. Sämtliche Gesellschaftsanteile des Klägers an der GmbH wurden sodann an einen Dritten veräußert.

2.10 Dabei wurde jedoch vereinbart, dass die **Pensionsverpflichtung** nicht auf den Dritten, sondern **auf eine neugegründete „Rentner-GmbH“** übergehen soll, deren alleiniger Gesellschafter-Geschäftsführer der Kläger war und deren einziger Zweck darin bestand, das Finanzierungskapital zu verwalten und das Ruhegehalt auszuzahlen. Als Gegenleistung für die Übernahme der Pensionsverpflichtung erhielt die Rentner-GmbH eine Vergütung in Höhe des Rückdeckungsvermögens. Diese vom Arbeitgeber übernommene Ablösungszahlung stufte das zuständige Finanzamt als Einnahmen des Klägers aus nichtselbständiger Arbeit ein, für welche die Tarifermäßigung des § 34 EStG zu gewähren sei.

2.11 In der **Pensionsfondsentscheidung II** wurde die Pensionszusage ebenfalls von einer Parallel-GmbH gegen Zahlung eines Ablösungsbetrags übernommen. Veräußerungsvorbereitend wurde zunächst auf den sogenannten Future Service verzichtet. Der Versorgungsanspruch wurde mithin auf den Teil begrenzt, den der Gesellschafter-Geschäftsführer bereits erdient hatte (Past Service). Sodann wurde die Pensionszusage im Wege der befreienden Schuldübernahme auf die Schwes-

11) So auch bereits Gosch, BetrAV 2007, 718; Bergkemper, juris-PR SteuerR 24/2007 Anm. 2; Doetsch/Lenz, Versorgungszusagen an Gesellschafter-Geschäftsführer und -Vorstände: Steuerliche Behandlung, Gestaltungstipps, Mustertexte, 12. Aufl. 2023, S. 176.

ter-GmbH übertragen, wofür diese als Gegenleistung eine Vergütung in Höhe des Teilwerts der erdienten Ansprüche erhielt. Streitig war (nur), ob Arbeitslohn gegeben ist. Klägerin war die Rechtsnachfolgerin des Gesellschafter-Geschäftsführers.

Beide Sachverhalte waren daher im Grunde gleich gelagert und stellten sich – vereinfacht – wie folgt dar: 2.12

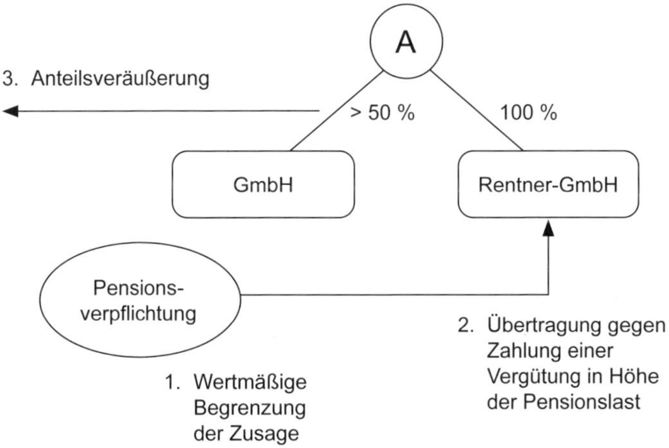

Ausgliederung der Pensionsverpflichtung auf eine „Rentner-GmbH"

Der BFH hat in beiden Fällen einen **fiktiven Zufluss** von Arbeitslohn **verneint.** Dies begründete er damit, dass die befreiende Schuldübernahme lediglich zu einem Schuldnerwechsel führe, ohne dabei den Inhalt und Charakter des Pensionsanspruchs zu verändern. 2.13

2.3.2 Konsequenzen für die Gestaltungspraxis

Die Pensionsfondsentscheidungen I und II schaffen Rechtssicherheit und eröffnen Gestaltungsmöglichkeiten für die Ausgliederung von Pensionszusagen vor einem Unternehmensverkauf. Der BFH hielt fest, für den Versorgungsberechtigten bleibe es dabei, dass dieser lediglich einen Anspruch auf künftige Auszahlung des Ruhegehalts besitzt. Da jedoch nicht bereits das bloße Einräumen oder Innehaben, sondern erst die Erfüllung eines Anspruchs einen lohnsteuerlichen Gehaltszufluss zeitigt, führte die Ablösezahlung nicht zu einem Lohnzufluss. 2.14

2.15 Ein **früherer Zuflusszeitpunkt** kommt nur ausnahmsweise dann in Betracht, wenn:

- dem Arbeitnehmer ein unmittelbarer und **unentziehbarer Anspruch** gegen einen Dritten verschafft wird oder
- Ausgaben zur **Zukunftssicherung** bei wirtschaftlicher Betrachtung zunächst dem Arbeitnehmer zur Verfügung gestellt und dann von diesem zur Erlangung eines Anspruchs gegen einen Dritten verwendet wurden.[12)]

2.16 In den Streitfällen war jedoch keine derartige Ausnahme gegeben. Somit war der Ablösebetrag dem pensionsberechtigten Geschäftsführer auch bei wirtschaftlicher Betrachtungsweise nicht zugeflossen. Hintergrund war, dass der Gesellschafter-Geschäftsführer – trotz seiner beherrschenden Stellung (dazu unten Rdnr. 2.20 f.) – über den Betrag **nicht verfügen** konnte.

2.17 Darin unterscheiden sich die beiden dargestellten Streitfälle wesentlich von der „Vorgängerentscheidung" vom 06.04.2007: In dem der früheren Streitsache zugrundeliegenden Fall stand dem Pensionsberechtigten ein **Wahlrecht** zu, den Betrag unmittelbar an sich selber auszahlen zu lassen. Dies veranlasste den BFH zu der Erwägung, dass die GmbH dem Versorgungsberechtigten den Betrag zunächst zur Verfügung gestellt, und dieser sodann – in Ausübung seines Wahlrechts – eine Zahlung an die Rentner-GmbH getätigt hatte. Dieses „Hin und Her" wurde sodann in wirtschaftlicher Betrachtungsweise als **vorzeitige Erfüllung der Pensionszusage** durch die GmbH eingestuft.

2.18 Mit den beiden jüngeren Entscheidungen hat der BFH jedoch klargestellt, dass in der **Zustimmung des Pensionsberechtigten**, die zur Übertragung der Pensionslast erforderlich ist, **keine wirtschaftliche Verfügung über den Ablösebetrag** zu sehen ist. Die Zustimmung ist als bloße Voraussetzung für die befreiende Schuldübernahme vielmehr unschädlich und führt insbesondere nicht zu einem (fiktiven) Lohnzufluss. Daraus kann abgeleitet werden, dass auch im Rahmen von Umstrukturierungsmaßnahmen, wie etwa einer Ausgliederung oder Abspaltung, die (hierzu erforderliche) Mitwirkung des pensionsberechtigten Gesellschafter-Geschäftsführers keine Verfügung über die Versorgungszusage darstellt.

2.3.3 Zusammenfassung

2.19 Im Einklang mit der Rechtsprechung des BFH ist mithin maßgeblich darauf abzustellen, ob der Versorgungsberechtigte durch ein **Wahlrecht** die Auszahlung des Ablösungsbetrags an sich selbst bewirken kann. Grundsätzlich wird mit der Zah-

12) Vgl. dazu BFH, Urt. v. 15.07.1977 – VI R 109/74, BStBl II, 761.

lung des Ablösungsbetrags an die Rentner-GmbH allerdings kein Anspruch des Pensionsberechtigten erfüllt, sondern ausschließlich ein Anspruch der Rentner-GmbH aus der Übertragungsvereinbarung. Es liegt damit eine **bloße Schuldübernahme** i.S.d. § 415 Abs. 1 BGB vor, die für den Versorgungsberechtigten nicht zu einem Zufluss führt.[13)]

Unbeachtlich ist hierbei zudem, ob die **Rentner-GmbH die neue Arbeitgeberin** des Pensionsberechtigten wird. Ebenfalls nicht von Bedeutung ist, ob die übernehmende Gesellschaft einen **eigenen aktiven Geschäftsbetrieb** unterhält oder – wie in den Streitfällen – nur die Verwaltung des Rückdeckungsvermögens und die Auszahlung der Pension zur Aufgabe hat.[14)] Schließlich ist es nach der Auffassung des VI. Senat unbeachtlich, wenn der Pensionsberechtigte als Mehrheitsgesellschafter und Geschäftsführer eine beherrschende **Stellung** innehat. 2.20

Hinweis 2.21

Der BFH[15)] hat in der Pensionsfondsentscheidung I zutreffend darauf hingewiesen, dass eine abweichende Beurteilung das zwischen einer Kapitalgesellschaft und ihren Gesellschaftern geltende **Trennungsprinzip** missachten würde. Der erkennende VI. Senat macht in seiner Entscheidung zudem deutlich, dass die Verhältnisse der Kapitalgesellschaft auch dann von der Sphäre ihrer Anteilseigner abgeschirmt sind, wenn es sich um einen beherrschenden (Mehrheits-) Gesellschafter-Geschäftsführer handelt. Dieser Hinweis ist insofern wichtig, als das BVerfG bereits in einer Reihe von Entscheidungen[16)] – zuletzt betreffend die Gleichheitswidrigkeit des § 8c (Abs. 1) Satz 1 KStG[17)] – betont hat, dass das für die Besteuerung von Kapitalgesellschaftern und ihren Anteilseignern systemtragende Trennungsprinzip eine strikte Trennung zwischen beiden Ebenen gebietet.

---

13) So auch BMF-Schreiben v. 12.08.2021 – IV C 5 – S 2333/19/10008, BStBl I, 1050, Rdnr. 62, für den Fall der Übernahme einer Versorgungszusage durch den neuen Arbeitgeber nach § 4 Abs. 2 Nr. 1 BetrAVG.

14) Ebenso Fuhrmann, Beratersicht zur Steuerrechtsprechung (BeSt) 1/2017, 1.

15) BFH, Urt. v. 18.08.2016 – VI R 18/13, BStBl II 2017, 730 (Pensionsfondsentscheidung I), Rdnr. 25.

16) Vgl. BVerfG, Beschl. v. 12.10.2010 – 1 BvL 12/07, DStR 2010, 2393, Rdnr. 61 m.w.N.

17) Vgl. BVerfG, Beschl. v. 29.03.2017 – 2 BvL 6/11, DStR 2017, 1094, Rdnr. 110 und 114.

2.22 Die **Grundsätze zur Übertragung einer Pensionslast** lassen sich damit übersichtlich wie folgt darstellen:

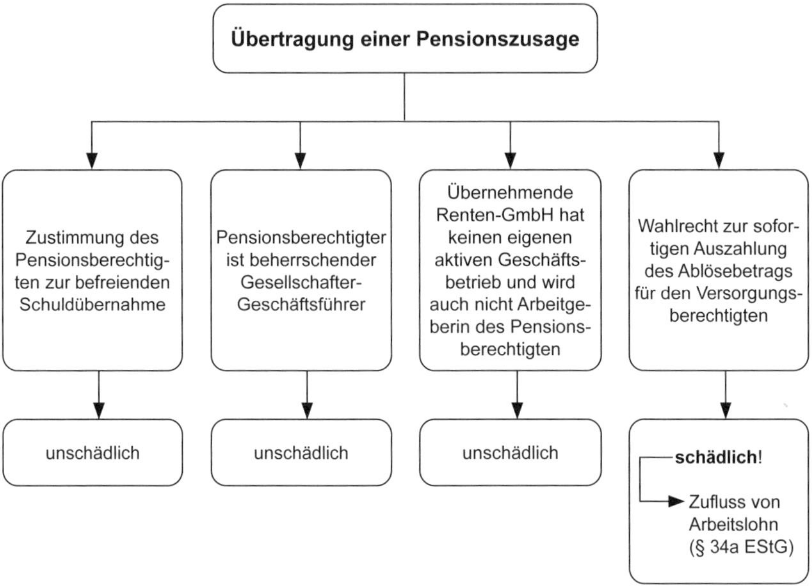

Grundsätze der Pensionsfondsentscheidungen I und II

2.23 Da die Finanzverwaltung die Rechtsprechungsgrundsätze anwendet,[18] ist im Rahmen künftiger Außenprüfungen irrelevant, ob die Steuerfreistellungen des § 3 Nr. 66 und Nr. 55 EStG greifen, sofern dem Arbeitnehmer kein Wahlrecht auf Auszahlung eingeräumt wird. Es ist in diesen Fällen bereits dem Grunde nach kein steuerbarer Arbeitslohn gegeben.

2.4 Verbleibende Risiken und Gestaltungsgrenzen

2.4.1 Eingeschränkte Übertragbarkeit von Pensionszusagen

2.24 Sofern die zu übertragende Zusage ganz oder teilweise unter das Betriebsrentengesetz (BetrAVG) fällt, ist zu beachten, dass § 4 Abs. 1 BetrAVG ein **Übertragungsverbot** konstituiert. In derlei Fällen besteht die Möglichkeit zu einer Übertragung laufender Leistungen und unverfallbarer Anwartschaften im Wege der **Einzelrechtsnachfolge** dann lediglich (ausnahmsweise) unter den weiteren

18) BMF-Schreiben v. 04.07.2017 – IV C 5 – S 2333/16/10002, BStBl I, 883.

Voraussetzungen von § 4 Abs. 2–4 BetrAVG. Die Übertragung kann dann nur dann erfolgen, wenn die Zusage durch den neuen Arbeitgeber übernommen wird (Absatz 2 und 3) oder wenn das Unternehmen liquidiert und die Zusage auf eine Pensionskasse oder Versicherungsgesellschaft übertragen wird (Absatz 4).

Die **Übertragung auf eine Rentner-GmbH** wird von diesen Ausnahmetatbeständen jedoch **nicht abgedeckt.** Eine Pensionszusage kann damit nur dann im Wege der Einzelrechtsnachfolge auf eine Rentner-GmbH übertragen werden, wenn sie insgesamt nicht in den Anwendungsbereich des BetrAVG fällt. 2.25

Hinweis 2.26

- Eine Zusage unterliegt nicht dem Übertragungsverbot des § 4 Abs. 1 BetrAVG, wenn der versorgungsberechtigte Gesellschafter-Geschäftsführer während seiner gesamten Dienstzeit als Unternehmer im eigenen Unternehmen anzusehen war. Denn nach § 17 Abs. 1 BetrAVG gelten die arbeitsrechtlichen Vorschriften der §§ 1–16 BetrAVG für Arbeiter und Angestellte einschließlich der zu ihrer Berufsausbildung Beschäftigten sowie für sogenannte Nichtarbeitnehmer. **Geschäftsführende (Mehrheits-)Gesellschafter** unterfallen allerdings nicht dem persönlichen Anwendungsbereich des BetrAVG.[19]
- Für pensionsberechtigte Geschäftsführer, auf die das BetrAVG Anwendung findet, kann die Auslagerung einer Pensionszusage lediglich **im Wege des Schuldbeitritts** (und nicht durch Schuldübernahme) umgesetzt werden. Durch den Schuldbeitritt wird der Pensionsverpflichtete zwar nicht rechtlich, dafür aber wirtschaftlich „enthaftet". Der Schuldbeitritt ist ohne Mitwirkung des Pensionsberechtigten möglich. Er kann dadurch vor dem Hintergrund der BFH-Entscheidungen erst recht nicht zu einem Lohnzufluss führen.[20]

Die Einschränkungen des § 4 BetrAVG gelten allerdings lediglich für Übertragungen im Wege der Einzelrechtsnachfolge. Die **Übertragungswege der (partiellen) Gesamtrechtsnachfolge** – beispielsweise in Gestalt einer Ausgliederung nach § 123 Abs. 3 UmwG auf eine Tochter-GmbH[21] – bleiben davon mithin unberührt.[22] 2.27

19) Vgl. z.B. BGH, Urt. v. 01.10.2019 – II ZR 386/17, DB 2019, 2571; Dommermuth/Schiller, DB 2017, 505; Rolfs, NZA 2015, 214.

20) Oenings/Altenburg, DStR 2017, 540.

21) Vgl. dazu Fuhrmann, kösdi 2016, 19982.

22) Vgl. Pradl, GStB 2017, 303, sowie eingehend zu der Übertragung im Wege der Gesamtrechtsnachfolge Fuhrmann, in: Stahl/Strahl/Carlé u.a., Steuerplanung und Umstrukturierung 2016, Rdnr. B/145 ff.

2.4.2 Bestehendes Wahlrecht auf sofortige Auszahlung

2.28 Vor Ablösung einer Pensionszusage sind die Regelungen der Zusage sorgsam zu untersuchen. Dabei ist besonders zu prüfen, ob ein **Wahlrecht zur sofortigen Auszahlung** an den Versorgungsbegünstigten vorgesehen ist.

2.29 **Hinweis**

Viele Pensionszusagen erhalten ein solches Wahlrecht zur sofortigen Auszahlung!

2.30 Sieht die Versorgungszusage ein Wahlrecht vor, scheidet eine Übertragung auf eine Rentner-GmbH aus, wenn ein Lohnzufluss vermieden werden soll. In diesem Fall müssen Alternativgestaltungen – etwa die Ausgliederung auf eine Tochter-GmbH mit nachfolgender Abspaltung[23] – erwogen werden.

2.31 Nicht empfohlen werden kann eine schlichte Änderung der Zusage, durch die ein bestehendes Auszahlungswahlrecht abbedungen wird, da darin eine Verfügung über die Pensionszusage erblickt werden könnte. Dadurch würde es zu einem Lohnzufluss kommen. Eine solche Abänderung sollte daher nicht ohne verbindliche Auskunft (§ 89 AO) erfolgen.

2.4.3 Verdeckte Einlage durch Minderung der Pensionszusage

2.32 Die Schuldübernahme darf darüber hinaus nicht zu einer Verminderung des bereits erdienten Anspruchs des Pensionsberechtigten führen. Dabei ist maßgeblich auf den versicherungsmathematischen Barwert abzustellen. Ohne Relevanz ist insoweit der rückgestellte Wert nach § 6a EStG.

2.33 Dies zeigt auch ein Blick in die beiden betrachten BFH-Entscheidungen: In der Pensionsfondsentscheidung I hatte der Gesellschafter-Geschäftsführer im Zuge der Übertragung eine **Verringerung seines Pensionsanspruchs** auf die Höhe des angesparten Deckungsvermögens akzeptiert. Der BFH hat nicht erörtert, ob es durch die Neuvereinbarung des Ruhegehalts zu einer verdeckten Einlage kam (und hat die Sache daher zur anderweitigen Entscheidung an das FG Düsseldorf zurückverwiesen). Falls in der Begrenzung auf die Höhe des angesparten Deckungsvermögens ein teilweiser **Verzicht auf den bereits erdienten Teil der Zusage** zu sehen wäre, käme es insoweit zu einer mit dem Teilwert zu bewer-

23) Vgl. Fuhrmann, kösdi 2016, 19982.

tenden verdeckten Einlage, die auf Seiten des Gesellschafters zu einem (fiktiven) Lohnzufluss einerseits und nachträglichen Anschaffungskosten für die GmbH-Anteile andererseits führte.

Hinweis 2.34

Der Verzicht auf eine unverfallbare Zusage stellt nur dann keine steuerlichen Belastungen für den pensionsberechtigten Gesellschafter dar, wenn er **betrieblich veranlasst** ist. Ist der Verzicht jedoch durch das Gesellschaftsverhältnis bedingt, führt er zu einer verdeckten Einlage auf Gesellschafts- und einem fiktiven Lohnzufluss auf Gesellschafterebene. Die Finanzverwaltung erkennt nur in dem Verzicht auf eine nicht mehr finanzierbare Pensionszusage eine betriebliche Veranlassung an. Der Verzicht auf eine Pensionszusage vor dem Zeitpunkt, in dem sie nicht mehr finanzierbar ist, wird von Seiten der Finanzverwaltung indes grundsätzlich als **gesellschaftsrechtlich veranlasst** angesehen.[24] Eine betriebliche Veranlassung soll insoweit nur dann ausnahmsweise in Betracht kommen, wenn weitere Umstände hinzutreten, die den Rückschluss erlauben, dass auch ein fremder dritter Geschäftsführer auf seine Pensionszusage verzichtet hätte.[25] Der Verzicht zur Ermöglichung eines Anteilsverkaufs wird dagegen regelmäßig gesellschaftsrechtlich veranlasst sein.

Eine **verdeckte Einlage** ist im Fall eines teilweisen Verzichts allerdings nur insoweit anzunehmen, als der Barwert der bis zum Verzichtszeitpunkt bereits erdienten Versorgungsleistungen des Gesellschafter-Geschäftsführers den Barwert der nach dem Teilverzicht noch verbleibenden Versorgungsleistungen übersteigt.[26] Nur in diesen Fällen kommt es zu einem Verzicht auf einen bereits erdienten Versorgungsanspruch. 2.35

Entspricht der Barwert der nach einer wertmäßigen Begrenzung verbleibenden Versorgungszusage allerdings noch mindestens dem Barwert der bereits erdienten Ansprüche, kommt eine verdeckte Einlage nicht in Betracht. Denn der noch nicht erdiente Teil der Anwartschaft (sog. Future Service) stellt für den Pensionsberechtigten lediglich einen **Anspruch für die Zukunft** dar. Der Verzicht auf einen solchen zukünftigen Anspruch stellt jedoch keine verdeckte Einlage und auch keinen (fiktiven) Lohnzufluss dar, da die Erfüllungsvoraussetzungen noch nicht eingetreten sind. Dies geht auch aus der Pensionsfondsentscheidung II hervor, in der ein **Verzicht auf den Future Service** seitens des BFH nicht problematisiert wurde. 2.36

24) NEUFANG/SCHÄFER/STAHL, BB 2017, 1560.
25) BayLfSt, Vfg. v. 15.02.2007 – S 2742-26 St31N, DStR 2007, 993.
26) BMF-Schreiben v. 14.08.2012 – IV C 2 – S 2743/10/10001:001, BStBl I, 874 Rdnr. 2.

2.37 **Hinweis**

Zur Vermeidung einer verdeckten Einlage und eines damit einhergehenden (fiktiven) Lohnzuflusses sollte der Versorgungsanspruch also höchstens auf den bereits erdienten Teil (**Past Service**) beschränkt werden. Hierdurch verringert sich zugleich der Umfang des Rückdeckungskapitals, welcher zur Unterlegung der übertragenen Verbindlichkeit mitübertragen werden muss.

2.38 Soweit lediglich der bereits erdiente Teil einer Pensionszusage übertragen wird, scheidet eine **erneute Erdienbarkeitsprüfung** von vornherein aus, da sich die betriebliche Veranlassung insoweit in der Vergangenheit bereits eindeutig in der „gelebten Betriebstreue“ manifestiert hat. Dies kann auch eine Übertragung der Zusage auf eine Rentner-GmbH nicht ändern. Denn auch aus Sicht der Rentner-GmbH liegt – bei Mitübertragung ausreichend hohen Rückdeckungskapitals und bei Vereinbarung eines fremdüblichen Risikozuschlags – ein betrieblicher Vorgang vor. Eine erneute Erdienbarkeitsprüfung könnte daher allenfalls in Bezug auf den **Future Service** in Betracht kommen.[27]

2.39 **Praxistipp**

Der isolierte Verzicht auf den noch nicht erdienten Teil der Pensionszusage könnte wie folgt formuliert werden:

„Die erteilte Zusage wird auf den Teil begrenzt, der bis zum TT.MM.JJJJ noch nicht erdient wurde. Der Berechtigte wird also für die Anwendung des Versorgungsvertrags so gestellt, als ob er mit Ablauf dieses Datums aus den Diensten der X-GmbH ausgeschieden wäre.“

2.40 Allerdings verringert sich durch den Verzicht auf den Future Service auf Gesellschaftsebene die Pensionsrückstellung, wodurch es zu einer Gewinnrealisierung kommt. Oenings/Altenburg[28] weisen überdies zutreffend darauf hin, dass der Verzicht ohne eine angemessene Entschädigung eine freigebige Zuwendung des pensionsberechtigten Gesellschafters an die Mitgesellschafter darstellen kann, die nach § 7 Abs. 8 Satz 1 ErbStG schenkungsteuerrechtlich relevant ist. Schenkungsteuer kann in diesem Fall nur dadurch vermieden werden, dass die Mitgesellschafter kongruente Einlagen in die Kapitalrücklage leisen.

27) So etwa in BFH, Urt. v. 20.07.2016 – I R 33/15, BStBl II, 66.

28) Vgl. Oenings/Altenburg, DStR 2017, 540.

2.4.4 Gefahr einer verdeckten Gewinnausschüttung bei Fehlen eines Risikozuschlags

In der Pensionsfondsentscheidung II ließ der BFH ausdrücklich offen, ob in der Übernahme der Pensionszusage ohne Vereinbarung eines **Risiko- oder Sicherheitszuschlags** eine verdeckte Gewinnausschüttung der Rentner-GmbH an den beherrschenden Gesellschafter-Geschäftsführer zu sehen war. Da ein **externer Versorgungsträger** bei Übernahme der Pensionsverpflichtung einer Gesellschaft stets das damit für ihn einhergehende Risiko einpreisen und **einen entsprechenden Aufschlag verlangen** würde, wird die in diesen Fällen tatsächlich zu leistende Ausgleichszahlung den Barwert der Pensionslast regelmäßig erheblich übersteigen.[29] 2.41

Hinweis 2.42

Es empfiehlt sich daher, ebenfalls einen solchen Zuschlag vorzusehen, um eine drittübliche Situation herzustellen. Bei Übernahme einer Pensionsverpflichtung durch eine Gesellschaft für ihren beherrschenden Gesellschafter, in deren Rahmen kein oder ein im Drittvergleich zu niedrig bemessener Ausgleichsbetrag verlangt wird, wird regelmäßig die Annahme naheliegen, dass die Übernahme auf dem Gesellschaftsverhältnis beruht. In diesen Fällen kann damit das Vorliegen einer verdeckten Gewinnausschüttung unterstellt werden.

Bei der Bemessung des Risikozuschlags ist jedoch ebenfalls darauf zu achten, dass sich auch aus einem zu hoch bemessenen Zuschlag (ebenfalls) negative Konsequenzen ergeben können. Denn dieser würde bei gesellschaftlicher Veranlassung zu einer **verdeckten Gewinnausschüttung der abgebenden GmbH** an den beherrschenden Gesellschafter-Geschäftsführer führen. Infolgedessen käme es dann zu einer verdeckten Einlage in die Rentner-GmbH. 2.43

2.4.5 Gewinnauswirkung der Verpflichtungsübernahme nach § 5 Abs. 7 EStG

Aufgrund des § 5 Abs. 7 EStG kommt es bei der Übernahme der Pensionsverpflichtung auf Seiten der Rentner-GmbH am ersten auf die Übertragung folgenden Abschlussstichtag zu der **Aufdeckung eines Gewinns**. Denn nach dieser Regelung sind übernommene Verpflichtungen, die beim ursprünglich Verpflichteten Ansatzverboten, -beschränkungen oder Bewertungsvorbehalten unterlegen haben, zu den auf die Übernahme folgenden Abschlussstichtagen bei dem Übernehmer so zu bilanzieren, wie sie beim ursprünglich Verpflichteten ohne Übernahme zu bilanzieren wären. Mithin hat eine Bewertung der Verbindlichkeit nach 2.44

29) Vgl. Oenings/Altenburg, DStR 2017, 540.

Maßgabe des § 6a EStG zu erfolgen. Dadurch kommt es in Höhe der Differenz zu dem (zutreffenden) Wert des Rückdeckungskapitals zu einer **Herabsetzung der Verbindlichkeit**.

2.45 Der daraus resultierende **Gewinn** kann zwar gem. § 5 Abs. 7 Satz 5 EStG i.H.v. 14/15 in eine gewinnmindernde Rücklage eingestellt werden, die in den folgenden 14 Wirtschaftsjahren jeweils zu mindestens 1/14 gewinnerhöhend aufzulösen ist. Dennoch kommt es für die Rentner-GmbH im Übertragungsjahr und den folgenden 14 Jahren zu einer **signifikanten Steuerbelastung**. Dies gilt es bei der finanziellen Ausstattung der Rentner-GmbH zu bedenken.

3. Gesellschaftsrechtliche Strukturmaßnahmen im Vorfeld der Transaktion

Inhalt **Rdnr.**

3.1 Grundlagen des Umwandlungsrechts

Häufig sind im Vorfeld einer Transaktion strukturelle gesellschaftsrechtliche Maßnahmen nötig. Dies gilt sowohl auf Verkäufer- als auch auf Käuferseite. Die Motive für Strukturmaßnahmen im Vorfeld des Kaufs sind vielfältig. Zusammengefasst kann eine solche Maßnahme aus wirtschaftlichen, zivilrechtlichen und steuerlichen Gründen indiziert sein. 3.1

Beispiele 3.2

(1) Der Käufer möchte den Kaufpreis abschreiben können; die Zielgesellschaft, eine GmbH, soll vor der Transaktion in die Form einer Personengesellschaft gebracht werden, um dies zu erreichen (vgl. zur Abschreibung über Ergänzungsbilanzen Rdnr. 23.1 ff. sowie zu grundlegenden steuerlichen Weichenstellungen im Sinne eines Asset/Share Deals Rdnr. 10.13 ff.).

(2) Ein Käufer interessiert sich lediglich für einen von mehreren Geschäftsbereichen des Verkäufers. Der Verkäufer will diesen Geschäftsbereich rechtlich aus seinem Unternehmen herauslösen (*Carve-out*), um diesen dann dem Käufer separat verkaufen zu können.

(3) Eine Gesellschaft von Freiberuflern (Ingenieure) agiert in Form einer Partnerschaftsgesellschaft. Eine Aktiengesellschaft möchte das Unternehmen erwerben. Gesellschafter einer Partnerschaftsgesellschaft können jedoch nur Freiberufler, nicht aber Kapitalgesellschaften sein. Ein Share Deal ist daher nicht möglich.

(4) Ein Käufer hat großes Interesse an bestehenden Lieferverträgen und Mietverträgen, die der Verkäufer (Einzelunternehmer) in eigenem Namen abgeschlossen hat. Einer Überleitung dieser Verträge auf den Käufer würden die jeweiligen Vertragspartner niemals zustimmen.

3.3 Zentrale Motive für Strukturmaßnahmen vor dem Unternehmenskauf sind also:

- steuerliche Optimierung sowohl auf Verkäufer- als auch Käuferseite (vgl. Rdnr. 2.1 ff., 6.1 ff., 15.101 ff., 16.18 ff.)
- rechtliche Herstellung einer verkaufsfähigen Struktur
- Haftungsreduktion sowohl auf Verkäufer- als auch Käuferseite
- strategische Ziele

Die nachfolgenden Ausführungen geben einen kurzen Überblick über übliche Strukturmaßnahmen bei kleinen und mittleren Unternehmensverkäufen.

3.4 Zu unterscheiden ist zwischen Umwandlungen nach dem kürzlich reformierten UmwG,[1] das einen abschließenden Katalog an möglichen Umwandlungsvarianten bereitstellt, und Umwandlungsmaßnahmen außerhalb des UmwG. Umwandlungen nach dem UmwG bieten zwei entscheidende Vorteile:

- Zum einen kommt es dabei grundsätzlich zu einer **Gesamtrechtsnachfolge,** d.h., alle Vermögensgegenstände (also auch wichtige Verträge) gehen mit Vollzug der Umwandlung im Handelsregister auf den neuen Rechtsträger kraft Gesetzes über. Demgegenüber ist bei Umwandlungsvorgängen außerhalb des UmwG grundsätzlich die Zustimmung des jeweiligen Vertragspartners erforderlich, um den Rechtsübergang zu vollziehen.
- Zum anderen macht das UmwStG grundsätzlich die ertragsteuerneutrale Fortführung zu Buchwerten möglich (zu den umsatzsteuerlichen Folgen von Umwandlungsvorgängen siehe Rdnr. 20.94 ff.).

1) Das Gesetz zur Umsetzung der Umwandlungsrichtlinie und zur Änderung weiterer Gesetze v. 22.02.2023, BGBl I, Nr. 55 (UmRUG), ist am 01.03.2023 in Kraft getreten; vgl. Goette, DStR 2023, 157.

Nachteilig sind Maßnahmen nach dem UmwG im Einzelfall aufgrund des hohen Maßes an Formalismus und Komplexität. Vor diesem Hintergrund sollten stets auch (ertragsteuerneutrale) Umwandlungen außerhalb des UmwG geprüft werden (vgl. Rdnr. 20.118 ff.). 3.5

Praxistipp 3.6

Nicht von der Gesamtrechtsnachfolge erfasst sind sogenannte **höchstpersönliche Rechte**. Darunter werden Rechtspositionen verstanden, die nur im Hinblick auf die Eigenschaften einer bestimmten Person eingeräumt wurden. Dazu zählen z.B. Mitgliedschaften in einem Arbeitgeberverband oder in einer GbR oder persönliche Wohnrechte. Diese Rechte verbleiben bei dem übertragenden Rechtsträger. Bei Aufspaltungen, also der Übertragung aller Rechte und Pflichten eines Unternehmens auf mindestens zwei Rechtsträger, erlöschen sie. Vor diesem Hintergrund sollten vor einer Umwandlungsmaßnahme die Rechtsverhältnisse des übertragenden Rechtsträgers gründlich geprüft werden (**Due Diligence**, siehe dazu Rdnr. 10.25 ff.).

3.2 Umwandlungsarten nach dem UmwG

Anwendbar ist das UmwG auf Kapitalgesellschaften sowie Personenhandelsgesellschaften i.S.d. § 6 HGB. Dies ergibt sich ausdrücklich aus den §§ 3, 124, 191 UmwG. Eine Gesellschaft bürgerlichen Rechts (GbR) kann daher nach heutiger Rechtslage **kein** formwechselnder Rechtsträger sein. Jedoch wird durch das **MoPeG** die GbR mit Wirkung zum 01.01.2024 ein umwandlungsfähiger Rechtsträger nach dem UmwG.[2] Für steuerrechtlich getriebene Umwandlungen gibt das Gesetz zur Modernisierung des Körperschaftsteuerrechts (KöMoG) seit 01.01.2022 Personengesellschaften die Option, **ohne Umwandlungsverfahren** die Vorzüge der Körperschaftsbesteuerung zu genießen.[3] 3.7

Zusammengefasst stellt das UmwG **vier Arten der Umwandlung** zur Verfügung: Verschmelzung, Spaltung, Formwechsel und die Vermögensübertragung. Die Vermögensübertragung soll Umwandlungsvorgänge unter Beteiligung der öffentlichen Hand und von Versicherungsunternehmen gewährleisten. Auf die Vermögensübertragung wird hier, auch aufgrund der Tatsache, dass sie in der 3.8

2) Gesetz zur Modernisierung des Personengesellschaftsrechts (Personengesellschaftsrechtsmodernisierungsgesetz – MoPeG) v. 10.08.2021, BGBl I, 3436; Gesetzesentwurf mitsamt weiterer Dokumentation: https://www.bundestag.de/dokumente/textarchiv/2021/kw25-de-personengesellschaftsrechtsmodernisierungsgesetz-846942.

3) Gesetz zur Modernisierung des Körperschaftsteuerrechts (KöMoG) v. 25.06.2021, BGBl I, 2050; FUHRMANN, Erste Praxiserfahrungen zum Optionsmodell nach § 1a KStG, NWB 2023, 158.

Rechtspraxis kaum eine Rolle spielt, nicht weiter eingegangen werden. Ebenso sollen die Möglichkeiten der grenzüberschreitenden Umwandlungsvorgänge nicht weiter vertieft werden. Die in der Praxis interessierenden Umwandlungsarten lassen sich prägnant wie folgt beschreiben:

3.9 – **Verschmelzung**

Dies bezeichnet die Übertragung des gesamten Vermögens eines Rechtsträgers auf einen anderen, entweder schon bestehenden oder neu gegründeten Rechtsträger im Wege der Gesamtrechtsnachfolge unter Auflösung ohne Abwicklung, wobei den Anteilsinhabern des übertragenden und erlöschenden Rechtsträgers im Wege des Anteilstauschs eine Beteiligung an dem übernehmenden oder neuen Rechtsträger gewährt wird.

3.10 – **Spaltung in der Form der Aufspaltung**

Bei dieser Umwandlungsform teilt ein übertragender Rechtsträger **unter Auflösung** ohne Abwicklung sein gesamtes Vermögen auf und überträgt im Wege der Sonderrechtsnachfolge die Vermögensteile auf mindestens zwei andere, schon bestehende oder neu gegründete Rechtsträger, und zwar wie bei der Verschmelzung gegen Gewährung von Anteilen der übernehmenden oder neuen Rechtsträger an die Anteilsinhaber des übertragenden Rechtsträgers.

3.11 – **Spaltung in der Form der Abspaltung**

Hier bleibt der übertragende Rechtsträger bestehen und überträgt nur einen Teil seines Vermögens, i.d.R. einen Betrieb oder mehrere Betriebe, auf einen oder mehrere andere, schon existierende oder neue Rechtsträger, und zwar gegen Gewährung von Anteilen der übernehmenden oder neuen Rechtsträger an die Anteilsinhaber des übertragenden Rechtsträgers.

3.12 – **Spaltung in der Form der Ausgliederung**

Wie bei der Abspaltung geht nur ein Teil oder gehen nur Teile des Vermögens eines Rechtsträgers auf andere Rechtsträger über, anders als bei der Abspaltung gelangen die als Gegenwert gewährten Anteile der übernehmenden oder neuen Rechtsträgers in das Vermögen des übertragenden Rechtsträgers selbst.

3.13 – **Formwechsel**

Hierunter fällt jede im Gesetz zugelassene Änderung der Rechtsform eines Rechtsträgers mit der Folge der Wahrung seiner rechtlichen Identität und der grundsätzlichen Beibehaltung der bisherigen Mitgliedschaftsrechte. Vereinfacht gesagt besteht der Rechtsträger fort, er ändert nur sein rechtliches Kleid.

3.2.1 Verschmelzung

Eine Verschmelzung ist ein komplexer Vorgang, der in enger Abstimmung zwischen Mandant, Steuer- und Rechtsberater sowie beurkundendem Notar erfolgen sollte (zu umsatzsteuerlichen Folgen von Verschmelzungen siehe Rdnr. 20.96 ff., zur Gestaltung einer Verlustnutzung bei Verschmelzung siehe Rdnr. 24.76). Aufgrund der in § 17 Abs. 2 Satz 4 UmwG statuierten Achtmonatsfrist herrscht bei allen Umwandlungsvorgängen mit Ausnahme des Formwechsels ein gewisser Zeitdruck. Die Anmeldung zum Handelsregister des übertragenden Rechtsträgers ist spätestens dann einzureichen, wenn der Stichtag, zu dem die Bilanz des übertragenden Rechtsträgers aufgestellt wurde, maximal acht Monate zurück liegt. Dies ist, da zumeist das Wirtschaftsjahr dem Kalenderjahr entspricht, der 31.08. des Folgejahres. Folgende Maßnahmen sind grundsätzlich durchzuführen: 3.14

1. Erstellung der Schlussbilanz
2. Entwurf des Verschmelzungsvertrags
3. Erstellung des Verschmelzungsberichts (soweit nicht darauf verzichtet werden darf)
4. Durchführung der Verschmelzungsprüfung (soweit nicht darauf verzichtet werden darf)
5. notariell beurkundeter Verschmelzungsbeschluss
6. Anmeldung und Eintragung im Handelsregister

- **Aufstellung der Schlussbilanz des übertragenden Rechtsträgers** 3.15

  Es ist eine Schlussbilanz für den übertragenden Rechtsträger aufzustellen (§ 17 Abs. 2 UmwG). Hier gelten die §§ 242 ff., 264 ff. HGB. Die Bilanz ist der Anmeldung der Verschmelzung zur Eintragung in das Handelsregister beizufügen. Es ist in der Praxis üblich, dass als Schlussbilanz die letzte reguläre Jahresbilanz verwendet wird.

- **Verschmelzungsvertrag** 3.16

  Eine Verschmelzung erfordert einen notariell beurkundeten Verschmelzungsvertrag. § 5 Abs. 1 Nr. 1–9 UmwG legen den Inhalt des Vertrags fest. Die Vertragspartner sind die an der Verschmelzung beteiligten Rechtsträger. Dieser Vertrag regelt u.a. die Konditionen der Verschmelzung (Umtauschverhältnis der Anteile und etwaige bare Zuzahlungen) im Verhältnis zwischen den an der Verschmelzung beteiligten Rechtsträgern.

3.17 – **Verschmelzungsbericht**

Nach § 8 UmwG ist von den beteiligten Rechtsträgern ein Bericht anzufertigen, der den Verschmelzungsvorgang im Detail beschreibt und erklärt. Insbesondere sind das Umtauschverhältnis der Anteile und ein eventuelles Abfindungsangebot rechtlich und wirtschaftlich darzulegen. Der Bericht dient im Wesentlichen dazu, alle Anteilseigner über Hintergründe und Folgen der Umwandlung zu informieren.

3.18 **Praxistipp**

Der Verschmelzungsbericht ist nach § 8 Abs. 3 UmwG **nicht** erforderlich, wenn alle Anteilsinhaber hierauf verzichten oder wenn nur ein Anteilsinhaber am formwechselnden Rechtsträger beteiligt ist (Tochtergesellschaft). Damit ist der Umwandlungsbericht in der Praxis bei kleinen und mittleren Unternehmen, die in der Hand einer Person liegen, oftmals entbehrlich.

3.19 – **Verschmelzungsprüfung**

Nach dem Gesetz (§ 9 UmwG) muss der Verschmelzungsvorgang durch unabhängige Sachverständige, sogenannte Verschmelzungs- bzw. Spaltungsprüfer, darauf geprüft werden, ob das Umtauschverhältnis der Anteile angemessen ist. Nach § 12 UmwG ist ein schriftlicher Bericht zu erstellen.

3.20 **Praxistipp**

Die Durchführung einer Verschmelzungsprüfung ist zeit- und kostenintensiv. Sie sollte daher nach Möglichkeit vermieden werden. Dies ist immer dann möglich, wenn sämtliche Anteilseigner der beteiligten Rechtsträger hierauf verzichten. Alternativ ist dies möglich, wenn sich alle Anteile des übertragenden Rechtsträgers in der Hand des übernehmenden Rechtsträgers befinden (§ 9 UmwG). In der Praxis des kleinen und mittelständischen Unternehmens ist die Umwandlungsprüfung daher eher die Ausnahme.

3.21 – **Verschmelzungsbeschluss**

Für den wirksamen Abschluss des Umwandlungsvertrags ist ein notariell zu beurkundender Gesellschafterbeschluss mit einer Mehrheit von mindestens 75 % der abgegebenen Stimmen erforderlich (§ 13 UmwG). Zu beachten ist, dass bei Beteiligung eines Gesellschafters mit Sonderrechten (z.B. Sonderrecht auf Ausübung der Geschäftsführung/Bestellung eines Geschäftsführers) ohne die Zustimmung dieses Gesellschafters die Verschmelzung nicht zustande kommt (§ 50 Abs. 2, § 13 Abs. 2 UmwG). Gleiches gilt für Gesellschafter, deren Haftungsrisiko sich infolge der Verschmelzung vergrößert, also z.B. bei Verschmelzung einer Kapitalgesellschaft auf eine Kommanditgesellschaft (§§ 51, 78 UmwG). Dem Gesellschafterbeschluss ist der Verschmelzungsvertrag beizufügen.

Zuvor sind in den Geschäftsräumen neben dem Verschmelzungsvertrag und -bericht die letzten drei Jahresabschlüssen der beteiligten Rechtsträger neben Lageberichten auszulegen (§ 49 Abs. 2, § 63 Abs. 1, § 82 Abs. 1, § 101 Abs. 1 UmwG). 3.22

Praxistipp 3.23

Es sollte mit dem Gesellschafterbeschluss gleich ein Verzicht auf die gerichtliche Anfechtung von Gesellschafterbeschlüssen mitbeurkundet werden. Dies führt zu einer Beschleunigung des Vorgangs, da nicht mehr das Verstreichen der typischerweise im Gesellschaftsvertrag enthaltenen Frist für Beschlussmängelklagen abgewartet werden muss, bevor die Anmeldung zum Handelsregister durchgeführt werden kann.

– **Vollzug im Handelsregister** 3.24

Nach notariellem Abschluss der erforderlichen Umwandlungsdokumentation ist der Vorgang zum Handelsregister anzumelden. Die Umwandlung wird mit ihrer Eintragung in das Handelsregister wirksam. Bei der Verschmelzung ist die Eintragung in das Register am Sitz des übernehmenden Rechtsträgers, bei der Spaltung die Eintragung in das Register am Sitz des übertragenden Rechtsträgers maßgeblich. Im Zeitpunkt der Eintragung gehen sämtliche Aktiva und Passiva des übertragenden Rechtsträgers auf den aufnehmenden Rechtsträger über.

3.2.2 Spaltung (Aufspaltung, Abspaltung und Ausgliederung)

In den §§ 121–151 UmwG sind verschiedene Formen der Spaltung geregelt (Aufspaltung, Abspaltung und Ausgliederung). Grundsätzlich folgt eine Spaltung dem oben dargestellten Ablauf einer Verschmelzung. Zusammengefasst ist der Ablauf einer Spaltung wie folgt: 3.25

1. Erstellung der Schlussbilanz
2. Entwurf eines Spaltungsplans
3. Erstellung des Spaltungsberichts (soweit nicht darauf verzichtet werden darf)
4. Durchführung der Spaltungsprüfung (soweit nicht darauf verzichtet werden darf)

5. notarielle Beurkundung des Spaltungsplans
6. Anmeldung und Eintragung der Spaltung im Handelsregister

3.26 Exkurs: Im **Beispiel (2)** oben (Rdnr. 3.2) kann der Verkäufer den vom Käufer begehrten Unternehmensteil mittels einer Ausgliederung auf eine neugegründete GmbH übertragen. Anschließend werden die Geschäftsanteile an der neuen GmbH an den Käufer verkauft.

3.2.3 Formwechsel

3.27 Der Formwechsel (zu den umsatzsteuerlichen Folgen von Formwechseln siehe Rdnr. 20.95 und zum Formwechsel als Gestaltungselement bei Beendigung einer Betriebsaufspaltung vgl. Rdnr. 16.1 ff.) ist zulässig für Personenhandelsgesellschaften, Partnerschaftsgesellschaften, Kapitalgesellschaften, eingetragene Vereine, Versicherungsvereine auf Gegenseitigkeit und Körperschaften und Anstalten des öffentlichen Rechts. Die genannten Rechtsträger können ihre Form in folgende Rechtsformen ändern: GbR, Personenhandelsgesellschaft, Partnerschaftsgesellschaft, Kapitalgesellschaft und eingetragene Genossenschaft (§ 191 UmwG).

3.28 Im Gegensatz zur Verschmelzung und Spaltung unterliegt der Formwechsel geringeren zeitlichen und formellen Zwängen. Allenfalls ist bei Vorhandensein eines Betriebsrats zu bedenken, dass nach § 194 Abs. 2 UmwG einen Monat vor der relevanten Gesellschafterversammlung der Entwurf des Umwandlungsbeschlusses zur Verfügung gestellt wird. Ein Formwechsel hat folgenden Ablauf:

1. Entwurf eines Umwandlungsbeschlusses
2. rechtzeitige Zuleitung des Entwurfs an den Betriebsrat (soweit einschlägig)
3. Erstellen eines Umwandlungsberichts (soweit Gesellschafter keinen notariell beurkundeten Verzicht erklären)
4. Unterrichtung der Gesellschafter über den Formwechsel – Ladung zu Gesellschafterversammlung
5. notariell zu beurkunde Beschlussfassungsfassung über den Formwechsel
6. Anmeldung und Eintragung des neuen Rechtsträgers im Handelsregister

3.29 Der Beschluss über einen Formwechsel muss mit einer Mehrheit von 3/4 der abgegebenen Stimmen beschlossen werden, jedoch ist in diversen Konstellationen die ausdrückliche Zustimmung einzelner Gesellschafter erforderlich, deren Rechte durch den Formwechsel erheblich berührt sind (vgl. z.B. § 50 Abs. 2 UmwG). Bei einem Formwechsel von einer Kapitalgesellschaft in eine GbR, OHG oder PartG ist hingegen nach dem Gesetz – aufgrund der nach Formwechsel bestehenden persönlichen Haftung der Gesellschafter für Gesellschaftsverbindlichkeiten – die Zustimmung **aller** Gesellschafter erforderlich (§ 233 UmwG).

Bei einem Formwechsel einer Personengesellschaft in eine Kapitalgesellschaft 3.30
haften die Gesellschafter nach § 224 UmwG für eine Dauer von fünf Jahren ab Bekanntmachung des Formwechsels im Handelsregister gesamtschuldnerisch für alle bereits vor dem Formwechsel begründeten Verbindlichkeiten der Gesellschaft.

Exkurs: Im **Beispiel (1)** oben kann die GmbH mittels des Formwechsels nach 3.31
dem UmwG in eine OHG umgewandelt werden (sog. **Veräußerer-Umwandlungsmodell**). Hierdurch kann unter Beachtung bestimmter steuerrechtlicher Kriterien der Kaufpreis in Abschreibungsvolumen transformiert werden (zum Veräußerer-Umwandlungsmodell siehe Rdnr. 6.1 ff.).

Exkurs: Im **Beispiel (3)** oben beschließen die Gesellschafter mit Blick auf die 3.32
Transaktion den Formwechsel in eine GmbH (zu den steuerlichen Nachteilen der Veräußerung von Anteilen einer Kapitalgesellschaft siehe Rdnr. 6.1 ff.).

3.2.4 Beteiligung und Schutz Dritter sowie Nachhaftung

Umwandlungen nach dem UmwG enthalten gläubigerschützende Vorschriften, 3.33
die einem Missbrauch der umwandlungsrechtlichen Gesamtrechtsnachfolge verhindern sollen. In **sämtlichen Umwandlungsfällen** sind Gläubiger berechtigt, binnen sechs Monaten nach Registereintragung der Verschmelzung Sicherheit von der übernehmenden Gesellschaft zu verlangen, wenn die Erfüllung noch nicht fälliger Ansprüche ernsthaft gefährdet erscheint (§ 22 UmwG).

In Fällen der **Spaltung** (Aufspaltung, Abspaltung und Ausgliederung) gilt, dass der 3.34
übertragende Rechtsträger **gesamtschuldnerisch** für den Zeitraum von fünf Jahren nach Eintragung des Umwandlungsvorgangs im Handelsregister für sämtliche Verbindlichkeiten (auch für erst künftig fällig werdende, aber bereits begründete Verbindlichkeiten, insbesondere Miet- und Pachtzahlungen) des neuen Unternehmensträgers mithaftet (§ 133 UmwG; sog. **Nachhaftung**).

3.2.5 Auswirkungen auf Arbeitsverträge

Umwandlungen lassen bestehende Arbeitsverträge unberührt (§ 324 UmwG; 3.35
§ 613a BGB). Die Arbeitsverhältnisse gehen auf den neuen Rechtsträger über. Auch Tarifverträge und Betriebsvereinbarungen gelten unverändert fort (siehe im Übrigen Rdnr. 9.65 ff.).

3.2.6 Auswirkungen auf Verträge – Change-of-control-Klauseln

3.36 Bei Umwandlungsvorgängen besonders zu beachten sind sogenannte *Change-of-control*-Klauseln in Dauerschuldverhältnissen. *Change-of-control*-Klauseln haben folgenden Hintergrund: Umwandlungen führen kraft Gesetzes die Gesamtrechtsnachfolge herbei. Der Vertragspartner kann also die Rechtsnachfolge nicht verhindern. Die Tatsache, dass z.B. der Gewerbemieter sich ohne vorherige Zustimmung des Vermieters umgewandelt hat, begründet noch keinen wichtigen Grund, der den Vermieter zur außerordentlichen Kündigung berechtigt. Insbesondere ist ein Formwechsel z.B. einer OHG in eine GmbH keine Überlassung einer Miet- oder Pachtsache an einen Dritten (die grundsätzlich genehmigungsbedürftig ist).[4] Das Umwandlungsrecht kann also helfen, den wirtschaftlich wertvollen Mietvertrag rechtssicher auf den Käufer zu übertragen. Dies ist gerade bei **Praxisverkäufen** und Verkäufen von anderen Unternehmen mit Publikumsverkehr (etwa **Restaurants, Hotels, Einzelhandel**) vorteilhaft.

3.37 Exkurs **Beispiel** (4): Verkäufer und Käufer vereinbaren, dass der Verkäufer sein Einzelunternehmen zunächst in eine neu gegründete GmbH ausgliedert, so dass die Dauerschuldverhältnisse, insbesondere auch Mietverträge, inhaltlich unverändert auf die GmbH übergehen und er im Anschluss seine Geschäftsanteile an der GmbH an den Käufer verkauft.

3.38 Vor diesem Hintergrund werden in wichtigen schuldrechtlichen Verträgen häufig *Change-of-control*-Klauseln vereinbart, wonach im Fall von jeglichen Änderungen der Rechtsform und/oder der Gesellschafterstruktur eines Vertragspartners vorab die Zustimmung des anderen Vertragspartners eingeholt werden muss. Für den Fall, dass dies nicht geschieht, wird dem anderen Vertragspartner ein Kündigungsrecht eingeräumt. So kann jener zwar den kraft Gesetzes eintretenden Wechsel des Vertragspartners nicht verhindern, er kann sich aber des neuen Vertragspartners mittels Ausübung des vertraglichen Sonderkündigungsrechts entledigen. In der Praxis finden sich solche Klauseln vor allem in Miet-, Pacht- und Lieferverträgen.

3.39 **Praxistipp**

Vor Strukturwechseln jedweder Art sollten daher frühzeitig die wichtigsten Dauerschuldverhältnisse anwaltlich auf *Change-of-control-Klauseln* geprüft und ggf. die schriftliche Zustimmung des jeweiligen Vertragspartners zur geplanten Maßnahme eingeholt werden (zur Due-Diligence-Prüfung siehe Rdnr. 10.25).

4) BGH, Urt. v. 27.11.2009 – LwZR 15/09, ZIP 2010, 377.

3.3 Umwandlungen außerhalb des UmwG

Auch außerhalb des UmwG gibt es diverse weitere Möglichkeiten der Umwandlung. Hier sei beispielsweise die Umwandlung einer GbR in eine PartG (vgl. § 2 Abs. 2 PartGG), die Umwandlung einer Personenhandelsgesellschaft in eine andere Form der Personenhandelsgesellschaft (Formwechsel einer OHG in eine KG und umgekehrt, §§ 105, 161 Abs. 1 HGB) sowie der Formwechsel einer GbR in eine Personenhandelsgesellschaft durch die Aufnahme eines Handelsgewerbes (§ 105 Abs. 1 Satz 1 HGB) oder durch die Eintragung ins Handelsregister (§ 105 Abs. 2 HGB) genannt. Allgemein gesprochen bieten Umwandlungsvorgänge außerhalb des UmwG oftmals erhebliche, insbesondere kostenmäßige Erleichterungen. 3.40

3.3.1 Umwandlungen mit Gesamtrechtsnachfolge

Basierend auf § 738 Abs. 1 Satz 1 BGB können mittels der **Anwachsung** im Ergebnis Verschmelzungsvorgänge außerhalb des UmwG durchgeführt werden. 3.41

3.3.1.1 Einfaches Anwachsungsmodell

Dieses Modell ermöglicht einer Personengesellschaft (also insbesondere auch bis 31.12.2023 nicht verschmelzungsfähigen GbR), ihr gesamtes Vermögen auf den letzten verbleibenden Gesellschafter zu übertragen, so dass jener Gesamtrechtsnachfolger wird. 3.42

Hinweis

Durch das im Sommer 2021 beschlossene MoPeG wird die GbR mit Wirkung zum 01.01.2024 ein umwandlungsfähiger Rechtsträger nach dem UmwG.

Mit Vereinigung sämtlicher Anteile einer Personengesellschaft in einer Hand fällt die Gesellschaft in sich zusammen, und es kommt kraft Gesetzes zum Übergang des gesamten Gesellschaftsvermögens im Wege der Gesamtnachfolge auf den verbliebenen Gesellschafter. Im Ergebnis kann also eine **Verschmelzung im Wege der Anwachsung** durchgeführt werden. So kann etwa eine GmbH & Co. KG durch Austritt sämtlicher Kommanditisten in eine GmbH umgewandelt werden. 3.43

Die praktischen Vorteile sind die niedrigen formalen Anforderungen und Umsetzungskosten sowie die erhebliche Zeitersparnis, da weder die Einhaltung umfangreicher Formalien (keine notarielle Beurkundung) noch bestimmter Umwandlungsstichtage erforderlich ist. Auch können Vermögensgegenstände, selbst ein Grundstück, ohne besonderen (kostentreibenden) Übertragungsakt übertragen werden. 3.44

3.45 Bei dem sogenannten einfachen Anwachsungsmodell treten – bis auf den übernehmenden Rechtsträger – alle bisherigen Gesellschafter des übertragenden Rechtsträgers aus und erhalten dafür keine Anteile am übernehmenden Rechtsträger. Dies geschieht durch den Austritt der übrigen Gesellschafter zu einem bestimmten Stichtag, die dabei vereinbaren, dass das Geschäft mit allen Aktiva und Passiva auf den verbleibenden Gesellschafter, z.B. die Komplementär-GmbH einer GmbH & Co. KG, übergehen soll. Das einfache Anwachsungsmodell führt allerdings häufig dazu, dass die ausscheidenden Kommanditisten die jeweiligen stillen Reserven aufdecken müssen (§ 16 Abs. 3 EStG), die Einbringung also nicht ertragsteuerneutral ist.

3.3.1.2 Erweitertes Anwachsungsmodell

3.46 Die unliebsame Gewinnrealisierung beim einfachen Anwachsungsmodell (siehe oben) kann durch das sogenannte erweiterte Anwachsungsmodell vermieden werden.[5)]

3.47 Bei dieser Gestaltung bringen die Kommanditisten ihre Gesellschaftsanteile in die Komplementär-GmbH im Wege der offenen Sacheinlage (§§ 56a, 7 Abs. 3 GmbHG) ein. Im Rahmen einer Sachkapitalerhöhung werden den Kommanditisten Geschäftsanteile an der GmbH gewährt. Die Komplementär-GmbH hält infolgedessen sämtliche Kommanditanteile, womit die Kommanditgesellschaft in sich zusammenfällt und das Vermögen der GmbH & Co. KG mittels Anwachsung auf die Komplementär-GmbH übergeht. In diesem Fall finden die §§ 20 und 24 UmwStG und das damit verbundene **Wahlrecht zur Buchwertfortführung** (vgl. Rdnr. 15.103 ff.) Anwendung.

3.48 In der Praxis dient das erweiterte Anwachsungsmodell insbesondere dazu, einen Formwechsel von einer GbR in eine Kapitalgesellschaft oder eine Verschmelzung einer GmbH & Co. KG auf die Komplementär-GmbH zu bewirken.

3.3.2 Umwandlungen mit Einzelrechtsnachfolge

3.49 Unternehmensumwandlungen können auch im Wege der Einzelrechtsnachfolge, also durch vertragliche Übertragung von Wirtschaftsgütern auf das aufnehmende Unternehmen, erreicht werden. Im Fall von Umwandlungen im Wege der Einzelrechtsnachfolge ist der Anwendungsbereich des UmwStG und damit die steuerneutrale Gestaltung nur eröffnet, wenn es sich um einen Vorgang i.S.d. Sechsten bis Achten Teils des UmwStG handelt. Es muss sich also um die Einbringung betrieblicher Einheiten (Betriebe, Teilbetriebe, Mitunternehmeranteile) in Kapi-

5) Vgl. BMF-Schreiben v. 11.11.2011 – IV C 2 – S 1978-b/08/10001, BStBl I, 1314 (im Folgenden: UmwSt-Erlass), Rdnr. E 01.44; E 20.10 dritter Spiegelstrich.

tal- oder Personengesellschaften oder um einen Anteilstausch (§ 21 UmwStG) handeln. Bei Umwandlungen im Wege der Einzelrechtsnachfolge ist eine Sperrfrist für Weiterveräußerungen mit einer Dauer von drei Jahren zu beachten (§ 6 Abs. 5 Satz 4 EStG; zu den steuerlichen Folgen der Einbringung vgl. Rdnr. 14.34 ff. und zu den umsatzsteuerlichen Folgen von Einbringungen vgl. Rdnr. 20.118 ff.).

Anders als bei einer Umwandlung nach dem UmwG sowie einer Verschmelzung 3.50
im Wege der Anwachsung tritt bei einer Einbringung jedoch **keine Gesamtrechtsnachfolge** ein. So kann ein Einzelunternehmer sein Unternehmen zwar umwandeln, indem er es in eine neu gegründete GmbH einbringt (Sachgründung); für den Übergang von Verbindlichkeiten benötigt er jedoch weiterhin die Zustimmung der Gläubiger. Dies kann, etwa im Fall eines gewerblichen Mietvertrags, existenzbedrohende Folgen haben.

4. Vorab-Auslagerung und Zurückbehalt wesentlicher Betriebsgrundlagen

Inhalt **Rdnr.**

4.1 Einleitung

4.1 Beim Verkauf eines Einzelunternehmens, eines Teilbetriebs oder des gesamten Mitunternehmeranteils an einer Personengesellschaft sieht das Steuerrecht bei natürlichen Personen neben der grundsätzlichen Gewerbesteuerfreiheit solcher Vorgänge unter bestimmten Voraussetzungen die Gewährung eines Freibetrags nach § 16 Abs. 4 EStG sowie Steuersatzvergünstigungen nach § 34 Abs. 1 oder 3 EStG vor. Daneben ist der Erhalt der Vergünstigungen bei der Betriebsveräußerung bzw. bei der Veräußerung von Mitunternehmeranteilen daran geknüpft, dass der Betrieb bzw. der Mitunternehmeranteil **mit allen wesentlichen Betriebsgrundlagen** veräußert wird. Oftmals besteht jedoch in der Praxis der Wunsch, solche wesentlichen Betriebsgrundlagen zurückzubehalten oder vor einer Veräußerung ohne Auflösung der stillen Reserven auf einen anderen Rechtsträger zu übertragen. Wie sich eine solche Vorab-Auslagerung oder der Zurückbehalt wesentlicher Betriebsgrundlagen auf die steuerlichen Vergünstigungen auswirken, ist Gegenstand der folgenden Überlegungen.

4.2 Betriebsveräußerung

4.2.1 Voraussetzungen für Steuervergünstigungen

4.2 Voraussetzung für den Erhalt der Steuervergünstigungen nach § 16 Abs. 4 und § 34 EStG ist zunächst, dass überhaupt eine Betriebsveräußerung oder zumindest eine Betriebsaufgabe nach § 16 EStG vorliegt. Bei der Betriebsveräußerung muss der Betrieb nach R 16 Abs. 2 EStR 2012 mit allen seinen wesentlichen Betriebsgrundlagen gegen Entgelt in der Weise auf einen Erwerber übertragen werden, dass der Betrieb als geschäftlicher Organismus fortgeführt werden kann. Nicht erforderlich ist es, dass der Erwerber den Betrieb tatsächlich fortführt.

4.3 Alle wesentlichen Betriebsgrundlagen müssen in einem einheitlichen Vorgang veräußert werden, eine langfristige Nutzungsüberlassung an den Erwerber reicht für die Annahme einer Betriebsveräußerung i.S.d. §§ 16 und 34 EStG nicht aus. Der Begriff der wesentlichen Betriebsgrundlage bestimmt sich nach der sogenannten **funktional-quantitativen Betrachtungsweise** und schließt damit Wirtschaftsgüter ein, in denen stille Reserven ruhen.[1] Verbindlichkeiten, die der Erwerber nicht übernimmt, bleiben Betriebsvermögen, sofern diese nicht aus dem Veräußerungspreis oder durch Verwertung zurückbehaltener Wirtschaftsgüter hätten abgedeckt werden können.[2] Weitere Voraussetzung ist nach Auffassung der Finanzverwaltung in H 16 Abs. 1 EStH 2018, dass der Veräußerer die mit dem veräußerten Betriebsvermögen verbundene Tätigkeit aufgibt.[3]

4.4 Begünstigt ist auch die Veräußerung eines Teilbetriebs i.S.v. R 16 Abs. 3 EStR 2012, wobei es naturgemäß nach H 16 Abs. 3 EStH 2018 nicht erforderlich ist, dass der Veräußerer seine gewerbliche Tätigkeit in vollem Umfang beendet. Ausreichend ist vielmehr, die gewerbliche Tätigkeit aufzugeben, die sich auf die veräußerten wesentlichen Betriebsgrundlagen bezieht.

4.2.2 Zurückbehalt wesentlicher Betriebsgrundlagen

4.5 Während zurückbehaltene nicht wesentliche Betriebsgrundlagen, die keine stillen Reserven enthalten, einer begünstigten Betriebsveräußerung nicht entgegenstehen, liegt bei einem Zurückbehalt wesentlicher Betriebsgrundlagen **keine begünstigte Betriebsveräußerung** vor. Da aber im Hinblick auf zurückbehaltene

1) Vgl. SCHMIDT/WACKER, EStG, 42. Aufl. 2023, § 16 Rdnr. 86.

2) Vgl. SCHMIDT/WACKER, EStG, 42. Aufl. 2023, § 16 Rdnr. 109.

3) Vgl. BFH, Urt. v. 12.06.1996 – XI R 56, 57/95, BStBl II, 527; für Veräußerung einer freiberuflichen Praxis vgl. zuletzt BFH, Beschl. v. 11.02.2020 – VIII B 131/19, DStR 2020, 486; vgl. auch BFH, Urt. v. 21.08.2018 – VIII R 2/15, BStBl II 2019, 64; vgl. auch SCHMIDT/WACKER, EStG, 42. Aufl. 2023, § 16 Rdnr. 81; GEISSLER, in: HERRMANN/HEUER/RAUPACH, EStG/KStG, § 16 EStG Rdnr. 136 (9/2022).

Wirtschaftsgüter zwangsläufig eine Entnahme in das Privatvermögen erfolgt, liegt jedoch immer noch eine nach § 16 Abs. 4 und § 34 EStG **begünstige Betriebsaufgabe** vor. Denn nach H 16 Abs. 2 EStH 2018 ist eine Betriebsaufgabe im Ganzen anzunehmen, wenn alle wesentlichen Betriebsgrundlagen innerhalb kurzer Zeit und damit in einem einheitlichen Vorgang – nicht nach und nach – entweder in das Privatvermögen überführt oder alternativ teilweise veräußert und teilweise in das Privatvermögen überführt werden und damit der Betrieb als selbständiger Organismus des Wirtschaftslebens zu bestehen aufhört.

4.2.3 Vorab-Auslagerung wesentlicher Betriebsgrundlagen

Dagegen führt die Vorab-Auslagerung wesentlicher Betriebsgrundlagen auf einen anderen Rechtsträger im zeitlichen Zusammenhang mit einer Betriebsveräußerung zur Nichtanwendung der steuerlichen Vergünstigungen. Somit verwundert es nicht, dass der BFH[4] und diesem folgend die Finanzverwaltung[5] von der **weiteren Anwendung der Gesamtplanbetrachtung** im Rahmen der Gewährung der Steuervergünstigungen nach § 16 Abs. 4 und § 34 EStG ausgeht. Der Gesamtplangedanke soll der Verwirklichung des Zwecks der vorgenannten Vergünstigungen dienen, wonach die **zusammengeballte Realisierung** der während vieler Jahre entstandenen stillen Reserven nicht ungemildert dem progressiven Einkommensteuertarif unterworfen werden soll. Bei der Prüfung der Vergünstigungen nach § 16 Abs. 4 und § 34 EStG sind auch funktional nicht wesentliche Wirtschaftsgüter mit stillen Reserven zu berücksichtigen. 4.6

Maßgebender **Betrachtungszeitpunkt** für eine Betriebsveräußerung nach § 16 Abs. 1 EStG ist nicht der Abschluss des Kaufvertrags, sondern der Zeitpunkt, in dem das wirtschaftliche Eigentum übertragen wird. Zu diesem Zeitpunkt ist zu prüfen, ob ein Betrieb, Teilbetrieb oder Mitunternehmeranteil vorliegt. Nach dieser zeitpunktbezogenen Betrachtung ist es unschädlich, wenn eine wesentliche Betriebsgrundlage vor der Veräußerung aus dem Betriebsvermögen ausscheidet und der verbleibende Betrieb noch eine funktionsfähige betriebliche Einheit darstellt. Eine Vorab-Auslagerung darf somit nicht zu einer Betriebszerschlagung führen. Diese Betrachtung hat allerdings nur Bedeutung für die Frage, ob eine nicht der Gewerbesteuer unterliegende Betriebsveräußerung vorliegt, nicht aber für die Frage, ob der Freibetrag nach § 16 Abs. 4 EStG bzw. der ermäßigte Steuersatz nach § 34 EStG zur Anwendung kommt. 4.7

Denn die Anwendung der Begünstigungen nach § 16 Abs. 4 und § 34 EStG ist ausgeschlossen, wenn aufgrund einheitlicher Planung und in engem zeitlichen 4.8

4) Vgl. BFH, Urt. v. 17.12.2014 – IV R 57/11, BStBl II 2015, 536.

5) Vgl. BMF-Schreiben v. 20.11.2019 – IV C 6 – S 2241/15/10003, BStBl I, 1291, Rdnr. 16.

Zusammenhang mit der Veräußerung der Sachgesamtheit eine **Auslagerung zum Buchwert** (z.B. nach § 6 Abs. 5 EStG) erfolgt.[6] Für die Gewährung der Vergünstigungen nach § 16 Abs. 4 und § 34 EStG sind somit z.B. folgende Vorgänge schädlich, die zwingend eine Buchwertfortführung nach sich ziehen:

- die Überführung in einen anderen Gewerbebetrieb nach § 6 Abs. 5 Satz 1 EStG,
- die Überführung in das Sonderbetriebsvermögen des Veräußerers bei einer Mitunternehmerschaft (z.B. durch Nutzungsüberlassung an eine Mitunternehmerschaft, an welcher der Veräußerer beteiligt ist) nach § 6 Abs. 5 Satz 2 EStG sowie
- die unentgeltliche oder gegen Gewährung von Gesellschaftsrechten erfolgende Übertragung in das Gesamthandsvermögen einer Mitunternehmerschaft nach § 6 Abs. 5 Satz 3 Nr. 1 EStG, an welcher der Veräußerer beteiligt ist.

4.9 Für **Zwecke der Gewerbesteuerfreiheit** bei einer natürlichen Person als Veräußerer knüpft der BFH dagegen nicht an die Voraussetzungen der §§ 16 und 34 EStG an,[7] auch wenn diese oftmals vorliegen dürften. Unter Berücksichtigung des Objektsteuercharakters der Gewerbesteuer dient nämlich die Nichtbelastung mit Gewerbesteuer nicht dem Ziel, eine zusammengeballte Realisierung stiller Reserven abzumildern. Vielmehr ist entscheidend, dass die betriebliche Tätigkeit endgültig eingestellt wird. Nach der Rechtsprechung des BFH unterliegen Gewinne aus der Betriebsveräußerung oder Betriebsaufgabe – unabhängig davon, ob diese von den §§ 16 und 34 EStG erfasst werden – nicht der Gewerbesteuer.

4.10 **Beispiel**

X betreibt ein Einzelhandelsgeschäft, zu dessen Betriebsvermögen auch das Grundstück gehört, auf dem sich das Geschäftslokal und die Kundenparkplätze befinden. Zum 01.01.2022 möchte X seine Tätigkeit einstellen und sein Einzelhandelsgeschäft veräußern, das vorgenannte Grundstück aber zurückbehalten. Es ist mit einem nennenswerten Veräußerungsgewinn zu rechnen. Im September 2021 überführt X das Grundstück zu Buchwerten gem. § 6 Abs. 5 Satz 3 Nr. 1 auf

6) So auch die einschlägige Rechtsprechung zur Übertragung von Mitunternehmeranteilen, vgl. z.B. BFH, Urt. v. 09.12.2014 – IV R 36/13, BStBl II 2015, 529; BFH, Urt. v. 17.12.2014 – IV R 57/11, BStBl II 2015, 536.

7) Vgl. z.B. BFH, Urt. v. 29.10.1987 – IV R 93/85, BStBl II 1988, 374; BFH, Urt. v. 03.02.1994 – III R 23/89, BStBl II, 709; BFH, Urt. v. 17.03.2010 – IV R 41/07, BStBl II, 977; vgl. auch Franke, in: Wendt/Suchanek/Möllmann/Heinemann, GewStG, 2. Aufl. 2022, § 7 Rdnr. 57; Förster/Förster, FR 2016, 596.

eine GmbH & Co. KG, deren alleiniger Kommanditist er ist. An der KG ist daneben noch – ohne Vermögenseinlage – eine Verwaltungs-GmbH beteiligt, deren alleiniger Gesellschafter X ist.

Lösung

Die zeitnahe Übertragung des Grundstücks auf die GmbH & Co. KG steht wegen der Gesamtplanbetrachtung einer Begünstigung des Veräußerungsgewinns unter den Voraussetzungen von § 16 Abs. 4 und § 34 EStG entgegen. Der Veräußerungsgewinn unterliegt nicht der Gewerbesteuer.

4.3 Veräußerung von Anteilen an Personengesellschaften

4.3.1 Sonderbetriebsvermögen bei der Veräußerung eines Mitunternehmeranteils

Auch bei der Veräußerung des **gesamten Mitunternehmeranteils** durch eine natürliche Person kommen grundsätzlich § 16 Abs. 4 EStG sowie § 34 Abs. 1 oder 3 EStG zur Anwendung. Darüber hinaus unterliegt der Veräußerungsgewinn grundsätzlich nicht der Gewerbesteuer, soweit er auf eine natürliche Person als unmittelbar beteiligter Mitunternehmer entfällt. 4.11

Bei der Veräußerung nur eines **Teils eines Mitunternehmeranteils** entsteht dagegen nach § 16 Abs. 1 Satz 2 EStG ein **„laufender Gewinn“**, so dass weder die Gewährung des Freibetrags nach § 16 Abs. 4 EStG noch die Tarifvergünstigungen nach § 34 EStG in Betracht kommen. Der Gewinn unterliegt nach R 7.1 Abs. 3 Satz 6 GewStR 2009 auch der Gewerbesteuer,[8] die aber nach den Grundsätzen des § 35 EStG auf die Einkommensteuer anrechenbar ist. 4.12

Wird ein gesamter Mitunternehmeranteil veräußert, so ist es für den Erhalt der Steuervergünstigungen nach den §§ 16 und 34 EStG nach ständiger Rechtsprechung des BFH[9] erforderlich, dass sämtliche wesentlichen Betriebsgrundlagen mitveräußert werden. Dabei kommt es nicht darauf an, ob sich diese im Gesamthandsvermögen oder – im Fall der Überlassung durch einen Gesellschafter an „seine“ Personengesellschaft – im Sonderbetriebsvermögen befinden. Umfasst somit ein Mitunternehmeranteil auch Sonderbetriebsvermögen, so setzt die 4.13

8) Vgl. BFH, Urt. v. 14.12.2006 – IV R 3/05, BStBl II 2007, 777.

9) Vgl. dazu nur Schmidt/Wacker, EStG, 42. Aufl. 2023, § 16 Rdnr. 390.

begünstigte Veräußerung eines Mitunternehmeranteils voraus, dass neben dem Gesellschaftsanteil auch **alle wesentlichen Betriebsgrundlagen im Sonderbetriebsvermögen** mit veräußert werden müssen.[10]

4.14 Werden solche, nach funktional-quantitativer Betrachtung wesentlichen Betriebsgrundlagen des Sonderbetriebsvermögens nicht mit veräußert, kommt es zu einer Zwangsentnahme des durch den Mitunternehmeranteil repräsentierten Vermögens. Es liegt dann zwar keine Veräußerung eines Mitunternehmeranteils vor; wegen der Auflösung sämtlicher stiller Reserven – auch der anteiligen stillen Reserven im Gesamthandsvermögen – liegt aber eine nach den §§ 16 und 34 EStG begünstigte **Aufgabe des Mitunternehmeranteils** vor.[11]

4.15 Die Mitveräußerung des Sonderbetriebsvermögens erfordert daher zunächst, dieses zu identifizieren. Obwohl der Begriff des Sonderbetriebsvermögens gesetzlich nicht definiert ist, geht die ständige Rechtsprechung des BFH davon aus, dass zum Betriebsvermögen einer gewerblich tätigen Personengesellschaft nicht nur die Wirtschaftsgüter im Gesamthandsvermögen der Gesellschaft gehören, sondern auch die Wirtschaftsgüter, die als sogenannte Sonderbetriebsvermögen I oder II qualifiziert werden:[12]

- Zum **Sonderbetriebsvermögen I** gehören Wirtschaftsgüter, die einem, mehreren oder allen Beteiligten gehören und dazu geeignet und bestimmt sind, dem Betrieb der Personengesellschaft zu dienen. Erfasst werden insbesondere Wirtschaftsgüter, die von einem Gesellschafter an die Personengesellschaft zur betrieblichen Nutzung entgeltlich oder unentgeltlich überlassen und die von der Personengesellschaft für eigenbetriebliche Zwecke eingesetzt werden. Dabei kommt es nicht darauf an, ob die Personengesellschaft das überlassene Wirtschaftsgut auch benötigt.
- Zum **Sonderbetriebsvermögen II** gehören dagegen Wirtschaftsgüter, die unmittelbar zur Begründung oder Stärkung der Beteiligung des Gesellschafters an der Personengesellschaft eingesetzt werden. Hierzu zählen nicht nur positive Wirtschaftsgüter, wie z.B. die Beteiligung eines Kommanditisten einer GmbH & Co. KG an der Komplementär-GmbH oder die GmbH-Anteile des Gesellschafters einer GmbH & atypisch still,[13] sondern auch negative Wirt-

10) Zum Sonderbetriebsvermögen als wesentliche Betriebsgrundlagen vgl. instruktiv Bolk, Bilanzierung und Besteuerung der Personengesellschaft und ihrer Gesellschafter, 5. Aufl. 2023, Rdnr. 3.117 ff.

11) Vgl. BFH, Urt. v. 10.03.1998 – VIII R 76/96, BStBl II 1999, 269.

12) Vgl. aus der jüngeren Rechtsprechung z.B. BFH, Urt. v. 25.11.2009 – I R 72/08, BStBl II 2010, 471; BFH, Urt. v. 06.05.2010 – IV R 52/08, BStBl II 2011, 261.

13) Vgl. BFH, Urt. v. 15.10.1998 – IV R 18/98, BStBl II 1999, 286; OFD Frankfurt, Vfg. v. 14.03.2001 – S 2241, DStR 2001, 1159.

schaftsgüter, wie z.B. Verbindlichkeiten, die mit der Refinanzierung der Beteiligung an der Personengesellschaft oder von Wirtschaftsgütern des Sonderbetriebsvermögens in einem wirtschaftlichen Zusammenhang stehen.

Soweit ein Wirtschaftsgut des Sonderbetriebsvermögens zugleich auch zum Betriebsvermögen des Überlassenden gehört, stellt sich die Frage der Bilanzierungskonkurrenz, d.h., ob das Sonderbetriebsvermögen vorrangig oder nur subsidiär ist. Nach der Rechtsprechung des BFH sowie nach h.M. wird **§ 15 Abs. 1 Nr. 2 EStG** nicht nur als Qualifikationsnorm, sondern auch **als Zurechnungsnorm** verstanden.[14] Aus der Wertung als Zurechnungsnorm folgt, dass Wirtschaftsgüter auch dann zum Sonderbetriebsvermögen einer Personengesellschaft gerechnet werden, wenn sie bereits zum Betriebsvermögen eines anderen Betriebs des Mitunternehmers gehören. Das Sonderbetriebsvermögen hat damit **Vorrang** vor einem anderen Betriebsvermögen. Dieser Vorrang gilt unabhängig davon, ob der Mitunternehmer eine natürliche Person, eine Personengesellschaft oder eine Kapitalgesellschaft ist. 4.16

Dieser Vorrang des Sonderbetriebsvermögens kann sich nachteilig auswirken, wenn der Mitunternehmeranteil an der nutzenden Personengesellschaft ohne das evtl. „übersehene" Sonderbetriebsvermögen durch eine natürliche Person veräußert wird, und es somit wieder in den ursprünglichen Betrieb „zurückfällt". 4.17

Beispiel 4.18

Einzelunternehmer E überlässt der X-GmbH & Co. KG, an der er als Kommanditist beteiligt ist, ein Wirtschaftsgut (wesentliche Betriebsgrundlage) seines Betriebsvermögens, das bei der X-GmbH & Co. KG Sonderbetriebsvermögen darstellt. E veräußert im Jahr 2022 seinen gesamten Kommanditanteil an der X-GmbH & Co. KG, jedoch nicht das Wirtschaftsgut im Sonderbetriebsvermögen, das zwangsläufig mit dem Tag der Veräußerung des Mitunternehmeranteils wieder nach § 6 Abs. 5 Satz 2 EStG zum Buchwert in das Betriebsvermögen des X „zurücküberführt" wird.

Lösung

Da bei der Veräußerung des Mitunternehmeranteils nicht alle stille Reserven aufgedeckt werden, liegt keine begünstigte Veräußerung des Mitunternehmeranteils nach § 16 Abs. 1 Satz 1 Nr. 2 EStG vor. Somit kann E die Vergünstigungen nach § 16 Abs. 4 und § 34 EStG nicht in Anspruch nehmen. Gewerbesteuer fällt indes nicht an.

14) Vgl. erstmals BFH, Urt. v. 18.07.1979 – I R 199/75, BStBl II, 750, zur Ablehnung der sogenannten Subsidiaritätsthese; BFH, Urt. v. 07.12.2000 – III R 35/98, BStBl II 2001, 316; vgl. auch SCHMIDT/WACKER, EStG, 42. Aufl. 2023, § 15 EStG Rdnr. 534.

Abwandlung

E überträgt seinen gesamten Kommanditanteil (Mitunternehmeranteil) an der X-GmbH & Co. KG (ohne Sonderbetriebsvermögen) unentgeltlich auf sein Kind K.

Lösung

Nach Auffassung der Finanzverwaltung[15] erfolgt die Übertragung des Kommanditanteils auf das Kind K gem. § 6 Abs. 3 Satz 1 EStG zu Buchwerten. Denn es steht der Anwendung von § 6 Abs. 3 EStG – vorbehaltlich einer Betriebszerschlagung – nicht entgegen, wenn das im Zeitpunkt der Übertragung nach § 6 Abs. 3 EStG zum Betriebs- oder Sonderbetriebsvermögen der Mitunternehmerschaft gehörende Wirtschaftsgüter zeitgleich nach § 6 Abs. 5 EStG überführt oder übertragen werden.

Genaugenommen kann K im Anschluss an die Übertragung den Mitunternehmeranteil – ohne Einhaltung einer Behaltensfrist – veräußern. Abgesehen von der Frage nach dem Eingreifen von § 42 AO setzt die Anwendung von § 16 Abs. 4 und § 34 Abs. 3 EStG des Weiteren voraus, dass der Veräußerer das 55. Lebensjahr vollendet hat oder im sozialversicherungsrechtlichen Sinne dauernd berufsunfähig ist. Diese Voraussetzungen werden oftmals nicht gegeben sein.

4.3.2 Anteile an der Komplementär-GmbH als Sonderbetriebsvermögen

4.19 Auch bei einer GmbH & Co. KG stellt sich regelmäßig die Frage, ob die Beteiligung an einer Komplementär-GmbH eine zum Sonderbetriebsvermögen gehörige wesentliche Betriebsgrundlage darstellt. Dies ist jedenfalls immer dann zu prüfen, wenn die GmbH neben ihrer Funktion als Komplementärin für die KG keinen eigenen Geschäftsbetrieb unterhält, der wirtschaftlich beachtlich ist. Hierzu nimmt die **Verfügung der OFD Frankfurt vom 21.07.2022**[16] Stellung, wonach verschiedene Fallgruppen unterschieden werden.[17]

4.20 Die Verfügung der OFD NRW berücksichtigt das **BFH-Urteil vom 16.04.2015,**[18] wonach eine **Minderheitsbeteiligung des Kommanditisten von weniger als 10 %**

---

15) Vgl. BMF-Schreiben v. 20.11.2019 – IV C 6 – S 2241/15/10003, BStBl I, 1291, Rdnr. 10, in der mit dem BMF-Schreiben v. 05.05.2021 – IV C 6 – S 2240/19/10003 :017, BStBl I, 696, geänderten Fassung.

16) Vgl. OFD Frankfurt v. 21.07.2022 – S 2134 A-014-St 517, DStR 2022, 1910; zuvor bereits OFD NRW, Vfg. v. 21.06.2016 – S 2242 – 2014/0003 – St 115, DB 2016, 1907.

17) Vgl. auch Bolk, Bilanzierung und Besteuerung der Personengesellschaft und ihrer Gesellschafter, 5. Aufl. 2023, Rdnr. 3.132 ff.

18) Vgl. BFH, Urt. v. 16.04.2015 – IV R 1/12, BStBl II, 705.

an der Komplementär-GmbH regelmäßig nicht dem notwendigen Sonderbetriebsvermögen II zuzuordnen ist, wenn – ausgehend vom gesetzlich normierten Regelfall – in den Angelegenheiten der Gesellschaft die Abstimmung nach der Mehrheit der abgegebenen Stimmen erfolgt. Entscheidend ist, ob durch die Beteiligung an der Komplementär-GmbH im konkreten Einzelfall die **Stellung des Mitunternehmers** im Rahmen der KG nachhaltig gestärkt wird, wenn (erst) sie den Einfluss des Mitunternehmers auf die Geschäftsführung der KG grundlegend erweitert und z.B. den Kommanditisten in die Lage versetzt, über Fragen der laufenden Geschäftsführung zu bestimmen. Die funktionale Wesentlichkeit ist ausgeschlossen, wenn der Kommanditist in der Komplementär-GmbH keinen geschäftlichen Betätigungswillen durchsetzen kann.[19] Bei einem Kommanditanteil von 100 % stellt die Beteiligung an der Komplementär-GmbH auf jeden Fall eine **funktional wesentliche Betriebsgrundlage** dar.

Nach dem Urteil des **BFH vom 21.12.2021**[20] ist die (Mehrheits-)Beteiligung 4.21
eines Kommanditisten an einer Kapitalgesellschaft, die neben ihren geschäftlichen Beziehungen zur KG oder neben ihrer Geschäftsführertätigkeit als Komplementär-GmbH für die KG einen eigenen Geschäftsbetrieb von nicht ganz untergeordneter Bedeutung unterhält, i.d.R. nicht dem notwendigen Sonderbetriebsvermögen II zuzuordnen.

4.4 Vorab-Auslagerung bei unentgeltlicher Übertragung

Vielfach besteht in der Praxis der Wunsch, wesentliche Betriebsgrundlagen im 4.22
Betriebsvermögen oder Sonderbetriebsvermögen einer Personengesellschaft bei der Veräußerung des Mitunternehmeranteils zurückzubehalten und entweder vor dem Zeitpunkt der Veräußerung oder zeit- oder taggleich mit der Veräußerung zum Buchwert in ein anderes Betriebsvermögen zu überführen oder zu übertragen.

Im Zusammenhang mit der **unentgeltlichen Übertragung** von Mitunternehmer- 4.23
anteilen hat die Finanzverwaltung lange Zeit die Auffassung vertreten, eine Vorab-Auslagerung wesentlicher Betriebsgrundlagen sei unter dem Gesichtspunkt einer Gesamtplanbetrachtung für die Buchwertfortführung nach § 6 Abs. 3 EStG

19) Zur Kritik vgl. Schmidt/Wacker, EStG, 42. Aufl. 2023, § 15 Rdnr. 714; Wendt, FR 2010, 386; ders., FR 2002, 127; Wittwer, DStR 2010, 1072; a.A. Gosch, DStR 2010, 1174.

20) Vgl. BFH, Urt. v. 21.12.2021 – IV R 15/19, BStBl II 2022, 651.

schädlich. Mit dem BMF-Schreiben vom 20.11.2019[21)] wurde diese Auffassung[22)] zur Anwendung des § 6 Abs. 3 EStG unter Berücksichtigung der zwischenzeitlich ergangenen Rechtsprechung in Teilen revidiert. Im Anschluss an die Rechtsprechung des BFH hält die Finanzverwaltung bei der unentgeltlichen Übertragung eines gesamten Mitunternehmeranteils **nicht mehr an der Gesamtplanbetrachtung fest.**

4.24 Wird nämlich im Zeitpunkt der Übertragung (**stichtagsbezogene Betrachtung**) des Anteils am Gesamthandsvermögen funktional wesentliches Betriebsvermögen bzw. Sonderbetriebsvermögen nach § 6 Abs. 5 Satz 3 EStG zum Buchwert übertragen oder nach § 6 Abs. 5 Satz 1 oder Satz 2 EStG in ein anderes Betriebs- bzw. Sonderbetriebsvermögen des Steuerpflichtigen überführt, so ist § 6 Abs. 3 Satz 1 EStG gleichwohl auf die Übertragung des reduzierten Mitunternehmeranteils anwendbar.[23)] Somit ist erfreulicherweise die **gleichzeitige Anwendung von § 6 Abs. 3 und 5 EStG** bei der unentgeltlichen Übertragung möglich, die jedoch nicht eine Betriebszerschlagung zur Folge haben darf. Es muss nämlich nach der Auslagerung von funktional wesentlichem Betriebs- bzw. Sonderbetriebsvermögen noch weiterhin eine funktionsfähige betriebliche Einheit bestehen und die Besteuerung der stillen Reserven sichergestellt sein.

4.25 Unter Zugrundelegung der vorstehenden Grundsätze ist also der Einsatz des sogenannten **Auslagerungs- oder Ausgliederungsmodells** möglich. Dieses Modell hatte der BFH bereits 2012[24)] anerkannt, während die Finanzverwaltung zunächst mit einem Nichtanwendungserlass[25)] reagierte und die Veröffentlichung des Urteils im Bundesteuerblatt zurückgestellt hatte.

4.26 Unter Anwendung der stichtagsbezogenen Betrachtung hält die Finanzverwaltung aber an der **Gesamtplanbetrachtung fest**, wenn im Zeitpunkt der Übertragung des Anteils am Gesamthandsvermögen funktional wesentliches Sonderbetriebsvermögen zurückbehalten und zeitgleich in das Privatvermögen des Übertragenden überführt oder zum gemeinen Wert veräußert wird. In diesem Fall ist nach eine Buchwertfortführung nach § 6 Abs. 3 Satz 1 EStG im Hinblick auf

21) Vgl. BMF-Schreiben v. 20.11.2019 – IV B 6 – S 2241/15/10003, BStBl I, 1291; vgl. dazu Kraft, NWB 2020, 20; Werthebach, DStR 2020, 6; Kotzenberg/Riedel, DStR 2020, 13; Schiffers, Ubg 2020, 48.

22) Vgl. BMF-Schreiben v. 03.03.2005 – IV B 2 – S 2241 – 14/05, BStBl I, 458; mit Ergänzung vom 07.12.2006, BStBl I, 766.

23) Vgl. BFH, Urt. v. 02.08.2012 – IV R 41/11, BStBl II 2019, 715; BFH, Urt. v. 12.05.2016 – IV R 12/15, BStBl II 2019, 726.

24) Vgl. BFH, Urt. v. 02.08.2012 – IV R 41/11, BStBl II 2019, 715.

25) Vgl. BMF-Schreiben v. 12.09.2013 – IV C 6 – S 2241/10/10002, BStBl I, 1164.

den Gesellschaftsanteil nicht zulässig,[26] weil sich das funktional wesentliche Sonderbetriebsvermögen zum Zeitpunkt der Entnahme noch im Betriebsvermögen des Übertragenden befand und bei einer derartigen Konstellation gerade nicht alle im Übertragungszeitpunkt noch vorhandenen wesentlichen Betriebsgrundlagen des vorhandenen Betriebs nach § 6 Abs. 3 Satz 1 EStG übertragen werden.[27] Vielmehr liegt dann insgesamt grundsätzlich eine **tarifbegünstigte Aufgabe des gesamten Mitunternehmeranteils** vor.[28] Die stillen Reserven im Gesamthandsvermögen und im Sonderbetriebsvermögen sind aufzudecken. § 6 Abs. 3 Satz 2 EStG ist nicht anwendbar, da der Übertragende mit der Übertragung des (gesamten) Anteils am Gesamthandsvermögen nicht mehr Mitunternehmer ist.[29]

Der BFH ist der vorstehend skizzierten Verwaltungsauffassung nicht uneingeschränkt gefolgt, sondern hat im Urteil vom 10.09.2020[30] seine Aussage aus den Senatsurteilen vom 02.08.2012 und vom 09.12.2014[31] präzisiert. Bei der Auslagerung von wesentlichen Betriebsgrundlagen vor der unentgeltlichen Übertragung eines gesamten Mitunternehmeranteils wendet der BFH eine **streng zeitpunktbezogene Betrachtung** an. Danach ist nicht auf das am Tag der Übertragung vorhandene Betriebsvermögen abzustellen, sondern (enger) auf das **im Zeitpunkt der Übertragung** vorhandene Betriebsvermögen. Daraus folgt: Ist eine funktional wesentliche Betriebsgrundlage **vor der Übertragung** des (verbliebenen) ganzen Mitunternehmeranteils (ausreichend ist eine juristische Sekunde vorher) aus diesem durch Veräußerung an Dritte oder durch Überführung in das Privatvermögen ausgeschieden, ist dies für die Anwendung der Buchwertfortführung nach § 6 Abs. 3 Satz 1 erster Halbsatz EStG unschädlich. Somit ist das taggleiche Ausscheiden funktional wesentlicher Betriebsgrundlagen unter Aufdeckung der darin enthaltenen stillen Reserven dann unschädlich für die Buchwertübertragung, wenn dies zeitlich vor der Übertragung des verbliebenen und damit verkleinerten Mitunternehmeranteils erfolgt. Werden dagegen funktional wesentliche 4.27

---

26) BMF-Schreiben v. 20.11.2019 – IV C 6 – S 2241/15/10003, BStBl I, 1291, Rdnr. 9, in der mit dem BMF-Schreiben v. 05.05.2021 – IV C 6 – S 2240/19/10003 :017, BStBl I, 696, geänderten Fassung.

27) Vgl. hierzu BFH, Urt. v. 29.11.2017 – I R 7/16, BStBl II 2019, 738; vgl. auch Ott, Ubg 2019, 129: Wacker, DStR 2018, 1019; Wendt, FR 2018, 508; Micker/Trossen/Bergmann, Ubg 2018, 354; Strahl, NWB 2018, 2172.

28) Vgl. BFH, Beschl. v. 31.08.1995 – VIII B 21/93, BStBl II, 890.

29) Zur Kritik an der Schädlichkeit einer zeit- und taggleichen Entnahme oder Veräußerung vgl. Schiffers, Ubg 2020, 48; Kotzenberg/Riedel, DStR 2020, 13; Werthebach, DStR 2020, 6 jeweils m.w.N.

30) Vgl. BFH, Urt. v. 10.09.2020 – IV R 14/18, BStBl II 2021, 367; vgl. dazu Wendt, BFH/PR 2021, 98; Vortkamp/Selting, Ubg 2021, 99; Müller/Dorn, DB 2021, 257; Ott, Stbg 2021, 157.

31) Vgl. BFH, Urt. v. 02.08.2012 – IV R 41/11, BStBl II 2019, 715; BFH, Urt. v. 09.12.2014 – IV R 36/13, BStBl II 2015, 529.

Betriebsgrundlagen **zeitgleich oder erst kurz nach der Übertragung** des Mitunternehmeranteils veräußert oder in das Privatvermögen überführt, ist der Tatbestand der Aufgabe des Mitunternehmeranteils nach § 16 Abs. 3 Satz 1 i.V.m. Abs. 1 Satz 1 Nr. 1 EStG erfüllt. Die Finanzverwaltung hat sich dem BFH-Urteil vom 10.09.2020 angeschlossen und mit dem BMF-Schreiben vom 05.05.2021[32] das vorherige BMF-Schreiben vom 20.11.2019[33] in Teilen geändert.

4.5 Weiteranwendung der Gesamtplanbetrachtung bei Gewährung der Steuervergünstigungen nach §§ 16 und 34 EStG

4.5.1 Vorab-Übertragung eines Teilmitunternehmeranteils

4.28 Die Finanzverwaltung[34] hält allerdings – in Übereinstimmung mit der BFH-Rechtsprechung – an der **Gesamtplanbetrachtung fest**, wenn die Gewährung der Steuervergünstigungen nach § 16 Abs. 4 und § 34 EStG zu prüfen ist. Im Zusammenhang mit der Anwendung der Tarifbegünstigung gem. § 34 Abs. 3 EStG prüft der BFH regelmäßig nur, ob die Voraussetzungen des § 34 Abs. 2 Nr. 1 i.V.m. Abs. 1 EStG erfüllt sind, also **außerordentliche Einkünfte** in Form eines Veräußerungsgewinns vorliegen,[35] und nicht, ob daneben auch die Voraussetzungen der Tarifbegünstigung gem. § 34 Abs. 3 EStG erfüllt sind. Die zuletzt genannte Norm knüpft nämlich nicht nur an die Tatbestandsmerkmale des § 34 Abs. 2 Nr. 1 i.V.m. Abs. 1 EStG an, sondern neben dem obligatorischen Antrag auch an persönliche Merkmale des Steuerpflichtigen bzw. des veräußernden Mitunternehmers als Steuersubjekt. Ob die persönlichen Merkmale vorliegen und statt der Tarifbegünstigung nach § 34 Abs. 1 EStG der ermäßigte Steuersatz nach § 34 Abs. 3 EStG gewährt werden kann, ist daher regelmäßig bei der Veranlagung zur Einkommensteuer zu entscheiden.

4.29 Zur Vorab-Auslagerung hat der BFH[36] entschieden, dass der Gewinn aus der Veräußerung eines Mitunternehmeranteils gem. § 16 Abs. 1 Satz 1 Nr. 2 EStG dann nicht der Tarifbegünstigung gem. § 34 Abs. 2 Nr. 1 i.V.m. Abs. 1 EStG unterliegt, wenn der Steuerpflichtige zuvor aufgrund **einheitlicher Planung** und im zeitlichen Zusammenhang mit der Veräußerung des Mitunternehmeranteils einen Teil des

32) Vgl. BMF-Schreiben v. 05.05.2021 – IV C 6 – S 2240/19/10003 :017, BStBl I, 696, Rdnr. 9.

33) Vgl. BMF-Schreiben v. 20.11.2019 – IV C 6 – S 2241/15/10003, BStBl I, 1291, Rdnr. 9.

34) Vgl. BMF-Schreiben v. 20.11.2019 – IV C 6 – S 2241/15/10003, BStBl I, 1291, Rdnr. 16.

35) Zur Selbständigkeit dieser Feststellung vgl. BFH, Urt. v. 09.02.2011 – IV R 15/08, BStBl II, 764, und BFH, Urt. v. 30.08.2012 – IV R 44/10, BFH/NV 2013, 376 jeweils m.w.N.

36) Vgl. BFH, Urt. v. 09.12.2014 – IV R 36/13, BStBl II 2015, 529; Bestätigung von BFH, Urt. v. 06.09.2000 – IV R 18/99, BStBl II 2001, 229; vgl. auch BFH, Urt. v. 22.10.2013 – X R 14/11, BStBl II 2014, 158.

ursprünglichen Mitunternehmeranteils gem. § 6 Abs. 3 EStG unentgeltlich auf einen Angehörigen übertragen hat. Umfasst nämlich ein „Veräußerungsplan" mehrere Teilakte (d.h. die unentgeltliche Übertragung und die Veräußerung), so gebietet der Zweck der Tarifvergünstigung, sämtliche Teilakte miteinander zu verklammern und – im Rahmen einer **zeitraumbezogenen Betrachtung** – als einen einheitlichen Vorgang zu verstehen. Begünstigte außerordentliche Einkünfte liegen danach nicht vor, wenn durch einzelne Teilakte des einheitlich zu betrachtenden Vorgangs nicht alle stillen Reserven aufgedeckt werden. Die Folgen zeigt das folgende, an den BFH[37] angelehnte (und zeitlich fortgeschriebene) Beispiel:

Beispiel 4.30

A, der mit einem Kommanditanteil von 130.000 € an der X-KG und einem Geschäftsanteil von 18.200 € an der Komplementär-GmbH beteiligt war, hat im September 2021 einen Teil seines Kommanditanteils i.H.v. 80.000 € und einen Teilgeschäftsanteil an der Komplementär-GmbH i.H.v. 11.200 € unentgeltlich auf seine Ehefrau übertragen. Den restlichen Kommanditanteil i.H.v. 50.000 € und den verbliebenen Geschäftsanteil an der Komplementär-GmbH i.H.v. 7.000 € hat er im Dezember 2021 an Dritte veräußert.

Lösung

Nach Ansicht des BFH[38] erfolgt die unentgeltliche Übertragung auf die Ehefrau nach § 6 Abs. 3 EStG zu Buchwerten. Der Gewinn aus der Veräußerung des restlichen Kommanditanteils stellt nach § 16 Abs. 1 Satz 2 EStG einen laufenden Gewinn dar, auf den die Tarifbegünstigung nach § 34 Abs. 2 Nr. 1 i.V.m. Abs. 1 EStG keine Anwendung findet.

In der Urteilsbegründung[39] hat der BFH betont, dass der verbliebene Mitunternehmeranteil kein Teil eines Mitunternehmeranteils, sondern der verkleinerte Mitunternehmeranteil i.S.d. § 16 Abs. 1 Satz 1 Nr. 2 EStG ist. Diese Unterscheidung hat Bedeutung für Zwecke der Gewerbesteuer. Während die Veräußerung eines Teils eines Mitunternehmeranteils nach § 16 Abs. 1 Satz 2 EStG als laufender Gewinn auch der – grundsätzlich nach § 35 EStG anrechenbaren – Gewerbesteuer unterliegt,[40] wird die Veräußerung des verkleinerten Mitunternehmeranteils, soweit dieser auf eine natürliche Person als unmittelbar beteiligtem Mitunternehmer entfällt, von der Gewerbesteuer nicht erfasst.

---

37) BFH, Urt. v. 09.12.2014 – IV R 36/13, BStBl II 2015, 529.

38) Vgl. BFH, Urt. v. 09.12.2014 – IV R 36/13, BStBl II 2015, 529.

39) Vgl. BFH, Urt. v. 09.12.2014 – IV R 36/13, BStBl II 2015, 529.

40) Vgl. BFH, Urt. v. 14.12.2006 – IV R 3/05, BStBl II 2007, 777; R 7.1 Abs. 3 Satz 6 GewStR 2009.

Im Übrigen sind die beiden jeweils im September 2021 erfolgten Übertragungsvorgänge zunächst unter Berücksichtigung einer **zeitpunktbezogenen Beurteilung des jeweiligen Übertragungsgegenstands** rechtlich zu würdigen. Daraus folgt, dass A zunächst den Teil eines Mitunternehmeranteils, bestehend aus einem Teilkommanditanteil und einem Teilgeschäftsanteil an der Komplementär-GmbH, unentgeltlich auf seine Ehefrau übertragen hat. Die unentgeltliche Übertragung des Teils des Mitunternehmeranteils auf die Ehefrau, die gem. § 6 Abs. 3 Satz 1 EStG zwingend zum Buchwert erfolgte, hat insoweit keinen Veräußerungsgewinn entstehen lassen. Der Gewinn aus der anschließenden Veräußerung des verbliebenen, verkleinerten Mitunternehmeranteils gem. § 16 Abs. 1 Satz 1 Nr. 2 EStG ist jedoch – mangels Außerordentlichkeit – nicht tarifbegünstigt gem. § 34 Abs. 2 Nr. 1 i.V.m. Abs. 1 EStG, weil „außerordentlich" nur die enumerativ in § 34 Abs. 2 Nr. 1–5 EStG aufgeführten Einkünfte sind (u.a. nach § 34 Abs. 2 Nr. 1 EStG Veräußerungsgewinne i.S.d. § 16 EStG). Durch die Verwendung der Worte „kommen nur in Betracht" hat der Gesetzgeber zum Ausdruck gebracht, dass bei Vorliegen der unter den Nr. 1–5 des § 34 EStG aufgezählten Tatbestände die Gewährung der Tarifbegünstigung zwar nahe liegt, aber nicht zwingend ist.

4.5.2 Außerordentlichkeit nach § 34 Abs. 2 EStG

4.31 Bei allen Tatbeständen des § 34 Abs. 2 EStG setzt die „Außerordentlichkeit" eine **atypische Zusammenballung** von Einkünften voraus,[41] die aus dem Zweck der Tarifbegünstigung nach § 34 EStG folgt, die zusammengeballte Realisierung der während vieler Jahre entstandenen stillen Reserven nicht dem progressiven Einkommensteuertarif zu unterwerfen. Die Tarifbegünstigung gem. § 34 EStG setzt demnach voraus, dass alle stillen Reserven, die in den wesentlichen Grundlagen einer betrieblichen Sachgesamtheit angesammelt wurden, in einem einheitlichen Vorgang aufgelöst werden.[42]

4.32 Ausgehend von diesem Normverständnis ist für die Tarifbegünstigung eines Gewinns aus der Veräußerung einer der unter den Tatbestand des § 16 Abs. 1 Satz 1 Nr. 1–3 EStG fallenden Sachgesamtheiten gem. § 34 Abs. 1 und 2 EStG grundsätzlich eine **zeitraumbezogene Betrachtung** geboten, wenn aufgrund einheitlicher Planung und in engem zeitlichen Zusammenhang mit der Veräußerung der betrieblichen Sachgesamtheit eine dieser Sachgesamtheit zugeordnete wesentliche Betriebsgrundlage ohne Aufdeckung sämtlicher stiller Reserven aus deren Betriebsvermögen ausgeschieden ist. Denn bei einem „Veräußerungsplan", der

41) Vgl. zuletzt BFH, Urt. v. 23.10.2013 – X R 3/12, BStBl II 2014, 58; BFH, Urt. v. 25.09.2014 – III R 5/12, BFH/NV 2015, 104.

42) Vgl. BFH, Beschl. v. 18.10.1999 – GrS 2/98, BStBl II 2000, 123 m.w.N.; BFH, Urt. v. 30.09.2012 – IV R 44/10, BFH/NV 2013, 376; BFH, Urt. v. 23.10.2013 – X R 3/12, BStBl II 2014, 58 jeweils m.w.N.

mehrere Teilakte umfasst, gebietet der Zweck der Tarifbegünstigung, sämtliche Teilakte (hier die Übertragung und die Veräußerung) miteinander zu verklammern und als einen einheitlichen Vorgang im Hinblick auf die Zusammenballung der Einkünfte zu betrachten.[43] Außerordentliche Einkünfte liegen daher nicht vor, wenn durch einzelne Teilakte des einheitlich zu betrachtenden Vorgangs nicht alle stillen Reserven aufgedeckt werden.[44]

Vor diesem Hintergrund unterliegt der Veräußerungsgewinn bei A im obigen 4.33
Beispiel nicht der Tarifbegünstigung gem. § 34 Abs. 1 und 2 EStG. Durch die Veräußerung des (verkleinerten) gesamten Mitunternehmeranteils hat A zwar einen Veräußerungsgewinn i.S.d. § 16 Abs. 1 Satz 1 Nr. 2 EStG erzielt, der auch von § 34 Abs. 2 Nr. 1 EStG erfasst wird. Der Veräußerungsgewinn ist aber nicht außerordentlich i.S.d. § 34 Abs. 2 erster Halbsatz EStG, weil A vor der Veräußerung einen Teil des ursprünglichen Mitunternehmeranteils gem. § 6 Abs. 3 EStG unentgeltlich und damit ohne Aufdeckung der darin enthaltenen anteiligen stillen Reserven auf seine Ehefrau übertragen hat.

Nach Auffassung des BFH spricht gegen diese Beurteilung auch nicht, dass die 4.34
Tarifbegünstigung gem. § 34 Abs. 1 und 2 EStG für den Gewinn aus einer teilentgeltlichen Veräußerung einer Sachgesamtheit bejaht wird, obwohl auch bei einer solchen Veräußerung stille Reserven nur teilweise auf den Erwerber übergehen und damit nicht vollständig in der Person des Veräußernden aufgedeckt werden. Bei der teilentgeltlichen Veräußerung einer betrieblichen Sachgesamtheit wird aber die Gewährung der Tarifbegünstigung des Gewinns maßgeblich damit begründet, dass sich der Steuerpflichtige auch bei einer solchen Veräußerung aller vorhandenen stillen Reserven entledigt habe, in seinem Betriebsvermögen also keine stillen Reserven verbleiben, die in späteren Veranlagungszeiträumen zur Versteuerung gelangen könnten.[45]

Trotz gewisser rechtssystematischer Zweifel daran, dass bei einer teilentgeltlichen 4.35
Veräußerung einer Sachgesamtheit die Tarifvergünstigung gewährt wird, obwohl nicht sämtliche stillen Reserven in einem einheitlichen Vorgang aufgelöst werden, hat der BFH aber an der langjährigen, gefestigten Rechtsprechung, die auch von der Finanzverwaltung zugunsten der Steuerpflichtigen übernommen worden ist, ausschließlich aus Gründen der Rechtssicherheit und Rechtsprechungskon-

43) Vgl. BFH, Urt. v. 30.09.2012 – IV R 44/10, BFH/NV 2013, 376; BFH, Urt. v. 05.02.2014 – X R 22/12, BStBl II, 388 jeweils m.w.N.

44) Vgl. BFH, Urt. v. 30.09.2012 – IV R 44/10, BFH/NV 2013, 376 m.w.N. zur Rechtsprechung.

45) Vgl. BFH, Urt. v. 10.07.1986 – IV R 12/81, BStBl II 1986, 811; BFH, Urt. v. 06.12.2000 – VIII R 21/00, BStBl II 2003, 194.

tinuität festgehalten. Im Übrigen sieht der BFH[46] keinen Anlass, die rechtssystematisch nur schwer zu begründende Tarifbegünstigung des Gewinns aus der teilentgeltlichen Veräußerung einer Sachgesamtheit auf den anders gelagerten Urteilssachverhalt zu übertragen.

4.36 Nach Auffassung der Finanzverwaltung kann die Aufgabe eines Mitunternehmeranteils in mehreren Schritten zeitlich gestreckt als einheitlicher Vorgang i.S.d. §§ 16 und 34 EStG erfolgen. Danach liegt die Aufgabe eines Mitunternehmeranteils i.S.v. § 16 Abs. 3 EStG vor, wenn der Steuerpflichtige den Entschluss gefasst hat, seinen Mitunternehmeranteil in einem einheitlichen Vorgang innerhalb kurzer Zeit (hier gilt eine Frist von bis zu 18 Monaten) an verschiedene Abnehmer zu veräußern.[47]

4.5.3 Vorab-Auslagerung wesentlicher Betriebsgrundlagen

4.37 Der BFH[48] hat seine vorstehend skizzierte zeitraumbezogene Betrachtung in einem Fall bestätigt, bei dem zunächst Teile der wesentlichen Betriebsgrundlagen im Betriebsvermögen einer KG zu Buchwerten und damit unter Fortführung stiller Reserven auf eine Schwester-KG übertragen und sodann die Mitunternehmeranteile an der übertragenden KG veräußert wurden.

4.38 **Beispiel**

B ist als Kommanditist an der Z-GmbH & Co. KG beteiligt und hat dieser ein ihm allein gehörendes Betriebsgrundstück zur Nutzung überlassen (wesentliche Betriebsgrundlage im Sonderbetriebsvermögen). B beabsichtigt, seinen gesamten Kommanditanteil ohne das überlassene Betriebsgrundstück zu veräußern. Zu diesem Zweck überträgt er das Grundstück zu Buchwerten gem. § 6 Abs. 5 Satz 3 Nr. 1 EStG gegen Gewährung von Gesellschaftsrechten auf die B-GmbH & Co. KG, deren alleiniger Kommanditist B ist. Einen Monat nach der erfolgten Auslagerung des Grundstücks veräußert B seinen Kommanditanteil mit Gewinn.

Lösung

Für den bei der Veräußerung des Kommanditanteils entstandenen Veräußerungsgewinn kann B die Vergünstigungen nach § 16 Abs. 4 und § 34 EStG nicht in Anspruch nehmen. Nach Auffassung des BFH[49] ist nämlich die Tarifbegünstigung nach § 34 Abs. 2 Nr. 1 i.V.m. Abs. 1 EStG nicht zu gewähren, wenn Teile

46) Vgl. BFH, Urt. v. 09.12.2014 – IV R 36/13, BStBl II 2015, 529.
47) Vgl. BMF-Schreiben v. 20.11.2019 – IV C 6 – S 2241/15/10003, BStBl I, 1291, Rdnr. 15.
48) Vgl. BFH, Urt. v. 17.12.2014 – IV R 57/11, BStBl II 2015, 536.
49) BFH, Urt. v. 17.12.2014 – IV R 57/11, BStBl II 2015, 536.

der wesentlichen Betriebsgrundlagen unter Fortführung der stillen Reserven auf eine andere Personengesellschaft übertragen werden, weil nicht alle in der Person des Veräußerers vorhandenen stillen Reserven in einem einheitlichen Vorgang aufgedeckt worden sind.

Nach den Grundsätzen des oben (Rdnr. 4.29 ff.) dargestellten Urteils hat der BFH 4.39
wiederum eine zeitraumbezogene Betrachtung vorgenommen und die verschiedenen Teilakte (Buchwertübertragung auf die KG und Veräußerung des Kommanditanteils) miteinander verklammert und als einen einheitlichen Vorgang im Hinblick auf die – im Streitfall nicht gegebene – atypische Zusammenballung der Einkünfte betrachtet. Der BFH hat darauf hingewiesen, dass er seine Grundsätze nicht auf § 42 AO stützt, sondern allein aus der teleologischen Auslegung des § 34 EStG gewonnen hat. Dieser auf den Zweck des § 34 EStG gestützten Auslegung folgt auch der X. Senat des BFH.[50)]

Schließlich hat der BFH[51)] bei einer Betriebsaufgabe die Tarifbegünstigung gem. 4.40
§ 34 EStG gewährt, obwohl zuvor in einem zeitlichen Zusammenhang eine 100%ige Beteiligung an einer Kapitalgesellschaft (fingierter Teilbetrieb nach § 16 Abs. 1 Satz 1 Nr. 1 Satz 2 EStG) zum Buchwert in ein anderes Betriebsvermögen (im Streitfall: vom Sonderbetriebsvermögen einer gewerblich tätigen KG in dasjenige einer anderen gewerblich tätigen KG) übertragen worden ist. Das vorgenannte Urteil dürfte auf den Fall der Veräußerung eines Betriebs bzw. Mitunternehmeranteils übertragen werden können, denn zu den in § 34 Abs. 2 Nr. 1 EStG aufgeführten Veräußerungsgewinnen i.S.d. § 16 Abs. 1 EStG und den gem. § 16 Abs. 3 EStG gleichgestellten Aufgabegewinnen gehören u.a. die Gewinne aus der Veräußerung/Aufgabe des ganzen Gewerbebetriebs, eines Teilbetriebs oder eines Mitunternehmeranteils. Dabei gilt als Teilbetrieb nach § 16 Abs. 1 Satz 1 Nr. 1 Satz 2 EStG auch die 100%ige Beteiligung an einer Kapitalgesellschaft.

Die Tarifbegünstigung knüpft damit nach der ausdrücklichen Entscheidung des 4.41
Gesetzgebers nicht stets an die vollständige Aufgabe des betrieblichen Engagements an. Vielmehr sind daneben auch die Veräußerung/Aufgabe eines Teilbetriebs, einer 100%igen Beteiligung an einer Kapitalgesellschaft (fingierter Teilbetrieb) oder eines Mitunternehmeranteils begünstigt. Daher ist die Tarifbegünstigung bezogen auf die jeweils betroffene Sachgesamtheit zu prüfen, was

50) Vgl. BFH, Urt. v. 22.10.2013 – X R 14/11, BStBl II 2014, 158; BFH, Urt. v. 05.02.2014 – X R 22/12, BStBl II, 388; im Anschluss an BFH, Urt. v. 30.09.2012 – IV R 44/10, BFH/NV 2013, 376; anders noch BFH, Beschl. v. 19.01.2011 – X B 43/10, BFH/NV 2011, 636.

51) Vgl. BFH, Urt. v. 28.05.2015 – IV R 26/12, BStBl II, 797.

dazu führt, dass im Sinne einer segmentierten Betrachtung die Aufdeckung der stillen Reserven nur im Hinblick auf die Sachgesamtheit untersucht wird, die jeweils veräußert oder aufgegeben wird.

4.42 Der BFH[52] hat dementsprechend eine tarifbegünstigte Aufgabe eines Teilbetriebs bejaht, obwohl die stillen Reserven der wesentlichen Wirtschaftsgüter, die dem anderen Teilbetrieb zugeordnet waren, nicht zeitgleich aufgedeckt worden waren. Ebenso hat er[53] die Veräußerung der Anteile an einer Oberpersonengesellschaft – aufgrund des Transparenzgrundsatzes bei einer doppelstöckigen Struktur – als tarifbegünstigte Veräußerung beurteilt, obwohl im zeitlichen Zusammenhang mit dieser Veräußerung Anteile an einer Unterpersonengesellschaft zum Buchwert ausgegliedert worden waren. Nach Ansicht des BFH gilt dies für alle in § 16 Abs. 1 Satz 1 Nr. 1–3 EStG genannten Sachgesamtheiten, so dass der Gewinn aus der Aufgabe oder Veräußerung eines Betriebs auch dann der Tarifbegünstigung gem. § 34 EStG unterliegt, wenn im engen zeitlichen Zusammenhang mit der Betriebsaufgabe bzw. Veräußerung eine 100%ige Beteiligung an einer Kapitalgesellschaft (die einem Teilbetrieb nach § 16 Abs. § 16 Abs. 1 Satz 1 Nr. 1 Satz 2 EStG gleichgestellt ist) zum Buchwert in ein anderes Betriebsvermögen übertragen oder überführt wird.

4.43 Die gesetzliche Fiktion eines Teilbetriebs hat denknotwendig zur Folge, dass der Gesamtbetrieb fiktiv aus zwei Teilbetrieben (zwei Sachgesamtheiten) besteht und die Tarifbegünstigung bezogen auf die jeweils betroffene Sachgesamtheit zu prüfen ist. Für die Tarifbegünstigung kann es im Ergebnis keinen Unterschied machen, welcher der beiden Teilbetriebe zuerst veräußert oder aufgegeben wird. Es ist deshalb kein Grund dafür ersichtlich, die begünstigte Veräußerung einer 100%igen Beteiligung an einer Kapitalgesellschaft nur dann anzunehmen, wenn der verbleibende Teilbetrieb fortbesteht und nunmehr als (Rest-)Betrieb fortgeführt wird, während die vergleichbare Fallkonstellation (nämlich die Veräußerung bzw. Aufgabe des wirtschaftenden Teilbetriebs), deshalb nicht als tarifbegünstigt zu beurteilen ist, weil die 100%ige Beteiligung an einer Kapitalgesellschaft (der fiktive Teilbetrieb) in ein anderes Betriebsvermögen überführt worden ist.[54] Soweit dem Urteil vom 02.10.1997[55] eine andere Rechtsauffassung zugrunde liegt, hält der IV. Senat des BFH daran nicht mehr fest.

52) Vgl. BFH, Urt. v. 16.10.2008 – IV R 74/06, BFH/NV 2009, 725.

53) Vgl. BFH, Urt. v. 25.02.2010 – IV R 49/08, BStBl II 2010, 726.

54) So bereits BFH, Urt. v. 16.10.2008 – IV R 74/06, BFH/NV 2009, 725, obiter dictum.

55) Vgl. BFH, Urt. v. 02.10.1997 – IV R 84/96, BStBl II 1998, 104.

5. Steueroptimierte Unternehmensveräußerung unter Nutzung des Holdingmodells – Vorgehensweise und steuerliche Risiken

Inhalt **Rdnr.**

5.1 Einführung

Werden im Privatvermögen gehaltene Anteile an einer Kapitalgesellschaft i.S.v. § 17 EStG veräußert, an welcher der Veräußerer innerhalb der letzten fünf Jahre zu irgendeinem Zeitpunkt zu mindestens 1 % beteiligt war, so unterliegen die Veräußerungsgewinne dem Teileinkünfteverfahren und werden nur zu 60 % der Besteuerung unterworfen. Der verbleibende steuerpflichtige Veräußerungsgewinn wird nach § 17 Abs. 3 EStG ggf. um einen Freibetrag i.H.v. maximal 9.060 € gekürzt, dem allerdings in der Praxis keine große Bedeutung zukommt (zur geringen Wirkung des Freibetrags siehe Rdnr. 15.80). Das Teileinkünfteverfahren kommt auch dann zur Anwendung, wenn Anteile an einer Kapitalgesellschaft aus einem Betriebsvermögen veräußert werden, soweit der Gewinn auf eine natürliche Person entfällt. 5.1

5.2 Dagegen werden Gewinne aus der Veräußerung von Anteilen an Kapitalgesellschaften, die sich im Betriebsvermögen einer Kapitalgesellschaft befinden, nach dem körperschaftsteuerlichen Schachtelprivileg gem. § 8b Abs. 2 KStG steuerfrei gestellt. Nach § 8b Abs. 3 Satz 1 KStG gelten 5 % des steuerfreien Gewinns als nicht abziehbare Betriebsausgaben, so dass im Ergebnis der Gewinn zu 95 % steuerfrei ist.

5.3 Um im Veräußerungsfall das körperschaftsteuerliche Schachtelprivileg nach § 8b Abs. 2 i.V.m. Abs. 3 KStG zu erlangen, sind Holdingstrukturen derzeit in der Praxis weit verbreitet. Häufig wird als sogenannte Exitstrategie schon bei der Gründung einer Kapitalgesellschaft von vornherein eine Holdingstruktur installiert, indem die Beteiligung an einer operativ tätigen Kapitalgesellschaft von einer Holdingkapitalgesellschaft gehalten wird. Eine solche Holdingstruktur kann jedoch auch noch zu einem späteren Zeitpunkt durch einen qualifizierten Anteilstausch i.S.d. § 21 UmwStG steuerneutral etabliert werden. Der steuerneutrale qualifizierte Anteilstausch ist allerdings verbunden mit einer Nachversteuerung nach § 22 Abs. 2 UmwStG des vorgelagerten Anteilstauschs in Form des Einbringungsgewinns II, wenn die eingebrachten Anteile innerhalb der siebenjährigen Sperrfrist von der Holdingkapitalgesellschaft veräußert werden. Die Veräußerung der Anteile innerhalb der Sperrfrist gilt nach § 175 Abs. 1 Nr. 2 AO als rückwirkendes Ereignis.

5.4 Nicht selten wird in der Praxis eine Holdingstruktur zur Vorbereitung einer Veräußerung von im Privatvermögen gehaltenen Anteilen an einer Kapitalgesellschaft i.S.v. § 17 EStG erst dann in Erwägung gezogen, wenn sich bereits erste Kaufverhandlungen abzeichnen. Einer nach § 8b Abs. 2 i.V.m. Abs. 3 KStG zu 95 % steuerfreien Weiterveräußerung in zeitlichem Zusammenhang mit der steuerneutralen Einbringung von Anteilen nach den §§ 20 oder 21 UmwStG steht dann allerdings die siebenjährige Sperrfrist nach § 22 Abs. 2 UmwStG entgegen. In diesem Zusammenhang wird in der Literatur diskutiert, ob und auf welche Weise diese siebenjährige Sperrfrist ggf. vorzeitig beendet werden kann.

5.5 Im Folgenden werden zunächst die Voraussetzungen und Rechtsfolgen der Errichtung einer Holdingstruktur durch qualifizierten Anteilstausch nach § 21 UmwStG dargestellt, bevor auf die Möglichkeit der vorzeitigen Beendigung der Sperrfristverhaftung eingegangen wird.

5.2 Errichtung der Holdingstruktur durch qualifizierten Anteilstausch

Die Errichtung einer Holdingstruktur erfolgt in der Praxis regelmäßig im Wege des sogenannten **qualifizierten Anteilstauschs i.S.d. § 21 UmwStG**. Danach wird für im Betriebs- oder Privatvermögen gehaltene Anteile an in- oder ausländischen Kapitalgesellschaften – auf entsprechenden Antrag – ein Bewertungswahlrecht gewährt, wonach Anteile steuerneutral in eine neu gegründete bzw. bereits bestehende Holding eingebracht werden können. Der **steuerneutrale Anteilstausch** ist nach § 21 Abs. 1 Satz 2 UmwStG an nachfolgend dargestellte Voraussetzungen geknüpft: 5.6

5.2.1 Mehrheitsvermittelnde oder mehrheitsverstärkende Anteile

Die **übernehmende Gesellschaft** (Holding) muss nach dem Anteilstausch aufgrund ihrer Beteiligung einschließlich der eingebrachten Anteile nachweisbar unmittelbar die **Mehrheit der Stimmrechte** an der erworbenen Gesellschaft (= Gesellschaft, deren Anteile eingebracht wurden) haben. Nach Rdnr. 21.09 UmwSt-Erlass[1)] ist sowohl der Fall begünstigt, dass eine mehrheitsvermittelnde Beteiligung erst durch den Einbringungsvorgang entsteht, als auch der Fall, dass eine zum Übertragungsstichtag bereits bestehende mehrheitsvermittelnde Beteiligung weiter aufgestockt wird. Auch wenn ein einzelner Anteilseigner allein nicht über mehrheitsvermittelnde oder mehrheitsverstärkende Anteile verfügt, so steht dies grundsätzlich einem qualifizierten Anteilstausch i.S.d. § 21 UmwStG nicht im Weg. Denn nach Rdnr. 21.09 UmwSt-Erlass[2)] genügt es, wenn Anteile in eine Holding eingebracht werden, die nicht einzeln, **sondern nur insgesamt** die Stimmrechtsvoraussetzungen des § 21 Abs. 1 Satz 2 UmwStG erfüllen, sofern die Einbringung in die Holding auf **einem einheitlichen Vorgang** beruht. 5.7

Beispiel 1 5.8

An der Z-GmbH sind vier Gesellschafter mit jeweils 25 % beteiligt. Sie bringen ihre Anteile in die H-GmbH ein.

Lösung

Hält die aufnehmende Gesellschaft vor der Einbringung noch keine Beteiligung an der Gesellschaft, deren Anteile eingebracht werden, und erhält sie die Stimm-

1) Vgl. BMF-Schreiben v. 11.11.2011 – IV C 2 – S 1978-b/08/10001, BStBl I, 1314 (UmwSt-Erlass).

2) Bestätigt durch BFH, Urt. v. 24.01.2018 – I R 48/15, BStBl II 2019, 45.

rechtsmehrheit erst durch die eingebrachten Anteile, so liegt die Einbringung einer **mehrheitsvermittelnden Beteiligung** vor, die auf Antrag steuerneutral möglich ist.

5.9 **Beispiel 2**

Die X-AG ist mit 80 % an der T-GmbH beteiligt. In die X-AG werden weitere 10 % der T-GmbH-Anteile eingebracht.

Lösung

Hat die aufnehmende Gesellschaft bereits vor der Einbringung der Anteile die Mehrheit der Stimmrechte der Gesellschaft (entweder erworben durch vorangegangenen Anteilstausch oder Kauf), deren Anteile eingebracht werden, ist die Quote der einzubringenden Anteile unerheblich. Die Einbringung der Anteile ist **mehrheitsverstärkend** und auf Antrag steuerneutral möglich.

5.10 **Beispiel 3**

Die M-AG ist bisher mit 30 % an der P-GmbH beteiligt, und es werden weitere 25 % der P-GmbH-Anteile in die M-AG eingebracht.

Lösung

Erhält die aufnehmende Gesellschaft – zusammen mit den bereits von ihr gehaltenen Anteilen – durch die eingebrachten Anteile erst die Mehrheit der Stimmrechte, ist die Quote der einzubringenden Anteile ebenfalls unerheblich. Die Einbringung ist **mehrheitsvermittelnd** und auf Antrag steuerneutral möglich.

5.2.2 Weitere Voraussetzungen der Steuerneutralität

5.11 Nach § 21 Abs. 2 Satz 2 Nr. 2 UmwStG darf der gemeine Wert von **sonstigen Gegenleistungen**, die neben den neuen Anteilen gewährt werden, 25 % des Buchwerts bzw. der Anschaffungskosten der eingebrachten Anteile oder absolut 500.000 €, höchstens jedoch den Buchwert bzw. die Anschaffungskosten der eingebrachten Anteile, nicht übersteigen. Soweit die vorstehenden Grenzen überschritten werden, erfolgt die Einbringung mit anteiliger Gewinnrealisierung.

5.12 Sind die Voraussetzungen des qualifizierten Anteilstauschs erfüllt, kann die übernehmende Holding **auf Antrag** die eingebrachten Anteile mit dem Buchwert bzw. den Anschaffungskosten oder einem höheren Wert, höchstens jedoch mit dem gemeinen Wert, ansetzen. Der Antrag zur Ausübung des Bewertungswahlrechts ist nach § 21 Abs. 1 Satz 3 i.V.m. § 20 Abs. 2 Satz 3 UmwStG von der übernehmenden Gesellschaft bei dem für ihre Besteuerung zuständigen Finanzamt spätestens bis zur erstmaligen Abgabe der steuerlichen Schlussbilanz zu stellen und kann nach Rdnr. 20.24 UmwSt-Erlass nicht mehr geändert oder widerrufen werden.[3]

Der bei der übernehmenden Holding nach dem Bewertungswahlrecht angesetzte Wert gilt für den Einbringenden als Veräußerungspreis der eingebrachten Anteile und als Anschaffungskosten der erhaltenen Anteile. Werden die eingebrachten Anteile bei der Holding mit dem Buchwert bzw. den Anschaffungskosten angesetzt, ist der Anteilstausch steuerneutral. 5.13

Der qualifizierte Anteilstausch i.S.v. § 21 UmwStG erfolgt zivilrechtlich entweder im Wege der Sachgründung der Holding oder als Sachkapitalerhöhung bei einer bereits bestehenden Holding, so dass regelmäßig eine **Werthaltigkeitsbescheinigung** im Hinblick auf die eingebrachten Anteile erforderlich ist. Um eine solche Werthaltigkeitsbescheinigung zu vermeiden, bietet sich die Kombination aus Bareinlage mit obligatorischem Sachagio der Anteile an. Dabei wird die Holding durch Bareinlage gegründet, und der einbringende Anteilseigner verpflichtet sich zusätzlich, die Beteiligung an der anderen Kapitalgesellschaft als Sachagio (Nebenleistung gem. § 33 GmbHG) einzubringen. Besteht die übernehmende Holdinggesellschaft bereits, kann eine kombinierte Barkapitalerhöhung mit Sachagio vorgenommen werden. 5.14

Auch bei einem mit einer Bareinzahlung kombinierten Sachagio ist es nach Rdnr. E 20.09 i.V.m. Rdnr. 01.44 UmwSt-Erlass unter Hinweis auf die **eigenständige Legaldefinition** des umwandlungsteuerrechtlichen Begriffs der „Sacheinlage“ gemäß dem BFH-Urteil vom 07.04.2010[4] für die Gewährung neuer Anteile nach § 21 Abs. 1 Satz 1 UmwStG ausreichend, wenn die Sacheinlage als Aufgeld (Agio) erbracht wird. Das Sachagio ist bilanziell vollständig nach § 272 Abs. 2 Nr. 1 HGB in der Kapitalrücklage auszuweisen. Steuerlich liegt in Höhe des von der übernehmenden Holding angesetzten Werts des Sachagios ein Zugang zum steuerlichen Einlagekonto i.S.d. § 27 KStG vor. 5.15

Eine Werthaltigkeitsbescheinigung entfällt, weil die Vorschriften über Sacheinlagen keine Anwendung finden. Zum Teil verlangen die Registergerichte eine Bestätigung, dass das Sachagio keinen negativen Wert aufweist. 5.16

3) Zum Antrag sowie zur normspezifischen Auslegung des unscharfen Begriffs der steuerlichen Schlussbilanz vgl. BFH, Urt. v. 15.06.2016 – I R 69/15, BStBl II 2017, 75.

4) Vgl. BFH, Urt. v. 07.04.2010 – I R 55/09, BStBl II, 1094.

5.17 Unter den in § 22 Abs. 2 Satz 3 UmwStG genannten Voraussetzungen ist auf Antrag ein **qualifizierter Anteilstausch auch grenzüberschreitend** durch Einbringung von Anteilen in eine EU-/EWR-Kapitalgesellschaft möglich.[5]

5.2.3 Fehlende Rückbeziehungsmöglichkeit

5.18 Im Gegensatz zur Einbringung einer Sachgesamtheit nach § 20 UmwStG ist bei einem qualifizierten Anteilstausch **eine steuerliche Rückbeziehung** von maximal acht Monaten **nicht möglich**. Somit sind bei der unterjährigen Begründung der Holdingstruktur die Voraussetzungen für steuerbefreite **Gewinnausschüttungen im Jahr des Anteilstauschs** regelmäßig (noch) nicht erfüllt, weil nach dem gewerbesteuerlichen Schachtelprivileg eine Mindestbeteiligung von 15 % bereits zu Beginn des Erhebungszeitraums bzw. die Mindestbeteiligung von 10 % zur Vermeidung des § 8b Abs. 4 KStG bereits zu Beginn des Kalenderjahres vorliegen muss. In den Folgejahren dürften die Beteiligungsvoraussetzungen dagegen regelmäßig erfüllt sein.

5.19 Bei der Neugründung einer Holdingkapitalgesellschaft lässt sich die Gewerbesteuerpflicht der Ausschüttungen im ersten Jahr durch simultane Einbringung der Anteile im Wege der kombinierten Bareinlage mit Sachagio vermeiden. Es entsteht in diesem Fall ein abgekürzter Erhebungszeitraum nach § 14 Satz 3 GewStG, mit dessen Beginn gem. R 9.3 Satz 5 GewStR 2009 auch die Voraussetzungen des gewerbesteuerlichen Schachtelprivilegs gegeben sind. Ein abgekürzter Erhebungszeitraum entsteht jedoch nicht, wenn im ersten Schritt die Holding z.B. durch Bareinlage gegründet wird und erst in einem zweiten Schritt Anteile in die dann bereits existierende Holding eingebracht werden.

5.20 Ob im Fall der unterjährigen Gründung einer Holding die **rückwirkende Erwerbsfiktion** nach § 8b Abs. 4 Satz 6 KStG für die eingebrachte Beteiligung von mindestens 10 % greift, ist derzeit nicht abschließend geklärt. Einschlägige Rechtsprechung hierzu ist nicht ersichtlich. Nach zutreffender h.M. liegt ein rückwirkender Erwerb vor, wenn das (wirtschaftliche) Eigentum an den Anteilen aufgrund eines entgeltlichen oder unentgeltlichen Rechtsgeschäfts übergeht.[6] Nach der Verwaltungsauffassung in Rdnr. 00.02 UmwSt-Erlass handelt es sich bei Einbringungsvorgängen wie z.B. einem Anteilstausch nach § 21 UmwStG um Veräußerungs-

5) Zu den Voraussetzungen vgl. nur Schmitt, in: Schmitt/Hörtnagl, UmwG/UmwStG, 9. Aufl. 2020, § 22 UmwStG Rdnr. 99 ff.

6) Vgl. nur Herlinghaus, in: Rödder/Herlinghaus/Neumann, KStG, 2015, § 8b Rdnr. 458 m.w.N.

und Anschaffungsvorgänge.[7] Nach der rückwirkenden Erwerbsfiktion gem. § 8b Abs. 4 Satz 6 KStG gilt der Erwerb einer Mindestbeteiligung von 10 % als zu Beginn des Kalenderjahres erfolgt, so dass eine Gewinnausschüttung unmittelbar im Anschluss an den Anteilstausch nach § 8b Abs. 1 i.V.m. Abs. 5 KStG zu 95 % steuerbefreit ist.

5.3 Gründung der Holding durch Einbringung nach § 20 UmwStG

Oftmals ergibt sich in der Praxis das Problem, dass Anteilseigner nicht über eine mehrheitsvermittelnde Beteiligung i.S.v. § 21 Abs. 1 UmwStG verfügen, aber dennoch ihre Anteile steuerneutral in **eine eigene Holdingkapitalgesellschaft** einbringen wollen. In solchen Fällen ist § 21 UmwStG nicht anwendbar, so dass auf Alternativmodelle zurückgegriffen werden muss. 5.21

In Betracht kommt z.B. das „**Mitnahmemodell**", bei dem nach der Gründung einer gewerblich geprägten GmbH & Co. KG die in die Holding einzubringenden Anteile an der Kapitalgesellschaft im Wege der **Einlage in deren Gesamthandsvermögen** mit Buchung auf dem Kapitalkonto II oder einer gesamthänderisch gebundenen Rücklage übertragen werden. Sperrfristen werden durch die Einlage nicht ausgelöst, so dass anschließend die GmbH & Co. KG entweder im Wege des Formwechsels bzw. der Verschmelzung in bzw. auf eine bereits vorab gegründete Holdingkapitalgesellschaft umgewandelt werden kann oder schlicht von der Option zur Körperschaftsbesteuerung nach § 1a KStG Gebrauch macht. Die Option gilt nach § 1a Abs. 2 KStG als fiktiver Formwechsel, so dass die §§ 20 ff. UmwStG anwendbar sind. Alternativ können die Kommanditanteile an der GmbH & Co. KG auch gegen Kapitalerhöhung in die Komplementär-GmbH eingebracht werden, der das Vermögen der KG, d.h. die zuvor eingelegten Anteile an der Kapitalgesellschaft, dann anwächst (sog. erweitertes Anwachsungsmodell). Das „Mitnahmemodell" ermöglicht steuerlich auf Antrag die steuerneutrale Einbringung eines Mitunternehmeranteils nach § 20 UmwStG, die zudem mit steuerlicher Rückbeziehung von maximal acht Monaten erfolgen kann. 5.22

Alternativ kann die Kapitalgesellschaft, deren Anteile in die Holding eingebracht werden sollen, zunächst eine **atypische stille Gesellschaft** (z.B. eine GmbH & atypisch Still) begründen, indem sich der Gesellschafter der GmbH an dieser atypisch still beteiligt. Die einzubringenden Anteile werden dann regelmäßig in das Sonderbetriebsvermögen des atypisch still Beteiligten unter Fortführung der his- 5.23

7) Vgl. PUNG, in: DÖTSCH/PUNG/MÖHLENBROCK, Die Körperschaftsteuer, § 8b Rdnr. 281 (06/2021); BILITEWSKI, in: HARITZ/MENNER/BILITEWSKI, UmwStG, 5. Aufl. 2019, § 23 Rdnr. 31.

torischen Anschaffungskosten nach § 6 Abs. 1 Nr. 5 Satz 1 Buchst. b) EStG eingelegt. Der Mitunternehmeranteil an der GmbH & atypisch Still wird zusammen mit den GmbH-Anteilen im Sonderbetriebsvermögen steuerneutral nach § 20 UmwStG in die Holding eingebracht.

5.24 Eine **unmittelbare steuerfreie Weiterveräußerung** der eingebrachten Anteile durch die Holding nach § 8b Abs. 2 i.V.m. Abs. 3 KStG ist jedoch **nicht möglich.** Denn unabhängig davon, ob Anteile an Kapitalgesellschaften im Rahmen einer Sacheinlage nach § 20 UmwStG oder eines Anteilstauschs nach § 21 UmwStG unter Ansatz von Buch- oder Zwischenwerten in die Holding eingebracht wurden, sieht § 22 Abs. 2 Satz 1 UmwStG für die **eingebrachten Anteile** eine **Sperrfrist von sieben Jahren** vor. Diese Sperrfrist wird ausnahmsweise nicht in Gang gesetzt, wenn Anteile an einer Kapitalgesellschaft von einer anderen Kapitalgesellschaft in die Holding eingebracht werden und der Gewinn aus der Veräußerung dieser Anteile im Einbringungszeitpunkt nach § 8b Abs. 2 KStG steuerfrei gewesen wäre.

5.25 Veräußert die Holdingkapitalgesellschaft die eingebrachten Anteile innerhalb der siebenjährigen Sperrfrist, so hat der Einbringende einen **Einbringungsgewinn II** zu versteuern. Dabei werden die stillen Reserven in den eingebrachten Anteilen **rückwirkend zum Zeitpunkt der Einbringung** ermittelt und versteuert. Der Einbringungsgewinn II wird für jedes nach der Einbringung abgelaufene Zeitjahr um ein Siebtel gekürzt. Entsprechendes gilt bei der Realisation eines der in § 22 Abs. 2 Satz 6 i.V.m. Abs. 1 Satz 6 Nr. 1–5 UmwStG aufgeführten Ersatztatbestände sowie beim Wegfall der Voraussetzungen des § 1 Abs. 4 UmwStG. Der Einbringungsgewinn II gilt als nachträgliche Anschaffungskosten der erhaltenen Anteile.

5.26 Soweit die eingebrachten Anteile nach § 22 Abs. 2 UmwStG der Sperrfristverhaftung unterliegen, hat der Einbringende nach § 22 Abs. 3 UmwStG sieben Jahre lang – **jährlich bis spätestens zum 31.05.** – nachzuweisen, wem die Anteile oder die auf diesen Anteilen beruhenden Anteile zuzurechnen sind.

5.27 Bei einer Einbringung nach § 20 UmwStG wie z.B. beim „Mitnahmemodell" sind **neben den eingebrachten Anteilen** auch die **erhaltenen Anteile sperrfristbehaftet.** Bei einer Veräußerung der erhaltenen Anteile innerhalb der siebenjährigen Sperrfrist werden jedoch nach Rdnr. 22.08 UmwSt-Erlass die darauf entfallenden stillen Reserven nicht als Einbringungsgewinn I versteuert. Erst wenn die eingebrachten Anteile innerhalb der Sperrfrist veräußert werden, wird eine rückwirkende Besteuerung des Einbringungsgewinns II ausgelöst.

5.4 Vorzeitige Beendigung der Sperrfristverhaftung durch das Doppelholdingmodell

Vor dem Hintergrund der oben skizzierten 95%igen Steuerbefreiung für Gewinne aus der Veräußerung von Anteilen an Kapitalgesellschaften fehlt es im Schrifttum nicht an Gestaltungsvorschlägen, die unter Anwendung von § 22 Abs. 2 Satz 5 UmwStG eine zeitnahe Veräußerung der in die Holding eingebrachten Anteile auch während der siebenjährigen Sperrfrist ermöglichen sollen.[8] Diese Vorschläge basieren auf der Überlegung, dass durch eine **Veräußerung** der im Zuge des Anteilstauschs **erhaltenen Anteile** die Sperrfristverhaftung der eingebrachten Anteile nach § 22 Abs. 2 Satz 5 UmwStG beendet wird. 5.28

Unter Rückgriff auf das weite Verständnis der Finanzverwaltung vom steuerlichen Veräußerungsbegriff in Rdnr. 00.02 und 22.23 UmwSt-Erlass soll dafür z.B. die Einbringung der erhaltenen Anteile in eine Kapitalgesellschaft nach den §§ 20 oder 21 UmwStG – unabhängig vom gewählten Wertansatz – ausreichend sein. 5.29

Nach § 22 Abs. 2 Satz 5 UmwStG sind nämlich die Rechtsfolgen einer Sperrfristverletzung nach § 22 Abs. 2 Satz 1–4 UmwStG nicht anzuwenden, soweit der Einbringende die im Zuge des Anteilstauschs erhaltenen Anteile **zeitlich vor einer Sperrfristverletzung** veräußert hat. In der Praxis empfiehlt sich hierfür das „**Doppelholdingmodell**“,[9] das nachfolgend dargestellt wird. 5.30

Beispiel 1 5.31

V, der Alleingesellschafter der wirtschaftlich erfolgreichen V-GmbH mit einem Stammkapital von 100.000 €, will sämtliche Anteile (Anschaffungskosten: 100.000 €) an den Kaufinteressenten K zum Preis von 10,1 Mio. € verkaufen. Aus dem Verkauf seiner im Privatvermögen gehaltenen Anteile i.S.v. § 17 EStG ergäbe sich ein Veräußerungsgewinn i.H.v. 10 Mio. €, der nach dem Teileinkünfteverfahren zu 60 % steuerpflichtig ist, der tariflichen Einkommensteuer zum Spitzensteuersatz von 45 % unterliegt und zu einer Einkommensteuer von ca. 4,5 Mio. € zzgl. Solidaritätszuschlag führt.

V möchte in den Genuss des körperschaft- und gewerbesteuerlichen Veräußerungsprivilegs nach § 8b Abs. 2 i.V.m. Abs. 3 KStG gelangen, wonach der Veräußerungsgewinn von 10 Mio. € nur zu 5 % – also nur zu 500.000 € – der temporären Besteuerung mit 15 % Körperschaftsteuer zzgl. 5,5 % Solidaritätszuschlag

8) Vgl. Böttcher, GStB 2021, 71, 77 f.

9) Vgl. dazu Schwetlik, GmbH-StB 2022, 42; Ott, StuB 2022, 613, 618.

sowie mit Gewerbesteuer von insgesamt ca. 14 % (Gewerbesteuer-Hebesatz: 400 %) unterliegt und insgesamt zu einer Steuerbelastung von ca. 30 % = ca. 150.000 € führt.

Zu diesem Zweck bringt er **im ersten Schritt** seine Anteile an der V-GmbH steuerneutral unter Ansatz der Anschaffungskosten von 100.000 € in die H1-GmbH ein. Die Anschaffungskosten der Anteile an der H1-GmbH betragen nach § 21 Abs. 2 Satz 1 UmwStG ebenfalls 100.000 €. Eine Veräußerung der eingebrachten Anteile an der V-GmbH durch die H1-GmbH innerhalb von sieben Jahren nach der Einbringung führt zu einer Sperrfristverletzung nach § 22 Abs. 2 UmwStG und löst eine rückwirkende Besteuerung des Einbringungsgewinns II zum Einbringungszeitpunkt aus.

Aus diesem Grund bringt V die Anteile an der H1-GmbH **im zweiten Schritt** steuerneutral und unter Ansatz der Anschaffungskosten nach § 21 Abs. 1 UmwStG i.H.v. 100.000 € in die H2-GmbH ein.

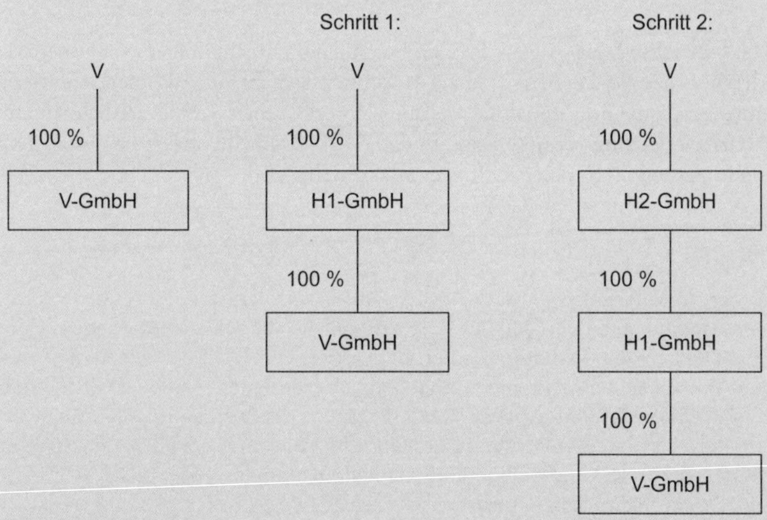

Lösung

Die der Einbringung in die H1-GmbH nachfolgende Weitereinbringung der Anteile an der H1-GmbH in die H2-GmbH gem. § 21 UmwStG stellt – unabhängig vom gewählten Wertansatz – nach dem weiten Verständnis des steuerlichen Veräußerungsbegriffs in Rdnr. 00.02 und 22.23 UmwSt-Erlass eine die Sperrfristverhaftung verdrängende Veräußerung i.S.d. § 22 Abs. 2 Satz 5 UmwStG dar. Eine rückwirkende Besteuerung eines Einbringungsgewinns II im Hinblick auf die in die H2-GmbH eingebrachten Anteile an der H1-GmbH tritt somit nicht mehr ein. Im Ergebnis kann die H2-GmbH beim Doppelholdingmodell die Anteile an der H1-GmbH unter Anwendung des § 8b Abs. 2 i.V.m. Abs. 3 KStG veräußern, ohne dass bei V rückwirkend zum Zeitpunkt der Einbringung der Anteile an der V-GmbH ein Einbringungsgewinn II zu versteuern ist.

Nach h.M. wird die Sperrfristverhaftung nach § 22 Abs. 2 Satz 5 UmwStG auch beendet, wenn der Einbringende seine im Zuge des Anteilstauschs erhaltenen Anteile zu Buchwerten gegen Gewährung von Gesellschaftsrechten nach den §§ 20 oder 21 UmwStG überträgt, weil § 22 Abs. 2 Satz 5 UmwStG nicht voraussetzt, dass der Veräußerungsvorgang zu einer Aufdeckung stiller Reserven führen muss.[10] Andererseits wird von Angehörigen der Finanzverwaltung unter Hinweis auf den Sinn und Zweck des § 22 Abs. 2 Satz 5 UmwStG die Ansicht vertreten, nur eine Veräußerung oder Einbringung mit vollständiger Auflösung der stillen Reserven könne die Sperrfrist beenden.[11] Der Sinn und Zweck des § 22 Abs. 2 UmwStG bestehe nämlich in der Verhinderung einer **Statusverbesserung in zweifacher Hinsicht:** 5.32

- Zum einen soll nämlich verhindert werden, dass stille Reserven in Anteilen an einer Kapitalgesellschaft, die beim Anteilseigner im Zeitpunkt des Anteilstauschs der Besteuerung nach dem Teileinkünfteverfahren unterliegen, steuerneutral nach § 21 UmwStG auf eine Kapitalgesellschaft transferiert und dort im Anwendungsbereich des § 8b Abs. 2 KStG steuerfrei veräußert werden.[12] 5.33
- Zusätzlich soll § 22 Abs. 2 UmwStG einem Steuerstundungseffekt entgegenwirken, der dadurch eintritt, dass anstelle einer zusammengeballten zeitpunktbezogenen Versteuerung der stillen Reserven in den eingebrachten Anteilen eine sukzessive Ausschüttung an den Einbringenden der (nahezu) steuerfrei realisierten Liquidität ermöglicht wird.[13] 5.34

Die Verhinderung eines Steuerstundungseffekts als Zweck des § 22 Abs. 2 UmwStG kann jedoch den Gesetzesmaterialien nicht entnommen werden und ist 5.35

10) Vgl. Patt, in: Dötsch/Pung/Möhlenbrock, Die Körperschaftsteuer, § 22 UmwStG Rdnr. 75b (12/2022) i.V.m. Rdnr. 53 und 55 vor §§ 20–23 (09/2021); Bilitewski, in: Haritz/Menner/Bilitewski, UmwStG, 5. Aufl. 2019, § 22 Rdnr. 262; Stangl, in: Rödder/Herlinghaus/van Lishaut, UmwStG, 3. Aufl. 2019, Rdnr. 482; Nitzschke, in: Brandis/Heuermann, Ertragsteuerrecht, § 22 UmwStG Rdnr. 83 (11/2022); Pitzal/Schumacher, DStR 2021, 2553, 2558; Ott, DStZ 2020, 561, 565 f.

11) Vgl. Stimpel/Bernhagen, GmbHR 2020, 301, 305.

12) So auch BFH, Urt. v. 18.11.2020 – I R 25/18, BStBl II 2021, 732, unter Hinweis auf BFH, Urt. v. 11.07.2019 – I R 13/18, BStBl II 2022, 91.

13) So Stimpel/Bernhagen, GmbHR 2020, 301, 304 f.

auch bisher in den teleologischen Überlegungen des BFH[14] nicht zum Ausdruck gekommen. Eine solche Auslegung des § 22 Abs. 2 UmwStG stellt vielmehr eine unzulässige Extension des Gesetzeswortlauts dar, zumal eine planwidrige Lücke im Gesetz nicht erkennbar ist.[15] Im Übrigen ist es kaum nachvollziehbar, dass die Finanzverwaltung einerseits in Rdnr. 00.02 und 22.23 UmwSt-Erlass den Veräußerungsbegriff im Hinblick auf Sperrfristverletzungen weit definiert, diesen aber andererseits für Zwecke des § 22 Abs. 2 Satz 5 UmwStG und damit zu Lasten des Steuerpflichtigen einschränkend auslegt.[16]

5.36 Dennoch ist vor dem Hintergrund der restriktiven Verwaltungsansicht die steuerliche Würdigung des Doppelholdingmodells derzeit ungewiss und einem **steuerlichen Anerkennungsrisiko** ausgesetzt.[17] Einschlägige Rechtsprechung hierzu liegt derzeit nicht vor, so dass die vorstehende Problematik kaum ohne Einschaltung der Finanzgerichte geklärt werden kann. Eine andere Frage ist auch, ob die Finanzverwaltung in der mehrschrittigen Vorgehensweise beim Doppelholdingmodell einen Missbrauch rechtlicher Gestaltungsmöglichkeiten i.S.v. § 42 AO erblickt.

5.37 **Hinweis**

Im Schrifttum wird teilweise die Ansicht vertreten, die Buchwerteinbringung einer 100%igen Beteiligung i.S.v. § 17 EStG in eine GmbH & Co. KG nach § 24 UmwStG solle für eine Sperrfristbeendigung nach § 22 Abs. 2 Satz 5 UmwStG ausreichend sein.[18] Diese Ansicht übersieht, dass eine 100%ige Beteiligung an einer Kapitalgesellschaft i.S.v. § 17 EStG kein fiktiver Teilbetrieb und damit kein begünstigter Einbringungsgegenstand i.S.v. § 24 UmwStG ist. Denn nach Rdnr. 24.02 UmwSt-Erlass gilt eine 100%ige Beteiligung an einer Kapitalgesellschaft – ausnahmsweise – **nur dann als fiktiver Teilbetrieb** für Zwecke des § 24 UmwStG, wenn die **Beteiligung zu einem Betriebsvermögen** gehört. Demnach

14) Vgl. BFH, Urt. v. 18.11.2020 – I R 25/18, BStBl II 2021, 732; gegen die Annahme einer Statusverbesserung durch den „entstehenden Steuerstundungseffekt" vgl. auch DESENS, Beihefter zu DStR 2010, 80, 87.

15) Vgl. PATT, in: DÖTSCH/PUNG/MÖHLENBROCK, Die Körperschaftsteuer, § 22 UmwStG Rdnr. 75b (12/2022).

16) So zu Recht kritisch STANGL, in: RÖDDER/HERLINGHAUS/VAN LISHAUT, UmwStG, 3. Aufl. 2019, § 22 Rdnr. 485.

17) So auch BILITEWSKI, in: HARITZ/MENNER/BILITEWSKI, UmwStG, 5. Aufl. 2019, § 22 Rdnr. 262.

18) Vgl. STANGL, in: RÖDDER/HERLINGHAUS/VAN LISHAUT, UmwStG, 3. Aufl. 2019, § 22 Beispiel in Rdnr. 484; BÖTTCHER, GStB 2021, 71, 77; so auch STIMPEL/BERNHAGEN, GmbHR 2020, 301, 305, Beispiel in Rdnr. 38.

kommt die steuerneutrale Einbringung einer Beteiligung i.S.v. § 17 EStG aus dem Privatvermögen in eine Personengesellschaft nach § 24 UmwStG unter keinen Umständen in Betracht.

Erfolgt nämlich die Einbringung in die GmbH & Co. KG gegen Gewährung von Gesellschaftsrechten, wird hierdurch bereits ein steuerpflichtiger Veräußerungsvorgang nach § 17 EStG unter Auflösung der stillen Reserven bewirkt. Möglich ist zwar eine steuerneutrale Einlage der Beteiligung i.S.v. § 17 EStG einer Personengesellschaft mit Fortführung der Anschaffungskosten nach § 6 Abs. 1 Nr. 5 Satz 1 Buchst. b) EStG. Die Einlage führt allerdings nicht zu einem Veräußerungsvorgang i.S.v. § 22 Abs. 2 Satz 5 UmwStG. Ein solcher tritt erst ein, wenn anschließend die Personengesellschaft in eine Kapitalgesellschaft umgewandelt wird oder nach § 1a KStG zur Körperschaftsbesteuerung optiert.

5.5 Veräußerung von Sachgesamtheiten

5.5.1 Veräußerung nach dem Einbringungsmodell

Ist die Veräußerung einer Sachgesamtheit i.S.d. § 16 Abs. 1 Nr. 1 Satz 1 oder Nr. 2 EStG (z.B. ein Einzelunternehmen oder ein Anteil an einer gewerblich tätigen oder nach § 15 Abs. 3 Nr. 2 EStG gewerblich geprägten Personengesellschaft, also Mitunternehmeranteil) durch eine natürliche Person geplant, könnte die Sachgesamtheit zwar grundsätzlich in einem ersten Schritt steuerneutral nach § 20 UmwStG gegen Gewährung von Gesellschaftsrechten in eine GmbH (z.B. in die A-GmbH) eingebracht werden. Die hierfür erhaltenen Anteile an der A-GmbH unterliegen jedoch der siebenjährigen Sperrfristverhaftung nach § 22 Abs. 1 UmwStG. Eine Veräußerung dieser Anteile durch den Einbringenden führt rückwirkend zum Zeitpunkt der Einbringung zu einer Besteuerung des Einbringungsgewinns I in Höhe der in die A-GmbH eingebrachten stillen Reserven. Das Einbringungsmodell eignet sich daher nicht, wenn der kurzfristige Verkauf der Sachgesamtheit geplant ist. 5.38

Auch die Veräußerung des eingebrachten Betriebsvermögens durch die A-GmbH führt bei dieser zur regulären Besteuerung und löst Gewerbesteuer und Körperschaftsteuer zuzüglich Solidaritätszuschlag i.H.v. insgesamt ca. 32 % aus. Bei einer Ausschüttung der nach Steuern verbleibenden Gewinne i.H.v. ca. 68 % an den Gesellschafter tritt die Besteuerung mit Abgeltungsteuer i.H.v. 25 % hinzu bzw. auf entsprechenden Antrag nach § 32d Abs. 2 Nr. 3 EStG die Besteuerung nach dem Teileinkünfteverfahren. Bei Anwendung der Abgeltungsteuer auf den ausgeschütteten Gewinn beträgt diese 17 % (25 % von 68 %), so dass sich eine Gesamtbelastung bei der A-GmbH und beim Gesellschafter einschließlich Solida- 5.39

ritätszuschlag von insgesamt ca. 50 % ergibt. Hinzu kommt, dass die A-GmbH, die ihr gesamtes Betriebsvermögen veräußert hat, ggf. liquidiert werden muss, wenn dafür keine anderweitige Verwendung geplant ist.

5.5.2 Veräußerung nach dem Doppelholdingmodell

5.40 Werden nach der Einbringung des Betriebsvermögens die erhaltenen und sperrfristbehafteten Anteile an der A-GmbH steuerneutral in eine weitere GmbH (B-GmbH) eingebracht, führt dies zwar nach § 22 Abs. 1 Satz 6 Nr. 2 UmwStG nicht zu einer Sperrfristverletzung beim ursprünglich Einbringenden, wenn bei der Weitereinbringung der Anteile an der A-GmbH im Wege des Anteilstauschs nach § 21 UmwStG bei der B-GmbH nachweislich die Buchwerte bzw. die Anschaffungskosten der Anteile an der A-GmbH angesetzt und die Begrenzung der sonstigen Gegenleistungen nach § 20 Abs. 2 Satz 2 Nr. 4 bzw. § 21 Abs. 2 Satz 2 Nr. 2 UmwStG eingehalten worden sind. Die sonstigen Gegenleistungen dürfen 25 % des Buchwerts des eingebrachten Betriebsvermögens oder 500.000 €, höchstens jedoch den Buchwert des eingebrachten Betriebsvermögens nicht übersteigen.

5.41 Allerdings tritt die übernehmende Kapitalgesellschaft in die verbleibende Sperrfrist der eingebrachten Anteile an der A-GmbH nach § 22 Abs. 1 UmwStG ein, so dass eine Veräußerung dieser eingebrachten Anteile innerhalb von sieben Jahren nach § 22 Abs. 1 Satz 6 Nr. 4 UmwStG einen Einbringungsgewinn I beim ursprünglich Einbringenden auslöst. Zusätzlich hat mit der Einbringung der Anteile eine neue Sperrfrist nach § 22 Abs. 2 UmwStG begonnen, so dass eine Veräußerung der eingebrachten Anteile – zeitlich nachgelagert[19] – einen Einbringungsgewinn II auslöst. Die unterschiedlichen Sperrfristen laufen zeitweise parallel, weisen aber unterschiedliche Ablaufzeitpunkte auf.[20]

5.42 Die steuerneutrale Weitereinbringung der Anteile an der A-GmbH in die B-GmbH gem. § 22 Abs. 1 Satz 6 Nr. 2 UmwStG wird ergänzt durch **zwei komplexe Veräußerungsersatztatbestände.** Denn eine Sperrfristverletzung liegt vor, wenn

- nach § 22 Abs. 1 Satz 6 Nr. 4 UmwStG die Anteile an der A-GmbH durch die B-GmbH unmittelbar oder mittelbar veräußert werden bzw.

19) Zu dieser zeitlich nachgelagerten Versteuerung vgl. Biliтewski, in: Haritz/Menner/Biliтewski, UmwStG, 5. Aufl. 2019, § 22 Rdnr. 198.

20) Zum Nebeneinander verschiedener Sperrfristen bei Ketteneinbringungen vgl. Ott, DStZ 2020, 561, 571 f; vgl. auch Bilitewski, in: Haritz/Menner/Bilitewski, UmwStG, 5. Aufl. 2019, § 22 Rdnr. 88; Patt, in: Dötsch/Pung/Möhlenbrock, Die Körperschaftsteuer, § 22 UmwStG Rdnr. 19 (12/2022).

- nach § 22 Abs. 1 Satz 6 Nr. 5 UmwStG die für die Weitereinbringung der Anteile an der A-GmbH in die B-GmbH erhaltenen Anteile an der B-GmbH unmittelbar oder mittelbar veräußert werden.

Die unmittelbare oder mittelbare Veräußerung sowohl der eingebrachten Anteile als auch der erhaltenen Anteile (sog. auf Weitereinbringung beruhende Anteile oder „ersatzrealisationsverhaftete“ Anteile[21]) löst einen Einbringungsgewinn I aus, sofern nicht nachgewiesen wird, dass die Weiterübertragung der Anteile zu Buchwerten unter Beachtung der Begrenzung von sonstigen Gegenleistungen nach § 20 Abs. 2 Satz 2 Nr. 4 bzw. § 21 Abs. 2 Satz 2 Nr. 2 UmwStG erfolgt ist.[22] 5.43

Eine dem § 22 Abs. 2 Satz 5 UmwStG vergleichbare Regelung zur vorzeitigen Beendigung der Sperrfrist nach § 22 Abs. 2 UmwStG fehlt für sperrfristbehaftete Anteile, die aus einer Einbringung nach § 20 UmwStG resultieren. 5.44

Das vorstehend skizzierte Doppelholdingmodell führt also während der siebenjährigen Sperrfrist nicht zu einer nach § 8b Abs. 2 i.V.m. Abs. 3 KStG zu 95 % steuerfreien Veräußerung der in die A-GmbH eingebrachten Sachgesamtheit. 5.45

5.5.3 Modifiziertes Doppelholdingmodell

In der Literatur wird als Alternative das modifizierte Doppelholdingmodell vorgeschlagen, wonach im Ergebnis auch bei der geplanten Veräußerung einer Sachgesamtheit eine nach § 8b Abs. 2 i.V.m. Abs. 3 KStG im Anschluss an eine Einbringung in eine Kapitalgesellschaft eine steuerfreie Veräußerung der Anteile an dieser Kapitalgesellschaft in Betracht kommen soll.[23] 5.46

5.5.3.1 Funktionsweise

Beim modifizierten Doppelholdingmodell wird zunächst eine Doppelholdingstruktur z.B. im Wege der Bargründung installiert, und in einem weiteren Schritt wird die zu veräußernde Sachgesamtheit eingebracht. In Anlehnung an diesen Gestaltungsvorschlag stellt sich die Funktionsweise des modifizierten Doppelholdingmodells wie folgt dar: 5.47

---

21) Vgl. Patt, in: Dötsch/Pung/Möhlenbrock, Die Körperschaftsteuer, § 22 UmwStG Rdnr. 49 (06/2019); zu „ersatzrealisationsverhafteten Anteilen“ vgl. Stangl, in: Rödder/Herlinghaus/van Lishaut, UmwStG, 3. Aufl. 2019, § 22 Rdnr. 404.

22) Vgl. dazu instruktiv Stangl, in: Rödder/Herlinghaus/van Lishaut, UmwStG, 3. Aufl. 2019, § 22 Rdnr. 385 ff. sowie Rdnr. 399 ff.

23) Vgl. Haase/Nürnberg, Ubg 2022, 642.

5.48 **Beispiel 2**

X, der Inhaber eines wertvollen Einzelunternehmens mit einem Buchwert von 100.000 €, will dieses zum Kaufpreis von 10 Mio. € veräußern. Zu diesem Zweck gründet er zunächst die A-GmbH mit einem Stammkapital i.H.v. 100.000 € durch Bareinlage. Die A-GmbH gründet anschließend die B-GmbH mit einem Stammkapital von ebenfalls 100.000 € durch Bareinlage, so dass sich folgende Beteiligungsstruktur ergibt:

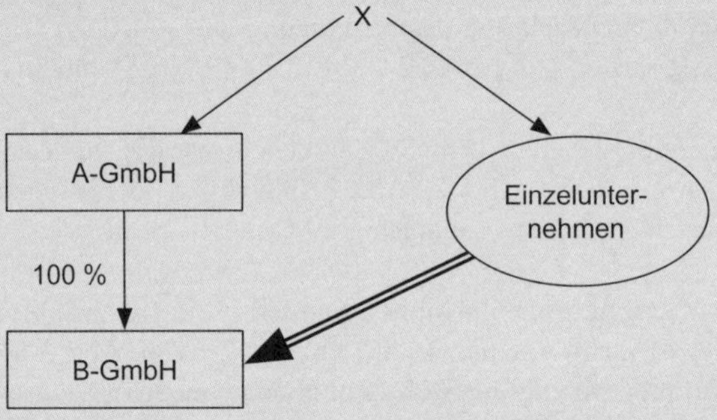

Anschließend bringt X sein Einzelunternehmen gem. § 20 Abs. 1 UmwStG zu Buchwerten in die B-GmbH ein, die zu diesem Zweck unter Ausschluss der Bezugsrechte der A-GmbH ihr Stammkapital von 100.000 auf 101.000 € erhöht. Der das Stammkapital übersteigende Buchwert des eingebrachten Betriebsvermögens des Einzelunternehmens wird als Agio in der Kapitalrücklage nach § 272 Abs. 2 Nr. 1 HGB ausgewiesen. X ist nach der Einbringung unmittelbar zu 1 % an der B-GmbH (gemeiner Wert der Anteile: 1 % von 10,1 Mio. € = 101.000 €) beteiligt, während die A-GmbH die restlichen 99 % der Anteile an der B-GmbH (mit einem Wert von 99 % von 10,1 Mio. € = 9.999.000 €) hält.

Aufgrund der unter Ausschluss der Bezugsrechte der A-GmbH erfolgten Kapitalerhöhung bei der B-GmbH sind die stillen Reserven des im Rahmen der Sacheinlage unter Ansatz der Buchwerte nach § 20 UmwStG von X eingebrachten Einzelunternehmens auf die von der A-GmbH gehaltene Beteiligung an der B-GmbH verlagert worden. Die Folge ist, dass hierdurch eine **Mitverstrickung der Anteile an der B-GmbH nach § 22 Abs. 7 UmwStG** eintritt.

Lösung

Die vorstehend beschriebene Vorgehensweise eröffnet grundsätzlich die Möglichkeit, dass **nach Ablauf der siebenjährigen Sperrfrist** gem. § 22 Abs. 1 UmwStG die Holdinggesellschaft A-GmbH ihre 99 % der Anteile an der B-GmbH unter Anwendung von § 8b Abs. 2 i.V.m. Abs. 3 KStG zu 95 % steuerfrei veräußern kann. X kann dann ebenfalls seinen 1%igen Anteil an der B-GmbH unter Anwendung des Teileinkünfteverfahrens veräußern.

Eine nach § 8b Abs. 2 i.V.m. Abs. 3 KStG steuerfreie Veräußerung der Anteile an der B-GmbH durch die A-GmbH soll jedoch auch bereits **während der siebenjährigen Sperrfrist** ohne Eintritt der nachteiligen steuerlichen Folgen einer rückwirkenden Einbringungsgewinnbesteuerung bei X als originär Einbringendem oder der A-GmbH als Inhaberin der mitverstrickten Anteile möglich sein.

5.5.3.2 Problematik der Mitverstrickung nach § 22 Abs. 7 UmwStG

Im Hinblick auf die mitverstrickten Anteile an der B-GmbH soll beim modifizierten Doppelholdingmodell eine die Sperrfrist verletzende Veräußerung durch die A-GmbH nach § 22 Abs. 1 UmwStG nicht ausgelöst werden, weil die Besteuerung eines Einbringungsgewinns I nur eintritt, wenn „der Einbringende" die erhaltenen Anteile veräußert.[24] Insoweit enthält § 22 Abs. 7 UmwStG eine **„gesetzgeberische Unschärfe"**,[25] weil nicht eindeutig geklärt ist, wer bei mitverstrickten Anteilen als Einbringender anzusehen ist. § 22 Abs. 7 UmwStG, dem nur zu entnehmen ist, dass die mitverstrickten Anteile insoweit als erhaltene Anteile gelten, fehlt nämlich eine klare Aussage dazu, ob der Inhaber der mitverstrickten Anteile auch als „Einbringender" i.S.d. § 22 Abs. 1 UmwStG anzusehen ist. 5.49

Daraus wird im Schrifttum gefolgert, die Veräußerung der mitverstrickten Anteile durch deren Inhaber (im Beispiel: die A-GmbH) könne die Einbringungsgewinnbesteuerung nach § 22 Abs. 1 UmwStG nur dann auslösen, wenn dieser auch der originäre Einbringende ist.[26] Mangels einer Veräußerung der erhaltenen Anteile durch X als originär Einbringendem laufe § 22 Abs. 7 UmwStG im obigen Beispiel leer. Die Gesetzeslücke könne auch nicht durch eine am Sinn und Zweck orientierte (teleologische) Auslegung des Gesetzeswortlauts geschlossen werden.[27] 5.50

Wenngleich einzuräumen ist, dass § 22 Abs. 7 UmwStG keine Aussage dazu trifft, ob auch der Inhaber der mitverstrickten Anteile (also die A-GmbH) als Einbringender anzusehen ist, spricht der Sinn und Zweck der Mitverstrickung indes dafür, dass die Veräußerung der Anteile durch die A-GmbH – ebenso wie die Verwirklichung eines der Veräußerung gleichgestellten Ersatztatbestands – die 5.51

---

24) Vgl. Haase/Nürnberg, Ubg 2022, 642, 645 f.

25) So zu Recht Bilitewski, in: Haritz/Menner/Bilitewski, UmwStG, 5. Aufl. 2019, § 22 Rdnr. 355.

26) Vgl. Haase/Nürnberg, Ubg 2022, 642, 645 f.

27) So Haase/Nürnberg, Ubg 2022, 642, 646.

rückwirkende Besteuerung eines Einbringungsgewinns I bei X auslöst. Anderenfalls könnte im vorliegenden Fall nämlich nicht verhindert werden, dass nach der steuerneutralen Einbringung nach § 20 UmwStG die erhaltenen Anteile innerhalb der siebenjährigen Sperrfrist nach § 8b Abs. 2 i.V.m. Abs. 3 KStG zu 95 % steuerfrei veräußert werden.[28] Einschlägige Rechtsprechung hierzu fehlt jedoch bisher.

5.52 Mit dem im Rahmen des SEStEG[29] auf Vorschlag des Finanzausschusses[30] eingeführten § 22 Abs. 7 UmwStG ist die frühere Rechtsprechung des BFH[31] zur sogenannten Wertabspaltung bei einbringungsgeborenen Anteilen im neu eingeführten System der rückwirkenden Einbringungsgewinnbesteuerung bei sperrfristbehafteten Anteilen gesetzlich kodifiziert worden. Diese Mitverstrickung nach § 22 Abs. 7 UmwStG tritt ein, wenn in den Fällen einer Sacheinlage nach § 20 Abs. 1 UmwStG oder eines Anteilstauschs nach § 21 UmwStG unter Ansatz des Buch- oder Zwischenwerts stille Reserven **aufgrund einer Gesellschaftsgründung oder Kapitalerhöhung** von den erhaltenen oder eingebrachten Anteilen oder von auf diesen Anteilen beruhenden Anteilen auf „andere Anteile“ verlagert werden. Typischerweise tritt eine solche Verlagerung stiller Reserven ein, wenn der Einbringende nach einer Gesellschaftsgründung oder Kapitalerhöhung im Verhältnis zum übergehenden Vermögen unterproportional an der übernehmenden Gesellschaft mit sperrfristbehafteten Anteilen beteiligt ist,[32] weil entweder **kein angemessenes Aufgeld** erbracht oder **unentgeltlich auf die Ausübung eines Bezugsrechts verzichtet** worden ist.[33] Bei einer wertkongruenten Gründung bzw. Kapitalerhöhung tritt dagegen eine Mitverstrickung nach § 22 Abs. 7 UmwStG nicht ein.

28) Vgl. Patt, in: Dötsch/Pung/Möhlenbrock, Die Körperschaftsteuer, § 22 UmwStG Rdnr. 111 (02/2019).

29) Gesetz über steuerliche Begleitmaßnahmen zur Einführung der Europäischen Gesellschaft und zur Änderung weiterer steuerrechtlicher Vorschriften (SEStEG) v. 07.12.2006, BGBl I, 2782.

30) Vgl. die Beschlussempfehlung des Finanzausschusses zum SEStEG, BT-Drucks. 16/3315, sowie den Bericht des Finanzausschusses, BT-Drucks. 16/3369, S. 13, der Bezug nimmt auf das BMF-Schreiben v. 25.03.1998 – IV B 7 – S 1978 – 21/98, IV B 2 – S 1909 – 33/98, BStBl I, 268 (UmwStE 1998), Rdnr. 21.14, sowie auf das BMF-Schreiben v. 28.04.2003 – IV A2 – S 2750a – 7/03, BStBl I, 292, Rdnr. 51 und 52.

31) Vgl. z.B. BFH, Urt. v. 08.04.1992 – I R 128/88, BStBl II, 761; BFH, Urt. v. 08.04.1992 – I R 160/90, BStBl II, 763; BFH, Urt. v. 08.11.2016 – I R 49/15, BStBl II 2017, 1002; BFH, Urt. v. 28.11.2007 – I R 34/07, BStBl II 2008, 533.

32) Vgl. Nitzschke, in: Brandis/Heuermann, Ertragsteuerrecht, § 22 UmwStG Rdnr. 96, 96a (11/2022); Bilitewski, in: Haritz/Menner/Bilitewski, § 22 UmwStG Rdnr. 339; Stangl, in: Rödder/Herlinghaus/van Lishaut, § 22 UmwStG Rdnr. 564, 567.

33) Bei einem entgeltlichen Verzicht liegt bei sperrfristbehafteten Anteilen eine Veräußerung der Anteile vor, so dass die Frage der Mitverstrickung obsolet ist; vgl. Stangl, in: Rödder/Herlinghaus/van Lishaut, § 22 UmwStG Rdnr. 570 ff.

5.5.3.3 Steuerliche Würdigung

Die in § 22 Abs. 7 UmwStG angesprochenen „anderen Anteile" an der übernehmenden Kapitalgesellschaft können **zu unterschiedlichen Zeitpunkten** entstehen. Neben deren Entstehung erst zum Zeitpunkt der Einbringung kann der Einbringende diese „anderen Anteile" auch bereits vor dem Einbringungszeitpunkt innehaben oder erst nach diesem Zeitpunkt hinzuerwerben.[34] Weiterhin können nach der Rechtsprechung des BFH[35] sowie nach herrschender Ansicht im Schrifttum **auch Anteile Dritter** an der übernehmenden Kapitalgesellschaft von der Mitverstrickung nach § 22 Abs. 7 UmwStG erfasst werden.[36] 5.53

Die Mitverstrickung tritt z.B. ein, wenn neue Gesellschafter im Rahmen einer Kapitalerhöhung in eine Kapitalgesellschaft aufgenommen werden, an welcher sperrfristbehaftete Anteile bestehen, und dabei eine den Unternehmenswert der Kapitalgesellschaft nicht erreichende (unterquotale) Bar- oder Sacheinlage leisten.[37] Gleiches gilt, wenn z.B. bei der Gesellschaftsgründung ein Gesellschafter eine Sachgesamtheit i.S.d. § 20 UmwStG zu Buchwerten einbringt, während andere Gründungsgesellschafter eine (unterquotale) Bareinlage erbringen, die den gemeinen Wert der Sacheinlage nach § 20 UmwStG nicht erreicht. 5.54

Im Gegensatz zur früheren BFH-Rechtsprechung zur Substanzabspaltung[38] verlangt § 22 Abs. 7 UmwStG keine willentliche Verlagerung stiller Reserven, die ohnehin von den Wertvorstellungen der beteiligten Parteien abhängig ist. Weil bei fremden Dritten der bei der Einbringung zugrunde gelegte Marktpreis regelmäßig die – im Einzelfall widerlegbare – Vermutung zulässt, dass eine Verlagerung stiller 5.55

---

34) Vgl. Nitzschke, in: Brandis/Heuermann, Ertragsteuerrecht, § 22 UmwStG Rdnr. 95 (11/2022).

35) Vgl. BFH, Urt. v. 08.11.2017 – I R 49/15, BStBl II, 1002, zur Rechtslage bei einbringungsgeborenen Anteilen, jedoch bereits mit dem Hinweis auf § 22 Abs. 7 UmwStG.

36) Vgl. Bilitewski, in: Haritz/Menner/Bilitewski, UmwStG, 5. Aufl. 2019, § 22 Rdnr. 334; Schmitt, in: Schmitt/Hörtnagl, UmwG/UmwStG, 9. Aufl. 2020, § 22 UmwStG Rdnr. 181 und 187; Patt, in: Dötsch/Pung/Möhlenbrock, Die Körperschaftsteuer, § 22 Rdnr. 9 (12/2011); Stangl, in: Rödder/Herlinghaus/van Lishaut, UmwStG, 3. Aufl. 2019, § 22 Rdnr. 578; Nitzschke, in: Brandis/Heuermann, Ertragsteuerrecht, § 22 UmwStG Rdnr. 95 (11/2022).

37) Vgl. dazu Förster/Walla, FR 2015, 961, 970.

38) Vgl. z.B. BFH, Urt. v. 08.04.1992 – I R 128/88, BStBl II, 761; BFH, Urt. v. 08.04.1992 – I R 160/90, BStBl II, 763; BFH, Urt. v. 08.11.2016 – I R 49/15, BStBl II 2017, 1002; BFH, Urt. v. 28.11.2007 – I R 34/07, BStBl II 2008, 533; vgl. auch Schmitt, in: Schmitt/Hörtnagl, UmwG/UmwStG, 9. Aufl. 2020, § 22 UmwStG Rdnr. 187.

Reserven nicht stattgefunden hat,[39] reduziert sich der Anwendungsbereich des § 22 Abs. 7 UmwStG regelmäßig auf Anteile des Einbringenden bzw. auf Anteile einer dem Einbringenden nahestehenden Person, die entweder im Rahmen der Sacheinlage nach § 20 UmwStG neue Anteile erhalten oder an der übernehmenden Gesellschaft bereits beteiligt ist.[40]

5.56 Noch nicht abschließend geklärt ist, ob die Besteuerungsfolgen einer Sperrfristverletzung den Inhaber der mitverstrickten Anteile oder den originär Einbringenden treffen. Hierzu werden **folgende Auffassungen** vertreten:

– Nach einer Meinung sollen die Besteuerungsfolgen beim Inhaber der mitverstrickten Anteile eintreten, weil dieser aufgrund einer unentgeltlichen Rechtsnachfolge als Einbringender gilt.[41] Diese Ansicht erscheint indes nicht ganz zweifelsfrei, weil § 22 Abs. 7 UmwStG nur die Verlagerung stiller Reserven regelt, jedoch weder im Hinblick auf die Anteile noch im Hinblick auf die Person des Anteilseigners eine Rechtsnachfolge anordnet.

– Nach zutreffender anderer Ansicht erfolgt die Besteuerung des Einbringungsgewinns dagegen beim originär Einbringenden.[42] Dafür spricht auch das Beispiel in Rdnr. 22.43 UmwSt-Erlass, bei dem die Veräußerung der mitverstrickten Anteile eine Einbringungsgewinnbesteuerung beim originär Einbringenden bewirkt.

---

39) Vgl. Stangl, in: Rödder/Herlinghaus/van Lishaut, UmwStG, 3. Aufl. 2019, § 22 Rdnr. 574; Bilitewski, in: Haritz/Menner/Bilitewski, UmwStG, 5. Aufl. 2019, § 22 Rdnr. 341; Nitzschke, in: Brandis/Heuermann, Ertragsteuerrecht, § 22 UmwStG Rdnr. 97 (11/2022); Patt, in: Dötsch/Pung/Möhlenbrock, Die Körperschaftsteuer, § 22 Rdnr. 9 (12/2011), mit dem Hinweis auf die widerlegbare Vermutung.

40) Vgl. auch das Beispiel in: Rdnr. 22.43 UmwSt-Erlass; zu anderen Fällen vgl. Bilitewski, in: Haritz/Menner/Bilitewski, UmwStG, 5. Aufl. 2019, § 22 Rdnr. 342.

41) Vgl. Schmitt, in: Schmitt/Hörtnagl, UmwG/UmwStG, 9. Aufl. 2020, § 22 UmwStG Rdnr. 192; Nitzschke, in: Brandis/Heuermann, Ertragsteuerrecht, § 22 UmwStG Rdnr. 101 (11/ 2022).

42) Vgl. Patt, in: Dötsch/Pung/Möhlenbrock, Die Körperschaftsteuer, § 22 UmwStG Rdnr. 112 (02/2019); Stangl, in: Rödder/Herlinghaus/van Lishaut, UmwStG, 3. Aufl. 2019, § 22 Rdnr. 578; Widmann, in: Widmann/Mayer, Umwandlungsrecht, § 22 UmwStG Rdnr. 455, dort Bsp. 2 (02/2008); Wulff-Dohmen, in: Haase/Hoffacker, UmwStG, 3. Aufl. 2021, § 22 Rdnr. 498; Bilitewski, in: Haritz/Menner/Bilitewski, UmwStG, 5. Aufl. 2019, § 22 Rdnr. 360f.

Praxistipp 5.57

Empfehlenswert ist daher eine zivilrechtliche Absicherung des originär Einbringenden, damit dieser ggf. im Hinblick auf die eintretende Steuerbelastung einen Ausgleichsanspruch geltend machen kann.[43]

5.58 Aus den vorstehend dargestellten Gründen unterliegt das modifizierte Doppelholdingmodell einem gewissen **steuerlichen Anerkennungsrisiko.** Es ist nämlich davon auszugehen, dass die Finanzverwaltung dieser Gestaltung mit dem Hinweis auf Rdnr. 22.43 UmwSt-Erlass begegnen wird. Denn die Frage, ob mangels einer eindeutigen gesetzlichen Regelung teleologische Überlegungen greifen oder nicht greifen, wird sich wohl nur in einem Finanzrechtsstreit klären lassen. Schließlich besteht die Gefahr, dass die Finanzverwaltung beim modifizierten Doppelholdingmodell wegen der zeitlichen Nähe zwischen der Einbringung und der anschließenden Anteilsveräußerung durch die Holdinggesellschaft einen **Gestaltungsmissbrauch i.S.d. § 42 AO** annimmt.[44]

5.5.3.4 Verhältnis zur verdeckten Gewinnausschüttung und verdeckten Einlage

5.59 Im obigen Beispiel 2 (Rdnr. 5.48) stellt sich zudem die Frage, ob nicht bereits nach allgemeinen Grundsätzen die interpersonelle Verlagerung stiller Reserven **vorrangig zu einer verdeckten Gewinnausschüttung** oder zu einer **verdeckten Einlage** führen kann, wenn im Zuge der Einbringung eine Wertverschiebung zugunsten einer Kapitalgesellschaft erfolgt, an welcher der Einbringende oder eine diesem nahestehende Person als Anteilseigner beteiligt sind.[45]

5.60 In einem ähnlichen gelagerten Fall, bei dem allerdings eine Einbringung nach den §§ 20 oder 21 UmwStG nicht vorlag, hat der BFH mit Urteil vom 14.09.2022[46]

43) Vgl. Stangl, in: Rödder/Herlinghaus/van Lishaut, UmwStG, 3. Aufl. 2019, § 22 Rdnr. 578; Wulff-Dohmen, in: Haase/Hoffacker, UmwStG, 3. Aufl. 2021, § 22 Rdnr. 498; Krohn/Schell, DB 2010, 1172, 1177.

44) Zum Konkurrenzverhältnis von § 42 AO zu speziellen einzelgesetzlichen Missbrauchsregelungen vgl. BFH, Urt. v. 17.11.2020 – I R 2/18, BStBl II 2021, 580; BFH, Urt. v. 23.04.2021 – IX R 8/20, BStBl II, 743; vgl. auch z.B. Blumenberg/Bernard, DB 2021, 1491; Schulze, StuB 2021, 737.

45) Vgl. Schmitt, in: Schmitt/Hörtnagl, UmwG/UmwStG, 9. Aufl. 2020, § 20 UmwStG Rdnr. 216.

46) Vgl. BFH, Urt. v. 14.09.2022 – I R 47/19, DStR 2023, 143, wonach Anwartschaften auf Beteiligungen neben Bezugsrechten aufgrund einer Kapitalerhöhung auch abspaltbare Teile des Wirtschaftsguts „Geschäftsanteil" umfassen; vgl. auch BFH, Urt. v. 21.09.2004 – IX R 36/01, BStBl II 2006, 12; BFH, Urt. v. 09.11.2010 – IX R 24/09, BStBl II 2011, 799; BFH, Urt. v. 21.01.1999 – IV R 27/97, BStBl II, 638.

entschieden, dass der **Verzicht auf die Teilnahme an einer Kapitalerhöhung** bei einer GmbH zugunsten eines neuen Gesellschafters eine der Veräußerung nach § 17 Abs. 1 Satz 1 EStG gleichgestellte **verdeckte Einlage einer Anwartschaft auf eine Beteiligung** darstellt, soweit das für die Übernahme des neuen Geschäftsanteils geleistete Entgelt den gemeinen Wert des Geschäftsanteils unterschreitet.[47] Käme es in Einbringungsfällen nach den §§ 20 und 21 UmwStG zur Annahme einer verdeckten Einlage, so wird bereits bei der Einbringung der Sachgesamtheit eine Versteuerung der stillen Reserven ausgelöst, die mit dem modifizierten Doppelholdingmodell gerade vermieden bzw. erheblich abgemildert werden soll.

5.61 Zu klären ist demnach, in welchem Verhältnis die Grundsätze der verdeckten Gewinnausschüttung bzw. der verdeckten Einlage zur Mitverstrickungsregelung in § 22 Abs. 7 UmwStG stehen, weil in allen vorgenannten Fällen eine Verlagerung von stillen Reserven vorliegt. Im Schrifttum besteht Einigkeit dahin gehend, dass eine Mitverstrickung nicht gleichzeitig eine verdeckte Gewinnausschüttung bzw. verdeckte Einlage darstellen kann.[48] Anderenfalls ergäbe sich die Folge, dass eine Buchwerteinbringung nach § 20 UmwStG nur insoweit steuerneutral möglich ist, als dem Einbringenden wertkongruent neue Anteile gewährt werden.

5.62 Vor der Einführung des § 22 Abs. 7 UmwStG wurde die Ansicht vertreten, dass die Rechtsinstitute der verdeckten Gewinnausschüttung bzw. verdeckten Einlage durchaus Vorrang vor den umwandlungsteuerlichen Regelungen haben können. Dies hat auch der BFH im Urteil vom 09.11.2010[49] bestätigt. Seit der Einführung der spezialgesetzlichen Regelung des § 22 Abs. 7 UmwStG soll dieser Vorrang jedoch nicht mehr bestehen, weil eine Verlagerung stiller Reserven auf andere Anteile – ungeachtet der Rechtsform des Anteilsinhabers – lediglich eine Mitver-

47) Vgl. dazu Schmitt, in: Schmitt/Hörtnagl, UmwG/UmwStG, 9. Aufl. 2020, § 20 UmwStG Rdnr. 215 ff.

48) Vgl. Widmann, in: Widmann/Mayer, Umwandlungsrecht, § 20 UmwStG, Rdnr. R 1205 (09/2007); Schmitt, in: Schmitt/Hörtnagl, UmwG/UmwStG, 9. Aufl. 2020, § 20 UmwStG Rdnr. 213; Nitzschke, in: Brandis/Heuermann, Ertragsteuerrecht, § 20 UmwStG, Rdnr. 75 (11/2022); Wochinger, in: Feldgen, Verdeckte Gewinnausschüttungen und verdeckte Einlagen (vGA/vE), Fach 4, Umwandlungsfälle, Rdnr. 66 (10/2017); Herlinghaus, in: Rödder/Herlinghaus/van Lishaut, UmwStG, 3. Aufl. 2019, § 20 Rdnr. 230, unter Hinweis auf BFH, Urt. v. 24.04.2007 – I R 35/05, BStBl II 2008, 253; vgl. auch BFH, Urt. v. 15.10.1997 – I R 80/96, BFH/NV 1998, 624.

49) Vgl. BFH, Urt. v. 09.11.2010 – IX R 24/09, BStBl II 2011, 799, zur nicht wertkongruenten (nicht verhältniswahrenden) Verschmelzung; vgl. dazu Heuermann, DB 2011, 551, 554 f.; vgl. auch BFH, Urt. v. 15.09.2004 – I R 7/02, BStBl II 2005, 867, zum Verhältnis einer vGA zur Einbringung nach § 24 UmwStG.

strickung auslöst und somit die Rechtsfolgen der verdeckten Gewinnausschüttung bzw. verdeckten Einlage auch bei einer nicht wertkongruenten Einbringung verdrängt werden.[50]

Der Vorrang des § 22 Abs. 7 UmwStG soll auch die Verlagerung stiller Reserven erfassen, die durch eine zeitlich der Einbringung nachgelagerte Kapitalerhöhung innerhalb der siebenjährigen Sperrfrist erfolgt. Tritt in solchen Fällen einer der Einbringung zeitlich nachgelagerten Kapitalerhöhung innerhalb der siebenjährigen Sperrfrist nicht nur eine Wertabspaltung ein, sondern werden tatsächlich Teilanteile oder Bezugsrechte bzw. Anwartschaften auf sperrfristbehaftete Anteile übertragen, so wird bei einer unentgeltlichen Übertragung auf eine Kapitalgesellschaft der vorrangig anzuwendende Ersatztatbestand des § 22 Abs. 1 Satz 6 Nr. 1 UmwStG erfüllt.[51] Dies gilt zumindest dann, wenn und soweit in der Zuwendung eines Vermögensvorteils gleichzeitig eine unentgeltliche Übertragung der erhaltenen Anteile bzw. von Anwartschaften auf eine Kapitalgesellschaft gesehen wird und sich bei einer natürlichen Person der Anteilsbegriff nach § 17 EStG richtet, der auch Anwartschaften auf Beteiligungen umfasst. 5.63

Vor dem Hintergrund des BFH-Urteils vom 14.09.2022[52] könnte bei einem Verzicht auf die Teilnahme an einer Kapitalerhöhung zugunsten eines neuen Gesellschafters in der Rechtsform der Kapitalgesellschaft eine Verlagerung der stillen Reserven auf eine Kapitalgesellschaft im Wege der (unentgeltlichen) verdeckten Einlage i.S.d. § 17 Abs. 1 Satz 1 EStG **bereits im Einbringungszeitpunkt** 5.64

- entweder eine Sperrfristverletzung nach § 22 Abs. 1 Satz 6 Nr. 1 UmwStG auslösen oder
- zu einer unmittelbaren Besteuerung beim einbringenden Gesellschafter führen.

Im Schrifttum wird nämlich die zutreffende Ansicht vertreten, eine verdeckte Einlage liege vor, wenn der Einbringende durch eine Sacheinlage gegen eine nicht wertkongruente Gewährung von Gesellschaftsrechten einen Mitgesellschafter begünstigt und dieser Mitgesellschafter eine Kapitalgesellschaft ist, an welcher 5.65

50) Vgl. Bilitewski, in: Haritz/Menner/Bilitewski, UmwStG, 5. Aufl. 2019, § 22 Rdnr. 364, mit dem Hinweis auf BFH, Urt. v. 09.01.2013 – I R 24/12, BStBl II 2018, 509, wonach das UmwStG für die einbezogenen Umwandlungsvorgänge einen eigenständigen und sondergesetzlichen Rechtskreis bestimmt, der den allgemeinen Gewinnermittlungsvorschriften abschließend vorgeht.

51) Vgl. Bilitewski, in: Haritz/Menner/Bilitewski, UmwStG, 5. Aufl. 2019, § 22 Rdnr. 365.

52) Vgl. BFH, Urt. v. 14.09.2022 – I R 47/19, DStR 2023, 143.

der Einbringende unmittelbar oder mittelbar beteiligt ist.[53] Dafür spricht auch, dass die vom BFH entwickelte Wertabspaltungs-Rechtsprechung, die durch § 22 Abs. 7 UmwStG gesetzlich kodifiziert worden ist, ausschließlich zu Fällen im Zusammenhang mit natürlichen Personen ergangen ist, nicht jedoch zu Fällen unter Beteiligung von Kapitalgesellschaften. Vor dem Hintergrund der kontroversen Diskussion zum Verhältnis der Mitverstrickung nach § 22 Abs. 7 UmwStG zur verdeckten Gewinnausschüttung bzw. verdeckten Einlage bleibt die künftige Entwicklung bzw. Rechtsprechung abzuwarten.

5.6 Zusammenfassung

5.66 Wie vorstehend dargestellt, können Anteile i.S.d. § 17 EStG nach überwiegender Meinung im Schrifttum nach dem **Doppelholdingmodell** im Ergebnis zu 95 % steuerfrei nach § 8b Abs. 2 i.V.m. Abs. 3 KStG veräußert werden. Denn die durch eine Einbringung gem. den §§ 20 oder 21 UmwStG ausgelöste siebenjährige Sperrfristverhaftung nach § 22 Abs. 2 Satz 5 UmwStG wird durch eine Veräußerung der Anteile beendet. Eine solche sperrfristbeendende Veräußerung liegt auch bei einer Weitereinbringung nach den §§ 20 oder 21 UmwStG mit Fortführung der Buchwerte bzw. der Anschaffungskosten vor. Einzelne Vertreter der Finanzverwaltung folgen dieser Ansicht jedoch aus teleologischen Erwägungen nicht. Solange hierzu keine Rechtsprechung existiert, ist das **Doppelholdingmodell** derzeit **nicht risikolos.**

5.67 Nach einer im Schrifttum vertretenen Einzelmeinung soll das **modifizierte Doppelholdingmodell** auch zur Veräußerung von Sachgesamtheiten i.S.v. § 16 Abs. 1 Nr. 1 Satz 1 oder Nr. 2 EStG eingesetzt werden können. Auch dieser Gestaltungsvorschlag ist derzeit – mangels einschlägiger Rechtsprechung – einem **steuerlichen Anerkennungsrisiko ausgesetzt.** Schließlich bleibt abzuwarten, wie die Rechtsprechung das Konkurrenzverhältnis zwischen der Mitverstrickung nach § 22 Abs. 7 UmwStG und der verdeckten Gewinnausschüttung bzw. verdeckten Einlage lösen wird und ob das Doppelholdingmodell wegen seiner erforderlichen Einzelschritte ggf. unter dem Verdacht eines Gestaltungsmissbrauchs i.S.d. § 42 AO steht.

53) Vgl. Widmann, in: Widmann/Mayer, Umwandlungsrecht, § 20 UmwStG Rdnr. R 1205 ff. (09/2007) sowie § 22 UmwStG Rdnr. 487; so auch Wochinger, in: Feldgen, vGA/vE, Fach 4, Umwandlungsfälle, Rdnr. 198 i.V.m. Rdnr. 83 ff. und Rdnr. 82 ff. (10/2017), nach dessen Ansicht die Regelungen des UmwStG zwar grundsätzlich Vorrang vor den Vorschriften zur verdeckten Einlage haben, allerdings bei Vermögensverschiebungen auf der Ebene der Anteilseigner durchaus verdeckte Einlagen vorliegen können; für eine mögliche vGA bzw. verdeckte Einlage wohl auch Nitzschke, in: Brandis/Heuermann, Ertragsteuerrecht, § 20 UmwStG Rdnr. 75 (11/2022); grundlegend zur Frage der verdeckten Einlage und vGA bei Umwandlungen, vgl. Füger/Rieger, in: Festschrift Widmann, 2000, S. 287.

6. Veräußerer-Umwandlungsmodell

Inhalt **Rdnr.**

6.1 Steuernachteile und Kaufpreisabschlag bei Anteilen an einer Kapitalgesellschaft

Sind Gegenstand eines Unternehmenskaufs Anteile an einer Kapitalgesellschaft, so ergeben sich regelmäßig steuerliche Interessensgegensätze zwischen Veräußerer und Erwerber. Während der Veräußerer im Hinblick auf den Gewinn aus der Veräußerung seiner Anteile die Anwendung des Teileinkünfteverfahrens erreichen möchte, konzentrieren sich die Interessen des Erwerbers vor allem auf die möglichst vollständige Abschreibbarkeit des Kaufpreises sowie auf den umfassenden steuerlichen Abzug etwaiger Refinanzierungsaufwendungen. 6.1

Vor diesem Hintergrund ist der Erwerb eines Einzelunternehmens oder der Anteile an einer Personengesellschaft aus steuerlicher Sicht deutlich interessanter als der Erwerb von Anteilen an Kapitalgesellschaften, sofern nicht ein unmittelbarer Erwerb der den Betrieb repräsentierenden Wirtschaftsgüter (sog. Asset Deal) in Betracht kommt. Der potenzielle Erwerber von Anteilen an Kapitalgesellschaften wird daher regelmäßig versuchen, als Nachteilsausgleich einen Kaufpreisabschlag durchzusetzen. 6.2

6.3 **Hinweis**

Mit dem Gesetz zur Modernisierung des Körperschaftsteuerrechts (KöMoG) vom 25.06.2021,[1] das zum 01.01.2022 in Kraft tritt, hat der Gesetzgeber das Optionsmodell eingeführt.[2] Nach § 1a KStG können sich Personenhandelsgesellschaften und Partnerschaftsgesellschaften auf unwiderruflichen Antrag wie eine Kapitalgesellschaft (optierende Gesellschaft) und ihre Gesellschafter wie die nicht persönlich haftenden Gesellschafter einer Kapitalgesellschaft behandeln lassen. Der Übergang zur Körperschaftbesteuerung gilt nach § 1a Abs. 2 KStG als Formwechsel i.S.d. § 1 Abs. 3 Nr. 3 UmwStG mit der Folge, dass die §§ 1 und 25 i.V.m. §§ 20–23 UmwStG entsprechend anzuwenden sind.

Nach dem fiktiven Formwechsel ist zivilrechtlich die Beteiligung an einer optierenden Gesellschaft weiterhin als Anteil an einer Personengesellschaft zu behandeln, während diese nach § 1a Abs. 3 KStG für Zwecke der Besteuerung nach dem Einkommen als Beteiligung an einer Kapitalgesellschaft gilt.

Beim Kauf von Anteilen an einer Personengesellschaft ist daher stets vorab zu klären, ob es sich ggf. um eine optierende Gesellschaft i.S.d. § 1a KStG handelt. Denn im Fall einer optierenden Gesellschaft werden Anteile einer Kapitalgesellschaft veräußert, die beim Veräußerer entweder dem Teileinkünfteverfahren nach § 3 Nr. 40 i.V.m. § 3c Abs. 2 EStG oder der Steuerbefreiung nach § 8b Abs. 2 i.V.m. Abs. 3 KStG unterliegen. Der Erwerber erwirbt Anteile an einer fiktiven Kapitalgesellschaft, was dazu führt, dass der gezahlte Kaufpreis grundsätzlich nicht abgeschrieben werden kann.

Sollen Gegenstand des Kaufvorgangs auch steuerlich Anteile an einer Personengesellschaft sein, kann die optierende Gesellschaft beantragen (Rückoption), auch steuerlich wieder als Personengesellschaft behandelt zu werden. Steuerlich wird die Rückoption als erneuter Formwechsel nach § 1 Abs. 1 Satz 1 Nr. 2 i.V.m. § 9 und §§ 3–8 UmwStG behandelt, so dass – wie beim nachstehend skizzierten Veräußerer-Umwandlungsmodell – dieselben Rechtsfolgen eintreten.

---

1) Gesetz zur Modernisierung des Körperschaftsteuerrechts (KöMoG) v. 25.06.2021, BGBl I, 2050.

2) Vgl. dazu Brühl/Weiss, DStR 2021, 889 und 945 sowie 1617; Schiffers/Jacobsen, DStZ 2021, 348; Schiffers, DStZ 2021, 530; Cordes/Kraft, FR 2021, 401; Demuth, KÖSDI 2021, 22241; Dorn/Dibbert, DB 2021, 796 und 1233; Rickermann, DB 2021, 1035 und 1567; Kölbl/Luce, Ubg 2021, 264; Ott, DStZ 2021, 559; ders., StuB 2021, 597; Adrian/Fey, StuB 2021, 309; Dressler/Kompolsek, Ubg 2021, 301; Lüdicke/Eiling, BB 2021, 1439; Leitsch, BB 2012, 1943; Winkler/Carlé, NWB 2021, 2508; Fuhrmann, NWB 2021, 2356; Brill, NWB 2021, 2420; Carlé, NWB 2021, 2270; Strecker/Carlé, NWB 2021, 2022; Kahsnitz, NWB 2021, 2100; Nagel/Schlund, NWB 2021, 1874; Mayer/Käshammer, NWB 2021, 1300.

6.2 Vermeidung steuerlicher Nachteile

Um den Kaufpreisabschlag zu vermeiden oder sogar einen unter rein steuerlichen Gesichtspunkten höheren Kaufpreis durchzusetzen, kann es in bestimmten Fällen für den bzw. die Veräußerer empfehlenswert sein, die Kapitalgesellschaft vor der Anteilsveräußerung in ein Personenunternehmen (Einzelunternehmen oder Personengesellschaft) umzuwandeln und anschließend den Betrieb bzw. einen Anteil an der Personengesellschaft, also steuerlich einen Mitunternehmeranteil, zu veräußern. Die Vorteilhaftigkeitsüberlegungen bei diesem sogenannten Veräußerer-Umwandlungsmodell basieren auf dem Barwert der abschreibungsbedingten Steuereffekte und werden entscheidend beeinflusst durch die Zusammensetzung der Wirtschaftsgüter, die stille Reserven enthalten, sowie deren jeweilige Abschreibungsdauern. 6.4

Im Hinblick auf die Abziehbarkeit von Finanzierungsaufwendungen ergeben sich beim Erwerb eines Betriebs bzw. von Anteilen an einer Personengesellschaft – über die generellen Einschränkungen wie z.B. die Zinsschranke nach § 4h EStG bzw. die Hinzurechnung nach § 9 Nr. 1 Buchst. a) GewStG hinaus – regelmäßig keine Abzugsbeschränkungen. Dagegen unterliegen die Finanzierungsaufwendungen beim Erwerb von Anteilen an der Zielkapitalgesellschaft bei privaten Erwerbern grundsätzlich dem Werbungskostenabzugsverbot nach § 20 Abs. 9 EStG. Nur bei entsprechender Option zur Anwendung des Teileinkünfteverfahrens unter den Voraussetzungen des § 32d Abs. 2 Nr. 3 EStG sind diese zu 60 % abzugsfähig. Ein voller Abzug der Finanzierungsaufwendungen lässt sich zwar erreichen, wenn der Erwerb von Anteilen an der Zielkapitalgesellschaft wiederum durch eine Erwerberkapitalgesellschaft erfolgt. Sofern aber die Erwerbergesellschaft ihre Finanzierungsaufwendungen durch nach § 8b Abs. 1 i.V.m. Abs. 5 KStG zu 95 % steuerfreie Gewinnausschüttungen der Zielgesellschaft finanziert, bauen sich in Höhe der voll abzugsfähigen Finanzierungsaufwendungen sukzessive steuerliche Verluste bzw. Verlustvorträge auf. 6.5

Damit der Abzug der Finanzierungsaufwendungen auf derselben Ebene stattfinden kann, auf der die steuerpflichtigen Erträge erzielt werden, sind in der Folgezeit weitergehende Maßnahmen erforderlich (z.B. Auf- oder Abwärtsverschmelzung der Erwerbsgesellschaft mit der Zielgesellschaft, Errichtung einer ertragsteuerlichen Organschaft nach §§ 14 ff. KStG zwischen Erwerbs- und Zielgesellschaft). 6.6

6.3 Grundzüge des Veräußerer-Umwandlungsmodells

6.7 Nachfolgend werden das Veräußerer-Umwandlungsmodell und die hierbei zu beachtenden möglichen Steuerfallen diskutiert. Die Überlegungen beschränken sich dabei auf die im mittelständischen Bereich vor allem anzutreffende Rechtsform der GmbH.

6.8 Die Verschmelzung oder der Formwechsel einer GmbH auf bzw. in ein Personenunternehmen (i.d.R. wegen der angestrebten Haftungsbeschränkung eine GmbH & Co. KG) kann zwar unter den Voraussetzungen des § 3 Abs. 2 UmwStG steuerlich mit Buchwertfortführung und somit ohne Auflösung der stillen Reserven vollzogen werden. In Höhe der thesaurierten Gewinne (Gewinnrücklagen, Gewinnvortrag, Bilanzgewinn) ergibt sich jedoch zunächst eine fiktive Gewinnausschüttung nach § 7 UmwStG, die – je nach Empfänger – entweder der Steuerfreistellung nach § 8b Abs. 1 i.V.m. Abs. 5 KStG (Empfänger ist eine Kapitalgesellschaft) oder dem Teileinkünfteverfahren (Empfänger ist eine natürliche Person) unterliegt.

6.9 Zusätzlich wird nach § 4 Abs. 5 und 6 UmwStG ein Übernahmegewinn oder Übernahmeverlust ermittelt, in dem das übergehende Vermögen der GmbH den Anschaffungskosten bzw. dem Buchwert der Anteile gegenübergestellt wird. Dieses sogenannte Übernahmeergebnis 1. Stufe wird noch vermindert um die bereits nach § 7 UmwStG versteuerte fiktive Ausschüttung, um eine Doppelerfassung zu verhindern.

6.10 Ist die Umwandlung unter Fortführung der Buchwerte erfolgt, werden bei der anschließenden Veräußerung des Einzelunternehmens bzw. der Anteile an der Personengesellschaft die stillen Reserven aufgedeckt und ggf. unter Nutzung der Vergünstigungen nach den §§ 16 und 34 EStG versteuert. Die aufgelösten stillen Reserven kann der Erwerber zusammen mit den erworbenen Wirtschaftsgütern in der Steuerbilanz bzw. beim Erwerb eines Mitunternehmeranteils in einer positiven Ergänzungsbilanz aktivieren und steuermindernd abschreiben. Im Ergebnis ist das Veräußerer-Umwandlungsmodell für den Erwerber mit dem Erwerb der einzelnen Wirtschaftsgüter (Asset Deal) vergleichbar.

6.11 Ob das Veräußerer-Umwandlungsmodell empfehlenswert ist, hängt für den Veräußerer u.a. davon ab, ob für die Veräußerung des Einzelunternehmens bzw. des Mitunternehmeranteils der ermäßigte Steuersatz nach § 34 Abs. 3 EStG in Betracht kommt und ob beim Erwerb der GmbH-Anteile gezahlte hohe Anschaffungskosten durch die Umwandlung vernichtet werden. Vorteilhaft kann die einer Veräußerung von GmbH-Anteilen vorgeschaltete Umwandlung z.B. dann sein, wenn der Veräußerer über steuerliche Verlustvorträge verfügt, die mit dem Veräußerungsgewinn verrechnet werden können. Andererseits sind im Zusammenhang mit dem Veräußerer-Umwandlungsmodell bestehende Nachteile und Steuerfallen zu beachten, die sich nachteilig auswirken können und daher nicht unberücksichtigt bleiben dürfen.

6.4 Steuerfolgen beim Veräußerer-Umwandlungsmodell

6.4.1 Untergang der Anschaffungskosten

6.12 Die Umwandlung einer GmbH in ein Personenunternehmen führt regelmäßig zum Eintritt eines Übernahmeverlusts nach § 4 Abs. 4 und 5 UmwStG, sofern die Anteilseigner der umzuwandelnden GmbH beim Anteilserwerb hohe Anschaffungskosten aufgewendet haben. Wie das nachfolgende Beispiel zeigt, werden nämlich die Anschaffungskosten im Rahmen der Umwandlung vernichtet.

Beispiel (Erwerberfall) 6.13

An der X-GmbH mit einem Stammkapital von 100.000 € sind A und B zu je 50 % beteiligt. Die Gesellschafter haben ihre Anteile vor zehn Jahren jeweils zum Preis von 500.000 € erworben. Zur Vorbereitung einer Veräußerung der Anteile wird die X-GmbH mit Wirkung zum 31.12.2021 in eine GmbH & Co. KG umgewandelt. Die X-GmbH verfügt zu diesem Zeitpunkt neben dem Stammkapital von 100.000 € über thesaurierte Gewinne i.H.v. 200.000 €. Die Kosten für den Vermögensübergang (Notar- und Steuerberatungskosten), die von der GmbH & Co. KG getragen werden, betragen 20.000 €.

Lösung

Für jeden Gesellschafter ist zunächst die fiktiv nach § 7 UmwStG zu versteuernde Ausschüttung der thesaurierten Gewinne i.H.v. 200.000 € zu ermitteln. Diese beträgt für A und B jeweils 100.000 € und löst zu dem Zeitpunkt, in dem die Umwandlung in das Handelsregister eingetragen wird (Rdnr. 07.08 UmwSt-Erlass[3]), eine an das Finanzamt abzuführende Kapitalertragsteuer von insgesamt 50.000 € (25 % von 200.000 €) sowie Solidaritätszuschlag von 2.750 € (5,5% von 50.000 €) aus. Bei A und B unterliegt die fiktive Ausschüttung dem Teileinkünfteverfahren. Die fiktive Gewinnausschüttung i.H.v. jeweils 100.000 € unterliegt bei A und B dem Teileinkünfteverfahren, so dass die Bezüge nach § 7 UmwStG zu 60 % der individuellen Besteuerung unterliegen. Die von der X-GmbH abgeführte Kapitalertragsteuer einschließlich Solidaritätszuschlag wird später auf die jeweils bei A und B eintretende Steuerbelastung angerechnet.

3) Vgl. BMF-Schreiben v. 11.11.2011 – IV C 2 – S 1978-b/08/10001, BStBl I, 1314 (im Folgenden: UmwSt-Erlass).

Darüber hinaus wird jeweils für A und B das Übernahmeergebnis nach § 4 Abs. 4 und 5 UmwStG i.V.m. Rdnr. 04.27 UmwSt-Erlass ermittelt. Die Umwandlung führt unter Ansatz der Buchwerte gem. § 3 Abs. 2 UmwStG zu folgendem Übernahmeergebnis, das nach Rdnr. 04.19 UmwSt-Erlass personenbezogen jeweils für A und B wie folgt ermittelt wird:

anteiliger Buchwert des auf die GmbH & Co. KG übergehenden Betriebsvermögens (50 % von 300.000 €)	150.000 €
Anschaffungskosten der Anteile an der X-GmbH	– 500.000 €
Kosten für den Vermögensübergang	– 10.000 €
Übernahmeverlust 1. Stufe	– 360.000 €
Bezüge nach § 7 UmwStG	– 100.000 €
Übernahmeverlust 2. Stufe	– 460.000 €

Nach § 4 Abs. 6 Satz 4 UmwStG kann der Übernahmeverlust jeweils i.H.v. 60 % der Bezüge nach § 7 UmwStG (also i.H.v. 60.000 €) bei A und B berücksichtigt werden und mit den Bezügen nach § 7 UmwStG verrechnet werden. Während die Bezüge nach § 7 UmwStG damit im Ergebnis steuerfrei bleiben, geht der restliche Übernahmeverlust i.H.v. 400.000 € vollständig unter.

Hätten A und B die Anteile an der X-GmbH erst **innerhalb von fünf Jahren vor der Umwandlung** entgeltlich erworben, wäre nach der Missbrauchsregelung des § 4 Abs. 6 Satz 6 UmwStG ein **Übernahmeverlust überhaupt nicht zu berücksichtigen**. In diesem Fall hätten A und B die Bezüge i.S.d. § 7 UmwStG nach dem Teileinkünfteverfahren i.H.v. jeweils 60.000 € (60 % von 100.000 €) zu versteuern.

Variante (Gründerfall)

Sachverhalt wie im Ausgangsbeispiel, jedoch sind die Gesellschafter A und B nunmehr die Gründungsgesellschafter der X-GmbH mit Anschaffungskosten der Anteile von jeweils nur noch 50.000 €.

Lösung

Während für A und B dieselbe Versteuerung der Bezüge nach § 7 UmwStG wie im Ausgangsbeispiel eintritt, wird im Gründerfall das Übernahmeergebnis nunmehr wie folgt ermittelt:

anteiliger Buchwert des auf die GmbH & Co. KG übergehenden Betriebsvermögens (50 % von 300.000 €)	150.000 €
Anschaffungskosten der Anteile an der X-GmbH	– 50.000 €
Kosten für den Vermögensübergang	– 10.000 €
Übernahmeverlust 1. Stufe	– 90.000 €
Bezüge nach § 7 UmwStG	– 100.000 €
Übernahmeverlust 2. Stufe	– 10.000 €

Nach § 4 Abs. 6 Satz 4 UmwStG kann der Übernahmeverlust i.H.v. jeweils 6.000 € (60 % von 10.000 €, höchstens jedoch i.H.v. 60 % der Bezüge i.S.d. § 7 UmwStG bei A und B berücksichtigt werden und wird mit den steuerpflichtigen Bezügen i.S.d. § 7 UmwStG i.H.v. 60.000 € (60 % von 100.000 €) verrechnet. Bei A und B sind somit im Ergebnis Bezüge i.S.d. § 7 UmwStG i.H.v. 54.000 € steuerpflichtig (60.000 € abzgl. 6.000 €).

Hieraus ergibt sich als erstes Zwischenergebnis: 6.14

- Soweit im obigen **Ausgangsbeispiel zum Erwerberfall** der ursprüngliche Kaufpreis für die GmbH-Anteile auf stille Reserven entfällt, also das Stammkapital einschließlich der offenen Reserven in Form thesaurierter Gewinne zum Zeitpunkt der Umwandlung übersteigt, bleibt ein Teil des Übernahmeverlusts außer Ansatz. Insoweit gehen auch die Anschaffungskosten der GmbH-Anteile unter.
- Im sogenannten **Gründerfall** ergibt sich – unabhängig vom Vorhandensein thesaurierter Gewinne – regelmäßig nur ein Übernahmeverlust in Höhe etwaiger Kosten für den Vermögensübergang, der nur zu 60 % berücksichtigt werden kann.
- Die **Berücksichtigung des Übernahmeverlusts** nach § 4 Abs. 6 Satz 4 UmwStG **entfällt vollständig** (mit vollständigem Untergang der Anschaffungskosten der Anteile), soweit entweder zum Zeitpunkt der Umwandlung keine thesaurierten Gewinne vorhanden sind oder soweit die Anteile an der GmbH erst innerhalb der letzten fünf Jahre vor dem steuerlichen Übertragungsstichtag entgeltlich erworben wurden (fünfjährige Umwandlungssperre nach § 4 Abs. 6 Satz 6 UmwStG).

Im obigen Beispiel weist die Eröffnungsbilanz der GmbH & Co. KG (sowohl im Erwerber- als auch im Gründerfall) ein anteiliges Eigenkapital für jeden Gesellschafter von 50.000 € aus. Unterstellt man vereinfacht, dass zum Zeitpunkt der 6.15

Veräußerung der Anteile die GmbH & Co. KG unverändert über stille Reserven von insgesamt 900.000 € verfügt, erzielen A und B bei Verwirklichung des Veräußerer-Umwandlungsmodells und bei einem unterstellen Veräußerungspreis von je 500.000 € jeweils einen Veräußerungsgewinn von 450.000 €.

6.16 Vergleicht man dieses Ergebnis mit einer Direktveräußerung der GmbH-Anteile (also ohne Umwandlung) hätte sich im Gründerfall der gleiche Veräußerungsgewinn eingestellt. Dagegen wäre im Erwerberfall für beide Gesellschafter bei der Veräußerung der GmbH-Anteile überhaupt kein Veräußerungsgewinn entstanden. Daraus folgt, dass zumindest im Gründerfall das Veräußerer-Umwandlungsmodell keine Nachteile für den Veräußerer hat. Für den Erwerber ist entscheidend, ob dem Grunde nach und über welchen Zeitraum beim Veräußerer-Umwandlungsmodell die erworbenen Wirtschaftsgüter abgeschrieben werden können.

6.4.2 Berücksichtigung von Kosten für den Vermögensübergang

6.17 Durch die Einbeziehung der Kosten für den Vermögensübergang in die Ermittlung des Übernahmeergebnisses nach § 4 Abs. 4 UmwStG wirken sich diese nur zu 60 % aus, soweit das Übernahmeergebnis auf eine natürliche Person entfällt. Sie wirken sich dagegen überhaupt nicht aus, soweit das Übernahmeergebnis auf eine Körperschaft entfällt, die an der übernehmenden Personengesellschaft beteiligt ist.

6.18 Die relevanten Kosten für den Vermögensübergang sind wie folgt zu ermitteln:

- **In einem ersten Schritt** sind die Kosten nach dem Veranlassungsprinzip dem übertragenden und dem übernehmenden Rechtsträger zuzuordnen, wobei die Kosten des übertragenden Rechtsträgers regelmäßig voll abzugsfähig bleiben.
- **In einem zweiten Schritt** sind die Kosten für den Vermögensübergang in objektbezogene Kosten (z.B. Grunderwerbsteuer) und nicht objektbezogene Kosten aufzuteilen. Eine verhältnismäßige Aufteilung der Kosten auf die Ermittlung des Übernahmeergebnisses nach § 4 Abs. 4 UmwStG und die fiktive Gewinnausschüttung i.S.d. § 7 UmwStG darf nach Rdnr. 04.35 UmwSt-Erlass nicht vorgenommen werden.

6.19 Als Kosten für den Vermögensübergang i.S.d. § 4 Abs. 4 Satz 1 UmwStG werden nach Rdnr. 04.34 UmwSt-Erlass erfasst:

- unabhängig vom Zeitpunkt der Entstehung nur die nicht objektbezogenen Kosten des übernehmenden Rechtsträgers sowie

- auch die nicht objektbezogenen Kosten, die dem übertragenden Rechtsträger zuzuordnen und erst **nach dem steuerlichen Übertragungsstichtag** entstanden sind. Der übertragende Rechtsträger hat nach Auffassung des BFH[4] für die Zuordnung kein Wahlrecht und kann für diese Kosten auch keine Rückstellung für ungewisse Verbindlichkeiten in seiner steuerlichen Schlussbilanz bilden.

In der Praxis wird die eingeschränkte Berücksichtigung der in der laufenden Buchführung erfassten Kosten für den Vermögensübergang oftmals übersehen. Soweit eine außerbilanzielle Korrektur unterblieben ist, führt dies im Rahmen einer späteren Betriebsprüfung regelmäßig zu einem steuer- und zinspflichtigen Mehrergebnis. 6.20

Derzeit umstritten ist der **sachliche und zeitliche Umfang** der Kosten für den Vermögensübergang i.S.d. § 4 Abs. 4 UmwStG.[5] Nach einer **weiten Auffassung** werden sowohl die (internen wie auch externen) Kosten in der Vorbereitungs-, Durchführungs- und Nachbereitungsphase (hier insbesondere sog. Migrationskosten z.B. für die Integration von Arbeitnehmern oder von IT-Systemen) erfasst.[6] Andererseits wird aber nach einer **engen Auffassung** zu Recht vertreten, dass als Kosten für den Vermögensübergang lediglich interne und externe Kosten in der Vorbereitungs- und Durchführungsphase (z.B. Notar- oder Registerkosten) erfasst werden, nicht aber sämtliche anlässlich des Vermögensübergangs entstandenen Kosten.[7] 6.21

6.4.3 Nichtberücksichtigung des Übernahmeverlusts

Die oben beschriebene, für entgeltlich erworbene Anteile geltende Regelung nach § 4 Abs. 6 Satz 6 UmwStG steht wegen ihrer überschießenden Wirkung im Zentrum der Kritik.[8] Denn der vollständige Ausschluss der Berücksichtigung eines Übernahmeverlusts in den genannten Fällen hat zur Folge, dass ausschließlich die Bezüge nach § 7 UmwStG erfasst werden, während die Anschaffungskosten der Anteile unberücksichtigt bleiben. Insoweit wird § 4 Abs. 6 UmwStG zu Recht als fünfjährige faktische Umwandlungssperre[9] angesehen. Eine einschränkende Aus- 6.22

4) BFH, Urt. v. 30.05.2018 – I R 35/16, BFH/NV 2019, 469; so auch die Vorinstanz FG Rheinland-Pfalz, Urt. v. 12.04.2016 – 1 K 1001/14, DStRE 2017, 1047.

5) Vgl. dazu Krohn, DB 2018, 1755.

6) Vgl. dazu Stimpel, GmbHR 2012, 199, 200.

7) Vgl. Kuhr, Ubg 2016, 729; Ronneberger, NWB 2017, 954; Holle/Weiss, DStR 2018, 167; Ott, DStZ 2018, 524, 528.

8) Zur Kritik und zur Rechtfertigung vgl. van Lishaut, in: Rödder/Herlinghaus/van Lishaut, UmwStG, 3. Aufl. 2019, § 6 Rdnr. 107.

9) Vgl. z.B. Bohnhardt, in: Haritz/Menner/Bilitewski, UmwStG, 5. Aufl. 2019, § 4 Rdnr. 306.

legung des seit dem UmwStG 1995 mehrmals geänderten § 4 Abs. 6 UmwStG kommt indes nach der Rechtsprechung des BFH nicht in Betracht.[10] Denn deren Sinn und Zweck ist es, eine Einmalbesteuerung bei Umwandlungsvorgängen unter Geltung des Halb- bzw. Teileinkünfteverfahrens auf Dauer zu gewährleisten[11] und den früher nach § 4 Abs. 6 UmwStG 1995 möglichen Gestaltungen entgegenzuwirken.[12] Dieser Normzweck ließe sich bei einer teleologischen Reduktion der nunmehr geltenden Fassung des § 4 Abs. 6 UmwStG nicht erreichen.

6.23 Die Nichtberücksichtigung des Übernahmeverlusts und der endgültige Verlust von Anschaffungskosten nach § 4 Abs. 6 UmwStG verstößt nach Auffassung des BFH auch nicht gegen den Gleichheitssatz des Art. 3 Abs. 1 GG und das objektive Nettoprinzip. Neben den gesetzgeberischen Zielen war für den BFH zudem maßgebend, dass sich ein Untergang der Anschaffungskosten auch durch Ausweichgestaltungen[13] vermeiden lässt. Schließlich hat der BFH auch die im Schrifttum[14] vorgeschlagene Erfassung der außer Ansatz bleibenden Anschaffungskosten in einer Ergänzungsbilanz oder in einem Merkposten abgelehnt.[15] Wenngleich der BFH[16] in einem obiter dictum erwogen hatte, den späteren Erwerbsaufwand im Billigkeitswege zu erfassen, ist dies in der nachfolgenden Rechtsprechung des BFH nicht weiter verfolgt worden.[17]

6.24 Der Eintritt eines Übernahmeverlusts beim Veräußerer-Umwandlungsmodell kann somit zu einer Steuerfalle führen bzw. ist bei hohen Anschaffungskosten der Anteile die Umwandlung einer Kapitalgesellschaft in ein Personenunternehmen faktisch ausgeschlossen, wenn nicht ausnahmsweise die Nichtberücksichtigung des Übernahmeverlusts in Kauf genommen wird.

---

10) Vgl. BFH, Urt. v. 22.10.2015 – IV R 37/13, BStBl II 2016, 919; BFH, Urt. v. 05.11.2015 – III R 13/13, BStBl II 2016, 468; BFH, Urt. v. 06.06.2016 – III R 13/13, BStBl II, 468; BFH, Urt. v. 24.06.2014 – VIII R 35/10, BStBl II 2016, 916.

11) Vgl. BFH, Urt. v. 22.10.2015 – IV R 37/13, BStBl II 2016, 919.

12) Zu diesen Gestaltungen durch das sog. Step-Up-Modell vgl. z.B. Förster/van Lishaut, FR 2000, 1189, 1193; Korn/Strahl, KÖSDI 2000, 12582, 12606; Stegner/Heinz, GmbHR 2001, 54, 56.

13) Vgl. Kessler/Schmidt, DB 2000, 2088, 2093, zur kaufpreismindernden Berücksichtigung des latenten Steuerrisikos oder zum Ansatz der gemeinen Werte in der Schlussbilanz des übertragenden Rechtsträgers.

14) Vgl. Strahl, FR 2014, 852; weiterhin eine Erfassung der Anschaffungskosten befürwortend vgl. Bohnhardt, in: Haritz/Menner/Bilitewski, UmwStG, 5. Aufl. 2019, § 4 Rdnr. 308.

15) Vgl. nur BFH, Urt. v. 22.10.2015 – IV R 37/13, BStBl II 2016, 919, für die Rechtslage nach Inkrafttreten des Halb- bzw. Teileinkünfteverfahrens.

16) Vgl. BFH, Urt. v. 24.06.2014 – VIII R 35/10, BStBl II 2016, 916.

17) Ausdrücklich ablehnend Wendt, FR 2016, 722, 726; ähnlich Levedag, GmbHR 2016, 261.

Vor dem Hintergrund der BFH-Rechtsprechung[18] können die ursprünglichen Anschaffungskosten bei einer Umwandlung somit nicht in vollem Umfang berücksichtigt werden. Sofern die latente Steuerbelastung auf die stillen Reserven nicht **bereits beim Anteilserwerb kaufpreismindernd berücksichtigt** worden ist, können z.B. im Rahmen der Umwandlung beim übertragenden Rechtsträger nach § 3 Abs. 1 bzw. 2 UmwStG die gemeinen Werte oder Zwischenwerte angesetzt werden. Der hieraus resultierende Übertragungsgewinn unterliegt dann aber beim übertragenden Rechtsträger sowohl der Körperschaft- als auch der Gewerbesteuer. Die eintretende Steuerbelastung kann erst im Zeitablauf beim übernehmenden Personenunternehmen durch die Abschreibung auf die aufgestockten und fortgeführten Werte amortisiert werden. 6.25

6.5 Steuerfalle beim Erwerber

Neben den skizzierten Steuerfolgen und Steuerfallen, die noch den Veräußerer betreffen, kann sich bei der Umsetzung des Veräußerer-Umwandlungsmodells auch beim Erwerber eine leicht zu übersehende Steuerfalle ergeben. Diese resultiert aus der Rückwirkungsfiktion des § 2 Abs. 1 UmwStG, die nach der Verwaltungsauffassung in Rdnr. 01.27 UmwSt-Erlass sowohl für eine Umwandlung im Wege der Verschmelzung gem. § 2 UmwG als auch für den Formwechsel i.S.d. § 190 UmwG gilt. 6.26

Nach § 2 Abs. 1 UmwStG (bei der Verschmelzung auf eine bereits bestehende Personengesellschaft oder auf den Alleingesellschafter) bzw. nach § 9 Satz 3 UmwStG (beim Formwechsel in eine Personengesellschaft) sind nämlich das Einkommen und das Vermögen der übertragenden Körperschaft sowie des übernehmenden Rechtsträgers so zu ermitteln, als ob das Vermögen der GmbH mit Ablauf des Stichtags der Bilanz, die dem Vermögensübergang zugrunde liegt, auf den übernehmenden Rechtsträger übergegangen wäre. Danach werden Geschäftsvorfälle, die sich in der Zeit zwischen dem steuerlichen Übertragungsstichtag und der Eintragung der Umwandlung im Handelsregister (Rückwirkungszeitraum) ereignen, bereits dem übernehmenden Rechtsträger zugerechnet. 6.27

Die **Steuerfalle für den Erwerber** ergibt sich, weil nach der Verwaltungsansicht in Rdnr. 02.17–02.20 UmwSt-Erlass die Rückwirkungsfiktion des § 2 Abs. 1 UmwStG für den Fall eingeschränkt wird, dass Gesellschafter der GmbH in der Zeit zwischen dem steuerlichen Übertragungsstichtag und der Eintragung der Umwandlung in das Handelsregister aus der GmbH ausscheiden. Bis zu ihrem Ausscheiden werden diese noch als Gesellschafter der GmbH behandelt mit der 6.28

18) BFH, Urt. v. 24.06.2014 – VIII R 35/10, BStBl II 2016, 916.

Folge, dass der Erwerber einen GmbH-Anteil anstelle eines Mitunternehmeranteils erwirbt. Erst zum steuerlichen Übertragungsstichtag gelten die erworbenen GmbH-Anteile gem. § 5 Abs. 2 oder 3 UmwStG als mit den Anschaffungskosten bzw. mit dem Buchwert in das Betriebsvermögen des übernehmenden Rechtsträgers eingelegt. Ein sich dabei ergebender Übernahmeverlust nach § 4 Abs. 4 und 5 UmwStG tritt beim Erwerber des Anteils ein. Die Anschaffungskosten des Erwerbers werden dadurch vernichtet.

6.29 **Hinweis**

Die Steuerfalle beim Erwerber lässt sich vermeiden, wenn der wirtschaftliche Übergang des Vermögens des übernehmenden Rechtsträgers beim Veräußerer-Umwandlungsmodell bis zur Eintragung der Umwandlung in das Handelsregister aufgeschoben wird.

6.30 Die skizzierten Rechtsfolgen treten nach Rdnr. 02.19 UmwSt-Erlass auch dann ein, wenn ein Anteilseigner aus der umzuwandelnden Kapitalgesellschaft gegen Barabfindung gem. §§ 29, 127 oder 207 UmwG ausscheidet. Der bar abgefundene Anteilseigner scheidet zwar handelsrechtlich erst nach der Handelsregistereintragung und damit aus dem auch zivilrechtlich bereits bestehenden übernehmenden Rechtsträger aus. Steuerlich wird er jedoch so behandelt, als ob er nicht Gesellschafter des übernehmenden Rechtsträgers geworden und damit aus dem übertragenden Rechtsträger ausgeschieden wäre.

6.6 Steuerfalle nach § 18 Abs. 3 UmwStG

6.6.1 Anwendungsbereich der Regelung

6.31 Eine weitere Steuerfalle enthält die Missbrauchsregelung des § 18 Abs. 3 UmwStG, die genau genommen den Veräußerer betrifft, deren Nichtbeachtung aber wirtschaftlich auch den Erwerber treffen kann. Denn neben der Fünfjahresfrist in § 4 Abs. 6 UmwStG, die entgeltliche Anteilserwerbe vor einer Umwandlung betrifft, sieht § 18 Abs. 3 UmwStG eine **weitere Fünfjahresfrist vor**, die nach einer Umwandlung relevant werden kann. Wird nämlich das aus einer Umwandlung hervorgegangene Personenunternehmen, ein Teilbetrieb oder Anteile an der entstandenen Personengesellschaft innerhalb von fünf Jahren nach der Umwandlung aufgegeben oder veräußert, unterliegt nach der typisierenden Missbrauchsvorschrift des § 18 Abs. 3 UmwStG ein Veräußerungs- oder Aufgabegewinn der Gewerbesteuer, soweit er auf eine natürliche Person entfällt.[19]

19) Ausführlich dazu vgl. Förster, DB 2016, 789; Ott, DStZ 2016, 769.

Im Einzelnen ist Folgendes zu beachten: 6.32

- Die nach § 18 Abs. 3 UmwStG anfallende **Gewerbesteuer** darf nach § 4 Abs. 5b EStG nicht als Betriebsausgabe abgezogen werden und ist auch **von der Anrechnung auf die Einkommensteuer** nach § 35 EStG in Höhe des 3,8fachen Gewerbesteuermessbetrags **ausgeschlossen.** Unerheblich ist dabei, ob der Veräußerungs- oder Aufgabegewinn nach allgemeinen Vorschriften der Gewerbesteuer unterlegen hatte. Darüber hinaus wird auch der Freibetrag nach § 16 Abs. 4 EStG nicht gewährt.[20)]
- Unter bestimmten Voraussetzungen kann die vom Veräußerer übernommene Gewerbesteuerbelastung entweder **als Veräußerungskosten** berücksichtigt werden oder bei Einzahlung in das Gesellschaftsvermögen das Kapitalkonto des zur Übernahme verpflichteten Veräußerers erhöhen. Denn nach Auffassung des BFH[21)] steht § 4 Abs. 5b EStG dem Abzug als Betriebsausgabe nur beim Schuldner der Gewerbesteuer entgegen, nicht auch bei demjenigen, der sich vertraglich zur Übernahme der Gewerbesteuerbelastung verpflichtet.
- Darüber hinaus erfasst § 18 Abs. 3 UmwStG i.V.m. Rdnr. 18.09 UmwSt-Erlass gewerbesteuerlich sowohl die stillen Reserven, die im Zeitpunkt der Veräußerung oder Aufgabe vorhanden sind, als auch solche, die erst nach der Umwandlung neu gebildet wurden.[22)] Einer besonderen Berücksichtigung bedarf schließlich die Tatsache, dass § 18 Abs. 3 UmwStG auch das beim übernehmenden Rechtsträger **bereits vorhandene Vermögen infiziert**[23)] und nach h.M. auch auf die Veräußerung oder Aufgabe von Mitunternehmer(teil-)anteilen innerhalb der Sperrfrist anzuwenden ist, wenn ein Mitunternehmer erst nach der Umwandlung in die übernehmende Personengesellschaft eingetreten ist.[24)] Dies gilt allerdings nicht, wenn der neue Mitunternehmer durch voll entgeltlichen Erwerb des Mitunternehmeranteils eingetreten ist.[25)]

---

20) Vgl. BFH, Urt. v. 26.03.2015 – IV R 3/12, DB 2015, 1444.

21) Vgl. BFH, Urt. v. 07.03.2019 – IV R 18/17, BStBl II, 696; vgl. dazu Schlücke/Micker/Trossen, Ubg 2019, 357; Nöcker, FR 2019, 617.

22) Vgl. BFH, Urt. v. 26.06.2007 – IV R 58/06, BStBl II 2008, 73.

23) Zu dieser Infektionswirkung und der dadurch ausgelösten faktischen fünfjährigen Veränderungssperre vgl. Förster, DB 2016, 789; Ott, DStZ 2016, 769; Neu/Hamacher, GmbHR 2012, 280, 286 f.

24) Vgl. nur Schiessl, in: Widmann/Mayer, Umwandlungsrecht, § 18 UmwStG Rdnr. 211 (11/2019).

25) Vgl. Förster, DB 2016, 789, 793, auch bei einem Erwerb durch vollwertige Einlage; so auch Ott, DStZ 2016, 769, 780; Bernhagen/Pung, in: Dötsch/Pung/Möhlenbrock, Die Körperschaftsteuer, § 18 UmwStG Rdnr. 65 (06/2022), ablehnend für den Erwerb durch vollwertige Einlage.

6.33 Während der Veräußerungs- oder Aufgabegewinn im Rahmen des § 10a GewStG mit etwaig vorhandenen Verlustvorträgen des Veräußerers verrechnet werden kann, ist ein aus der Veräußerung oder Aufgabe resultierender Verlust nach Rdnr. 18.10 UmwSt-Erlass gewerbesteuerlich nicht zu berücksichtigen.

6.34 Der Grund für die Regelung des § 18 Abs. 3 UmwStG besteht darin, dass bei der Umwandlung einer Kapitalgesellschaft in ein Personenunternehmen nach §§ 3 ff. UmwStG die Buchwerte fortgeführt werden können, so dass anlässlich der Umwandlung die stillen Reserven gewerbesteuerlich nicht erfasst werden. Somit könnte durch eine Umwandlung die umfassende Gewerbesteuerpflicht einer Kapitalgesellschaft unterlaufen werden, indem zunächst eine Umwandlung zu Buchwerten in ein Personenunternehmen erfolgt und anschließend das Betriebsvermögen des Personenunternehmens ohne Anfall von Gewerbesteuer veräußert oder aufgegeben wird. Diese Gestaltung soll § 18 Abs. 3 UmwStG verhindern.

6.35 Bezüglich des **Schuldners der Gewerbesteuer** ist wie folgt zu unterscheiden:

- Wird ein Betrieb oder ein Teilbetrieb veräußert oder aufgegeben, so ist die **veräußernde natürliche Person oder Personengesellschaft** Schuldner der Gewerbesteuer.[26)]
- Bei der Veräußerung oder Aufgabe eines Mitunternehmeranteils ist gem. § 5 Abs. 1 Satz 3 GewStG die **Personengesellschaft Schuldner** der entstehenden Gewerbesteuer, wenn sie selbst gewerblich tätig ist.[27)] Da die wirtschaftliche Belastung aus der Gewerbesteuer regelmäßig den Erwerber des Mitunternehmeranteils trifft, sollte im Anteilskaufvertrag Vorsorge für diese Belastung durch Minderung des Kaufpreises oder durch Übernahme der Gewerbesteuer getroffen werden.

6.36 Die anfallende, nicht abzugsfähige und nicht anrechenbare Gewerbesteuer führt zu einer beträchtlichen Zusatzbelastung, die sich z.B. bei einem Hebesatz von 500 % auf 17,5 % des Veräußerungs- oder Aufgabegewinns beläuft. Daher kann es im Einzelfall vorteilhaft sein, einen Veräußerungs- oder Aufgabegewinn zugunsten von laufenden Gewinnen (z.B. durch Veräußerung einzelner Wirtschaftsgüter) zu vermeiden.

6.37 Die Gewerbesteuer nach § 18 Abs. 3 UmwStG erfasst nur Gewinne aus der Veräußerung oder Aufgabe von Sachgesamtheiten, die sich **innerhalb von fünf Zeitjahren** nach der Umwandlung ergeben. Die Fünfjahresfrist beginnt nach Rdnr. 18.05 i.V.m. Rdnr. 06.10 UmwSt-Erlass mit Ablauf des steuerlichen Über-

26) Vgl. BFH, Urt. v. 17.07.2013 – X R 40/10, BStBl II, 883.
27) Vgl. BFH, Urt. v. 28.05.2015 – IV R 27/12, BStBl II, 837.

tragungsstichtags und endet fünf Jahre danach. Nicht von § 18 Abs. 3 UmwStG erfasst werden dagegen laufende Gewinne des übernehmenden Personenunternehmens sowie Veräußerungs- und Aufgabegewinne, die erst nach Ablauf der Fünfjahresfrist realisiert werden.

Wird ein Anteil an einer Personengesellschaft veräußert, der zum Vermögen einer von § 18 Abs. 3 UmwStG erfassten Personengesellschaft gehört, wird der Veräußerungsgewinn nach h.M. nicht von § 18 Abs. 3 UmwStG erfasst.[28] 6.38

6.6.2 Veräußerung gegen Leibrente

Wird ein Betrieb, Teilbetrieb oder Mitunternehmeranteil gegen eine Leibrente veräußert, so besteht nach R 16 Abs. 11 EStR 2012 das einkommensteuerliche **Wahlrecht**, den Veräußerungsgewinn entweder der **Sofortversteuerung** zu unterwerfen oder die Rentenzahlungen im Rahmen der sogenannten **Zuflussbesteuerung** als nachträgliche Betriebseinnahmen zu versteuern. Für Zwecke der Gewerbesteuer gem. § 18 Abs. 3 UmwStG gilt dieses Wahlrecht nach Rdnr. 18.06 UmwSt-Erlass nicht.[29] 6.39

Auch wenn der Veräußerer die Zuflussbesteuerung wählt, löst die Veräußerung innerhalb der Fünfjahresfrist die **gewerbesteuerliche Sofortbesteuerung** des Veräußerungsgewinns aus. Dabei wird als Veräußerungsgewinn der Unterschiedsbetrag zwischen dem Kapitalwert der Rente sowie den Veräußerungskosten und dem auf den Zeitpunkt der Veräußerung ermittelten Wert des Betriebsvermögens angesetzt. 6.40

Die gewerbesteuerliche Sofortbesteuerung gem. § 18 Abs. 3 UmwStG kann für den Steuerpflichtigen folgende **gravierende Nachteile** haben: 6.41

- Der sofortigen Belastung durch die Gewerbesteuer steht nur ein ratierlicher Liquiditätszugang durch die Rentenzahlungen gegenüber. In dem vom BFH[30] entschiedenen Fall hatte der Steuerpflichtige seinen Betrieb zu Beginn des Jahres 2001 gegen eine monatliche Leibrente von 17.562 DM veräußert. Der Veräußerungsgewinn betrug 1.758.315 DM und der resultierende Gewerbesteuermessbetrag 83.115 DM. Bei einem unterstellten Hebesatz von z.B.

28) Vgl. Trossen, in: Rödder/Herlinghaus/van Lishaut, UmwStG, 3. Aufl. 2019, § 18 Rdnr. 89; wohl auch Schiessl, in: Widmann/Mayer, Umwandlungsrecht, § 18 UmwStG Rdnr. 284 (11/2019); a.A. Bernhagen/Pung, in: Dötsch/Pung/Möhlenbrock, Die Körperschaftsteuer, § 18 UmwStG Rdnr. 59 (06/2022); Schmitt, in: Schmitt/Hörtnagl, UmwG/UmwStG, 9. Aufl. 2020, § 18 Rdnr. 41.

29) Vgl. BFH, Urt. v. 17.07.2013 – X R 40/10, BStBl II, 883.

30) Vgl. BFH, Urt. v. 17.07.2013 – X R 40/10, BStBl II, 883.

450 % hätte sich eine Gewerbesteuer von ca. 374.000 DM ergeben. Danach hätten die Raten der ersten 21 Monate vollständig zur Finanzierung der Gewerbesteuer eingesetzt werden müssen.

- Für den Fall, dass der Rentenberechtigte – verglichen mit der statistischen Lebenserwartung, die der Rentenberechnung zugrunde liegt – vorzeitig verstirbt, führt dies nicht zu einer rückwirkenden Korrektur des Veräußerungsgewinns.[31] Damit wird im Ergebnis der Gewerbesteuer ein tatsächlich nie realisierter Gewinn unterworfen, obwohl dies genau ein tragender Grund für die Gewährung des steuerlichen Wahlrechts war.[32]

6.42 Wird die Sachgesamtheit gegen einen **gewinn- oder umsatzabhängigen Kaufpreis** veräußert, besteht einkommensteuerlich kein Wahlrecht. Vielmehr ist das Entgelt zwingend als laufende nachträgliche Betriebseinnahme zu versteuern, sobald und soweit es den Buchwert der veräußerten Sachgesamtheit zuzüglich etwaiger Veräußerungskosten überschreitet.[33] Die zwingende Zuflussbesteuerung spricht dafür, auch gewerbesteuerlich vom Fehlen eines „Veräußerungsgewinns" i.S.d. § 18 Abs. 3 UmwStG auszugehen[34] oder eine Gewerbesteuer nur zu erheben, sobald und soweit innerhalb der Fünfjahresfrist das Entgelt den Buchwert der veräußerten Sachgesamtheit zuzüglich etwaiger Veräußerungskosten überschreitet.

6.7 Doppelstockmodell zur Vermeidung des § 18 Abs. 3 UmwStG

6.43 Nach Auffassung der Finanzverwaltung[35] sowie nach h.M.[36] ist § 18 Abs. 3 UmwStG nur auf die **unmittelbare Veräußerung** eines Mitunternehmeranteils der im Zuge der Umwandlung entstandenen Personengesellschaft anzuwenden. Somit kann durch die Nutzung einer doppelstöckigen Struktur die Gewerbesteuerfalle des § 18 Abs. 3 UmwStG ausgeschlossen werden, weil dort eine dem § 15 Abs. 1 Nr. 2 Satz 2 EStG entsprechende Regelung fehlt.

---

31) Vgl. BFH, Urt. v. 19.08.1999 – IV R 67/98, BStBl II 2000, 179; vgl. auch H 16 Abs. 11 EStH 2018 „Tod des Rentenberechtigten".

32) Vgl. BFH, Urt. v. 14.05.2002 – VIII R 8/01, BStBl II, 532.

33) Vgl. z.B. BFH, Urt. v. 17.07.2013 – X R 40/10, BStBl II, 883.

34) Vgl. Neu/Hamacher, DStR 2010, 1457, und dies., GmbHR 2012, 284.

35) Vgl. OFD Koblenz, Kurzinformation v. 27.12.2004 – G 1421 A -St 3 – 079/04, DB 2005, 78.

36) Vgl. Schiessl, in: Widmann/Mayer, Umwandlungsrecht, § 18 UmwStG Rdnr. 206 (11/2019); Trossen, in: Rödder/Herlinghaus/van Lishaut, UmwStG, 3. Aufl. 2019, § 18 Rdnr. 89; Roser, in: Haase/Hofacker, UmwStG, 3. Aufl. 2021, § 18 Rdnr. 68; Schmitt, in: Schmitt/Hörtnagl, UmwG/UmwStG, 9. Aufl. 2020, § 18 UmwStG Rdnr. 41.

Dazu ist wie folgt vorzugehen: 6.44

- In einem **ersten Schritt** werden die Anteile an der umzuwandelnden GmbH nach § 6 Abs. 5 Satz 3 EStG (Anteile im Betriebsvermögen) oder durch Einlage nach § 6 Abs. 1 Nr. 5 Buchst. b) EStG (Anteile im Privatvermögen) in das Gesamthandsvermögen einer GmbH & Co. KG übertragen.

Hinweis

Die Einbringung einer 100%igen Beteiligung in das Gesamthandsvermögen einer Personengesellschaft nach § 24 UmwStG gegen Gewährung von Gesellschaftsrechten kann nur dann erfolgen, wenn diese **zu einem Betriebsvermögen gehört**, weil nur in diesem Fall die 100%ige Beteiligung an einer Kapitalgesellschaft nach Rdnr. 24.02 UmwSt-Erlass als Teilbetrieb gilt. Wird dagegen eine solche Beteiligung **aus dem Privatvermögen** auf eine Personengesellschaft gegen Gewährung von Gesellschaftsrechten oder Buchung auf dem Darlehenskonto **übertragen**, liegt ein steuerpflichtiger Veräußerungsvorgang i.S.v. § 17 EStG vor. Die erfolgsneutrale Einlage der Beteiligung verlangt daher die Buchung z.B. auf dem Kapitalkonto II oder dem gesamthänderisch gebundenen Rücklagenkonto.

Im **zweiten Schritt** wird die GmbH dann z.B. im Wege des Formwechsels in eine GmbH & Co. KG umgewandelt. Es entsteht eine doppelstöckige Personengesellschaft.

Im **dritten Schritt** werden dann anschließend – durchaus innerhalb von fünf Jahren nach der Umwandlung – die Anteile an der Obergesellschaft veräußert. Weil keine unmittelbare Veräußerung der Anteile an der von § 18 Abs. 3 UmwStG erfassten Personengesellschaft vorliegt, ist die Vorschrift nicht anwendbar. Soweit an der Obergesellschaft natürliche Personen beteiligt sind, unterliegt der Veräußerungsvorgang nach § 7 Satz 2 GewStG überhaupt nicht der Gewerbesteuer. Soweit Personengesellschaften oder Kapitalgesellschaften beteiligt sind, fällt nach allgemeinen Grundsätzen Gewerbesteuer an.

In der Literatur wird darauf hingewiesen, dass aufgrund einer Gesamtplanbetrachtung dennoch eine Gewerbesteuerpflicht nach § 18 Abs. 3 UmwStG vorliegen könnte, wenn die doppelstöckige Struktur erst gezielt geschaffen worden ist.[37] In diesem Fall läge ggf. nicht die Veräußerung der Anteile an der Obergesellschaft, sondern eine von § 18 Abs. 3 UmwStG erfasste Veräußerung der Anteile an der Untergesellschaft vor. Sieht man in § 18 Abs. 3 UmwStG eine Missbrauchsverhinderungsvorschrift, deren Tatbestand bei der Veräußerung der Anteile an der 6.45

37) Vgl. Bernhagen/Pung, in: Dötsch/Pung/Möhlenbrock, Die Körperschaftsteuer, § 18 UmwStG Rdnr. 67 (06/2022), obwohl die Finanzverwaltung die Gesamtplanbetrachtung aufgegeben hat; Roser, in: Haase/Hofacker, UmwStG, 3. Aufl. 2021, § 18 Rdnr. 68.

Obergesellschaft nicht erfüllt wird, könnte die Finanzverwaltung nach der neueren Rechtsprechung des BFH[38] ggf. auch einen Missbrauch rechtlicher Gestaltungsmöglichkeiten nach § 42 AO i.d.F. ab dem 01.01.2008 annehmen.

38) Vgl. z.B. BFH, Urt. v. 17.11.2020 – I R 2/18, BStBl 2021, 580.

7. Unternehmenskauf in der Krise

Inhalt **Rdnr.**

7.1 Käufersuche in Krisensituationen

7.1 In Krisensituationen ist ein Unternehmenskauf dadurch gekennzeichnet, dass von Anfang an eine erhöhte Komplexität herrscht. Schon im Anbahnungsprozess zeigen sich wesentliche Unterschiede zur Situation ohne Krisenbezug. Im Bereich der Unternehmensnachfolge können die Familiengesellschafter jahrelang um eine Verkaufslösung ringen. Dies führt oftmals dazu, dass sich Transaktionen verlaufen, das Projekt wird schlicht totgeredet.

7.2 Hintergrund sind Zweifel, wer das Unternehmen i.S.d. Gründers weiterführen könne, wann der richtige Zeitpunkt zur Staffelübergabe gekommen ist, oder an der Verkaufsabsicht an sich. Die Krisensituation beantwortet diese Fragen für den Verkäufer. Regelmäßig werden dem Investorenprozess intensive Versuche oder Planungen vorangegangen sein, das Unternehmen auf andere Weise zu sanieren. In der Krise ist der Verkauf nicht der „goldene Handschlag", sondern oftmals das letzte Mittel.

7.3 Das Vorgehen bei der Käufersuche hängt maßgeblich davon ab, wie viel Zeit noch zur Verfügung steht, um entsprechende Investorenprozesse vorzubereiten und durchzuführen. Kurz gesagt, geht es im Rahmen der vorinsolvenzlichen Sanierung durch einen Verkauf darum, wann Insolvenzreife eintritt und die Stellung eines Insolvenzantrags somit unvermeidbar wird. Damit erübrigt sich auch eine langwierige Investorensuche. Man muss denjenigen akzeptieren, mit dem sich die nun noch realistischen Ziele zeitnah verwirklichen lassen, selbst wenn es sich nicht um die Wunschlösung handelt.

7.4 Sofern man noch genügend zeitlichen Spielraum hat, lässt sich aber zumindest eruieren, ob es verschiedene Interessenten gibt und ob neben dem Gesamtverkauf ggf. auch der Einstieg eines Investors als zusätzlicher Eigenkapitalgeber oder der Verkauf eines Unternehmensteils (beispielsweise einer werthaltigen Tochtergesellschaft) eine Sanierungsperspektive ermöglichen, bei der die bisherigen Gesellschafter weiter beteiligt bleiben. Denn bei mittelständischen, familiengeführten Unternehmen ist der Ausstieg fast immer die letzte Option. Sie kommt dann in Betracht, wenn Kredite von Banken, Lieferanten und vor allem aus dem Gesellschafterkreis nicht im notwendigen Umfang zu erlangen sind, um eine Sanierung aus eigener Kraft zu erreichen. In der aktuellen durch einen schnellen Zinsanstieg geprägten Situation zögern viele Banken auch mit einer Prolongation auslaufender Kredite, selbst wenn sie vertragsgemäß bedient wurden. Gestiegene Zinserwartungen und erhöhte Anforderungen an Sicherheiten sorgen für schwierige

Verhandlungen.[1] Insbesondere sollte auch ein Augenmerk darauf gelegt werden, ob durch den Unternehmensverkauf Chance-of-Control-Klauseln in Kreditverträgen greifen, die den Banken einen Ausstieg aus der Finanzierung oder über die Kündigungsdrohung zumindest eine Verhandlungsposition einräumen.[2]

Familiengeführte Unternehmen werden daher zunächst versuchen, eine „kleine Lösung“ zu erreichen, bei der eine strategische Minderheitsbeteiligung von vermögenden Privatpersonen aus dem Freundeskreis oder langjährigen Geschäftspartnern angestrebt wird. Noch günstiger wäre es, wenn die bisherigen Gesellschafter in der Lage wären, neues Eigenkapital zur Verfügung zu stellen. Dies gilt insbesondere deshalb, weil bei einer beteiligungsadäquaten Kapitalerhöhung aus dem Gesellschafterkreis die tradierten Machtverhältnisse nicht verschoben werden. Kann hingegen nur ein Gesellschafter Kapital beisteuern, ist insbesondere bei ursprünglich paritätisch vertretenen Familienstämmen langfristiges Konfliktpotenzial vorprogrammiert. 7.5

Oftmals wird es dem Unternehmen aber durch den Verkauf nur noch gelingen, eine Insolvenz abzuwenden und zumindest den langjährigen Arbeitnehmern eine neue Perspektive zu geben. In mittelständischen Familienunternehmen ist das ein fast immer mitprägendes Ziel. Zudem sollte versucht werden, Haftungsthemen, insbesondere die Haftung des Gesellschafter-Geschäftsführers oder die völlige Haftungsvereinnahmung des Privatvermögens der Unternehmerfamilie, durch eine (rechtzeitig initiierte) Verkaufslösung gar nicht erst aufkommen zu lassen. 7.6

Bei einem Verkauf aus der bereits eröffneten Insolvenz stellen sich diese Fragen nicht mehr. Hier wird der Insolvenzverwalter den Zuschlag sehr stark abschluss- und kaufpreisgetrieben erteilen. Denn er muss sich letztlich an der Befriedigungsquote messen lassen, die er für die Gläubiger erreicht. Noch mehr als der reine Kaufpreis zählen dabei die Umsetzungsgeschwindigkeit, die eine Betriebsfortführung im eröffneten Verfahren vermeidet oder zumindest auf ein zeitliches Minimum beschränkt, und die Ersparnis an ansonsten anfallenden Abwicklungskosten. 7.7

1) Vgl. hierzu etwa, BaFin, Überleitungsschreiben RS 10/2021 MaRisk v. 16.08.2021, verfügbar unter https://www.bafin.de/SharedDocs/Downloads/DE/Rundschreiben/dl_rs1021_MaRisk_BA_Uebersendungsschreiben.html.

2) Vgl. hierzu Lütcke/Stenzel, in: Buth/Hermanns, Restrukturierung, Sanierung, Insolvenz, 5. Aufl. 2022, § 41 Rdnr. 25 f. mit Hinweis auf die zumeist in dieser Weise gestalteten Corona-Hilfsdarlehen.

7.2 Besonderheiten bei der Due Diligence

7.8 Obwohl die Durchführung einer Due Diligence grundsätzlich im Ermessen der Geschäftsführung des Käufers steht, ist dieses im Fall einer Krise oder Insolvenz aufgrund der für den Käufer erheblichen rechtlichen und wirtschaftlichen Risiken[3)] regelmäßig auf null reduziert. Eine Due Diligence ist somit als Ausfluss der Sorgfaltspflichten des Managements (vgl. § 43 Abs. 2 GmbHG, § 93 Abs. 2, § 116 AktG) zwingend durchzuführen.[4)] Allerdings kann der zu fordernde Umfang der Due Diligence und damit die Anforderungen an das Management aufgrund der begrenzten Datenlage und des extremen zeitlichen Drucks beim Kauf von Krisenunternehmen erheblich eingeschränkt sein, so dass sich für die Geschäftsführung des Käufers gegenüber ihrer eigenen Gesellschaft Haftungserleichterungen in Bezug auf z.B. § 43 Abs. 2 GmbHG, § 93 Abs. 2, § 116 AktG ergeben.[5)] Da jedoch Garantien regelmäßig nur sehr eingeschränkt und vom Insolvenzverwalter überhaupt nicht gewährt werden, ist die bestmögliche Risikoaufdeckung (und anschließende Berücksichtigung im Kaufpreis) von hoher Wichtigkeit.

7.2.1 Validität des Geschäftsmodells

7.9 Im Vergleich zur Lage bei gesunden Unternehmen verschiebt sich der Schwerpunkt der Due Diligence beim Kauf eines Krisenunternehmens auf die Ermittlung der Krisenart und die Analyse der Risiko- und Verlustquellen sowie deren Behebbarkeit. Man unterscheidet hier hinsichtlich Art und Ursachen zwischen Absatzkrise, Finanzierungskrise, Kostenkrise, Produktkrise sowie einer Managementkrise (Personal- oder Führungskrise).[6)]

7.10 Die Erstellung eines solchen Krisen- bzw. Risikoprofils erlaubt ein besseres Verständnis des Kaufobjekts, einschließlich der damit verbundenen Risiken und Rentabilitätschancen, und gibt damit weitere Anhaltspunkte für die Ermittlung des marktgerechten Kaufpreises.[7)] Zentral ist dabei die Frage, ob überhaupt alle Teile des Unternehmens einer erfolgreichen Sanierung zugänglich sind und, soweit dies der Fall ist, mit welchen Sanierungsmaßnahmen das Unternehmen wieder lebens-

3) Buchta, in: Hölters, Handbuch Unternehmenskauf, 10. Aufl. 2022, Rdnr. 15.46.

4) OLG Oldenburg, Urt. v. 22.06.2006 – 1 U 34/03, NZI 2007, 305, 307; Demisch, in: Beck'sches Handbuch Unternehmenskauf im Mittelstand, 3. Aufl. 2021, Kap. F Rdnr. 25.

5) Himmelsbach/Krüger, NZI 2007, 305, 310 (Urteilsanm.).

6) Lubos, DStR 1999, 951, 952; Demisch, in: Beck'sches Handbuch Unternehmenskauf im Mittelstand, 3. Aufl. 2021, Kap. F Rdnr. 25; Buchta, in: Hölters, Handbuch Unternehmenskauf, 10. Aufl. 2022, Rdnr. 15.25.

7) Lubos, DStR 1999, 951, 952; Morshäuser/Falkner, NZG 2010, 881, 884.

fähig gemacht und ertragsstark werden kann.[8] Hilfreich ist es im Rahmen der Due Diligence, ein ggf. schon vorliegendes Sanierungsgutachten zu prüfen, denn es enthält die Einschätzung, ob (und ggf. mithilfe welcher Maßnahmen) neben der Kapitaldienstfähigkeit auch eine branchenübliche Rendite erzielt werden kann. Aufschlussreich sind auch frühere Sanierungsgutachten. Rückblickend lassen sich sowohl Sanierungserfolge als auch fehlgeschlagene Sanierungsmaßnahmen identifizieren.[9] Zugleich zeigt sich an den vereinbarten Maßnahmen auch die grundsätzliche Bereitschaft der Stakeholder, das Unternehmen zu stützen. So kann ein umfangreicher Forderungsverzicht oder Lieferantenkredit dafür sprechen, dass ein (strategisches) Abhängigkeitsverhältnis des Lieferanten besteht.

Eine weitere Gefahr liegt im Fortbestehen operativer Probleme des Unternehmens. 7.11
Die sofortige Umsetzung eines fundierten Sanierungskonzepts zu deren Behebung ist daher von enormer Bedeutung. Ansonsten besteht die Gefahr, dass der Käufer möglicherweise aufgrund von Haftungstatbeständen oder anfechtbaren Lieferbeziehungen auch faktisch gezwungen sein kann, sein Investment zunächst mit weiteren Liquiditätszuflüssen stabilisieren zu müssen.[10]

Selten stellen die bisherigen Unternehmer das Geschäftsmodell an sich in Frage. 7.12
Dies ist daher zu Recht einer der entscheidenden Prüfungspunkte für die Aufstellung eines Sanierungskonzepts, das die überwiegend wahrscheinlichen Erfolgsaussichten einer „durchgreifenden Sanierung“[11] aufzeigen soll: Gibt es ein langfristig tragfähiges Geschäftsmodell, das eine solide Rendite verspricht, die nicht nur die zwingend erforderliche Kapitaldienstfähigkeit abdeckt?[12] Denn nur wenn das Unternehmen in der Lage ist, Rücklagen zu bilden, können Konjunk-

8) Morshäuser/Falkner, NZG 2010, 881, 884; Demisch, in: Beck'sches Handbuch Unternehmenskauf im Mittelstand, 3. Aufl. 2021, Kap. F Rdnr. 25; Buchta, in: Hölters, Handbuch Unternehmenskauf, 10. Aufl. 2022, Rdnr. 15.53.

9) Ziegenhagen/Spranger, in: Schmidt, Restrukturierungsrecht, 3. Aufl. 2022, Anhang 1 Abschn. 5 Rdnr. 9.

10) Vgl. Lubos, DStR 1999, 951, 954.

11) BGH, Urt. v. 12.05.2016 – IX ZR 65/14, BGHZ 210, 249 Rdnr. 43: *„[…] von einer dauerhaften Beseitigung der Krisenursachen ausgehen durfte“*; Rdnr. 36: *„[…] und die Rentabilität der unternehmerischen Tätigkeit wiederhergestellt werden kann“*; BGH, Urt. v. 21.11.2005 – II ZR 277/03, BGHZ 165, 106: *„Danach müssen […] die für ihre Sanierung konkret in Angriff genommenen Maßnahmen zusammen genommen objektiv geeignet sein, die Gesellschaft in überschaubarer Zeit durchgreifend zu sanieren.“*

12) Vgl. IDW Standard: Anforderungen an Sanierungskonzepte, IDW S 6, Stand: 16.05.2018, IDW-Life 2018, 813, der zur Sicherstellung der Wettbewerbsfähigkeit eine angemessene, branchenübliche positive Rendite und Eigenkapitalausstattung sowie die Finanzierbarkeit am Markt verlangt (Rdnr. 26); demnächst ersetzt durch IDW ES 6 n.F. mit Stand 29.09.2022), verfügbar unter https://www.idw.de/idw/idw-verlautbarungen/idw-es-6-n-f-2.html, dort Rdnr. 26 ff.

turschwankungen abgefedert werden, kann auf Marktveränderungen reagiert werden und können Investitionen finanziert werden, wenn bisherige Margenträger das Ende ihres Produktlebenszyklus erreichen.[13]

7.13 Finanzinvestoren agieren hier deutlich stärker kennzahlengetrieben als strategische Investoren und hinterfragen ihre Investitionen regelmäßig auf Grundlage der Renditeperspektive. Rendite erzielen sie allerdings nicht nur durch laufende Dividenden, sondern vor allem aus einem Weiterverkauf des sanierten Unternehmens zu einem deutlich höheren Preis. Insbesondere, wenn krisenbedingt weitere Kapitalzuführungen erforderlich sind, können sich solche Investoren aber auch für einen schnellen Exit und die Verlustbegrenzung entscheiden, weil für sie die im Planungshorizont für erreichbar gehaltene Rendite des sanierten Unternehmens eine weitere Investition nicht rechtfertigt.

7.14 Hinzu kommen Verkäufe von Finanzinvestoren, die gezielt in schwache Unternehmen investieren und das Unternehmen anschließend mit harten Einschnitten optimieren, um durch den Verkauf entweder von Unternehmensteilen oder des Gesamtunternehmens einen schnellen, gewinnbringenden Ausstieg zu erreichen. Nicht selten bürden diese Finanzinvestoren den Unternehmen auch die Finanzierungslast auf, etwa indem die erwerbende Zweckgesellschaft mit ihrer Kaufpreisfinanzierung auf das Unternehmen verschmolzen wird (Debt Push Down). Stellen sich die schnellen Erfolge dann nicht wie erwartet ein, geraten solche Unternehmen schnell in eine existenzbedrohende Schieflage.

7.2.2 Zeitdruck

7.15 Verkompliziert wird die Due Diligence in Krise oder Insolvenz durch den oft extremen Zeitdruck, der umso höher ist, je unmittelbarer das Unternehmen vor einer Insolvenzantragspflicht steht.[14] Vorinsolvenzlich besteht oft nur ein kurzes Zeitfenster, in dem insbesondere die Liquiditätslage noch Rettungsanstrengungen erlaubt. Im Insolvenzverfahren übernimmt der Insolvenzverwalter mit Betriebsfortführung die unternehmerische Verantwortung und belastet die Masse mit den auflaufenden Kosten. Da die meisten insolventen Unternehmen auch im eröffneten Verfahren nicht kostendeckend arbeiten, wird der Insolvenzverwalter einen schnellen Verkauf, idealerweise zeitgleich mit der Insolvenzeröffnung, anstreben. Mindestens wird er aber die Gewissheit fordern, dass ein Verkaufsab-

13) Weiterführend Werner/Michailov, KSI 2022, 5.

14) Lubos, DStR 1999, 951, 953; Morshäuser/Falkner, NZG 2010, 881, 884; Buchta, in: Hölters, Handbuch Unternehmenskauf, 10. Aufl. 2022, Rdnr. 15.48.

schluss realistisch ist.[15] Auch die Aufrechterhaltung von Lieferketten, der Erhalt von Geschäftsbeziehungen und das Halten qualifizierter Arbeitnehmer ist ohne rasches Handeln gefährdet.[16]

7.2.3 Informationslage

Weiter erschwert wird die Due Diligence in der Krise durch die oft unzureichende Informationsgrundlage.[17] Häufig sind gerade die mangelhaften Dokumentations- und Controllingsysteme mitauslösender Faktor für die entstandene Krise.[18] Es ist daher von erheblicher Bedeutung, sich möglichst frühzeitig um geeignete Informationen zu bemühen.[19] 7.16

7.2.4 Haftungsrisiken

Üblicherweise wird für Haftungsrisiken im Kaufvertrag eine vertragliche Risikoverteilung geschaffen, die von Kaufpreiseinbehalten und Garantien bis zu Freistellungsansprüchen reicht. Im Krisenszenario müssen Haftungsrisiken jedoch bereits im Vorfeld bestmöglich ermittelt werden, damit sie bei der Kaufpreisfindung von vornherein eingepreist werden können. Denn oftmals ist die Bonität des außergerichtlichen Verkäufers ebenfalls fraglich, und im Rahmen einer Insolvenz wird ein Insolvenzverwalter über die elementaren Bestandsgarantien hinaus grundsätzlich keine Garantien geben. 7.17

7.2.4.1 Gesellschaftsrechtliche Haftungsthemen

Beim Share Deal kann sich die Due Diligence nicht auf den operativen Geschäftsbetrieb beschränken. Die gesellschaftsrechtliche Struktur muss ebenso durchleuchtet werden, da hierin Haftungsrisiken schlummern können. Dies betrifft etwa die Haftung für ausstehende Stammeinlagen (§ 16 Abs. 2 GmbHG; Mitgesellschafter haften nach § 24 GmbHG für ihre nicht zahlungsfähigen Mitgesellschafter) sowie für verbotene Rückzahlungen des Stammkapitals (§§ 30, 31 GmbHG). Will man jegliche Haftung ausschließen, muss man im Rahmen der Due Diligence die Kapitalentwicklung seit Gründung nachvollziehen und auf 7.18

---

15) Himmelsbach/Krüger, NZI 2007, 305, 310 (Urteilsanm.); Buchta, in: Hölters, Handbuch Unternehmenskauf, 10. Aufl. 2022, Rdnr. 15.50.

16) Buchta, in: Hölters, Handbuch Unternehmenskauf, 10. Aufl. 2022, Rdnr. 16.48.

17) Lubos, DStR 1999, 951, 953; Morshäuser/Falkner, NZG 2010, 881, 884; Himmelsbach/Krüger, NZI 2007, 305, 310 (Urteilsanm.); Buchta, in: Hölters, Handbuch Unternehmenskauf, 10. Aufl. 2022, Rdnr. 15.49.

18) Lubos, DStR 1999, 951, 953; Buchta, in: Hölters, Handbuch Unternehmenskauf, 10. Aufl. 2022, Rdnr. 15.49.

19) Morshäuser/Falkner, NZG 2010, 881, 884.

etwaige Haftungstatbestände untersuchen.[20] Dies bietet sich aber ohnehin an, um im Fall vorausgegangener Übertragungen die durchgehende Legitimationskette des Verkäufers zu verifizieren.

7.2.4.2 Wirtschaftliche Neugründung

7.19 Solange der Insolvenzverwalter den Verkauf des Unternehmens anstrebt, wird er bemüht sein, den Geschäftsbetrieb aufrechtzuerhalten. Dennoch kann es vorkommen, dass das Unternehmen nicht ununterbrochen geschäftlich tätig war. Daher ist stets genau zu prüfen, ob hierdurch eine wirtschaftliche Neugründung vorliegt.[21] Eine aktive unternehmerische Tätigkeit schließt die Anwendung der Regeln der wirtschaftlichen Neugründung aus. Die Tätigkeit muss dabei nicht zwingend dem operativen Geschäft entsprechen, wie es im Unternehmensgegenstand beschrieben wird, sondern kann insbesondere in der Krisen- und in der Abwicklungsphase einer Gesellschaft einen anderen, der besonderen Unternehmenstätigkeit in diesem Zeitraum entsprechenden, Inhalt haben. In der Abwicklungsphase ist darauf abzustellen, ob noch nennenswerte Liquidationsaufgaben wahrgenommen werden, die auf den Schluss der Liquidation zusteuern, oder ob die Abwicklung über längere Zeit nicht mehr betrieben wurde und deshalb vom Vorliegen eines leeren Gesellschaftsmantels ohne Geschäftsbetrieb auszugehen ist.[22]

7.20 Rechtsfolge einer wirtschaftlichen Neugründung ist, dass die Gründungsvorschriften erneut erfüllt werden müssen. Dies betrifft bei der GmbH insbesondere die Kapitalaufbringung. Zudem haften die Gesellschafter für eine im Zeitpunkt der „Neugründung" bestehende Unterbilanz, also die Differenz zwischen dem nominalen Stammkapital und – ohne Beschränkung auf die „Nulllinie" – der negativen Vermögensdifferenz.[23] Diese Haftung, die beispielsweise relevant wird, wenn ein erworbener Geschäftsbetrieb später insolvent wird, geht mit dem Erwerb zusätzlich auf den Käufer über (§ 16 Abs. 2 GmbHG).[24] Unabhängig davon bleibt es aber bei der Haftung des Verkäufers; beide haften dann gleichrangig als Gesamtschuldner.[25] Der Gesamtschuldnerausgleich geht jedoch ins

---

20) K. Rotthege, in: Rotthege/Wassermann, Unternehmenskauf bei der GmbH, 2. Aufl. 2020, Kap. 12 Rdnr. 238 f.

21) Vgl. BGH, Urt. v. 10.12.2013 – II ZR 53/12, DB 2014, 210.

22) Vgl. BGH, Urt. v. 10.12.2013 – II ZR 53/12, DB 2014, 210.

23) Lütcke/Stenzel, in: Buth/Hermanns, Restrukturierung, Sanierung, Insolvenz, 5. Aufl. 2022, § 41 Rdnr. 37 f.

24) Bestätigt durch BGH, Urt. v. 10.12.2013 – II ZR 53/12, DB 2014, 210; BGH, Urt. v. 06.03.2012 – II ZR 56/10, BB 2012, 1756; Lütcke/Stenzel, in: Buth/Hermanns, Restrukturierung, Sanierung, Insolvenz, 5. Aufl. 2022, § 41 Rdnr. 35 ff.

25) MüKo-GmbHG/Heidinger, 4. Aufl. 2022, § 16 Rdnr. 234 ff.

Leere, wenn die andere Partei insolvent oder liquidiert wird. Dies ist insbesondere denkbar, wenn es sich bei der Verkäufergesellschaft um eine Holding oder Objektgesellschaft handelt, die außer der Beteiligung oder dem verkauften Asset kein weiteres Vermögen hat.

7.2.4.3 Haftung für (Steuer-)Verbindlichkeiten

Es ist bei der Wahl des Übernahmekonzepts darauf zu achten, dass der Käufer nicht im Wege der Rechtsnachfolge Adressat überraschender Forderungen wird. So ist bei einem Share Deal besonders die Haftung im Rahmen der Firmenfortführung (§ 25 HGB) zu berücksichtigen. Weitere Haftungstatbestände drohen für Steuerverbindlichkeiten (§§ 73 ff. AO) sowie im Rahmen eines Betriebsübergangs für Arbeitnehmeransprüche (§ 613a BGB).[26) 7.21

Nach § 25 HGB haftet der Käufer eines Handelsgeschäfts für alle im Betrieb begründeten Verbindlichkeiten, wenn er die bisherige Firma weiterführt. Der Firmenname muss dabei nicht identisch bleiben. Es reicht, wenn die Weiterführung des bisherigen Unternehmens in seinem wesentlichen Bestand nach außen hin dokumentiert wird.[27) Dies gilt auch, wenn ein Teil eines Unternehmens erworben wird, der jedoch den wesentlichen Bestandteil des Betriebs ausmacht.[28) Dieser drohenden Haftung kann der Erwerber jedoch entgehen, wenn er einen Haftungsausschluss ins Handelsregister eintragen lässt (§ 25 Abs. 2 HGB). 7.22

Wichtiger Baustein der Due Diligence ist die Prüfung der steuerlichen Sachverhalte des Unternehmens. Hier geht es insbesondere um die Frage der ordnungsgemäßen Buchführung, Bilanzierung und Steuererklärung sowie um die tatsächliche Abführung der zu zahlenden Steuern. Eine durchgeführte Betriebsprüfung gibt i.d.R. ausreichende Gewissheit, welche Themen zur Diskussion stehen. Nicht selten werden daher auch kurz vor oder nach dem Verkauf (dann innerhalb einer Steuergarantieperiode) entsprechende Prüfungen vorgenommen (siehe zur Due Diligence außerhalb der Krise auch Rdnr. 10.23). Ebenso aufschlussreich kann die Durchsicht vergangener Betriebsprüfungsberichte sein. 7.23

Im Rahmen eines Asset Deals droht eine Haftung für rückständige betriebliche Steuern, die seit dem Beginn des letzten vor der Übereignung liegenden Kalenderjahres entstanden sind und bis zum Ablauf von einem Jahr nach Anmeldung des 7.24

26) Lubos, DStR 1999, 951, 954; ausführlich Bruschke, BB 2019, 2074 und 2139.

27) Heckschen, in: Reul/Heckschen/Wienberg, Insolvenzrecht in der Gestaltungspraxis, 3. Aufl. 2022, § 4 Rdnr. 1374 m.w.N.

28) BGH, Beschl. v. 07.12.2009 – II ZR 229/08, DStR 2010, 177; Heckschen, in: Reul/Heckschen/Wienberg, Insolvenzrecht in der Gestaltungspraxis, 3. Aufl. 2022, § 4 Rdnr. 1371.

Betriebs durch den Erwerber festgesetzt oder angemeldet werden (§ 75 Abs. 1 AO). Dies gilt vor allem hinsichtlich der Gewerbesteuer und Umsatzsteuer (einschließlich Vorsteuerberichtigungsansprüchen),[29] Steuerabzugsbeträgen für Lohnsteuern und Bauabzugsteuern sowie der Verbrauchsteuern wegen der Herstellung von Waren sowie der Erbringung von Dienstleistungen, der Rückerstattung diesbezüglicher Steuern oder Vergütungen. Ebenso haftet der Erwerber für die Rückforderung von Investitionszulagen (vgl. § 14 InvZulG 2010).[30] Einkommen- und Körperschaftsteuern[31] fallen hingegen nicht unter § 75 AO. Der Erwerber hat auch die steuerlichen Verhältnisse des Rechtsvorgängers des Verkäufers zu erforschen.[32] Denn gerade in Krisenunternehmen zeigt sich häufig, dass Steuererklärungen verspätet oder unzureichend abgegeben wurden.

7.25 Dies gilt jedoch nicht im Fall eines Asset Deals aus der Insolvenz (§ 75 Abs. 2 AO) oder aus einem vorläufigen Insolvenzverfahren.[33] Beim Share Deal spielt § 75 AO ebenfalls keine Rolle. Hier bleibt der tätige Betrieb mit dem (steuerlichen) Rechtsträger vereint. Dadurch besteht ohne weiteres eine Forthaftung dieses Rechtsträgers für sämtliche Steuerschulden.

7.26 Sofern eine steuerliche Organschaft mit anderen Gesellschaften, insbesondere dem Verkäufer, vorliegt, sollten aufgrund einer möglichen Haftung nach § 73 AO auch alle Sachverhalte des Organkreises der jeweiligen Steuerart geprüft werden (siehe auch unten Rdnr. 7.119 ff.).

7.27 Bei einem Asset Deal, der eine Abtretung von Forderungen des Verkäufers an den Käufer umfasst, hat sich die steuerliche Due Diligence auch auf die umsatzsteuerliche Behandlung der entsprechenden Forderungen zu erstrecken; denn hier kann der Käufer einer Erwerberhaftung nach § 13c UStG ausgesetzt sein.[34]

7.28 Hinsichtlich bestehender Ansprüche von Arbeitnehmern tritt der Käufer über § 613a BGB nicht nur in die Arbeitsverhältnisse an sich ein, sondern auch in die zu diesem Zeitpunkt bereits aufgelaufenen Rückstände oder erdienten Ansprüche (siehe auch unten Rdnr. 7.90 f.).

---

29) BFH, Beschl. v. 30.05.2006 – VII B 345/05, NWB 2006, 2742.

30) Rüsken, in: Klein, AO, 16. Aufl. 2022, § 74 Rdnr. 18.

31) Vertiefend zum Verhältnis von §§ 25 und 75 AO Heeg, DStR 2012, 2159.

32) K. Rotthege, in: Rotthege/Wassermann, Unternehmenskauf bei der GmbH, 2. Aufl. 2020, Kap. 12 Rdnr. 244 ff.

33) Rüsken, in: Klein, AO, 16. Aufl. 2022, § 75 Rdnr. 45; BFH, Urt. v. 23.07.1998 – VII R 143/97, BStBl II, 765.

34) K. Rotthege, in: Rotthege/Wassermann, Unternehmenskauf bei der GmbH, 2. Aufl. 2020, Kap. 12 Rdnr. 244 ff.

7.2.4.4 Beihilferisiken

Gravierend sind aufgrund der drohenden finanziellen Rückforderungen in existenziellem Umfang auch erhaltene staatliche Beihilfen, die möglicherweise EU-rechtswidrig erlangt worden sein könnten.[35] Zudem ist sicherzustellen, dass eine gewährte Beihilfe durch den Verkauf und die damit veränderten Rahmengegebenheiten nicht ggf. wettbewerbswidrig wird.[36] 7.29

7.2.4.5 Insolvenzspezifische Risiken

Beim Erwerb in der Krise kommen zwei Risiken hinzu, wenn es im Nachgang noch zu einer Insolvenz des Unternehmens (beim Erwerb von Unternehmensteilen im Wege des Assets Deals) oder dessen Gesellschafters kommt (etwa beim Erwerb einer Tochtergesellschaft). Wurde die Transaktion bereits vollzogen, könnte der Insolvenzverwalter des Verkäufers die Transaktion im Wege der Insolvenzanfechtung (§§ 129 ff. InsO) in Frage stellen.[37] Bei einer marktkonformen Transaktion wird das äußert selten sein. Schließlich hat die Transaktion die ansonsten erforderliche Verwertung vorweggenommen und i.d.R. noch zu einem besseren Verwertungserlös geführt, als dies bei einem Verkauf aus der Insolvenz möglich gewesen wäre. Wurde das Unternehmen hingegen zum „Schnäppchenpreis" veräußert oder gar vom Gesellschafter aus der insgesamt notleidenden Konzernstruktur in eine andere Struktur wegverkauft, sieht die Rechtsordnung die Möglichkeit vor, dieses „in Sicherheit gebrachte" Vermögen des insolventen Verkäufers wieder der gleichmäßigen Gläubigerbefriedigung im Rahmen des Insolvenzverfahrens zuzuführen (siehe hierzu Rdnr. 7.103 ff.). 7.30

Wurde die Transaktion lediglich schuldrechtlich vereinbart, aber noch nicht dinglich vollzogen, kann der Insolvenzverwalter des insolventen Verkäufers u.U. von seinem Wahlrecht nach § 103 InsO Gebrauch machen und die Nichterfüllung erklären (siehe hierzu Rdnr. 7.102). Doch selbst wenn der Verkauf an sich nicht in Frage gestellt wird, werden Garantien oder andere vom Verkäufer noch zu erbringende Leistungen (etwa die Einräumung von Lizenz- und Namensrechten) durch dessen Insolvenz regelmäßig nicht mehr zu erlangen sein. 7.31

---

35) Vgl. instruktiv Wirtschaftswoche v. 18.10.2015, Nürburgring-Desaster – EU-Kommission blamiert sich im Rechtsstreit um die Rennstrecke, abrufbar unter https://www.wiwo.de/unternehmen/dienstleister/nuerburgring-desaster-eu-kommission-blamiert-sich-im-rechtsstreit-um-die-rennstrecke/12465678-all.html.

36) Vgl. Heckschen, in: Reul/Heckschen/Wienberg, Insolvenzrecht in der Gestaltungspraxis, 3. Aufl. 2022, § 4 Rdnr. 1354.

37) Vertiefend Primozic/Doetsch, NJW 2010, 2922.

7.32 In umgekehrter Weise ergeben sich diese Risiken auch für den Verkäufer, falls der Käufer notleidend wird. Regelmäßig wird ein Käufer zwar in der eigenen Krise nicht mehr als Käufer auftreten. Allerdings werden oftmals durchaus relevante Kaufpreisteile zeitlich gestaffelt oder an Erfolgsbedingungen geknüpft.

7.33 Daher sind die Bonität und Insolvenzgefährdungslage des Vertragspartners mehr noch als außerhalb der Krise relevante Kriterien, welche in der Due Diligence bestmöglich ausgeleuchtet werden sollten. In jüngerer Zeit werden daher vermehrt Gestaltungen gewählt, bei denen eine Versicherung das Bonitätsrisiko (im Rahmen der Versicherungsbedingungen) abdeckt („Warranty-&-Indemnity-Insurance").[38]

7.34 **Praxistipp**

Vorsicht geboten ist bei der Einräumung von Insolvenzgarantien durch den Verkäufer. Darin versichert der Verkäufer, dass die verkaufte Gesellschaft nicht zahlungsunfähig oder überschuldet ist. Diese in fast allen Fällen vorgesehene Garantie sollte auf den Zeitpunkt der Vertragsunterschrift beschränkt sein und nicht auch auf den endgültigen Vollzug (Closing). Denn der Eintritt der Vollzugsbedingungen kann sich mehrere Monate verzögern. Die Garantie enthält dann eine Zukunftsaussage, deren Eintritt im Zweifel nicht in der Hand des Verkäufers liegt. Zudem hängt die Bewertung der Insolvenzreife immer von Prognosen ab, sei es die Aussicht, einen Liquiditätsengpass kurzfristig schließen zu können, oder die Fortführungsprognose zum Ausschluss eines Überschuldungstatbestands. Stellt der Käufer dies später in Frage, ggf. auch nur, um sich weiteren Kaufpreiszahlungspflichten zu entziehen, kann es dem Verkäufer schwerfallen oder gar unmöglich sein, diese Nachweise zu erbringen. Obwohl die Insolvenzgarantie ein nachvollziehbares Verlangen darstellt, wäre es daher vorzugswürdig, die nicht gegebene Insolvenzreife durch ein entsprechendes Gutachten zum Unterzeichnungstag bestätigen zu lassen und dieses in den Datenraum einzustellen. Dem legitimen Informationsinteresse des Käufers ist damit Genüge getan und eine Garantie entbehrlich.

---

38) Vgl. Lütcke/Stenzel, in: Buth/Hermanns, Restrukturierung, Sanierung, Insolvenz, 5. Aufl. 2022, § 41 Rdnr. 32.

7.3 Überblick über die grundsätzlichen Arten des Erwerbs

Findet ein Unternehmenskauf im Rahmen einer Krise statt, gelten zunächst die allgemeinen Prinzipien von M&A-Transaktionen. Diese werden jedoch durch zahlreiche Besonderheiten modifiziert. Es sind dabei drei Grundkonstellationen zu unterscheiden: 7.35

- Das zu erwerbende Unternehmen befindet sich in der Krise/Insolvenz,
- der Verkäufer befindet sich in der Krise/Insolvenz, und
- der Käufer befindet sich in der Krise/Insolvenz.

Immanent sind solchen Unternehmenskäufen dann vor allem die folgenden Risiken: 7.36

- wirtschaftlicher Zusammenbruch des Geschäftsbetriebs,
- Haftung für Altverbindlichkeiten/Altrisiken,
- mögliches Risiko einer Beihilfe zur Insolvenzverschleppung und
- Anfechtung von erhaltenen Leistungen aufgrund Insolvenz des Vertragspartners.

Diese Themen sind bei der Durchführung der Transaktion zu beachten, für die prinzipiell drei Wege in Betracht kommen: 7.37

- Share Deal – Erwerb der Gesellschaftsanteile an der Zielgesellschaft,
- Asset Deal – Erwerb des Geschäftsbetriebs im Wege der Einzelübertragung der Vermögensgegenstände und
- Kapitalerhöhung mit Verwässerung der Altgesellschafter (ggf. vollständig), bei Einbringung eines Darlehens in der Unterform des Debt-Equity-Swaps.

Welcher Weg der sinnvollste ist, lässt sich nur im Einzelfall entscheiden. Dies gilt auch innerhalb eines Insolvenzverfahrens. Dieses versteht der Gesetzgeber als einen „*neutralen Rechtsrahmen*", „*in dem die Beteiligten die für sie vorteilhafteste Lösung entdecken und durchsetzen können*".[39] 7.38

39) Gesetzentwurf der Bundesregierung zum Entwurf einer Insolvenzordnung, BT-Drucks. 12/2443, S. 78.

7.3.1 Share Deal

7.39 Unter einem Share Deal versteht man den klassischen Erwerb der Anteile am Unternehmen. Der Rechtsträger des Geschäftsbetriebs bleibt somit unverändert, wodurch sämtliche Verbindlichkeiten und Risiken im Unternehmen verbleiben und miterworben werden. Ein Share Deal erfolgt daher in der Krise regelmäßig (nur) in Kombination mit einem Insolvenzplan (§§ 217 ff. InsO). In diesem Rahmen kann eine weitgehende Entschuldung erfolgen und das Risiko später auftauchender Gläubiger minimiert werden (siehe auch unten Rdnr. 7.62).[40]

7.3.2 Asset Deal (übertragende Sanierung)

7.40 Unter einem Asset Deal versteht man den Verkauf einzelner Vermögensgegenstände des Unternehmens, regelmäßig jedoch des gesamten Geschäftsbetriebs. Zurück bleibt dann der „entleerte" Rechtsträger, dem jedoch als Aktivposition mindestens der Kaufpreis verbleibt. Die Passivseite, also insbesondere die Verbindlichkeiten, werden regelmäßig nicht mit übertragen. Damit besteht im Rahmen der anschließenden Liquidation des Rechtsträgers (innerhalb oder außerhalb eines Insolvenzverfahrens) die Aufgabe, die Gläubiger aus dem Kaufpreis zu befriedigen. In Krisenfällen sind die werthaltigen Assets jedoch typischerweise mit Sicherheiten belastet. Dies ist im Vorfeld zu prüfen, Freigaben einzuholen und im Hinblick auf den erzielbaren freien Kaufpreis zu bewerten. Möglich ist auch, dass ein Käufer bestimmte Forderungen nicht übernimmt (und den Kaufpreis entsprechend herabsetzt) oder ebenfalls gegen Kaufpreisreduktion bestimmte Verbindlichkeiten wie etwa ein Gesellschafterdarlehen übernimmt.

7.41 Dies führt vereinfacht zu folgenden Bilanzbildern auf Seiten des Investitionsvehikels (neuer Rechtsträger), der die Assets übernimmt, sowie auf Seiten des Unternehmens, dessen Assets verkauft werden:

Übersicht: Aufteilung der Vermögenspositionen

NewCo		**Altgesellschaft**	
Vermögensgegenstände (Geschäftsbetrieb)	Eigenkapital	Kaufpreis	
(ggf. Firmenwert)	(ggf. Neufinanzierung)	negatives Eigenkapital	Verbindlichkeiten

Durch den Asset Deal wird also eine bewusste Trennung des Geschäftsbetriebs von Schulden und Haftungsrisiken (etwa Gewährleistungsrisiken eines Bauträ-

40) Vgl. weiterführend Morshäuer/Falkner, NZG 2009, 526; dies., NZG 2010, 881.

gers) erreicht (sog. übertragende Sanierung). Dem Geschäftsbetrieb wird damit ein „Neustart" ermöglicht, während die Gläubiger sich mit dem hierfür gezahlten, meist geringen Kaufpreis abfinden müssen.

7.3.3 Kapitalerhöhung

Die Alternative zum Verkauf ist der Einstieg eines Investors über eine Kapitalerhöhung, bei der neue Anteile gezeichnet werden. Die Kapitalerhöhung folgt dabei einer gänzlich anderen Struktur, die jedoch am Ende zum gleichen Ergebnis führt. Im Vergleich zu einem Verkauf gibt es zwei wesentliche Unterschiede, die sich jedoch bei entsprechender Ausgestaltung nivellieren. Zum einen fließt der Transaktionsgegenwert in die Gesellschaft und nicht als Kaufpreis dem Gesellschafter zu, zum anderen bleibt der bisherige Gesellschafter weiterhin mit dem gleichen Nennbetrag am gezeichneten Kapital beteiligt, sein Anteil wird nur durch die Erhöhung des Kapitals verwässert. 7.42

Die Gegenleistung für die eintretende Verwässerung liegt dann darin, dass die der Gesellschaft zufließenden Mittel den Wert des Unternehmens erhöhen. Hierdurch kann auch die (steuerfreie) Rückzahlung zuvor nicht mehr werthaltiger Gesellschafterdarlehen oder die Ausschüttung von etwaigen Gewinnvorträgen ermöglicht werden. Auch die vom Investor ggf. unerwünschte weitere Beteiligung des Altgesellschafters kann vermieden werden. Dies erfolgt, auch aus anderen Gründen, über einen sogenannten Kapitalschnitt. Im ersten Schritt erfolgt eine vereinfachte Kapitalherabsetzung auf null. Damit sind die Anteile des Altgesellschafters nicht mehr existent. Im zweiten Schritt folgt die ausschließlich vom Investor gezeichnete Kapitalerhöhung, durch die dieser sämtliche (Neu-)Anteile an der Gesellschaft hält (siehe ausführlich Rdnr. 7.68 ff.). 7.43

Sofern die Kapitalerhöhung durch Sacheinlage eines Darlehens erfolgt, spricht man vom Debt-Equity-Swap. Diese Gestaltungsvariante wird vor allem von Distressed-Debt-Investoren verfolgt, die nicht werthaltige Darlehen zu Preisen deutlich unter dem Nennwert aufkaufen und unter Androhung einer Insolvenz einen Tausch in Eigenkapitalanteile erzwingen („Loan-to-own-Strategie").[41] Für Banken selbst ist eine echte Eigenkapitalbeteiligung hingegen aus mehreren Gründen keine Option. Kritisch ist vor allem, dass durch eine Gesellschafterstellung weitere Kredite (seien es Resttranchen oder Neukredite) insolvenzrechtlich nachrangig werden (§ 39 Abs. 1 Nr. 5 InsO). Das Sanierungsprivileg des § 39 Abs. 4 Satz 2 InsO hilft hier nicht, da es nach abgeschlossener Sanierung entfällt.[42] Daneben 7.44

41) Vgl. auch Sax/Amer, in: Schmidt, Restrukturierungsrecht, 3. Aufl. 2022, Anhang 1 Abschn. 4 Rdnr. 552.

42) Sax/Amer, in: Schmidt, Restrukturierungsrecht, 3. Aufl. 2022, Anhang 1 Abschn. 4 Rdnr. 555.

fehlt es neben den personellen Ressourcen, um eine solche Beteiligung zu managen, auch an der Bereitschaft, bankeigenes Kernkapital zur Eigenkapitalunterlegung zur Verfügung zu stellen, um finanzaufsichtsrechtliche Anforderungen zu erfüllen.[43] Aufsichts- und sparkassenrechtliche Regularien erschweren solche Beteiligungen zusätzlich.

7.45 In allen Fällen des Investoreneinstiegs ist allerdings zu prüfen, ob den kreditgebenden Banken hierdurch Kündigungsrechte entstehen (Change-of-Control-Klauseln), die weiteren Liquiditätsbedarf (etwa eine zu verhandelnde Teilrückführung) erfordern.

7.4 Erwerb eines in der Krise befindlichen Unternehmens

7.46 Der klassische Fall ist der Verkauf eines Unternehmens, das sich selbst in einer Krisensituation befindet. Dabei kommen verschiedene Krisenstadien in Betracht.

- So kann sich ein Konzern strategisch auf andere Geschäftsfelder fokussieren, da das zu verkaufende Unternehmen den Renditeerwartungen nicht entspricht. In diesem **frühen Krisenstadium** werden die Unterschiede zu einem normalen Unternehmensverkauf sehr gering sein.
- Befindet sich das Unternehmen in einem **späten Krisenstadium**, etwa einer Ertrags- oder Liquiditätskrise, muss sich der Erwerber die Frage stellen, inwieweit sich seine Investition einschließlich seiner Renditeerwartung amortisieren wird. Dies hängt zum einen davon ab, ob das Geschäftsmodell langfristig tragfähig ist oder ob Synergieeffekte durch Eingliederung oder Zusammenarbeit mit dem Käufer gehoben werden können. Daneben muss sorgfältig untersucht werden, ob die Krisenursachen durch organisatorische oder personelle Maßnahmen behoben werden können, etwa weil schlechte Managemententscheidungen getroffen wurden oder scheinbar banale Dinge wie die Abstimmung zwischen Vertrieb und Produktion hinsichtlich Kosten und Lieferfähigkeit mangelhaft waren. Diese Fragen sind im Vorfeld der Transaktion im Rahmen der Due Diligence zu klären.

7.47 Was hingegen im Rahmen der Transaktion beeinflussbar ist, ist die Aufstellung des Zielunternehmens. So kann es sinnvoll sein, nur bestimmte Unternehmensteile zu übernehmen oder eine Personalreduzierung vorzunehmen. Darüber hinaus bietet sich die Chance, den Geschäftsbetrieb aus dem bisherigen Rechtsträger herauszulösen und unbelastet von Verbindlichkeiten und Altrisiken neu aufzustellen.

43) Sax/Amer, in: Schmidt, Restrukturierungsrecht, 3. Aufl. 2022, Anhang 1 Abschn. 4 Rdnr. 555.

Schließlich kann ein Unternehmensverkauf auch von Gläubigerseite forciert werden, bekannt unter dem politisierten Schlagwort der als „Heuschrecken" titulierten Finanzinvestoren. So können Gesellschafter faktisch gezwungen sein, einem Tausch von Darlehen in Mehrheitsanteile an der Gesellschaft zuzustimmen, wenn die ansonsten drohende Fälligkeit von Krediten nicht aufgefangen werden kann und zur Unternehmensinsolvenz führen würde. 7.48

7.4.1 Verkauf außerhalb eines Insolvenzverfahrens

Vor dem oben beschriebenen Hintergrund können die Gesellschafter bestrebt sein, ihr Unternehmen noch außerhalb einer Unternehmensinsolvenz zu verkaufen. Stehen die sogleich beschriebenen insolvenzspezifischen Risiken nicht entgegen, lässt sich hierdurch regelmäßig ein deutlich besserer Kaufpreis erzielen. Zudem haben die Gesellschafter den Prozess unter Kontrolle und können ihn bei veränderten Rahmenbedingungen abbrechen, etwa um das Unternehmen doch selbst weiterzuführen. Ebenso wichtig kann die Möglichkeit sein, Einfluss auf die Person des Erwerbers zu nehmen. So lässt sich vermeiden und muss ggf. auch vermieden werden, dass wertvolle Teile der eigenen Lieferkette in die Hände eines Konkurrenten fallen. 7.49

Im Grundsatz gelten für eine Transaktion außerhalb eines Insolvenzverfahrens die normalen Regeln für die technische Umsetzung des Verkaufs. Die potenzielle Insolvenz des zu veräußernden Unternehmens führt jedoch zu erheblichen Risiken: Im Rahmen eines Share Deals liegt das Risiko im Verlust der erworbenen Beteiligung, falls die Gesellschaft später in Insolvenz geraten oder aufgrund Erfolglosigkeit liquidiert werden sollte. Wird jedoch anstatt der Gesellschaftsanteile der Geschäftsbetrieb im Wege des Asset Deals übernommen, sind die Risiken deutlich relevanter: 7.50

- **Erhalt der Haftungsabschottung** 7.51

  Die Einbindung des Krisenunternehmens in das erwerbende Unternehmen sollte rechtlich und organisatorisch so erfolgen, dass bei einem Scheitern der Sanierung das Mutterunternehmen nicht oder nur begrenzt verpflichtet wird.[44] In der Regel wird man daher die Beteiligung als Tochtergesellschaft erhalten oder den Betrieb im Rahmen eines Asset Deals in eine neu gegründete Tochtergesellschaft einlegen.

- **(Beihilfe zur) Insolvenzverschleppung** 7.52

  Sobald ein Unternehmen in die Zahlungsunfähigkeit oder die Überschuldung gerät, müssen die Mitglieder des Vertretungsorgans unverzüglich, spätestens drei Wochen nach Eintritt der Zahlungsunfähigkeit oder sechs Wochen nach

44) Lubos, DStR 1999, 951, 954.

Eintritt der Überschuldung einen Antrag auf Eröffnung eines Insolvenzverfahrens stellen (§ 15a Abs. 1 InsO). Wird ein solcher Antrag gar nicht, nicht rechtzeitig oder nicht richtig gestellt, stellt dies eine Straftat dar, die mit Freiheitsstrafe bis zu drei Jahren oder mit Geldstrafe bestraft werden kann.

7.53 – **Anfechtungsrisiken**

Wichtig ist bei Krisenunternehmen stets die Beachtung der Anfechtungs- und Haftungsrisiken des Insolvenzrechts.[45)]

7.4.2 Verkauf im Insolvenzverfahren

7.4.2.1 Die Rechtsstellung des Insolvenzverwalters im Verfahren

7.54 Mit Eröffnung des Insolvenzverfahrens übernimmt der Insolvenzverwalter die Verwaltungs- und Verfügungsgewalt (§ 80 InsO). Er – und das Gleiche gilt im Fall einer Eigenverwaltung für den Geschäftsführer oder Vorstand des eigenverwalteten Unternehmens[46)] – ist vorrangig dem Gläubigerinteresse verpflichtet. Das Ziel der bestmöglichen Gläubigerbefriedigung hat auch dann vorrangige Bedeutung, wenn eine von der InsO geförderte Sanierung angestrebt wird (§ 1 InsO).

7.55 Insolvenzverfahren können auf verschiedene Weise ausgestaltet werden. Wichtig ist zunächst, dass der Insolvenzverwalter in der eröffneten Insolvenz Masseverbindlichkeiten begründet, wenn er Verpflichtungen zu Lasten der Insolvenzmasse eingeht. Diese muss er in seiner **Funktion als treuhänderischer Verwalter** des Vermögens für die Gläubiger rechtfertigen und kann bei leichtfertigem Vorgehen u.U. einer persönlichen Haftung (vgl. § 60 InsO) ausgesetzt sein. Vor diesem Hintergrund erklärt sich, dass Insolvenzverwalter stets bestrebt sind, Verkaufsprozesse bis zur Insolvenzeröffnung abzuschließen. Nur so können sie verhindern, dass sie den Betrieb im eröffneten Verfahren fortführen müssen. Denn dabei belasten vor allem die dann anfallenden Lohnzahlungen die Insolvenzmasse in erheblicher Weise. Aus ihrer **Rechenschaftsfunktion** gegenüber den Gläubigern folgt auch, dass Insolvenzverwalter alle realistischen Optionen in Betracht ziehen müssen, den Markt in Verkaufsprozessen mindestens antesten und verschiedene Interessenten anhören müssen.

7.56 Daneben wird der Insolvenzverwalter von verschiedenen Institutionen kontrolliert. Das **Insolvenzgericht** dient dabei eher der Kontrolle der formellen Verfah-

---

45) Demisch, in: Beck'sches Handbuch Unternehmenskauf im Mittelstand, 3. Aufl. 2021, Kap. F Rdnr. 26; Buchta, in: Hölters, Handbuch Unternehmenskauf, 10. Aufl. 2022, Rdnr. 15.76.

46) Undritz, in: Karsten Schmidt, InsO, 20. Aufl. 2023, § 270 a.F. Rdnr. 17.

rensabläufe. Wichtiger Entscheidungsträger ist aber die **Gläubigerversammlung** (§§ 74 ff. InsO), denn durch die Insolvenz werden die Gläubiger zu „wirtschaftlichen Eigentümern" des Schuldnervermögens mit dem Ziel, hieraus in einem geordneten Verfahren bestmöglich befriedigt zu werden.[47] Während des Verkaufsprozesses erfolgt die Abstimmung vorrangig mit dem **Gläubigerausschuss** (§§ 67 ff. InsO), sofern ein solcher bestellt ist. In ihm nehmen ausgewählte Vertreter der wichtigsten Gläubigergruppen – das sind nach § 67 Abs. 2 InsO i.d.R. Vertreter der absonderungsberechtigten (Sicherungs-)Gläubiger, der Insolvenzgläubiger mit den höchsten Forderungen (darunter auch der Pensionssicherungsverein und aufgrund des Insolvenzgeldes die Bundesagentur für Arbeit) sowie der Kleingläubiger und Arbeitnehmervertreter (meist aus dem Betriebsrat) – Aufgaben zur Unterstützung und Überwachung des Insolvenzverwalters wahr (§ 69 InsO), die denen eines Aufsichtsrats vergleichbar sind.

Während des vorläufigen Insolvenzverfahrens ist hierfür der **vorläufige Gläubigerausschuss** zuständig. Er ist zu bilden, wenn bestimmte Größenkriterien überschritten sind (§ 22a Abs. 1 InsO). Der Insolvenzverwalter kann jedoch auch auf eine freiwillige Bildung eines solchen Ausschusses hinwirken, um sich gegen spätere Vorwürfe einer nicht ordnungsgemäßen Verwertung des Unternehmensvermögens durch Information und Zustimmung des (vorläufigen) Gläubigerausschusses abzusichern (§ 22a Abs. 2 InsO). 7.57

Bei Rechtshandlungen, die für das Insolvenzverfahren von besonderer Bedeutung sind, hat der Insolvenzverwalter die Zustimmung des Gläubigerausschusses oder, sofern keiner bestellt ist, der Gläubigerversammlung einzuholen (§ 160 Abs. 1 InsO). Hierzu gehört insbesondere der Verkauf des Unternehmens oder bedeutender Teile davon (§ 160 Abs. 2 Nr. 1 InsO). Dies gilt insbesondere, wenn der Insolvenzverwalter das Unternehmen schon vor dem Berichtstermin veräußern will (§ 158 Abs. 1 InsO).[48] In der Regel wird der Verwalter darauf hinarbeiten, dass ihm ein beurkundetes und damit annahmefähiges Angebot vorliegt, welches er am Tag der Insolvenzeröffnung annehmen kann. So hält er Betriebsfortführungsthemen von der Insolvenzmasse fern und ermöglicht dem Erwerber den schnellstmöglichen Übergang. Schließt der Insolvenzverwalter einen Vertrag ohne die erforderliche Zustimmung, ist dieser gleichwohl wirksam (§ 164 InsO). Da sich der Insolvenzverwalter dann jedoch schadenersatzpflichtig machen kann (§ 60 InsO), wird er den Vertragsschluss stets von einer Zustimmung abhängig machen oder die Wirksamkeit unter Genehmigungsvorbehalt stellen. 7.58

---

47) Vgl. MORSHÄUSER/FALKNER, NZG 2010, 881.

48) Vgl. HECKSCHEN, in: REUL/HECKSCHEN/WIENBERG, Insolvenzrecht in der Gestaltungspraxis, 3. Aufl. 2022, § 4 Rdnr. 1466.

7.4.2.2 Erwerb vom vorläufigen Insolvenzverwalter

7.59 Nach h.M. hat der vorläufige Insolvenzverwalter keine Kompetenz zur Veräußerung des Unternehmens.[49] Für den Erwerber stellt dies aber regelmäßig auch keine Option dar. Denn u.U. kann der Insolvenzverwalter nach Insolvenzeröffnung die Erfüllung eines noch nicht vollzogenen Verkaufs ablehnen (§ 103 InsO) oder den vollzogenen Kauf anfechten (§§ 129 ff., 130 Abs. 1 Nr. 2 InsO). Ist der Kaufpreis bereits gezahlt, besteht nach erfolgter Anfechtung zwar ein Rückerstattungsanspruch; dieser verkommt jedoch zu einer nur quotenmäßig zu befriedigenden Insolvenzforderung, wenn der vereinnahmte Kaufpreis zwischenzeitlich „verbraucht" wurde (§ 144 Abs. 2 InsO).

7.60 Ein weiterer gravierender Nachteil liegt im Übergang der Arbeitsverhältnisse nach § 613a BGB. Bei einem Erwerb im eröffneten Insolvenzverfahren haftet der Erwerber nicht für Altverbindlichkeiten aus Arbeitsverhältnissen, die vor Eröffnung des Insolvenzverfahrens „erdient" wurden, da die Arbeitnehmer ansonsten einen neuen Haftungsschuldner erhielten. Denn würde der dadurch belastete Erwerber die Altverbindlichkeiten gegenüber Arbeitnehmern bei seinem Kaufpreisangebot in Abzug bringen, wären die dadurch voll zu befriedigenden Arbeitnehmer entgegen des Grundsatzes der Gläubigergleichbehandlung unangemessen bevorzugt.[50] Bei einem Erwerb im vorläufigen Verfahren greift diese Haftungsbeschränkung nicht.[51]

7.61 Sollte es ausnahmsweise erforderlich sein, den Verkauf schnellstmöglich vorzunehmen, etwa um eine Betriebsstilllegung zu vermeiden oder einen außerordentlichen wirtschaftlichen Vorteil realisieren zu können, sollte der Insolvenzverwalter zunächst versuchen, das Verfahren schnell zu eröffnen. Ob die Stellung als „starker Insolvenzverwalter" hingegen zu einer unmittelbaren Veräußerungskompetenz führt, ist umstritten. Nach § 22 Abs. 1 Nr. 2 InsO hat er das Unternehmen bis zur Entscheidung über die Eröffnung des Insolvenzverfahrens fortzuführen; die Kompetenz zur Veräußerung wird überwiegend abgelehnt.[52] Zulässig ist jedoch die Betriebsstilllegung, um den Verbrauch der Insolvenzmasse durch operative Verluste zu vermeiden, wenn eine Sanierung aussichtslos erscheint. Bietet sich dem Verwalter dann eine günstige Veräußerungsoption, sollte er diese mit

---

49) BGH, Urt. v. 20.02.2003 – IX ZR 81/02, BGHZ 154, 72; Morshäuser/Falkner, NZG 2010, 881.

50) BAG, Urt. v. 20.06.2002 – 8 AZR 459/01, DB 2003, 100 m.w.N.; Ahrendt, in: Schmidt, Hamburger Kommentar InsR, 9. Aufl. 2022, Vorbem. zu §§ 113 ff. InsO Rdnr. 15, 19.

51) BAG, Urt. v. 20.06.2002 – 8 AZR 459/01, DB 2003, 100.

52) Demisch, in: BeckHdB Unternehmenskauf im Mittelstand, 3. Aufl. 2021, F. Rdnr. 57; vgl. BGH, Beschl. v. 14.12.2000 – IX ZB 105/00, NZI 2001, 191; zum Meinungsstand siehe Menke, BB 2003, 1133.

vorheriger Zustimmung des vorläufigen Gläubigerausschusses, sofern ein solcher eingesetzt ist, wahrnehmen können. Der Eigentumsschutz des Schuldners muss dann hinter die Befriedigungsinteressen der Gläubiger zurücktreten.[53)]

7.4.2.3 Eigenverwaltung und Insolvenzplan

Neben dem klassischen Insolvenzverfahren finden viele gut strukturierte Insolvenzverfahren in der Form der Eigenverwaltung (§ 270 InsO) oder des Schutzschirmverfahrens (§ 270d InsO) statt. Hier wird es der Geschäftsleitung gestattet, die Funktion des Insolvenzverwalters selbst wahrzunehmen. Sie muss dann allerdings auch ihre Handlungen an dem entsprechenden Treuhandauftrag zugunsten der Gläubiger ausrichten und darf nicht einseitig Unternehmens- oder Gesellschafterinteressen verfolgen.[54)] Kontrolliert wird dies durch den sogenannten Sachwalter (§ 274 InsO). Eigenverwaltung und Schutzschirmverfahren streben i.d.R. eine Sanierung des Unternehmens durch einen Insolvenzplan an. 7.62

Vereinfacht auf den Punkt gebracht, bietet ein solcher Insolvenzplan die Möglichkeit, einen Schuldenschnitt („hair cut") auch gegen den Willen weiter Teile der Gläubiger durchzusetzen. Die Gläubiger erhalten eine geringe Insolvenzquote, die geringfügig über einem Alternativszenario liegen muss. Im Übrigen sieht der Insolvenzplan dann einen zwangsweisen Forderungsverzicht der Gläubiger vor. Steht als Alternative nur die Abwicklung im Raum, werden die Liquidationskosten die Insolvenzmasse aufzehren. Der Insolvenzplan kann dann schon mit Quoten unter 5 % verabschiedet werden, was einem 95%igen Schuldenschnitt entspricht. Zudem bietet der Status eines echten Insolvenzverfahrens die Möglichkeit, Verträge zu beenden oder, insbesondere bei Mietverträgen, unter Androhung einer ansonsten erfolgenden Kündigung (§ 109 InsO) Zugeständnisse des Vermieters einzufordern. Dies gilt insbesondere für Filialisten, die die Anzahl ihrer Standorte reduzieren wollen und dabei nicht nach räumlichen, sondern renditeorientierten Kriterien entscheiden können. 7.63

53) Vgl. MüKo-InsO/Haarmeyer/Schildt, 4. Aufl. 2019, § 22 Rdnr. 120; OLG Düsseldorf, Urt. v. 13.12.1991 – 22 U 202/91, ZIP 1992, 344.

54) Teilweise wird dies von Beratern ausgereizt, die damit werben, der Unternehmer könne sich über einen Insolvenzplan sanieren, letztlich also das eingetretene Unternehmensrisiko auf die Gläubiger abwälzen, die die Sanierung durch die Befriedigung nur mit einer Quote ermöglichen. Der BGH, Urt. v. 19.05.2022 – IX ZB 6/21, ZInsO 2022, 1566, hat hierzu entschieden, dass die Rechtsordnung nicht vorgibt, welche Insolvenzplankonzepte „anständig" sind oder auch nicht: Die Befreiung des Schuldners von seinen Verbindlichkeiten durch einen Insolvenzplan hänge von der Zustimmung der Gläubiger ab. Das Gesetz müsse daher nicht regeln, unter welchen Voraussetzungen der Schuldner „würdig" ist. Diese Entscheidung obliege den Gläubigern.

7.64 Dennoch kann parallel ein Verkaufsprozess aufgesetzt werden. Dieser dient i.d.R. dazu, die Vorteilhaftigkeit des Insolvenzplankonzepts gegenüber der Liquidation (einschließlich des Verkaufs) nachzuweisen. Insofern müssen Interessenten in einer solchen Konstellation in höherem Maß damit rechnen, dass Aufwendungen für Due Diligence und Vorverhandlungen ins Leere laufen können. Andererseits kommt es immer wieder vor, dass als Sanierung beabsichtigte Eigenverwaltungsverfahren in ein Regelinsolvenzverfahren überführt werden müssen, weil eine Sanierung nicht darstellbar war. Dann kommt ein Verkauf doch in Betracht, dürfte aber aufgrund der offenkundig fehlenden Sanierungsaussichten aus eigener Kraft davon abhängen, ob ein Investor Synergieeffekte heben kann oder ob sich durch die Ausgestaltung als Asset Deal mit Teilbereichen des Unternehmens ein erfolgreicher Business Case für die günstig zu erwerbenden Unternehmensteile darstellen lässt.

7.4.2.4 Dual-Track-Erfordernis

7.65 Aus dem vorrangigen Gläubigerinteresse folgt, dass auch bei einer Insolvenz in Eigenverwaltung, die über einen Insolvenzplan die Sanierung des Unternehmens anstrebt, sichergestellt sein muss, dass die Gläubiger durch den Insolvenzplan nicht schlechter gestellt werden als in einer verwertenden Regelinsolvenz. Hierzu wird eine Planvergleichsrechnung durchgeführt (§ 220 Abs. 2 InsO). Dort ist die „überwiegend wahrscheinliche“ Alternative zum Insolvenzplan abzubilden, neben der reinen Zerschlagung (unter Realisierung geringerer Zerschlagungswerte) auch eine Übertragungsperspektive (etwa im Wege der übertragenden Sanierung). Diese übertragende Sanierung kann jedoch nur sinnvoll bewertet werden, wenn parallel zur Entwicklung des Insolvenzplans ein M&A-Prozess durchgeführt wird, um die marktseitige Nachfrage abzuprüfen (Dual Track). Ob man einen M&A-Prozess mit den damit verbundenen Kosten zu Lasten der Insolvenzmasse durchführen sollte, ist mangels gesetzlicher oder gerichtlicher Leitlinien eine Frage des Einzelfalls.[55] Dies wird der Insolvenzverwalter (oder im Fall der Eigenverwaltung der Geschäftsführer/Vorstand zusammen mit dem Sachwalter) mit dem Insolvenzgericht und dem (vorläufigen) Gläubigerausschuss frühzeitig abstimmen. Gibt es mehrere nicht unwahrscheinliche Gestaltungsvarianten, können auch mehrere Vergleichsrechnungen erforderlich sein.[56]

55) Vgl. IDW, ES 2 n.F., Stand 27.09.2022, Rdnr. 80 ff., verfügbar unter https://www.idw.de/idw/idw-verlautbarungen/idw-es-2-n-f.html; Buth/Hermanns, Restrukturierung, Sanierung, Insolvenz, 5. Aufl. 2022, § 40 Rdnr. 94e ff. Gegen ein generelles Erfordernis überzeugend Exner, in: Theiselmann, Praxishandbuch des Restrukturierungsrechts, 4. Aufl. 2020, Kap. 16 Rdnr. 129 ff.; Friel/Ellers in: Schmidt, Restrukturierungsrecht, 3. Aufl. 2022, § 6 StaRUG Rdnr. 37.

56) Spliedt, in: Karsten Schmidt, InsO, 20. Aufl. 2023, § 220 Rdnr. 6; Haas, in: Kayser/Thole, InsO, 11. Aufl. 2023, § 220 Rdnr. 9; vgl. auch IDW S 2 „Anforderungen an Insolvenzpläne“, Stand 18.11.2019, IDW Life 1/2020, 45.

7.4.2.5 Verlust von Genehmigungen beim Asset Deal

In der Regel erfolgen Unternehmensverkäufe aus der Insolvenz im Wege des Asset Deals. Denn auf diese Weise kann weitgehend sichergestellt werden, dass unbekannte Risiken beim bisherigen Rechtsträger zurückbleiben. Trotz dieser Vorteile ist ein Asset Deal aber nicht immer durchführbar. Es gibt Situationen, in denen Genehmigungen und Zertifizierungen einen erheblichen, wenn nicht gar den ausschlaggebenden Teil des Firmenwerts ausmachen. Dies reicht von komplexen Zulassungsverfahren bei Krankenhäusern über abfall- und emissionsrechtliche Genehmigungen (Bestandsschutz!) bis hin zu Zertifizierungen und Zulassungen nach den Standards eines Kunden, etwa des OEMs in der Automobillieferkette. 7.66

Diese Rechte hängen am Rechtsträger und können nicht oder nur mit Zustimmung Dritter übertragen werden. Einen zustimmungsfreien Übergang dieser Rechte kann man jedoch erreichen, indem man in einem ersten Schritt den zu übertragenden Betrieb (d.h. (nur) diejenigen Vermögensgegenstände, die im Rahmen des Asset Deals zur Übertragung vorgesehen waren) in ein Tochterunternehmen ausgliedert (Carve-out). Anschließend können im Wege des übergeordneten Asset Deals die Anteile am Tochterunternehmen als eines der Assets übertragen werden (was für sich genommen im Wege eines Share Deals an den Anteilen der Tochtergesellschaft erfolgt). Ein solches Vorgehen ist zwar gestaltbar, benötigt jedoch eine ausdifferenzierte Prüfung im Einzelfall. Neben gesellschafts- und umwandlungs(steuer)rechtlichen Themen ist etwa zu prüfen, ob Genehmigungen o.Ä. aufgrund einer Change-of-Control-Klausel widerrufen werden könnten. 7.67

7.4.2.6 Der Debt-Equity-Swap als Gläubigerkauf

Einen Sonderfall des Share Deals stellt der sogenannte Debt-Equity-Swap dar. Hierunter versteht man die Umwandlung von Forderungen eines Gläubigers in Unternehmensanteile.[57] Dadurch lässt sich eine bilanzielle Restrukturierung der Passivseite erreichen: Die Eigenkapitalquote steigt beträchtlich und bietet die Chance einer leichteren Folgefinanzierung sowie Schutz vor einer insolvenzauslösenden Überschuldungssituation. In der Krise eines mittelständischen Zulieferers kann es beispielsweise im Interesse eines Kunden liegen, seine (ansonsten wertlose) Forderung gegen eine strategische Beteiligung zu tauschen, um so die Lieferkette zu sichern und zu kontrollieren. 7.68

---

57) Die Möglichkeit der Umwandlung in Mezzaninekapital unter Beibehaltung einer steuerlichen Fremdkapitalqualifikation war von der Finanzverwaltung 2011 verneint, dann 2018 aber wieder ermöglicht worden, FinMin NRW, bundeseinheitliche Vfg. v. 18.07.2017 – S 2133-000036 – V B I, DB 2018, 1762; vgl. zum aktuellen Diskussionstand des Entwurfs eines BMF-Schreibens zu Genussrechtskapital Kreide/Wachsmuth, KSI 2023, 58. Das endgültige Schreiben v. 11.04.2023 – IV C 6 – S 2133/19/10004 :002 ist im BStBl I, 672, veröffentlicht.

7.69 Ab einer mittleren Größenordnung treten zunehmend spezialisierte Distressed-Debt-Investoren auf. Das Geschäftsmodell dieser Investoren liegt darin, Gläubigern ihre (nahezu wertlosen) Darlehen zu einem sehr geringen Marktwert abzukaufen und anschließend einen Debt-Equity-Swap zu forcieren. Dies ist immer dann erfolgversprechend, wenn die Gesellschaft noch nicht insolvenzreif ist, das erworbene Darlehen aber bereits kündbar wurde, etwa aufgrund der Verletzung von Kreditbedingungen (Covenants). Ein entsprechend aufgestellter Investor (dies trifft nicht auf jeden zu) wird den Anteilseignern dann eröffnen, dass die Kündigung und Fälligstellung des Darlehens aufgrund der dann eintretenden Zahlungsunfähigkeit unweigerlich zur Insolvenz führen würde.

7.70 Im Grundsatz einfach zu erklären ist auch, warum der Distressed-Debt-Investor anschließend über 90 % der Anteile für sich einfordern wird. Er wird argumentieren, dass die Anteile aufgrund der latent drohenden Insolvenz einen Marktwert von null haben. Denn in einem Insolvenzverfahren steht in der Praxis so gut wie sicher fest, dass die erzielbaren Erlöse nicht zur vollständigen Gläubigerbefriedigung führen. Damit geht der letztrangige Eigenkapitalrückgewähranspruch der Altgesellschafter (§ 199 Satz 2 InsO) ins Leere. Mit anderen Worten: Ohne den Debt-Equity-Swap wird das Unternehmen verwertet, und die Altgesellschafter erhalten nichts. Ihre Anteile sind somit wertlos.

7.71 Somit führt jede Zuführung „frischen" Kapitals dazu, dass der dann vorhandene Wert vom Investor kommt, sei es auch nur ein Mindestkapital von 25.000 € (bei der GmbH). Somit würde dem Investor rechnerisch ein Anteil von 100 % zustehen. Mit dem etwas geringeren Anteil erkauft sich der Investor die Zustimmung der Anteilseigner. Während sie in einer Insolvenz nichts erhalten würden, bleiben ihnen nach dem vorgelegten Angebot beispielsweise noch 8 % an einer sanierten Gesellschaft. Damit können sie, wenn der Investor in wenigen Jahren einen Weiterverkauf initiiert, zumindest einen kleinen Rückfluss erhalten.

7.72 Gesellschaftsrechtlich sind diese Überlegungen, zumindest in Kapitalgesellschaften, in das deutsche System der Kapitalaufbringungsvorschriften einzubetten. Dazu wird in einem ersten Schritt eine Kapitalherabsetzung auf null oder nahezu null durchgeführt. Verlustvorträge, um dies im leichter umsetzbaren Verfahren der vereinfachten Kapitalherabsetzung (§ 58a GmbHG) vorzunehmen, sind in Krisenunternehmen regelmäßig in ausreichendem Umfang vorhanden. Ein Sperrjahr und eine Abfindung anderer Gläubiger (vgl. § 58 Abs. 1 GmbHG) sind dann nicht erforderlich.[58)]

58) Vgl. zu den einzelnen Umsetzungsschritten auch FABIS, MittRhNotK 1999, 170.

Die anschließende Kapitalerhöhung auf das gesetzliche Mindestkapital wird dann unter Bezugsrechtsausschluss der Altgesellschafter allein vom Investor gezeichnet. Das Bezugsrecht kann durch Gesellschafterbeschluss ausgeschlossen werden. Dies ist zulässig, wenn der Ausschluss dem Unternehmensinteresse dient (sachlicher Grund) und erforderlich ist, um die angestrebte Sanierung zu erreichen. Die aktienrechtlichen Regelungen zum Bezugsrecht (§ 186 AktG) werden auf die GmbH analog angewendet. Der Investor kann den geringfügigen Betrag der Stammkapitalerhöhung in bar erbringen, während er seine Darlehen als Agio in die Kapitalrücklage einlegt. So vermeidet er Bewertungsthemen hinsichtlich der Werthaltigkeit des Darlehens, das rechtlich eine Sacheinlage darstellt. 7.73

Aufgrund der Kapitalmaßnahmen benötigt ein Debt-Equity-Swap stets die zustimmende Mitwirkung der Gesellschafter. Dies ist mit der Pflicht zur Einhaltung der entsprechenden Form (Einladungsfristen!) und der Gefahr von Anfechtungsklagen verbunden. Nur im Rahmen eines Insolvenzplans kann ein Debt-Equity-Swap auch gegen den Willen der Altgesellschafter durchgesetzt werden. Die entsprechende Regelung in § 225a InsO sorgt zudem für weitere Erleichterungen.[59] Nachschusspflichten wegen Überbewertung des eingebrachten Darlehens (Differenzhaftung) sind in diesem Fall ausgeschlossen (§ 254 Abs. 4 InsO). 7.74

7.4.2.7 Case Study: „Auf der Hauptversammlung sollten die Aktionäre ihre eigene Enteignung beschließen"

Der folgende Beispielsfall beleuchtet anhand einer GmbH die Wirkmechanismen im Zusammenspiel von Debt-Equity-Swap und Kapitalschnitt, wie sie in der Restrukturierungspraxis klassischerweise ablaufen. 7.75

Der Fall: Zunächst hatte das Unternehmen, das zu diesem Zeitpunkt noch im Alleineigentum des mittlerweile betagten Gründers stand, vergeblich versucht, eine zusätzliche Bankfinanzierung zu erlangen. Gespräche mit der Bürgschaftsbank waren erfolglos geblieben, weil es sich um eine Sanierungsfinanzierung handelte. Auch aus dem Gesellschafterkreis war das notwendige Kapital nicht zu erlangen. Die Gläubiger hatten die Krise des Unternehmens schon länger realisiert; Zahlungen waren zunehmend schleppender erfolgt, begleitet von Anfragen, bestimmte Beträge länger zu stunden. Im Bankenkreis wurde nun eine Bank nervös, die vor einigen Jahren den Aufbau einer neuen Fertigungsstraße finanziert hatte. Der Unternehmer hatte sich damals gegen die Hausbank und für den niedrigeren Zinssatz der internationalen, jedoch eher unbekannten Bank entschieden. Diese sah in der Kundenbeziehung kein strategisches Investment, scheute mögliche Diskussionen im ihr unbekannten deutschen Rechtsraum und veräußerte 7.76

59) Vgl. zu Bewertungsfragen IDW, ES 2 n.F., Stand 27.09.2022, Rdnr. 37, verfügbar unter https://www.idw.de/idw/idw-verlautbarungen/idw-es-2-n-f.html.

daher ihr Kreditengagement an einen Finanzinvestor. Dieser meldete sich recht schnell und forderte unter Androhung der Kreditkündigung eine Umwandlung seines Darlehens in Unternehmensanteile, alternativ die Rückzahlung des Darlehens zum Nennbetrag innerhalb kurzer Frist.

7.77 Der Investor ermittelt die ihm seiner Meinung nach zustehenden Anteile durch einen Dreisatz, der vereinfacht wie folgt lautet:

- Wert des Unternehmens (pre money): null (da die Gesellschafter im alternativen Insolvenzszenario leer ausgingen)
- Wert des eingebrachten Darlehens: mindestens 1 €

Damit besteht der Unternehmenswert nach dem Swap (1 €) zu 100 % aus den vom Investor eingebrachten Werten. Mit dieser Argumentation fordert der Investor eine Beteiligung von 100 %. Aus diesem Grund titelte das Handelsblatt zur Pfleiderer-Restrukturierung: „*Auf der Hauptversammlung sollten die Aktionäre ihre eigene Enteignung beschließen.*“[60] Tatsächlich forderte der Investor „großzügigerweise“ aber nicht sämtliche Anteile, sondern nur 90–95 %, denn die erforderliche Kapitalerhöhung erfordert die Zustimmung der Gesellschafterversammlung.[61]

7.78 Die nachstehende Bilanz zeigt ein typisches Bild des in die Krise geratenen Unternehmens. Die Gesellschaft verfügt über einen hohen Forderungsbestand, oftmals nachlässig eingetrieben und teilweise von zweifelhafter Werthaltigkeit. Das Eigenkapital ist negativ, weil hohe Bankdarlehen bestehen. Hier wurde in der Vergangenheit „auf Pump“ gelebt.

Bilanz (GmbH)

Aktiva		Passiva	
Maschinen	300		
Forderungen	1.000	Darlehen (Bank)	1.900
Kasse	200		
Eigenkapital	400		
	1.900		1.900

7.79 Erwirbt nun ein Investor das Bankdarlehen zum Marktwert von 500, so wirkt sich der niedrigere Kaufpreis auf die Verbindlichkeitsposition nicht aus. Das Darlehen muss weiterhin mit dem Nennbetrag passiviert werden. Im Rahmen des

60) Handelsblatt v. 21.07.2011, S. 28.

61) Die Position der weiteren Finanzgläubiger ist hier aus Vereinfachungsgründen ausgeblendet.

Debt-Equity-Swaps würde der Investor sein Darlehen nun gegen neue Unternehmensanteile eintauschen. Dazu ist zunächst ein „tieferer" Blick in das Eigenkapital erforderlich, welches aus den vier Konten „gezeichnetes Kapital" (bei der GmbH Stammkapital), „Kapitalrücklage", „laufender Jahresgewinn/-verlust" und „Gewinn-/Verlustvorträge aus Vorjahren" besteht:

Bilanz (GmbH)

Aktiva		Passiva	
Maschinen	300	Eigenkapital	
		– Stammkapital	1.000
		– Kapitalrücklage	300
		– Verlust	– 800
		– Verlustvorträge	– 900
Forderungen	1.000	Darlehen	1.900
Kasse	200		
Eigenkapital	400		
	1.900		1.900

Die entscheidende Ziffer für die durchzuführende Kapitalerhöhung ist das Stammkapital. Bringt der Investor sein Darlehen ein, so kann er in Höhe von dessen Werthaltigkeit eine Stammkapitalerhöhung von 500 finanzieren. Von dem um 500 auf 1.500 erhöhten Stammkapital hält er dann 33 %. Diese Beteiligung unterscheidet sich jedoch gravierend von der ökonomischen Bewertung der Wertverhältnisse durch den Investor. Hintergrund ist, dass das durch historische Kapitalerhöhungen gewachsene Stammkapital in Krisensituationen unverändert hoch bleibt. Stammkapital und Unternehmenswert fallen damit in der Krise systematisch auseinander. 7.80

Daher ist in solchen Fällen eine vorgeschaltete Kapitalherabsetzung erforderlich, um diese Werte wieder in Einklang zu bringen. Im Rahmen eines krisengetriebenen Debt-Equity-Swaps wird man dabei oftmals eine Kapitalherabsetzung auf (nahezu) null vornehmen, um die Anteile der Altgesellschafter (fast) vollständig zu verwässern. Gleichzeitig ist anschließend nur ein geringer Betrag erforderlich, der zur Erbringung des gesetzlich geschützten Stammkapitals in werthaltiger Weise aufgebracht werden muss. Mindestens muss jedoch das Mindeststammkapital erreicht werden. 7.81

Technisch erfolgt dies durch eine vereinfachte Kapitalherabsetzung (§ 58a Abs. 1 GmbHG), durch die Verluste und Verlustvorträge mit dem Stammkapital verrechnet werden. Diese Verrechnung muss nicht vollständig erfolgen, sondern kann 7.82

dem Gestaltungsbedarf angepasst werden. Wird gleichzeitig eine Barkapitalerhöhung beschlossen, kann die Kapitalherabsetzung auch unter das Mindeststammkapital, also beispielsweise auf null, erfolgen (§ 58a Abs. 4 GmbHG).

7.83 Vor der Kapitalherabsetzung hält der bisherige Gesellschafter im Beispielsfall sämtliche Anteile:

Gesellschafterliste			
Gesellschafter	Anteile	Nennbetrag	Beteiligung
Altgesellschafter A	1	1.000.000 €	100 %

7.84 Der Umfang der Kapitalherabsetzung kann nunmehr frei bestimmt werden, solange in ausreichendem Maß verrechenbare Verluste vorhanden sind. In den hier diskutierten Insolvenzszenarien ist dies fast immer gegeben:

- In **Variante 1** wird das Stammkapital lediglich auf das Mindeststammkapital herabgesetzt. Damit bleibt der Altgesellschafter Inhaber sämtlicher Anteile (nur mit entsprechend geringerem Nennwert). Er hält also zunächst noch 100 %.

Gesellschafterliste nach Kapitalherabsetzung (Variante 1)			
Gesellschafter	Anteile	Nennbetrag	Beteiligung
Altgesellschafter A	1	25.000 €	100 %

Bei der anschließenden Kapitalerhöhung ergibt sich die Beteiligungshöhe des Investors aus dem Verhältnis des neu gezeichneten Stammkapitals zu dem herabgesetzten Stammkapital.

Gesellschafterliste nach Kapitalerhöhung (Variante 1)			
Gesellschafter	Anteile	Nennbetrag	Beteiligung
Altgesellschafter A	1	25.000 €	4,8 %
Investor B	1	500.000 €	95,2 %

– In **Variante 2** erfolgt eine Kapitalherabsetzung auf null. Damit sind die Anteile des Altgesellschafters nicht mehr existent. Er scheidet aus der Gesellschaft aus. 7.85

Gesellschafterliste nach Kapitalherabsetzung (Variante 2)			
Gesellschafter	Anteile	Nennbetrag	Beteiligung
Altgesellschafter A	0	0 €	0 %

Die anschließende Kapitalerhöhung muss mindestens das gesetzliche Mindeststammkapital erreichen. Unabhängig von der Höhe des Stammkapitals ist der Investor aber der einzige Gesellschafter und hält somit stets 100 %.

Gesellschafterliste nach Kapitalerhöhung (Variante 2)			
Gesellschafter	Anteile	Nennbetrag	Beteiligung
(Altgesellschafter A)	0	0 €	0 %
Investor B	1	25.000 €	100 %

In der Praxis wird der Investor dem Altgesellschafter eine geringe Beteiligung belassen, um so seine Zustimmung zu erhalten. Denn würde der Altgesellschafter hier ebenso wie in der Insolvenz alles verlieren, hätte dieser Weg keinen Vorteil. So besteht zumindest die Chance, das Unternehmen zu restrukturieren und beim Verkauf in einigen Jahren zu partizipieren. 7.86

Bei einem Debt-Equity-Swap im Rahmen eines Insolvenzplans finden sich hingegen häufig Kapitalherabsetzungen nach Variante 2, um einem Investor über den Insolvenzplan den Einstieg in das Unternehmen via Share Deal zu ermöglichen. Dies gilt jedenfalls, solange der häufigere Asset Deal vermieden werden soll. Nach einem Debt-Equity-Swap (hier mit einem Kapitalschnitt auf 100 und Aufbringung der Kapitalerhöhungsmittel in bar) sieht die Bilanz des Unternehmens dann folgendermaßen aus: 7.87

a) Kapitalherabsetzung (hier: auf null)

Bilanz (GmbH)

Aktiva		Passiva		
Maschinen	300	Eigenkapital		
		– Stammkapital	0	(–1.000)
		– Kapitalrücklage	300	
		– Verlust	– 700	(+100)
		– Verlustvorträge	0	(+900)
Forderungen	1.000	Darlehen	1.900	
Kasse	200			
Eigenkapital	400			
	1.900		1.900	

b) Anschließende Kapitalerhöhung (Bar-Anteil):

Bilanz (GmbH)

	Aktiva		Passiva		
	Maschinen	300	Eigenkapital		
			– Stammkapital	100	(+100)
			– Kapitalrücklage	300	
			– Verlust	– 700	
			– Verlustvorträge	0	
	Forderungen	1.000	Darlehen	1.900	
(+100)	Kasse	300			
	Eigenkapital	300			
		1.900		1.900	

c) Abschließende Darlehenseinbringung als Zuzahlung (Agio) in die Kapitalrücklagen:

Bilanz (GmbH)

Aktiva		Passiva		
Maschinen	300	Eigenkapital	1.600	
		– Stammkapital	100	
		– Kapitalrücklage	2.200	(+1.900)
		– Verlust	– 700	
		– Verlustvorträge	0	
Forderungen	1.000	Darlehen	0	(–1.900)
Kasse	300			
	1.600		1.600	

7.4.2.8 Besonderheiten bei der Insolvenz der GmbH & Co. KG

Ist das (zu veräußernde) Unternehmen in der Form der GmbH & Co. KG organisiert, so ist im Fall der Insolvenz zunächst festzustellen, wie sich die Gesellschaftsstruktur durch die Insolvenz geändert hat. Dies gilt sowohl beim Asset Deal für die Frage, wer der richtige Verkäufer ist, als auch beim Share Deal für die Frage, wessen Anteile verkauft werden können. 7.88

Eine entscheidende Rolle spielen hierbei § 161 Abs. 2, § 131 Abs. 3 Nr. 2 HGB. 7.89
Danach scheidet ein insolventer Gesellschafter automatisch aus, sofern der Gesellschaftsvertrag dies nicht abweichend regelt. Fällt nun ein Gesellschafter in Insolvenz, meist aufgrund ihrer persönlichen unbeschränkten Haftung die Komplementärin, und scheidet aus, kommt es zur Anwachsung bei den verbleibenden Gesellschaftern. Gibt es jedoch nur einen einzigen Kommanditisten, so kommt es zur Gesamtrechtsnachfolge. Die KG wird liquidationslos vollbeendigt, da eine Personengesellschaft zwingend mehrere Gesellschafter haben muss.[62] Wird das Insolvenzverfahren der KG jedoch vor demjenigen der Komplementär-GmbH eröffnet, ändert sich am Gesellschafterbestand nichts und über das Vermögen der KG kann das Insolvenzverfahren stattfinden; dies soll auch gelten, sofern die Insolvenzen gleichzeitig eröffnet werden.[63] Alternativ kann auch der Gesellschaftsvertrag dahingehend geändert werden, dass eine Insolvenz nicht zum Ausscheiden des insolventen Gesellschafters führt.

62) Vgl. Steffan/Poppe, in: IDW, Sanierung und Insolvenz, 2. Aufl. 2022, C. Rdnr. 499 ff.
63) Steffan/Poppe, in: IDW, Sanierung und Insolvenz, 2. Aufl. 2022, C. Rdnr. 503 ff. m.w.N.

7.4.2.9 Betriebsübergang (§ 613a BGB) im Lichte eines Asset Deals

7.90 § 613a BGB ist im Rahmen eines Asset Deals anwendbar, weil der Käufer hier anders als bei einem Share Deal in die Rechtsposition des bisherigen Betriebsinhabers einrückt.[64] Dementsprechend übernimmt der Betriebserwerber im Rahmen eines Asset Deals gem. § 613a BGB kraft Gesetzes auch sämtliche bestehenden Arbeitsverhältnisse. Dies gilt allerdings nur für solche Arbeitsverhältnisse, die zum Zeitpunkt des Übergangs bereits bestanden und dem veräußerten Betrieb(steil) zuzurechnen sind.[65]

7.91 Eine Gestaltungsmöglichkeit für die Vermeidung der Rechtsfolgen des § 613a BGB liegt beim Asset Deal daher darin, die einzelnen zu veräußernden Vermögenswerte bzw. Betriebsteile so zu wählen, dass diese möglichst nicht mit einem Betriebsübergang nach § 613a Abs. 1 BGB verbunden sind.[66] Nach der Rechtsprechung ist dafür maßgeblich eine „*wirtschaftliche Einheit […], die ein neuer Rechtsträger unter Wahrung ihrer Identität fortführt*“.[67] Allerdings ist dabei aufgrund der nicht klar definier- und abgrenzbaren Voraussetzungen höchste Vorsicht geboten.[68]

7.92 Waren Einzelheiten des Arbeitsverhältnisses durch Tarifverträge oder Betriebsvereinbarungen konkretisiert, werden gem. § 613a Abs. 1 Satz 1 BGB auch diese Bestandteile des Arbeitsverhältnisses zum neuen Betriebsinhaber[69] und dürfen dann innerhalb eines Jahres nach Betriebsübergang grundsätzlich nicht zum Nachteil des Arbeitsnehmers geändert werden. § 613a BGB ist als Vorschrift des Arbeitnehmerschutzes unabdingbar.[70] Gemäß § 613a Abs. 4 Satz 1 BGB ist eine Kündigung aufgrund des Betriebsübergangs unwirksam. Des Weiteren ist die Unterrichtungspflicht gegenüber dem Arbeitnehmer gem. § 613a Abs. 5 BGB sowie dessen Widerspruchsrecht nach § 613a Abs. 6 BGB zu beachten, durch dessen Ausübung ein Übergang des Arbeitsverhältnisses verhindert wird und der Arbeitsvertrag mit dem bisherigen Betriebsinhaber (Verkäufer) bestehen

---

64) Grüneberg/Weidenkaff, BGB, 82. Aufl. 2023, § 613a Rdnr. 11; LAG Düsseldorf, Urt. v. 17.12.2015 – 13 Sa 372/15, S. 28; Löw/Schulz, BB 2020, 244, 244; vgl. auch ausführlich zum Thema Rdnr. 9.1 ff.

65) Joppich, in: Mehrbrey, Handbuch Streitigkeiten beim Unternehmenskauf, 2. Aufl. 2022, § 22 Rdnr. 483.

66) Hausch, BB 2008, 1392, 1393; Matthey/Bienek, in: Rotthege/Wassermann, Unternehmenskauf bei der GmbH, 2. Aufl. 2020, Kap. 12 Rdnr. 4.

67) Hausch, BB 2008, 1392, 1393; EuGH, Urt. v. 14.04.1994 – C-392/92, NJW 1994, 2343.

68) Hausch, BB 2008, 1392, 1393.

69) Vgl. BAG, Urt. v. 17.11.2010 – 4 AZR 391/09, BB 2011, 1981.

70) Joppich, in: Mehrbrey, Handbuch Streitigkeiten beim Unternehmenskauf, 2. Aufl. 2022, § 22 Rdnr. 482.

bleibt.[71] An die Vollständigkeit einer ordnungsgemäßen Unterrichtung werden in der Rechtsprechung hohe Erwartungen gestellt.[72] Eine Kündigung aufgrund des Widerspruchs ist möglich, da § 613a Abs. 4 Satz 1 BGB lediglich die Kündigung aufgrund Betriebsübergangs für unzulässig erklärt.[73] Jedoch müssen die Voraussetzungen des KSchG eingehalten werden.

§ 613a BGB findet auch in Krise und Insolvenzverfahren Anwendung.[74] Damit 7.93
gilt auch nach Eröffnung des Insolvenzverfahrens das Kündigungsverbot des § 613a Abs. 4 Satz 1 BGB, jedoch eingeschränkt durch die speziellen Regelungen der InsO.[75]

7.4.3 Steuerliche Besonderheiten

§ 8c KStG, im Jahr 2007 als Nachfolgenorm zur sogenannten Mantelkaufrege- 7.94
lung (§ 8 Abs. 4 KStG a.F.) eingeführt und seitdem häufiger geändert, spielt beim mehrheitlichen Beteiligungserwerb in der Krise besonders durch die Ausnahme des § 8c Abs. 1a KStG (sog. **Sanierungsklausel**) eine hervorzuhebende Rolle. Im Grundsatz geht das deutsche Steuerrecht davon aus, dass Verluste mit Gewinnen in späteren Jahren steuermindernd verrechnet werden können. Neben der sogenannten Mindestbesteuerung (§ 10d EStG) enthält aber vor allem § 8c KStG die Einschränkung, dass Verlustvorträge untergehen, wenn aufgrund eines Anteilsverkaufs wirtschaftlich betrachtet ein anderer von den Verlustvorträgen profitiert, der zum Zeitpunkt der Verlustentstehung kein Unternehmensrisiko zu tragen hatte. Dies wird ab einem Beteiligungswechsel von 50 % unterstellt, wobei sämtliche Erwerbe innerhalb von fünf Jahren zusammengezählt werden.

Die Vorschrift enthält jedoch auch **Rückausnahmen** zu konzerninternen Anteils- 7.95
übertragungen (§ 8c Abs. 1 Satz 4 KStG), der Möglichkeit des Verlustübergangs in Höhe von vorhandenen stillen Reserven (§ 8c Abs. 1 Satz 5–8 KStG) und vor allem im Krisenumfeld für Erwerbe zum Zwecke der Sanierung des Geschäftsbetriebs (§ 8c Abs. 1a KStG) sowie auf Antrag bei Fortführung des Geschäftsbetriebs (§ 8d KStG).

Eineinhalb Jahre nach der Einführung Mitte 2009 ordnete die EU-Kommission 7.96
diese Sanierungsklausel jedoch als binnenmarktschädliche Beihilfe ein (Art. 107

71) Grüneberg/Weidenkaff, BGB, 82. Aufl. 2023, § 613a Rdnr. 48 ff.

72) Joppich, in: Mehrbrey, Handbuch Streitigkeiten beim Unternehmenskauf, 2. Aufl. 2022, § 22 Rdnr. 493; siehe auch LAG Düsseldorf, Urt. v. 05.08.2008 – 6 Sa 488/08.

73) Grüneberg/Weidenkaff, BGB, 82. Aufl. 2023, § 613a Rdnr. 54.

74) van Betteray/Gass, BB 2004, 2309, 2312.

75) Löw/Schulz, BB 2020, 244, 244; van Betteray/Gass, BB 2004, 2309, 2317.

Abs. 1 AEUV).[76] Nach der damaligen Ansicht der EU-Kommission war der Verlustuntergang der Regelfall. Damit wären die Rückausnahmen eine Privilegierung einzelner Unternehmen gewesen, die der Staat nur unter engen Voraussetzungen vornehmen dürfe, um den freien Binnenmarkt nicht zu gefährden. Als Konsequenz wurde § 8c Abs. 1a KStG für unanwendbar erklärt. Dieser Beschluss wurde vom EuGH im Jahr 2018 für nichtig erklärt.[77] In der Folge beschloss auch die EU-Kommission, dass § 8c KStG keine europarechtswidrige Beihilfe darstellt.[78]

7.97 Somit findet die Sanierungsklausel heute wieder Anwendung, teilweise auch rückwirkend (vgl. § 34 Abs. 6 Satz 3 und 4 KStG). Voraussetzungen einer Sanierung i.S.d. Vorschrift sind:

(1) Die Maßnahme richtet sich auf Verhinderung oder Beseitigung der Zahlungsunfähigkeit oder Überschuldung.

(2) Die Maßnahme richtet sich auf den Erhalt der wesentlichen Betriebsstrukturen (§ 8c Abs. 1a Satz 3 KStG).

(3) Der wesentliche Geschäftsbetrieb darf innerhalb von fünf Jahren nach dem Beteiligungserwerb nicht eingestellt werden.

7.98 Erforderlich ist neben der objektiven Eignung der Maßnahme zur Sanierung die Sanierungsbedürftigkeit und Sanierungsfähigkeit der Körperschaft. Der Erwerbszeitpunkt muss folglich in der Krise liegen und damit ein solcher sein, zu dem ein Gesellschafter als ordentlicher Kaufmann Eigenkapital zugeführt hätte.[79] Beweisbelastet ist diesbezüglich die Krisenkörperschaft. Ein Sanierungsgutachten nach IDW S 6 ist in der Praxis jedoch als Nachweis akzeptiert. Der notwendige Kausalzusammenhang zwischen Sanierungsmaßnahmen und dem Beteiligungserwerb liegt in zeitlicher Hinsicht i.d.R. bei einem Erwerb innerhalb eines Jahres vor.[80]

7.99 In der Regel kommt es im Zusammenhang mit Unternehmensverkäufen auch zu **begleitenden Restrukturierungsmaßnahmen**, insbesondere Forderungsverzich-

---

76) EU-Kommission, Prüfverfahren IP/10/180 v. 24.02.2010; Entscheidung IP/11/65 v. 26.01.2011; abrufbar einschließlich der gesamten Verfahrensdokumentation unter https://ec.europa.eu/competition/elojade/isef/case_details.cfm?proc_code=3_SA_29150.

77) EuGH, Urt. v. 28.06.2018 – C-203/16 P, IStR 2018, 552.

78) Vgl. hierzu mit ausführlicher Begründung EU-Kommission, Beschl. v. 22.01.2020, C(2020) 254 final, https://ec.europa.eu/competition/state_aid/cases1/20208/235253_2132244_156_2.pdf.

79) OFD Nordrhein-Westfalen, Vfg. v. 20.12.2018 – S 2745a-2015/0011-St 135, DB 2019, 26, Rdnr. 4.

80) OFD Nordrhein-Westfalen, Vfg. v. 20.12.2018 – S 2745a-2015/0011-St 135, DB 2019, 26, Rdnr. 7.

ten und dem Umgang mit bestehenden Rangrücktritten.[81] Hier sind insbesondere steuerliche Sanierungsgewinne zu vermeiden. Diese sind zwar seit jüngstem gesetzlich steuerbefreit (§ 3a EStG, § 7b GewStG), jedoch nur, soweit die entsprechenden Voraussetzungen erfüllt werden.

Umsatzsteuerlich kann der Asset Deal (übertragende Sanierung) im Rahmen eines Insolvenzverfahrens im Einzelfall als nicht steuerbarer Vorgang nach § 1 Abs. 1a UStG zu beurteilen sein; entweder weil er als Geschäftsveräußerung im Ganzen eingestuft wird oder als Form der Übertragung eines im Unternehmen gesondert geführten Betriebs.[82] 7.100

7.5 Unternehmenskauf in der Krise des Verkäufers

Es kommt häufiger vor, dass sich Unternehmen von Beteiligungen trennen, um ihre eigene Liquidität zu stärken. Verkaufsobjekt sind dabei oft auch ertragsstarke, gut verkäufliche „Perlen". Der Verkäufer versucht dann, sich mit dem Beteiligungserlös zu sanieren. Das Risiko für den Käufer besteht nun darin, dass diese Sanierung nicht gelingt und der Verkäufer nach oder auch schon während der Durchführung der Transaktion in Insolvenz gerät. 7.101

7.5.1 Verkauf außerhalb der Insolvenz des Verkäufers

Wird vor Abschluss (Closing) der Transaktion ein Insolvenzverfahren über das Vermögen des Verkäufers eröffnet, so führt dies zum Erlöschen von Vollmachten (§ 117 InsO). Dies betrifft beispielsweise dem Notar erteilte Vollzugsvollmachten. Zugleich kann für den Insolvenzverwalter ein Wahlrecht entstehen, ob er den Vertrag erfüllen will oder nicht (§ 103 InsO). Hier kommt es im Detail zu Abgrenzungsfragen.[83] Im Regelfall wird der Insolvenzverwalter die Transaktion aber abschließen, wenn der Kaufpreis marktüblich ist und (auch dies ist leider nicht nur ein theoretischer Fall), der Käufer nicht seinerseits insolvent geworden ist. Bei gleichzeitiger Käuferinsolvenz würde der Vollzug hingegen dazu führen, dass der (insolvente) Verkäufer seinen Kaufpreisanspruch nach Übertragung 7.102

---

81) Siehe hierzu ausführlich Kreide, in: Bolk, Beratungsschwerpunkte Kapitalgesellschaften, 2. Aufl. 2022, Rdnr. 30.1; Crone/Kreide, in: Crone/Werner, Modernes Sanierungsmanagement, 6. Aufl. 2021, S. 217 ff.; Hermanns, in: IDW, Sanierung und Insolvenz, 2. Aufl. 2022, Teil B Rdnr. 348 ff., sowie unter https://www.ifsbr.de/rangruecktritt/.

82) Ettinger, in: Beck HdB Unternehmenskauf im Mittelstand, 3. Aufl. 2021, Kap. F Rdnr. 118; vgl. dazu im Einzelnen Rdnr. 20.10 ff.

83) Diskutiert wird etwa eine analoge Anwendung von § 107 Abs. 1 InsO auf Unternehmenskaufverträge, wenn der Käufer bereits ein Anwartschaftsrecht erworben hat. Dieses ist jedoch nur schwer zu begründen; vgl. hierzu Ziegenhagen/Spranger, in: Schmidt, Restrukturierungsrecht, 3. Aufl. 2022, Anhang 1 Abschn. 5 Rdnr. 47.

der Gesellschaftsanteile gegen den (nunmehr ebenfalls insolventen) Käufer nicht durchsetzen könnte. Er hätte nur eine (zumindest weitestgehend) wertlose Insolvenzforderung. In diesem Fall würde der Insolvenzverwalter des Verkäufers also versuchen, die Übertragung zu verhindern, um einen neuen, zahlungsfähigen Käufer zu finden.

7.103 In solchen Situationen, aber auch bei einem aus aktueller Sicht zu niedrigen Kaufpreis, kann der Insolvenzverwalter des Verkäufers auch versuchen, den Kaufvertrag anzufechten. Denkbar sind vor allem Fälle des Notverkaufs kurz vor der Insolvenz (Fire Sale), in denen der Insolvenzverwalter des Verkäufers den Vertrag nicht erfüllen wird, eine Nachzahlung verlangt oder den schon vollzogenen Verkauf anficht. Neben der vierjährigen Anfechtungsfrist ist ein zu günstiger Verkaufspreis die einzige Voraussetzung (§ 134 InsO). Allerdings steht den Beteiligten ein angemessener Bewertungsspielraum zu, bei dem auch die Situation eines Notverkaufs berücksichtigt werden kann.[84)]

7.104 Eine erfolgreiche Anfechtung ist für den Käufer gefährlich, wenn er den Kaufpreis bereits gezahlt hat, ohne dafür eine Sicherheit zu erhalten. Denn während er die Gesellschaftsanteile zurückübertragen muss, erhält er einen Anspruch auf Rückgewähr des gezahlten Kaufpreises, der nur ausbezahlt wird, sofern der Kaufpreis noch unterscheidbar in der Insolvenzmasse des Verkäufers vorhanden ist (§ 144 Abs. 2 Satz 1 InsO); dafür müsste er etwa auf einem separaten Konto geparkt worden sein. Regelmäßig ist dies aber nicht der Fall, so dass der Käufer ebenfalls nur eine weitestgehend wertlose Insolvenzforderung geltend machen kann (§ 144 Abs. 2 Satz 2 InsO).

7.105 Allerdings kann der Käufer dem Insolvenzverwalter in vielen Fällen das Bargeschäftsprivileg (§ 142 InsO) entgegenhalten, wenn die Anteilsübertragung Zug um Zug gegen Kaufpreiszahlung vollzogen wurde. Der notwendige enge zeitliche Zusammenhang geht jedoch verloren, wenn Kaufpreisteile gestundet werden (Käuferdarlehen), Sicherungseinbehalte erfolgen oder Kaufpreisanpassungsklauseln vereinbart werden. Daher ist sorgfältig abzuwägen, ob auf solche Regelungen beim Erwerb von einem notleidenden Käufer nicht zugunsten einer höheren Anfechtungssicherheit durch Ausnutzung eines Bargeschäfts verzichtet werden sollte.[85)]

---

84) Rogge/Leptien, in: Schmidt, Hamburger Kommentar InsR, 9. Aufl. 2022, § 134 InsO Rdnr. 23; MüKo-InsO/Kayser/Freudenberg, 4. Aufl. 2019, § 134 Rdnr. 25.

85) Ausführlich Laufersweiler/Taupitz, in: Theiselmann, Praxishandbuch des Restrukturierungsrechts, 4. Aufl. 2019, Kap. 8 Rdnr. 189 ff., 225 f.

Wählt der Insolvenzverwalter des Verkäuferunternehmens die Erfüllung des Kaufvertrags, ist dieser durchzuführen. Die Verkäuferpflichten werden dadurch in den Status von Masseverbindlichkeiten gehoben. Dennoch kann der Käufer am Vollzug kein Interesse mehr haben, etwa weil mit dem Verkäuferunternehmen ein wesentlicher Lieferant oder Kunde wegfällt („Outsourcing") oder weil bei entwerteten Garantien die Risiken zu dominant werden. Der Käufer könnte versuchen, sich vor dieser Situation zu schützen, indem er sich ein vertragliches Rücktrittsrecht vorbehält, falls der Verkäufer in Insolvenz gerät. Das Rücktrittsrecht kann auch daran anknüpfen, dass eine auf das Nichtvorliegen einer Insolvenz bezogene Garantie nach der Vertragsunterzeichnung unrichtig wird.[86] Die Zulässigkeit solcher Lösungsklauseln steht jedoch deutlich in Frage, da § 119 InsO Regelungen für unwirksam erklärt, die das Wahlrecht des Insolvenzverwalters nach § 103 InsO einschränken. 7.106

Anerkannt ist hingegen die Wirksamkeit nicht insolvenzabhängiger Kündigungs- oder Rücktrittsgründe.[87] Hintergrund ist, dass der Insolvenzverwalter eine von der InsO geförderte Sanierungschance nur wahrnehmen kann, wenn die dazu erforderlichen Verträge weiterhin Bestand haben. Daher soll ein Aushöhlen des Erfüllungswahlrechts vermieden werden. Andererseits soll der Insolvenzverwalter einen Vertrag nur in der Weise erhalten können, wie er zuvor war, d.h. im Zweifel mit einem insolvenzunabhängigen Kündigungs- oder Rücktrittsrecht belastet. Teilweise wird vertreten, dass diese Rechte im eröffneten Verfahren erst wieder ausgeübt werden können, nachdem der Insolvenzverwalter sein Erfüllungswahlrecht ausgeübt hat.[88] Nach einhelliger Meinung tangiert der Insolvenzantrag die Ausübungsmöglichkeit jedoch noch nicht.[89] 7.107

Kommt der Insolvenzverwalter hingegen zu dem Schluss, dass eine Sanierungschance nicht aussichtsreich ist oder der Vertrag der Insolvenzmasse aus anderen Gründen nicht nützlich ist, wird er die Nichterfüllung wählen. Das Wahlrecht gilt zwar nicht mehr, wenn der Käufer seine Kaufvertragsverpflichtungen bereits vollständig erfüllt hat. Angesichts regelmäßig noch zu erfüllender Nebenbedin- 7.108

86) Ziegenhagen/Spranger, in: Schmidt, Restrukturierungsrecht, 3. Aufl. 2022, Anhang 1 Abschn. 5 Rdnr. 49, auch m.w.N. zur Zulässigkeit insolvenzrechtlicher Lösungsklauseln.

87) BGH, Urt. v. 27.05.2003 – IX ZR 51/02, BGHZ 155, 87; BGH, Urt. v. 17.11. 2005 – IX ZR 162/04, NZI 2006, 229; BGH, Urt. v. 15.11.2012 – IX ZR 169/11, BGHZ 195, 348; BGH, Urt. v. 07.04.2016 – VII ZR 56/15, BGHZ 210, 1, Rdnr. 13; BGH, Urt. v. 27.10.2022 – IX ZR 213/21, WM 2023, 39.

88) Jacoby, in: Jaeger, InsO, 2. Aufl. 2021, § 103 Rdnr. 329.

89) MüKo-InsO/Huber, 4. Aufl. 2019, § 103 Rdnr. 139; Huber, in: Gottwald/Haas, Insolvenzrechts-Handbuch, 6. Aufl. 2020, § 35 Rdnr. 11; BeckOK InsO/Berberich, 29. Ed. (10/2022), § 103 Rdnr. 103.

gungen (beispielsweise auch Earn-out-Vereinbarungen)[90] erscheint eine vollständige Kaufpreiszahlung in einer Verkäuferkrise jedoch als riskant oder ist faktisch noch nicht möglich. Wählt der Insolvenzverwalter in der Verkäuferinsolvenz die Nichterfüllung, erhält der Käufer zwar kein Unternehmen, muss aber auch den Kaufpreis nicht zahlen. Hat der Käufer jedoch vorgeleistet, kann er den gezahlten Kaufpreis nur als (meist wertlose) Insolvenzforderung zurückverlangen.[91] Benötigt der Verkäufer aber im Hinblick auf einen längeren Vollzugszeitraum vorab finanzielle Mittel zur Stabilisierung seiner Liquiditätslage, sollte auf eine entsprechende Absicherung geachtet werden, wenn vom Kauf nicht ohnehin Abstand genommen wird, um in einem zeitnah folgenden Insolvenzverfahren risikofrei erwerben zu können. Noch besser wäre es allerdings, den Zeitraum zwischen Vertragsabschluss und Vollzug möglichst kurz zu halten.

7.5.2 Verkauf aus der Insolvenz des Verkäufers

7.109 Vor diesem Hintergrund ist aus Käufersicht der Erwerb aus der eröffneten Insolvenz meist die bevorzugte Variante. Sofern der Käufer vom Insolvenzverwalter des Verkäufers erwirbt, gibt es keine Erfüllungs- und Anfechtungsrisiken. Die (steuerlichen) Haftungsvorschriften in § 25 HGB und § 75 AO gelten nicht beim Erwerb aus der Insolvenzmasse.[92] Zudem bieten sich zahlreiche Vorteile hinsichtlich der Übernahme von Arbeitsverhältnissen.[93] Neben der oftmals ausschlaggebenden Rechtssicherheit bietet der Erwerb aus der Insolvenz aber auch umfassende Möglichkeiten, den Betrieb zunächst auf die eigenen Bedürfnisse zuschneiden zu lassen und im Asset Deal nur diejenigen Teile zu übernehmen, an denen ein konkretes Interesse besteht. Ist zur Sicherung bestehender Genehmigungen oder von Vertragsverhältnissen ein Share Deal erforderlich, kann dennoch über einen Insolvenzplan ein Zuschnitt und vor allem eine Bereinigung der Passivseite erfolgen, so dass eine vollständige Anteilsübernahme und – sofern gewünscht – Schuldenfreiheit erreicht wird.

7.110 Andererseits wird ein Insolvenzverwalter für die verkauften Anteile keine Garantien oder Zusagen übernehmen, die über die essentiellen Grundgarantien (Existenz der Gesellschaft, Bestand der Anteile und Belastungsfreiheit) hinausgehen.

90) Vgl. Ziegenhagen/Spranger, in: Schmidt, Restrukturierungsrecht, 3. Aufl. 2022, Anhang 1 Abschn. 5 Rdnr. 50 m.w.N.

91) Ahrendt, in: Schmidt, Hamburger Kommentar InsR, 9. Aufl. 2022, § 103 InsO Rdnr. 45.

92) Heckschen, in: Reul/Heckschen/Wineberg, Insolvenzrecht in der Gestaltungspraxis, 3. Aufl. 2022, § 4 Rdnr. 1431.

93) Ausführlich Heckschen, in: Reul/Heckschen/Wineberg, Insolvenzrecht in der Gestaltungspraxis, 3. Aufl. 2022, § 4 Rdnr. 1432 ff.

Beim Erwerb vom krisenbedrohten Verkäufer stellt sich aber ohnehin die Frage, wie belastbar gewährte Garantien sind. Dies gilt insbesondere, wenn der Verkäufer eine ansonsten leere Holdinggesellschaft ist.

7.6 Unternehmenskauf in der Krise des Käufers

7.6.1 Verkauf außerhalb der Insolvenz des Käufers

Hier gilt analog zu den Ausführungen der Verkäuferinsolvenz, dass in diesem Fall der Verkäufer ggf. mit einer späteren Anfechtung oder Nichterfüllungswahl rechnen muss. Aus Verkäufersicht drohen zusätzlich jedoch insbesondere Nachhaftungsrisiken, etwa aufgrund von Gesellschafterdarlehen, die kurz vor einem Verkauf zurückgeführt wurden (siehe hierzu Rdnr. 7.115 ff.). 7.111

Risiken entstehen auch, wenn der Käufer die Kaufpreiszahlung auf verschiedene Tranchen strecken will. Dies mag zwar käuferseitig ein nachvollziehbares Interesse sein, weil es ihm seine Kaufpreisfinanzierung erleichtert. Es führt jedoch letztlich zu einer (ungesicherten) Kreditierung des Käufers. Da der Käufer faktisch auch vom wirtschaftlichen Erfolg des erworbenen Unternehmens abhängig ist, verbleibt das unternehmerische Risiko (zumindest teilweise) beim Verkäufer, obwohl er seine Steuerungsmöglichkeiten verliert. Das Gleiche gilt für Earn-out-Vereinbarungen (siehe dazu Rdnr. 13.86), mit denen ein verkäuferseitig als zu niedrig empfundener Kaufpreis letztlich in bestimmten Erfolgsszenarien nachgebessert wird. Hier gelten die allgemeinen Grundsätze einschließlich der Streitanfälligkeit bei der späteren Berechnung eines Earn-out oder oftmals enttäuschter Erwartungen. Bei krisengeneigten Käufern kommt aber hier der lange Zeitraum hinzu, während dessen dem Verkäufer das Bonitätsrisiko des Käufers aufgebürdet wird. 7.112

7.6.2 Verkauf in der Insolvenz des Käufers

In den allermeisten Fällen dürfte die Insolvenz des Käufers dazu führen, dass die Transaktion nicht mehr durchgeführt wird. Ein Insolvenzverwalter könnte das Zielunternehmen jedoch dann noch erwerben, wenn dies für die Gläubigergesamtheit der Käufergesellschaft trotz des zu zahlenden Kaufpreises vorteilhaft ist. Sinnvoll wäre z.B. das schon langwierig ausverhandelte Hinauskaufen eines querulatorischen Minderheitsgesellschafters, um anschließend das gesamte Unternehmen weiterverkaufen zu können. Denkbar wäre auch, dass die insolvente Käufergesellschaft mit dem Hinzuerwerb strategische Vorteile erlangt. In beiden Fällen wird aber Voraussetzung sein, dass das insolvente Käuferunternehmen im Kern sanierungsfähig ist, entweder aus eigener Kraft oder durch einen weiteren Verkauf. 7.113

7.7 Ausgewählte Gestaltungsrisiken im Nachgang zur Transaktion

7.7.1 Nachlaufende Gesellschafterdarlehen

7.114 Lässt sich ein gesellschaftsfinanzierender Gesellschafter sein Darlehen beim Unternehmenskauf zurückzahlen, so droht bei einem nachlaufenden Insolvenzantrag des verkauften Unternehmens innerhalb eines Jahres die Anfechtung der Tilgungszahlung (§ 135 InsO). Seit Abschaffung des Eigenkapitalersatzrechts kommt es dabei nicht mehr darauf an, ob es sich um ein in der Krise gewährtes Darlehen handelt.[94]

7.115 Zur möglichst anfechtungsrisikofreien Befriedigung des Altgesellschafters bleibt vor allem[95] die (vorzugswürdige) Möglichkeit einer Umwandlung des Gesellschafterdarlehens in Eigenkapital (etwa als Einlage in die freie Kapitalrücklage nach § 272 Abs. 2 Nr. 4 HGB); die Darlehensforderung erlischt dann durch Konfusion. Gleichwertig wäre ein Forderungsverzicht des Gesellschafters. In der Folge kann für die entschuldete Gesellschaft ein höherer Kaufpreis verlangt werden. Dieser Weg birgt aber in der Krise[96] das Risiko eines steuerpflichtigen Gewinns.[97]

7.116 In der M&A-Praxis werden daher Gesellschaftsanteil und Darlehensanspruch zumeist parallel verkauft und abgetreten.[98] Dieser Praxis steht jedoch – abhängig von der Interpretation der in den Jahren 2013 und 2015 aufgestellten Grundsätze des IX. Senats des BGH[99] – möglicherweise eine dennoch bestehende Finanzierungsfolgenverantwortung des Altgesellschafters im Fall der Tilgung innerhalb Jahresfrist entgegen.[100]

---

94) Dahl/Linnenbrink, in: Michalski/Heidinger/Leible/J.Schmidt, GmbHG, 4. Aufl. 2023, Syst. Darst. 6, Rdnr. 66 m.w.N.

95) Übersicht über die Gestaltungsmöglichkeiten bei Heckschen, in: Beck'sches Notar-Handbuch, 7. Aufl. 2019, § 25 Rdnr. 51 ff.; ders., GWR 2020, 63, 71; Dahl/Linnenbrink, in: Michalski/Heidinger/Leible/J.Schmidt, GmbHG, 4. Aufl. 2023, Syst. Darst. 6, Rdnr. 67; Gehrlein, ZInsO 2020, 2587.

96) Greven, BB 2014, 2309, 2316.

97) Becker/Haas, M&A Review 2009, 239, 243; Lauster, WM 2013, 2155, 2160; Greven, BB 2014, 2309, 2312 f.; hierzu auch Kreide, in: Bolk, Beratungsschwerpunkte Kapitalgesellschaften, 2. Aufl. 2022, Rdnr. 30.1 ff.

98) Vgl. v. Woedtke, GmbHR 2014, 1018.

99) BGH, Urt. v. 21.02.2013 – IX ZR 32/12, NJW 2013, 2282; BGH, Beschl. v. 30.04.2015 – IX ZR 196/13, NJW-RR 2015, 944.

100) Vgl. auch Heckschen, in: Reul/Heckschen/Wienberg, Insolvenzrecht in der Gestaltungspraxis, 3. Aufl. 2022, § 4 Rdnr. 1356, 1269 ff.

Empfehlenswert ist daher mindestens die schuldrechtliche Zusicherung der Nichtzahlung auf das Darlehen binnen Jahresfrist. Bestenfalls dient die über die Jahresfrist aufschiebend befristete Abtretung des Rückzahlungsanspruchs aus dem Darlehen gem. §§ 158, 163 BGB mitsamt einer den Erwerber schützenden Vereinbarung zur Nichtfälligkeit des Anspruchs während der Jahresfrist (etwa Stundung) dazu, das Risiko einer anfechtbaren Tilgung zu minimieren. Alternativ könnte das Ergebnis der Nichttilgung über eine Übertragung des Anspruchs für ein Jahr auf einen dritten Treuhänder oder eine Verpfändung an den Altgesellschafter erreicht werden, wobei gem. § 1281 BGB Zins- und Tilgungszahlungen innerhalb des Jahres nur an Alt- und Neugesellschafter gemeinsam möglich sind.[101] 7.117

Kann in der Krise zwischen den Parteien kein Modell zur Milderung der bestehenden Rechtsunsicherheit gefunden werden, so bleiben nur andere Ansätze wie der Asset Deal.[102] Eine unproblematisch sichere Gestaltung wäre hingegen, Gesellschafterdarlehen zurückzuführen, die risikobehaftete Jahresfrist insolvenzfrei zu überleben und erst danach zu veräußern.[103] In den hier betrachteten Krisenkonstellationen wird der Verkauf jedoch nicht strategisch geplant, sondern aufgezwungen sein. Aber selbst bei einem langfristigen Verkaufswunsch dürfte die Darlehensrückführung schon an dem damit verbundenen Liquiditätsentzug scheitern. 7.118

7.7.2 Nachhaftung aufgrund Sanierung nach beendeter Organstellung

Auch bei scheinbar krisenfernen Beteiligungsverkäufen kann es zu unerwarteten Haftungsthemen kommen. Diese Gefahr tritt immer dann ein, wenn zwischen der Verkäufergesellschaft und dem verkauften Tochterunternehmen ein steuerliches Organschaftsverhältnis (§ 14 Abs. 1 Satz 1, § 17 Abs. 1 KStG) besteht.[104] Dieses endet mit dem Verkauf. Kommt es in der Folge zu einer Krise der ehemaligen Tochtergesellschaft, kann diese Sanierungsmaßnahmen ergreifen. Sanierungsgewinne, etwa aus Forderungsverzichten, sind bei der ehemaligen Tochter- 7.119

101) Dazu und zu den umstrittenen Wirkungen einer dennoch erfolgenden (nicht schuldbefreiend wirkenden) Zahlung an den Erwerber für denselben Primozic, NJW 2016, 679, 681 f. Eine Haftung des Altgesellschafters dürfte jedoch ausgeschlossen sein, Heckschen, in: Reul/Heckschen/Wienberg, Insolvenzrecht in der Gestaltungspraxis, 3. Aufl. 2022, § 4 Rdnr. 1359.

102) Greven, BB 2014, 2309, 2316.

103) Vgl. auch Heckschen, in: Reul/Heckschen/Wienberg, Insolvenzrecht in der Gestaltungspraxis, 3. Aufl. 2022, § 4 Rdnr. 1274.

104) Ausführlich zum Insolvenzrecht: Kahlert/Kayser/Bornemann, Perspektiven für eine kohärente und praxisgerechte Verzahnung von Steuerrecht und Insolvenzrecht, 2020, Rdnr. 501 ff.

gesellschaft nach § 8 Abs. 1 Satz 1 KStG, § 3a EStG steuerfrei. Im Gegenzug sind jedoch Verlustvorträge zu verrechnen. Genau hierin liegt nun die Haftungsgefahr, explizit sogar im Fall der erfolgreichen Sanierung.

7.120 In steuerlichen Organverhältnissen sind die (konservierten) vororganschaftlichen Verlustvorträge der Organgesellschaft zu mindern, danach jedoch auch die Verlustvorträge des Organträgers (§ 15 Satz 1 Nr. 1a EStG, § 3a Abs. 3 Satz 2, 3, 5 EStG).[105] Dies gilt auch dann, wenn im Sanierungsjahr keine ertragsteuerliche Organschaft mehr besteht, eine solche aber innerhalb der letzten fünf Jahre vor dem Sanierungsjahr bestanden hat (§ 15 Satz 1 Nr. 1a Satz 3 KStG). Der Gesetzgeber will hierdurch Umgehungsgestaltungen zur Rettung von Verlustvorträgen vermeiden. Dies begegnet verfassungsrechtlichen Bedenken im Hinblick auf das objektive Nettoprinzip insbesondere dann, wenn Verlustpositionen des Organträgers betroffen sind, die erst nach Organschaftsbeendigung entstanden sind und/oder die Organgesellschaft zwischenzeitlich an einen Dritten veräußert wurde.[106] Zwar wird die Verfassungsmäßigkeit dieser Regelung angezweifelt,[107] eine vorbeugende vertragliche Gestaltung zur Risikoverteilung im Unternehmenskaufvertrag ist dennoch zu empfehlen und möglich. Vor diesem Hintergrund sollte der Unternehmenskaufvertrag für den fünfjährigen Nachhaftungszeitraum entsprechende Freistellungsklauseln vorsehen, im Idealfall mit einer entsprechenden Absicherung.

7.121 Erfolgte eine solche Abrede nicht, so bleibt die Möglichkeit, den Gewinnabführungsvertrag mit der (ehemaligen) Organgesellschaft innerhalb der ersten fünf Jahre aus einem nicht wichtigen Grund zu kündigen oder in anderer Weise zu beenden, so dass die Organschaft rückwirkend entfällt (R 14.5 Abs. 6 Satz 4 KStR). Die Zurechnung zum Organträger nach § 15 Satz 1 Nr. 1a Satz 1 KStG und damit auch nach dessen Satz 3 kann dann nicht mehr erfolgen. Abzuwägen ist dagegen jedoch der Entfall zugerechneter Verluste nach § 14 Abs. 1 KStG. Nur wenn die Minderungsbeträge nach § 15 Satz 1 Nr. 1a Satz 3 KStG diese übersteigen, bleibt diese Gestaltung sinnvoll.[108]

---

105) Kahlert, in: Brünkmans/Thole, Handbuch Insolvenzplan, 2. Aufl. 2020, § 37 Rdnr. 102; BeckOK InsR/Aurich, 287. Ed. (04/2022), § 37 InsO Rdnr. 207.

106) Sonnleitner/Witfeld, Insolvenz- und Sanierungssteuerrecht, 2. Aufl. 2022, Kap. 9 Rdnr. 43; kritisch Lüdicke/Sistermann, Unternehmensteuerrecht, 2. Aufl. 2018, § 18 Rdnr. 97.

107) Desens, FR 2017, 981, 991; Sistermann/Beutel, DStR 2017, 1065, 1069; a.A. Pohl, GmbH-StB 2019, 135, 137.

108) Pohl, GmbH-StB 2019, 135, 137.

7.7.3 Liquidation der Restgesellschaft und § 11 KStG bei Nachrangdarlehen

Die Frage der Liquidation einer Gesellschaft stellt sich im Nachgang von Unternehmenstransaktionen im Wege des Asset Deals. Werden die Vermögensgegenstände einer Kapitalgesellschaft verkauft, so bleibt der entleerte Rechtsträger zurück. Dieser ist typischerweise noch mit Verbindlichkeiten belastet, so dass die Liquidation etwa nach § 60 GmbHG oder § 262 AktG sinnvoll oder sogar nötig ist. Die hier erläuterte Problematik stellt sich genauso bei der Liquidation im Insolvenzverfahren (vgl. § 11 Abs. 7 KStG). 7.122

Gerade in der Krise besteht die hohe Wahrscheinlichkeit, dass die zu liquidierende Gesellschaft noch Darlehensverbindlichkeiten in Form von Gesellschafterdarlehen hat. Zur Aufrechterhaltung des Geschäftsbetriebs sind solche oftmals die einzige Finanzierungsmöglichkeit einer wirtschaftlich schwachen Gesellschaft, wenn andere Geldgeber bereits das Risiko scheuen. Aufgrund der Krise werden diese in aller Regel auch mit einem qualifizierten Rangrücktritt versehen worden sein. 7.123

Grundsätzlich hat eine Gesellschaft in Liquidation sämtliche Verbindlichkeiten zu befriedigen (§ 70 GmbHG, § 268 Abs. 1 AktG), also auch Verbindlichkeiten gegenüber ihren Gesellschaftern, etwa aus laufenden Verkehrsgeschäften oder unbedingten Darlehen. Ein (Gesellschafter-)Darlehen mit qualifiziertem Rangrücktritt ist der vertraglichen Vereinbarung zufolge jedoch erst nach Erfüllung sämtlicher Verbindlichkeiten und dem Ablauf des Sperrjahres (§ 73 GmbHG oder § 272 AktG) zurückzuzahlen. Aufgrund der „Entkernung" durch den Asset Deal ist es der Gesellschaft dann häufig nicht mehr möglich, die als nachrangig vereinbarten Gesellschafterdarlehen bis zum Abschluss der Liquidation und damit der Beendigung der Gesellschaft zu tilgen. Der Gesellschaft verbleiben also nicht rückzahlbare Darlehen, die jedoch aufgrund des Nachrangs auch nicht zurückgezahlt werden müssen. 7.124

Nach § 11 KStG könnten diese sich nun bei der Ermittlung des Abwicklungsendvermögens (§ 11 Abs. 3 KStG) abwicklungsgewinnerhöhend (§ 11 Abs. 1 Satz 1 KStG) auswirken. Denn den allgemeinen körperschaftsteuerlichen Gewinnermittlungsgrundsätzen der Finanzverwaltung zufolge könnte hier ein wirtschaftlich vergleichbarer Fall zum Forderungsverzicht vorliegen – in beiden Fällen handelt es sich um den faktischen Untergang von Gesellschaftsverbindlichkeiten. Ein solcher führt zu einer Einlage in Höhe des Teilwerts der Forderung und löst damit grundsätzlich Ertragsteuern aus. 7.125

7.126 Dieser in der Vergangenheit angedeuteten These[109] entzog die OFD Frankfurt a.M. durch bundeseinheitlich abgestimmte Verfügung die Grundlage.[110] Danach ist eine Gesellschafterverbindlichkeit, die sich im Abwicklungsendvermögen des Schuldners befindet, sowohl dem Grunde als auch der Höhe nach grundsätzlich unverändert passivierungspflichtig. Dies soll nur insoweit nicht gelten, als der Gläubiger, hier also der Gesellschafter, einen expliziten[111] Forderungsverzicht erklärt hat.

7.127 Die Darlehensverbindlichkeiten sind dabei aufgrund der Geltung des § 12 Abs. 1 BewG[112] mit ihrem Nennwert anzusetzen. Bei unveränderter Passivierungspflicht führen bis zum Abschluss der Liquidation nicht zurückgeführte Gesellschafterdarlehen der Kapitalgesellschaft daher nach Auffassung der Finanzverwaltung[113] nicht zu einer Erhöhung des Abwicklungsgewinns gem. § 11 Abs. 1 KStG.

109) So die Finanzverwaltung im Urteilsfall des FG Köln, Urt. v. 06.03.2012 – 13 K 3006/11, EFG 2012, 1421.

110) OFD Frankfurt, Vfg. v. 30.06.2017 – S 2743 A – 12 – St 525, erweitert durch die Vfg. v. 07.09.2017 – S 2743 A – 12 – St 525 und v. 03.08.2018 – S 2743 A – 12 – St 525, DStR 2019, 560; erneut bestätigt durch Vfg. v. 26.07.2021 – S 2743 A-12-St 523, DStR 2021, 2973.

111) Die Ausnahme des „explizit erklärten" Forderungsverzichts greift nicht bei der bloßen Beantragung oder Zustimmung des Gesellschafter-Gläubigers zur Liquidation, darin allein ist kein expliziter Forderungsverzicht zu erkennen, BFH, Beschl. v. 09.06.1997 – GrS 1/94, BStBl II 1998, 307, DStR 1997, 1282; OFD Frankfurt, Vfg. v. 03.08.2018 – S 2743 A – 12 – St 525; Dietrich/Weber, DStR 2019, 966, 969.

112) BFH, Urt. v. 05.02.2014 – I R 34/12, DStR 2014, 1601, Rdnr. 21.

113) So auch die h.M. in der Literatur: Schönhaar, GWR 2020, 1, 3; Dietrich/Weber, DStR 2019, 966, 967; Mayer/Betzinger, DStR 2014, 1573, 1577.

8. Haftungsrisiken für den Unternehmensverkäufer

Inhalt **Rdnr.**

8.1 Rechtliche Grundlagen der Verkäuferhaftung

Das Gesetz enthält keine speziellen Regelungen zur Haftung aus dem Unternehmensverkauf. Es gelten die Vorschriften des allgemeinen Mängelgewährleistungsrechts (§§ 434 ff. BGB). In der Praxis jedoch spielen diese Vorschriften so gut wie keine Rolle, da sie den jeweiligen Interessenlagen beim Unternehmensverkauf 8.1

nicht entsprechen. So ist es beispielsweise nicht das Interesse der Parteien, nach fehlgeschlagener Nachbesserung, den Kaufvertrag mittels des gesetzlichen Rücktrittsrechts (§ 437 Nr. 2 erste Alternative BGB) rückabzuwickeln. Unternehmenskaufverträge enthalten stattdessen regelmäßig ein eigenes, in sich geschlossenes Haftungsregime mit diversen Haftungsbeschränkungen. Dies gilt gleichermaßen für einen Verkauf als *Asset Deal* wie auch als *Share Deal.*

8.2 Dennoch spielen gesetzliche Haftungstatbestände eine Rolle, da sich der Verkäufer bei vorsätzlichem Handeln nicht auf vertragliche Haftungsbeschränkungen berufen kann. Ist dies der Fall, haftet der Verkäufer unbeschränkt nach den gesetzlichen Vorschriften. Aufgrund der potenziell existenzvernichtenden Folgen sollte sich der Verkäufer eines Unternehmens frühzeitig und ernsthaft mit möglichen Haftungsrisiken im Zusammenhang mit dem Unternehmensverkauf auseinandersetzen.

8.2 Gesetzliche Haftung

8.2.1 Vorvertragliche Haftung

8.3 Bereits zu Beginn von M&A-Verhandlungen entsteht ein gesetzliches Schuldverhältnis zwischen Verkäufer und Käufer. Beide Seiten sind zu besonderer Redlichkeit und Rücksichtnahme verpflichtet. Bei Verletzung dieser Pflichten drohen Schadenersatzansprüche. Insbesondere ist der Verkäufer verpflichtet, Fragen des Käufers vollständig und richtig zu beantworten. Grundsätzlich ist der Verkäufer jederzeit frei, die Vertragsverhandlungen abzubrechen, ohne Schadenersatzansprüche befürchten zu müssen. Im Einzelfall kann jedoch bereits vorvertraglich eine sogenannte *break up fee* vereinbart werden, um den Käufer vor nutzlos aufgewandten Transaktionskosten zu schützen. Ob eine solche *break up fee* vereinbart wird, ist eine Frage der jeweiligen Verhandlungsmacht. Es ist ganz üblich und empfehlenswert, die Haftungsrisiken im vorvertraglichen Stadium durch Abschluss eines *Letter of Intent/Memorandum of Understanding* einzuhegen.

8.4 **Praxistipp**

Keinesfalls sollte ein *Letter of Intent/Memorandum of Understanding* ohne rechtliche und steuerliche Beratung unterzeichnet werden. In der Praxis ist zu beobachten, dass unerfahrene Verkäufer an diesem Punkt ihre Fähigkeiten überschätzen. Dies führt oftmals zu suboptimalen Verhandlungsergebnissen sowohl in wirtschaftlicher (insbesondere Herleitung zur Berechnung des Kaufpreises) als auch rechtlicher Hinsicht. Der Mandant sollte also frühzeitig sensibilisiert werden.

8.2.2 Gesetzliches Mängelgewährleistungsrecht

Da das System der Mängelrechte des BGB regelmäßig durch ein vertragliches Haftungsregime ersetzt wird (siehe Rdnr. 8.1 f.), ist es in der Praxis nicht relevant, es sei denn, der Verkäufer hat den Käufer arglistig getäuscht. In diesem Fall greifen die Haftungsbeschränkungen nicht, und der Käufer kann auf die gesetzlichen Mängelrechte zurückgreifen. 8.5

8.2.3 Deliktische Haftung

Grundsätzlich gilt bei der Verhandlung eines M&A-Deals, dass jede Seite für ihre Informationsbeschaffung und -bewertung zuständig ist. Der Verkäufer muss grundsätzlich den Käufer nicht auf Risiken des Geschäfts hinweisen. Dies gilt aber nicht grenzenlos. Nach gefestigter Rechtsprechung muss der Verkäufer **unaufgefordert** solche Sachverhalte offenlegen, die **wesentlich** für die Entscheidung des Käufers für oder gegen den Kauf sind.[1] 8.6

Typischerweise bedingen die Vertragsparteien diese Haftung im Kaufvertrag ab. Jedoch gilt auch hier der Grundsatz, dass eine Haftungsbeschränkung **nicht** bei vorsätzlichem Verhalten des Verkäufers greift. Vorsatz liegt bereits dann vor, wenn der Verkäufer z.B. das Vorliegen eines Garantiefalls für möglich hielt, aber dennoch dies dem Käufer gegenüber nicht offenlegte. Vorsatz erfordert also keineswegs, dass es dem Verkäufer darauf ankam, den Käufer zu schädigen. 8.7

Beispielhaft seien Gerichtsentscheidungen genannt, die vom Verkäufer ungefragt die Offenbarung fehlender behördlicher Genehmigungen, bevorstehender Umsatzeinbrüche durch Kündigungen von Abnehmern/Kunden, bevorstehender sprunghafter Kostensteigerung, von Investitionsrückständen, erheblichen Mietrückständen bei Zinshäusern oder des Verdachts, dass das Betriebsgelände altlastenverseucht sei, verlangen.[2] 8.8

Kommt der Verkäufer seiner Offenlegungspflicht nicht nach, riskiert er unbegrenzte persönliche Haftung sowie die Anfechtung des Unternehmenskaufvertrags wegen arglistiger Täuschung. Zusätzlich kommt in solchen Fällen eine Strafbarkeit des Verkäufers wegen Eingehungsbetrugs in Betracht. 8.9

1) BGH, Urt. v. 04.04.2001 – VIII ZR 32/00, NJW 2001, 2163; BGH, Urt. v. 28.11.2001 – VIII ZR 37/01, NJW 2002, 1042; BGH, Urt. v. 05.10.1988 – VIII ZR 222/87, WM 1988, 1700.

2) BGH, Urt. v. 08.12.1989 – V ZR 259/87, NJW 1990, 1661; BGH, Urt. v. 13.07.1988 – VIII ZR 224/87, NJW 1989, 763; BGH, Urt. v. 11.11.1987 – VIII ZR 304/86, NJW-RR 1988, 744; OLG Celle, Urt. v. 21.11.1997 – 4 U 174/96, NJW-RR 1999, 280; OLG München, Urt. v. 21.04.1994 – 32 U 2088/94, NJW 1995, 2566; OLG München, Urt. v. 03.12.2020 – 23 U 5742/19, NZG 2021, 732.

8.2.4 Wirtschaftlicher Ausgangspunkt für vertragliche Haftungsregelungen

8.10 Zum Verständnis von Haftungsrisiken und deren vertraglicher Zuteilung ist es hilfreich, zum einen in **Risikosphären** (wer trägt bis wann welches Risiko?) zu denken und zum anderen zu akzeptieren, dass auch ein sorgfältig agierender Käufer stets ein **Informationsdefizit** hinsichtlich des zu kaufenden Unternehmens hat. Üblicherweise stehen dem Unternehmensverkäufer die Gewinne bis zum Übergang des Unternehmens (oder eines bestimmten Stichtags) zu. Dann ist es folgerichtig, dass ihm neben diesen Chancen auch die unternehmensbezogenen Risiken treffen (**Risikoallokation**). Chancen und Risiken, die erst nach Vollzug des Kaufvertrags entstehen (und auch nicht bereits rechtlich angelegt waren, z.B. Steuernachforderungen), treffen den Käufer.

8.11 Dieser Grundgedanke hilft beim Verständnis und der Verhandlung von Haftungsregelungen in Unternehmenskaufverträgen. Wegen des **Informationsdefizits** kann der Unternehmenskäufer nie vollständige Kenntnis von allen möglicherweise für den Kauf relevanten Umständen haben. Vor diesem Hintergrund leuchtet es ein, dass der Käufer auf möglichst weitreichende Garantieerklärungen des Verkäufers drängen wird.

8.3 Übersicht über die wesentlichen Vertragsregelungen zur Verkäuferhaftung

8.12 Das in so gut wie jedem Unternehmenskaufvertrag enthaltene Haftungssystem besteht aus

- selbständigen Garantieversprechen (verschuldensunabhängige Verkäuferhaftung),
- Freistellungsverpflichtungen des Verkäufers,
- Verhaltenspflichten (Covenants),
- weitestgehendem Ausschluss der gesetzlichen Haftung des Verkäufers,
- betragsmäßigen Haftungsbegrenzungen,
- Verjährungsregeln.

8.3.1 Garantien

8.13 Garantieerklärungen des Verkäufers dienen dazu, den Käufer wirtschaftlich abzusichern. Der Verkäufer hat naturgemäß ein Interesse daran, dass er mit Risiken des verkauften Unternehmens nach Vollzug des Kaufvertrags möglichst nichts mehr zu tun hat. Der Käufer hingegen argumentiert, dass er selbst bei sorgfältiger Prüfung des Zielunternehmens nicht alle Risiken aufdecken und einpreisen kann. Vor diesem Hintergrund ist die Verhandlung der Garantiekataloge ein zentraler und umkämpfter Vertragsbestandteil.

Eine Garantie ist die Erklärung des Verkäufers dahingehend, dass zu einem bestimmten Zeitpunkt ein bestimmter Zustand vorliegt oder nicht vorliegt. In der Praxis gibt der Verkäufer oftmals weitreichende Garantien ab. Typische Garantiebereiche sind 8.14

- gesellschaftsrechtliche Garantien,
- Garantien betreffend das/die unbeschränkte Eigentums-/Verfügungsgewalt am Kaufobjekt,
- Garantien hinsichtlich etwaiger Verfügungsbeschränkungen,
- Garantien hinsichtlich der Eigentumsverhältnisse, inklusive geistigen Eigentums,
- Garantien betreffend die Unternehmensfinanzen,
- Steuergarantien,
- Garantien betreffend das Vorhandensein oder Fehlen von behördlichen Erlaubnissen und Rechtsstreitigkeiten,
- Garantien betreffend Altlasten,
- Garantien hinsichtlich des Bestands betriebswesentlicher Verträge,
- Garantien hinsichtlich des Bestands und der Konditionen von Arbeitsverhältnissen,
- Garantien betreffend die Werthaltigkeit von Forderungen.

8.3.1.1 Objektive und subjektive Garantien

Ohne weitere Ausgestaltung knüpfen die vom Verkäufer gegebenen Garantien an die objektive Sachlage an. Ist die Garantie objektiv falsch, haftet der Verkäufer. Auf seine Kenntnis oder fahrlässige Unkenntnis von dem Garantiefall kommt es nicht an. 8.15

> **Musterklausel für eine objektive Garantie**
>
> Der Verkäufer garantiert, dass die Kundenverträge in Anlage [X] wirksam und ungekündigt sind und keine Gegenansprüche bestehen oder angedroht sind.

Es liegt auf der Hand, dass die Garantiehaftung sehr weitgehend ist. Der Käufer muss lediglich die Unrichtigkeit des Garantieversprechens beweisen.

8.16 Zur Haftungsbegrenzung können einzelne Garantien davon abweichend so formuliert werden, dass nicht die objektive Sachlage, sondern nur die Kenntnis des Verkäufers für den Eintritt eines Garantiefalls maßgebend ist. Solche subjektiv beschränkten Garantien werden auch „weiche" Garantien genannt.

Musterklausel für eine „weiche" Garantie

Der Verkäufer garantiert, dass **nach seiner Kenntnis** die Kundenverträge in Anlage x wirksam und ungekündigt sind und keine Gegenansprüche bestehen oder angedroht sind.

8.17 Beispielsweise wird kein Verkäufer garantieren wollen, dass im Rahmen des laufenden Geschäftsbetriebs des Zielunternehmens alle geltenden Gesetze eingehalten worden sind oder keinerlei Altlasten- oder Altlastenverdachtsflächen vorliegen. Er wird auch nicht garantieren wollen, dass gewerbliche Schutzrechte des Käufers (z.B. Marken) weltweit keinerlei Schutzrechte Dritter verletzen. Wenn eine solche Garantie eingefordert wird, sollte sie allenfalls am (zu definierenden) „besten Wissen des Verkäufers" ansetzen. Der Verkäufer haftet aus der Garantie in der Folge nur dann, wenn er wusste oder (grob) fahrlässig nicht wusste, dass Gesetzesverstöße begangen worden sind.

8.18 Mit Blick auf die **Zurechnung fremden Wissens** ist bei der Vertragsverhandlung darauf zu achten, wie weit Wissen von Mitarbeitern und Beratern dem Verkäufer zugerechnet wird. Grundsätzlich wird Wissen oder grob fahrlässiges Nichtwissen sowie Verhalten aller Akteure (Angestellte, Berater), die auf Verkäuferseite tätig waren, dem Verkäufer zugerechnet (§§ 166, 278 BGB). Im Ergebnis haftet er also sehr weitgehend für fremdes Verschulden. Hier gilt: Je kleiner der Kreis der Personen, deren Wissen dem Verkäufer zugerechnet wird, desto geringer das Haftungsrisiko des Verkäufers. Oft einigen sich die Parteien im Rahmen einer Wissensklausel auf die Zurechnung nur eines beschränkten Kreises von Personen. Eine sehr verkäuferfreundliche Wissensklausel, die die Haftung auf Vorsatz begrenzt und die Wissenszurechnung stark begrenzt, sähe beispielsweise wie folgt aus:

Musterklausel betreffend die Verkäuferkenntnis

Die Kenntnis des Verkäufers umfasst nur die tatsächliche Kenntnis (also nicht die, auch grob fahrlässige, Unkenntnis) des Verkäufers und/oder des Geschäftsführers.

Die Einschränkung auf die „Kenntnis" und einen beschränkten Personenkreis verwässert die Haftung des Verkäufers deutlich. Dies gilt insbesondere vor dem Hintergrund, dass der Käufer darlegen und beweisen muss, dass der Verkäufer grob fahrlässig nichts von dem Garantiefall wusste oder sogar wissentlich eine falsche Garantie abgab. Dies wird ihm oft nicht gelingen. 8.19

8.3.1.2 Bilanzgarantie

Das Ergebnis, das vorherige Jahresabschlüsse aufweisen, dient dem Käufer als Ausgangspunkt für die Ableitung des Kaufpreises. Daher ist die Richtigkeit von Bilanzen für den Käufer fundamental wichtig. Entsprechend enthält praktisch jeder Unternehmenskaufvertrag eine Bilanzgarantie. Dabei ist zwischen harten und weichen Bilanzgarantien zu unterscheiden.[3] 8.20

Eine **harte Bilanzgarantie** könnte lauten: 8.21

Musterklausel harte Bilanzgarantie

Der Verkäufer garantiert, dass der Jahresabschluss in Übereinstimmung mit den allgemein anerkannten Grundsätzen ordnungsgemäßer Buchführung und Bilanzierung und unter Wahrnehmung der Bewertungs- und Bilanzkontinuität erstellt worden ist und zum jeweiligen Bilanzstichtag ein den tatsächlichen Verhältnissen entsprechendes Bild der Vermögens-, Liquiditäts- und Ertragslage der Gesellschaft vermittelt. Mithin garantiert der Verkäufer, dass der Jahresabschluss objektiv richtig ist.

Diese Garantieerklärung ist nur richtig, wenn die Bilanz alle am Bilanzstichtag **tatsächlich** vorhandenen Aktiva und Passiva ausweist, die nach den einschlägigen Rechnungslegungsvorschriften zu bilanzieren wären. Dies gilt **unabhängig** davon, ob diese zum Zeitpunkt der Bilanzaufstellung bereits bekannt waren oder hätten bekannt sein können. Im Ergebnis haftet der Verkäufer auch zum Bilanzstichtag für bereits bestehende, aber **ihm unbekannte Verbindlichkeiten oder fehlende Rückstellungen, für die seinerzeit jedoch keinerlei Anlass bestand.** Vor diesem Hintergrund haftet der Verkäufer also nicht bloß für einen aus buchhalterischer Sicht korrekt erstellten Jahresabschluss, sondern darüber hinaus für die inhaltliche Richtigkeit des Jahresabschlusses. Die harte Bilanzgarantie ist daher **hoch risikoreich.** Vor diesem Hintergrund ist der Verkäufer gut beraten, wenn er auf eine weiche Bilanzgarantie drängt. 8.22

3) Vgl. OLG Frankfurt, Urt. v. 07.05.2015 – 26 U 35/12, WM 2016, 1691; OLG München, Urt. v. 30.03.2011 – 7 U 4226/10; Schulz/Sommer, NZG 2018, 50; Mohamed, DNotZ 2019, 884.

8.23 Eine **weiche Bilanzgarantie** könnte lauten:

> **Musterklausel weiche Bilanzgarantie**
>
> Der Jahresabschluss wurde in Übereinstimmung mit den gesetzlichen Vorschriften des HGB sowie mit den Grundsätzen ordnungsmäßiger Buchführung, insbesondere unter Wahrung der Bilanz- und Bewertungskontinuität mit der Sorgfalt eines ordentlichen Kaufmannes aufgestellt.

8.24 Bei dieser Gestaltung wird deutlich, dass der Verkäufer lediglich die Gewähr, dass der Jahresabschluss mit der Sorgfalt eines ordentlichen Kaufmannes unter Beachtung der einschlägigen Rechnungslegungsnormen aufgestellt wurde. Das Bilanzrecht geht aber nicht von einem allwissenden Ersteller aus, sondern fordert lediglich einen bestimmten Sorgfaltsmaßstab bei der Ermittlung der für den Jahresabschluss relevanten Tatsachen und bei der Einschätzung ggf. abzugebender Prognosen. Nach § 252 Abs. 1 Nr. 4 HGB sind lediglich *„alle vorhersehbaren Risiken und Verluste"* zu berücksichtigen, so dass die weiche deutlich risikoärmer als eine harte Bilanzgarantie ist.

8.25 Der Jahresabschluss gibt demnach nur die unter Beachtung dieser kaufmännischen Sorgfalt gewonnenen Erkenntnisse des Aufstellers wieder. Tatsachen, die erst nach Bilanzerstellung bekannt geworden sind und damals auch nicht erkennbar waren, begründen daher bei der subjektiven Bilanzgarantie keine Verkäuferhaftung.

8.3.1.3 Steuergarantie

8.26 Mittels einer Steuergarantie garantiert der Verkäufer, dass das veräußerte Unternehmen alle steuerlichen und abgaberechtlichen Verpflichtungen **bis zum Übergang** des Unternehmens stets ordnungsgemäß erfüllt hat. Der Verkäufer garantiert insbesondere, dass Steuererklärungen ordnungsgemäß und fristgemäß abgegeben worden sind und **bis zum Übergang** festgesetzte Steuern sowie Steuervorauszahlungen vollständig erfolgt sind. Weiter ist es üblich, dass der Verkäufer garantiert, steuerlich relevante Unterlagen und Aufzeichnungen entsprechend der gesetzlichen Vorschriften geführt und aufbewahrt zu haben, sowie dass keine steuerlichen Außenprüfungen/finanzgerichtlichen Verfahren anhängig sind.

8.3.2 Freistellungen, insbesondere Steuerfreistellung

8.27 Garantiekataloge werden durch Freistellungserklärungen des Verkäufers ergänzt. Freistellungen werden vereinbart, wenn die Gefahr besteht, dass die Zielgesellschaft von einem Dritten wegen Forderungen in Anspruch genommen wird, die nach dem Vertrag dem Verantwortungs- und Risikobereich des Verkäufers zuzurechnen sind und für die der Verkäufer wirtschaftlich einstehen soll. Es ist im Vergleich zu einer Garantiehaftung für den Freistellungsgläubiger wesentlich vorteilhafter, von den Drittansprüchen befreit zu werden, als sie erst selbst zu erfüllen und anschließend beim Vertragspartner Regress zu nehmen. Ein Freistellungsanspruch ist daher nicht auf die Zahlung einer bestimmten Geldsumme gerichtet, sondern auf die Vornahme einer Handlung des Freistellungsschuldners, nämlich die **Schuld des Freistellungsgläubigers gegenüber einem Dritten** zum Erlöschen zu bringen oder zu beseitigen.

Eine Freistellung soll also sicherstellen, dass der Käufer wirtschaftlich gegen Risi- 8.28
ken geschützt wird, die ihren Ursprung in der Sphäre des Verkäufers haben und deren Ausmaß noch nicht abschätzbar ist. Klassische Anwendungsbereiche sind Freistellungen gegen spätere umweltrechtlich veranlasste Sanierungskosten und Steuernachzahlungen. Im Gegensatz zu Steuergarantien, die ganz abstrakt steuerliche Schäden einfangen sollen, beziehen sich Steuerfreistellungen auf erst **künftig festgesetzte Steuern** bezüglich Steuerperioden **vor** dem Übergang des Unternehmens.

Da Steuerbescheide unter dem Vorbehalt der Nachprüfung ergehen und infolge 8.29
künftiger Betriebsprüfungen Nachforderungen des Finanzamts entstehen können, will sich der Verkäufer gegen dieses für ihn kaum absehbare Risiko absichern. Derartige Steuerfreistellungsklauseln decken grundsätzlich alle Steuerarten betreffend aller bereits abgelaufenen Veranlagungszeiträume sowie für das laufende Jahr bis zum vereinbarten Stichtag ab. Kommt es zu einer Mehrforderung gegen das verkaufte Unternehmen, ist der Verkäufer verpflichtet, die Mehrsteuern für den Käufer zu tilgen.

Aus Verkäufersicht ist darauf zu achten, dass **nicht** solche Steuern erfasst sind, die 8.30
bereits durch konkrete Passivierung zum Stichtag berücksichtigt wurden. Weiter ist die Haftung dahingehend einzugrenzen, dass ein Steuerschaden nur in Höhe eines etwaigen Zinsschadens vorliegt, soweit es sich bei der abweichenden steuerlichen Beurteilung beispielsweise nur um eine Periodenverschiebung handelt, also z.B. grundsätzlich abzugsfähiger, von der Gesellschaft bereits geltend gemachter Aufwand steuerlich tatsächlich in spätere Veranlagungszeiträume zu verlagern ist.

Dem Käufer ist es nicht zuzumuten, die Erstattung von Mehrsteuern erst nach 8.31
formeller und materieller Bestandskraft der Steuerbescheide verlangen zu dürfen. Daher wird er auf sofortiger Freistellung bestehen. Diese Freistellung trägt für den Verkäufer das Risiko in sich, dass er fehlerhaft festgesetzte Steuern sofort bezahlen muss. Daher ist es ist üblich, dass dem Verkäufer ein Mitwirkungsrecht dahingehend eingeräumt wird, dass gegen einen fragwürdigen Nachprüfungsbescheid gegenüber der Zielgesellschaft auch Einspruch eingelegt wird.

8.32 Eine Steuerfreistellungsklausel könnte wie folgt lauten:

> **Musterklausel Steuerfreistellung**
>
> Soweit sich, insbesondere aufgrund von künftigen Betriebsprüfungen, Verbindlichkeiten der Gesellschaft hinsichtlich Steuern einschließlich Zöllen, Sozialabgaben und anderer öffentlicher Abgaben (jeweils einschließlich Zinsen, Strafen, Versäumniszuschlägen und anderer Nebenleistungen) sowie Haftungsbeiträgen, die nicht durch die konkrete Passivierung zum Stichtag berücksichtigt wurden, für Zeiträume bis zum Stichtag ergeben sowie auf Geschäftsvorfällen außerhalb des gewöhnlichen Geschäftsbetriebes (z.B. verdeckte Gewinnausschüttungen) zwischen dem Stichtag und dem Vollzugstag beruhen, wird der Verkäufer diese Beträge an den Käufer zahlen. Die jeweiligen Beträge sind fünf (5) Bankarbeitstage vor Fälligkeit der jeweiligen Steuer oder sonstigen Abgabe zur Zahlung an den Käufer fällig, frühestens jedoch fünf (5) Bankarbeitstage, nachdem der Käufer den Verkäufer zur Zahlung aufgefordert und ihm den jeweiligen Bescheid, aus dem sich die Verpflichtung zur Zahlung der Steuer oder sonstigen Abgabe ergibt, in Kopie übermittelt hat. Von einem finanziellen Nachteil ist nur in Höhe eines etwaigen Zinsschadens auszugehen, soweit es sich bei der abweichenden steuerlichen Beurteilung beispielsweise nur um eine Periodenverschiebung handelt, also z.B. grundsätzlich abzugsfähiger, von der Gesellschaft bereits geltend gemachter Aufwand steuerlich tatsächlich in spätere Veranlagungszeiträume zu verlagern ist.
>
> Der Verkäufer oder ein von ihm benannter zur Berufsverschwiegenheit verpflichteter Berater ist berechtigt – auf eigene Kosten – an allen die Besteuerung betreffenden Terminen mit der Finanzbehörde (insbesondere bei steuerlichen Außenprüfungen) für Veranlagungszeiträume bis zum Stichtag und an außergerichtlichen und finanzgerichtlichen Verfahren betreffend dieser Veranlagungszeiträume teilzunehmen. Der Verkäufer kann verlangen, dass die Gesellschaft auf Kosten und auf Weisung des Verkäufers Rechtsmittel gegen ergangene Steuerbescheide und ggf. hierauf folgende ablehnende außergerichtliche und gerichtliche Entscheidungen einlegt und die Rechtsbehelfsverfahren führt, soweit Ansprüche aus diesem Vertrag betroffen sind.

8.3.3 Weitere Verhaltenspflichten (Covenants)

8.33 Weitere Haftungsrisiken können aus sogenannten *Covenants* entstehen. Dies sind Verhaltens- oder Unterlassenspflichten, die der Verkäufer für die Zeit zwischen Unterschrift (Signing) und Vollzug (Closing) des Kaufvertrags eingeht. Typisch ist die ausdrückliche *Pflicht* des Verkäufers, das Unternehmen zwischen Unterschrift und Vollzug weiterzuführen sowie die *Arbeitnehmer* ordnungsgemäß nach § 613a BGB zu unterrichten. Verletzt der Verkäufer den Covenant, riskiert er Schadenersatzansprüche. Es ist auch möglich, dass der Vollzug der *Transaktion* von der Einhaltung der Covenants abhängig gemacht wird. Der Verkäufer riskiert also in der Interimsphase *zwischen* Unterschrift und Vollzug, bei Verletzung von Covenants, dass der Käufer die Transaktion nicht vollzieht.

8.3.4 Haftungsbegrenzung

8.3.4.1 Haftungsbegrenzung durch Offenlegung

Der Verkäufer ist gut beraten, wenn er möglichst viele unternehmensrelevante Informationen vor Vertragsschluss dem Käufer zur Verfügung stellt. Durch diese Offenlegung (Disclosure) sorgt der Verkäufer dafür, dass der Käufer sich nach Vertragsschluss jedenfalls nicht auf die offengelegten Umstände berufen darf, um Haftungsansprüche zu formulieren. Aus Verkäufersicht sollte darauf geachtet werden, dass die Haftung auf Grundlage von offengelegten Informationen explizit ausgeschlossen wird. In der Praxis wird regelmäßig ausdrücklich im Vertrag auf die im Rahmen der Due Diligence offenbarten *Informationen* verwiesen und eine Haftung, die auf diesen Informationen basiert, stark eingeschränkt oder sogar ausgeschlossen. 8.34

8.3.4.2 Haftungsfreibetrag/Haftungsfreigrenze

Ein weiteres Element der Haftungsbegrenzung ist die Einführung eines Haftungsfreibetrags bzw. einer Haftungsfreigrenze. Die betragsmäßige Haftungsbegrenzung als solche ist bei kaum einem Unternehmensverkauf kontrovers. Hart verhandelt wird betreffend die konkrete Ausgestaltung der Haftungsbeschränkungen. Darüber, dass überhaupt irgendeine Bagatellgrenze eingezogen wird, wird hingegen üblicherweise nicht verhandelt. 8.35

Die Haftungsbegrenzung soll zum einen Bagatellstreitigkeiten ausschließen, bei denen zu erwarten ist, dass ein gerichtlicher Streit für beide Seiten unwirtschaftlich („*De-Minimis*-Beträge") ist. Zum anderen soll das Risiko für den Verkäufer betragsmäßig und auch zeitlich begrenzt werden. Der Verkäufer haftet also erst ab einer bestimmten Schadenshöhe und dann entweder auf den vollen Schadensbetrag (**Haftungsfreigrenze, käuferfreundlich**) oder nur für den Schaden oberhalb der festgelegten Grenze (**Haftungsfreibetrag, verkäuferfreundlich**). 8.36

Ein weiterer Mechanismus ist der sogenannte *Basket*. Dadurch wird der Sachverhalt erfasst, dass eine Vielzahl von kleinen Schadenspositionen vorliegt. Hier werden die Schadensposten zunächst gesammelt und erst bei Überschreiten eines vereinbarten Betrags in voller Höhe ersetzt. 8.37

8.3.4.3 Haftungshöchstbetrag

8.38 Kein Unternehmenskaufvertrag sollte ohne einen Haftungshöchstbetrag (*Cap*) abgeschlossen werden. Es muss aus Verkäufersicht vermieden werden, dass es infolge der Haftung zu einem negativen Kaufpreis kommt. In der Praxis akzeptieren Käufer durchaus großzügige Haftungshöchstbeträge, die zu einer Haftungshöchstgrenze des Verkäufers von zum Teil deutlich unter 50 % des Kaufpreises führen. Regelmäßig akzeptieren Käufer für essentielle Garantien (insbesondere Eigentum an Geschäftsanteilen, Steuergarantien) keinerlei Haftungshöchstbeträge oder allenfalls eine Haftungsbeschränkung auf 100 % des Kaufpreises.

8.3.4.4 Schadensbegriff

8.39 Schadenersatz nach dem BGB ist unbegrenzt auch in dem Sinn, dass mittelbare Schäden, insbesondere auch entgangener Gewinn, erfasst sind. Um sich gegen diese schwer zu kalkulierenden und höchst streitanfälligen Schadenspositionen zu schützen, wird der Verkäufer versuchen, mittelbare Schäden und entgangenen Gewinn vom Schaden i.S.d. Unternehmenskaufvertrags auszunehmen. In der Praxis gelingt das auch zumeist.

8.40 Zur Illustration der vorgehenden Haftungsbegrenzungen folgt eine verkäuferfreundliche Haftungsbegrenzungsklausel, basierend auf einem Gesamtkaufpreis von 10 Mio. €:

Musterklausel Haftungsbegrenzung (verkäuferfreundlich)

Der Käufer ist nur berechtigt, einen Anspruch wegen Verletzung eines Garantieversprechens der Verkäufer geltend zu machen, **sofern**

(1) der Garantieanspruch im Einzelfall 25.000 € (der „De Minimis“) **und**

(2) die Summe sämtlicher Einzelansprüche wegen Verletzung eines Garantieversprechens der Verkäufer 250.000 € (der „Freibetrag“) übersteigen.

Wird der Freibetrag überschritten, haften die Verkäufer lediglich in Höhe des den Freibetrag übersteigenden Betrags.

Die Haftung der Verkäufer für Ansprüche wegen Verletzung eines Garantieversprechens der Verkäufer nach § ... sowie für Ansprüche auf Freistellung nach § ... ist insgesamt auf einen Betrag in Höhe von 4.000.000 € (der „Haftungshöchstbetrag“) begrenzt. Sämtliche Ansprüche und Rechte des Käufers aus oder im Zusammenhang mit einer Garantieverletzung sind **ausgeschlossen**, sofern und soweit ihm die diesen Ansprüchen zugrundeliegenden Umstände tatsächlich bekannt waren (positive Kenntnis) oder infolge grob fahrlässiger Unkenntnis unbekannt waren und ihm bei vernünftiger Würdigung dieser Umstände diese

Ansprüche hätten bekannt sein müssen. Als bekannt gelten sämtliche im Datenraum offengelegten Informationen und Dokumente. Eine Aufstellung der im Datenraum offengelegten Dokumente liegt als Bezugsurkunde bei.

8.3.4.5 Haftung mehrerer Verkäufer

Verkaufen mehrere Gesellschafter ihre Geschäftsanteile, so haften sie grundsätzlich als **Gesamtschuldner** gegenüber Garantie- und Freistellungsansprüchen des Käufers. Dies bedeutet, dass der Käufer freie Wahl hat, wen er (in voller Höhe) in Anspruch nimmt. Der in Anspruch genommene Verkäufer muss dann im Innenverhältnis zu seinen Mitverkäufern zum Regress auffordern und trägt das Insolvenzrisiko seiner Mitstreiter. Auch vor diesem Hintergrund ist es möglich und durchaus praxisnah, auf Verkäuferseite auf einer sogenannten **Teilschuldnerschaft** zu bestehen, also dass jeder Verkäufer nur in begrenzter Höhe gegenüber dem Käufer haftet und der Käufer für die volle Liquidation eines Schadens letztlich alle Verkäufer verklagen müsste. Weiter ist es bedenkenswert, dass ausschließlich der geschäftsführende Gesellschafter für operative Garantien einsteht, da jener im Zweifel am genauesten das Unternehmen kennt. 8.41

8.4 Verjährung

Die Verjährungsvorschriften des BGB bieten zahlreiche Einfallstore für rechtliche Unsicherheit. So wird z.B. nach dem BGB der Lauf der Verjährung für die Zeit gehemmt, in der Verhandlungen zwischen den Parteien laufen. Ob und wie lange „Verhandlungen" laufen, ist aber stets eine Frage des Einzelfalls. Auch knüpfen die Verjährungsregeln des BGB an die Kenntnis oder grob fahrlässige Unkenntnis des Gläubigers an, was im Einzelfall für Unsicherheiten bei der Berechnung der Verjährung sorgt. 8.42

Daher enthält ein guter Unternehmenskaufvertrag immer auch eine Regelung zur Verjährung, insbesondere der Garantieansprüche und Freistellungsansprüche des Käufers. In der Praxis werden – je nach Verhandlungsmacht – zumeist Verjährungsfristen zwischen zwölf und 24 Monaten vereinbart. Dies gilt aber regelmäßig **nicht** für Ansprüche aus Verletzung grundlegender Garantien, wie etwa hinsichtlich des unbelasteten Eigentums am Kaufgegenstand. Weiter gilt dies nicht bei Steuerfreistellungen und Steuergarantien, da Betriebsprüfungsergebnisse oft erst deutlich später feststehen. Hier wird regelmäßig vereinbart, dass die Verjährungsfrist erst nach formeller und materieller Bestandskraft der jeweiligen Steuerbescheide endet. 8.43

8.5 Exkurs: Absicherung der Verkäuferhaftung durch Transaktionsversicherungen

8.5.1 Überblick

8.44 Seit einigen Jahren bieten verschiedene große Versicherungsgesellschaften auch in Deutschland sogenannte W&I-Versicherungen[4] an. Diese Versicherungsprodukte dienen im Rahmen einer Unternehmenstransaktion in erster Linie der Absicherung der Verkäufer. Ein Verkäufer kann sich durch das Produkt absichern, und zwar gegenüber bestimmten Schadenersatzforderungen des Käufers nach Vollzug der Transaktion. Dies funktioniert in der heutigen Praxis, grob skizziert, folgendermaßen:

8.45 – Grundsätzlich gilt im Rahmen des vertraglichen Schadenersatzregimes Folgendes: Werden nach Vollzug der Transaktion Garantieverletzungen des Verkäufers bekannt, und resultieren aus diesen Garantieverletzungen Schäden für den Käufer, muss der Verkäufer hierfür Schadenersatz leisten (siehe Rdnr. 8.13). Ursprünglich war Versicherungsnehmer daher auch der Verkäufer (siehe Rdnr. 8.49 ff.).

8.46 – In der heutigen Praxis der W&I-Versicherungen schließt der **Käufer** eine Versicherung ab. Der Versicherer ersetzt dem Käufer im Fall einer Garantieverletzung seitens des **Verkäufers** den entstandenen Schaden. Für diesen Schaden müsste nach dem vertraglichem Schadenersatzregime an sich der Verkäufer einstehen. Der Verkäufer wird jedoch durch Vereinbarung einer symbolischen Haftungsobergrenze im Kaufvertrag („1-€-Cap") wirtschaftlich von dem Schaden frei, ohne dass der haftungsbegründende Tatbestand nach den Regelungen des Unternehmenskaufvertrags beeinträchtigt würde. Im Fall eines Schadens zahlt der Versicherer den Schaden direkt an den Käufer (Versicherungsnehmer) aus. Der Verkäufer haftet selbst nicht, es sei denn, der Schaden basiert auf einer arglistigen Täuschung oder sonstigen vorsätzlichen Handlung des Verkäufers. In einem solchen Fall würde der Versicherer zwar zahlen, den Verkäufer aber anschließend in Regress nehmen.

8.47 Neben den W&I-Versicherungen bieten Versicherer heute auch weitere Produkte an, die sich unter dem Begriff der Transaktionsversicherungen zusammenfassen lassen. Es lassen sich unbekannte und unvorhersehbare Risiken aus Gewährleistungsversprechen, Garantien und Freistellungen im Unternehmenskaufvertrag versichern – dann W&I-Versicherung –, aber auch bekannte, potentielle oder bereits in Streit befindliche Risiken.

---

4) Das Kürzel stammt aus dem Englischen; dort „Warranty and Indemnity Insurance" oder auch „Reps and Warranties Insurance" für „Representations and Warranties", insbesondere im US-amerikanischen Markt, in dem sog. Representations neben die Warranties treten.

In solchen Sondersituationen, in denen bekannte Risiken wie z.B. Steuerrisiken, Umweltrisiken oder laufende Rechtsstreitigkeiten versichert werden sollen, sind die Versicherungsprämien in aller Regel deutlich höher, und der Versicherer wird vorsichtig auswählen, welche Risiken er versichern möchte. Im Folgenden wird ein kurzer Überblick über das Produkt der W&I-Versicherung gegeben, das zunehmend auch bei kleineren Transaktionsvolumina eine interessante Option für die Parteien darstellen kann. 8.48

8.5.2 Ratio und rechtlicher Hintergrund

Ursprünglich waren W&I-Versicherung verkäuferseitige Versicherungspolicen (*sell-side policy*), bei denen es sich nach überwiegender Ansicht um eine Haftpflichtversicherung nach den §§ 100 ff. VVG handelte. Dieser Versicherungstyp stellte den Versicherungsnehmer – den Verkäufer – bei Verletzung einer Gewährleistungsverpflichtung aus dem Kaufvertrag von der Haftung frei, allerdings griff der Versicherungsschutz nicht bei vorsätzlicher Garantieverletzung des Versicherungsnehmers, also des Verkäufers.[5] Da das Produkt der W&I-Versicherung in erster Linie die Transaktionssicherheit fördern sollte, war dies ein bedeutender Nachteil. 8.49

Ursprünglich entwickelt wurden solche Versicherungslösungen für Transaktionen im Private-Equity-Bereich. Hier verkauft ein Private-Equity-Fonds ein Unternehmen an einen Käufer. Als Verkäufer haftet der Fonds jedoch u.U. noch Jahre nach Vollzug der Transaktion für Garantieverletzungen unter dem Kaufvertrag, so dass früher typischerweise ein Teil des Kaufpreises zurückgelegt werden musste, um etwaige nachlaufende Schadenersatzansprüche des Käufers bedienen zu können. Diese Beträge konnten dann nicht an die Investoren des Fonds ausgeschüttet werden (und auch nicht neu angelegt werden), was die interne Rendite deutlich reduzierte. 8.50

Hierfür bot das Produkt der W&I-Versicherung in seiner ursprünglichen Form eine Lösung, denn dank der Versicherung wurde es unnötig, einen Teil des Kaufpreises zurückzulegen, so dass der Verkäufer den Verkaufserlös direkt an die Investoren ausschütten konnte. Allerdings hatte die Lösung den Nachteil der oben beschriebene „Schutzlücke" bei vorsätzlicher Garantieverletzung des Verkäufers. Dieser Nachteil konterkarierte den Vorteil der Verkäuferpolicen, so dass sich der Markt angepasst hat. Heute sind fast alle W&I-Versicherungen als käuferseitige Versicherungspolicen (*buy-side policy*) ausgestaltet. Hierbei handelt es sich wohl um eine Vermögensschadenversicherung, ggf. auch um eine Versicherung sui generis, jedenfalls um eine Versicherung, die dem Käufer einen Direktanspruch gegen den Versicherer gewährt und dementsprechend auch bei Kenntnis 8.51

5) Zu den Details vgl. Hasselbach/Reichel, ZIP 2005, 377 ff. m.w.N.

des Verkäufers bzw. vorsätzlichen falschen Angaben des Verkäufers Deckungsschutz gewährt. Lediglich Kenntnis des Käufers (Versicherungsnehmers) wäre hier noch schädlich.

8.5.3 Inhalt des Versicherungsvertrags, versicherbare Risiken

8.52 Bei einer W&I-Versicherung handelt es sich um einen individuell auf die jeweilige Unternehmenstransaktion abgestimmten Vertrag, der zwischen den Parteien (Käufer und Versicherung) ausgehandelt wird. Der Vertrag hat i.d.R. folgenden Inhalt:

- vertragliche Regelungen zu maximaler Deckung (i.d.R. 10–30 % des Kaufpreises)
- Versicherungsprämie (je nach Konstellation 0,75–3,5 % der Deckungssumme)
- Laufzeit
- eigenständige Definitionen (wie beispielsweise zur Kenntnis, zum ersatzfähigen Schaden)
- eigenständiges Verjährungs- und Unwirksamkeitsregime nebst spezifischen Ausschlüssen, die sich auf den konkreten Kaufgegenstand beziehen (beispielsweise Altlasten und Umweltrisiken bei einem Tankstellenbetreiber).
- Daneben ist Herzstück des Versicherungsvertrags das sogenannte Warranty Spreadsheet, das für jede im Kaufvertrag enthaltene Garantie festlegt, ob und inwieweit diese Garantie von der W&I-Versicherung gedeckt ist.[6]

8.53 Grundsätzlich lassen sich heute sämtliche marktübliche Garantien in Unternehmenskaufverträgen über eine W&I-Versicherung absichern. Dies betrifft Fundamentalgarantien, Bilanzgarantien, operative Garantien und Steuergarantien (Rdnr. 8.13 ff.), und zwar grundsätzlich sowohl subjektive als auch objektive Garantien. In der Praxis ergeben sich zahlreiche Ausnahmen und Besonderheiten, beispielsweise mit Blick auf Bilanzgarantien. Hier wird ein Versicherer nur objektive Bilanzgarantien[7] und regelmäßig nur solche versichern, die auf geprüfte Jahresabschlüsse lauten (also keine betriebswirtschaftlichen Auswertungen bzw. Management Accounts), und dies in einem Umfang, dessen Wortlaut regelmäßig von einem Bestätigungsvermerk eines Abschlussprüfers gedeckt sein muss.

---

6) Näher zum Versicherungsvertrag bei einer W&I-Versicherung vgl. beispielsweise Hoger/Baumann, NZG 2017, 811; Hoening/Klingen, NZG 2016, 1244; Krause/Uwase, in: Münchener Handbuch des Gesellschaftsrechts, Bd. 9, 6. Aufl. 2021, Rdnr. 173 ff.

7) Zum Begriff und den Hintergründen vgl. im Einzelnen Widder/Koffka, NZG 2020, 1284 m.w.N.

Nicht vom Versicherungsschutz erfasst werden können sogenannte Forward-looking Statements, also Garantien, deren Wortlaut eine Richtigkeit nach dem Zeitpunkt des Abschlusses des Vertrags garantieren soll. Ein zugespitztes Beispiel wäre hier eine Garantie auf einen bestimmten Umsatz oder eine bestimmte Anzahl verkaufter Artikel in der Zukunft. 8.54

Praxistipp 8.55

Um die versehentliche Aufnahme von solchen in die Zukunft gerichteten Garantien zu vermeiden, sollte der Berater dringend auf marktübliche Formulierung seiner Klausel achten. Er sollte kritisch hinterfragen, ob der Wortlaut einer Garantie von den Garantiegebern – bei subjektiven, also kenntnisqualifizierten Garantien ggf. von den relevanten Kenntnisträgern – tatsächlich so abgegeben werden kann. Dies ist nur der Fall, wenn die Kenntnisträger im Sinne einer verschuldensunabhängigen Zusicherung zum Zeitpunkt des Vertragsschlusses tatsächlich wissen können, dass die Garantie ihrem Wortlaut nach zutreffend ist.

Weiterhin werden offengelegte Risiken, also solche Tatsachen, die dem Käufer im Rahmen der Due Diligence (siehe Rdnr. 10.25), bekannt geworden sind bzw. die in angemessener Weise offengelegt wurden (fair disclosure), generell vom Versicherungsschutz ausgenommen. Diese sollten bei der Kaufpreisfindung Berücksichtigung finden. 8.56

Schließlich werden Risiken von der Deckung ausgenommen, die dem Grund oder der Höhe nach bei Abschluss des Vertrags bekannt sind, also beispielsweise Risiken aus der Unterdeckung von Pensionsverpflichtungen, Verrechnungspreisrisiken, Vertragsstrafenrisiken, Risiken aus Vermögensverschiebungen an die Verkäufer. 8.57

Es lassen sich ggf. auch bereits bekannte Risiken – mit eher geringer Eintrittswahrscheinlichkeit – versichern (vgl. Rdnr. 8.48), allerdings nicht im Rahmen eines typischen W&I-Produkts, dessen Sinn und Zweck gerade die Absicherung unbekannter und im Wesentlichen unvorhersehbarer Transaktionsrisiken ist. Neben den auch im Rahmen einer gründlichen Due Diligence (siehe Rdnr. 10.25) nicht zu identifizierenden Risiken schließt dies auch etwa das Risiko von Bilanzbetrug mit ein, so dass im Fall eines Bilanzbetrugs, der trotz gründlicher (Financial) Due Diligence und geprüfter Jahresabschlüsse nicht festgestellt werden konnte (man denke hier z.B. an Wirecard), eine W&I-Versicherung die Deckungssumme ersetzen würde. 8.58

8.59 In Zusammenhang mit W&I-Versicherungen besteht also ein gewisses Missbrauchsrisiko. Versicherer werden aufgrund dieses Risikos im Rahmen eines sogenannten Underwriting von einem Expertenteam eine gründliche Überprüfung der Due Diligence, der dazugehörigen Offenlegung, der Vertragsverhandlungen und der Motivation der Parteien zum Vertragsabschluss durchführen, bevor ein Versicherungsschutz gewährt wird. Kein Versicherer wird sich bereit erklären, Risiken zu versichern, welche die Parteien nur deshalb eingegangen sind, weil sie erwartet haben, sich auf den Versicherungsschutz verlassen zu können.

8.5.4 Ansprache eines Versicherers, Ablauf des Versicherungsprozesses

8.60 In der Praxis können die im Bereich der W&I-Versicherung tätigen Versicherer nicht direkt von den Kaufvertragsparteien angesprochen werden. Vielmehr erfolgt die Ansprache der Versicherer auf beiden Seiten durch Intermediäre: Die Kaufvertragsparteien sprechen einen sogenannten Broker an, ein Broker ist ein auf Kommissionsbasis arbeitender Versicherungsvermittler mit Marktkontakten. Typischerweise wird die Kommission von den Versicherungen gezahlt und ist in der aufgerufenen Versicherungsprämie bereits einkalkuliert. Bei kleinen Transaktionen ist es nicht unüblich, dass ein Broker um die Vereinbarung eines Mindest- oder Festhonorars bittet. Dieses zahlt der Versicherungsnehmer dann unmittelbar an den Broker. Die genaue Höhe der aufgerufenen Kommission bzw. Honorare hängen vom Einzelfall ab, werden im Prozess aber transparent kommuniziert.

Der Broker spricht nach Beauftragung durch den Interessenten (Käufer oder Verkäufer bzw. dessen Berater) bestimmte Versicherungen oder aber – weit häufiger der Fall – spezialisierte sogenannte Underwriter bzw. Managing Agents[8] an (siehe Rdnr. 8.62). Ebenso übernimmt der Broker im weiteren Prozess die Kommunikation zwischen Versicherungsinteressenten und Versicherung bzw. Underwriter und koordiniert das weitere Verfahren (siehe Rdnr. 8.65). Wie dargestellt kann die Ansprache eines Brokers auch durch den Verkäufer erfolgen (in der Praxis ist dies gerade bei Bieterverfahren die Regel). Dann holt der Broker bereits Angebote von Versicherungen ein, die auf dem ersten verkäuferseitigen Kaufvertragsentwurf basieren. Ist ein Käufer gefunden, setzt dieser die Kommunikation mit dem Broker fort, der ihm anhand der vorab eingeholten Angebote die besten Versicherungen für die vorliegende Transaktion empfiehlt und anhand des vorliegenden (dann bereits ausgehandelten) Vertragsentwurfs ein aktualisiertes Angebot einholt.

8) Beide Begriffe kommen vor und sind im deutschen Markt im Wesentlichen gleichbedeutend; üblicher ist der Begriff Underwriter, der nachfolgend ausschließlich verwendet werden soll.

Underwriter sind für größere Versicherungen, oft Konglomerate mehrerer Versicherungen, berechtigt, spezielle Großrisiken wie etwa Unternehmenstransaktionen zu prüfen und in einigen Fällen auch unmittelbar mit Wirkung für und gegen diese Versicherer zu versichern. Es handelt sich um hochprofessionelle Akteure des erweiterten Finanzmarkts, deren Mitarbeiter spezialisierte Rechtsanwälte, Wirtschaftsprüfer und Finanzexperten sind und die selbst häufig – gerade bei größeren und großen Transaktionen – auch eigene Rechtsbeistände beschäftigen, häufig internationale Topkanzleien. Vergütet werden Underwriter durch die Versicherungen, für die sie tätig sind. Hinzu kommt eine sogenannte Underwriting Fee. Diese wird bei Beginn des Underwriting vom potentiellen Versicherungsnehmer an den Underwriter gezahlt. Sie kann als reine Aufwandsentschädigung oder echte Gebühr ausgestaltet sein, und ihre Höhe hängt von Volumen und Komplexität der Transaktion ab, sie kann bei kleineren Transaktionen auch entfallen. Bei komplexeren Vorgängen (auch bei der Versicherung beispielsweise von bekannten Steuerrisiken oder Prozessrisiken etc.) werden Underwriter eigene externe Berater einbeziehen. Die Kosten für solche externen Berater werden in jedem Fall über das Aufrufen einer entsprechenden Underwriting Fee mittelbar vom potentiellen Versicherungsnehmer getragen. 8.61

Während eine W&I-Versicherung ursprünglich nahezu ausschließlich bei großen Transaktionen zugänglich war, gibt es mittlerweile auch Underwriter, die auf kleinere Transaktionen spezialisiert sind. So lassen sich über die Ansprache von Brokern bereits geringe Transaktionsvolumen ab etwa 10 Mio. € versichern, oft für eine recht geringe Prämie. 8.62

Praxistipp 8.63

Die Parteien sollten allerdings unbedingt bereits beim Entwurf des Kaufvertrags den Fall des späteren Abschlusses einer W&I-Versicherung mitdenken. Sie sollten darauf achten, dass der Kaufvertragsentwurf Folgendes enthält: Der Garantiekatalog sollte als „versicherbar“ gelten, und es müssen Regelungen zur Haftungsbegrenzung des Verkäufers getroffen sein. Außerdem sollten qualifizierte rechtsanwaltliche Vertreter der Parteien einen professionellen und umfassenden Due-Diligence-Prozess durchführen. Die Rechtsanwälte des Käufers sollten in der Lage sein, später auch den Versicherungsvertrag mit den Versicherern bzw. deren Underwritern auszuhandeln.

Broker können bei den vorgenannten Punkten als erste Anlaufstelle helfen und bereits ein erstes Marktbild zur Versicherbarkeit einer Transaktion einholen.

8.64 Versicherer bzw. Underwriter werden den gesamten Prozess, der zum Kaufvertragsabschluss geführt hat, prüfen. Dies geschieht im Rahmen des sogenannten Underwriting durch den Versicherer bzw. die Underwriter. Das Underwriting besteht regelmäßig aus mehreren schriftlichen Fragerunden sowie einem Underwriting-Call zwischen Käuferseite, sämtlichen käuferseitigen Beratern und Vertretern des Versicherers. Der Prozess ist daher zwar auch für den Käufer relativ aufwendig, kann aber i.d.R. binnen weniger Wochen (oder Tage) durchgeführt werden, da die beteiligten Akteure entsprechend professionelle Teilnehmer des Transaktionsmarkts sind.

8.65 **Praxistipp**

Ablauf des Prozesses:

- professionelle Berater auf beiden Seiten
- umfassende und marktübliche Due Diligence mit umfassender Offenlegung
- Übersendung des ersten Kaufvertragsentwurfs an einen Versicherungsbroker
- Broker „testet den Markt" und erbittet Angebote bei Versicherungen/Underwritern
- Versicherer übermitteln Konditionen einer Versicherung einschließlich indikativer Deckungspositionen an den Broker
- ggf. Übersendung eines aktualisierten Kaufvertragsentwurfs mit finalen Garantien zur Prüfung durch ausgewählte Versicherer mit den besten Angeboten
- Auswahl eines Versicherers durch die Parteien in Rücksprache mit dem Broker
- Beginn des Underwriting durch die Versicherung/Underwriter:
- schriftliche Fragenrunde
- ggf. sogenannter Underwriting-Call zur Klärung offener Fragen
- Verhandeln der finalen Versicherungspolice zwischen Anwälten des Käufers und Versicherer/Underwriter
- Abschluss der Versicherung

8.6 Exkurs: Haftungsrisiken aus Wettbewerbsverboten

Haftungsrisiken im Zusammenhang mit Wettbewerbsverboten (ausführlich dazu siehe Rdnr. 27.27) sind in der Praxis höchst relevant. Der Käufer wird auf einem möglichst strengen Wettbewerbsverbot bestehen, um einer Entwertung des erworbenen Unternehmens durch Kunden- und Mitarbeiterabfluss entgegenzuwirken. Wettbewerbsverbote lassen sich unterteilen in 8.66

- generelles Wettbewerbsverbot,
- Kundenschutzklausel,
- Abwerbeverbot von Mitarbeitern.

Verletzt der Verkäufer ein Wettbewerbsverbot, riskiert er, dass der Käufer gerichtlich von ihm Unterlassung des Wettbewerbs verlangt. Daneben kann der Käufer vom Verkäufer Schadenersatz verlangen. Praktisch ist dies jedoch zumeist schwierig, da der Käufer seinen Schaden detailliert nachweisen muss. Daher, aber auch aus Gründen der Abschreckung, enthalten Wettbewerbsverbote regelmäßig **hohe Vertragsstrafen**. 8.67

Wettbewerbsverbote können dazu führen, dass dem Verkäufer jedwede sinnvolle berufliche Beschäftigung untersagt wird. Regelmäßig stellen Gerichte die Unwirksamkeit (Sittenwidrigkeit, § 138 BGB, bei Verwendung von Standardverträgen: AGB-rechtliche Unwirksamkeit nach den §§ 305 ff. BGB) von Wettbewerbsverboten fest.[9] Daher sollte aus Käufersicht beim Entwurf von Wettbewerbsverboten Maß gehalten werden; spiegelbildlich sollten Verkäufer Wettbewerbsverbote genauestens prüfen lassen, um mögliche Schwachstellen des Wettbewerbsverbots zu erkennen. 8.68

8.7 Mustervertragsklauseln

Der Unternehmenskaufvertrag kennt viele nützliche Vertragsklauseln auf beiden Seiten der Transaktion. Die folgende Arbeitshilfe enthält die im Beitrag vorgeschlagenen Mustervertragsklauseln in einer vollständigen Übersicht. 8.69

9) OLG München, Beschl. v. 02.08.2018 – 7 U 2107/18, NZA-RR 2019, 82; OLG Stuttgart, Urt. v. 15.03.2017 – 14 U 3/14, NZG 2017, 582; OLG Brandenburg, Urt. v. 15.12.2020 – 6 U 172/18, NJW-Spezial 2021, 272; Bauer/Diller, Wettbewerbsverbote, 9. Aufl. 2022, Rdnr. 1054 f.

Mustervertragsklauseln zur Verkäuferhaftung

Musterklausel für eine objektive Garantie

Der Verkäufer garantiert, dass die Kundenverträge in Anlage [x] wirksam und ungekündigt sind und keine Gegenansprüche bestehen oder angedroht sind.

Musterklausel für eine „weiche" Garantie

Der Verkäufer garantiert, dass nach seiner Kenntnis die Kundenverträge in Anlage [x] wirksam und ungekündigt sind und keine Gegenansprüche bestehen oder angedroht sind.

Musterklausel betreffend die Verkäuferkenntnis

Die Kenntnis des Verkäufers umfasst nur die tatsächliche Kenntnis (also nicht die, auch grob fahrlässige, Unkenntnis) des Verkäufers und/oder des Geschäftsführers.

Musterklausel harte Bilanzgarantie

Der Verkäufer garantiert, dass der Jahresabschluss in Übereinstimmung mit den allgemein anerkannten Grundsätzen ordnungsgemäßer Buchführung und Bilanzierung und unter Wahrnehmung der Bewertungs- und Bilanzkontinuität erstellt worden ist und zum jeweiligen Bilanzstichtag ein den tatsächlichen Verhältnissen entsprechendes Bild der Vermögens-, Liquiditäts- und Ertragslage der Gesellschaft vermittelt. Mithin garantiert der Verkäufer, dass der Jahresabschluss objektiv richtig ist.

Musterklausel weiche Bilanzgarantie

Der Jahresabschluss wurde in Übereinstimmung mit den gesetzlichen Vorschriften des HGB sowie mit den Grundsätzen ordnungsmäßiger Buchführung, insbesondere unter Wahrung der Bilanz- und Bewertungskontinuität mit der Sorgfalt eines ordentlichen Kaufmanns aufgestellt.

Musterklausel Steuerfreistellung

Soweit sich, insbesondere aufgrund von künftigen Betriebsprüfungen, Verbindlichkeiten der Gesellschaft hinsichtlich Steuern einschließlich Zöllen, Sozialabgaben und anderer öffentlicher Abgaben (jeweils einschließlich Zinsen, Strafen, Versäumniszuschlägen und anderer Nebenleistungen) sowie Haftungsbeiträgen, die nicht durch die konkrete Passivierung zum Stichtag berücksichtigt wurden, für Zeiträume bis zum Stichtag ergeben sowie auf Geschäftsvorfällen außerhalb des gewöhnlichen Geschäftsbetriebes (z.B. verdeckte Gewinnausschüttungen) zwischen dem Stichtag und dem Vollzugstag beruhen, wird der Verkäufer diese Beträge an den Käufer zahlen. Die jeweiligen Beträge sind fünf (5) Bankarbeitstage vor Fälligkeit der jeweiligen Steuer oder sonstigen Abgabe zur Zahlung an den Käufer fällig, frühestens jedoch fünf (5) Bankarbeitstage, nachdem der Käufer den Verkäufer zur Zahlung aufgefordert und ihm den jeweiligen Bescheid, aus dem sich die Verpflichtung zur Zahlung der Steuer oder sonstigen Abgabe ergibt, in Kopie übermittelt hat. Von einem finanziellen Nachteil ist nur in Höhe eines etwaigen Zinsschadens auszugehen, soweit es sich bei der abweichenden steuerlichen Beurteilung beispielsweise nur um eine Periodenverschiebung handelt, also z.B. grundsätzlich abzugsfähiger, von der Gesellschaft bereits geltend gemachter Aufwand steuerlich tatsächlich in spätere Veranlagungszeiträume zu verlagern ist.

Der Verkäufer oder ein von ihm benannter zur Berufsverschwiegenheit verpflichteter Berater ist berechtigt – auf eigene Kosten – an allen die Besteuerung betreffenden Terminen mit der Finanzbehörde (insbesondere bei steuerlichen Außenprüfungen) für Veranlagungszeiträume bis zum Stichtag und an außergerichtlichen und finanzgerichtlichen Verfahren betreffend dieser Veranlagungszeiträume teilzunehmen. Der Verkäufer kann verlangen, dass die Gesellschaft auf Kosten und auf Weisung des Verkäufers Rechtsmittel gegen ergangene Steuerbescheide und ggf. hierauf folgende ablehnende außergerichtliche und gerichtliche Entscheidungen einlegt und die Rechtsbehelfsverfahren führt, soweit Ansprüche aus diesem Vertrag betroffen sind.

Musterklausel Haftungsbegrenzung (verkäuferfreundlich)

Der Käufer ist nur berechtigt, einen Anspruch wegen Verletzung eines Garantieversprechens der Verkäufer geltend zu machen, sofern

(1) der Garantieanspruch im Einzelfall 25.000 € (der „De Minimis") und

(2) die Summe sämtlicher Einzelansprüche wegen Verletzung eines Garantieversprechens der Verkäufer 250.000 € (der „Freibetrag") übersteigen.

Wird der Freibetrag überschritten, haften die Verkäufer lediglich in Höhe des den Freibetrag übersteigenden Betrags.

Die Haftung der Verkäufer für Ansprüche wegen Verletzung eines Garantieversprechens der Verkäufer nach § ... sowie für Ansprüche auf Freistellung nach § ... ist insgesamt auf einen Betrag in Höhe von 4.000.000 € (der „Haftungshöchstbetrag") begrenzt. Sämtliche Ansprüche und Rechte des Käufers aus oder im Zusammenhang mit einer Garantieverletzung sind ausgeschlossen, sofern und soweit ihm die diesen Ansprüchen zugrunde liegenden Umstände tatsächlich bekannt waren (positive Kenntnis) oder infolge grob fahrlässiger Unkenntnis unbekannt waren und ihm bei vernünftiger Würdigung dieser Umstände diese Ansprüche hätten bekannt sein müssen. Als bekannt gelten sämtliche im Datenraum offengelegten Informationen und Dokumente. Eine Aufstellung der im Datenraum offengelegten Dokumente liegt als Bezugsurkunde bei.

9. Arbeitsrechtliche Fragestellungen beim Unternehmenskauf

Inhalt **Rdnr.**

9.1 Begriffsbestimmungen

9.1 Im Arbeitsrecht wird weitgehend, ohne dass dies von größerer Bedeutung wäre, ein eigenständiger **Unternehmensbegriff** verwendet. Beispiel: „*Ein Unternehmen ist die organisatorische Einheit, mit der ein Unternehmer seine wirtschaftlichen oder ideellen Zwecke verfolgt.*“[1] Das BAG verweist allerdings für die Begriffsbestimmung auf die handelsrechtlichen Gesetze wie HGB, GmbHG, AktG.[2]

9.2 Auch der Betrieb wird arbeitsrechtlich eigenständig definiert. Aufgrund der Betriebsübergänge (siehe dazu Rdnr. 9.4, § 613a BGB), die mit Unternehmenskäufen regelmäßig verbunden sind, können „Besonderheiten“ allerdings große Bedeutung gewinnen. Die Definition orientiert sich am BetrVG. Danach[3] ist ein Betrieb i.S.v. § 1 Abs. 1 BetrVG „*eine organisatorische Einheit, innerhalb derer der Arbeitgeber zusammen mit den von ihm beschäftigten Arbeitnehmern bestimmte arbeitstechnische Zwecke fortgesetzt verfolgt. Dazu müssen die in der Betriebsstätte vorhandenen materiellen und immateriellen Betriebsmittel zusammengefasst, geordnet und gezielt eingesetzt und die menschliche Arbeitskraft von einem einheitlichen Leitungsapparat gesteuert werden.*“

9.3 § 1 BetrVG bestimmt, dass „*in allen Betrieben, die in der Regel mindestens fünf ständige wahlberechtigte Arbeitnehmer haben, von denen drei wählbar sind, Betriebsräte gewählt werden*“. Außerdem regelt § 4 BetrVG, „*dass Betriebsteile als selbständige Betriebe gelten, wenn sie die Voraussetzungen des § 1 erfüllen und räumlich weit vom Hauptbetrieb entfernt oder durch Aufgabenbereich und Organisation eigenständig sind*“. Dies führt dazu, dass ein Unternehmen mehrere Betriebe mit mehreren Betriebsräten haben kann, in denen unterschiedliche Regeln gelten. Weiter kann es Gesamtbetriebsräte mit zu beachtenden Gesamtbetriebsvereinbarungen geben. Durch die Zugehörigkeit zu Konzernen können auch Konzernbetriebsvereinbarungen anwendbar sein.

9.2 Betriebsübergang

9.2.1 Rechtsgrundlagen

9.4 Bei jedem Unternehmenskauf ist § 613a BGB von zentraler Bedeutung. Für jeden Berater besteht – nicht zuletzt wegen der eigenen Haftung – die Pflicht, Risiken zu erkennen, Folgen abzuschätzen und auf diese Gesichtspunkte hinzuweisen.

1) Statt vieler vgl. nur BAG, Urt. v. 07.08.1986 – 6 ABR 57/85, NZA 1987, 131.
2) Statt vieler BAG, Urt. v. 07.08.1986 – 6 ABR 57/85, NZA 1987, 131.
3) St. Rspr., vgl. nur BAG, Beschl. v. 23.11.2016 – 7 ABR 3/15; Urt. v. 07.08.1986 – 6 ABR 57/85, NZA 1987, 131; BAG, Urt. v. 14.12.1994 – 7 ABR 26/94, NZA 1995, 906.

Nicht jeder Unternehmenskauf stellt einen Betriebsübergang gem. § 613a BGB dar. Man unterscheidet zwei Arten, den sogenannten Share Deal und den sogenannten Asset Deal. 9.5

- Beim Share Deal wird eine gesellschaftsrechtliche Beteiligung erworben. Da der Arbeitgeber – das Unternehmen – unverändert fortbesteht, liegt kein Betriebsübergang gem. § 613a BGB vor, mit der Folge, dass ein solcher Share Deal keine unmittelbaren Auswirkungen auf die Arbeitnehmer hat.
- Ein Asset Deal ist dann als Unternehmenskauf zu qualifizieren, wenn sämtliche für die Identität des Unternehmens wesentlichen Bestandteile übertragen werden und der Erwerber damit in der Lage ist, den Geschäftsbetrieb fortzuführen. Werden sämtliche Aktiva und Passiva einzeln vom bisherigen Rechtsträger (Veräußerer) an den neuen Rechtsträger (Erwerber) veräußert, ist dies offensichtlich der Fall. Werden nur Teile übertragen, kann ein Betriebsübergang vorliegen. Ein solcher liegt vor, wenn ein neuer Rechtsträger die wirtschaftliche Einheit unter Wahrung ihrer Identität fortführt. Beim Asset Deal tritt der Erwerber eines Betriebs oder Betriebsteils automatisch in die Rechte und Pflichten aus den im Zeitpunkt des Übergangs mit dem bisherigen Inhaber bestehenden Arbeitsverhältnissen ein. Das schreibt § 613a Abs. 1 Satz 1 BGB zum Schutz der Arbeitnehmer zwingend vor.

9.2.2 Allgemeine Gefahren

Da der Unternehmenskäufer in die Rechte und Pflichten aus den im Zeitpunkt des Übergangs bestehenden Arbeitsverhältnissen entweder eintritt (Asset Deal) oder diese ohnedies weitergelten (Share Deal), sollte er diese auch kennen (Due Diligence), um unliebsame Überraschungen zu vermeiden. Sorgfältige Recherche und Bestandsaufnahme sind deshalb, insbesondere für den Berater, unumgänglich. 9.6

Gefahren sind vor allem: 9.7

- **Entgeltregeln:** überraschende Individualvereinbarungen, Verweisungen auf Tarifverträge, betriebliche Übungen und Eingruppierungsregeln
- **Kündigungsschutz:** lange Kündigungsfristen und Kündigungsverbote
- **Betriebsrentenregeln**
- **zusätzliche unerwartete Leistungsverpflichtungen:** Gratifikationen, Sonderzahlungen und Urlaubsregeln

Praxistipp 9.8

Hilfreich zur Prüfung der bestehenden Gefahren ist die Verwendung einer Checkliste.

Checkliste Due Diligence

Gesellschaft/Mandant:	...	Datum:	...
Mandantennummer:	...	Bearbeiter:	...
Stichtag	...		...

Checkliste: Due Diligence – Alles Wichtige			**Ja**	**Nein**
Dies sollte vorgelegt oder so nachvollziehbar dargestellt werden, dass eine Prüfung möglich ist.				
1	Liste aller Arbeitnehmer (inkl. Geschäftsführer und leitende Angestellte), alphabetisch und abteilungsbezogen (bei mehreren Betrieben oder Standorten auch insoweit) geordnet		❑	❑
	a	Name, Vorname, Geburtsdatum	❑	❑
Notizen: ...				
	b	Funktion bzw. Arbeitsplatz	❑	❑
Notizen: ...				
	c	Datum des Beginns der Beschäftigung	❑	❑
Notizen: ...				
	d	Anzurechnende Zeiten bei anderen Unternehmen (§ 613a BGB oder vertragliche Zusage)	❑	❑
Notizen: ...				
	e	Bruttogehalt (Eingruppierung, Zulagen, Tantiemen, Boni, Firmenwagen, Sachleistungen)	❑	❑
Notizen: ...				
	f	Arbeitszeit (Vollzeit, Teilzeit, individuelle Abweichungen)	❑	❑
Notizen: ...				
	g	Befristung (wann, wie oft, Grund), Kündigung, Aufhebungsvertrag	❑	❑
Notizen: ...				

Checkliste: Due Diligence – Alles Wichtige			**Ja**	**Nein**
	h	Besonderer Kündigungsschutz: Schwerbehinderung, Gleichstellung, Schwangerschaft, Elternzeit, Alter (Tarifvertrag), Betriebsrat, Jugendvertreter, Wahlbewerber	❑	❑
Notizen: ...				
	i	Nachvertragliches Wettbewerbsverbot, wenn ja, Textvorlage	❑	❑
Notizen: ...				
	j	Ruhende Arbeitsverhältnisse, Elternzeit, Freistellungen, Altersteilzeit	❑	❑
Notizen: ...				
	k	Nebentätigkeiten	❑	❑
Notizen: ...				
2	Alle verwendeten Standardarbeits- und Dienstverträge		❑	❑
Notizen: ...				
3	Liste der freien Mitarbeiter, Handelsvertreter, dauerhaft beauftragten Werkunternehmer		❑	❑
Notizen: ...				
	a	Name, Vorname, Geburtsdatum bzw. Unternehmensbezeichnung	❑	❑
Notizen: ...				
	b	Tätigkeit	❑	❑
Notizen: ...				
	c	Datum des Beginns der Beauftragung	❑	❑
Notizen: ...				
	d	Honorar	❑	❑
Notizen: ...				

Checkliste: Due Diligence – Alles Wichtige		**Ja**	**Nein**
4	Aufstellung der Gehalts- und Lohnerhöhungen in den beiden letzten Jahren	❑	❑
Notizen: ...			
5	Vereinbarungen mit Arbeitnehmern oder freien Mitarbeitern (1. und 3.), die Rechtsfolgen an die Übernahme des Unternehmens regeln	❑	❑
Notizen: ...			
6	Betriebliche Altersversorgung, Vorlage aller Unterlagen	❑	❑
Notizen: ...			
7	Zusammenstellung aller abgeschlossenen (Fünfjahreszeitraum), laufenden und zu erwartenden arbeitsrechtlichen Auseinandersetzungen und Rechtsstreitigkeiten	❑	❑
Notizen: ...			
8	Zusammenstellung aller abgeschlossenen, laufenden und zu erwartenden Einigungsstellen- oder Mediationsverfahren (Fünfjahreszeitraum)	❑	❑
Notizen: ...			
9	Zusammenstellung aller anwendbaren Tarifverträge, auch nachwirkende	❑	❑
Notizen: ...			
10	Zusammenstellung aller möglicherweise anwendbaren Betriebsvereinbarungen (einschließlich Gesamt- und Konzernbetriebsvereinbarungen), Regelungsabreden und Regeln aufgrund betrieblicher Praxis	❑	❑
Notizen: ...			
11	Darstellung aller Arbeitskämpfe (Streiks etc.), an denen in den letzten fünf Jahren Arbeitnehmer des Unternehmens beteiligt waren	❑	❑
Notizen: ...			
12	Zusammenstellung aller bereits geahndeten Verstöße (Titel, Vergleiche) gegen arbeitsrechtliche Bestimmungen; laufende, abgeschlossene und zu erwartende Verfahren	❑	❑
Notizen: ...			

9.2.3 Vermeidungsstrategien und deren Gefahren

Häufig wird versucht, durch die Vertragsgestaltung (oder durch den Abschluss mehrerer Einzelverträge) die Rechtsfolge des § 613a BGB zu umgehen. Nach der Rechtsprechung genügt aber die Feststellung der tatsächlichen Voraussetzungen, um einen Betriebsübergang anzunehmen.[4] Die beste Vertragsformulierung nützt also nichts, wenn die Tatsachen (nach Ansicht der Richter!) anders liegen. Da auch die Betriebsübergangs-Richtlinie der EU[5] über die europarechtskonforme Auslegung von den deutschen Gerichten zu beachten ist, sind diese „von der wegen der Vielzahl der Spruchkörper und mitwirkenden Richter nicht immer kontinuierlichen und transparenten Rechtsprechung des EuGH zur Wahrung der Identität wirtschaftlicher Einheiten“ abhängig. Eine Prognose ihrer Entwicklung dürfte nur den wenigsten möglich sein, jedenfalls nicht über Jahre.[6] 9.9

Zur Feststellung, ob eine abgrenzbare wirtschaftliche Einheit ihre Identität beim Erwerber gewahrt hat (d.h., ob ein Betriebsübergang vorliegt), bedarf es nach Auffassung des EuGH, der sich das BAG angeschlossen hat,[7] der Berücksichtigung „sämtlicher den betreffenden Vorgang kennzeichnender Tatsachen“, namentlich: 9.10

- der Art des betreffenden Unternehmens oder Betriebs,
- des Übergangs oder Nichtübergangs der materiellen Aktiva wie Gebäude und bewegliche Güter,
- des Werts der immateriellen Aktiva zum Zeitpunkt des Übergangs,
- der Übernahme oder Nichtübernahme der Hauptbelegschaft durch den neuen Inhaber,
- des Übergangs oder Nichtübergangs der Kundschaft sowie
- des Grads der Ähnlichkeit zwischen der vor und der nach dem Übergang verrichteten Tätigkeit und
- der Dauer einer eventuellen Unterbrechung dieser Tätigkeit.

4) Vgl. nur BAG, Urt. v. 22.05.1997 – 8 AZR 101/96, NZA 1997, 1050.

5) Richtlinie 2001/23/EG des Rates v. 12.03.2001 zur Angleichung der Rechtsvorschriften der Mitgliedstaaten über die Wahrung von Ansprüchen der Arbeitnehmer beim Übergang von Unternehmen, Betrieben oder Unternehmens- oder Betriebsteilen, ABlEU Nr. L 82/16.

6) MüKo-BGB/Müller-Glöge, 9. Aufl. 2023, § 613a Rdnr. 20.

7) EuGH, Urt. v. 25.01.2001 – C-172/99, NZA 2001, 249; EuGH, Urt. v. 24.01.2002 – C-51/00, NZA 2002, 265; EuGH (Zehnte Kammer), Urt. v. 11.07.2018 – C-60/17, NZA 2018, 1053, Rdnr. 30; MüKo-BGB/Müller-Glöge, 9. Aufl. 2023, § 613a Rdnr. 20.

Alle diese Umstände sind Teilaspekte der vorzunehmenden Gesamtbewertung und dürfen nicht isoliert beurteilt werden.

9.11 In Branchen, in denen es im Wesentlichen auf die menschliche Arbeitskraft ankommt, kann auch lediglich eine Gesamtheit von Arbeitnehmern, die durch eine gemeinsame Tätigkeit dauerhaft verbunden ist, eine wirtschaftliche Einheit darstellen.[8] Die Wahrung ihrer Identität ist anzunehmen, wenn der neue Betriebsinhaber nicht nur die betreffende Tätigkeit weiterführt, sondern auch einen nach Zahl und Sachkunde wesentlichen Teil des Personals (insbesondere auch Personal mit Vorgesetztenfunktion) übernimmt, das sein Vorgänger gezielt bei dieser Tätigkeit eingesetzt hatte. Hingegen stellt die bloße Fortführung der Tätigkeit durch einen Auftragnehmer (Funktionsnachfolge) keinen Betriebsübergang dar.

9.12 Der Erwerber, der lediglich Betriebsmittel zur Erfüllung seiner bereits ausgeübten Tätigkeit erwirbt, übernimmt damit aber noch keinen Betriebsteil. Einzelne Betriebsmittel (Anlagen, Maschinen, Kfz) sind regelmäßig ungeeignet, die Identität einer Wirtschaftseinheit auszumachen. Allein mit ihnen ist der Erwerber nicht in der Lage, den Betriebszweck weiterzuverfolgen.[9] Vielmehr setzt ein Betriebsteil eine entsprechende Teilorganisation des beim Veräußerer vorhandenen Betriebs voraus. Es muss sich um eine abtrennbare organisatorische Einheit handeln, die innerhalb des betrieblichen Gesamtzwecks einen Teilzweck erfüllt.

9.13 **Beispiel**

Ein Bauunternehmer kauft einen Bagger. Dieser stellt 90 % des Werts des verkaufenden Unternehmens dar. 15 Arbeitnehmer verklagen den Erwerber auf Weiterbeschäftigung.

Lösung

Wenn keine weiteren Gesichtspunkte für eine wirtschaftliche Identität sprechen, liegt kein Betriebsübergang vor. Die 15 Prozesse werden zwar gewonnen, der eigene Anwalt muss aber bezahlt werden, da es beim Arbeitsgericht (in erster Instanz) keinen Kostenersatz gibt.

8) BAG, Urt. v. 21.06.2012 – 8 AZR 181/11, NZA-RR 2013, 6, Rdnr. 31; BAG, Urt. v. 22.05.2014 – 8 AZR 1069/12, NZA 2014, 1335, Rdnr. 22.

9) BAG, Urt. v. 26.08.1999 – 8 AZR 718/98, NZA 2000, 144; BAG, Urt. v. 26.07.2007 – 8 AZR 769/06, NZA 2008, 112.

9.2.4 Widerspruchsrecht der Arbeitnehmer und Informationspflichten

Nach § 613a Abs. 6 BGB kann der Arbeitnehmer dem Übergang des Arbeitsverhältnisses innerhalb eines Monats nach Zugang der Unterrichtung nach Absatz 5 schriftlich **widersprechen** (E-Mail, SMS oder WhatsApp genügen nicht). Der Widerspruch kann gegenüber dem bisherigen Arbeitgeber oder dem neuen Inhaber erklärt werden, er wirkt auf den Zeitpunkt des Betriebsübergangs zurück. Das Widerspruchsrecht kann wie jedes Recht nur unter Berücksichtigung der Grundsätze von Treu und Glauben ausgeübt und deshalb auch verwirkt werden. Es gibt keine Höchst- oder Mindestfrist für die Verwirkung. Entscheidend sind die konkreten Umstände des Einzelfalls, wobei die Merkmale „Zeitmoment" und „Umstandsmoment" zu betrachten und die gegenläufigen Interessen der Parteien in einer abschließenden Gesamtbewertung unter Zumutbarkeitsgesichtspunkten zu berücksichtigen sind.[10)] 9.14

Die Monatsfrist zum Widerspruch gegen den Übergang eines Arbeitsverhältnisses infolge Betriebsübergangs beginnt allerdings nicht nur bei fehlerhafter Information des Arbeitnehmers nicht zu laufen, sondern auch nicht bei unvollständiger. Der Betriebsveräußerer und/oder der Betriebserwerber müssen sich ausdrücklich und in einer für Nichtjuristen verständlichen Weise erklären.[11)] 9.15

Nach § 613a Abs. 5 BGB hat der bisherige Arbeitgeber oder der neue Inhaber die von einem Übergang betroffenen Arbeitnehmer vor dem Übergang in deutscher Sprache und **in Textform zu unterrichten** über: 9.16

1. den Zeitpunkt oder den geplanten Zeitpunkt des Übergangs,
2. den Grund für den Übergang,
3. die rechtlichen, wirtschaftlichen und sozialen Folgen des Übergangs für die Arbeitnehmer und
4. die hinsichtlich der Arbeitnehmer in Aussicht genommenen Maßnahmen.

Die Unterrichtung hat entsprechend den in diesem Zeitpunkt gegebenen Kenntnissen, Vorstellungen, Erwartungen und Planungen zu erfolgen,[12)] d.h., der Inhalt der Unterrichtung ist subjektiv determiniert. Aus der schuldhaften Verletzung der

10) BAG, Urt. v. 22.07.2021 – 2 AZR 6/21, NZA 2021, 1405: Verwirkung nach acht Jahren angenommen; BAG, Urt. v. 22.07.2021 – 2 AZR 589/20, DRsp Nr. 2021/14790 und Parallelentscheidungen: Verwirkung nach sieben Jahren.

11) LAG Düsseldorf, Urt. v. 26.07.2022 – 8 Sa 68/20, DRsp Nr. 2022/13845.

12) BAG, Urt. v. 20.05.2010 – 8 AZR 68/09, AP BGB § 613a Widerspruch Nr. 26.

Unterrichtungspflicht können Schadenersatzansprüche der betroffenen Arbeitnehmer folgen (einfaches Beispiel: unnötige Prozesskosten: Der Arbeitnehmer führt an, er hätte nicht geklagt, falls er ordentlich unterrichtet worden wäre).[13)]

9.17 **Hinweis**

Besonders tückisch für Erwerber und Veräußerer können insbesondere die kombinierten Folgen aus den Absätzen 5 und 6 sein. Eine mangelhafte oder fehlende Unterrichtung der Arbeitnehmer setzt nämlich die Widerspruchsfrist des Absatzes 6 nicht in Gang. Weil dadurch der Zeitpunkt der Erklärungspflicht für die Arbeitnehmer möglicherweise sehr weit hinausgeschoben wird, kann der Erwerber plötzlich wertvolle Arbeitnehmer verlieren (heute werden Unternehmen oft wegen der kompetenten Arbeitnehmerschaft erworben). Für den Veräußerer kann dies noch gravierendere Folgen haben, da er dadurch möglicherweise (auch rückwirkend!) Arbeitnehmer bezahlen muss, die er nicht beschäftigt hat oder nicht beschäftigen kann. Die widerspruchslose Weiterarbeit bei dem neuen Inhaber lässt das Widerspruchsrechts zwar verwirken, aber erst nach sieben Jahren.[14)]

Deshalb sollte große Sorgfalt darauf verwendet werden, dass die Information nicht als fehlerhaft eingestuft werden kann. Ein wichtige Arbeitshilfe für diese Aufgabe ist eine Checkliste zu den Informationspflichten nach § 613a BGB.

Checkliste Informationspflichten

Gesellschaft/Mandant:	...	Datum:	...	
Mandantennummer:	...	Bearbeiter:	...	
Stichtag	...		...	
			Ja	**Nein**
Formalien				
1	Textform		❑	❑
Notizen: ...				

13) Vgl. BAG, Urt. v. 13.07.2006 – 8 AZR 382/05, NZA 2006, 1406; BAG, Urt. v. 31.01.2008 – 8 AZR 1116/06, DB 2008, 1161.

14) Vgl. BAG, Urt. v. 24.08.2017 – 8 AZR 265/16, NZA 2018, 168; LAG Düsseldorf. Urt. v. 18.11.2020 – 4 Sa 397/20, DRsp Nr. 2021/1348; LAG Rheinland-Pfalz, Urt. v. 20.05.2020 – 7 Sa 306/19, DRsp Nr. 2020/12119.

			Ja	Nein
2	Deutsche Sprache		❑	❑
Notizen: ...				
3	Information aller (möglicherweise) vom Übergang betroffenen Arbeitnehmer		❑	❑
Notizen: ...				
4	Zugangsnachweise		❑	❑
Notizen: ...				
5	Monatsfrist eingehalten?		❑	❑
Notizen: ...				
Erforderliche Angaben:				
6	Genaue Bezeichnung des Betriebs oder Betriebsteils		❑	❑
Notizen: ...				
7	Person des neuen Arbeitgebers bzw. Firma		❑	❑
Notizen: ...				
	a	Ordnungsgemäße Anschrift mit richtigem Namen und Vornamen	❑	❑
Notizen: ...				
	b	Falls juristische Person nicht im Handelsregister eingetragen, entsprechende Information	❑	❑
Notizen: ...				
	c	Identifizierbare natürliche Person mit Personalkompetenz beim Erwerber angeben	❑	❑
Notizen: ...				
8	Geplanter Zeitpunkt des Übergangs		❑	❑
Notizen: ...				
9	Grund des Übergangs, schlagwortartige Darstellung der unternehmerischen Erwägungen		❑	❑
Notizen: ...				

			Ja	Nein
10	Folgen des Übergangs		❑	❑
Notizen: ...				
	a	individualrechtlich	❑	❑
Notizen: ...				
	b	kollektivrechtlich	❑	❑
Notizen: ...				
	c	wirtschaftlich	❑	❑
Notizen: ...				
	d	sozial	❑	❑
Notizen: ...				
11	Beabsichtigte Maßnahmen, z.B. zur Weiterbildung		❑	❑
Notizen: ...				
12	Wirtschaftliche Lage des Erwerbers		❑	❑
Notizen: ...				
Erforderliche Hinweise auf				
13	den gesetzlichen Übergang des Arbeitsverhältnisses		❑	❑
Notizen: ...				
14	das Widerspruchsrecht, mögliche Folgen (z.B. betriebsbedingte Kündigung), § 613a Abs. 6 BGB		❑	❑
Notizen: ...				
15	ein fehlendes Widerspruchsrecht (z.B. bei einer Verschmelzung oder Aufspaltung)		❑	❑
Notizen: ...				
16	die Mithaftung des alten Arbeitgebers für Forderungen bis zum Betriebsübergang		❑	❑
Notizen: ...				

		Ja	Nein
17	die Gesamtschuldnerschaft von Übernehmer und Veräußerer (§ 613a Abs. 2 BGB)	❑	❑
Notizen: ...			
18	das grundsätzliche Verbot der Kündigung durch den Arbeitgeber wegen des Betriebsübergangs	❑	❑
Notizen: ...			
19	Wegfall des Kündigungsschutzes bei Übergang eines Betriebsteils auf einen Kleinbetrieb	❑	❑
Notizen: ...			
20	die Freiheit des Erwerbers von der Sozialplanpflicht nach § 112a Abs. 2 BetrVG	❑	❑
Notizen: ...			
21	die Notwendigkeit einer Kündigung wegen Wegfalls des Arbeitsplatzes	❑	❑
Notizen: ...			
22	den Anspruch auf eine Sozialplanleistung	❑	❑
Notizen: ...			
23	eine Betriebsstättenverlagerung	❑	❑
Notizen: ...			
24	die Übernahme des beweglichen Anlagevermögens, nicht des Betriebsgrundstücks	❑	❑
Notizen: ...			
25	den Wegfall freiwilliger Leistungen beim Erwerber	❑	❑
Notizen: ...			
26	das Bestehen/Nichtbestehen von Sozialeinrichtungen	❑	❑
Notizen: ...			
27	das Bestehen/Nichtbestehen eines Betriebsrats beim Betriebsnachfolger	❑	❑
Notizen: ...			

		Ja	Nein
28	das Rechtsschicksal von Versorgungszusagen; nicht Höhe der Anwartschaften	❑	❑
Notizen: ...			
29	die Geltung neuer Tarifverträge (welcher); Hinweis, wo diese einsehbar sind	❑	❑
Notizen: ...			
30	ein evtl. bestehendes Übergangsmandat des Betriebsrats	❑	❑
Notizen: ...			
31	Wegfall des Amts bei Betriebsratsmitgliedern und nachwirkenden Kündigungsschutz	❑	❑
Notizen: ...			

9.18 Die Informationspflicht trifft den bisherigen Arbeitgeber **und** den neuen Betriebsinhaber. Dem Arbeitnehmer soll eine ausreichende Wissensgrundlage für die Entscheidung gegeben werden, ob er dem Übergang seines Arbeitsverhältnisses im Zusammenhang mit dem Betriebsübergang widerspricht oder nicht. Sie kann von jedem der beiden erfüllt werden und wirkt dann auch gegenüber dem anderen. Andererseits kann sich der eine nicht mit Hinweis oder ausschließlicher Kenntnis des anderen entschuldigen. Um das interne Verhältnis zum Veräußerer abzusichern, empfiehlt sich eine schriftliche Vereinbarung darüber, wer in welcher Weise und mit welchem Inhalt die Unterrichtung vorzunehmen hat. Bei einer Zuwiderhandlung können dann Schadenersatzansprüche geltend gemacht werden.

9.19 Die **Formalien** sind einzuhalten:

- Es ist Textform vorgeschrieben (§ 126b BGB, d.h., es ist keine Unterschrift erforderlich). Eine E-Mail, SMS oder WhatsApp genügt, eine mündliche Mitteilung z.B. auf einer Betriebsversammlung nicht. Da der Arbeitgeber das Zugangsrisiko trägt, sind alle Formen der Unterrichtung, bei denen der Nachweis des Zugangs beim Arbeitnehmer schwierig ist – z.B. Aushang am Schwarzen Brett, aber auch E-Mail (hier kann eingewendet werden, die E-Mail-Adresse sei nicht zur Teilnahme am E-Mail-Verkehr bekanntgegeben worden) –, problematisch. Wird die Textform nicht gewahrt, ist die Unterrichtung unwirksam. Andererseits muss die Unterrichtung nicht individuell abgefasst sein.[15] Mit dem Zugang (dieser muss im Streitfall bewiesen werden) des Textes beginnt die Widerspruchsfrist.[16]

- Die Unterrichtung hat vor dem Übergang zu erfolgen (§ 613a Abs. 5 BGB). 9.20
  Sinnvollerweise geschieht dies am besten einen Monat vorher, da dann rechtzeitig erkennbar wird, ob und in welchem Umfang Widersprüche innerhalb der Ausschlussfrist erhoben werden. Eine unvollständige Unterrichtung kann aber auch noch nach dem Betriebsübergang vervollständigt werden. Nach Auffassung des BAG muss die ergänzende Unterrichtung aber ausdrücklich als solche bezeichnet werden. Die Widerspruchsfrist beginnt dann mit Zugang dieser Unterrichtung.[17]

Angaben zu folgenden Punkten sind erforderlich: 9.21

- **Klare Beschreibung**, welcher Betrieb oder Betriebsteil betroffen ist
- **Klare Benennung** der Person des Betriebsübernehmers mit Adresse (bei juris- 9.22
  tischen Personen mit Firmenbezeichnung)

  Falls die gesetzliche Vertretung (noch) nicht angegeben werden kann, muss eine identifizierbare natürliche Person mit Personalkompetenz als Ansprechpartner beim Betriebserwerber benannt werden.[18] Eine Identifizierung muss immer möglich sein. Der Angabe der Handelsregisternummer bedarf es grundsätzlich nicht.[19] Falls aber aus einer „Gruppe" gleichartiger Unternehmen ein Betrieb übergehen soll (oder bei sonstigen „unübersichtlichen" Situationen), empfiehlt sich dies gleichwohl. Die Unterrichtung über die juristische Person des Betriebserwerbers ist unvollständig und unwirksam, wenn diese als Erwerber benannt wird, zur Zeit des Zugangs des Unterrichtungsschreibens aber noch nicht im Handelsregister eingetragen war. Es empfiehlt sich also, die derzeit bestehende gesellschaftsrechtliche Situation offenzulegen.[20]

- **Grund** für den Betriebsübergang (§ 613a Abs. 5 Nr. 2 BGB) 9.23

  Damit ist der Rechtsgrund für den Betriebsübergang gemeint (also z.B. Kaufvertrag, Pachtvertrag, Mietvertrag, Umwandlung). Einzelne Bestandteile des Vertrags oder gar der vollständige Text müssen nicht aufgenommen werden. Der bloße Hinweis auf z.B. einen Kaufvertrag genügt allerdings nicht. Es muss eine ausreichende Wissensgrundlage für die Entscheidung über die Ausübung

15) BAG, Urt. v. 13.07.2006 – 8 AZR 305/05, DB 2006, 2406.
16) MüKo-BGB/Müller-Glöge, 9. Aufl. 2023, § 613a Rdnr 112.
17) BAG, Urt. v. 23.07.2009 – 8 AZR 538/08, NZA 2010, 89.
18) BAG, Urt. v. 23.07.2009 – 8 AZR 538/08, NZA 2010, 89.
19) BAG, Urt. v. 13.07.2006 – 8 AZR 305/05, DB 2006, 2406.
20) BAG, Urt. v. 13.07.2006 – 8 AZR 305/05, DB 2006, 2406.

oder Nichtausübung des Widerspruchsrechts geschaffen werden. Nach der Rechtsprechung des BAG sind deshalb die zum Betriebsübergang führenden unternehmerischen Erwägungen, soweit sie sich auf den Arbeitsplatz auswirken können, zumindest schlagwortartig anzugeben.[21]

9.24 – **Rechtliche Folgen** des Betriebsübergangs für die Arbeitnehmer (§ 613a Abs. 5 Nr. 3 BGB)

Die betroffenen Arbeitnehmer müssen über die Auswirkungen des Betriebsübergangs auf ihre Rechte und Pflichten informiert werden. Im Einzelnen über:

- individualrechtliche Rechte und Pflichten aus dem Arbeitsverhältnis, d.h. über das Weiterbestehen oder die Änderung der bisherigen Rechte und Pflichten aus dem Arbeitsvertrag;
- Rechte und Pflichten aus Tarifverträgen, eine Auflistung der fortgeltenden Tarifverträge und Betriebsvereinbarungen (siehe unten) ist nach der Rechtsprechung des BAG aber nicht erforderlich, sollte aber für „Nichtjuristen“ verständlich sein;[22]
- Rechte und Pflichten aus Betriebsvereinbarungen; bei geltenden Gesamt- oder Konzernbetriebsvereinbarungen ist große Sorgfalt anzuraten, da die Rechtslage kompliziert sein kann;[23]
- die einjährige Veränderungssperre bei kollektivrechtlichen Normen;[24]
- das Haftungssystem des § 613a Abs. 2 und Abs. 3 BGB;
- das Kündigungsverbot bzw. das Kündigungsrecht des § 613a Abs. 4 BGB;
- das Widerspruchsrecht und die Widerspruchsfrist des § 613a Abs. 6 BGB (einschließlich der zu beachtenden Form- und Fristvorschriften);
- die Freiheit des Erwerbers von der Sozialplanpflicht nach § 112a Abs. 2 BetrVG (neu gegründete Unternehmen in den ersten vier Jahren).

---

21) BAG, Urt. v. 13.07.2006 – 8 AZR 305/05, DB 2006, 2406; BAG, Urt. v. 14.12.2006 – 8 AZR 763/05, NZA 2007, 682.

22) BAG, Urt. v. 10.11.2011 – 8 AZR 430/10, NZA 2012, 584. Geht es um die rechtlich schwierig zu beurteilende (Weiter-)Geltung eines Tarifvertrags beim Erwerber, und ist dieser Umstand für die Ausübung des Widerspruchsrechts ersichtlich von Bedeutung, müssen der Betriebsveräußerer und/oder der Betriebserwerber sich hierzu ausdrücklich und in einer für Nichtjuristen verständlichen Weise erklären, LAG Düsseldorf, Urt. v. 26.07.2022 – 8 Sa 68/20, NZA 2023, 113.

23) BAG, Urt. v. 10.11.2011 – 8 AZR 430/10, NZA 2012, 584.

24) Vgl. nur BAG, Urt. v. 13.07.2006 – 8 AZR 305/05, DB 2006, 2406.

- **Wirtschaftliche und soziale Folgen** des Betriebsübergangs für die Arbeitnehmer (§ 613a Abs. 5 Nr. 3 BGB), im Einzelnen: 9.25
  - Auswirkungen auf das Bestehen von Betriebsräten;
  - Auswirkungen auf den sozialen Besitzstand, z.B. die Berücksichtigung von Beschäftigungszeiten;
  - Auswirkungen auf Altersversorgungsanwartschaften, die Höhe der erworbenen Anwartschaften aus Betriebsrentenzusagen ist aber nicht mitzuteilen;[25]
  - Informationen über den künftigen Arbeitsort;
  - Information, dass der Betriebserwerber nur das bewegliche Anlagevermögen, nicht aber das Betriebsgrundstück übernimmt;[26]
  - Informationen über die funktionale Stellung der Betriebsabteilung in der Unternehmenshierarchie;
  - Informationen über einen im Zeitpunkt der Betriebsveräußerung bestehenden Sozialplan;
  - Informationen über beabsichtigte Kündigungen oder sonstige Personalabbaumaßnahmen durch den Betriebsveräußerer.
- Hinsichtlich der Arbeitnehmer **in Aussicht genommene Maßnahmen** (§ 613a Abs. 5 Nr. 4 BGB): 9.26
  - Informationen über „in Aussicht" genommene Weiterbildungsmaßnahmen im Zusammenhang mit der Betriebsübernahme, über Produktionsänderungen, Umstrukturierungen und andere Maßnahmen, die die berufliche Entwicklung der Arbeitnehmer betreffen, z.B. beabsichtigte Personalentwicklungs- und Beschäftigungssicherungsmaßnahmen;
  - Information über (in Aussicht genommene) Interessenausgleichs- und Sozialplanverhandlungen; dies ist aber nur erforderlich, wenn ein Stadium konkreter Planung erreicht ist;
  - Information über den drohenden Ausspruch einer betriebsbedingten Kündigung durch den Betriebsveräußerer im Fall des Widerspruchs gegen den

25) BAG, Urt. v. 22.05.2007 – 3 AZR 834/05, NZA 2007, 1285.
26) Vgl. BAG, Urt. v. 24.07.2008 – 8 AZR 1020/06.

Übergang des Arbeitsverhältnisses auf den Betriebserwerber. Hier wird die Erforderlichkeit zwar unterschiedlich gesehen (auch vom BAG selbst), gerade deshalb ist es ratsam, Risiken auszuschließen.[27]

9.27 Neben den Anforderungen des § 613a BGB könnte zusätzlich eine Nachweispflicht nach § 2 Abs. 1 Satz 2 Nr. 1 i.V.m. § 3 Satz 1 NachwG bestehen. Dies ist allerdings streitig,[28] obwohl insoweit „nur" eine Geldbuße wegen Begehung einer Ordnungswidrigkeit nach § 4 Abs. 1 Nr. 3, Abs. 2 NachwG droht und nicht die oben beschriebenen weitreichenden Folgen. Es spricht zwar vieles dafür, dass § 613a BGB eine Spezialvorschrift ist und das Nachweisgesetz verdrängt. Solange dies aber nicht höchstrichterlich geklärt ist, empfiehlt es sich jedoch – zur Vorsicht – dieser Pflicht zusätzlich (!) nachzukommen.

9.28 Denn bei einem Betriebsübergang ändern sich durch den Arbeitgeberwechsel regelmäßig der Name und die Anschrift der Vertragsparteien als wesentliche Vertragsbedingung i.S.d. § 2 Abs. 1 Satz 2 Nr. 1 NachwG. Nach § 3 Satz 1 NachwG ist der Arbeitgeber demnach verpflichtet, dem Arbeitnehmer diese Änderung spätestens an dem Tag, an dem sie wirksam wird, schriftlich mitzuteilen. Gleiches gilt, wenn im Rahmen des Betriebsübergangs neue Tarifverträge und/oder Betriebsvereinbarungen auf das Arbeitsverhältnis Anwendung finden (z.B. im Rahmen einer Ablösung nach § 613a Abs. 1 Satz 3 BGB), da diese ebenfalls wesentliche Vertragsbedingungen sind, die sich ändern (vgl. § 2 Abs. 1 Satz 2 Nr. 15 NachwG).

9.3 Individualarbeitsrecht

9.3.1 Arbeitsverträge

9.29 Gemäß § 613a BGB tritt der Betriebserwerber in die Rechte und Pflichten aus den im Zeitpunkt des Übergangs bestehenden Arbeitsverhältnissen ein.

Hinweis

Um sich über die bestehenden Arbeitsverträge zu orientieren, hilft die folgende Checkliste:

27) BAG, Urt. v. 27.11.2008 – 8 AZR 1018/06, DRsp Nr. 2009/10097; MüKo-BGB/Müller-Glöge, 9. Aufl. 2023, § 613a Rdnr. 108.

28) Vgl. hierzu nur Langner/Jöris, DStR 2022, 2060.

Checkliste Arbeitsverträge

Gesellschaft/Mandant:	...	Datum:	...
Mandantennummer:	...	Bearbeiter:	...
Stichtag	...		...

Checkliste: Prüfung sämtlicher Arbeitsverträge			**Ja**	**Nein**
1	Persönliche Daten richtig erfasst		❑	❑
Notizen: ...				
2	Derzeitige Funktion und Stellenbeschreibung richtig erfasst		❑	❑
Notizen: ...				
3	Vergütung		❑	❑
Notizen: ...				
	a	Stundenlohn	❑	❑
Notizen: ...				
	b	Monatsvergütung – bezogen auf Wochenarbeitszeit oder unabhängig von der Arbeitszeit	❑	❑
Notizen: ...				
	c	Zusätzliche Überstundenvergütung und Zulage		
Notizen: ...				
	d	sonstige Zulagen (z.B. Nachtarbeit, Sonn- und Feiertag, Schmutz, Soziales)	❑	❑
Notizen: ...				
	e	Eingruppierungsregelung	❑	❑
Notizen: ...				

Checkliste: Prüfung sämtlicher Arbeitsverträge			Ja	Nein
	f	Verweisung auf Tarifverträge	❑	❑
Notizen: ...				
	g	Provisionen	❑	❑
Notizen: ...				
	h	Gratifikationen	❑	❑
Notizen: ...				
	i	Boni	❑	❑
Notizen: ...				
	j	Tantiemen	❑	❑
Notizen: ...				
	k	Sachleistungen (Pkw, Wohnung, Verpflegung)	❑	❑
Notizen: ...				
	l	Spesenregelung (Reisekosten, Übernachtung, Verpflegung)	❑	❑
Notizen: ...				
4	Arbeitszeitregelung		❑	❑
Notizen: ...				
5	Kündigungsfristen und Kündigungsbeschränkungen		❑	❑
Notizen: ...				
6	Eintritt in den Ruhestand		❑	❑
Notizen: ...				

Checkliste: Prüfung sämtlicher Arbeitsverträge		Ja	Nein
7	Urlaub	❑	❑
Notizen: ...			
8	Betriebsrentenzusagen	❑	❑
Notizen: ...			

9.3.1.1 Altlasten

Der Käufer haftet – neben dem Veräußerer – als Gesamtschuldner auch für Verpflichtungen, die vor dem Zeitpunkt des Übergangs entstanden sind. Dies gilt nicht nur für solche, die erst nach diesem Zeitpunkt fällig werden, sondern auch für Rückstände. 9.30

Im Innenverhältnis zwischen Veräußerer und Erwerber ist zu klären, wer für solche Verbindlichkeiten letztlich einstehen muss. Gemäß § 613a Abs. 2 BGB haftet der bisherige Betriebsinhaber neben dem neuen Inhaber für Verpflichtungen aus dem übergegangenen Arbeitsverhältnis, soweit sie vor dem Zeitpunkt des Übergangs entstanden sind und vor Ablauf eines Jahres nach diesem Zeitpunkt fällig werden. Werden solche Verpflichtungen nach dem Zeitpunkt des Betriebsübergangs fällig, so haftet der bisherige Betriebsinhaber für sie jedoch nur noch in dem Umfang, der dem im Zeitpunkt des Übergangs abgelaufenen Teil ihres Bemessungszeitraums entspricht. Danach richtet sich (falls nicht anders abgesprochen) auch die Verteilung im Innenverhältnis. 9.31

Dies gilt insbesondere für Verpflichtungen auf Zahlung von Provisionen oder Tantiemen, deren Anspruchsgrund vor dem Betriebsübergang liegt, die aber nach den vertraglichen Vereinbarungen erst zu einem Zeitpunkt fällig werden, der nach dem Übergang des Betriebs liegt. 9.32

9.3.1.2 Überraschende Klauseln

In der Praxis werden manche Erwerber durch unerwartete vertragliche Regeln überrascht. Große Vorsicht ist insbesondere geboten, falls Personen beschäftigt werden, die den bisherigen Inhabern oder Handlungsberechtigten aus den unterschiedlichsten Gründen (z.B. Verwandtschaft, Freundschaft, Sexualbeziehungen, soziale Rücksichtnahme) nahestehen. Dies kann Vorgänge betreffen, die weit in die Vergangenheit reichen oder aber auch zur „Zukunftssicherung“ kurz vor der Veräußerung unterzeichnet wurden. 9.33

9.34 **Beispiele**

- Der frühere „Patriarch" hatte zwei Söhne. Der eine ist der frühere Geschäftsführer und Veräußerer. Der andere war nicht so erfolgreich und wird als Hilfsarbeiter zu einem Stundenlohn von 40 € beschäftigt.
- Der „Chefsekretärin" wurde arbeitsvertraglich zugestanden, dass sie auf Lebenszeit beschäftigt wird (vgl. auch § 624 BGB).
- Mehrere Mitarbeiter sind vor Kurzem – verbunden mit einer erheblichen Entgelterhöhung – befördert worden.

9.3.1.3 Besondere Arbeitsverhältnisse und Bedingungen

9.35 Besonders unangenehme Überraschungen können sich auch aus nachvertraglichen Wettbewerbsverboten ergeben. Solche werden auch bei kleineren Unternehmen verhältnismäßig häufig (oft aus angesichts der Risiken nicht nachvollziehbaren Gründen) unterzeichnet. In der Praxis wird dies, insbesondere bei langjährig Beschäftigten, schnell wieder vergessen. Bei arbeitsrechtlichen Auseinandersetzungen (Kündigungsrechtsstreiten, Verhandlungen über Aufhebungsverträge) sollten solche Regelungen aber unbedingt bekannt sein. Trickreiche Rechtsanwälte, die die betroffenen Arbeitnehmer vertreten, warten nämlich häufig ab, bis eine Trennungsregelung getroffen wurde, und berufen sich erst danach darauf. Für den Arbeitgeber ist dies nicht nur deshalb prekär, weil daran in den Verhandlungen nicht gedacht wurde, sondern auch weil diese Wettbewerbsverbote nach der Rechtsprechung des BAG[29] häufig unwirksam sind. Dies führt im Ergebnis dazu, dass der Arbeitnehmer entscheiden kann, ob er sich an das Verbot hält und eine Karenzentschädigung verlangt. Besonders misslich ist, dass häufig ohne weiteres ein Verzicht auf das Wettbewerbsverbot – mit der Wirkung, dass es (und die Karenzentschädigungszahlung) nach einem Jahr entfällt – ausgesprochen werden kann (§ 75a HGB).

9.36 **Praxistipp**

Es empfiehlt sich, die Wirksamkeit und Notwendigkeit aller Wettbewerbsverbote zu prüfen und ggf. unverzüglich darauf zu verzichten.

9.37 Überraschungen können sich auch aus „Karteileichen" ergeben. Häufig bestehen Arbeitsverträge mit Arbeitnehmern, die schon länger nicht mehr beschäftigt waren. Es sind Fälle bekannt, in denen die Existenz der Arbeitnehmer tatsächlich vergessen wurde, diese aber plötzlich Beschäftigung verlangten.

29) Vgl. statt vieler nur BAG, Urt. v. 22.03.2017 – 10 AZR 448/15, NZA 2017, 845.

Beispiele 9.38

- Arbeitsverhältnisse können „ruhend gestellt" sein. Dies kann auf unbezahlten Urlaub, Sabbatjahre oder familiäre Umstände zurückzuführen sein.
- Bei mehreren aufeinanderfolgenden Elternzeiten können erstaunliche Zeiträume zusammenkommen. Werden die Elternzeiten für (nur) drei Kinder zusammenhängend genommen, kann das Elternteil neun Jahre am Stück fehlen. Das plötzliche Beschäftigungsverlangen einer früher als Personalleiterin beschäftigten Person kann dann unerwartet zu großen Problemen führen.
- Dauerkranke.

Auch genehmigte Nebentätigkeiten können zu Überraschungen führen. So sind beispielsweise nach § 2 Abs. 1 Satz 1 zweiter Halbsatz ArbZG die Arbeitszeiten bei mehreren Arbeitgebern zusammenzurechnen. Also muss bei Menge und Lage (Pausen, Nachtruhe) Rücksicht genommen werden. 9.39

9.3.1.4 Vertragliche Neuregelung

Grundsätzlich ist zu empfehlen, dass der neue Firmeninhaber den Wechsel urkundlich festhält und den Arbeitnehmern neue Verträge zur Unterzeichnung vorlegt. Dafür spricht schon, dass dann gewährleistet ist, dass sämtliche vertraglichen Regeln gesichtet, erfasst und wenn möglich vereinheitlicht werden. Dagegen ist aus rechtlicher Sicht nichts einzuwenden, da auch durch die Regeln des Betriebsübergangs die der Vertragsfreiheit nicht außer Kraft gesetzt werden (die oft missverstandenen Jahresfrist des § 613a Abs. 1 Satz 2 zweiter Halbsatz BGB steht dem nicht entgegen; siehe dazu Rdnr. 9.50). Wenn beide Seite eine Vertragsurkunde unterzeichnet haben, ist diese grundsätzlich wirksam. 9.40

Wenn es allerdings Anhaltspunkte gibt, dass mit den Änderungen der Bestandsschutz aus § 613a BGB bewusst umgangen werden soll, kann die Vertragsänderung gem. §§ 134, 613a BGB nach Ansicht des BAG unwirksam sein.[30] Sieht ein neuer Arbeitsvertrag beispielsweise weniger Urlaubstage vor, oder enthält er eine Klausel, die die Anerkennung von Vordienstzeiten auf eine bestimmte Anzahl von Jahren beschränkt, sind diese Regelungen rechtlich wirkungslos. Auch wenn der Arbeitnehmer mit dem Hinweis auf eine geplante Betriebsveräußerung und bestehende Arbeitsplatzangebote des Betriebserwerbers veranlasst wird, sein Arbeitsverhältnis mit dem Betriebsveräußerer selbst zu kündigen oder mit diesem einen Auflösungsvertrag zu schließen, um mit dem Betriebserwerber neue Arbeitsverträge abschließen zu können, liegt eine Umgehung des § 613a BGB vor. 9.41

30) Statt vieler BAG, Urt. v. 19.03.2009 – 8 AZR 722/07, NZA 2009, 1091.

9.42 Allerdings kann die neue rechtliche Gestaltung im Gefüge der einschlägigen, zwingenden Rechtsnorm sachlich gerechtfertigt sein. Dabei stellt es keinen sachlichen Grund dar, wenn der potenzielle Betriebserwerber zum Ausdruck bringt, ohne vorherige Vertragsänderungen oder Erlassverträge werde er den Betrieb nicht übernehmen.[31)]

9.43 **Hinweis**

Werden geraume Zeit nach dem Betriebsübergang Vertragsänderungen vorgenommen, sind diese wirksam.

9.3.1.5 Verweisungsklauseln

9.44 Häufig finden sich in den Arbeitsverträgen Verweisungen auf das Tarifrecht (siehe dazu Rdnr. 9.50). Dies kann auch durch versteckte und auslegungsbedürftige Formulierungen geschehen, weshalb auch an dieser Stelle wiederum eine sorgfältige Prüfung der Arbeitsverträge empfohlen wird. Es ist zwischen statischen und dynamischen Verweisungen zu unterscheiden:

9.45 – Bei der **statischen Verweisung** wird der Tarifvertrag in seiner damals gültigen Fassung zum Vertragsinhalt. Spätere Änderungen sind belanglos.

Beispiel

Auf das Arbeitsverhältnis findet der Manteltarifvertrag für die Angestellten der Metallindustrie NW/NB vom 31.01.1986 Anwendung.

9.46 – Bei der **dynamischen Verweisung** wird der Tarifvertrag in seiner gerade gültigen Fassung zum Vertragsinhalt. Dabei werden von der Rechtsprechung die kleine und die große dynamische Verweisungsklausel unterschieden:

  – Bei der kleinen dynamischen Verweisung wird die jeweilige Fassung eines Tarifvertrags eines Wirtschaftszweigs in Bezug genommen.

Beispiel

Auf das Arbeitsverhältnis findet der Manteltarifvertrag für die Angestellten der Metallindustrie NW/NB in seiner jeweils gültigen Fassung Anwendung.

---

31) BAG, Urt. v. 19.03.2009 – 8 AZR 722/07, NZA 2009, 1091.

- Bei der großen dynamischen Verweisung wird auf die jeweilige Fassung der Tarifverträge überhaupt verwiesen.

Beispiel

Auf das Arbeitsverhältnis finden die für den Betrieb geltenden Tarifverträge in ihrer jeweils gültigen Fassung Anwendung.

- Bei dynamischen Verweisungen werden spätere Änderungen des Tarifvertrags mit ihrem Inkrafttreten gleichzeitig Gegenstand des Arbeitsvertrags. Die dynamische Verweisung ist risikoreich. Insbesondere können bei späteren Tarifänderungen Bestimmungen aufgenommen werden, mit denen die Arbeitsvertragsparteien zum Zeitpunkt der Inbezugnahme nicht rechnen konnten und auch nicht zu rechnen brauchten.

9.3.2 Betriebliche Übungen

Neben den oben dargestellten – ausdrücklich arbeitsvertraglich geregelten – 9.47
Ansprüchen können den Arbeitnehmern weitere Ansprüche zustehen. Wird nämlich eine Leistung „einfach so" gewährt, d.h. ohne ausdrückliche Zusage oder Vereinbarung, kann auch hieraus ein Anspruch entstehen.

Beispiele 9.48

Nach einer mindestens drei Jahre wiederholten Zahlung von Weihnachts- oder Urlaubsgeld liegt eine betriebliche Übung vor. Ab dem vierten Jahr ist der Arbeitgeber verpflichtet, weiter zu zahlen.[32)]

Andere Beispiele für betriebliche Übungen sind:

- die Anwendung bestimmter Tarifverträge,
- die Gewährung von Jubiläumszuwendungen,
- die Zahlung von Essens- oder Fahrtkostenzuschüssen,
- die Übernahme von Fortbildungskosten oder auch
- die Bereitstellung von Parkplätzen sowie
- Leistungen der betrieblichen Altersversorgung.

32) Statt vieler vgl. nur BAG, Urt. v. 13.05.2015 – 10 AZR 266/14, NZA 2015, 992.

9.49 **Hinweis**

Es empfiehlt sich sehr, die Voraussetzungen (z.B. mehrfache vorbehaltslose Gewährung) einer betrieblichen Übung sorgfältig zu prüfen und – wenn noch möglich – Gegenmaßnahmen einzuleiten oder zu planen. Helfen kann z.B. ein Freiwilligkeitsvorbehalt (auch noch im dritten Jahr) oder eine zeitweilige Einstellung dieser Leistung.

9.4 Tarifrecht

9.4.1 Anwendbarkeit von Tarifverträgen

9.50 In Betracht kommt eine Anwendbarkeit von Tarifverträgen aufgrund von

- Mitgliedschaft in der entsprechenden Tarifvertragspartei (Arbeitgeberverband bzw. Gewerkschaft),
- Allgemeinverbindlichkeitserklärungen durch die zuständige Behörde,
- Firmentarifverträgen (bzw. Haustarifverträge),
- Nachwirkung,
- arbeitsvertraglicher Verweisung (siehe dazu Rdnr. 9.61),
- betrieblicher Übung.

9.51 Auch Handwerksinnungen (oder Innungsverbände für diese) können gem. § 54 Abs. 3 Nr. 1 HwO Tarifverträge abschließen. Auch die Erwerber kleiner Handwerksbetriebe können deshalb – häufig ohne dies zu wissen – tarifvertraglich gebunden sein. Nach Ansicht des BVerwG[33)] schließt die gesetzliche Konzeption der Mitgliedschaft in einer Handwerksinnung es aus, dem Mitglied eine Wahlmöglichkeit darüber zu belassen, ob es durch die von der Innung geschlossenen Tarifverträge gebunden sein will.

9.4.2 Auswirkungen des Betriebsübergangs

9.52 Tarifverträge sind nicht Bestandteil des Vertragsverhältnisses, sondern wirken wie Gesetze von außen auf die Arbeitsverhältnisse ein. Tarifrechtlich maßgeblich für die Frage, ob Veräußerer und Erwerber an denselben Verbandstarifvertrag gebunden sind, ist nicht § 613a BGB, sondern die Mitgliedschaft in den tarifschließenden Verbänden oder der Anwendungsbereich von Allgemeinverbindlicherklärungen (§§ 3, 5 TVG; AEntG).

33) BVerwG, Urt. v. 23.03.2016 – 10 C 23.14, NZA 2016, 779.

9.4.2.1 Grundsatz, Transformation nach § 613a Abs. 1 Satz 2 BGB

Nach § 613a Abs. 1 Satz 2 BGB werden diejenigen Rechte und Pflichten eines übergehenden Arbeitsverhältnisses, die durch Rechtsnormen eines Tarifvertrags geregelt sind (und nicht ohnedies weitergelten), Inhalt des Arbeitsverhältnisses zwischen dem Betriebserwerber und dem Arbeitnehmer, d.h., sie werden transformiert. Der kollektivrechtliche Charakter bleibt beim Betriebsübernehmer erhalten, er ist an die transformierten Regelungen in einer Weise gebunden, die der Nachbindung des aus einem tarifvertragschließenden Arbeitgeberverband ausgetretenen Arbeitgebers gem. § 3 Abs. 3 TVG weitgehend entspricht, allerdings zeitlich auf ein Jahr begrenzt. Damit wird der Erwerber für diesen Zeitraum im Hinblick auf die übergegangenen Arbeitsverhältnisse so gestellt, als sei er wie der Veräußerer zwingend an den normativen Teil des Tarifvertrags gebunden. Dies gilt auch für Firmen- oder Haustarifverträge.[34) 9.53

Jede zum Nachteil des Arbeitnehmers abweichende Vereinbarung oder einseitige Maßnahme des neuen Arbeitgebers ist nach § 134 BGB unwirksam. Dieses Verbot erfasst auch Vereinbarungen und Maßnahmen, die vor Ablauf der Jahresfrist für die Zeit danach getroffen werden. 9.54

Die fortgeltenden tariflichen Regelungen können nach Ablauf der Jahresfrist individualrechtlich, also durch einen Änderungsvertrags oder eine Änderungskündigung wegfallen. Gemäß § 2 KSchG kann die soziale Rechtfertigung der Kündigung gerichtlich überprüft werden. 9.55

Da nach Ansicht des BAG[35)] der Gleichbehandlungsgrundsatz keine betriebsbedingten Änderungskündigungen rechtfertigt, kann dieser nicht als Begründung zur Vereinheitlichung von Arbeitsbedingungen angeführt werden, insbesondere dann, wenn die Vergütung dem niedrigeren Entgelt vergleichbarer Arbeitnehmer angepasst werden soll. Eine Änderungskündigung zum Zwecke der Gehaltsanpassung kommt nur dann in Betracht, wenn der betroffene Betrieb ansonsten stillzulegen oder die Belegschaft deutlich zu reduzieren wäre. Ob diese Anforderungen an die erforderliche akute Existenzgefährdung des Betriebs – im Hinblick auf die neuere Rechtsprechung des Europäischen Gerichtshofs[36)] – reduziert werden können, bleibt abzuwarten. Die Wahrscheinlichkeit, mit Änderungskündigungen Erfolge zu erzielen, muss nach wie vor als gering eingestuft werden.[37)] 9.56

34) BAG, Urt. v. 26.08.2009 – 5 AZR 969/08, NZA 2010, 173.
35) BAG, Urt. v. 16.05.2002 – 2 AZR 292/01, NZA 2003, 147.
36) Z.B. EuGH, Urt. v. 27.04.2017 – C-680/15, NZA 2017, 571.
37) BAG, Urt. v. 30.08.2017 – 4 AZR 95/14, NZA 2018, 255; Greiner/Pionteck, RdA 2020, 169.

9.4.2.2 Ausnahmen von § 613a Abs. 1 Satz 2 BGB

9.57 Von dem Transformationsgrundsatz gibt es jedoch einige Ausnahmen:

- Wenn der **Tarifvertrag nicht mehr gilt**, d.h. innerhalb der Jahresfrist seine zwingende Wirkung verliert und nur noch nach § 4 Abs. 5 TVG nachwirkt, dürfen diese Bestimmungen vor Ablauf der Jahresfrist durch Änderungsvertrag oder Änderungskündigung geändert werden (§ 613a Abs. 1 Satz 4 erste Alternative BGB). Hierzu kann es kommen, wenn der Tarifvertrag beim Betriebsübergang befristet oder zu einem Zeitpunkt innerhalb der Jahresfrist gekündigt war oder wird. Hätte der Betriebsübergang nicht stattgefunden, wäre dies auch möglich gewesen. Durch diesen soll die arbeitsrechtliche Stellung der Arbeitnehmer nicht verbessert werden, sondern lediglich in dem Umfang erhalten bleiben, wie sie beim früheren Betriebsinhaber bestanden hat. Hieraus wird vielfach abgeleitet, dass bei einem Tarifvertrag ohne Nachwirkung auch die (in den Arbeitsvertrag) transformierten Regeln ihre Wirkung verlieren, ohne dass es einer vereinbarten Vertragsänderung (oder Änderungskündigung) bedürfe.[38]

9.58 – Bei **fehlender beiderseitiger Tarifgebundenheit** kann im Geltungsbereich eines anderen Tarifvertrags dessen Anwendung zwischen dem neuen Inhaber und dem Arbeitnehmer vereinbart werden (§ 613a Abs. 1 Satz 4 zweite Alternative BGB). Dies muss zwischen den Arbeitsvertragsparteien ausdrücklich geregelt werden. Eine solche Vereinbarung kann nicht durch eine Betriebsvereinbarung ersetzt werden. Allerdings wäre nach wohl h.M.[39] eine dahingehende Änderungskündigung sozial gerechtfertigt, wenn die Unterwerfung unter den anderen Tarifvertrag bei Abwägung der Interessen der übernommenen Arbeitnehmer und des Betriebsnachfolgers angemessen und billigenswert erscheint.

9.59 – Bestand bereits **vor dem Betriebsübergang eine Bindung** des Betriebserwerbers (Beispiel: Mitgliedschaft im tarifschließenden Arbeitgeberverband) und des übernommenen Arbeitnehmers an denselben Tarifvertrag (Beispiel: Mitgliedschaft in der tarifschließenden Gewerkschaft), gilt dieser Tarifvertrag auch nach dem Betriebsübergang kollektivrechtlich weiter, ohne dass es einer Anwendung von § 613a Abs. 1 Satz 2 BGB bedarf. Dies ergibt sich schlicht aus der Anwendung einfachen Tarifrechts. § 613a Abs. 1 Satz 3 BGB enthält aber, hiervon ausgehend, eine erheblich weitergehende Regelung. Ist der neue Betriebsinhaber nicht an denselben Tarifvertrag gebunden, sondern sind die Rechte und Pflichten beim Betriebserwerber bereits durch Rechtsnormen eines anderen Tarifvertrags geregelt, oder werden sie nach dem Betriebsübergang durch einen anderen Tarifvertrag geregelt, greift die Vorschrift ein, wenn

38) Vgl. nur MüKo-BGB/Müller-Glöge, 9. Aufl. 2023, § 613a Rdnr. 137 m.w.N.

39) Vgl. nur MüKo-BGB/Müller-Glöge, 9. Aufl. 2023, § 613a Rdnr. 137 m.w.N.

der betroffene Arbeitnehmer Mitglied in der tarifschließenden Gewerkschaft ist. Diese Regelung hat durch den Zusammenschluss von Einzelgewerkschaften (ver.di, IG-Metall) eine erheblich größere Bedeutung gewonnen, da die von diesen Gewerkschaften abgeschlossenen Tarifverträge sich durch die Zuständigkeit für mehrere Branchen (Beispiel IG-Metall Holzindustrie – Metallindustrie) weit mehr als früher unterscheiden. Die Tarifbindung muss nicht bereits im Zeitpunkt des Betriebsübergangs bestehen, sie kann auch später eintreten und dann die Wirkungen des Satzes 3 auslösen (d.h., z.B. falls Arbeitgeber und/oder Arbeitnehmer der entsprechenden Tarifvertragspartei beitreten). Auch ein allgemeinverbindlicher Tarifvertrag kann diese Wirkung haben. Zu einem Wechsel der Gewerkschaft, um eine beiderseitige Bindung an den Erwerbertarifvertrag zu erreichen, darf ein Arbeitnehmer wegen der durch Art. 9 Abs. 3 GG geschützten Koalitionsfreiheit nicht gezwungen werden.

- Anders als im Fall der einzelvertraglichen Bezugnahme auf einen Tarifvertrag (siehe Rdnr. 9.50 und 9.63), die nach § 613a Abs. 1 Satz 1 BGB gegenüber dem Betriebserwerber weitergilt und sich nach den Regeln des Günstigkeitsprinzips gegen normativ geltendes Tarifrecht durchsetzen kann, findet das Günstigkeitsprinzip im Verhältnis zwischen dem nach § 613a Abs. 1 Satz 2 BGB fortgeltenden und dem normativ geltenden neuen Tarifrecht keine Anwendung. 9.60

9.4.3 Arbeitsvertragliche Klauseln bei nicht tarifgebundenen Arbeitnehmern

Für die nicht tarifgebundene Arbeitnehmer gelten die Tarifverträge – eigentlich – nicht. Diese werden deshalb in der Praxis meist mit den Tarifgebundenen gleichgestellt, obwohl der Arbeitgeber die Gewerkschaftsmitgliedschaft i.d.R. nicht privilegieren und dadurch fördern möchte. Für die Tarifungebundenen gelten die Regeln des Individualrechts (siehe dazu Rdnr. 9.44), nicht die des Kollektivrechts. Diese Regeln sind also (von Anfang an) Bestandteil des **Arbeitsvertrags** und nicht nur des **Arbeitsverhältnisses.** Für sie gilt § 613a Abs. 1 Satz 1 BGB, nicht § 613a Abs. 1 Satz 2 und 3 BGB. Also können übergegangene Vereinbarungen jederzeit einvernehmlich und privatautonom abgeändert werden. Es herrscht grundsätzlich die gleiche Vertragsfreiheit, wie sie im Veräußererbetrieb bestanden hat.[40] 9.61

Dies ist besonders von Bedeutung, wenn beim Erwerber (siehe Rdnr. 9.57) – weshalb auch immer, das kann an dieser Stelle dahingestellt bleiben – andere Tarifverträge angewendet werden. Aufgrund des Günstigkeitsprinzips setzen sich die vereinbarten „alten" Regeln dann durch, wenn sie für den Arbeitnehmer günstiger 9.62

40) BAG, Urt. v. 24.02.2010 – 4 AZR 691/08, DB 2010, 1593.

als die neuen Regeln sind. Diese Frage muss bei komplexen Situationen anhand eines „Sachgruppenvergleichs" festgestellt werden.[41] Das Günstigkeitsprinzip gilt aber nur dann, wenn die entsprechende „richtige" Vertragsformulierung gewählt wurde. Falls auf die jeweils im Betrieb geltenden Tarifverträge verwiesen wird (z.B. bei einer „Tarifwechselklausel"), ist dies nicht der Fall.

9.4.4 Arbeitsvertragliche Klauseln bei tarifgebundenen Arbeitnehmern

9.63 Es ist nicht verboten, mit tarifgebundenen Arbeitnehmern günstigere Regeln als die tariflichen zu vereinbaren. Viele Arbeitnehmer haben trotz Gewerkschaftsmitgliedschaft Arbeitsverträge mit Verweisungsklauseln unterzeichnet. Auch diese dürfen sich darauf berufen, dass sie durch diese Klauseln arbeitsvertraglich besser als durch den Tarifvertrag gestellt sind. In der Praxis wird auch häufig (zulässigerweise) „doppelgleisig" argumentiert. Das heißt, das Recht könnte sich entweder direkt aus einem anwendbaren bzw. nachwirkenden Tarifvertrag ergeben oder aus einer Verweisungsklausel.

9.5 Betriebsverfassungsrecht

9.64 Da in den Fällen des Share Deals oder des bloßen Formwechsels gem. § 202 Abs. 1 Nr. 1 UmwG das Unternehmen fortbesteht, bleibt die Identität des Arbeitgebers erhalten. Es ändert sich auch betriebsverfassungsrechtlich nichts. Im Übrigen unterscheidet sich die betriebsverfassungsrechtliche Situation extrem. Die Frage, welche Auswirkungen sich dadurch für Betriebsräte und geltenden Betriebsvereinbarungen ergeben, ist anhand von zwei Fallgruppen zu behandeln.

- Unternehmensebene, Betriebsräte und Gesamtbetriebsräte
- Konzernebene, Betriebsräte, Gesamtbetriebsräte und Konzernbetriebsräte (Rdnr. 9.80)

9.5.1 Unternehmensebene – Übertragung, Spaltung und Verschmelzung

9.5.1.1 Spaltung eines Unternehmens

9.65 Wird bei einer Veräußerung (nur) ein Unternehmen, aber keine Betriebe (siehe dazu Rdnr. 9.73) gespalten, ändert sich für Betriebe, Betriebsräte und Betriebsvereinbarungen nichts. Allerdings kann sich der Gesamtbetriebsrat auflösen oder erhalten bleiben. Das hängt davon ab, wie viele Betriebe auf ein anderes Unter-

41) BAG, Urt. v. 24.02.2010 – 4 AZR 691/08, DB 2010, 1593.

nehmen übertragen werden und wie viele beim alten bleiben. Nach der Spaltung muss bei jedem der betroffenen Unternehmen geprüft werden, ob die Voraussetzungen für die Bildung eines Gesamtbetriebsrats vorliegen.

Hinweis 9.66

Es kann ein Konzern entstehen und ein Konzernbetriebsrat zu errichten sein.

Werden lediglich Betriebsteile veräußert und auf ein anderes Unternehmen über- 9.67
tragen, handelt es sich um Betriebsspaltungen. Hier können verschiedene Mitbestimmungsrechte (insbesondere §§ 111 ff. BetrVG, Interessenausgleich und Sozialplan) zu beachten sein. Die Einzelbetriebsräte haben in den neu entstandenen Betrieben gem. § 21a Abs. 1 Satz 1 und 3 BetrVG ein Übergangsmandat für längstens sechs Monate und sind verpflichtet, dort gem. § 21a Abs. 1 Satz 2 BetrVG Wahlvorstände zu bestellen. Bezüglich Gesamtbetriebsrat und Gesamtbetriebsvereinbarungen gelten die oben dargestellten Grundsätze.

9.5.1.2 Verschmelzung von Unternehmen

Werden bei einer Veräußerung (nur) Unternehmen, aber keine Betriebe ver- 9.68
schmolzen, ändert sich für Betriebe, Betriebsräte und Betriebsvereinbarungen ebenfalls nichts. Allerdings können sich Gesamtbetriebsräte auflösen oder erhalten bleiben. Das hängt von der Art der Verschmelzung und davon ab, wie viele Betriebe jeweils betroffen sind.

Hinweis 9.69

Die Voraussetzungen für Konzern und Konzernbetriebsrat können entfallen.

Werden im Laufe des Übertragungsvorgangs Betriebe (oder Betriebsteile) ver- 9.70
schmolzen, sind die Mitbestimmungsrechte zu beachten (insbesondere §§ 111 ff. BetrVG, Interessenausgleich und Sozialplan, aber häufig auch § 99 BetrVG, Versetzung). Der Betriebsrat des nach der Zahl der wahlberechtigten Arbeitnehmer größten Betriebs nimmt gem. § 21a Abs. 2 BetrVG ein Übergangsmandat wahr, das allerdings, falls der größere Betrieb seine Identität wahrt, keine Besonderheiten gegenüber dem regulären Mandat aufweist, d.h., es ist regulär zu wählen.[42] Bezüglich Gesamtbetriebsrat und Gesamtbetriebsvereinbarungen gelten die unten dargestellten Grundsätze.

42) Vgl. nur DKKW/Buschmann, BetrVG, 18. Aufl. 2022, § 21a Rdnr. 40 ff.

9.5.1.3 Übertragung von Betrieben auf ein anderes Unternehmen

9.71 Solange die Betriebsstruktur nicht verändert wird, ändert sich bei der Übertragung auf ein anderes Unternehmen für Betriebe, Betriebsräte und Betriebsvereinbarungen nichts. Allerdings kann das Amt eines im abgebenden Unternehmen bestehenden Gesamtbetriebsrats enden und im aufnehmenden kann ein solcher zu bilden sein, falls bislang keiner existiert. Ist bereits einer gebildet, so entsenden die übergegangenen Betriebsräte Mitglieder in diesen.

9.72 Bei der Frage, was mit den Gesamtbetriebsvereinbarungen geschieht, kann es kompliziert werden. Nach Ansicht des BAG[43)] gilt:

- Geht ein einzelner Betrieb (mit Betriebsrat) eines abgebenden Unternehmens auf ein anderes Unternehmen über, das bis dahin keinen Betrieb führte, so bleiben die in ihm geltenden Gesamtbetriebsvereinbarungen als Einzelbetriebsvereinbarungen bestehen.
- Gehen alle oder mehrere Betriebe des abgebenden Unternehmens auf ein solches Unternehmen über, so bleiben die in ihnen geltenden Gesamtbetriebsvereinbarungen als solche bestehen. Dies gilt auch dann, wenn nur Teile von Betrieben des abgebenden Unternehmens erworben, aber vom Erwerber als eigene Betriebe geführt werden.
- Sobald im Erwerberunternehmen nach § 47 BetrVG ein neuer Gesamtbetriebsrat errichtet ist, kommt nur dieser als Adressat für eine Kündigung der fortgeltenden Gesamtbetriebsvereinbarungen in Frage.

9.73 Überträgt ein Unternehmen seine sämtlichen Betriebe auf ein anderes, rechtlich selbständiges Unternehmen, so endet grundsätzlich das Amt des in dem übertragenden Unternehmen gebildeten Gesamtbetriebsrats. Die Grundlagen für die Errichtung dieses Gesamtbetriebsrats sind ja entfallen, da das alte Unternehmen keine Betriebe mehr aufweist. In dem neuen Unternehmen müsste ein neuer Gesamtbetriebsrat gebildet werden, falls dort die Voraussetzungen vorliegen[44)] und noch kein solcher besteht. Falls es schon einen gibt, entsenden die übertragenen Betriebe ihre Mitglieder in diesen.

9.74 Falls das neue Unternehmen bislang keine Betriebe führte, ist die Rechtslage wiederum einfach. Nach Ansicht des BAG[45)] ist im Fall der Übernahme aller Betriebe

43) BAG, Beschl. v. 18.09.2002 – 1 ABR 54/01, NZA 2003, 670.

44) BAG, Urt. v. 05.06.2002 – 7 ABR 17/01, NZA 2003, 336; DKKW/Berg, BetrVG, 18. Aufl. 2022, § 47 Rdnr. 49.

45) Nicht entschieden, aber angesprochen BAG, Urt. v. 05.06.2002 – 7 ABR 17/01, NZA 2003, 336; BAG, Beschl. v. 18.09.2002 – 1 ABR 54/01, NZA 2003, 670.

eines anderen Unternehmens durch ein solches, das zuvor keine Betriebe aufwies, vom Fortbestand des Gesamtbetriebsrats auszugehen,[46] da der Bestand an repräsentierten Betrieben vorher und nachher exakt derselbe sei.[47]

Hinweis 9.75

Da alle Betriebe übertragen werden, entsteht kein Konzern.

9.5.1.4 Sonderfälle: Übertragung von Betrieben ohne Betriebsrat auf ein anderes Unternehmen

Werden Betriebe ohne Betriebsrat auf ein anderes Unternehmen übertragen, so sind verschiedene Konstellationen denkbar, die jeweils betriebsverfassungsrechtlich unterschiedlich zu behandeln sind: 9.76

- Existiert weder im abgebenden noch im aufnehmenden Unternehmen ein **Gesamtbetriebsrat**, dann gibt es i.d.R. keine betriebsverfassungsrechtlichen Probleme. Die Übertragung könnte natürlich zu einer Betriebsratsgründung führen, dies ist aber ein allgemeines Phänomen. Existiert im aufnehmenden Unternehmen bereits ein Betriebsrat, so wird allerdings von manchen Autoren[48] vertreten, dass jetzt ein Gesamtbetriebsrat gegründet werden kann, der dann auch für den betriebsratslosen Betrieb in betriebsübergreifenden Angelegenheiten zuständig wäre.
- Existiert nur im aufnehmenden Unternehmen ein **Gesamtbetriebsrat**, so erstreckt sich dessen Zuständigkeit gem. § 50 Abs. 1 BetrVG auch auf Betriebe ohne Betriebsrat. Dies gilt auch für neu erworbene Betriebe, aber nur bei Angelegenheiten, die das Gesamtunternehmen oder mehrere Betriebe betreffen und nicht durch die einzelnen Betriebsräte innerhalb ihrer Betriebe geregelt werden können. Diese Betriebe sind zwar nicht durch Mitglieder im Gesamtbetriebsrat vertreten, Gesamtbetriebsvereinbarungen mit betriebsübergreifenden Regelungen können deshalb aber auch dort gelten. Im Zweifel gilt eine für alle Betriebe abgeschlossene Gesamtbetriebsvereinbarung auch für „neue" Betriebe.[49] 9.77

46) Kunz, AiB 2003, 313; für Fortbestand des Gesamtbetriebsrats bei klarem Überwiegen der übertragenen Betriebe Hohenstatt/Müller-Bonnani, NZA 2003, 766; Fuhlrott/Oltmanns, BB 2015, 1013.

47) Giesen, SAE 2003, 219.

48) DKKW/Berg, BetrVG, 18. Aufl. 2022, § 47 Rdnr. 35; Fischer, AiB 2001, 565; Helm/Müller, AiB 2001, 449.

49) Fitting, BetrVG, 31. Aufl. 2022, § 50 Rdnr. 76; LAG München, Urt. v. 08.11.1988 – 2 Sa 691/88, DB 1989, 1880.

9.78 – Existiert sowohl im abgebenden als auch im aufnehmenden Unternehmen ein **Gesamtbetriebsrat**, so wird der Gesamtbetriebsrat des aufnehmenden Unternehmens auch für die neu erworbenen Betriebe zuständig. Auch hier gilt im Zweifel eine für alle (alten) Betriebe abgeschlossene Gesamtbetriebsvereinbarung auch für „neue“ Betriebe. Bestehende Gesamtbetriebsvereinbarungen werden mit übertragen und können weitergelten. Diese können vom Arbeitgeber und vom (neu zuständigen) Gesamtbetriebsrat) auch zu Lasten der betroffenen Arbeitnehmer geändert werden.

9.79 – Existiert nur im abgebenden Unternehmen ein **Gesamtbetriebsrat**, so werden geltende Gesamtbetriebsvereinbarungen Bestandteil des Arbeitsverhältnisses, nicht des Arbeitsvertrags, wenn kein Betriebsrat gewählt wird.[50] Diese Vereinbarungen sind vor einer Ablösung durch eine (spätere) Betriebsvereinbarung nicht in größerem Umfang geschützt, als wenn sie kollektivrechtlich weiter gelten würden. Im Verhältnis zu einer neuen Betriebsvereinbarung gilt damit nicht das Günstigkeits-, sondern das Ablösungsprinzip.[51] Das heißt, auch dann, wenn eine Gesamtbetriebsvereinbarung Bestandteil des Arbeitsverhältnisses geworden ist, kann sie ein später gewählter Betriebsrat oder ein zuständiger Gesamtbetriebsrat auch zum Nachteil begünstigter Arbeitnehmer zusammen mit dem Arbeitgeber ändern, wenn er dies für richtig hält. Solange kein handlungsfähiges Betriebsverfassungsorgan besteht, kommt eine inhaltliche Änderung der Betriebsvereinbarung nicht in Frage. Der Arbeitgeber kann ihre Wirkung jedoch dadurch beenden, dass er einheitlich gegenüber allen betroffenen Arbeitnehmern des Betriebs die Kündigung der (Gesamt-) Betriebsvereinbarung erklärt.[52]

9.5.2 Konzernebene

9.5.2.1 Erwerb eines Unternehmens mit einem Betrieb

9.80 Der Erwerb eines Unternehmens mit einem Betrieb ist der einfachste und unproblematischste Fall. § 613a BGB regelt hier, dass der Erwerber in die Rechte und Pflichten aus den im Zeitpunkt des Übergangs bestehenden Arbeitsverhältnissen eintritt. Wurde also ein Betriebsrat gewählt, so bleibt dieser unverändert bestehen. Für dessen Mitglieder ändert sich nichts. Betriebsvereinbarungen – auch nachwirkende – gelten unverändert weiter. Sie können aber nach den Regeln des Betriebsverfassungsrechts geändert oder gekündigt werden, wenn dies ohne den Betriebsübergang möglich gewesen wäre. Auch die Neuwahl eines Betriebsrats vollzieht sich, selbst wenn sie durch den Betriebsübergang veranlasst wurde, nach den allgemeinen Regeln und wird durch den Arbeitgeberwechsel nicht beeinflusst.

50) BAG, Beschl. v. 18.09.2002 – 1 ABR 54/01, NZA 2003, 670.

51) BAG, Urt. v. 14.08.2001 – 1 AZR 619/00, NZA 2002, 276.

52) BAG, Beschl. v. 18.09.2002 – 1 ABR 54/01, NZA 2003, 670.

Falls ein Unternehmen (auch wenn es lediglich einen Betrieb führt) ein anderes (auch wenn dieses ebenfalls lediglich einen Betrieb aufweist) erwirbt, entsteht ein Konzern (bei einer „Mutter“ im Ausland kann das aber anders ein). Existieren zwei Betriebsräte, so kann ein Konzernbetriebsrat gebildet werden. 9.81

9.5.2.2 Erwerb eines Unternehmens mit mehreren Betrieben

Wird ein Unternehmen mit mehreren Betrieben (insgesamt) erworben und unverändert weitergeführt wird, gilt Ähnliches. Für alle betriebsverfassungsrechtlichen Organe und ihre Mitglieder ändert sich nichts. Auch Gesamtbetriebsvereinbarungen bestehen unverändert weiter. Falls es sich bei dem erwerbenden Unternehmen um ein solches mit Betrieben handelt, entsteht ein Konzern. Es kann ein Konzernbetriebsrat gebildet werden. Existiert bereits ein Konzern mit Konzernbetriebsrat, ändert sich nur die Mitgliederstruktur im Konzernbetriebsrat. Ein existierender Gesamtbetriebsrat bzw. der Betriebsrat, falls kein solcher besteht, hat Mitglieder in diesen zu entsenden. Falls die Konzernzugehörigkeit wechselt, entfällt ggf. die Mitgliedschaft im bisherigen Konzernbetriebsrat. Falls mehrere Unternehmen erworben werden, so kann ein bestehender Konzernbetriebsrat nach Eingliederung des bisherigen Konzerns in einem größeren als Unterkonzernbetriebsrat fortbestehen. 9.82

9.5.2.3 Erwerb eines Unternehmens, Betriebs oder Betriebsteils eines Konzerns

Auf den ersten Blick einfach und folgerichtig kann die Situation auch für die Fälle dargestellt werden, in denen „aus einem Konzern heraus“ ein Unternehmen, ein Betrieb oder Betriebsteil erworben wird. Die Rechtslage ist eigentlich unverändert, nur etwas komplexer. Veräußerte Unternehmen verlieren die Konzernzugehörigkeit. Veräußerte Betriebe verlieren die Unternehmens- und Konzernzugehörigkeit. Die Mitgliedschaft von Gesamtbetriebsräten und Betriebsräten im Konzernbetriebsrat entfällt. 9.83

Die Grundsätze des BAG zu Gesamtbetriebsvereinbarungen gelten auch für Konzernbetriebsvereinbarungen:[53] 9.84

- Geht ein einzelner Betrieb auf ein anderes Unternehmen eines anderen Konzerns über, oder gehört das aufnehmende Unternehmen keinem Konzern an, so bleiben die in ihm geltenden Konzernbetriebsvereinbarungen als Einzelbetriebsvereinbarungen bestehen.

53) BAG, Beschl. v. 25.02.2020 – 1 ABR 39/18, NZA 2020, 875.

- Geht ein einzelnes Unternehmen (mit mehreren Betriebsräten und einem Gesamtbetriebsrat) auf einen anderen Konzern über, oder gehört es keinem Konzern mehr an, so bleiben die in ihm geltenden Konzernbetriebsvereinbarungen als Gesamtbetriebsvereinbarungen bestehen.
- Gehen alle oder mehrere Betriebe des abgebenden Unternehmens auf ein anderes nicht konzernangehöriges Unternehmen über, so bleiben die in ihnen geltenden Konzernbetriebsvereinbarungen als Gesamtbetriebsvereinbarungen bestehen.
- Dies gilt auch dann, wenn nur Teile von Betrieben des abgebenden Unternehmens erworben, aber vom Erwerber als eigene Betriebe geführt werden. Falls im Erwerberunternehmen nach § 47 BetrVG ein neuer Gesamtbetriebsrat zu errichten ist, kommt nur dieser als Adressat für eine Kündigung der fortgeltenden (Konzern-)Gesamtbetriebsvereinbarungen in Frage.
- Im Fall eines Betriebsübergangs behalten Konzernbetriebsvereinbarungen, die in den Betrieben des abgebenden Unternehmens gelten, in den übertragenen Teilen des Unternehmens ihren Status als Rechtsnormen auch dann, wenn nur einer oder mehrere Betriebe übergehen. Dies gilt jedenfalls dann, wenn das andere Unternehmen bis dahin keinen Betrieb führte und die übertragenen Betriebe ihre Identität bewahrt haben.
- Wird nur ein Betrieb übernommen, bleiben die Konzernbetriebsvereinbarungen als Einzelbetriebsvereinbarungen bestehen, wenn die Konzernzugehörigkeit endet.

9.5.2.4 Erwerb eines „kleinen" Konzernteils

9.85 „Kleine“ Konzernteile werden häufig von „Unbedarften“ erworben ohne Spezialkenntnisse im Arbeits- oder gar im Betriebsverfassungsrecht. Umgekehrt aber werden solche Veräußerungen (Beispiele: Outsourcing, Outplacement u.Ä.) häufig von versierten Spezialisten durchgeführt. Für als Berater tätige Personen ist hier gute Recherche und Vorsicht angezeigt.

9.86 Wird ein übernommener Betriebsteil vom Erwerber als selbständiger Betrieb geführt, gelten in ihm die im ursprünglichen Betrieb bestehenden Einzel-, Gesamt-, und Konzernbetriebsvereinbarungen normativ wie ein (Betriebs-)Gesetz weiter. Wenn kein Betriebsrat gewählt wird, werden Betriebs-, Gesamtbetriebs- und Konzernbetriebsvereinbarungen Bestandteil des Arbeitsverhältnisses (nicht aber des Arbeitsvertrags).[54)]

54) BAG, Beschl. v. 18.09.2002 – 1 ABR 54/01, NZA 2003, 670.

Der Betriebsrat des früheren Betriebs hat in dem neu entstandenen Betrieb gem. § 21a Abs. 1 Satz 1 und 3 BetrVG ein Übergangsmandat für längstens sechs Monate und ist verpflichtet, gem. § 21a Abs. 1 Satz 2 BetrVG einen Wahlvorstand zu bestellen. Diese Frage wird also zunächst nicht von den übernommenen Arbeitnehmern entschieden (die, wovon der Erwerber – oft auch zu Recht – ausgeht, in „modernen" Unternehmen wenig von Betriebsräten halten), sondern vom „alten" Betriebsrat. Häufig scheitert in diesen Fällen – mangels Kandidaten – die Betriebsratswahl. Sicher ist dies aber nicht, da vom Erwerber eingeholte Meinungsäußerungen kraft Natur der Sache und auch weil Betriebsratswahlen geheim sind, oft wenig verlässlich sind. 9.87

Auch wenn kein Betriebsrat gewählt wird, können die fortbestehenden Einzel-, Gesamt-, und Konzernbetriebsvereinbarungen für Überraschungen sorgen. In den Bereichen Kündigungsschutz, Vergütungsregelungen und vor allem betriebliche Altersversorgung können die Mitarbeiter (ohne dass ihnen das zunächst bewusst ist) stark abgesichert sein. 9.88

Betriebsvereinbarungen können allerdings einseitig vom Arbeitgeber gekündigt werden. Existiert kein Betriebsrat (mehr), kann der Arbeitgeber ihre Wirkung dadurch beenden, dass er einheitlich gegenüber allen betroffenen Arbeitnehmern des Betriebs die Kündigung der Betriebsvereinbarung erklärt.[55] Diese wirkt allerdings in Angelegenheiten, in denen ein Spruch der Einigungsstelle die Einigung zwischen Arbeitgeber und Betriebsrat ersetzen kann, nach, bis sie durch eine andere ersetzt wird (§ 77 Abs. 6 BetrVG). Falls es sich aber um eine freiwillige Leistung handelt, gibt es keine Nachwirkung, es sei denn, dies ist ausdrücklich vereinbart worden.[56] Der Erwerber sollte also auch hier wissen (vgl. die Checkliste „Due Diligence", Rdnr. 9.8), welche Regelungen gelten und (möglichst vor Erwerb) prüfen, welche wie beendigt werden können oder müssen. Da es auch teilmitbestimmte Regelungen gibt, empfiehlt sich in diesen Fällen eine genaue Prüfung, welche Teilregelung nachwirkt und welche nicht.[57] 9.89

Beispiel 9.90

Ein Gastronom und Hotelier erwirbt ein Ferienheim eines (arbeitnehmerfreundlichen) Konzerns in bester Lage im nördlichen Schwarzwald. Nicht ausdrücklich erwähnt wird, dass auch dort eine Konzernregelung zur betrieblichen Altersversorgung auf sehr hohem Niveau gilt. Zunächst stört sich niemand daran, dass

55) BAG, Beschl. v. 18.09.2002 – 1 ABR 54/01, NZA 2003, 670.
56) BAG, Urt. v. 27.06.1985 – 6 AZR 392/81, NZA 1986, 401 ff.
57) BAG, Urt. v. 19.11.2019 – 1 AZR 386/18, NZA 2020, 297.

die erforderlichen Beiträge nicht weitergezahlt werden. Als die erste Mitarbeiterin in Rente geht, entdeckt deren Anwalt dies (im Laufe anderer Streitigkeiten) und erhebt Forderungen i.H.v. mehr als 100.000 €. Da insgesamt 15 Mitarbeiter übernommen worden sind, ist das Familienvermögen des (persönlich haftenden) Gastronomen gefährdet. Besonders pikant ist, dass eine sofortige Beendigung der Verpflichtung zur Beitragsleistung (wegen deren „Freiwilligkeit") möglich gewesen wäre. Rückwirkend geht das nicht.

10. Share Deal versus Asset Deal

Inhalt **Rdnr.**

10.1 Unterscheidung zwischen Share Deal und Asset Deal

Die aus dem angloamerikanischen Sprachraum stammenden Begrifflichkeiten „Asset Deal“ und „Share Deal“ bezeichnen im deutschen Recht einen Sachkauf nach § 433 Abs. 1 Satz 1 BGB (dann Asset Deal) bzw. einen Rechtskauf nach § 453 Abs. 1 BGB (dann Share Deal). Dabei ist nur ein Share Deal – also der Erwerb eines Unternehmens oder Unternehmensteils als Sachgesamtheit (oder jedenfalls mit seinen wesentlichen Bestandteilen) durch Erwerb des Rechtsträgers selbst – ein Unternehmenskauf im engeren Sinn. 10.1

Während damit Gegenstand eines Asset Deals das einzelne Wirtschaftsgut selbst oder aber beliebig zusammengefasste (z.B. einzelne Standorte, ganze Betriebsteile, bestimmte Produktportfolios etc.) Wirtschaftsgüter eines Unternehmens sind, ist beim Share Deal stets der Rechtsträger eines Unternehmens maßgeblicher Kauf- 10.2

gegenstand.[1] Einem Share Deal sind alle Rechtsträger zugänglich – also Personengesellschaften ebenso wie Kapitalgesellschaften. Die gesellschaftsrechtliche Beteiligung des Verkäufers stellt jeweils den unmittelbaren Kaufgegenstand dar.

10.3 Beide Transaktionsformen lassen sich auch kombinieren. So kann es z.B. bei grenzüberschreitenden Sachverhalten sinnvoll sein, nur einen deutschen Rechtsträger zu erwerben, von Tochtergesellschaften in anderen Jurisdiktionen allerdings einzelne Wirtschaftsgüter im Wege eines Asset Deals zu erwerben. Sogenannte Carve-out-Transaktionen sind ein weiteres Beispiel: Hier wird aus einer i.d.R. größeren Unternehmensgruppe ein Teilbereich verkauft, und zwar oftmals durch Erwerb einer Mischung aus einzelnen Gesellschaften (Rechtsträger, Share Deal) und weiterer, innerhalb der größeren Unternehmensgruppe bislang anderen Rechtsträgern zugeordneter Wirtschaftsgüter, z.B. Immobilien oder Lagerbestände. Derartige Transaktionen zwischen Share und Asset Deal werden in aller Regel in einem einzigen Vertrag abgebildet, dem sogenannten Share and Asset Purchase Agreement.

10.2 Formerfordernisse

10.4 Die Übertragung einzelner Assets oder Shares folgt in beiden Modellen zunächst den für die jeweiligen konkreten Kaufgegenstände anwendbaren Formvorschriften. Mithin sind Asset Deals grundsätzlich formfrei möglich, bei (regelmäßig vorkommender) Einbeziehung von Immobilien (oder beispielsweise bei vom Zielunternehmen an Kapitalgesellschaften gehaltenen Anteilen) sind die jeweils anwendbaren Formvorschriften zu beachten.

10.5 Für den „Share Deal" gilt dies entsprechend, so dass in Bezug auf die zu veräußernden Beteiligungen an Kapitalgesellschaften die einschlägigen Regelungen zu beachten sind und (bereits) die schuldrechtlichen Verträge damit (ebenso wie bei Einbeziehung von Immobilien in einen Asset Deal) der notariellen Beurkundung bedürfen. Die soweit maßgeblichen Regelungen finden sich insbesondere in § 311b Abs. 1 BGB (Immobilien), § 15 GmbHG (Anteile an einer GmbH) sowie § 68 AktG (Anteile an einer AG). Zu beachten ist hier dringend der Gesamtbeurkundungsgrundsatz.[2] Danach stellen sämtliche Abreden, die nach dem Willen der Parteien derart voneinander abhängen sollen, dass ein Verkauf nur gemeinsam erfolgen soll, ein einheitliches Geschäft dar, das insgesamt beurkundungspflichtig ist. Etwaige, für einzelne Vermögensgegenstände bestehende Beurkundungspflichten „infizieren" demnach bei Unternehmenstransaktionen regelmäßig den gesamten Vertrag.

1) Hopt, in: Baumbach/Hopt, HGB, 42. Aufl. 2023, Einleitung vor § 1 Rdnr. 44.
2) BGH, Urt. v. 11.11.1983 – V ZR 150/82, NJW 1984, 974, 975.

Praxistipp 10.6

Im Einzelfall ist sorgfältig zu prüfen, ob die Formbedürftigkeit einzelner Kaufgegenstände den gesamten Kaufvertrag „infiziert" und diesen insgesamt der notariellen Form unterwirft oder ob einzelne Gegenstände in separaten Vertragsurkunden beurkundet werden können, was teils die anfallenden Transaktionskosten deutlich reduzieren kann. Im Zweifel sollte der Berater stets auf eine vollständige Beurkundung aller zum Unternehmenskaufvertrag bestehenden Abreden in einer Urkunde hinwirken, um das Risiko einer Formunwirksamkeit oder -nichtigkeit von vornherein zu vermeiden.

10.3 Entscheidung zwischen Share Deal und Asset Deal

10.3.1 Bedeutung

Die Unterscheidung zwischen Share Deal und Asset Deal – und damit aus Sicht 10.7
des rechtlichen oder steuerlichen Beraters die Entscheidung, welche Struktur für eine Transaktion gewählt werden sollte – ist im deutschen Recht insbesondere wegen der folgenden Auswirkungen von erheblicher Bedeutung:

- Sie stellt die Weichen für die Vertragsgestaltung und damit das auf die Transaktion anwendbare Haftungsregime.
- Sie hat unmittelbare Konsequenzen für die steuerliche Behandlung der Transaktion bei allen Beteiligten, wobei dies wegen der ertragsteuerlichen Transparenz der Personengesellschaften insbesondere bei Kapitalgesellschaften als Zielgesellschaften zutrifft.
- Sie hat maßgebliche Auswirkungen auf den Ablauf der Transaktion und das Schicksal von im Zielunternehmen bestehenden Vertragsverhältnissen mit Dritten (z.B. Kunden, Lieferanten) sowie auf etwaige im Zielunternehmen (oder bei dessen Gesellschaftern persönlich) vorhandene Konzessionen und Genehmigungen öffentlich-rechtlicher Natur.

In der Praxis ist es dringend zu empfehlen, rechtsanwaltliche und steuerliche 10.8
Berater bereits in einem möglichst frühen Stadium der Transaktion einzubeziehen, optimalerweise bereits dann, wenn ein Verkauf erstmals ernsthaft in Betracht gezogen wird. Die Entscheidung zwischen Asset Deal und Share Deal ist eine der ersten maßgeblichen Weichenstellungen für den weiteren Ablauf der Transaktion und hängt zuvorderst von den konkreten Umständen der Transaktion und dem Zuschnitt des Zielunternehmens ab.

10.9 **10.3.2 Wesentliche Vor- und Nachteile des Share Deals**

Vorteile des Share Deals	Nachteile des Share Deals
Der Share Deal ist grundsätzlich (gerade bei komplexeren Unternehmen mit vielen Rechtsbeziehungen und/oder einzelnen Vermögensgegenständen) die vertraglich einfachere Gestaltungsvariante, da regelmäßig schlicht der gesamte Unternehmensträger erworben wird.	Dem Vorteil der im Ausgangspunkt einfacheren Vertragsgestaltung beim Share Deal steht spiegelbildlich das hieraus folgende erhöhte Haftungsrisiko des Erwerbers gegenüber, das eine sorgfältige Prüfung des Zielunternehmens (Due-Diligence- oder Sorgfaltsprüfung) und die Schaffung eines passgenauen Haftungsregimes im Kaufvertrag unabdingbar macht. Dies kann hohe (Transaktionsneben-)Kosten auslösen.
Es wird eine Gesamtrechtsnachfolge durch Erwerb der Gesellschaftsanteile ausgelöst, damit bleiben sämtliche von der Gesellschaft mit Dritten (Lieferanten, Kunden, Lizenzgeber etc.) eingegangene Geschäftsbeziehungen grundsätzlich ohne weiteres bestehen. Eine Betrachtung der einzelnen Verträge im Hinblick auf deren Abtretbarkeit und ein etwaig nötiges Neuverhandeln von für das Zielunternehmen bedeutsamen Verträgen wird dadurch im Grundsatz verhindert. Die für das Zielunternehmen maßgeblichen Vertragsbeziehungen sind dann lediglich auf sogenannte Change-of-control-Klauseln zu überprüfen.	Beim Share Deal wird das Unternehmen als solches mit sämtlichen bestehenden Risiken übernommen, so dass der Share Deal in Fällen, in denen das Zielunternehmen wirtschaftlich nicht gesund oder gar in der Krise befindlich ist, regelmäßig ungeeignet sein wird. Auch wenn an sich nur einzelne Wirtschaftsgüter interessant für den Erwerber sind, kann der Share Deal den Nachteil haben, dass dennoch für etwaige Altverbindlichkeiten gehaftet werden muss.
Die Transaktionskosten sind gut vorhersehbar und transparent planbar.	Der Share Deal ist bei deutschen Kapitalgesellschaften als Zielgesellschaften zwingend zu beurkunden, was zu höheren Transaktionskosten führen kann, beim Asset Deal ist dies überwiegend nur bei Immobilien der Fall. Auch die Kosten der Due-Diligence-Prüfung und sonstige Nebenkosten der Transaktion sind regelmäßig (deutlich) höher.
Bei umfangreichem Immobilienvermögen der Zielgesellschaft kann ein Share Deal den Vorteil bieten, dass bei Erwerb von weniger als 90 % der Geschäftsanteile an der Zielgesellschaft und Vereinbarung einer Treuhand betreffend die verbliebenen 10 + X % Grunderwerbsteuer vermieden werden kann.	

Vorteile des Share Deals	Nachteile des Share Deals
Sofern der Share Deal eine Geschäftsveräußerung im Ganzen oder die Veräußerung eines Teilbetriebs darstellt, liegt ein nicht umsatzsteuerbarer Vorgang nach § 1 Abs. 1a UStG vor. Dies kann wegen eines etwaigen Vorsteuerabzugs auf Eingangsleistungen, wie z.B. Beraterkosten, relevant werden.	
Ein Share Deal führt regelmäßig nicht zu einem Betriebsübergang i.S.d. § 613a BGB.	In einigen Sonderkonstellationen möchte man ggf. gerade einen Betriebsübergang auslösen, etwa um bestimmte Mitarbeiter zu übernehmen und sonst nicht zu haften. Das funktioniert mit dem Share Deal regelmäßig nicht.

10.3.3 Wesentliche Vor- und Nachteile des Asset Deals 10.10

Vorteile des Asset Deals	Nachteile des Asset Deals
Bei wirtschaftlich fraglicher Gesundheit des Zielunternehmens, insbesondere in Krise und Insolvenz, lassen sich im Wege des Asset Deals einzelne Vermögensgegenstände isoliert aus dem Zielunternehmen herauskaufen	Beim Asset Deal muss jeder einzelne vom Kaufvertrag umfasste Kaufgegenstand derart genau bezeichnet werden, dass den sachenrechtlichen Grundsätzen Genüge getan wird (Bestimmtheit/Bestimmbarkeit). Jedes einzelne Asset muss selbständig übertragen werden. Dies schließt u.a. auch Arbeitsverträge mit zu übernehmenden Mitarbeitern, Vertragsverhältnisse mit Lieferanten oder Kunden, Warenbestände in einzelnen Lagern, gewerbliche Schutzrechte und sämtliche anderen zu übertragenden Vermögensgegenstände mit ein.
Mit dem Asset Deal lassen sich bestimmte interessante Wirtschaftsgüter auch von einem wirtschaftlich gesunden Unternehmen erwerben, ohne eine weitere Haftung etwa für Altverbindlichkeiten auszulösen. Dies kann beim isolierten Erwerb z.B. von Kundenbeziehungen, Vermögenswerten, Patenten oder sonstigen gewerblichen Schutzrechten, nicht rechtsträger-gebundenen Konzessionen oder auch Mitarbeitern ein entscheidender Vorteil sein.	Mit Blick auf personenbezogene Daten oder Teams von Mitarbeitern sind datenschutzrechtliche Anforderungen auch betreffend die Übertragung zu wahren; dies wäre bei einem Share Deal anders, denn dort würde der – bereits zur Datennutzung berechtigte – Rechtsträger erworben, und es findet insoweit keine Änderung statt.

Vorteile des Asset Deals	Nachteile des Asset Deals
Die einzelnen Verpflichtungen, die der Käufer mit der Transaktion übernimmt, beziehen sich nur auf die konkreten kaufgegenständlichen Vermögensgegenstände und sind daher regelmäßig sehr viel einfacher zu erfassen, als es beim Share Deal der Fall ist.	Neben der sachenrechtlich präzisen Bezeichnung der zu übertragenden Vermögensgegenstände ist in aller Regel für sämtliche relevanten Vertragsverhältnisse, die übernommen werden sollen, die Zustimmung des Vertragspartners zur Übertragung erforderlich. Dies führt dazu, dass regelmäßig eine Vielzahl Dritter in die Verhandlungen einzubeziehen sein werden.
Es bestehen keine Haftungsrisiken aufgrund im Zielunternehmen begründeter Verbindlichkeiten.	Das für den Asset Deal notwendige Vertragswerk ist aus den vorstehenden Gründen damit in aller Regel bei vergleichbarer Größe und Komplexität des Zielunternehmens wesentlich umfangreicher als bei einem Share Deal.
Gerade wenn bereits ein Insolvenzantrag gestellt wurde, kann aufgrund der insolvenz-rechtlichen Erleichterungen ein Betriebsteil im Wege des Asset Deals aus dem insolventen Unternehmen herausgekauft werden, ohne dass ein Betriebsübergang nach § 613a BGB ausgelöst wird bzw. ohne dass Altverbindlichkeiten gegenüber den ggf. übernommenen Mitarbeitern auf den Erwerber übergehen.	Sobald eine Immobilie oder ein anderer Gegenstand, auf dessen Übertragung Sonderformvorschriften Anwendung finden, Teil des Kaufvertrags ist, muss wegen des Gesamtbeurkundungsgrundsatzes der gesamte Kaufvertrag über die gesamten erworbenen Assets (sog. Asset Purchase Agreement) notariell beurkundet werden.

10.3.4 Grundsätzliche Empfehlungen

10.11 **Ein Share Deal empfiehlt sich damit grundsätzlich bei ...**

- gesunden Kapitalgesellschaften als Zielgesellschaften und
- Unternehmen mit einer Vielzahl bedeutender Vertragsverhältnisse.

10.12 **Ein Asset Deal empfiehlt sich entsprechend grundsätzlich bei ...**

- insolventen bzw. in einer Krise befindlichen Kapitalgesellschaften und
- Personengesellschaften, bei denen erhebliche Haftungsrisiken zu befürchten sind und eine Nebenhaftung des Erwerbers für im Betrieb vor Erwerb begründete Verbindlichkeiten vermieden werden soll.

10.3.5 Grundlegende steuerliche Erwägungen

Zu den zivilrechtlichen und wirtschaftlichen Überlegungen treten steuerliche Erwägungen hinzu. Für den **Verkäufer** ist im Grundsatz der **Share Deal der steuerlich vorzugswerte** Weg.[3] Dies gilt nach der Steuerreform im Jahr 2001 insbesondere dann, wenn Verkäuferin und Zielunternehmen Kapitalgesellschaften sind. Dann sind die Veräußerungsgewinne für die veräußernde Kapitalgesellschaft nach § 8b Abs. 2 Satz 1 KStG regelmäßig steuerfrei, wobei allerdings 5 % des Veräußerungsgewinns als nicht abziehbare Betriebsausgaben gelten. Im Ergebnis sind damit 95 % des Veräußerungsgewinns zunächst steuerfrei – soweit keine Ausschüttung an Privatpersonen erfolgt. 10.13

Für natürliche Personen als Gesellschafter gelten bei Veräußerung sämtlicher Anteile an einer Kapitalgesellschaft der Freibetrag des § 16 Abs. 4 EStG (sofern das 55. Lebensjahr vollendet oder dauernde Berufsunfähigkeit vorliegt) und die Tarifbegünstigungen nach § 34 Abs. 1 und 3 EStG. Soweit der Veräußerungsgewinn nicht auf natürliche Personen als Gesellschafter entfällt, unterliegt er bei der veräußernden Gesellschaft außerdem der Gewerbesteuer (§ 7 Satz 2 Nr. 1 GewStG, vgl. ausführlich Rdnr. 18.1). Ist der Verkäufer keine Kapitalgesellschaft, sondern eine natürliche Person, so findet das Teileinkünfteverfahren Anwendung und es sind grundsätzlich 60 % des Veräußerungsgewinns mit dem jeweiligen persönlichen Einkommensteuersatz zu versteuern. Bei regelmäßig anwendbarem Höchststeuersatz bedeutet das eine steuerliche Belastung von ca. 28 %, bezogen auf den gesamten Veräußerungsgewinn. Gleiches gilt wegen der steuerlichen Transparenz der Personengesellschaft für den Fall, dass Verkäuferin eine Personengesellschaft ist. Gleichwohl kann auch hier der Freibetrag des § 16 Abs. 4 EStG in Anspruch genommen werden. 10.14

Praxistipp 10.15

Da der Freibetrag nach § 16 Abs. 4 EStG nur einmal im Leben in Anspruch genommen werden kann, sollte der steuerliche bzw. rechtsanwaltliche Berater hier unbedingt abklären, wie die weitere Vermögensplanung des betreffenden Gesellschafters ist und ob ggf. noch andere Vermögenswerte, vielleicht weitere Unternehmen oder gepoolte Immobilienvermögen, vorhanden sind, um nicht hier dann für die Zukunft den Freibetrag bereits verbraucht zu haben.

Beim **Asset Deal** ist für den **Verkäufer**, der eine Kapitalgesellschaft ist, mit etwa 30 % Besteuerung zu rechnen, da der bei einem Asset Deal erzielte Veräußerungsgewinn in vollem Umfang der Körperschaft- und Gewerbesteuer unterliegt. Die 10.16

3) Beisel, in: Beisel/Klumpp, Der Unternehmenskauf, 7. Aufl. 2016, § 1 Rdnr. 32.

Ausschüttung einer Veräußererkapitalgesellschaft an deren Gesellschafterin, die selbst eine Kapitalgesellschaft ist, wird im Fall des Asset Deals steuerlich privilegiert (§ 8b Abs. 1 KStG, vgl. Rdnr. 14.63) und ist grundsätzlich steuerfrei möglich. Allerdings gelten 5 % dieser Ausschüttung als nicht abziehbare Betriebsausgaben und sind damit zu versteuern. Ist Gesellschafterin des Verkäufers also wiederum eine Kapitalgesellschaft, so sind die (auf Ebene des Verkäufers bereits mit etwa 30 % versteuerten) Veräußerungsgewinne für die Holdingkapitalgesellschaft als Gesellschafterin des Verkäufers lediglich noch mit zusätzlichen 1,5 % zu besteuern. Eine Ausschüttung des verbleibenden Betrags an eine natürliche Person, die Gesellschafterin des Verkäufers ist, führt dann zu einer Besteuerung von bis zu 47 % vom Verkaufserlös, betrachtet man die Steuerbelastung des Gesellschafters. Hinzuweisen ist auch hier auf § 16 Abs. 4 EStG.

10.17 **Der Käufer** allerdings trägt für den Fall des **Share Deals** in aller Regel eine höhere steuerliche Belastung als beim Asset Deal. Erwirbt der Käufer Anteile an einer Kapitalgesellschaft, so unterliegen diese nicht der regulären Abschreibung, und damit lässt sich kein Steuervorteil erreichen. Die bisherigen Buchwerte der erworbenen Kapitalgesellschaft sind regelmäßig auch in der Bilanz der erwerbenden Kapitalgesellschaft fortzuführen. Beim **Asset Deal** dagegen muss das einzelne Asset grundsätzlich bewertet und der Gesamtkaufpreis inklusive der übertragenen Verbindlichkeiten in der Bilanz des Käufers bis zum jeweiligen Verkehrswert aufgestockt werden. Damit ergibt sich ein höheres Abschreibungspotenzial im Fall eines Asset Deals auf Seiten des Käufers. Dies gilt auch für einen etwaigen überschießenden Firmenwert, also die Differenz zwischen erhaltenem Gesamtverkehrswert der übertragenen Assets und dem Kaufpreis, der einer Abschreibungsdauer von 15 Jahren unterliegt.

10.18 Zusammengefasst führt der Asset Deal also zu einer Steuerlast des Verkäufers und zu korrespondierenden Abschreibungsmöglichkeiten des Käufers. Aufgrund dieser Konstellation wird der Verkäufer den Betrag der Steuerbelastung im Regelfall auf den Kaufpreis aufschlagen und der Käufer diesen Aufschlag durch seine Abschreibungsmöglichkeiten wieder neutralisieren. Dies ergibt allerdings nur Sinn, wenn der Käufer mittelfristig – im Rahmen der Abschreibungsdauer – auch tatsächlich einen Gewinn erzielt; bei fremdkapitalfinanzierten Transaktionen muss dies nicht der Fall sein. Ein steuerlicher Verlustvortrag verbleibt bei dem Verkäufer und kann dort im Rahmen des § 10d EStG gegen den Veräußerungsgewinn gerechnet werden. Eine Übertragung auf den Käufer oder eine Nutzung durch das veräußerte Unternehmen sind nicht möglich.

Die oben skizzierte steuerliche Situation unter geltendem Recht – nach einer Annäherung der Besteuerung von Asset und Share Deal – führt dazu, dass der Regelfall heute auch in Deutschland der Share Deal ist, der Asset Deal ist eher bestimmten Konstellationen vorbehalten (vgl. bereits Rdnr. 10.16). 10.19

Praxistipp 10.20

Dieser deutlich hervortretende Interessengegensatz zwischen Käufer und Verkäufer, was die Wahl zwischen Asset und Share Deal aufgrund steuerlicher Auswirkungen anbelangt, sollte in der Beratungspraxis herausgearbeitet werden und insbesondere bei der Bestimmung eines adäquaten Kaufpreises Berücksichtigung finden. Der Kaufpreis für im Wege des Asset Deals veräußerte Unternehmen bzw. Unternehmensbestandteile wird in aller Regel höher anzusetzen sein als bei einem vergleichbaren Share Deal (siehe Rdnr. 13.1 ff.).

10.3.6 Sonstige Gründe für einen Asset Deal

Neben den oben skizzierten steuerlichen Erwägungen können bestimmte (Sonder-)Situationen für einen Asset Deal sprechen. Bereits stichpunktartig erwähnt wurden die Insolvenz bzw. Unternehmenskrise des Zielunternehmens (hierzu bereits oben Rdnr. 7.1 ff. und Rdnr. 7.90). Daneben kommen sogenannte Carve-out-Situationen in Betracht, bei denen bestimmte Unternehmensteile – mit oder ohne Mitarbeiter, dann ggf. Betriebsübergang i.S.d. § 613a BGB (hierzu Rdnr. 9.53 ff.) – aus einem existierenden Unternehmen herausgelöst und als einzelne oder zusammengefasste Wirtschaftsgüter veräußert werden. Gegebenenfalls möchte der Käufer auch nur wenige einzelne Wirtschaftsgüter erwerben, beispielsweise ein bestimmtes Patent. Hier ist schon aus Haftungsgesichtspunkten der Asset Deal zu bevorzugen. In den vergangenen Jahren war es ebenfalls nicht untypisch, ganz gezielt bestimmte Mitarbeiter oder Teams aus Unternehmen herauszukaufen und hier ggf. gar einen Betriebsübergang auszulösen, um gezielt Schlüsselmitarbeiter zu übernehmen. 10.21

Ein weiteres typisches Beispiel ist der Erwerb eines Kundenstamms oder die Übernahme von Patientenkarteien nebst Kassensitz ohne unternehmerisch organisierte Praxisorganisation (mithin also im Wege des Asset Deals). Beim isolierten Erwerb jedweder personenbezogener Daten sind zahlreiche datenschutzrechtliche Anforderungen zu beachten, die bereits bei erstmaliger Offenlegung des Kaufgegenstands an einen Kaufinteressenten einschlägig sein können (hierzu eingehend Rdnr. 11.9 ff.). 10.22

10.4 Zeitlicher Ablauf bei Share Deal und Asset Deal

10.4.1 Anbahnung der Transaktion – Prozessleitende (Vor-)Vereinbarungen

10.23 Im Vorstadium der Transaktion, weit vor Abschluss des eigentlichen Kaufvertrags, werden die Parteien zunächst die wechselseitige Transaktionsbereitschaft ausloten wollen. Bevor konkrete Verhandlungen aufgenommen werden können, in denen beispielsweise ein Kaufpreis festgelegt werden kann, werden die Parteien üblicherweise viele Informationen über das Zielunternehmen austauschen müssen. Hierzu werden regelmäßig zunächst **Vertraulichkeitsvereinbarungen** (Beispiel siehe unter Rdnr. 11.37) geschlossen, um die Geschäftsgeheimnisse und die Gesamtreputation des Zielunternehmens zu schützen. Häufig wird dann ein grober zeitlicher Ablauf zwischen den Parteien festgelegt und eine Absichtserklärung betreffend den Transaktionsprozess (Letter of Intent/Memorandum of Understanding) geschlossen, die rechtlich eine materielle Vorvereinbarung darstellt, deren rechtliche Bindungswirkung im Detail – insbesondere in Bezug auf die gerichtliche Durchsetzbarkeit – letztlich umstritten ist.[4)] Oftmals werden materielle Vorvereinbarungen auch und insbesondere geschlossen, um das im deutschen Recht angelegte Haftungsregime für vorvertragliche Pflichtverletzungen (culpa in contrahendo) auszuschließen oder zu modifizieren (Zeitstrahl mit den Grobstadien einer typischen Transaktion am Beispiel eines Bieterverfahrens siehe Rdnr. 11.66).

10.24 Je nach Situation können weitere bindende Vereinbarungen hinzukommen. Zu erwähnen sind insbesondere sogenannte Auktionsprozesse bzw. Bieterverfahren, bei denen eine Vielzahl von potenziellen Kaufinteressenten für ein Zielunternehmen (i.d.R. über einen M&A-Berater oder eine Investmentbank) angesprochen werden. Hier kommen typischerweise weitere Verfahrensschritte hinzu, bei denen es sich im Wesentlichen um prozessleitende (Vor-)Vereinbarungen handelt – beispielsweise zu Angebotsfristen für verbindliche Kaufpreisangebote, zeitlich gestufte Zugänge zu Datenräumen mit Dokumenten des Zielunternehmens etc. Solche Auktionsverfahren finden sich hauptsächlich bei größeren Transaktionen, können – je nach makroökonomischen Rahmenbedingungen – allerdings auch schon bei Transaktionen mit einem Unternehmenswert ab etwa 10 Mio. € Anwendung finden.

10.4.2 Grundlagen der Due Diligence

10.25 Bei dem Erwerb eines Unternehmens gleich welcher Art muss zur Bestimmung eines angemessenen Kaufpreises grundsätzlich das Spannungsfeld zwischen

4) Hübner, in: Scherer, Unternehmensnachfolge, 6. Aufl. 2020, § 3 Rdnr. 102 ff.

Chancen und Risiken einer unternehmerischen Betätigung einbezogen werden. Sowohl beim Asset als auch beim Share Deal ist eine (mehr oder minder) umfangreiche Due Diligence vorzunehmen, um die mit dem „lebenden Organismus" Unternehmen verbundenen Chancen und Risiken aus Käufersicht möglichst klar erfassen zu können. Erst dann ist es für den Käufer überhaupt möglich zu beurteilen, welchen Kaufpreis ihm das jeweilige Unternehmen wert ist.[5]

In der mittelständischen Transaktionspraxis werden daher regelmäßig Due-Diligence-Prüfungen vorgenommen. Diese sind in aller Regel weniger umfassend als bei größeren Transaktionen. Auch wird meist auf die sogenannte **Confirmatory Due Diligence** – also eine zweite Due Diligence nach Unterzeichnung (Signing), aber vor Vollzug des Kaufvertrags (Closing) und Eintritt dinglicher Rechtswirkungen – verzichtet. Oftmals fallen Signing und Closing bei kleineren Transaktionen zeitlich zusammen oder liegen nah beieinander. Ebenfalls untypisch ist eine sogenannte Vendor Due Diligence, bei der der Verkäufer zunächst eine Due-Diligence-Prüfung des eigenen Unternehmens vornimmt, um das Unternehmen für den Verkauf zu optimieren, und die Ergebnisse (zumindest teilweise, oftmals in einem sog. Legal Fact Book zusammengefasst) dem oder den Kaufinteressenten zur Transaktionsvorbereitung zur Verfügung stellt. Ein solches Vorgehen wäre für kleinere mittelständische Transaktionen in aller Regel zu kostspielig, kann in Einzelfällen jedoch angezeigt sein, wenn innerhalb des eigenen, zum Verkauf anzubietenden Unternehmens zunächst Potentiale etwa für eine Umstrukturierung des späteren Kaufgegenstands identifiziert werden oder offenkundige Risiken bzw. Transaktionshemmnisse abgebaut werden sollen. Solche Optimierungen und Umstrukturierungen (siehe für Umwandlungen Rdnr. 3.1 ff.) im Vorbereitungsstadium einer Unternehmenstransaktion können Betriebe oder Betriebsteile für potenzielle Käufer deutlich interessanter werden lassen und daher wirtschaftlich auch für die Verkäufer interessant sein (sog. „Schmücken der Braut").[6] 10.26

Praxistipp 10.27

Die klassische Due-Diligence-Prüfung durch den Kaufinteressenten (sog. Purchaser Due Diligence) ist auch bei kleineren mittelständischen Transaktionen heute absoluter Standard und dringend zu empfehlen. Bereits hier sollten unbedingt auch auf Verkäuferseite rechtliche sowie steuerliche Berater einbezogen werden, und zwar nicht nur, um Geschäftsgeheimnisse zu schützen, sondern auch und gerade, um das später im Kaufvertrag angelegte Haftungsregime zu antizipieren und bereits verschiedene Aspekte, z.B. die Offenlegung von garantieerheblichen Tatsachen und deren Modalitäten, vorzubereiten.

5) Vgl. Römermann/Picot, MAH GmbHR, 4. Aufl. 2018, § 21 Rdnr. 57.
6) Hübner, in: Scherer, Unternehmensnachfolge, 6. Aufl. 2020, § 3 Rdnr. 45 ff.

10.4.3 Bestandteile und Schwerpunkte der Due-Diligence-Prüfung

10.28 In der Praxis werden verschiedene Arten von Due-Diligence-Prüfungen, die sich nach dem inhaltlichen Auftrag der Prüfung unterscheiden, begrifflich voneinander abgegrenzt. Regelmäßig wird ein Kaufinteressent zumindest eine grundlegende rechtliche Due Diligence (Legal Due Diligence) durchführen wollen. Eine solche wird je nach Zielunternehmen (oder Unternehmensteil) die folgenden Teilbereiche umfassen:

- Gesellschaftsunterlagen (Gesellschaftsvertrag, Gesellschafterliste, vorherige Transaktionen, Eigentümerwechsel etc.),
- Verträge des Unternehmens mit Dritten (insbesondere Lieferanten, Kunden, Dienstleister),
- Verbindlichkeiten,
- arbeits- und dienstvertragliche Angelegenheiten (Arbeitsverträge sowie Pensions- und Tarifverträge),
- Rechtsstreitigkeiten und öffentlich-rechtliche Angelegenheiten wie z.B. Konzessionen,
- Steuern (die allerdings ab einer gewissen Größe des Zielunternehmens regelmäßig in eine separate steuerliche (Tax) Due Diligence ausgelagert werden),
- geistiges Eigentum und gewerbliche Schutzrechte,
- Grundbesitz,
- Umweltlasten,
- Versicherungen sowie
- Verschiedenes.

10.29 Im Fall eines Share Deals sind naturgemäß andere der vorstehenden Punkte maßgeblich als im Fall eines Asset Deals, bei dem letztlich nur die konkreten Assets geprüft werden müssen. Für einen Share Deal ist jedenfalls die Prüfung der Gesellschaftsunterlagen unerlässlich, da festzustellen ist, ob und unter welchen Voraussetzungen die Unternehmensanteile überhaupt übertragbar sind bzw. ob diese überhaupt existieren.

10.30 Neben der rechtlichen Due Diligence sollten zumindest im Bewusstsein der Berater auch die weiteren üblichen Formen einer Due Diligence Berücksichtigung finden, insbesondere:

- die sogenannte Financial Due Diligence, im Grunde eine mehr oder minder umfangreiche wirtschaftliche Prüfung des Unternehmens oder der zu erwerbenden Assets;
- eine steuerbezogene (sog. Tax) Due Diligence;
- Business/Commercial Due Diligence, die im Wesentlichen eine Markt- und Wettbewerbsanalyse und auch konkrete Lieferanten- bzw. Kundenbeziehungen umfassen kann;
- IT-bezogene Due-Diligence-Prüfungen mit Blick auf Hard- und Software des Zielunternehmens und bezogen auf die IT-Sicherheit die sogenannte Cyber-Risk-Due-Diligence; diese Prüfungen werden in den letzten Jahren zunehmend zum Standard (gerade bei Softwareentwicklern oder sonstig exponierten Unternehmen) sowie ggf.
- eine Environmental Due Diligence, wenn Umwelteinflüsse und potentiell hiermit zusammenhängende Lasten zu befürchten sind.

Schließlich kann bei bestimmten exponierten Unternehmen (z.B. Finanzdienstleister, verschachtelte Konzerne, Unternehmen mit starker Auslandspräsenz/-verbindung in sog. Hochrisikoländer) eine spezifische Due Diligence der internen Compliancestruktur bzw. mit Blick auf die Corporate Governance anzuraten sein.

10.4.4 Ablauf der käuferseitigen Due-Diligence-Prüfung

Sobald sich die Parteien über die groben Rahmendaten der Transaktion bzw. 10.31
das beidseitige Interesse an der Auslotung eines Unternehmenserwerbs einig sind, wird der Kaufinteressent eine Due-Diligence-Prüfung auf Basis der bereits geschlossenen Vertraulichkeitsvereinbarung zwischen den Parteien durchführen. Der typische Ablauf einer solchen käuferseitigen Due Diligence (im Deutschen auch: Sorgfaltsprüfung oder Unternehmensprüfung genannt) stellt sich wie folgt dar:

(1) Anforderung von konkret zu bezeichnenden Informationen durch den Kaufinteressenten in Listenform (Due Diligence Request List/**Anforderungsliste**)

(2) Eröffnen eines (heute regelmäßig virtuellen) **Datenraums** durch den Verkäufer

(3) Einstellen der wettbewerbsrechtlich unproblematischen Unterlagen in den Datenraum durch den Verkäufer entsprechend der Anforderungsliste des Kaufinteressenten

(4) Rückfragen des Käufers bzw. von dessen Beratern bei dem Verkäufer betreffend die bereits in den Datenraum eingestellten Dokumente und Informationen (**Q&A-Prozess/Frageprozess**)

(5) Einstellen weiterer Unterlagen und Beantwortung der Fragen durch Verkäufer bzw. dessen Berater (**Q&A-Prozess/Frageprozess**)

(6) Abschluss der käuferseitigen Due Diligence, Schließung und Konservierung des Datenraums

10.32 Bereits bei der Zusammenstellung des Datenraums, also der Vorbereitung des Verfügbarmachens von unternehmensinternen Unterlagen an Kaufinteressenten, sind einige Fallstricke zu beachten, da ein Verkäufer nicht in jedem Fall alle Unterlagen offenlegen darf, die er einem Kaufinteressenten als potentiell wertbildende Informationen zur Verfügung stellen möchte (zu den Grenzen der Offenlegung siehe Rdnr. 11.2 ff.).

10.33 Der **Q&A-Prozess** (Schritte 4 und 5) kann sich naturgemäß sehr lange hinziehen, insbesondere, wenn eine Begrenzung des zeitlichen Rahmens und/oder der Anzahl der erlaubten Rückfragen nicht vorgenommen wird. Es empfiehlt sich daher für die Praxis unbedingt, derartige Begrenzungen bereits vor Beginn der Due-Diligence-Prüfung (also vor Schritt 1) vorzunehmen. Dabei sollte darauf geachtet werden, dass beiden Parteien ausreichend Zeit gewährt wird, um eine hinreichend tiefe Due-Diligence-Prüfung tatsächlich vorzunehmen.

10.34 **Praxistipp**

Auch bei einem kleineren mittelständischen Unternehmen sollten mindestens vier Wochen für die Due-Diligence-Prüfung eingeplant werden. Die im Rahmen des Q&A-Prozess zulässige Anzahl von Fragen sollte nach Möglichkeit im Voraus begrenzt werden, und zwar auf etwa 20–40 Fragen insgesamt für ein kleineres Unternehmen bis ca. 10 Mio. € Unternehmenswert (unabhängig davon, über wie viele „Runden" sich der Q&A-Prozess zieht). Dazu empfiehlt es sich, bereits zu Beginn der Due Diligence einen Zeitpunkt für die Schließung des Datenraums jedenfalls grob festzulegen. Unbedingt sollten insbesondere Familienunternehmer, die ihre Unternehmung veräußern wollen, bereits bei der Due Diligence des Kaufinteressenten von rechtlichen Beratern begleitet werden, um spätere negative Konsequenzen für den Verkaufsprozess und die Vertragsgestaltung zu vermeiden.

10.4.5 Abschluss der Due Diligence und Entscheidung über die Transaktionsstruktur

10.35 Häufig ist die Entscheidung für oder gegen einen Share Deal bzw. Asset Deal bereits vor Beginn der Due-Diligence-Prüfung anhand der oben (Rdnr. 10.4) skizzierten Überlegungen getroffen worden. In Einzelfällen kann das Ergebnis der

Due-Diligence-Prüfung des Käufers allerdings auch dazu führen, dass doch ein Share Deal oder Asset Deal vorgenommen werden soll, obwohl dies ursprünglich nicht geplant war. Damit lässt sich sagen, dass jedenfalls spätestens nach Abschluss der Due-Diligence-Prüfung festzulegen sein wird, ob ein Asset Deal oder Share Deal verfolgt werden soll.

Der – typischerweise vom Verkäufer zu entwerfende – Erstentwurf des Kaufver- 10.36
trags (sog. Seller‘s Draft oder Verkäuferentwurf) wird entweder bereits zu Beginn oder gegen Ende/mit Abschluss der Due-Diligence-Prüfung in den Datenraum eingestellt bzw. den Kaufinteressenten übersandt. Wird er bereits zu Beginn der Due-Diligence-Prüfung dem Kaufinteressenten zugänglich gemacht, so bildet er üblicherweise den Stand der Verhandlungen (bei mehreren Kaufinteressenten, mit denen parallel verhandelt werden soll, den konkreten Stand mit jedem einzelnen Interessenten) ab, so wie dieser sich aus dem Letter of Intent bzw. Memorandum of Understanding ergibt. Er bildet die Basis für die endgültigen Verhandlungen des finalen Kaufvertrags unter Einbeziehung der Ergebnisse der Due-Diligence-Prüfung des Käufers (vgl. dazu Rdnr. 8.13 ff.).

10.5 Zusammenfassende Übersicht der Unterscheidung zwischen Share Deal und Asset Deal 10.37

	Asset Deal	**Share Deal**
Rechtsnatur	Sachkauf § 433 Abs. 1 Satz 1 BGB	Rechtskauf § 453 Abs. 1 BGB
Formbedürftigkeit	– Grundsatz: Nein – Immobilien, GmbH-Anteile oder das Vermögen im Ganzen sind formbedürftig nach § 311b Abs. 1, 3 BGB – Heilung des Formmangels nach §§ 125, 139 BGB möglich	– Grundsatz: Nein – **GmbH-Anteile: Ja** – Komplementär-GmbH, § 15 Abs. 4 GmbHG beachten – Vermögen im Ganzen formbedürftig nach § 311b Abs. 1, 3 BGB – Heilung des Formmangels nach §§ 125, 139 BGB möglich
Steuerliche Auswirkungen	Eher vorteilhaft für den **Käufer**, daher typischerweise Kaufpreis höher anzusetzen	Eher vorteilhaft für den **Verkäufer**, daher typischerweise Kaufpreis eher niedriger anzusetzen

	Asset Deal	Share Deal
Sonderkonstellationen	Krise/Insolvenz, isoliertes Interesse an bestimmten Wirtschaftsgütern, bestimmten Mitarbeitern, Vermeidung von Haftung für Altverbindlichkeiten	Komplexe Unternehmensstrukturen, datenschutzrechtlich schwierig zu übertragende personenbezogene Daten
Insolvenz/Krise	Fast immer Asset Deal zu empfehlen	
Öffentlich-rechtliche Erlaubnisse, Konzessionen etc.	Ausnahmsweise, wenn unabhängig vom Rechtsträger übertragbar	Lauten in aller Regel auf den Unternehmensträger, so dass hier in aller Regel Share Deal notwendig ist (z.B. BaFin-Lizenz, Schürfrechte)
Urheberrechte/ Firmenfortführung	Immaterialgüterrechte lassen sich ggf. isoliert erwerben, aber →	Tendenziell Erwerb des Rechtsträgers anzuraten
Zahlreiche wichtige Vertragsbeziehungen		i.d.R. Share Deal anzuraten, da Gesamtrechtsnachfolge
Kostenerwartung	Regelmäßig (deutlich) günstigere Transaktions- und Transaktionsnebenkosten	Aufwendigere Due-Diligence-Prüfung, beurkundungsbedürftiger Vertrag, höhere Transaktions- und Transaktionsnebenkosten

11. Rechtliche Fallstricke beim Informationsaustausch im Rahmen der Due Diligence

Inhalt **Rdnr.**

11.1 Gründe des Verkäufers für die Offenlegung von Informationen

Auch in der mittelständischen Transaktionspraxis[1] ist die Durchführung einer käuferseitigen Due-Diligence-Prüfung absoluter Marktstandard geworden (siehe Rdnr. 10.25). Ein Unternehmen ist kein gewöhnlicher Kaufgegenstand, der wie etwa ein Pkw vom Käufer begutachtet werden kann. Vielmehr ist der Käufer auf die Informationserteilung und -offenlegung des Verkäufers angewiesen. Gleichzeitig hat auch der Verkäufer kein Interesse daran, „die Katze im Sack“ zu verkaufen. Zum einen wird der Verkäufer bei einem Risikoinvestment nicht den gewünschten Verkaufspreis erzielen.[2] Zum anderen bestehen aufgrund der Beson- 11.1

1) Aufgrund des Praxisschwerpunkts dieses Werks beschäftigt sich dieses Kapitel vornehmlich mit Praxislösungen. Zu den rechtlichen Hintergründen siehe ausführlich: Dörstling/Hensel, DStR 2021, 170.

2) Geyrhalter/Zirngibl, in: Jesch/Striegel/Boxberger, Rechtshandbuch Private Equity, 2. Aufl. 2020, § 10 Rdnr. 8.

derheiten des Kaufgegenstands beim Unternehmenskauf nach höchstrichterlicher Rechtsprechung für den Verkäufer besondere Aufklärungspflichten gegenüber dem Käufer, bei deren Verletzung ein empfindliches Haftungsrisiko droht (siehe dazu Rdnr. 8.1 ff.).[3] Denn der Verkäufer ist nicht nur verpflichtet, auf Nachfrage des Käufers wahrheitsgemäß zu antworten, respektive die infolgedessen erforderlichen Dokumente bereitzustellen. Er hat ihm auch unaufgefordert all jene Umstände anzuzeigen, die für dessen Kaufentscheidung von essentieller Bedeutung sind (vgl. auch Rdnr. 8.6).[4] Durch eine großzügige Offenlegung kann der Verkäufer somit sein eigenes Haftungsrisiko reduzieren (siehe auch Rdnr. 8.34).

11.2 Grenzen der Offenlegung

11.2 Die Due Diligence darf jedoch nicht in eine unkontrollierte Informationserteilung ausarten. Denn während der Käufer ein umfassendes Informationsinteresse hat, möchte der Verkäufer nur offenlegen, was erforderlich ist, um seine Aufklärungspflichten nicht zu verletzen und den gewünschten Kaufpreis zu erzielen. Daneben bestehen zahlreiche gesetzliche Offenlegungsschranken, die es zu beachten gilt.

11.2.1 Grenzen aufgrund des verkäufereigenen Interesses

11.3 Der Verkäufer möchte schon aus Eigeninteresse so wenig wie möglich offenlegen, um **Geschäftsgeheimnisse** vor Konkurrenten **zu schützen.** Häufig scheitern Transaktionen im Laufe des Prozesses, etwa weil sich die wirtschaftliche Lage des Erwerbers verschlechtert, die Finanzierung nicht sichergestellt werden kann oder Findings in der Due Diligence (siehe Rdnr. 13.18 f.) den potentellen Erwerber vom Kauf abhalten (sog. Red Flags). Einmal offengelegte Informationen sind auch bei Scheitern der Transaktion in der Welt und etwaigen Konkurrenten bekannt. Dies gilt ganz besonders im Bereich strategischer Zukäufe und im sogenannten Bieterverfahren, in dem nicht nur ein potentieller Erwerber sich das Unternehmen anschaut (sog. Face-to-Face-Transaktionen), sondern eine Vielzahl an Kaufinteressenten zur Due Diligence zugelassen werden.

11.4 **Hinweis**

Neben den Schutz vor Konkurrenten aus strategischem und wirtschaftlichem Interesse bestehen aber auch gesetzliche Geheimhaltungspflichten. So legt etwa das AktG dem Vorstand eine ausdrückliche Pflicht zur Geheimhaltung auf.

3) BGH, Urt. v. 04.04.2001 – VIII ZR 32/00, NJW 2001, 2163.

4) BGH, Versäumnisurt. v. 28.11.2001 – VIII ZR 37/01, NJW 2002, 1042, 1043; BGH, Urt. v. 04.04.2001 – VIII ZR 32/00, NJW 2001, 2163, 2164.

Der Vorstand hat gem. § 93 Abs. 1 Satz 3 AktG über vertrauliche Angaben und Geheimnisse der Gesellschaft, namentlich Betriebs- oder Geschäftsgeheimnisse, die den Vorstandsmitgliedern durch ihre Tätigkeit im Vorstand bekannt geworden sind, Stillschweigen zu bewahren. Für den GmbH-Geschäftsführer ergibt sich eine entsprechende Verschwiegenheitspflicht zwar nicht ausdrücklich aus dem Gesetz, wird aber an vielen Stellen denknotwendig vorausgesetzt (vgl. etwa § 85 GmbHG).[5] Entsprechende Verschwiegenheitspflichten bestehen auch für die Geschäftsleitung von Personenhandelsgesellschaften.[6]

Im Rahmen eines Share Deals ist der Verkäufer nicht die Gesellschaft, sondern der Gesellschafter bzw. Aktionär. Genauso wie die Geschäftsführer bzw. der Vorstand ist jedoch auch der Gesellschafter bzw. Aktionär aus Treuepflichtgesichtspunkten zur Verschwiegenheit verpflichtet. Insofern trifft ihn die gleiche Abwägungsverpflichtung wie die Geschäftsleitung der Zielgesellschaft.[7]

Der Verkäufer sieht sich somit dem Dilemma ausgesetzt, den eigenen Geheimhaltungsinteressen und -pflichten und zugleich – das Haftungsrisiko vor Augen – dem Informationsbegehren des Kaufinteressenten gerecht werden zu müssen (vgl. hierzu auch Rdnr. 8.34). Dabei fällt es schwer, zu entscheiden, wann es für den Vorstand bzw. Geschäftsführer möglich ist zu schweigen und wann es erforderlich ist, dem Erwerbsinteressenten Informationen offenzulegen.[8] 11.5

Hinweis 11.6

Die Frage, ob der Vorstand bzw. der Geschäftsführer das Unternehmen bzw. einen Teil des Unternehmens verkauft und ob er diesbezüglich eine Due Diligence zulässt, ist eine Frage, die ganz zu Beginn der Vorbereitungsphase abgewogen und getroffen werden muss. Diese betrifft den Transaktionsberater i.d.R. nicht direkt, da dieser meist erst dann eingeschaltet wird, wenn die Entscheidung im Management zum Verkauf bereits gefallen ist. Davon zu unterscheiden ist die Frage, welche Informationen im Rahmen der Due Diligence im Einzelnen offengelegt werden dürfen. Diese Frage durchzieht den gesamten Transaktionsprozess fortlaufend.

---

5) Rittmeister, NZG 2004, 1032, 1036; MüKo-GmbHG/Fleischer, 3. Aufl. 2019, § 43 Rdnr. 199; Kleindiek, in: Lutter/Hommelhoff, GmbHG, 21. Aufl. 2023, § 85 Rdnr. 1.

6) Frey/Fichtner, in: Beck'sches Handbuch der Personengesellschaften, 5. Aufl. 2020, § 27 Rdnr. 21 und 34.

7) Ausführlich hierzu: Körber, NZG 2002, 263, 271 f.

8) Siehe ausführlich zur Frage der Abwägung: Hensel/Dörstling, DStR 2021, 170 ff.

Grundsätzlich dürfen jedenfalls Informationen offengelegt werden, die keine Betriebs- oder Geschäftsgeheimnisse darstellen (siehe aber Rdnr. 11.9 ff.). Was für die jeweilige Zielgesellschaft Betriebs- und Geschäftsgeheimnisse sind, lässt sich jedoch nicht pauschal beantworten, sondern muss im Einzelfall geprüft werden. Vorsicht ist besonders bei Unterlagen geboten, die Informationen über die Strategie, die Finanzplanung, Kundenbeziehungen, Patente und Produktentwicklungen enthalten.[9]

11.7 **Checkliste Schwärzungen**

Diese Checkliste soll nur einen Überblick und Orientierungsrahmen bieten und erhebt keinen Anspruch auf Vollständigkeit. Jedes offenzulegende Dokument ist im Hinblick auf notwendige Schwärzungen im Einzelfall durch einen qualifizierten Rechtsberater zu überprüfen.		
Personenbezogene Daten		
1.	Nachname, Vorname	❑
2.	Anschrift	❑
3.	Geburtsdatum	❑
4.	Alter	❑
5.	Geschlecht	❑
6.	Berufliche Position/Jobtitel	❑
7.	Personalnummer	❑
8.	Kundennummer	❑
9.	Sozialversicherungsnummer	❑
10.	Steueridentifikationsnummer	❑
11.	Dauer der Betriebszugehörigkeit	❑
12.	Telefonnummer	❑
13.	Telefaxnummer	❑
14.	Internet- & E-Mail-Domains	❑

9) Sailer-Coceani, in: Schmidt/Lutter, AktG, 4. Aufl. 2020, § 93 Rdnr. 23; Rittmeister, NZG 2004, 1032, 1033.

15.	IP-Adresse	❑
16.	Bankinformationen	❑
17.	Gehalt	❑
18.	Gewicht	❑
19.	Größe	❑
20.	Gesundheitsdaten	❑
21.	Augenfarbe	❑
22.	Genetische Eigenschaften	❑
23.	Biometrische Daten	❑
24.	Religionszugehörigkeit	❑
25.	Ethnizität	❑
26.	Gewerkschaftszugehörigkeit	❑
27.	Sexuelle Orientierung	❑
28.	Politische Orientierung	❑
29.	Vermögens- und Eigentumsverhältnisse	❑
30.	Kommunikations- und Vertragsbeziehungen	❑
31.	Sonstige Beziehungen der betroffenen Person zu Dritten und ihrer Umwelt	❑
Wettbewerbsrelevante Informationen		
1.	Preise (z.B. Einkaufs-, Verkaufs-, Weiterverkaufs- und Listenpreise)	❑
2.	Rabatte	❑
3.	Preisbestandteile	❑
4.	Preisanpassungsklauseln	❑
5.	Liefermengen	❑

6.	Produktionskapazitäten	❑
7.	Produktionsquoten	❑
8.	Vorgehaltene Lagerbestände pro Produkt	❑
9.	Lieferantenbeziehungen (Details, z.B. Zuverlässigkeit)	❑
10.	Lieferantenkonditionen	❑
11.	Kunden (Details, z.B. Bonität)	❑
12.	Kundenkonditionen	❑
13.	Margen	❑
14.	Kosten	❑
15.	Aktuelle Aufträge und Ausschreibungen	❑
16.	Ausschreibungsergebnisse	❑
17.	Geschäftsgeheimnisse	❑
18.	Durch vertragliche Vertraulichkeitsvereinbarung geschützte Angaben	❑
19.	Pläne bezüglich der Unternehmensstrategie	❑
20.	Investitionsstrategie	❑
21.	Vertriebsstrategie und -ziele	❑
22.	Umsatz- und Absatzzahlen	❑
23.	Marktanteilsentwicklungen	❑
24.	Finanzdaten und zukünftige Finanzplanung	❑
25.	Technologiedaten (geplante Produktneuheiten, Spezifikationen)	❑
26.	Aktuelle und zukünftige Projekte der Forschung & Entwicklung	❑
27.	Wesentliche Lizenzvereinbarungen	❑

Praxistipp 11.8

Die Frage, ob und wie Informationen offengelegt werden dürfen, ist im Einzelfall zu bewerten und sollte nicht leichtfertig getroffen werden. Da erfahrungsgemäß Unternehmenstransaktionen auch im Mittelstand in hoher Geschwindigkeit ablaufen, empfiehlt es sich, bereits in der Vorbereitungsphase der Transaktion die notwendige rechtliche Beratung hinzuzuziehen und von Beginn an in die Transaktionsstruktur einzubinden. Ein gut strukturierter und organisierter Transaktionsprozess kann Fehler bei der Offenlegung vermeiden und Risiken für die Beteiligten reduzieren.

11.2.2 Grenzen aufgrund des Datenschutzrechts

Immer wenn Informationen im Rahmen der Due Diligence übermittelt werden, 11.9
ist an den Datenschutz zu denken.[10] Schließlich enthalten Informationen über die Zielgesellschaft häufig auch Daten Dritter. Dies sind insbesondere Arbeitnehmerdaten sowie Daten von Kunden, Lieferanten und sonstigen Geschäftspartnern.

Datenschutzrechtlich geschützt sind nur sogenannte personenbezogene Daten 11.10
(vgl. Art. 1, 2 Abs. 1 DSGVO). Darunter fallen sämtliche Informationen, die sich auf eine identifizierte oder identifizierbare natürliche Person beziehen (Art. 4 Nr. 1 DSGVO). Dies sind Identifikationsmerkmale wie etwa Name, Anschrift, Geburtsdatum, Geschlecht, aber auch sonstige Beziehungen der Person zu Dritten, wie etwa bestehende Vertragsbeziehungen (siehe auch Checkliste Rdnr. 11.7).[11]

Praxistipp 11.11

Aufgrund dieses weiten Schutzbereichs sollten Informationen im Zweifel als personenbezogen qualifiziert und entsprechende Schutzmaßnahmen ergriffen werden, insbesondere kommt hierfür das Schwärzen der Daten in Frage (siehe hierzu unten Rdnr. 11.33 ff.).

Sämtliche Unterlagen, die personenbezogene Daten enthalten, müssen daten- 11.12
schutzkonform verarbeitet bzw. offengelegt werden. Dies setzt voraus, dass sich die Offenlegung der Daten auf eine Rechtsgrundlage stützt. Hierfür sieht die DSGVO mehrere Möglichkeiten vor, welche jedoch nicht alle tauglich sind:

10) Die Offenlegung von Informationen gilt gem. Art. 4 Nr. 2 DSGVO als datenschutzrelevante Verarbeitung, so dass die DSGVO auch im Rahmen einer Due Diligence Anwendung findet, vgl. auch Lehmann, in: Jesch/Striegel/Boxberger, Rechtshandbuch Private Equity, 2. Aufl. 2020, § 26 Rdnr. 6 f.

11) BeckOK-DatenSchR/Schild, 42. Ed. (2023), Art. 4 DSGVO Rdnr. 3.

11.13 Die Einwilligung der Betroffenen gem. Art. 6 Abs. 1 Satz 1 Buchst. a) DSGVO ist im Rahmen von M&A-Transaktionen regelmäßig keine Option, da ein Veräußerungsvorgang vor Abschluss i.d.R. weder den Arbeitnehmern der Zielgesellschaft noch deren Vertragspartnern zur Kenntnis gelangen soll.[12] Zudem besteht eine jederzeitige Widerrufsmöglichkeit der Betroffenen (Art. 7 Abs. 3 Satz 1 DSGVO). Die Offenlegung personenbezogener Daten im Rahmen einer Due Diligence ist jedoch nach Art. 6 Abs. 1 Satz 1 Buchst. f) DSGVO rechtmäßig, wenn die Offenlegung zur Wahrung der berechtigten Interessen des Verantwortlichen (= Zielgesellschaft) oder eines Dritten (= Erwerber) erforderlich ist und die Interessen der betroffenen Personen nicht überwiegen. Notwendig ist stets eine gründliche Interessenabwägung.[13]

11.14 In eine derartige Abwägung sind zahlreiche, jeweils transaktionsspezifische Aspekte einzubeziehen. Zuvorderst ist entscheidend, ob die Due Diligence in einem physischen oder virtuellen Datenraum mit oder ohne Kopier- und Speichermöglichkeit durchgeführt wird sowie welchem Beteiligtenkreis die Daten offengelegt werden. Ferner ist von Bedeutung, ob sich die Server der Datenräume und die Empfänger der Daten innerhalb der EU oder des EWR befinden.[14] Gesonderte Anforderungen normiert daneben § 26 BDSG für den Umgang mit Arbeitnehmerdaten.[15]

11.15 **Praxistipp**

Um die Gefahr von Datenschutzverstößen zu verringern und keine im Rahmen einer M&A-Transaktion unerwünschten Informationspflichten sowie Auskunfts- und Widerspruchsrechte Betroffener auszulösen, sollten grundsätzlich nur die für das jeweilige Transaktionsstadium absolut notwendigen und auf das erforderliche Minimum beschränkten Daten offengelegt sowie die unten (Rdnr. 11.33 ff.) dargestellten Maßnahmen beachtet und eingehalten werden. Im Zweifel ist qualifizierter Rechtsrat einzuholen.

---

12) Lehmann, in: Jesch/Striegel/Boxberger, Rechtshandbuch Private Equity, 2. Aufl. 2020, § 26 Rdnr. 23.

13) Lehmann, in: Jesch/Striegel/Boxberger, Rechtshandbuch Private Equity, 2. Aufl. 2020, § 26 Rdnr. 7, 22; Abedin, in: Koreng/Lachenmann, Formularhandbuch Datenschutzrecht, 3. Aufl. 2021, Kap. G IV 2, Einleitung; weitergehend hierzu: Frenzel, in: Paal/Pauly, DSGVO/BDSG, 3. Aufl. 2021, DSGVO, Art. 6 Rdnr. 26 ff.

14) Schröder, in: Forgó/Helfrich/Schneider, Betrieblicher Datenschutz, 3. Aufl. 2019, Teil VI Kap. 4 Rdnr. 2.

15) Lehmann, in: Jesch/Striegel/Boxberger, Rechtshandbuch Private Equity, 2. Aufl. 2020, § 26 Rdnr. 7, 18.

Hinweis 11.16

Die Frage, ob die Transaktion als Asset oder Share Deal (siehe hierzu Rdnr. 10.1 ff.) durchgeführt wird, hat Einfluss darauf, welche datenschutzrechtlichen Bestimmungen nach der Transaktion eingehalten werden müssen, etwa wenn Teil der verkauften Assets personenbezogene Daten sind.[16]

11.2.3 Grenzen aufgrund des Wettbewerbsrechts

Da Unternehmenstransaktionen – gerade im Mittelstand – häufig einen strategischen Hintergrund haben, sind bei der Offenlegung auch die wettbewerbsrechtlichen Grenzen zu beachten. Denn bereits der bloße Austausch wettbewerbsrelevanter Informationen im Rahmen einer Due Diligence kann eine nach Art. 101 AEUV bzw. § 1 GWB verbotene kartellrechtswidrige, den Markt beeinflussende Handlung sein.[17] Der potentielle Erwerber erhält nämlich regelmäßig eine Vielzahl an wettbewerbsrechtlich relevanten Informationen, wie etwa bestimmte Lieferkonditionen, Absatzmengen und -preise.[18] 11.17

Hinweis 11.18

Ein wettbewerbsrelevanter Informationsaustausch setzt nicht voraus, dass es sich bei dem Kaufinteressenten um einen direkten Mitbewerber handelt.[19] Bei Durchführung der Due Diligence sind daher alle zu übermittelnden Informationen unbedingt auf ihre kartellrechtliche Relevanz zu überprüfen, bevor sie dem Erwerber offengelegt werden.

Zwar soll eine Due Diligence vom Kartellverbot des Art. 101 AEUV ausgenommen sein.[20] Hierfür muss die Due Diligence aber marktüblich und im erforderlichen Umfang durchgeführt werden sowie verhältnismäßig sein.[21] 11.19

---

16) Vgl. hierzu etwa Schniepp/Hensel, in: Kraft/Striegel (Hrsg.), WCLF Tax und IP Gesprächsband 2016 – Immaterielle Werte als zentrale Komponente internationaler Steuerstrategien, 2017, S. 167 ff.; Lehmann, in: Jesch/Striegel/Boxberger, Rechtshandbuch Private Equity, 2. Aufl. 2020, § 26 Rdnr. 10 f.

17) Liese/Theusinger, in: Hauschka/Moosmayer/Lösler, Corporate Compliance, 3. Aufl. 2016, § 27 Rdnr. 41 f.

18) Liese/Theusinger, in: Hauscka/Moosmayer/Lösler, Corporate Compliance, 3. Aufl. 2016, § 27 Rdnr. 41 f.; Hartmann-Rüppel, in: Beisel/Andreas, BeckMandatsHdB Due Diligence, 3. Aufl. 2017, § 18 Rdnr. 121.

19) Bechtold/Bosch, in: Bechtold/Bosch, GWB, 10. Aufl. 2021, § 1 Rdnr. 47 f.

20) Hartmann-Rüppel, in: Beisel/Andreas, BeckMandatsHdB Due Diligence, 3. Aufl. 2017, § 18 Rdnr. 121; MüKo-WettbR/Wessely, 3. Aufl. 2020, Art. 7 FKVO Rdnr. 81.

21) MüKo-WettbR/Wessely, 3. Aufl. 2020, Art. 7 FKVO Rdnr. 82.

11.20 **Praxistipp**

Zur Durchführung einer marktüblichen und verhältnismäßigen Due Diligence sind frühzeitig die rechtlichen Berater des Verkäufers, insbesondere auch die Kartellrechtsexperten, in den Transaktionsprozess und in die Transaktionsplanung einzubeziehen. Nur so kann eine wettbewerbsrechtlich nicht zu beanstandende Transaktion von Beginn an sichergestellt werden.

11.21 **Hinweis**

Angesichts stetiger Verschärfungen des Außenwirtschaftsgesetzes ist zudem bei ausländischen Erwerbsinteressenten Vorsicht geboten und frühzeitig qualifizierter Rechtsrat einzuholen, um außenwirtschaftsrechtlich notwendige Maßnahmen – beispielsweise die Einholung einer Genehmigung des Bundesministeriums für Wirtschaft und Klimaschutz – frühzeitig in die Wege zu leiten. Achtung: Für die Frage, ob außenwirtschaftsrechtliche Beschränkungen in Betracht kommen, darf nicht nur der unmittelbare Käufer (z.B. deutsches Akquisitionsvehikel) in den Blick genommen werden. Vielmehr ist auch die dahinterliegende gesellschaftsrechtliche Struktur relevant.

11.2.4 Grenzen aufgrund bestehender Vertragsverhältnisse der Zielgesellschaft

11.22 Weiterhin wird die Offenlegung von unternehmensinternen Informationen durch bestehende Vertraulichkeitsvereinbarungen mit Dritten, u.a. Lieferanten und Kunden, beschränkt.[22] Denn die Vertragspartner der Zielgesellschaft dürfen darauf vertrauen, dass die der Zielgesellschaft im Zuge der Geschäftsbeziehung bekannt gewordenen Informationen, beispielsweise Konditionen oder technisches Know-how sowie alle sonstigen sensiblen Daten des Drittunternehmens, grundsätzlich geheim gehalten werden.[23] Das betrifft insbesondere Verträge mit Vertraulichkeitsklauseln.

11.23 Soweit die Vertraulichkeitsvereinbarung mit dem Dritten keine Klausel enthält, die eine Offenlegung zum Zwecke einer Due Diligence zulässt, kann der bestehende Interessenkonflikt nur durch Vertragsauslegung gelöst werden.[24] Dabei gilt es zu beachten, dass der Dritte i.d.R. ein Interesse an einer maßvollen Offenlegung

22) Zur Verschwiegenheit als vertragliche Nebenpflicht Liese/Theusinger, in: Hauschka/Moosmayer/Lösler, Corporate Compliance, 3. Aufl. 2016, § 27 Rdnr. 47.

23) Schiffer/Bruss, BB 2012, 847.

24) Meurer, in: Beck'sches Handbuch M&A, 2. Aufl. 2022, § 9 Rdnr. 55.

haben wird, weil er auch an einer künftigen Geschäftsbeziehung mit der Zielgesellschaft interessiert ist. Letztlich führt auch das wieder auf eine Interessenabwägung und Wahrung des Verhältnismäßigkeitsprinzips hinaus.

Praxistipp 11.24

In Zweifelsfällen sollten – zur Vermeidung von Kündigungen sowie Unterlassungs- und Schadenersatzansprüchen – bestehende Vertraulichkeitsvereinbarungen mit Dritten von einem Rechtsanwalt geprüft werden. Kann die rechtliche Zulässigkeit der Offenlegung bestimmter, für die Transaktion zentraler Unterlagen nicht rechtssicher festgestellt werden, so sollte die Zustimmung des jeweiligen Vertragspartners eingeholt werden.

11.2.5 Grenzen bei Transaktionen mit Kapitalmarktbezug

Einen Sonderfall stellen Unternehmenstransaktion mit Kapitalmarktbezug dar. 11.25
Wenn eine Transaktion Kapitalmarktbezug aufweist, sind auch die kapitalmarktrechtlichen Grenzen, insbesondere im Hinblick auf den Umgang mit Insiderinformationen, zu beachten.

Hinweis 11.26

Das Kapitalmarktrecht ist speziell und umfangreich, so dass vorliegend kein sinnvoller Überblick gegeben werden kann.[25] Wichtig ist auch nicht, sich mit allen regulatorischen Besonderheiten auszukennen, sondern einen Kapitalmarktbezug frühzeitig zu erkennen und rechtzeitig entsprechende Expertise durch einen auf Kapitalmarktrecht spezialisierten Rechtsanwalt beizuziehen.

Offenkundig liegt ein Kapitalmarktbezug vor, wenn die Zielgesellschaft ein Ak- 11.27
tienemittent ist und an der Börse gelistet ist. Allerdings kann ein Kapitalmarktbezug auch versteckt vorliegen, etwa wenn eine GmbH Schuldtitel emittiert hat oder eine Tochtergesellschaft börsennotiert ist.

Im Rahmen der Due Diligence kann es dazu kommen, dass die offengelegten 11.28
Unterlagen Insiderinformationen enthalten, deren unrechtmäßige Offenlegung

25) Vgl. hierzu umfassend: Hensel/Dörstling, DStR 2021, 170, 175 f.

nach Art. 14 Buchst. c) MAR[26] strengstens verboten ist.[27] Insiderinformationen sind alle nicht öffentlich bekannten präzisen Informationen, die direkt oder indirekt einen oder mehrere Emittenten oder ein oder mehrere Finanzinstrumente betreffen und die, wenn sie öffentlich bekannt würden, geeignet wären, den Kurs dieser Finanzinstrumente oder den Kurs damit verbundener derivativer Finanzinstrumente erheblich zu beeinflussen (Art. 7 Abs. 1 Buchst. a) MAR).

11.29 **Hinweis**

Von einem verbotenen Insidergeschäft können nicht nur Veräußerer, Zielgesellschaft und Erwerber betroffen sein, sondern auch die die Transaktion begleitenden Berater (Art. 8 Abs. 4 Buchst. c) MAR).[28] Es liegt also auch im unmittelbaren Eigeninteresse des Beraters, die Kapitalmarktcompliance sicherzustellen.

11.30 Weist die Transaktion einen Bezug zum Kapitalmarkt auf, verkompliziert dies den Prozess. Die zusätzlichen Anforderungen lassen sich aber mit in der Praxis anerkannten Mitteln (siehe Rdnr. 11.33 ff.) und der erforderlichen, regelmäßig extern zu beschaffenden Expertise meistern.

11.3 Konsequenzen bei Nichteinhaltung

11.31 Die Konsequenzen der Nichteinhaltung der internen und externen Offenlegungsgrenzen sind umfassend und wiegen teilweise schwer.[29] Sie reichen von persönlichen Konsequenzen der Beteiligten, wie etwa dem Verlust der Organstellung, über eine Schadenersatzpflicht oder sogar strafrechtlichen Konsequenzen bis hin zu weitreichenden Folgen, wie etwa der Unwirksamkeit der abgeschlossenen Transaktionsdokumente. Daneben wiegen Verstöße gegen die Offenlegungspflichten auch für die Zielgesellschaft schwer. Die von den zuständigen Behörden erhobenen Bußgelder sind empfindlich. Verstöße gegen Vertraulichkeitsverpflichtungen können den Verlust essentieller Vertragsbeziehungen bedeuten, da Ver-

---

26) Verordnung (EU) Nr. 596/2014 des Europäischen Parlaments und des Rates vom 16.04.2014 über Marktmissbrauch und zur Aufhebung der Richtlinie 2003/6/EG und der Richtlinien 2003/124/EG, 2003/125/EG und 2004/72/EG (Marktmissbrauchsverordnung – MMVO, engl. Market Abuse Regulation – MAR), ABl Nr. L 173/1, zuletzt geändert durch Verordnung (EU) 2019/2115 des Europäischen Parlaments und des Rates v. 27.11.2019, ABl Nr. L 320/1.

27) Klöhn, in: Klöhn, MAR, 2. Aufl. 2023, Art. 8 Rdnr. 165.

28) Kumpan/Schmidt, in: Schwark/Zimmer, Kapitalmarktrechts-Kommentar, 5. Aufl. 2020, Art. 8 MAR Rdnr. 24.

29) Für einen dezidierten Überblick siehe: Hensel/Dörstling, DStR 2021, 170.

tragspartnern außerordentliche Kündigungsrechte zustehen können. Auch der Berater selbst kann sich im Rahmen der Transaktion schadenersatzpflichtig, im Einzelfall sogar strafbar machen.

Beispiele 11.32

Die Verletzung der Geheimhaltungspflicht ist für das zuständige Organ strafrechtlich relevant (vgl. etwa § 404 Abs. 1 AktG oder § 85 Abs. 1 GmbHG).

Ein Verstoß gegen das Kartellverbot kann die Nichtigkeit der Transaktion zur Folge haben (vgl. Art. 101 Abs. 2 AEUV bzw. § 134 BGB).[30]

Ein Verstoß gegen das Verbot von Insidergeschäften kann eine Freiheitsstrafe bis zu fünf Jahre bedeuten (vgl. § 119 Abs. 3 WpHG i.V.m. § 15 StGB). Dies kann auch den Berater betreffen.

Bereits ein leichtfertiger Verstoß gegen das Verbot von Insidergeschäften kann zu einem Bußgeld von 5 Mio. €, bei juristischen Personen und Personenvereinigungen sogar bis zu 15 Mio. € oder 15 % des Gesamtumsatzes des letzten Geschäftsjahres führen (vgl. § 120 Abs. 14, § 18 Satz 1 Nr. 1 WpHG und § 30 OWiG).

11.4 Rechtssichere Gestaltungsoptionen des Informationsaustauschs

11.33 Damit die Durchführung der Due Diligence nicht zu einem unüberschaubaren Hindernislauf wird, hat die Praxis Maßnahmen entwickelt, um die divergierenden Interessen in umsichtiger Art und Weise miteinander zu vereinbaren. Die nachfolgend im Einzelnen näher erläuterten Ansätze sind für sich allein genommen nicht geeignet, jeweils allen rechtlichen Einwänden zu begegnen. Diese stellen allesamt nur Teilaspekte in der meist erforderlichen Abwägungsentscheidung zugunsten einer Offenlegung dar. Daher müssen die aufgezeigten Möglichkeiten an die Besonderheiten der jeweiligen Transaktion angepasst und kumulativ angewendet werden.

11.4.1 Non-Disclosure Agreement (NDA)

11.34 Unverzichtbare Arbeitsgrundlage einer jeden Due Diligence ist eine geeignete Vertraulichkeitsvereinbarung zwischen den Transaktionsbeteiligten (Non-Disclosure Agreement, kurz: NDA). Das NDA verpflichtet die am Kauf interessierte Partei über die Transaktion als solche sowie diejenigen Informationen, die ihr von der Verkäuferseite offengelegt werden, Stillschweigen zu bewahren.

30) Bechtold/Bosch, in: Bechtold/Bosch, GWB, 10. Aufl. 2021, § 1 Rdnr. 95.

11.35 **Hinweis**

Der Verkäufer sollte in jedem Fall auch den externen Datenraumanbieter zu einer entsprechenden Vertraulichkeit verpflichten.[31)]

11.36 Ein besonderes Augenmerk bei der Ausgestaltung der Vertraulichkeitsvereinbarung ist darauf zu legen, dass die Informationsweitergabe an die an der Transaktion käuferseitig beteiligten Dritten, beispielsweise finanzierende Banken, Versicherer oder Berater, nur auf „Need-to-know"-Basis erfolgt. Solche Dritte sind auf ein vergleichbares Vertraulichkeitsniveau zu verpflichten.[32)]

11.37 **Vertraulichkeitserklärung**

Muster: Vertraulichkeitsvereinbarung

Zwar werden NDAs in der Praxis regelmäßig individuell ausgehandelt. Das beigefügte Muster bietet aber einen geeigneten Orientierungsrahmen. Bitte beachten Sie daher, dass es stets auf den Einzelfall hin überprüft und angepasst werden muss. Bitte beachten Sie ebenso, dass es für eine Face-to-Face-Transaktion ausgelegt und nicht für das deutlich komplexere Bieterverfahren geeignet ist. In jedem Fall ist vor Abschluss eines NDA qualifizierter Rechtsrat einzuholen.

Vertraulichkeitsvereinbarung
(„Vereinbarung")

vom
Unterzeichnungstag

zwischen

...
mit Sitz in ..., eingetragen im Handelsregister des Amtsgerichts ... unter HRB ...

– **„Potentieller Erwerber"** –

...
mit Sitz in ..., eingetragen im Handelsregister des Amtsgerichts ... unter HRB ...

– **„Derzeitiger Gesellschafter"** –

31) Abedin, in: Koreng/Lachenmann, Formularhandbuch Datenschutzrecht, 3. Aufl. 2021, Kap. G IV 2. Rdnr. 6; Lehmann, in: Jesch/Striegel/Boxberger, Rechtshandbuch Private Equity, 2. Aufl. 2020, § 26 Rdnr. 12.

32) Thurn/Ziegenhain, in: Beck'sches Formularbuch Zivilrecht, 5. Aufl. 2022, Kap. N 1. Rdnr. 4; Abedin, in: Koreng/Lachenmann, Formularhandbuch Datenschutzrecht, 3. Aufl. 2021, Kap. G IV 2. Rdnr. 2.

...
mit Sitz in ..., eingetragen im Handelsregister des Amtsgerichts ... unter HRB ...

– „**Zielgesellschaft**“ –

– zusammen „**Parteien**“ und je einzeln „**Partei**“ –

Präambel

(A) Der derzeitige Gesellschafter ist der einzige Gesellschafter der Zielgesellschaft.

(B) Der potentielle Erwerber ist an dem Erwerb von Gesellschaftsanteilen oder Vermögenswerten der Zielgesellschaft interessiert („**Transaktion**“).

(C) Nach Maßgabe dieser Vereinbarung werden (1) der derzeitige Gesellschafter und/oder die Zielgesellschaft dem potentiellen Erwerber und (2) der potentielle Erwerber dem derzeitigen Gesellschafter und/oder der Zielgesellschaft Informationen zur Verfügung stellen. Den Parteien ist wichtig, dass diese Informationen streng vertraulich behandelt und nur zur Vorbereitung und Durchführung der Transaktion und nicht für sonstige – etwa wettbewerbliche – Zwecke genutzt werden.

Vor diesem Hintergrund vereinbaren die Parteien hiermit, was folgt:

1. Vertrauliche Informationen

1.1 „**Vertrauliche Informationen**“ sind alle nicht öffentlichen, vertraulichen oder geschützten Informationen, die zwischen den Parteien oder ihren Vorständen, Geschäftsführern, Angestellten, Arbeitnehmern, Gesellschaftern, Organmitgliedern, Vertretern, Beratern, Versicherern und Fremdkapitalgebern („**Repräsentanten**“) in Zusammenhang mit der Transaktion ausgetauscht werden (gleich ob mündlich, schriftlich, elektronisch oder in anderer Weise, beispielsweise durch Vorführung, durch Modelle oder in einem anderen greifbaren oder nicht greifbaren Format). Dazu gehören insbesondere:

1.1.1 (1) technische und nicht technische Daten, (2) Geschäftsinformationen, Geschäftspläne, Budgets und Prognosen, (3) Informationen über Technologien, Dienstleistungen, Produkte, Produktzusammensetzungen, Produktmuster, Produktanwendungen, Forschungsstudien und Testergebnisse sowie (4) Informationen über geistige Eigentumsrechte einschließlich Marken, Domains, Designs, Patente, Gebrauchsmuster, Urheberrechte, Prozesse und Know-how;

1.1.2 Memoranda, Analysen, Zusammenstellungen, Zusammenfassungen, Interpretationen, Studien, Berichte und andere Dokumente und Aufzeichnungen (gleich ob mündlich, schriftlich, elektronisch oder in einer anderen Form), die empfangene Informationen enthalten, widerspiegeln, interpretieren oder sonst ganz oder teilweise auf ihnen beruhen;

1.1.3 (1) Informationen über das Bestehen und die Inhalte dieser Vereinbarung, (2) die Information, dass zwischen den Parteien und ihren Repräsentanten aktuell oder zukünftig Informationen in Zusammenhang mit der Transaktion ausgetauscht werden, (3) Informationen darüber, dass es Überlegungen zu Abschluss und Durchführung der Transaktion gibt und dass zwischen den Parteien und/oder ihren Repräsentanten Gespräche oder Verhandlungen hinsichtlich der Transaktion stattfinden oder stattfinden werden, sowie (4) Informationen über die Bedingungen, die Konditionen und den Status der Transaktion.

1.2 Der Begriff „Vertrauliche Informationen" umfasst nicht Informationen, hinsichtlich derer die jeweils empfangende Partei beweisen kann, dass (1) sie der Öffentlichkeit vor der Offenlegung zugänglich waren, (2) sie der Öffentlichkeit nach der Offenlegung ohne Verletzung dieser Vereinbarung oder einer sonstigen Vertraulichkeitsverpflichtung zugänglich wurden (wobei die Vertraulichkeit im Zeitpunkt einer solchen Veröffentlichung und nicht bereits zuvor erlischt), (3) sie der empfangenden Partei vor der Offenlegung und unabhängig von einer Offenlegung unter diesem Vertrag zugänglich waren, (4) sie der empfangenden Partei nach der Offenlegung unter dieser Vereinbarung von einer anderen Quelle zugänglich gemacht wurden, vorausgesetzt, dass diese Quelle die Informationen ohne Verletzung dieser Vereinbarung oder einer sonstigen Vertraulichkeitsverpflichtung offenlegen durfte (wobei die Vertraulichkeit im Zeitpunkt einer solchen Offenlegung und nicht bereits zuvor erlischt), oder (5) sie von der oder für die empfangende Partei unabhängig von Informationen, die ihr in Zusammenhang mit der Transaktion offengelegt wurden, entwickelt wurden (wobei die Vertraulichkeit im Zeitpunkt einer solchen Entwicklung und nicht bereits zuvor erlischt).

2. Offenlegung vertraulicher Informationen

2.1 Die Parteien verpflichten sich hiermit, vertrauliche Informationen (1) streng vertraulich zu behandeln, (2) vor dem Zugriff Dritter zu schützen und (3) Dritten nicht offenzulegen. Die Parteien verpflichten sich insbesondere, vertrauliche Informationen nur zur Vorbereitung und Durchführung der Transaktion und nicht für sonstige – etwa wettbewerbliche – Zwecke zu nutzen. Die Parteien dürfen vertrauliche Informationen ihren Repräsentanten offenlegen, soweit diese Repräsentanten die vertraulichen Informationen im Zusammenhang mit der Transaktion vernünftigerweise benötigen. Die Parteien haben jeden dieser Repräsentanten über die Vertraulichkeit der vertraulichen Informationen zu unterrichten und vertraglich in einem Maß zur Vertraulichkeit zu verpflichten, welches der Vertraulichkeit unter dieser

Vereinbarung entspricht. Jede Partei haftet für Pflichtverletzungen und Verschulden ihrer Repräsentanten wie für eigene Pflichtverletzungen und eigenes Verschulden.

2.2 Wenn eine Partei oder einer ihrer Repräsentanten aufgrund zwingenden anwendbaren Rechts oder der Entscheidung eines Gerichts oder einer Behörde vertrauliche Informationen offenlegen muss, wird diese Partei, soweit gemäß dem anwendbaren Recht bzw. der bindenden gerichtlichen oder behördlichen Entscheidung zulässig, (1) die Partei, deren vertrauliche Informationen offengelegt werden sollen, von dieser Verpflichtung informieren, und (2) redlich mit ihr zusammenarbeiten, um dieser Verpflichtung entgegenzutreten oder sie zu verengen. In jedem Fall werden die Parteien vertrauliche Informationen nur soweit offenlegen, wie dies – gemäß rechtlicher Beratung – zwingend erforderlich ist. Keine vorherige Ankündigung oder sonstige Maßnahme ist erforderlich im Hinblick auf Offenlegungen an Bank-, Finanz-, Wertpapier- oder sonstige Aufsichtsbehörden, die ihre routinemäßigen Überwachungs- und Prüfungsaufgaben ausüben, vorausgesetzt, dass diese Offenlegungen in einem üblichen Rahmen erfolgen.

3. Rückgabe oder Vernichtung vertraulicher Informationen

Die Parteien sind verpflichtet, unverzüglich alle vertraulichen Informationen zurückzugeben oder zu vernichten und die Vernichtung zu bestätigen, wenn die jeweils offenlegende Partei die Rückgabe oder Vernichtung verlangt. Die Parteien haben sicherzustellen, dass auch ihre Repräsentanten einem solchen Verlangen nachkommen. Die Parteien und ihre Repräsentanten haben kein Zurückbehaltungsrecht in Bezug auf vertrauliche Informationen. Die Parteien und ihre Repräsentanten dürfen jedoch vertrauliche Informationen nach Maßgabe der Bestimmungen dieser Vereinbarung weiterhin aufbewahren, wenn und soweit zwingende gesetzliche Bestimmungen oder vernünftige Anforderungen redlicher interner Prüfungs- oder Compliancesysteme dies erfordern. Elektronisch gespeicherte Daten, die routinemäßig in informationstechnologischen Back-ups gespeichert werden, sind von der Vernichtung ausgenommen, wenn und soweit diese Daten wirksam gegen den Zugriff Dritter geschützt sind und diese Daten für die empfangenden Parteien und ihre Repräsentanten im Tagesbetrieb nicht mehr zugänglich sind.

4. Kontaktaufnahme und Abwerbeverbot

4.1 Der potentielle Erwerber wird ohne die vorherige schriftliche Zustimmung des derzeitigen Gesellschafters keinen – direkten oder indirekten – Kontakt mit der Zielgesellschaft oder deren Repräsentanten aufnehmen und sicherstellen, dass auch seine Repräsentanten dies nicht tun.

4.2 Für einen Zeitraum von 24 Monaten nach Abschluss dieser Vereinbarung wird der potentielle Erwerber ohne vorherige schriftliche Zustimmung der Zielgesellschaft keine Mitarbeiter der Zielgesellschaft abwerben und dafür sorgen, dass auch die verbundenen Unternehmen des potentiellen Erwerbers dies nicht tun. Dies gilt nicht für Mitarbeiter, die (1) Gespräche über eine Beschäftigung ohne Aufforderung durch den potentiellen Erwerber und seine verbundenen Unternehmen initiieren, (2) auf eine allgemeine öffentliche Anzeige des potentiellen Erwerbers oder seiner verbundenen Unternehmen reagieren oder von einer Arbeitsagentur überwiesen werden, sofern die Anzeige oder die Agentursuche nicht auf solche Mitarbeiter oder solche Gruppen von Mitarbeitern gerichtet war, oder (3) von der Zielgesellschaft bzw. einem ihrer verbundenen Unternehmen gekündigt worden sind. „**Mitarbeiter**" sind alle Personen, die innerhalb des vorgenannten Zeitraumes in einem Dienst- oder Arbeitsverhältnis zu der Zielgesellschaft stehen oder standen einschließlich der Mitglieder der zur Vertretung berechtigten Organe.

5. Haftung und Vertragsstrafe

5.1 Wenn eine Partei oder einer ihrer Repräsentanten diese Vereinbarung verletzt (**Vertragsverletzung**), ist diese Partei verpflichtet, die übrigen Parteien freizustellen und schadlos zu halten von jeglichen Schäden und Aufwendungen, die direkt oder indirekt aus der Vertragsverletzung resultieren. Das Recht der Parteien, Unterlassungsansprüche geltend zu machen sowie Erfüllung zu verlangen, bleibt unberührt.

5.2 Verletzt eine Partei oder einer ihrer Repräsentanten die Vertraulichkeitsverpflichtungen gemäß Nr. 1–3 oder das Verbot der Kontaktaufnahme und der Abwerbung gemäß Nr. 4 schuldhaft, ist diese Partei verpflichtet, der jeweils anderen Partei/den jeweils anderen Parteien als Gesamtgläubiger eine Vertragsstrafe i.H.v. ... € pro Verstoß zu zahlen. Handelt es sich um einen andauernden Verstoß, fällt die Vertragsstrafe für jeden Monat, den der Verstoß andauert, erneut an. Das Recht, einen darüber hinausgehenden Schaden geltend zu machen, bleibt unberührt. Die Vertragsstrafe wird auf den tatsächlichen Schaden angerechnet.[33)]

6. Keine Pflicht zum Transaktionsabschluss

Bis der potentielle Erwerber und der derzeitige Gesellschafter und/oder die Zielgesellschaft eine endgültige Vereinbarung in Bezug auf die Transaktion abschließen, gilt zwischen den Parteien keine Vereinbarung über die Transaktion, und es besteht keine Verpflichtung der Parteien über eine solche Transaktion oder

33) Vertragsstrafen in Vertraulichkeitsvereinbarungen sind in der M&A-Praxis seltener geworden, kommen jedoch gerade in Face-to-Face-Transaktion, für die dieses Muster konzipiert ist, durchaus noch vor. Aus Sicht des Verwenders sind sie sinnvoll, weil konkrete, durch Vertraulichkeitsverletzungen kausal hervorgerufene Schäden i.d.R. nicht oder nur schwer nachweisbar sind. Wie immer gilt: Dieses Muster kann ausschließlich einen Orientierungsrahmen bieten und ist stets auf den konkreten Einzelfall anzupassen.

endgültige Vereinbarung zu verhandeln oder diese abzuschließen oder durchzuführen. Der derzeitige Gesellschafter und die Zielgesellschaft dürfen ein Angebot des potentiellen Erwerbers in Bezug auf die Transaktion jederzeit ablehnen und die Gespräche und Verhandlungen sowie den Informationsaustausch mit dem potentiellen Erwerber jederzeit einstellen.

7. Keine Zusicherung oder Garantien

Die Parteien erkennen an und stimmen zu – und stellen sicher, dass ihre jeweiligen Repräsentanten anerkennen und zustimmen –, dass die vertraulichen Informationen keinen Anspruch auf Vollständigkeit erheben und dass die Parteien und ihre jeweiligen Repräsentanten keine Garantien oder Zusicherungen hinsichtlich der Richtigkeit, Zuverlässigkeit oder Vollständigkeit dieser Informationen abgeben.

8. Datenraum

Diese Vereinbarung wird nicht durch Nutzungs- oder Vertraulichkeitsbedingungen eines virtuellen Datenraums geändert oder ergänzt. Bei Abweichungen zwischen solchen Nutzungs- oder Vertraulichkeitsbedingungen und den Bestimmungen dieser Vereinbarung, haben die Bestimmungen dieser Vereinbarung Vorrang.

9. Mitteilungen

Mitteilungen, die gemäß den Bestimmungen dieser Vereinbarung gemacht werden, bedürfen der Schriftform und sind zu senden, (1) sofern an den derzeitigen Gesellschafter oder die Zielgesellschaft gerichtet: [Person, Kontaktdaten], oder an eine andere Kontaktperson oder an andere Kontaktdaten, der/die von dem derzeitigen Gesellschafter oder der Zielgesellschaft mitgeteilt wird/werden, und (2) sofern an den potentiellen Erwerber gerichtet: an die folgende Kontaktperson und die folgenden Kontaktdaten oder an eine andere Kontaktperson oder an andere Kontaktdaten, der/die von dem potentiellen Erwerber mitgeteilt wird/werden: [Person, Kontaktdaten].

10. Laufzeit

Sofern in dieser Vereinbarung nicht eine längere Frist vorgesehen ist, bleiben diese Vereinbarung und die darin enthaltenen Verpflichtungen für einen Zeitraum von 24 Monaten ab Unterzeichnung dieser Vereinbarung in Kraft.

11. Anwendbares Recht, Gerichtsstand

Diese Vereinbarung und jede Streitigkeit und jeder Anspruch aus oder in Zusammenhang mit dieser Vereinbarung (einschließlich nicht vertraglicher Streitigkeiten und Ansprüche) unterliegen ausschließlich dem Sachrecht der Bundesrepublik Deutschland. Ausschließlich zuständig sind die Gerichte in [Ort].

12. Schlussbestimmungen

12.1 Diese Vereinbarung enthält sämtliche Abreden zwischen den Parteien in Bezug auf den Gegenstand dieser Vereinbarung und kann nur schriftlich geändert oder ergänzt werden. Dieses Schriftformerfordernis gilt auch für eine Änderung oder Ergänzung dieses Schriftformerfordernisses selbst.

12.2 Diese Vereinbarung und Ansprüche aus oder in Zusammenhang mit dieser Vereinbarung können von keiner Partei ohne vorherige schriftliche Zustimmung der anderen Parteien abgetreten werden. Jede gegen den vorstehenden Satz verstoßende Abtretung ist nichtig.

12.3 Eine Nichtausübung oder verzögerte Ausübung eines Rechts aus dieser Vereinbarung durch eine der Parteien gilt nicht als Verzicht auf dieses Recht.

12.4 Sollte eine Bestimmung dieser Vereinbarung ganz oder teilweise unwirksam oder undurchführbar sein, berührt dies die übrigen Bestimmungen dieser Vereinbarung nicht. Die jeweilige Bestimmung soll (soweit sie unwirksam oder undurchführbar ist) keine Wirkung haben und durch diejenige wirksame und durchführbare Bestimmung ersetzt werden, die der Intention der unwirksamen oder undurchführbaren Bestimmung am nächsten kommt. Das Gleiche gilt im Fall einer unbeabsichtigten Regelungslücke in dieser Vereinbarung.

Ort, Datum

Potentieller Erwerber	**Derzeitiger Gesellschafter**
______________________	______________________
Name Funktion	Name Funktion

Zielgesellschaft

____

Name
Funktion

11.4.2 Stufenweise Offenlegung

Eine weitere, in der Praxis bewährte Maßnahme ist es, Informationen nur stufenweise offenzulegen. Dem Erwerber wird mit Fortschreiten der Transaktion das im entsprechenden Stadium jeweils Nötige offenbart. Hierbei empfiehlt es sich, zu Beginn der Transaktion die vorhandenen Unterlagen zu sichten und zu bewerten. Unproblematische Informationen können gleich zu Beginn offengelegt werden. Kritische, besonders vertrauliche Informationen hingegen sollten dem Kaufinteressenten erst zu einem späteren Zeitpunkt in der Transaktion offengelegt werden (siehe hierzu noch Rdnr. 11.60 ff.). 11.38

Die Offenlegung von Geheimnissen und vertraulichen Angaben der Gesellschaft dürfte beispielweise jedenfalls aus gesellschaftsrechtlicher Sicht dann zulässig sein, wenn sich die Transaktion hinreichend konkretisiert hat, die Verhandlungen mithin fortgeschrittener Natur sind und diese ohne Due Diligence nicht zu einem erfolgreichen Abschluss gebracht werden könnten. Ernsthafte Erwerbsabsichten können durch den Abschluss eines Letters of Intent (kurz: LoI), der Abgabe eines vorläufigen Angebots (Indicative Bid) oder eines bindenden Angebots (Binding Bid) untermauert werden.[34] 11.39

Mithilfe der stufenweisen Offenlegung gelingt es, derjenigen Interessensbekundungen Herr zu werden, die nur zum Schein abgegeben wurden, um an Unternehmensinterna zu gelangen.[35] Gleichzeitig ist eine stufenweise Offenlegung auch geboten, um das wettbewerbsrechtliche Verhältnismäßigkeitsprinzip zu wahren (siehe hierzu Rdnr. 11.17 ff.).[36] Die Due Diligence ist aus wettbewerbsrechtlicher Sicht nur verhältnismäßig, wenn der Verkäufer das absolut Notwendige offenlegt. Es ist daher je nach Transaktionsstand zu beurteilen, welche Informationen für den Erwerber absolut notwendig für dessen Kaufentscheidung sind. 11.40

Hinweis 11.41

Nicht nur in zeitlicher, sondern auch in personeller Hinsicht empfiehlt sich eine stufenweise Offenlegung. Dabei ist auch hinsichtlich des Adressatenkreises immer das Need-to-know-Prinzip zu beachten, und es sollten vertrauliche Informationen nur denjenigen zukommen, die in der jeweiligen Transaktionsphase die Informationen auch tatsächlich benötigen.

---

34) Vgl. auch MüKo-AktG/Spindler, 5. Aufl. 2019, § 93 Rdnr. 154.

35) Hensel/Dörstling, DStR 2021, 170, 171.

36) MüKo-WettbR/Wessely, 3. Aufl. 2020, Art. 7 FKVO Rdnr. 82.

11.4.3 Datenraumstrukturierung

11.42 Als ein weiteres effektives Mittel hat sich auch die Aufteilung in einen sogenannten grünen Datenraum und einen sogenannten roten Datenraum erwiesen. Im grünen Datenraum werden weniger sensible, hinreichend geschwärzte oder anderweitig anonymisierte Dokumente und entsprechend aggregierte Informationen hinterlegt. Auf die dort abgelegten Daten kann eine Mehrzahl von Personen, die an der Transaktion beteiligt sind, zugreifen. Demgegenüber bleibt der rote Datenraum ausschließlich Personen mit „höchster Sicherheitsfreigabe" vorbehalten. Häufig wird der rote Datenraumbereich auch erst sehr spät im Transaktionsprozess freigeschaltet. Denn dort befinden sich besonders vertrauliche Dokumente oder solche, die nicht sinnvoll geschwärzt (siehe Rdnr. 11.44 ff.) oder aggregiert dargestellt werden können.[37]

11.43 Die Unterteilung des (virtuellen) Datenraums wird dadurch ermöglicht, dass je nach Datenraumfarbe unterschiedliche Zugriffsberechtigungen verteilt werden und/oder der rote Datenraum zu einem späteren Zeitpunkt überhaupt erst freigeschaltet wird, so dass erst dann eine Zugriffsmöglichkeit hierauf besteht. Entsprechende technische Tools sollte jeder professionelle Datenraumanbieter heutzutage anbieten. Hierauf ist bei der Auswahl eines externen Anbieters zu achten. Auch bei internen Lösungen, beispielsweise über einen hierfür bereitgestellten Microsoft SharePoint, kann mittels der Vergabe unterschiedlicher Berechtigungsstufen auf bestimmte Dateiordner das Gleiche erreicht werden. Sollte – was in der Praxis nur noch äußerst selten vorkommt – kein virtueller, sondern ein physischer Datenraum bereitgestellt werden, müssen mindestens zwei verschiedene physische Räume hierfür zur Verfügung gestellt werden, auf welche die Informationen entsprechend ihrer Freigabe verteilt werden. Zusätzlich ist darauf zu achten, dass Zugang zum roten Datenraum nur erhält, wer auch die Berechtigung hierfür besitzt. Zu diesem Zwecke sollte eine Einsichtnahme nur überwacht stattfinden.

11.4.4 Schwärzungen

11.44 Neben dem Abschluss einer Vertraulichkeitsvereinbarung ist das Schwärzen personenbezogener Daten und vertraulicher Informationen ein Muss. Denn das Schwärzen ermöglicht es dem Käufer, Einblick in relevante Unterlagen zu erhalten, ohne dass der Verkäufer sich rechtswidrig oder vertragsbrüchig verhält (siehe Checkliste Rdnr. 11.7).

11.45 Häufig interessiert sich der potentielle Erwerber gar nicht für die personenbezogenen Daten, sondern für andere, in den Unterlagen enthaltene, für die Kaufent-

---

37) Abedin, in: Koreng/Lachenmann, Formularhandbuch Datenschutzrecht, 3. Aufl. 2021, Kap. G IV 2. Einleitung und Rdnr. 9 ff.

scheidung relevante Informationen. Der Käufer möchte einen Gesamtüberblick über die zu erwerbende Gesellschaft erhalten. Detailinformationen zu einzelnen Mitarbeitern oder Kunden sind hierfür regelmäßig nicht erforderlich.

Praxistipp 11.46

Als Alternative bzw. Ergänzungsmaßnahme bietet sich auch die anonymisierte Aggregation von Informationen an, beispielsweise in Form einer anonymisierten Tabelle, welche alle Lieferanten samt Konditionen oder alle Mitarbeiter mit jeweiliger Vergütung ausweist.[38]

Alle Daten, die Rückschlüsse auf konkrete Personen zulassen, sind zu schwärzen. 11.47
Insbesondere ist zu beachten, dass eine bloße **Pseudonymisierung** den Anwendungsbereich der DSGVO nicht sperrt. Bei bloßer Pseudonymisierung ist die betroffene Person zwar nicht identifiziert, gleichwohl aber weiterhin identifizierbar. Daher sind neben denjenigen Daten, die die Person unmittelbar identifizieren (Vor- und Zunamen, Anschrift etc.), auch all jene Informationen unkenntlich zu machen, die die Identifizierung der betroffenen Person zumindest mittelbar ermöglichen,[39] bspw. Mitarbeiternummern oder konkrete Jobtitel.

Daneben müssen besonders sensible Daten auch **aus kartellrechtlichen Gründen** 11.48
geschwärzt werden, sofern nicht bereits eine stufenweise Offenlegung oder das Arbeiten in Clean Teams (siehe Rdnr. 11.53 ff.) als ausreichend erachtet wird.[40]

Hinweis 11.49

Eine Schwärzung genügt hingegen häufig nicht, um die Weitergabe von Insiderinformationen zu verhindern. Insiderinformationen sind nicht bloß einzelne Informationen oder Daten. Es besteht die immanente Gefahr, dass auch die übrigen, ungeschwärzten Informationen noch Insiderinformationen enthalten.

---

38) Vgl. Meurer, in: Beck'sches Handbuch M&A, 2. Aufl. 2022, § 9 Rdnr. 25.

39) Arning/Rothkegel, in: Taeger/Gabel, DSGVO/BDSG, 3. Aufl. 2019, Art. 4 DSGVO Rdnr. 119.

40) Liese/Theusinger, in: Hauschka/Moosmayer/Lösler, Corporate Compliance, 3. Aufl. 2016, § 27 Rdnr. 44, 49; Hörtnagl/Zwirner, in: Hettler/Stratz/Hörtnagl, BeckMandatsHdB Unternehmenskauf, 2. Aufl. 2013, § 2 Rdnr. 74 f.

11.50 **Praxistipp**

Da das Schwärzen von Unterlagen erhebliche Zeit in Anspruch nehmen kann, ist damit bereits frühzeitig in der Vorbereitungsphase zu beginnen, um Verzögerungen im Transaktionsablauf zu verhindern.

11.4.5 Vendor Due Diligence

11.51 Eine Vendor Due Diligence (hierzu bereits Rdnr. 10.26) stellt für den Veräußerer im Hinblick auf die bestehenden Offenlegungsgrenzen eine der sichersten Möglichkeiten dar, sein Unternehmen dem Erwerbsinteressenten darzustellen, da hierbei keine Informationen unmittelbar an den Erwerbsinteressenten offengelegt werden. Vielmehr erfolgt eine rein interne Untersuchung, deren Ergebnisse im Rahmen eines Vendor-Due-Diligence-Berichts oder eines Legal Fact Books dem Erwerbsinteressenten offengelegt werden.[41]

11.52 Dieses Vorgehen hat jedoch auch entscheidende Nachteile. Zum einen ist eine verkäuferseitig durchgeführte Due Diligence zeitaufwendig und teuer. Zum anderen muss der Verkäufer i.d.R. weitergehende Garantien abgeben oder höhere Haftungshöchstgrenzen akzeptieren (zu den Haftungsfreibeträgen/Haftungsfreigrenzen Rdnr. 8.35 ff.).[42] Tut er dies nicht, wird sich der Käufer wohl nicht auf die verkäufereigenen Untersuchungen verlassen und seine eigene Due Diligence anstreben wollen.

11.4.6 Einsatz von Clean Teams oder einer Clearingstelle

11.53 Das Arbeiten mit und in sogenannten Clean Teams rührt ursprünglich aus kartellrechtlich gebotenen Lösungsansätzen her und ist insoweit besonders geeignet, Verstöße gegen das Wettbewerbsrecht zu vermeiden. Darunter zu verstehen sind spezielle Teams aus Mitarbeitern und (externen) Beratern des am Kauf interessierten Unternehmens, die entweder generell nicht in das operative Geschäft eingebunden sind oder zumindest für die Dauer der Transaktion sowie für eine gewisse Zeit nach der Transaktion (falls diese scheitert, sog. Gardening Leave)

41) Im Gegensatz zu einem Vendor-Due-Diligence-Report enthält ein Legal Fact Book keine rechtlichen Wertungen, vgl. Meurer, in: Beck'sches Handbuch M&A, 2. Aufl. 2022, § 12 Rdnr. 11.

42) Abedin, in: Koreng/Lachenmann, Formularhandbuch Datenschutzrecht, 3. Aufl. 2021, Kap. G IV 2. Einleitung.

vom operativen Geschäft ausgenommen werden.[43] Gleichzeitig werden alle Mitglieder des Clean Teams zur Vertraulichkeit gegenüber ihren operativen Kollegen verpflichtet.

Hintergrund ist, dass ein Kartellrechtsverstoß dadurch vermieden werden soll, dass wettbewerbsrechtlich relevante Informationen nicht an Mitarbeiter gelangen, die unmittelbar operativ tätig sind und daher diese Informationen nutzen können, um den Markt zu beeinflussen. 11.54

Alternativ, ggf. ergänzend, kann auch ein externer Kartellrechtsanwalt (sog. Clearingstelle) beauftragt werden, die jeweiligen Dokumente auf ihre wettbewerbsrechtliche Relevanz hin zu überprüfen und dem Erwerbsinteressenten die Ergebnisse mitzuteilen. Die wettbewerbsrelevanten Informationen werden dann nicht bzw. nur in aggregierte Form an den Erwerbsinteressenten weitergeleitet.[44] 11.55

Praxistipp 11.56

Clean Teams und/oder Clearingstellen eignen sich auch abseits wettbewerbsrelevanter Sachverhalte, um Geheimhaltungsverpflichtungen des Veräußerers zu wahren. Erforderlich sind dafür sogenannte Clean-Team-NDAs bzw. Clearingvereinbarungen.

11.4.7 Einholung einer vorherigen Einwilligung

In Ausnahmefällen kann erwogen werden, im Einzelfall die Genehmigung des Betroffenen (beispielsweise Vertragspartners) einzuholen, um so eine Offenlegung zu ermöglichen.[45] Dieser Schritt sollte jedoch sorgfältig abgewogen werden, da die Beteiligten i.d.R. nicht möchten, dass die geplante Transaktion bekannt wird. Durch die Offenlegung gegenüber Dritten kann zudem der Verkäufer selbst wiederum die Vertraulichkeitsvereinbarung mit dem Erwerber verletzen. 11.57

Die Einholung einer Einwilligung sollte daher nur als Ultima Ratio in Betracht kommen. Meist genügen die hier dargestellten Maßnahmen, um die erforderlichen Abwägungen zugunsten einer Offenlegung zu beeinflussen. 11.58

43) Liese/Theusinger, in: Hauschka/Moosmayer/Lösler, Corporate Compliance, 3. Aufl. 2016, § 27 Rdnr. 45; MüKo-WettbR/Mäger, 4. Aufl. 2022, § 41 GWB Rdnr. 29.

44) Besen/Gronemeyer, CCZ 2013, 137, 144.

45) Hörtnagl/Zwirner, in: Hettler/Stratz/Hörtnagl, BeckMandatsHdB Unternehmenskauf, 2. Aufl. 2013, § 2 Rdnr. 78.

11.4.8 Dokumentation

11.59 Zu Beweiszwecken ist es dringend erforderlich, dass die Schutzmaßnahmen, die der Verkäufer ergreift, lückenlos dokumentiert werden. Dazu gehört nicht nur, welche Informationen offengelegt wurden, sondern auch zu welchem Zeitpunkt und an wen. Nur so kann in Streitfragen nachgewiesen werden, dass der Verkäufer seine Geheimhaltungs- und Vertraulichkeitsverpflichtungen nicht verletzt hat.

11.5 Zeitliche Strukturierung der Schutzmaßnahmen

11.60 **Zu Beginn der Transaktion** sollte das Transaktionsteam die offenzulegenden Unterlagen entsprechend ihrem Risikostatus klassifizieren. Idealerweise werden die Dokumente direkt dem grünen oder roten Datenraumbereich zugeordnet. Besonders sensible Informationen sind zu kennzeichnen und deren Offenlegung im Einzelfall zu besprechen bzw. abzuwägen.

11.61 Ausschlaggebend für die Klassifizierung sind hierbei etwa der wirtschaftliche Wert der Informationen, das **Vertraulichkeitslevel**, wettbewerbsrechtliche oder kapitalmarktrechtliche Relevanz. Ebenfalls sind sämtliche Unterlagen, die personenbezogene Daten enthalten, zu identifizieren, damit eine Schwärzung der geschützten Daten vor Offenlegung erfolgen kann.

11.62 Auch der **Aufbau des Datenraums** sollte rechtzeitig begonnen werden. Hierbei ist insbesondere im Hinblick auf die Aufklärungspflichten des Verkäufers auf Vollständigkeit und Richtigkeit der offengelegten Informationen zu achten. Zudem sollte der Datenraum sinnvoll strukturiert sein, um das Auffindungen notwendiger Informationen zu erleichtern.

11.63 Im Hinblick auf die grundsätzlich empfohlene stufenweise Offenlegung empfiehlt es sich bereits zu Beginn der Transaktion bestimmte **Meilensteine festzulegen**, nach denen die nächste Stufe der Offenlegung erfolgt. Dies bietet nicht nur dem Verkäufer Sicherheit, sondern auch den Erwerbsinteressenten, denen klar kommuniziert werden sollte, wann sie welche Art von Informationen erhalten. Dies beugt etwaigen Vorwürfen fehlerhafter oder unvollständiger Aufklärung vor.

11.64 Besonders im Rahmen eines **Bieterverfahrens** ist auf einen strukturierten Transaktionsprozess, insbesondere eine stufenweise Offenlegung zu achten. Hintergrund ist, dass bei einem Bieterverfahren mehrere Erwerbsinteressenten Zugang zu vertraulichen Unternehmensinformationen bekommen und davon i.d.R. nur einer am Ende den Zuschlag erhält. Zwar kann es auch bei einer Face-to-Face-Transaktion dazu kommen, dass der Deal „platzt“ und nicht abgeschlossen wird und die Informationen quasi „umsonst“ offengelegt wurden. Bei einem Bieterverfahren ist dies aber in Bezug auf die nicht erfolgreichen Bieter zwangsläufig der Fall, so dass hier besonders differenziert werden muss, wem gegenüber wann was offengelegt wird.

Beispiel 11.65

Auf den anonymisierten Teaser melden 50 potentielle Erwerber ihr Interesse an der Zielgesellschaft an (Stufe 1). Nach Abschluss eines entsprechenden NDA erhalten die Kaufinteressenten ein entsprechendes Informationsmemorandum mit weiteren Details zur Zielgesellschaft (Stufe 2). Zehn Kaufinteressenten geben ein attraktives vorläufiges Angebot (Indicative Bid) ab und erhalten Zugang zum grünen Datenraum (Stufe 3). Mit den Stufe-3-Bietern werden die ersten Kaufvertragsverhandlungen geführt. Zwei Kaufinteressenten geben ein bindendes Angebot (Binding Bid) ab. Ein Kaufinteressent wird von dem Verkäufer als interessant eingestuft und ihm Zugang zum roten Datenraum eingeräumt (Stufe 4).

Zeitliche Strukturierung einer M&A-Transaktion am Beispiel eines Bieterverfahrens 11.66

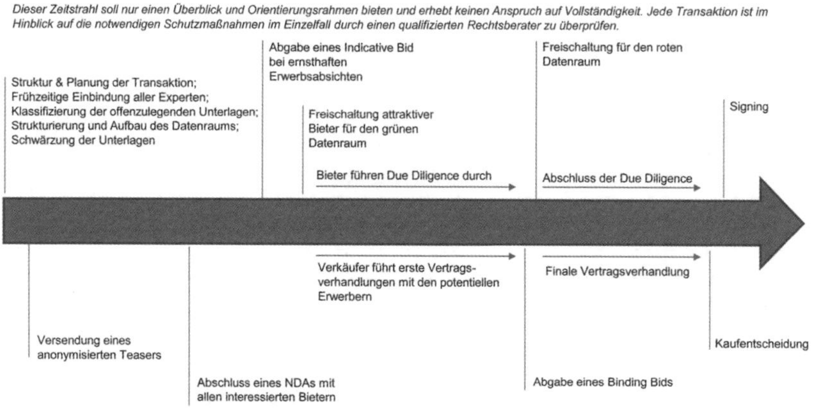

Was sich banal anhört, wird in der Praxis häufig vernachlässigt: Die für die Transaktion notwendigen **Experten sollten frühzeitig,** i.d.R. schon in der Vorbereitungsphase, umfassend in die Transaktionsplanung **einbezogen werden.** Auch wenn beispielsweise die Teaser-Erstellung hauptsächlich von den strategischen und kaufmännischen M&A-Beratern des Verkäufers übernommen wird, empfiehlt es sich, bereits die dort enthaltenen Informationen rechtlich auf Wettbewerbsrelevanz oder Insiderinformationen zu prüfen. Parallel sollten die Schwärzungen und die Klassifizierung der Unterlagen erfolgen. Auch sollten keinerlei Unterlagen vor 11.67

Abschluss eines entsprechenden NDA offengelegt werden. Notwendige Expertise im Kartell- oder Kapitalmarktrecht sollte frühzeitig herangezogen werden, dies gilt ganz besonders in Zweifelsfällen. Auch im Rahmen einer M&A-Transaktion gilt: Vorsorge ist besser als Nachsorge.

11.68 Checkliste: Maßnahmen zur Offenlegung

Diese Checkliste soll nur einen Überblick und Orientierungsrahmen bieten und erhebt keinen Anspruch auf Vollständigkeit. Jede Transaktion ist im Hinblick auf die notwendigen Schutzmaßnahmen im Einzelfall durch einen qualifizierten Rechtsberater zu überprüfen.		
Vorüberlegungen		
1.	Wurde ordentlich geprüft, welche Transaktionsstruktur geeignet ist und welche Besonderheiten diese mit sich bringt? (z.B. Bieterverfahren oder Face-to-Face-Transaktion)	❑
2.	Wurde ordentlich geprüft, ob ein Asset oder Share Deal durchzuführen ist?	❑
3.	Wurden die entsprechenden Organbeschlüsse zur Zulassung einer Due Diligence ordnungsgemäß dokumentiert?	❑
4.	Wurde überlegt, vorab eine Vendor Due Diligence durchzuführen?	❑
5.	Wurde überlegt, mit Clean Teams oder einer Clearingstelle zu arbeiten?	❑
6.	Wurde eine ordentliche zeitliche Strukturierung des Transaktionsprozesses vorgenommen?	❑
7.	Wurden Meilensteine zur stufenweisen Offenlegung festgelegt?	❑
8.	Wurde bereits mit der Klassifizierung und Schwärzung von Dokumenten begonnen?	❑
9.	Wurde bereits ein geeigneter Datenraumanbieter ausgewählt?	❑
10.	Wurde bereits entschieden, ob der Datenraum in einen grünen und roten Datenraumbereich unterteilt werden soll?	❑
11.	Wurde bereits festgelegt, welche Personen Zugriff auf den roten Datenraum bekommen sollen?	❑
12.	Wurde überprüft, ob ausländische Erwerbsinteressenten vorhanden sind?	❑
Vorbereitungsphase		
1.	Wurden die notwendigen M&A-Berater, insb. ggf. Kartell- und Kapitalmarktrechtsexperten, frühzeitig in den Transaktionsprozess eingebunden?	❑

2.	Wurden alle offenzulegenden Dokumente klassifiziert und dem jeweiligen Datenraumbereich zugeordnet?	❑
3.	Wurden alle sensiblen Daten vollständig geschwärzt?	❑
4.	Wurde geprüft, ob ergänzend/alternativ anonymisierte aggregierte Tabellen sinnvoll eingesetzt werden können?	❑
5.	Wurde der Beteiligtenkreis, dem die Daten offengelegt werden sollen, festgelegt?	❑
6.	Wurden alle sonstigen datenschutzrechtlichen Anforderungen eingehalten, insbesondere § 26 BDSG bzgl. der Arbeitnehmerdaten?	❑
7.	Wurde eingehend geprüft, welche Informationen offenzulegen sind (Betriebs- und Geschäftsgeheimnisse)?	❑
8.	Enthalten die offenzulegenden Daten wirklich nur das absolut Notwendige für das jeweilige Transaktionsstadium?	❑
9.	Wurden die offenzulegenden Informationen auf ihre Richtigkeit und Vollständigkeit hin kontrolliert?	❑
10.	Wurden alle zu übermittelnden Daten auf ihre wettbewerbsrechtliche Relevanz geprüft?	❑
11.	Wurde geprüft, ob eine Einwilligung seitens der Betroffenen erforderlich sowie möglich und sinnvoll wäre?	❑
12.	Wurde überprüft, welche Informationen durch Vertraulichkeitsvereinbarungen mit Dritten geschützt sind?	❑
13.	Wurde geprüft, ob die Transaktion Kapitalmarktbezug aufweist?	❑
14.	Wurde geprüft, ob die ausgewählten Informationen Insiderinformationen enthalten?	❑
Umsetzungsphase		
1.	Wurde eine Vertraulichkeitsvereinbarung mit dem Datenraumanbieter geschlossen?	❑
2.	Wurden Vertraulichkeitsvereinbarungen mit allen Erwerbsinteressenten geschlossen?	❑
3.	Wurden die definierten Meilenstände zur stufenweisen Offenlegung erreicht und eingehalten?	❑
4.	Wurden alle getroffenen Schutzmaßnahmen und Offenlegungen lückenlos dokumentiert?	❑

Umsetzungsphase

12. Vertragliche Regelungen von steuerlichen Fragestellungen

Inhalt **Rdnr.**

12.1 Überblick

Jeder Vertrag über einen Unternehmenskauf enthält Vereinbarungen der Parteien zu steuerlich relevanten Fragestellungen und ist auch stets in seiner Gänze steuerlich zu prüfen, um unangenehme Überraschungen für den Mandanten zu vermeiden. Dieses Kapitel gibt einen Überblick über die üblicherweise vorzufindenden steuerlichen Regelungen in einem Kaufvertrag und skizziert hierbei jeweils die Interessenlage von Käufer und Verkäufer. Zudem werden praxisrelevante Sonderfälle angesprochen. 12.1

Bei der steuerlichen Begleitung einer Transaktion ist es empfehlenswert, möglichst frühzeitig zumindest erste steuerliche Überlegungen in die Verhandlungen einflie- 12.2

ßen zu lassen. Üblicherweise einigen sich die Parteien vor Beginn der konkreten Kaufvertragsverhandlungen bereits auf einige Grundsätze für die Transaktion im Rahmen eines sogenannten Letter of Intent (alternativ auch Heads of Terms oder Term Sheet genannt). Hier empfiehlt es sich zumindest, die ersten Grundsätze für die Ausgestaltung der Steuerklausel festzulegen (z.B. der Kaufvertrag soll eine marktübliche Steuerklausel – mit/ohne einem angemessenen de minimis/threshold – enthalten; alle Gewährleistungs- und Freistellungsansprüche außerhalb von Fundamentalgarantien – und Steuerfreistellungen – sollen nach drei Jahren verjähren). Wenn diese Vereinbarung auch rechtlich regelmäßig unverbindlich ist, ist sie dennoch die Grundlage für die weiteren Vertragsverhandlungen.

12.2 Der Asset Deal

12.3 Im Fall eines Asset Deals wird ein (Teil-)Betrieb zivilrechtlich nicht durch Übertragung des gesellschaftsrechtlichen Mantels, sondern durch Übereignung bzw. Abtretung der einzelnen Wirtschaftsgüter an den Käufer übertragen. Im Grundsatz bleiben bei dieser Form der Unternehmenstransaktion alle steuerlichen Forderungen und Verbindlichkeiten beim Verkäufer zurück. Wechselseitige steuerliche Abwicklungsthemen existieren beim Asset Deal damit regelmäßig nicht.

12.2.1 Umsatzsteuer

12.4 Im Fall des Verkaufs eines Unternehmens oder Unternehmensteils in Form eines Asset Deals ist der Verkäufer regelmäßig auch Unternehmer i.S.d. § 2 UStG. Damit ist die Übertragung im Grundsatz umsatzsteuerbar und umsatzsteuerpflichtig. Typische Ausnahmen sind folgende Situationen:

- Der Verkauf von Sachgesamtheiten (Betrieben/Teilbetrieben) unterliegt als sogenannte Geschäftsveräußerung im Ganzen (GiG) nach § 1 Abs. 1a UStG nicht der Umsatzsteuer (nicht umsatzsteuerbar).
- Der Verkauf einzelner Wirtschaftsgüter kann teilweise umsatzsteuerpflichtig und teilweise umsatzsteuerfrei sein, z.B. der Verkauf von Grundstücken inkl. Maschinenpark.

12.2.1.1 Typische Regelungsbedürfnisse

12.5 Aus vertraglicher Sicht ergeben sich hieraus die folgenden typischen Regelungsbedürfnisse:

- Brutto-/Nettokaufpreis
- Risikoverteilung bei abweichender Auffassung des Finanzamts

In jedem Kaufvertrag sollte klar geregelt sein, ob sich der vereinbarte Kaufpreis inklusive oder exklusive Umsatzsteuer versteht. Nach ständiger Rechtsprechung besteht auch bei Vereinbarung eines Kaufvertrags zwischen vorsteuerabzugsberechtigten Unternehmern eine Vermutung, dass ein vereinbarter Kaufpreis die Zahlungspflichten des Käufers abschließend regelt und damit brutto zu verstehen ist, wenn keine Regelung zur Umsatzsteuer enthalten ist.[1)] Ohne eindeutige Regelung trägt damit allein der Verkäufer das Umsatzsteuerrisiko ohne Möglichkeit eines Vorsteuerabzugs. Wegen der ggf. erheblichen Auswirkungen, falls das Finanzamt von der Rechtsauffassung der Vertragsparteien abweicht, empfiehlt es sich, für diesen Fall vertragliche Regelungen vorzusehen.

12.2.1.2 Besonderheiten bei einer Geschäftsveräußerung im Ganzen

Bei einer Geschäftsveräußerung im Ganzen unterliegt die Übertragung selbst nicht 12.6
der Umsatzsteuer. Zugleich tritt der Erwerber nach § 15a Abs. 10 UStG in die Rechtsstellung des Verkäufers ein. Hieraus ergibt sich jedoch keine Gesamtrechtsnachfolge mit dem Übergang der Schuld für noch nicht geleistete Umsatzsteuer der Vergangenheit. Vielmehr betrifft dies lediglich die Fortführung etwaiger Vorsteuerkorrekturzeiträume, so dass der Verkäufer weiterhin die Umsatzsteuer schuldet, die durch den (Teil-)Betrieb bis zum Übergang des wirtschaftlichen Eigentums auf den Käufer verursacht wurde.[2)] Die Geschäftsveräußerung im Ganzen ist von bestimmten **Voraussetzungen** (vgl. hierzu ausführlich Rdnr. 20.12) abhängig, die sowohl auf Verkäufer- als auch auf Käuferseite zu erfüllen sind. Es ist daher stets zu prüfen, welche Folgen es für den eigenen Mandanten hat, wenn die Voraussetzungen der Geschäftsveräußerung im Ganzen nicht vorliegen (z.B. fehlende Unternehmereigenschaft oder keine Betriebs-/Teilbetriebseigenschaft) oder nach Vollzug der Transaktion nicht umgesetzt werden (z.B. keine Begründung eines Unternehmens i.S.v. § 2 UStG oder keine Fortführung des erworbenen Betriebs/Teilbetriebs).

Beispiel 12.7

A verkauft an B seinen Betrieb einschließlich des Betriebsgrundstücks im Wege eines Asset Deals für 10 Mio. €. Der Steuerberater von A geht davon aus, dass der Verkauf nach § 1 Abs. 1a UStG als Geschäftsveräußerung im Ganzen nicht der Umsatzsteuer unterliegt und sieht deshalb keine umsatzsteuerlichen Regelungen vor. Wie von Anfang an beabsichtigt, stellt B den erworbenen Betrieb

1) St. Rspr., vgl. BGH, Urt. v. 11.05.2001 – V ZR 492/99, NJW 2001, 2464, unter II 1, sowie STADIE, in: RAU/DÜRRWÄCHTER, UStG, Einführung Rdnr. 900 ff. (09/2022).

2) Vgl. jüngst BFH, Beschl. v. 07.12.2021 – XI B 11/21, BFH/NV 2022, 355.

unmittelbar nach dem Erwerb ein, um auf dem Grundstück eine Vermietungsimmobilie zu errichten. Das Finanzamt fordert von A die Zahlung der Umsatzsteuer einschließlich der Steuerzinsen auf den Kaufpreis, soweit dieser nicht auf das Grundstück entfällt. B drückt dem A sein Mitgefühl aus und bittet um eine entsprechend korrigierte Rechnung, damit er insoweit die Vorsteuer geltend machen kann.

Lösung

A muss die Umsatzsteuer an das Finanzamt entrichten. Nach der oben (Rdnr. 12.5) dargestellten Rechtsprechung hat er grundsätzlich keinen Anspruch gegen B auf Zahlung der Umsatzsteuer.

12.8 **Beispiel**

A verkauft an B seinen Betrieb einschließlich Grundstück und Bürogebäude für 10 Mio. €. Das Bürogebäude wird teilweise vom verkauften Betrieb, teilweise von einem anderen Betrieb des A genutzt, den dieser fortführen wird. Nach dem Verkauf vermietet B diesen Gebäudeteil an A. Beide gehen von einer Geschäftsveräußerung im Ganzen aus. Im Zweifel soll es sich aber um einen Nettokaufpreis handeln. Eine Geschäftsveräußerung im Ganzen wird vom zuständigen Finanzamt abgelehnt, da aus Sicht des Finanzamts ein einheitlicher Betrieb vorlag, der nun nicht auf B übergegangen ist.

Lösung

B kann hier zwar bei Vorliegen der Voraussetzungen die Vorsteuer auf den Kaufpreis geltend machen, er trägt nun aber über fünf bzw. (für Grundstücke und diesen gleichgestellte Wirtschaftsgüter) zehn Jahre das Risiko einer Vorsteuerkorrektur nach § 15a UStG für einen Betrag von 1,9 Mio. €. Soweit der Kaufpreis auf die vermieteten Teile des Gebäudes entfällt, ist er zudem darauf angewiesen, dass A diese Flächen nicht für vorsteuerschädliche Außenumsätze nutzt.

12.9 **Praxistipp**

Es empfiehlt sich, von der Gegenseite die Erfüllung derjenigen Voraussetzungen zu fordern, die in deren Sphäre fallen (Risiken auf der Seite des Verkäufers: Unternehmereigenschaft/Kein Zurückbehalt wesentlicher Betriebsgrundlagen/Verkauf einer „lebenden" Sachgesamtheit; Risiken auf Seiten des Käufers: Unternehmereigenschaft/Fortführung der erworbenen Unternehmenseinheit über eine gewisse Dauer; zu den Voraussetzungen einer Geschäftsveräußerung im Ganzen siehe Rdnr. 20.12).

Alternativ können zur Risikovorsorge die folgenden Möglichkeiten in Betracht gezogen werden: 12.10

- Einholung einer verbindlichen Auskunft (wird in der Praxis aber wegen der damit verbundenen zeitlichen Unsicherheit nur selten durchgeführt),
- Vereinbarung eines Nettokaufpreises, soweit der Käufer zum Vorsteuerabzug berechtigt ist, im Übrigen wird ein etwaiger Umsatzsteuerschaden (inkl. Zinsen) zwischen den Parteien hälftig geteilt.

Die Übertragung nach § 1 Abs. 1a UStG führt nicht zur Unterbrechung von Vorsteuerkorrekturzeiträumen und birgt damit das Risiko, dass ein Erwerber **Vorsteuerkorrekturen** vom Veräußerer „erbt". Wurde in der Vergangenheit für ein Wirtschaftsgut die Vorsteuer geltend gemacht, und war dies unzutreffend, oder hat sich die Verwendung des Wirtschaftsguts zwischenzeitlich geändert, ist über den verbleibenden Vorsteuerkorrekturzeitraum eine Vorsteuerkorrektur nach § 15a UStG durchzuführen. Dies kann sich wegen der Fortführung der Korrekturzeiträume noch beim Erwerber negativ auswirken (theoretisch ist auch der umgekehrte Fall denkbar). 12.11

Beispiel 12.12

A verkauft an B seinen Betrieb im Wege eines Asset Deals für 10 Mio. €. Die Voraussetzungen einer Geschäftsveräußerung im Ganzen nach § 1 Abs. 1a UStG sind erfüllt. A hat zwei Jahre vor dem Verkauf bewegliche Wirtschaftsgüter angeschafft und für diese die Vorsteuer zu 100 % geltend gemacht. Seit einem Jahr werden die Wirtschaftsgüter nun zu 50 % für abzugsschädliche Umsätze verwendet. B führt den Betrieb nach dem Verkauf unverändert fort.

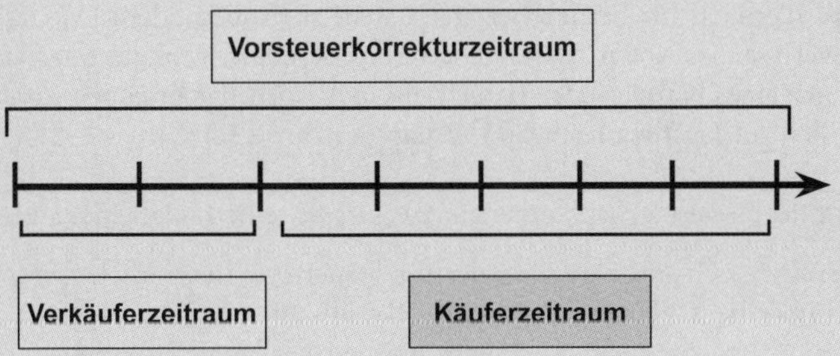

Lösung

B „erwirbt" nach § 15a Abs. 10 UStG mit dem Betrieb auch die bei diesem ggf. noch laufenden Vorsteuerkorrekturzeiträume. B muss über den verbleibenden Korrekturzeitraum von drei Jahren die anteilige Vorsteuerkorrektur auf die von A geltend gemachte Vorsteuer durchführen.

12.13 **Praxistipp**

Der Erwerber sollte vor dem Verkauf prüfen, dass er über alle für die Beobachtung der Vorsteuerkorrekturzeiträume notwendigen Unterlagen verfügt bzw. auf diese Zugriff hat. Er sollte zudem prüfen, ob ein Risiko von Vorsteuerkorrekturen besteht bzw. diese bereits durchgeführt werden und von ihm ggf. weiterzuführen sind. Erforderlichenfalls sind Freistellungspflichten und bei laufenden Vorsteuerkorrekturen Kaufpreisabzüge zu prüfen.

12.14 Aus Sicht des Verkäufers ist darauf zu achten, dass ihm vom Käufer hinreichende Mitsprache- und Weisungsrechte für den Fall eingeräumt werden, dass das Finanzamt gegenüber dem Käufer Vorsteuerkorrekturen festsetzt, für die der Verkäufer einzustehen hat. Denn aufgrund der Einstandspflicht des Verkäufers entfällt für den Käufer das Eigeninteresse an einer Abwehr dieser Festsetzungen.

12.2.2 Erwerberhaftung nach § 75 AO

12.15 Aus steuerlicher Sicht ist die fehlende Übernahme der steuerlichen Verbindlichkeiten und Risiken aus dem Betrieb ein wesentlicher Vorzug des Asset Deals. Dieser Vorteil wird durch § 75 AO für bestimmte Steuern eingeschränkt, indem der Erwerber hiernach für betriebsbezogene Steuern (insbesondere Umsatz-, Lohn- und Gewerbesteuer) sowie Abzugsteuern (insbesondere Kapitalertragsteuern) bei Übernahme eines Betriebs oder Teilbetriebs in Anspruch genommen werden kann (ausführlich zur Haftung nach § 75 AO unter Rdnr. 25.2 ff.).

12.16 Aus Sicht des Erwerbers ist hierbei auf zwei Aspekte besonders hinzuweisen:

1. Es handelt sich um eine Haftung für Steuern, die eigentlich der Verkäufer gegenüber dem Finanzamt schuldet. Sie kommt nach § 219 Satz 1 AO nur dann in Betracht, wenn das Finanzamt den Verkäufer erfolglos in Anspruch genommen hat bzw. dies offensichtlich aussichtslos ist. Mit anderen Worten: Der Erwerber trägt für bestimmte Steuern das Insolvenzrisiko des Verkäufers.

2. Für die Haftung nach § 75 AO kommt es auf verschiedene Zeiträume an.[3] Der Erwerber muss jedoch damit rechnen, ggf. noch vier Jahre nach dem Erwerb für Steuern des Verkäufers in Anspruch genommen zu werden.[4]

Praxistipp 12.17

Bei der Bemessung des potentiellen Risikos ist zu beachten, dass zu den betrieblichen Steuern auch die Gewerbesteuer zählt. Im Fall eines hohen Veräußerungsgewinns auf Seiten des Verkäufers könnte der Erwerber damit für die vollständige Abführung der Gewerbesteuer auf den Veräußerungsgewinn haften, wobei der Umfang der Haftung umstritten ist.[5]

Aus Erwerbersicht empfiehlt es sich, entsprechende **Absicherungen im Vertrag** 12.18
vorzusehen. Da eine Inanspruchnahme die Insolvenz des Verkäufers voraussetzt, sollte sichergestellt werden, dass die Absicherung in diesem Fall auch werthaltig ist. Mögliche Absicherungen sind:

– **Freistellungspflicht des Verkäufers (nur mit zusätzlichem Garantiegeber)**

  Eine Freistellungsverpflichtung des Verkäufers kann nur in Kombination mit einem unabhängigen Garantiegeber als Absicherung gegen eine Inanspruchnahme nach § 75 AO dienen. Der Käufer trägt hier jedoch weiterhin das Solvenzrisiko des Garantiegebers.

– **Kaufpreiseinbehalt/Bankgarantie**

  Ein Kaufpreiseinbehalt oder eine Bankgarantie bieten für den Käufer die meiste Sicherheit. Aufgrund des Zeitraums (siehe Rdnr. 12.16), über den noch eine Inanspruchnahme drohen kann, ist dies für einen Verkäufer regelmäßig nicht akzeptabel.

---

3) Vgl. hierzu ausführlich Schwan, steueranwaltsmagazin 6/2018, 223.

4) Vgl. § 191 Abs. 3 Satz 2 AO, wonach die Festsetzungsfrist für einen Haftungsbescheid vier Jahre beträgt, sowie ausführlich hierzu Schwan, steueranwaltsmagazin 6/2018, 223, 226.

5) Es ist strittig, ob für die Haftung allein die wirtschaftliche Verursachung durch den Geschäftsvorfall ausreicht, so Loose, in: Tipke/Kruse, AO/FGO, § 75 AO Rdnr. 54 m.w.N. (11/2022), oder ob die Steuer auch rechtlich entstanden sein muss (bei GewSt und USt mit Ablauf des Kalenderjahres), so Jatzke, in: Gosch, AO/FGO, § 75 AO Rdnr. 27 (01/2023). Laut BFH, Urt. v. 25.04.2022 – VII R 18/21, DStR 2022, 1863, reicht es jedenfalls für eine Haftung nach § 73 AO aus, wenn die Steuer im Haftungszeitraum wirtschaftlich verursacht wurde. Er widersprach damit der Vorinstanz, Sächsisches FG, Urt. v. 13.04.2021 – 3 K 1304/19, DRsp Nr. 2022/5716, die auf die materiellrechtliche Entstehung abgestellt hatte. Der BFH verweist zur Begründung aber insbesondere auf den Wortlaut von § 73 AO, der eine rechtliche Entstehung der Steuer nicht voraussetze. Für § 75 AO dürfte die Rechtslage wegen des abweichenden Wortlauts daher weiterhin ungeklärt sein.

- **Kaufpreiseinbehalt mit Unbedenklichkeitsbescheinigung**

  Im Fall eines erheblichen Risikos kommt es in Betracht, einen angemessenen Kaufpreiseinbehalt vorzusehen, der nach Erteilung einer Unbedenklichkeitsbescheinigung (nach Ablauf des diesbezüglichen Haftungszeitraums von einem Jahr nach Anmeldung des Betriebserwerbs) freigegeben wird.[6] Dies kann einen angemessenen Ausgleich zwischen dem Absicherungsinteresse des Erwerbers und dem Interesse an einer zeitnahen Mittelfreigabe auf Seiten des Verkäufers darstellen.

12.19 Je nach Relevanz im Einzelfall ist aus Erwerbersicht zudem eine Absicherung gegen eine Inanspruchnahme auf Grundlage paralleler Haftungsnormen zu prüfen (vgl. § 11 Abs. 2 GrStG sowie § 13c UStG) und ggf. sind in gleicher Weise entsprechende **Absicherungen im Vertrag** vorzusehen.

12.3 Der Share Deal

12.20 Ein Share Deal liegt vor, wenn nicht das Unternehmen selbst, sondern die Anteile am Unternehmensträger verkauft werden. Hierbei nimmt der Verkauf von Anteilen an Personengesellschaften (die nicht nach § 1a KStG zur Körperschaftsbesteuerung optiert haben) steuerlich eine Zwischenstellung ein (siehe dazu Rdnr. 12.63).

12.3.1 Umsatzsteuerliche Behandlung des Kaufpreises

12.21 Ein **Verkauf von Anteilen** an Personengesellschaften oder Kapitalgesellschaften ist regelmäßig nach § 4 Nr. 8 Buchst. f) UStG von der Umsatzsteuer befreit. Das UStG orientiert sich an der zivilrechtlichen und nicht an der ertragsteuerlichen Betrachtung. Der Verkauf einer Beteiligung an einer Personengesellschaft ist umsatzsteuerlich damit ein Verkauf des Vermögensgegenstands Beteiligung und nicht ein Verkauf eines Mitunternehmeranteils. Nach § 9 Abs. 1 UStG hat der Verkäufer der Anteile ggf. die Möglichkeit, auf die Steuerbefreiung zu verzichten (im Einzelnen siehe Rdnr. 20.61). Auch hier sollte daher klargestellt werden, ob die Parteien von einem Brutto- oder einem Nettokaufpreis ausgehen und was gelten soll, wenn das Finanzamt von der Rechtsauffassung der Parteien abweicht. Im Fall einer Nettoabrede sollte sich der Käufer zusichern lassen, dass der Verkäufer die Option nicht ausübt.

6) Vgl. Nr. 6 AEAO zu § 75 sowie SCHWAN, steueranwaltsmagazin 6/2018, 223, 226.

Praxistipp 12.22

In geeigneten Fällen sollte geprüft werden, ob die Voraussetzungen einer Geschäftsveräußerung im Ganzen nach § 1 Abs. 1a UStG vorliegen oder dargestellt werden können. Dies kann für beide Seiten vorteilhaft sein, da es der EuGH beim Verkauf eines vorsteuerabzugsberechtigten Unternehmens nach neuerer Rechtsprechung ermöglicht, die Vorsteuer aus den mit dem Verkauf verbundenen Kosten (insbesondere Beraterkosten) geltend zu machen.[7] In diesem Fall empfiehlt es sich, vor allem aus Sicht des Verkäufers, entsprechende Zusicherungen des Käufers in den Vertrag aufzunehmen, um die Rechtsfolge der Geschäftsveräußerung im Ganzen abzusichern (vgl. Beispiel Rdnr. 12.7).

Bleibt ein relevantes Restrisiko hinsichtlich der umsatzsteuerlichen Behandlung 12.23
der Transaktion, beispielsweise weil die Voraussetzungen einer Geschäftsveräußerung im Ganzen nicht sicher sind, so sollte geregelt werden, wie der sich hieraus ergebende Steuerschaden zwischen den Parteien aufzuteilen ist. Hierbei empfiehlt es sich, den Kaufpreis jedenfalls insoweit als Nettokaufpreis zu vereinbaren, als der Käufer vorsteuerabzugsberechtigt ist. Üblicherweise tragen die Parteien den hiernach verbleibenden Steuerschaden hälftig. Dies gilt üblicherweise jedenfalls dann, wenn das Risiko keiner der Parteien allein zuzuordnen ist.

Praxistipp 12.24

Selbst wenn ein Nettokaufpreis vereinbart wird, sollte der Käufer aus Sicht des Verkäufers auch am Zinsrisiko vertraglich beteiligt werden. Nach dem Gesetz trägt dies allein der Verkäufer als Umsatzsteuerschuldner.

12.3.2 Abgrenzung Vorstichtagsteuern (die „klassische" Steuerklausel)

Der entscheidende Unterschied zwischen dem Share Deal und dem Asset Deal 12.25
ist aus steuerlicher Sicht, dass der Käufer hier nicht nur das Unternehmen, sondern mit dem Unternehmensträger dessen sämtliche steuerliche Risiken aus der Vergangenheit erwirbt, soweit die Steuern der Zielgesellschaft noch nicht bestandskräftig veranlagt sind. Denn insbesondere für Kapitalgesellschaften (zu den Besonderheiten bei Personengesellschaften siehe Rdnr. 12.63) hat eine Über-

7) Vgl. Grebe/Raudszus, Ubg 2019, 41.

tragung der Anteile aufgrund des Trennungsprinzips im Grundsatz keinen Einfluss auf deren Besteuerung. Eine Ausnahme bildet hier beispielsweise § 8c Abs. 1 KStG, wonach ein Anteilseignerwechsel zum Untergang von steuerlichen Verlustverrechnungspositionen führen kann.

12.26 Ein Käufer erwirbt ein Unternehmen jedoch regelmäßig zu einem bestimmten Stichtag für einen im Kaufvertrag festgelegten Kaufpreis. Dieser wirtschaftliche Stichtag dient im Verhältnis zwischen den Parteien dazu, die Zeiträume abzuschichten, für die der Gewinn der Zielgesellschaft noch dem Verkäufer und ab wann er dem Käufer zustehen soll. Auf diesen Zeitpunkt (der nicht mit der Unterzeichnung oder dem Vollzug des Kaufvertrags identisch sein muss) wird regelmäßig eine Stichtagsbilanz erstellt, um auf deren Grundlage den exakten Kaufpreis zu ermitteln.

12.27 Die Abwicklung der Besteuerung vergangener Zeiträume kann aufgrund noch ausstehender Außenprüfungen zum Abfluss erheblicher Liquidität nach Vollzug des Kaufvertrags führen. Das Risiko etwaiger Steuernachzahlungen beruht dabei erheblich darauf, wie progressiv oder konservativ das Unternehmen seine Steuern bislang deklariert hat und wie lang der Zeitraum ist, für den die Steuern der Gesellschaft noch nicht endgültig veranlagt sind.

12.28 Steuerklauseln sollen sicherstellen, dass der von den Parteien gefundene Kaufpreis durch nachlaufend abfließende Liquidität in Form von Steuernachforderungen für Zeiträume vor dem wirtschaftlichen Stichtag nicht verändert wird. Sie unterscheiden sich damit von sonstigen Regelungen in einem Unternehmensvertrag (insbesondere im Vergleich zu zivilrechtlichen Garantien) dadurch, dass sie regelmäßig über einen längeren Zeitraum zwischen den Parteien „gelebt“ werden müssen.

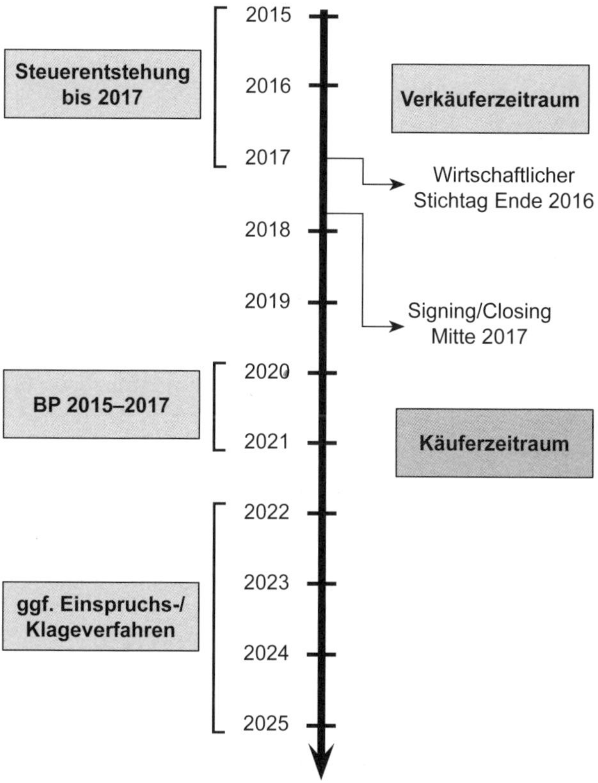

12.3.3 Typische Bestandteile einer Steuerklausel

Eine typische Steuerklausel enthält insbesondere die folgenden Bestandteile: 12.29

- steuerliche Definitionen
- Steuergarantien
- Steuerfreistellungsverpflichtung des Verkäufers mit Rückausnahmen
- Auszahlungsverpflichtung für **Steuererstattungen**
- Pflichten des Verkäufers im Interimszeitraum zwischen Signing und Closing
- Fälligkeitsregelung
- Kooperationsklausel in Bezug auf Steuererklärungen und Betriebsprüfungen
- Regelungen zur Verjährung
- Sonstiges

12.3.4 Steuerliche Definitionen

12.30 Die für die Steuerklausel relevanten Definitionen werden üblicherweise unmittelbar zu Beginn der Steuerklausel festgelegt, da sie fast ausschließlich in diesem Abschnitt des Vertrags verwendet werden. In der Regel wird im Vertrag eine für diesen geltende **Definition des Begriffs Steuern** vereinbart. Hierbei wird zunächst auf die gesetzliche Definition in § 3 AO Bezug genommen, wobei über die gesetzliche Definition hinaus auch die steuerlichen Nebenleistungen i.S.v. § 3 Abs. 4 AO erfasst werden.

12.31 Aus Käufersicht ist auf eine möglichst umfangreiche Definition hinzuwirken. Weitergehende Definitionen erfassen beispielsweise auch

- Bußgelder, Sozialversicherungsbeiträge, Abgaben, Gebühren und Beiträge auf Grundlage öffentlich-rechtlicher Verpflichtung (z.B. Abfallgebühren oder IHK-Beiträge),
- vergleichbare Abgaben auf Grundlage von ausländischen Rechtsordnungen,
- Haftung für Steuern Dritter (auf vertraglicher oder gesetzlicher Grundlage),
- Erstattungspflichten von Beihilfen, Investitionszuschüssen und Subventionen.

12.32 **Praxistipp**

Ist das Zielunternehmen seinerseits aufgrund eines Anteilsverkaufs in der Vergangenheit zur Freistellung eines Dritten für etwaige Steuernachzahlungen des damaligen Zielunternehmens verpflichtet, so handelt es sich um Zahlungspflichten auf vertraglicher Grundlage, auch wenn diese ihre Ursache letztlich in einer Steuerzahlung haben. Der Käufer wird hiervon nur freigestellt, wenn dies ausdrücklich im Vertrag aufgenommen wurde.

12.33 Aus Verkäufersicht ist darauf zu achten, dass der erfasste Aufwand klar abgegrenzt werden kann und sich keine Überschneidungen zum zivilrechtlichen Garantiekatalog ergeben. So finden sich Regelungen zu Beihilfen und Subventionen im Bereich öffentlich-rechtlicher Garantien sowie Garantien zur Abführung von Lohnsteuer und Sozialversicherungsbeiträgen in arbeitsrechtlichen Garantien.

12.34 **Weitere Definitionen** können im Einzelfall sinnvoll sein. So sollte geklärt werden, wie Steuern aufzuteilen sind, die sich nach dem Kalenderjahr richten, wenn der wirtschaftliche Abgrenzungsstichtag von diesem abweicht.

12.3.5 Steuerliche Garantien

Steuerliche Garantien (vgl. dazu ausführlich Rdnr. 8.13 ff.) unterscheiden sich von Steuerfreistellungen in mehrerlei Hinsicht, wobei es letztlich auf die konkrete Formulierung im Vertragstext ankommt. Im Rahmen einer Garantie sichert der Verkäufer dem Käufer zu, dass bestimmte Aussagen im Zeitpunkt der Unterzeichnung des Kaufvertrags (Signing) richtig sind und ggf. bis zum Vollzug des Kaufvertrags (Closing) weiterhin zutreffend sein werden. Im Grundsatz ist der Verkäufer zum Ersatz des dem Käufer entstehenden Schadens verpflichtet, wenn sich später herausstellt, dass die Garantien unrichtig waren. 12.35

Ein Bedürfnis für Garantien besteht für einen Käufer 12.36

- in Bereichen, in denen er sich im Rahmen einer Due Diligence keine hinreichende Gewissheit darüber verschaffen konnte, ob hier zukünftig für die Zielgesellschaft Schäden drohen (Beispiel: Im Rahmen des Due-Diligence-Prozesses wurde dem Käufer kein Kontakt zum Steuerberater des Zielunternehmens gewährt);
- bei Themen, deren Schadenspotential weniger in der Höhe möglicher Steuern liegt, sondern eher im hiermit ggf. verbundenen internen und externen Kostenaufwand. Wurde beispielsweise die Verrechnungspreisdokumentation für die Vergangenheit noch nicht erstellt, ist eine reine Freistellungspflicht des Verkäufers für die Vergangenheit nicht ausreichend. Denn diese umfasst nicht die ggf. erheblichen Kosten für die nachträgliche Erstellung der Dokumentation. Das Gleiche gilt für Steuererklärungen der Zielgesellschaft für die Vergangenheit;
- für spezifische Risiken, die der Käufer im Rahmen des Due-Diligence-Prozesses identifiziert hat und für die er eine Einstandspflicht über eine bloße Steuerfreistellung hinaus sicherstellen will. Besteht beispielsweise aus Sicht des Käufers ein erhebliches Risiko, dass zwischen Verkäufer und Zielgesellschaft eine umsatzsteuerliche Organschaft bestand, hat der Käufer hier ein Interesse, im Fall der Verwirklichung des Risikos den hieraus resultierenden Umsatzsteuerschaden sowie den damit ggf. verbundenen Aufwand beim Zielunternehmen nicht nur bis zum Stichtag, sondern ggf. auch für Zeiträume bis zum Closing zu erhalten.

Typischerweise verlangt ein Käufer die folgenden Garantien:[8] 12.37

- Die Zielgesellschaft hat die abzuführenden Steuern stets pünktlich bezahlt.

8) Vgl. auch Ettinger, in: Beck'sches Handbuch Unternehmenskauf im Mittelstand, 3. Aufl. 2021, Kap. D Rdnr. 667.

- Die Zielgesellschaft hat einzureichende Steuererklärungen rechtzeitig eingereicht.
- Die für steuerliche Zwecke notwendige Dokumentation ist vollständig vorhanden.
- Es existieren keine Betriebsstätten im Ausland.
- Es sind keine Betriebsprüfungen angekündigt oder laufen aktuell (ggf. bis auf [...]).

Dies verschafft dem Käufer eine gewisse Sicherheit, dass er nach Übernahme des Unternehmens nicht plötzlich mit Pfändungsandrohungen wegen nicht geleisteter Steuerzahlungen konfrontiert wird oder das Finanzamt mangels eingereichter Steuererklärung mit einer Schätzung droht.

12.38 Aus Sicht des Verkäufers sind Garantien so weit wie möglich zu vermeiden, da der Umfang etwaiger Zahlungspflichten deutlich höher ausfallen kann als bei einer reinen Freistellungspflicht für Steuern. Soweit Garantien nicht vermieden werden können, können diese ggf. lediglich kenntnisabhängig gegeben werden oder mit einer Wesentlichkeitsschwelle eingeschränkt werden. Zugleich ist es bei der Ersatzpflicht sinnvoll, diese neben Steuern ggf. auf externe und angemessene Beraterkosten zu beschränken.

12.39 **Praxistipp**

Oftmals hat ein Verkäufer deutlich günstigere Möglichkeiten, um beispielsweise fehlende Dokumente oder Informationen zu beschaffen. Aus Verkäufersicht ist es daher empfehlenswert, dass er im Fall eines Garantieverstoßes eine angemessene Frist erhält, diesen selbst zu beseitigen, bevor der Käufer seine Berater auf Kosten des Verkäufers beauftragen darf. Ein Mittelweg besteht oftmals in der Vereinbarung von steuerlichen Garantien jedenfalls für die operationellen Bereiche.

12.3.6 Steuerliche Freistellung

12.40 Kern der Steuerklausel ist die Verpflichtung des Verkäufers zur Freistellung des Käufers (oder der Zielgesellschaft, ausführlich dazu Rdnr. 8.27 ff.) von Steuern, die die Zielgesellschaft für Zeiträume bis zum wirtschaftlichen Stichtag zu zahlen hat.

12.3.6.1 Besonderheiten bei der Vereinbarung eines Locked-Box-Kaufpreises

Im Fall eines sogenannten Locked-Box-Kaufpreises (ausführlich dazu Rdnr. 13.71) liegt der wirtschaftliche Stichtag üblicherweise auf dem Tag des letzten Jahresabschlusses. Bis zu diesem Tag stehen die Gewinne der Zielgesellschaft noch dem Verkäufer zu. Damit hat er auch die bis zu diesem Tag anfallenden Steuern der Zielgesellschaft wirtschaftlich zu tragen. Dagegen vereinbaren die Parteien bei sogenannten Closing Balances die Erstellung eines Stichtagsabschlusses auf den Tag der Anteilsübertragung. Dieser soll dann auch Grundlage des Kaufpreises sein. Hier ist das Closing der zutreffende Abgrenzungsstichtag für die Steuerklausel, da hier die Gewinne bis zum Closing noch dem Verkäufer zustehen sollen. 12.41

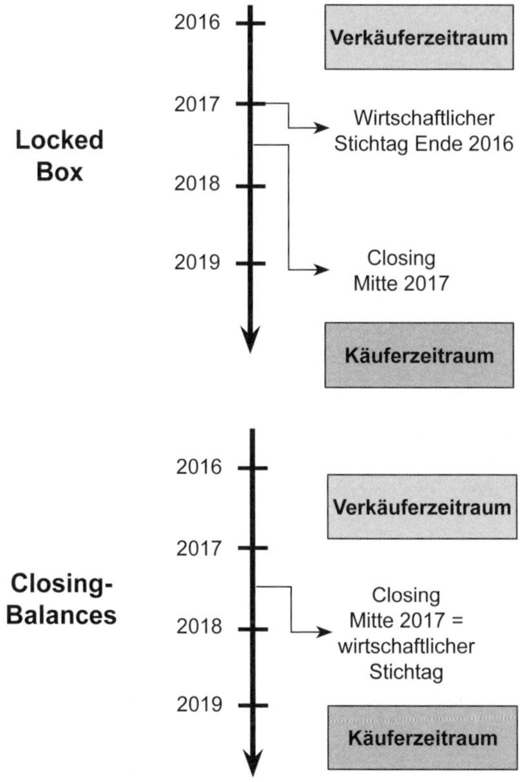

In einem Locked-Box-Modell sind die auf den Zeitraum zwischen wirtschaftlichem Stichtag und Closing entfallenden Steuern bereits vom Käufer zu tragen, obwohl er die Kontrolle über die Zielgesellschaft erst ab dem Closing erhält. Aus 12.42

Käufersicht empfiehlt es sich daher, den Verkäufer zu verpflichten, dass die Zielgesellschaft auch in diesem Zeitraum ihren steuerlichen Pflichten nachkommt, z.B. durch rechtzeitige und ordnungsgemäße Einreichung von Steuererklärungen und Steuer-Voranmeldungen sowie durch rechtzeitige Abführung von fälligen Steuerzahlungen. Zudem ist aus Käufersicht zu prüfen, ob es zusätzlicher Freistellungen für den **Zeitraum zwischen wirtschaftlichem Stichtag und Closing** bedarf.

12.43 **Beispiel**

A ist Alleingesellschafter und Geschäftsführer der A-GmbH. Er verkauft am 01.04.02 die A-GmbH an B für 10 Mio. €. Dem B sollen die Gewinne der A-GmbH ab dem Beginn des Jahres 02 zustehen, die bis dahin erwirtschafteten Gewinne sollen noch dem A zustehen. Der Kaufvertrag enthält eine Freistellungsverpflichtung des A für Steuern der A-GmbH bis zum 31.12.01. Der Kaufvertrag wird Ende April 02 notariell beurkundet und am selben Tag auch vollzogen. Am selben Tag scheidet A als Geschäftsführer der A-GmbH aus. Im Jahr 04 führt das Finanzamt eine Außenprüfung bei der A-GmbH durch und stellt fest, dass das Geschäftsführergehalt des A seit dem Jahr 01 fremdunüblich hoch war und behandelt den unangemessenen Teil als verdeckte Gewinnausschüttung.

Lösung

A schuldet dem B den Betrag der bei der A-GmbH anfallenden zusätzlichen Ertragsteuern für das Jahr 01. Für den Zeitraum vom 01.01.02–30.04.02 kommt es bei der A-GmbH ebenfalls zu Mehrsteuern, diese werden von der Freistellungsverpflichtung jedoch nicht erfasst.

B hätte hier ggf. eine zusätzliche Freistellungsverpflichtung in den Vertrag aufnehmen sollen, die Steuern zwischen dem wirtschaftlichen Stichtag und dem Vollzug des Vertrags erfasst und die auf der Stellung des A als Gesellschafter der A-GmbH beruhen.

12.44 Die Parteien sollten die **Fälligkeit der Freistellungspflicht** stets ausdrücklich regeln. Zwar hat ein Verkäufer regelmäßig ein Interesse daran, etwaige Freistellungen möglichst spät zu leisten bzw. erst dann, wenn endgültig feststeht, dass die jeweilige Steuernachzahlung tatsächlich anfällt. Aus Sicht des Käufers ist es jedoch regelmäßig nicht akzeptabel, die endgültige Bestandskraft des jeweiligen Bescheids abzuwarten, insbesondere wenn der Verkäufer die Möglichkeit haben will, die Zielgesellschaft zur Einlegung von Rechtsbehelfen gegen den Steuerbescheid zu verpflichten und so auch den Eintritt der Bestandskraft ggf. hinauszuzögern. Regelmäßig ist der Freistellungsanspruch daher mit bzw. kurz vor Fälligkeit der Zahlung an das Finanzamt fällig. Dafür wird dem Verkäufer regelmäßig das Recht eingeräumt, auf seine Kosten eine auch die Zahlungspflicht hemmende Aussetzung der Vollziehung beantragen zu lassen.

12.3.6.2 Ausnahmen von der Freistellungspflicht

Die Freistellungspflicht soll dem **Käufer** nur dann zu einem Zahlungsanspruch verhelfen, wenn es andernfalls zu einer im Kaufpreis nicht berücksichtigten Belastung der Zielgesellschaft kommt. Vor diesem Hintergrund sind verschiedene Sachverhalte von einer Freistellungspflicht auszunehmen, wobei der Umfang der zu berücksichtigenden Sachverhalte im Detail oft streitanfällig ist: 12.45

- Vorstichtagsteuern, die **bis zum Stichtag bereits gezahlt** wurden

  Die Freistellungspflicht soll nur solche Vorstichtagsteuern erfassen, die die Zielgesellschaft im Käuferzeitraum belasten. Bereits im Zeitraum davor erfolgte Steuerzahlungen lösen daher keine Freistellungsverpflichtung aus.

- Vorstichtagsteuern, für die im Stichtagsabschluss eine **Rückstellung oder Verbindlichkeit** gebildet wurde

  Hintergrund: Oft wird der Kaufpreis für eine Zielgesellschaft auf Grundlage eines sogenannten Enterprise Values ermittelt. Auf Grundlage des Stichtagsabschlusses wird dieser dann um die bei der Gesellschaft vorhandenen Finanzverbindlichkeiten reduziert und um Barmittel erhöht (sog. Net-Debt-Value; siehe zur Kaufpreisermittlung Rdnr. 13.60). In diesem Fall ist zu prüfen, ob in diese Berechnung auch steuerliche Bilanzpositionen kaufpreiserhöhend oder kaufpreisreduzierend eingeflossen sind, weil sie (Steuerforderungen) als bargeldäquivalent oder (Steuerverbindlichkeiten und Steuerrückstellungen) als Finanzverbindlichkeit vom Kaufpreis abgezogen wurden.

Beispiel (Fortführung von Rdnr. 12.43) 12.46

Der Kaufpreisermittlung soll die Bilanz der A-GmbH zum 31.12.01 zugrunde gelegt werden. Diese weist für das Jahr 01 einen Jahresüberschuss von 1,4 Mio. € aus. Zudem wurden insgesamt 600.000 € als steuerliche Rückstellungen gebildet und 60.000 € als Steuerforderungen bilanziert. Der Kaufvertrag sieht einen Kaufpreis von 10 Mio. € (Enterprise Value) vor, der um zum Stichtag vorhandene Finanzverbindlichkeiten und Barmittel zu bereinigen ist. Der Jahresüberschuss des Jahres 01 steht A ebenfalls zu und soll noch vor Vollzug des Verkaufs aus der GmbH ausgeschüttet werden. Die steuerlichen Bilanzpositionen gehen in die Kaufpreisberechnung ein (– 600.000 € sowie + 60.000 €).

Lösung

Für Zwecke der Steuerklausel gehen die Parteien davon aus, dass für den Vorstichtagszeitraum noch ca. 600.000 € an Steuern zu zahlen sind. In dieser Höhe „verzichtet" der Verkäufer auf den ihm zustehenden Gewinn und lässt die entsprechenden Barmittel in der Gesellschaft. Eine Freistellung des Käufers ist in diesem Fall erst gerechtfertigt, wenn die bei der A-GmbH gebildeten Rückstellungen aufgebraucht sind.

12.47 Aus Käufersicht ist hier darauf zu achten, dass nur hinreichend bestimmte Passivpositionen die Freistellungspflicht reduzieren und dass diese bei der Ermittlung des Kaufpreises berücksichtigt wurden.

12.48 Aus **Verkäufersicht** sind die zu erfassenden Passivpositionen möglichst weit zu fassen. Hierbei ist zu berücksichtigen, dass der Umfang der zu erfassenden Passivpositionen mit der zuvor gewählten Steuerdefinition korrespondiert (z.B. auch Verbindlichkeiten für Sozialversicherungsabgaben zu erfassen sind, wenn diese über die Steuerdefinition auch Eingang in die Freistellungsverpflichtung gefunden haben). Aus Sicht des Verkäufers ist es zudem attraktiv, den Betrag der Passivposten als einheitlichen Freistellungspuffer zu behandeln, unabhängig davon, für welche Steuern die Passivposten konkret gebildet wurden. So kann eine etwaige Inanspruchnahme ggf. zeitlich verzögert werden:

12.49 – *Vorstichtagsteuern, die durch **Maßnahmen des Käufers oder der Zielgesellschaft nach dem Closing** durchgeführt wurden*

Aus Verkäufersicht ist dies eine notwendige Einschränkung, da der Verkäufer beispielsweise durch eine rückwirkende Ausgliederung des Betriebsvermögens auf eine Mitunternehmerschaft zum gemeinen Wert rückwirkend Vorstichtagsteuern auslösen könnte, für die der Verkäufer dann einzustehen hätte.

Meist strittig ist die Einbeziehung eher faktischer Rückwirkungen, wenn der Verkäufer beispielsweise eine Freistellung ablehnen will, falls der Käufer von den bisherigen Bilanzierungs- oder Deklarationspraxis abweichen will, weil der Verkäufer befürchtet, dass dies negative Auswirkungen für die Besteuerung des Vorstichtagszeitraums hat (Beispiel: Die Betriebsprüfung stellt die Höhe der Garantierückstellung mit der Begründung in Frage, diese seien von der Zielgesellschaft für die Jahre nach dem Stichtag trotz unveränderter Rahmenbedingungen deutlich reduziert worden).

– *Vorstichtagsteuern, für die die Zielgesellschaft einen **Ersatzanspruch gegen einen Dritten** hat* 12.50

Ein Verkäufer will keine Vorstichtagsteuern ausgleichen, die sich die Zielgesellschaft auch von Dritten erstatten lassen kann (z.B. bei zu gering abgeführten Lohnsteuern besteht ggf. ein Anspruch gegen den Arbeitnehmer). Eine solche Ausnahme ist für den Käufer regelmäßig schwierig zu akzeptieren, da gerade Arbeitnehmer in der Praxis bei Lohnsteuernachforderungen nur in Ausnahmefällen in Anspruch genommen werden. Zudem bedeutet die mögliche Existenz eines Anspruchs nicht, dass dieser mit wirtschaftlich sinnvollem Aufwand auch realisiert werden kann.

Praxistipp 12.51

Ein möglicher Kompromiss ist hier eine Ausnahme für Drittansprüche ab einer Höhe von z.B. 5.000 € (z.B. wegen verbilligten Verkaufs eines Firmen-Pkw an einen Mitarbeiter), bei denen also davon auszugehen ist, dass auch der Käufer Ansprüche in dieser Höhe gegenüber dem eigenen Mitarbeiter einfordern wird.

– *Vorstichtagsteuern, bei denen der Käufer seinen Pflichten aus der Steuerklausel nicht nachgekommen ist* 12.52

Käufer und Verkäufer vereinbaren regelmäßig Kooperationspflichten des Käufers im Hinblick auf die Besteuerung der Zielgesellschaft für die Vergangenheit (insbesondere bei Durchführung von Außenprüfungen, siehe das nachfolgende Beispiel). Der Verkäufer hat hier ein Interesse daran, dass er nur dann zur Freistellung verpflichtet ist, wenn er zuvor auch insbesondere im Rahmen einer Außenprüfung die Möglichkeit hatte, die Feststellungen zu prüfen und ggf. in Gesprächen mit der Finanzverwaltung zu reduzieren.

Beispiel (Fortführung von Rdnr. 12.43)

Drei Jahre nach dem Verkauf der A-GmbH schickt B dem A einen gegenüber der A-GmbH erlassenen Körperschaftsteuerbescheid für das Jahr 01, der nach durchgeführter Außenprüfung eine Steuernachzahlung von 800.000 € vorsieht. Die Feststellungen der Außenprüfung waren von B ohne Prüfung akzeptiert worden, da „er sie letztlich nicht zu zahlen habe". B fordert A zur Zahlung auf Grundlage der vereinbarten Steuerfreistellung auf.

Ein Käufer wird jedoch nicht zu Unrecht darauf verweisen, dass nicht jede Pflichtverletzung (z.B. Steuerbescheid nicht innerhalb von zehn Tagen weitergeleitet) zum Ausschluss der Freistellungspflicht führen darf, die Steuernachzahlung auch bei Teilnahme des Verkäufers in gleicher Höhe angefallen wäre und er im Auftrag des Verkäufers immer noch Einspruch gegen den Bescheid einlegen kann, wenn dieser die Kosten hierfür übernimmt.

Ein Kompromiss ist hier schwierig, da beispielsweise die Möglichkeit der Teilnahme an einer Außenprüfung in der Praxis oftmals die Chance bietet, maßgeblichen Einfluss auf Feststellungen der Betriebsprüfung zu nehmen. Auch wenn die rechtliche Überprüfbarkeit in einem späteren Einspruchsverfahren noch voll gegeben ist, sind die Hürden für eine Reduzierung von Steuernachforderungen hier bereits deutlich höher.

In der Praxis gibt es eine große Bandbreite an möglichen Lösungsansätzen. So wird der Leistungsausschluss auf Fälle „erheblicher Pflichtverletzungen" beschränkt, die den Verkäufer in seinen Möglichkeiten „schwerwiegend" eingeschränkt haben. Hier ist dann oft entscheidend, wer das Vorliegen dieser Voraussetzungen zu beweisen hat. Alternativ werden auch pauschale Abschläge auf den Freistellungsanspruch vorgeschlagen.[9] Dies ist letztlich Verhandlungssache.

12.53 – *Vorstichtagsteuern, die in späteren Jahren oder bei anderen Gesellschaften zu Umkehreffekten führen*

Der Verkäufer hat ein Interesse daran, Vorstichtagsteuern nur insoweit zu erstatten, als diese zu einer Definitivbelastung der Zielgesellschaft führen. Im Fall von temporären Verschiebungen, z.B. der Verlängerung des AfA-Zeitraums für ein Wirtschaftsgut des Anlagevermögens von fünf auf sieben Jahre oder der Verschiebung von betrieblichem Aufwand oder eines Vorsteueranspruchs auf eine Schwestergesellschaft, stehen der Steuernachzahlung aber betragsmäßig ähnliche oder identische Steuereffekte gegenüber, die den Nachteil der Steuernachzahlung unmittelbar oder über einen gewissen Zeitraum reduzieren oder vollständig ausgleichen.

Eine solche Ausnahme ist auch aus Käufersicht grundsätzlich akzeptabel, die Ausformulierung ist jedoch im Detail oftmals streitanfällig, wenn es darum geht, den Kreis der relevanten zukünftigen Vorteile abzustecken (maßgeblicher Zeitraum, Gegenrechnung von zukünftigem Aufwand unabhängig von der Gewinnsituation der Zielgesellschaft?) und zu bewerten (pauschaler Steuersatz/Abzinsung).

---

9) Vgl. Ettinger, in: Beck'sches Handbuch Unternehmenskauf im Mittelstand, 3. Aufl. 2021, Kap. D Rdnr. 676.

12.3.7 Steuererstattungen des Vorstichtagzeitraums

Ist der Verkäufer für die Steuern des Vorstichtagzeitraums verantwortlich, so will er regelmäßig auch Steuererstattungen erhalten, die sich auf diesen Zeitraum beziehen. Aus Käufersicht ist darauf zu achten, ob Steuererstattungsansprüche ggf. in der Stichtagsbilanz aktiviert wurden und im Rahmen der Kaufpreisermittlung bereits kaufpreiserhöhend berücksichtigt wurden (siehe Rdnr. 12.45 f.). Insoweit wurde der Vorteil dem Verkäufer bereits vergütet, so dass eine (nochmalige) Vergütung ausscheidet. Vergütet der Käufer im Rahmen des Kaufpreises zum Stichtag bilanzierte Steuerforderungen, sollte er prüfen, ob Risiken bezüglich deren Realisierbarkeit bestehen. In diesem Fall sollten entsprechende Garantien im Vertrag vorgesehen werden. 12.54

12.3.8 Auskehr bilanzierter Rückstellungen

Aus Verkäufersicht kommt zudem in Betracht, den Betrag gebildeter Steuerrückstellungen vom Käufer herauszuverlangen, wenn sich später herausstellt, dass diese nicht vollständig durch Steuernachzahlungen in Anspruch genommen werden. Hintergrund ist auch hier der Gedanke, dass der Verkäufer in Höhe der gebildeten Rückstellungen auf die Auskehr von Gewinn aus dem Zielunternehmen verzichtet hat, weil er insoweit mit Steuernachzahlungen rechnet, die er andernfalls im Rahmen der Freistellung zu leisten hat. Aus Käufersicht ist zunächst darauf zu achten, dass die gleiche Rückstellung nicht erst zum Ausschluss von Freistellungsansprüchen angeführt wird und diese später nochmals mangels Inanspruchnahme vom Verkäufer herausverlangt wird. Nicht unbeachtlich ist hier auch der hiermit verbundene Aufwand, da in diesem Fall nicht lediglich die Zahlungsflüsse für die Vergangenheit zu beobachten sind, sondern zusätzlich auch die Entwicklung der zum Stichtag gebildeten Bilanzpositionen. 12.55

12.3.9 Kooperation nach dem Vertragsvollzug

Des Weiteren sind die wechselseitigen Rechte und Pflichten zwischen den Parteien für den Zeitraum nach dem Closing und bei Bedarf auch zwischen Signing und Closing zu vereinbaren. Nach dem Closing hat der Verkäufer keine Kontrolle mehr über das verkaufte Unternehmen und erhält auch zugleich keinerlei Informationen über die dort eingehenden Bescheide. Ein Verkäufer wird jedoch nur dann bereit sein, etwaige Steuernachzahlungen zu tragen, wenn er vom Käufer die Möglichkeit erhält, diese soweit möglich zu prüfen und ggf. zu reduzieren. 12.56

Im Grundsatz wird der Käufer üblicherweise dazu verpflichtet, dem Verkäufer etwaige Steuererklärungen für Vorstichtagsteuern rechtzeitig vor Einreichung zur Prüfung zur Verfügung zu stellen. Eingehende Bescheide im Zusammenhang mit Vorstichtagsteuern sind kurzfristig an den Verkäufer weiterzuleiten. Der Verkäu- 12.57

fer darf an Betriebsprüfungen des Zielunternehmens teilnehmen, Unterlagen beim Käufer anfordern und das Zielunternehmen anweisen, auf seine Kosten Einsprüche und ggf. Klagen gegen Bescheide einzureichen, die den Vorstichtagszeitraum betreffen.

12.58 Umgekehrt wird der Käufer fordern, dass Anfragen als genehmigt gelten, wenn der Verkäufer nicht in angemessener Frist reagiert, damit das Zielunternehmen stets seinen steuerlichen Pflichten nachkommen kann und dass vom Verkäufer geforderte Maßnahmen nur auf dessen Kosten ausgeführt werden.

12.3.10 Verjährung und Anspruchsbeschränkungen

12.59 Üblicherweise wird für Ansprüche aus der Steuerklausel eine **eigenständige Verjährungsregel** getroffen. Wegen der Abhängigkeit der wechselseitigen Ansprüche vom Eingang und der Bestandskraft von Steuerbescheiden ist es hier üblich, die Verjährungsfrist nicht an den Abschluss oder den Vollzug des Kaufvertrags, sondern an die Bestandskraft des jeweils zugrunde liegenden Steuerbescheids zu knüpfen (regelmäßig sechs Monate).

12.60 Aus Verkäufersicht sehr attraktiv ist die parallele Vereinbarung einer absoluten Verjährungsfrist von beispielsweise fünf oder sieben Jahren. Da die Dauer nachlaufender Betriebsprüfungen für den Käufer jedoch kaum vorhersehbar ist, ist aus Käufersicht hiervon abzuraten. Letztlich ist dies aber auch von der Länge des noch nicht bestandskräftigen Vorstichtagszeitraums abhängig und damit letztlich Verhandlungssache.

12.61 **Praxistipp**

Der Verkäufer ist darauf angewiesen, hinreichend vom Käufer darüber informiert zu werden, ob er noch Ansprüche beispielsweise infolge von Steuererstattungen hat. Für Ansprüche des Verkäufers sollte die vertragliche Verjährung daher erst beginnen, wenn der Käufer insoweit seinen vertraglichen Informationspflichten nachgekommen ist.

12.62 Üblicherweise werden für Steuerfreistellungsansprüche wegen des unmittelbaren Zusammenhangs mit dem vereinbarten Kaufpreis keine Freibeträge oder Schwellenwerte vereinbart. Je nach Transaktionsvolumen kann es jedoch im Interesse der Parteien sein, die Abrechnung **im Nachgang** auf wirtschaftlich relevante Beträge **zu beschränken**. Wegen des Bezugs zum Kaufpreis wird ein **Haftungshöchstbetrag** für steuerliche Freistellungspflichten des Verkäufers regelmäßig nur auf den erhaltenen Kaufpreis begrenzt.

12.4 Sonderthemen

12.4.1 Verkauf von Anteilen an Personengesellschaften

Aus **zivilrechtlicher Sicht** bestehen zwischen der Übertragung von Anteilen an Kapitalgesellschaften oder an Personengesellschaften nur geringe Unterschiede. In beiden Fällen wird das Eigentum an Gesellschaftsrechten übertragen. 12.63

Ertragsteuerlich wird der Verkauf eines Anteils an einer Personengesellschaft (z.B. GmbH & Co. KG, oHG oder GbR) als Verkauf des anteiligen Gesellschaftsvermögens durch den Gesellschafter behandelt. Es gilt nicht das Trennungsprinzip, sondern das Transparenzprinzip. Für Zwecke der Einkommen- und Körperschaftsteuer handelt es sich beim Verkauf von Anteilen an Personengesellschaften daher um einen Asset Deal, bei dem die steuerlichen Pflichten für die Vergangenheit beim Verkäufer zurückbleiben. 12.64

Handelt es sich bei der Personengesellschaft allerdings um eine gewerbesteuerpflichtige Mitunternehmerschaft i.S.v. § 15 Abs. 2 EStG, so ist die Mitunternehmerschaft selbst Steuerschuldnerin der Gewerbesteuer. Das Gleiche gilt für Zwecke weiterer Steuerarten, z.B. Umsatzsteuer, Lohnsteuer oder Grunderwerbsteuer. Für deren Zwecke kann auch die Mitunternehmerschaft bzw. die Personengesellschaft selbst Steuerschuldnerin sein. 12.65

Auch im Fall der Übertragung eines Anteils an einer Personengesellschaft besteht damit regelmäßig ein Bedürfnis für die zuvor dargestellten Freistellungs- und Abgrenzungsregelungen. Der Verkauf eines Anteils an einer Personengesellschaft enthält damit aus steuerlicher Sicht sowohl Elemente des Asset Deals als auch des Share Deals. 12.66

Eine weitere Besonderheit ist für die **Gewerbesteuer** zu beachten. So fällt diese nicht nur auf den laufenden Gewerbeertrag einer Mitunternehmerschaft an, sondern nach § 7 Satz 2 GewStG auch auf den Veräußerungsgewinn des Mitunternehmers, wenn es sich hierbei nicht um eine natürliche Person handelt, die ihren gesamten Mitunternehmeranteil veräußert (siehe im Detail Rdnr. 18.7). Der Käufer erhält damit Anteile an einer Zielgesellschaft, die die Gewerbesteuer auf den Veräußerungsgewinn des Verkäufers schuldet. Da ein Käufer regelmäßig nicht bereit sein wird, diese Steuer zu übernehmen, ist eine entsprechende Übernahme durch den Verkäufer vorzusehen. 12.67

12.68 **Praxistipp**

Aus Käufersicht sollte stets besonders sorgfältig geprüft werden, ob der Verkauf gewerbesteuerpflichtig ist und wie hoch die Gewerbesteuer voraussichtlich ausfällt. Je nach Umfang ist zu prüfen, ob insoweit ein angemessener Kaufpreiseinbehalt vorzusehen ist.

12.69 Hierbei sollte auch berücksichtigt werden, dass der Verkauf eines Mitunternehmeranteils für natürliche Personen nur dann gewerbesteuerfrei ist, wenn die Voraussetzungen nach § 16 EStG erfüllt sind und insbesondere keine wesentlichen Betriebsgrundlagen zurückbehalten und in ein anderes Betriebsvermögen des Steuerpflichtigen übertragen werden. Ein diesbezügliches Risiko geht mit der Zielgesellschaft stets auf den Käufer über.

12.70 **Beispiel**

A verkauft die von ihm gehaltenen Anteile an der A GmbH & Co. KG an B. A hat der Gesellschaft bislang das Grundstück vermietet, auf dem sich das Bürogebäude der A GmbH & Co. KG befindet. A will die Vermietung nach dem Verkauf jedoch nicht fortführen, sondern das Gebäude für einen von ihm neu gegründeten Gewerbebetrieb verwenden.

Lösung

Das Grundstück des A dürfte vor dem Verkauf Sonderbetriebsvermögen des A bei der A GmbH & Co. KG und eine wesentliche Betriebsgrundlage darstellen. Infolge des Verkaufs der Anteile sollte das Grundstück nach § 6 Abs. 5 Satz 2 EStG in das unmittelbare Betriebsvermögen des A übergehen. Der Mitunternehmeranteil erfasst jedoch stets auch die im Sonderbetriebsvermögen des jeweiligen Mitunternehmers befindlichen Wirtschaftsgüter. Es besteht damit das Risiko, dass der Verkauf hierdurch gewerbesteuerpflichtig wird.

12.4.2 Kaufpreisallokation

12.71 Im Einzelfall kann es für die Vertragsparteien sinnvoll sein, im Kaufvertrag festzuhalten, in welcher Höhe der vereinbarte Kaufpreis auf welche Wirtschaftsgüter entfällt. Im Rahmen eines Asset Deals oder eines Verkaufs von Anteilen an Personengesellschaften kann dies für den Käufer relevant sein, um hiermit eine Grundlage für das zukünftige Abschreibungspotential bestimmter Wirtschaftsgüter zu haben. Aus Sicht des Verkäufers ist eine solche Vereinbarung sinnvoll, wenn er im Rahmen des Kaufvertrags verschiedene Wirtschaftsgüter überträgt und diese bei ihm einer unterschiedlichen Besteuerung unterliegen, z.B. Verkauf eines

100-%-GmbH-Anteils durch eine Kapitalgesellschaft sowie eines Grundstücks. Laut Rechtsprechung[10] ist eine von den Vertragsparteien vereinbarte Kaufpreiszuordnung auch für die Finanzverwaltung bindend, wenn diese sich nicht allein an steuerlichen Gesichtspunkten orientiert.

Beispiel 12.72

A ist alleiniger Gesellschafter der A-GmbH, die Bauprojekte entwickelt. Parallel betreibt er ein Architekturbüro. Beides veräußert er an den B. Im Kaufvertrag vereinbaren die Parteien, welcher Anteil des Kaufpreises auf das Architekturbüro und welcher auf den GmbH-Anteil entfällt.

Lösung

Es handelt sich um einen kombinierten Asset und Share Deal. Hier haben beide Parteien ein Interesse an einer verbindlichen Kaufpreisallokation. Aus Sicht des A ist es steuerlich vorteilhaft, einen möglichst großen Teil des Kaufpreises auf die GmbH-Anteile zu allokieren, da diese bei ihm dem Teileinkünfteverfahren unterfallen. Der Verkauf des Architekturbüros unterliegt bei ihm dagegen dem vollen persönlichen Einkommensteuertarif. Umgekehrt liegt es für B. Er kann nur die Anschaffungskosten auf die mit dem Architekturbüro erworbenen Wirtschaftsgüter in den Folgejahren abschreiben.

Je nach Relevanz des hiermit verbundenen Abschreibungspotentials empfiehlt es sich, die andere Partei dazu zu verpflichten, in der eigenen Deklaration nicht von der vertraglich festgelegten Kaufpreisallokation abzuweichen. Zudem besteht die Möglichkeit, einen vertraglichen Ausgleich vorzusehen, falls die Finanzverwaltung von der vereinbarten Kaufpreisallokation abweicht, um so sicherzustellen, dass das von den Parteien wirtschaftlich gewollte Ergebnis nicht nachträglich durch die Besteuerung des Finanzamts zulasten einer Partei geändert wird. 12.73

12.4.3 Quellensteuern

Bei Transaktionen mit internationalem Bezug, z.B. dem Erwerb einer Zielgesellschaft mit ausländischen Tochtergesellschaften, ist stets zu prüfen, ob der Verkauf im Ausland nicht einer Quellensteuer unterliegt. Insbesondere für den (mittelbaren) Verkauf von Gesellschaften, deren Betriebsvermögen zu mehr als der Hälfte aus im Ausland belegenen Immobilien besteht, sehen immer mehr ausländische Steuerrechtsordnungen ein eigenes Besteuerungsrecht vor. Kommerziell kann dies 12.74

10) BFH, Urt. v. 16.09.2015 – IX R 12/14, BStBl II 2016, 397 m.w.N.

von erheblicher Bedeutung sein, da der Käufer hier ggf. zum Einbehalt und zur Abführung von beispielsweise pauschal 15 % des Kaufpreises verpflichtet sein kann.

12.75 **Beispiel**

A verkauft die A-GmbH an B. Die Gesellschaft stellt Landmaschinen her und hat im Ausland (u.a. im Land X) verschiedene Vertriebsbüros in der Form von Kapitalgesellschaften. Diese verfügen teils über größere Grundstücke, auf denen die Maschinen ausgestellt werden. Das DBA zwischen Deutschland und Land X sieht vor, dass Land X das Besteuerungsrecht auch für sogenannte Immobiliengesellschaften hat, bei denen mehr als die Hälfte des Betriebsvermögens auf im Land X belegene Immobilien entfällt. In diesem Fall ist der auf die im Land X ansässige Gesellschaft entfallende anteilige Veräußerungsgewinn dort steuerpflichtig.

Lösung

Hier besteht ein erhebliches Risiko, dass die Grundstücke der Vertriebsbüros mehr als die Hälfte des bilanzierten Aktivvermögens der Vertriebsbüros ausmachen und diese Gesellschaften damit im Ausland als Immobiliengesellschaft qualifiziert werden, deren (mittelbarer) Verkauf im Ausland steuerpflichtig ist.

12.76 Kommt der Käufer dieser Steuerpflicht nicht nach, haftet regelmäßig die ausländische Gesellschaft für die Abführung der Quellensteuer. Soweit eine Quellensteuerpflicht in Betracht kommt, liegt es daher meist im Interesse des Käufers, diese vertraglich zu regeln, da sie sonst wirtschaftlich von ihm allein zu tragen ist.

12.4.4 Grunderwerbsteuer

12.77 Regelmäßig findet sich am Schluss eines Kaufvertrags eine Regelung zur Tragung der unmittelbaren Transaktionskosten des Vertrags (beispielsweise Register- oder Notarkosten) sowie etwaiger Verkehrsteuern (außerhalb der Umsatzsteuer). Aus steuerlicher Sicht ist hier regelmäßig nur die Grunderwerbsteuer von Bedeutung, die – falls sie anfällt – üblicherweise vom Käufer getragen wird.

12.78 Werden Anteile an einer grundbesitzenden Gesellschaft übertragen, ist zu beachten, dass hier nach § 1 Abs. 2a bzw. Abs. 2b GrEStG auch die Übertragung einer geringen Beteiligung bei der Gesellschaft Grunderwerbsteuer auf den gesamten Grundbesitz auslösen kann, wenn sich innerhalb der letzten fünf Jahre der Gesellschafterbestand zu mehr als 90 % verändert hat. Je nach Beteiligungsstruktur sind hier ggf. auch mittelbare Anteilseignerwechsel miteinzubeziehen (hierzu ausführlich Rdnr. 19.41).

13. (Besonderheiten bei der) Ermittlung des Kaufpreises

Inhalt **Rdnr.**

13.1 Der Kaufpreis in der Beratungspraxis

13.1 Die Ermittlung des Kaufpreises ist von zentraler Bedeutung beim Unternehmenskauf und entsprechend nehmen die Verhandlungen darüber – neben den vom Verkäufer abzugebenden Garantien (siehe Rdnr. 8.13 ff.) – regelmäßig den größten Raum bei den Verhandlungen über den Unternehmenskauf ein.

13.1.1 Bedeutung des Kaufpreises beim Unternehmenskauf

13.2 Mit einer Einigung über den Kaufpreis steht und fällt der Unternehmenskauf. Um keine unnötigen Ressourcen an Zeit und Aufwand zu verschwenden, sollten sowohl der Käufer als auch der Verkäufer bereits vor Eintritt in die eigentlichen Verhandlungen grundlegende Überlegungen zum Unternehmenswert und Kaufpreis anstellen:

- Der Käufer sollte möglichst konkret ermitteln, was ihm das zu erwerbende Unternehmen aus individueller strategischer Sicht wert ist und welche Eigen- und Fremdmittel ihm zur Zahlung des Kaufpreises zur Verfügung stehen.
- Der Verkäufer sollte seinerseits vorab prüfen, zu welchem Kaufpreis er überhaupt bereit ist, sein Unternehmen zu veräußern. Insbesondere wenn, z.B. altersbedingt oder aus finanziellen Gründen, eine gewisse Notwendigkeit besteht, das Unternehmen zu veräußern, ist es wichtig, dass die Kaufpreisvorstellung auf realistischen Annahmen und einer marktgerechten Bewertung beruht.

13.3 **Praxistipp**

Der Verkäufer ist, trotz der damit verbundenen Kosten, am Anfang des Verkaufsprozesses gut beraten, eine professionelle Einschätzung zum Unternehmenswert einzuholen, um ein realistisches Bild hiervon zu haben. Er sollte sich nicht allein auf die Bewertung des Käufers und einen vorläufig genannten, noch unverbindlichen potentiellen Kaufpreis stützen. Durch die eigene Bewertung bekommt er eine erste Markteinschätzung, die ihm bei der Entscheidung über die Aufnahme konkreter Verhandlungen hilft und bei den zu führenden Kaufpreisverhandlungen im weiteren Prozess stärkt. Bei kleineren Transaktionen ist hier selbstverständlich keine aufwendige und teure Bewertung, etwa nach IDW S 1 (siehe Rdnr. 1.1 ff.), angezeigt. Es reicht vielmehr eine grobe Einschätzung von professioneller Seite als Wegweiser für die Verhandlungen. Auf dieser Grundlage lässt sich für den Verkäufer feststellen, ob der Einstieg in die Verkaufsverhandlungen überhaupt zielführend ist. Anderenfalls drohen ein zeit- und kostenintensiver Prozess und die Preisgabe von Unternehmensinformationen und möglicherweise sogar Unruhe in der Belegschaft ohne realistische Aussicht auf einen erfolgreichen Abschluss.

Die Art und Weise der Kaufpreisermittlung richtet sich grundsätzlich nach der gewählten Methode der Unternehmensbewertung (siehe dazu Rdnr. 1.6 ff.). Daher ist es in der Praxis zielführend, wenn Käufer und Verkäufer sich auf eine einheitliche Methode zur Unternehmensbewertung und – damit eng zusammenhängend – Kaufpreisermittlung verständigen. Aus verhandlungstaktischen Gründen werden die Vertragsparteien regelmäßig die dabei individuell zugrunde gelegten Annahmen und den intern ermittelten Kaufpreis nicht oder nur begrenzt gegenüber dem Verhandlungspartner offenlegen. Aber die Verständigung auf eine einheitliche Art der Unternehmensbewertung und Kaufpreisermittlung ermöglicht eine sachliche Diskussion darüber. So können faire und transparente Verhandlungen über den Kaufpreis geführt werden. 13.4

13.1.2 Strategische Überlegungen bei der Ermittlung des Kaufpreises

Der Käufer wird in der Praxis versucht sein, mit einem tendenziell eher attraktiven indikativen – also noch nicht verbindlichen – Kaufpreisangebot die Tür für Verhandlungen zu öffnen. Dies geschieht in dem Bewusstsein, dass er bei der genaueren Prüfung des Unternehmens (Due Diligence) regelmäßig auf Umstände stoßen wird, die ihm Argumente an die Hand geben, von diesem indikativen Kaufpreisangebot nach unten abzuweichen. Je weiter der Prozess fortgeschritten ist, desto mehr Druck lastet auf dem Verkäufer, der bereits Zeit und Geld für Berater und den weiteren Prozess aufgewendet und Zugang zu internen Unternehmensinformationen gewährt hat, solche Kaufpreisanpassungen hinzunehmen. 13.5

Der Verkäufer kann dem entgegenwirken, indem er sich mit Hilfe seines Beraters im Vorfeld bereits einen Überblick verschafft, welche Umstände sich negativ auf den Unternehmenswert auswirken können. Hierfür nimmt er vorab eine eigene Prüfung des Unternehmens vor (auch Vendor Due Diligence genannt), deren Umfang in angemessenem Verhältnis zur Transaktionsgröße stehen sollte. Identifizierten Problemen ist dann nach Möglichkeit abzuhelfen. Ist dies nicht möglich oder sinnvoll, so sollten diese Umstände jedenfalls für den Käufer möglichst frühzeitig transparent gemacht werden, um einen Vertrauensverlust zu vermeiden und nachträglichen Kaufpreisanpassungen nach unten vorzubeugen. Ein kritisches Feld sind insoweit Verträge des Unternehmens mit dem Verkäufer selbst oder ihm nahestehenden Dritten, da diese dem Verdacht ausgesetzt sind, nicht marktgerecht zu sein. 13.6

Der Verkäufer kann seine Verhandlungsposition stärken, wenn er mit mehreren Kaufinteressenten gleichzeitig verhandelt. Nicht alle Kaufinteressenten lassen sich allerdings auf ein solches Auktionsverfahren ein, sondern fordern vielmehr Exklusivität der Kaufvertragsverhandlungen. Ein Auktionsverfahren stellt auch 13.7

erhebliche logistische Anforderungen und erhöht den Beratungsaufwand, so dass der Einsatz wohl überlegt sein sollte. Selbstverständlich ist es für den Verkäufer aber sinnvoll, Alternativen zu haben, wenn die Verhandlungen mit dem konkreten Kaufinteressenten scheitern.

13.8 Auch die für die Kaufpreisermittlung zugrunde gelegte Bewertungsmethode kann von strategischer Bedeutung sein. Ein Unternehmen, das aufgrund besonderer Umstände eine bloß vorübergehende Ertragsschwäche aufweist, steht im Rahmen einer in erster Linie auf den Markt abstellenden Multiplikatorbewertung des Umsatzes möglicherweise besser da als bei einer Ertragswert- oder Cashflowbetrachtung. Solche Überlegungen sollten bei der Auswahl und Einigung auf die Bewertungsmethode berücksichtigt werden.

13.9 **Praxistipp**

Es ist sehr wichtig, dass Käufer und Verkäufer sich auf ein einheitliches Kaufpreisermittlungsverfahren verständigen. Nur auf diese Weise lassen sich rationale und transparente Verhandlungen über den Kaufpreis führen, die ohnehin einen besonders sensiblen Bereich beim Unternehmenskauf darstellen. In der Praxis hat es sich bewährt, wenn der Käufer vor Aufnahme der Verhandlungen nicht nur einen indikativen Kaufpreis mitteilt, sondern auch die zugrundeliegende Bewertungsmethode nebst den wesentlichen Annahmen darlegt. Dies schafft für die Parteien eine gemeinsame Basis, auf der sie die Verhandlungen führen und an der sie sich orientieren können.

13.10 Von Bedeutung für die Verhandlungen über den Kaufpreis ist es auch, ein möglichst tiefes Verständnis für den wirtschaftlichen Hintergrund der jeweils anderen Vertragspartei zu entwickeln. Es macht für den Verkäufer einen großen Unterschied, ob er mit einem Finanzinvestor, z.B. einem Private Equity Fonds, verhandelt, oder mit einem strategischen Investor, wie einem Mitbewerber. Ein Private Equity Fonds agiert mit ertrags- oder cashflowbasierten Kennziffern, wie EBIT oder EBITDA, und muss zudem interne Vorgaben beachten, wie der Kaufpreis zu ermitteln ist. Den Verhandlungsführern sind insoweit die Hände gebunden, da sie sich haftbar machen, wenn sie sich nicht an die gegenüber ihren Investoren prospektierten Vorgaben halten. Der Verhandlungsprozess ist daher oft sehr standardisiert, und die Kaufpreisermittlung eher transparent.

13.11 Ein strategischer Investor hat dagegen, über die rein finanzielle Ebene hinaus, weiterführende Ziele, die er mit dem Unternehmenskauf verfolgt, z.B. die Übernahme eines Wettbewerbers, den Erwerb von Know-how oder eines Kundenstamms oder auch die Einsparung von Personal durch Synergieeffekte. Die finanzielle Bewertung dieser Ziele ist für den Verkäufer oft nicht transparent, bietet aber jedenfalls Spielräume für die Kaufpreisgestaltung. Indem er diese erkennt und bei den Kaufpreisverhandlungen nutzbar macht, kann der Verkäufer potenziell den zu erzielenden Kaufpreis erhöhen.

In jedem Fall ist es wichtig, dass der Verkäufer sich schnell Klarheit über eventuelle Zustimmungsvorbehalte von Gremien oder Dritten verschafft, die der Käufer zu beachten hat, z.B. die Zustimmung eines Investmentkomitees oder Aufsichtsrats oder auch einer finanzierenden Bank. Anderenfalls können solche Zustimmungsvorbehalte von Käuferseite genutzt werden, um unter Berufung auf die fehlende Zustimmung nachträglich das erreichte Verhandlungsergebnis in Bezug auf den Kaufpreis in Frage zu stellen und eigentlich vereinbarte Ergebnisse „nachzuverhandeln". Es empfiehlt sich insoweit, die Käuferseite bereits bei der Abgabe eines unverbindlichen indikativen Kaufangebots oder beim Abschluss eines Letter of Intent (auch LoI) zu verpflichten, die notwendigen Zustimmungen einholen oder sich diese zusichern zu lassen. Diese sind zwar regelmäßig noch rechtlich unverbindlich und auf vorläufiger Basis abgegeben. Trotzdem bietet es eine gewisse Absicherung des Verkäufers, da sichergestellt ist, dass die konkret angestrebte Transaktion dem Grunde nach bekannt und zustimmungsfähig ist, wenn die Vorgaben zu den gesetzten Rahmenbedingungen eingehalten werden. Eine spätere unbegründete Verweigerung der Zustimmung kann u.U. sogar eine Schadenersatzpflicht der Käuferseite auslösen, wenn ein entsprechender Vertrauenstatbestand für den Verkäufer geschaffen wurde (siehe ausführlich Rdnr. 8.1 ff.). 13.12

Auch der Käufer sollte sich mit der Position des Verkäufers auseinandersetzen. Kauft er ein Konzernunternehmen von einem größeren Konzern, wird die Kaufpreisfindung im Rahmen der Verhandlungen meist stark von rein finanziellen Kennziffern und geschäftsstrategischen Überlegungen getrieben sein. Kauft er dagegen aus alteingesessener, mittelständischer Unternehmerhand, spielen oft persönliche Faktoren eine mindestens ebenso wichtige Rolle. Der Fortbestand des aufgebauten Unternehmens und die Absicherung der Arbeitsplätze altgedienter Mitarbeiter kann hier eine ganz erhebliche Bedeutung haben. Der sich zurückziehende Unternehmer wird auch die persönliche Haftung für die auf das Unternehmen bezogenen Garantien oft als sehr belastend empfinden, was bei einem Konzernverkauf nicht in der Weise ins Gewicht fällt. Die Kenntnis dieser Umstände kann der Käufer sich bei den Kaufpreisverhandlungen zunutze machen, um den Kaufpreis zu senken, indem er anderen Bedürfnissen der Verkäuferseite entgegenkommt. 13.13

13.14 **Checkliste Strategische Kaufpreisüberlegungen**

Eigene Due Diligence des Verkäufers (Vendor Due Diligence), um kaufpreisrelevante Themen vorab zu identifizieren	❑
Erwerber kann attraktives indikatives Angebot nutzen, um Verkaufsprozess zu initiieren, und dieses aufgrund später identifizierter Mängel reduzieren	❑
Mit mehreren Interessenten gleichzeitig zu verhandeln (Auktionsverfahren) kann Verkäuferposition stärken	❑
Einigung auf einheitliches Unternehmensbewertungsverfahren, um Verhandlungen zu erleichtern	❑
Berücksichtigung der Käuferposition: Finanzinvestor eher zahlengetrieben, strategischer Investor eher von qualitativen Überlegungen geleitet	❑
Berücksichtigung der Verkäuferposition: Konzern eher zahlengetrieben, mittelständischer Unternehmer oft an Fortbestand des Unternehmens und der Arbeitsplätze interessiert und risikoavers bezüglich Garantien	❑
Klärung der Steuerpositionen der Parteien, um durch steuereffiziente Gestaltung Spielräume für Kaufpreisverhandlungen zu schaffen	❑

13.1.3 Kaufpreisermittlung im Verhandlungsprozess

13.15 Die Kaufpreisermittlung entscheidet regelmäßig bereits am Anfang darüber, ob überhaupt Verhandlungen über den Unternehmenskauf zustande kommen. Nur wenn Käufer und Verkäufer, möglichst aufgrund jeweils eigenständiger Unternehmensbewertung, unter Berücksichtigung ihrer individuellen Verhandlungssituation zu einer ähnlichen Kaufpreiseinschätzung gelangen, ist es sinnvoll, die Verhandlungen aufzunehmen und fortzuführen.

13.16 In der Praxis läuft die Unternehmenskauftransaktion in Bezug auf die Kaufpreisverhandlungen regelmäßig in Stufen ab. Ein typischer Verkaufsprozess sieht dabei nach informellen ersten Gesprächen zunächst ein indikatives Angebot des Käufers an den Verkäufer als Einleitung der formellen Verhandlungen vor. Dieses beruht auf Annahmen und öffentlich zugänglichen Unternehmensinformationen und nennt idealerweise auch die Grundannahmen für die Ermittlung des im Angebot enthaltenen indikativen Kaufpreises.

13.17 Auf dieser Grundlage entscheidet der Verkäufer, ob er in die Verhandlungen eintreten möchte. Nach Klärung der wesentlichen Rahmenbedingungen für den Unternehmenskauf wird über das vorläufige Verhandlungsergebnis eine rechtlich unverbindliche Absichtserklärung (auch „Letter of Intent“ oder „LoI“ oder „Memorandum of Understanding“„ oder „MoU“ genannt) unterzeichnet. In diesem Dokument wird oft bereits ein vorläufiger Kaufpreis nebst dem Kaufpreisermittlungsverfahren festgelegt, der das vorläufige, aber noch unverbindliche Verhandlungsergebnis der Parteien vor der näheren Unternehmensprüfung reflektiert.

Im nächsten Schritt wird der Käufer im Rahmen der Unternehmensprüfung weitere Informationen anfordern, wobei besonders sensible Informationen oder gar Gespräche mit ausgewählten Mitarbeitern aus naheliegenden Gründen einer späteren Phase vorbehalten bleiben sollten, in der bereits eine hohe Abschlusswahrscheinlichkeit für die Transaktion besteht. Sämtliche im Rahmen der Unternehmensprüfung (Due Diligence) identifizierten Mängel (auch „Findings“) sollten zwischen den Parteien offen besprochen, und es sollte festgelegt werden, ob und welche Auswirkungen diese auf den Kaufpreis haben. 13.18

Praxistipp 13.19

Der Verkäufer kann den Käufer um die Einsichtnahme in den Due-Diligence-Bericht bitten. Der Verkäufer ist zwar nicht dazu verpflichtet, wird dem in der Praxis aber oft zustimmen und zumindest die wesentlichen Mängel (auch „Red Flags" genannt) offenlegen, um den Verhandlungsprozess transparent zu führen. Auch wenn die Nachfrage abgelehnt wird, kann der Verkäufer hieraus ggf. für den Verkaufsprozess wichtige Informationen ableiten.

In bestimmten Fällen wird der Verkäufer eine Minderung des Kaufpreises abwenden können, indem er Garantien in Bezug auf die gefundenen Mängel abgibt, weil er glaubt, dass er diese beheben kann oder dass sie keine nachteiligen Auswirkungen haben werden. Bezüglich der abzugebenden Garantien ist zu beachten, dass diese im Zusammenhang mit der zugrunde gelegten Kaufpreisformel zu sehen sind. Ein Umstand, der vom Verkäufer garantiert wird, darf nicht bei der Kaufpreisermittlung als Abzugsposten einbezogen werden, da er sonst zu Lasten des Verkäufers zweimal berücksichtigt würde (Stichwort: „No Double Dip“). Es kann sich insoweit auch anbieten, einen Teil des Kaufpreises variabel zu gestalten, so dass die Zeit zeigen kann, wie die wirtschaftlichen Auswirkungen sich darstellen (siehe zum Earn-out unter Rdnr. 13.86). 13.20

Sofern die abschließende Kaufpreisermittlung wie bei der Cash-und-Debt-free-Methode (siehe Rdnr. 13.67) erst nach Vertragsschluss erfolgt oder ein Teil des Kaufpreises wie beim Earn-out (siehe Rdnr. 13.86) erst nach Erreichen bestimmter Ziele gezahlt wird, kommt es auch entscheidend darauf an, wie das Ergebnis ermittelt wird. Gleiches gilt für die Frage, wer für die Ermittlung und Feststellung verantwortlich ist, der Verkäufer, der Käufer oder z.B. ein Dritter wie der bishe- 13.21

rige Steuerberater des Unternehmens oder ein unabhängiger Sachverständiger wie ein Wirtschaftsprüfer. Im letzten Fall ist zudem zu regeln, wer den unabhängigen Dritten benennt. Diese Punkte sind neben den eigentlichen Kaufpreisverhandlungen zu bedenken und interessengerecht zu regeln, da sie indirekt erhebliche Auswirkungen auf den Kaufpreis haben können.

13.22 Die Einigung auf einen finalen Kaufpreis setzt eine grundsätzliche Verständigung über die Bewertung der mit dem Unternehmen verbundenen Chancen und Risiken voraus. Nur wenn eine solche nach eingehender Prüfung des Unternehmens durch den Käufer, die ja auch der möglichst weitgehenden Beseitigung der ursprünglich bestehenden Informationsasymmetrie zu Lasten des Käufers dient, gelingt, kann die Transaktion erfolgreich abgeschlossen werden. Dem Kaufpreis und seiner Ermittlung kommt somit im Verkaufsprozess eine zentrale Rolle zu.

13.1.4 Kaufpreis und Steuern

13.23 Steuern sind ein wichtiger Einflussfaktor auf den Kaufpreis. Sowohl der Verkäufer als auch der Käufer werden, jedenfalls intern, den Kaufpreis nach Steuern kalkulieren. Je nachdem, ob es sich bei den Parteien um eine natürliche Person, eine Personen- oder eine Kapitalgesellschaft handelt oder ob der Unternehmenskauf als Asset oder als Share Deal strukturiert wird, kann die jeweilige Steuerposition von Käufer und Verkäufer dabei sehr unterschiedlich sein.

13.24 Dabei besteht aus steuerlicher Sicht oft ein fundamentaler Interessengegensatz zwischen den Parteien. Der Verkäufer profitiert beim Verkauf von Anteilen an einer Kapitalgesellschaft von der (partiellen) Steuerfreiheit bei der Veräußerung von Kapitalgesellschaftsanteilen nach § 8b KStG, § 17 i.V.m. § 3 Nr. 40 EStG (vgl. ausführlich Rdnr. 15.1 ff.). Das spricht aus seiner Sicht für den Share Deal, da er bei einer Nettobetrachtung einen höheren Kaufpreis erzielen kann als bei einem Asset Deal, sofern dieser nicht nach §§ 16, 34 EStG begünstigt ist (siehe Rdnr. 14.8 ff.). Der Käufer kann dagegen durch den Share Deal erworbene Kapitalgesellschaftsanteile nicht abschreiben, während er durch den Asset Deal oder Erwerb von Mitunternehmeranteilen Abschreibungsvolumen generiert und regelmäßig seine Finanzierungskosten und ggf. Verlustvorträge steuerlich nutzen kann. Anders als beim Share Deal lässt sich beim Asset Deal und dem Erwerb von Mitunternehmeranteilen der Kaufpreis auch grundsätzlich den einzelnen erworbenen Wirtschaftsgütern zuordnen. Dadurch ergeben sich im Rahmen der jeweiligen Nutzungsdauer AfA-Gestaltungsspielräume für die Steuerplanung (siehe dazu im Einzelnen Rdnr. 23.1 ff.).

Durch den durch das Gesetz zur Modernisierung des Körperschaftsteuerrechts (KöMoG)[1] neu eingeführten § 1a KStG besteht für eine Mitunternehmerschaft nunmehr die Möglichkeit, zu einer Behandlung als Kapitalgesellschaft zu optieren. Der Gewinn oder Verlust aus der Veräußerung von Kapitalgesellschaftsanteilen richtet sich in dem Fall auch bei einer Mitunternehmerschaft als Verkäuferin nach § 8b KStG. Entsprechenden Gestaltungsmaßnahmen im Vorfeld einer Transaktion sind jedoch Grenzen durch die siebenjährige Sperrfrist gem. § 22 UmwStG gesetzt, da die Optionsausübung als Formwechsel i.S.d. UmwStG gilt. 13.25

Sofern Immobilien gekauft werden und deren Verkauf und ein Neuerwerb geplant ist, kann eine §-6b-EStG-Rücklage gebildet werden, um die Aufdeckung stiller Reserven zu vermeiden. 13.26

Der Aufteilung des Kaufpreises auf die erworbenen Wirtschaftsgüter kann daher beim Asset Deal eine erhebliche steuerliche Bedeutung zukommen, und es sollte bei der Vertragsgestaltung entsprechende Sorgfalt darauf verwendet werden. Besonderheiten ergeben sich, wenn der Verkäufer oder eine zu veräußernde Kapitalgesellschaft Teil einer ertragsteuerlichen Organschaft sind (siehe dazu Rdnr. 22.1 ff.). Hier sind dann insbesondere die Folgen einer Beendigung der Organschaft zu bedenken und ggf. auch im Hinblick auf den Kaufpreis zu berücksichtigen. 13.27

Es ist in der Praxis sinnvoll, dass sich Verkäufer und Käufer über ihre Steuerposition mit Hilfe ihrer steuerlichen Berater frühzeitig abstimmen. Es können dann im Zusammenhang mit dem Unternehmenskauf gemeinsame Strukturierungsüberlegungen angestellt werden, um eine möglichst steuereffiziente Transaktion zu gewährleisten (siehe zu Gestaltungsüberlegungen Rdnr. 3.1 ff., Rdnr. 4.1 ff. und Rdnr. 6.1 ff.). Gesparte Steuern, egal auf welcher Seite, stehen den Parteien für die Kaufpreisverhandlungen zur Verfügung und fließen nicht an den Fiskus. Eine offene Handhabung der Steuerposition vermeidet auch Fehlvorstellungen über die Nettokalkulation des Kaufpreises beim Verhandlungspartner und hilft daher, die Verhandlungen zu entlasten. 13.28

13.2 Vertragliche Regelungen des Kaufpreises

Die Regelungen zum Kaufpreis und zu seiner Ermittlung stellen einen der wesentlichen Bestandteile des Unternehmenskaufvertrags dar. Die auf den ersten Blick trivial wirkenden Fragestellungen, wer wann an wen zahlt, sind dabei genau zu durchdenken und mit Sorgfalt im Vertrag zu regeln. Gleiches gilt für die Fest- 13.29

1) Gesetz zur Modernisierung des Körperschaftsteuerrechts v. 25.06.2021, BGBl I, 2050 (KöMoG).

legungen, wie – und von wem – der Kaufpreis ermittelt wird. Um ein einheitliches Verständnis der Vertragsparteien sicherzustellen, werden für Kaufpreisformeln auch regelmäßig Muster- bzw. Beispielsrechnungen in den Vertragstext oder als Anhang zum Vertrag aufgenommen, was sich in der Praxis bewährt hat.

13.30 **Checkliste Vertragsregelungen zum Kaufpreis**

Veräußerer: Natürliche Person oder rechtsfähiges Vehikel, Treuhandgestaltungen, Zuordnung Kaufpreis bei mehreren Veräußerern	❑
Erwerber: Natürliche Person oder rechtsfähiges Vehikel, Einzweckgesellschaft (SPV), gesamtschuldnerische Haftung bei mehreren Erwerbern	❑
Kaufgegenstand: Exakte Bezeichnung der Anteile (Share Deal) oder Wirtschaftsgüter (Asset Deal), genaue Zuordnung bei mehreren Veräußerern	❑
Zahlungszeitpunkt und Regelungen zum Zahlungsverzug wie Zinsen, Rücktrittsrechte, auflösende Bedingung bei Zahlungsausfall oder -verzug	❑
Ausschluss Aufrechnung und Zurückbehaltungsrecht	❑
Absicherung des Kaufpreises durch Garantien von Konzernmutter oder Bank	❑
Kaufpreisermittlungsformel (z.B. Cash-und-Debt-free-Methode)	❑
Anpassungsregelungen (z.B. Eigenkapitalgarantie, Working-Capital-Garantie)	❑
Erfolgsabhängige Kaufpreisregelung (z.B. Earn-out)	❑
Ratenzahlungsregelungen	❑
Rentenzahlungsregelungen	❑
Versorgungsleistungen	❑

13.2.1 Allgemeine Regelungen zum Kaufpreis

13.31 Allgemein hat der Unternehmenskaufvertrag zu regeln, wer den Kaufpreis schuldet und an wen er zu zahlen ist. Dies bedarf einer genauen Betrachtung und situationsgerechten Regelung. Tritt auf Käuferseite ein Konzern oder Finanzinvestor auf, so wird für den Kauf nicht selten eine Einzweckgesellschaft (auch „Special Purpose Vehicle“ oder „SPV“ oder auch „Special Purpose Entity“ oder „SPE“ genannt) verwendet. Da es sich insoweit um eine aus wirtschaftlicher Sicht „leere Hülle“ handelt, weist diese keine originäre Bonität auf. Die Kaufpreiszahlung bedarf insoweit einer besonderen Absicherung z.B. durch Garantien der Konzernmutter oder einer finanzierenden Bank. Dies gilt insbesondere dann, wenn der Kaufpreis oder Teile davon erst nach Übergang des Unternehmens gezahlt werden sollen, der Verkäufer also in Vorleistung geht.

Musterklausel Bankgarantie für Kaufpreiszahlung 13.32

Zur Absicherung der Kaufpreiszahlung stellt der Erwerber dem Veräußerer eine Bankgarantie auf erstes Anfordern einer deutschen Bank und mit einem Höchstbetrag von ... € [Summe Kaufpreis evtl. zzgl. Zinsen] gemäß dem in der Anlage beigefügten Muster.

Bei einem Share Deal ist genau festzulegen, welcher Kaufpreis für welche genau zu bezeichnenden Anteile gezahlt wird, insbesondere wenn es mehrere Verkäufer gibt. Anderenfalls könnte die Kaufpreisregelung als nicht hinreichend bestimmt anzusehen sein, und ihre rechtliche Gültigkeit wäre gefährdet, was es an so zentraler Stelle des Unternehmenskaufvertrags unbedingt zu vermeiden gilt. 13.33

Musterklausel für Kaufpreiszahlung an mehrere Veräußerer (GmbH) 13.34

Der Gesamtkaufpreis für den Verkauf und die Abtretung der Geschäftsanteile beträgt ... € (in Worten: ... Euro). Von dem Gesamtkaufpreis erhält jeder Veräußerer 1/3, das sind jeweils ... €. Diesen Kaufpreis schuldet der Erwerber

- dem Veräußerer zu 1. für den Verkauf der Geschäftsanteile mit den laufenden Nummern ... bis ...;
- dem Veräußerer zu 2. für den Verkauf der Geschäftsanteile mit den laufenden Nummern ... bis ...;
- dem Veräußerer zu 3. für den Verkauf der Geschäftsanteile mit den laufenden Nummern ... bis ....

13.2.1.1 Regelungen zum Zahlungszeitpunkt

Der Zeitpunkt der Kaufpreiszahlung ist in Bezug zum Verkaufsprozess und zur jeweils verwendeten Kaufpreisermittlungsmethode zu regeln. Es ist insbesondere darauf zu achten, dass der Kaufpreis erst fließt, wenn sichergestellt ist, dass das Unternehmen zu den vereinbarten Bedingungen übergehen kann und dass es andererseits nicht bereits übergeht, bevor die Kaufpreiszahlung erfolgt oder jedenfalls wirtschaftlich ausreichend abgesichert ist. Die Parteien wollen und sollten beim Unternehmenskauf i.d.R. nicht in „Vorleistung" gehen. 13.35

13.36 Je nachdem, ob und welche Kaufpreisermittlungs- und Kaufpreisanpassungsmechanismen bei der von den Parteien gewählten Methode zur Anwendung kommen, gibt es unterschiedliche Zeitpunkte für die Kaufpreis(teil)zahlungen. Während beim Festkaufpreis regelmäßig der gesamte Kaufpreis am Tag des Vertragsschlusses erfolgt, wird beim Cash-und-Debt-free-Konzept (siehe dazu Rdnr. 13.67) meist zunächst ein vorläufiger Kaufpreis gezahlt, der erst nach Abrechnung auf Grundlage der erst später vorliegenden Stichtagsbilanz durch den davon nach oben oder unten abweichenden endgültigen Kaufpreis ergänzt wird. Beim Earn-out (siehe dazu Rdnr. 13.86) erfolgen über den zum Vollzugstag fälligen Basiskaufpreis hinaus erst zeitlich deutlich später weitere, erfolgsabhängige Kaufpreiszahlungen.

13.2.1.1.1 Rechtlicher und wirtschaftlicher Übergang

13.37 Der rechtliche Übergang ist vom wirtschaftlichen Übergang des Unternehmens zu unterscheiden, und beides fällt nicht zwingend zusammen. Die vertraglichen Regelungen dazu sind fehleranfällig und bedürfen besonderer Sorgfalt bei der Abfassung und vor allem eines vertieften Verständnisses der Zusammenhänge. Dies gilt insbesondere für die Regelungen bezüglich der Gewinnbezugsrechte (siehe Rdnr. 13.41 ff.). Der rechtliche Übergang richtet sich danach, wann das Eigentum an den Unternehmensanteilen übergeht. Der wirtschaftliche Übergang kennzeichnet den Zeitpunkt, ab dem die Chancen und Risiken des Unternehmens auf den Käufer übergehen sollen. Dies kann, muss aber nicht mit dem rechtlichen Übergang zusammenfallen. Gerade bei komplexeren Transaktionen fällt dies nicht selten auseinander und bedarf dann einer sorgfältigen Gestaltung im Hinblick auf Stichtag, Vollzugstag und Regelung der Gewinnbezugsrechte.

13.38 **Praxistipp**

Sollten die Regelungen zum wirtschaftlichen Übergang die Aufstellung einer Bilanz erforderlich machen, sollte der Zeitpunkt hierfür nach Möglichkeit mit der Aufstellung der Jahresbilanz zusammenfallen, zumindest aber auf ein Monatsende gelegt werden, um den Aufwand für die Bilanzerstellung zu begrenzen.

13.39 In Bezug auf den Verkaufsprozess ist insbesondere zu unterscheiden zwischen dem Zeitpunkt des Vertragsschlusses (Signing), an dem die Parteien sich rechtlich bindend auf den Unternehmenskauf verständigen, und dem Zeitpunkt der Kaufpreiszahlung und des rechtlichen Übergangs des Unternehmens (Closing). Dieser folgt dem Vertragsschluss zeitlich nach, kann aber mit dem Zeitpunkt des Vertragsschlusses verknüpft werden, wenn zu diesem Zeitpunkt bereits alle Voraussetzungen, wie aufschiebende Bedingungen, bereits erfüllt sind, also z.B. keine Kartellgenehmigung für den Vertragsschluss einzuholen ist. In der Transaktionspraxis gibt es bei Verkäufen von kleinen Unternehmen oftmals kein getrenntes Signing und Closing. Vielmehr wird der Kaufvertrag abgeschlossen und binnen einer gewissen Frist der Kaufpreis gezahlt. Mit Kaufpreiszahlung geht dann das gekaufte Unternehmen (Geschäftsanteile und/oder Gegenstände und/oder Rechte) auf den Käufer über.

Außerdem ist der Zeitpunkt des wirtschaftlichen Übergangs vom Zeitpunkt der rechtlichen Übertragung zu unterscheiden, in welchem die Chancen (Gewinne) und Risiken auf den Käufer übergehen und der zeitlich bereits vor dem Vertragsschluss liegend vereinbart werden kann, wie dies beim Locked-Box-Konzept der Fall ist (siehe dazu Rdnr. 13.79). 13.40

13.2.1.1.2 Gewinnbezugsrecht

Bei einer unterjährigen Übertragung der Unternehmensanteile sieht das Gesetz in § 101 Nr. 2 BGB vor, dass der Gewinn pro rata zwischen Käufer und Verkäufer aufgeteilt wird. Die gesetzliche Regelung ist abdingbar und sollte in der Praxis auch zwingend durch sachgerechte vertragliche Regelungen abbedungen werden. 13.41

Insoweit sollte mehr als der bloße wirtschaftliche Übergang geregelt werden. Soll der Verkäufer noch einen anteiligen Gewinn erhalten, so ist sein Anspruch vertraglich abzusichern, indem z.B. das Recht des Käufers zur Gewinnthesaurierung beschränkt wird oder indem er bei Vertragsschluss bereits eine Vorabausschüttung erhält. Zu beachten ist, dass bei Kapitalgesellschaften ein Anspruch auf Gewinnausschüttung erst mit Fassung des Gewinnfeststellungsbeschlusses entsteht, für den der übernehmende Käufer verantwortlich ist. Bei Personengesellschaften entsteht der Gewinnanspruch mit Feststellung des Jahresabschlusses, wobei Entnahmebeschränkungen die Durchsetzung des anteiligen Gewinnanspruchs des Verkäufers erschweren können. 13.42

In der Praxis wird daher häufig aus Vereinfachungsgründen das Bezugsrecht bezüglich thesaurierter Gewinne (vorgetragene Gewinne) und des Gewinns aus dem laufenden Geschäftsjahr auf den Käufer übertragen. Dies wird dann bei der Kaufpreisermittlung zu berücksichtigen sein. Dabei ist eine doppelte Begünstigung des Verkäufers zu vermeiden, wenn dieser bei Anwendung der Cash-und-Debt-free-Methode (siehe Rdnr. 13.67 ff.) bereits mit Liquidität unterlegte Gewinnansprüche (Cash) als Kaufpreisbestandteil erhalten soll. 13.43

Soweit ein Teil des Kaufpreises auf das übertragene Gewinnbezugsrecht entfällt, stellt dies aus steuerlicher Sicht einen unselbständigen Teil des Veräußerungsprei- 13.44

ses i.S.d. § 17 Abs. 2 EStG oder § 8b Abs. 2 Satz 2 KStG dar.[2] Um steuerliche Doppelbelastungen zu vermeiden – beim Verkäufer bezüglich des Kaufpreises und beim Käufer bezüglich der Gewinnausschüttung –, kann eine Vorabausschüttung an den Käufer vereinbart werden.

13.2.1.1.3 Aufschiebende Bedingungen und Closing-Konzept

13.45 In der Regel muss der Verkäufer dafür Sorge tragen, dass er nicht in Vorleistung geht und das Unternehmen überträgt, bevor der Kaufpreis gezahlt ist. Dies kann durch die Verknüpfung der Übertragung mit der Zahlung des Kaufpreises als aufschiebende Bedingung gem. § 158 Abs. 1 BGB vertragstechnisch gelöst werden.

13.46 Die Kaufpreiszahlung soll wiederum aus Sicht des Käufers oft an weitere Bedingungen geknüpft werden, z.B. daran, dass die erforderlichen gesellschaftsrechtlichen Zustimmungen durch Gesellschaft oder Gesellschafter oder des Ehegatten/Lebenspartners vorliegen, wenn gem. § 1365 BGB das Unternehmen oder die Anteile daran das gesamte Vermögen des Verkäufers darstellen. Manchmal ist auch die Zustimmung von dritter Stelle notwendig, damit der geschlossene Vertrag wirksam wird. Als prominentestes Beispiel ist die Zustimmung von Kartellbehörden zu nennen. Wenn kein reiner Festkaufpreis vereinbart ist, sondern der Kaufpreis oder Teile davon erst ermittelt werden müssen, wie z.B. bei der Cash-und-Debt-free-Methode (siehe Rdnr. 13.67), dann muss auch die hierfür erforderliche Stichtagsbilanz vorliegen.

13.47 In der Transaktionspraxis hat sich bei größeren Unternehmenskäufen daher neben einem Termin zum Vertragsschluss (Signing) ein weiterer Termin eingebürgert, zu dem das Vorliegen sämtlicher Bedingungen für den Unternehmenskauf vertraglich festgestellt wird (Closing). In diesem Closing-Termin wird dann Zug um Zug die Kaufpreiszahlung und die Übertragung des Unternehmens bewirkt. Dieses Verfahren findet insbesondere bei internationalen Transaktionen Anwendung, da außerhalb des deutschen Rechtsraums das Konzept aufschiebender Bedingungen nicht weit verbreitet und bekannt ist.

13.2.1.2 Aufrechnung, Zurückbehaltungsrechte, Abtretungsregelungen

13.48 Im Zusammenhang mit der Kaufpreisregelung ist es üblich und sinnvoll, eine Aufrechnung oder die Ausübung von Zurückbehaltungsrechten weitgehend auszuschließen. Die Kaufpreiszahlung sollte isoliert von etwa bestehenden sonsti-

---

2) Meyer-Sparenberg/Jäckle, in: Beck'sches M&A-Handbuch, 2. Aufl. 2021, § 28 Rdnr. 45 f. m.w.N.

gen Verbindungen zwischen den Parteien und daraus resultierenden Forderungen ausschließlich von den im Vertrag definierten Bedingungen (siehe Rdnr. 13.45) abhängen.

Musterklausel vom Zeitpunkt der rechtlichen Übertragung 13.49

Das Recht des Erwerbers zur Aufrechnung gegenüber den Kaufpreiszahlungsansprüchen des Veräußerers und/oder zur Ausübung eines Zurückbehaltungsrechts ist ausdrücklich ausgeschlossen, es sei denn, der betreffende Gegenanspruch des Erwerbers ist unstreitig, oder über ihn ist rechtskräftig zugunsten des Erwerbers entschieden worden.

13.2.1.3 Absicherung der Kaufpreiszahlung

Von erheblicher Bedeutung ist auch die Absicherung der Kaufpreiszahlung. Dies 13.50
geschieht zum einen dadurch, dass die Kaufpreiszahlung regelmäßig durch aufschiebende Bedingungen Zug um Zug mit der rechtlichen wirksamen Übertragung des Unternehmens verknüpft wird, so dass der Verkäufer nicht in Vorleistung geht. Zum anderen sollte der Verkäufer von Anfang an überprüfen, ob die Finanzierung des Kaufpreises durch den Käufer gesichert ist. Sofern die Transaktion (auch) fremdfinanziert ist, sollte eine belastbare Finanzierungszusage seitens der finanzierenden Bank verlangt werden. Der Verkäufer läuft ansonsten Gefahr, den kosten- und zeitintensiven Unternehmensverkaufsprozess zu durchlaufen, bei dem sensible Unternehmensdaten offengelegt werden und Unruhe in der Belegschaft droht, und am Ende scheitert der Verkauf dann an der Finanzierung. Außerdem lässt der Verkäufer dem Käufer anderenfalls eine „Hintertür" offen, um sich aus dem Verkaufsprozess durch Vorschieben einer fehlenden Finanzierung zurückzuziehen. Eine Absicherung des Verkäufers dagegen kann die Vereinbarung einer Strafzahlung (Break Fee) für den Fall sein, dass die Transaktion an der fehlenden Finanzierung scheitert.

13.2.1.4 Sicherungseinbehalt

Es ist nicht unüblich, dass der Käufer einen Teil des Kaufpreises zunächst ein- 13.51
behält, um nach dem Kauf sich ergebende Gewährleistungsansprüche gegen den Verkäufer abzusichern. Ob der Verkäufer sich darauf einlässt, ist Verhandlungssache. In Betracht kommt dies insbesondere dann, wenn der Verkäufer eine natürliche Person ist, bei der die Durchsetzbarkeit von Gewährleistungsansprüchen zweifelhaft sein kann. In diesem Fall sollte jedoch eine klare Regelung im Vertrag erfolgen, wann der einbehaltene Kaufpreis zahlbar und fällig wird. Der Einbehalt sollte nur vom Käufer geltend gemacht werden können, wenn er die geltend gemachten Mängel konkret benennt und bei Zurückweisung durch den

Verkäufer den Anspruch gerichtshängig gemacht hat. Gegebenenfalls sollte ein Treuhänder, z.B. ein Notar, den Sicherungseinbehalt verwahren, was allerdings entsprechende Kosten auslöst.

13.52 **Musterklausel für einen Sicherungseinbehalt**

Vom Kaufpreis behält der Erwerber ... € zur Absicherung etwaiger Gewährleistungsansprüche ein. Der Sicherungseinbehalt ist fällig und zahlbar spätestens am ... (Datum).

13.2.2 Regelungen zur Kaufpreisermittlung

13.53 Der Kaufpreis kann entweder als Festkaufpreis betragsmäßig festgelegt werden, oder der Vertrag regelt, wie der Kaufpreis im Zahlungszeitpunkt ermittelt und festgestellt wird. Eine Kaufpreisermittlung erfolgt insbesondere dann, wenn bei Abschluss des Vertrags noch Informationen ermittelt werden müssen, z.B. eine Stichtagsbilanz aufzustellen ist (wie beim Cash-und-Debt-free-Konzept, siehe Rdnr. 13.67), oder weil der Kaufpreis oder Teile davon an zukünftige Erfolge geknüpft sind, deren Eintritt nach bestimmten, im Vertrag festgelegten Kriterien zu überprüfen ist (wie beim Earn-out, siehe Rdnr. 13.86).

13.54 **Übersicht Kaufpreisermittlungsmethoden**

	Festkaufpreis	**Cash-free/ Debt-free**	**Locked Box**	**Earn-out**
Merkmale	Kaufpreis steht bei Vertragsschluss fest	Vorläufiger Kaufpreis zum Vertragsschluss wird nachträglich aufgrund Stichtagsbilanz angepasst	– Kaufpreis wird bei Vertragsschluss festgelegt – No Leakage ab Vertragsschluss bis Übergabe des Unternehmens	– Basiskaufpreis wird bei Vertragsschluss festgelegt – Weitere Kaufpreisanteile werden in Zukunft erfolgsabhängig gezahlt
Vorteile	Einfach und schnell	Genaue Abgrenzung von Chancen und Risiken zum Zeitpunkt der Unternehmensübertragung möglich	– Einfach und schnell – Absicherung des Verkäufers	Zukünftige Erfolge werden auf realer statt hypothetischer Basis vergütet

	Festkaufpreis	Cash-free/ Debt-free	Locked Box	Earn-out
Nachteile	Manipulations- und Marktrisiko trägt einseitig der Erwerber	Komplex, teuer und streitanfällig	– Marktrisiko trägt einseitig der Erwerber – Konzentration auf Manipulationsrisiken bei Verhandlungen kann Vertrauensverhältnis der Parteien belasten	– Komplex und streitanfällig – Manipulationsrisiko zu Lasten des Veräußerers
Standardsituation	Kleine und übersichtliche Transaktion	– Größere Transaktion – Hoher Transparenzbedarf, z.B. bei Börsennotierung einer Partei	– Weit verbreitet für mittlere Transaktionsgrößen – Private Equity	– Starke Abweichung Erwerber/ Veräußerer bezüglich Zukunftsentwicklung – Einfluss des Veräußerers auf zukünftige Entwicklung, z.B. bei Verbleib als Geschäftsführer

13.2.2.1 Festkaufpreis

Der Festkaufpreis ist die einfachste Art, den Kaufpreis für ein Unternehmen zu regeln, und wird bei Unternehmenskäufen regelmäßig im Zusammenhang mit dem Locked-Box-Konzept verwendet (siehe dazu Rdnr. 13.79). Für den Verkäufer ist er auch insofern die sicherste Kaufpreisart, als er bei Vertragsschluss genau weiß, was er für sein Unternehmen bekommt. 13.55

Für den Käufer birgt der Festkaufpreis jedoch erhebliche Risiken. Sich nach Vertragsschluss erst herausstellende Umstände, die sich negativ auf den Unternehmenswert auswirken, können dabei nicht mehr berücksichtigt werden. Zwischen dem letzten geprüften Jahresabschluss und dem Vertragsschluss sowie zwischen der wirtschaftlichen und der rechtlichen Übertragung bestehen für den Verkäufer oft erhebliche Manipulationsmöglichkeiten zu Lasten des Käufers. Nur wo diese keine Rolle spielen, z.B. weil es dem Käufer allein auf den Kundenstamm oder die Markenrechte ankommt oder auch weil der Käufer bereits geschäftsführender 13.56

Mitgesellschafter ist, der einen Mitgesellschafter herauskauft, so dass ein fortlaufender Einblick und Kontrolle der Unternehmensgeschicke gewährleistet ist, kann dies im Ausnahmefall akzeptabel sein.

13.57 In allen anderen Fällen muss der Käufer bei Vereinbarung eines Festkaufpreises durch flankierende Regelungen geschützt werden, z.B. im Rahmen des Locked-Box-Konzepts durch sogenannte Ringfencing- bzw. No-Leakage-Klauseln (siehe Rdnr. 13.83).

13.58 Der Festkaufpreis kommt vor allem bei kleineren Transaktionen in Betracht, bei denen sich eine aufwendige Kaufpreisermittlung nicht lohnt. Vertragsschluss und vorangegangene Unternehmensprüfung (Due Diligence) sollten dabei zeitlich mit dem rechtlichen Übergang und wirtschaftlichen Stichtag (siehe Rdnr. 13.37) möglichst eng zusammen liegen.

13.59

Musterklausel Festkaufpreis

Der Kaufpreis für den der Verkauf und die Abtretung der Anteile beträgt ... € (in Worten: ... Euro) zuzüglich Zinsen seit dem Übertragungsstichtag.

13.2.2.2 Eigenkapitalgarantie

13.60 Bei einer Eigenkapitalgarantie garantiert der Verkäufer dem Käufer das Vorhandensein eines bestimmten, vertraglich festgelegten Eigenkapitals zum maßgeblichen Bilanzstichtag. Der von den Parteien festgelegte Basiskaufpreis wird entsprechend um den Betrag erhöht oder vermindert, um den das tatsächlich ermittelte Eigenkapital vom festgelegten Kapital abweicht.

13.61 Bei Kapitalgesellschaften umfasst das Eigenkapital gem. § 266 Abs. 3 A. HGB neben dem gezeichneten Kapital die Kapitalrücklage, die Gewinnrücklagen sowie einen etwaigen Gewinn-/Verlustvortrag und den Jahresüberschuss/Fehlbetrag. Sofern offene Einlageforderungen bestehen, ist vertraglich zu vereinbaren, ob diese vom Käufer – kaufpreismindernd – übernommen werden sollen oder der Verkäufer diese vor Übergabe zu zahlen hat, so dass diese der Eigenkapitalgarantie unterfallen.

13.62 Für Personengesellschaften kann von § 264c Abs. 2 HGB ausgegangen werden. Zur Bestimmung des Eigenkapitals sind danach insbesondere die Kapitalkonten, einschließlich der Verlustvortragskonten, sowie die Salden der sonstigen Gesellschafterkonten, insbesondere das Privatkonto (Darlehenskonto), des Verkäufers einzubeziehen.

Musterklausel Eigenkapitalgarantie Personengesellschaft
Der Veräußerer garantiert, dass das bilanzielle Eigenkapital der Gesellschaft gem. §§ 266 Abs. 3 A. i.V.m. 264c HGB zum Stichtag mindestens ... € beträgt.

13.63

Aus Verkäufersicht sollte ein Maximalbetrag im Vertrag festgesetzt werden, bis zu dem der Verkäufer haftet, da die Garantie anderenfalls unbegrenzt wirkt. 13.64

Die schließlich ermittelte Abweichung vom vereinbarten Eigenkapital spiegelt die Veränderungen auf der Aktivseite der Bilanz sowie geänderte Rückstellungen gegenüber den bei Vertragsschluss von den Parteien zugrunde gelegten Erwartungen wider. Hierunter fallen auch Buchungsvorgänge, denen keine Zahlungsflüsse zugrunde liegen, wie Abschreibungen, Zuschreibungen sowie Rückstellungen und Wertberichtigungen. Die Eigenkapitalgarantie passt daher systematisch zu einer Unternehmensbewertung auf der Basis des Substanzwerts (siehe Rdnr. 1.1 ff.). Da diese heutzutage nur noch selten Anwendung findet, nachdem sie früher den Standard darstellte, ist auch die Vereinbarung einer Eigenkapitalgarantie in der Praxis seltener geworden. Aber auch bei einer auf die Zahlungsströme abstellenden Unternehmensbewertung und Kaufpreisregelung, wie dem Cash-und-Debt-free-Konzept (siehe Rdnr. 13.67), kann die Eigenkapitalgarantie dazu dienen, den Käufer in bestimmtem Umfang vor Bilanzmanipulationen durch den Verkäufer zu schützen, z.B. durch die Erfassung von Rückstellungen für Risiken, die im Zeitpunkt des Vertragsschlusses noch nicht bilanziell erfasst waren.[3] 13.65

Die Eigenkapitalgarantie steht in einem potentiellen Konflikt mit dem sonstigen Gewährleistungskonzept eines Unternehmenskaufvertrags, sofern dieser, wie üblich, einen abschließenden Katalog selbständiger Garantieversprechen enthält (siehe dazu Rdnr. 8.13 ff. und Rdnr. 12.29 ff.). Es ist daher bei der Vertragsabfassung darauf zu achten, dass die Eigenkapitalgarantie den beschränkenden Effekt der abschließenden Garantieversprechen nicht aushebelt. Sofern eine Garantie auf das Nettoumlaufvermögen (Working Capital) abgegeben wird, muss diese Garantie dem Eigenkapital hinzugerechnet werden, um eine doppelte Erfassung der betreffenden Bilanzpositionen zu vermeiden.[4] Sofern bei der Unternehmensbewertung bereits Rückstellungen für bestimmte Risiken, z.B. Pensionsrückstellungen (siehe Rdnr. 2.1 ff.), berücksichtigt wurden, dürfen diese nicht zudem auch bei der Kaufpreisanpassung im Rahmen der Eigenkapitalgarantie abgezogen werden, da sonst auch insoweit eine doppelte Berücksichtigung erfolgen würde. 13.66

3) Kästle/Oberbracht, Unternehmenskauf – Share Purchase Agreement, 3. Aufl. 2018, S. 86.
4) Sinewe, Unternehmenskauf in der Steuerpraxis, 3. Aufl. 2022, S. 240.

13.2.2.3 Cash-und-Debt-free-Konzept (Closing Accounts)

13.67 Beim Cash-und-Debt-free-Konzept (auch Closing/Completion-Accounts-Konzept) wird von einem verhandelten Basiskaufpreis ausgegangen, der den Unternehmenswert (Enterprise Value) aus Sicht der Parteien widerspiegelt. Dieser wird dann um die nicht betriebsnotwendigen liquiden Mittel (Cash) und die zinstragenden Verbindlichkeiten (Debt) bereinigt (sog. Equity Bridge, siehe Rdnr. 13.70), und daraus wird dann der endgültige Kaufpreis abgeleitet, der den Equity Value repräsentiert. Dieser Equity Value wird dann i.d.R. noch um ein vereinbartes – „normalisiertes“ – Nettoumlaufvermögen ergänzt, das zum Stichtag vorhanden sein muss, wobei ein entsprechender Saldo hinzu- oder abzurechnen ist.

13.68 **Beispiel**

Unternehmenswert	50 Mio. €
+ Cash	2 Mio. €
– Debt	8 Mio. €
+ Nettoumlaufvermögen zum Stichtag	6 Mio. €
– Normalisiertes Nettoumlaufvermögen	7 Mio. €
Kaufpreis	43 Mio. €

13.69 Der Vorteil des Cash-und-Debt-free-Konzepts liegt darin, dass die Unsicherheiten bei Vertragsschluss über die weitere Entwicklung des Unternehmens durch die Erstellung eines Stichtagsabschlusses auf den wirtschaftlichen Stichtag weitgehend beseitigt wird. Die Nachteile bestehen darin, dass die genaue Festlegung der Parameter, was als liquide Mittel und was als Verbindlichkeiten berücksichtigt werden soll, komplex ist und regelmäßig einen hohen Verhandlungsaufwand erfordert, der erhebliches Streitpotential birgt. Zudem ist eine zusätzliche aufwendige Stichtagsbilanz zu erstellen, bezüglich deren Aufstellung, Prüfung und verbindlicher Feststellung wiederum eine komplexe Vertragsgestaltung mit entsprechenden Verhandlungen notwendig ist. Ferner ist das Cash-und-Debt-free-Konzept regelmäßig um eine Working-Capital-Garantie (dazu unter Rdnr. 13.74) zu ergänzen, die ebenfalls erheblichen Verhandlungsaufwand nach sich zieht. Für kleinere Unternehmenskäufe ist das Cash-und-Debt-free-Konzept daher ungeeignet, und es findet in der Praxis vor allem bei größeren Transaktionen Anwendung.

13.2.2.3.1 Hintergrund

Das Cash-und-Debt-free-Konzept steht im Zusammenhang mit einer Unternehmensbewertung, die auf einer zahlungsstromorientierten Betrachtung beruht, wie beim DCF-Verfahren (siehe Rdnr. 1.7 ff.). Die nicht betriebsnotwendigen liquiden Mittel sind für die zukünftigen Zahlungsflüsse nicht erforderlich. Der Grad und die Zusammensetzung der Verschuldung eines Unternehmens sind individuelle Parameter. Ein rein eigenkapitalfinanziertes Unternehmen ist grundsätzlich wertvoller als ein auch fremdfinanziertes, da die zukünftigen Zahlungsflüsse nicht mit den Fremdkapitalgebern geteilt werden müssen und zudem Spielraum besteht, durch die Aufnahme von Fremdmitteln den zukünftigen Unternehmenserfolg „zu hebeln". Vor diesem Hintergrund wird ausgehend vom Unternehmenswert durch Abzug bzw. Hinzurechnung der relevanten Cash- und Debt-Positionen der für den endgültigen Kaufpreis relevante individuelle Kaufpreis ermittelt. Dieser Prozess wird in der Transaktionspraxis auch anschaulich als „Equity Bridge" bezeichnet, mit deren Hilfe der Brückenschlag vom Unternehmenswert zum Kaufpreis vorgenommen wird. 13.70

13.2.2.3.2 Einzelheiten zu den Bilanzpositionen

Es erfordert einen erheblichen Aufwand, die relevanten Bilanzpositionen (Closing Accounts) im Rahmen der Verhandlungen zu ermitteln, da sich hierzu bislang keine einheitlichen Standards entwickelt haben. Ob und wie einzelne bilanzielle, aber auch nicht zu bilanzierende Sachverhalte zu berücksichtigen sind, ist von den Parteien im Einzelnen zu regeln:[5] 13.71

Die zu berücksichtigenden Bilanzpositionen zur Ermittlung der nicht betriebsnotwendigen liquiden Mittel (Cash) sind grundsätzlich die in § 266 Abs. 2 B III Nr. 2 und IV HGB genannten Vermögensbestandteile, also vor allem sonstige Wertpapiere, Schecks, Kassenbestände sowie Guthaben bei Kreditinstituten. Darüber hinaus werden in der Vertragspraxis, je nach Fallgestaltung, insbesondere auch folgende Punkte verhandelt: 13.72

- Forderungen an Gesellschafter oder verbundene Unternehmen, soweit nicht aus der operativen Tätigkeit übliche Zahlungsziele gewährt wurden (Lieferung und Leistung), z.B. aus Cash-Pooling
- Nichtberücksichtigung von Barmittelbeständen, die Ausschüttungsbeschränkungen unterliegen, z.B. wegen Kapitalerhaltungsvorschriften wie § 30 GmbHG

5) Eine eingehende Darstellung findet sich bei Gruhn/Swoboda, in: Drygala/Wächter, Kaufpreisanpassungs- und Earnout-Klauseln bei M&A-Transaktionen, 2016, S. 109 ff.

- Erlöse aus Factoringverträgen, die als hinzurechnungsfähige Cashposition oder dem Net Working Capital zugeordnet werden können
- Steuererstattungsansprüche gegenüber dem Finanzamt, die hier außerdem im Zusammenhang mit den abzugebenden Steuergarantien betrachtet werden müssen
- aktive Rechnungsabgrenzungsposten

Verbindlichkeiten: in erster Linie Bankverbindlichkeiten und sonstige zinstragende Darlehen; je nach Fallgestaltung sind außerdem folgende Sachverhalte regelmäßig im Rahmen der Vertragsverhandlungen zu besprechen und ggf. zu regeln:

- Verbindlichkeiten gegenüber Gesellschafter oder verbundenen Unternehmen, soweit nicht aus der operativen Tätigkeit übliche Zahlungsziele gewährt worden sind (Lieferung und Leistung)
- Rückstellungen, insbesondere Pensionsrückstellungen und solche für Steuern
- Leasingverbindlichkeiten, sofern diese Finanzierungscharakter haben
- unterlassene, aber notwendige Investitionen
- außerbilanzielle Garantien und Bürgschaften
- passive Rechnungsabgrenzungsposten

13.73 Die Umsetzung des Cash-und-Debt-free-Konzepts setzt die Aufstellung einer zwischen den Vertragsparteien abgestimmten, detailliert gegliederten Stichtagsbilanz voraus, welche sämtliche für die Kaufpreisermittlung relevanten Konten enthält (Closing Accounts).

13.2.2.3.3 Working-Capital-Anpassungsmechanismus

13.74 Das Cash-und-Debt-free-Konzept wird regelmäßig vertraglich um eine Anpassung des Nettoumlaufvermögens (Working Capital) ergänzt. Die Vertragsparteien vereinbaren dazu bei Vertragsschluss ein aus dem Zahlenwerk der Vergangenheit hergeleitetes normalisiertes Working Capital, welches für das Unternehmen angemessen und in der maßgeblichen Stichtagsbilanz mindestens vorhanden sein soll. Eine Abweichung nach oben erhält der Verkäufer zusätzlich zum Basiskaufpreis, während ein Fehlbetrag vom vereinbarten Basiskaufpreis abzuziehen ist.

Durch die Festlegung eines solchen Zielkorridors für das Working Capital zum Stichtag wird Risiken des Käufers vorgebeugt, dass noch unter der Regie des Verkäufers Maßnahmen erfolgen, die das betriebsnotwendige Working Capital reduzieren. Als solche kommen z.B. in Betracht:[6] 13.75

- gegenüber dem üblichen Geschäftsgang verzögerte Zahlung an Lieferanten
- Veräußerung von bereits abgeschriebenem Betriebsvermögen
- Verkauf von Forderungen durch Abschluss von Factoringvereinbarungen
- Vorauszahlungsvereinbarungen mit Kunden
- Aufbau von Investitionsstau
- Sale-and-Lease-Back-Finanzierungen

Auch dieses in der Theorie einfache Konzept verlangt eine genaue Betrachtung und Vertragsgestaltung, die regelmäßig mit intensiven Verhandlungen einhergeht. Erschwerend wirkt auch hier der Umstand, dass es in der Praxis keine einheitlichen Standards gibt, welche Positionen in die Berechnung des Working Capital einfließen sollen. Um Streit zu vermeiden, ist dies im Vertrag genau festzulegen und außerdem zu regeln, von wem das Working Capital in welcher Weise zu ermitteln ist und welche Mechanismen im Streitfall greifen sollen. In der jüngeren M&A-Praxis wird eher ein fixes Working Capital festgelegt als ein Zielkorridor, um Manipulationsmöglichkeiten auszuschließen.[7] 13.76

Musterklausel Working-Capital-Garantie 13.77

Ausgehend vom Basiskaufpreis gem. § ... wird der endgültige Kaufpreis (nachfolgend „Endkaufpreis") durch Hinzurechnung oder Abzug des Betrags ermittelt, um welchen das gem. § ... zum Stichtag ermittelte Nettoumlaufvermögen das gem. § ... garantierte Nettoumlaufvermögen [um mehr als 10 %] übersteigt oder unterschreitet.

Aus Verhandlungssicht bietet die Festlegung des garantierten Working Capitals für den Käufer die Möglichkeit, den beim Einstieg in die Verhandlungen annoncierten indikativen Kaufpreis wieder zu drücken, indem das zu garantierende Working Capital tendenziell hoch festgelegt wird. Aus Verkäufersicht stellt sich das naturgemäß umgekehrt dar. 13.78

6) Jaques, in: Beck'sches Handbuch Unternehmenskauf im Mittelstand, 3. Aufl. 2021, Kap. D Rdnr. 193 f. m.w.N.

7) Meyer-Sparenberg/Jäckle, in: Beck'sches M&A-Handbuch, 2. Aufl. 2021, § 16 Rdnr. 50.

13.2.2.4 Locked-Box-Konzept

13.79 Da das oben beschriebene Cash-und-Debt-free-Konzept komplex, teuer und streitanfällig und für kleinere Transaktionen daher regelmäßig ungeeignet ist, hat sich dafür in der Unternehmenskaufpraxis das sogenannte Locked-Box-Konzept vielfach durchgesetzt. Dabei wird auf eine Stichtagsbilanz und oft auch auf eine Working-Capital-Anpassung und die damit verbundenen, oben dargestellten Probleme und die Komplexität verzichtet. Der wirtschaftliche Übergang liegt dabei nicht nach dem Vertragsschluss, sondern bereits davor, und es wird entsprechend eine Unternehmensbewertung auf bekannte, in der Vergangenheit liegende Geschäftszahlen vorgenommen, auf deren Grundlage zwischen den Parteien ein Festpreis vereinbart wird.

13.80 Anstatt also mittels einer Stichtagsbilanz die vereinbarten Closing Accounts festzustellen, wird beim Locked-Box-Konzept retrospektiv von der letzten bereits existierenden Bilanzen ausgegangen. Dazu erfolgt eine Prüfung der geschäftlichen Entwicklung (Financial/Tax Due Diligence) bis zum Tag des Vertragsschlusses, und die Vertragsparteien verständigen sich bei den Vertragsverhandlungen auf einen weiteren, angenommenen Geschäftsverlauf bis zum Stichtag, an dem das Unternehmen auf den Käufer übergehen soll. Daraus leiten sie sodann den Kaufpreis ab, der somit als Festkaufpreis in den Vertrag übernommen werden kann. Dieser bildet den Kaufpreis ab, denn aufgrund der hypothetischen Fortschreibung der Geschäftsentwicklung wurde die oben (Rdnr. 13.70) beschriebene Equity Bridge durch Zurechnung nicht betriebsnotwendigen Cashs und Abzug der relevanten Debts bereits gedanklich beschritten und das notwendige Working Capital vorausgesetzt.

13.81 Die wesentlichen Vor- und Nachteile des Locked-Box- gegenüber dem Cash-und-Debt-free-Konzept lassen sich wie folgt zusammenfassen:

Vor- und Nachteile von Locked-Box- und Cash-und-Debt-free-Konzept

Vorteile	Nachteile
– Preissicherheit durch Festpreis – Keine komplexen und streitanfälligen Verhandlungen über die relevanten Bilanzpositionen für Equity Bridge und Working-Capital-Anpassung – Keine aufwendige und streitanfällige Aufstellung und Abstimmung einer Stichtagsbilanz – Schnelle Durchführung des Unternehmenskaufs	– Wirtschaftlicher Übergang vor der rechtlichen Übertragung mit entsprechenden Risiken für den Käufer – Verhandlungen werden statt über den Kaufgegenstand über potenzielle Manipulationsmöglichkeiten des Verkäufers geführt – Verbleibende Manipulationsmöglichkeiten

Das Locked-Box-Konzept ist im Grundsatz eine sehr verkäuferfreundliche Methode, den Kaufpreis zu regeln, da er bereits bei Vertragsschluss den Kaufpreis kennt und zudem allgemeine Risiken zum Geschäftsverlauf im Zeitraum zwischen Vertragsschluss (Signing) und rechtlichem Übergang (Closing) auf den Käufer verlagern kann. Dafür ist die Methode weniger aufwendig und streitanfällig, was auch dem Käufer zugutekommt. 13.82

Der Käufer sollte beim Locked-Box-Modell vertraglich gegen ihn benachteiligende Manipulationen bestmöglich geschützt werden. Dem Verkäufer werden insoweit eng gefasste Vorgaben gemacht, wie er das Unternehmen bis zur Übergabe an den Käufer im Rahmen eines normalen Geschäftsgangs zu führen hat (daher die Bezeichnung „Locked Box"). Insbesondere wird es ihm untersagt, noch Ausschüttungen an sich selbst, ihm nahestehende Personen oder verbundene Unternehmen sowie sonstige Eigenbegünstigungen vorzunehmen (No Leakage). Sämtliche außerhalb des üblichen Geschäftsgangs liegenden Handlungen sind verboten oder der vorherigen Zustimmung des Käufers (dann sog. Permitted Leakage) unterworfen. Vermieden werden sollen insbesondere nicht mit dem Käufer abgestimmte Gewinnausschüttungen, Entnahmen oder das Eingehen von Verbindlichkeiten. Insbesondere beim Kauf von Personengesellschaftsanteilen kann die Entnahme von Gewinn zur Zahlung von Einkommen- oder Körperschaftsteuer für den Verkäufer erlaubt werden, wobei dies dann vom Kaufpreis abzuziehen ist. 13.83

13.84 **Musterklausel Entnahmeberechtigung für Steuerforderungen**

Um durch den Unternehmenskauf ausgelöste auf ihn entfallende Steuern zu zahlen, ist der Veräußerer nach Eintritt der Fälligkeit dieser Steuern berechtigt, Entnahmen in entsprechender Höhe vorzunehmen. Der Kaufpreis gem. § ... vermindert sich um den entsprechenden Entnahmebetrag.

13.85 Für den Käufer ist das Locked-Box-Konzept strukturell nachteilig, da er das Unternehmen wirtschaftlich zu einem Zeitpunkt übernimmt, zu dem der Verkäufer das Unternehmen noch steuert. Außerdem trägt er die allgemeinen Risiken, die den vergangenheitsbezogen errechneten Kaufpreis nachträglich als zu hoch erscheinen lassen können. Ein Locked-Box-Mechanismus kann daher von einem Käufer trotz der erhöhten Risiken insbesondere dann akzeptiert werden, wenn

- ausreichend belastbare historische Finanzinformationen vorliegen,
- zwischen wirtschaftlichem Übergang und Übertragung des Unternehmens auf den Käufer (Closing) nur ein kurzer Zeitraum liegt,
- die Entwicklung bis zur Übertragung aufgrund des Geschäftsmodells und der Marktumstände gut vorhersehbar ist,
- nur quantifizierbare Risiken erkennbar sind,
- haftungsbeschränkte Anteile (Share Deal) erworben werden.

13.2.3 Earn-out (erfolgsabhängige Vergütung)

13.2.3.1 Hintergrund

13.86 Wenn die Parteien einen Teil des Kaufpreises von einem zukünftigen, nach dem Übergang des Unternehmens auf den Käufer liegenden Zeitpunkt, abhängig machen wollen, können sie eine zusätzliche erfolgsabhängige Vergütung (Earn-out) vereinbaren. Der Earn-out kann helfen, stark unterschiedliche Erwartungen von Käufer und Verkäufer bezüglich der zukünftigen Entwicklung des Unternehmens zu überbrücken, indem er einen Teil der Kaufpreiszahlung an tatsächlich eingetretene Erfolge knüpft.

13.87 Trotz dieser sinnvollen Funktion ist der Earn-out ein komplexes Gestaltungsmittel, das insbesondere für den Verkäufer Nachteile aufweist. Dieser erhält einen Teil des Kaufpreises erst später und geknüpft an Unternehmenserfolge, für die der Käufer grundsätzlich unternehmerisch verantwortlich ist. Auch ist die Ermittlung der Erfolge streitanfällig, und das zugrundeliegende Zahlenwerk steht ebenfalls im Verantwortungsbereich des Käufers. Vor diesem Hintergrund sollte der Verkäufer sich nicht von der potentiellen Aussicht auf einen höheren Kaufpreis blenden lassen, wenn er einem Earn-out zustimmt, sondern die damit verbundenen Nachteile sorgfältig abwägen.

Der Earn-out kommt insbesondere in Situationen in Betracht, in denen der Ver- 13.88
käufer auch nach dem Verkauf noch als Geschäftsführer für eine Übergangszeit tätig ist, um die erfolgreiche Überleitung des Unternehmens zu gewährleisten, was bei mittelständischen Transaktionen häufig vorkommt. Hier ist er für den zukünftigen Erfolg mitverantwortlich und hat vertieften Einblick in die geschäftliche Situation, so dass er den Eintritt der Earn-out-Bedingungen überprüfen kann. In diesem Fall wird durch den Earn-out auch ein Interessengleichlauf zwischen Käufer und Verkäufer insoweit hergestellt, als der Verkäufer an den von ihm (mit) erwirtschafteten Erfolgen partizipiert.

Der Käufer trägt bei der Earn-out-Gestaltung dagegen ein geringeres Risiko. 13.89
Zudem kann er einen Teil des Kaufpreises später und ggf. aus den Erträgen des Zielunternehmens bezahlen. Im Gegenzug kann der Verkäufer versuchen, ein weniger rigides Gewährleistungssystem zu verhandeln, das der verminderten Risikoposition des Käufers bei der Earn-out-Gestaltung Rechnung trägt.

13.2.3.2 Earn-out-Kennziffern zur Berechnung des Erfolgs

Typische Kennziffern zur Berechnung eines Earn-out sind EBIT, EBITDA oder 13.90
auch der Umsatz. Letzterer hat den Vorteil in der Gewinn- und Verlustrechnung „vorne zu stehen“ und somit vergleichsweise wenig Manipulationsmöglichkeiten zu bieten und daher auch weniger streitanfällig zu sein. Steht jedoch die Kostenseite im Fokus der Erfolgsbetrachtung der Parteien, sind ertragsorientierte Kennziffern das Mittel der Wahl. Es kommen, je nach Fallgestaltung, auch andere Kennziffern in Betracht, z.B. die Gewinnung von Neukunden. Wichtig ist in jedem Fall die exakte Festlegung im Vertrag, wie die Erfolgskennzahlen berechnet werden. In der Praxis hat es sich bewährt, entsprechende Beispielrechnungen als Anlage zum Vertrag beizufügen. Die Parteien müssen sich auch darauf verständigen, ob eine oder mehrere harte Schwellen für die Zielerreichung definiert werden sollen oder ob ein gleitender Parameter eingeführt werden soll.

Musterklausel Earn-out 13.91

Zusätzlich zum Basiskaufpreis erhält der Veräußerer einen erfolgsabhängigen Kaufpreis i.H.v. 30 % des EBIT der Kalenderjahre ..., ... und ..., sofern der EBIT in diesen Kalenderjahren einen Betrag von ... € übersteigt. Der EBIT ist gemäß dem Beispiel in Anlage ... zu berechnen.

13.2.3.3 Verfahren zur Ermittlung des Earn-out

13.92 Da sich der Verkäufer beim Earn-out in einer grundsätzlich risikobehafteten Situation befindet, sind aus seiner Sicht die Fragen, wie und von wem die maßgeblichen Unternehmenserfolge ermittelt werden und welche Möglichkeiten der Überprüfung es gibt, sorgfältig im Vertrag zu regeln. Die Ermittlungsgrundlage sollte im Vertrag so genau wie möglich definiert werden. Wenn hierbei auf die Jahresabschlüsse abgestellt wird, dann müssen die geltenden Bilanzierungsvorschriften (HGB, IFRS, Steuerbilanz) und die Ausübung von Bilanzierungswahlrechten vertraglich eindeutig festgelegt werden. Die Ermittlung der jeweiligen Erfolgskennzahlen sollte dabei aus Sicht des Käufers sinnvollerweise an seine Methode der Unternehmensbewertung und Preisfindung anknüpfen.

13.93 Der Zeitraum für den Earn-out sollte nicht zu kurz sein, um kurzfristige Effekte zu neutralisieren. In der Praxis werden sinnvollerweise Zeiträume von mindestens zwei Jahren gewählt. Der Zeitraum sollte auch nicht zu lang sein, da dann auch der Bezug zu den Erwartungen der Parteien bei Vertragsschluss zunehmend verlorengeht. Mehr als fünf Jahre sind daher in der Vertragspraxis selten anzutreffen.

13.94 Es hat sich bewährt, dass die maßgeblichen Kennziffern zunächst vom Management des Zielunternehmens ermittelt werden. Beide Seiten erhalten dann eine Frist, um Einwände dagegen zu erheben. Werden keine Einwände erhoben, gelten die Zahlen als endgültig anerkannt. Anderenfalls kommt es zu Einigungsgesprächen. Erfolgt keine Einigung, wird ein unabhängiger Dritter als Sachverständiger eingeschaltet, z.B. ein Steuerberater oder Wirtschaftsprüfer. Dieser entscheidet dann abschließend für die Parteien. Die Kosten sollten nach dem Verhältnis des Unterliegens, sprich nach der Abweichung des geltend gemachten vom durch den Sachverständigen ermittelten Erfolgs, verteilt werden, um einen Anreiz zu schaffen, Einwände nur in angemessenem Umfang zu erheben.

13.95 **Musterklausel Ermittlung des Earn-out**

Der Erwerber und die Gesellschaft werden bis zum 31.03. der drei Kalenderjahre ..., ... und ... einen Jahresabschluss (Bilanz, Gewinn- und Verlustrechnung) der Gesellschaft erstellen und diesen Abschluss (nachfolgend: „Stichtagsabschluss") dem Veräußerer unverzüglich zuleiten. Im Rahmen der Erstellung des Stichtagsabschlusses werden die Parteien der Einordnung der verschiedenen Konten, wie es aus Anlage ... ersichtlich ist, folgen, da sich hieraus der erfolgsabhängige Kaufpreis nach der dort zugrunde gelegten Methodik ergibt.

Die Parteien sind sich darüber einig, dass der Stichtagsabschluss durch den bisherigen steuerlichen Berater der Gesellschaft ..., nachfolgend „Steuerberater" oder im Fall seiner Verhinderung durch einen sonstigen, von den Parteien einvernehmlich festgelegten Berater zu erstellen ist. Der Stichtagsabschluss ist in Übereinstimmung mit den maßgeblichen steuerlichen und handelsrechtlichen Vorschriften und den Grundsätzen ordnungsgemäßer Buchführung unter Wahrung der Bewertungs- und Bilanzkontinuität aufzustellen.

Ist der Veräußerer der Auffassung, dass der Stichtagsabschluss nicht in Übereinstimmung mit den vorgenannten Grundsätzen aufgestellt ist, kann er dies dem Erwerber innerhalb von zwei (2) Monaten nach Zugang des Stichtagsabschlusses schriftlich unter Angabe der betroffenen Bilanzpositionen, der jeweiligen Beträge und der Gründe mitteilen (nachfolgend: „Mitteilung"). Alternativ, sofern der Veräußerer Einwendungen gegen den Stichtagsabschluss hat, diese jedoch nicht konkret beziffern oder benennen kann, ist er berechtigt, innerhalb der vorgenannten Frist einen Steuerberater oder Wirtschaftsprüfer mit der Prüfung des Stichtagsabschlusses zu beauftragen. Dieser hat seinen Bericht innerhalb einer Frist von weiteren zwei Monaten zu erstellen (nachfolgend: „Bericht"). Hierbei handelt es sich lediglich um ein Parteigutachten, das ggf. innerhalb des in § ... geregelten Mediations- oder Schiedsverfahrens vorgelegt werden kann.

Soweit nicht der Veräußerer innerhalb der o.g. Frist Einwendungen erhebt oder einen Steuerberater oder Wirtschaftsprüfer beauftragt, gilt der Stichtagsabschluss als von den Parteien genehmigt. Andernfalls gilt der Stichtagsabschluss als genehmigt, sobald sich die Parteien hierüber nach entsprechender Mitteilung verbindlich geeinigt haben oder sobald die Entscheidung des Schiedsgutachters in begründeter Form schriftlich vorliegt.

Soweit die Parteien Meinungsverschiedenheiten über den Stichtagsabschluss oder über die Berechnung des erfolgsabhängigen Kaufpreises gem. § ... nicht innerhalb von zwei Wochen nach Zugang der Mitteilung oder des Berichts beilegen können, wird hierüber auf Antrag einer der Parteien durch einen neutralen Wirtschaftsprüfer und Steuerberater als Schiedsgutachter abschließend entschieden. Können sich die Parteien nicht innerhalb dieses Zweiwochenzeitraums auf den Schiedsgutachter einigen, wird dieser auf Antrag jeder Partei vom Sprecher des Vorstands des Instituts der Wirtschaftsprüfer e.V. in Düsseldorf bestimmt. Der Schiedsgutachter hat seine Entscheidung schriftlich zu begründen und die Stellungnahmen der Parteien zu berücksichtigen. Alle Parteien werden sich darum bemühen, dass die Entscheidung des Schiedsgutachters möglichst schnell vorliegt. Die Entscheidung des Schiedsgutachters, die sich innerhalb des zwischen den Vertragspartnern streitigen Rahmens zu halten hat, ist für die Parteien in den Grenzen des § 319 Abs. 1 BGB verbindlich. Seine Kosten tragen die Parteien im Verhältnis ihres Obsiegens und Unterliegens.

13.2.3.4 Absicherung des Verkäufers

13.96 Neben der Ermittlung, Prüfung und Feststellung der Erfolgskennziffern ist der Verkäufer durch weitere vertragliche Regelungen vor Manipulationen zu seinen Lasten zu schützen. Dies betrifft z.B. die Regelung konzerninterner Geschäfte, durch die der Käufer Gewinne vom Zielunternehmen zu anderen Konzerngesellschaften verlagern kann. Hier muss gewährleistet sein, dass diese einem Drittvergleich standhalten (at arm‘s length). Auch die Spielräume für Bilanzpolitik sollten für die Zeit des Earn-out begrenzt werden, ähnlich – wenn auch nicht so eng – wie beim Locked-Box-Modell (siehe Rdnr. 13.79). Insbesondere Investitionen, Unternehmens(teil)verkäufe, außerbilanzielle Finanzierungen, wie Leasing oder Factoring, bedürfen hier einer Regelung. Außerdem sind die Transaktionskosten selbst nicht ergebnismindernd zu berücksichtigen, soweit diese auf das Zielunternehmen verlagert werden.

13.2.3.5 Steuerliche Behandlung von Earn-out-Zahlungen

13.97 Bei Earn-out-Kaufpreiszahlungen handelt es sich aus steuerlicher Sicht um einen nachträglichen Kaufpreis, der beim Asset Deal oder Verkauf von Mitunternehmeranteilen erst im Zeitpunkt des Zuflusses und bei Kapitalanteilen rückwirkend auf den Zeitpunkt der Veräußerung besteuert wird (siehe Tabelle 13.3 Rdnr. 13.139). Ein Wahlrecht zwischen Sofort- und Zuflussbesteuerung, wie bei einer Verrentung des Kaufpreises (siehe Rdnr. 13.106) oder bei Zahlung von langfristigen Raten mit Versorgungscharakter (siehe Rdnr. 13.137), besteht bei einem gewinn- oder umsatzabhängigen Kaufpreis dagegen nicht.[8)]

13.2.3.5.1 Asset Deal und Mitunternehmeranteile

13.98 Werden anlässlich eines Asset Deals oder Verkaufs von Personengesellschaftsanteilen ein (Teil-)Betrieb oder Mitunternehmeranteile veräußert, so ist der im Rahmen des Earn-out zufließende Kaufpreis beim Veräußerer als nachträgliche Betriebseinnahme gem. § 24 Nr. 2 EStG zu behandeln. Der steuerliche Gewinn oder Verlust ist durch Abzug des Buchwerts des Eigenkapitals zuzüglich der Veräußerungskosten von der Summe aus Basiskaufpreis und Earn-out-Zahlung zu ermitteln.[9)] Dies gilt auch dann, wenn der Veräußerer seinen Gewinn zuvor nach § 13a oder § 4 Abs. 3 EStG ermittelt hatte.[10)]

---

8) BFH, Urt. v. 14.05.2002 – VIII R 8/01, BStBl II, 532; H 16 Abs. 11 EStH 2018.

9) Ettinger, in: Beck'sches Handbuch Unternehmenskauf im Mittelstand, 3. Aufl. 2021, Kap. B Rdnr. 317 ff.

10) Fischer, in: Brandis/Heuermann, Ertragsteuerrecht, § 24 EStG Rdnr. 70–73 (12/2022).

Die Tarifbegünstigung nach § 34 EStG und der Freibetrag nach § 16 EStG greifen aufgrund der zwingenden Zuflussbesteuerung für die Earn-out-Zahlungen nicht ein. 13.99

Praxistipp 13.100

Insbesondere, wenn der Earn-out einen wesentlichen Teil des Kaufpreises ausmacht, sollte wegen des Wegfalls von Tarifbegünstigung und Freibetrag bei Betriebsveräußerung aus Sicht des Verkäufers über eine alternative Vertragsgestaltung nachgedacht werden. In Betracht kommt z.B. die Vereinbarung eines entsprechend höheren Kaufpreises i.V.m. einer Garantie der angestrebten wirtschaftlichen Erfolge. Bei Nichterreichung der Ziele entfällt der daran geknüpfte Kaufpreisanteil nachträglich, was Freibetrag und Tarifbegünstigung unberührt lässt. Die Rückzahlung des Kaufpreises muss dabei im Vertrag für den Käufer entsprechend abgesichert werden.

Beim Käufer erhöhen sich durch Zahlung eines Earn-out die Anschaffungskosten, die als nachträgliche Anschaffungskosten auf die erworbenen Wirtschaftsgüter anteilig – grundsätzlich entsprechend der Aufteilung des Basiskaufpreises – zu verteilen und zu aktivieren sind. 13.101

13.2.3.5.2 Kapitalgesellschaftsanteile (Share Deal)

Bei einem Share Deal bezüglich Anteilen an einer Kapitalgesellschaft führt die Zahlung des Earn-out beim Veräußerer zu einer nachträglichen Erhöhung des Veräußerungsgewinns gem. § 17 EStG rückwirkend auf den Zeitpunkt des Veranlagungszeitraums der Veräußerung.[11] Entsprechend führt die Zahlung eines Earn-out beim Käufer zu nachträglichen Anschaffungskosten des Käufers auf die Beteiligung.[12] Ob dies im Zeitpunkt der Entstehung oder rückwirkend auf den Zeitpunkt des Anteilserwerbs zu erfolgen hat, ist bislang nicht geklärt.[13] 13.102

Checkliste Earn-out-Gestaltung 13.103

Parameter	– quantitativ: z.B. Umsatz, EBIT, EBITDA, Gewinn vor Steuern, Kundenzahl
	– qualitativ: z.B. Halten von Schlüsselmitarbeitern, Fortbestand wichtiger Kundenbeziehungen, Entwicklung Patente/Software
	– Anknüpfung an Unternehmensbewertung

11) BFH, Urt. v. 12.03.2014 – I R 55/13, BStBl II 2015, 658.
12) Werner, DStR 2012, 1662, 1667.
13) Ettinger, in: Beck'sches Handbuch Unternehmenskauf im Mittelstand, 3. Aufl. 2021, Kap. B Rdnr. 321.

Definition	– HGB, IFRS, Kontenrahmen – genaue Festlegung, z.B. Brutto-/Nettoumsatz, Festlegung nicht gesetzlich geregelter Begriffe wie EBIT – Meilensteine oder Zielkorridore festlegen – Berechnungsbeispiele in Vertrag aufnehmen
Manipulationsvermeidung	– Regeln für Geschäfte zwischen Zielunternehmen und Erwerber/Konzernunternehmen – Regelung der außerordentlichen Erträge/Aufwände – Regelung der Ausübung von Bilanzwahlrechten
Earn-out-Zeitraum	– nicht zu kurz, z.B. mehr als zwei Jahre – nicht zu lange, z.B. höchstens fünf Jahre
Streitvermeidung	– Festlegung eines Verfahrens zur Bilanzaufstellung und -prüfung – Mediations- und/oder Schiedsverfahren

13.2.4 Ratenzahlung

13.104 Eine Ratenzahlung des Kaufpreises setzt im Hinblick auf die Vorleistung und Kreditgewährung durch den Verkäufer ein enges Vertrauensverhältnis zwischen den Parteien voraus. Es kommt insbesondere in Betracht, wenn der Inhaber des Unternehmens an Mitarbeiter verkauft und eine Finanzierung durch eine Bank nicht möglich ist. Ist der Verkäufer eine natürliche Person, so hat er bei Vereinbarung einer Ratenzahlung den gesamten Kaufpreis sofort zu versteuern. Ein Wahlrecht zwischen Sofortversteuerung und nachträglicher laufender Besteuerung, wie bei einer Verrentung des Kaufpreises (siehe Rdnr. 13.106), besteht dabei nicht.[14] Die Ratenzahlung kommt daher beim Unternehmenskauf auch aus steuerlichen Gründen nur in besonderen Situationen in Betracht, wenn eine anderweitige Finanzierung ausgeschlossen und die Einräumung von Versorgungsleistungen nicht gewollt ist.

---

14) Ettinger, in: Beck'sches Handbuch Unternehmenskauf im Mittelstand, 3. Aufl. 2021, Kap. B Rdnr. 300 ff.

Praxistipp 13.105

Sofern die Unternehmensübergabe, z.B. an Mitarbeiter, von langer Hand geplant ist, kann der Verkäufer im Vorfeld sinnvolle steuerliche Strukturierungsmaßnahmen ergreifen. Er könnte eine private Holdinggesellschaft in Form einer GmbH als Kapitalgesellschaft gründen und die Anteile an seinem Unternehmen in diese einbringen. Sofern es sich um Kapitalgesellschaftsanteile handelt, kann er diese dann gem. § 8b KStG minimal besteuert verkaufen, so dass die zwingende Sofortbesteuerung nicht mehr ins Gewicht fällt. Die private Holdinggesellschaft kann sodann z.B. Immobilien erwerben, und die notwendige Finanzierung kann mit den Kaufpreisraten bedient werden. Die private Holding lässt sich insoweit als erbschaftsteuerlich optimiertes Vehikel für einen Familienpool verwenden, um das Vermögen auf die nachfolgenden Generationen zu übertragen.[15]

13.2.5 Verrentung des Kaufpreises

Die Parteien können sich als Gegenleistung für die Unternehmensübertragung 13.106
auch auf eine langfristige oder lebenslange Ratenzahlung einigen, die (auch) Versorgungscharakter für den Veräußerer als natürliche Person hat und nicht bloß eine Stundung und ratierliche Zahlung des Kaufpreises darstellt. Bei dieser hat der Veräußerer ein Wahlrecht zwischen Sofort- und laufender Besteuerung.

13.2.5.1 Abgrenzungsfragen

Aus steuerlicher Sicht sind wiederkehrende Bezüge in Form der Verrentung des 13.107
Kaufpreises gegenüber Earn-out und schlichter Ratenzahlung sorgfältig abzugrenzen. Und je nachdem, ob es sich bei den wiederkehrenden Bezügen um eine Verrentung des Kaufpreises handelt, bei der für die Ermittlung der Höhe der Versorgungszahlungen vom Unternehmenswert ausgegangen wird, oder ob, ganz losgelöst vom Unternehmenswert, allein die Versorgung des Übertragenden im Vordergrund steht (Versorgungsleistungen), ergeben sich ebenfalls ganz unterschiedliche Steuerfolgen.

Unterscheiden lassen sich wiederkehrende Bezüge aus Sicht einer natürlichen Per- 13.108
son als Veräußerer wie folgt:

- Earn-out: laufende Besteuerung (siehe Rdnr. 13.79)
- schlichte Ratenzahlungen: Sofortbesteuerung (siehe Rdnr. 13.104)
- langfristige Ratenzahlungen mehr als zehn Jahre mit Versorgungscharakter: Wahlrecht Sofort- oder laufende Besteuerung (siehe Rdnr. 13.106)

15) Siehe dazu Demuth, NWB-EV 4/2017, 134.

- Rentenzahlung auf Lebenszeit: Wahlrecht Sofort- oder laufende Besteuerung (siehe Rdnr. 11.98)
- Übergabe gegen Versorgungsleistungen: Laufende Besteuerung beim Empfänger, Sonderausgaben beim Verpflichteten (siehe Rdnr. 13.137)

13.109 Eine Verrentung des Kaufpreises liegt vor, wenn der Wert des übertragenen Betrieb(steil)s/Mitunternehmeranteils oder der veräußerten Kapitalanteile einerseits und der Wert der Rente – einschließlich eines etwaigen zusätzlichen festen Kaufpreises – andererseits einander wirtschaftlich entsprechen, so dass der Kaufpreis langfristig oder auf Lebenszeit „verrentet" wurde.[16] Außerdem muss die Zahlung auch Versorgungscharakter für den Veräußerer aufweisen. In diesem Fall hat der Veräußerer dann ein unten näher dargestelltes Wahlrecht zwischen Sofort- und laufender Besteuerung.

13.110 Abzugrenzen ist eine Verrentung des Kaufpreises von einer schlichten Ratenzahlung des Kaufpreises (siehe Rdnr. 13.104), bei der dem Veräußerer kein Wahlrecht zusteht.[17] Die Finanzverwaltung stellt zur Abgrenzung dabei darauf ab, ob die Ratenzahlung länger als zehn Jahre erfolgt und außerdem aus der Vertragsgestaltung die Absicht des Veräußerers erkennbar ist, sich eine Versorgung zu verschaffen zu wollen (H 16 Abs. 11 EStH).

13.111 Abzugrenzen ist die Verrentung des Kaufpreises auch von der Übertragung gegen Versorgungsleistungen (Leibrente, dauernde Last), bei der die Unternehmensübertragung aus steuerlicher Sicht unentgeltlich erfolgt und bei der beim Veräußerer eine Versteuerung der wiederkehrenden Bezüge nach § 10 Abs. 1a Nr. 2 EStG eingreift, während der Leistungsverpflichtete Sonderausgaben hat. Sofern die Unternehmensveräußerung unter fremden Dritten erfolgt, besteht nach der Rechtsprechung insoweit eine nur in Ausnahmefällen widerlegbare Vermutung dafür, dass eine Veräußerungsrente und keine Übertragung gegen Versorgungsleistungen vorliegt.[18]

13.2.5.2 Wahlrecht zwischen Sofort- und laufender Besteuerung

13.112 In den Fällen der Verrentung des Kaufpreises räumen Rechtsprechung und Verwaltungspraxis dem Veräußerer ein Wahlrecht zwischen Sofort- oder laufender Besteuerung ein, ohne dass hierfür eine explizite gesetzliche Grundlage besteht.[19]

16) BFH, Urt. v. 30.11.1967 – IV 1/65, BStBl II 1968, 263; BFH, Urt. v. 29.01.1992 – X R 193/87, BStBl II, 465.

17) Schmidt/Wacker, EStG, 42. Aufl. 2023, § 16 Rdnr. 222.

18) Siehe dazu Vogel, in: Brandis/Heuermann, Ertragsteuerrecht, § 10 EStG Rdnr. 103 (12/2022).

19) Siehe dazu Schmidt/Wacker, 42. Aufl. 2023, § 16 Rdnr. 222; R 16 Abs. 11 EStR 2012.

Der Veräußerer soll die an sich fällige Sofortbesteuerung der noch nicht erhaltenen Zahlungen durch Wahl der laufenden Besteuerung vermeiden können. Dafür kann er dann allerdings die Tarifbegünstigung und den Freibetrag bei der Betriebsveräußerung nicht in Anspruch nehmen. Dieses Wahlrecht muss der Veräußerer ausdrücklich erklären, und es muss spätestens mit der Abgabe der Einkommensteuererklärung für den Veranlagungszeitraum der Veräußerung ausgeübt werden, anderenfalls erfolgt eine Sofortbesteuerung.

13.2.5.2.1 Betrieb, Betriebsteile und Mitunternehmeranteile

Der Veräußerer kann beim Verkauf eines Betriebs oder Teilen hiervon oder bei der Veräußerung von Mitunternehmeranteilen die Sofortbesteuerung wählen und, bei Vorliegen der entsprechenden Voraussetzungen, die Steuervergünstigung und den Freibetrag gem. §§ 34, 16 EStG in Anspruch nehmen. Das Wahlrecht ist im Rahmen der Einkommensteuererklärung im Veranlagungszeitraum der Veräußerung auszuüben. Zur Ermittlung des Veräußerungsgewinns ist der Barwert der Rente zu ermitteln, wobei grundsätzlich von einem Zinssatz von 5,5 % auszugehen ist, wenn nichts anderes vereinbart ist (R 16 Abs. 11 EStR 2012). Davon sind der Buchwert und die Veräußerungskosten abzuziehen.[20] Dieser Teil unterliegt ggf. der nach §§ 34, 16 EStG begünstigten Sofortbesteuerung. Die in den Rentenzahlungen darüber hinaus enthaltenen Ertragsanteile sind nach R 16 Abs. 11 EStR 2012 sonstige Einkünfte gem. § 22 Nr. 1 Satz 3 Buchst. a) Doppelbuchst. bb) EStG und entsprechend laufend zu besteuern. 13.113

Praxistipp 13.114

Wie bei der Ratenzahlung kann, auch trotz eingreifender Steuerbegünstigung des Veräußerungsgewinns, die sofort anfallende Steuerlast beim Veräußerer ein Finanzierungsproblem aufwerfen. Diesem kann ggf. durch die Vereinbarung eines entsprechend hohen Basiskaufpreises begegnet werden, der durch die Rentenzahlung ergänzt wird.

Sofern der Veräußerer sich dagegen für die Zuflussbesteuerung entscheidet, sind die zufließenden Zahlungen ebenfalls in Kapital- und Zinsanteile aufzuteilen.[21] Die Aufteilung in einen Zins- und einen Tilgungsanteil auf das Kapital ist dabei nach §§ 13, 14 BewG oder nach versicherungsmathematischen Grundsätzen vorzunehmen. Die Tilgungsanteile der Zahlungen werden als steuerpflichtiger Gewinn in Form laufender nachträglicher Einkünfte gem. § 15 i.V.m. § 24 Nr. 2 13.115

20) BFH, Urt. v. 14.05.2002 – VIII R 8/01, BStBl II, 532.

21) BMF-Schreiben v. 03.08.2004 – IV A 6 – S 2244 – 16/04, BStBl I, 1187; BFH, Urt. v. 05.11.2019 – X R 12/17, DB 2020, 429, 430.

EStG erfasst, sobald sie in der Summe den Buchwert des Betriebsvermögens zuzüglich der Veräußerungskosten übersteigen. Die Zinsanteile der Zahlungen stellen im Zuflusszeitpunkt von Anfang an nachträgliche Betriebseinnahmen dar. Die nachträglichen gewerblichen Einkünfte sind gewerbesteuerfrei, soweit auch die Betriebsveräußerung gewerbesteuerfrei ist, was wegen der Beendigung des Gewerbebetriebs beim Unternehmensverkauf regelmäßig der Fall sein wird.

13.116 Der Käufer hat den Barwert der Rente zum Erwerbszeitpunkt und zu den folgenden Bilanzstichtagen zu passivieren, dann jeweils unter Berücksichtigung der unterjährig erfolgten Zahlungen abzüglich der sich daraus ergebenden Barwertminderung. Die sich ergebenden Barwertminderungen sind Ertrag, die laufenden Zahlungen sind Aufwand.[22]

13.117 **Beispiel**

Der Veräußerer verkauft sein Unternehmen zum 31.12.2020 gegen eine monatliche Leibrente i.H.v. 1.200 € an den Erwerber. Der Veräußerer ist 65 Jahre alt und sein Kapitalkonto beträgt 100.000 €. In Höhe des Zinsanteils liegen beim Erwerber Betriebsausgaben vor, die sich wie folgt berechnen (Barwert Rente gemäß Anlage Sterbetafel zu § 14 Abs. 1 BewG):

Jährliche Zahlungen: 1.200 € x 12 = 14.400 €	
Barwert Rente 31.12.2020	165.312 €
– Barwert Rente 31.12.2021	161.179 €
= Tilgungsanteil	4.133 €
Zinsanteil: 14.400 € – 4.133 € = 10.267 € (Betriebsausgabe)	

13.2.5.2.2 Kapitalgesellschaftsanteile

13.118 Bei der Veräußerung von Anteilen an Kapitalgesellschaftsanteilen gegen Verrentung des Kaufpreises hat der Veräußerer ebenfalls ein Wahlrecht zwischen Sofortbesteuerung nach § 17 EStG oder laufender Besteuerung.[23] Bei Wahl der Sofortbesteuerung hat er den gem. §§ 13 ff. BewG zu ermittelnden Barwert der wiederkehrenden Bezüge abzüglich der Veräußerungs- und Anschaffungskosten der Beteiligung im Zeitpunkt der Veräußerung zu versteuern (R 17.7 Satz 2

22) BFH, Urt. v. 30.07.2003 – X R 12/01, BStBl II 2004, 211.

23) Schmidt/Weber-Grellet, EStG, 42. Aufl. 2023, § 17 EStG Rdnr. 143; R 17 Abs. 7 Satz 2 EStR.

i.V.m. R 16.11 Satz 4 EStR). Dabei ist i.d.R. ein Zinsfuß von 5,5 % anzuwenden.[24] Daneben sind dann die laufenden Bezüge im Jahr des Zuflusses mit dem zu errechnenden Ertragsanteil nach § 22 Nr. 1 Satz 3 Buchst. a) Doppelbuchst. bb) EStG zu versteuern.[25]

Wählt der Veräußerer dagegen die Zuflussbesteuerung, sind die laufenden Zahlungen wiederum in einen Zins- und einen Tilgungsanteil aufzuteilen. Der Zinsanteil unterfällt § 22 Nr. 1 Satz 3 Buchst. a) Doppelbuchst. bb) EStG. Der Tilgungsanteil ist wiederum nach Verrechnung der Veräußerungs- und Anschaffungskosten der Beteiligung gem. § 17 i.V.m. § 24 Nr. 2 EStG steuerpflichtig. Das Teileinkünfteverfahren ist dabei insoweit nur auf den Tilgungsanteil anzuwenden.[26] Der Käufer hat Anschaffungskosten in Höhe des Barwerts der verrenteten Kaufpreiszahlungen. 13.119

13.2.6 Kaufpreis und Gewinnbezugsrecht

Wegen der wirtschaftlichen und steuerlichen Auswirkungen stehen die Regelungen bezüglich der Gewinnbezugsrechte in einem engen Zusammenhang zu den Kaufpreisregelungen. Dies wird in der vertraglichen Praxis nicht immer hinreichend berücksichtigt, was später zu ungewollten Überraschungen und/oder zu Streit führen kann. 13.120

13.2.6.1 Hintergrund

Der Gewinn eines Unternehmens stellt ein zentrales Kriterium für die Kaufpreisermittlung dar. Tatsächlich ist er oft sogar der zentrale Treiber hinter einem Unternehmenskauf. Beispielsweise möchte sich ein Käufer die erwarteten Gewinne, die er glaubt, in Zukunft erzielen und abschöpfen zu können, durch den Unternehmenskauf sichern. Oder fehlende Gewinne in Verbindung mit mangelnden finanziellen Mitteln des Verkäufers für einen „Turn-around" zwingen zum Verkauf an einen Investor, der sich die daraus ergebenden Chancen sichern möchte. 13.121

Andererseits setzt das Verständnis der Beziehung zwischen Kaufpreis und Gewinn spezielles Wissen um bilanzielle und steuerliche Zusammenhänge voraus. Die Einschätzung, es bei „Kaufpreis" und „Gewinn" mit ebenso zentralen wie geläufigen Themen zu tun zu haben, während das Verständnis der wirtschaftlichen und steuerlichen Zusammenhänge spezialisiertes Expertenwissen voraussetzt, mag ein 13.122

24) Vogt, in: Brandis/Heuermann, Ertragsteuerrecht, § 17 EStG Rdnr. 510b (12/2022).

25) Schmidt/Weber-Grellet, EStG, 42. Aufl. 2023, § 17 EStG Rdnr. 205; BFH, Urt. v. 17.12.1991 – VIII R 80/87, BStBl II 1993, 15.

26) Ettinger, in: Beck'sches Handbuch Unternehmenskauf im Mittelstand, 3. Aufl. 2021, Kap. B Rdnr. 312.

Grund sein, warum sich in Unternehmenskaufverträgen teilweise zu wenig oder unpassende Regelungen dazu finden, die zu enttäuschten Erwartungen und im Nachgang zu Streit führen können.

13.2.6.2 Allgemeine Regelungsmöglichkeiten

13.123 Der Gewinn kann entweder dem Verkäufer vorbehalten bleiben oder mitverkauft werden. Dabei ist regelungstechnisch zwischen den thesaurierten Gewinnen der Vergangenheit und dem laufenden Gewinn aus dem Geschäftsjahr des Verkaufs zu unterscheiden.

13.124 Wenn nichts weiter geregelt wird, dann hat der Verkäufer für das laufende Geschäftsjahr einen zeitanteiligen Anspruch auf den Gewinn gem. § 99 Abs. 1 Satz 2, § 101 Nr. 2 BGB. Dies sollte auf Käuferseite nicht übersehen werden. Anderenfalls sieht er sich mit einem potentiellen schuldrechtlichen Anspruch konfrontiert, mit dem er nicht gerechnet hatte, weil sich dies aus dem Gesetz und nicht dem geschlossenen Vertrag ergibt.

13.125 Oft werden die Gewinne der Vergangenheit, einschließlich des Gewinnanteils aus dem laufenden Geschäftsjahr, an den Käufer mitverkauft. Dies ist auch regelmäßig die einfachste und sachgerechte Lösung. Denn die vorgetragenen Gewinne liegen in liquider Form oft gar nicht vor. Und ab dem Übertragungszeitpunkt hat der Verkäufer auch keinen Einfluss mehr auf die Entscheidung bezüglich der Gewinnausschüttungen. Der Käufer ist überdies, wirtschaftlich betrachtet, für die weitere Gewinnentwicklung verantwortlich.

13.126 Im Rahmen einer Cash-und-Debt-free-Konstruktion (siehe Rdnr. 13.67 ff.) wird zudem ein Teil des bereits erwirtschafteten Gewinns über den Working-Capital-Anpassungsmechanismus als kaufpreiserhöhend berücksichtigt, sofern dieser sich in Liquidität niederschlägt.[27] Mit dieser latenten Kaufpreiserhöhung durch laufende Gewinne korrespondiert vertraglich eine Regelung, welche die Gewinne dem Käufer zuweist, da er daraus resultierende Erhöhungen des Working Capitals im Rahmen des Working-Capital-Mechanismus (siehe Rdnr. 13.67 ff.) vergüten muss. Wird der Gewinn stattdessen im Kaufvertrag dem Veräußerer zugewiesen, wird dieser somit doppelt begünstigt.

13.127 Sofern der Verkäufer sich vertraglich den Gewinn des gesamten laufenden Geschäftsjahres vorbehält, sind zudem bei einer Kapitalgesellschaft flankierende Regelungen notwendig, um diesen Anspruch abzusichern. So entsteht der Gewinnanspruch einer GmbH oder AG erst mit der Feststellung des Jahresabschlusses

27) Seibt (Hrsg.), in: Beck'sches Formularbuch „Mergers & Acquisitons“, 3. Aufl. 2018, C.II.1 Anm. 9.

und dem entsprechenden Gewinnverwendungsbeschluss. Dies erfolgt jedoch erst im Folgejahr, wenn der Veräußerer bereits als Gesellschafter ausgeschieden ist und der Käufer als Gesellschafter hierüber abstimmt. Falls der Käufer den erzielten Jahresüberschuss dann – anstatt ihn auszuschütten – in die Rücklagen einstellt, geht der vertragliche Gewinnanspruch des Veräußerers ins Leere. Zwar hat der BGH in einer solchen Situation den Käufer als Gesellschafter grundsätzlich als verpflichtet angesehen, eine entsprechende Ausschüttung zu beschließen.[28] Dies gilt jedoch nur unter dem Vorbehalt, dass die wirtschaftliche Situation des Unternehmens eine Einstellung in die Rücklagen nicht rechtfertigt.

Um den Anspruch abzusichern, bedarf es somit einer entsprechenden Regelung im Kaufvertrag. Insoweit kann vereinbart werden, dass der Jahresüberschuss für das laufende Geschäftsjahr nach Feststellung des Jahresabschlusses als zusätzlicher Kaufpreis im Sinne eines Earn-out (siehe Rdnr. 13.86 ff.) an den Veräußerer zu zahlen ist. 13.128

Musterklausel Gewinn des laufenden Jahres an Veräußerer 13.129

Nach Feststellung des Jahresabschlusses der Gesellschaft erhöht sich der Kaufpreis um einen etwa erzielten Jahresüberschuss (nachfolgend: **„zusätzlicher Kaufpreis“**). Dieser ist innerhalb von zwei Wochen nach Feststellung des Jahresabschlusses fällig und zahlbar an den Veräußerer. Ein etwa erzielter Jahresfehlbetrag lässt den Grundkaufpreis dagegen unberührt.

13.2.6.3 Spezielle Gestaltungen bezüglich Gewinnbehandlung im Vorfeld der Transaktion

Selbstverständlich kann es in bestimmten Situationen geboten sein, eine andere Gewinnverwendung oder -verteilung im Zusammenhang mit dem Unternehmenskauf vorzusehen. Insbesondere kann es aus steuerlicher Sicht vorteilhaft sein, diese im Vorfeld an den Verkäufer auszuschütten oder auch zu thesaurieren. Die ausgeschütteten Gewinne mindern dann den Kaufpreis entsprechend. Die thesaurierten Gewinne bieten ggf. eine Quelle für die Innenfinanzierung des gekauften Unternehmens. 13.130

Bei einer GmbH ist es zivilrechtlich möglich, abweichend von den Beteiligungsverhältnissen Gewinnausschüttungen zu beschließen, sogenannte **inkongruente oder auch disquotale Gewinnausschüttungen**. Darüber hinaus ist es möglich, inkongruente Gewinnverwendungen zu beschließen, bei denen bestimmte Gesell- 13.131

28) BGH, Urt. v. 30.06.2004 – VIII ZR 349/03, NZG 2004, 912 ff.

schafter Ausschüttungen erhalten, während andere Gewinne auf ihnen zuzurechnende Rücklagekonten thesaurieren. Die jüngere Rechtsprechung des BFH hat die steuerliche Wirksamkeit solcher Gestaltungen ausdrücklich anerkannt.[29]

13.132 Hieraus ergeben sich im Vorfeld einer Anteilsveräußerung Gestaltungsmöglichkeiten, mit denen sich im Einzelfall erhebliche steuerliche Effekte erzielen lassen.[30] Wird der Anteil von einer GmbH erworben, so bewirkt eine inkongruente Gewinnausschüttung an den veräußernden Anteilsinhaber im Vorfeld der Transaktion eine entsprechende Minderung des Kaufpreises. Die verbleibenden Mitgesellschafter erhalten dagegen keine Ausschüttung. Ihnen wird die inkongruente Ausschüttung an den ausscheidenden Gesellschafter auch nicht etwa quotal zugerechnet, so dass sie keine steuerliche Ausschüttungsbelastung zu tragen haben. Dies wird steuerlich von der Rechtsprechung ausdrücklich anerkannt.[31]

13.133 Um daraus resultierende steuerliche Effekte im Zusammenhang mit dem entsprechend reduzierten Kaufpreis realisieren zu können, sind entsprechende Gestaltungsmaßnahmen im Vorfeld der Anteilsveräußerung vorzunehmen, insbesondere unterjährige Vorabausschüttungen an den veräußernden Gesellschafter zu beschließen. Gegebenenfalls muss hierfür die Satzung entsprechend angepasst werden, um eine solche inkongruente Gewinnverwendung ausdrücklich zuzulassen.

13.134 **Musterklausel Inkongruente Gewinnverwendung**

Der zur Ausschüttung bestimmte Gewinn steht den Gesellschaftern im Verhältnis ihrer Beteiligung am Stammkapital der Gesellschaft zu, soweit nicht mit Zustimmung der betroffenen Gesellschafter eine andere Gewinnverteilung beschlossen wird. Ebenso kann mit Zustimmung der betroffenen Gesellschafter beschlossen werden, dass diese zunächst keine Ausschüttung erhalten, sondern die auf sie entfallenden Gewinne auf diesen Gesellschaftern zuzurechnenden individuellen Rücklagekonten vorgetragen werden.

29) BFH, Urt. v. 28.09.2021 – VIII R 25/19, DB 2022, 230; BFH, Urt. v. 28.09.2022 – VIII R 20/20, DStR 2022, 2606.

30) Siehe dazu Birkenmaier/Obser, GmbHR 2022, 850, Rdnr. 46 ff.

31) FG Köln, Urt. v. 14.09.2016 – 9 K 1560/14, EFG 2016, 1875.

13.2.7 Unternehmensübertragung gegen Versorgungsleistungen

Bei einer Übertragung des Unternehmens gegen Versorgungsleistungen steht der Wert des übertragenden Unternehmens in keinem Zusammenhang mit dem Wert der Versorgungsleistungen. Im Vordergrund steht hier die Versorgung des abgebenden Unternehmers. Entsprechend finden sich solche Fallgestaltungen typischerweise bei familieninterner Unternehmensnachfolge und nicht bei einem Geschäft unter fremden Dritten. Die Übertragung des Unternehmens erfolgt dabei aus ertragsteuerlicher Sicht unentgeltlich.[32] 13.135

Die Versorgungsleistungen sind beim Verpflichteten als Sonderausgaben gem. § 10 Abs. 1a Nr. 2 EStG abziehbar. Der Empfänger erhält Einkünfte aus Versorgungsleistungen, die nach § 22 Nr. 1a EStG steuerpflichtig sind. Versorgungsleistungen führen beim Käufer des übertragenen Vermögens zu keinen Anschaffungskosten und beim Übertragenden zu keinem Veräußerungserlös. Die Versorgungsleistungen sind sorgfältig von den oben dargestellten Veräußerungsentgelten sowie von Unterhaltsleistungen abzugrenzen, die beim Empfänger steuerfrei sind und entsprechend vom Leistenden nicht als Sonderausgaben abgezogen werden können.[33] 13.136

Übersicht Steuerfolgen von Ratenzahlung/Rentenzahlung/Versorgungsleistung 13.137

	Ratenzahlung	Kaufpreisverrentung	Versorgungsleistungen
Voraussetzungen	Bloße Aufteilung des Kaufpreises in Raten	– Orientierung Rentenwert an Unternehmenswert – Länger als zehn Jahre – Subjektives Versorgungsinteresse – Vermutung bei fremden Dritten	– Rentenwert losgelöst vom Unternehmenswert – Versorgungsinteresse steht im Vordergrund – Vermutung bei Familienangehörigen

32) BFH, Beschl. v. 05.07.1990 – GrS 4-6/89, BStBl II 1990, 847, 851.
33) Schmidt/Krüger, EStG, 42. Aufl. 2023, § 10 Rdnr. 112.

	Ratenzahlung	Kaufpreisverrentung	Versorgungsleistungen
Steuerfolgen	– Kein Wahlrecht für Veräußerer – Nachträgliche Anschaffungskosten beim Erwerber	– Wahlrecht zwischen Sofort- und Zuflussbesteuerung beim Veräußerer – Aufteilung der Rente in Tilgungsanteil (Ertrag) und Zinsanteil (Betriebsausgabe) beim Erwerber bei Asset Deal/Mitunternehmeranteilen – Anschaffungskosten in Höhe des Barwerts der Rente beim Erwerber bei Kapitalanteilen	– Einkünfte aus Versorgungsleistungen nach § 22 Nr. 1a EStG beim abgebenden Unternehmer – Versorgungsleistungen, die nach § 22 Nr. 1a EStG als Sonderausgaben beim Versorger abzugsfähig sind

13.2.8 Beraterverträge und ähnliche Gestaltungen als „verdeckter Kaufpreis"

13.138 In der Praxis wird der Verkäufer nicht selten nach Übergabe des Unternehmens als Berater noch weiter vom Zielunternehmen beschäftigt, um eine möglichst effiziente Überleitung des Unternehmens zu gewährleisten. Der Verkäufer kann dann insbesondere in die Organisationsprozesse einführen, die Mitarbeiter mit auf neuen Kurs bringen und den Kundenstamm überführen. Solche Beraterverträge sind regelmäßig zeitlich befristet, und es wird entweder eine fixe Vergütung gezahlt oder auch auf Stunden- oder Tagesbasis abgerechnet. Daneben spielen oft auch steuerliche Überlegungen auf Seiten des Käufers eine Rolle, da die Vergütung vom Zielunternehmen selbst zu zahlen ist und dort als sofort abziehbare Betriebsausgabe steuerlich geltend gemacht werden kann.

13.139 Für den Verkäufer ist die Beratervergütung dagegen regelmäßig gegenüber der Zahlung eines Kaufpreises für das Unternehmen steuerlich nachteilig, da er diese als laufendes Einkommen zu versteuern hat, während er ansonsten beim Verkauf von Kapitalanteilen steuerlich durch Anwendung des Teileinkünfteverfahrens oder bei Mitunternehmeranteilen oder beim Asset Deal ggf. nach §§ 16, 34 EStG begünstigt wird.

13.140 Aus steuerlicher Sicht ist darauf zu achten, dass tatsächlich Leistungen vom Käufer erbracht werden, diese im Vertrag nachvollziehbar beschrieben werden und die Vergütung marktgerecht ist, da der Beratervertrag anderenfalls vom Finanzamt nicht anerkannt wird.

14. Ermittlung des Veräußerungsgewinns

Inhalt **Rdnr.**

14.1 Der Veräußerungsgewinn i.S.v. § 16 Abs. 2 EStG

Der bei einem Unternehmenskauf zu ermittelnde Veräußerungsgewinn bildet die Bemessungsgrundlage für die ertragsteuerliche Behandlung des Unternehmenskaufs sowie den Ausgangspunkt zur weiteren Bestimmung von steuerlichen Sonder(begünstigungs)vorschriften und der Behandlung im Rahmen der 14.1

Gewerbesteuer. Der besonderen steuerlichen Stellung des Veräußerungsgewinns geschuldet, enthalten die Steuergesetze verschiedene Regelungen zur Ermittlung des Veräußerungsgewinns, abhängig von der Art des Unternehmenskaufs (Asset Deal, Share Deal) und der Person des Verkäufers (natürliche Person, Personengesellschaft, Körperschaft). Steuersystematisch wären gesonderte Regelungen zur Erfassung der stillen Reserven eines Veräußerungsvorgangs nach allgemeinen Grundsätzen nicht erforderlich; sie dienen vielmehr der Abgrenzung des laufenden Gewinns vom Veräußerungsgewinn innerhalb der (gewerblichen) Einkünfte.

14.2 Veräußerungsgewinn ist gem. § 16 Abs. 2 Satz 1 EStG der Betrag, um den der Veräußerungspreis nach Abzug der Veräußerungskosten den Wert des Betriebsvermögens oder den Wert des Anteils am Betriebsvermögen übersteigt.

Ermittlung des Veräußerungsgewinns nach § 16 Abs. 2 EStG	
	Veräußerungspreis
–	Veräußerungskosten
–	Wert des (Anteils am) Betriebsvermögens
=	Veräußerungsgewinn

14.3 Ein Veräußerungsgewinn i.S.v. § 16 Abs. 2 EStG ist zu ermitteln bei der Veräußerung

- des ganzen Gewerbebetriebs oder eines Teilbetriebs (§ 16 Abs. 1 Satz 1 Nr. 1 EStG),
- der das gesamte Nennkapital umfassenden Beteiligung einer Kapitalgesellschaft (fiktiver Teilbetrieb, § 16 Abs. 1 Satz 1 Nr. 1 Satz 2 EStG),
- des gesamten Anteils eines Gesellschafters, der als Unternehmer (Mitunternehmer, § 15 Abs. 1 Satz 1 Nr. 2 EStG) des Betriebs anzusehen ist (§ 16 Abs. 1 Satz 1 Nr. 2 EStG) sowie
- des gesamten Anteils eines persönlich haftenden Gesellschafters einer KGaA (§ 15 Abs. 1 Satz 1 Nr. 3 i.V.m. § 16 Abs. 1 Satz 1 Nr. 3 EStG)

an einen Erwerber und in einem einheitlichen Akt. Zudem muss der bisherige Betriebsinhaber seine betriebliche Tätigkeit im Rahmen des Gewerbebetriebs (insoweit) einstellen.

14.4 Hingegen handelt es sich um laufende Gewinne, wenn lediglich ein Teil eines Anteils i.S.v. § 16 Abs. 1 Satz 1 Nr. 2 oder 3 EStG veräußert wird. Ebenfalls laufende Gewinne und kein Veräußerungsgewinn i.S.v. § 16 Abs. 2 EStG liegen vor, wenn nicht alle wesentlichen Betriebsgrundlagen des Gewerbebetriebs (bzw. des Teilbetriebs oder Mitunternehmeranteils einschließlich des Sonderbetriebsvermögens) an einen Erwerber veräußert werden. Erfolgt die Veräußerung an verschiedene Erwerber, kann eine Betriebsaufgabe i.S.v. § 16 Abs. 3 EStG vorliegen.

Zur Bestimmung einer wesentlichen Betriebsgrundlage i.S.v. § 16 EStG wird sowohl eine funktionale als auch eine quantitative (d.h. bezüglich der Höhe der innewohnenden stillen Reserven) Betrachtung (funktional-quantitative Betrachtungsweise) vorgenommen. Beispiele für wesentliche Betriebsgrundlagen sind: 14.5

- Grundstücke,
- Gebäude,
- unentbehrliche/besondere Produktionsanlagen,
- immaterielle Wirtschaftsgüter.

Nicht zu den wesentlichen Betriebsgrundlagen gehören regelmäßig andere technische Anlagen, Maschinen, Fahrzeuge, die Geschäftsausstattung sowie das Umlaufvermögen.

Für eine Veräußerung i.S.v. § 16 EStG bedarf es der entgeltlichen Übertragung des (rechtlichen/wirtschaftlichen) Eigentums an den wesentlichen Betriebsgrundlagen der in Absatz 1 der Norm aufgeführten Sachgesamtheiten. Das Entgelt kann grundsätzlich bestehen aus Geldzahlungen (siehe Rdnr. 14.50 ff.), Sachwerten (siehe Rdnr. 14.79) oder der Übernahme von Verbindlichkeiten außerhalb der übernommenen Sachgesamtheiten (siehe aber auch Rdnr. 14.50 ff.). 14.6

Erfolgt die Übertragung hingegen unentgeltlich, so ist regelmäßig der Anwendungsbereich des § 6 Abs. 3 EStG eröffnet. Dies gilt auch bei teilentgeltlichen Übertragungen, bei denen das Entgelt nicht höher als der Buchwert des übertragenen Vermögens ist. Bei der Beteiligung von Kapitalgesellschaften sind zudem die Grundsätze der verdeckten Gewinnausschüttung und verdeckten Einlage i.S.v. § 8 Abs. 3 KStG zu prüfen. 14.7

14.2 Arten des Unternehmenskaufs

14.2.1 Asset Deal

Der Asset Deal ist eine Form des Unternehmenskaufs, bei dem die Wirtschaftsgüter des Unternehmens (engl. assets) einzeln erworben und auf den Käufer übertragen werden (Einzelrechtsnachfolge). § 16 Abs. 2 EStG findet im Rahmen des Asset Deals bei der Veräußerung eines ganzen Gewerbebetriebs oder eines Teil- 14.8

betriebs i.S.v. § 16 Abs. 1 Satz 1 Nr. 1 Satz 1 EStG durch natürliche Personen Anwendung. Veräußert eine Körperschaft ihren Gewerbebetrieb mittels Asset Deals, ist § 16 Abs. 2 i.V.m. Abs. 1 Nr. 1 EStG über § 8 Abs. 1 KStG anwendbar (vgl. R 8.1 Abs. 1 Nr. 1 KStR).

14.9 Bei einem Asset Deal einer Personengesellschaft/Mitunternehmerschaft entscheidet die Person des Gesellschafters über die weitere steuerliche Behandlung des Veräußerungsgewinns. Zwar ist die Personengesellschaft/Mitunternehmerschaft ein selbständiges Subjekt der Gewinnerzielung, Gewinnermittlung und Einkünftequalifikation, allerdings wird das Ergebnis dieser Tätigkeit den Gesellschaftern als Anteil am Gewinn über § 15 Abs. 1 Satz 1 Nr. 2 EStG zugerechnet.

14.2.2 Share Deal

14.2.2.1 Veräußerung von Anteilen an einer Kapitalgesellschaft

14.10 Der Share Deal ist eine Form des Unternehmenskaufs, bei dem Anteile am Unternehmen (Körperschaft/Personengesellschaft) an den Erwerber abgetreten werden. Werden Anteile an einer Kapitalgesellschaft, die sich im **steuerlichen Betriebsvermögen** i.S.d. § 15 i.V.m. § 4 Abs. 1 EStG einer natürlichen Person (Einzelunternehmer) oder einer Personengesellschaft, soweit natürliche Personen unmittelbar oder mittelbar Mitunternehmer sind, veräußert, gilt ebenfalls § 16 Abs. 2 EStG. Es handelt sich insoweit um Einkünfte nach § 16 Abs. 1 Satz 1 Nr. 2 EStG (Veräußerung der das gesamte Nennkapital umfassenden Beteiligung an einer Kapitalgesellschaft). Wird nur ein Teil einer Beteiligung an einer Kapitalgesellschaft veräußert, handelt es sich ebenfalls um Einkünfte aus Gewerbebetrieb nach § 15 EStG; § 16 Abs. 2 EStG ist allerdings nicht einschlägig. Sowohl im Fall der Veräußerung des gesamten Nennkapitals einer Beteiligung an einer Kapitalgesellschaft i.S.v. § 20 Abs. 1 Nr. 1 und 9 EStG als auch eines Teils eines Anteils, ist für die weitere Beurteilung der Veräußerung das Teileinkünfteverfahren i.S.v. § 3 Nr. 40 und § 3c EStG zu beachten.

14.11 Bei einer **Veräußerung von Anteilen an einer Kapitalgesellschaft**, deren Leistungen beim Empfänger zu Einnahmen i.S.v. § 20 Abs. 1 Nr. 1, 2, 9 und 10 Buchst. a) EStG führen, **durch eine Kapitalgesellschaft** (oder durch eine Personengesellschaft, soweit eine Kapitalgesellschaft Gesellschafterin ist) findet § 8b Abs. 2 KStG (insoweit) Anwendung. Veräußerungsgewinn ist nach § 8b Abs. 2 Satz 2 KStG der Betrag, um den der Veräußerungspreis oder der an dessen Stelle tretende Wert nach Abzug der Veräußerungskosten den Wert übersteigt, der sich nach den Vorschriften über die steuerliche Gewinnermittlung im Zeitpunkt der Veräußerung (Buchwert) ergibt.

Der Veräußerungsgewinn bleibt bei der Ermittlung des Einkommens außer Ansatz. Allerdings gelten 5 % des Veräußerungsgewinns als Ausgaben, die nicht als Betriebsausgaben abgezogen werden können. Im Ergebnis kommt es damit zu einer Freistellung von 95 % des Veräußerungsgewinns. 14.12

Ermittlung des Veräußerungsgewinns gem. § 8b Abs. 2 Satz 2 KStG	
	Veräußerungspreis/an dessen Stelle tretender Wert
–	Veräußerungskosten
–	Wert, der sich nach den Vorschriften über die steuerliche Gewinnermittlung ergibt (Buchwert)
=	Veräußerungsgewinn (steuerfrei nach § 8b Abs. 2 Satz 2 KStG) davon 5 % als nicht abzugsfähige Betriebsausgaben

Werden Anteile an einer Kapitalgesellschaft, die sich im **Privatvermögen** einer natürlichen Person oder der Gesellschafter einer vermögensverwaltenden Personengesellschaft (i.V.m. § 39 AO) befinden, veräußert, ist § 17 EStG anwendbar, wenn der Veräußerer innerhalb der letzten fünf Jahre am Kapital der Gesellschaft unmittelbar oder mittelbar zu mindestens 1 % beteiligt war. Der Veräußerungsgewinn ist nach § 17 Abs. 2 EStG der Betrag, um den der Veräußerungspreis nach Abzug der Veräußerungskosten die Anschaffungskosten übersteigt. Auf den Veräußerungspreis sowie die Veräußerungskosten und die Anschaffungskosten findet das Teileinkünfteverfahren nach § 3 Nr. 40 und § 3c EStG Anwendung. 14.13

Ermittlung des Veräußerungsgewinns gem. § 17 Abs. 2 EStG	
	Veräußerungspreis x 60 % (§ 3 Nr. 40 EStG)
–	Veräußerungskosten x 60 % (§ 3c Abs. 2 EStG)
–	Anschaffungskosten x 60 % (§ 3c Abs. 2 EStG)
=	Veräußerungsgewinn

14.2.2.2 Veräußerung von Anteilen an einer Personengesellschaft

Bei der Veräußerung des gesamten Anteils an einer Personengesellschaft (Mitunternehmerschaft, § 15 Abs. 1 Satz 1 Nr. 2 EStG), die sich im steuerlichen Betriebsvermögen i.S.d. § 15 i.V.m. § 4 Abs. 1 EStG befindet, ist § 16 Abs. 2 i.V.m. Abs. 1 Satz 1 Nr. 2 EStG (ggf. i.V.m. § 8 Abs. 1 KStG) einschlägig. Wird nur ein Teil eines Anteils an einer Personengesellschaft veräußert, handelt es sich ebenfalls um gewerbliche Einkünfte, hier allerdings um laufende Gewinne (siehe Rdnr. 14.4). 14.14

Soweit sich im Betriebsvermögen der Personengesellschaft, deren Anteile veräußert werden, auch Anteile an Kapitalgesellschaften i.S.v. § 20 Abs. 1 Nr. 1 und 9 EStG befinden, ist insoweit das Teileinkünfteverfahren i.S.v. § 3 Nr. 40 und § 3c EStG zu beachten.

14.15 **Beispiel**

X ist mit einem Anteil von 50 % als Kommanditist an der X-KG beteiligt (Mitunternehmer i.S.v. § 15 Abs. 1 Satz 1 Nr. 2 EStG). Zum Gesamthandsvermögen der KG gehört auch ein Anteil von 40 % an der Y-GmbH, der mit 30.000 € bei der X-KG bilanziert ist. Stille Reserven sind im GmbH-Anteil i.H.v. 40.000 € enthalten. X erzielt bei der Veräußerung seines gesamten Kommanditanteils an F einen Veräußerungsgewinn i.H.v. 150.000 €.

Lösung

Veräußerungsgewinn i.S.v. § 16 Abs. 2 i.V.m. Abs. 1 Nr. 2 EStG:	150.000 €
davon steuerfrei nach § 3 Nr. 40, § 3c Abs. 2 EStG (40.000 € x 50-%-Anteil x davon 40 % steuerfrei)	– 8.000 €
= steuerpflichtiger Veräußerungsgewinn	142.000 €

14.2.3 Zusammenfassung der Veräußerungsgewinnermittlung für Asset und Share Deal

14.16 Eine zusammenfassende Darstellung zur Veräußerungsgewinnermittlung für Asset Deal einerseits und Share Deal andererseits ergibt sich aus der folgenden Übersicht.

Übersicht Zusammenfassendes Schema zur Veräußerungsgewinnermittlung

Betriebliche Unternehmensveräußerung **Veräußerungsgewinn** **Asset Deal**	 **Share Deal**
Natürliche Person/Personengesellschaft § 16 Abs. 2 i.V.m. Abs. 1 Satz 1 Nr. 1 Satz 1 EStG (ggf. Teileinkünfteverfahren beachten)	**Natürliche Person/Personengesellschaft** § 16 Abs. 1 Nr. 1 Satz 2 oder Nr. 2 EStG (ggf. Teileinkünfteverfahren beachten)
Körperschaften § 16 Abs. 2 EStG i.V.m. § 8 KStG	**Körperschaften** **Veräußerung Anteil an Personengesellschaft** § 16 Abs. 2 EStG i.V.m. § 8 KStG **Veräußerung Anteil an Kapitalgesellschaft** § 8b KStG

14.3 Steuerliche Begünstigungen des Veräußerungsgewinns

Ein Veräußerungsgewinn i.S.v. § 16 Abs. 2 EStG kann im Einkommensteuerrecht verschiedene Begünstigungen auslösen. In den Blick zu nehmen sind dabei insbesondere die Freibeträge nach § 16 Abs. 4, § 18 Abs. 3 und § 17 Abs. 3 EStG. 14.17

14.3.1 Freibetrag nach § 16 Abs. 4 EStG

Der persönliche Freibetrag nach § 16 Abs. 4 EStG wird auf Antrag (weder form- noch fristgebunden, Grenze: Bestandskraft des Steuerbescheids) gewährt und beträgt 45.000 €. Der Freibetrag ermäßigt sich um den Betrag, um den der Veräußerungsgewinn 136.000 € übersteigt. 14.18

Beispiel 14.19

Unternehmer U ist 62 Jahre alt. Er veräußert seinen gewerblichen Betrieb für 250.000 € an den Erwerber E. Der Wert des Betriebsvermögens (Buchwert) beträgt 60.000 €. Veräußerungskosten ergeben sich i.H.v. 10.000 €. U stellt einen Antrag auf Gewährung des Freibetrags nach § 16 Abs. 4 EStG; er hat in der Vergangenheit noch keinen Freibetrag nach § 16 Abs. 4 EStG in Anspruch genommen.

Lösung

	Veräußerungspreis		250.000 €
–	Veräußerungskosten		10.000 €
–	Wert des Betriebsvermögens		60.000 €
=	Veräußerungsgewinn vor Freibetrag		180.000 €
	Freibetrag	45.000 €	
	abzüglich Kürzung	44.000 €	
	verbleibender Freibetrag		1.000 €
=	steuerpflichtiger Veräußerungsgewinn nach Anwendung Freibetrag		179.000 €

14.20 Der persönliche Freibetrag nach § 16 Abs. 4 EStG wird dem Steuerpflichtigen nur einmal im Leben gewährt (sog. Objektbeschränkung). Dies gilt auch dann, wenn der Steuerpflichtige mehrere Gewerbebetriebe unterhält oder an mehreren Personengesellschaften als Mitunternehmer beteiligt ist. Andererseits kann bei einer Veräußerung des Betriebs einer Personengesellschaft/Mitunternehmerschaft jeder Mitunternehmer den Freibetrag für den auf ihn entfallenden Veräußerungsgewinn beantragen. Der Freibetrag ist vorrangig mit dem Veräußerungsgewinn zu verrechnen, auf den das Teileinkünfteverfahren anzuwenden ist (H 16.13 „Teileinkünfteverfahren" EStH).

14.21 Über die Gewährung des Freibetrags wird bei der Veranlagung zur Einkommensteuer entschieden; im Verfahren zur gesonderten und einheitlichen Gewinnfeststellung wird nur die Höhe des auf den Gesellschafter entfallenden Veräußerungsgewinns festgestellt (R 16 Abs. 13 EStR). Voraussetzung für die Gewährung des Freibetrags ist, dass der Steuerpflichtige das 55. Lebensjahr vollendet hat oder im sozialversicherungsrechtlichen Sinn (vgl. § 240 Abs. 2 SGB VI) dauernd berufsunfähig ist. Die Berufsunfähigkeit muss für die Betriebsveräußerung jedoch nicht kausal sein. Wird der Betrieb nach dem Tod des Erblassers veräußert, müssen die Voraussetzungen des § 16 Abs. 4 EStG in der Person des Erben erfüllt sein.[1]

1) BFH, Urt. v. 03.07.1991 – X R 26/90, BFH/NV 1991, 813.

Wird ein Anteil an einer Personengesellschaft/Mitunternehmerschaft veräußert, die ihrerseits wiederum an einer Personengesellschaft/Mitunternehmerschaft beteiligt ist (**mehrstöckige Personengesellschaften**), handelt es sich für Zwecke des § 16 Abs. 4 EStG um einen einheitlichen Veräußerungsvorgang.[2] 14.22

Beispiel 14.23

Unternehmer A ist 65 Jahre alt. Er ist Kommanditist der G-KG mit einem Anteil von 50 %. Er veräußert seinen Anteil für 300.000 € an den Erwerber B. Sein Anteil am Wert des Betriebsvermögens (Buchwert/Kapitalkonto) beträgt 140.000 €. Veräußerungskosten ergeben sich nicht. Zum Betriebsvermögen der G-KG gehört auch eine Beteiligung an der F-KG. In der Beteiligung stecken stille Reserven i.H.v. 50.000 €. U stellt einen Antrag auf Gewährung des Freibetrags nach § 16 Abs. 4 EStG für den Gewinn aus der Veräußerung des Anteils; er hat in der Vergangenheit noch keinen Freibetrag nach § 16 Abs. 4 EStG in Anspruch genommen.

Lösung

	Veräußerungspreis		300.000 €
–	Veräußerungskosten		0 €
–	anteiliger Wert des Betriebsvermögens		140.000 €
=	Veräußerungsgewinn vor Freibetrag		160.000 €
	Freibetrag	45.000 €	
	abzüglich Kürzung (160.000 € – 136.000 €)	24.000 €	
	verbleibender Freibetrag		21.000 €
=	steuerpflichtiger Veräußerungsgewinn nach Anwendung Freibetrag		139.000 €

Würde es sich bei der Veräußerung des Anteils an der G-KG und der mittelbaren Veräußerung der F-KG hingegen um zwei Veräußerungsvorgänge handeln, könnte A den Freibetrag in voller Höhe in Anspruch nehmen (Veräußerungsgewinn vor Freibetrag ohne Beteiligung an F-KG = 135.000 €, d.h. keine Kürzung des Freibetrags nach § 16 Abs. 4 Satz 3 EStG).

2) A.A. Schmidt/Wacker, EStG, 42. Aufl. 2023, § 16 Rdnr. 576.

14.3.2 Freibetrag nach § 18 Abs. 3 EStG

14.24 § 18 Abs. 3 Satz 2 EStG verweist hinsichtlich eines Freibetrags für den Gewinn aus der Veräußerung von Vermögen, welches der selbständigen Arbeit i.S.v. § 18 Abs. 1, 2 EStG dient, im Wesentlichen auf die Anwendung von § 16 Abs. 4 EStG.

14.3.3 Tarifliche Begünstigungen nach § 34 EStG

14.25 Zum Ausgleich von Härten, die durch die Zusammenballung von laufenden und einmaligen Einkünften in einem Veranlagungszeitraum aufgrund der progressiven Besteuerung bei der Einkommensteuer entstehen können, enthält § 34 Abs. 1, 3 EStG tarifliche Begünstigungen. Außerordentliche Einkünfte i.S.d. § 34 Abs. 2 EStG und damit auch Veräußerungsgewinne i.S.v. § 16 und § 18 EStG (§ 34 Abs. 2 Nr. 1 EStG) unterliegen auf Antrag der sogenannten Fünftelregelung des § 34 Abs. 1 EStG. Auf besonderen Antrag kann der Veräußerungsgewinn jedoch auch nach § 34 Abs. 3 i.V.m. Abs. 2 Nr. 1 EStG mit einem ermäßigten Steuersatz besteuert werden. Der ermäßigte Steuersatz beträgt 56 % des Durchschnittssteuersatzes. Nach § 34 Abs. 2 Nr. 1 i.V.m. Abs. 3 EStG sind Veräußerungsgewinne i.S.v. § 16 Abs. 2, § 18 Abs. 2 EStG begünstigt. Veräußerungsgewinne i.S.d. § 17 EStG fallen nicht unter die Begünstigung des § 34 EStG, ebenso wenig der steuerpflichtige Teil des Veräußerungsgewinns, der nach § 3 Nr. 40 i.V.m. § 3c Abs. 2 EStG teilweise steuerbefreit ist (Teileinkünfteverfahren).

14.26 § 34 Abs. 3 EStG kann nur einmal im Leben zur Anwendung kommen. Die Steuervergünstigung des § 34 Abs. 3 EStG ist auch dann verbraucht, wenn das Finanzamt die Vergünstigung zu Unrecht gewährt hat.[3] Liegen die Voraussetzungen des Absatzes 1 und 3 nebeneinander vor, wird eine Vorteilsberechnung (R 34.1 Abs. 1 EStR) durchgeführt. Bei mehreren Veräußerungsgewinnen i.S.v. § 34 Abs. 2 Nr. 1 EStG hat der Steuerpflichtige gem. § 34 Abs. 3 Satz 5 EStG ein Wahlrecht, auf welchen Veräußerungsgewinn § 34 Abs. 3 EStG Anwendung finden soll. Der ermäßigte Steuersatz ist auf einen Betrag von 5 Mio. € begrenzt.

14.27 Weitere Voraussetzungen neben dem Vorliegen eines Veräußerungsgewinns sind

- die Einstellung der mit dem veräußerten Betriebsvermögen verbundenen betrieblichen Tätigkeit durch den Veräußerer sowie
- die Vollendung des 55. Lebensjahres durch den Steuerpflichtigen oder das Vorliegen einer dauernden Berufsunfähigkeit im sozialversicherungsrechtlichen Sinn.

3) BFH, Urt. v. 28.09.2021 – VIII R 2/19, BStBl II 2022, 169.

Auch bei **Veräußerung einer i.S.v. § 18 EStG selbständig betriebenen Praxis/Kanzlei** ist Voraussetzung für die Gewährung einer Vergünstigung i.S.v. § 18 Abs. 3 i.V.m. § 34 EStG, dass die freiberufliche Tätigkeit (wenigstens für eine gewisse Zeit) eingestellt wird (H 18.3 „Veräußerung" EStH). Da zur Anwendung des § 18 Abs. 3 EStG regelmäßig eine entgeltliche Übertragung des Mandantenstamms (als wesentliche Betriebsgrundlage) auf den Erwerber erforderlich ist, kann eine „Weiternutzung" früherer Mandate auf eigene Rechnung oder zur Gewinnung neuer Mandate für die eigene Tätigkeit schädlich sein. Für die Annahme einer Schädlichkeit muss allerdings die Geringfügigkeitsgrenze (d.h. hierauf entfallende Umsätze der letzten drei Jahre > 10 % der gesamten Einnahmen) überschritten sein. 14.28

Liegen die **Voraussetzungen des § 34 EStG neben den Voraussetzungen des § 6b oder § 6c EStG** für Teile des Veräußerungsgewinns vor (Übertragung der aufzudeckenden stillen Reserven auf andere Wirtschaftsgüter bzw. Bildung einer Rücklage), hat der Steuerpflichtige ein Wahlrecht. Nimmt er § 6b EStG in Anspruch, steht ihm die Vergünstigung nach § 34 Abs. 1 Satz 4 EStG insgesamt nicht mehr zur Verfügung (Einzelheiten dazu siehe Rdnr. 15.54). 14.29

Ein Veräußerungsgewinn unterliegt der Tarifbegünstigung des § 34 EStG nur, wenn er als „außerordentlich" anzusehen ist.[4] Voraussetzung ist eine (atypische) Zusammenballung von Einnahmen. Damit greift § 34 EStG nur ein, wenn alle stillen Reserven, die in den wesentlichen Betriebsgrundlagen des (Sonder-) Betriebsvermögens angesammelt wurden, in einem einheitlichen Vorgang aufgelöst werden. Hieraus folgt eine sogenannte zeitraumbezogene Betrachtungsweise. Voraussetzung ist danach, dass „aufgrund einheitlicher Planung und in engem zeitlichen Zusammenhang mit der Veräußerung der betrieblichen Sachgesamtheit eine dieser Sachgesamtheit zugeordnete wesentliche Betriebsgrundlage ohne Aufdeckung sämtlicher stiller Reserven aus dem Betriebsvermögen ausgeschieden ist".[5] Mehrere Teilakte werden insoweit miteinander verklammert und im Sinne einer Zusammenballung als einheitlicher Vorgang betrachtet (sog. **Gesamtplanrechtsprechung**/teleologische Auslegung des § 34 EStG). Eine Nichtaufdeckung in einem der Teilschritte führt dann zur Versagung der Begünstigung des § 34 EStG. 14.30

4) Vgl. BFH, Urt. v. 09.12.2014 – IV R 36/13, BStBl II 2015, 529.

5) Vgl. auch BFH, Urt. v. 30.08.2012 – IV R 44/10, BFH/NV 2013, 376, und BFH, Urt. v. 17.12.2014 – IV R 57/11, BStBl II 2015, 536.

14.31 **Beispiel**

A ist Kommanditist der X-KG mit einem Anteil von 50 %. Im September 03 überträgt er die Hälfte seines Anteils unentgeltlich auf seine Ehefrau. Anschließend veräußert er den verbliebenen Kommanditanteil an der X-KG an die X Ltd.

Lösung

Der Gewinn aus der Veräußerung des Mitunternehmeranteils gem. § 16 Abs. 1 Satz 1 Nr. 2 EStG unterliegt nicht der Tarifbegünstigung gem. § 34 Abs. 2 Nr. 1 i.V.m. Abs. 1 EStG. A hat aufgrund einheitlicher Planung und im zeitlichen Zusammenhang mit der Veräußerung des Mitunternehmeranteils einen Teil des ursprünglichen Mitunternehmeranteils gem. § 6 Abs. 3 EStG unentgeltlich auf seine Ehefrau übertragen. Der Veräußerungsgewinn ist damit nicht außerordentlich i.S.d. § 34 Abs. 2 erster Halbsatz EStG, da im Sinne einer zeitraumbezogenen Betrachtung nicht alle stille Reserven zusammengeballt aufgedeckt wurden.

14.32 Verfügt ein Unternehmen über zwei (fiktive) Teilbetriebe, ist für jede Sachgesamtheit die Tarifbegünstigung bezogen auf die jeweils zu veräußernde Sachgesamtheit zu prüfen.[6]

14.33 **Beispiel**

A ist Einzelunternehmer. Er betreibt eine Brauerei und eine Gaststätte, in der er das Bier der Brauerei zum Verzehr anbietet. Steuerlich handelt es sich bei der Gaststätte und der Brauerei um zwei Teilbetriebe i.S.v. § 16 EStG. Im Juli 02 überträgt er die Brauerei unentgeltlich auf seinen Sohn S. Die Gaststätte veräußert er im September 02 an G.

Lösung

Der Gewinn aus der Veräußerung der Gaststätte gem. § 16 Abs. 1 Satz 1 Nr. 1 EStG unterliegt der Tarifbegünstigung gem. § 34 Abs. 2 Nr. 1 i.V.m. Abs. 1 EStG. Zwar hat A aufgrund einheitlicher Planung und im zeitlichen Zusammenhang mit der Veräußerung der Gaststätte einen weiteren Teilbetrieb gem. § 6 Abs. 3 EStG unentgeltlich auf seinen Sohn übertragen und damit im Rahmen einer zeitraumbezogenen Betrachtung nicht alle stille Reserven des Einzelunternehmens zusammengeballt aufgedeckt. Allerdings handelt es sich bei der unentgeltlich übertragenen Brauerei um eine selbständige Sachgesamtheit i.S.v. § 16 EStG. Die Voraussetzungen der Tarifbegünstigung sind für jede Sachgesamtheit gesondert zu prüfen und hinsichtlich der Sachgesamtheit „Gaststätte“ zu bejahen.

6) BFH, Urt. v. 28.05.2015 – IV R 26/12, BStBl II, 797.

Wird ein Betrieb, Teilbetrieb oder Mitunternehmeranteil gegen Erhalt neuer Gesellschaftsrechte **in eine Kapitalgesellschaft eingebracht,** hat die übernehmende Gesellschaft das übernommene Betriebsvermögen mit dem gemeinen Wert anzusetzen. Der Übertragung liegt damit ein Tausch i.S.v. § 6 Abs. 6 EStG zugrunde. Die Einbringung wäre damit ohne weiteres als Veräußerung i.S.v. § 16 EStG zu behandeln. Auf Antrag der übernehmenden Gesellschaft kann das Betriebsvermögen unter den weiteren Voraussetzungen des § 20 Abs. 2 UmwStG auch mit dem Buch- oder Zwischenwert angesetzt werden. Gemäß § 20 Abs. 3 UmwStG gilt der Wert, mit dem die übernehmende Gesellschaft das eingebrachte Betriebsvermögen ansetzt, bei ihr als Anschaffungskosten und beim Einbringenden als Veräußerungspreis i.S.v. § 16 EStG. 14.34

Beispiel 14.35

A ist Einzelunternehmer und bringt zum 31.12.01 sein bisheriges Einzelunternehmen gegen Erhalt neuer Gesellschaftsrechte in die neugegründete der B-GmbH ein. Der Buchwert des übertragenen Betriebsvermögens beträgt 2.000.000 €, der gemeine Wert 8.300.000 €. Die B-GmbH stellt fristgerecht einen Antrag auf Einbringung des Betriebsvermögens zu einem Zwischenwert i.H.v. 3.000.000 €, um A hierdurch eine Verrechnung etwaiger Gewinne mit bei A vorhandenen Verlustvorträgen nach § 10d EStG zu ermöglichen. Die übrigen Voraussetzungen des § 20 Abs. 2 UmwStG liegen vor.

Lösung

Die Einbringung erfolgt gem. § 20 Abs. 1 i.V.m. Abs. 2 UmwStG zum Zwischenwert i.H.v. 3.000.000 €. Die B-GmbH hat das Betriebsvermögen mit diesem Wert zu aktivieren. Gleichzeitig stellen die 3.000.000 € den Veräußerungspreis für das Unternehmen des A dar.

Der Veräußerungsgewinn ist nach § 16 Abs. 2 EStG wie folgt zu ermitteln:

	Veräußerungspreis nach § 20 Abs. 3 UmwStG	3.000.000 €
–	Veräußerungskosten (k.A.)	0 €
–	Wert des übertragenen Betriebsvermögens	2.000.000 €
	Veräußerungsgewinn nach § 16 Abs. 2 EStG	1.000.000 €

Bei einer Übertragung zum Zwischenwert sind die Begünstigungsvorschriften der § 16 Abs. 4 und § 34 EStG gem. § 20 Abs. 4 Satz 1 UmwStG auf den Veräußerungsgewinn nicht anzuwenden.

Der Veräußerungsgewinn steht A im Rahmen des § 10d EStG zur Verrechnung mit laufenden Verlusten bzw. einem Verlustvortrag zur Verfügung.

Die Anschaffungskosten der Anteile an der B-GmbH betragen 3.000.0000 €.

14.36 Veräußert der Einbringende die aufgrund einer Einbringung unterhalb des gemeinen Werts erhaltenen (**sperrfristbehafteten**) **Anteile** (zu den verschiedenen Arten sperrfristbehafteter Anteile siehe Rdnr. 15.89 ff.) innerhalb eines Zeitraums von sieben Jahren nach dem Einbringungszeitpunkt, ist der Gewinn aus der Einbringung gem. § 22 Abs. 1 UmwStG rückwirkend im Wirtschaftsjahr der Einbringung als Gewinn des Einbringenden i.S.v. § 16 EStG zu versteuern (Einbringungsgewinn I). § 16 Abs. 4 und § 34 EStG sind wiederum nicht anzuwenden. Die Veräußerung ist nach § 22 Abs. 1 Satz rückwirkend auf den Einbringungszeitpunkt gem. § 22 Abs. 1 Satz 4 UmwStG i.V.m. § 175 Abs. 1 Satz 1 Nr. 2 AO zu berücksichtigen. Gemäß § 22 Abs. 1 Satz 3 UmwStG ist der Einbringungsgewinn I wie folgt zu ermitteln:

Ermittlung nach § 22 Abs. 1 Satz 3 UmwStG	
	Gemeiner Wert des eingebrachten Betriebsvermögens im Einbringungszeitpunkt
–	Kosten für den Vermögensübergang
–	Wert, mit dem die übernehmende Gesellschaft das übernommene Betriebsvermögen angesetzt hat
=	Einbringungsgewinn I (vor Kürzung)
–	jeweils 1/7 für jedes seit **dem Einbringungszeitpunkt abgelaufene Zeitjahr**
=	**Einbringungsgewinn I**

14.37 Der Einbringungsgewinn gilt als nachträgliche Anschaffungskosten der erhaltenen Anteile. Neben der Ermittlung des Einbringungsgewinns I tritt die „normale" Ermittlung des Veräußerungsgewinns nach §§ 15, 18, 17 EStG, abhängig davon, welchem Vermögen die erhaltenen Anteile zuzurechnen sind.

14.38 **Beispiel**

A ist Einzelunternehmer und bringt zum 31.12.01 sein bisheriges Einzelunternehmen in die B-GmbH gegen Erhalt neuer Gesellschaftsrechte in die neugegründete B-GmbH ein. Der Buchwert des übertragenen Betriebsvermögens beträgt

2.000.000 €, der gemeine Wert 8.300.000 €. Die B-GmbH stellt fristgerecht einen Antrag auf Einbringung des Betriebsvermögens zum Buchwert. Die übrigen Voraussetzungen des § 20 Abs. 2 UmwStG liegen vor.

Am 30.06.07 veräußert er seine Anteile an der B-GmbH für 9.000.000 €.

Lösung

a) Einbringung

Die Einbringung erfolgt gem. § 20 Abs. 1 i.V.m. Abs. 2 UmwStG zum Buchwert i.H.v. 2.000.000 €. Die B-GmbH hat das Betriebsvermögen mit diesem Wert zu aktivieren. Gleichzeitig stellen die 2.000.000 € den Veräußerungspreis für das Unternehmen des A dar. Ein Veräußerungsgewinn ergibt sich mithin nicht.

A hat Anschaffungskosten für die Anteile an der B-GmbH i.H.v. 3.000.0000 €; sie sind nach § 22 Abs. 1 UmwStG sperrfristbehaftet.

b) Veräußerung

Durch die Veräußerung der Anteile am 30.06.07 verletzt A die Sperrfrist auf den erhaltenen Anteilen an der B-GmbH gem. § 22 Abs. 1 Satz 2 UmwStG. Er hat daher zunächst (1. Schritt) rückwirkend auf den Einbringungszeitpunkt (hier: 31.12.01) einen Einbringungsgewinn zu ermitteln und zu versteuern. Der Einbringungsgewinn I ermittelt sich wie folgt:

	Gemeiner Wert zum Zeitpunkt der Einbringung	8.000.000 €
–	Kosten für den Vermögensübergang (k.A.)	
–	angesetzter Wert des übertragenen Betriebsvermögens (Buchwert)	2.000.000 €
=	Einbringungsgewinn I vor Siebtelung	6.300.000 €
–	Kürzung um jeweils 1/7 pro abgelaufenes Zeitjahr (hier: 5)	4.500.000 €
=	Einbringungsgewinn I	1.800.000 €

§ 16 Abs. 4 und § 34 EStG sind gem. § 22 Abs. 1 Satz 1 UmwStG auf den Einbringungsgewinn I nicht anzuwenden.

In einem weiteren Schritt (2. Schritt) ist der „reguläre" Veräußerungsgewinn aus der Veräußerung der Anteile nach § 17 EStG für den Veranlagungszeitraum 07 zu ermitteln. Der zu versteuernde Einbringungsgewinn I erhöht gem. § 22 Abs. 1 Satz 4 UmwStG die Anschaffungskosten der erhaltenen Anteile.

	Veräußerungspreis	9.000.000 €
–	Veräußerungskosten (k.A.)	
–	ursprüngliche Anschaffungskosten der Anteile aus der Einbringung	2.000.000 €
–	Erhöhung der Anschaffungskosten gem. § 22 Abs. 1 Satz 4 UmwStG	1.800.000 €
=	Veräußerungsgewinn i.S.v. § 17 EStG	5.200.000 €

Der Veräußerungsgewinn unterliegt im Veranlagungszeitraum 07 dem Teileinkünfteverfahren. Der Freibetrag gem. § 17 Abs. 3 EStG kommt aufgrund der Höhe des Veräußerungsgewinns nicht zur Anwendung.

Soweit der Einbringende die auf den Einbringungsgewinn I entfallende Steuer entrichtet hat und dies durch eine Bescheinigung des für ihn zuständigen Finanzamts nachgewiesen wird, kann die B-GmbH gem. § 23 Abs. 2 UmwStG im Veranlagungszeitraum 07 eine Buchwertaufstockung bei den übernommenen Wirtschaftsgütern i.H.v. 1.800.000 € vornehmen.

14.4 Gewerbesteuerliche Behandlung des Veräußerungsgewinns

14.39 Nach § 7 Satz 1 GewStG ist Gewerbeertrag der nach den Vorschriften des Einkommensteuer- oder des Körperschaftsteuergesetzes zu ermittelnde Gewinn aus dem Gewerbebetrieb, der bei der Ermittlung des Einkommens für den dem Erhebungszeitraum entsprechenden Veranlagungszeitraum zu berücksichtigen ist (vermindert bzw. vermehrt um Beträge der §§ 8 und 9 GewStG).

14.40 Veräußerungsgewinne i.S.v.

- § 16 Abs. 1 Nr. 1 Satz 1 EStG: Veräußerung des ganzen Gewerbebetriebs,
- § 16 Abs. 1 Nr. 2 EStG: des gesamten Mitunternehmeranteils, sowie
- § 16 Abs. 1 Nr. 3 EStG: des gesamten Anteils eines persönlich haftenden Gesellschafters einer KGaA

unterliegen bei natürlichen Personen gem. § 7 Satz 1 und 2 GewStG nicht der Gewerbesteuer (zur Anwendung des § 7 Satz 2 Nr. 2 GewStG bei der unmittelbaren Veräußerung von Mitunternehmeranteilen durch eine natürliche Person siehe Rdnr. 18.1 ff.).

Die in § 16 Abs. 2 Satz 3 EStG normierte Fiktion eines laufenden Gewinns findet 14.41
allerdings auch für die Gewerbesteuer Anwendung. Zu einer Berücksichtigung beim Gewerbeertrag kommt es darüber hinaus in Fällen des § 18 Abs. 3 UmwStG (weitere Erläuterungen und Beispiel unter Rdnr. 18.1 ff.).

Die Gewerbesteuer folgt bei der Qualifikation als Veräußerungsgewinn im 14.42
Wesentlichen der Systematik des § 16 EStG. Dies gilt allerdings nicht bei der (einkommensteuerlich grundsätzlich nach §§ 16, 34 EStG begünstigten) Veräußerung eine das gesamte Nennkapital umfassenden Beteiligung an einer Kapitalgesellschaft i.S.v. § 16 Abs. 1 Satz 1 Nr. 1 Satz 2 EStG. Diese unterliegt der Gewerbesteuer.

14.5 Realisierungszeitpunkt des Veräußerungsgewinns

14.5.1 Grundsätze

Der Veräußerungsgewinn ist als punktuelles Ereignis in dem Veranlagungszeit- 14.43
raum/Erhebungszeitraum zu versteuern, in dem er realisiert wird. Auch für die Bestimmung des Zeitpunkts, in dem der Veräußerungsgewinn entsteht, gelten dabei die allgemeinen Realisationsgrundsätze. Hierfür bedarf es zumindest der Übertragung des wirtschaftlichen Eigentums i.S.v. § 39 AO an den (wesentlichen) Betriebsgrundlagen. Auf den Zeitpunkt des schuldrechtlichen Verpflichtungsgeschäfts (Kaufvertrag), des dinglichen Erfüllungsgeschäfts (zivilrechtliche Eigentumsverschaffung) sowie des Zuflusses des Veräußerungspreises (auch bei Ratenzahlung) und der Fälligkeit (auch bei Stundung) kommt es regelmäßig nicht an.[7] Zudem sind schuldrechtliche Vereinbarungen über eine Rückbeziehung des Veräußerungszeitpunktes steuerrechtlich unbeachtlich. Ausnahmsweise wird eine kurzfristige Rückbeziehung für zulässig erachtet, wenn diese aus rein steuertechnischen Gründen erforderlich ist. In der Rechtsprechung[8] und der Literatur[9] wird hierfür ein kurzer Zeitraum von zwei bis drei Monaten für zulässig angesehen.

7) Vgl. BFH, Urt. v. 19.07.1993 – GrS 2/92, BStBl II, 897.
8) U.a. BFH, Urt. v. 27.02.1985 – I R 235/80, BStBl II, 456.
9) Schmidt/Wacker, EStG, 42. Aufl. 2023, § 16 Rdnr. 234; Tiede, in: Herrmann/Heuer/Raupach, EStG/KStG, § 15 EStG Rdnr. 491 (02/2022).

14.44 Bei einer Veräußerung zum Jahreswechsel bzw. zum Ende des (abweichenden) Wirtschaftsjahres muss darauf geachtet werden, dass das (zivilrechtliche und) wirtschaftliche Eigentum zum richtigen Zeitpunkt übertragen werden. Bei der Auslegung unklarer Vereinbarungen sind die Gesamtumstände des Einzelfalls zu berücksichtigen.

14.5.2 Nachträgliche Veränderung des Veräußerungsgewinns

14.45 Durch nachträgliche Ereignisse können sich Veränderungen des Veräußerungspreises, des Veräußerungsgewinns sowie des (anteiligen) Buchwerts ergeben. Ob sich diese Veränderungen auch auf den Veräußerungsgewinn im Zeitpunkt der Veräußerung auswirken, ist im jeweiligen Einzelfall zu prüfen. Abhängig von der Zuordnung kommt es zu einer Veränderung des Veräußerungsgewinns oder zu nachträglichen Einkünften aus Gewerbebetrieb i.S.v. § 24 EStG. In der Rechtsprechung wurden bereits unterschiedliche Fälle beurteilt, in denen sich eine nachträgliche Veränderung des Veräußerungspreises auf den Veräußerungsgewinns ausgewirkt hat (vgl. auch H 16 Abs. 10 „Nachträgliche Änderung des Veräußerungspreises oder des gemeinen Wertes“ EStH).

14.46 **Beispiel 1: Erhöhung des Veräußerungsgewinns**

A ist Einzelunternehmer und veräußert seinen Betrieb (Übergang wirtschaftliches Eigentum) im Jahr 03 an B für 3 Mio. €. Teil des Betriebsvermögens war ein bislang lediglich als Nutzfläche ausgewiesenes Grundstück. Die Vertragsbeteiligten gingen davon aus, dass das Grundstück im zu erstellenden Bebauungsplan als Bauland ausgewiesen würde. Die Erwerberin verpflichtete sich für diesen Fall, „den sich aufgrund der Nutzungsänderung aus heutiger Sicht ergebenden Mehrwert auszugleichen“. Die Berechnung des Mehrwerts wurde im Vertrag festgelegt. In 04 wurde das Grundstück als Bauland ausgewiesen. Unter Bezugnahme auf den Kaufvertrag ermittelten die Vertragspartner einen Ausgleichsbetrag i.H.v. 1,3 Mio. €, den B zusätzlich zahlte.

Lösung

Der Gewinn aus der Veräußerung des Einzelunternehmens i.H.v. 3 Mio. € fällt gem. § 16 Abs. 1 Satz 1 Nr. 1 i.V.m. Abs. 2 EStG bei Übertragung des wirtschaftlichen Eigentums im Jahr 03 an. Die im Kaufvertrag geregelte Nachzahlung des B in 04 bei Nutzungsänderung des Grundstücks erhöht den Veräußerungsgewinn im Kalenderjahr der Betriebsveräußerung im Jahr 03 rückwirkend gem. § 175 Abs. 1 Satz 1 Nr. 2 AO.[10]

10) Vgl. BFH, Urt. v. 31.08.2006 – IV R 53/04, BStBl II, 906.

Beispiel 2: Earn-out-Klauseln 14.47

A veräußert sein Einzelunternehmen im Jahr 04 an B. Das wirtschaftliche Eigentum geht über. Im Kaufvertrag vereinbaren die Parteien eine sogenannte Earn-out-Klausel.

a) Festgelegte Erhöhung des Kaufpreises bei Erreichen vertraglich vereinbarter Indikatoren

Bei „klassischen" Earn-out-Gestaltungen wird der Gesamtkaufpreis regelmäßig in zwei Bestandteile zerlegt und setzt sich aus dem festen Grundkaufpreis sowie einem variablen Kaufpreisanteil zusammen. Die vertragliche Vereinbarung kann vorsehen, dass der variable Kaufpreisbestandteil erst zu einem Zeitpunkt nach der Unternehmensübertragung anhand vertraglich definierter Parameter fällig wird. Bei Erreichen der im Vertrag bestimmten Erfolgsindikatoren (z.B. Umsatz, Rohertrag, EBIT, Jahresüberschuss usw.) im Rahmen eines festgelegten Betrachtungszeitraums erfolgt eine **vertraglich bereits festgelegte** Kaufpreiserhöhung.

Im Beispiel haben A und B als festen Kaufpreisbestandteil eine Zahlung im Jahr 04 von 2 Mio. € (Veräußerungsgewinn 1 Mio. €) festgelegt. Bei Erreichen einer im Vertrag fixierten Umsatzhöhe im Jahr 06 erhöht sich der Kaufpreis um weitere 0,5 Mio. €. Die erhöhte Kaufpreiszahlung soll Anfang 07 erfolgen, was im weiteren Verlauf auch so eintritt.

b) Umsatz-/Gewinnabhängige Gestaltung des variablen Kaufpreisanteils

Die vertragliche Regelung des variablen Kaufpreisanteils kann auch vorsehen, dass der Veräußerer (neben einem Grundkaufpreis) auch an den künftigen Gewinnen und/oder Umsätzen (des ihm nicht mehr gehörenden) Unternehmens für eine bestimmte Zeit prozentual bzw. entsprechend einer genauen Berechnungsformel beteiligt wird. Anders als bei einer „klassischen" Earn-out-Klausel, bei der das Anknüpfen an eine künftigen Umsatz- oder Gewinnentwicklung nur der Gradmesser dafür ist, inwieweit ein von vornherein vereinbarter Sollwert des Earn-out-Kaufpreises nachträglich fällig werden soll, erfolgt bei einer „echten" umsatz-/gewinnabhängigen Gestaltung des variablen Kaufpreisanteils quasi eine nachlaufende Erfolgsbeteiligung.

In Höhe des festen Grundkaufpreises erzielt der Veräußerer einen Veräußerungsgewinn i.S.d. § 16 Abs. 1 i.V.m. Abs. 2 EStG im Jahr des Übergangs des wirtschaftlichen Eigentums. Den umsatz- bzw. gewinnabhängigen variablen Kaufpreisanteil hat der Veräußerer bei Zufluss als nachträgliche Betriebseinnahmen i.S.d. § 24 Nr. 2 EStG zu versteuern, wenn die Summe der Kaufpreiszahlungen den Wert des Betriebsvermögens (ggf. zuzüglich der Veräußerungskosten) überschreitet (H 16 Abs. 11 „Gewinn- oder umsatzabhängiger Kaufpreis" EStH).

Im Beispiel haben A und B als festen Kaufpreisbestandteil eine Zahlung im Jahr 04 von 2 Mio. € (Veräußerungsgewinn 1 Mio. €) festgelegt. Bei Erreichen einer im Vertrag fixierten Umsatzhöhe in den Jahren 05 und 06 zahlt B zudem einen vertraglich festgelegten Anteil am erreichten Umsatz an B mit Ablauf der Jahre 05 und 06.

Lösung

a) Festgelegte Erhöhung des Kaufpreises bei Erreichen vertraglich vereinbarter Indikatoren

Der Gewinn aus der Veräußerung des Einzelunternehmens i.H.v. 1 Mio. € fällt gem. § 16 Abs. 1 Satz 1 Nr. 1 i.V.m. Abs. 2 EStG bei Übertragung des wirtschaftlichen Eigentums im Jahr 04 an. Die nachträgliche Zahlung des variablen Kaufpreises i.H.v. 0,5 Mio. € im Jahr 07 wirkt gem. § 175 Abs. 1 Satz 1 Nr. 2 AO in das Jahr 04 zurück und erhöht insoweit den Veräußerungsgewinn.

b) Umsatz-/gewinnabhängige Gestaltung des variablen Kaufpreisanteils

Der Gewinn aus der Veräußerung des Einzelunternehmens i.H.v. 1 Mio. € fällt gem. § 16 Abs. 1 Satz 1 Nr. 1 i.V.m. Abs. 2 EStG bei Übertragung des wirtschaftlichen Eigentums im Jahr 04 an. Die variablen Zahlungen Ende 05 und 06 stellen bei Zufluss nachträgliche Betriebseinnahmen i.S.v. § 24 Nr. 2 EStG dar. Es erfolgt keine rückwirkende Anpassung des Veräußerungsgewinns in 04.

Hinweis

In Höhe der nachträglichen Betriebseinnahmen finden § 16 Abs. 4, § 34 EStG keine Anwendung.

14.48 **Beispiel 3: Rückgängigmachung der Veräußerung**

A veräußert sein Einzelunternehmen im Jahr 04 an B (Veräußerungsgewinn 2 Mio. €). Das wirtschaftliche Eigentum geht über. Vertraglich vereinbart war auch die Möglichkeit zur Rückgängigmachung der Veräußerung bis Ende 05 durch den Erwerber B. Die Zahlung des Kaufpreises sollte erst Ende 05 erfolgen, wenn feststeht, ob B von seinem Rücktrittsrecht Gebrauch macht. Ende 05 trat B von den Kaufverträgen zurück. Die Veräußerung wurde rückabgewickelt.

Lösung

Der Gewinn aus der Veräußerung des Einzelunternehmens i.H.v. 2 Mio. € fällt gem. § 16 Abs. 1 Satz 1 Nr. 1 i.V.m. Abs. 2 EStG bei Übertragung des wirtschaftlichen Eigentums im Jahr 04 an. Durch die Rückgängigmachung des Kaufpreises in 05 und der endgültigen Nichtentrichtung des Kaufpreises, ist die Veräußerung rückwirkend in 04 zu korrigieren.[11)]

Wegen der punktuellen Bedeutung des Veräußerungsgewinns wirkt auch eine nachträgliche Änderung der Veräußerungskosten bei der Ermittlung des Veräußerungsgewinns auf den Veranlagungszeitraum der Veräußerung zurück. Gleiches gilt, wenn nach dem Veranlagungszeitraum der Veräußerung weitere Veräußerungskosten aufgewendet werden (weitere Beispiele und Erläuterungen siehe Rdnr. 14.63 ff.). 14.49

14.6 Die Bestandteile des Veräußerungsgewinns nach § 16 Abs. 2 Satz 1 EStG

14.6.1 Veräußerungspreis

Der Veräußerungspreis ist die erste Rechengröße im Schema zur Ermittlung des Veräußerungsgewinns nach § 16 Abs. 2 Satz 1 EStG. Grundsätzlich umfasst der Veräußerungspreis neben der Kaufpreiszahlung (Entgelt) auch weitere Vorteile in Geld oder Geldeswert (inkl. Sachleistungen), die mit der Veräußerung in einem wirtschaftlichen Zusammenhang (wirtschaftlicher Veranlassungszusammenhang) stehen. Die im Kaufpreis ggf. (beachte insoweit § 1 Abs. 1a UStG „Geschäftsveräußerung im Ganzen") enthaltene Umsatzsteuer ist Teil des Veräußerungspreises. Als gleichzeitiger Bestandteil der Veräußerungskosten wirkt sie sich im Ergebnis jedoch nicht auf den Veräußerungsgewinn aus. 14.50

Zum Veräußerungspreis gehören u.a. auch: 14.51

- Gemeiner Wert der ins Privatvermögen überführten aktiven Wirtschaftsgüter

Beispiel

R überträgt sein Einzelunternehmen entgeltlich an B. Dabei behält er zwei nicht als wesentliche Betriebsgrundlagen zu qualifizierende Lagergrundstücke zurück und übernimmt sie in sein Privatvermögen.

---

11) BFH, Urt. v. 21.12.1993 – VIII R 69/88, BStBl II 1994, 648.

Lösung

Dem Veräußerungspreis ist der gemeine Wert der Wirtschaftsgüter hinzuzurechnen.[12)]

- Veräußerungserlös für zurückbehaltene (nicht wesentliche) Wirtschaftsgüter im engen zeitlichen und wirtschaftlichen Zusammenhang gegenüber Dritten
- Buchwert von zulässigerweise steuerneutral überführten oder übertragenen Wirtschaftsgütern in ein anderes Betriebsvermögen
- befreiende Schuldübernahme i.S.v. §§ 414 ff. BGB bzw. befreiender Schuldbeitritt im Innenverhältnis durch den Erwerber von einer Verbindlichkeit des Veräußerers gegenüber Dritten
- Übernahme eines negativen Kapitalkontos (H 16.4 „Negatives Kapitalkonto" EStH)

Soweit der Veräußerungspreis auf Anteile an Kapitalgesellschaften entfällt, ist das Teileinkünfteverfahren zu beachten.

14.52 Bei einer **Veräußerung gegen Zahlung wiederkehrender Bezüge** steht dem Veräußerer ein (richterrechtliches) Wahlrecht (formlose Ausübung bis zur Bestandskraft; nicht widerrufbar) zur sofortigen Besteuerung eines Veräußerungsgewinns i.S.v. § 16 Abs. 2 EStG im Zeitpunkt der Veräußerung oder einer Besteuerung von laufenden Bezügen im Zuflusszeitpunkt als nachträgliche Einkünfte aus Gewerbebetrieb zu. Die für einen Veräußerungsgewinn vorgesehenen Begünstigungen (siehe oben § 16 Abs. 4 und § 34 EStG) gelten nicht im Fall der nachgelagerten Zuflussbesteuerung. Wird das Wahlrecht nicht (oder nicht ordnungsgemäß) ausgeübt, findet eine Sofortversteuerung statt.

14.53 Als wiederkehrende Bezüge werden Renten, Raten und sonstige wiederkehrende Bezüge angesehen. Diese müssen „wagnisbehaftet" sein (insbesondere Leibrenten) oder überwiegend Versorgungszwecken dienen (Renten-/Ratenzahlungszeitraum > zehn Jahre und Versorgungscharakter wird in der Vereinbarung zum Ausdruck gebracht; im Einzelnen zu wiederkehrenden Bezügen siehe Rdnr. 15.40).

14.54 Eine (entgeltliche) Veräußerung gegen wiederkehrende Bezüge ist von einer (unentgeltlichen) Vermögensübergabe gegen wiederkehrende Leistungen i.S.v. § 10 Abs. 1a Nr. 2 EStG abzugrenzen.[13)] Eine begünstigte Vermögensübergabe kann allerdings nur bei der Übertragung

12) Vgl. BFH, Urt. v. 17.01.1989 – VIII R 370/83, BStBl II, 563.

13) Vgl. im Einzelnen BMF-Schreiben v. 11.03.2010 – IV C 3 – S 2221/09/10004, BStBl I, 227.

- eines Mitunternehmeranteils an einer Personengesellschaft i.S.v. §§ 13, 15 Abs. 1 Satz 1 Nr. 1 oder § 18 Abs. 1 EStG,
- eines Betriebs oder „echten“ Teilbetriebs (kein fiktiver i.S.v. § 16 EStG) sowie
- eines mindestens 50 % betragenden Anteils an einer GmbH, wenn der Übergeber als Geschäftsführer tätig war und der Übernehmer die Tätigkeit nach der Übertragung übernimmt,

vorliegen. Von der Unentgeltlichkeit der Vermögensübertragung kann trotz der Zahlung der Versorgungsleistungen regelmäßig bei Angehörigen ausgegangen werden. Insoweit spricht eine widerlegbare Vermutung dafür, dass die wiederkehrenden Leistungen unabhängig vom Wert des übertragenen Vermögens nach dem Versorgungsbedürfnis des Berechtigten und nach der wirtschaftlichen Leistungsfähigkeit des Verpflichteten bemessen worden sind. Die Vermutung kann als widerlegt angesehen werden, wenn die Beteiligten Leistung und Gegenleistung nach kaufmännischen Gesichtspunkten gegeneinander abgewogen haben und subjektiv von der Gleichwertigkeit der Leistungen ausgehen durften, auch wenn objektiv eine Ungleichwertigkeit bestand.

Dem Veräußerer steht ein Wahlrecht zwischen Sofortbesteuerung oder Zuflussbe- 14.55
steuerung nach R 16 Abs. 11 EStR 2012 zu (Einzelheiten dazu siehe Rdnr. 15.44). Bei einer Veräußerung gegen **festen Kaufpreis und wiederkehrende Bezüge** steht dem Veräußerer das Wahlrecht lediglich hinsichtlich der Rentenzahlung zu.

14.6.2 Veräußerungskosten

Nach ständiger Rechtsprechung richtet sich die Beurteilung von Veräußerungs- 14.56
kosten nach dem (betrieblichen) Veranlassungsprinzip.[14] Die Kosten müssen danach vom Veräußerer getragen worden sein und mit der Veräußerung in einem unmittelbaren sachlichen Zusammenhang stehen. Privat veranlasste Aufwendungen stellen folglich keine Veräußerungskosten dar. Als Beispiele für Veräußerungskosten sind zu u.a. zu nennen:

- Prozesskosten
- Beratungs-, Grundbuch- und Notarkosten
- Vorfälligkeitsentschädigungen (H 16 Abs. 12 „Vorfälligkeitsentschädigungen“ EStH)
- Aufwendungen für eine fehlgeschlagene Veräußerung[15]

14) Vgl. u.a. BFH, Urt. v. 25.01.2000 – VIII R 55/97, BStBl II, 458.

15) BFH, Urt. v. 19.05.2005 – IV R 17/02, BStBl II, 637; zum vergeblichen sogenannten Due-Diligence-Aufwand siehe Rdnr. 14.60.

14.57 Die Kosten müssen nicht im unmittelbaren zeitlichen Zusammenhang mit der Veräußerung entstanden sein; ein solcher Zusammenhang kann aber als Indiz für eine Veranlassung gewürdigt werden (vgl. auch H 16.2 „Veräußerungskosten" EStH). Auch eine nachträgliche Minderung oder Erhöhung der Veräußerungskosten kann zu einer Änderung des Veräußerungsgewinns führen. Änderungsvorschrift ist hier insoweit § 175 Abs. 1 Satz 1 Nr. 2 AO.

14.58 Auch die Gewerbesteuer kann als Veräußerungskosten in Betracht kommen (siehe Veräußerung von Mitunternehmeranteilen, H 16 Abs. 12 „Gewerbesteuer" EStH, Rdnr. 23.37).

14.6.3 Wert und Umfang des Betriebsvermögens

14.59 Zur Ermittlung des Veräußerungsgewinns ist nach § 16 Abs. 2 Satz 1 EStG vom Veräußerungspreis neben den Veräußerungskosten auch „der Wert des Betriebsvermögens" abzuziehen. Der Wert des Betriebsvermögens ist dabei gem. § 16 Abs. 2 Satz 2 EStG für den Zeitpunkt der Veräußerung nach § 4 Abs. 1 oder nach § 5 EStG zu ermitteln, d.h., es gelten die allgemeinen steuerrechtlichen Bilanzierungsgrundsätze.

14.60 Auf den Veräußerungszeitpunkt ist zur Ermittlung des laufenden Gewinns eine Schlussbilanz (vgl. § 6 Abs. 2 EStDV) zu erstellen, da die Veräußerung (insoweit) das Ende der laufenden gewerblichen Tätigkeit des Unternehmens darstellt. Ermittelt der Veräußerer seinen Gewinn durch Einnahmenüberschussrechnung nach § 4 Abs. 3 EStG, hat er im Zeitpunkt der Veräußerung auf eine Gewinnermittlung nach Bestandsvergleich überzugehen. Der Übergangsgewinn gilt als laufender Gewinn. Er kann nicht aus Billigkeitsgründen auf mehrere Wirtschaftsjahre verteilt werden (H 4.6 „Keine Verteilung des Übergangsgewinns" EStH).

14.61 Über die Schlussbilanz hinaus schreibt § 16 Abs. 2 Satz 2 EStG nicht zwingend die Aufstellung einer Veräußerungsbilanz auf den Zeitpunkt der Veräußerung vor. Eine freiwillige Aufstellung durch den Steuerpflichtigen ist jedoch nicht ausgeschlossen. Auch ohne Aufstellung einer Veräußerungsbilanz muss der Veräußerer allerdings sicherstellen, dass der Wert des Betriebsvermögens i.S.v. § 16 Abs. 2 Satz 2 EStG nach den allgemeinen Bilanzierungsgrundsätzen ermittelt wird.

14.62 Folgende Grundsätze sind bei der Ermittlung des Betriebsvermögens u.a. zu beachten:

- Es gelten die steuerrechtlichen **Aktivierungsverbote** (z.B. § 5 Abs. 2 EStG).
- **Steuerfreie Rücklagen** (z.B. Rücklage nach § 6b EStG, Rücklage für Ersatzbeschaffung) sind grundsätzlich aufzulösen. Der Auflösungsgewinn zählt

zum Veräußerungsgewinn. Dies gilt nicht für die Auflösung einer anlässlich der Betriebsveräußerung gebildeten Rücklage nach § 6b EStG (H 16 Abs. 9 „Rücklage" EStH). Der Steuerpflichtige hat allerdings auch die Möglichkeit, die Rücklage noch für die Zeit weiterzuführen, für die sie ohne Veräußerung des Betriebs zulässig gewesen wäre. Dabei gilt, dass bei einer nicht anlässlich der Veräußerung gebildeten Rücklage für den Veräußerungsgewinn der Freibetrag nach § 16 Abs. 4 EStG und eine Tarifermäßigung nach § 34 EStG nur in Anspruch genommen werden können, wenn die Rücklage keine stillen Reserven enthält, die bei der Veräußerung einer wesentlichen Grundlage des Betriebs aufgedeckt worden sind (vgl. R 6b.2 Abs. 10 EStR).

- **Abschreibungen** sind zeitanteilig bis zur Veräußerung zu berücksichtigen.
- **Erträge aus Rückstellungen**, deren Auflösung im wirtschaftlichen Zusammenhang mit der Veräußerung stehen, erhöhen den Veräußerungsgewinn (H 16 Abs. 9 „Rückstellung" EStH).

14.7 Veräußerung von Anteilen an Kapitalgesellschaften durch Kapitalgesellschaften (§ 8b KStG)

Das Körperschaftsteuergesetz enthält in § 8b für Veräußerungen von Anteilen an 14.63
Kapitalgesellschaften eine eigene Ermittlungsvorschrift für Veräußerungsgewinne. Gemäß § 8b Abs. 2 Satz 1 KStG bleiben Gewinne aus der Veräußerung eines Anteils an einer Körperschaft (oder Personenvereinigung), deren Leistungen beim Empfänger zu den Einnahmen i.S.d. § 20 Abs. 1 Nr. 1, 2, 9 und 10a EStG (im Wesentlichen Dividenden und Gewinnausschüttungen) gehören, oder an einer Organgesellschaft i.S.v. §§ 14, § 17 KStG bei der Ermittlung des Einkommens außer Ansatz. Die Veräußerung wird damit grundsätzlich wie eine Vollausschüttung thesaurierter Gewinne behandelt. Auch gelten 5 % des Veräußerungsgewinns als nicht abzugsfähige Betriebsausgaben. Mithin bleibt ein Veräußerungsgewinn i.H.v. 95 % im Ergebnis steuerfrei. Eine Mindestbeteiligungshöhe wie bei der Beurteilung der Steuerfreiheit von Dividenden und Gewinnausschüttungen i.S.v. § 8b Abs. 1 KStG (Streubesitzdividende, § 8b Abs. 4 KStG) ist für Veräußerungsgewinne nach § 8b Abs. 2 KStG gesetzlich nicht vorgesehen.

Die Definition des Veräußerungsgewinns und die Auslegung der einzelnen 14.64
Merkmale gleicht im Wesentlichen denen in § 16 Abs. 2 bzw. § 17 Abs. 2 EStG. Veräußerungsgewinn ist nach § 8b Abs. 2 Satz 2 KStG der Betrag, um den der Veräußerungspreis oder der an dessen Stelle tretende Wert nach Abzug der Veräußerungskosten den Wert übersteigt, der sich nach den Vorschriften über die steuerliche Gewinnermittlung (d.h. Buchwert) im Zeitpunkt der Veräußerung ergibt.

Als Veräußerung gilt auch die verdeckte Einlage eines Anteils (§ 8b Abs. 2 Satz 6 KStG). Als Veräußerungspreis ist insoweit der Teilwert der Beteiligung anzusetzen (vgl. auch H 8.9 „Verdeckte Einlage“ KStH).

14.7.1 Veräußerungspreis

14.65 Auch bei der Ermittlung von Veräußerungsgewinnen i.S.v. § 8b Abs. 2 KStG ist Veräußerungspreis zunächst die Gegenleistung, die der Veräußerer vom Erwerber erhält (Entgelt, Tausch etc.). Darüber hinaus sind insbesondere folgende Fälle zu beachten:

- **Wechselkursänderungen:** Zur Bestimmung des Kaufpreises ist dieser – soweit er in einer Fremdwährung vereinbart wurde – auf den Veräußerungsstichtag zum amtlichen Umrechnungskurs in Euro umzurechnen. Hierdurch entstehende Währungskursgewinne sind im Rahmen der Veräußerungsgewinnermittlung nach § 8b Abs. 2 KStG einzubeziehen. Währungsverluste sind gem. § 8b Abs. 3 KStG nicht abziehbar.[16)]
- **Optionsgebühren/Stillhaltezahlungen:** Die vom Veräußerer vereinnahmte Stillhalteprämie bei einer Anteilsveräußerung aufgrund einer Kaufoption ist bis zur Ausübung bei ihm zu passivieren. Bei Ausübung wird sie aufgelöst. Trotz des wirtschaftlichen Zusammenhangs zwischen Stillhalteprämie und Ausübungspreis werden sie nicht als Bestandteile des Veräußerungspreises i.S.v. § 8b Abs. 2 KStG angesehen. Sie sind daher voll steuerpflichtig. Auf Ebene des Anteilserwerbers stellen sie Anschaffungskosten der Anteile dar.
- **Stundung des Kaufpreises:** Wird der Kaufpreis länger als zwölf Monate zinslos gestundet, so ist er abzuzinsen. Der Ertrag aus der Abzinsung gehört nicht zum Veräußerungspreis i.S.v. § 8b Abs. 2 KStG, sondern führt zu Einnahmen aus Kapitalvermögen.

14.7.2 Änderungen des Veräußerungspreises

14.66 Ändert sich der Kaufpreis (z.B. aufgrund von Kaufpreisanpassungsklauseln oder durch Zuzahlungen), oder fällt er ganz aus, ist die Änderung nach der Recht-

---

16) Zur Anwendung des § 8b Abs. 2 KStG auf Erträge aus Währungssicherungsgeschäften vgl. BMF-Schreiben vom 05.10.2020 – IV C 2 – S 2750-a/19/10005 :002, BStBl I, 1033. Die mit Wirkung für Gewinnminderungen nach dem 31.12.2021 in § 8b Abs. 3 Satz 6 KStG aufgenommene Regelung, dass Währungskursverluste nicht als Gewinnminderungen i.S.v. § 8b Abs. 3 Satz 4 und 5 KStG gelten, erfasst nur Währungskursverluste, die sich auf Darlehensgewährungen beziehen, nicht hingegen solche, die bei einer Anteilsveräußerung entstehen; vgl. hierzu Stelzer/Zöller, in: 360° KStG eKommentar, § 8b Rdnr. 77 (01/2022).

sprechung[17] und nach Auffassung der Finanzverwaltung[18] als nachträgliches Ereignis i.S.v. § 175 Abs. 1 Satz 1 Nr. 2 AO zu werten, das auf den Veräußerungszeitpunkt zurückwirkt. Auch für Zwecke des § 8b KStG kommt es damit zu einer „Sogwirkung" des Veräußerungszeitpunkts. Diese Sogwirkung greift im Übrigen auch für Veräußerungskosten, die in Veranlagungszeiträumen außerhalb des Veräußerungsjahres entstanden sind.

Beispiel 14.67

Die X-GmbH veräußert im Jahr 02 die Beteiligung an einer Tochterkapitalgesellschaft zu einem Preis von 1.000.0000 €. Der Buchwert der Beteiligung im Veräußerungszeitpunkt beträgt 200.000 €. Bereits in 01 sind bei der X-GmbH Beratungskosten i.H.v. 40.000 € angefallen. Der Kaufpreis wurde zunächst gestundet. Im Jahr 04 fällt die Kaufpreisforderung endgültig aus.[19]

Lösung*

Jahr 01: Beratungskosten

Die Veräußerungskosten haben als Aufwand zunächst das Einkommen des Jahres 01 gemindert.

Das Einkommen das **Jahres 01** beträgt damit zunächst **– 40.000** €.

Jahr 02: Veräußerung der Beteiligung

Im Jahr 02 führt die Forderung i.H.v. 1.000.000 € zu einem bilanziellen Ertrag; zugleich ist der Abgang des Beteiligungsbuchwerts mit –200.000 € zu berücksichtigen.

Der Veräußerungsgewinn nach § 8b Abs. 2 KStG ermittelt sich wie folgt:

	Veräußerungspreis	1.000.000 €
–	Veräußerungskosten	40.000 €
–	Buchwert Beteiligung	200.000 €
	Veräußerungsgewinn	760.000 €

Außerbilanziell mindert sich damit das Einkommen um 760.000 €.

17) Vgl. BFH, Urt. v. 22.12.2010 – I R 58/10, BStBl II 2015, 668, und BFH, Urt. v. 12.03.2014 – I R 55/13, BStBl II 2015, 658.

18) Vgl. BMF-Schreiben v. 24.07.2015 – IV C 2 – S 2750-a/07/10002 :002, BStBl I, 612.

19) Das Beispiel orientiert sich am BMF-Schreiben v. 24.07.2015 – IV C 2 – S 2750-a/07/10002 :002, BStBl I, 612.

Die Veräußerungskosten i.H.v. 40.000 € sind zunächst im Jahr 02 zu berücksichtigen. Allerdings sind in einem weiteren Schritt 38.000 € (5 % von 760.000 €) gem. § 8b Abs. 3 KStG dem Einkommen als nicht abzugsfähige Betriebsausgaben wieder hinzuzurechnen.

Für das **Jahr 02** ergibt sich – vor Berücksichtigung des Ausfalls der Kaufpreisforderung – damit ein Einkommen i.H.v. **38.000** €.

Jahr 01: Rückwirkende Korrektur der Veräußerungskosten

Da die Veräußerungskosten nunmehr im Rahmen der Veräußerungsgewinnermittlung nach § 8b Abs. 2 KStG im Jahr 02 berücksichtigt werden, erfolgt konsequenterweise eine rückwirkende Korrektur der Veräußerungskosten (Hinzurechnung) im Jahr 01.

Das Einkommen das **Jahres 01** beträgt damit **0** €.

Jahr 04: Ausfall der Kaufpreisforderung

Durch den Ausfall der Kaufpreisforderung entsteht zunächst ein Aufwand i.H.v. 1.000.000 €. Da auch der Ausfall nur im Rahmen der Ermittlung des Veräußerungsgewinns berücksichtigt wird, erfolgt eine entsprechende außerbilanzielle Korrektur (Hinzurechnung + 1.000.000 €).

Das Einkommen das **Jahres 04** beträgt damit **0** €.

Jahr 02: Rückwirkende Berücksichtigung des Ausfalls

Die bislang im Jahr 02 berücksichtigten Beträge aus der Gewinnermittlung nach § 8b Abs. 2, 3 KStG sind zu neutralisieren (Hinzurechnung i.H.v. 760.000 € Veräußerungsgewinn – Kürzung i.H.v. 38.000 € nicht abzugsfähige Veräußerungskosten = + 722.000 €).

Gleichzeitig ist der Ausfall der Kaufpreisforderung i.H.v. 1.000.000 € einkommensmindernd zu berücksichtigen (–1.000.000 €).

Zudem erfolgt eine Neuermittlung des Veräußerungsgewinns/-verlusts mit einer Kaufpreisforderung i.H.v. 0 €:

	Veräußerungspreis	0 €
–	Veräußerungskosten	40.000 €
–	Buchwert Beteiligung	200.000 €
	Veräußerungsgewinn	240.000 €

Der Veräußerungsverlust mindert nach § 8b Abs. 3 KStG das Einkommen nicht und ist daher außerbilanziell hinzuzurechnen (+240.000 €).

Das Einkommen das **Jahres 02** – nach Berücksichtigung des Ausfalls der Kaufpreisforderung – beträgt damit **0** € (38.000 + 722.000 € – 1.000.000 € + 240.000 €).

*Zur besseren Übersicht wurde auf eine Abzinsung der Kaufpreisforderung verzichtet.

Werden Anteile an einer Kapitalgesellschaft in eine andere Kapitalgesellschaft gegen Erhalt neuer Anteile an der übernehmenden Gesellschaft eingebracht (**isolierter Anteilstausch**), hat die übernehmende Gesellschaft die eingebrachten Anteile mit dem gemeinen Wert anzusetzen. Der Übertragung liegt damit ein Tausch i.S.v. § 6 Abs. 6 EStG zugrunde, der ohne weitere Regelungen zu einem Veräußerungsgewinn aus den übertragenen Anteilen führen würde. 14.68

Auf Antrag der übernehmenden Gesellschaft können die Anteile unter den weiteren Voraussetzungen des § 21 Abs. 1 Satz 2 UmwStG auch mit dem Buch- oder Zwischenwert angesetzt werden. Gemäß § 21 Abs. 2 UmwStG gilt der Wert, mit dem die übernehmende Gesellschaft die eingebrachten Anteile ansetzt, bei ihr als Anschaffungskosten und beim Einbringenden als Veräußerungspreis der eingebrachten Anteile. 14.69

Veräußert die übernehmende Kapitalgesellschaft die unter dem gemeinen Wert eingebrachten Anteile innerhalb von sieben Jahren nach dem Einbringungszeitpunkt unmittelbar oder mittelbar, ist der Gewinn aus der Einbringung im Wirtschaftsjahr der Einbringung rückwirkend als Gewinn des Einbringenden aus der Veräußerung der Anteile zu versteuern (Einbringungsgewinn II). Der Einbringungsgewinn ist nach § 21 Abs. 2 Satz 3 UmwStG wie folgt zu ermitteln: 14.70

Ermittlung nach § 22 Abs. 2 Satz 3 UmwStG	
	Gemeiner Wert der Anteile im Einbringungszeitpunkt
–	Kosten für den Vermögensübergang
–	Wert, mit dem die übernehmende Gesellschaft die erhaltenen Anteile angesetzt hat
	Einbringungsgewinn II (vor Kürzung)
–	jeweils 1/7 für jedes seit dem Einbringungszeitpunkt abgelaufenes Zeitjahr
=	**Einbringungsgewinn II**

Ein Einbringungsgewinn II ist gem. § 22 Abs. 2 Satz 1 UmwStG hingegen nicht zu versteuern, soweit der Gewinn aus der **Veräußerung der sperrfristbehafteten Anteile** beim Einbringenden im Zeitpunkt der Einbringung nach § 8b Abs. 2 KStG steuerfrei gewesen wäre. 14.71

14.72 **Beispiel**

Die A-GmbH bringt zum 31.12.01 ihre Anteile an der X-GmbH (60 %) in die B-GmbH gegen Erhalt neuer Gesellschaftsrechte ein. Der Buchwert der übertragenen Anteile beträgt 2.000.000 €, der gemeine Wert 8.300.000 €. Die B-GmbH stellt fristgerecht einen Antrag auf Einbringung der Anteile zum Buchwert. Die übrigen Voraussetzungen für eine Übertragung zum Buchwert liegen vor. Am 30.06.07 veräußert die B-GmbH die Anteile an der X-GmbH an die Y-GmbH zu einem Kaufpreis von 9.000.000 €.

Lösung

Die Einbringung erfolgt im Wege des Anteilstauschs gem. § 21 Abs. 1 i.V.m. Abs. 2 UmwStG zum Buchwert. Die B-GmbH hat die Anteile mit diesem Wert zu aktivieren. Gleichzeitig stellt der Buchwert von 2.000.000 € den Veräußerungspreis für die Anteile dar. Ein Veräußerungsgewinn entsteht mithin nicht.

Da der Gewinn aus der Veräußerung der Anteile an der X-GmbH bei der A-GmbH nach § 8b Abs. 2 KStG im Zeitpunkt der Einbringung steuerfrei gewesen wäre, sind die eingebrachten Anteile nicht sperrfristbehaftet. Ein Einbringungsgewinn II entsteht durch die Veräußerung am 30.06.07 nicht.

Durch die Veräußerung der Anteile entsteht allerdings in 07 ein Veräußerungsgewinn i.S.v. § 8b Abs. 2, 3 KStG:

	Veräußerungspreis	9.000.000 €
–	Veräußerungskosten (k.A.)	
–	Buchwert Beteiligung	2.000.000 €
	nach § 8b Abs. 2 KStG steuerfreier Veräußerungsgewinn	7.000.000 €

Allerdings sind 350.000 € (5 % von 7.000.000 €) gem. § 8b Abs. 3 KStG dem Einkommen als nicht abzugsfähige Betriebsausgaben hinzuzurechnen.

14.8 Veräußerung eines Mitunternehmeranteils

14.8.1 Veräußerung

14.73 Bei der Veräußerung eines gesamten Mitunternehmeranteils durch den Mitunternehmer – auch aus einem Betriebsvermögen eines Einzelunternehmens, einer Personengesellschaft oder einer Kapitalgesellschaft (dann i.V.m. § 8 KStG) heraus – verwirklicht der Veräußerer den Tatbestand des § 16 Abs. 1 Satz 1 Nr. 2 EStG. Wird nur ein Teil des Mitunternehmeranteils veräußert, handelt es sich gem. § 16

Abs. 1 Satz 2 EStG um einen laufenden Gewinn. Insoweit wird weder der Freibetrag gem. § 16 Abs. 4 EStG gewährt, noch kommt eine Tarifbegünstigung gem. § 34 EStG in Betracht.

Der veräußerte Mitunternehmeranteil umfasst für Zwecke des § 16 Abs. 1 Satz 1 Nr. 2 EStG neben dem Anteil am Gesamthandsvermögen auch das (funktional-quantitativ wesentliche) Sonderbetriebsvermögen des veräußernden Mitunternehmers (H 16 Abs. 4 „Sonderbetriebsvermögen" EStH). Das Entgelt, das der Erwerber für mitveräußerte Wirtschaftsgüter des Sonderbetriebsvermögens entrichtet, gehört ebenfalls zum Veräußerungspreis i.S.v. § 16 Abs. 2 EStG. Werden Wirtschaftsgüter des Sonderbetriebsvermögens nicht mit auf den Veräußerer übertragen und damit (zum gemeinen Wert) entnommen, liegt ggf. eine ebenfalls steuerlich begünstigte Aufgabe eines Mitunternehmeranteils i.S.v. § 16 Abs. 3 Satz 1 EStG vor. 14.74

Die Vergünstigungen der §§ 16, 34 EStG greifen hingegen nicht, wenn bei der Veräußerung gleichzeitig wesentliche Betriebsgrundlagen des (Sonder-)Betriebsvermögens ohne Aufdeckung stiller Reserven (d.h. zum Buchwert) in ein anderes Betriebs- oder Sonderbetriebsvermögen des Mitunternehmers oder unentgeltlich auf den Erwerber des Mitunternehmeranteils überführt werden. 14.75

Beispiel 14.76

J ist Kommanditist der J-GmbH & Co. KG (J-KG). Zudem überlässt er der J-KG ein Grundstück entgeltlich zur Nutzung. Das Grundstück ist wesentliche Betriebsgrundlage seines Sonderbetriebsvermögens bei der J-KG. J ist zudem Kommanditist der X-GmbH & Co. KG (X-KG). Zum 31.12.01 veräußert J die Anteile an der J-KG. Gleichzeitig überführt er das Grundstück in sein Sonderbetriebsvermögen bei der X-KG.

Lösung

Der Gewinn aus der Veräußerung der Anteile an der J-KG gem. § 16 Abs. 1 Satz 1 Nr. 2 EStG unterliegt nicht der Tarifbegünstigung gem. § 34 Abs. 2 Nr. 1 i.V.m. Abs. 1 EStG. J hat aufgrund einheitlicher Planung und im zeitlichen Zusammenhang mit der Veräußerung der Anteile an der J-KG eine wesentliche Betriebsgrundlage des Sonderbetriebsvermögens gem. § 6 Abs. 5 Satz 2 EStG unentgeltlich in ein anderes Sonderbetriebsvermögen überführt und damit im Rahmen einer bei § 34 EStG anzuwendenden zeitraumbezogenen Betrachtung nicht alle stille Reserven des Mitunternehmeranteils zusammengeballt aufgedeckt.

14.77 Die Vergünstigungen kommen ebenfalls bei der vorherigen buchwertneutralen Übertragung eines Teilmitunternehmeranteils und anschließender Veräußerung des restlichen Mitunternehmeranteils nicht in Betracht. §§ 16, 34 EStG können hingegen bei einer vorherigen buchwertneutralen Übertragung einer eigenständigen Sachgesamtheit i.S.v. § 16 EStG Anwendung finden.

14.78 **Beispiel**

Veräußerung eines Mitunternehmeranteils an der Oberpersonengesellschaft, wenn im sachlichen und zeitlichen Zusammenhang der Mitunternehmeranteil an einer Unterpersonengesellschaft zu Buchwerten in das Gesamthandsvermögen einer weiteren Personengesellschaft ausgegliedert wird.[20]

14.8.2 Ausscheiden des Gesellschafters gegen Abfindung

14.79 Scheidet der Mitunternehmer gegen eine **Barabfindung** (Abfindungsanspruch nach § 738 Abs. 1 Satz 2 BGB gegenüber den übrigen Gesellschaftern) aus einer Mitunternehmerschaft aus, handelt es sich ebenfalls um eine Veräußerung i.S.v. § 16 Abs. 1 Satz 1 Nr. 2 EStG. Dies gilt auch für den Fall einer **Sachwertabfindung**, d.h., der Abfindungsanspruch des ausscheidenden Mitunternehmers wird nicht in bar, sondern durch Abfindung aus dem Gesamthandsvermögen erfüllt, wenn die übernommenen Wirtschaftsgüter vollständig in das Privatvermögen des ausscheidenden Mitunternehmers überführt werden.

14.80 Nach ursprünglicher Auffassung der Finanzverwaltung[21] handelt es sich auch bei Ausscheiden aus einer mehrgliedrigen Personengesellschaft gegen Sachwertabfindung, die ganz oder teilweise in das Betriebsvermögen des Ausschieden gelangt, um eine Betriebsveräußerung i.S.v. § 16 Abs. 1 Satz 1 Nr. 2 EStG (oder ggf. Betriebsaufgabe nach § 16 Abs. 3 Satz 1 EStG). Mittlerweile geht die Finanzverwaltung[22] in Folge der aktuellen Rechtsprechung des BFH[23] jedoch auch im Fall einer Sachwertabfindung bei Fortführung der Mitunternehmerschaft mit den übrigen Gesellschaftern von einer sogenannten unechten Realteilung aus, unabhängig davon, ob der ausscheidende Mitunternehmer einen Teilbetrieb, einen Mitunternehmeranteil oder Einzelwirtschaftsgüter erhält.

---

20) Vgl. BFH, Urt. v. 25.02.2010 – IV R 49/08, BStBl II, 726.

21) BMF-Schreiben v. 28.02.2006 – IV B 2 – S 2242, BStBl I, 228.

22) BMF-Schreiben v. 19.12.2018 – IV C 6 – S 2242/07/10002, BStBl I 2019, 6.

23) Vgl. u.a. BFH, Urt. v. 16.03.2017 – IV R 31/14, BStBl II 2018, 24; BFH, Urt. v. 17.09.2015 – III R 49/13, BStBl II 2017, 37; BFH, Urt. v. 30.03.2017 – IV R 11/15, BStBl II 2019, 29.

Werden im Fall der unechten Realteilung einzelne Wirtschaftsgüter in das Privatvermögen des ausscheidenden Mitunternehmers übertragen, realisiert nach Auffassung der Finanzverwaltung nur er einen Veräußerungsgewinn i.S.v. § 16 Abs. 1 Satz 1 Nr. 2 i.V.m. Abs. 2 EStG. Als Veräußerungspreis ist dabei der gemeine Wert der in das Privatvermögen übertragenen Wirtschaftsgüter und der Buchwert der im Rahmen der Realteilung erhaltenen und in sein Betriebsvermögen gelangten Wirtschaftsgüter anzusetzen. Die übrigen Mitunternehmer realisieren auf der Ebene der Mitunternehmerschaft einen laufenden Gewinn aus der Veräußerung der in das Privatvermögen des ausgeschiedenen Mitunternehmers übertragenen Wirtschaftsgüter. Insoweit sind die Buchwerte der in der Mitunternehmerschaft verbleibenden Wirtschaftsgüter anteilig aufzustocken. 14.81

Beispiel 14.82

An der AB-GmbH & Co. KG (AB-KG) sind A und B als Kommanditisten zu je 50 % beteiligt. Komplementärin ist die nicht am Kapital beteiligte X-GmbH. Zum 01.01.03 scheidet Gesellschafter A aus der KG aus, während B und die X-GmbH die KG fortführen.

In der (vereinfachten) Bilanz der KG sind folgende Wirtschaftsgüter enthalten:

- Wirtschaftsgut 1: Buchwert 100.000 €/gemeiner Wert 200.000 €
- Wirtschaftsgut 2: Buchwert 100.000 €/gemeiner Wert 300.000 €
- Wirtschaftsgut 3: Buchwert 50.000 €/gemeiner Wert 100.000 €

Die Kapitalkonten von A und B betragen je 125.000 €.

A erhält als Abfindung die Wirtschaftsgüter 1 und 3. Das Wirtschaftsgut 1 übertragt A in sein Privatvermögen. Wirtschaftsgut 3 verwendet er im Rahmen seines Einzelunternehmens.

Lösung

Aufgrund des Unterschieds der Buchwerte der auf A übertragenen Wirtschaftsgüter zu seinem Kapitalkonto findet zunächst eine Anpassung der Kapitalkonten um 25.000 € statt
(Kapitalkonto A + 25.000 € = 150.000 €; Kapitalkonto B – 25.000 € = 100.000 €).

Für A ist aufgrund der Abfindung ein Veräußerungsgewinn gem. § 16 Abs. 2 EStG wie folgt zu ermitteln:

	Veräußerungspreis		
	gemeiner Wert Wirtschaftsgut 1	200.000 €	
	Buchwert Wirtschaftsgut 3	50.000 €	
	=		250.000 €
–	Veräußerungskosten k.A.		
–	Kapitalkonto A (nach Anpassung)		150.000 €
=	Veräußerungsgewinn i.S.v. § 16 Abs. 2 EStG		100.000 €

Für B (verbleibender Mitunternehmer mit vermögensmäßiger Beteiligung) ergibt sich zudem ein laufender Gewinn aus der Veräußerung des in das Privatvermögen des ausgeschiedenen Mitunternehmers übertragenen Wirtschaftsguts. Da nach Auffassung der Finanzverwaltung[24] (nur) die Buchwerte der in der Mitunternehmerschaft verbleibenden Wirtschaftsgüter (hier: Wirtschaftsgut 2 + 100.000 €) anteilig aufzustocken sind, ergibt sich für B ein laufender Gewinn i.H.v. 100.000 €.

14.83 **Hinweis**

Es erscheint allerdings aufgrund der allgemeinen Behandlung einer Sachwertabfindung fraglich, ob nicht anteilig alle (außer die zum Buchwert übertragenen) Wirtschaftsgüter vor einer Ermittlung des laufenden Gewinns der verbleibenden Unternehmer zu einem einheitlichen Prozentsatz anhand der vorhandenen stillen Reserven aufzustocken sind (hier: Wirtschaftsgüter 1 und 2). Die Aufstockung ermittelt sich wie folgt:

Stille Reserven Wirtschaftsgüter 1 (100.000 €) und 2 (200.000 €) = 300.000 € / aufzustockender Betrag = 100.000 €

= Aufstockung der Buchwerte der Wirtschaftsgüter 1 und 2 um je 1/3 der stillen Reserven

= Wirtschaftsgut l + 33.333 € = 133.333 € / Wirtschaftsgut 2 + 66.667 € = 166.667 €.

Aufgrund der Aufstockung der Wirtschaftsgüter würde sich für B ein laufender Gewinn aus der Veräußerung des in das Privatvermögen des ausgeschiedenen Mitunternehmers übertragenen Wirtschaftsguts 1 i.H.v. 66.667 € (200.000 € – 133.333 €) ergeben.

---

24) BMF-Schreiben v. 19.12.2018 – IV C 6 – S 2242/07/10002, BStBl I 2019, 6.

14.8.3 Ausscheiden bei negativem Kapitalkonto

Scheidet ein Mitunternehmer mit einem negativen Kapitalkonto aus einer Mitunternehmerschaft aus und verzichten die Mitgesellschafter auf einen Ausgleich des negativen Kapitalkontos, handelt es sich ebenfalls um eine Veräußerung eines Mitunternehmeranteils i.S.v. § 16 Abs. 1 Satz 1 Nr. 2 EStG. Der Veräußerungsgewinn bemisst sich nach der Höhe des negativen Kapitalkontos im Zeitpunkt des Ausscheidens aus der Mitunternehmerschaft. 14.84

Beispiel 14.85

A ist Gesellschafter der ABC-OHG. Zum 31.12.02 scheidet er aus der OHG entschädigungslos aus. Sein Anteil wird von Mitgesellschaftern übernommen. Im Zeitpunkt des Ausscheidens aus der Mitunternehmerschaft beträgt die Summe seiner Kapitalkonten (Gesamthand) in der OHG – 200.000 €. Das negative Kapitalkonto ist nach einer entsprechenden Vereinbarung mit den Mitgesellschaftern nicht durch A auszugleichen.

Lösung

A erzielt durch das Ausscheiden aus der OHG einen Veräußerungsgewinn nach § 16 Abs. 1 Satz 1 Nr. 2 i.V.m. Abs. 2 EStG i.H.v. 200.000 €.

14.8.4 Behandlung von „übernommenen Verbindlichkeiten" i.S.v. §§ 4f, 5 Abs. 7 EStG

Seit dem 28.11.2013 kann der Veräußerungsgewinn durch § 4f EStG beeinflusst werden. Danach sind durch die Veräußerung gehobene stille Lasten im Zusammenhang mit steuerlichen Passivierungsbegrenzungen (z.B. Drohverlustrückstellungen, Pensionsrückstellungen) im Veräußerungsjahr nur zu 1/15 ansatzfähig und im Übrigen über weitere 14 Jahre zu verteilen. Die Begrenzung gilt jedoch nicht für die Veräußerung des gesamten Betriebs oder des gesamten Mitunternehmeranteils. Auf der anderen Seite hat der Erwerber einen Gewinn auszuweisen, den er durch Bildung einer steuerfreien Rücklage auf 15 Jahre verteilen kann. 14.86

Nach Auffassung der Finanzverwaltung[25] kann eine Verpflichtung auch durch entgeltliche Übertragung von (Teil-)Mitunternehmeranteilen übertragen werden. Dies könnte eine Verteilung nach § 4f EStG auslösen; weitere Ausführungen seitens der Verwaltung dazu, wie eine Berücksichtigung erfolgen soll, fehlen indes. Wird der gesamte Mitunternehmeranteil übertragen, unterbleibt nach § 4f Abs. 1 Satz 3 EStG eine Verteilung des sich ergebenden Aufwands. 14.87

25) Vgl. BMF-Schreiben v. 30.11.2017 – IV C 6 – S 2133/14/10001, BStBl I, 161, Rdnr. 20.

Beispiel

A ist mit 50 % an einer OHG beteiligt. Sein Kapitalkonto beträgt 200.000 €. Die OHG verfügt über stille Reserven von 800.000 €. In der Handelsbilanz der OHG ist eine Drohverlustrückstellung i.H.v. 200.000 € ausgewiesen, die nach § 5 Abs. 4a EStG in der Steuerbilanz nicht ausgewiesen werden darf. A veräußert am 31.12.01 die Hälfte seines OHG-Anteils an B.

Der Veräußerungspreis wird wie folgt berechnet:

	Steuerliches Kapitalkonto A (50 %)	100.000 €
+	stille Reserven (25 %)	200.000 €
–	Drohverlust (25 %)	50.000 €
=	Kaufpreis	250.000 €

Lösung

Geht man von einer Verteilung des Aufwands aus der Übertragung der Verbindlichkeiten im Rahmen einer Veräußerung eines Mitunternehmeranteils nach den Grundsätzen des § 4f Abs. 1 Satz 1 EStG aus, ergäbe sich folgende Ermittlung nach § 16 Abs. 1 Satz 1 Nr. 2 i.V.m. Abs. 2 EStG.

	Veräußerungspreis	250.000 €
–	steuerliches Kapitalkonto A (50 %)	100.000 €
=	Veräußerungsgewinn	150.000 €
+	zu verteilender Aufwand i.H.v. 50.000	
=	anteiliger Wert der Drohverlustrückstellung x 14/15	46.667 €
=	Gesamtgewinn	196.667 €

In den 14 Folgejahren wäre dann der Gewinnanteil des A um jeweils 1/15 von 50.000 = 3.333 € außerbilanziell zu kürzen.

Würde man den Vorgang hingegen einer zivilrechtlichen Betrachtung[26] unterwerfen, unterbliebe eine Aufwandsberücksichtigung. Der Veräußerungsgewinn betrüge lediglich 150.000 €.

26) Vgl. Nielsen/Schulenburg, FR 2017, 623.

14.8.5 Veräußerungskosten

Veräußerungskosten i.S.v. § 16 Abs. 2 EStG müssen betrieblich veranlasst sein und mit dem Veräußerungsvorgang in einem sachlichen Zusammenhang stehen. Damit scheiden privat veranlasste Aufwendungen bei einer Berücksichtigung aus. Bei der Veräußerung von Mitunternehmeranteilen steht einer Berücksichtigung als Veräußerungskosten auch eine gesellschaftsrechtliche Veranlassung der Kosten entgegen, da auch sie nicht betrieblich veranlasst sind.[27] Danach gehört bei der Personengesellschaft die durch die Veräußerung des Mitunternehmeranteils veranlasste und durch den Veräußerer (anteilig) zu tragende Gewerbesteuer dann nicht zu den Veräußerungskosten, wenn die entsprechende Regelung im Kaufvertrag einer gesellschaftsvertraglichen Vereinbarung entspricht.[28] 14.88

Eine Gewerbesteuer kann bei Veräußerung eines Mitunternehmeranteils auf der Ebene der Personengesellschaft u.a. bei der Veräußerung eines Teilmitunternehmeranteils, eines Mitunternehmeranteils, der durch eine Kapital- oder eine Personengesellschaft gehalten wird, sowie bei einer Sperrfristbehaftung nach § 18 Abs. 3 UmwStG entstehen. 14.89

Eine Berücksichtigung als Veräußerungskosten scheidet auch aus, wenn hinsichtlich der Erstattungspflicht durch den Gesellschafter zwar keine gesellschaftsvertragliche Regelung vorliegt, die kaufvertraglichen Abreden allerdings insoweit konkretisiert bzw. auslegungsfähig sind, dass es bei der Übernahme der Gewerbesteuer um eine Einlageleistung in die Personengesellschaft handelt. Allerdings führt die Einlageleistung insoweit zu einer Erhöhung des anteiligen Buchwerts des Veräußerers, der im Rahmen der Veräußerungsgewinnermittlung nach § 16 Abs. 2 EStG gleichermaßen gewinnmindernd wirken würde. Ist durch die kaufvertragliche Regelung eine unmittelbare Zahlung an den Erwerber des Anteils vorgesehen, dürften hingegen Veräußerungskosten i.S.v. § 16 Abs. 2 EStG vorliegen. 14.90

Die Nichtabziehbarkeit der Gewerbesteuer nach § 4 Abs. 5b EStG trifft nur den Schuldner der Gewerbesteuer, mithin die Personengesellschaft, jedoch nicht den Veräußerer als Dritter. 14.91

Beispiel

A und B sind zu gleichen Teilen als Kommanditisten an der AB-GmbH & Co. KG (AB-KG) beteiligt. Persönlich haftende, nicht am Kapital beteiligte Komplementärin ist die X-GmbH, an der A und B ebenfalls je zur Hälfte beteiligt sind.

27) Vgl. BFH, Urt. v. 19.07.2018 – IV R 14/16, BFH/NV 2018, 1336.

28) Vgl. BFH, Urt. v. 07.03.2019 – IV R 18/17, BStBl II, 696.

Darüber hinaus waren A und B zu je zur Hälfte an der D-GmbH beteiligt. Diese wurde im Januar 12 auf die AB-KG zur Aufnahme verschmolzen.

Im Mai 12 veräußert A seinen Anteil an der KG an B für 500.000 €; das Kapitalkonto des A beträgt 100.000 €. In dem Vertrag vereinbaren A und B, dass die Gewerbesteuer, die bei einer Veräußerung der Anteile aufgrund des UmwStG entsteht (10.000 €), von beiden jeweils zur Hälfte zu tragen ist. Die vertragliche Vereinbarung entspricht einer Regelung im Gesellschaftsvertrag der AB-KG. Im Rahmen ihrer Feststellungserklärung für 12 erklärt die AB-KG aus dem Verkauf des Kommanditanteils durch A einen Veräußerungsgewinn i.H.v. 390.000 €, den sie wie folgt ermittelte:

	Veräußerungspreis	500.000 €
–	Veräußerungskosten (übernommene Gewerbesteuer nach § 18 Abs. 3 UmwStG)	10.000 €
–	Wert des Mitunternehmeranteils (Kapitalkonto A)	100.000 €
=	Veräußerungsgewinn i.S.v. § 16 EStG	390.000 €

Lösung

Durch die Veräußerung des Kommanditanteils des A an B entsteht ein Veräußerungsgewinn i.S.v. § 16 Abs. 2 EStG. Wird eine Kapitalgesellschaft nach §§ 3–10 UmwStG in ein Personenunternehmen (Personengesellschaft oder Einzelunternehmen) umgewandelt, unterliegt der innerhalb von fünf Jahren erzielte Gewinn aus der Veräußerung oder Aufgabe des umgewandelten Betriebs der Gewerbesteuer. Dies gilt nach § 18 Abs. 3 Satz 2 UmwStG auch, wenn ein Mitunternehmer der übernehmenden Personengesellschaft seinen Mitunternehmeranteil innerhalb von fünf Jahren nach der Umwandlung veräußert oder aufgibt. Eine Gewerbesteuer ist auch dann festzusetzen, wenn die übernehmende Personengesellschaft oder das übernehmende Einzelunternehmen selber nicht gewerbesteuerpflichtig ist. Stille Reserven werden im Zeitpunkt der Veräußerung (d.h. nicht im Zeitpunkt der Umwandlung) besteuert; damit unterliegen auch die nach der Umwandlung neu gebildeten stillen Reserven der Gewerbesteuer. Der auf dem Aufgabe- oder Veräußerungsgewinn i.S.d. § 18 Abs. 3 Satz 1 und 2 UmwStG beruhende Teil des Gewerbesteuermessbetrags ist bei der Ermäßigung nach § 35 EStG nicht zu berücksichtigen; § 16 Abs. 4 EStG findet ebenfalls bei der Ermittlung des Gewerbeertrags keine Anwendung.

Die nach § 18 Abs. 3 UmwStG entstandene Gewerbesteuer (Schuldner der Gewerbesteuer ist die AB-KG) kann nicht als Veräußerungskosten im Rahmen der Gewinnermittlung nach § 16 Abs. 2 EStG abgezogen werden, da sie aufgrund der bestehenden Vereinbarungen nicht betrieblich, sondern gesellschaftsrechtlich veranlasst ist. Der Veräußerungsgewinn ist daher i.H.v. 400.000 € bei der Feststellung zu berücksichtigen.

15. Ertragsteuerliche Auswirkungen beim Verkäufer

Inhalt **Rdnr.**

15.1 Einführung

15.1 Der Unternehmens- und Beteiligungskauf hat als Instrument des betrieblichen Wachstums seit vielen Jahren eine große praktische Bedeutung. Neben der zivilrechtlichen Problematik sowie der Ermittlung des angemessenen Kaufpreises treten in der Praxis regelmäßig auch umfangreiche steuerliche Fragestellungen auf. Wenngleich der Kauf eines Unternehmens in erster Linie auf strategischen Erwägungen beruht, macht es der absolute wie auch der relative Umfang der steuerlichen Konsequenzen erforderlich, einen Unternehmenskauf grundsätzlich nur unter gleichzeitiger Berücksichtigung der steuerlichen Auswirkungen zu verwirklichen. Möglicherweise führt erst die Einbeziehung der Steuerkomponente, verbunden mit einer geschickten Gestaltung der steuerlich relevanten Parameter, dazu, dass der Unternehmenskauf sich für den Erwerber als vorteilhafte Investition erweist.

15.2 Da beim Verkauf eines Unternehmens oder von Anteilen an einem Unternehmen regelmäßig erhebliche stille Reserven aufgedeckt werden, ist für den Veräußerer eines Betriebs oder eines Gesellschaftsanteils die Frage von größter Bedeutung, ob und ggf. welche **steuerlichen Vergünstigungen der Veräußerungsgewinn** zum Zwecke der Minimierung der Steuerbelastung erfährt. Die vorhandenen Steuervergünstigungen werden nachfolgend – je nach Veräußerer – im Überblick dargestellt.

15.3 Darüber hinaus sind für den Verkäufer eines Unternehmens auch stets die vielfältigen ertragsteuerlichen Sperr- und Behaltensfristen bei der Veräußerung des ganzen Unternehmens oder von Anteilen am Unternehmen relevant, deren Nichtbeachtung zu mitunter unangenehmen Folgen führen kann (siehe dazu Tabelle in Rdnr. 15.112). Da eine ausführliche Darstellung den Rahmen dieses Beitrags sprengen würde, wird in den nachfolgenden Ausführungen lediglich auf einige dieser Fristen eingegangen. Der nachfolgende Beitrag schließt aber mit einem tabellarischen Überblick über alle vorhandenen Sperr- und Behaltensfristen, soweit diese für einen Unternehmensverkauf von Bedeutung sind.

15.2 Betriebsveräußerung

15.2.1 Steuerliche Interessenlage

15.4 Bei der Betriebsveräußerung steht für den Veräußerer im Mittelpunkt des Interesses, ob ein etwaiger Veräußerungsgewinn steuerlichen Vergünstigungen unterliegt. Neben der **Gewerbesteuerfreiheit** ist bei natürlichen Personen von Interesse, ob **Freibeträge oder Steuerermäßigungen** in Betracht kommen. Für natürliche Personen hält das EStG folgende Vergünstigungen bereit:

- Für Gewinne aus der Veräußerung des ganzen Betriebs, eines Teilbetriebs, einer 100%igen Beteiligung an einer Kapitalgesellschaft im Betriebsvermögen (fingierter Teilbetrieb) sowie des gesamten Anteils an einer Personengesellschaft (Mitunternehmeranteil) oder des gesamten Anteils eines persönlich haftenden Gesellschafters einer KGaA (§ 16 Abs. 1 Satz 1 Nr. 1–3 EStG) wird nach § 16 Abs. 4 EStG – nur auf Antrag und unter bestimmten Voraussetzungen – ein Freibetrag von maximal 45.000 € gewährt.
- Für außerordentliche Einkünfte i.S.v. § 14 Abs. 1, §§ 16 und 18 Abs. 3 EStG kommt entweder – ohne weitere Voraussetzungen – die sogenannte Fünftelregelung nach § 34 Abs. 1 EStG oder – nur auf Antrag und unter bestimmten persönlichen Voraussetzungen – die Steuerermäßigung nach § 34 Abs. 3 EStG zur Anwendung.

Die Gewährung der vorstehenden Steuervergünstigungen setzt grundlegend vor- 15.5
aus, dass die Voraussetzungen einer Betriebsveräußerung oder der Veräußerung eines gesamten Mitunternehmeranteils erfüllt sind. Ob darüber hinaus Steuerermäßigungen zu gewähren sind, prüft der BFH in einschlägigen Entscheidungen regelmäßig in einem mehrstufigen Vorgehen:

- Zunächst ist entscheidend, ob die Voraussetzungen des § 34 Abs. 2 Nr. 1 i.V.m. Abs. 1 EStG erfüllt sind, also das Vorliegen von außerordentlichen Einkünften in Form eines Veräußerungsgewinns.[1)]
- Auf dieser Stufe ist aber noch nicht darüber zu entscheiden, ob auch die Voraussetzungen der Tarifbegünstigung gem. § 34 Abs. 3 EStG vorliegen. Diese Norm knüpft nämlich nicht nur an die Tatbestandsmerkmale des § 34 Abs. 2 Nr. 1 i.V.m. Abs. 1 EStG an, sondern neben dem obligatorischen Antrag auch an persönliche Merkmale (Lebensalter) des Steuerpflichtigen bzw. des veräußernden Mitunternehmers als Steuersubjekt. Ob diese persönlichen Merkmale vorliegen und statt der Tarifbegünstigung nach § 34 Abs. 1 EStG der ermäßigte Steuersatz nach § 34 Abs. 3 EStG gewährt werden kann, ist dann in einem weiteren Schritt bei der Veranlagung zur Einkommensteuer zu klären.

15.2.2 Betriebsveräußerung

Bei der Betriebsveräußerung (Veräußerung des ganzen Gewerbebetriebs i.S.v. 15.6
§ 16 EStG) muss der Betrieb nach R 16 Abs. 2 EStR 2012 mit allen seinen wesentlichen Betriebsgrundlagen gegen Entgelt in der Weise auf einen Erwerber übertragen werden, dass der Betrieb als geschäftlicher Organismus fortgeführt werden kann. Nicht erforderlich ist es, dass der Erwerber den Betrieb fortführt. Der

1) Zur Selbständigkeit dieser Feststellung vgl. BFH, Urt. v. 09.02.2011 – IV R 15/08, BStBl II, 764 m.w.N.

Begriff der wesentlichen Betriebsgrundlage bestimmt sich nach der sogenannten **funktional-quantitativen Betrachtungsweise** und schließt damit Wirtschaftsgüter ein, in denen stille Reserven ruhen. [2]

15.7 Alle wesentlichen Betriebsgrundlagen müssen in einem einheitlichen Vorgang veräußert werden, während eine langfristige Nutzungsüberlassung an den Erwerber für die Annahme einer Betriebsveräußerung i.S.d. §§ 16 und 34 EStG nicht ausreicht. Als einheitlichen Vorgang, der in einem wirtschaftlichen Zusammenhang stehend angesehen werden kann, hat der BFH z.B. einen Zeitraum von 17 Monaten angesehen (zur Frage, inwieweit die Zurückbehaltung oder die Vorab-Auslagerung wesentlicher Betriebsgrundlagen einer begünstigten Betriebsveräußerung entgegensteht, siehe ausführlich Rdnr. 4.1 ff.).[3]

15.8 Weitere Voraussetzung ist nach Verwaltungsauffassung in H 16 Abs. 1 EStH 2018, dass der Veräußerer die mit dem veräußerten Betriebsvermögen verbundene Tätigkeit aufgibt.[4] Unschädlich ist es, wenn der Veräußerer eines Einzelunternehmens nach der Betriebsveräußerung eine neue (andere) gewerbliche Tätigkeit beginnt, sofern der bisherige und der neue Betrieb wirtschaftlich nicht identisch sind oder eine gleichartige Tätigkeit mit einem neuen Kundenstamm aufgenommen wird. Dabei werden regelmäßig z.B. die Dauer der zeitlichen Unterbrechung, der bisherige örtliche Wirkungskreis und die räumliche Entfernung zwischen dem alten und dem neuen Betrieb als Prüfungskriterien herangezogen. In Anlehnung an die Gegebenheiten bei Freiberuflern wird die Meinung vertreten, dass die Zurückbehaltung von Kundenbeziehungen dann unschädlich ist, wenn hierauf in den letzten drei Jahren vor der Veräußerung weniger als 10 % der gesamten Einnahmen entfallen sind.[5] Ebenfalls unschädlich ist eine weitere Tätigkeit in dem veräußerten Betrieb als Arbeitnehmer oder als freier Mitarbeiter.

15.9 Bei einer natürlichen Person als Veräußerer knüpft die Gewerbesteuerfreiheit der Betriebsveräußerung nach Auffassung des BFH[6] nicht an die Voraussetzungen

2) Vgl. Schmidt/Wacker, EStG, 42. Aufl. 2023, § 16 Rdnr. 86.

3) Vgl. BFH, Urt. v. 30.08.2012 – IV R 44/10, BFH/NV 2013, 376; nach Rdnr. 15 des BMF-Schreibens v. 20.11.2019, IV C 6 – S 2241/15/10003, BStBl I 2019, 1291, nimmt die Finanzverwaltung bei der zeitlich gestreckten Aufgabe eines Mitunternehmeranteils einen einheitlichen Vorgang innerhalb kurzer Zeit bei einem Zeitraum von bis zu 18 Monaten an.

4) Vgl. BFH, Urt. v. 12.06.1996 – XI R 56, 57/95, BStBl II, 527; für Veräußerung einer freiberuflichen Praxis vgl. zuletzt BFH, Beschl. v. 11.02.2020 – VIII B 131/19, DStR 2020, 486; BFH, Urt. v. 21.08.2018 – VIII R 2/15, BStBl II 2019, 64; vgl. dazu auch Rdnr. 27.6.

5) Vgl. Schmidt/Wacker, EStG, 42. Aufl. 2023, § 16 Rdnr. 81; Geissler, in: Herrmann/Heuer/Raupach, EStG/KStG, § 16 EStG Rdnr. 136 (09/2022).

6) Vgl. z.B. BFH, Urt. v. 29.10.1987 – IV R 93/85, BStBl II 1988, 374; BFH, Urt. v. 17.03.2010 – IV R 41/07, BStBl II, 977; vgl. auch Franke, in: Wendt/Suchanek/Möllmann/Heinemann, GewStG, 2. Aufl. 2022, § 7 Rdnr. 57; Förster/Förster, FR 2016, 596.

der §§ 16 und 34 EStG an, auch wenn diese oftmals vorliegen dürften. Unter Berücksichtigung des Objektsteuercharakters der Gewerbesteuer dient nämlich die Nichtbelastung mit Gewerbesteuer nicht dem Ziel, eine zusammengeballte Realisierung stiller Reserven abzumildern. Vielmehr ist entscheidend, dass die betriebliche Tätigkeit endgültig eingestellt wird. Nach der Rechtsprechung des BFH unterliegen Gewinne aus der Betriebsveräußerung oder Betriebsaufgabe – unabhängig davon, ob diese von den §§ 16 und 34 EStG erfasst werden – nicht der Gewerbesteuer.

Eine Ausnahme besteht für eine Betriebs- oder Teilbetriebsveräußerung innerhalb der fünfjährigen Sperrfrist nach der Missbrauchsregelung des § 18 Abs. 3 UmwStG. Danach unterliegt ein Aufgabe- oder Veräußerungsgewinn bei einer natürlichen Person – entgegen § 7 Satz 2 GewStG – der Gewerbesteuer, wenn der Betrieb der Personengesellschaft oder der natürlichen Person innerhalb von fünf Jahren nach der Umwandlung einer Kapitalgesellschaft in das Personenunternehmen aufgegeben oder veräußert wird. Entsprechendes gilt, soweit ein Teilbetrieb oder ein Anteil an der Personengesellschaft innerhalb der Fünfjahresfrist aufgegeben oder veräußert wird. Der auf dem Aufgabe- oder Veräußerungsgewinn beruhende Teil des Gewerbesteuermessbetrags ist bei der Ermäßigung der Einkommensteuer nach § 35 EStG nicht zu berücksichtigen. Damit entfällt eine Anrechnung der Gewerbesteuer auf die Einkommensteuer. 15.10

Die tarifbegünstigte Veräußerung einer freiberuflichen Praxis setzt voraus, dass der Steuerpflichtige die wesentlichen vermögensmäßigen Grundlagen seiner bisherigen Tätigkeit (insbesondere Mandanten- bzw. Patientenstamm und das damit verbundene Vertrauen der Mandanten/Patienten) entgeltlich und definitiv auf einen anderen überträgt.[7] Der Veräußerer muss danach seine freiberufliche Tätigkeit in dem bisherigen örtlichen Wirkungskreis wenigstens für eine gewisse Zeit einstellen, wobei hierfür **keine starre zeitliche Grenze** besteht, nach der die Tätigkeit steuerunschädlich wiederaufgenommen werden kann. Dementsprechend ist auch keine „Wartezeit" von mindestens drei Jahren einzuhalten. 15.11

Die Tätigkeitseinstellung hängt jeweils von den Umständen des Einzelfalls ab, so dass ein Zeitraum von zwei bis drei Jahren ausreichend ist.[8] Im Hinblick auf die Einstellung der Tätigkeit hat die Rechtsprechung bisher **zwei Ausnahmen** entwickelt:[9] 15.12

7) Vgl. BFH, Beschl. v. 11.02.2020 – VIII B 131/19, DStR 2020, 486; BFH, Urt. v. 21.08.2018 – VIII R 2/15, BStBl II 2019, 64.
8) Vgl. BFH, Beschl. v. 11.02.2020 – VIII B 131/19, DStR 2020, 486 m.w.N.
9) Vgl. Diemer, DStR 2020, 490 f.

- Bei der Veräußerung einer freiberuflichen Praxis ist eine weitere Tätigkeit als Arbeitnehmer oder als freier Mitarbeiter im Auftrag und für Rechnung des Erwerbers unschädlich.
- Weiterhin ist eine Fortführung der bisherigen freiberuflichen Tätigkeit unschädlich, soweit die Umsätze im Vergleich zu den in den letzten drei Jahren vor der Veräußerung erzielten Einnahmen weniger als 10 % ausmachen. Der Verwaltungsauffassung,[10)] wonach sich die 10-%-Grenze nur auf zurückbehaltene Mandanten bzw. Patienten bezieht und neu hinzugewonnene Mandanten bzw. Patienten stets schädlich sein sollen, ist der **BFH**[11)] (eine Steuerberatungspraxis betreffend) nunmehr ausdrücklich entgegengetreten. Danach schließt eine weitere Tätigkeit des Veräußerers im bisherigen örtlichen Wirkungskreis und innerhalb der Geringfügigkeitsgrenze von 10 % die Annahme einer begünstigten Praxisveräußerung auch dann nicht aus, wenn neue Mandate betreut werden.

15.13 Nach Auffassung des **BFH**[12)] ist allerdings die Wiederaufnahme der Tätigkeit vor Ablauf der angemessenen Wartefrist (im Streitfall: nach 22 Monaten) schädlich, auch wenn sie zunächst überhaupt nicht geplant war.

15.14 Veräußert eine Kapitalgesellschaft oder eine Mitunternehmerschaft ihren Betrieb oder einen Teilbetrieb (z.B. bei einem sog. Asset Deal), so unterliegt der Gewinn nach § 7 Satz 2 GewStG regelmäßig der Gewerbesteuer. Dies gilt bei einer Mitunternehmerschaft nicht, soweit der Gewinn auf eine natürliche Person als unmittelbar beteiligter Mitunternehmer entfällt und kein Fall des § 18 Abs. 3 UmwStG vorliegt.

15.2.3 Teilbetriebsveräußerung

15.15 Begünstigt ist nach § 16 Abs. 1 Satz 1 Nr. 1 EStG auch die Veräußerung eines Teilbetriebs i.S.v. R 16 Abs. 3 EStR 2012. Nach H 16 Abs. 3 EStH 2018 ist es nicht erforderlich, dass der Veräußerer seine gewerbliche Tätigkeit in vollem Umfang beendet. Ausreichend ist vielmehr, die gewerbliche Tätigkeit aufzugeben, die sich auf die veräußerten wesentlichen Betriebsgrundlagen bezieht.

15.16 Die Veräußerung eines Teilbetriebs durch einen Einzelunternehmer führt zwar nicht zur Beendigung der gewerblichen Tätigkeit, sie gehört aber bei Vorliegen

10) Vgl. BMF-Schreiben v. 28.07.2003 – IV A 6 – S 2242 – 4/03, DB 2003, 2522; OFD Koblenz, Kurzinformation v. 15.12.2006 – S 2249 A – St 31 1, DB 2007, 314.

11) Vgl. BFH, Beschl. v. 11.02.2020 – VIII B 131/19, DStR 2020, 486.

12) Vgl. BFH v. 21.08.2018 – VIII R 2/15, BStBl II 2019, 64; vgl. auch Schmidt/Wacker, EStG, 42. Aufl. 2023, § 18 Rdnr. 225.

der Voraussetzungen nicht zum Gewerbeertrag.[13] Nach Auffassung des BFH ist der Gewerbeertrag i.S.d. § 7 GewStG um solche Bestandteile zu bereinigen, die nicht dem Wesen der Gewerbesteuer als einer auf den tätigen Gewerbebetrieb bezogenen Sachsteuer entsprechen.[14] Zu diesen Bestandteilen gehören bei natürlichen Personen und Personengesellschaften nach ständiger Rechtsprechung die nach Einkommensteuerrecht mit dem ermäßigten Steuersatz zu versteuernden Veräußerungs- und Aufgabegewinne.[15] Aus der weitgehenden Verselbständigung eines Teilbetriebs im Rahmen des gesamten Gewerbebetriebs leitet die Rechtsprechung ab, dass auch Gewinne aus der Aufgabe oder Veräußerung eines Teilbetriebs nicht der Gewerbesteuer zu unterwerfen und damit den Gewinnen aus der Aufgabe oder Veräußerung des Gesamtbetriebs gleichzustellen sind.[16] Der Begriff des Teilbetriebs ist in diesem Zusammenhang ebenso zu verstehen wie in § 16 Abs. 1 Nr. 1 EStG.[17]

Als Teilbetrieb gilt nach § 16 Abs. 1 Satz 1 Nr. 1 Satz 2 EStG auch eine zum notwendigen oder gewillkürten Betriebsvermögen gehörende **100%ige Beteiligung an einer Kapitalgesellschaft.** Da nach § 34 Abs. 2 Nr. 1 EStG Veräußerungsgewinne insoweit nicht zu den außerordentlichen Einkünften gehören, als für diese das Teileinkünfteverfahren nach § 3 Nr. 40 Buchst. b) i.V.m. § 3c Abs. 2 EStG Anwendung findet, reduziert sich die Bedeutung des fingierten Teilbetriebs auf die **Gewährung des Freibetrags** nach § 16 Abs. 4 EStG. Der unter Berücksichtigung des Teileinkünfteverfahrens ermittelte Veräußerungsgewinn unterliegt nach H 7.1 Abs. 3 GewStH 2016 zudem der Gewerbesteuer, es sei denn, die Veräußerung erfolgt im engen zeitlichen Zusammenhang mit der Veräußerung oder Aufgabe des Gewerbebetriebs.[18] 15.17

15.2.4 Veräußerung von Mitunternehmeranteilen

Die Veräußerung eines Mitunternehmeranteils ist nach § 16 i.V.m. § 34 EStG nur begünstigt, soweit Gegenstand der Veräußerung der gesamte Mitunternehmeranteil mit allen wesentlichen Betriebsgrundlagen im Gesamthands- sowie im Sonderbetriebsvermögen ist. Nicht begünstigt ist die Veräußerung eines Teils eines Mitunternehmeranteils. (zur Frage der Zurückbehaltung oder Vorabauslagerung wesentlicher Betriebsgrundlagen siehe ausführlich Rdnr. 4.1 ff.). 15.18

13) Vgl. BFH, Urt. v. 25.11.2009 – X R 23/09, BFH/NV 2010, 633.
14) Vgl. z.B. BFH, Urt. v. 17.02.1994 – VIII R 13/94, BStBl II, 809 m.w.N.
15) Vgl. z.B. BFH, Urt. v. 28.02.1990 – I R 92/86, BStBl II, 699 m.w.N.
16) Vgl. BFH, Urt. v. 07.08.2008 – IV R 86/05, BStBl II 2012, 145 m.w.N.
17) Vgl. BFH, Urt. v. 23.11.1988 – X R 1/86, BStBl II 1989, 376 m.w.N.
18) Vgl. Schmidt/Wacker, EStG, 42. Aufl. 2023, § 16 Rdnr. 135.

15.19 Die Veräußerung eines Mitunternehmeranteils ist abzugrenzen von der Betriebsveräußerung durch die Mitunternehmerschaft. Veräußert eine Mitunternehmerschaft ihren gesamten Betrieb, erfüllt die Mitunternehmerschaft den Veräußerungstatbestand i.S.d. § 16 Abs. 1 Satz 1 Nr. 1 EStG, so dass für eine Anteilsveräußerung i.S.d. § 16 Abs. 1 Satz 1 Nr. 2 EStG kein Raum mehr verbleibt.[19] Auch die Veräußerung eines Mitunternehmeranteils an mehrere Erwerber in einem einheitlichen Vorgang oder das Ausscheiden eines Gesellschafters aus einer mehrgliedrigen Mitunternehmerschaft gegen Abfindung ist nach den §§ 16 und 34 EStG begünstigt und stellt keine Veräußerung von Teilen eines Mitunternehmeranteils dar.[20] Aus der Sicht des Veräußerers wird nämlich der gesamte Mitunternehmeranteil – auch bei mehreren Erwerbern – in einem einheitlichen Vorgang veräußert. Alternativ ist eine Aufgabe des Mitunternehmeranteils anzunehmen, die ebenso begünstigt ist wie die Veräußerung.

15.20 **Hinweis**

Wird ein Anteil an einer Personenhandels- oder Partnerschaftsgesellschaft veräußert, die nach dem Optionsmodell gem. § 1a KStG i.d.F. des KöMoG[21] zur Körperschaftbesteuerung optiert hat, so wird steuerlich ein Anteil an einer Kapitalgesellschaft (Anteil an einer optierenden Gesellschaft) veräußert. In einem solchen Fall kommt beim Veräußerer entweder das Teileinkünfteverfahren nach § 3 Nr. 40 i.V.m. § 3c Abs. 2 EStG oder die Steuerbefreiung nach § 8b Abs. 2 i.V.m. Abs. 3 KStG zur Anwendung. Der Erwerber von Anteilen an einer optierenden Gesellschaft erwirbt steuerlich Anteile an einer fiktiven Kapitalgesellschaft.

15.21 Wird bei einer **doppelstöckigen Personengesellschaft** die Beteiligung an der Obergesellschaft veräußert, so handelt es sich nach der Verwaltungsauffassung um einen **einheitlichen Veräußerungsvorgang.**[22] Danach ist der Veräußerungsgewinn nach den allgemeinen Grundsätzen des § 16 EStG durch Gegenüberstellung des Veräußerungspreises und des Kapitalkontos der Obergesellschaft, in das auch das Kapitalkonto der Untergesellschaft einfließt, zu ermitteln. Soweit der Veräußerungsgewinn auf unmittelbar an der Obergesellschaft beteiligte natürliche Personen entfällt und die Voraussetzungen im Übrigen vorliegen, sind für diesen

19) Vgl. Patt, in: Herrmann/Heuer/Raupach, EStG/KStG, § 16 EStG Rdnr. 275 i.V.m. 130 (09/2022).

20) Vgl. Schmidt/Wacker, EStG, 42. Aufl. 2023, § 16 Rdnr. 413; Förster, DB 2002, 1394.

21) Gesetz zur Modernisierung des Körperschaftsteuerrechts (KöMoG) v. 25.06.2021, BGBl I, 2050; zum Optionsmodell vgl. Rdnr. 6.1 ff.

22) Vgl. R 16 Abs. 13 Satz 8 EStR 2012; vgl. auch OFD Frankfurt, Vfg. v. 16.09.2014 – S 2241 A – 99 – St 213, DStR 2014, 2180; vgl. auch Rdnr. 18.20 ff.

einheitlichen Vorgang der Freibetrag nach § 16 Abs. 4 EStG und die Tarifermäßigung nach § 34 Abs. 3 EStG zu gewähren.[23] Der Gewinn ist nach h.M. nicht gewerbesteuerpflichtig gem. § 7 Satz 2 Nr. 2 GewStG.[24]

Nach anderer Ansicht ist ein Gewinn aus der Veräußerung des Anteils nur an der Obergesellschaft begünstigt und nicht auch noch zusätzlich die damit verbundene Veräußerung der mittelbaren Beteiligung an der Untergesellschaft. Alternativ soll aber ein auf die Gesellschafter der Obergesellschaft mittelbar entfallender Anteil am Gewinn aus der Veräußerung des Anteils an der Untergesellschaft oder ihres Betriebs oder Teilbetriebs begünstigt sein.[25] Diese Auffassung, die von zwei unterschiedlichen Veräußerungsvorgängen ausgeht, hat Bedeutung für die Gewährung des Freibetrags nach § 16 Abs. 4 EStG bzw. den ermäßigten Steuersatz nach § 34 Abs. 3 EStG, weil diese Vergünstigungen nur einmal im Leben gewährt werden. Darüber hinaus ist zu beachten, dass der auf die Beteiligung an der Untergesellschaft entfallende Anteil am Veräußerungsgewinn nach § 7 Satz 2 Nr. 2 GewStG der Gewerbesteuer unterliegt, da er nicht unmittelbar auf eine natürliche Person entfällt, sondern auf der Ebene der Obergesellschaft entsteht.[26] 15.22

Gehört dagegen ein Mitunternehmeranteil zum Betriebsvermögen eines Einzelunternehmers, so handelt es sich im Fall der Veräußerung um **zwei getrennt voneinander zu beurteilende Rechtsakte**, für die die Anwendbarkeit von § 16 Abs. 4 und § 34 Abs. 3 EStG jeweils gesondert zu prüfen ist.[27] Entsprechendes gilt, wenn ein Mitunternehmeranteil zum Sonderbetriebsvermögen einer anderen Mitunternehmerschaft gehört. Liegen hinsichtlich beider Vorgänge die Voraussetzungen des § 16 Abs. 4 EStG bzw. des § 34 Abs. 3 EStG vor, kann der Steuerpflichtige den Abzug des Freibetrags bzw. die ermäßigte Besteuerung bei der Veräußerung des Einzelunternehmens oder für die Veräußerung des Mitunternehmeranteils beantragen. 15.23

---

23) Vgl. Patt, in: Herrmann/Heuer/Raupach, EStG/KStG, § 16 EStG Rdnr. 274 (09/2022); Förster, DB 2002, 1394.

24) Vgl. Franke, in: Wendt/Suchanek/Möllmann/Heinemann, GewStG, 2. Aufl. 2022, § 7 Rdnr. 102 m.w.N.; Selder, in: Glanegger/Güroff, GewStG, 10. Aufl. 2021, § 7 Rdnr. 128; nach a.A. liegt eine mittelbare Veräußerung der Anteile an der Untergesellschaft vor, so dass § 7 Satz 2 Nr. 2 GewStG anwendbar ist; vgl. Ludwig, BB 2002, 2152; Behrens/Schmitt, BB 2002, 860.

25) Vgl. Schmidt/Wacker, EStG, 42. Aufl. 2023, § 16 Rdnr. 384 und 576.

26) Vgl. BFH, Urt. v. 22.07.2010 – IV R 29/07, BStBl II 2011, 511; vgl. dazu Wendt, FR 2011, 140.

27) Vgl. R 16 Abs. 13 Satz 6 und 7 sowie R 34.5. Abs. 2 Satz 3 und 4 EStR 2012; vgl. auch OFD Frankfurt/Main, Vfg. v. 16.09.2014 – S 2241 A – 99 – St 213, DStR 2014, 2180.

15.24 Wird ein Betrieb oder ein Teilbetrieb von einer **Kapitalgesellschaft** veräußert, so unterliegt der Veräußerungsgewinn der körperschaftsteuerlichen Tarifbelastung von derzeit 15 % einschließlich des Solidaritätszuschlags von 5,5 % auch der Gewerbesteuer. Veräußert die Kapitalgesellschaft einen Mitunternehmeranteil oder den Teil eines Mitunternehmeranteils, so unterliegt der Gewinn ebenfalls in vollem Umfang der Körperschaftsteuer einschließlich des Solidaritätszuschlags. Dagegen ist der Gewinn für Zwecke der Gewerbesteuer nach § 7 Satz 2 GewStG auf Ebene der Mitunternehmerschaft zu versteuern, deren Anteil veräußert worden ist. Bei der veräußernden Kapitalgesellschaft als Mitunternehmerin wird der Gewinn zur Vermeidung einer Doppelerfassung nach § 9 Nr. 2 GewStG wieder gekürzt (ausführlich zur Gewerbesteuerpflicht bei Veräußerung von Mitunternehmeranteilen Rdnr. 18.1 ff.).

15.25 Differenziert man nach dem jeweiligen Veräußerer, lassen sich die vorstehenden Ausführungen im Hinblick auf die Besteuerungskonsequenzen bei der Veräußerung von Mitunternehmeranteilen wie folgt zusammenfassen:

Besteuerung bei Veräußerung von Mitunternehmeranteilen

Veräußerer / Gegenstand der Veräußerung	Natürliche Person	Kapital-gesellschaft	Personen-gesellschaft
Gesamter Mitunternehmeranteil mit/ohne SBV	Veräußerungsgewinn nach § 16 Abs. 4, § 34 EStG; keine Gewerbesteuer	Körperschaftsteuer auf Veräußerungsgewinn; Gewerbesteuer auf Ebene der PersGes, deren Anteile veräußert werden; keine Gewerbesteuer bei KapGes	§ 16 Abs. 4, § 34 EStG, soweit Gewinn auf natürliche Personen entfällt; Gewerbesteuer auf Ebene der Personengesellschaft, deren Anteile veräußert werden; keine Gewerbesteuer beim Veräußerer

Veräußerer / Gegenstand der Veräußerung	Natürliche Person	Kapitalgesellschaft	Personengesellschaft
Teil eines Mitunternehmeranteils	Laufender Gewinn nach § 16 Abs. 1 Nr. 2 EStG; Gewerbesteuer	Körperschaftsteuer auf Veräußerungsgewinn; Gewerbesteuer auf Ebene der PersGes, deren Anteile veräußert werden; keine Gewerbesteuer bei KapGes	Laufender Gewinn; Gewerbesteuer auf Ebene der PersGes, deren Anteile veräußert werden: Keine Gewerbesteuer beim Veräußerer

15.3 Steuervergünstigungen im Zusammenhang mit einer Betriebsveräußerung

Folgende **Steuervergünstigungen** sind für eine natürliche Person als Veräußerer vorgesehen: 15.26

Steuervergünstigungen für natürliche Person bei Betriebsveräußerung

§ 16 Abs. 4 EStG	Voraussetzung: Vollendung des 55. Lebensjahres oder im sozialversicherungsrechtlichen Sinne dauernd berufsunfähig Auf Antrag einmal im Leben: Freibetrag von max. 45.000 € mit Abschmelzung ab 136.000 €. Der Freibetrag entfällt, wenn der Veräußerungsgewinn den Betrag von 181.000 € erreicht bzw. übersteigt.
§ 34 Abs. 1 EStG	Fünftelregelung, kein Antrag erforderlich und keine weiteren Voraussetzungen
§ 34 Abs. 3 EStG	Voraussetzung: Vollendung des 55. Lebensjahres oder im sozialversicherungsrechtlichen Sinne dauernd berufsunfähig Auf Antrag einmal im Leben: Tarifermäßigung bei Veräußerungsgewinn bis max. 5 Mio. € (ermäßigter Steuersatz i.H.v. 56 % des durchschnittlichen ESt-Satzes, mindestens aber 14 %)
Gewerbesteuer	Gewerbesteuerfreiheit des Veräußerungsgewinns

15.3.1 Freibetrag nach § 16 Abs. 4 EStG

15.27 Nach § 16 Abs. 4 EStG wird für Veräußerungs- und Aufgabegewinne i.S.d. § 16 Abs. 1 EStG seit dem Jahr 1996[28] auf Antrag einmal im Leben ein **Freibetrag von 45.000 €** gewährt,[29] der bereits bei der Ermittlung der Einkünfte abzuziehen ist.[30] Der Antrag, der nicht von einem Antrag nach § 34 Abs. 3 EStG abhängt, ist formlos und an keine Frist gebunden. Er kann daher noch bis zur Bestandskraft des Steuerbescheids gestellt oder zurückgenommen werden.[31] Der Freibetrag wird gem. R 139 Abs. 13 Satz 4 EStR 2012 in vollem Umfang verbraucht, auch wenn der Veräußerungsgewinn den Betrag von 45.000 € nicht erreicht oder nur ein Teilbetrieb veräußert wird. Ein nicht verbrauchter Teil des Freibetrags kann nicht bei einer anderen Veräußerung beansprucht werden.

15.28 Erzielt der Steuerpflichtige mehrere Veräußerungsgewinne in einem Kalenderjahr, kann der Freibetrag nach § 16 Abs. 4 EStG nur für einen Veräußerungsgewinn in Anspruch genommen werden. Wird ein Betrieb veräußert oder aufgegeben, zu dessen Betriebsvermögen ein Mitunternehmeranteil gehört, ist nach R 16 Abs. 13 Satz 6 und 7 EStR 2012 die Anwendbarkeit des § 16 Abs. 4 EStG für beide Vorgänge getrennt zu prüfen. Liegen hinsichtlich beider Vorgänge die Voraussetzungen des § 16 Abs. 4 EStG vor, hat der Steuerpflichtige ein Wahlrecht, bei welchem Realisationsvorgang der Freibetrag berücksichtigt werden soll.

15.29 Voraussetzung für die Gewährung des Freibetrags ist, dass der Veräußerer **das 55. Lebensjahr vollendet** hat. Für die Erreichung der Altersgrenze kommt es bei einer Betriebsveräußerung auf das Erfüllungsgeschäft (Übergang des wirtschaftlichen Eigentums) und nicht auf das Verpflichtungsgeschäft an.[32] Bei einer Betriebs-

---

28) Eine Inanspruchnahme des Freibetrags vor dem 01.01.1996 bleibt nach § 52 Abs. 34 Satz 5 EStG unberücksichtigt.

29) Umstritten – wenngleich ohne Auswirkung – ist, ob der Freibetrag eine persönliche oder eine sachliche Steuerbefreiung darstellt; vgl. SCHMIDT/WACKER, EStG, 42. Aufl. 2023, § 16 Rdnr. 573: persönliche Steuerbefreiung; KOBOR, in: HERRMANN/HEUER/RAUPACH, EStG/KStG, § 16 EStG Rdnr. 700 (09/2022): sowohl sachliche als auch persönliche Steuerbefreiung.

30) Der Freibetrag nach § 16 Abs. 4 EStG wird in vollem Umfang auch für Gewinne aus der teilentgeltlichen Übertragung von Betrieben oder Mitunternehmeranteilen gewährt, sofern das Entgelt höher als der Buchwert der übertragenen Sachgesamtheit ist; vgl. BMF-Schreiben v. 20.12.2005 – IV B 2 – S 2342 – 18/05, BStBl I 2006, 78.

31) Vgl. SCHMIDT/WACKER, EStG, 42. Aufl. 2023, § 16 Rdnr. 579.

32) Vgl. BFH, Urt. v. 28.11.2007 – IV R 12/07, BStBl II 2008, 193; BFH, Urt. v. 21.09.1995, BStBl II, 893; WENDT, FR 2000, 1201; SCHMIDT/WACKER, EStG, 42. Aufl. 2023, § 16 Rdnr. 575; KOBOR, in: HERRMANN/HEUER/RAUPACH, EStG/KStG, § 16 EStG Rdnr. 708 (09/2022).

veräußerung oder -aufgabe durch den Erben wird der Veräußerungs- bzw. Aufgabegewinn erst in der Person des Erben verwirklicht, sofern nicht der Erblasser bereits vor seinem Tod verkauft hat.[33]

Unabhängig vom Lebensalter wird der Freibetrag auch gewährt, wenn der Veräußerer **im sozialversicherungsrechtlichen Sinne dauernd berufsunfähig** ist. Zum Nachweis reicht die Vorlage eines Bescheids des Rentenversicherungsträgers oder eine amtsärztliche Bescheinigung aus, wonach die Berufs- oder Erwerbsunfähigkeit i.S.d. Sozialversicherung vorliegt (vgl. R 16 Abs. 14 EStR 2012). Eine Berufsunfähigkeit des Erblassers ist unbeachtlich, wenn erst die Erben nach seinem Tod den Betrieb veräußern oder aufgeben.[34] Auf die persönlichen Verhältnisse beim Erblasser kommt es allerdings dann an, wenn dieser noch wegen eingetretener Berufsunfähigkeit das Verpflichtungsgeschäft abgeschlossen hat und die Erben nur das Erfüllungsgeschäft vollziehen.[35] Tritt die dauernde Berufsunfähigkeit erst nach Abschluss des Kaufvertrags ein, aber vor dem dinglichen Erfüllungsgeschäft, dürften die Voraussetzungen für die Gewährung der Steuervergünstigungen nach §§ 16 und 34 EStG erfüllt sein.[36] 15.30

Werden die altersmäßigen Bedingungen (Vollendung des 55. Lebensjahres) von einem Erben noch nicht erfüllt, kann in Erwägung gezogen werden, den Betrieb zunächst mit allen wesentlichen Betriebsgrundlagen zu verpachten und erst nach Erreichen der Altersgrenze die Veräußerung vorzunehmen.[37] Alternativ kann der Rechtsnachfolger die Betriebsaufgabe erklären, die innerhalb des von § 16 Abs. 3b Satz 2 EStG vorgesehenen Dreimonatszeitraums auch für einen Zeitpunkt vor Eintritt des Erbfalls zulässig ist, frühestens jedoch mit der Einstellung der aktiven Tätigkeit durch den Erblasser. In diesem Fall kommen für den Erblasser sowohl der Freibetrag nach § 16 Abs. 4 EStG als auch die Tarifbegünstigung nach § 34 Abs. 1 oder Abs. 3 EStG in Betracht. 15.31

Nach § 16 Abs. 4 Satz 3 EStG vermindert sich der Freibetrag von 45.000 € um den Betrag, um den der Veräußerungsgewinn die sogenannte Freibetrags- oder Abschmelzgrenze von 136.000 € übersteigt (zur Berechnung siehe Rdnr. 14.18 ff.). Die Kürzung führt dazu, dass sich der Freibetrag ab einem Ver- 15.32

33) Zur Veräußerung vgl. BFH, Urt. v. 21.09.1995 – IV R 1/95, BStBl II, 893; zur Aufgabe vgl. BFH, Urt. v. 19.02.1998 – IV R 38/97, BStBl II, 509.

34) Vgl. BFH, Urt. v. 03.07.1991 – X R 26/90, BFH/NV 1991, 813; vgl. auch H 16 Abs. 4 EStH 2018.

35) Vgl. BFH, Urt. v. 21.09.1995 – IV R 1/95, BStBl II, 893.

36) So Schmidt/Wacker, EStG, 42. Aufl. 2023, § 16 Rdnr. 575; Schoor, StuB 2001, 270.

37) Auch ein verpachteter (ruhender) Gewerbebetrieb kann Gegenstand einer Veräußerung wegen dauernder Berufsunfähigkeit sein; vgl. BFH, Urt. v. 13.03.1986 – IV R 176/84, BStBl II, 601.

äußerungsgewinn von 181.000 € auf 0 € reduziert. Ebenso wie der Freibetrag von maximal 45.000 € kommt auch der Höchstbetrag von 136.000 € nur für einen (von mehreren) Veräußerungsgewinnen zur Anwendung.

15.33 Sind in einem Veräußerungsgewinn i.S.d. § 16 EStG auch **Gewinne aus der Veräußerung von Anteilen an Kapitalgesellschaften** enthalten, die gem. § 3 Nr. 40 Buchst. b) i.V.m. § 3c Abs. 2 EStG dem Teileinkünfteverfahren unterliegen, so gehören diese nach § 34 Abs. 2 Nr. 1 EStG nicht zu den außerordentlichen Einkünften. Der ggf. zu gewährende **Freibetrag** nach § 16 Abs. 4 EStG ist nach Auffassung des BFH[38] sowie nach H 16 Abs. 13 EStH 2018 vorrangig mit dem Teil des Veräußerungsgewinns zu verrechnen, auf den das Teileinkünfteverfahren anzuwenden ist.

15.34 **Beispiel**

A veräußert sein Einzelunternehmen (Buchwert des Kapitalkontos: 70.000 €) zu einem Veräußerungspreis von 200.000 €. Im Betriebsvermögen befindet sich eine Beteiligung an einer GmbH mit einem Buchwert von 20.000 €. Deren Anteil am Veräußerungspreis beträgt 50.000 €, so dass sich hieraus ein anteiliger Veräußerungsgewinn von 30.000 € ergibt.

Lösung

Der aus der Veräußerung des GmbH-Anteils erzielte Gewinn ist nach dem Teileinkünfteverfahren i.H.v. 18.000 € (60 % von 30.000 €) steuerpflichtig. Der übrige Veräußerungsgewinn beträgt 100.000 € (150.000 € – 50.000 €). Der Freibetrag ist vorrangig mit dem Veräußerungsgewinn zu verrechnen, auf den das Teileinkünfteverfahren anzuwenden ist.

	Insgesamt	**Ermäßigt zu besteuern**	**Teileinkünfteverfahren**
Veräußerungsgewinn nach § 16 EStG	118.000 €	100.000 €	18.000 €
Freibetrag nach § 16 Abs. 4 EStG	– 45.000 €	– 27.000 €	– 18.000 €
Steuerpflichtig	73.000 €	73.000 €	0 €

15.35 Die nur einmalige Gewährung des Freibetrags nach § 16 Abs. 4 EStG führt zu der Frage, ob dies auch dann gilt, wenn der Steuerpflichtige neben einem Gewerbebetrieb und/oder gewerblichen Mitunternehmeranteilen auch einen Betrieb/Mitunternehmeranteil in Bezug auf eine andere Einkunftsart (z.B. freiberufliche Praxis) besitzt. Nach Ansicht der Finanzverwaltung wird insgesamt – also für alle

38) Vgl. BFH, Urt. v. 14.07.2010 – X R 61/08, BStBl II, 1011.

Gewinneinkunftsarten nur einmal – ein Freibetrag gewährt, so dass neben dem Freibetrag nach § 16 Abs. 4 EStG ein weiterer Freibetrag z.B. nach § 14 Satz 2 oder § 18 Abs. 3 i.V.m. § 16 Abs. 4 EStG nicht in Betracht kommt.[39] Bei einer einkunftsartenbezogenen Betrachtung kann der Freibetrag je einmal für jede Einkunftsart beansprucht werden.[40]

15.3.2 Fünftelregelung nach § 34 Abs. 1 EStG

Nach der in § 34 Abs. 1 EStG enthaltenen Fünftelregelung werden Veräußerungsgewinne als außerordentliche Einkünfte ermäßigt besteuert. Bei der **Fünftelregelung nach § 34 Abs. 1 EStG** beträgt die für außerordentliche Einkünfte i.S.d. § 34 Abs. 2 EStG anzusetzende Einkommensteuer das Fünffache des Unterschiedsbetrags zwischen der Einkommensteuer für das um diese Einkünfte verminderte zu versteuernde Einkommen (verbleibendes zu versteuerndes Einkommen) und der Einkommensteuer für das verbleibende zu versteuernde Einkommen zuzüglich eines Fünftels dieser Einkünfte. 15.36

Ausgeschlossen ist aber, dass Verluste und Abzugsbeträge im Entstehungsjahr der außerordentlichen Einkünfte diese in fünffacher Höhe mindern. Denn in § 34 Abs. 1 Satz 3 EStG ist normiert, dass die Einkommensteuer das Fünffache der auf ein Fünftel des zu versteuernden Einkommens entfallenden Einkommensteuer beträgt, wenn das verbleibende zu versteuernde Einkommen negativ und das zu versteuernde Einkommen positiv ist. 15.37

15.3.3 Ermäßigter Steuersatz nach § 34 Abs. 3 EStG

Auf Antrag und bei Vorliegen der übrigen Voraussetzungen des § 34 Abs. 3 EStG (Vollendung des 55. Lebensjahres oder dauernde Berufsunfähigkeit im sozialversicherungsrechtlichen Sinne, dazu Rdnr. 15.29) kann abweichend von § 34 Abs. 1 EStG der **ermäßigte Steuersatz** nach § 34 Abs. 3 EStG zur Anwendung kommen, wenn das zu versteuernde Einkommen außerordentliche Einkünfte i.S.d. § 24 Abs. 2 Nr. 1 EStG (z.B. Veräußerungsgewinne i.S.d. § 16 EStG) enthält. Die auf den Teil der außerordentlichen Einkünfte bis zu einem **Höchstbetrag von insgesamt 5 Mio.** € entfallende Steuer wird mit 56 % des durchschnittlichen Einkommensteuersatzes besteuert, der sich ergäbe, wenn die tarifliche Einkommensteuer nach dem gesamten zu versteuernden Einkommen zuzüglich der dem Progressionsvorbehalt unterliegenden Einkünfte zu bemessen wäre, mindestens jedoch mit einem Steuersatz von 14 %. 15.38

39) Vgl. H 16 Abs. 13 EStH 2018, Stichwort: Personenbezogenheit; vgl. SCHMIDT/WACKER, EStG, 42. Aufl. 2023, § 16 Rdnr. 578; KOBOR, in: HERRMANN/HEUER/RAUPACH, EStG/KStG, § 16 EStG Rdnr. 730 (09/2022); KANZLER, FR 2000, 1245.

40) Vgl. SCHMIDT/WACKER, EStG, 42. Aufl. 2023, § 16 Rdnr. 578.

15.39 Die Anwendung des § 34 Abs. 3 EStG, die nur einmal im Leben beansprucht werden kann, erfordert einen Antrag, der bis zur Bestandkraft des Steuerbescheids gestellt oder zurückgenommen werden kann[41] und der nicht abhängig ist von einem Antrag zur Anwendung des § 16 Abs. 4 EStG. Wurde die Steuervergünstigung nach § 34 EStG – was möglich war – bereits in Veranlagungszeiträumen vor dem 01.01.2001 beansprucht, so bleibt dies nach § 52 Abs. 47 Satz 7 EStG unberücksichtigt.

15.4 Veräußerung gegen wiederkehrende Zahlungen

15.40 Da die Begünstigungen nach § 16 Abs. 4 bzw. § 34 Abs. 3 EStG nur einmal im Leben beantragt werden können, ist in vielen Fällen das von der Finanzverwaltung eingeräumte **Wahlrecht** nach R 16 Abs. 11 EStR 2012 von Bedeutung, wenn eine Sachgesamtheit (Betrieb, Teilbetrieb oder ein Mitunternehmeranteil oder ein Teil eines Mitunternehmeranteils[42]) gegen wiederkehrende Zahlungen (auf Rentenbasis) veräußert wird.[43]

15.41 Im Zusammenhang mit der Übertragung von Sachgesamtheiten gegen Vereinbarung von lebenslänglichen wiederkehrenden Leistungen ist im Hinblick auf die steuerlichen Folgen zunächst zu prüfen, ob eine **Veräußerungsleibrente** oder eine **Versorgungsrente** vorliegt. Während die Veräußerungsleibrente einen entgeltlichen Übertragungsvorgang voraussetzt, führt eine Versorgungsrente regelmäßig zu einer unentgeltlichen Übertragung i.S.d. § 6 Abs. 3 EStG. Die Versorgungsrente ist beim Empfänger nach § 22 Nr. 1a Doppelbuchst. bb) EStG mit dem Ertragsanteil zu versteuern, wenn der zur Zahlung verpflichtete Übernehmer zum Abzug der Leistungen als Sonderausgaben nach § 10 Abs. 1a Nr. 2 EStG berechtigt ist.

15.42 Zur Abgrenzung zwischen Veräußerungsleibrente und Versorgungsrente kann auf den sogenannten Renten-Erlass[44] zurückgegriffen werden. Danach wird bei der Übertragung auf einen Angehörigen gegen Leibrentenzahlungen regelmäßig eine Versorgungsleistung widerlegbar vermutet. Die Vermutung ist widerlegt, und es ist eine Gegenleistungsrente (Veräußerungsrente) anzunehmen, wenn die Beteiligten Leistung und Gegenleistung nach kaufmännischen Gesichtspunkten

41) Vgl. Schmidt/Wacker, EStG, 42. Aufl. 2023, § 34 Rdnr. 55.

42) Die Anwendung des Wahlrechts dürfte auch bei der Veräußerung eines Teils eines Mitunternehmeranteils – ähnlich wie bei der Veräußerung eines Teilbetriebs – möglich sein, vgl. dazu Schmidt/Wacker, EStG, 42. Aufl. 2023, § 16 Rdnr. 442.

43) Vgl. auch BMF-Schreiben v. 03.08.2004 – IV A 6 – S 2244 – 16/04, BStBl I, 1187.

44) Vgl. BMF-Schreiben v. 11.03.2010 – IV C 3 – S 2221/09/10004, BStBl I, 227, Rdnr. 5, im Folgenden Renten-Erlass, die nachfolgenden Randziffern beziehen sich jeweils auf diesen Erlass; vgl. auch Kulosa, in: Herrmann/Heuer/Raupach, EStG/KStG, § 10 EStG Rdnr. 244 (12/2021).

gegeneinander abgewogen haben und subjektiv von einer Gleichwertigkeit der beiderseitigen Leistungen ausgehen durften, auch wenn Leistung und Gegenleistung objektiv ungleichwertig sind. Unter Fremden wird dagegen regelmäßig eine Gegenleistungsrente vermutet.

Im Fall einer Gegenleistungsrente ist nach dem Renten-Erlass – unter Berücksichtigung des Verhältnisses von Rentenbarwert zum Wert des übertragenen Vermögens – wie folgt zu differenzieren: 15.43

- Nach Rdnr. 65 enthalten wiederkehrende Leistungen im Austausch mit einer Gegenleistung bis zur Grenze der Angemessenheit eine nichtsteuerbare oder steuerbare Vermögensumschichtung in Höhe ihres Barwerts (Tilgungsanteil) und einen Zinsanteil.
- Übersteigt der Barwert der Rente den Wert der übertragenen Sachgesamtheit, ist nach Rdnr. 66 in Höhe des angemessenen Kaufpreises eine Veräußerungsrente anzunehmen, während der übersteigende Teil eine Zuwendung nach § 12 Nr. 2 EStG darstellt mit der Folge, dass eine nicht abziehbare und auch nicht steuerbare Unterhaltsrente vorliegt.
- Ist dagegen der Barwert der Rente mehr als doppelt so hoch wie der Wert der übertragenen Sachgesamtheit, so liegt nach Rdnr. 66 insgesamt eine Zuwendung i.S.d. § 12 Nr. 2 EStG (Unterhaltsrente) vor. Unterschreitet der Barwert der Rente den Wert der übertragenen Sachgesamtheit, so liegt nach Rdnr. 66 ein teilentgeltliches Veräußerungsgeschäft vor.

Ergibt sich nach dieser Abgrenzung eine Veräußerungsleibrente, so sieht R 16 Abs. 11 EStR 2012 das **Wahlrecht** zwischen **Sofortbesteuerung oder Zuflussbesteuerung** vor. 15.44

- Bei Wahl der **Sofortbesteuerung** ist als Veräußerungspreis der nach § 14 BewG ermittelte versicherungsmathematische Barwert der Leibrente anzusetzen. Nach R 16 Abs. 11 Satz 10 EStR 2012 ist bei der Ermittlung des Barwerts der wiederkehrenden Bezüge von einem Zinssatz von 5,5 % auszugehen, wenn nicht vertraglich ein anderer Satz vereinbart ist. Der sich nach Abzug der Veräußerungskosten und des Buchwerts des steuerlichen Kapitalkontos ergebende Veräußerungsgewinn kann unter den Voraussetzungen des § 16 Abs. 4 EStG um den Freibetrag gekürzt werden und unterliegt grundsätzlich der Tarifbegünstigung nach § 34 Abs. 1 oder Abs. 3 EStG. Die Rentenzahlungen unterliegen im Zeitpunkt des Zuflusses mit dem Ertragsanteil der Besteuerung nach § 22 Nr. 1a Doppelbuchst. bb) EStG.
- Wird dagegen die **Zuflussbesteuerung** gewählt, so sind die laufenden Rentenzahlungen als nachträgliche Betriebseinnahmen i.S.d. § 15 i.V.m. § 24 Nr. 2

EStG zu behandeln und in einen Zins- und einen Tilgungsanteil aufzuteilen. Ein zum Normaltarif zu versteuernder Gewinn entsteht erst, wenn der Tilgungsanteil der wiederkehrenden Leistungen (Kapitalanteil) das steuerliche Kapitalkonto sowie etwaige Veräußerungskosten übersteigt. Die Zahlungen unterliegen nicht der Gewerbesteuer, sofern nicht ein Fall des § 7 Satz 2 GewStG oder des § 18 Abs. 3 UmwStG gegeben ist. Der in den wiederkehrenden Leistungen enthaltene Zinsanteil stellt bereits im Zeitpunkt des Zuflusses nachträgliche Betriebseinnahmen dar. Bei der Zuflussbesteuerung wird der **Freibetrag nach § 16 Abs. 4 EStG nicht gewährt.**

Die Anwendung der Zuflussbesteuerung verlangt eine ausdrückliche Erklärung gegenüber dem Finanzamt im Rahmen der Einkommensteuerveranlagung (bis zur Bestandskraft der Veranlagung).[45] Gibt der Steuerpflichtige keine Erklärung ab, kommt es zur Anwendung der Sofortbesteuerung.

15.45 Das vorstehend skizzierte Wahlrecht besteht nach R 17 Abs. 7 i.V.m. R 16 Abs. 11 EStR 2012 auch bei der **Veräußerung eines Anteils an einer Kapitalgesellschaft** i.S.d. § 17 EStG. Nach dem Urteil des BFH vom 29.06.2022 gilt das Wahlrecht auch bei einer Betriebsaufgabe.[46] Erfolgt eine Veräußerung gegen einen festen Kaufpreis und eine Leibrente, steht dem Veräußerer nach R 16 Abs. 11 Satz 9 EStR 2012 das Wahlrecht nur hinsichtlich der Leibrente zu, während der durch die Barzahlung realisierte Veräußerungsgewinn sofort zu versteuern ist. Obwohl nicht alle stillen Reserven realisiert werden, kann der Veräußerungsgewinn auf Antrag begünstigt nach § 34 Abs. 3 EStG versteuert werden.[47]

15.46 Nach H 16 Abs. 11 EStH 2018 gilt das Wahlrecht nach R 16 Abs. 11 EStR 2012 auch bei **Ratenzahlungen**, wobei an die Stelle des Barwerts der Rentenzahlungen der Barwert der Raten tritt.[48] Weitere Voraussetzung ist, dass die Raten während eines mehr als zehn Jahre dauernden Zeitraums zu zahlen sind und die Ratenvereinbarung sowie die sonstige Ausgestaltung des Vertrags eindeutig die Absicht des Veräußerers zum Ausdruck bringen, sich eine Versorgung zu beschaffen.[49]

---

45) Vgl. BFH, Urt. v. 17.09.2015 – III R 49/13, BStBl II 2017, 37; BFH, Urt. v. 18.01.2009 – X R 28/07, BStBl II, 620.

46) Vgl. BFH, Urt. v. 29.06.2022 – X R 6/20, BStBl II 2023, 112, entgegen Schleswig-Holsteinisches FG, Urt. v. 24.01.2020 – 4 K 28/18, EFG 2020, 575 mit Anm. Paetsch.

47) Vgl. Schmidt/Wacker, EStG, 42. Aufl. 2023, § 16 Rdnr. 263.

48) Das Wahlrecht für Ratenzahlungen war früher in R 139 Abs. 11 EStR enthalten. Die Finanzverwaltung hält zwar an der bisherigen Verwaltungspraxis fest, will es aber wohl der Rechtsprechung überlassen, ob das Wahlrecht auf lebenslange Bezüge zu beschränken ist; vgl. Schmidt/Wacker, EStG, 42. Aufl. 2023, § 16 Rdnr. 246, der bei Bezügen mit fester Laufzeit (wie z.B. Raten) eine Sofortbesteuerung für zwingend hält.

49) Vgl. BFH, Urt. v. 12.06.1968 – IV 254/62, BStBl II, 653.

Kommt für einen Veräußerungsgewinn die Tarifermäßigung nach § 34 Abs. 3 EStG in Betracht, kann im Einzelfall trotz der Liquiditätsbelastung die Sofortbesteuerung empfehlenswert sein. In der Regel wird sich aber die Sofortbesteuerung nicht empfehlen, wenn der Veräußerungsgewinn nur der Fünftelregelung unterliegt, da in diesem Fall nur eine eng begrenzte Begünstigung eingreift. Darüber hinaus hat die Sofortbesteuerung den Nachteil, dass zum einen die stillen Reserven aufgedeckt und versteuert werden und daneben oftmals die Rentenzahlungen in den ersten Perioden zur Abdeckung der sofort fälligen Steuerschuld nicht ausreichen. Ein gegenüber der statistischen Lebenserwartung verfrühter Tod des Veräußerers führt – anders als z.B. der Ausfall einer Kaufpreisforderung[50] – nicht zu einer Korrektur des Veräußerungsgewinns. Fällt dagegen die Rentenzahlung z.B. wegen Insolvenz des Käufers aus, so liegt – wie beim Ausfall einer Kaufpreisforderung – ein rückwirkendes Ereignis vor, das nach § 175 Abs. 1 Nr. 2 AO zu einer Änderung der Veranlagung des Veräußerers im Jahr der Veräußerung führt.[51] Die Zuflussbesteuerung kann interessant sein, wenn der Veräußerer den ermäßigten Steuersatz nach § 34 Abs. 3 EStG (z.B. aufgrund seines Alters oder wegen Verbrauchs) nicht in Anspruch nehmen kann und die Fünftelregelung nach § 34 Abs. 1 EStG keine steuerlichen Vorteile bringt. Die vorstehenden Überlegungen zeigen, dass Vorteilhaftigkeitsüberlegungen im Hinblick auf die Zufluss- oder die Sofortbesteuerung in der Praxis nur mit Hilfe einer Veranlagungssimulation angestellt werden können. 15.47

15.5 Ausnahmetatbestände

Im Zusammenhang mit den Steuervergünstigungen nach § 16 Abs. 4 sowie § 34 EStG sind jedoch folgende **wichtige Ausnahmen** zu beachten, wonach teilweise die Anwendung beider Vergünstigungen und teilweise nur die Anwendung der tariflichen Begünstigungen ausgeschlossen wird: 15.48

15.5.1 Veräußerung an sich selbst

Soweit auf der Seite des Veräußerers und des Erwerbers dieselbe Person steht („**Veräußerung an sich selbst**"), gilt der Gewinn nach § 16 Abs. 2 Satz 3 EStG als laufender Gewinn, und es kommen weder der Freibetrag nach § 16 Abs. 4 EStG noch die Tarifermäßigungen nach § 34 Abs. 1 bzw. Abs. 3 EStG zur Anwendung. Der Gewinn unterliegt insoweit auch der Gewerbesteuer,[52] die nach § 35 EStG mit dem 3,8fachen Gewerbesteuermessbetrag auf die Einkommensteuer 15.49

50) Vgl. BFH, Urt. v. 19.08.1999 – IV R 67/98, BStBl II 2000, 179.

51) Vgl. BFH, Beschl. v. 19.07.1993 – GrS 1/92, BStBl II, 897; ausführlich zu steuerrelevanten Ereignissen nach einer Betriebsveräußerung vgl. Schmidt/Wacker, EStG, 42. Aufl. 2023, § 16 Rdnr. 335 ff. m.w.N.

52) Vgl. BFH, Urt. v. 15.06.2004 – VIII R 7/01, BStBl II, 754.

anrechenbar ist. Die Anrechnung nach § 35 EStG ist auf die tatsächlich gezahlte Gewerbesteuer sowie auf die tarifliche Einkommensteuer begrenzt, die anteilig auf die gewerblichen Einkünfte entfällt (Ermäßigungshöchstbetrag).[53] Damit kann die Gewerbesteuer weitgehend kompensiert werden.

15.50 Eine korrespondierende Regelung ist jeweils auch in § 16 Abs. 3 Satz 5 EStG (Veräußerung einzelner Wirtschaftsgüter an sich selbst im Rahmen einer Betriebsaufgabe) sowie in § 24 Abs. 3 Satz 3 UmwStG enthalten. Einschlägige Anwendungsfälle für einen „Verkauf an sich selbst“ sind:

- die Veräußerung eines Betriebs, Teilbetriebs oder eines Mitunternehmeranteils an eine Personengesellschaft, soweit an dieser der Veräußerer als Gesellschafter beteiligt ist (§ 16 Abs. 2 Satz 3 EStG);
- die Veräußerung einzelner Wirtschaftsgüter (auch solche im Sonderbetriebsvermögen) im Rahmen der Aufgabe eines Betriebs, Teilbetriebs oder Mitunternehmeranteils an eine Personengesellschaft, soweit an dieser der Veräußerer als Gesellschafter beteiligt ist (§ 16 Abs. 3 Satz 5 EStG);
- die Einbringung eines Betriebs oder Mitunternehmeranteils in eine Personengesellschaft nach § 24 UmwStG unter Ansatz der gemeinen Werte (§ 24 Abs. 3 Satz 2 UmwStG i.V.m. § 16 Abs. 2 Satz 3 EStG), soweit der Einbringende an der übernehmenden Personengesellschaft beteiligt ist.

15.51 Weitere Rechtsfolge der Anwendung von § 16 Abs. 2 Satz 3 EStG oder der korrespondierenden Regelungen ist, dass der Gewinn insoweit sowohl von der Anwendung des Freibetrags nach § 16 Abs. 4 EStG als auch von der Tarifbegünstigung nach § 34 Abs. 1 oder Abs. 3 EStG ausgeschlossen ist.

15.5.2 Ausschluss der Tarifermäßigung bei Anwendung von § 6b EStG

15.52 Eine Anwendung der **Fünftelregelung** nach § 34 Abs. 1 Satz 4 EStG ist **vollständig ausgeschlossen**, wenn der Steuerpflichtige auf Veräußerungsgewinne i.S.d. § 34 Abs. 2 Nr. 1 EStG ganz oder teilweise § 6b oder § 6c EStG anwendet. Über den entsprechenden Verweis in § 34 Abs. 3 Satz 6 auf Abs. 1 Satz 4 EStG ist bei Anwendung der §§ 6b und 6c EStG auch die **Gewährung des ermäßigten Steuersatzes ausgeschlossen**. Der Grund dafür besteht darin, dass wegen der möglichen Übertragung stiller Reserven auf andere Wirtschaftsgüter oder der Bildung einer gewinnmindernden Rücklage nach § 6b EStG nicht sämtliche stillen Reserven

53) Zu Einzelheiten vgl. BMF-Schreiben v. 03.11.2016 – IV C 6 – S 2296 – a/08/10002 :003, BStBl I, 1187, mit punktueller Anpassung an die neuere Rechtsprechung durch BMF-Schreiben v. 17.04.2019 – IV C 6 – S 2296-a/17/10004, BStBl I, 459.

aufgedeckt werden, so dass die für die Anwendung der Tarifbegünstigung erforderliche zusammengeballte Realisierung und Besteuerung stiller Reserven nicht gegeben ist.

Da die Anwendung des § 6b EStG personenbezogen ist, kann bei der Veräußerung des Betriebs einer Personengesellschaft eine Übertragung auf ein Reinvestitionswirtschaftsgut oder die Bildung einer Rücklage nach § 6b EStG für einen Gesellschafter vorgenommen werden, ohne dass dies der Anwendung des Freibetrags nach § 16 Abs. 4 EStG und/oder der Tarifermäßigung nach § 34 Abs. 1 oder Abs. 3 EStG bei den anderen Gesellschaftern entgegensteht.[54] 15.53

Nach § 6b Abs. 10 EStG können Steuerpflichtige, für die § 8b KStG nicht gilt (also natürliche Personen), Gewinne aus der Veräußerung von Anteilen an Kapitalgesellschaften bis zu einem Betrag von 500.000 € (bei Personengesellschaften je Gesellschafter, der nicht Kapitalgesellschaft ist) auf die im Wirtschaftsjahr der Veräußerung oder in den folgenden **zwei Wirtschaftsjahren** angeschafften Anteile an Kapitalgesellschaften oder angeschafften oder hergestellten abnutzbaren beweglichen Wirtschaftsgüter oder **in den folgenden vier Wirtschaftsjahren** angeschafften oder hergestellten Gebäude übertragen. Die Inanspruchnahme von § 6b Abs. 10 EStG führt – so das FG Münster –[55] nicht zu einer Gefährdung der Tarifermäßigung für die übrigen Gewinne, weil diese Gewinne ohnehin nicht zu den außerordentlichen Einkünften i.S.d. § 34 Abs. 2 Nr. 1 EStG gehören. 15.54

Hinweis 15.55

Nach § 52 Abs. 14 Satz 4 EStG verlängern sich die in § 6b Abs. 10 EStG genannten Reinvestitionsfristen (wie auch die anderen in § 6b EStG genannten Reinvestitionsfristen) um jeweils ein Jahr, wenn eine Rücklage nach § 6b EStG am Schluss des nach dem 29.02.2020 und vor dem 01.01.2021 endenden Wirtschaftsjahres aufzulösen wäre. § 52 Abs. 14 Satz 5 EStG sieht die Ermächtigung vor, durch Rechtsverordnung mit Zustimmung des Bundesrats – coronabedingt – die Reinvestitionsfristen um ein weiteres Jahr zu verlängern.

15.5.3 Gewerbesteuerfalle nach § 18 Abs. 3 UmwStG

Die grundsätzlich für natürliche Personen bestehende Gewerbesteuerfreiheit für Gewinne aus der Veräußerung eines Betriebs, Teilbetriebs oder Mitunternehmeranteils erfährt durch die Missbrauchsregelung in § 18 Abs. 3 UmwStG eine gewichtige Ausnahme. Wird nämlich nach der Umwandlung einer Kapitalgesell- 15.56

54) Vgl. BFH, Urt. v. 30.03.1989 – IV R 81/87, BStBl II, 558.
55) Vgl. FG Münster, Urt. v. 23.09.2015 – 10 K 4079/14 F, EFG 2016, 20 (rkr.); zustimmend Schmidt/Wacker, EStG, 42. Aufl. 2023, § 34 Rdnr. 27.

schaft in ein Personenunternehmen entweder das Personenunternehmen oder ein Anteil an der aus der Umwandlung entstandenen Personengesellschaft **innerhalb von fünf Jahren** nach der Umwandlung veräußert oder aufgegeben, so unterliegt ein Veräußerungs- oder Aufgabegewinn der Gewerbesteuer auch dann, soweit er auf eine natürliche Person entfällt.[56] Entsprechendes gilt, soweit ein Teilbetrieb aufgegeben oder veräußert wird. Besondere praktische Bedeutung erlangt § 18 Abs. 3 UmwStG, der keine Missbrauchsabsicht voraussetzt, weil der auf den Aufgabe- oder Veräußerungsgewinn entfallende Teil des Gewerbesteuermessbetrags bei der Ermäßigung der Einkommensteuer nach § 35 EStG nicht zu berücksichtigen ist,[57] so dass die nach § 18 Abs. 3 UmwStG anfallende Gewerbesteuer von der Anrechnung auf die Einkommensteuer nach § 35 EStG ausgeschlossen ist[58] und auch der Freibetrag nach § 16 Abs. 4 EStG[59] nicht gewährt wird (zu weiteren Einzelheiten im Zusammenhang mit § 18 Abs. 3 UmwStG siehe Rdnr. 4.1 ff. sowie 18.29 ff.).

15.5.4 Gewerbesteuer bei unterjährigem Anteilsverkauf

15.57 In bestimmten Fällen entsteht – abhängig von der Regelung im Kaufvertrag – bei einem unterjährigen Verkauf von Mitunternehmeranteilen eine Gewerbesteuerbelastung, die es bei der steuerlichen Akquisitionsstrukturierung zu beachten gilt.[60]

15.58 **Beispiel**

Die im Inland ansässigen M und S veräußern jeweils ihre 50%igen Beteiligung an der T-KG und an der V-Komplementär-GmbH an die E-GmbH (alle Gesellschaften sind im Inland ansässig). Die Anteilsunterzeichnung (sog. Signing) und die Anteilsübertragung (sog. Closing) finden am 30.06.2021 statt. Im Kaufvertrag ist vereinbart, dass der laufende Gewinn des Geschäftsjahres noch bis zum 30.06.2021 den Altgesellschaftern M und S zusteht. Die darauf entfallende Gewerbesteuer i.H.v. 15 % ist gemäß dem Unternehmenskaufvertrag

56) Ausführlich dazu vgl. Förster, DB 2016, 789; Ott, DStZ 2016, 769.

57) Vgl. BMF-Schreiben v. 03.11.2016 – IV C 6 – S 2296-a/07/10002 :003, BStBl I, 1187, Rdnr. 13; unerheblich ist, ob der Veräußerungs- oder Aufgabegewinn nach § 7 Satz 1 oder Satz 2 GewStG der Gewerbesteuer unterliegt; vgl. dazu BFH, Urt. v. 28.05.2015 – IV R 27/12, BStBl II, 837; so auch Rdnr. 18.09 UmwSt-Erlass.

58) Nach BFH, Urt. v. 28.05.2015 – IV R 27/12, BStBl II, 837, tritt der Ausschluss von der Gewerbesteueranrechnung nicht ein, wenn die umgewandelte Körperschaft als Organgesellschaft kein gewerbesteuerlich schützenswertes Substrat hat; vgl. dazu Nöcker, FR 2015, 1003; Förster, DB 2016, 789, 790 f.

59) Vgl. BFH, Urt. v. 26.03.2015 – IV R 3/12, BStBl II 2016, 553.

60) Instruktiv dazu sowie zur Vermeidung von gewerbesteuerlichen Anrechnungsüberhängen vgl. Förster, DB 2021, 303; Geiger, DStR 2019, 850; Gläser/Zöller, BB 2017, 987.

(SPA = Share Purchase Agreement) von M und S zu tragen. M und S haben keine weiteren Einkünfte und unterliegen dem Spitzensteuersatz von 45 % (SolZ und Kirchensteuer bleiben unberücksichtigt). M, der 70 Jahre alt ist, hat die Steuerermäßigung nach § 34 Abs. 3 EStG bereits anderweitig in Anspruch genommen.

Lösung

Der (zeitanteilige) laufende Gewinn bis zum 30.06.2021 ist gewerbesteuerpflichtig, während der Veräußerungsgewinn gewerbesteuerfrei ist und nur der Einkommensteuer unterliegt. M und S erhalten jedoch keine Gewerbesteueranrechnung nach § 35 EStG, da nach der Rechtsprechung des BFH,[61] der sich die Finanzverwaltung angeschlossen hat,[62] für Zwecke des § 35 EStG der Gesellschafterbestand am Ende des Erhebungszeitraums maßgeblich ist. Die Folge ist, dass bei M und S neben die Einkommensteuerbelastung von 45 % auch noch eine Belastung von 15 % durch die zu tragende Gewerbesteuer tritt.

Zur Lösung der aufgezeigten Problematik bieten sich folgende Gestaltungen an: 15.59

- Die Verschiebung des Closing (d.h. des wirtschaftlichen Übergangs) auf den 31.12.2021, 24:00 Uhr, die zwar zielführend, bei den Parteien jedoch nicht unbedingt beliebt ist. In diesem Fall bekommen M und S noch den Gewinn für das ganze Geschäftsjahr zugewiesen. Da beide am Ende des Erhebungszeitraums noch an der T-KG beteiligt sind, ist eine Anrechnung der Gewerbesteuer nach § 35 EStG möglich.

- Maßgeblich für den Übergang des wirtschaftlichen Eigentums ist der Vollzug der Anteilsübertragung mit Übergang von Besitz, Nutzen und Lasten der Anteile. Ob hierfür eine Veräußerung im Juni 2021 „mit Wirkung auf" den 31.12.2021 anerkannt wird, könnte mit Blick auf die steuerliche Anerkennung aufschiebender Bedingungen problematisch sein. Daher ist die zeitnahe Übertragung vor dem Jahreswechsel unter Anwendung der sogenannten **Mitternachtsklausel** in R 14.4 Abs. 2 KStR 2015 empfehlenswert. Wird **alternativ** das Closing zum 01.01.2022, 00:00 Uhr, vereinbart, wären M und S an der T-KG noch zum Ende des Erhebungszeitraums beteiligt und eine Anrechnung der Gewerbesteuer wäre möglich. 15.60

- Eine Rückbeziehung des Closing vom 30.06.2021 auf den 31.12.2020, 24:00 Uhr, entfällt generell, da die Finanzverwaltung[63] lediglich eine sogenann- 15.61

61) Vgl. BFH, Urt. v. 14.01.2016 – IV R 5/14, BStBl II, 875.

62) Vgl. BMF-Schreiben v. 03.11.2016 – IV C 6 – S 2296-a/07/10002 :003, BStBl I, 1187, Rdnr. 28.

63) Vgl. OFD Karlsruhe, Vfg. v. 08.10.2007 – S 1978/20 – St 11, DStR 2007, 1829; zum Teil wird auch eine Rückbeziehung von drei Monaten für möglich erachtet, vgl. SCHMIDT/WACKER, EStG, 42. Aufl. 2023, § 16 Rdnr. 429.

te technische Rückbeziehung von sechs bis acht Wochen anerkennt, wenn dadurch kein Vorteil entsteht. Fraglich ist, ob die Anrechnung der Gewerbesteuer solch ein Vorteil ist.

15.62 – Eine Lösung wäre auch, wenn der Käufer über ausreichend Anrechnungssubstrat aus anderen Einkunftsquellen verfügt. Da M und S am Ende des Erhebungszeitraums nicht mehr an der T-KG beteiligt sind, kann möglicherweise ein geeigneter Käufer das Anrechnungssubstrat verrechnen und somit ggf. den Kaufpreis erhöhen oder sich vertraglich verpflichten, im Nachgang erlangte Steuervorteile an die Veräußerer herauszugeben.

15.63 – Übertragen nicht nur M und S ihre Kommanditanteile an der T-KG, sondern auch die V-Komplementär-GmbH ihre Komplementärstellung, so gilt dies gem. § 2 Abs. 5 Satz 1 GewStG als Betriebsübergang im Ganzen. Damit stellen die bisherigen Mitunternehmer ihren Betrieb ein, und die bisherige KG erlischt als Gewerbesteuerschuldner. Nach § 14 Satz 3 GewStG entsteht ein abgekürzter Erhebungszeitraum, an dessen Ende M und S an der T-KG beteiligt sind und den maßgeblichen Gesellschafterbestand für die Gewerbesteueranrechnung darstellen.

15.64 Die vorstehende Gestaltung erfordert den Zurückbehalt der Anteile an der Komplementär-GmbH, da ja nur die Komplementär-Stellung übertragen werden soll, nicht aber die Übertragung der Anteile an der Komplementär-GmbH, die ja ansonsten weiterhin Gesellschafterin der T-KG bliebe. Damit stellt sich die Frage, ob noch eine nach § 7 Satz 2 GewStG nicht gewerbesteuerpflichtige Betriebsveräußerung vorliegt, da nicht alle wesentlichen Betriebsgrundlagen (im Sonderbetriebsvermögen) übertragen werden. Bei Zugehörigkeit zum Sonderbetriebsvermögen[64] führt der Zurückbehalt der Anteile an der Komplementär-GmbH zwar nicht zu einer Betriebsveräußerung, aber wegen der zeitgleichen Entnahme der Anteile in das Privatvermögen zu einer (gewerbesteuerfreien) Aufgabe der Mitunternehmeranteile.

---

64) Ob Anteile an der Komplementär-GmbH wesentliche Betriebsgrundlagen im Sonderbetriebsvermögen darstellen, richtet sich nach der OFD NRW, Vfg. v. 21.06.2016 – S 2242 – 2014/0003 – St 115, DB 2016, 1907; vgl. auch BFH, Urt. v. 19.12.2019 – IV R 53/16.

15.6 Veräußerung von Anteilen an Kapitalgesellschaften

Die Besteuerungsfolgen bei der Veräußerung von Anteilen[65] an Kapitalgesellschaften,[66] die im Privatvermögen gehalten werden, ergeben sich – in Abhängigkeit vom Beteiligungsumfang – wie folgt: 15.65

Besteuerungsfolgen bei der Veräußerung von Anteilen an Kapitalgesellschaften

Beteiligungsumfang	Gewinn	Verlust
Privatvermögen < 1 %	Bei Erwerb vor 01.01.2009: steuerfrei Bei Erwerb ab 01.01.2009: Abgeltungsteuer nach § 20 Abs. 2 Nr. 1 EStG, keine Option zum Teileinkünfteverfahren	Bei Erwerb vor 01.01.2009: unbeachtlich Bei Erwerb ab 01.01.2009: Verlust nach § 20 Abs. 2 Nr. 1 EStG, aber: **eingeschränkte Verlustverrechnung** nur mit künftigen Einkünften aus Kapitalvermögen nach § 20 Abs. 6 EStG
Privatvermögen ≥ 1 %	Ansatz zu 60 % nach Teileinkünfteverfahren	Ansatz zu 60 % nach Teileinkünfteverfahren; jedoch keine Berücksichtigung in den Fällen des § 17 Abs. 2 Satz 6 EStG

15.6.1 Anteile i.S.d. § 20 Abs. 2 EStG

Gewinne aus der Veräußerung von Anteilen **im Umfang von weniger als 1 %** 15.66
unterliegen bei einem Erwerb nach dem 31.12.2008 – unabhängig von der Haltedauer – der Abgeltungsteuer von 25 % sowie dem Solidaritätszuschlag. Entsteht bei der Veräußerung ein Verlust, so ist dieser grundsätzlich steuerlich zu erfassen, unterliegt aber der Verlustverrechnungsbeschränkung des § 20 Abs. 6 EStG. Danach dürfen Verluste aus Kapitalvermögen nicht mit Einkünften aus anderen

65) Zum Begriff der Anteile an Kapitalgesellschaften vgl. Schmidt/Levedag, EStG, 42. Aufl. 2023, § 17 Rdnr. 44 ff.; R. Schmidt, in: Herrmann/Heuer/Raupach, EStG/KStG, § 17 EStG Rdnr. 114 ff. (09/2017). Nach § 17 Abs. 1 Satz 3 EStG i.d.F. des KöMoG v. 25.06.2021, BGBl I, 2050, werden Anteile an einer optierenden Gesellschaft i.S.d. § 1a KStG den Anteilen an einer Kapitalgesellschaft gleichgestellt.

66) Als Veräußerung gilt die Übertragung zumindest des wirtschaftlichen Eigentums an den Anteilen von einer Person auf eine andere gegen Entgelt. Erfasst wird z.B. neben dem Kauf oder Tausch auch die verdeckte Einlage in eine Kapitalgesellschaft sowie die Übertragung auf eine Personengesellschaft mit Betriebsvermögen gegen Gewährung von Gesellschaftsrechten, vgl. umfassend dazu Schmidt/Levedag, EStG, 42. Aufl. 2023, § 17 Rdnr. 27 ff.; R. Schmidt, in: Herrmann/Heuer/Raupach, EStG/KStG, § 17 EStG Rdnr. 70 (09/2017).

Einkunftsarten ausgeglichen werden und auch nicht nach § 10d EStG abgezogen werden. Die Verluste mindern jedoch nach § 20 Abs. 6 Satz 2 EStG die Einkünfte, die der Steuerpflichtige in den folgenden Veranlagungszeiträumen aus Kapitalvermögen erzielt; nach § 20 Abs. 6 Satz 3 EStG ist § 10d Abs. 4 EStG sinngemäß anzuwenden. Für Verluste aus der Veräußerung von Aktien ist die spezielle Verlustverrechnung nach § 20 Abs. 6 Satz 4 EStG zu beachten, wonach die Verluste nur mit Gewinnen aus der Veräußerung von Aktien ausgeglichen werden dürfen. Dabei gelten die Sätze 2 und 3 des § 20 Abs. 6 EStG sinngemäß.

15.67 **Hinweis**

Nach § 17 Abs. 6 EStG gelten als Anteile i.S.v. § 17 EStG auch solche Anteile an Kapitalgesellschaften, an denen der Veräußerer innerhalb der letzten fünf Jahre nicht unmittelbar oder mittelbar zu mindestens 1 % beteiligt war, wenn

- die Anteile aufgrund eines Einbringungsvorgangs i.S.d. UmwStG, bei dem nicht der gemeine Wert zum Ansatz kam, erworben wurden und
- zum Einbringungszeitpunkt für die eingebrachten Anteile die Mindestquote nach § 17 Abs. 1 Satz 1 EStG von 1 % erfüllt war oder die Anteile auf einer Sacheinlage i.S.d. § 20 Abs. 1 UmwStG beruhen.

15.68 Mit § 17 Abs. 6 EStG wird sichergestellt, dass die im Zuge einer Einbringung nach § 20 Abs. 1 UmwStG oder eines Anteilstauschs i.S.d. § 21 UmwStG in eine Kapitalgesellschaft erhaltenen Anteile weiterhin von § 17 EStG erfasst werden, wenn bei den eingebrachten Anteilen keine vollständige Auflösung der stillen Reserven erfolgt ist und diese Anteile auch vor der Einbringung als Anteile i.S.d. § 17 EStG zu qualifizieren waren.

15.69 **Beispiel**

Im Rahmen eines Anteilstauschs wird eine Beteiligung i.S.v. § 17 EStG i.H.v. 20 % an der A-GmbH nach § 21 Abs. 1 UmwStG steuerneutral in eine Beteiligung an der übernehmenden H-GmbH i.H.v. nur noch 0,5 % getauscht.

Lösung

Die Veräußerung der erhaltenen Anteile an der H-GmbH, die keine sperrfristbehafteten Anteile darstellen, wird von § 17 Abs. 1 i.V.m. Abs. 6 EStG erfasst. Die siebenjährige Sperrfrist nach § 22 Abs. 2 UmwStG gilt nur für die eingebrachten Anteile an der A-GmbH.

15.6.2 Anteile i.S.v. § 17 EStG

15.6.2.1 Ermittlung des Veräußerungsgewinns

War der Veräußerer innerhalb der letzten fünf Jahre zu irgendeinem Zeitpunkt unmittelbar oder mittelbar zu **mindestens 1 %** an der Kapitalgesellschaft beteiligt, so wird ein Gewinn bzw. ein Verlust aus der Veräußerung von Anteilen an dieser Kapitalgesellschaft als Einkünfte aus Gewerbebetrieb nach § 17 EStG erfasst. Die Besteuerung erfolgt nach § 3 Nr. 40 Buchst. b) i.V.m. § 3c Abs. 2 Satz 1 EStG stets nach dem Teileinkünfteverfahren. Nach § 34 Abs. 2 Nr. 1 EStG liegen keine außerordentlichen Einkünfte vor, so dass der nach Anwendung des Teileinkünfteverfahrens verbleibende Veräußerungsgewinn keine weiteren Vergünstigungen nach § 34 EStG erfährt (zur Ermittlung des Veräußerungsgewinns ausführlich Rdnr. 14.1 ff.). 15.70

Hinweis 15.71

Auch der Erwerb eigener Anteile durch die Kapitalgesellschaft[67] stellt aus der Sicht des Veräußerers – so der BFH –[68] ein **Veräußerungsgeschäft i.S.d. § 17 EStG** dar.[69]

Der Veräußerungsgewinn bzw. -verlust wird nach § 17 Abs. 2 i.V.m. § 3 Nr. 40 Buchst. c) und § 3c Abs. 2 Satz 1 EStG als Gewinnermittlungsvorschrift eigener Art[70] – bezogen auf den Stichtag der Veräußerung – so ermittelt, dass vom Veräußerungspreis die Veräußerungskosten[71] sowie die Anschaffungskosten und nachträgliche Anschaffungskosten i.S.d. § 17 Abs. 2a EStG (Ansatz jeweils zu 60 %) abgezogen werden. Zur Verhinderung von missbräuchlichen Verlustnut- 15.72

67) Vgl. dazu Ott, Stbg 2017, 340 m.w.N.

68) Vgl. BFH, Urt. v. 06.12.2017 – IX R 7/17, DStR 2018, 516.

69) So auch BMF-Schreiben v. 27.11.2013 – IV C 2 – S 2742/07/10009, BStBl I, 1615, wonach der Erwerb eigener Anteile aus Sicht der Kapitalgesellschaft als Kapitalherabsetzung behandelt wird, während auf der Gesellschafterebene ein Veräußerungsgeschäft vorliegt; gegen die Annahme einer Kapitalmaßnahme vgl. FG Münster, Urt. v. 13.10.2016 – 9 K 1087/14 K,G,F, EFG 2017, 423 (rkr.).

70) So z.B. BFH, Urt. v. 02.10.1984 – VIII R 20/84, BStBl II 1985, 428.

71) Als Veräußerungskosten erfasst werden nur solche Aufwendungen, die in einem unmittelbaren sachlichen Zusammenhang mit dem Veräußerungsgeschäft stehen (z.B. Beratungskosten im Zusammenhang mit der Veräußerung, nicht aber z.B. Steuerberatungskosten zur Ermittlung des Veräußerungsgewinns); krit. dazu Schmidt/Levedag, EStG, 42. Aufl. 2023, § 17 Rdnr. 130 f.; R. Schmidt, in: Herrmann/Heuer/Raupach, EStG/KStG, § 17 EStG Rdnr. 185 f. (09/2017).

zungen sieht § 17 Abs. 2 Satz 6 EStG für bestimmte – in der Praxis eher selten vorkommende – Fälle des unentgeltlichen sowie des entgeltlichen Erwerbs ein Abzugsverbot vor, wonach Veräußerungsverluste endgültig nicht nutzbar sind.[72)]

15.73 Wird ein variabler Kaufpreis im Rahmen einer sogenannten Earn-out-Klausel (dazu im Einzelnen Rdnr. 13.86 ff.) vereinbart, so sollen bei **rein umsatz- und/ oder gewinnabhängigen Kaufpreisanteilen**[73)] **nachträgliche Einkünfte** nach § 24 Nr. 2 i.V.m. § 17 EStG (mit Anwendung des Teileinkünfteverfahrens) **in den Zuflussjahren der variablen Kaufpreisanteile** vorliegen.[74)] Hängt das Entstehen eines zusätzlichen Kaufpreises dagegen von der Erreichung bestimmter Erfolgsindikatoren ab, so führt das nachträgliche Entstehen des Kaufpreisanspruchs zu einem **rückwirkenden Ereignis** i.S.d. § 175 Abs. 1 Satz 1 Nr. 2 AO, wenn der **Rechtsgrund** für die später zu leistenden Zahlungen **bereits im ursprünglichen Rechtsgeschäft angelegt** ist.[75)] Ein weiterer Kaufpreisbetrag wird somit rückwirkend im Jahr der Veräußerung erfasst, erhöht den steuerpflichtigen Veräußerungsgewinn und unterliegt ebenfalls dem Teileinkünfteverfahren. Bei einem etwaigen späteren Ausfall des vereinbarten Kaufpreises wird der Veräußerungsgewinn bzw. -verlust rückwirkend – ggf. bei bestandskräftigen Bescheiden nach § 175 Abs. 1 Satz 1 Nr. 2 AO – rückwirkend geändert.[76)]

15.74 Die Mindestbeteiligungsquote in § 17 EStG von 1 % gilt nach dem Steuersenkungsgesetz[77)] mit Wirkung ab dem 01.01.2002 und wurde bereits zuvor durch das StEntlG 1999/2000/2002[78)] rückwirkend zum 01.01.1999 von mehr als 25 % auf mindestens 10 % abgesenkt. Nach dem Beschluss des BVerfG vom 07.07.2010[79)] verstößt die zum 01.01.1999 erfolgte Absenkung der Beteili-

---

72) Zur Kritik vgl. R. Schmidt, in: Herrmann/Heuer/Raupach, EStG/KStG, § 17 EStG Rdnr. 240 ff. (09/2017).

73) Vgl. BFH, Urt. v. 14.05.2002 – VIII R 8/01, BStBl II, 532; vgl. auch Ettinger/Schmitz, GmbHR 2016, 966; zu umsatzabhängigen Kaufpreiszahlungen vgl. BFH, Urt. v. 19.12.2018 – I R 71/16, GmbHR 2019, 913.

74) Vgl. FG Rheinland-Pfalz, Urt. v. 30.03.2021 – 5 K 2442/17, EFG 2021, 1199, mit Anm. Everling, zu einem neben dem Festpreis zu zahlenden und von der Rohmarge abhängigen – und damit umsatzabhängigen – Kaufpreis, die Revision ist anhängig beim BFH unter dem Az. IV R 9/21; Link, BB 2014, 554; Ettinger/Schmitz, GmbHR 2016, 966.

75) Vgl. BFH, Urt. v. 23.05.2012 – IX R 32/11, BStBl II, 675; Ettinger/Schmitz, GmbHR 2016, 966.

76) Vgl. BFH, Urt. v. 19.07.1993 – GrS 1/92, BStBl II, 894; BFH, Urt. v. 21.12.1993 – VIII R 69/88, BStBl II 1994, 648.

77) Steuersenkungsgesetz v. 23.10.2000, BGBl I, 1433, verkündet am 26.10.2000.

78) Steuerentlastungsgesetz 1999/2000/2002 v. 24.03.1999, BGBl I, 402, verkündet am 31.03.1999.

79) Vgl. BVerfG, Beschl. v. 07.07.2010 – 2 BvR 748/05, 2 BvR 753/05, 2 BvR 1738/05, BStBl II 2011, 86.

gungsquote gegen den verfassungsrechtlichen Vertrauensschutz.[80] Sie ist nichtig, soweit in einem Veräußerungsgewinn Wertsteigerungen erfasst werden, die bis zur Verkündung des StEntlG 1999/2000/2002 am 31.03.1999 entstanden sind und die bei einer Veräußerung nach Verkündung des Gesetzes sowohl zum Zeitpunkt der Verkündung als auch zum Zeitpunkt der Veräußerung nach der zuvor geltenden Rechtslage steuerfrei hätten realisiert werden können. Bis zur Höhe des gemeinen Werts der Anteile zum 31.03.1999 bleiben damit im Ergebnis die bis zur Absenkung der Beteiligungsgrenze entstandenen stillen Reserven auch bei einer späteren Veräußerung steuerfrei.

Die Verwaltung wendet die Grundsätze des BVerfG-Beschlusses vom 07.07.2010 15.75
in allen noch offenen Fällen – auch auf die **weitere Absenkung der Beteiligungsgrenze auf 1 %** – an. Ist der gemeine Wert zum 31.03.1999 nicht bekannt, so sieht das hierzu ergangene BMF-Schreiben[81] eine Vereinfachungsregelung zur Ermittlung des gemeinen Werts vor. Da Wertsteigerungen nach der Entscheidung des BVerfG nur steuerbar sind, soweit sie nach dem 31.03.1999 entstanden sind, handelt es sich bei dem Stichtagswert um einen steuerbegründenden Umstand, für den die Feststellungslast nach Auffassung des BFH[82] beim Finanzamt liegt. Die Wertermittlung kann alternativ auch nach dem **vereinfachten Ertragswertverfahren** gem. §§ 199 ff. BewG vorgenommen werden.[83] In den Fällen der Absenkung auf 1 % ist – so der BFH –[84] der gemeine Wert zum 26.10.2000 (Tag der Verkündung des Steuersenkungsgesetzes) maßgebend und nicht etwa der gemeine Wert am Tag des Inkrafttretens am 01.01.2002.[85]

80) Vgl. BVerfG, Beschl. v. 07.07.2010 – 2 BvR 748/05, 2 BvR 753/05, 2 BvR 1738/05, BStBl II 2011, 86.

81) BMF-Schreiben v. 20.12.2010 – IV C 6 – S 2244/10/10001, BStBl I 2011, 16; geändert durch BMF-Schreiben v. 16.12.2015 – IV C 6 – S 2244/10/10001 :003, BStBl I 2016, 10: wonach Veräußerungskosten unter Beachtung von § 3c Abs. 2 EStG in vollem Umfang vom steuerbaren Veräußerungserlös abzuziehen sind; zu den Auswirkungen auf Einlagen und Einbringungen vgl. BMF-Schreiben v. 21.12.2011 – IV C 6 – S 2178/11/10001, BStBl I 2012, 42; geändert durch BMF-Schreiben v. 16.12.2015 – IV C 6 – S 2244/10/10001 :003, BStBl I 2016, 10, 11.

82) Vgl. BFH, Urt. v. 25.11.2010 – IX R 47/10, BFH/NV 2011, 887.

83) Vgl. BMF-Schreiben v. 22.09.2011 – IV C 6 – S 2170/10/10001, BStBl I, 859, i.V.m. R B 199.1 ff. ErbStR 2019.

84) Vgl. BFH, Urt. v. 24.10.2012 – IX R 36/11, BStBl II 2013, 164.

85) So die h.M., vgl. z.B. Kamps, Stbg 2010, 551; Förster, DB 2011, 259; Heuermann, DB 2011, 551; Söffing, BB 2011, 917, Schmidt/Renger, DStR 2011, 693; Milatz/Herbst, GmbHR 2011, 574.

15.6.2.2 Umfang und nachträgliche Veränderungen von Anschaffungskosten

15.76 Bei der Ermittlung des Veräußerungsgewinns oder -verlusts werden für Veräußerungen i.S.v. § 17 Abs. 1 EStG und der Veräußerung gleichgestellte Vorgänge i.S.d. § 17 Abs. 4 oder 5 EStG nach dem 31.07.2019 neben den historischen Anschaffungskosten (Kaufpreis beim entgeltlichen Erwerb, Kapitaleinzahlung bei Bargründung, Bewertungsansatz des eingebrachten Betriebsvermögens bzw. der eingebrachten Anteile bei Einbringungen nach den §§ 20 bzw. 21 UmwStG) auch **nachträgliche Anschaffungskosten** nach § 17 Abs. 2a EStG[86] berücksichtigt. Diese können sich z.B. ergeben durch

1. offene oder verdeckte Einlagen (z.B. Einzahlung von Barmitteln, Einlage von Wirtschaftsgütern, Verzicht auf Forderungen in Höhe des werthaltigen Teils[87] bzw. Verzicht auf werthaltige Pensionsansprüche[88]),
2. Darlehensverluste, soweit die Gewährung oder das Stehenlassen des Darlehens in der Krise gesellschaftsrechtlich veranlasst ist, und
3. Ausfälle von Bürgschaftsregressforderungen und vergleichbaren Forderungen, soweit die Hingabe oder das Stehenlassen der betreffenden Sicherheiten gesellschaftsrechtlich veranlasst war.

15.77 Nach § 17 Abs. 2a Satz 4 EStG liegt eine gesellschaftsrechtliche Veranlassung regelmäßig vor, wenn ein fremder Dritter das Darlehen oder Sicherungsmittel i.S.d. Nummern 2 und 3 bei sonst gleichen Umständen zurückgefordert oder nicht gewährt hätte. Schließlich sind nach § 17 Abs. 2a Satz 5 EStG Einzahlungen, die der Steuerpflichtige über den Nennbetrag seiner Anteile hinaus in das Kapital der Gesellschaft leistet, bei der Ermittlung der Anschaffungskosten gleichmäßig auf seine gesamten Anteile einschließlich seiner im Rahmen von Kapitalerhöhungen erhaltenen neuen Anteile aufzuteilen.[89] **Auf Antrag** des Steuerpflichtigen kann

---

86) Zur Neuregelung des § 17 Abs. 2a EStG vgl. BMF-Schreiben v. 07.06.2022 – IV C 6 – S 2244/20/10001 :003; BStBl I, 897; vgl. dazu OTT, DStZ 2022, 580; LEVEDAG, GmbHR 2022, 1001; TROSSEN, GmbH-StB 2022, 283; vgl. auch JACHMANN-MICHEL, BB 2020, 727; LEVEDAG, GmbHR 2021, 14; DERS., GmbHR 2020, 114, 118; GRAW, DB 2020, 690; OTT, DStR 2020, 313; FÖRSTER/VON CÖLLN/LENTZ, DB 2020, 353; FUHRMANN, NWB 2020, 150; KAHLERT, NWB 2020, 903.

87) Vgl. grundlegend dazu BFH, Beschl. des Großen Senats v. 09.06.1997 – GrS 1/94, BStBl II 1998, 307; BFH, Urt. v. 20.04.2005 – X R 2/03, BStBl II, 694.

88) Vgl. BFH, Urt. v. 15.10.1997 – I R 23/93, BFH/NV 1998, 826; BMF-Schreiben v. 14.08.2012 – IV C 2 – S 2743/10/10001 :001, BStBl I, 874, zum Verzicht auf den Future-Service; OTT, DStR 2015, 2262.

89) Zu dieser gleichmäßigen Verteilung vgl. OTT, DStR 2021, 897; zu § 17 Abs. 2a Satz 5 EStG vgl. auch PITZAL/THOR, DStR 2022, 1401.

§ 17 Abs. 2a Satz 1–4 EStG (nicht jedoch § 17 Abs. 2a Satz 5 EStG) auch bereits für Veräußerungen i.S.d. § 17 Abs. 1, 4 und 5 EStG **vor dem 31.07.2019** angewendet werden.

Mit der Einführung des § 17 Abs. 2a EStG hat der Gesetzgeber die mit dem **Grundsatzurteil** vom 11.07.2017[90] vollzogene Rechtsprechungsänderung des BFH „überschrieben", wonach eigenkapitalersetzende Finanzierungshilfen nach dem Inkrafttreten des MoMiG am 01.11.2008 – und nach Ablauf des gewährten Vertrauensschutzes bis zum 27.09.2017[91] – nicht mehr als nachträgliche Anschaffungskosten der Beteiligung i.S.d. § 17 EStG berücksichtigt werden können.[92] 15.78

Folgende Vorgänge können auch zu **Verminderungen der Anschaffungskosten** führen: 15.79

- Rückzahlungen von Beträgen aus dem steuerlichen Einlagekonto i.S.d. § 27 KStG im Rahmen einer Gewinnausschüttung oder einer Kapitalherabsetzung mit Auszahlung an die Gesellschafter;
- Gewährung sonstiger Gegenleistungen bei Einbringung in eine Kapitalgesellschaft, da diese nach § 20 Abs. 3 Satz 3 oder § 21 Abs. 2 Satz 6 UmwStG die Anschaffungskosten der erhaltenen Anteile kürzen;
- Eintritt des Besserungsfalls bei einem Forderungsverzicht mit Besserungsabrede;[93]
- Entnahmen im Rückwirkungszeitraum bei einer Einbringung nach § 20 UmwStG, die den Buchwert des eingebrachten Betriebsvermögens übersteigen. Nach dem BFH-Urteil vom 07.03.2018[94] – und entgegen Rdnr. 20.19

90) Vgl. BFH, Urt. v. 11.07.2017 – IX R 36/15, BStBl II 2019, 208; bestätigt durch BFH, Urt. v. 02.07.2019 – IX R 13/18, BStBl II 2020, 89, zum Ausfall eines Gesellschafterdarlehens bei Liquidation der GmbH; vgl. dazu Ott, StuB 2020, 85; ders., DStZ 2020, 189 m.w.N.

91) Vgl. BMF-Schreiben v. 05.04.2019 – IV C 6 – S 2244/17/10001, BStBl I, 257, zur Anerkennung der Vertrauensschutzregelung und zur weiteren Anwendung des BMF-Schreibens v. 21.10.2010 – IV C 6 – S 2244/17/10001, BStBl I, 832; vgl. dazu Ott, Stbg 2019, 310.

92) Zu Anwendungsfragen bezüglich der Neuregelung des § 17 Abs. 2a EStG vgl. Ott, Stbg 2020, 214.

93) Zur negativen Einlage bei Eintritt des Besserungsfalls vgl. Dötsch, in: Dötsch/Pung/Möhlenbrock, Die Körperschaftsteuer, § 27 KStG Rdnr. 63 (04/2017); vgl. auch BMF-Schreiben v. 04.06.2003 – IV A 2 – S 2836 – 2/03, BStBl I, 366, Rdnr. 29, zur Rechtslage vor 2006; die dort aufgeführte Ausnahmeregelung zur Rückzahlung von Nachschüssen i.S.d. § 26 GmbHG ist mit Inkrafttreten des SEStEG ab dem Veranlagungszeitraum 2006 nicht mehr anwendbar.

94) Vgl. BFH, Urt. v. 07.03.2018 – I R 12/16, BFH/NV 2018, 1063; vgl. dazu Demuth, DStR 2019, 1959; Brühl/Herkens, Ubg 2019, 516; Hellmann/Krinninger, DStR 2018, 2565; Hageböke, FR 2019, 97.

UmwSt-Erlass – sind solche Entnahmen nach § 20 Abs. 5 Satz 3 UmwStG von den Anschaffungskosten der im Zuge der Einbringung gewährten Anteile abzuziehen, wobei die Anschaffungskosten hierdurch auch negativ werden können.[95]

Hinweis

Von Vertretern der Finanzverwaltung wird derzeit darauf hingewiesen, dass das genannte BFH-Urteil vom 07.03.2018 nicht im Bundessteuerblatt veröffentlicht werden soll.[96] Somit sind vorerst die Grundsätze gemäß Rdnr. 20.19 UmwSt-Erlass weiterhin zu beachten.

Schließlich kann auch ein **vollständiger Untergang von Anschaffungskosten** eintreten, wenn eine Kapitalgesellschaft nach den §§ 3 ff. UmwStG in ein Personenunternehmen umgewandelt wird und ein **Übernahmeverlust** entsteht, der nach § 4 Abs. 6 Satz 6 UmwStG vollständig außer Ansatz bleibt, soweit die Anteile an der umzuwandelnden Kapitalgesellschaft innerhalb der letzten fünf Jahre vor dem steuerlichen Übertragungsstichtag entgeltlich erworben wurden (siehe dazu ausführlich Rdnr. 4.1 ff.).

15.6.2.3 Freibetrag nach § 17 Abs. 3 EStG

15.80 Der Veräußerungsgewinn wird ggf. nach § 17 Abs. 3 EStG um einen Freibetrag i.H.v. maximal 9.060 € gekürzt, wobei die Kürzung nach h.M. erst **nach Anwendung des Teileinkünfteverfahrens** berücksichtigt wird.[97] Der volle Freibetrag von 9.060 € wird – unabhängig vom Lebensalter des Veräußerers – gewährt, wenn eine 100%ige Beteiligung veräußert wird. In anderen Fällen wird der Freibetrag nur anteilig gewährt (z.B. bei Veräußerung einer Beteiligung von 50 % beträgt der Freibetrag maximal 4.530 €). Der Freibeitrag wird um den Betrag gekürzt, um den der Veräußerungsgewinn den Teil von 36.100 € übersteigt, der dem veräußerten Anteil an der Kapitalgesellschaft entspricht. Bei der Veräußerung eines 100%igen Anteils mit einem Veräußerungsgewinn von 45.160 € oder mehr entfällt der Freibetrag vollständig (45.160 € – 36.100 € = 9.060 €).

15.6.2.4 Übertragung gegen wiederkehrende Bezüge

15.81 Anteile an Kapitalgesellschaften können auch gegen wiederkehrende Bezüge übertragen werden, wobei Folgendes gilt:

95) So bereits Rödder, DStR 1996, 860; Ott, GmbHR 2015, 918; Krohn/Schell, Ubg 2015, 197; vgl. auch Herlinghaus, in: Rödder/Herlinghaus/van Lishaut, UmwStG, 3. Aufl. 2019, § 20 Rdnr. 488.

96) Vgl. Krohn, Stbg 2019, 304.

97) Vgl. Schmidt/Levedag, EStG, 42. Aufl. 2023, § 17 Rdnr. 201.

- Bei der Übertragung gegen eine **Leibrente** stellt der Barwert der Leibrente den Veräußerungspreis i.S.d. § 17 EStG dar. Der Veräußerer hat nach R 17 Abs. 7 Satz 2 i.V.m. R 16 Abs. 11 EStR 2012 das **Wahlrecht** zwischen der **Sofort- und der Zuflussbesteuerung.**[98] Erfolgt die Übertragung **gegen Ratenzahlung,** so gilt das Wahlrecht nach R 17 Abs. 7 EStR i.V.m. H 16 Abs. 11 EStH nur, wenn die Raten während eines **mehr als zehn Jahre** dauernden Zeitraums zu zahlen sind und die Ratenvereinbarung sowie die sonstige Ausgestaltung des Vertrags eindeutig die Absicht des Veräußerer zum Ausdruck bringen, sich eine Versorgung zu verschaffen.[99]
- Die Übertragung eines **mindestens 50 % betragenden Anteils an einer GmbH gegen Versorgungsleistungen** unter den Voraussetzungen des § 10 Abs. 1a Nr. 2 Buchst. c) EStG führt zu einer **unentgeltlichen Übertragung,** wenn der Übergeber als Geschäftsführer tätig war und der Übernehmer diese Tätigkeit nach der Übertragung fortsetzt.[100]

15.6.3 Veräußerung aus dem Betriebsvermögen

Befinden sich die zu veräußernden Anteile an einer Kapitalgesellschaft im Betriebs- 15.82
vermögen eines Einzelunternehmens oder einer Personengesellschaft, so unterliegt der Veräußerungsgewinn oder -verlust stets dem Teileinkünfteverfahren nach § 3 Nr. 40 i.V.m. § 3c Abs. 2 EStG[101] und wird damit zu 60 % steuerlich berücksichtigt. Bei der Ermittlung des Gewerbeertrags einer Mitunternehmerschaft sieht § 7 Satz 4 GewStG Folgendes vor:

- § 3 Nr. 40 und § 3c Abs. 2 EStG sind anzuwenden, soweit an der Mitunternehmerschaft natürliche Personen unmittelbar oder mittelbar über eine oder mehrere Personengesellschaften beteiligt sind. Daraus folgt, dass der Veräußerungsgewinn oder -verlust zu 60 % gewerbesteuerlich berücksichtigt wird.
- In den übrigen Fällen ist § 8b Abs. 2 i.V.m. Abs. 3 KStG anzuwenden (d.h. soweit Kapitalgesellschaften an der Mitunternehmerschaft beteiligt sind). Daraus folgt, dass ein Veräußerungsgewinn nur zu 5 % die gewerbesteuerliche Bemessungsgrundlage erhöht, während ein Veräußerungsverlust überhaupt nicht berücksichtigt wird.

---

98) Zur Aufteilung in einen Zins- und Tilgungsanteil vgl. BMF-Schreiben v. 03.08.2004 – IV A 6 – S 22454 – 17/04, BStBl I, 1187.

99) Vgl. BFH, Urt. v. 20.07.2010 – IX R 45/09, BStBl II, 969.

100) Vgl. BMF-Schreiben v. 11.03.2010 – IV C 3 – S 2221/09/10004, BStBl I, 227 (sog. Renten-Erlass IV), Rdnr. 15–20.

101) Bei Personengesellschaften gilt dies, soweit natürliche Personen beteiligt sind. Soweit Kapitalgesellschaften beteiligt sind, gilt § 8b Abs. 2 KStG.

- Nach § 7 Satz 4 GewStG sind die besonderen Gewinnermittlungsvorschriften des Teileinkünfteverfahrens bzw. der Steuerfreistellung gem. § 8b KStG im Rahmen der Ermittlung des Gewerbeertrags der Mitunternehmerschaft anzuwenden, welche die Beteiligungserträge erzielt.

15.83 Für Steuerpflichtige, die **keine von § 8b KStG begünstigte Körperschaften** sind (also bei einem Einzelunternehmen oder bei einer Personengesellschaft, soweit natürliche Personen beteiligt sind), kann der zu 60 % steuerpflichtige Teil des Veräußerungsgewinns nach § 6b Abs. 10 oder § 6c EStG bis zu einem Höchstbetrag von 500.000 € (pro natürlicher Person) im Wirtschaftsjahr der Veräußerung oder in den folgenden zwei bzw. vier Wirtschaftsjahren wie folgt auf Reinvestitionswirtschaftsgüter übertragen werden:[102)]

- auf (in den folgenden zwei Jahren angeschaffte) Anteile an Kapitalgesellschaften,
- auf (in den folgenden zwei Jahren angeschaffte oder hergestellte) abnutzbare bewegliche Wirtschaftsgüter oder
- auf (in den folgenden vier Jahren angeschaffte oder hergestellte) Gebäude.

15.84 Nach § 6b Abs. 10 EStG begünstigt sind jeweils folgende Beträge:

- Wird der Gewinn im Jahr der Veräußerung auf Gebäude oder abnutzbare bewegliche Wirtschaftsgüter übertragen, ist ein Betrag bis zur Höhe des nach dem Teileinkünfteverfahren steuerpflichtigen Gewinns (= 60 % des Veräußerungsgewinns, maximal 300.000 €) begünstigt. Bei Bildung einer Rücklage nach § 6b EStG kann der volle Veräußerungsgewinn bis maximal 500.000 € übertragen werden, während bei der späteren Rücklagenauflösung das Teileinkünfteverfahren greift.
- Wird der Gewinn im Jahr der Veräußerung auf Anteile an Kapitalgesellschaften übertragen, ist ein Betrag in voller Höhe des Veräußerungsgewinns (also vor Anwendung des Teileinkünfteverfahrens), maximal aber 500.000 € begünstigt. Das Teileinkünfteverfahren greift erst bei einer späteren Veräußerung der neuen Anteile.

15.85 Soweit Steuerpflichtige den Abzug nicht im Wirtschaftsjahr der Veräußerung vorgenommen haben, können sie nach § 6b Abs. 10 Satz 5 EStG eine den Gewinn mindernde Rücklage nach Maßgabe des § 6b Abs. 10 Satz 1 EStG einschließlich des nach § 3 Nr. 40 Satz 1 Buchst. a) und b) i.V.m. § 3c Abs. 2 EStG steuerbefreiten Betrags (also in voller Höhe des Veräußerungsgewinns) bilden. Erst bei der Auflösung gilt bei Gebäuden und beweglichen Wirtschaftsgütern dann die

102) Vgl. zum Folgenden nur Schmidt/Loschelder, EStG, 42. Aufl. 2023, § 6b Rdnr. 93 ff.

Beschränkung auf maximal 60 % des Veräußerungsgewinns, maximal 300.000 €. Da die Übertragung nur i.H.v. 60 % zulässig ist, wird der restliche Rücklagenbetrag steuerfrei – ohne Zinszuschlag – aufgelöst.

Eine am Schluss des vierten auf ihre Bildung folgenden Wirtschaftsjahres noch vorhandene Rücklage ist nach § 6b Abs. 10 Satz 8 EStG aufzulösen (zur coronabedingten Verlängerung der Reinvestitionsfrist um ein Jahr vgl. § 52 Abs. 14 Satz 4 und 5 EStG). Der Gewinn im Wirtschaftsjahr der Rücklagenauflösung ist für jedes volle Wirtschaftsjahr, in dem die Rücklage bestanden hat, um 6 % des nicht nach § 3 Nr. 40 Satz 1 Buchst. a) und b) i.V.m. § 3c Abs. 2 EStG steuerbefreiten aufgelösten Rücklagenbetrags zu erhöhen. 15.86

Werden Anteile an einer Kapitalgesellschaft veräußert, die sich **im Betriebsvermögen einer anderen Kapitalgesellschaft** befinden, sieht § 8b Abs. 2 Satz 1 KStG hierfür – unabhängig von der Höhe oder der Haltedauer der Beteiligung[103] – eine **Steuerbefreiung** vor. In den Fällen des § 8b Abs. 6 und 7 KStG gilt die Steuerbefreiung nicht. Nach § 8b Abs. 3 KStG gelten allerdings 5 % des Gewinns als nicht abzugsfähige Betriebsausgabe, so dass im Ergebnis ein Veräußerungsgewinn nur zu 5 % steuerpflichtig ist, während ein Veräußerungsverlust zu 100 % unberücksichtigt bleibt. Dabei definiert § 8b Abs. 2 Satz 2 KStG den Veräußerungsgewinn (bzw. -verlust) – vergleichbar dem § 17 EStG – als den Betrag, um den der Veräußerungspreis (oder der an dessen Stelle tretende Wert) nach Abzug der Veräußerungskosten den Buchwert im Zeitpunkt der Veräußerung übersteigt. 15.87

Über § 8b Abs. 6 Satz 1 KStG gilt die 95%ige Steuerbefreiung nach § 8b Abs. 2 i.V.m. Abs. 3 KStG bei der Veräußerung von Anteilen an Kapitalgesellschaften auch dann, wenn die Beteiligung an einer Kapitalgesellschaft über eine zwischengeschaltete Mitunternehmerschaft gehalten wird. Dies gilt auch für Gewinne und Verluste, soweit sie bei der Veräußerung oder Aufgabe eines Mitunternehmeranteils auf Anteile i.S.d. § 8b Abs. 2 KStG entfallen. Die 95%ige Steuerbefreiung schlägt nach § 7 Satz 1 i.V.m. Satz 4 GewStG auch auf die **Ermittlung des Gewerbeertrags** durch, so dass ein Veräußerungsgewinn nur zu 5 % der Gewerbesteuer unterliegt und ein Veräußerungsverlust vollständig unberücksichtigt bleibt. 15.88

15.6.4 Veräußerung sperrfristbehafteter Anteile

Eine Sachgesamtheit (Betrieb, Teilbetrieb, Mitunternehmeranteil oder Teil eines Mitunternehmeranteils) kann nach dem Bewertungswahlrecht gem. § 20 UmwStG anstelle des Ansatzes mit dem gemeinen Wert auch unter Ansatz der Buch- oder Zwischenwerte in eine Kapitalgesellschaft eingebracht werden. Das 15.89

103) Anders als bei der Besteuerung von Dividenden existiert für Veräußerungsvorgänge keine Streubesitzregelung analog § 8b Abs. 4 KStG.

Bewertungswahlrecht gilt auch für Anteile an einer Kapitalgesellschaft, die entweder als Bestandteil einer Sachgesamtheit i.S.d. § 20 UmwStG (gemischte Einbringung) oder isoliert im Rahmen eines sogenannten qualifizierten Anteilstauschs i.S.d. § 21 Abs. 1 UmwStG in eine Kapitalgesellschaft eingebracht werden.

15.90 **Hinweis**

Hat eine Personenhandels- oder Partnerschaftsgesellschaft von der Option nach § 1a KStG i.d.F. des KöMoG vom 25.06.2021 Gebrauch gemacht, so gelten die Anteile an der optierenden Gesellschaft auch als sperrfristbehaftete Anteile i.S.d. § 22 Abs. 1 UmwStG.

15.91 Die für eine Sacheinlage i.S.d. § 20 UmwStG erhaltenen Anteile stellen **originär sperrfristbehaftete Anteile** nach § 22 Abs. 1 UmwStG dar. Soweit der Einbringende diese erhaltenen Anteile innerhalb einer **Sperrfrist von sieben Jahren** nach dem Einbringungszeitpunkt veräußert oder einen der in § 22 Abs. 1 Satz 6 Nr. 1–6 UmwStG aufgeführten Ersatztatbestand erfüllt, ist rückwirkend im Wirtschaftsjahr der Einbringung ein sogenannter Einbringungsgewinn I zu versteuern. Nach § 22 Abs. 2 UmwStG **ebenfalls originär sperrfristbehaftet** sind die der Einbringung von Anteilen an Kapitalgesellschaften im Rahmen einer Sacheinlage nach § 20 UmwStG oder im Wege des qualifizierten Anteilstauschs nach § 21 Abs. 1 Satz 2 UmwStG **eingebrachten Anteile**. Soweit diese eingebrachten Anteile **innerhalb von sieben Jahren** nach dem Einbringungszeitpunkt durch die übernehmende Gesellschaft unmittelbar oder mittelbar veräußert werden, und soweit beim Einbringenden der Gewinn aus der Veräußerung dieser Anteile im Einbringungszeitpunkt nicht nach § 8b Abs. 2 KStG steuerfrei gewesen wäre, ist der Gewinn aus der Einbringung im Wirtschaftsjahr der Einbringung rückwirkend als sogenannter Einbringungsgewinn II des Einbringenden aus der Veräußerung von Anteilen zu versteuern.

15.92 Auch Folgeumwandlungen mit Fortführung der Buchwerte nach einem steuerneutralen Anteilstausch i.S.d. § 21 UmwStG innerhalb der siebenjährigen Sperrfrist können z.B. zu einem Sperrfristverstoß führen. So hat der BFH die Aufwärtsverschmelzung der erworbenen Gesellschaft ebenso wie den Formwechsel der übernehmenden Kapitalgesellschaft als veräußerungsähnlichen Vorgang qualifiziert und damit einen Sperrfristverstoß angenommen.[104] Auch der Formwechsel der erworbenen Gesellschaft innerhalb der Sperrfrist führt zu einem Sperrfristverstoß.[105]

Die Sperrfristen gehen nach § 22 Abs. 6 UmwStG auf den unentgeltlichen Rechtsnachfolger über. Für diesen wird keine neue Sperrfrist in Gang gesetzt, sondern er tritt in die verbleibende Sperrfrist ein.[106] Umstritten ist, ob ein Sperrfristverstoß durch den Rechtsnachfolger eine Einbringungsgewinnbesteuerung beim ursprünglich Einbringenden oder beim Rechtsnachfolger selber auslöst.[107] 15.93

Neben der originären Sperrfristverhaftung können nach der in § 22 Abs. 7 UmwStG umgesetzten BFH-Rechtsprechung[108] zur Wertabspaltung auch **derivativ sperrfristbehaftete Anteile** entstehen, wenn anlässlich einer Einbringung stille Reserven von sperrfristbehafteten Anteilen auf andere Anteile verlagert werden. Diese Mitverstrickung dient dem Zweck, eine vollständige Sperrfristverhaftung im Fall einer Gesellschaftsgründung oder Kapitalerhöhung sicherzustellen, und kann sowohl erhaltene Anteile i.S.d. § 22 Abs. 1 UmwStG als auch eingebrachte Anteile i.S.d. § 22 Abs. 2 UmwStG erfassen. Schließlich können sich **fiktiv sperrfristbehaftete Anteile** nach der Billigkeitsregelung in Rdnr. 20.09 UmwSt-Erlass ergeben, wenn Anteile an der übernehmenden Gesellschaft – auf unwiderruflichen Antrag und mit entsprechender Einverständniserklärung des Einbringenden – bei einer Betriebseinbringung zurückbehalten werden. Diese gelten künftig als durch eine Sacheinlage erworbene Anteile. 15.94

Enthält eine Sacheinlage i.S.v. § 20 UmwStG auch Anteile an Kapitalgesellschaften („gemischte Einbringung"[109]), können sich **überlappende Sperrfristen** nach 15.95

104) Vgl. BFH, Urt. v. 24.01.2018 – I R 48/15, BStBl II 2019, 45, zur Aufwärtsverschmelzung; BFH, Urt. v. 18.11.2020 – I R 25/18, BStBl II 2021, 732, zum Formwechsel; vgl. dazu auch Wacker, DStR 2021, 1352; Graw, DB 2021, 1502; Ott, DStR 2023, 417.

105) Vgl. FG Münster, Urt. v. 30.12.2021 – 4 K 1512/15 F, EFG 2022, 538 mit Anm. Böwing-Schmalenbrock; die Revision ist beim BFH anhängig unter dem Az. I R 10/22; Ott, DStR 2023, 417.

106) Zu Ausnahmen bei Verwirklichung eines Ersatztatbestands nach § 22 Abs. 1 Satz 6 Nr. 1 und Nr. 6 UmwStG vgl. Patt, in: Dötsch/Pung/Möhlenbrock, Die Körperschaftsteuer, § 22 UmwStG Rdnr. 106 (02/2019).

107) Für eine Besteuerung beim ursprünglich Einbringenden vgl. das Beispiel in Rdnr. 22.41 UmwSt-Erlass; a.A. Schmitt, in: Schmitt/Hörtnagl, UmwG/UmwStG, 9. Aufl. 2020, § 22 UmwStG Rdnr. 178 m.w.N. auch zu abweichenden Meinungen.

108) Vgl. z.B. BFH, Urt. v. 08.04.1992 – I R 128/88, BStBl II, 761; BFH, Urt. v. 08.04.1992 – I R 160/90, BStBl II, 763; BFH, Urt. v. 28.11.2007 – I R 34/07, BStBl II 2008, 533; vgl. auch Förster/Walla, FR 2015, 970; van Lishaut/Ebber/Schmitz, Ubg 2012, 11.

109) Zu diesem Begriff und zur vorrangigen Anwendung von § 20 UmwStG vgl. nur Bilitewski, in: Haritz/Menner/Bilitewski, UmwStG, 5. Aufl. 2019, § 22 Rdnr. 15.

§ 22 Abs. 1 und Abs. 2 UmwStG ergeben. Die gemischte Einbringung, die nach § 22 Abs. 1 Satz 5 UmwStG vollumfänglich von § 20 UmwStG erfasst wird, erfordert eine anteilsbezogene quotale Aufteilung der Anteile.[110] Soweit die im Zuge der Sacheinlage erhaltenen Anteile innerhalb der Sperrfrist veräußert werden, sind nach Rdnr. 22.08 UmwSt-Erlass bei der Ermittlung des Einbringungsgewinns I die gemeinen Werte der miteingebrachten Anteile sowie deren Buchwerte zu eliminieren. Für die miteingebrachten Anteile erfolgt nach § 22 Abs. 2 Satz 1 UmwStG die rückwirkende Versteuerung eines Einbringungsgewinns II nur dann, soweit diese Anteile innerhalb der Sperrfrist durch die übernehmende Gesellschaft veräußert werden.

15.96 Die durch einen Sperrfristverstoß nach § 22 UmwStG ausgelöste **Besteuerung des Einbringungsgewinns I oder II**, die nach § 23 Abs. 2 UmwStG auch Folgen für die Kapitalgesellschaft haben kann, deren Anteile veräußert werden, wird **zweifach eingeschränkt** (siehe Beispiel zur Ermittlung des Einbringungsgewinns I in Rdnr. 14.35 ff.). Der Einbringungsgewinn wird nämlich nur insoweit ermittelt und versteuert, „soweit" sperrfristbehaftete Anteile veräußert werden. Daneben erfolgt nach § 22 Abs. 1 und 2 UmwStG eine Kürzung des Einbringungsgewinns um jeweils 1/7 für jedes nach dem Einbringungszeitpunkt abgelaufene Zeitjahr. Der Einbringungsgewinn I bzw. II unterliegt nach § 7 Satz 2 GewStG grundsätzlich der Gewerbesteuer, falls der Einbringende eine Kapital- oder Personengesellschaft ist. Keine Gewerbesteuer fällt nach Rdnr. 22.07 bzw. 22.13 UmwSt-Erlass an, soweit der Einbringungsgewinn auf eine natürliche Person entfällt.[111]

15.97 Nach Ansicht des BFH[112] unterliegt der **Einbringungsgewinn I** – der h.M.[113] folgend – bei einer **nur teilweisen Veräußerung** der sperrfristbehafteten Anteile – entgegen Rdnr. 22.07 UmwSt-Erlass – nicht der Gewerbesteuer, wenn auch die Einbringung zum gemeinen Wert nicht gewerbesteuerpflichtig gewesen wäre. Der **Einbringungsgewinn II** aus der Veräußerung von nach § 20 Abs. 1 oder § 21 Abs. 1 UmwStG unter dem gemeinen Wert eingebrachten Anteilen unterliegt

110) Zu Vorschlägen für eine Aufteilung vgl. Bilitewski, in: Haritz/Menner/Bilitewski, UmwStG, 5. Aufl. 2019, § 22 Rdnr. 15; Stangl, in: Rödder/Herlinghaus/van Lishaut, UmwStG, 3. Aufl. 2019, § 22 Rdnr. 307 ff.

111) Vgl. ausführlich Ott, in: Ott, Steuergestaltung in der Unternehmensnachfolge, Teil 7/7 (12/2020).

112) Vgl. BFH, Urt. v. 11.07.2019 – I R 26/18, BFH/NV 2020, 439; vgl. dazu Breier, StuB 2020, 384; vgl. auch die Urteilsanmerkung von Wegener/Krüger, FR 2020, 465, sowie den GmbHR-Kommentar von Hinder/Kawka, GmbHR 2020, 510.

113) Vgl. nur Schmitt, in: Schmitt/Hörtnagl, UmwG/UmwStG, 9. Aufl. 2020, § 22 UmwStG Rdnr. 61a; Stangl, in: Rödder/Herlinghaus/van Lishaut, UmwStG, 3. Aufl. 2019, § 22 Rdnr. 290 f.; Weiss/Brühl, DB 2018, 1548; Unterberg, GmbHR 2018, 875; Pitzal, DStR 2018, 985.

– entgegen Rdnr. 22.13 UmwSt-Erlass – nicht der Gewerbesteuer, wenn auch die Einbringung der Anteile zum gemeinen Wert nicht gewerbesteuerpflichtig gewesen wäre.[114)]

Nach § 22 Abs. 2 Satz 5 UmwStG endet für (eingebrachte) sperrfristbehaftete Anteile i.S.v. § 22 Abs. 2 UmwStG die Sperrfristverhaftung, soweit der Einbringende die **erhaltenen Anteile** veräußert hat. Vor diesem Hintergrund wird derzeit die Frage diskutiert, ob eine Veräußerung auch vorliegt, wenn die erhaltenen Anteile z.B. durch eine Buchwerteinbringung nach den §§ 20 ff. UmwStG auf eine andere Gesellschaft weiterübertragen werden.[115)] Sieht man mit der Finanzverwaltung (Rdnr. 00.02, 22.07 sowie 22.22 und 22.23 UmwSt-Erlass) in einem Umwandlungsvorgang jeweils Veräußerungs- und Anschaffungsvorgänge im Hinblick auf das übertragene Vermögen bzw. mit dem BFH[116)] einen mit einer Veräußerung gleichzustellenden tauschähnlichen Vorgang, so wird im Schrifttum zu Recht die Auffassung[117)] vertreten, dass – vorbehaltlich einer Anwendung von § 42 AO – die Sperrfristverhaftung bereits beendet wird, wenn der Einbringende seine erhaltenen Anteile z.B. durch einen Einbringungsvorgang zu Buchwerten auf einen andere Kapitalgesellschaft überträgt. 15.98

Schließlich kann ein Sperrfristverstoß auch durch Verletzung der Nachweispflichten gem. § 22 Abs. 3 UmwStG bewirkt werden. Danach hat der Einbringende, sein Rechtsnachfolger sowie der Inhaber mitverstrickter Anteile i.S.d. § 22 Abs. 7 UmwStG in den dem Einbringungszeitpunkt folgenden sieben Jahren, jährlich spätestens bis zum 31.05., bei dem für ihn jeweils örtlich zuständigen Finanzamt den Nachweis darüber zu erbringen, wem mit Ablauf des Tags, der dem maßgebenden Einbringungszeitpunkt entspricht, die sperrfristbehafteten Anteile 15.99

114) Vgl. BFH, Urt. v. 11.07.2019 – I R 13/18, BFH/NV 2020, 437; vgl. dazu Breier, StuB 2020, 384; so auch die h.M., vgl. Widmann, in: Widmann/Mayer, Umwandlungsrecht, § 22 UmwStG Rdnr. 324 (03/2009); Schmitt, in: Schmitt/Hörtnagl, UmwG/UmwStG, 9. Aufl. 2020, § 22 UmwStG Rdnr. 136; Stangl, in: Rödder/Herlinghaus/van Lishaut, UmwStG, 3. Aufl. 2019, § 22 Rdnr. 462 f.; Patt, in: Dötsch/Pung/Möhlenbrock, Die Körperschaftsteuer, § 22 UmwStG Rdnr. 80g (12/2022).

115) Auch der heterogene Formwechsel der übernehmenden Kapitalgesellschaft führt zu einer sperrfristverletzenden Veräußerung der im Wege eines Anteilstauschs nach § 21 UmwStG in diese Kapitalgesellschaft eingebrachten Anteile; vgl. dazu BFH, Urt. v. 18.11.2020 – I R 25/18, DStR 2021, 1349.

116) Vgl. BFH, Urt. v. 24.01.2018 – I R 48/15, BStBl II 2019, 45.

117) Vgl. z.B. Stangl/Binder, DStR 2018, 1793, 1799; Patt, in: Dötsch/Pung/Möhlenbrock, Die Körperschaftsteuer, § 22 UmwStG Rdnr. 75 (12/2022); Bilitewski, in: Haritz/Menner/Bilitewski, UmwStG, 5. Aufl. 2019, § 22 Rdnr. 262; Schmitt, in: Schmitt/Hörtnagl, UmwG/UmwStG, 9. Aufl. 2020, § 22 UmwStG Rdnr. 138; a.A. Stimpel/Bernhagen, GmbHR 2020, 301.

zuzurechnen sind. Der – ggf. auch durch einen Bevollmächtigten[118] – zu erbringende Nachweis betrifft in den Fällen des § 22 Abs. 1 UmwStG die im Zuge der Einbringung i.S.v. § 20 UmwStG erhaltenen und die auf diesen Anteilen beruhenden Anteile[119] und in den Fällen des § 22 Abs. 2 UmwStG die eingebrachten Anteile und die auf diesen Anteilen beruhenden Anteile. Nach Rdnr. 22.28 i.V.m. 22.02 UmwSt-Erlass besteht infolge des Transparenzprinzips die Nachweispflicht nach § 22 Abs. 3 UmwStG auch für Mitunternehmeranteile, wenn Einbringender einer Sachgesamtheit i.S.d. § 20 UmwStG eine Personengesellschaft ist. Bei einer „gemischten" Einbringung bestehen Nachweispflichten – was in der Praxis oftmals übersehen wird – sowohl für die erhaltenen Anteile als auch für die im Zuge der Sacheinlage nach § 20 UmwStG miteingebrachten Anteile.

15.100 Ein nicht rechtzeitig erbrachter Nachweis hat nach § 22 Abs. 3 Satz 2 UmwStG zur Folge, dass die sperrfristbehafteten Anteile als veräußert gelten und nach Rdnr. 22.32 UmwSt-Erlass beim Einbringenden eine rückwirkende Besteuerung des Einbringungsgewinns vorzunehmen ist. Darüber hinaus soll auf den Zeitpunkt i.S.v. § 22 Abs. 3 Satz 2 UmwStG (d.h. auf den Ablauf des Tags, der dem maßgebenden Einbringungszeitpunkt entspricht) eine mit dem Gesetzeswortlaut zwar vereinbare – im Schrifttum[120] aber zu Recht abgelehnte – Besteuerung des Gewinns aus der fiktiven Veräußerung der Anteile erfolgen. Nach der Billigkeitsregelung in Rdnr. 22.33 UmwSt-Erlass kann die Nachweisfrist über den 31.05. hinaus zwar nicht verlängert werden, aber ein erst nach Ablauf der Frist erbrachter Nachweis kann noch berücksichtigt werden, wenn eine Änderung der betroffenen Bescheide verfahrensrechtlich noch möglich ist. Dies bedeutet, dass im Fall eines Rechtsbehelfsverfahrens der Nachweis längstens noch bis zum Abschluss des Klageverfahrens erbracht werden kann.

---

118) Vgl. nur Patt, in: Dötsch/Pung/Möhlenbrock, Die Körperschaftsteuer, § 22 UmwStG Rdnr. 89 (02/2020) m.w.N.

119) Zum Begriff der auf erhaltenen oder eingebrachten Anteilen „beruhenden Anteile" vgl. *Patt*, in: *Dötsch/Pung/Möhlenbrock*, Die Körperschaftsteuer, § 22 UmwStG Rdnr. 15 (02/2020).

120) Zur Kritik an der zusätzlichen Anteilsveräußerung vgl. Patt, in: Dötsch/Pung/Möhlenbrock, Die Körperschaftsteuer, § 22 UmwStG Rdnr. 93 (02/2020); Stangl, in: Rödder/Herlinghaus/van Lishaut, UmwStG, 3. Aufl. 2019, § 22 Rdnr. 535; Bilitewski, in: Haritz/Menner/Bilitewski, UmwStG, 5. Aufl. 2019, § 22 Rdnr. 297 jeweils m.w.N.

15.7 Gestaltungsüberlegungen zum Erhalt von steuerlichen Vergünstigungen

15.7.1 Zusammenfassung der Veräußerungsobjekte

Der Veräußerer kann – mit Ausnahme der Fünftelregelung gem. § 34 Abs. 1 EStG – die Vergünstigungen nach § 16 Abs. 4 sowie nach § 34 Abs. 3 EStG **nur einmal im Leben** beanspruchen. Dies ist zumindest dann unbefriedigend, wenn mehrere Veräußerungsobjekte (Betriebe, Mitunternehmeranteile) vorhanden sind. Als Gestaltungsmöglichkeit könnte sich daher anbieten, die zu veräußernden Betriebe oder Mitunternehmeranteile vor der Veräußerung z.B. in einem einzigen Betrieb oder – bei Mitunternehmeranteilen – in Form einer Holdinggesellschaft zusammenzufassen. Wenngleich eine solche Zusammenfassung der Veräußerungsobjekte nach § 6 Abs. 5 EStG bzw. § 24 UmwStG regelmäßig steuerneutral möglich ist, sollte aber im Hinblick auf § 42 AO zwischen der Zusammenlegung und der Veräußerung ein gewisser zeitlicher Abstand bestehen. 15.101

Hinweis 15.102

Nach R 16 Abs. 13 Satz 6 sowie R 34 Abs. 2 Satz 3 EStR 2012 stellt der in einem Einzelunternehmen gehaltene Mitunternehmeranteil für die Anwendung der §§ 16 und 34 EStG jeweils ein eigenständiges Zählobjekt dar, wenn das Einzelunternehmen veräußert wird.

15.7.2 Sicherung der Steuervergünstigungen durch Umstrukturierung

Die skizzierten Steuervergünstigungen auf der Veräußererseite setzen regelmäßig voraus, dass ein Betrieb oder ein gesamter Mitunternehmeranteil mit allen wesentlichen Betriebsgrundlagen veräußert wird. Werden die wesentlichen Betriebsgrundlagen zurückbehalten, so liegt zwar keine begünstigte Veräußerung des Betriebs bzw. des Mitunternehmeranteils vor, jedoch dürfte regelmäßig eine ebenfalls begünstigte Aufgabe des Betriebs bzw. des Mitunternehmeranteils gegeben sein. Etwas anderes gilt allerdings, wenn aufgrund einheitlicher Planung und in engem zeitlichen Zusammenhang mit der Veräußerung bzw. Aufgabe des Betriebs oder Mitunternehmeranteils wesentliche Betriebsgrundlagen zu Buchwerten in ein anderes Betriebsvermögen überführt oder übertragen werden. 15.103

Auch wenn die Zurückbehaltung von wesentlichen Betriebsgrundlagen und deren Entnahme in das Privatvermögen regelmäßig zu einer begünstigten Betriebsaufgabe führt, darf nicht verkannt werden, dass die hierbei aufgedeckten stillen Reserven zu einer Versteuerung ohne entsprechenden Liquiditätszufluss führen. 15.104

Es kann sich daher empfehlen, wesentliche Betriebsgrundlagen rechtzeitig von dem Veräußerungsobjekt zu separieren. Das Steuerrecht stellt mit § 6 Abs. 5, § 6b EStG bzw. mit §§ 20–24 UmwStG hierfür ein ausreichendes Instrumentarium zur Verfügung.[121)] Vor dem Hintergrund der oben (Rdnr. 15.103) erwähnten Gesamtplanbetrachtung ist es empfehlenswert, die Auslagerung wesentlicher Betriebsgrundlagen in eigenständige Objektgesellschaften, z.B. in der Rechtsform der GmbH & Co. KG, frühzeitig in Angriff zu nehmen. Dabei sollte von einem Zeitraum von mindestens einem Jahr, besser von zwei Jahren ausgegangen werden.[122)]

15.105 Die Veräußerung von Teilen eines Mitunternehmeranteils führt – wie oben dargestellt – zu einem nicht begünstigten laufenden Gewinn, der auch der Gewerbesteuer unterliegt. Um die Gewerbesteuerfreiheit und die Anwendung der §§ 16 und 34 EStG bei einer beabsichtigten Teilanteilsveräußerung nicht zu gefährden, ist eine frühzeitige Abtrennung des zu veräußernden Teils des Mitunternehmeranteils von dem zurückbleibenden Teil erforderlich. Zu diesem Zweck bieten sich folgende Möglichkeiten an:

- Der zurückbleibende Teil-Mitunternehmeranteil wird nach § 24 UmwStG zu Buchwerten in eine Personengesellschaft eingebracht. Etwa vorhandenes Sonderbetriebsvermögen muss – sofern dieses nicht rechtzeitig vorher ausgegliedert worden ist – in das Betriebsvermögen (Gesamthandsvermögen oder Sonderbetriebsvermögen) der aufnehmenden Personengesellschaft eingebracht bzw. überführt werden. Dadurch kann der nicht eingebrachte Teil des Mitunternehmeranteils unter Inanspruchnahme der §§ 16 und 34 EStG veräußert werden, während der in der Personengesellschaft verbliebene Teilanteil zu einem späteren Zeitpunkt – allerdings ohne Vergünstigungen – veräußert werden kann. Die Anwendung von § 24 UmwStG ist nach Rdnr. 24.03 i.V.m. 20.11 UmwSt-Erlass auch dann möglich, wenn nur ein Teil eines Mitunternehmeranteils in die Personengesellschaft eingebracht wird.
- Alternativ kann der zurückbleibende Teilanteil auch unentgeltlich z.B. auf eine nahestehende Person übertragen werden, wobei es nach § 6 Abs. 3 Satz 2 EStG nicht erforderlich ist, dass etwa vorhandenes Sonderbetriebsvermögen quotenentsprechend mitübertragen wird. Sofern die jeweiligen tatbestandlichen Voraussetzungen erfüllt sind, kann mit dieser Gestaltung die den Anteil übernehmende Person ggf. sowohl den Freibetrag nach § 16 Abs. 4 EStG sowie die Tarifvergünstigungen nach § 34 EStG in Anspruch nehmen. Eine

---

121) Zur Vorabauslagerung wesentlicher Betriebsgrundlagen vgl. Rdnr. 4.1 ff.; grundlegend zu einzelnen Gestaltungsmöglichkeiten vgl. Bogenschütz/Hierl, DStR 2003, 1197.

122) So auch Bogenschütz/Hierl, DStR 2003, 1100: nicht unter einem Jahr; vgl. auch Schmidt/Wacker, EStG, 42. Aufl. 2023, § 16 Rdnr. 410: Zeitraum regelmäßig enger als die dreijährige Sperrfrist in § 6 Abs. 5 Satz 4 EStG.

Vervielfältigung der Steuervergünstigungen ist somit möglich. Zu beachten ist allerdings die fünfjährige Behaltensfrist nach § 6 Abs. 3 Satz 2 EStG, innerhalb derer der Rechtsnachfolger den unentgeltlich übertragenen Mitunternehmeranteil weder veräußern noch aufgeben darf, wenn z.B. bei der Übertragung des Teil-Mitunternehmeranteils Sonderbetriebsvermögen zurückbehalten wurde.[123]

15.7.3 Transformation von Veräußerungsgewinnen in das Teileinkünfteverfahren

In vielen Fällen scheitert die Anwendung der Steuervergünstigungen nach §§ 16 und 34 EStG daran, dass der Veräußerer die erforderliche Altersgrenze von 55 Jahren noch nicht erreicht oder die Vergünstigungen gem. § 16 Abs. 4 bzw. § 34 Abs. 3 EStG bereits einmal beansprucht hat. Daneben können die Fälle treten, in denen der Veräußerungsgewinn den Maximalbetrag von 5 Mio. € nach § 34 Abs. 3 EStG deutlich übersteigt, so dass der den Maximalbetrag übersteigende Veräußerungsgewinn der vollen einkommensteuerlichen Tarifbelastung unterliegt. 15.106

In den vorgenannten Fällen ist Ziel der Gestaltung, durch entsprechende Umstrukturierungen vor der Veräußerung den Bereich des Personenunternehmens zu verlassen und in den Bereich der Kapitalgesellschaft zu wechseln, um in den Genuss des Teileinkünfteverfahrens oder sogar der Steuerbefreiung nach § 8b Abs. 2 KStG zu gelangen. Wird zu diesem Zweck ein Personenunternehmen zunächst zu Buch- oder Zwischenwerten in eine Kapitalgesellschaft nach § 20 UmwStG eingebracht, entstehen sperrfristbehaftete Anteile i.S.d. § 22 Abs. 1 UmwStG, deren Veräußerung **innerhalb von sieben Jahren** nach dem Zeitpunkt der Einbringung zu einer rückwirkenden Auflösung der stillen Reserven und zur Besteuerung eines Einbringungsgewinns I zum Zeitpunkt der Einbringung führt. 15.107

Wegen der siebenjährigen Wartefrist wird diese Gestaltung auch als „Sit-and-Wait-Modell“[124] bezeichnet. Der potenzielle Erwerber kann sich dabei über eine entsprechende Kapitalerhöhung mit ausreichendem Aufgeld bereits an der Kapitalgesellschaft beteiligen. Über gegenseitige Put-/Call-Optionen wird sichergestellt, dass der Erwerber sämtliche Geschäftsanteile nach Ablauf der siebenjährigen Sperrfrist auch erhält. Um den Veräußerer vorzeitig in den Genuss von liquiden Mitteln kommen zu lassen, kann diesem ein verzinsliches Darlehen gewährt werden, das später mit der an die Kapitalgesellschaft abgetretenen Kaufpreis- 15.108

123) Zur Anwendung der Fünfjahresfrist bei der quotalen und disquotalen Übertragung eines Teils eines Mitunternehmeranteils vgl. BMF-Schreiben v. 20.11.2019 – IV C 6 – S 2241/15/10003, BStBl I, 1291, Rdnr. 20–32.

124) So Bogenschütz/Hierl, DStR 2003, 1147.

forderung aufgerechnet wird. Das „Sit-and-Wait-Modell“ hat allerdings für den Erwerber den entscheidenden Nachteil, dass dieser Anteile an einer Kapitalgesellschaft erhält, deren Anschaffungskosten keiner laufenden Abschreibung zugänglich sind und bei denen Fremdfinanzierungskosten ggf. nur noch eingeschränkt abzugsfähig sind. Dies führt regelmäßig zu einem Kaufpreisabschlag gegenüber dem Kauf eines Personenunternehmens.

15.109 Anstelle der Darlehensgewährung ist – bei im Übrigen gleicher Vorgehensweise – eine vorzeitige Anwendung der Abgeltungsteuer oder (ggf. optional nach § 32d Abs. 2 Nr. 3 EStG) die Anwendung des Teileinkünfteverfahrens dann möglich, wenn die Kapitalgesellschaft bereits Gewinnausschüttungen in Form von Vorzugsdividenden während der siebenjährigen Sperrfrist vornehmen kann. Sofern für diese Ausschüttungen keine Beträge aus dem steuerlichen Einlagekonto herangezogen werden, die bei Überschreiten der Anschaffungskosten der sperrfristbehafteten Anteile zu einem schädlichen Veräußerungsvorgang führen, liegen bei diesem „Dividend-Conversion-Modell“[125] Dividendeneinnahmen nach § 20 Abs. 1 Nr. 1 EStG vor, die – auch bereits innerhalb der siebenjährigen Sperrfrist – der Abgeltungsteuer bzw. dem Teileinkünfteverfahren unterliegen.

15.110 Darüber hinaus wird vorgeschlagen, das „Sit-and-Wait-Modell“ sowie das „Dividend-Conversion-Modell“ noch um eine Gestaltungsvariante zu erweitern. Im Rahmen des „Business-Lease-Modells“[126] wird z.B. eine GmbH im Wege der Bargründung errichtet, die den Geschäftsbetrieb der zu veräußernden Kapitalgesellschaft zu einem am unteren Rande der Angemessenheit fixierten Pachtzins anpachtet.[127] Ziel dieser Gestaltung ist es, die Ertragskraft auf die neu errichtete GmbH zu verlagern, um damit eine signifikante Wertsteigerung der Anteile an dieser Gesellschaft herbeizuführen. Die Anteile an der neuen GmbH können jederzeit ohne Beachtung der siebenjährigen Sperrfrist veräußert werden, während sich der Erwerber und der Veräußerer bezüglich der Anteile an der zu erwerbenden Kapitalgesellschaft eine gegenseitige Put-/Call-Option gewähren, die nach Ablauf der Siebenjahresfrist für die sperrfristbehafteten Anteile ausgeübt werden kann.[128]

125) Bogenschütz/Hierl, DStR 2003, 1148.

126) Vgl. Bogenschütz/Hierl, DStR 2003, 1148, 1149.

127) Bei Schwesterkapitalgesellschaften besteht bei unangemessenem Pachtzins die Gefahr einer verdeckten Gewinnausschüttung. Der entsprechende Zufluss beim gemeinsamen Gesellschafter unterliegt wiederum der Abgeltungsteuer oder dem Teileinkünfteverfahren, so dass die verdeckte Gewinnausschüttung keine negativen Folgen hat; vgl. Bogenschütz/Hierl, DStR 2003, 1148, 1150 Fn. 70.

128) Ein umfassendes Zahlenbeispiel findet sich bei Bogenschütz/Hierl, DStR 2003, 1148, 1150 ff. Die Autoren räumen selbst ein, das „Business-Lease-Modell“ sei in der Nähe des Gestaltungsmissbrauchs nach § 42 AO angesiedelt.

15.8 Beachtung von Sperr- und Behaltensfristen

Das Steuerrecht in Deutschland ist durchzogen von Regelungen zu Sperr- und Behaltensfristen, deren Nichtbeachtung zu gravierenden Steuerfolgen führen kann. Solche Sperr- und Behaltensfristen bestehen auch im Zusammenhang mit der Veräußerung von Sachgesamtheiten (Betriebe, Teilbetriebe, Mitunternehmeranteile) sowie von Anteilen an Kapitalgesellschaften. Bereits ein erster Blick in die einschlägigen Vorschriften zeigt, dass diese Fristen 15.111

- eine **unterschiedliche Dauer** (drei, fünf, sechs, sieben und zehn Jahre) aufweisen und sogar unbefristet und daher zeitlos wirken,
- teilweise vorwärts gerichtet (prospektiv) und teilweise rückwärts gerichtet (retrospektiv) sein können und
- durchaus **unterschiedliche Rechtsfolgen** auslösen können.

Da eine intensive Erörterung aller durch Fristenverstöße ausgelösten Rechtsfolgen den Rahmen dieses Beitrags sprengen würde, werden nachfolgend die im Hinblick auf Veräußerungsvorgänge relevanten einzelnen Sperr- und Behaltensfristen[129] (ohne Anspruch auf Vollständigkeit) tabellarisch im Überblick dargestellt: 15.112

Übersicht über Sperr- und Behaltensfristen

Vorschrift	Dauer	Vorgang	Rechtsfolge
§ 6 Abs. 3 Satz 2 EStG	5 Jahre	Veräußerung oder Aufgabe des übernommenen Mitunternehmeranteils durch den Rechtsnachfolger nach der unentgeltlichen Aufnahme einer natürlichen Person in ein bestehendes Einzelunternehmen bzw. bei der unentgeltlichen Übertragung eines Teils eines Mitunternehmeranteils	Beim Übertragenden werden im Übertragungszeitpunkt die stillen Reserven aufgelöst und als laufender Gewinn besteuert.
§ 6 Abs. 5 Satz 4 EStG	3 Jahre (Beginn mit Abgabe der Steuererklärung des Übertragenden für den VZ der Übertragung)	Ein nach § 6 Abs. 5 Satz 3 EStG zum Buchwert übertragenes Einzelwirtschaftsgut wird veräußert oder entnommen, ohne dass die stillen Reserven durch Erstellung einer Ergänzungsbilanz dem übertragenden Gesellschafter zugeordnet worden sind.	Rückwirkender Ansatz des Teilwerts auf den Zeitpunkt der Übertragung

129) Vgl. auch die instruktive Checkliste von Bodden, KÖSDI 2016, 19965.

Vorschrift	Dauer	Vorgang	Rechtsfolge
§ 6 Abs. 5 Satz 6 EStG	7 Jahre	Anteil einer Körperschaft an dem nach § 6 Abs. 5 Satz 3 EStG übertragenen Einzelwirtschaftsgut wird unmittelbar oder mittelbar (z.B. Beitritt einer Körperschaft in die Mitunternehmerschaft oder durch Umwandlungsvorgang wie Formwechsel, Einbringung) begründet oder erhöht.	Anteilig („soweit") rückwirkender Ansatz des Teilwerts auf den Zeitpunkt der Übertragung
§ 6b Abs. 1 i.V.m. Abs. 4 Satz 1 Nr. 2 EStG	6 Jahre	Veräußerung bestimmter Wirtschaftsgüter	Keine Übertragung des Veräußerungsgewinns auf bestimmte Ersatzwirtschaftsgüter bzw. Rücklagenbildung, sofern keine ununterbrochene Zugehörigkeit zum Anlagevermögen einer inländischen Betriebsstätte vorliegt
§ 6b Abs. 10 i.V.m. Abs. 4 Satz 1 Nr. 2 EStG	6 Jahre	Veräußerung von Anteilen an Kapitalgesellschaften aus dem Betriebsvermögen eines Einzelunternehmens und einer Personengesellschaft, soweit natürliche Personen beteiligt sind	Keine Übertragung des Veräußerungsgewinns bis max. 500.000 € auf bestimmte Ersatzwirtschaftsgüter bzw. Rücklagenbildung, sofern keine ununterbrochene Zugehörigkeit zum Anlagevermögen einer inländischen Betriebsstätte vorliegt

Vorschrift	Dauer	Vorgang	Rechtsfolge
§ 7g Abs. 3 EStG (BMF-Schreiben v. 20.03.2017, Rdnr. 33)	Ende des dritten auf das Wirtschaftsjahr der Inanspruchnahme des Investitionsabzugsbetrags folgenden Wirtschaftsjahres; nach § 52 Abs. 16 EStG beträgt in nach dem 31.12.2016 und vor dem 01.01.2018 endenden Wirtschaftsjahren die Investitionsfrist 4 Jahre	Betriebsveräußerung oder Betriebsaufgabe	Rückgängigmachung eines Investitionsabzugsbetrags
§ 7g Abs. 4 EStG (BMF-Schreiben v. 20.03.2017, Rdnr. 37–40)	Ende des der begünstigten Investition folgenden Wirtschaftsjahres	Betriebsveräußerung oder Betriebsaufgabe	Grundsätzlich schädliche Verwendung eines begünstigten Wirtschaftsguts, aber unschädlich, wenn der begünstigte Betrieb in der Hand des neuen Eigentümers bestehen bleibt und die Nutzungs- und Verbleibensvoraussetzungen für das begünstigte Wirtschaftsgut erfüllt werden
§ 16 Abs. 3 Satz 3 EStG	3 Jahre (Beginn mit Abgabe der Steuererklärung der Mitunternehmerschaft für den VZ der Realteilung)	Veräußerung oder Entnahme von bestimmten Einzelwirtschaftsgütern, die bei der Realteilung mit Übertragung einzelner Wirtschaftsgüter zum Buchwert übertragen worden sind	Anteiliger rückwirkender Ansatz des gemeinen Werts auf den Zeitpunkt der Übertragung

Vorschrift	Dauer	Vorgang	Rechtsfolge
§ 17 Abs. 1 Satz 1 und 4 EStG	5 Jahre	Veräußerer oder Rechtsvorgänger (bei unentgeltlichem Erwerb) muss im Zeitpunkt der Veräußerung oder (irgendwann) innerhalb der letzten 5 Jahre unmittelbar oder mittelbar zu mindestens 1 % an der Kapitalgesellschaft beteiligt (gewesen) sein.	Veräußerung nach § 17 EStG, anderenfalls nach § 20 Abs. 2 Nr. 1 EStG
§ 17 Abs. 2 Satz 6 EStG	5 Jahre	Unentgeltlicher Erwerb der veräußerten Anteile innerhalb der letzten 5 Jahre oder entgeltlich erworbener Anteil, der nicht innerhalb der gesamten letzten 5 Jahre zu einer Beteiligung i.S.d. § 17 Abs. 1 EStG gehörte	Anteiliges Abzugsverbot für Veräußerungsverluste
§ 34a Abs. 6 EStG	Unbefristet	Betriebsveräußerung oder Betriebsaufgabe, Einbringung des Betriebs oder Mitunternehmeranteils in eine Kapitalgesellschaft oder Genossenschaft, Option zur Körperschaftsbesteuerung nach § 1a KStG i.d.F. des KöMoG	Nachversteuerung des nachversteuerungspflichtigen Betrags bei Inanspruchnahme der Thesaurierungsbegünstigung
§ 50i Abs. 1 EStG	Unbefristet	Veräußerung von Einzelwirtschaftsgütern und Anteilen i.S.d. § 17 EStG, die unter den Voraussetzungen des § 50i Abs. 1 EStG vor dem 29.06.2013 in das Betriebsvermögen einer Personengesellschaft i.S.v. § 15 Abs. 3 EStG übertragen oder überführt worden sind	Versteuerung in Deutschland ungeachtet entgegenstehender Bestimmungen eines DBA
§ 4 Abs. 6 Satz 6 UmwStG	5 Jahre	Entgeltlicher Anteilserwerb innerhalb der letzten 5 Jahre vor Umwandlung einer Kapitalgesellschaft in ein Personenunternehmen sowie generell die Nichtberücksichtigung eines Veräußerungsverlusts nach § 17 Abs. 2 Satz 6 EStG	Abzugsverbot für den Übernahmeverlust

Vorschrift	Dauer	Vorgang	Rechtsfolge
§ 6 Abs. 3 UmwStG	5 Jahre	Einbringung des im Zuge einer Umwandlung bzw. Einbringung übergegangenen Betriebs in eine Kapitalgesellschaft oder Veräußerung bzw. Aufgabe ohne triftigen Grund innerhalb von 5 Jahren nach dem steuerlichen Übertragungsstichtag	Rückwirkende Nichtanwendung der für einen Konfusionsgewinn nach § 6 Abs. 1 oder 2 UmwStG möglichen Bildung und Auflösung einer den steuerlichen Gewinn mindernden Rücklage
§ 15 Abs. 2 Satz 2–4 UmwStG	5 Jahre	Veräußerung von Anteilen an einer an der Spaltung beteiligten Körperschaft, die mehr als 20 % der Anteile der vor Wirksamwerden der Spaltung an der Körperschaft bestehenden Anteile ausmachen, innerhalb von 5 Jahren nach dem steuerlichen Übertragungsstichtag	Rückwirkende Nichtanwendung von § 11 Abs. 2 UmwStG (d.h. keine Steuerneutralität auf Ebene der zu spaltenden Körperschaft) bei der Auf- und Abspaltung von Körperschaften
§ 15 Abs. 2 Satz 5 UmwStG	5 Jahre	Spaltung führt zur Trennung von Gesellschafterstämmen, wenn Beteiligungen an der übertragenden Körperschaft weniger als 5 Jahre bestanden haben	Rückwirkende Nichtanwendung von § 11 Abs. 2 UmwStG (d.h. keine Steuerneutralität auf Ebene der zu spaltenden Körperschaft) bei der Auf- und Abspaltung von Körperschaften
§ 18 Abs. 3 UmwStG	5 Jahre	Aufgabe oder Veräußerung des Betriebs oder Teilbetriebs eines Personenunternehmens oder eines Mitunternehmeranteils oder Teils eines Mitunternehmeranteils innerhalb von 5 Jahren nach der Umwandlung einer Körperschaft in ein Personenunternehmen	Soweit Aufgabe- oder Veräußerungsgewinn auf eine natürliche Person entfällt, unterliegt dieser der Gewerbesteuer ohne Möglichkeit der Anrechnung auf die Einkommensteuer nach § 35 EStG.

Vorschrift	Dauer	Vorgang	Rechtsfolge
§ 22 Abs. 1 i.V.m. Abs. 7 UmwStG	7 Jahre	Veräußerung der erhaltenen Anteile nach Einbringung in Kapitalgesellschaft oder Genossenschaft nach § 20 UmwStG mit Ansatz der eingebrachten Sachgesamtheit unter dem gemeinen Wert oder Verwirklichung eines Ersatztatbestands i.S.v. § 22 Abs. 1 Satz 6 Nr. 1–6 UmwStG; Rückoption nach § 1a Abs. 4 KStG i.d.F. des KöMoG	Anteiliger rückwirkender Ansatz der gemeinen Werte der eingebrachten Sachgesamtheit und Entstehung eines steuerpflichtigen Einbringungsgewinns I, der jährlich um 1/7 zu kürzen ist, soweit erhaltene Anteile veräußert werden oder Ersatztatbestand realisiert wird. Beachte auch § 22 Abs. 1 Satz 4 und § 23 Abs. 2 Satz 1 und 2 UmwStG
§ 22 Abs. 2 i.V.m. Abs. 7 UmwStG	7 Jahre	Veräußerung der eingebrachten Anteile durch übernehmende Kapitalgesellschaft oder Genossenschaft nach Einbringung durch Sacheinlage nach § 20 UmwStG oder durch Anteilstausch nach § 21 Abs. 1 Satz 2 UmwStG mit Ansatz unter dem gemeinen Wert oder Verwirklichung eines Ersatztatbestands i.S.v. § 22 Abs. 1 Satz 6 UmwStG, soweit beim Einbringenden der Gewinn nicht nach § 8b Abs. 2 KStG steuerfrei gewesen wäre; Rückoption nach § 1a Abs. 4 KStG i.d.F. des KöMoG	Anteiliger rückwirkender Ansatz der gemeinen Werte der eingebrachten Anteile und Entstehung eines steuerpflichtigen Einbringungsgewinns II, der jährlich um 1/7 zu kürzen ist, soweit die eingebrachten Anteile veräußert werden oder Ersatztatbestand realisiert wird. Beachte auch § 22 Abs. 2 Satz 4 und § 23 Abs. 2 Satz 3 UmwStG

Vorschrift	Dauer	Vorgang	Rechtsfolge
§ 22 Abs. 3 i.V.m. Abs. 7 UmwStG	7 Jahre	Fehlender Nachweis nach Einbringung gem. § 20 oder § 21 UmwStG mit Ansatz unter dem gemeinen Wert	Rückwirkender Ansatz der gemeinen Werte der eingebrachten Anteile und Entstehung eines steuerpflichtigen Einbringungsgewinns I oder II, der jährlich um 1/7 zu kürzen ist (siehe aber Rdnr. 22.33 UmwSt-Erlass). Beachte auch § 22 Abs. 1 Satz 4, Abs. 2 Satz 4, § 23 Abs. 2 UmwStG
§ 24 Abs. 5 UmwStG	7 Jahre	Veräußerung oder Weiterübertragung von Anteilen an einer Körperschaft durch einen Vorgang nach § 22 Abs. 1 Satz 6 Nr. 1–5 UmwStG, wenn die Anteile in eine Personengesellschaft unter dem gemeinen Wert nach § 24 UmwStG eingebracht worden sind, soweit beim Einbringenden der Gewinn nicht nach § 8b Abs. 2 KStG steuerfrei gewesen wäre	Anteiliger rückwirkender Ansatz der gemeinen Werte der eingebrachten Anteile und Entstehung eines steuerpflichtigen Einbringungsgewinns II, der jährlich um 1/7 zu kürzen ist. Beachte auch § 22 Abs. 2 Satz 4, § 23 Abs. 2 UmwStG
§ 24 Abs. 5 i.V.m. § 22 Abs. 3 UmwStG	7 Jahre	Fehlender Nachweis nach Einbringung von Anteilen an Körperschaften gem. § 24 UmwStG mit Ansatz unter dem gemeinen Wert (erforderlich nach Rdnr. 24.29 UmwSt-Erlass – jedoch sehr strittig)	Rückwirkender Ansatz der gemeinen Werte der eingebrachten Anteile und Entstehung eines steuerpflichtigen Einbringungsgewinns II, der jährlich um 1/7 zu kürzen ist. Beachte auch § 22 Abs. 2 Satz 4, § 23 Abs. 2 UmwStG

Vorschrift	Dauer	Vorgang	Rechtsfolge
§ 8c Abs. 1 KStG, § 10a GewStG	5 Jahre	Anteilseignerwechsel bei einer Körperschaft von mehr als 50 % oder Kapitalerhöhung mit mehr als 50%iger Änderung der Beteiligungsquoten	Untergang von körperschaft- und gewerbesteuerlich nicht genutzten Verlusten (Verlustvortrag), vorbehaltlich § 8c Abs. 1 Satz 4, 5–8, Abs. 1a oder § 8d KStG
§ 15a UStG	5 bzw. 10 Jahre (bei Grundstücken)	Änderung der Verhältnisse durch z.B. umsatzsteuerfreie Veräußerung	Zeitanteilige Korrektur der Vorsteuer (bei Anlagevermögen) bzw. sofort bei Umlaufvermögen
§ 1 Abs. 2a GrEStG	Seit 01.07.2021: 10 Jahre	Unmittelbarer oder mittelbarer Gesellschafterwechsel bei einer Personengesellschaft mit inländischem Grundstück dergestalt, dass mindestens 95 % (ab 01.07.2021: 90 %) der Anteile auf neue Gesellschafter übergehen	Fiktive grunderwerbsteuerbare und ggf. steuerpflichtige Übereignung eines Grundstücks auf eine neue Personengesellschaft
§ 1 Abs. 2b GrEStG	Seit 01.07.2021: 10 Jahre	Unmittelbarer oder mittelbarer Gesellschafterwechsel bei einer Kapitalgesellschaft mit inländischem Grundstück dergestalt, dass mindestens 90 % der Anteile auf neue Gesellschafter übergehen	Fiktive grunderwerbsteuerbare und ggf. steuerpflichtige Übereignung eines Grundstücks auf eine neue Kapitalgesellschaft; Ausnahme nach § 1 Abs. 2c GrEStG (Börsenklausel) für Übergänge von Anteilen an Kapitalgesellschaften, die zum Handel an einer Börse im Inland oder in einem EU-Mitgliedstaat zugelassen sind

Vorschrift	Dauer	Vorgang	Rechtsfolge
§ 5 Abs. 3 GrEStG	Seit 01.07.2021: 10 Jahre	Verminderung der Beteiligungsquote bei einer Gesamthand nach ggf. partiell steuerfreiem Übergang auf eine Gesamthand. Als Verminderung des Anteils am Vermögen der Gesamthand gilt auch die Ausübung der Option nach § 1a KStG, wenn die Option innerhalb von zehn Jahren nach dem Übergang auf die Gesamthand ausgeübt und wirksam wird.	Anteiliger rückwirkender Wegfall der Grunderwerbsteuerbefreiung nach § 5 Abs. 1 oder Abs. 2 GrEStG
§ 6 Abs. 3 GrEStG	Seit 01.07.2021: 10 Jahre	Verminderung der Beteiligungsquote bei einer Gesamthand nach ggf. partiell steuerfreiem Übergang auf eine andere Gesamthand. Die Steuerbefreiung nach § 6 Abs. 1 GrEStG ist nicht entsprechend anzuwenden, wenn die erwerbende Gesamthand nach § 1a KStG optiert hat und das Grundstück von einer Gesamthand übergeht, die nicht nach § 1a KStG optiert hat, es sei denn, die Ausübung und Wirksamkeit der Option liegt länger als zehn Jahre zurück, und die jeweilige Beteiligung am Vermögen der Gesamthand besteht länger als zehn Jahre.	Anteiliger rückwirkender Wegfall der Grunderwerbsteuerbefreiung nach § 6 Abs. 1 GrEStG
§ 6 Abs. 4 GrEStG	Seit 01.07.2021: 10 Jahre	Erwerb des Anteils an der übertragenden Gesamthand in den Fällen des § 6 Abs. 1–3 GrEStG durch Rechtsgeschäft unter Lebenden vor ggf. partiell steuerfreiem Übergang auf eine Gesamthand oder Auflösung der Gesamthand nach Vereinbarung einer abweichenden Auseinandersetzungsquote	Anteilige Versagung der Grunderwerbsteuerbefreiung nach § 6 Abs. 1–3 GrEStG

Vorschrift	Dauer	Vorgang	Rechtsfolge
§ 6a GrEStG	5 Jahre	Verringerung der Beteiligungsquote des herrschenden am abhängigen Unternehmen auf weniger als 95 % innerhalb von 5 Jahren vor und 5 Jahren nach der Grundstücksübertragung bei Umstrukturierungen im Konzern	Rückwirkender Wegfall der Grunderwerbsteuerbefreiung nach § 6a GrEStG
§ 7 Abs. 3 GrEStG	Seit 01.07.2021: 10 Jahre	Erwerb des Anteils an der übertragenden Gesamthand in den Fällen des § 7 Abs. 2 GrEStG durch Rechtsgeschäft unter Lebenden vor ggf. partiell steuerfreier flächenweiser Teilung von Gesamthands- in Flächeneigentum oder Auflösung der Gesamthand nach Vereinbarung einer abweichenden Auseinandersetzungsquote	Anteilige Versagung der Grunderwerbsteuerbefreiung nach § 7 Abs. 2 GrEStG
§ 13a Abs. 6 i.V.m. Abs. 10 ErbStG	5 Jahre oder 7 Jahre (bei Anwendung der Optionsverschonung nach § 13a Abs. 10 ErbStG)	Verstoß gegen Behaltensfristen durch. – Veräußerung, Überführung in das Privatvermögen, Aufgabe des begünstigt übertragenen Vermögens, Überentnahmen oder. – Veräußerung oder verdeckte Einlage der begünstigt übertragenen Anteile an Kapitalgesellschaften in eine Kapitalgesellschaft oder. – Liquidation, Kapitalherabsetzung bei der Kapitalgesellschaft oder Veräußerung wesentlicher Betriebsgrundlagen durch Kapitalgesellschaft mit Verteilung an die Gesellschafter	Anteiliger rückwirkender Wegfall des Verschonungsabschlags nach § 13a Abs. 1 ErbStG und des Abzugsbetrags nach § 13a Abs. 2 ErbStG
§ 19a Abs. 5 ErbStG	5 Jahre oder 7 Jahre (bei Optionsverschonung nach § 13a Abs. 10 ErbStG)	Verstoß gegen die Behaltensfristen nach § 13a ErbStG	Anteiliger rückwirkender Wegfall des tariflichen Entlastungsbetrags nach § 19a Abs. 2 ErbStG

16. Anteilsveräußerung bei der Betriebsaufspaltung

Inhalt **Rdnr.**

16.1 Personelle und sachliche Verflechtung

Die klassische Betriebsaufspaltung setzt steuerrechtlich eine personelle und sachliche Verflechtung voraus. Die personelle Verflechtung verlangt, dass das Besitzunternehmen und die Betriebs-GmbH entweder bei Beteiligungsidentität oder bei Beherrschungsidentität einen einheitlichen geschäftlichen Betätigungswillen haben. Die sachliche Verflechtung erfordert eine entgeltliche oder unentgeltliche Überlassung mindestens einer funktional wesentlichen Betriebsgrundlage aus Sicht der Betriebs-GmbH. 16.1

Liegen diese Voraussetzungen vor, so stellt die Vermietung oder Verpachtung von Wirtschaftsgütern an die Betriebs-GmbH eine gewerbliche Betätigung des überlassenden Besitzunternehmens dar. Die miet- oder pachtweise überlassenen Wirtschaftsgüter stellen ebenso Betriebsvermögen des gewerblichen Besitzunternehmens dar wie die Anteile an der Betriebs-GmbH. Entfällt z.B. durch die Veräußerung der Anteile an der Betriebs-GmbH die personelle und/oder die sachliche Verflechtung, so wird grundsätzlich auch die Betriebsaufspaltung beendet. Sofern nicht die Voraussetzungen einer Betriebsverpachtung im Ganzen oder einer Betriebsunterbrechung vorliegen, kommt es dann oftmals zu einer ungewollten Betriebsaufgabe des Besitzunternehmens, die zu beträchtlichen Steuerbelastungen führen kann. 16.2

16.2 Beispielsfall zur Beendigung der Betriebsaufspaltung

16.3 Der typische Fall der Beendigung einer Betriebsaufspaltung wird z.B. ausgelöst durch die **Veräußerung der Anteile an der Betriebs-GmbH** durch einen Gesellschafter, ohne dass gleichzeitig die an die Betriebs-GmbH überlassene(n) wesentliche(n) Betriebsgrundlage(n) mitübertragen werden. Das kann dramatische Folgen haben, die ggf. auch die Mitgesellschafter treffen können. Es gibt jedoch Gestaltungsmaßnahmen zu deren Abmilderung.

16.4 **Beispiel**

An der H-Baumarkt-GmbH mit einem Stammkapital von 100.000 € sind A und B zu je 50 % mit Anschaffungskosten der GmbH-Anteile von jeweils 50.000 € beteiligt. A und B sind auch zu je 50 % Bruchteilseigentümer eines Grundstücks mit aufstehendem Geschäftsgebäude und Kundenparkplatz, das von den Besitzgesellschaftern an die H-Baumarkt-GmbH als wesentliche Betriebsgrundlage vermietet wird. Das Grundstück einschließlich des Gebäudes hat zum 01.07.2020 einen Buchwert von 600.000 € und einen Teilwert von 3.600.000 €. A plant, (nur) seinen 50%igen Anteil an der H-Baumarkt-GmbH am 01.07.2020 zum Kaufpreis von 1.250.000 € an E zu veräußern und das Grundstück zurückbehalten. Das Mietverhältnis mit der H-Baumarkt-GmbH bezüglich des bebauten Grundstücks soll unverändert fortgesetzt werden.

Lösung

Durch die Veräußerung des 50%igen Anteils an der H-Baumarkt-GmbH käme es zur Auflösung der **Betriebsaufspaltung**, da die personelle Verflechtung beendet wird. Während der Veräußerungsgewinn i.H.v. 1.200.000 € bezüglich der zum Sonderbetriebsvermögen der Besitzgesellschaft gehörenden 50%igen Beteiligung auf jeden Fall dem Teileinkünfteverfahren unterliegt und nur zu 60 % anzusetzen ist, wird der 50%ige Grundstücksanteil des A steuerpflichtig unter Ansatz des Teilwerts entnommen. Da die Auflösung der Betriebsaufspaltung eine Betriebsaufgabe darstellt, kann A unter den Voraussetzungen von § 16 i.V.m. § 34 Abs. 3 EStG für den Entnahmegewinn des Grundstücks i.H.v. 1.500.000 € (1/2 der stillen Reserven i.H.v. 3.000.000 €) den ermäßigten Steuersatz beanspruchen. Ein Freibetrag nach § 16 Abs. 4 EStG kommt wegen der Höhe des Veräußerungsgewinns nicht in Betracht.

Gleichzeitig kommt es auch bei B zu einer zwangsweisen Entnahme seines Grundstücksanteils sowie seiner bisher zum Sonderbetriebsvermögen der Besitzgesellschaft gehörenden 50%igen Beteiligung an der X-GmbH. Während der Entnahmegewinn bezüglich der Anteile an der X-GmbH i.H.v. 1.200.000 € (bei einem Teilwert in Höhe des von E gezahlten Kaufpreises von 1.250.000 €)

ebenso wie bei A zu 60 % dem Teileinkünfteverfahren unterliegt, erhält auch B für den Entnahmegewinn bezüglich des Grundstücks i.H.v. 1.500.000 € ggf. die Vergünstigungen nach den §§ 16 i.V.m. 34 EStG. Ein Freibetrag nach § 16 Abs. 4 EStG kommt auch bei B wegen der Höhe des Veräußerungsgewinns nicht in Betracht.

Wegen der Betriebsaufgabe beim Besitzunternehmen fällt insgesamt keine Gewerbesteuer an.

Die durch Fremdbestimmung eintretende Versteuerung kann B nur vermeiden, wenn er gesellschaftsrechtlich die Möglichkeit hat, die Anteilsveräußerung zu verhindern.

16.3 Betriebsverpachtung und Betriebsunterbrechung als Rettungsanker

Die durch den Wegfall der personellen und/oder sachlichen Verflechtung bei der Betriebsaufspaltung eintretende Betriebsaufgabe beim Besitzunternehmen mit Auflösung aller stillen Reserven kann ggf. verhindert werden, wenn das Besitzunternehmen nach Beendigung der Betriebsaufspaltung entweder der gewerblichen Prägung i.S.v. § 15 Abs. 3 Nr. 2 EStG unterliegt oder wegen der Abfärbewirkung i.S.d. § 15 Abs. 3 Nr. 1 EStG gewerbliche Einkünfte erzielt. Diese Möglichkeiten liegen im obigen Beispielsfall nicht vor und sind auch oftmals in der Praxis nicht anzutreffen. Darüber hinaus kann eine Betriebsaufgabe des Besitzunternehmens bei Wegfall der Voraussetzungen der Betriebsaufspaltung auch dann vermieden werden, wenn die Tätigkeit des Besitzunternehmens aus anderen Gründen weiterhin als gewerblich zu qualifizieren ist, weil z.B. die Voraussetzungen einer Betriebsverpachtung oder Betriebsunterbrechung vorliegen. 16.5

Im obigen Beispiel kann für den Fall einer vom Finanzamt angenommenen Betriebsaufgabe **im Rahmen der Abwehrberatung** auf einen vergleichbaren dem **BFH**[1] vorgelegten Sachverhalt verwiesen werden. Dort hatte der BFH nämlich entschieden, dass die Grundsätze über das Verpächterwahlrecht auch dann zur Anwendung kommen, wenn eine „unechte" Betriebsaufspaltung beendet wird. Im Urteilsfall war das Betriebsgrundstück an die Betriebs-GmbH vermietet, die einen Textilhandel betrieb. Die Betriebsaufgabe wurde seitens des Finanzamts angenommen, weil der neben dem Sohn an der Betriebs-GmbH beteiligte Vater seine Anteile an der Betriebs-GmbH unentgeltlich auf den Sohn übertragen hatte, seinen Anteil an dem der Betriebs-GmbH überlassenen Grundstück aber zurückbehalten hatte. 16.6

1) Vgl. BFH, Urt. v. 17.04.2019 – IV R 12/16, BStBl II, 745.

16.7 Der Wegfall der Voraussetzungen der Betriebsaufspaltung führt zwar grundsätzlich zu einer Betriebsaufgabe der Besitzgesellschaft mit der Folge, dass das Betriebsvermögen unter Aufdeckung der stillen Reserven in das Privatvermögen der bisherigen Besitzmitunternehmer übergeht. Eine Ausnahme hiervon ist jedoch nach gefestigter BFH-Rechtsprechung „*aufgrund einer zweckgerecht einschränkenden Auslegung des in § 16 Abs. 3 EStG normierten Betriebsaufgabetatbestandes u.a. dann geboten, wenn im Zeitpunkt der Beendigung der Betriebsaufspaltung die Voraussetzungen einer Betriebsverpachtung im Ganzen vorliegen*“.[2] Stellt nämlich ein Unternehmer seine werbende gewerbliche Tätigkeit ein, so liegt darin nicht notwendigerweise eine Betriebsaufgabe. Vielmehr kann statt einer endgültigen Betriebseinstellung auch eine bloße **Betriebsunterbrechung** oder eine **Betriebsverpachtung** anzunehmen sein, die den Fortbestand des Betriebs unberührt lässt.

16.8 Eine **Betriebsunterbrechung** (sog. ruhender Gewerbebetrieb) liegt vor, wenn nach den äußerlich erkennbaren Umständen wahrscheinlich ist, dass die werbende Tätigkeit innerhalb eines überschaubaren Zeitraums, dessen Länge sich nach den Umständen des Einzelfalls bestimmt, in gleichartiger oder ähnlicher Weise wieder aufgenommen wird.[3] Eine **Betriebsverpachtung** liegt als **Sonderfall einer Betriebsunterbrechung** vor, wenn der Betriebsinhaber seinen Betrieb im Ganzen als geschlossenen Organismus oder zumindest alle wesentlichen Betriebsgrundlagen verpachtet. In beiden Fällen gilt gem. § 16 Abs. 3b Satz 1 EStG der Betrieb als fortgeführt, solange der Betriebsinhaber gegenüber dem Finanzamt nicht ausdrücklich die Betriebsaufgabe erklärt (sog. **Verpächterwahlrecht**) oder dem Finanzamt Tatsachen bekannt werden, aus denen sich das Vorliegen einer Betriebsaufgabe ergibt. Diese für die Einstellung der werbenden Tätigkeit geltenden Grundsätze sind auch bei der Beendigung einer Betriebsaufspaltung zu beachten.

16.9 Unter den Voraussetzungen einer Betriebsunterbrechung oder Betriebsverpachtung bleiben nach Auffassung des BFH im oben (Rdnr. 16.6) genannten Urteil deshalb die Wirtschaftsgüter des Besitzunternehmens weiterhin Betriebsvermögen. Es kommt nicht zu einer Zwangsentnahme, weil der betriebliche Organismus zu bestehen aufgehört hat.

16.10 Nach den für eine gewerbliche Betriebsverpachtung durch den Großen Senat des BFH[4] entwickelten Grundsätzen reicht es aus, wenn alle funktional wesentlichen, dem Betrieb das Gepräge gebenden Betriebsgegenstände in der Weise verpachtet

2) So BFH, Urt. v. 17.04.2019 – IV R 12/16, BStBl II, 745.
3) Vgl. Schmidt/Wacker, EStG, 42. Aufl. 2023, § 16 Rdnr. 160.
4) Vgl. BFH, Urt. v. 13.11.1963 – GrS 1/63 S, BStBl III 1964, 124.

werden, dass der Betrieb im Wesentlichen fortgesetzt werden kann. Maßgebend hierfür sind die **Verhältnisse des verpachtenden**, nicht aber des **pachtenden Unternehmens**. Zudem muss dem Verpächter objektiv die Möglichkeit verbleiben, den Betrieb – bezogen auf den Zustand vor Einstellung der letzten werbenden Tätigkeit – in gleichartiger oder ähnlicher Weise wieder aufzunehmen und fortzuführen. Unerheblich ist dagegen, ob der Pächter den Betrieb in der bisherigen Weise fortführt; auch eine branchenfremde Nutzung durch den Pächter ist unschädlich.[5] Nach diesen Grundsätzen erfüllte der Verpächter in dem vom BFH entschiedenen Fall (siehe Rdnr. 16.6) – ebenso wie im obigen Beispiel (Rdnr. 16.4) – die Voraussetzungen einer Betriebsverpachtung, da die einzige wesentliche Betriebsgrundlage, das Betriebsgrundstück, weiterhin an die Betriebs-GmbH verpachtet und keine Betriebsaufgabeerklärung abgegeben wurde.

Die Annahme einer Betriebsverpachtung durch das Besitzunternehmen nach 16.11
Beendigung einer unechten Betriebsaufspaltung scheidet nach Ansicht des BFH[6] auch nicht deshalb aus, weil das Besitzunternehmen keinen Betrieb unterhalten hat, den es verpachten könnte. Denn nach den Grundsätzen der Betriebsaufspaltung sei die Tätigkeit des Besitzunternehmens als eigenständige gewerbliche Tätigkeit zu beurteilen. Entscheidet sich das ehemalige Besitzunternehmen zur weiteren Verpachtung seiner wesentlichen Betriebsgrundlagen, so führt es die gewerbliche Tätigkeit im Ergebnis fort, was für die Annahme einer Betriebsverpachtung genügt.

Bei Anwendung der vorstehenden Grundsätze auf das obige Ausgangsbeispiel 16.12
führt die Veräußerung der Anteile an der X-GmbH nicht zur Betriebsaufgabe bei der Besitzgesellschaft, weil künftig die Voraussetzungen einer Betriebsverpachtung vorliegen. Der Buchwert des Grundstücks ist daher fortzuführen, solange die Gesellschafter der Besitzgesellschaft nicht die Betriebsaufgabe erklären. Während für B keine steuerlichen Folgen eintreten, löst die Veräußerung der Anteile an den Erwerber E bei A einen steuerpflichtigen Veräußerungsgewinn i.H.v. 1.200.000 € aus, der zu 60 % dem Teileinkünfteverfahren unterliegt.

5) Vgl. BFH, Urt. v. 19.03.2009 – IV R 45/06, BStBl II, 902.

6) BFH, Urt. v. 17.04.2019 – IV R 12/16, BStBl II, 745, Rdnr. 46.

16.4 Übertragbarkeit der Grundsätze auf andere Fallgestaltungen

16.13 Die Reichweite des oben (Rdnr. 16.6) genannten BFH-Urteils ist derzeit noch nicht vollständig geklärt. Aus den zentralen Aussagen der Entscheidung, wonach

- eine Betriebsverpachtung im Ganzen auch bei einer unechten Betriebsaufspaltung vorliegen kann,
- für die Annahme eines (verpachtbaren) Betriebs die Qualifizierung der Tätigkeit des Besitzunternehmens als gewerblich nach den Grundsätzen der Betriebsaufspaltung genügt und
- es für den Umfang der verpachteten Wirtschaftsgüter auf das verpachtende Unternehmen ankommt,

lässt sich jedoch folgern, dass beim Wegfall der personellen Voraussetzungen einer unechten Betriebsaufspaltung regelmäßig von einer Betriebsverpachtung auszugehen ist, wenn die bisherige Verpachtung der Wirtschaftsgüter (z.B. an die bisherige Betriebsgesellschaft) fortgesetzt wird.[7] Dies gilt z.B.,

- wenn bei einer unechten Betriebsaufspaltung durch Vermietung einer Immobilie die personelle Verflechtung entfällt, aber die Immobilie weiter an die bisherige Betriebs-GmbH verpachtet wird, sowie
- bei der Verpachtung an einen anderen Pächter.[8]

16.14 Noch nicht abschließend geklärt ist die Bedeutung der Ausführungen des BFH zur Art des Verpächterunternehmens, bei denen der BFH letztlich auf Merkmale zurückgreift (Handelsunternehmen), die von der Pächterin verwirklicht werden. Letztlich kann es aber auf die Tätigkeit des Pächters nicht ankommen, wenn das bisherige Besitzunternehmen sämtliche Wirtschaftsgüter weiterhin zur Nutzung überlässt. Von Bedeutung ist die Art des Unternehmens aber, wenn nicht alle der bislang verpachteten Wirtschaftsgüter weiter verpachtet werden.

16.15 Die Rechtsprechung des BFH geht bei Groß- und Einzelhandelsunternehmen, Hotel- und Gaststättenbetrieben oder Autohäusern und -werkstätten davon aus, dass das Grundstück mit aufstehenden Gebäuden regelmäßig die **alleinige funktional wesentliche Betriebsgrundlage** bildet, so dass die Weiterverpachtung für die Annahme einer Betriebsverpachtung genügt.[9]

---

7) Vgl. MÜNCH, BB 2019, 2352; BINNEWIES/MÜCKL/OLBING, GmbHR 2019, 1313, 1324 f.

8) Vgl. BFH, Urt. v. 17.04.2002 – X R 8/00, BStBl II, 527.

9) Vgl. z.B. BFH, Urt. v. 17.04.2019 – IV R 12/16, BStBl II, 745 m.w.N.; vgl. auch OTT, DStZ 2019, 693.

Bei **Produktionsbetrieben** kann es dagegen auch weitere funktional wesentliche Wirtschaftsgüter geben, deren Weiterverpachtung für die Annahme einer Betriebsverpachtung erforderlich ist.[10] 16.16

Erhebliche Gefahren bestehen in den Fällen der Betriebsverpachtung, weil die Möglichkeit zur Betriebsfortführung nicht nur durch eine Aufgabeerklärung entfällt, sondern auch dann, wenn die **wesentlichen Betriebsgrundlagen so umgestaltet** werden, dass sie nicht mehr in der bisherigen Form genutzt werden können oder **wesentliche Teile des Betriebsvermögens veräußert** werden.[11] Die Bedeutung dieser Voraussetzung in den Fällen einer Betriebsverpachtung nach dem Wegfall einer echten oder unechten Betriebsaufspaltung ist noch nicht abschließend geklärt und bedarf der weiteren Diskussion. 16.17

16.5 Gestaltungsüberlegungen

16.5.1 „Ummantelung" durch eine GmbH & Co. KG

Da in der Praxis nicht immer verlässlich von einer Betriebsverpachtung oder Betriebsunterbrechung ausgegangen werden kann, müssen rechtzeitig vor der Übertragung von Anteilen an der Betriebs-GmbH andere Wege gesucht werden, die drohende Beendigung der Betriebsaufspaltung mit Betriebsaufgabe beim Besitzunternehmen zu verhindern. 16.18

Im Beispiel (Rdnr. 16.4) lassen sich sowohl die Zwangsentnahme des Grundstücksanteils des A als auch die entnahmebedingte Auflösung und Versteuerung der stillen Reserven bei B verhindern, wenn die Besitzgesellschaft vor der Anteilsveräußerung des A z.B. durch eine gewerblich geprägte GmbH & Co. KG i.S.v. § 15 Abs. 3 Nr. 2 EStG „ummantelt" und der Grundbesitz in deren Gesamthandsvermögen übertragen wird. Die Beteiligungen an der Betriebs-GmbH können entweder mit in das Gesamthandsvermögen der Besitz-GmbH & Co. KG übertragen oder dort als Sonderbetriebsvermögen erfasst werden. Solange die gewerblich geprägte Besitz-GmbH & Co. KG besteht, existiert weiterhin Betriebsvermögen, so dass es nicht zu einer Entnahme kommen kann. 16.19

Zivilrechtlich kann eine solche „Ummantelung" z.B. im Wege des **Einbringungsmodells** oder des **Beitrittsmodells** vorgenommen werden: 16.20

---

10) Vgl. BFH, Urt. v. 17.04.2019 – IV R 12/16, BStBl II, 745; Schmidt/Wacker, EStG, 42. Aufl. 2023, § 16 Rdnr. 172 f.

11) Vgl. dazu Schmidt/Wacker, EStG, 42. Aufl. 2023, § 16 Rdnr. 188; Kulosa, in: Herrmann/Heuer/Raupach, EStG/KStG, § 16 EStG Anm. 665 (09/2022).

Übersicht: Ummantelung einer Besitzgesellschaft durch eine GmbH & Co. KG

Rechtsform des Besitzunternehmens	Art der Umwandlung	Steuerliche Behandlung
GbR oder Bruchteils-gemeinschaft	Sacheinlage durch Einzelrechtsnachfolge in bestehende oder vorab gegründete Personen-gesellschaft (Einbringungs-modell)	Sacheinlage gem. § 24 UmwStG; **steuerliche Rückbeziehung nicht möglich**
GbR	Beitritt einer GmbH als Komplementärin in die GbR ohne oder mit Vermögens-einlage; die GbR wird dadurch zur GmbH & Co. KG (Beitrittsmodell)	Keine Anwendung von § 24 UmwStG im Fall des Beitritts ohne Vermögenseinlage Sach-einlage nach § 24 UmwStG bei Vermögenseinlage; **steuerliche Rückbeziehung nicht möglich**

16.5.2 Der Anteilsübertragung vorgeschalteter Formwechsel

16.21 Die **Auflösung der stillen Reserven** kann im Beispielsfall (Rdnr. 16.4) **zumindest teilweise verhindert** werden, wenn die H-Baumarkt-GmbH (Betriebs-GmbH) vor der Anteilsveräußerung des A gem. § 9 i.V.m. § 3 Abs. 2 UmwStG z.B. im Wege des Formwechsels unter Fortführung der Buchwerte in eine Betriebs-GmbH & Co. KG umgewandelt wird.

16.22 Ein solcher Formwechsel führt nach § 7 UmwStG zu einer **fiktiven Ausschüttung** der bisher thesaurierten Gewinne. Im Zeitpunkt der Eintragung der neuen Rechtsform im Handelsregister muss die auf die fiktive Gewinnausschüttung entfallende Kapitalertragsteuer von 25 % einschließlich des Solidaritätszuschlags beim Finanzamt angemeldet und gezahlt werden. Verfügt z.B. die H-Baumarkt-GmbH im obigen Beispiel über thesaurierte Gewinne i.H.v. 800.000 €, so löst der Formwechsel eine Kapitalertragsteuer von 200.000 € sowie Solidaritätszuschlag von 5,5 % = 11.000 € aus. Bei den Gesellschaftern erfolgt dann später die Anrechnung auf die Einkommensteuer.

16.23 Im Übrigen ist im Rahmen des Formwechsels ein Übernahmegewinn oder -verlust nach § 4 Abs. 4–6 UmwStG zu ermitteln.

- Sofern die Besitzgesellschafter seit der Gründung auch an der H-Baumarkt-GmbH beteiligt sind und die Anschaffungskosten der Anteile dem gezeichneten Kapital entsprechen (Stammkapital ggf. zuzüglich Rücklagen, soweit diese im steuerlichen Einlagekonto i.S.d. § 27 KStG enthalten sind), entsteht regelmäßig ein sogenanntes Übernahmeergebnis zweiter Stufe von 0 €, wenn man die Kosten für den Vermögensübergang (vgl. Rdnr. 04.34 und 04.35 UmwSt-Erlass) vernachlässigt. Denn das nach dem Berechnungsschema in Rdnr. 04.27 UmwSt-Erlass zu ermittelnde sogenannte Übernahmeergebnis erster Stufe wird noch um die bereits nach § 7 UmwStG erfassten Bezüge gekürzt.

- Nur für den Fall, dass die Anschaffungskosten der Anteile das gezeichnete Kapital der Betriebs-GmbH übersteigen sollten, entsteht regelmäßig ein Übernahmeverlust. Dieser kann maximal i.H.v. 60 % der fiktiven Ausschüttung nach § 7 UmwStG berücksichtigt werden. Nach § 4 Abs. 6 Satz 6 UmwStG entfällt aber eine Berücksichtigung des Übernahmeverlusts vollständig (und die Anschaffungskosten der Anteile gehen endgültig verloren), soweit thesaurierte Gewinne nicht vorhanden sind oder soweit Anteile an der Betriebs-GmbH innerhalb der letzten fünf Jahre vor dem steuerlichen Übertragungsstichtag entgeltlich erworben wurden.

Nach dem Formwechsel der H-Baumarkt-GmbH in die H-Baumarkt-GmbH & Co. KG entsteht eine sogenannte **mitunternehmerische Betriebsaufspaltung** mit der Folge, dass das überlassene Betriebsgrundstück nach wie vor Betriebsvermögen der Besitzgesellschaft bleibt. Bei der **mitunternehmerischen Betriebsaufspaltung** haben sowohl das Besitzunternehmen als auch das Betriebsunternehmen die Rechtsform einer Personengesellschaft. Die Besitzpersonengesellschaft überlässt an die Betriebspersonengesellschaft mindestens eine wesentliche Betriebsgrundlage **entgeltlich** und mit Gewinnerzielungsabsicht zur Nutzung. Beide Personengesellschaften sind in der Weise personell miteinander verflochten, dass eine Personengruppe in beiden Gesellschaften die Mehrheit innehat, um eine einheitliche Willensbildung herbeiführen zu können. Die mitunternehmerische Betriebsaufspaltung verdrängt die Anwendung von § 15 Abs. 1 Satz 1 Nr. 2 EStG. Damit liegt hinsichtlich der überlassenen Wirtschaftsgüter kein Sonderbetriebsvermögen bei der nutzenden Betriebs-GmbH & Co. KG vor, sondern es erfolgt eine **vorrangige Zuordnung** zum Betriebsvermögen der überlassenden Besitzpersonengesellschaft.[12] 16.24

Veräußert A im Beispiel (Rdnr. 16.4) nach dem Formwechsel nun seinen Mitunternehmeranteil an der H-Baumarkt-GmbH & Co. KG, so wird die mitunternehmerische Betriebsaufspaltung beendet. Infolgedessen entnimmt A im Rahmen der Betriebsaufgabe auch seine Grundstückshälfte steuerpflichtig aus dem Besitzunternehmen. Völlig anders stellt sich aber nun die Situation für den Mitgesellschafter B dar: 16.25

12) Zu dieser vorrangigen Zuordnung vgl. BMF-Schreiben v. 28.04.1998 – IV B 2 – S 2241 – 42/98, BStBl I, 583, und die dort zitierte BFH-Rechtsprechung.

- Da nach Beendigung der mitunternehmerischen Betriebsaufspaltung das bisher „überdeckte“ Sonderbetriebsvermögen bei der nutzenden H-Baumarkt-GmbH & Co. KG wiederauflebt, wird nunmehr die Grundstückshälfte des B steuerneutral nach § 6 Abs. 5 Satz 2 EStG zu Buchwerten in dessen Sonderbetriebsvermögen bei der durch den Formwechsel entstandenen H-Baumarkt-GmbH & Co. KG überführt.
- Die für A eintretende Zwangsentnahme des Grundstücksanteils ließe sich wiederum durch rechtzeitige Ummantelung des Besitzunternehmens durch eine Besitz-GmbH & Co. KG vermeiden.

16.26 **Hinweis**

Der Gewinn aus der anschließenden Veräußerung des Anteils an der H-Baumarkt-GmbH & Co. KG durch A **innerhalb von fünf Jahren** nach dem Formwechsel führt in die **Gewerbesteuerfalle des § 18 Abs. 3 UmwStG** und löst eine Belastung mit Gewerbesteuer aus, obwohl grundsätzlich die Veräußerung eines Mitunternehmeranteils durch eine natürliche Person nach § 7 Satz 2 GewStG nicht der Gewerbesteuer unterliegt. Die Gewerbesteuer, die von der H-Baumarkt-GmbH & Co. KG geschuldet wird, ist bei dieser nach § 4 Abs. 5b EStG nicht als Betriebsausgabe abzugsfähig und wird auch explizit von der Anrechnung gem. § 35 EStG auf die Einkommensteuer ausgeschlossen. Damit belastet die Gewerbesteuer wirtschaftlich anteilig auch den Mitgesellschafter B, so dass eine interne Regelung erforderlich ist, wer die Gewerbesteuer wirtschaftlich zu tragen hat. Die Gewerbesteuer kann ggf. als Veräußerungskosten oder als das Kapitalkonto des Veräußerers erhöhende Einlage berücksichtigt werden.[13]

16.5.3 Begründung einer GmbH & atypisch Still

16.27 Ein dem vorgeschalteten Formwechsel vergleichbares Ergebnis kann erreicht werden, wenn der Gesellschafter B im Beispiel (Rdnr. 16.4) zusammen mit der Betriebs-GmbH (X-GmbH) **eine atypisch stille Gesellschaft** begründet. Denn im Fall einer GmbH & atypisch Still gehören grundsätzlich sowohl die Anteile an der GmbH als auch etwaige an die GmbH überlassene Wirtschaftsgüter zum Sonderbetriebsvermögen der Mitunternehmerschaft, die aus der GmbH als Inhaberin des Handelsgeschäfts und dem atypisch stillen Gesellschafter besteht.[14] Solange die (mitunternehmerische) Betriebsaufspaltung besteht, tritt das Sonderbetriebsvermögen bei der GmbH & atypisch Still hinter das Betriebsvermögen des Besitzunternehmens zurück.

13) Vgl. BFH, Urt. v. 07.03.2019 – IV R 18/17, BStBl II, 696.

14) Zur Mitunternehmerstellung bei atypisch stiller Beteiligung vgl. Schmidt/Wacker, EStG, 42. Aufl. 2023, § 15 Rdnr. 355 f.

Überträgt A nun im Beispiel (Rdnr. 16.4) seine Anteile an der H-Baumarkt-GmbH, wird hierdurch die bestehende Betriebsaufspaltung aufgelöst.[15] Dies führt aber zumindest bei B nicht zu einer gewinnrealisierenden Zwangsentnahme aus dem Besitzunternehmen, weil sein Miteigentumsanteil am Grundstück sowie seine GmbH-Anteile ohne Auflösung der stillen Reserven dann – wie beim vorgeschalteten Formwechsel – in das Sonderbetriebsvermögen der atypisch stillen Gesellschaft nach § 6 Abs. 5 Satz 2 EStG überführt werden. 16.28

Sofern auch A an der H-Baumarkt-GmbH & atypisch Still beteiligt ist, kann bei der Veräußerung seiner Anteile an der GmbH die gewinnrealisierende Entnahme seines Grundstücksanteils vermieden werden, wenn A nach dem Anteilsverkauf seine atypisch stille Beteiligung mit der H-Baumarkt-GmbH fortsetzt. Denn A kann auch ohne seine Gesellschafterstellung bei der H-Baumarkt-GmbH weiterhin Mitunternehmer der GmbH & atypisch Still bleiben. Sein Grundstücksanteil wird dann vom Besitzunternehmen zu Buchwerten nach § 6 Abs. 5 Satz 2 EStG in sein Sonderbetriebsvermögen bei der atypisch stillen Gesellschaft überführt. 16.29

Ist die Fortführung der Mitunternehmerstellung mangels vorhandener Mitunternehmerinitiative und Mitunternehmerrisiko nicht möglich, wird mit dem Verkauf seines GmbH-Anteils auch die atypisch stille Gesellschaft zwischen A und der Betriebs-GmbH beendet. 16.30

15) Vgl. BFH, Urt. v. 29.11.2017 – X R 8/16, BStBl II 2018, 426.

17. Besonderheiten bei der teilentgeltlichen Übertragung

Inhalt **Rdnr.**

17.1 Anwendungsfälle

Die Übertragung betrieblicher Einheiten kann entgeltlich, unentgeltlich oder teilentgeltlich sein. Welcher dieser Übertragungsarten vorliegt, bestimmt sich regelmäßig danach, ob eine Gegenleistung für die Übertragung vereinbart bzw. gewährt wird. 17.1

Eine unentgeltliche Übertragung, also ohne Vereinbarung einer Gegenleistung, ist regelmäßig bei der Weitergabe in der eigenen Familie zur Unternehmensnachfolge gewollt, entweder im Erbfall, der Erbauseinandersetzung oder bei der vorweggenommenen Erbfolge einschließlich der unentgeltlichen Aufnahme von Gesellschaftern in ein bisher als Einzelunternehmen geführtes Unternehmen oder die zusätzliche Aufnahme eines weiteren Gesellschafters in eine bestehende Gesellschaft. Unter fremden Dritten spricht eine tatsächliche Vermutung dafür, dass die Leistungen kaufmännisch gegeneinander abgewogen sind und gerade keine Unentgeltlichkeit beabsichtigt ist. In diesen Fällen ist daher regelmäßig von einem entgeltlichen Geschäft auszugehen. Daher kann auch ein symbolischer Kaufpreis (1 €) bereits eine Gegenleistung darstellen, wenn es dem „Verkäufer“ letztlich darum geht, das Unternehmen wegzugeben, um sich dadurch z.B. einer Last zu 17.2

entledigen und die Entstehung weiterer Verbindlichkeiten und/oder Verluste zu vermeiden, also die Gegenleistungen wie unter fremden Dritten ausgehandelt wurden.

17.3 Besonderheiten können sich hingegen bei teilentgeltlichen Geschäften ergeben, also solchen Rechtsgeschäften, bei denen zwar eine Gegenleistung vereinbart wird, diese aber auch eine unentgeltliche Komponente enthält, also auch eine Schenkung in Betracht kommt.

17.2 Unterscheidung nach der Art der beteiligten Personen

17.4 Unproblematisch ist die Übertragung von betrieblichen Einheiten zwischen natürlichen Personen einschließlich der Aufnahme einer weiteren Person in ein bestehendes Einzelunternehmen zur Gründung einer Mitunternehmerschaft. Die unentgeltliche Übertragung von einer natürlichen Person auf eine andere unterfällt § 6 Abs. 3 EStG, dies gilt ebenfalls für eine Übertragung von oder auf Mitunternehmerschaften. Auch eine unentgeltliche Übertragung auf juristische Personen ist grundsätzlich möglich, beispielsweise eine Schenkung oder Erbschaft zugunsten gemeinnütziger Körperschaften. Auch in diesen Fällen gilt die Buchwertfortführung. Anders ist dies allerdings bei (unentgeltlichen) Übertragungsvorgängen zwischen Körperschaft und Gesellschafter. Hier gelten die Grundsätze der verdeckten Einlage bei einer Übertragung vom Anteilseigner auf die Körperschaft bzw. der verdeckten Gewinnausschüttung bei einer Übertragung von der Körperschaft auf den Gesellschafter.

17.5 Vergleichbare Grundsätze gelten bei der Übertragung von vermögensverwaltenden Einheiten, die nicht unter § 6 Abs. 3 EStG fallen. Hier gilt, wie oben dargestellt, die Buchwertfortführung nach § 11d EStDV. Dieser unterscheidet nicht nach der Art des Steuerpflichtigen, sondern der Herkunft des unentgeltlich übertragenen Wirtschaftsguts, dies darf nicht aus einem Betriebsvermögen stammen, kann also dem Privatvermögen entnommen sein oder, was regelmäßig der Fall sein wird, aus dem Vermögen einer vermögensverwaltenden Gesellschaft ohne Betriebsvermögen.

17.6 Die entgeltliche Übertragung führt hingegen regelmäßig zur Besteuerung des Veräußerungsgewinns, wobei lediglich danach zu unterscheiden ist, wer den Veräußerungsgewinn erzielt:

17.7 Die Aufgabe eines Betriebs mit steuerlichen Betriebsvermögen durch eine natürliche Person oder Mitunternehmerschaft wird nach § 16 EStG behandelt. Der

(Mit-)Unternehmer hat den Veräußerungsgewinn bei der Einkommensteuer zu versteuern, ggf. greifen der Freibetrag nach § 16 Abs. 4 EStG und der begünstigte Steuersatz nach § 34 EStG. Gewerbesteuer fällt dabei nicht an.

Bei der Aufgabe von vermögensverwaltenden Einheiten fällt eine Besteuerung des Veräußerungsgewinns nur an, wenn bei Immobilien oder Anteilen an immobilienverwaltenden Einheiten ein Spekulationsgeschäft vorliegt oder Wertpapiere gehalten werden und § 20 Abs. 2 EStG einschlägig ist. Ansonsten ist der Veräußerungsgewinn nicht steuerbar. 17.8

Bei der Übertragung von Anteilen an Körperschaften gelten wiederum Besonderheiten: 17.9

- Bei der Übertragung von einer Körperschaft gilt § 8b KStG, so dass der Veräußerungsgewinn oder -verlust im Ergebnis zu 95 % steuerfrei gestellt wird, wenn kein Streubesitz vorliegt.
- Bei Streubesitz kommt es hingegen zur vollen Besteuerung. Für Privatpersonen, die die Anteile an Körperschaften im Privatbesitz halten, greift ab einer Beteiligungshöhe von 1 % § 17 EStG ein, so dass insoweit das Teileinkünfteverfahren gilt und im Ergebnis lediglich 60 % des Veräußerungsgewinns der Besteuerung unterwerfen werden.
- Bei einer geringeren Beteiligungshöhe als 1 % greift dann § 20 Abs. 2 EStG ein, und der Veräußerungsgewinn unterliegt ebenfalls der Besteuerung. Allerdings ist hierbei zu prüfen, ob die Regelungen über die Abgeltungsteuer zur Anwendung kommen.

17.3 Unterscheidung nach der Art des Entgelts für die Übertragung

Die Übertragung von Unternehmen kann sowohl gegen Gegenleistung, also entgeltlich, als auch unentgeltlich oder auch teilentgeltlich erfolgen. Bei der Teilentgeltlichkeit sind je nach Art des Unternehmens die steuerlichen Folgen zu differenzieren. 17.10

17.4 Unterscheidung der Unternehmen je nach steuerlicher Einkunftsart

Die unentgeltliche Übertragung vollständiger betrieblicher Einheiten mit Betriebsvermögen im steuerlichen Sinne (Gewerbetrieb, land- und forstwirtschaftlicher Betrieb, freiberuflicher Betrieb, Mitunternehmeranteil) löst keine Ertragsteuern 17.11

(Einkommen- und Gewerbesteuer) aus, indem § 6 Abs. 3 EStG die Buchwertfortführung anordnet, d.h., die Wertansätze in der Schlussbilanz des übergebenden Unternehmers entsprechen den Wertansätzen des übernehmenden Unternehmers. Eine Aufdeckung stiller Reserven wird damit bei der (entgeltlichen) Übergabe vermieden und die Besteuerung der stillen Reserven also in die Zukunft verschoben.[1] Zu beachten ist bei der Übertragung von Mitunternehmeranteilen oder Teilen daran, dass beim übertragenen Unternehmer vorhandenes Sonderbetriebsvermögen, wenn es funktional wesentlich ist, jedenfalls anteilig mit übertragen werden muss, um die Aufdeckung stiller Reserven durch Ansatz des Buchwerts nach § 6 Abs. 3 EStG zu vermeiden.

17.12 Der übertragende Unternehmer erzielt durch den Buchwertansatz also keinen Veräußerungs- oder Aufgabegewinn (§ 16 EStG), der übernehmende Unternehmer generiert gleichzeitig auch keine weiteren Anschaffungskosten bzw. kein damit verbundenes zusätzliches Abschreibungsvolumen.

17.13 Dies gilt auch im Sonderfall der Realteilung nach § 16 Abs. 3 Satz 2 ff. EStG. Die bisherigen Mitunternehmer finden bei der echten Realteilung einen der Mitunternehmer dadurch ab, dass er bisheriges Betriebsvermögen der Mitunternehmerschaft erhält und damit künftig Einkünfte erzielt, während die ursprüngliche Mitunternehmerschaft mit verändertem Mitgliederbestand fortbesteht. Bei der unechten Realteilung wird die bisherige Mitunternehmerschaft beendet, die einzelnen Mitunternehmer erhalten aber anteilig Betriebsvermögen und setzen ihre Tätigkeit als Einzelunternehmer oder in anderer Zusammensetzung fort. Soweit jeder Mitunternehmer lediglich Betriebsvermögen im Wert seiner bisherigen Beteiligung ggf. gegen Ausgleichszahlung erhält, gilt die Buchwertfortführung.

17.14 Die unentgeltliche Übertragung von Anteilen, die das gesamte Nennkapital einer Kapitalgesellschaft umfasst, könnte zwar die Übertragung eines Teilbetriebs darstellen, wird aber nicht von § 6 Abs. 3 EStG erfasst.[2] Vielmehr ergibt sich in diesem Fall bei einer unentgeltlichen Übertragung die Buchwertfortführung aus § 6 Abs. 5 EStG. Ebenfalls führt die (unentgeltliche) Übertragung von Anteilen an Kapitalgesellschaften, die im Privatvermögen gehalten werden, gem. § 11d EStDV zur Buchwertfortführung. Lediglich im Sonderfall des § 17 Abs. 1 Satz 4 EStG kann auch eine unentgeltliche Übertragung zur Steuerpflicht führen.

---

1) Vgl. dazu z.B. Schmidt/Kulosa, EStG, 42. Aufl. 2023, § 6 Rdnr. 695 ff.

2) Schmidt/Kulosa, EStG, 42. Aufl. 2023, § 6 Rdnr. 703 m.w.N. zur Rspr.

Auch bei der unentgeltlichen Übertragung von Anteilen an vermögensverwaltenden Personengesellschaften, die mangels Betriebsvermögen nicht unter § 6 Abs. 3 EStG fallen, sind die bisherigen Buchwerte und Abschreibungen fortzuführen (§ 11d EStDV). 17.15

17.5 Teilentgeltlichkeit

Daher stellt sich die Frage, wann eine Übergabe entgeltlich ist bzw. ob diese auch teilentgeltlich erfolgen kann, also die Gegenleistung in eine entgeltliche und eine unentgeltliche Komponente aufzuteilen ist. Hierbei ist die ertragsteuerliche einerseits sowie die erbschaft- und schenkungsteuerliche Rechtslage andererseits zu unterscheiden. 17.16

17.5.1 Ertragsteuerliche Rechtslage für die beteiligten Unternehmer

Hinsichtlich der Übertragung von Betriebsvermögen vertritt der BFH in seiner aktuell veröffentlichten Rechtsprechung[3] die **Einheitstheorie**. Danach ist die Gegenleistung nicht nach dem Verhältnis des Entgelts zum Verkehrswert des übertragenen Vermögens in einen voll entgeltlichen und einen voll unentgeltlichen Teil aufzuteilen, wie dies für Vermögensgegenstände des Privatvermögens gilt, sondern einheitlich zu beurteilen. Dies bedeutet, dass nur ein Gewinn des Übergebers entsteht, der der Besteuerung unterliegen kann, soweit das Entgelt den Buchwert der übertragenen Einheit übersteigt. Gleichzeitig entstehen für den Übernehmer Anschaffungskosten, die bei Beteiligung an einer Mitunternehmerschaft in einer Ergänzungsbilanz zu erfassen sind, soweit die Anschaffungskosten den Buchwert übersteigen. 17.17

Beispiel 17.18

V (60 Jahre alt) ist Gesellschafter der VWY-OHG, sein Kapitalkonto beträgt 100.000 €, der Verkehrswert der Beteiligung 1.000.000 €. V überträgt seine Beteiligung an S für 200.000 €.

Lösung

Das Entgelt erreicht nicht den Verkehrswert, ist aber höher als der Buchwert, so dass nach der Einheitstheorie ein voll entgeltliches Geschäft vorliegt. S hat i.H.v. 100.000 € eine Ergänzungsbilanz zu bilden und die Mehrwerte über die Nutzungsdauer der entsprechend aktivierten Wirtschaftsgüter abzuschreiben,

3) BFH, Urt. v. 02.08.2012 – IV R 41/11, BStBl II 2019, 715.

während V einen Veräußerungsgewinn von 100.000 € erzielt hat. V kann dafür den Freibetrag nach § 16 Abs. 4 EStG und den begünstigten Steuersatz nach § 34 EStG in Anspruch nehmen.

17.19 Sofern das Entgelt geringer als das Kapitalkonto des ausscheidenden Gesellschafters ist, sind die bisherigen Buchwerte des übergebenden Unternehmers vom Erwerber fortzuführen, ein Verlust kann dadurch nicht entstehen. Maßstab für den Buchwert ist dabei das Kapitalkonto des (Mit-)Unternehmers. Der übertragende Unternehmer erzielt also keinen Aufgabe- oder Veräußerungsgewinn (§ 16 EStG), und der übernehmende Gesellschafter hat keine weiteren Anschaffungskosten, sondern führt die Anschaffungskosten des Rechtsvorgängers (übertragender Unternehmer) fort.

17.20 Dies gilt auch für die Übernahme eines negativen Kapitalkontos ohne Ausgleichszahlung.[4] Das entspricht dem Sinn und Zweck der Regelung, denn auch in diesem Fall ist der Übergang einer betrieblichen Einheit gewollt, die fortgeführt werden soll.

17.21 Als Übernahme einer Verbindlichkeit gilt in diesem Zusammenhang jedoch nicht die Übernahme von Versorgungsleistungen zugunsten des Übergebers oder dessen Ehegatten. Dies gilt auch für die Zusage einer Versorgungsrente, wenn der Rentenempfänger entsprechend versorgungsbedürftig ist. Bei diesen Gestaltungen wird unterstellt, dass es sich um Erträge handelt, die sich der Übergeber aus dem übergebenen Betrieb vorbehält. Hier stellt sich allenfalls aus einkommensteuerlicher Sicht die Frage, ob es sich um Leistungen handelt, die als Sonderausgaben i.S.d. § 10 Abs. 1a Nr. 2 EStG für den Zahlungsverpflichteten abzuziehen sind.[5]

17.22 Bei der Übertragung gegen **Vorbehaltsnießbrauch** zugunsten des bisherigen Unternehmers liegt ebenfalls keine Übertragung vor. Der bisherige Unternehmer erzielt, wenn er sowohl die Verwaltungs- als auch Vermögensrechte des Anteils behält, weiterhin die Einkünfte aus dem Anteil. Das zivilrechtliche Eigentum wird zwar übertragen, das wirtschaftliche Eigentum (§ 39 Abs. 2 AO) verbleibt beim bisherigen Unternehmer, steuerlich erfolgt also keine Übertragung.

17.23 Bei der Übertragung von Unternehmen, die vermögensverwaltende Einkünfte erzielen und kein Betriebsvermögen im steuerlichen Sinne haben (vor allem Personengesellschaften), beurteilt sich die (Teil-)Entgeltlichkeit danach, ob die

4) Schmidt/Kulosa, EStG, 42. Aufl. 2023, § 6 Rdnr. 721; unter Hinweis auf BFH, Urt. v. 11.05.1995 – IV R 44/93, BFHE 177, 466.

5) Schmidt/Kulosa, EStG, 42. Aufl. 2023, § 6 Rdnr. 720 m.w.N. zur Rspr.

Gegenleistung dem Verkehrswert des übertragenen Vermögens entspricht. Ist die Gegenleistung geringer als der Verkehrswert, ist sie nach dem Verhältnis des Entgelts zum Verkehrswert des übertragenen Vermögens in einen voll entgeltlichen und einen voll unentgeltlichen Teil aufzuteilen. Soweit ein entgeltlicher Vorgang anzunehmen ist, kann beim übertragenden Unternehmer ein Veräußerungsgewinn nach § 20 Abs. 2 oder nach §§ 22, 23 EStG vorliegen. Der übernehmende Unternehmer hat in Höhe des entgeltlichen Teils Anschaffungskosten, die zu den Anschaffungskosten des Rechtsvorgängers – des übertragenden Unternehmers – zu addieren sind.

Beispiel 17.24

Unternehmer U ist Kommanditist (Mitunternehmer) der Schluck & Specht KG, die Getränke aller Art vertreibt. Sein Kapitalkonto beträgt 1.000.000 €, der Verkehrswert entspricht dem Wert des Kapitalkontos. Im Zuge der Nachfolgeregelung überträgt er seinen Kommanditanteil auf seinen Sohn S

a) unentgeltlich durch Schenkung,

b) gegen Zahlung einer monatlichen Rente von 1.000 €, der Kapitalwert der Rente beträgt 388.000 €,

c) gegen Übernahme des Darlehens von noch 200.000 €, das von U zum Erwerb der Kommanditbeteiligung aufgenommen worden war.

Lösung

In der Variante a) ist die Anteilsübertragung vollständig unentgeltlich, S übernimmt also das Kapitalkonto des U von 1.000.000 €. U erzielt keinen Aufgabegewinn oder -verlust. S hat keine weiteren Anschaffungskosten, übernimmt die historischen Anschaffungskosten des U.

In der Variante b) erbringt S zwar eine Gegenleistung durch die Zahlung einer Rente mit dem Kapitalwert von 388.000 €. Allerdings gilt die Rente als aus den Erträgen des Mitunternehmeranteils gezahlt, so als ob U sich diese Erträge vorbehalten hätte. Es wird also keine Gegenleistung erbracht. S übernimmt daher den Mitunternehmeranteil mit dem Kapitalkonto von 1.000.000 €, die gezahlten Renten können nach Maßgabe des § 10 EStG ggf. als Sonderausgaben von S abgezogen werden. U erzielt weiterhin Einkünfte aus Gewerbebetrieb, auf die der Freibetrag nach § 16 EStG anzuwenden ist.

In der Variante c) erbringt S eine Gegenleistung durch Übernahme des Darlehens. Dieses ist aber geringer als das übernommene Kapitalkonto. Die Übertragung gilt als unentgeltlich. Die Zahlungen für Zins- und Tilgung des Darlehens sind bei S als Vorgänge im Sonderbetriebsvermögen zu behandeln, also wie bei U. U erzielt keinen Aufgabegewinn.

Abwandlung

Die Schluck & Specht KG vertreibt keine Getränke, sondern verwaltet eigenen Grundbesitz. Das Kapitalkonto des U beträgt 1.000.000 €, der Verkehrswert beträgt ebenfalls 1.000.000 €. Im Zuge der Nachfolgeregelung überträgt er seinen Kommanditanteil auf seinen Sohn S

a) unentgeltlich durch Schenkung,

b) gegen Zahlung einer monatlichen Rente von 1.000 €, der Kapitalwert der Rente beträgt 388.000 €,

c) gegen Übernahme des Darlehens von noch 200.000 €, das von U zum Erwerb der Kommanditbeteiligung aufgenommen worden war.

Lösung

In der Variante a) ist die Anteilsübertragung vollständig unentgeltlich, S übernimmt also das Kapitalkonto des U von 1.000.000 €. Bei U ist die Übertragung steuerrechtlich irrelevant.

In der Variante b) erbringt S zwar eine Gegenleistung durch die Zahlung einer Rente mit dem Kapitalwert von 388.000 €. Allerdings gilt die Rente als aus den Erträgen des Mitunternehmeranteils gezahlt, so als ob U sich diese Erträge vorbehalten hätte. Es wird also keine Gegenleistung erbracht. S übernimmt daher den Mitunternehmeranteil mit dem Kapitalkonto von 1.000.000 €, die gezahlten Renten können nach Maßgabe des § 10 EStG ggf. als Sonderausgaben abgezogen werden.

In der Variante c) erbringt S eine Gegenleistung durch Übernahme des Darlehens. Dieses macht im Verhältnis zum Verkehrswert 20 % aus, so dass die Übertragung zu 80 % als unentgeltlich und zu 20 % als entgeltlich gilt. Die Zahlungen für Zins- und Tilgung des Darlehens sind von S zu 20 % als Werbungskosten zu den Einkünften aus Vermietung und Verpachtung abzuziehen.

17.25 Bei der teilentgeltlichen Übertragung von Anteilen an Kapitalgesellschaften ist zu differenzieren: Gehören die Anteile zum **Betriebsvermögen** eines Betriebs einer natürlichen Person oder einer Mitunternehmerschaft, führt die isolierte teilentgeltliche Übertragung der Beteiligung zu einer anteiligen Entnahme und Versteuerung der anteiligen stillen Reserven. Der Anwendungsbereich von § 6 Abs. 5 EStG ist regelmäßig nicht einschlägig, weil die Übertragung nicht unentgeltlich oder gegen Gewährung von Gesellschaftsrechten erfolgt.

17.26 Zählen die Anteile hingegen zum **Privatvermögen**, gilt § 17 EStG: Das Teilentgelt führt zum anteiligen Veräußerungsgewinn. Hier gilt die Trennungstheorie.

Beispiel 17.27

A hält Anteile an der A-GmbH im Nennwert von 100 mit einem Verkehrswert von 200. Im Wege der vorweggenommenen Erbfolge überträgt A diese Anteile auf seinen Sohn S, dieser zahlt dafür lediglich 50.

Lösung

Diese Übertragung ist in einen voll entgeltlichen und einen voll unentgeltlichen Teil aufzusplitten. S zahlt 1/4 des Verkehrswerts (50 von 200), folglich hat S 1/4 entgeltlich erworben und 3/4 unentgeltlich. Damit sind Anteile im Nennwert von 25 für 50 übertragen, und A hat damit einen Veräußerungsgewinn von 25 erzielt und S entsprechende Anschaffungskosten. Eventuelle Werbungskosten kann S nach § 32 Abs. 2 Satz 1 Nr. 3 Buchst. a) EStG auf Antrag nach Maßgabe des Teileinkünfteverfahrens geltend machen.

17.28 Werden die Anteile gegen Versorgungsleistungen oder wiederkehrende Bezüge wie eine Rente übertragen, ist der Barwert dieser Leistungen dem Verkehrswert der Beteiligung gegenüberzustellen. Auch hier gilt die Trennungstheorie:

- Ist der **Barwert geringer** als der gemeine Wert der Anteile, liegt ein teilentgeltliches Geschäft vor, und die Gegenleistung ist in einen voll entgeltlichen sowie einen voll unentgeltlichen Teil aufzuteilen.
- Ist der **Barwert höher** als der gemeine Wert der Anteile, liegt ein entgeltliches Geschäft vor. Der bisherige Inhaber erzielt einen Veräußerungsgewinn und hat ggf. Anspruch auf den Freibetrag nach § 17 Abs. 3 EStG. Der begünstigte Steuersatz des § 34 EStG gilt nicht, sondern das Teileinkünfteverfahren nach § 3 Nr. 41 EStG.

17.29 Die teilentgeltliche Übertragung der Anteile aus dem Vermögen einer Kapitalgesellschaft stellt eine verdeckte Gewinnausschüttung dar, wenn die Übertragung an einen Gesellschafter oder eine diesem nahestehende Person erfolgt, was regelmäßig der Fall ist. Bei einer Übertragung unter dem Verkehrswert an fremde Dritte kann i.d.R. nicht von einer Veranlassung im Gesellschaftsverhältnis ausgegangen werden, so dass hier eine verdeckte Gewinnausschüttung nicht gegeben sein wird.

17.30 Sind im Unternehmen, das übernommen werden soll, einkommen- oder körperschaftsteuerliche Verlustvorträge vorhanden, ist zu überprüfen, wie sich eine Übertragung auf diese Verluste auswirkt. Die unentgeltliche, teilentgeltliche oder entgeltliche Übertragung führt nicht zur Übertragung von Verlustvorträgen i.S.d. § 10d EStG. Diese verbleiben beim Rechtsvorgänger bzw. übertragenden Unternehmer, können folglich nicht vom übernehmenden Gesellschafter genutzt werden. Anders ist dies bei Verlusten nach § 15a EStG. Diese gehen auf den Rechtsnachfolger über, wenn es sich um eine unentgeltliche Übertragung handelt. Bei einer entgeltlichen Übertragung des Anteils entsteht beim übertragenden Gesellschafter ggf. ein zusätzlicher Veräußerungsgewinn bei einer Freistellung vom negativen Kapitalkonto und beim eintretenden Gesellschafter zusätzliche Anschaffungskosten. Gleiches gilt für die teilentgeltliche Übertragung.

17.31 Die Fortführungsmöglichkeit von körperschaftsteuerlichen Verlustvorträgen bestimmt sich nach § 8c KStG. Bei einer Anteilsübertragung von weniger als 25 % können die Verluste fortgeführt werden. Bei einer höheren Beteiligung sind die §§ 8c und 8d KStG zu prüfen. Eine Teilentgeltlichkeit bei der Anteilsübertragung führt bei Körperschaften zu einem Anteilseignerwechsel, so dass die Rechtsfolgen nicht anders sind als bei der voll entgeltlichen Übertragung.

17.5.2 Ertragsteuerliche Rechtslage für den übertragenden Unternehmer zur Gewinnvermeidung

17.32 Erzielt der bisherige Unternehmer bei der (teil-)entgeltlichen Übertragung einen Veräußerungsgewinn, so kann der Unternehmer, wenn der Gewinn im Betriebsvermögen und bei der Veräußerung von bestimmten Wirtschaftsgütern (Grund und Boden, Aufwuchs auf Grund und Boden, Gebäuden, Binnenschiffen) entstanden ist, nach § 6b EStG diesen Gewinn von den Anschaffungskosten eines neu angeschafften Wirtschaftsguts abziehen oder in eine Rücklage einstellen und eine sofortige Versteuerung des Gewinns vermeiden. Erforderlich ist allerdings, dass diese Rücklage je nach Art des Wirtschaftsguts innerhalb von vier oder sechs Jahren wieder aufgelöst und auf neu angeschaffte Wirtschaftsgüter dieser Art übertragen wird.

17.33 Bei Anteilen an Kapitalgesellschaften besteht die Besonderheit, dass nach § 6b Abs. 10 EStG der dabei entstehende Gewinn auf neu angeschaffte Anteile an Kapitalgesellschaften, bewegliche Wirtschaftsgüter oder Gebäude übertragen oder in eine Rücklage eingestellt werden kann, die dann innerhalb von vier Jahren auf neue angetragene Wirtschaftsgüter übertragen werden kann. Dies gilt allerdings nur für Unternehmer, die keine Steuerpflichtigen i.S.d. KStG sind, und für einen Veräußerungsgewinn bis zu 500.000 €.

17.34 § 6b Abs. 10 EStG gilt auch bei **teilentgeltlichen Geschäften** für den entgeltlichen Teil. Weil die Rücklage nach § 6b EStG unternehmerbezogen ist, können diese Grundsätze auch bei der (teil-)entgeltlichen Übertragung zwischen Schwesterpersonengesellschaften angewandt werden, so dass der Gewinn aufgrund der Veräußerung bei der einen auch auf die Anschaffung bei der anderen Schwesterpersonengesellschaft übertragen werden kann, um so die Steuerbelastung zu verringern oder zu vermeiden. Beim **unentgeltlichen Teil** tritt der Erwerber in die Rechtsstellung des übertragenden Unternehmers ein und kann ggf. eine vom Rechtsvorgänger gebildete Rücklage fortführen. Für Kapitalgesellschaften gilt § 6b EStG mit Ausnahme des Absatzes 10 ebenfalls. Eine mit der Übertragung des Gewinns bzw. der Rücklagenbildung vergleichbare Möglichkeit besteht für Gesellschaften ohne Betriebsvermögen nicht.

17.5.3 Ertragsteuerliche Rechtslage für den übernehmenden Unternehmer zur Finanzierung des entgeltlichen Teils

Der übernehmende Unternehmer (Einzelunternehmer oder Personengesellschaft) 17.35
kann nach § 7g EStG einen **Investitionsabzugsbetrag** für den entgeltlich erworbenen Teil bilden, wenn es sich um ein Unternehmen mit steuerlichen Gewinneinkünften handelt und soweit der Kaufpreis auf bewegliche Wirtschaftsgüter entfällt.

17.5.4 Gewerbesteuerliche Folgen

Auf die laufende Gewerbesteuer wirkt sich die (teil-)entgeltliche Übertragung des 17.36
Betriebs zunächst nicht aus, weil die Gewerbesteuer nur den stehenden Gewerbebetrieb besteuert, aber nicht die Aufgabe/die Veräußerung des Gewerbebetriebs. Eine Ausnahme ist der Verkauf eines Anteils eines Mitunternehmeranteils. Der dabei erzielte Gewinn unterliegt der laufenden Gewerbesteuer.

Gewerbesteuer fällt aber an für Gewinne aus 17.37

- der Veräußerung des Betriebs einer Mitunternehmerschaft,
- der Veräußerung des Mitunternehmeranteils, soweit diese Gewinne nicht auf natürliche Personen als unmittelbar beteiligte Mitunternehmer entfallen,
- der Veräußerung einer 100%igen Beteiligung an einer Kapitalgesellschaft, wenn die Anteile zum Betriebsvermögen eines inländischen gewerblichen Betriebs gehören und nicht im Zusammenhang mit der Aufgabe des Betriebs veräußert werden.

Dies gilt insoweit auch für teilentgeltlichen Geschäfte.

Die unentgeltliche Übertragung führt zur Rechtsnachfolge in den Betrieb des bis- 17.38
herigen Unternehmers. Allerdings ergeben sich Einschränkungen bei der gewerbesteuerlichen Verlustnutzungsmöglichkeit:

- Wird ein Einzelunternehmen übertragen, steht dem Übernehmer für die vom Rechtsvorgänger begründeten Verluste kein Verlustabzug i.S.d. § 10a GewStG zu (fehlende „Unternehmeridentität"). Dies gilt unabhängig davon, ob die Übertragung unentgeltlich oder entgeltlich erfolgt.
- Bei Aufnahme einer weiteren Person in ein Einzelunternehmen, also der Gründung einer Personengesellschaft, kann auch zukünftig ein Verlustvortrag, der im Einzelunternehmen entstanden ist, genutzt werden. Eine Saldierung ist jedoch personenbezogen vorzunehmen, d.h., eine Verrechnung dieser „Altverluste" ist mit den Gewinnanteilen des Neueintretenden bei der Gewerbesteuer ausgeschlossen. Insoweit ist auf laufende Gewinne Gewerbesteuer zu entrichten.
- Dies gilt für die Übertragung von Mitunternehmeranteilen entsprechend. Überträgt ein Gesellschafter seinen Mitunternehmeranteil, geht der auf ihn entfallende anteilige Verlustvortrag unter, d.h., eine Verrechnung ist insoweit weder für die vorhandenen Mitgesellschafter noch für den eintretenden Anteilsübernehmer möglich. Dies gilt jedoch nicht, soweit der Gesellschafter nur einen Bruchteil seines Mitunternehmeranteils überträgt.[6] In diesem Fall ist nur eine Verrechnung der „Altverluste" der Gesellschaft mit Gewinnanteilen des Neueintretenden ausgeschlossen.

17.5.5 Grunderwerbsteuerliche Folgen

17.39 Die Übertragung von Grundstücken i.S.d. § 2 GrEStG unterfällt unabhängig davon, ob sie entgeltlich oder unentgeltlich erfolgt, dem Anwendungsbereich des GrEStG. Ferner sieht § 1 GrEStG verschiedene Tatbestände vor, nach denen die Übertragung von Anteilen an Gesellschaften, die Grundbesitz halten, einer Übertragung von Grundbesitz gleichgestellt werden, insbesondere wenn es zu einer Vereinigung von mindestens 95 % der Anteile in einer Hand kommt. Gleichwohl entsteht nicht automatisch Grunderwerbsteuer. § 3 Nr. 2 GrEStG sieht eine Steuerbefreiung vor, soweit der Vorgang dem ErbStG unterfällt. Dies bedeutet bei einem teilentgeltlichen Geschäft, dass für den unentgeltlichen Teil keine Grunderwerbsteuer erhoben wird, für den entgeltlichen Teil hingegen schon. Auch hier gilt eine Art Trennungstheorie: Der unentgeltliche Teil unterliegt der Erbschafts- und Schenkungsteuer (dazu im Einzelnen Rdnr. 17.48) und der entgeltliche Teil der Grunderwerbsteuer.

6) OFD Köln, Vfg. v. 12.05.1998 – G 1427 – 6 – St 132, DStR 1998, 1472.

Beispiel 17.40

Vater V überträgt ein Grundstück (Wert: 1,2 Mio. €) im Wege der vorweggenommenen Erbfolge gegen eine lebenslange Versorgungsrente (Kapitalwert: 500.000 €) auf seine Tochter T.

Lösung

Der Schenkungsteuer unterliegt nur die echte Bereicherung, also 700.000 € (1,2 Mio. € abzüglich 500.000 €), während die Rentenverpflichtung der T Entgelt für das Grundstück darstellt, mithin auf 500.000 € Grunderwerbsteuer anfällt.

Sofern es sich bei den Beteiligten um Verwandte in gerader Linie handelt, greift die Befreiung des § 3 Nr. 6 GrEStG, so dass bei der vorweggenommenen Erbfolge im Familienkreis auch bei teilentgeltlichen Geschäften praktisch kaum Grunderwerbsteuer für das übertragene Vermögen anfällt, es sei denn, es kommt zu einer Vereinigung von mehr als 95 % der Anteile in einer Hand. 17.41

Beispiel 17.42

Vater und Sohn sind seit vielen Jahren zu jeweils 50 % am Familienbetrieb in der Rechtsform einer GmbH beteiligt. Vor einigen Jahren hat die GmbH ein neues Betriebsgrundstück (Wert mittlerweile 4 Mio. €) gekauft. Nun schenkt der Vater seinen Anteil an den Sohn, der künftig zu 100 % an der GmbH beteiligt ist.

Lösung

Es fällt Grunderwerbsteuer auf 2 Mio. € an. Die Schenkung führt zu einer grunderwerbsteuerbaren Anteilsvereinigung nach § 1 Abs. 3 GrEStG. Besteuert wird dabei grundsätzlich der gesamte Grundbesitz der Gesellschaft, also nicht nur die erworbene Quote, sondern 100 %. Schenkungsteuerpflichtig sind aber lediglich 50 %, die der Vater geschenkt hat, und das auch nur insoweit, als zu 50 % die Befreiung nach § 3 Nr. 2 GrEStG greift. Hier gilt auch kein anderer Befreiungstatbestand, etwa nach § 3 Nr. 6 GrEStG wegen der Verwandtschaft zwischen Vater und Sohn in gerader Linie, weil die Anteilsvereinigung eine Übertragung zwischen GmbH und Gesellschafter fingiert.

Bei teilentgeltlichen Geschäften über die Übertragung von Gesellschaftsanteilen bzw. von Grundvermögen von einer Gesamthand auf die Gesellschafter und umgekehrt kann auch die (teilweise) Steuerfreistellung der §§ 5, 6 GrEStG einschlägig sein. 17.43

17.44 **Beispiel**

Der Vater nimmt die Tochter in sein bisheriges Einzelunternehmen gegen Zahlung eines Entgelts von 50.000 € auf, der Verkehrswert des damit erworbenen Anteils beträgt 100.000 €.

Lösung

Es liegt zwar ein teilentgeltliches Geschäft vor, so dass insoweit Grunderwerbsteuer anfallen könnte. Für die Übertragung auf die künftige OHG fällt im Umfang der Beteiligung des Vaters (50 %) keine Grunderwerbsteuer nach § 5 Abs. 2 GrEStG an, wenn er fünf Jahre nach der Übertragung Gesellschafter der OHG bleibt. Zudem greift hier die Befreiungsvorschrift des § 3 Nr. 6 GrEStG wegen der Verwandtschaft, so dass auch die restliche Übertragung steuerfrei bleibt.

17.5.6 Umsatzsteuerliche Folgen

17.45 Die Übertragung eines Betriebs im Ganzen oder eines Teilbetriebs unterliegt nach § 1 Abs. 1a UStG nicht der Umsatzsteuer. Daraus folgt, dass bei einem teilentgeltlichen Geschäft für den entgeltlichen Teil jedenfalls keine Umsatzsteuer anfällt. Für den unentgeltlichen Teil fehlt die Gegenleistung, so dass auch hier keine Umsatzsteuer anfällt.

17.46 Bei der (teil-)entgeltlichen Übertragung von Anteilen an Gesellschaften greift die Steuerbefreiung des § 4 Nr. 8f UStG, falls für diese Übertragung überhaupt die übrigen Voraussetzungen eines steuerbaren Umsatzes gegeben sind. Dies könnte fraglich sein, weil der bisherige Anteilseigner i.d.R. nicht Unternehmer i.S.d. UStG ist und daher die Übertragung nicht im Rahmen seines Unternehmens erfolgt.

17.47 Zu beachten ist dies, wenn der übernehmende Unternehmer für die Gestaltung der teilentgeltlichen Übertragung Eingangsleistungen in Anspruch genommen hat, die mit Vorsteuerbeträgen belastet sind, wie z.B. Beratungsleistungen. Für diese Eingangsleistungen stellt sich die Frage der Vorsteuerabzugsberechtigung. Der Neugesellschafter ist regelmäßig kein Unternehmer, so dass ein Vorsteuerabzug ausscheidet. Bei Rechnungsstellung an die Gesellschaft ist zu überprüfen, ob es sich dabei um Leistungen im Rahmen des Unternehmens handelt. Wenn dies der Fall ist, ist ein Vorsteuerabzug möglich.

17.5.7 Erbschaft- und schenkungsteuerliche Folgen

17.48 Jede Erbschaft oder Schenkung unterliegt grundsätzlich dem ErbStG. Allerdings können bestimmte Steuerfreistellungen zur Anwendung kommen. Bei teilentgeltlichen Geschäften greift die Schenkungsteuer nur, soweit die Bereicherung reicht, also für den unentgeltlichen Teil. Auch hier ist wieder nach der Art des übertragenen Vermögens zu unterscheiden.

Bei Anteilen an **vermögensverwaltenden Personengesellschaften** bestimmt § 10 Abs. 1 Satz 4 ErbStG, dass deren Erwerb wie der Erwerb der anteiligen Wirtschaftsgüter zu behandeln ist und die beim Erwerb übernommenen Schulden und Lasten als Gegenleistung einzuordnen sind, also die Bereicherung vermindern. Wird im Rahmen des Unternehmens auch Immobilienbesitz zu Wohnzwecken überlassen, kommt die Steuerbefreiung nach § 13d ErbStG zur Anwendung, also ein Wertansatz von lediglich 90 % des gemeinen Werts der Immobilie. 17.49

Wird **begünstigungsfähiges Vermögen** i.S.d. § 13b Abs. 1 ErbStG übertragen, kann für den unentgeltlichen Teil der Übertragung eine Steuerfreistellung nach Maßgabe der §§ 13a und c ErbStG in Betracht kommen. Begünstigungsfähige Vermögen sind: 17.50

- land- und forstwirtschaftliches Vermögen in der EU oder EWR mit Ausnahme von Stückländereien und selbst bewirtschafteten Grundstücken,
- inländisches Betriebsvermögen beim Erwerb eines ganzen Gewerbebetriebs oder Teilbetriebs, einer Beteiligung an einer Mitunternehmerschaft sowie entsprechend betriebliche Einheiten einer freiberuflichen Tätigkeit und
- Anteile an einer Kapitalgesellschaft, wenn die Beteiligung des Erblassers oder Schenkers mindestens 25 % am Nennkapital der Gesellschaft ausmacht oder eine Poolvereinbarung eine entsprechende Mindestbeteiligungshöhe erreicht wird.

Begünstigt ist dabei jedoch nur das Vermögen, das kein sogenanntes Verwaltungsvermögen i.S.d. § 13b Abs. 4 ErbStG darstellt. Dazu zählen Anteile an Kapitalgesellschaften, die nicht mehr als 25 % des Nennkapitals ausmachen oder einer Poolvereinbarung unterliegen. 17.51

Je nach Wahl des Erwerbers kann der Verschonungsabschlag nach § 13a Abs. 1 ErbStG oder die Optionsverschonung nach § 13a Abs. 10 ErbStG für den unentgeltlich übertragenen Teil in Anspruch genommen werden, wenn die übrigen Voraussetzungen gegeben sind. 17.52

Nach § 13a Abs. 9 ErbStG kann bei bestimmten Regelungen im Gesellschaftsvertrag (u.a. Beschränkung der Entnahme oder Ausschüttung auf 37,5 % des steuerlichen Gewinns nach Abzug der anfallenden Steuern, Übertragung auf Familienangehörige, Regelung über die Höhe der Abfindung unter dem gemeinen Wert 17.53

der Beteiligung) ein **weiterer Abschlag** gewährt werden. Die Höhe des Abschlags hängt von den Regelungen im Gesellschaftsvertrag der entsprechenden Gesellschaft ab. Der Abschlag entspricht dabei der Minderung der Abfindung im Vergleich zum Verkehrswert.

17.54 Bei der teilentgeltlichen Anteilsübertragung können die Erleichterungen des § 13b ErbStG für den unentgeltlichen Teil in Anspruch genommen werden.

17.55 Eine Besonderheit ist noch zu beachten, wenn der Erwerb der Anteile einer Gesellschaft, gleichgültig, welche Rechtsform sie hat, dadurch erfolgen soll, dass der ausscheidende Gesellschafter eine Abfindung erhält und die verbleibenden Gesellschafter oder die Gesellschaft diese **Abfindung** zahlen. In dieser Situation sehen Gesellschaftsverträge meistens Regelungen für die Ermittlung der Höhe der Abfindung vor. Diese liegt, um die Liquidität der Gesellschaft nicht allzu stark zu belasten, regelmäßig unterhalb des gemeinen Verkehrswerts, der nach den Wertmaßstäben des BewG ermittelt wird, zumeist das vereinfachte Ertragswertverfahren nach §§ 199 ff. BewG. Für diesen Fall wird durch § 7 Abs. 7 ErbStG eine Schenkung an die Gesellschafter fingiert. Die Schenkung wird in der Höhe der positiven Differenz zwischen dem ermittelten gemeinen Wert und der tatsächlich zustehenden Abfindung angenommen. Das Gesetz nimmt hierbei eine Schenkung an, insoweit dürfte ein teilentgeltlicher Erwerb ausgeschlossen sein. Gleichwohl muss den verbleibenden Gesellschaftern bewusst sein, dass auch bei Zahlung einer Abfindung, die im Gesellschaftsvertrag unter fremden Dritten vereinbart worden ist und deren Ziel nicht die Bereicherung eines Beteiligten ist, sondern die Sicherung der Existenz der Gesellschaft, eine Schenkung vorliegen kann. Diese Schenkung wird dann, wenn die Begünstigungen der §§ 13a–13c ErbStG nicht greifen, mit einer zusätzlichen finanziellen Belastung durch die von der Gesellschaft zu tragende Schenkungsteuer verbunden sein.

17.56 **Praxistipp**

Falls die Übernahme des Unternehmens oder der Beteiligung durch das Ausscheiden eines (Mit-)Unternehmers erreicht werden soll, z.B. durch Einziehung der Beteiligung oder deren Kündigung, so bemisst sich die Abfindung zunächst nach den vertraglichen Bestimmungen des Gesellschaftsvertrags. Ist die Abfindung geringer als der gemeine Wert der Beteiligung, ist eine (zusätzliche) Schenkung nach § 7 Abs. 7 ErbStG zu prüfen. Im Zweifel sollte auf die gesellschaftsrechtlichen Institute der Einziehung oder Kündigung oder des Ausschlusses verzichtet und ein Kauf- und Abtretungsvertrag vereinbart werden, um die ansonsten anfallende Schenkungsteuer zu vermeiden. Dies ist freilich nur möglich, wenn Einvernehmen zwischen allen Beteiligten besteht.

In Abhängigkeit davon, ob eine Übertragung aus Sicht des Erwerbers oder des Veräußerers betrachtet werden soll, ist die folgende Checkliste zur Abgrenzung von unentgeltlichen, teilentgeltlichen und entgeltlichen Rechtsgeschäften hilfreich: 17.57

Checkliste für die Unterscheidung von entgeltlichen, unentgeltlichen und teilentgeltlichen Rechtsgeschäften

Überlegungen aus Sicht des Erwerbers
– Rechtsform des übertragenen Unternehmens(-teils)
– Überprüfung der Entgeltlichkeit anhand der Rechtsform und der Einkunftsart des Zielunternehmens: – Hat das Zielunternehmen steuerliches Betriebsvermögen, gilt die Einheitstheorie, also liegt Entgeltlichkeit erst vor, wenn das Entgelt über dem Buchwert/Kapitalkonto des Zielunternehmens liegt. – Ist das Zielunternehmen vermögensverwaltend tätig oder eine Kapitalgesellschaft, gilt die Trennungstheorie: Das Entgelt ist in einen voll entgeltlichen und einen voll unentgeltlichen Teil im Verhältnis des gezahlten Entgelts zum Verkehrswert/gemeinen Wert aufzuteilen.
– Verlustvorträge oder verrechenbare Verluste: Führt die Übertragung zum vollständigen oder teilweisen Untergang der beim Zielunternehmen vorhandenen Verluste?
– Gewerbesteuer: Der Wechsel des Inhabers unterbricht die Unternehmeridentität, so dass es zum (Teil-)Untergang von Verlustvorträgen bei der Gewerbesteuer kommen kann.
– Lässt sich eine Rücklage oder Sonderabschreibung nach § 7g EStG für den Erwerb der betrieblichen Einheit bilden?
– Grunderwerbsteuer: Kommt es durch die Übernahme zu einer Vereinigung von mehr als 95 % der Anteile in einer Hand?
– Möglichkeit der Inanspruchnahme von Begünstigungen für steuerliches Betriebsvermögen für den unentgeltlich übertragenen Teil (§§ 13a–13c und 19a ErbStG).
– Werden Teile des Entgelts als wiederkehrende Leistungen gezahlt, können diese von natürlichen Personen als Übernehmer ggf. als Sonderausgaben nach § 10 Abs. 1 Nr. 2 EStG abgezogen werden.

Überlegungen aus Sicht des Übergebers
– Rechtsform des übertragenen Unternehmens(-teils)
– Überprüfung der Entgeltlichkeit anhand der Rechtsform und der Einkunftsart des Zielunternehmens: – Hat das Zielunternehmen steuerliches Betriebsvermögen, gilt die Einheitstheorie; also liegt Entgeltlichkeit erst vor, wenn das Entgelt über dem Buchwert/Kapitalkonto des Zielunternehmens liegt. – Ist das Zielunternehmen vermögensverwaltend tätig oder eine Kapitalgesellschaft, gilt die Trennungstheorie: Das Entgelt ist in einen voll entgeltlichen und einen voll unentgeltlichen Teil im Verhältnis des gezahlten Entgelts zum Verkehrswert/gemeinen Wert aufzuteilen.
– Verlustvorträge oder verrechenbare Verluste: Bei der Übertragung noch vorhandene Verluste können mit dem Veräußerungsgewinn verrechnet werden; darüber hinausgehende Verluste gehen ggf. unter.
– Bei der Übertragung eines Personengesellschaftsanteils: Werden Wirtschaftsgüter des Sonderbetriebsvermögens zurückbehalten und künftig der Mitunternehmerschaft zur Nutzung überlassen? Verhindert dies die Steuerneutralität bei einer teilentgeltlichen Übertragung?
– Lässt sich eine Rücklage für Reinvestitionen nach § 6b EStG für den Erwerb künftiger betrieblicher Einheiten bilden?
– Werden Teile des Entgelts als wiederkehrende Leistungen gezahlt, so können diese bei einer Steuerpflicht der Zahlungen von natürlichen Personen als Übergeber wahlweise mit dem Kapitalwert sofort versteuert werden oder ratierlich mit dem Erhalt der Zahlungen. In beiden Fällen kommt der Freibetrag nach § 16 oder § 17 EStG zur Anwendung, der begünstigte Steuersatz jedoch nur bei der sofortigen Versteuerung.

18. Gewerbesteuerpflicht bei Veräußerung von Mitunternehmeranteilen

Inhalt **Rdnr.**

18.1 Ermittlung des Gewerbeertrags (§ 7 Satz 1 GewStG)

Die grundlegende Vorschrift zur Ermittlung des Gewerbeertrags i.S.d. § 6 GewStG 18.1
ist **§ 7 GewStG**. Nach **§ 7 Satz 1 GewStG** ist der Gewerbeertrag der nach den Vorschriften des EStG oder des KStG zu ermittelnde Gewinn aus dem Gewerbebetrieb, der bei der Ermittlung des Einkommens für den dem Erhebungszeitraum i.S.d. § 14 GewStG entsprechenden Veranlagungszeitraum zu berücksichtigen ist. Das so ermittelte Zwischenergebnis wird vermehrt und vermindert um die in den §§ 8 und 9 GewStG bezeichneten Beträge (Hinzurechnungen und Kürzungen).

Hinsichtlich des nach den Vorschriften des EStG und des KStG ermittelten 18.2
Gewinns besteht grundsätzlich eine materiellrechtliche Bindungswirkung für die Ermittlung des Gewerbeertrags. Eine formale Bindungswirkung der Einkommen- und Körperschaftsteuerbescheide im Sinne eines Grundlagenbescheids besteht hingegen nicht. Allerdings ergeben sich auch bei der materiellrechtlichen Bindungswirkung aufgrund des Objektsteuercharakters der Gewerbesteuer verschiedene Ausnahmen. Dies gilt insbesondere für die Behandlung von Veräußerungs-

gewinnen i.S.d. § 16 EStG. Mangels Gewerbebetriebs i.S.v. § 2 GewStG werden zudem Veräußerungsgewinne von Beteiligungen im Privatvermögen i.S.d. § 17 EStG gewerbesteuerlich nicht erfasst.

18.3 Anders als bei § 16 EStG, in dessen Rahmen die Veräußerungsgewinne als besondere (nicht laufende) Gewinne ebenfalls zu den gewerblichen Einkünften gehören, zählen Veräußerungsgewinne bei **Personenunternehmen** i.S.v. § 2 Abs. 1 Satz 2 GewStG (natürliche Personen und [gewerblich geprägten] Mitunternehmerschaften) grundsätzlich nicht zum Gewerbeertrag nach § 7 Satz 1 GewStG.

18.4 Das dem GewStG zugrundeliegende Objektsteuerprinzip knüpft an den lebenden Gewerbebetrieb (sachliche Steuerpflicht i.S.v. § 2 GewStG) an. Nach ständiger Rechtsprechung sind Gewinne im Zusammenhang mit der Beendigung des Betriebs, also Aufgabegewinne, nicht Gegenstand der Gewerbesteuer. Systematisch handelt es sich bei der Veräußerung eines Betriebs allerdings nicht unmittelbar um die Beendigung eines Gewerbebetriebs, jedoch geht die h.M. in Literatur und Rechtsprechung[1)] in diesen Fällen wohl von einem Wechsel des Unternehmensinhabers aus, der gem. § 2 Abs. 5 GewStG zu einer Beendigung der sachlichen Steuerpflicht führt. Somit zählen auch Veräußerungsgewinne nicht zum Gewerbeertrag.

18.5 Wird lediglich ein Teilbetrieb i.S.v. § 16 Abs. 1 Satz 1 Nr. 1 Satz 2 EStG oder ein Mitunternehmeranteil i.S.v. § 16 Abs. 1 Satz 1 Nr. 2 EStG veräußert, endet die sachliche Gewerbesteuerpflicht nach § 2 Abs. 5 GewStG grundsätzlich nicht. Gleichwohl nimmt die Rechtsprechung[2)] von einer Einbeziehung der entsprechenden Veräußerungsgewinne Abstand. Begründet wird dies bei Teilbetrieben mit der weitgehenden Verselbständigung des Teilbetriebs im Rahmen des gesamten Gewerbebetriebs und bei Mitunternehmeranteilen mit einer partiellen Beendigung der sachlichen Gewerbesteuerpflicht gem. § 2 Abs. 5 GewStG. Anders sieht es hingegen bei der Veräußerung eines Mitunternehmerteilanteils i.S.v. § 16 Abs. 1 Satz 2 EStG aus. Der entsprechende Veräußerungsgewinn unterliegt nach § 7 Satz 1 GewStG der Gewerbesteuer, da die Mitunternehmerstellung nicht beendet wird.

18.6 Wird der originär gewerbliche Geschäftsbereich einer zudem **gewerblich geprägten GmbH & Co. KG** veräußert, ist der Veräußerungsgewinn nicht bereits dann dem Gewerbeertrag zuzuordnen, wenn eine wesentliche Betriebsgrundlage in dem neuen (lediglich) vermögensverwaltenden Geschäftsbereich der gewerblich

1) Vgl. Franke, in: Wendt/Suchanek/Möllmann/Heinemann, GewStG, 2. Aufl. 2022, § 7 Rdnr. 52, unter Verweis auf BFH, Urt. v. 04.03.1998 – X R 56/95, BFH/NV 1998, 1354.

2) Vgl. u.a. BFH, Urt. v. 15.06.2004 – VIII R 7/01, BStBl II, 754.

geprägten Personengesellschaft fortgeführt wird. Entscheidend ist vielmehr auch in diesen Fällen, dass – unabhängig von einer Vollaufdeckung der stillen Reserven – der „bisherige“ Betrieb vollständig beendet/eingestellt und eine neue Tätigkeit aufgenommen wird.[3)]

Bei **Kapitalgesellschaften** beeinflussen Veräußerungsgewinne aufgrund der besonderen Regelung zur sachlichen Steuerpflicht nach § 2 Abs. 2 Satz 1 GewStG ohnehin die Höhe des Gewerbeertrags, da die Regelung lediglich an die Rechtsform anknüpft. 18.7

18.2 Einbeziehung von Veräußerungsgewinnen in den Gewerbeertrag (§ 7 Satz 2 GewStG)

§ 7 Satz 2 GewStG wiederum ordnet die Gewinne aus der Veräußerung eines Betriebs oder Teilbetriebs einer Mitunternehmerschaft, eines Mitunternehmeranteils sowie eines Anteils eines persönlich haftenden Gesellschafters einer KGaA dem Gewerbeertrag zu. Dies gilt allerdings nicht, soweit die Veräußerungsgewinne auf eine natürliche Person als unmittelbar beteiligtem Mitunternehmer entfallen. Die Regelung schränkt dabei den Anwendungsbereich des § 7 Satz 1 GewStG nicht ein, sondern erweitert ihn vielmehr. Damit gehören Veräußerungsgewinne nach § 7 Satz 1 GewStG weiterhin zum Gewerbeertrag, auch wenn die Voraussetzungen des § 7 Satz 2 GewStG nicht vorliegen. Andererseits bezieht § 7 Satz 2 GewStG Veräußerungsgewinne mit in den Gewerbeertrag ein, wenn diese nicht bereits nach § 7 Satz 1 GewStG zum Gewerbeertrag gehören. 18.8

Mit der Regelung soll u.a. verhindert werden, dass Kapitalgesellschaften die Gewerbesteuerpflicht von Veräußerungsgewinnen dadurch umgehen, dass sie ihren Betrieb oder Teilbetrieb steuerneutral nach § 24 UmwStG oder Einzelwirtschaftsgüter steuerneutral nach § 6 Abs. 5 EStG in eine Personengesellschaft einbringen, um anschließend die stillen Reserven auf der Ebene der aufnehmenden Personengesellschaft durch Veräußerung des eingebrachten Betriebs oder Teilbetriebs oder durch Veräußerung des erworbenen Mitunternehmeranteils gewerbesteuerfrei zu realisieren. 18.9

Zu den Gewinnen i.S.v. § 7 Satz 1 und Satz 2 GewStG können sowohl Veräußerungsgewinne als auch Veräußerungsverluste gehören. Steuerschuldnerin bei der Veräußerung oder Aufgabe eines Mitunternehmeranteils nach § 5 Abs. 1 Satz 3 GewStG ist die Personengesellschaft. 18.10

3) Änderung der Rechtsprechung, vgl. BFH, Urt. v. 10.02.2022 – IV R 6/19, BFHE 276, 159.

18.11 Aus dem Zusammenwirken von § 7 Satz 1 und Satz 2 GewStG ergibt sich folgendes Prüfungsschema:

Prüfungsreihenfolge bei Vorliegen eines Veräußerungsgewinns/-verlusts

1. Realisierung eines Veräußerungsgewinns/-verlust während des Bestehens der sachlichen Steuerpflicht nach § 2 GewStG.

   Wenn ja:
2. Unterliegt der Veräußerungsgewinn bereits nach § 7 Satz 1 GewStG dem Gewerbeertrag? Wenn ja: Auf die weiteren Voraussetzungen des § 7 Satz 2 GewStG kommt es nicht an.

   Wenn nein:
3. Prüfung von § 7 Satz 2 GewStG. Ein nach § 7 Satz 1 GewStG nicht steuerbarer Gewerbeertrag unterliegt nur dann endgültig nicht der Gewerbesteuer, wenn die Voraussetzungen des § 7 Satz 2 GewStG nicht erfüllt sind.

18.12 Nach § 7 Satz 2 Nr. 2 GewStG gehört auch der Gewinn aus der Veräußerung des Anteils eines Gesellschafters, der als Unternehmer (Mitunternehmer) des Betriebs einer Mitunternehmerschaft anzusehen ist, zum Gewerbeertrag. Dies gilt allerdings nur, soweit der Gewinn nicht auf eine natürliche Person als unmittelbar beteiligter Mitunternehmer entfällt.

18.3 Voraussetzungen des § 7 Abs. 2 Satz 2 Nr. 2 EStG

18.3.1 Mitunternehmerstellung

18.13 Die Mitunternehmerstellung bestimmt sich nach § 15 Abs. 1 Satz 1 Nr. 2 EStG. Nach ständiger Rechtsprechung des BFH sind für die Bestimmung einer Mitunternehmerstellung die Merkmale Mitunternehmerinitiative und Mitunternehmerrisiko kennzeichnend.[4)]

18.3.2 Veräußerung eines Mitunternehmeranteils

18.14 Liegen die Voraussetzungen des § 16 Abs. 1 Satz 1 Nr. 2 EStG für die Veräußerung eines Mitunternehmeranteils i.S.v. § 15 Abs. 1 Satz 1 Nr. 2 EStG vor, ist auch der gewerbesteuerliche Begriff der Veräußerung eines Mitunternehmeranteils erfüllt. Darüber hinaus wird in der Literatur vertreten, dass ein eigenständiger gewerbesteuerlicher Begriff der Veräußerung eines Mitunternehmeranteils maßgebend sei.

4) Vgl. grundlegend BFH, Urt. v. 25.06.1984 – GrS 4/82, BStBl II, 751.

Danach kommt es nicht auf die Voraussetzungen des § 16 EStG an. Betroffen hiervon ist vor allem die Voraussetzung des § 16 EStG zur Aufdeckung aller funktional-quantitativ wesentlichen Betriebsgrundlagen.

Da die Veräußerung eines Mitunternehmerteilanteils bereits den Gewerbeertrag nach § 7 Satz 1 GewStG erhöht, kommt es auf die weiteren Voraussetzungen des § 7 Satz 2 GewStG nicht an. 18.15

18.3.3 Unmittelbarkeit der Mitunternehmerstellung einer natürlichen Person

Die in § 7 Satz 2 Nr. 2 GewStG normierte Ausnahme von der Erfassung eines Veräußerungsgewinns beim Gewerbeertrag führt im Ergebnis zur Berücksichtigung von Veräußerungsgewinnen im Gewerbeertrag der Personengesellschaft bei unmittelbar an der veräußernden Personengesellschaft beteiligten Kapitalgesellschaften und Personengesellschaften bzw. bei der den Mitunternehmeranteil veräußernden Kapital- oder Personengesellschaft. Dies gilt unabhängig davon, ob es sich bei den Mitunternehmern einer unmittelbar beteiligten Personengesellschaft ihrerseits um natürliche Personen handelt. Lediglich bei unmittelbar beteiligten natürlichen Personen bleiben entsprechende Veräußerungsgewinne beim Gewerbeertrag der Personengesellschaft außer Ansatz. 18.16

Zusammenfassendes Schema zur Gewerbesteuerpflicht von Veräußerungsgewinnen (§ 7 Satz 2 Nr. 2 EStG) 18.17

1. **Veräußerung eines Betriebs/Teilbetriebs durch die Personengesellschaft**
   a) Unmittelbar beteiligter Mitunternehmer ist eine natürliche Person = **kein Ansatz** des Veräußerungsgewinns beim Gewerbeertrag der Personengesellschaft
   b) Unmittelbar beteiligter Mitunternehmer ist eine Personengesellschaft/Kapitalgesellschaft = **Ansatz** des Veräußerungsgewinns beim Gewerbeertrag der Personengesellschaft
2. **Veräußerung eines Mitunternehmeranteils**
   a) Veräußerung erfolgt durch eine unmittelbar als Mitunternehmer beteiligte natürliche Person = **kein Ansatz** des Veräußerungsgewinns beim Gewerbeertrag der Personengesellschaft
   b) Veräußerung erfolgt durch eine unmittelbar als Mitunternehmer beteiligte Personengesellschaft oder Kapitalgesellschaft = **Ansatz** des Veräußerungsgewinns beim Gewerbeertrag der Personengesellschaft

18.18 Die in § 7 Satz 2 Nr. 2 GewStG geregelte Ausnahme für unmittelbar beteiligte natürliche Personen ist mit dem aus Art. 3 Abs. 1 GG folgenden Grundsatz der Besteuerung nach der Leistungsfähigkeit vereinbar.[5] Die Entscheidung des BVerfG stellt dabei im Wesentlichen auf die Besonderheit der Steuerschuldnerschaft der Personengesellschaft im Gewerbesteuerrecht ab. Zudem würden die mit dem Mitunternehmeranteil veräußerten Anteile an den Vermögensgegenständen durch den in die Gesellschaft einrückenden Erwerber in der Mitunternehmerschaft verbleiben und die Leistungsfähigkeit der Gesellschaft damit grundsätzlich nicht berühren. Dabei ermögliche das steuerliche System der Erstellung einer Ergänzungsbilanz durch den einrückenden Gesellschafter eine ausreichende Berücksichtigung bei einer späteren Veräußerung durch die Gesellschaft, was im Ergebnis eine Doppelbesteuerung vermeide.

18.19 Darüber hinaus kommt es nach Auffassung des Gerichts zwar zu einer Ungleichbehandlung von Personengesellschaften mit natürlichen Personen als Gesellschaftern einerseits und mit juristischen Personen oder Personengesellschaften andererseits. Diese Ungleichbehandlung sei jedoch auch aus dem Gesichtspunkt der Missbrauchsvermeidung gerechtfertigt.

18.3.4 Besonderheit: Doppelstöckige Personengesellschaften/ Mitunternehmerschaften

18.20 Veräußert eine Personengesellschaft/Mitunternehmerschaft (Obergesellschaft) ihren Mitunternehmeranteil an einer weiteren Personengesellschaft (Untergesellschaft), so gehört der Veräußerungsgewinn nach § 7 Satz 2 Nr. 2 GewStG zum Gewerbeertrag. Die in § 7 Satz 2 Nr. 2 a.E. GewStG verankerte Ausnahme für unmittelbar beteiligte natürliche Personen greift nicht durch, auch soweit es sich bei den Gesellschaftern der Obergesellschaft um natürliche Personen handelt.

18.21 Wird hingegen der Anteil an der Obergesellschaft durch eine natürliche Person als Mitunternehmerin veräußert, gehört auch der mittelbar auf die Untergesellschaft entfallende Anteil am Veräußerungsgewinn gem. § 7 Satz 2 Nr. 2 GewStG nicht zum Gewerbeertrag. Die Veräußerung ist als einheitlicher Veräußerungsvorgang zu behandeln (R 7.1 Abs. 3 Satz 5 GewStR).

18.22 **Beispiel**

A und B sind Kommanditisten der X-KG mit einem Anteil von je 50 %. Komplementärin ist die nicht am Vermögen beteiligte Z-GmbH. Die X-KG ist alleinige Kommanditistin der F-KG, deren nicht am Vermögen beteiligte Komplementärin

5) BVerfG, Urt. v. 10.04.2018 – 1 BvR 1236/11, BStBl II, 303.

die G-GmbH ist. A veräußert seinen Anteil an der X-KG an E. Der Veräußerungsgewinn entfällt je zur Hälfte auf stille Reserven im Betriebsvermögen der X-KG und der F-KG.

Lösung

Der Veräußerungsgewinn des A unterliegt nicht der Gewerbesteuer gem. § 7 Satz 2 Nr. 2 GewStG. Eine lediglich mittelbare Veräußerung der Anteile an der F-KG wird nicht angenommen. Hätte hingegen die X-KG ihren Anteil an der F-KG veräußert, wäre der Veräußerungsgewinn nach § 7 Satz 2 Nr. 2 GewStG im Gewerbeertrag der F-KG zu erfassen gewesen.

Wird der Anteil an der Obergesellschaft hingegen von einer Personengesellschaft/ Kapitalgesellschaft als unmittelbarer Mitunternehmer veräußert, gehört der Veräußerungsgewinn, auch soweit er auf stille Reserven im Betriebsvermögen der Untergesellschaft entfällt, zum Gewerbeertrag. Die Erfassung im Gewerbeertrag findet ausschließlich auf Ebene der Obergesellschaft statt.[6] 18.23

18.4 Rechtsfolgen der Anwendung von § 7 Satz 2 Nr. 2 GewStG

18.4.1 Gewerbesteuerpflicht/-freiheit der Veräußerungsgewinne

Bei der Veräußerung eines Mitunternehmeranteils i.S.v. § 7 Satz 2 Nr. 2 GewStG unterliegt der Veräußerungsgewinn der Gewerbesteuer; er wird beim Gewerbeertrag erfasst. Dies gilt nicht, soweit die Veräußerungsgewinne auf eine natürliche Person als unmittelbar beteiligte Mitunternehmerin entfallen. Die Erfassung beim Gewerbeertrag erfolgt dabei in voller Höhe, eine zeitanteilige Aufteilung oder eine Aufteilung nach dem Gewinnverteilungsschlüssel findet nicht statt.[7] 18.24

Beispiel 18.25

An der A-KG sind die W-GmbH, Herr A und Frau B als Kommanditisten beteiligt. Die W-GmbH verkauft mit Vertrag vom 03.07.01 unter gleichzeitiger Abtretung ihren Kommanditanteil für 300.000 € an A.

---

6) Vgl. R 7.1 Abs. 3 Satz 5 GewStR; BFH, Urt. v. 18.09.2007 – I R 79/06, BFH/NV 2008, 729; a.A. Franke, in: Wendt/Suchanek/Möllmann/Heinemann, GewStG, 2. Aufl. 2022, § 7 Rdnr. 113.

7) Vgl. BFH, Urt. v. 19.07.2018 – IV R 31/15, BFH/NV 2018, 1282.

Lösung

Der Veräußerungsgewinn der W-GmbH unterliegt in voller Höhe der Gewerbesteuer gem. § 7 Satz 2 Nr. 2 GewStG. Der Gewinn entfällt in vollem Umfang auf den Mitunternehmer, der ihn erzielt, d.h. in dessen Person er entsteht. Es erfolgt jedoch keine Zuordnung des Veräußerungsgewinns auf die Gesellschafter. Vielmehr wird lediglich der Gewerbeertrag, nach dem sich die vom Gewerbesteuerschuldner geschuldete Gewerbesteuer bemisst, der Höhe nach um bestimmte Veräußerungsgewinne erweitert. Damit scheidet sowohl eine zeitanteilige Aufteilung als auch eine Aufteilung nach dem Gewinnverteilungsschlüssel der Gesellschaft aus.

18.4.2 Steueranrechnung der Gewerbesteuer nach § 35 EStG bei Veräußerungsgewinnen

18.26 Die tarifliche Einkommensteuer ermäßigt sich unter den weiteren Voraussetzungen des § 35 EStG bei Einkünften aus gewerblichen Unternehmen i.S.v. § 15 Abs. 1 Satz 1 Nr. 1 EStG sowie Mitunternehmerschaften i.S.v. § 15 Abs. 1 Satz 1 Nr. 2 EStG um das Vierfache[8)] des Gewerbesteuermessbetrags, der jeweils für den dem Veranlagungszeitraum entsprechenden Erhebungszeitraum (§ 14 GewStG) für das Unternehmen festgesetzt ist. Bei Mitunternehmerschaften i.S.d. § 15 Abs. 1 Satz 1 Nr. 2 EStG ist der Gewerbesteuermessbetrag, die tatsächlich zu zahlende Gewerbesteuer und der auf die einzelnen Mitunternehmer entfallende Anteil gesondert und einheitlich festzustellen. Dabei richtet sich der Anteil eines Mitunternehmers am Gewerbesteuermessbetrag nach seinem Anteil am Gewinn der Mitunternehmerschaft nach Maßgabe des allgemeinen Gewinnverteilungsschlüssels.

18.27 Eine teilweise Anrechnung der Gewerbesteuer auf die Einkommensteuer gem. § 35 EStG steht einer (unmittelbar oder mittelbar) an einer Personengesellschaft beteiligten natürlichen Person auch insoweit zu, als die Gewerbesteuer auf einen Veräußerungs- oder Aufgabegewinn im Zusammenhang mit der Personengesellschaft entfällt. Im Ergebnis mindert sich dadurch die sich aus § 7 Satz 2 GewStG resultierende Steuerbelastung.

18.4.3 Gewerbesteuerpflicht des Veräußerungsgewinns i.S.v. § 18 Abs. 3 UmwStG

18.28 Grundsätzlich unterliegt die Veräußerung eines ganzen Mitunternehmeranteils nach § 7 Satz 2 Nr. 2 GewStG nicht der Gewerbesteuer, soweit die Veräußerung

8) Der Ermäßigungsfaktor in § 35 EStG wurde erstmals für den VZ 2020 von 3,8 auf 4,0 angehoben, § 35 Abs. 1 Satz 1 Nr. 1 und 2 EStG.

durch eine unmittelbar an der Gesellschaft beteiligte natürliche Person erfolgt. Dies gilt allerdings nicht, wenn die Voraussetzungen des § 18 Abs. 3 UmwStG erfüllt sind. Wird ein aus einer Umwandlung nach dem UmwStG hervorgegangenes Personenunternehmen bzw. Anteile an der übernehmenden Personengesellschaft innerhalb von fünf Jahren nach der Umwandlung veräußert oder aufgegeben, unterliegt nach § 18 Abs. 3 UmwStG (typisierende Missbrauchsvorschrift) ein Veräußerungs- oder Aufgabegewinn der Gewerbesteuer. Die Gewerbesteuer ist von der Anrechnung auf die Einkommensteuer nach § 35 EStG ausgeschlossen. Ein aus der Veräußerung oder Aufgabe resultierender Verlust ist zudem gewerbesteuerlich nicht zu berücksichtigen.[9]

Sinn und Zweck des § 18 Abs. 3 UmwStG ist es, eine Umgehung der Gewerbe- 18.29
steuer durch Umstrukturierung zu vermeiden. Bei der Umwandlung einer Kapitalgesellschaft in ein Personenunternehmen können nach §§ 3 ff. UmwStG die Buchwerte fortgeführt werden, so dass anlässlich einer Umwandlung die stillen Reserven gewerbesteuerlich nicht erfasst werden. Somit könnte durch eine Umwandlung die umfassende Gewerbesteuerpflicht einer Kapitalgesellschaft unterlaufen werden, indem zunächst eine Umwandlung zu Buchwerten in ein Personenunternehmen erfolgt und anschließend das Betriebsvermögen des Personenunternehmens ohne Anfall von Gewerbesteuer veräußert oder aufgegeben wird. Dies soll § 18 Abs. 3 UmwStG verhindern.

Die Fünfjahresfrist des § 18 Abs. 3 UmwStG beginnt mit Ablauf des steuer- 18.30
lichen Übertragungsstichtags und endet fünf Jahre danach.[10] Nicht von § 18 Abs. 3 UmwStG erfasst werden somit laufende Gewinne des übernehmenden Personenunternehmens sowie Veräußerungs- und Aufgabegewinne, die erst nach Ablauf der Fünfjahresfrist realisiert werden. Die Gewerbesteuer nach § 18 Abs. 3 UmwStG fällt auch an,[11] wenn der aus der Umwandlung der Kapitalgesellschaft hervorgegangene Betrieb der natürlichen Person oder der Personengesellschaft normalerweise nicht Gegenstand der Gewerbesteuer ist (z.B. Einkünfte aus selbständiger Arbeit gem. § 18 EStG oder aus Land- oder Forstwirtschaft gem. § 13 EStG).

Erfasst werden sowohl die stillen Reserven, die im Zeitpunkt der Veräußerung 18.31
oder Aufgabe vorhanden sind, als auch solche, die erst nach der Umwandlung

9) Vgl. BMF-Schreiben v. 11.11.2011 – IV C 2 – S 1978-b/08/10001, BStBl I, 1314 (UmwSt-Erlass), Rdnr. 18.10.

10) Vgl. BMF-Schreiben v. 11.11.2011 – IV C 2 – S 1978-b/08/10001, BStBl I, 1314 (UmwSt-Erlass), Rdnr. 06.10.

11) Vgl. BMF-Schreiben v. 11.11.2011 – IV C 2 – S 1978-b/08/10001, BStBl I, 1314 (UmwSt-Erlass), Rdnr. 18.11.

neu gebildet wurden.[12] Erfasst sind zudem stille Reserven, die bereits vor der Umwandlung im Betrieb der übernehmenden Personengesellschaft oder der natürlichen Person vorhanden waren. Es kommt mithin zu einer gewerbesteuerlichen Infektion dieses Betriebs bei Umwandlung auf den Betrieb eines bestehenden Rechtsträgers. Damit unterliegt die Veräußerung bzw. die Aufgabe des Betriebs, eines Teilbetriebs oder eines Mitunternehmeranteils an der übernehmenden Personengesellschaft innerhalb der fünfjährigen Sperrfrist der Gewerbesteuer.

18.32 **Beispiel**

A ist der alleinige Kommanditist der Holding-GmbH & Co. KG, die ihrerseits zu 100 % an der T-GmbH beteiligt ist. Die T-GmbH wird auf die Holding-GmbH & Co. KG nach § 3 ff. UmwStG verschmolzen. Drei Jahre später veräußert A seinen Anteil an der Holding-GmbH & Co. KG. Wegen anderer wertvoller Beteiligungen der KG entsteht ein erheblicher Gewinn.

Lösung

Der Gewinn aus der Veräußerung des Anteils an der Holding-GmbH & Co. KG unterliegt in voller Höhe nach § 18 Abs. 3 UmwStG der Gewerbesteuer, da die Veräußerung innerhalb von fünf Jahren nach der Umwandlung erfolgt. Der auf den Veräußerungs- oder Aufgabegewinn nach § 18 Abs. 3 Satz 3 UmwStG entfallende Gewerbesteuermessbetrag bleibt zudem bei der Ermäßigung der Einkommensteuer nach § 35 EStG unberücksichtigt.

---

12) Vgl. BMF-Schreiben v. 11.11.2011 – IV C 2 – S 1978-b/08/10001, BStBl I, 1314 (UmwSt-Erlass), Rdnr. 18.09.

19. Grunderwerbsteuer beim Unternehmenskauf

Inhalt **Rdnr.**

19.1 Einführung – Bedeutung der Grunderwerbsteuer beim Unternehmenskauf

19.1 In steuerlicher Hinsicht ist beim Unternehmenskauf in zunehmendem Maße auch die Grunderwerbsteuer zu beachten, wenn zum Betriebsvermögen des Zielunternehmens inländische Grundstücke oder grundstücksgleiche Rechte gehören (vgl. § 1 Abs. 1 i.V.m. § 2 GrEStG). Hierbei spielt es keine Rolle, ob der Unternehmenskauf als **Asset Deal** oder als **Share Deal** erfolgt – in beiden Fällen kann in Bezug auf den inländischen Grundbesitz Grunderwerbsteuer ausgelöst werden. Gleiches gilt für **Umstrukturierungen**, die in Vorbereitung auf den Unternehmenskauf oder in dessen Nachgang erfolgen, wenn hiervon unmittelbar oder auch nur mittelbar inländischer Grundbesitz betroffen ist.

19.2 Früher lag der **Grunderwerbsteuersatz** bundeseinheitlich bei **3,5 %** (vgl. § 11 Abs. 1 GrEStG). Im Rahmen der Föderalismusreform haben die Bundesländer aufgrund der Grundgesetzänderung vom 28.08.2006 nach Art. 105 Abs. 2a Satz 2 GG die Befugnis zur Bestimmung des Steuersatzes bei der Grunderwerbsteuer erhalten. Von dieser Befugnis haben zwischenzeitlich alle Bundesländer, mit Ausnahme von Bayern, Gebrauch gemacht und die Grunderwerbsteuersätze zum Teil deutlich bis auf **6,5 %** erhöht. Zuletzt haben Sachsen und Hamburg den Grunderwerbsteuersatz mit Wirkung zum 01.01.2023 von 3,5 % (Sachsen) bzw. 4,5 % (Hamburg) auf 5,5 % erhöht.

19.3 Nachfolgende Übersicht stellt die derzeit geltenden Grunderwerbsteuersätze in den einzelnen Bundesländern dar:

Übersicht: Grunderwerbsteuersätze in den Bundesländern

Land	Steuersatz	Gültig seit
Baden-Württemberg	5 %	05.11.2011
Bayern	3,5 %	
Berlin	6 %	01.01.2014

Land	Steuersatz	Gültig seit
Brandenburg	6,5 %	01.07.2015
Bremen	5 %	01.01.2014
Hamburg	5,5 %	01.01.2023
Hessen	6 %	01.08.2014
Mecklenburg-Vorpommern	6 %	01.07.2019
Niedersachsen	5 %	01.01.2014
Nordrhein-Westfalen	6,5 %	01.01.2015
Rheinland-Pfalz	5 %	01.03.2012
Saarland	6,5 %	01.01.2015
Sachsen	5,5 %	01.01.2023
Sachsen-Anhalt	5 %	01.03.2012
Schleswig-Holstein	6,5 %	01.01.2014
Thüringen	6,5 %	01.01.2017

Aufgrund der gestiegenen Grunderwerbsteuersätze und der seit Jahren ansteigenden Immobilienpreise kann die Grunderwerbsteuer im Rahmen des Unternehmenskaufs zu einem erheblichen Kostenfaktor werden, so dass **Gestaltungen zur Vermeidung von Grunderwerbsteuer** im Rahmen des Unternehmenskaufs zunehmend an Bedeutung gewinnen (vgl. hierzu Rdnr. 19.48 ff. und 19.75 ff.).

Für die Bundesländer handelt es sich bei der Grunderwerbsteuer auf jeden Fall um eine durchaus lukrative Einnahmequelle. Das Aufkommen der Grunderwerbsteuer hat sich in den vergangenen Jahren verdreifacht (!). 19.5

Grunderwerbsteuereinnahmen der Bundesländer

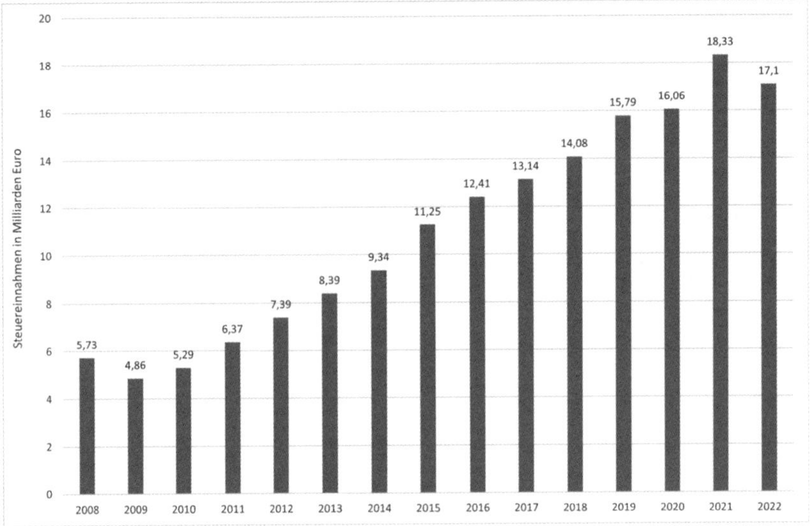

19.2 Relevante Vorschriften des GrEStG

19.2.1 Steuerbare Erwerbsvorgänge

19.6 Im Rahmen des Unternehmenskaufs kann insbesondere dann Grunderwerbsteuer ausgelöst werden, wenn einer der nachfolgend genannten Erwerbsvorgänge in Bezug auf ein inländisches Grundstück verwirklicht wird:

- § 1 Abs. 1 Nr. 1 GrEStG erfasst den klassischen Grundstückskaufvertrag. Dieser Erwerbstatbestand wird verwirklicht, wenn der Unternehmenskauf als **Asset Deal** erfolgt und zum Betriebsvermögen des Unternehmens inländischer Grundbesitz gehört. Dabei wird Grunderwerbsteuer bereits durch den Abschluss des Kaufvertrags ausgelöst. Auf den zivilrechtlichen Eigentumsübergang an dem Grundstück kommt es folglich nicht an.

19.7
- Nach § 1 Abs. 1 Nr. 3 GrEStG unterliegt u.a. der Eigentumsübergang am Grundstück kraft Gesetzes der Grunderwerbsteuer. Unter diesen Tatbestand fallen insbesondere die **Umwandlungsvorgänge** nach dem UmwG, allen voran Verschmelzung, Spaltung und Vermögensübertragung, nicht jedoch der Formwechsel; dieser stellt keinen steuerbaren Erwerbsvorgang dar, da die rechtliche

Identität einer Gesellschaft durch einen Formwechsel nicht verändert wird.[1] Ferner erfasst § 1 Abs. 1 Nr. 3 GrEStG die **Anwachsung**. Diese Vorschrift ist folglich in besonderem Maß bei **Umstrukturierungen** zu berücksichtigen.

- § 1 Abs. 2a, Abs. 2b, Abs. 3 und Abs. 3a GrEStG sind sogenannte Ergänzungstatbestände, nach denen der Übergang von mindestens **90 %** der Anteile an einer grundbesitzhaltenden Gesellschaft Grunderwerbsteuer auslösen kann.[2] Diese Vorschriften sind sowohl beim **Share Deal** als auch bei **Umstrukturierungen** zu beachten. 19.8
  - § 1 Abs. 2a GrEStG gilt ausschließlich für **Personengesellschaften**. Nach dieser Vorschrift wird Grunderwerbsteuer ausgelöst, wenn innerhalb von zehn Jahren mindestens 90 % der Anteile am Gesellschaftsvermögen unmittelbar oder mittelbar auf neue Gesellschafter übergehen.
  - Der mit Wirkung zum 01.07.2021 neu eingeführte Ergänzungstatbestand für **Kapitalgesellschaften** des § 1 Abs. 2b GrEStG ist dem für Personengesellschaften geltenden § 1 Abs. 2a GrEStG nachgebildet, so dass hiernach Grunderwerbsteuer ausgelöst wird, wenn innerhalb von zehn Jahren mindestens 90 % der Anteile am Gesellschaftsvermögen einer Kapitalgesellschaft unmittelbar oder mittelbar auf neue Gesellschafter übergehen.
  - Die gegenüber § 1 Abs. 2a und Abs. 2b GrEStG subsidiäre Regelung des § 1 Abs. 3 GrEStG gilt sowohl für **Personen-** als auch für **Kapitalgesellschaften.** Nach § 1 Abs. 3 Nr. 1 und Nr. 2 GrEStG wird Grunderwerbsteuer ausgelöst, wenn sich erstmals unmittelbar oder mittelbar mindestens 90 % der Anteile am Gesellschaftsvermögen einer immobilienhaltenden Gesellschaft in der Hand eines Erwerbers vereinigen (sog. **Anteilsvereinigung in einer Hand**). § 1 Abs. 3 Nr. 3 und 4 GrEStG regeln hingegen den Fall, dass bereits dergestalt vereinigte Anteile auf einen Erwerber übergehen (**Übergang bereits vereinigter Anteile**).
  - § 1 Abs. 2c GrEStG (sog. **Börsenklausel**) sieht gewisse Erleichterungen für an einer qualifizierten Börse gehandelte Anteile vor. Sind die Tatbestandsvoraussetzungen des § 1 Abs. 2c GrEStG erfüllt, werden entsprechende Anteilsveränderungen bei der Bestimmung der steuerauslösenden 90-%-Grenze des § 1 Abs. 2a oder Abs. 2b GrEStG nicht berücksichtigt.[3]
  - § 1 Abs. 3a GrEStG regelt die sogenannte **wirtschaftliche Beteiligung** an einer grundbesitzenden Personen- oder Kapitalgesellschaft im Umfang

1) Vgl. zur Grunderwerbsteuer bei Umwandlungen und Einbringungen van Lishaut/Schumacher, in: Rödder/Herlinghaus/van Lishaut, UmwStG, 3. Aufl. 2019, Anhang 10.
2) Vgl. zum Ganzen Behrens, in: Behrens/Wachter, GrEStG, 2. Aufl. 2022, § 1 Rdnr. 299 ff.
3) Vgl. Behrens, in: Behrens/Wachter, GrEStG, 2. Aufl. 2022, § 1 Rdnr. 619 ff.

von mindestens 90 %. Die Regelung ist gegenüber § 1 Abs. 2a, Abs. 2b und Abs. 3 GrEStG subsidiär und soll sogenannte RETT-Blocker-Gestaltungen in der schärfsten Ausrichtung verhindern.[4)]

19.2.2 Steuerbefreiungen

19.9 Liegt nach § 1 GrEStG ein steuerbarer Erwerbsvorgang vor, können beim Unternehmenskauf insbesondere nachfolgende Steuerbefreiungen zur Anwendung kommen:

- Nach § 3 Nr. 4 bzw. Nr. 6 GrEStG werden der Grundstückserwerb durch den Ehegatten oder den Lebenspartner des Veräußerers bzw. der Erwerb eines Grundstücks durch Personen, die mit dem Veräußerer in gerader Linie verwandt sind, von der Besteuerung ausgenommen. Hierdurch sollen Grundstücksübertragungen im engsten Familienkreis von der Grunderwerbsteuer ausgenommen werden.

19.10 – Die §§ 5 und 6 GrEStG sehen Steuerbefreiungen für Gesamthandsgemeinschaften vor.[5)] Begünstigt sind sämtliche Gesamthandsgemeinschaften, unabhängig davon, ob es sich ertragsteuerlich um (über steuerliches Privatvermögen verfügende) vermögensverwaltende Personengesellschaften handelt oder um (über steuerliches Betriebsvermögen verfügende) gewerblich tätige oder gewerblich geprägte Personengesellschaften (Mitunternehmerschaften). Keine Anwendung finden diese Vorschriften indes auf Kapitalgesellschaften.

19.11 – § 5 GrEStG sieht Steuervergünstigungen für die Übertragung von Grundstücken von Gesellschaftern auf „ihre“ Gesamthandgemeinschaft vor. Hiernach wird Grunderwerbsteuer insoweit nicht erhoben, wie der Anteil des einzelnen am Vermögen der Gesamthand Beteiligten seinem Bruchteil am übertragenen Grundstück entspricht.

Beispiel

19.12 An der AB-OHG sind die Gesellschafter A und B zu jeweils 50 % beteiligt. Im Jahr 2023 verkauft der A ein in seinem Alleineigentum stehendes Grundstück an die AB-OHG.

4) Vgl. hierzu Behrens, in: Behrens/Wachter, GrEStG, 2. Aufl. 2022, § 1 Rdnr. 658 ff.

5) Vgl. zum Ganzen Schley, in: Behrens/Wachter, GrEStG, 2. Aufl. 2022, § 5 Rdnr. 1 ff. und § 6 Rdnr. 1 ff.

Lösung

Für den nach § 1 Abs. 1 Nr. 1 GrEStG steuerbaren Erwerbsvorgang wird die Grunderwerbsteuer nach § 5 Abs. 2 GrEStG zur Hälfte nicht erhoben, da der A insoweit an der AB-OHG beteiligt ist.

Hinweis

Wird eine Steuerbefreiung nach § 5 Abs. 1 oder Abs. 2 GrEStG in Anspruch genommen, sollte unbedingt auf die **zehnjährige Nachbehaltensfrist** des § 5 Abs. 3 GrEStG geachtet werden. Denn danach wird eine in Anspruch genommene Steuerbefreiung nachträglich insoweit versagt, wie sich der Anteil des veräußernden Gesellschafters an der erwerbenden Gesamthand innerhalb von zehn Jahren nach dem Übergang des Grundstücks auf die Gesamthand vermindert. 19.13

- § 6 GrEStG sieht Steuervergünstigungen für den umgekehrten Fall vor, wenn ein Grundstück von einer Gesamthand in das Miteigentum mehrerer Gesellschafter (Absatz 1), in das Alleineigentum eines Gesellschafters (Absatz 2) oder in das Gesamthandseigentum einer anderen Gesamthandsgemeinschaft (Absatz 3) übergeht. Im Rahmen von § 6 GrEStG ist nach § 6 Abs. 4 GrEStG eine **zehnjährige Vorbehaltensfrist** zu beachten. Bei bestimmten RETT-Blocker-Gestaltungen beträgt die Vorbehaltensfrist 15 Jahre (§ 6 Abs. 4 Nr. 3 GrEStG). Danach scheiden Steuervergünstigungen nach § 6 GrEStG von vornherein aus, wenn ein Gesellschafter seine Beteiligung an der Gesamthand vor weniger als zehn bzw. 15 Jahren vor dem Erwerb des Grundstücks erworben hat. Darüber hinaus sieht § 6 Abs. 3 Satz 2 GrEStG für den Fall der Grundstücksübertragung zwischen Gesamthandsgemeinschaften zusätzlich eine zehnjährige Nachbehaltensfrist vor, so dass bei einer Grundstücksübertragung zwischen Gesamthandsgemeinschaften ein mindestens 20-jähriger Betrachtungszeitraum zu beachten ist. 19.14

Hinweis 19.15

Bei den in § 5 Abs. 3, § 6 Abs. 3 Satz 2 und Abs. 4 GrEStG geregelten Vor- und Nachbehaltensfristen handelt es sich um **typisierende Missbrauchsvermeidungsvorschriften**. Es ist jedoch allgemein anerkannt, dass der Wortlaut dieser Vorschriften zu weit geraten ist, da von den Regelungen auch eine Reihe von Fällen erfasst werden, bei denen eine Steuerumgehung von vornherein ausgeschlossen ist, so dass die Vorschriften entsprechend des Gesetzeszwecks teleologisch zu reduzieren sind. So stellt es z.B. keinen Verstoß gegen die zehnjährige Nachbehaltensfrist dar, wenn der veräußernde Gesellschafter zwar innerhalb der Frist des § 5 GrEStG seine Beteiligung an der erwerbenden Gesamthand verringert, das übertragene Grundstück zu diesem Zeitpunkt jedoch bereits (durch einen nach § 1 Abs. 1 Nr. 1 GrEStG steuerbaren Erwerbsvorgang) verkauft worden ist.[6]

- Die persönlichen Steuerbefreiungen des § 3 Nr. 4 und Nr. 6 GrEStG können durch eine wertende Zusammenschau („interpolierende Betrachtungsweise") mit den Steuerbefreiungen für Gesamthandsgemeinschaften nach §§ 5 und 6 GrEStG kombiniert werden. Hierdurch wird ermöglicht, dass Grundbesitz ohne Anfall von Grunderwerbsteuer auf eine **Familienpersonengesellschaft** übertragen werden kann.[7]

19.16 – Die **sogenannte Konzernklausel des § 6a GrEStG** sieht eine Steuervergünstigung bei Umstrukturierungen im Konzern vor. Da ein Unternehmenskauf oftmals mit Umstrukturierungsmaßnahmen einhergeht, sollten die Möglichkeiten, die § 6a GrEStG bietet, entsprechend beachtet werden. Von dieser Vorschrift werden sowohl Personen- als auch Kapitalgesellschaften erfasst. Der Begriff „Konzernklausel" soll nicht darüber hinwegtäuschen, dass § 6a GrEStG bei einer Vielzahl von gesellschaftsrechtlichen Verflechtungen außerhalb der klassischen Konzernrechtsverhältnisse zur Anwendung kommen kann. Ein nach § 6a GrEStG begünstigter Konzernsachverhalt kann sogar bei einer **Einmann-GmbH & Co. KG** vorliegen, bei der eine natürliche Person als herrschendes Unternehmen sämtliche Anteile an der abhängigen KG und der abhängigen Komplementär-GmbH hält.

19.17 Ein nach § 1 GrEStG steuerbarer Erwerbsvorgang kann nach § 6a GrEStG von der Besteuerung ausgenommen werden, wenn folgende Voraussetzungen erfüllt sind:

- Es bedarf eines **bestimmten steuerbaren Erwerbsvorgangs** (§ 1 Abs. 1 Nr. 3 GrEStG – insbesondere Umwandlungsvorgänge nach dem UmwG – oder § 1 Abs. 2, 2a, 2b, 3 oder 3a GrEStG – Verwertungsbefugnis und Ergänzungstatbestände für den Übergang von Anteilen an einer grundbesitzenden Gesell-

6) Vgl. zu den von der Rechtsprechung anerkannten Fallkonstellationen der teleologischen Reduktion Schley, in: Behrens/Wachter, GrEStG, 2. Aufl. 2022, § 5 Rdnr. 123 ff. sowie § 6 Rdnr. 86 ff. und 106 ff.

7) Vgl. zu entsprechenden Gestaltungsmöglichkeiten Schley, in: Behrens/Wachter, GrEStG, 2. Aufl. 2022, § 5 Rdnr. 66 ff.

schaft). Nicht von § 6a GrEStG erfasst sind Grundstückskaufverträge i.S.v. § 1 Abs. 1 Nr. 1 GrEStG, so dass Grundstücksveräußerungen im Konzern von vornherein nicht nach § 6a GrEStG begünstigt sein können.

- Dieser Erwerbsvorgang muss auf einer **Umwandlung**, einer **Einbringung** oder einem **anderen Erwerbsvorgang auf gesellschaftsvertraglicher Grundlage** beruhen.
- Ferner dürfen an dem begünstigten Erwerbsvorgang nur ausschließlich ein **herrschendes Unternehmen** und ein oder mehrere von diesem herrschenden Unternehmen **abhängige Gesellschaften** oder mehrere von einem herrschenden Unternehmen abhängige Gesellschaften beteiligt sein. Eine Gesellschaft gilt als abhängig i.S.v. § 6a GrEStG, wenn an ihr das herrschende Unternehmen fünf Jahre vor und fünf Jahre nach dem Rechtsvorgang zu mindestens 95 % beteiligt ist.

Hinweise 19.18

Durch die zum 01.07.2021 in Kraft getretene Reform der Grunderwerbsteuer[8] wurden die bisherigen 95-%-Grenzen bei den Ergänzungstatbestanden (§ 1 Abs. 2a, Abs. 3 und Abs. 3a GrEStG) auf 90 % herabgesenkt. Ebenso wurden die bisherigen Fünfjahresfristen der § 1 Abs. 2a und §§ 5–7 GrEStG auf zehn bzw. 15 Jahre verlängert. Im Rahmen von § 6a GrEStG gelten jedoch nach wie vor die 95-%-Grenze sowie die Fünfjahresfristen.

In der Praxis konnte die Steuervergünstigung nach § 6a GrEStG lange Jahre nicht genutzt werden, weil ein Verfahren vor dem EuGH zu der Frage anhängig war, ob es sich hierbei um eine unzulässige Beihilfe handelt. Dies hat der EuGH mit Urteil vom 19.12.2018[9] verneint. Aufgrund dieses EuGH-Verfahrens waren insgesamt sieben beim BFH anhängige Revisionsverfahren ausgesetzt, die in der Folge mit Urteilen vom 21. bzw. 22.08.2019 entschieden worden sind.[10] Aus Mandanten- und Beratersicht ist es sehr erfreulich, dass der BFH ein weitreichendes Verständnis des Anwendungsbereichs des § 6a GrEStG hat und sich die einschränkende Auffassung der Finanzverwaltung nicht durchgesetzt hat. Die Finanzverwaltung hat vielmehr sechs der sieben Revisionsverfahren verloren.

---

8) Vgl. Gesetz zur Änderung des Grunderwerbsteuergesetzes v. 12.05.2021, BGBl I, 986 = BStBl I, 838.

9) EuGH, Urt. v. 19.12.2018 – C-374/17, DStR 2019, 49.

10) BFH, Urt. v. 21.08.2019 – II R 15/19, BStBl II 2020, 329; BFH, Urt. v. 21.08.2019 – II R 16/19, BStBl II 2020, 333; BFH, Urt. v. 22.08.2019 – II R 17/19, BStBl II 2020, 348; BFH, Urt. v. 22.08.2019 – II R 18/19, BStBl II 2020, 352; BFH, Urt. v. 21.08.2019 – II R 19/19, BStBl II 2020, 337; BFH, Urt. v. 21.08.2019 – II R 20/19, BStBl II 2020, 341; BFH, Urt. v. 21.08.2019 – II R 21/19, BStBl II 2020, 344.

19.19 Die Kernaussagen der vorgenannten Entscheidungen des BFH lassen sich wie folgt zusammenfassen:[11]

- Nach Auffassung des BFH kann herrschendes Unternehmen i.S.v. § 6a GrEStG jeder Rechtsträger sein, der wirtschaftlich tätig ist. Herrschende Unternehmen können danach Einzelunternehmen, Personengesellschaften und Kapitalgesellschaften sowie natürliche und juristische Personen sein. Unerheblich ist, ob die Beteiligung an der abhängigen Gesellschaft im Privat- oder Betriebsvermögen gehalten wird. Es ist nicht erforderlich, dass es sich bei dem herrschenden Unternehmen um einen Unternehmer i.S.v. § 2 UStG handelt.
- § 6a GrEStG erfasst auch den Fall, dass eine abhängige Gesellschaft auf eine natürliche Person als herrschendes Unternehmen verschmolzen wird.
- § 6a Satz 3 und 4 GrEStG verlangen dem Wortlaut nach den Bestand eines Abhängigkeitsverhältnisses (95-%-Beteiligung) innerhalb eines Zeitraums von fünf Jahren vor dem Umwandlungsvorgang (Vorbehaltensfrist) und fünf Jahren nach dem Umwandlungsvorgang (Nachbehaltensfrist). Umwandlungsvorgänge, bei denen innerhalb dieser Fristen eine beteiligte Gesellschaft erlischt (z.B. durch Verschmelzung) oder neu entsteht (z.B. bei einer Ausgliederung zur Neugründung), würden dem Wortlaut nach gegen die Nach- und Vorbehaltensfristen des § 6a Satz 3 und 4 GrEStG verstoßen. Der BFH hat den zu weit geratenen Wortlaut jedoch dahin gehend teleologisch reduziert, dass die in § 6a GrEStG geregelten Vor- und Nachbehaltensfristen nur insoweit eingehalten werden müssen, als sie aufgrund des begünstigten Umwandlungsvorgangs – also umwandlungsbedingt – auch eingehalten werden können. Im Fall der Verschmelzung müssen folglich die fünfjährige Nachbehaltensfrist in Bezug auf die verschmolzene (abhängige) Gesellschaft und im Fall der Ausgliederung zur Neugründung die fünfjährige Vorbehaltensfrist in Bezug auf die neu gegründete Gesellschaft nicht eingehalten werden.

Die entgegenstehenden Ländererlasse vom 12.06.2012[12] wurden durch die gleichlautenden Ländererlasse vom 22.09.2020 ersetzt, die in allen noch offe-

11) Vgl. zum Ganzen Broemel/Mörwald, DB 2020, 1029; Schley, NWB-EV 2020, 198, 203; Viskorf, DB 2020, 421, 422; und Wischott/Graessner, NWB 2020, 1320.

12) Erlasse v. 19.06.2012, BStBl I, 662.

nen Fällen anzuwenden sind.[13] In diesen Ländererlassen folgt die Finanzverwaltung weitestgehend den Grundsätzen der BFH-Entscheidungen vom 21. und 22.08.2019.[14]

Zum Begriff des **herrschenden Unternehmens** nach § 6a GrEStG hat der BFH mit Urteil vom 28.09.2022 Stellung genommen.[15] Danach richtet sich die Bestimmung des „herrschenden Unternehmens" der „abhängigen Gesellschaft" nach dem jeweiligen Umwandlungsvorgang, für den die Steuerbefreiung nach § 6a Satz 1 GrEStG in Anspruch genommen werden soll. Unerheblich ist hierbei, ob bei mehrstufigen Beteiligungen das herrschende Unternehmen selbst von einem oder weiteren Unternehmen abhängig ist. Nach Auffassung des BFH kann eine Gesellschaft in einer mehrstufigen Beteiligungskette sowohl herrschendes Unternehmen als auch abhängige Gesellschaft sein – je nachdem, auf welcher Beteiligungsstufe der Umwandlungsvorgang erfolgt. 19.20

Damit ist die anderslautende Auffassung der Finanzverwaltung in Rdnr. 3.1 der gleichlautenden Erlasse vom 22.09.2020 überholt, nach der herrschendes Unternehmen der oberste Rechtsträger ist, der die Voraussetzungen des § 6a Satz 4 GrEStG erfüllt (sog. Highlander-Prinzip – es kann nur einen geben).[16] 19.21

Je nach Rechtsform der Gesellschaft können folgende Steuerbefreiungen in Anspruch genommen werden: 19.22

---

13) Gleichlautende Erlasse der obersten Finanzbehörden der Länder v. 22.09.2020 – 3 – S450.1/73 u.a., Anwendung des § 6a Grunderwerbsteuergesetz (GrEStG) nach den Urteilen des BFH v. 21. und 22.08.2019, BStBl I, 960.

14) BFH, Urt. v. 21.08.2019 – II R 15/19, BStBl II 2020, 329; BFH, Urt. v. 21.08.2019 – II R 16/19, BStBl II 2020, 333; BFH, Urt. v. 22.08.2019 – II R 17/19, BStBl II 2020, 348; BFH, Urt. v. 22.08.2019 – II R 18/19, BStBl II 2020, 352; BFH, Urt. v. 21.08.2019 – II R 19/19, BStBl II 2020, 337; BFH, Urt. v. 21.08.2019 – II R 20/19, BStBl II 2020, 341; BFH, Urt. v. 21.08.2019 – II R 21/19, BStBl II 2020, 344.

15) BFH, Urt. v. 28.09.2022 – II R 13/20, DStR 2022, 2495.

16) Gleichlautende Erlasse der obersten Finanzbehörden der Länder v. 22.09.2020 – 3 – S450.1/73 u.a., Anwendung des § 6a GrEStG nach den Urteilen des BFH v. 21. und 22.08.2019, BStBl I, 960; vgl. zum Ganzen auch Loose, DB 2023, 227, und Micker/Stubbe, Ubg 2023, 16.

Steuervergünstigungen für Gesellschaften

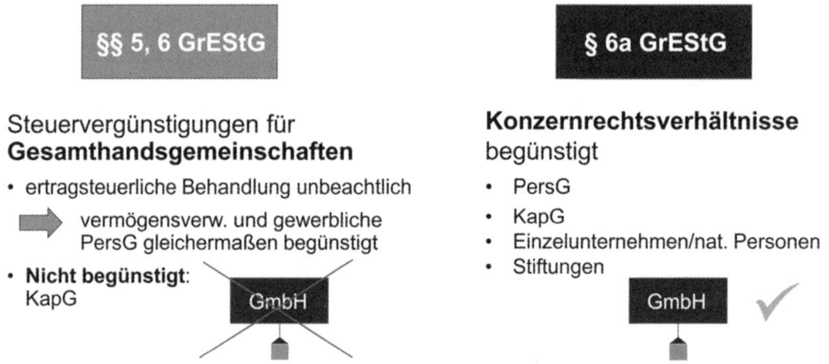

19.2.3 Bemessungsgrundlage

19.23 Die Bemessungsgrundlage für die Festsetzung der Grunderwerbsteuer richtet sich i.d.R. nach dem Wert der Gegenleistung, die der Käufer für den Erwerb des Grundstücks zu entrichten hat (zumeist der Kaufpreis, § 8 Abs. 1 i.V.m. § 9 Abs. 1 Nr. 1 GrEStG). Wenn im Rahmen des **Asset Deals** ein gesonderter Kaufpreis für das Immobilienvermögen ausgewiesen ist, dann stellt dieser i.d.R. die Bemessungsgrundlage für die Festsetzung der Grunderwerbsteuer dar. Wird lediglich ein **Gesamtkaufpreis** vereinbart, bedarf es einer gesonderten Berechnung, um den auf das Immobilienvermögen entfallenden Kaufpreisanteil zu ermitteln (vgl. hierzu Rdnr. 19.34).

19.24 In den in § 8 Abs. 2 GrEStG abschließend genannten Fällen wird als Bemessungsgrundlage der nach den bewertungsrechtlichen Vorschriften zu ermittelnde **Grundbesitzwert** herangezogen (§ 151 Abs. 1 i.V.m. § 157 i.V.m. §§ 176 ff. BewG). Dieser Grundbesitzwert als **Ersatzbemessungsgrundlage** findet Anwendung,

- wenn eine Gegenleistung nicht vorhanden oder nicht zu ermitteln ist,
- bei Umwandlungen, bei Einbringungen sowie bei anderen Erwerbsvorgängen auf gesellschaftsvertraglicher Grundlage sowie
- in den Fällen des § 1 Abs. 2a, Abs. 2b, Abs. 3 und Abs. 3a GrEStG.

19.25 Beim **Share Deal** und bei **Umstrukturierungen** wird die Grunderwerbsteuer folglich stets auf Basis des bewertungsrechtlichen Grundbesitzwerts ermittelt. Alternativ besteht die Möglichkeit, einen niedrigeren gemeinen Wert des Grundstücks durch **Sachverständigengutachten** nachzuweisen (§ 198 BewG).

Hinweis 19.26

Durch das **JStG 2022**[17] wurden das **Sachwert- und das Ertragswertverfahren** (§§ 184 ff. BewG) für Bewertungsstichtage ab dem 01.01.2023 angepasst. Durch die entsprechenden Änderungen kann sich vielfach ein deutlich höherer Grundbesitzwert und mithin in den in § 8 Abs. 2 GrEStG geregelten Fällen eine deutlich höhere Grunderwerbsteuer ergeben. Beim **Vergleichswertverfahren** (§ 183 BewG) hat es hingegen keine Änderungen gegeben.[18]

19.2.4 Steuersatz

Ausweislich des § 11 Abs. 1 GrEStG beträgt der **Steuersatz 3,5 %**. Allerdings haben mit Ausnahme von Bayern alle Bundesländer von ihrem Recht Gebrauch gemacht, den Grunderwerbsteuersatz selbst bestimmen zu können (vgl. Art. 105 Abs. 2a Satz 2 GG), so dass der Steuersatz von 3,5 % nicht die Regel, sondern vielmehr die Ausnahme ist. Mit Ausnahme von Bayern (3,5 %) liegt der Steuersatz zwischen 5,0 % und 6,5 % (vgl. hierzu die Übersicht Rdnr. 19.3). 19.27

19.2.5 Steuerschuldner

Steuerschuldner sind nach § 13 Nr. 1 GrEStG regelmäßig die an einem Erwerbsvorgang als Vertragsteile beteiligten Personen. Beim **Asset Deal** sind Steuerschuldner folglich Käufer und Verkäufer als Gesamtschuldner. Es ist jedoch übliche Vertragspraxis, dass ausschließlich der Käufer die Grunderwerbsteuer trägt. Kommt der Käufer dieser Verpflichtung nicht nach, kann das Finanzamt aufgrund dieser gesetzlichen Regelung auch den Verkäufer in Anspruch nehmen. Wenn auf Seiten des Veräußerers Bedenken bestehen, dass der Erwerber der vertraglichen Verpflichtung zur Tragung der Grunderwerbsteuer nicht nachkommt, sind entsprechende Sicherheiten in Erwägung zu ziehen. 19.28

§ 13 Nr. 1 GrEStG findet auch beim **Share Deal** entsprechende Anwendung, wenn ein Erwerbstatbestand nach § 1 Abs. 3 Nr. 3 oder Nr. 4 GrEStG vorliegt, wenn also mindestens 90 % der Anteile an einer immobilienhaltenden Personen- oder Kapitalgesellschaft von einem Veräußerer auf einen Erwerber übergehen (Übergang bereits vereinigter Anteile).[19] Auch in diesem Fall bedarf es daher einer entsprechenden Regelung im Unternehmenskaufvertrag, nach der – wie in der Praxis üblich – der Erwerber die anfallende Grunderwerbsteuer zu tragen hat. 19.29

17) Jahressteuergesetz 2022 (JStG 2022) v. 16.12.2022, BGBl I, 2294.
18) Vgl. zum Ganzen Eisele, NWB 2023, 255, und Nagel/Schlund, NWB 2023, 310.
19) Vgl. Pahlke, in: Pahlke, GrEStG, 7. Aufl. 2023, § 13 Rdnr. 14 m.w.N.

19.30 Werden hingegen bei einem **Share Deal** erstmalig mindestens 90 % der Anteile an einer immobilienhaltenden Personen- oder Kapitalgesellschaft vereinigt (§ 1 Abs. 3 Nr. 1 oder Nr. 2 GrEStG, Anteilsvereinigung in einer Hand), oder liegt eine wirtschaftliche Beteiligung nach § 1 Abs. 3a GrEStG vor, ist Steuerschuldner gem. § 13 Nr. 5a bzw. Nr. 8 GrEStG der Erwerber. Werden bei einem **Share Deal** die Erwerbstatbestände des § 1 Abs. 2a oder Abs. 2b GrEStG ausgelöst (Übergang von mindestens 90 % der Anteile an einer immobilienhaltenden Personen- oder Kapitalgesellschaft), ist Schuldner der Grunderwerbsteuer nach § 13 Nr. 6 bzw. Nr. 7 GrEStG die Zielgesellschaft selbst.

Übersicht Schuldner der Grunderwerbsteuer

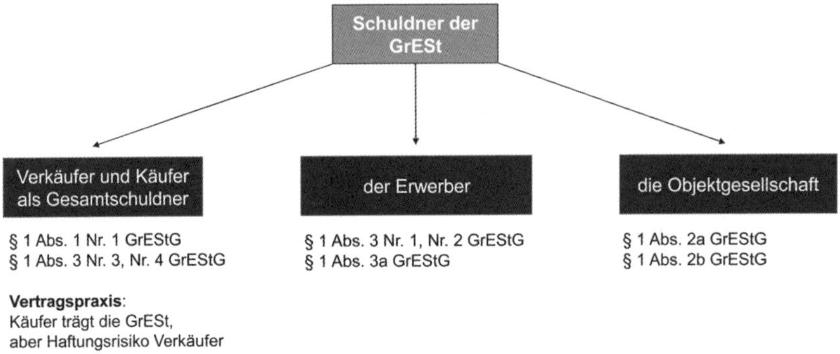

19.2.6 Aufhebung und Änderung der Steuerfestsetzung, Erfüllung der Anzeigepflichten

19.31 Nach § 16 GrEStG kann in bestimmten Fällen (z.B. im Fall des Rücktritts oder bei Leistungsstörungen) auf Antrag eine durch einen Erwerbsvorgang ausgelöste Grunderwerbsteuerfestsetzung aufgehoben und eine an das Finanzamt entrichtete Grunderwerbsteuer erstattet werden. Von besonderer Bedeutung für den Unternehmenskauf in Form des **Share Deals** sind die in den §§ 18–20 GrEStG geregelten Anzeigepflichten. Nach diesen Vorschriften sind die mit der Sache befassten Notare und die Beteiligten (Steuerschuldner) dazu verpflichtet, grunderwerbsteuerbare Vorgänge gegenüber dem zuständigen Finanzamt anzuzeigen. Nur bei Erfüllung dieser Pflichten kann im Fall des Scheiterns des Share Deals eine Grunderwerbsteuerfestsetzung wieder aufgehoben werden (§ 16 Abs. 5 GrEStG).

Hinweise 19.32

Eine besondere Problematik in Hinblick auf die **Anzeigepflichten bei Share Deals** ergibt sich durch die gleichlautenden Länderlasse zu § 1 Abs. 2a und Abs. 2b GrEStG vom 10.05.2022[20] sowie die Änderungen in § 16 GrEStG durch das **JStG 2022**. Gehen bei einem Share Deal mindestens 90 % der Anteile an einer grundbesitzhaltenden Personen- oder Kapitalgesellschaft über, sollen nach Auffassung der Finanzverwaltung **zwei grunderwerbsteuerbare Vorgänge verwirklicht werden**, die jeweils vollständig und fristgerecht angezeigt werden müssen:

Im Zeitpunkt des Abschlusses des Anteilskaufvertrags („**Signing**") wird regelmäßig der Tatbestand des § 1 Abs. 3 Nr. 1 oder Nr. 3 GrEStG verwirklicht. Im Zeitpunkt des Vollzugs („**Closing**") kommt – abhängig davon, ob es sich um eine grundbesitzende Personen- oder Kapitalgesellschaft handelt – § 1 Abs. 2a oder Abs. 2b GrEStG zur Anwendung. Diese Erwerbstatbestände sind zeitlich nachgelagert, da sie erst im Zeitpunkt des Vollzugs verwirklicht werden, gehen jedoch gemäß der gesetzlichen Regelung den Erwerbstatbeständen des § 1 Abs. 3 GrEStG vor (Abs. 3: *„... soweit eine Besteuerung nach den Absätzen 2a und 2b nicht in Betracht kommt ..."*).

Kommt es folglich zum Vollzug des Share Deals mit der Folge der Verwirklichung des Erwerbstatbestands des § 1 Abs. 2a oder Abs. 2b GrEStG, muss eine etwaige Festsetzung von Grunderwerbsteuer auf Basis des § 1 Abs. 3 GrEStG durch Abschluss des Anteilskaufvertrags („Signing") wieder aufgehoben werden, damit es nicht zum **doppelten Anfall von Grunderwerbsteuer** kommt.

In diesem Zusammenhang wurde durch das JStG 2022 mit § 16 Abs. 4a GrEStG eine eigenständige **Änderungsvorschrift** in das GrEStG aufgenommen, nach der auf **Antrag** eine Steuerfestsetzung nach § 1 Abs. 3 GrEStG aufgehoben oder geändert werden kann. Voraussetzung für eine entsprechende Aufhebung oder Änderung des Grunderwerbsteuerbescheids ist nach dem ebenfalls durch das JStG 2022 neu eingeführten § 16 Abs. 5 Satz 2 GrEStG, dass sowohl der Erwerbsvorgang nach § 1 Abs. 3 als auch der zeitlich nachfolgende Erwerbsvorgang nach § 1 Abs. 2a bzw. 2b GrEStG *„fristgerecht und in allen Teilen vollständig angezeigt (§§ 18 bis 20) war"*. Die Frist für die Vornahme entsprechender Anzeigen ist mit **zwei Wochen** äußerst knapp bemessen (vgl. § 18 Abs. 3 und § 19 Abs. 3 GrEStG).

In der **Praxis des Unternehmenskaufs** ist die Erfüllung dieser Anzeigepflichten von überragender Bedeutung, um den doppelten Anfall von Grunderwerbsteuer zu vermeiden.[21]

---

20) Gleichlautende Erlasse der obersten Finanzbehörden der Länder v. 10.05.2022 – FM3 – S 4501 – 2/82, Anwendung des § 1 Abs. 2a GrEStG, BStBl I, 801; gleichlautende Erlasse der obersten Finanzbehörden der Länder v. 10.05.2022 – FM3 – S 4430 – 1/30, Anwendung des § 1 Abs. 2b GrEStG ab dem 01.07.2021, BGBl I, 821.

21) Vgl. zum Ganzen Broemel/Mörwald, DStR 2023, 73.

19.3 Grunderwerbsteuer beim Asset Deal

19.3.1 Ermittlung der Bemessungsgrundlage

19.33 Wenn zu den Vermögensgegenständen, die im Rahmen eines Asset Deals erworben werden, auch inländische Grundstücke oder grundstücksgleiche Rechte gehören (vgl. § 2 GrEStG), dann löst dies nach § 1 Abs. 1 Nr. 1 GrEStG Grunderwerbsteuer aus. Hierbei handelt es sich um so viele grunderwerbsteuerbare Vorgänge, wie Grundstücke vom Unternehmenskauf betroffen sind.[22] Welcher Grunderwerbsteuersatz auf die betreffenden Grundstücke Anwendung findet, bestimmt sich danach, wo die Grundstücke belegen sind. Wird im Rahmen eines Asset Deals auch **ausländischer Grundbesitz** erworben, ergeben sich insoweit in Deutschland keinerlei grunderwerbsteuerliche Auswirkungen, da dem GrEStG nur inländischer Grundbesitz unterliegt (vgl. § 1 GrEStG).

19.34 Die Ermittlung der Höhe der Grunderwerbsteuer bereitet beim Asset Deal Schwierigkeiten, wenn für sämtliche erworbenen Vermögensgegenstände nur ein Gesamtkaufpreis ausgewiesen wird, der nicht erkennen lässt, welcher Kaufpreisanteil auf den Grundbesitz entfällt. Um in solchen Fällen den auf den Grundbesitz entfallenden Kaufpreis zu ermitteln, ist das Verhältnis zwischen dem Grundstückswert und dem Wert der sonstigen im Rahmen des Asset Deals erworbenen Gegenstände zu ermitteln. Diese Ermittlung erfolgt nach der sogenannten **Viskorf'schen Formel** (früher Boruttau'schen Formel[23]), die in ständiger Rechtsprechung vom BFH anerkannt wird.[24] Der auf das Grundstück entfallende Teil des Kaufpreises wird dabei nach dem Verhältnis der gemeinen Werte von Grundstück und Gebäude einerseits und sonstigen Leistungen andererseits ermittelt. Handelt es sich bei den erworbenen Vermögensgegenständen um **steuerliches Betriebsvermögen**, sind anstelle der **gemeinen Werte** die steuerlichen **Teilwerte** (§ 6 Abs. 1 Nr. 1 Satz 3 EStG) ins Verhältnis zu setzen. Hieraus ergibt sich für den Unternehmenskauf folgende Formel:

$$\frac{\text{Gesamtkaufpreis x Teilwert des Grundstücks}}{\text{angemessener Teilwert der sonstigen Gegenstände + Teilwert des Grundstücks}}$$

22) Vgl. BFH, Urt. v. 22.11.1995 – II R 26/92, BStBl II 1996, 162.

23) Vgl. Loose, in: Viskorf, GrEStG, 20. Aufl. 2021, § 9 Rdnr. 110 ff.

24) Vgl. BFH, Urt. v. 22.11.1995 – II R 26/92, BStBl II 1996, 162, Rdnr. 28.

Beispiel

Die A-GmbH erwirbt ein Einzelunternehmen, das auf eigenem Betriebsgrundstück Papier herstellt, zum Gesamtkaufpreis von 5 Mio. €. Das Betriebsgrundstück hat einen Teilwert von 2 Mio. €. Die Maschinen, Vorräte und die sonstigen erworbenen Vermögensgegenstände haben einen Teilwert von insgesamt 4 Mio. €. 19.35

Lösung

Die Bemessungsgrundlage für die Grunderwerbsteuer beträgt demnach:

$$\frac{5.000.000\,€ \times 2.000.000\,€}{4.000.000\,€ + 2.000.000\,€} = 1.666.667\,€$$

Die vorstehende Aufteilung dürfte vom Grundsatz her auch dann Anwendung finden, wenn ein **Verlustunternehmen** bzw. ein **sanierungsbedürftiges Unternehmen** zu einem negativen oder auch lediglich symbolischen Kaufpreis von z.B. 1 € erworben wird. In diesem Zusammenhang müsste zunächst ermittelt werden, welche Verpflichtungen der Käufer im Rahmen des Unternehmenskaufs übernimmt. Auch solche Verpflichtungen (wie z.B. die Übernahme von Verbindlichkeiten) stellen – ebenso wie ein vereinbarter Kaufpreis – eine Gegenleistung und mithin die Bemessungsgrundlage für die Festsetzung von Grunderwerbsteuer dar (vgl. § 8 Abs. 1 i.V.m. § 9 Nr. 1 GrEStG). Lässt sich der Betrag der übernommenen Verpflichtungen nicht konkret beziffern, müsste deren Wert ggf. durch sachgerechte Schätzung ermittelt werden. Eine dergestalt ermittelte Gegenleistung (= Wert der übernommenen Verpflichtungen) würde den „Gesamtkaufpreis“ in der vorstehenden Viskorf'schen Formel ergeben, auf deren Basis die Bemessungsgrundlage für die Grunderwerbsteuer ermittelt werden kann.[25] 19.36

Hinweis 19.37

Grunderwerbsteuer und Umsatzsteuer: Handelt es sich beim Asset Deal nicht um eine nicht steuerbare Geschäftsveräußerung im Ganzen i.S.v. § 1 Abs. 1a UStG, dann ist die Veräußerung des Grundbesitzes umsatzsteuerbar, jedoch nach § 4 Nr. 9a UStG umsatzsteuerfrei. Unter den Voraussetzungen des § 9 Abs. 1 und Abs. 3 Satz 2 UStG hat der Veräußerer jedoch die Möglichkeit, auf die Umsatzsteuerbefreiung des § 4 Nr. 9a UStG zu verzichten und die Grund-

25) Vgl. hierzu auch Ettinger, in: Beck'sches Handbuch Unternehmenskauf im Mittelstand, 3. Aufl. 2021, Kap. B. 6 Rdnr. 255.

stücksveräußerung als umsatzsteuerpflichtigen Vorgang zu behandeln. Eine solche Option ist aus Sicht des Verkäufers dann angezeigt, wenn er im Fall einer umsatzsteuerfreien Veräußerung in der Vergangenheit vom Finanzamt erstattete Vorsteuerbeträge zurückzahlen müsste (vgl. § 15a UStG).

19.38 Optiert der Verkäufer durch entsprechende Erklärung im notariell zu beurkundenden Unternehmenskaufvertrag zur Umsatzsteuerpflicht, dann **erhöht die Umsatzsteuer nicht die Bemessungsgrundlage für die Grunderwerbsteuer.**[26] Denn im Fall der Umsatzsteueroption ist Steuerschuldner der Umsatzsteuer nicht der Verkäufer, sondern vielmehr der Erwerber als Leistungsempfänger (sog. Umkehr der Steuerschuldnerschaft – Reverse Charge, vgl. § 13b Abs. 2 Satz 1 Nr. 3 und Abs. 5 UStG), der insoweit i.d.R. auch einen entsprechenden Vorsteuererstattungsanspruch hat. Die umsatzsteuerliche Behandlung in Bezug auf die im Rahmen des Asset Deals erworbenen Grundstücke hat folglich keine Auswirkungen auf die Höhe der Grunderwerbsteuer.

19.39 **Praxistipp**

Zur Vermeidung von Auseinandersetzungen mit der Finanzverwaltung über die Höhe der Grunderwerbsteuer empfiehlt es sich stets, im Rahmen des Unternehmenskaufvertrags den auf **den Grundbesitz entfallenden Kaufpreisanteil gesondert auszuweisen**. Der entsprechende Kaufpreisanteil sollte ferner aufgeteilt werden in Kaufpreis für das Gebäude, Kaufpreis für den Grund und Boden sowie Kaufpreis für etwaiges vorhandenes Zubehör, bewegliche Wirtschaftsgüter (z.B. Maschinen) sowie etwaige vorhandene Betriebsvorrichtungen. Hintergrund ist, dass Grunderwerbsteuer nur in Bezug auf das Grundvermögen anfällt, nicht jedoch in Bezug auf sonstige mitverkaufte Gegenstände. Eine entsprechende Aufteilung hat darüber hinaus auch für die zukünftigen steuerlichen Abschreibungen (AfA) Bedeutung, da für Gebäude zumeist nur 2–3 % AfA in Anspruch genommen werden kann (vgl. § 7 Abs. 4 EStG), während für mitverkaufte Maschinen und Betriebsvorrichtungen i.d.R. ein deutlich höherer AfA-Satz geltend gemacht werden kann, der sich steuermindernd auswirkt. Vor diesem (ertragsteuerlichen) Hintergrund empfiehlt es sich, bei einem Asset Deal im Unternehmenskaufvertrag eine vollständige **Kaufpreisaufteilung für sämtliche erworbenen Vermögensgegenstände** vorzunehmen.

26) Vgl. Konrad, in: Behrens/Wachter, GrEStG, 2. Aufl. 2022, § 9 Rdnr. 116 m.w.N.

Steuerliche Vorteile einer Kaufpreisaufteilung beim Asset Deal

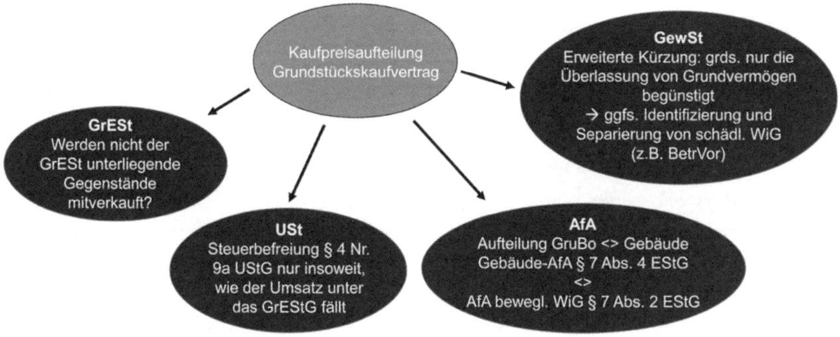

Erfolgt im Unternehmenskaufvertrag eine entsprechende Kaufpreisaufteilung, so ist diese nach den Vorgaben des BFH auch von der Finanzverwaltung zu akzeptieren, sofern keine nennenswerten Bedenken gegen die wirtschaftliche Haltbarkeit dieser Kaufpreisaufteilung bestehen, weil die zugeordneten Werte in erheblicher Weise von den tatsächlichen Verkehrswerten abweichen.[27] In der Praxis hat sich jedoch gezeigt, dass die Finanzämter trotz der vorgenannten Vorgaben des BFH eine im Kaufvertrag vorgenommene Kaufpreisaufteilung oftmals nicht akzeptieren und stattdessen die Werte ansetzen, die sich auf Grundlage der vom BMF zur Verfügung gestellten „Arbeitshilfe zur Aufteilung eines Gesamtkaufpreises für ein bebautes Grundstück (Kaufpreisaufteilung)“ ergeben. 19.40

Die Zulässigkeit der Verwendung der in der Vergangenheit von der Finanzverwaltung verwendeten Arbeitshilfe wurde vom BFH wegen systematischer Bedenken verworfen.[28] Finanzverwaltung und Finanzgerichte dürfen eine vertragliche Kaufpreisaufteilung auf Grund und Gebäude, die die realen Wertverhältnisse in grundsätzlicher Weise verfehlt und wirtschaftlich nicht haltbar erscheint, nicht durch eine unter Verwendung der Arbeitshilfe des BMF ermittelte Aufteilung ersetzen. Als Reaktion auf diese Entscheidung hat das BMF Ende April 2021 eine neue Arbeitshilfe zur Verfügung gestellt, die den systematischen Bedenken des BFH Rechnung tragen soll. Diese Arbeitshilfe wird von der Finanzverwaltung fortlaufend aktualisiert (zuletzt im August 2022). Es bleibt abzuwarten, ob die 19.41

27) Vgl. BFH, Urt. v. 16.09.2015 – IX R 12/14, BStBl II 2016, 397.

28) BFH, Urt. v. 21.07.2020 – IX R 26/19, DStR 2020, 2658.

Finanzverwaltung auch diese Arbeitshilfe zum Anlass nimmt, eine von den Vertragsparteien ausdrücklich im Kaufvertrag geregelte Kaufpreisaufteilung durch die Werte der neuen Arbeitshilfe zu ersetzen.[29]

19.3.2 Gestaltungsmöglichkeiten zur Vermeidung von Grunderwerbsteuer

19.42 Anders als beim Share Deal (vgl. hierzu Rdnr. 19.50 ff.) lässt sich der Anfall von Grunderwerbsteuer beim Asset Deal kaum vermeiden, wenn es sich um (für den Erwerber) **betriebsnotwendigen Grundbesitz** handelt. In einem solchen Fall besteht zur Vermeidung von Grunderwerbsteuer lediglich die Möglichkeit, den Grundbesitz nicht zu erwerben, sondern mit dem Veräußerer einen langfristigen Mietvertrag in Bezug auf die betriebsnotwendigen Immobilien abzuschließen. Dies kann für den Erwerber auch unter Liquiditätsgesichtspunkten vorteilhaft sein, da er den Kaufpreis für die Immobilie nicht finanzieren muss.

19.43 **Hinweis**

Bei der Ausgestaltung des Mietvertrags ist jedoch darauf zu achten, dass dem Mieter (= Unternehmenserwerber) kein außerordentliches Ankaufsrecht in Bezug auf die Immobilie eingeräumt wird, da hierdurch der Erwerbstatbestand des § 1 Abs. 2 GrEStG (Übergang der Verwertungsbefugnis an einem Grundstück) ausgelöst werden könnte.[30]

19.44 Handelt es sich bei dem Grundbesitz des Unternehmens hingegen um (für den Erwerber) **nicht betriebsnotwendiges Vermögen**, dann wird der Grundbesitz i.d.R. vom Käufer nicht erworben, so dass sich beim Asset Deal in diesem Fall auch keine grunderwerbsteuerlichen Belastungen des Erwerbers ergeben.

19.3.3 Steuerklauseln im Unternehmenskaufvertrag

19.45 Da bei einem Asset Deal im Außenverhältnis sowohl Käufer als auch Verkäufer (Gesamt-)Schuldner der Grunderwerbsteuer sind (vgl. § 13 Nr. 1 GrEStG), wird im (Unternehmens-)Kaufvertrag üblicherweise geregelt, dass ausschließlich der Erwerber die Grunderwerbsteuer trägt. Hat der Verkäufer (berechtigte) Bedenken, dass der Käufer dieser Verpflichtung nicht nachkommt, so dass der Verkäu-

---

29) Vgl. zur neuen Arbeitshilfe des BMF Jacoby/Geiling, DStR 2021, 705; Geiling/Jacoby, DStR 2021, 1855; Graf/Nacke, NWB 2022, 822.

30) Vgl. BFH, Urt. v. 15.03.2006 – II R 28/04, BStBl II, 630, sowie Behrens, in: Behrens/Wachter, GrEStG, 2. Aufl. 2022, Rdnr. 232 ff.

fer vom Finanzamt auf Zahlung der Grunderwerbsteuer in Anspruch genommen werden kann, sollte sich der Verkäufer entsprechende werthaltige Sicherheiten einräumen lassen (zu Steuerklauseln ausführlich Rdnr. 12.1 ff.).

19.4 Grunderwerbsteuer beim Share Deal

19.4.1 Grunderwerbsteuertatbestände, Bemessungsgrundlage

Wenn zum Vermögen einer in- oder ausländischen Personen- oder Kapitalgesellschaft inländischer Grundbesitz gehört, kann der Erwerb von Gesellschaftsanteilen im Rahmen eines Share Deals Grunderwerbsteuer auslösen. Anknüpfungspunkt für die Grunderwerbsteuer ist bei einem Share Deal folglich ein im Inland belegenes Grundstück oder grundstücksgleiches Recht (vgl. § 2 GrEStG) und nicht etwa der (satzungsmäßige- oder statuarische) Sitz der Gesellschaft. 19.46

Gehen mindestens **90 % der Anteile an einer grundbesitzhaltenden Gesellschaft** über, dann wird nach den sogenannten Ergänzungstatbeständen (§ 1 Abs. 2a, Abs. 2b, Abs. 3 und Abs. 3a GrEStG) bei Vorliegen der in diesen Vorschriften geregelten weitergehenden Voraussetzungen für Grunderwerbsteuerzwecke der Anteilserwerb dem Erwerb des zum Gesellschaftsvermögen gehörenden Grundbesitzes gleichgestellt, obwohl der Grundbesitz zivilrechtlich nach wie vor im Eigentum der Gesellschaft steht. Liegen die Voraussetzungen eines Ergänzungstatbestands vor, liegen so viele grunderwerbsteuerbare Vorgänge vor, wie inländische Grundstücke zum Gesellschaftsvermögen gehören. Der auf den jeweiligen Immobilienerwerb anwendbare **Grunderwerbsteuersatz** bestimmt sich nach der Belegenheit der betreffenden Grundstücke (vgl. zur Höhe der Grunderwerbsteuersätze in den einzelnen Bundesländern die Übersicht unter Rdnr. 19.3). 19.47

Die **Bemessungsgrundlage** für die Grunderwerbsteuer bestimmt sich in den Fällen des Share Deals nicht nach dem (anteiligen) Kaufpreis, der auf die zum Gesellschaftsvermögen gehörenden Grundstücke entfällt. Vielmehr bestimmt § 8 Abs. 2 GrEStG sowohl bei den Ergänzungstatbeständen des § 1 Abs. 2a, Abs. 2b, Abs. 3 und Abs. 3a GrEStG als auch bei Umwandlungen, Einbringungen und anderen Erwerbsvorgängen auf gesellschaftsvertraglicher Grundlage, dass in diesen Fällen als Bemessungsgrundlage der nach den bewertungsrechtlichen Vorschriften zu ermittelnde **Grundbesitzwert** (§ 151 Abs. 1 i.V.m. § 157 i.V.m. §§ 176 ff. BewG) der zum Gesellschaftsvermögen gehörenden Grundstücke herangezogen wird. 19.48

19.49 **Praxistipp**

Die Bewertung der Immobilien mit dem Grundbesitzwert hat den Vorteil, dass dieser Wert oftmals (deutlich) unter dem Verkehrswert der Grundstücke liegt. Im Rahmen des JStG 2022 wurden jedoch mit Wirkung zum 01.01.2023 das Ertragswertverfahren (§§ 184 ff. BewG) und das Sachwertverfahren (§§ 189 ff. BewG) angepasst, um den in den letzten Jahren gestiegenen Immobilienwerten Rechnung zu tragen. Folge ist, dass es insoweit oftmals zu deutlich höheren Grundbesitzwerten kommt. Lediglich beim Sachwertverfahren (§ 183 BewG) hat es keine gesetzlichen Änderungen gegeben.[31] Im Rahmen der Feststellung des Grundbesitzwerts besteht allerdings die Möglichkeit, einen niedrigeren gemeinen Wert des Grundstücks durch **Sachverständigengutachten** nachzuweisen (§ 198 BewG), wenn der nach den Vorschriften des BewG ermittelte Grundbesitzwert zu hoch erscheint.

19.4.2 Anteilserwerb an immobilienhaltenden Gesellschaften (§ 1 Abs. 2a, 2b GrEStG)

19.4.2.1 Erwerb von Anteilen an einer immobilienhaltenden Personengesellschaft (§ 1 Abs. 2a GrEStG)

19.50 § 1 Abs. 2a GrEStG findet ausschließlich auf den Erwerb von Anteilen an einer Personengesellschaft Anwendung. Danach liegt ein grunderwerbsteuerbarer Vorgang vor, wenn innerhalb von **zehn Jahren** mindestens **90 %** der Anteile am Gesellschaftsvermögen **unmittelbar** oder **mittelbar** auf **neue Gesellschafter** übergehen. Ist ein Gesellschafter mindestens zehn Jahre an der Gesellschaft beteiligt, dann handelt es sich um einen (begünstigten) „Altgesellschafter" im Sinne dieser Vorschrift.

19.51 **Beispiel**

An der AB-OHG sind die Gesellschafter A und B zu gleichen Teilen beteiligt. Im August 2022 veräußert A seine gesamte Beteiligung an den C, und im Jahr 2023 veräußert B seine gesamte Beteiligung an den D.

Lösung

Innerhalb von zehn Jahren sind sämtliche Anteile an der OHG an bislang noch nicht an der Gesellschaft beteiligte Gesellschafter (= neue Gesellschafter) übergegangen, so dass der Erwerbstatbestand des § 1 Abs. 2a GrEStG erfüllt ist. Der Grundbesitzwert der von der OHG gehaltenen Grundstücke ist die Bemessungs-

31) Vgl. zum Ganzen Eisele, NWB 2023, 255, und Nagel/Schlund, NWB 2023, 310.

grundlage für die Grunderwerbsteuer (vgl. § 8 Abs. 2 Nr. 3 GrEStG). Der anwendbare Grunderwerbsteuersatz ist davon abhängig, in welchem Bundesland die Immobilien belegen sind. Steuerschuldner ist nach § 13 Nr. 6 GrEStG die OHG.

Hätte B seine Beteiligung erst im Jahr 2033 an den D veräußert, wäre § 1 Abs. 2a GrEStG nicht erfüllt gewesen, da der C zu diesem Zeitpunkt bereits Altgesellschafter gewesen wäre und somit innerhalb des maßgeblichen Zehnjahreszeitraums des § 1 Abs. 2a GrEStG nicht mindestens 90 % der Anteile an der OHG auf neue Gesellschafter übergegangen wären.

19.4.2.2 Erwerb von Anteilen an einer immobilienhaltenden Kapitalgesellschaft (§ 1 Abs. 2b GrEStG)

Mit Wirkung zum 01.07.2021 ist die ausschließlich für Kapitalgesellschaften gel- 19.52
tende Vorschrift des § 1 Abs. 2b GrEStG ins Gesetz aufgenommen worden, der dem für Personengesellschaften geltenden § 1 Abs. 2a GrEStG nachgebildet ist. Nach dieser Regelung liegt ein grunderwerbsteuerbarer Vorgang vor, wenn innerhalb von **zehn Jahren** mindestens **90 %** der Anteile am Gesellschaftsvermögen einer Kapitalgesellschaft **unmittelbar** oder **mittelbar** auf **neue Gesellschafter** übergehen. Ist ein Gesellschafter mindestens zehn Jahre an der Gesellschaft beteiligt, dann handelt es sich um einen (begünstigten) „Altgesellschafter" im Sinne dieser Vorschrift.

Diese Vorschrift wurde in das Gesetz aufgenommen, damit es Investoren zukünf- 19.53
tig nicht mehr möglich ist, in einem Akt sämtliche Anteile an einer Immobilienobjektgesellschaft in der Rechtsform einer Kapitalgesellschaft ohne Anfall von Grunderwerbsteuer zu erwerben, indem sie selbst max. 94,9 %/89,9 % der Anteile und ein Co-Investor die übrigen Anteile erwerben.[32)]

19.4.3 Anteilsvereinigung in einer Hand (§ 1 Abs. 3 Nr. 1 und 2 GrEStG)

Nach § 1 Abs. 3 Nr. 1 und Nr. 2 GrEStG wird Grunderwerbsteuer ausgelöst, 19.54
wenn sich erstmals unmittelbar oder mittelbar mindestens 90 % der Anteile am Gesellschaftsvermögen einer immobilienhaltenden Gesellschaft in der Hand eines Erwerbers vereinigen. Diese Vorschrift findet sowohl auf Personen- als auch auf Kapitalgesellschaften Anwendung. Vorrangig sind jedoch § 1 Abs. 2a und Abs. 2b GrEStG zu prüfen, da § 1 Abs. 3 GrEStG diesen gegenüber subsidiär ist. § 1 Abs. 3 GrEStG sollte bei Personen- und Kapitalgesellschaften nur dann zur Anwendung kommen können, wenn die in § 1 Abs. 2a und Abs. 2b GrEStG geregelten Zehnjahresfristen verstrichen sind.

32) Vgl. zu den in der Vergangenheit üblichen Gestaltungen SCHLEY, GmbHR 2019, 645.

19.55 Insoweit ist in Fällen des Share Deals jedoch die Auffassung der Finanzverwaltung zu beachten, dass im Zeitpunkt des Vertragsschlusses („Signing") und des Vollzugs („Closing") jeweils gesonderte Erwerbstatbestände nach § 1 Abs. 2a oder Abs. 2b GrEStG und § 1 Abs. 3 Nr. 1 oder Nr. 3 GrEStG vorliegen sollen, die jeweils eigenständig der Finanzverwaltung angezeigt werden sollen (vgl. hierzu Rdnr. 19.32).

19.56 **Beispiel**

Rechtslage bis zum 30.06.2021:

V hält sämtliche Anteile an einer immobilienhaltenden GmbH & Co. KG. Die Komplementär-GmbH ist am Vermögen der KG nicht beteiligt. Im Jahr 2014 erwirbt der Investor (I) 94,9 % der KG-Anteile von V. Im Jahr 2020 erwirbt I die übrigen 5,1 % der Anteile, so dass er nunmehr sämtliche Anteile an der KG hält.

Lösung

Beim Erwerb der 94,9 % fällt keine Grunderwerbsteuer an, da die 95-%-Grenze in § 1 Abs. 2a GrEStG nicht überschritten wird. Beim Hinzuerwerb der verbleibenden 5,1 % der Anteile im Jahr 2020 wird zwar die 95-%-Grenze überschritten, jedoch handelt es sich bei I zu diesem Zeitpunkt bereits um einen Altgesellschafter, so dass der Tatbestand des § 1 Abs. 2a GrEStG nicht erfüllt wird. Allerdings liegt eine steuerbare Anteilsvereinigung in einer Hand nach § 1 Abs. 3 Nr. 1 GrEStG vor. Dieser Erwerb ist jedoch nach § 6 Abs. 2 GrEStG i.H.v. 94,9 % von der Grunderwerbsteuer befreit, da I in den vorangegangenen fünf Jahren bereits in eben dieser Höhe an der KG beteiligt war (vgl. § 6 Abs. 4 Satz 1 GrEStG). Danach fällt Grunderwerbsteuer im Ergebnis nur auf 5,1 % des Grundbesitzwerts der von der KG gehaltenen Immobilien an. Steuerschuldner der Grunderwerbsteuer ist der I (vgl. § 13 Nr. 5a GrEStG).

19.57 Das vorstehende Beispiel zeigt eine klassische RETT-Blocker-Gestaltung bei Immobilienobjektgesellschaften in der Rechtsform der KG. Um diese Gestaltung zu verhindern, wurde – neben der Absenkung der grunderwerbsteuerauslösenden Beteiligungsschwelle von 95 % auf 90 % und der Verlängerung der Frist von fünf auf zehn Jahre in § 1 Abs. 2a GrEStG – auch die Vorbehaltensfrist des § 6 Abs. 4 Nr. 3 GrEStG zur Inanspruchnahme der Steuervergünstigung von fünf auf 15 Jahre (!) verlängert. Genau die vorstehende Gestaltung will die fünfzehnjährige Vorbehaltensfrist des § 6 Abs. 4 Nr. 3 GrEStG verhindern.

Beispiel 19.58

Rechtslage ab dem 01.07.2021:

V hält sämtliche Anteile an einer immobilienhaltenden GmbH & Co. KG. Die Komplementär-GmbH ist am Vermögen der KG nicht beteiligt. Im August 2022 erwirbt der Investor (I) 89,9 % der KG-Anteile von V. Im September 2037 erwirbt I die übrigen 10,1 % der Anteile, so dass er nunmehr sämtliche Anteile an der KG hält.

Lösung

Beim Erwerb der 89,9 % fällt keine Grunderwerbsteuer an, da die 90-%-Grenze in § 1 Abs. 2a GrEStG nicht überschritten wird. Beim Hinzuerwerb der verbleibenden 10,1 % der Anteile im September 2037 wird zwar die 90-%-Grenze überschritten, jedoch handelt es sich bei I zu diesem Zeitpunkt bereits um einen Altgesellschafter, so dass der Tatbestand des § 1 Abs. 2a GrEStG nicht erfüllt wird. Allerdings liegt eine steuerbare Anteilsvereinigung in einer Hand nach § 1 Abs. 3 Nr. 1 GrEStG vor. Dieser Erwerb ist jedoch nach § 6 Abs. 2 GrEStG i.H.v. 89,9 % von der Grunderwerbsteuer befreit, da I in den vorangegangenen 15 Jahren bereits in eben dieser Höhe an der KG beteiligt war (vgl. § 6 Abs. 4 Nr. 3 GrEStG). Danach fällt Grunderwerbsteuer im Ergebnis nur auf 10,1 % des Grundbesitzwerts der von der KG gehaltenen Immobilien an. Steuerschuldner der Grunderwerbsteuer ist der I (vgl. § 13 Nr. 5a GrEStG).

In diesem Beispiel besteht alternativ die Möglichkeit, dass die bei V verbliebene Beteiligung von 10,1 % bereits nach Ablauf von zehn Jahren (also nach Ablauf der in § 1 Abs. 2a GrEStG geregelten Zehnjahresfrist) nicht von I selbst, sondern vielmehr von einem Co-Investor erworben wird. In diesem Fall würde keinerlei Grunderwerbsteuer ausgelöst werden.

19.4.4 Übergang bereits vereinigter Anteile (§ 1 Abs. 3 Nr. 3 und 4 GrEStG)

§ 1 Abs. 3 Nr. 3 und 4 GrEStG regeln den Fall, dass sämtliche Anteile an einer 19.59
Gesellschaft von einem (einzigen) Verkäufer erworben werden. Werden mindestens 90 % der Anteile an einer immobilienhaltenden Personen- oder Kapitalgesellschaft, die von einem (einzigen) Gesellschafter gehalten werden, von einem (einzigen) Erwerber erworben, dann unterliegt dieser Vorgang nach § 1 Abs. 3 Nr. 3 GrEStG der Grunderwerbsteuer (Übergang bereits vereinigter Anteile).

19.60 **Beispiel**

Der A hält 100 % der Anteile an einer immobilienhaltenden GmbH und verkauft sämtliche Geschäftsanteile an den B.

Lösung

Vor Einführung des § 1 Abs. 2b GrEStG zum 01.07.2021 unterlag dieser Fall nach § 1 Abs. 3 Nr. 3 GrEStG der Besteuerung. Steuerschuldner waren entsprechend § 13 Nr. 1 GrEStG A und B.

Nach der seit dem 01.07.2021 geltenden Rechtslage unterfällt diese Konstellation dem vorrangig anwendbaren § 1 Abs. 2b GrEStG. Steuerschuldner ist hierbei nach § 13 Nr. 8 GrEStG die GmbH.

19.4.5 Innehaben einer wirtschaftlichen Beteiligung im Umfang von mindestens 90 % (§ 1 Abs. 3a GrEStG)

19.61 § 1 Abs. 3a GrEStG regelt das Innehaben einer **wirtschaftlichen Beteiligung** an einer grundbesitzenden Personen- oder Kapitalgesellschaft im Umfang von mindestens 90 %. Die Regelung ist gegenüber § 1 Abs. 2a und Abs. 3 GrEStG subsidiär und soll sogenannte Grunderwerbsteuervermeidungsmodelle („RETT-Blocker-Gestaltungen") in der schärfsten Ausrichtung verhindern.[33] In der Praxis des „herkömmlichen" Unternehmenskaufs hat diese Vorschrift i.d.R. keine Bedeutung.

19.4.6 Mittelbare Veränderungen im Gesellschafterbestand und Umstrukturierungen

19.62 Sowohl beim Unternehmenskauf als auch bei Unternehmensumstrukturierungen ist unbedingt darauf zu achten, dass eine Grunderwerbsteuer nach § 1 Abs. 2a, Abs. 2b, Abs. 3 oder § 1 Abs. 3a GrEStG nicht nur bei unmittelbaren Änderungen des Gesellschafterbestands der immobilienhaltenden Gesellschaft ausgelöst werden kann, sondern auch bei **mittelbaren Änderungen**.

19.63 **Beispiel**

Sämtliche Anteile an der immobilienhaltenden GmbH & Co. KG werden von der A-GmbH gehalten. Sämtliche Anteile an der A-GmbH werden von der B-GmbH gehalten. Die B-GmbH veräußert sämtliche Anteile an der A-GmbH an den C.

33) Vgl. hierzu Behrens, in: Behrens/Wachter, GrEStG, 2. Aufl. 2022, § 1 Rdnr. 658 ff.

Lösung

Obwohl die A-GmbH nach wie vor sämtliche Anteile an der GmbH & Co. KG hält, wird nach § 1 Abs. 2a GrEStG Grunderwerbsteuer ausgelöst, da sich die Beteiligungsverhältnisse an der KG mittelbar zu 100 % geändert haben.

Hinweis 19.64

Diese Besteuerungsfolgen treten auch dann ein, wenn sich entsprechende (un-)mittelbare Änderungen im Gesellschafterbestand ausschließlich bei **ausländischen Gesellschaften** vollziehen und hierdurch in Deutschland belegener Grundbesitz betroffen ist. Den Beteiligten ist bei entsprechenden Unternehmenskäufen oder konzerninternen Umstrukturierungen, bei denen ausschließlich ausländische Gesellschaften betroffen sind, oftmals gar nicht bewusst, dass diese in Deutschland Grunderwerbsteuer auslösen können, wenn eine der (mittelbar) betroffenen Gesellschaften Grundbesitz in Deutschland hält.

Beispiel 19.65

Eine englische Limited stellt Automobilzubehör her und verfügt auch über eine Produktionsstätte in Deutschland, die sie auf einem eigenen Betriebsgrundstück betreibt. Alleiniger Gesellschafter der Limited ist der A. Veräußert der A sämtliche Anteile an der Limited, dann löst dies in Bezug auf das in Deutschland belegene Betriebsgrundstück Grunderwerbsteuer nach § 1 Abs. 2b GrEStG aus.

Ebenso kann bei (**konzerninternen) Umstrukturierungen** Grunderwerbsteuer ausgelöst werden. 19.66

Beispiel

(Beispiel auf Basis der bis zum 30.06.2021 geltenden Rechtslage)

Sämtliche Anteile an der immobilienhaltenden GmbH & Co. KG werden von der Beteiligungs-GmbH gehalten. Die Anteile an der Beteiligungs-GmbH wiederum werden von der Holding GmbH 1 im Umfang von 94,8 % und von der Holding GmbH 2 im Umfang von 5,2 % gehalten. Die Beteiligungs-GmbH wird auf die KG verschmolzen.[34]

34) Vgl. hierzu FG Köln, Urt. v. 17.04.2019 – 5 K 3132/14, EFG 2020, 544.

Lösung

Ausgangslage

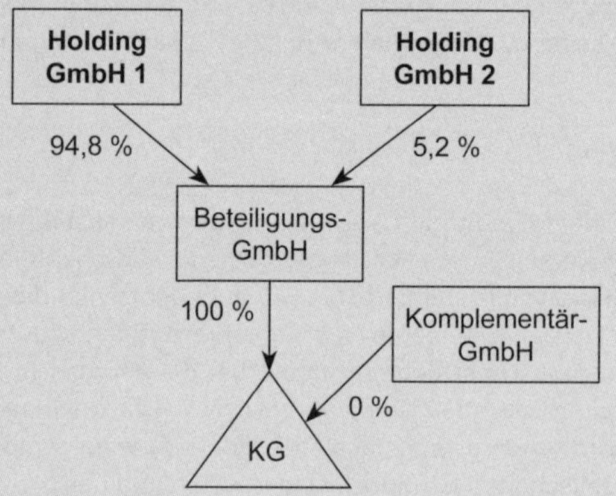

Verschmelzung

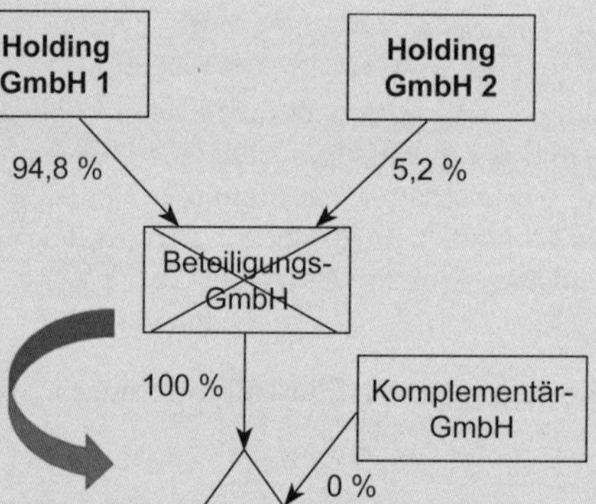

Konzernstruktur nach Verschmelzung

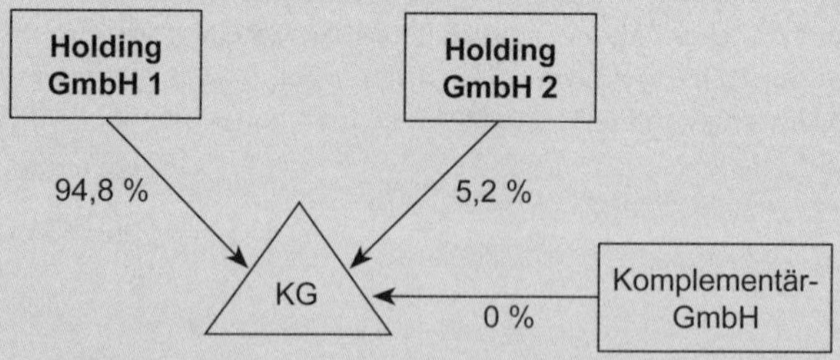

Nach Ansicht des FG Köln wurde durch diese **Verkürzung der Beteiligungskette** Grunderwerbsteuer nach § 1 Abs. 2a GrEStG ausgelöst, da sämtliche Anteile an der KG auf „neue Gesellschafter" (?!) übergegangen sind. Nach Ansicht des Gerichts soll es unbeachtlich sein, dass die Holding GmbH 1 und 2 bereits bislang zu 100 % mittelbar an der KG beteiligt waren. Altgesellschafter i.S.v. § 1 Abs. 2a GrEStG sollen nur die unmittelbar an der Gesellschaft beteiligten Gesellschafter sein.[35] Diese Ansicht wird auch von der Finanzverwaltung[36] vertreten.

Die Problematik der Verkürzung der Beteiligungskette besteht auch nach der ab dem 01.07.2021 geltenden Rechtslage unverändert fort.

19.4.7 Grunderwerbsteuerliche Organschaft

19.67 Grundsätzlich wird Grunderwerbsteuer nach § 1 Abs. 3 GrEStG nur dann ausgelöst, wenn sich mindestens 90 % der Anteile an einer immobilienhaltenden Personen- oder Kapitalgesellschaft in einer Hand vereinigen oder bereits dergestalt vereinigte Anteile auf einen Erwerber übergehen. Gehen Anteile an einer immobilienhaltenden Gesellschaft hingegen auf mehrere Erwerber über, von denen keiner mehr als 90 % der Anteile erwirbt, ist der Tatbestand des § 1 Abs. 3 GrEStG grundsätzlich nicht erfüllt.

19.68 Etwas anderes gilt allerdings dann, wenn auf Erwerberseite die Voraussetzungen einer grunderwerbsteuerlichen Organschaft nach § 1 Abs. 4 GrEStG vorliegen. In diesem Fall wird der Erwerb durch eine **abhängige Gesellschaft** mit dem Anteilserwerb durch ein **herrschendes Unternehmen** zusammengerechnet, so dass hierdurch die maßgebliche 90-%-Grenze des § 1 Abs. 3 GrEStG überschritten werden kann; das Abhängigkeitsverhältnis ersetzt somit den erforderlichen Erwerb von 90 % der Anteile durch einen Erwerber.[37]

19.69 Die Kriterien einer grunderwerbsteuerlichen Organschaft entsprechen denen der umsatzsteuerlichen Organschaft nach § 2 Abs. 2 Nr. 2 UStG. Demgemäß liegt eine grunderwerbsteuerliche Organschaft vor, wenn in Bezug auf eine abhängige juristische Person die Voraussetzungen einer **finanziellen, wirtschaftlichen** und **organisatorischen Eingliederung** erfüllt sind.

35) Vgl. hierzu FG Köln, Urt. v. 17.04.2019 – 5 K 3132/14, EFG 2020, 544.

36) Vgl. gleichlautende Erlasse der obersten Finanzbehörden der Länder v. 10.05.2022 – FM3 – S 4501 – 2/82, Anwendung des § 1 Abs. 2a GrEStG, BStBl I, 801, Rdnr. 5.2.3.1: „*Nur Kapitalgesellschaften selbst können unmittelbare oder mittelbare Alt- oder Neugesellschafter in Bezug auf die grundbesitzende Personengesellschaft sein, deren Gesellschafter jedoch nicht.*"; vgl. hierzu auch Behrens/Wagner, DB 2019, 1868.

37) Vgl. Wälzholz/Bayer, GmbH-StB 2020, 217.

19.4.8 Gestaltungsmöglichkeiten zur Vermeidung von Grunderwerbsteuer

19.4.8.1 Gestaltungsmöglichkeiten in Bezug auf das Immobilienvermögen der Zielgesellschaft

19.70 Anders als beim Asset Deal besteht beim Unternehmenskauf in Form des Share Deals weitaus größerer Gestaltungsspielraum, um Grunderwerbsteuer zu vermeiden. Zunächst besteht die Möglichkeit, dass die Zielgesellschaft den Grundbesitz vor dem Unternehmenskauf veräußert. Denn Anknüpfungspunkt für die Grunderwerbsteuer beim Share Deal ist bei sämtlichen Ergänzungstatbeständen (§ 1 Abs. 2a, Abs. 2b, Abs. 3 und Abs. 3a GrEStG), dass zum Gesellschaftsvermögen inländischer Grundbesitz gehört. Für die Zugehörigkeit zum Gesellschaftsvermögen ist weder die zivilrechtliche Eigentumslage noch das wirtschaftliche Eigentum i.S.v. § 39 Abs. 2 AO entscheidend. Vielmehr gilt insoweit nach Auffassung des BFH eine **eigenständige grunderwerbsteuerliche Zurechnung**. Danach gehört ein Grundstück der Gesellschaft i.S.d. Ergänzungstatbestände, wenn es ihr im Zeitpunkt der Entstehung der Steuerschuld grunderwerbsteuerrechtlich zuzurechnen ist.[38)]

19.71 Der Gesellschaft ist ein Grundstück dann nicht mehr zuzurechnen, wenn es bereits Gegenstand eines – nicht unter einer aufschiebenden Bedingung stehenden – Grundstückskaufvertrags ist, auch wenn die Gesellschaft bis zur Eintragung des Eigentumswechsels im Grundbuch nach wie vor zivilrechtliche Eigentümerin des Grundstücks ist.

19.72 **Praxistipp**

Soll eine Immobilie vor einem Unternehmenskauf veräußert werden, dann kann der Anfall von Grunderwerbsteuer beim Share Deal folglich durch einen zuvor abgeschlossenen Grundstückskaufvertrag vermieden werden. Allerdings ist bei der Ausgestaltung des Grundstückskaufvertrags darauf zu achten, dass dieser nicht unter **aufschiebenden Bedingungen** steht. Denn in diesen Fällen würde Grunderwerbsteuer erst mit Eintritt der Bedingung entstehen (vgl. § 14 Nr. 1 GrEStG). Bis zum Bedingungseintritt würde das Grundstück folglich noch der Gesellschaft zugerechnet werden. Um den berechtigten Interessen der Vertragsparteien Rechnung zu tragen, sollten in diesen Fällen daher unter grunderwerbsteuerlichen Aspekten **auflösende Bedingungen** oder **Rücktrittsrechte** anstelle von aufschiebenden Bedingungen vereinbart werden.

38) Vgl. BFH, Urt. v. 11.12.2014 – II R 26/12, ZfIR 2015, 269 mit Anm. Schley.

Eine vorherige Veräußerung des Grundstücks kann sich auch aus **haftungsrechtlichen Gründen** anbieten. Soll z.B. ein Produktionsunternehmen mit im Eigentum der Gesellschaft stehenden Immobilien erworben werden, dann kann es sich unter haftungsrechtlichen Gesichtspunkten anbieten, dass die Immobilien von einer gesonderten Erwerbergesellschaft erworben werden, um diese aus der Haftungsmasse des Produktionsbetriebs herauszulösen. Die vorstehend genannten Grundsätze sollten hierbei beachtet werden, damit es hierbei zu keinem doppelten Anfall von Grunderwerbsteuer kommt. Neben haftungsrechtlichen Gründen kann es bei bestimmten Konstellationen auch unter ertragsteuerlichen Gesichtspunkten vorteilhaft sein, wenn die Immobilie von einer Schwesterkapitalgesellschaft erworben wird, die sie unter Inanspruchnahme der erweiterten Kürzung (§ 9 Nr. 1 Satz 2 ff. GewStG) an die Betriebs-GmbH vermietet.[39] 19.73

Möchte der Erwerber die Immobilien der Gesellschaft aus Liquiditäts- und/oder grunderwerbsteuerlichen Gründen nicht miterwerben, sollen die Grundstücke aber weiterhin von der Gesellschaft genutzt werden, dann könnte sich die Veräußerung des Grundbesitzes an einen Dritten unter Abschluss eines langfristigen Mietvertrags mit der Zielgesellschaft anbieten (**Sale-and-lease-back-Verfahren**). Bei der Ausgestaltung des Miet- bzw. Leasingvertrags ist unter grunderwerbsteuerlichen Gesichtspunkten jedoch unbedingt darauf zu achten, dass dem Leasingnehmer **kein außerordentliches Ankaufsrecht** in Bezug auf die Immobilie eingeräumt wird, da hierdurch der Erwerbstatbestand des § 1 Abs. 2 GrEStG (Übergang der Verwertungsbefugnis an einem Grundstück) ausgelöst werden könnte.[40] 19.74

19.4.8.2 Gestaltungsmöglichkeiten in Bezug auf den Anteilserwerb der Zielgesellschaft (RETT-Blocker)

Wie vorstehend (Rdnr. 19.50 ff.) ausgeführt wurde, entsteht Grunderwerbsteuer beim Erwerb von Anteilen an immobilienhaltenden Gesellschaften nach der seit dem 01.07.2021 geltenden Rechtslage insbesondere in folgenden Fällen: 19.75

- bei Erwerb von Anteilen an immobilienhaltenden **Personen- und Kapitalgesellschaften**, wenn innerhalb von zehn Jahren mindestens 90 % der Anteile auf neue Gesellschafter übergehen (§ 1 Abs. 2a und Abs. 2b GrEStG). Hieraus folgt, dass **keine Grunderwerbsteuer** anfällt, wenn lediglich 89,9 % der Anteile an der Personengesellschaft erworben werden.

39) Vgl. zu den Vorzügen der Rechtsform der GmbH bei Immobilieninvestitionen Schley, NWB-EV 2020, 155, 198 und 227.

40) Vgl. BFH, Urt. v. 15.03.2006 – II R 28/04, BStBl II, 630, sowie Behrens, in: Behrens/Wachter, GrEStG, 2. Aufl. 2022, § 1 Rdnr. 232 ff.

19.76 Die vor dem 01.07.2021 etablierten RETT-Blocker-Gestaltungen[41] wurden durch die Reform der Grunderwerbsteuer[42] zwar erschwert, können jedoch in abgewandelter Form nach wie vor praktiziert werden. Diese Strukturen finden allerdings in erster Linie dann Anwendung, wenn das Unternehmensvermögen fast ausschließlich aus Immobilien besteht. Beim „herkömmlichen" Unternehmenskauf sind solche grunderwerbsteuergetriebenen Erwerbsmodelle eher untypisch. Nachfolgend dargestellte Vorgehensweisen können bei Immobilien-Share-Deals zur Anwendung kommen:

19.77 – **Gestaltungsmöglichkeiten** beim Erwerb von Anteilen an einer **immobilienhaltenden Personengesellschaft:**

Der Investor erwirbt in einem ersten Schritt 89,9 % der Gesellschaftsanteile, die übrigen Anteile verbleiben beim Verkäufer. Nach Ablauf der in § 1 Abs. 2a GrEStG geregelten Zehnjahresfrist erwirbt ein Co-Investor die restlichen 10,1 % der Anteile, so dass Investor und Co-Investor über 100 % der Gesellschaftsanteile verfügen.

19.78 Alternativ besteht die Möglichkeit, dass der Investor selbst die restlichen Anteile von 10,1 % erwirbt. In diesem Fall muss er allerdings die 15-Jahresfrist des zum 01.07.2021 speziell für diesen Fall neu eingeführten § 6 Abs. 4 Nr. 3 GrEStG abwarten, damit für die durch die Anteilsvereinigung nach § 1 Abs. 3 GrEStG ausgelöste Grunderwerbsteuer eine Steuerbefreiung im Umfang von 89,9 % in Anspruch genommen werden kann.

19.79 – **Gestaltungsmöglichkeiten** beim Erwerb von Anteilen an einer **immobilienhaltenden Kapitalgesellschaft:**

Durch die Einführung des § 1 Abs. 2b GrEStG unterscheidet sich das Vorgehen bei einer Objektgesellschaft in der Rechtsform der GmbH/Kapitalgesellschaft nicht mehr gegenüber dem vorstehend dargestellten Vorgehen bei einer KG/Personengesellschaft. So kann auch bei einer Immobilienobjektgesellschaft in der Rechtsform der GmbH/Kapitalgesellschaft Grunderwerbsteuer nur dann vermieden werden, wenn der Verkäufer über einen Zeitraum von zehn Jahren mit einer Beteiligungsquote von mindestens 10,1 % in der Gesellschaft verbleibt. Nach Ablauf dieser zehn Jahre kann die Minderheitsbeteiligung bei einer GmbH/Kapitalgesellschaft indes immer nur von einem Co-Investor erworben werden, um den Anfall von Grunderwerbsteuer zu vermeiden. Würde der Investor nach Ablauf der in § 1 Abs. 2b GrEStG geregelten Zehnjahresfrist die Minderheitsbeteiligung selbst erwerben, würde dies Grunderwerbsteuer nach § 1 Abs. 3 GrEStG auslösen, ohne dass insoweit eine

41) Vgl. hierzu Schley, GmbHR 2019, 645.

42) Vgl. Gesetz zur Änderung des Grunderwerbsteuergesetzes v. 12.05.2021, BGBl I, 986 = BStBl I, 838; vgl. hierzu auch Broemel/Mörwald, DStR 2021, 1624.

Steuerbefreiung nach §§ 5, 6 GrEStG in Anspruch genommen werden kann, da diese Vorschriften nur auf Personengesellschaften Anwendung finden.

Hinweis 19.80

Es lässt sich ohne weiteres durch **gesellschaftsvertragliche Vereinbarungen** sicherstellen, dass der Erwerber in der Gesellschaft das „Sagen" hat und der Minderheitsgesellschafter für den Zeitraum der mindestens zehnjährigen „grunderwerbsteuerlichen Zwangskooperation" keinen ins Gewicht fallenden Einfluss ausüben kann. Hierbei ist jedoch darauf zu achten, dass dem Minderheitsgesellschafter **ausreichende Gesellschafterrechte** (insbesondere Mitbestimmungsrechte und eine Gewinnbeteiligung) verbleiben, da andernfalls eine Zurechnung der Beteiligung beim Erwerber angenommen werden kann. Der BFH[43] veranschaulicht in diesem Zusammenhang sehr deutlich, wie man es gerade nicht machen sollte: Bei einem ihm zur Entscheidung vorliegenden Sachverhalt wurde der Minderheitsgesellschafter vollständig rechtlich und wirtschaftlich entmachtet, so dass dem BFH vom Ergebnis her kaum etwas anderes übrig blieb, als den Anteil des Minderheitsgesellschafters dem Erwerber zuzurechnen.

19.4.9 Grunderwerbsteuer bei noch nicht feststehender Käuferstruktur

Beim Unternehmenskauf kommt es häufig vor, dass im Zeitpunkt des Vertragsschlusses (Signing) noch nicht konkret feststeht, welche Gesellschaft aus der Sphäre des Käufers das Unternehmen erwerben soll (z.B. eine Bestandsgesellschaft oder eine noch zu gründende Objektgesellschaft). In diesen Fällen wird im Unternehmenskaufvertrag zumeist geregelt, dass der Käufer berechtigt ist, die Rechte und Pflichten aus dem Unternehmenskaufvertrag auf eine von ihm zu benennende (Konzern-)Gesellschaft zu übertragen. Insoweit ist fraglich, ob bei diesem Vorgehen mehrfach Grunderwerbsteuer ausgelöst werden kann. 19.81

Beispiel 19.82

Mit Unternehmenskaufvertrag vom 07.08.2020 kauft die A-GmbH sämtliche Geschäftsanteile an der X-GmbH, die über inländischen Grundbesitz verfügt, von der V-GmbH. Zudem wird geregelt, dass die Rechte und Pflichten aus dem Unternehmenskaufvertrag auf eine von der A-GmbH zu benennende Konzerngesellschaft übertragen werden können. Am 15.09.2020 wird eine Überleitungsvereinbarung geschlossen, wonach die Rechte und Pflichten aus dem Unter-

43) BFH, Urt. v. 09.07.2014 – II R 49/12, BStBl II 2016, 57.

nehmenskaufvertrag auf eine neu gegründete Tochtergesellschaft der A-GmbH (= T-GmbH) übertragen werden. Am 05.10.2020 findet die dingliche Übertragung (Closing) der Anteile an der X-GmbH von der V-GmbH auf die T-GmbH statt.

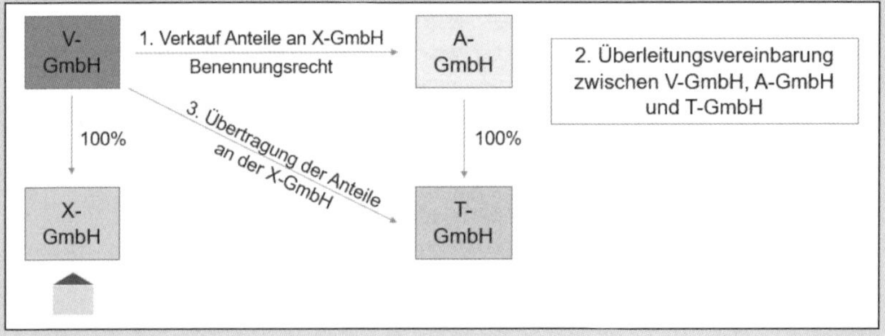

Lösung

Rechtslage bis 30.06.2021:

Es könnten drei (!) grunderwerbsteuerbare Vorgänge vorliegen. Der Abschluss des Unternehmenskaufvertrags zwischen der A-GmbH und der V-GmbH begründet eine Verpflichtung zur Übertragung von 100 % der Anteile an der immobilienhaltenden X-GmbH, so dass der Tatbestand des § 1 Abs. 3 Nr. 3 GrEStG ausgelöst wird. Die Überleitungsvereinbarung könnte erneut den Tatbestand des § 1 Abs. 3 Nr. 3 GrEStG auslösen. Die dingliche Übertragung sämtlicher Geschäftsanteile von der V-GmbH auf die T-GmbH könnte nach § 1 Abs. 3 Nr. 4 GrEStG steuerbar sein.

Richtigerweise dürfte vorliegend jedoch nur ein grunderwerbsteuerbarer Vorgang erfüllt sein, der durch den Abschluss des Unternehmenskaufvertrags zwischen der V-GmbH und der A-GmbH nach § 1 Abs. 3 Nr. 3 GrEStG ausgelöst wird. Bei dem Abschluss der Überleitungsvereinbarung dürfte es sich richtigerweise um ein Zwischengeschäft handeln, das vom Tatbestand des § 1 Abs. 3 GrEStG nicht erfasst wird. Vielmehr sollte die Abtretung eines kaufvertraglichen Anspruchs auf Übertragung von mindestens 95 % der Anteile an einer grundbesitzenden Gesellschaft und die Begründung der Verpflichtung dazu nicht steuerbar sein.[44] Durch den dinglichen Vollzug am 05.10.2020 sollte nicht noch zusätzlich der Erwerbstatbestand des § 1 Abs. 3 Nr. 4 GrEStG erfüllt sein, da dieser Übertragung mit dem Unternehmenskaufvertrag vom 07.08.2020 ein nach § 1 Abs. 3 Nr. 3 GrEStG steuerbares Verpflichtungsgeschäft vorausgegangen ist. Insoweit ist es nach Auffassung des BFH unerheblich, dass die T-GmbH nicht Partei des Verpflichtungsgeschäfts war.[45]

44) Vgl. grundlegend BFH, Urt. v. 12.05.2016 – II R 26/14, BStBl II, 748.
45) Vgl. BFH, Urt. v. 12.05.2016 – II R 26/14, BStBl II, 748, Rdnr. 24.

Gegenstand der vorgenannten Entscheidung des BFH war der Erwerb von Anteilen an einer Kapitalgesellschaft. Demgemäß hat der BFH keine explizite Aussage darüber getroffen, ob die Grundsätze der Entscheidung auch im Anwendungsbereich des § 1 Abs. 2a GrEStG gelten, wenn es sich bei der Zielgesellschaft um eine Personengesellschaft handelt. Meines Erachtens gelten die Grundsätze der BFH-Entscheidung vom 12.05.2016 gleichermaßen für Personengesellschaften, da kein Grund ersichtlich ist, diese in Bezug auf die Nichtsteuerbarkeit von Zwischengeschäften beim Erwerb von Gesellschaftsanteilen anders zu beurteilen.

Beim Share Deal sollte daher aufgrund der Entscheidung des BFH vom 12.05.2016 (die im Bundessteuerblatt veröffentlicht worden ist und damit von der Finanzverwaltung allgemein angewendet wird) hinreichende Rechtssicherheit bestehen, dass bei der Ausübung eines Benennungsrechts und des Eintritts einer anderen Konzerngesellschaft („NewCo") in die bestehenden vertraglichen Vereinbarungen kein weiteres Mal Grunderwerbsteuer ausgelöst wird.

Rechtslage ab dem 01.07.2021:

Es erscheint fraglich, ob im vorstehenden Beispielsfall nach der ab dem 01.07.2021 geltenden Rechtslage ebenfalls nur ein einziges Mal Grunderwerbsteuer anfallen würde.

Der Abschluss des Unternehmenskaufvertrags zwischen der A-GmbH und der V-GmbH begründet eine Verpflichtung zur Übertragung von 100 % der Anteile an der immobilienhaltenden X-GmbH, so dass auch nach neuer Rechtslage der Tatbestand des § 1 Abs. 3 Nr. 3 GrEStG ausgelöst wird. Der vorrangig anwendbare § 1 Abs. 2b GrEStG kommt (noch) nicht zur Anwendung, da dieser nicht durch das Verpflichtungsgeschäft, sondern erst durch die dingliche Anteilsübertragung ausgelöst wird. Die Überleitungsvereinbarung könnte erneut den Tatbestand des § 1 Abs. 3 Nr. 3 GrEStG auslösen. Die dingliche Übertragung sämtlicher Geschäftsanteile auf die T-GmbH könnte nach neuer Rechtslage nunmehr nach § 1 Abs. 2b GrEStG steuerbar sein.

Während nach der bis zum 30.06.2021 geltenden Rechtslage ausschließlich verschiedene Tatbestände des § 1 Abs. 3 GrEStG zur Anwendung kamen, stellt sich nach neuer Rechtslage erstmalig die Konkurrenzfrage zwischen § 1 Abs. 3 und Abs. 2b GrEStG. Gemäß dem gesetzlich geregelten Anwendungsvorrang des § 1 Abs. 2b GrEStG dürfte nach neuer Rechtslage in jedem Fall Grunderwerbsteuer nach § 1 Abs. 2b GrEStG aufgrund des Übergangs von 100 % der Anteile an der X-GmbH von der V-GmbH auf die T-GmbH ausgelöst werden. Steuerschuldner ist die X-GmbH selbst (vgl. § 13 Nr. 7 GrEStG). Ob die jeweils nach § 1 Abs. 3 Nr. 3 GrEStG steuerbaren Erwerbsvorgänge aufgrund des Abschlusses des Unternehmenskaufvertrags und der Überleitungsvereinbarung ebenfalls nach Maßgabe der BFH-Rechtsprechung als nicht steuerbare Zwischengeschäfte angesehen werden können, erscheint bereits aus systematischen Gründen fraglich. Denn nach der ab dem 01.07.2021 geltenden Rechtslage wird nicht mehr der erste Erwerbstatbestand (= Abschluss des Unternehmenskaufvertrags) besteuert, sondern vielmehr der letzte Erwerbstatbestand (= dinglicher Vollzug der Anteilsübertragung).

Es besteht nach neuer Rechtslage damit ein erhöhtes Risiko, dass es bei Ausübung eines Benennungsrechts zum doppelten Anfall von Grunderwerbsteuer kommt. Aufgrund der Personenverschiedenheit der Erwerber bzw. Steuerschuldner scheidet im Fall des doppelten Anfalls von Grunderwerbsteuer auch die Anrechnungsmöglichkeit des § 1 Abs. 6 GrEStG aus. Daher erscheint die Einholung einer verbindlichen Auskunft angezeigt, falls es das Zeitfenster der Transaktion zulässt.[46]

19.83 **Hinweis**

Die Ausübung eines Benennungsrechts beim Asset Deal dürfte hingegen ohne weiteres zum doppelten Anfall von Grunderwerbsteuer führen, da insoweit die klassischen Fallgestaltungen von § 1 Abs. 1 Nr. 5–7 GrEStG zur Steuerbarkeit eines Zwischengeschäfts vorliegen. Dies gilt unabhängig davon, ob der ursprünglich durch den Unternehmenskaufvertrag begründete Übereignungsanspruch abgetreten wird oder ob es sich um eine Vertragsübernahme handelt.[47]

19.4.10 Grunderwerbsteuer bei Scheitern des Unternehmenskaufs

19.84 Unter den Voraussetzungen des § 16 GrEStG kann eine Grunderwerbsteuerfestsetzung geändert oder aufgehoben und eine bereits gezahlte Grunderwerbsteuer erstattet werden. Wird durch einen Share Deal ein grunderwerbsteuerbarer Vorgang nach § 1 Abs. 2a, Abs. 2b, Abs. 3 oder Abs. 3a GrEStG ausgelöst, dann kann eine nach diesen Vorschriften festgesetzte Grunderwerbsteuer im Fall des **Scheiterns des Unternehmenskaufs** nach § 16 Abs. 5 GrEStG nur dann zurückerstattet werden, wenn die in den §§ 18–20 GrEStG geregelten Anzeigepflichten **fristgerecht** und **vollständig** erfüllt worden sind.

46) Vgl. hierzu auch Behrens, in: Behrens/Wachter, GrEStG, 2. Aufl. 2022, § 1 Rdnr. 717 ff.

47) Vgl. zum Ganzen BFH, Urt. v. 22.01.2003 – II R 32/01, BStBl II 2003, 526, Böing, in: Behrens/Wachter, GrEStG, 2. Aufl. 2022, § 1 Rdnr. 142 ff. sowie Behrens/Schmitt, DB 2005, 2491.

Hinweis 19.85

Nach § 19 Abs. 3 GrEStG hat die Anzeige innerhalb **von zwei Wochen zu erfolgen** (!).

Sowohl die gesetzlichen Vorgaben als auch die Rechtsprechung[48] sind in Bezug auf die Erfüllung der Anzeigepflichten beim Share Deal äußerst streng. Grund hierfür ist, dass die Finanzverwaltung beim Share Deal ausschließlich durch die entsprechenden Anzeigen der Notare bzw. Beteiligten von einem grunderwerbsteuerbaren Vorgang Kenntnis erlangt und erst hierdurch in die Lage versetzt wird, Grunderwerbsteuer festsetzen zu können.[49] Durch die strengen gesetzlichen Vorgaben sollen insbesondere die Beteiligten dazu angehalten werden, den gesetzlichen Anzeigepflichten zur Sicherung des Grunderwerbsteueraufkommens nachzukommen. Denn bei einem Share Deal über Anteile an einer AG oder einer Personengesellschaft bedarf der Anteilskaufvertrag nicht der notariellen Beurkundung, so dass die entsprechenden Anzeigepflichten von den Vertragsparteien selbst erfüllt werden müssen (§ 19 GrEStG). Anders ist dies beim klassischen Grundstückskaufvertrag bzw. beim Asset Deal, da hierbei aufgrund der geänderten Eigentumsverhältnisse in Bezug auf das inländische Immobilienvermögen eine Eintragung im Grundbuch erfolgt, so dass das Finanzamt von einem entsprechenden grunderwerbsteuerbaren Vorgang spätestens durch eine Mitteilung des Grundbuchamts erfährt, falls der Notar die ihm obliegenden Anzeigepflichten nicht erfüllt. 19.86

Hinweis 19.87

Es ist beim Share Deal folglich unbedingt auf die **vollständige und fristgerechte Erfüllung der Anzeigepflichten** zu achten, da andernfalls eine durch den Abschluss des Unternehmenskaufvertrags ausgelöste Grunderwerbsteuer im Fall des Scheiterns der Transaktion nicht erstattet werden kann. Dies gilt umso mehr, wenn es sich um die Übertragung von Anteilen an einer **Aktiengesellschaft** oder einer **Personengesellschaft** handelt, die i.d.R. keiner notariellen

48) Vgl. BFH, Urt. v. 22.05.2019 – II R 24/16, BStBl II 2020, 157: „Wird ein Erwerbsvorgang i.S. des § 1 Abs. 3 Nr. 1 oder Nr. 2 GrEStG zwar innerhalb von zwei Jahren seit der Entstehung der Steuer rückgängig gemacht, war er aber nicht ordnungsgemäß angezeigt worden, schließt § 16 Abs. 5 GrEStG den Anspruch auf Nichtfestsetzung der Steuer oder Aufhebung der Steuerfestsetzung aus."

49) Entsprechende Vordrucke zur Erfüllung der Anzeigepflichten finden sich auf den Internetseiten der Finanzverwaltungen der einzelnen Bundesländer, vgl. z.B. für NRW „Anzeige über Anteilsübertragungen" https://www.finanzverwaltung.nrw.de/de/grunderwerbsteuer.

Beurkundung bedarf und bei der folglich oftmals **kein Notar** mit der Vertragserstellung und -durchführung bzw. -abwicklung betraut ist. Hier können nur die Vertragsparteien selbst die gesetzlichen Anzeigepflichten erfüllen (§ 19 GrEStG).

Die Anzeigepflichten haben sich zudem durch die gleichlautenden Länderlasse zu § 1 Abs. 2a und Abs. 2b GrEStG vom 10.05.2022[50] sowie die Änderungen in § 16 GrEStG durch das **JStG 2022** deutlich verschärft: Gehen bei einem Share Deal mindestens 90 % der Anteile an einer grundbesitzhaltenden Personen- oder Kapitalgesellschaft über, sollen nach Auffassung der Finanzverwaltung **zwei grunderwerbsteuerbare Vorgänge verwirklicht werden**, die jeweils vollständig und fristgerecht angezeigt werden müssen:

Im Zeitpunkt des Abschlusses des Anteilskaufvertrags („**Signing**") wird regelmäßig der Tatbestand des § 1 Abs. 3 Nr. 1 oder Nr. 3 GrEStG verwirklicht. Im Zeitpunkt des Vollzugs („**Closing**") kommt – abhängig davon, ob es sich um eine grundbesitzende Personen- oder Kapitalgesellschaft handelt – § 1 Abs. 2a oder Abs. 2b GrEStG zur Anwendung.

In diesem Zusammenhang wurde durch das JStG 2022 mit § 16 Abs. 4a GrEStG zudem eine eigenständige **Änderungsvorschrift** in das GrEStG aufgenommen, nach der auf **Antrag** eine Steuerfestsetzung nach § 1 Abs. 3 GrEStG aufgehoben oder geändert werden kann. Voraussetzung für eine entsprechende Aufhebung oder Änderung des Grunderwerbsteuerbescheids ist nach dem ebenfalls durch das JStG 2022 neu eingeführten § 16 Abs. 5 Satz 2 GrEStG, dass sowohl der Erwerbsvorgang nach § 1 Abs. 3 als auch der zeitlich nachfolgende Erwerbsvorgang nach § 1 Abs. 2a bzw. 2b GrEStG *„fristgerecht und in allen Teilen vollständig angezeigt (§§ 18 bis 20) war"* (vgl. hierzu auch Rdnr. 19.32).

19.4.11 Steuerklauseln im Unternehmenskaufvertrag

19.88 In der Praxis des Unternehmenskaufs ist es üblich, dass anfallende Steuern – wie auch die Grunderwerbsteuer – vom Käufer getragen werden. Wird beim Erwerb von Anteilen an einer immobilienhaltenden **Personen- oder Kapitalgesellschaft** nach § 1 Abs. 2a oder Abs. 2b GrEStG Grunderwerbsteuer ausgelöst, dann ist Steuerschuldnerin die erworbene Personengesellschaft (§ 13 Nr. 6 bzw. Nr. 7 GrEStG). Wirtschaftlich ist damit de facto der Erwerber belastet, so dass sich (konstitutive) Regelungen zur Tragung der anfallenden Grunderwerbsteuer erübrigen. Etwas anderes gilt jedoch dann, wenn der Erwerber nur einen Teilanteil an der Personen- oder Kapitalgesellschaft erwirbt, deren Erwerb selbst nicht den Tat-

50) Gleichlautende Erlasse der obersten Finanzbehörden der Länder v. 10.05.2022 – FM3 – S 4501 – 2/82, Anwendung des § 1 Abs. 2a GrEStG, BStBl I, 801; gleichlautende Erlasse der obersten Finanzbehörden der Länder v. 10.05.2022 – FM3 – S 4430 – 1/30, Anwendung des § 1 Abs. 2b GrEStG ab dem 01.07.2021, BGBl I, 821.

bestand des § 1 Abs. 2a oder Abs. 2b GrEStG erfüllt, da die erworbene Beteiligung unter 90 % liegt. Hier kann es angezeigt sein, dass der Verkäufer im Unternehmenskaufvertrag versichert bzw. garantiert, dass in den vorangegangenen zehn Jahren keine Anteilsveräußerungen auf neue Gesellschafter stattgefunden haben, die zusammen mit dem jetzigen Anteilskauf die 90-%-Grenze des § 1 Abs. 2a oder Abs. 2b GrEStG überschreiten und Grunderwerbsteuer auslösen würden.

Bei einer **Anteilsvereinigung in einer Hand** (§ 1 Abs. 3 Nr. 1 bzw. 2 GrEStG) sind (konstitutive) Regelungen zur Tragung der Grunderwerbsteuer ebenfalls nicht erforderlich, da nach § 13 Nr. 5a GrEStG Steuerschuldner der Erwerber ist. 19.89

Lediglich bei der Übertragung von mindestens 90 % der Anteile von einem Veräußerer auf einen Erwerber (**Übertragung bereits vereinigter Anteile** nach § 1 Abs. 3 Nr. 3 bzw. Nr. 4 GrEStG) sollte im Unternehmenskaufvertrag geregelt werden, dass der Käufer eine etwaig anfallende Grunderwerbsteuer zu tragen hat. Denn nach der gesetzlichen Regelung (§ 13 Nr. 1 GrEStG analog) wären Käufer und Verkäufer Gesamtschuldner der Grunderwerbsteuer. Hat der Käufer (berechtigte) Bedenken, dass der Käufer seiner kaufvertraglichen Verpflichtung zur Tragung der Grunderwerbsteuer nachkommt, sind entsprechende Sicherheiten in Erwägung zu ziehen. Durch die Einführung des § 1 Abs. 2b GrEStG zum 01.07.2021 unterliegen die bisherigen Fälle der Übertragung bereits vereinigter Anteile von Kapitalgesellschaften nunmehr i.d.R. dieser Vorschrift mit der Folge, dass eine nach § 1 Abs. 2b GrEStG ausgelöste Grunderwerbsteuer von der Zielgesellschaft getragen wird (§ 13 Nr. 7 GrEStG). 19.90

19.5 Steuerliche Behandlung der beim Unternehmenskauf angefallenen Grunderwerbsteuer

Wenn der Erwerber im Rahmen eines **Asset Deals** Grunderwerbsteuer entrichtet, dann handelt es sich hierbei um **Anschaffungskosten** des Grundbesitzes (§ 255 Abs. 1 HGB, § 6 Abs. 1 Nr. 1 EStG) und nicht etwa um sofort abzugsfähige Betriebsausgaben. 19.91

Wird bei einem **Share Deal** Grunderwerbsteuer ausgelöst, dann sollte es sich hierbei sowohl in den Fällen der Anteilsvereinigung in einer Hand (§ 1 Abs. 3 Nr. 1 bzw. 2 GrEStG) als auch in den Fällen der Übertragung bereits vereinigter Anteile 19.92

(§ 1 Abs. 3 Nr. 3 bzw. Nr. 4 GrEStG) um **sofort abzugsfähige Betriebsausgaben** und nicht etwa um Anschaffungskosten der erworbenen Gesellschaftsanteile handeln.[51)]

19.93 Gleiches gilt, wenn infolge des Erwerbs von Anteilen an einer immobilienhaltenden **Personen- oder Kapitalgesellschaft** der Tatbestand des **§ 1 Abs. 2a oder Abs. 2b GrEStG** ausgelöst wird. Auch in diesem Fall ist – die nach § 13 Nr. 6 bzw. Nr. 7 GrEStG von der Zielgesellschaft selbst zu tragende Grunderwerbsteuer – als **sofort abziehbare Betriebsausgabe** zu berücksichtigen.[52)]

19.6 Reform der Grunderwerbsteuer zum 01.07.2021 und weitere Reformpläne

19.94 Seit dem Jahr 2016 waren Bestrebungen im Gange, das GrEStG zu reformieren, um die „missliebigen Share Deals" einzuschränken, bei denen Grunderwerbsteuer ganz oder zumindest weit überwiegend vermieden werden konnte, wenn nicht die Immobile als solche erworben wurde (Grundstückskaufkaufvertrag, Asset Deal), sondern wenn stattdessen die Mehrheit der Anteile an der die Immobilie haltenden Gesellschaft erworben wurden (Share Deal). Diesem Anliegen folgend sah der Koalitionsvertrag der Großen Koalition für die Legislaturperiode bis 2021 vom 07.02.2018 Folgendes vor:[53)]

„*Nach Abschluss der Prüfarbeiten durch Bund und Länder werden wir eine effektive und rechtssichere gesetzliche Regelung umsetzen, um missbräuchliche Steuergestaltungen bei der Grunderwerbsteuer mittels Share Deals zu beenden. Die gewonnenen Mehreinnahmen können von den Ländern zur Senkung der Steuersätze verwendet werden.*"

19.95 Mit dem Regierungsentwurf eines Gesetzes zur Änderung des Grunderwerbsteuergesetzes vom 31.07.2019[54)] wurde ein erster Schritt zur Umsetzung dieses Vorhabens unternommen. Bis zur finalen Verabschiedung des Gesetzes hat es indes

51) Vgl. BFH, Urt. v. 20.04.2011 – I R 2/10, BStBl II, 761, sowie FG Sachsen, Urt. v. 23.01.2017 – 6 K 1187/16, DStRE 2017, 596.

52) Vgl. BFH, Urt. v. 02.09.2014 – IX R 50/13, BStBl II 2015, 260, sowie Schiessl, DStR 2015, 1902.

53) Vgl. Koalitionsvertrag der Großen Koalition v. 07.02.2018, S. 111, abrufbar unter https://www.bundesregierung.de.

54) RegE GrEStG-ÄndG, BT-Drucks. 19/13437.

noch knapp zwei Jahre gedauert. Erst am 12.05.2021 wurde das „Gesetz zur Änderung des Grunderwerbsteuergesetzes“[55] verabschiedet. **Das Gesetz ist mit Wirkung zum 01.07.2021 in Kraft getreten.**

19.6.1 Wesentliche Änderungen des GrEStG

Nachfolgend werden die wesentlichen zum 01.07.2021 in Kraft getretenen Änderungen des GrEStG zusammenfassend dargestellt, die im Zusammenhang mit dem Unternehmenskauf von Bedeutung sein können:[56] 19.96

- **Absenkung der in § 1 Abs. 2a, Abs. 3 und Abs. 3a geregelten Beteiligungsgrenzen von 95 % auf 90 %**

  Die in § 1 Abs. 2a Satz 1 und Satz 4, Abs. 3 Nr. 1–4 und Abs. 3a Satz 1 GrEStG geregelte 95-%-Grenze wurde auf 90 % herabgesetzt. Dadurch wird nunmehr folglich bereits dann Grunderwerbsteuer ausgelöst werden, wenn mindestens 90 % der Anteile an einer immobilienhaltenden Gesellschaft auf neue Gesellschafter übergehen bzw. sich in der Hand eines Erwerbers (wirtschaftlich) vereinigen. Wird diese 90-%-Grenze erreicht, dann wird in voller Höhe – und nicht nur i.H.v. 90 % – Grunderwerbsteuer anfallen. Die Grunderwerbsteuer bemisst sich in diesen Fällen nach dem Grundbesitzwert der Gesellschaftsgrundstücke (vgl. § 8 Abs. 2 Nr. 3 GrEStG).

- **Einführung eines neuen Ergänzungstatbestands für Kapitalgesellschaften (§ 1 Abs. 2b GrEStG)** 19.97

  Es wurde folgender neuer Ergänzungstatbestand für Kapitalgesellschaften eingeführt, der dem für Personengesellschaften geltenden § 1 Abs. 2a GrEStG vollständig nachgebildet ist:

  „*(2b) Gehört zum Vermögen einer Kapitalgesellschaft ein inländisches Grundstück und ändert sich innerhalb von zehn Jahren der Gesellschafterbestand unmittelbar oder mittelbar dergestalt, dass mindestens 90 vom Hundert der Anteile der Gesellschaft auf neue Gesellschafter übergehen, gilt dies als ein auf die Übereignung eines Grundstücks auf eine neue Kapitalgesellschaft gerichtetes Rechtsgeschäft. (...).*“

  Danach kann bei immobilienhaltenden Kapitalgesellschaften – wie bislang bereits bei Personengesellschaften – Grunderwerbsteuer nur noch dann vermieden werden, wenn ein bisheriger Gesellschafter (Altgesellschafter) im Umfang von mindestens 10,1 % über einen Zeitraum von mindestens zehn

55) Gesetz zur Änderung des Grunderwerbsteuergesetzes v. 12.05.2021, BGBl I, 986 = BStBl I, 838.

56) Vgl. hierzu ausführlich Broemel/Mörwald, DStR 2021, 1624, und Schley, GmbHR 2019, 645.

Jahren an der Zielgesellschaft beteiligt bleibt. Nach Ablauf der Zehnjahresfrist kann der Investor die Restbeteiligung von 10,1 % allerdings nicht selbst erwerben, da hierdurch in voller Höhe Grunderwerbsteuer auf Basis des Grundbesitzwerts der Gesellschaftsgrundstücke ausgelöst werden würde. Denn ein solcher Erwerb würde dazu führen, dass eine Anteilsvereinigung in einer Hand nach § 1 Abs. 3 Nr. 1 GrEStG vorliegt.

Nach Ablauf der in § 1 Abs. 2b GrEStG geregelten Zehnjahresfrist hat der Investor also lediglich die Möglichkeit, dass die verbleibenden Anteile vom Verkäufer (Altgesellschafter) auf einen Co-Investor übertragen werden würden.

19.98 – **Einführung einer sogenannten Börsenklausel (§ 1 Abs. 2c GrEStG)**

Da Anteilsübertragungen von immobilienhaltenden Gesellschaften, deren Anteile an einer Börse oder einem anderen Handelsplatz gehandelt werden, kaum nachvollzogen werden können, sieht die Börsenklausel des § 1 Abs. 2c GrEStG entsprechende Erleichterungen vor. Danach bleiben bei der Ermittlung der steuerauslösenden 90-%-Grenze von § 1 Abs. 2a und 2b GrEStG Anteilsübertragungen außer Betracht, die über die Börse oder einen anderen Handelsplatz gehandelt werden.

19.99 – **Verlängerung der in § 1 Abs. 2a und §§ 5, 6 sowie 7 GrEStG geregelten Fünfjahresfristen auf zehn bzw. 15 Jahre**

Nach der bis zum 30.06.2021 geltenden Rechtslage galt im Anwendungsbereich des § 1 Abs. 2a GrEStG eine Fünfjahresfrist. Nach Ablauf dieser Frist war ein neu hinzugekommener Gesellschafter ein sogenannter Altgesellschafter mit der Folge, dass er weitere Anteile von seinen Mitgesellschaftern erwerben konnte, ohne den Erwerbstatbestand des § 1 Abs. 2a GrEStG auszulösen. Diese wurde auf zehn Jahre verlängert.

Ebenfalls auf zehn Jahre verlängert wurden die bis zum 30.06.2021 geltenden Fünfjahresfristen in § 5 Abs. 3, § 6 Abs. 3 Satz 2 und § 7 Abs. 3 Satz 1 und 2 GrEStG. In diesem Zusammenhang wurde auch die Missbrauchsverhinderungsvorschrift des § 6 Abs. 4 GrEStG neu gegliedert. Die bisherigen Sätze 1 und 2 von Absatz 4 wurden zu Absatz 4 Nr. 1 und 2. Die dort geregelten Fünfjahresfristen wurden auf zehn Jahre verlängert. Zudem wurde Absatz 4 um eine neue Nummer 3 ergänzt. Diese neue Regelung bestimmt, dass sich die Vorbehaltensfrist in den Fällen auf **15 Jahre (!)** verlängert, in denen eine Besteuerung nach § 1 Abs. 2a GrEStG unterblieben ist, weil weniger als 90 % bzw. 95 % der Gesellschaftsanteile auf neue Gesellschafter innerhalb des maßgeblichen Fünf- bzw. Zehnjahreszeitraums übergegangen sind und nach Ablauf dieser Frist ein grunderwerbsteuerbarer Vorgang nach § 1 Abs. 3 Nr. 1 bzw. 2 oder Abs. 3a GrEStG erfolgt.

Hinweis 19.100

Von der 15-Jahresfrist sollen vornehmlich die früheren Gestaltungen bei Immobilien-Share-Deals mit Objektgesellschaften in der Rechtsform der Personengesellschaft erfasst werden (Rdnr. 19.56).

19.6.2 Ausblick auf weitere Gesetzesänderungen

Nachdem bereits im Regierungsentwurf vom 31.07.2019 die wesentlichen Änderungen des letztlich verabschiedeten Änderungsgesetztes zum GrEStG enthalten waren, gab es bis zur Verabschiedung des Gesetzes heftige Streitigkeiten innerhalb der Großen Koalition über die wirksame Bekämpfung der „missliebigen Share Deals". Letztlich konnte erst auf der Zielgeraden der Großen Koalition die Reform der Grunderwerbsteuer doch noch zum Abschluss gebracht werden. Im Rahmen der Verabschiedung des Gesetzes wurde von nahezu allen Parteien betont, dass es sich um eine Kompromisslösung handelt. 19.101

Durch die zum 01.07.2021 in Kraft getretenen Änderungen werden Immobilien-Share-Deals zwar erschwert, aber keineswegs verhindert. Darüber hinaus werden die sogenannten „Unit Deals" durch die Änderungen nicht unterbunden werden. 19.102

In Anbetracht dessen verwundert es nicht, dass sich auch im Koalitionsvertrag der „Ampel" das folgende Vorhaben findet:[57] 19.103

„Wir wollen den Ländern eine flexiblere Gestaltung der Grunderwerbsteuer z.B. durch einen ***Freibetrag*** *ermöglichen, um den Erwerb selbstgenutzten Wohneigentums zu erleichtern. ... Zur* ***Gegenfinanzierung*** *nutzen wir das* ***Schließen von steuerlichen Schlupflöchern*** *beim Immobilienerwerb von Konzernen (****Share Deals****)."* (Hervorhebungen durch Verfasser)

Ob sich zukünftig eine politische Mehrheit z.B. zur weiteren Absenkung der derzeitigen steuerauslösenden 90-%-Grenze auf 75 % finden wird, bleibt abzuwarten. In jedem Fall besteht jedoch in Hinblick auf die Konzernklausel des § 6a GrEStG dringender Anpassungsbedarf, da diese Vorschrift an die Absenkung der 95-%-Grenze auf 90 % bei den Ergänzungstatbeständen in § 1 Abs. 2a ff. GrEStG angepasst werden muss. 19.104

---

57) Vgl. Koalitionsvertrag 2021–2025 zwischen der SPD, BÜNDNIS 90/DIE GRÜNEN und der FDP „Mehr Fortschritt wagen – Bündnis für Freiheit, Gerechtigkeit und Nachhaltigkeit", vorgelegt am 24.11.2021.

19.105 Darüber hinaus wird es aufgrund des **MoPeG,**[58] das am 01.01.2024 in Kraft tritt, **Änderungen bei den §§ 5–7 GrEStG** geben müssen. Durch das MoPeG wird insbesondere das in §§ 718, 719 BGB geregelte Gesamthandsprinzips abgeschafft. Nach § 713 BGB in der ab dem 01.01.2024 geltenden Fassung verfügt die GbR als Grundform aller Personen(-handels-)gesellschaften über ein eigenes Gesellschaftsvermögen. Das Gesamthandsprinzip bestimmte seit Einführung des BGB im Jahr 1900, dass die GbR – als Grundtypus sämtlicher Personengesellschaften – kein eigenes Gesellschaftsvermögen hat, sondern dass das Vermögen vielmehr den Gesellschaftern in ihrer „gesamthänderischen Verbundenheit" zugeordnet wird. Ausweislich der Entwurfsbegründung zum MoPeG sollen mit der Abschaffung des Gesamthandsprinzips keine „Änderungen an den ertragsteuerlichen Grundsätzen bei der Besteuerung von Personengesellschaften" verbunden sein.[59]

19.106 Zu den Auswirkungen der Abschaffung des Gesamthandsprinzips auf die Steuervergünstigungen insbesondere der §§ 5, 6 GrEStG (Übergang auf eine Gesamthand/Übergang von einer Gesamthand) werden in der Entwurfsbegründung zum MoPeG keine Aussagen getroffen. Die §§ 5 und 6 GrEStG würden ins Leere gehen, wenn ihnen mit der Abschaffung des Gesamthandsprinzips die zivilrechtliche Grundlage entzogen wird. Denn diese Befreiungsvorschriften beruhen auf der dinglichen Mitberechtigung der Gesamthänder am Gesamthandsvermögen, die es durch die Statuierung eines eigenen Gesellschaftsvermögens zukünftig nicht mehr geben wird (vgl. § 713 BGB in der ab dem 01.01.2024 geltenden Fassung). Insoweit bleibt abzuwarten, ob und inwieweit die §§ 5 und 6 GrEStG an die ab 2024 geltende Rechtslage angepasst werden, damit die bislang in den Anwendungsbereich der Vorschriften fallenden Personenzusammenschlüsse weiterhin begünstigt bleiben.

19.107 Es bleibt zu hoffen, dass der Gesetzgeber im Rahmen der anstehenden Änderungen die Gelegenheit nutzen wird, ein **rechtsformneutrales Vergünstigungssystem** zu schaffen, bei dem nicht mehr zwischen Personengesellschaften (§§ 5, 6 und 6a GrEStG) und Kapitalgesellschaften (ausschließlich § 6a GrEStG) unterschieden wird.[60]

---

58) Gesetz zur Modernisierung des Personengesellschaftsrechts (Personengesellschaftsrechtsmodernisierungsgesetz – MoPeG) v. 10.08.2021, BGBl I, 3436.

59) Vgl. RegE MoPeG, BT-Drucks. 19/27635, S. 106.

60) Vgl. zum Ganzen **Arbeitskreis Grunderwerbsteuer**: Modernisierungsmodell für das Grunderwerbsteuerrecht, DStR 2023, 729; Schley, in: Behrens/Wachter, GrEStG, 2. Aufl. 2022, § 5 Rdnr. 12.

20. Umsatzsteuer beim Unternehmenskauf

Inhalt **Rdnr.**

20.1 Umsatzsteuerliche Themen beim Unternehmenskauf

20.1 Betrachtet man den Unternehmenskauf aus umsatzsteuerrechtlicher Sicht, sind für den Berater regelmäßig folgende Themen von zentraler Bedeutung:

- die Besteuerung des Verkaufsvorgangs,
- der Vorsteuerabzug aus den Transaktionskosten auf Veräußerer- und Erwerberseite und
- das Erkennen von umsatzsteuerrechtlichen Risiken im Unternehmen.

20.2 Dabei lässt sich feststellen, dass die Form des Verkaufsvorgangs (Asset oder Share Deal) wesentlichen Einfluss auf alle drei Punkte hat. Insofern handelt es sich bei der Frage, ob ein Asset oder Share Deal vorliegt, umsatzsteuerrechtlich um die zentrale Weichenstellung. Nichtsdestotrotz gibt es auch, nachdem die Transaktionsform gewählt wurde, noch eine Vielzahl an Punkten zu beachten, um das umsatzsteuerrechtlich beste Ergebnis für alle Beteiligten zu erzielen:

- die Unternehmereigenschaft der Beteiligten,
- etwaige Vorsteuerkorrekturen nach § 15a UStG
  - beim Veräußerer (z.B. steuerfreier Anteilsverkauf) oder
  - beim Erwerber (z.B. im Fall einer Geschäftsveräußerung nach § 1 Abs. 1a UStG) oder
- der Umgang mit Wirtschaftsgütern, die beim Veräußerer zurückbleiben.

20.3 Hier gilt es, für den steuerlichen Berater frühzeitig die Interessen der von ihm vertretenen Partei zu erfragen (z.B. möglichst großer Vorsteuerabzug, möglichst keine Umsatzsteuer aus dem Verkauf, keine § 15a UStG-Korrektur etc.), um die Transaktion entsprechend gestalten zu können.

20.2 Unternehmereigenschaft

20.4 Der Begriff des Unternehmers ist der zentrale Begriff des Umsatzsteuerrechts.[1] Ein steuerbarer Umsatz kann grundsätzlich nur durch einen Unternehmer erbracht werden. Gleichermaßen setzt der Vorsteuerabzug gem. § 15 UStG die Unternehmereigenschaft des Leistungsempfängers voraus. Für die Frage, ob ein Unternehmenskauf umsatzsteuerrechtlich von Bedeutung ist, ist deshalb stets zu prüfen, ob die beteiligten Personen überhaupt Unternehmer sind oder durch den Kauf-

1) Treiber, in: Sölch/Ringleb, UStG, § 2 Rdnr. 1 (03/2023).

vorgang werden. Fehlt es an der Unternehmereigenschaft, ist die Umsatzsteuer insoweit für die steuerliche Betrachtung von untergeordneter Bedeutung. Dass bei einem Unternehmenskauf nicht zwangsläufig davon ausgegangen werden kann, dass die Beteiligten Unternehmer sind, hängt insbesondere damit zusammen, dass beispielsweise das bloße Erwerben und Halten von Beteiligungen keine unternehmerische Tätigkeit darstellt.[2]

Bei der umsatzsteuerrechtlichen Behandlung von Transaktionen ist weiter zu beachten, dass die im UmwStG normierten Rückwirkungsregelungen nicht für die Umsatzsteuer gelten. Der Beginn bzw. die Beendigung der Unternehmereigenschaft der an einer Transaktion beteiligten Rechtsträger und die Zurechnung von Umsätzen und Vorsteuern richten sich vielmehr nach den allgemeinen umsatzsteuerrechtlichen Grundsätzen.[3] Insoweit können die umsatzsteuerrechtlichen Konsequenzen von den ertragsteuerrechtlichen Folgen abweichen. 20.5

20.3 Besteuerung des Verkaufsvorgangs

Die Besteuerung des Unternehmensverkaufs richtet sich im Wesentlichen danach, ob der Verkauf im Wege eines Asset oder Share Deals erfolgt. Beide Formen unterscheiden sich aus umsatzsteuerrechtlicher Sicht grundlegend, weshalb sich auch die Fragestellungen an den Berater für die beiden Transaktionstypen erheblich voneinander unterscheiden. 20.6

Beispiel 20.7

Verkäufer V hält 100 % der Anteile an der V-GmbH, die einen Kfz-Handel betreibt. Käufer K möchte den Kfz-Handel erwerben. Dies kann auf zwei Wegen erfolgen: V veräußert K die GmbH-Anteile, oder die GmbH veräußert ihr Unternehmen in Form einer Übertragung der Einzelwirtschaftsgüter an K.

Im Vergleich fällt zunächst auf, dass auf Verkäuferseite unterschiedliche Personen handeln. Während die GmbH unstreitig Unternehmer ist und der Verkauf der Einzelwirtschaftsgüter durch sie somit grundsätzlich der Umsatzsteuer unterliegt, lässt sich dies für den Anteilsverkauf durch V nicht ohne weiteres bejahen. Ist V kein Unternehmer, unterliegt der Verkauf bereits dem Grunde nach nicht der Umsatzsteuer. Der Prüfung der Unternehmereigenschaft kommt beim Share Deal somit gesteigerte Bedeutung zu. 20.8

2) Vgl. die st. Rspr. des EuGH, z.B. Urt. v. 08.11.2018 – C-502/17, „C&D Foods Acquisition", DStR 2018, 2425 m.w.N.

3) OFD Frankfurt, Vfg. v. 17.12.2015 – S 7104 A-52-St 110.

20.9 Beim Asset Deal ist demgegenüber die Frage, ob der Verkauf eine Geschäftsveräußerung i.S.d. § 1 Abs. 1a UStG darstellt, von größerer Bedeutung. Liegt beim Share Deal lediglich eine sonstige Leistung in Form einer Anteilsübertragung zwischen den Beteiligten vor, führt eine Übertragung von Einzelwirtschaftsgütern zu einer Vielzahl von Leistungen, die sich nach der Art der Leistung, dem Ort der Leistung, dem anzuwendenden Steuersatz oder dem Steuerschuldner unterscheiden können. Nur wenn sich der Asset Deal als Geschäftsveräußerung i.S.d. § 1 Abs. 1a UStG darstellt, ist der Verkaufsvorgang umsatzsteuerrechtlich einheitlich zu beurteilen.

20.3.1 Asset Deal

20.10 Bei einem Asset Deal übernimmt der Erwerber einige oder alle Wirtschaftsgüter des veräußernden Unternehmens, ohne dessen rechtliche Hülle mit zu übernehmen. Umsatzsteuerrechtlich ist stets zu prüfen, ob sich der Verkauf im Rahmen einer Geschäftsveräußerung nach § 1 Abs. 1a UStG vollzieht. In diesem Fall ist der Verkaufsvorgang nicht umsatzsteuerbar, und der Verkaufsvorgang selbst löst keine Umsatzsteuer aus. Sind die Voraussetzungen einer Geschäftsveräußerung hingegen nicht erfüllt, sind die umsatzsteuerrechtlichen Folgen für alle übergehenden Wirtschaftsgüter einzeln zu beurteilen. Dies kann im Fall einer unentgeltlichen Übertragung auch zu einer Wertabgabenbesteuerung führen (Abschn. 1.5 Abs. 8 UStAE).

20.11 Da eine unzutreffend angenommene oder nicht angenommene Geschäftsveräußerung für Veräußerer und Erwerber mit großen steuerlichen Risiken verbunden ist, empfiehlt es sich, im Kaufvertrag entsprechend Regelungen für diesen Fall zu treffen. Zudem sollte der Vorgang dem Finanzamt angezeigt werden, um zeitnah eine steuerliche Klärung herbeizuführen. In Zweifelsfällen kann auch ein **Antrag auf verbindliche Auskunft** sinnvoll sein.

20.3.1.1 Geschäftsveräußerung i.S.d. § 1 Abs. 1a UStG

20.12 Eine Geschäftsveräußerung i.S.d. § 1 Abs. 1a UStG liegt vor, wenn ein Unternehmer sein ganzes Unternehmen oder einen in der Gliederung seines Unternehmens gesondert geführten Betrieb im Ganzen auf einen anderen Unternehmer überträgt (§ 1 Abs. 1a Satz 2 UStG). Des Weiteren muss der Erwerber die Fortführung des Unternehmens bzw. des Betriebs beabsichtigen (Abschn. 1.5 Abs. 1 UStAE). Eine Geschäftsveräußerung i.S.d. § 1 Abs. 1a UStG liegt demnach vor, wenn folgende Voraussetzungen erfüllt sind:

- Veräußerer und Erwerber sind Unternehmer,
- die übertragenen Vermögensgegenstände bilden ein Unternehmen im Ganzen oder einen gesondert geführten Betrieb, und
- der Erwerber führt das erworbene Unternehmen fort.

Aufgrund dieser Voraussetzungen ist insbesondere in den folgenden Fällen eine genaue Prüfung erforderlich: 20.13

- Der Veräußerer behält sich einzelne wesentliche Betriebsgrundlagen zurück.
- Der Käufer erwirbt nur einen Teil der Wirtschaftsgüter des Veräußerers.
- Auf Veräußerer- oder Erwerberseite sind mehrere Personen beteiligt.
- Der Käufer überträgt das Unternehmen nach dem Kauf weiter auf einen zweiten Erwerber (z.B. Erwerb eines Einzelunternehmens und anschließende Einbringung in eine Gesellschaft).

20.3.1.1.1 Unternehmen oder gesondert geführter Betrieb

§ 1 Abs. 1a UStG setzt voraus, dass der Veräußerer dem Erwerber ein Unternehmen oder einen gesondert geführten Betrieb im Ganzen überträgt. Hierunter ist regelmäßig die Übertragung aller wesentlichen Betriebsgrundlagen des Unternehmens oder Teilbetriebs zu verstehen. Die übertragenen Wirtschaftsgüter müssen dabei ein hinreichendes Ganzes bilden, das es dem Erwerber ermöglicht, das erworbene Unternehmen fortzuführen. Deshalb kann eine Geschäftsveräußerung auch dann angenommen werden, wenn der Veräußerer einzelne wesentliche Betriebsgrundlagen zurückbehält, sofern er diese dem Erwerber zur Nutzung überlässt. Die Voraussetzungen einer Geschäftsveräußerung unterscheiden sich insoweit von den Anforderungen an eine (Teil-)Betriebsveräußerung nach § 16 EStG.[4] 20.14

Beispiel 20.15

Schreiner S will seine Schreinerei (Einzelunternehmen) an Käufer K übertragen. Mit Ausnahme des Betriebsgrundstücks gehen alle Wirtschaftsgüter und Vermögensgegenstände auf K über (insbesondere Warenbestand, Forderungen, Firmenname).

Lösung

Sofern S das Grundstück dem K zur Nutzung überlässt, ist der Vorgang als Geschäftsveräußerung zu qualifizieren. Auf die Dauer der Nutzungsüberlassung kommt es dabei nicht an. Insoweit genügt auch der Abschluss eines unbefristeten, kurzfristig kündbaren Mietvertrags.[5] Die Nutzungsüberlassung des Grund-

4) Vgl. Abschn. 1.5 Abs. 1 UStAE; Oelmaier, in: Sölch/Ringleb, UStG, § 1 Rdnr. 182 ff. (03/2023).

5) Vgl. BFH, Urt. v. 03.12.2015 – V R 36/13, DStR 2016, 236.

stücks ist dabei nicht Teil der Geschäftsveräußerung und unterfällt somit der Umsatzsteuer (steuerbar, ggf. nach § 4 Nr. 12 UStG steuerfrei).

20.16 **Hinweis**

Werden einzelne wesentliche Betriebsgrundlagen nur zur Nutzung überlassen, sollte der Vertrag entweder langfristig (auf mehrere Jahre) oder auf unbestimmte Zeit abgeschlossen werden. Eine bloß kurzfristige Überlassung genügt nicht.

20.17 Keine Geschäftsveräußerung ist demgegenüber anzunehmen, wenn auf den Erwerber nur einzelne Wirtschaftsgüter übertragen werden, z.B. nur der Warenbestand, der Kundenstamm oder ein Patent, selbst wenn es sich hierbei um die wertmäßig wesentlichen Wirtschaftsgüter handelt.[6] Eine Ausnahme zu diesem Grundsatz bilden vermietete Gebäude. Wird ein Gebäude oder Gebäudeteil mitsamt dem zugehörigen Mietvertrag auf einen Erwerber übertragen, der das Mietverhältnis fortsetzt, ist hierin stets eine Geschäftsveräußerung i.S.d. § 1 Abs. 1a UStG zu sehen (Abschn. 1.5 Abs. 2 Satz 1 und 2 UStAE). Darüber hinaus ist im Einzelfall zu prüfen, ob auch ohne Übergang eines Mietverhältnisses eine Geschäftsveräußerung i.S.d. § 1 Abs. 1a UStG vorliegt. Dies ist immer dann der Fall, wenn der Veräußerer ein Vermietungsunternehmen betreibt und der Erwerber seinerseits eine Vermietungstätigkeit fortsetzt, wenngleich mit anderen Mietern.[7]

20.18 Besondere Schwierigkeiten bereitet in der Praxis die Frage, wann die Übertragung eines Teils der Wirtschaftsgüter eines Unternehmens als Übertragung eines gesondert geführten Betriebs i.S.d. § 1 Abs. 1a UStG anzusehen ist. Liegt ertragsteuerrechtlich eine Teilbetriebsveräußerung vor – mit Ausnahme der Teilbetriebsfiktion des § 16 Abs. 1 Satz 1 Nr. 1 Satz 2 EStG –, kann grundsätzlich auch für umsatzsteuerrechtliche Zwecke von einer Geschäftsveräußerung ausgegangen werden. Darüber hinaus sprechen folgende Kriterien für das Vorliegen eines gesondert geführten Betriebs i.S.d. § 1 Abs. 1a UStG:

- eigene operative Führung mit Entscheidungskompetenz und Verantwortung,
- Einsatz von eigenem, vom Restunternehmen verschiedenen Personal,
- räumliche Trennung vom restlichen Betrieb,
- getrennte Buchführung,

6) Vgl. BFH, Urt. v. 11.11.2009 – V B 46/09, BFH/NV 2010, 479; EuGH, Urt. v. 27.11.2003 – C-497/01, „Zita Modes“, DStR 2003, 2220.

7) Vgl. BFH, Urt. v. 24.02.2021 – XI R 8/19, DStR 2021, 1695.

- getrennte Kostenrechnung,
- Verwendung von eigenem Anlagevermögen und eigenen Betriebsmitteln,
- eigenständige Produkte bzw. Leistungen,
- möglichst geringe oder keine Leistungsbeziehungen zum Restunternehmen, insbesondere bezüglich Vorleistungen,
- eigener Kundenstamm,
- eigenständiger Marktauftritt,
- eigene Einkaufsbeziehungen und
- eigene Verkaufsbeziehungen.

20.3.1.1.2 Fortführungsabsicht

Der Erwerber muss die Absicht haben, dass Unternehmen des Veräußerers fort- 20.19
zuführen. Hierfür ist es nicht erforderlich, dass der Erwerber bereits vor dem Erwerb Unternehmer ist. Es genügt, wenn er im Zuge des Erwerbs seine unternehmerische Tätigkeit aufnimmt. Weiterhin ist es nicht notwendig, dass die Tätigkeit des Veräußerers in identischer Form fortgeführt wird. Der Erwerber kann das Unternehmen somit in seinem Zuschnitt ändern (z.B. indem er es in sein bestehendes Unternehmen integriert) oder modernisieren. Entscheidend ist allein, dass sich die vom Veräußerer und Erwerber ausgeübten Tätigkeiten hinreichend ähneln.[8]

Keine Fortführung ist deshalb gegeben, wenn der Erwerber das Unternehmen 20.20
direkt abwickelt. Möchte sich der Erwerber hingegen nur von Teilen des Unternehmens trennen, ist stets zu prüfen, ob die unternehmerische Tätigkeit vor und nach der Veräußerung noch hinreichend übereinstimmend ist. Einen Sonderfall stellen sogenannte Kettenübertragungen dar.

Beispiel 20.21

Einzelunternehmer E verkauft sein gesamtes Unternehmen an den Käufer K. K bringt das erworbene Unternehmen unmittelbar nach dem Erwerb in eine GmbH ein. Die GmbH führt die Tätigkeit des E unverändert fort.

Lösung

Auch wenn K als Erwerber das Unternehmen selbst nicht fortführt, sondern direkt durch Einbringung in die GmbH weiterüberträgt, ist der Vorgang für E und

8) Vgl. Abschn. 1.5 Abs. 1 UStAE; BFH, Urt. v. 23.08.2007 – V R 14/05, BStBl II 2008, 165; BFH, Urt. v. 06.05.2010 – V R 25/09, BFH/NV 2010, 1873.

die GmbH als Geschäftsveräußerung i.S.d. § 1 Abs. 1a UStG anzusehen. Maßgeblich ist bei Kettenübertragungen nämlich nur, dass der letzte Erwerber eine entsprechende Fortführungsabsicht hat.[9)]

20.3.1.1.3 Mehrere beteiligte Personen

20.22 Eine Geschäftsveräußerung kann jeweils nur zwischen einem Veräußerer und einem Erwerber vorliegen. Sind auf Veräußerer- oder Erwerberseite mehrere Personen beteiligt, ist deshalb für jede einzelne Leistungsbeziehung zu prüfen, ob die Voraussetzungen des § 1 Abs. 1a UStG erfüllt sind. Dabei sind die Leistungsbeziehungen zwischen anderen Parteien nicht mit zu berücksichtigen.

20.23 **Beispiel**

Einzelunternehmer E betreibt in eigenen Räumlichkeiten ein Einzelhandelsunternehmen. E überträgt sein Unternehmensvermögen, mit Ausnahme des Betriebsgrundstücks mit aufstehendem Ladenlokal, auf eine GmbH, an der seine Kinder T und S zu je 50 % beteiligt sind. Die GmbH soll das Einzelhandelsunternehmen fortsetzen. Das Ladenlokal überträgt er hingegen auf eine GbR, bestehend aus E, T und S, die das Grundstück an die GmbH auf unbestimmte Zeit entgeltlich vermietet.

Lösung

Die Übertragung des Unternehmens an die GmbH ist nicht steuerbar als Geschäftsveräußerung i.S.d. § 1 Abs. 1a UStG. Unbeachtlich ist insoweit, dass das Betriebsgrundstück nicht mitübertragen wird, da es der GmbH langfristig bzw. auf unbestimmte Zeit zur Verfügung steht. Die Übertragung des Grundstücks auf die GbR ist hingegen eine steuerbare Grundstückslieferung (ggf. steuerfrei nach § 4 Nr. 9 Buchst. a) UStG), da die GbR einen anderen Unternehmensgegenstand hat als das Einzelunternehmen des E.

20.3.1.1.4 Rechtsfolge

20.24 Alle Umsätze (die Lieferungen der Einzelwirtschaftsgüter, die Übertragung von Rechten etc.) im Rahmen der Geschäftsveräußerung sind gem. § 1 Abs. 1a UStG nicht steuerbar. Ferner muss sich der Erwerber die für den damaligen Vorsteuerabzug maßgebenden Verhältnisse hinsichtlich der Verwendung des erworbenen Wirtschaftsguts durch den Veräußerer zurechnen lassen. Der Berichtigungszeit-

9) Vgl. BFH, Urt. v. 25.11.2015 – V R 66/14, DStR 2016, 311.

raum des § 15a UStG wird durch die Geschäftsveräußerung nicht unterbrochen. Gemäß § 15a Abs. 10 Satz 2 UStG hat der Erwerber folglich auch einen gesetzlichen Auskunftsanspruch.

Beim **Auskunftsanspruch** handelt sich um eine durch das UStG aufgestellte vertragliche Nebenleistungspflicht des Veräußerers gegenüber dem Erwerber, welche ggf. im Zivilrechtsweg durchzusetzen ist.[10] Der Veräußerer hat folgende Angaben zu machen: 20.25

- Vorsteuer- und Vorsteuerabzugsbetrag
- Verwendungsbeginn
- einschlägige Verwendungsdauer
- Verwendungsverhältnisse

Zu beachten ist weiterhin, dass auch bei einem als Geschäftsveräußerung im Ganzen gem. § 1 Abs. 1a UStG zu qualifizierenden Asset Deal grundsätzlich eine Haftung für Umsatzsteuerverbindlichkeiten des Betriebsunternehmers nach § 75 AO in Betracht kommt, da die Tatbestandsmerkmale der Geschäftsveräußerung im Ganzen denen des § 75 AO ähneln. Es empfiehlt sich deshalb im Kaufvertrag insbesondere die sich aus § 75 AO und § 15a UStG ergebenden Umsatzsteuerrisiken durch entsprechende Klauseln zu regeln (im Einzelnen dazu siehe Rdnr. 25.1 ff.). 20.26

20.3.1.1.5 Umsatzsteuerklausel im Kaufvertrag

Eine Umsatzsteuerklausel für einen **Asset Deal**, der als Geschäftsveräußerung im Ganzen qualifiziert wird, sollte folgende Aussagen enthalten: 20.27

- Der Kaufpreis versteht sich als Nettokaufpreis ohne Umsatzsteuer.
- Erklärung der Parteien, dass sie Unternehmer i.S.d. UStG sind (ggf. unter Angabe der Steuernummer) und der Kaufgegenstand vollständig dem jeweiligen Unternehmen zugeordnet ist und wird.
- Die Parteien sind sich darüber einig, dass eine Geschäftsveräußerung im Ganzen i.S.d. § 1 Abs. 1a UStG vorliegt.
- Aufnahme einer Verpflichtung, den Vertrag innerhalb angemessener Zeit dem Finanzamt vorzulegen
- Regelung zur Optionsausübung für den Fall, dass die Finanzverwaltung im Rahmen einer Überprüfung keine Geschäftsveräußerung im Ganzen annimmt

10) Oelmaier, in: Sölch/Ringleb, UStG, § 15a Rdnr. 362 (03/2023).

Hinweis

Die Option darf nicht bedingt, sondern muss ohne Bedingung bereits im Rahmen des Kaufvertrags ausgeübt werden.

- Regelung von Zinszahlungen nach § 233 AO für den Fall, dass die Finanzverwaltung im Rahmen einer Überprüfung keine Geschäftsveräußerung im Ganzen annimmt
- Versicherung des Verkäufers über ordnungsgemäß angemeldete und gezahlte Umsatzsteuern sowie über ordnungsgemäß gezahlte Vorsteuern
- Freistellung für Nachforderungen von Umsatzsteuern und steuerlichen Nebenleistungen gegenüber dem Käufer, sofern die Nachforderungen auf Vorgängen vor dem Übertragungsstichtag resultieren
- Regelung zur Verjährung dieser Ansprüche
- Gegebenenfalls De-minimis-Vereinbarung
- Versicherung darüber, dass keine Änderungen der für den Vorsteuerabzug maßgeblichen Verhältnisse innerhalb des Berichtigungszeitraums nach § 15a UStG eingetreten sind
- Freistellungsregelung für den Fall, dass doch Vorsteuerkorrekturen nach § 15a UStG erforderlich sein sollten
- Regelung zur Art und Übergabe einer Dokumentation nach § 15a UStG

20.3.1.2 Asset Deal, der keine Geschäftsveräußerung im Ganzen darstellt

20.28 Ist der Verkaufsvorgang nicht als Geschäftsveräußerung im Ganzen anzusehen, so ist jede einzelne Leistung umsatzsteuerrechtlich gesondert zu beurteilen. Hierbei ist besonderes Augenmerk auf etwaige Steuerbefreiungen zu legen. Daneben ist zu beachten, dass der Erwerber entsprechend den Voraussetzungen des § 13c UStG bei der Abtretung von Forderungen für die darin enthaltenen Umsatzsteuerschulden des Veräußerers haftet. Der Kaufvertrag sollte deshalb eine Regelung enthalten, die im Innenverhältnis eine solche Haftung des Erwerbers ausschließt.

20.3.1.2.1 Steuerfreie Grundstückslieferung

20.29 Nach § 4 Nr. 9 Buchst. a) UStG sind die Umsätze, die unter das GrEStG fallen, steuerfrei. Die Steuerbefreiung umfasst insbesondere den Verkauf von Grundstücken und Gebäuden, aber auch die Lieferung von Bauten auf fremdem Grund. Nicht umfasst ist hingegen mitveräußertes Inventar.

Der Unternehmer kann gem. § 9 UStG unter Beachtung der Anwendungsregelung des § 27 Abs. 2 UStG auf die Steuerbefreiung verzichten. Dies setzt voraus, dass der Erwerber Unternehmer ist und das Grundstück für sein Unternehmen erwirbt. Der Verkäufer trägt insoweit das Risiko in Bezug auf die Unternehmereigenschaft des Erwerbers. Stellt sich nachträglich heraus, dass der Erwerber kein Unternehmer ist oder kein Erwerb fürs Unternehmen erfolgte, droht regelmäßig eine Vorsteuerberichtigung nach § 15a UStG. Folglich sollte der Kaufvertrag stets eine Garantieerklärung des Käufers hinsichtlich der Unternehmereigenschaft enthalten, wenn die Option ausgeübt wird. 20.30

Ferner ist erforderlich, dass die Option in dem gem. § 311b BGB notariell beurkundeten Kaufvertrag erklärt wird.[11] Ein nachträglicher Verzicht auf die Steuerbefreiung ist folglich nicht möglich. Dies gilt selbst dann, wenn die Änderung in einem notariell beurkundeten Änderungsvertrag vereinbart wird. Die Parteien eines Grundstückskaufvertrags müssen sich deshalb bereits im Zeitpunkt des notariellen Vertragsschlusses über sämtliche Auswirkungen der Option Gedanken machen. 20.31

Im Fall der Option zur Steuerpflicht schuldet der Erwerber die Umsatzsteuer aus der Grundstückslieferung (§ 13b Abs. 2 Nr. 3 i.V.m. Abs. 5 Satz 1 erster Halbsatz UStG). Infolgedessen hat die Rechnung über den Grundstücksverkauf den Hinweis „Steuerschuldnerschaft des Leistungsempfängers" zu enthalten. Eine Steuer darf in der Rechnung nicht ausgewiesen werden (§ 14a Abs. 5 UStG). 20.32

20.3.1.2.2 Steuerfreie Veräußerung von Gesellschaftsanteilen

Nach § 4 Nr. 8 Buchst. f) UStG sind die Umsätze von Anteilen an Gesellschaften und Vereinigungen umsatzsteuerfrei. Voraussetzung ist, dass die übertragene Beteiligung vom Anteilseigner unternehmerisch gehalten wird (siehe Rdnr. 20.52 ff.). Dies ist der Fall, wenn es sich um eine strategische Beteiligung handelt, die die unternehmerische Tätigkeit des Anteilseigners fördert, oder wenn der Anteilseigner an die Tochtergesellschaft entgeltliche Leistungen erbringt.[12] Wird die Beteiligung nicht im Unternehmensvermögen gehalten, ist der Vorgang hingegen nicht steuerbar. 20.33

Auf die Steuerbefreiungen nach § 4 Nr. 8 Buchst. f) UStG kann unter den Voraussetzungen des § 9 UStG und unter Beachtung der Anwendungsregelungen gem. § 27 Abs. 2 UStG verzichtet werden. Die Option sollte auch im Fall der 20.34

11) Vgl. BFH, Urt. v. 21.10.2015 – XI R 40/13, DStR 2016, 50.

12) Vgl. EuGH, Urt. v. 16.07.2015 – C-108/14 und C-109/14, „Larentia" und „Minerva", BStBl II 2017, 604; Abschn. 2.3 Abs. 3 Satz 5 UStAE.

Anteilsübertragung im Kaufvertrag ausgeübt werden. Da § 9 Abs. 3 UStG jedoch keine entsprechende Einschränkung für die Anteilsübertragung vorsieht, ist für die Fälle des § 4 Nr. 8 Buchst. f) UStG auch eine nachträgliche Option möglich.

20.35 Ausnahmsweise kann der Verkauf einer 100-%-Beteiligung an einer Tochtergesellschaft als Geschäftsveräußerung zu werten sein (siehe Rdnr. 20.57).[13]

20.3.1.2.3 Steuerbefreiung nach § 4 Nr. 28 UStG

20.36 Im Zusammenhang mit Transaktionen ist auch auf § 4 Nr. 28 UStG für die Lieferung von Gegenständen zu achten, die der Unternehmer ausschließlich für eine nach § 4 Nr. 8–27 UStG steuerfreie Tätigkeit (sog. Ausschlussumsätze) verwendet hat. Eine geringfügige Verwendung (maximal 5 %) für Abzugsumsätze ist unschädlich, sofern der Unternehmer insoweit keinen anteiligen Vorsteuerabzug geltend gemacht hat (Abschn. 4.28.1 Abs. 2 UStAE). Die Steuerbefreiung gilt nicht für Dienstleistungen, d.h. insbesondere nicht für die Übertragung von Rechten.[14]

20.37 Liegen für die Lieferung von Gegenständen nach § 4 Nr. 28 UStG durch den Unternehmer auch die Voraussetzungen einer Ausfuhrlieferung nach § 4 Nr. 1 Buchst. a) i.V.m. § 6 UStG bzw. einer innergemeinschaftlichen Lieferung nach § 4 Nr. 1 Buchst. a) i.V.m. § 6a UStG vor, geht die Steuerbefreiung nach § 4 Nr. 28 UStG diesen Steuerbefreiungen vor (Abschn. 4.28.1 Abs. 6 UStAE).

20.38 **Beispiel**

Arzt A veräußert ein Röntgengerät sowie einen Teil seiner Praxiseinrichtung an Arzt B. Daneben überträgt er B eine Softwarelizenz für das Abrechnungsprogramm, das A nutzt. A erzielt ausschließlich steuerfreie Umsätze nach § 4 Nr. 14 UStG.

Lösung

Die Übertragung einzelner Gegenstände sowie der Software stellt keine Geschäftsveräußerung i.S.d. § 1 Abs. 1a UStG dar. Hierfür fehlt es insbesondere an der Übertragung des Patientenstamms. Die Übertragung ist somit grundsätzlich steuerbar. Da A aus der Anschaffung der Gegenstände keinen Vorsteuerabzug geltend machen konnte, ist die Veräußerung des Röntgengeräts sowie der Einrichtungsgegenstände steuerfrei nach § 4 Nr. 28 UStG. Die Übertragung der Softwarelizenz ist als sonstige Leistung hingegen steuerpflichtig.

13) Vgl. BFH, Urt. v. 18.09.2019 – XI R 33/18, MwStR 2020, 101.
14) Vgl. BFH, Urt. v. 26.04.1995 – XI R 75/94, BStBl II, 745.

20.3.1.2.4 Umsatzsteuerklausel im Kaufvertrag

Eine Umsatzsteuerklausel für einen **Asset Deal**, der nicht als Geschäftsveräuße- 20.39
rung im Ganzen zu qualifizieren ist, sollte folgende Aussagen enthalten:

- Der Kaufpreis versteht sich zuzüglich der Umsatzsteuer.
- Erklärung der Parteien, dass sie Unternehmer i.S.d. UStG sind und der Kaufgegenstand vollständig dem jeweiligen Unternehmen zugeordnet ist und wird
- Regelung zur Optionsausübung bei steuerfreien Grundstücks- und Anteilsübertragungen
- Hinweis darauf, dass der Käufer zusätzlich zum Kaufpreis die hierauf entfallende Umsatzsteuer nach § 13b Abs. 2 Nr. 3 UStG zu tragen hat (bei Grundstückslieferungen) sowie den Hinweis auf die Steuerschuldnerschaft nach § 13b Abs. 5 UStG
- Vereinbarung bezüglich einer ordnungsgemäßen Rechnungstellung und Klarstellung, dass es sich bei dem Vertragswerk um (k)eine Rechnung i.S.d. UStG handelt

20.3.1.3 Übersicht – Besteuerung des Asset Deals

20.40

Asset Deal

Liegt eine **Geschäftsveräußerung** i.S.d. § 1 Abs. 1a UStG vor, ist der Verkauf nicht umsatzsteuerbar, und der Kaufpreis unterliegt nicht der Umsatzsteuer (Nettokaufpreis).

Sofern der Verkäufer Umsatzsteuer in seiner Rechnung ausweist, schuldet er diese gem. § 14c Abs. 1 UStG. Der Erwerber ist in diesem Fall nicht zum Vorsteuerabzug berechtigt

Liegt **keine Geschäftsveräußerung** i.S.d. § 1 Abs. 1a UStG vor, ist über die Umsatzsteuerpflicht nach allgemeinen Regeln zu entscheiden. Die Veräußerung körperlicher Gegenstände stellt **Lieferungen** dar. Bei der Übertragung immaterieller Wirtschaftsgüter handelt es sich um **sonstige Leistungen**.

Soweit die Umsätze im Inland steuerbar sind, sind entsprechende **Steuerbefreiungen** zu prüfen. Besondere Relevanz im Rahmen eines Asset Deals haben § 4 Nr. 9 Buchst. a) UStG für Grundstückslieferungen, § 4 Nr. 8 Buchst. f) UStG für den Verkauf von Gesellschaftsanteilen sowie § 4 Nr. 28 UStG für Unternehmer mit steuerfreien Umsätzen (z.B. Ärzte). Im Einzelfall ist zudem zu prüfen, ob eine Option nach § 9 UStG vorteilhaft ist.

Für die Übertragung von Rechten nach dem **Urheberrechtsgesetz** (UrhG) ist zudem zu beachten, dass insoweit der ermäßigte Steuersatz zur Anwendung gelangt (§ 12 Abs. 2 Nr. 7 Buchst. c) UStG).

20.3.1.4 Vorsteuerabzug beim Asset Deal

20.41 Soweit dem Veräußerer und dem Erwerber im Zusammenhang mit dem Unternehmensverkauf vorsteuerbelastete Kosten entstehen, stellt sich die Frage, inwieweit aus diesen Kosten ein Vorsteuerabzug möglich ist.

- Beim Veräußerer sind hier regelmäßig die Beratungskosten relevant. Zudem stellt sich die Frage, ob die Veräußerung zu Vorsteuerkorrekturen nach § 15a UStG führt.
- Auf Seiten des Erwerbers sind neben den Transaktionskosten auch etwaige Kosten für die Kapitalbeschaffung sowie der Vorsteuerabzug aus dem Erwerb der Leistungen relevant, soweit der Vorgang insgesamt nicht als Geschäftsveräußerung qualifiziert wird.

20.3.1.4.1 Vorsteuerabzug beim Veräußerer

20.42 Der Vorsteuerabzug aus den Übertragungskosten (z.B. Notar- und Beratungskosten) richtet sich nach den allgemeinen Grundsätzen. Liegt keine Geschäftsveräußerung i.S.d. § 1 Abs. 1a UStG vor, ist der Vorsteuerabzug gegeben, soweit für die einzelnen Leistungen keine Steuerbefreiung i.S.d. § 15 Abs. 2 Nr. 1 UStG greift. Dies hat zur Folge, dass der Veräußerer nur einen anteiligen Vorsteuerabzug geltend machen kann, wenn der Verkaufsvorgang auch steuerfreie Grundstücksumsätze oder Anteilsveräußerungen umfasst.

20.43 Ist der Verkauf hingegen als Geschäftsveräußerung i.S.d. § 1 Abs. 1a UStG zu qualifizieren, gehören die Übertragungskosten zu den allgemeinen Kosten des Übertragenden und weisen damit grundsätzlich einen direkten und unmittelbaren Zusammenhang mit der übertragenen wirtschaftlichen Tätigkeit auf.[15] Die Geschäftsveräußerung stellt insoweit keinen Verwendungsumsatz dar und schließt den Vorsteuerabzug somit nicht aus. Für den Vorsteuerabzug im Fall der Geschäftsveräußerung ist deshalb grundsätzlich auf die Ausgangsumsätze des Veräußerers vor der Geschäftsveräußerung abzustellen.[16] Dies hat zur Folge, dass die Übertragungskosten zum vollen Vorsteuerabzug berechtigen, wenn der Unternehmer vor der Übertragung ausschließlich Abzugsumsätze erbracht hat. Umgekehrt ist der Vorsteuerabzug ausgeschlossen, soweit er ausschließlich Ausschlussumsätze getätigt hat. In Mischfällen hat eine quotale Vorsteueraufteilung nach dem Umsatzschlüssel zu erfolgen.[17] Soweit eine Übertragung eines Teilbetriebs vorliegt, kommt es maßgebend auf die Umsätze dieses Teilbetriebs an.

---

15) EuGH, Urt. v. 22.02.2001 – C-408/98, „Abbey National", DStRE 2001, 318.

16) OFD Niedersachsen, Vfg. v. 19.09.2017 – S 7100b – 1 – St 171, DStR 2017, 2285.

17) OFD Niedersachsen, Vfg. v. 19.09.2017 – S 7100b – 1 – St 171, DStR 2017, 2285; Robisch, in: Bunjes/Robisch, UStG, 21. Aufl. 2022, § 1 Rdnr. 142.

20.44 Hängen Kosten im Rahmen der Übertragung nur mit bestimmten Tätigkeiten zusammen, die im Rahmen der Geschäftsveräußerung auf den Erwerber übergehen, richtet sich der Vorsteuerabzug aus den hiermit direkt und unmittelbar zusammenhängenden Kosten ausschließlich nach diesen Tätigkeiten. So sind Kosten für ein im Rahmen der Geschäftsveräußerung mitübertragenes Mietobjekt nach Maßgabe der durch das Objekt erzielten Umsätze vorzunehmen.[18] Auf die Umsätze aller übertragenen Unternehmensteile kommt es insoweit nicht an.

20.45 Unbeachtlich ist im Fall der Geschäftsveräußerung, ob eine Veräußerung – läge keine Geschäftsveräußerung vor – der Umsatzsteuer unterliegen würde.[19] Somit ist es insbesondere unerheblich, ob im Fall einer Immobilien- oder Anteilsübertragung eine Option zur Steuerpflicht erfolgt wäre, wenn die Veräußerung nicht gem. § 1 Abs. 1a UStG nicht steuerbar wäre.

20.46

20.3.1.4.2 Vorsteuerabzug beim Erwerber

20.47 Auch auf der Erwerberseite ist der Vorsteuerabzug aus den Übertragungskosten (z.B. Notar- und Beratungskosten) nach den allgemeinen Grundsätzen gem. § 15 UStG zu beurteilen. Der Vorsteuerabzug richtet sich somit nach der Tätigkeit, die mit dem erworbenen Unternehmen ausgeführt wird.

20.48 Soweit der Übertragungsvorgang als Geschäftsveräußerung i.S.d. § 1 Abs. 1a UStG zu qualifizieren ist, fällt auf den Kaufpreis keine Umsatzsteuer an. Vor-

18) OFD Niedersachsen, Vfg. v. 19.09.2017 – S 7100b – 1 – St 171, DStR 2017, 2285.

19) Vgl. EuGH, Urt. v. 22.02.2001 – C-408/98, „Abbey National“, DStRE 2001, 318.

steuern sind insoweit nur aus den Transaktionskosten zu ziehen. Stellt der Veräußerer im Fall der Geschäftsveräußerung gleichwohl Umsatzsteuer in Rechnung, schuldet er diese gem. § 14c Abs. 1 UStG. Der Leistungsempfänger kann diese Umsatzsteuer nicht als Vorsteuer geltend machen (§ 15 Abs. 1 Satz 1 Nr. 1 UStG).

20.49

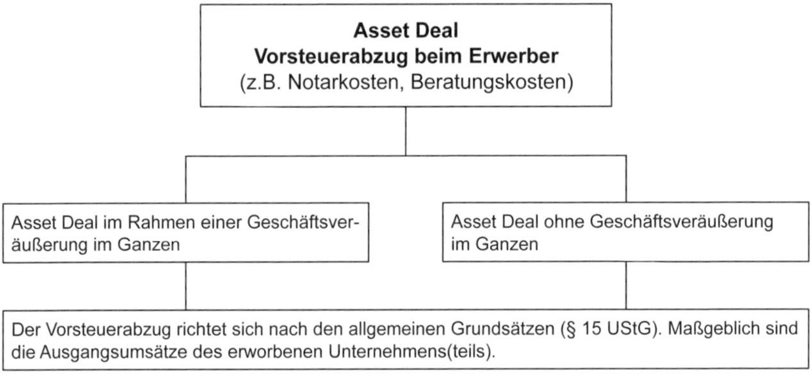

20.3.2 Share Deal

20.50 Bei einem Share Deal wird nicht das Unternehmen selbst in Form des Unternehmensvermögens, sondern nur die äußere Hülle, d.h. die Unternehmensanteile, vom Verkäufer auf den Käufer übertragen. Diese Übertragung von Gesellschaftsanteilen ist umsatzsteuerrechtlich als eine sonstige Leistung gem. § 3 Abs. 9 UStG zu qualifizieren.

20.51 Anders als bei Asset Deals werden bei **Share Deals** in der Praxis i.d.R. keine eigenständigen **Umsatzsteuerklauseln** verhandelt. Umsatzsteuerrechtliche Risiken, die im Rahmen einer Due Diligence aufgedeckt wurden, werden hier regelmäßig beim Kaufpreis berücksichtigt oder über die allgemeine Steuerklausel abgedeckt. Im Rahmen der Vertragsgestaltung behilft sich die Praxis häufig mit Umsatzsteuergarantien oder mit Kaufpreiseinbehalten. Die Ausgestaltung der Parameter wie Verjährung, De-minimis-Beträgen, Haftungscaps etc. ist dabei stets Verhandlungssache der Parteien (siehe dazu Rdnr. 12.20 ff.).

20.3.2.1 Steuerbarkeit der Anteilsübertragung

20.52 Für die Bestimmung der Steuerbarkeit der Anteilsübertragung ist im ersten Schritt zu prüfen, ob der Veräußerer die Anteile als unternehmerische oder nichtunternehmerische Beteiligung hält. Hintergrund ist, dass das bloße Erwerben, Halten und Veräußern von gesellschaftsrechtlichen Beteiligungen keine unternehmerische Tätigkeit darstellt (Abschn. 2.3 Abs. 2 UStAE). Dies gilt selbst dann, wenn der Anteilseigner ein Unternehmer ist. Der Unternehmer begründet in diesem Fall mit dem Halten der Beteiligung einen nichtunternehmerischen Bereich. So gilt eine Holding, die ausschließlich Beteiligungen verwaltet (sog. Finanzholding), als Nichtunternehmerin.

Abweichend von diesem Grundsatz stellt das Erwerben, Halten und Veräußern einer gesellschaftsrechtlichen Beteiligung in den folgenden Fällen eine unternehmerische Tätigkeit dar (Abschn. 2.3 Abs. 3 Satz 5 UStAE): 20.53

- bei gewerblichen Wertpapierhändlern,
- bei sogenannten strategischen Beteiligungen; eine solche liegt vor, wenn die Beteiligung der Förderung einer unternehmerischen Tätigkeit dient (z.B. Sicherung günstiger Einkaufskonditionen, Verschaffung von Einfluss bei potenziellen Konkurrenten, Sicherung günstiger Absatzkonditionen), oder
- soweit die Beteiligung zum Zweck des unmittelbaren Eingreifens in die Verwaltung der Gesellschaft gehalten wird. Dies ist stets der Fall, wenn der Unternehmer entgeltliche Leistungen jeglicher Art (von administrativen, finanziellen, kaufmännischen und technischen Dienstleistungen) an die jeweilige Beteiligungsgesellschaft (sog. Führungs- oder Funktionsholding) erbringt.

20.3.2.1.1 Veräußerung einer nichtunternehmerischen Beteiligung

Die Veräußerung einer nichtunternehmerisch gehaltenen Beteiligung (z.B. durch eine reine Finanzholding oder eine Privatperson) ist von vornherein nicht steuerbar und unterliegt somit nicht der Umsatzsteuer. 20.54

20.3.2.1.2 Veräußerung einer unternehmerischen Beteiligung

Die Veräußerung einer unternehmerischen Beteiligung ist grundsätzlich steuerbar, soweit die Übertragung nicht ausnahmsweise als Geschäftsveräußerung einzustufen ist. Die Leistungsortbestimmung richtet sich dabei nach den Grundregeln für B2B- und B2C-Leistungen, abhängig davon, ob der Leistungsempfänger Unternehmer oder Nichtunternehmer ist. 20.55

- Wird die Beteiligung von einem **umsatzsteuerlichen Unternehmer** erworben, gilt gem. § 3a Abs. 2 UStG die sonstige Leistung als an dem Ort ausgeführt, von dem aus der Erwerber sein Unternehmen betreibt.
- Wird die Beteiligung von einer **ausschließlich nichtunternehmerisch tätigen juristischen Person** (z.B. einer reinen Finanzholding) erworben, ist gem. § 3a Abs. 2 Satz 3 UStG entscheidend, ob dieser eine Umsatzsteuer-Identifikationsnummer erteilt worden ist. Falls eine solche erteilt worden ist, richtet sich

der Ort der sonstigen Leistung ebenfalls nach § 3a Abs. 2 UStG und liegt am Sitzort des Erwerbers. Anderenfalls wird gem. § 3a Abs. 1 UStG die sonstige Leistung an dem Ort ausgeführt, von dem aus der Veräußerer sein Unternehmen betreibt.

- Wird die Beteiligung von einer **nicht unternehmerisch tätigen natürlichen Person** erworben, ist entscheidend auf ihren Wohnsitz abzustellen. Für eine natürliche Person mit Wohnsitz im Inland oder im Gemeinschaftsgebiet richtet sich der Ort nach § 3a Abs. 1 Satz 1 UStG. Die Leistung ist somit am Sitz des Veräußerers steuerbar. Für eine natürliche Person mit Wohnsitz im Drittland richtet sich der Leistungsort hingegen nach § 3a Abs. 4 Satz 1 und 2 Nr. 6 Buchst. a) UStG und liegt dort, wo der Leistungsempfänger seinen Wohnsitz hat.

20.3.2.1.3 Geschäftsveräußerung im Ganzen

20.56 Sofern lediglich Anteile an Unternehmen übertragen werden (Share Deal), liegt grundsätzlich keine Geschäftsveräußerung im Ganzen vor.[20] Die Übertragung eines Gesellschaftsanteils kann – unabhängig von dessen Höhe – nur dann einer nicht steuerbaren Geschäftsveräußerung gleichgestellt werden, wenn der Gesellschaftsanteil Teil einer eigenständigen Einheit ist, die eine selbständige wirtschaftliche Betätigung ermöglicht, und diese Tätigkeit vom Erwerber fortgeführt wird. Eine bloße Veräußerung von Anteilen ohne gleichzeitige Übertragung von Vermögenswerten versetzt den Erwerber nicht in die Lage, eine selbständige wirtschaftliche Tätigkeit als Rechtsnachfolger des Veräußerers fortzuführen (Abschn. 1.5 Abs. 9 UStAE). Dies gilt selbst dann, wenn eine 100-%-Beteiligung veräußert wird.[21]

20.57 Ausnahmsweise kann der Verkauf einer 100-%-Beteiligung an einer Tochtergesellschaft als Geschäftsveräußerung zu werten sein. Der Verkauf ist in diesem Fall nicht steuerbar. Voraussetzung hierfür ist jedoch, dass die Gesellschaft beim Veräußerer Organgesellschaft i.S.d. § 2 Abs. 2 Nr. 2 UStG war und auch beim Erwerber Teil des Organkreises des Erwerbers wird. Nicht erforderlich ist, dass die Rechtsverhältnisse, die ursächlich für die Begründung der Organschaft sind und die wirtschaftliche Verflechtung begründen, auf den Erwerber übergehen.[22]

20) Robisch, in: Bunjes/Robisch, UStG, 21. Aufl. 2022, § 1 Rdnr. 120 und 135.

21) Vgl. BFH, Urt. v. 18.09.2019 – XI R 33/18, MwStR 2020, 101.

22) Vgl. BFH, Urt. v. 18.09.2019 – XI R 33/18, MwStR 2020, 101.

Beispiel 20.58

V ist Alleingesellschafter-Geschäftsführer der OG-GmbH. V erbringt an die OG-GmbH entgeltliche Geschäftsführungsleistungen sowie weitere Leistungen, die für die OG-GmbH wesentlich sind. V ist somit Organträger der OG-GmbH. V veräußert alle Anteile an der OG-GmbH an E. E erbringt nach der Übernahme selbst entgeltliche Geschäftsführungsleistungen an die OG-GmbH. Ferner vermietet E ein Betriebsgrundstück an die OG-GmbH, auf der diese das Unternehmen weiter betreibt. E wird hierdurch Organträger der OG-GmbH.

Lösung

Die Übertragung der Anteile an der OG-GmbH ist als Geschäftsveräußerung i.S.d. § 1 Abs. 1a UStG nicht steuerbar. Unbeachtlich ist insoweit, dass das Rechtsverhältnis, dass die Organschaft zwischen V und der OG-GmbH begründet hat, nicht auf E übergegangen ist. Vielmehr genügt, dass die OG-GmbH nach der Übertragung als Organgesellschaft von E anzusehen ist.

Hinweis 20.59

Soll eine Anteilsübertragung ausnahmsweise als Geschäftsveräußerung i.S.d. § 1 Abs. 1a UStG behandelt werden, sollte im Übertragungsvertrag festgehalten werden, dass die Gesellschaft, deren Anteile übertragen werden, vor und nach der Übertragung die Eigenschaft als Organgesellschaft i.S.d. § 2 Abs. 2 Nr. 2 UStG erfüllt. Dies gilt es insbesondere durch den Erwerber zuzusichern.

Stellt sich nachträglich heraus, dass dies nicht der Fall ist, ist die Veräußerung grundsätzlich nach § 4 Nr. 8 Buchst. f) UStG steuerfrei und löst beim Veräußerer ggf. eine Vorsteuerkorrektur aus. Dieses Risiko ist im Kaufvertrag auszuschließen. Hierfür kann z.B. eine vorsorgliche und unbedingte Option zur Steuerpflicht gem. § 9 UStG ausgeübt werden.

20.3.2.1.4 Übersicht

20.60

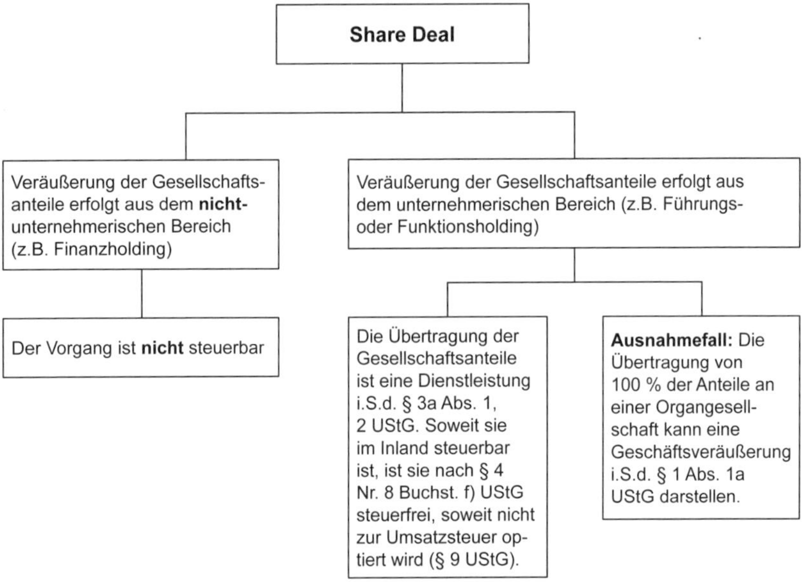

20.3.2.2 Steuerbefreiungen nach § 4 Nr. 8 Buchst. e) und f) UStG und Option nach § 9 UStG

20.61 Die Umsätze von Anteilen an Gesellschaften und anderen Vereinigungen sind nach § 4 Nr. 8 Buchst. f) UStG umsatzsteuerfrei, wenn nicht ausnahmsweise eine Geschäftsveräußerung i.S.d. § 1 Abs. 1a UStG gegeben ist. Die Steuerbefreiung umfasst sowohl den Verkauf als auch die Einbringung von Anteilen. Anteile i.S.d. Vorschrift sind die Anteile an Kapitalgesellschaften (GmbH-Anteile, Aktien) und Personengesellschaften (OHG, KG, stille Beteiligung; Abschn. 4.8.10 Abs. 1 UStAE).

20.62 Auf die Steuerbefreiungen nach § 4 Nr. 8 Buchst. f) UStG kann unter den Voraussetzungen des § 9 UStG und unter Beachtung der Anwendungsregelungen gem. § 27 Abs. 2 UStG verzichtet werden. Die Voraussetzungen sind erfüllt, wenn die Anteilsveräußerung im Inland steuerbar ist und der Erwerber die Beteiligung für sein Unternehmen erwirbt. Da in der Praxis für den Veräußerer nicht immer erkennbar ist, ob der Erwerber die Beteiligung für sein Unternehmen erwirbt, sollte eine Abstimmung mit dem Erwerber erfolgen. Ergänzend hierzu ist eine entsprechende Klausel im Kaufvertrag mitaufzunehmen.

20.3.2.3 Vorsteuerabzug aus Eingangsleistungen

20.3.2.3.1 Vorsteuerabzug beim Veräußerer

Das bloße Veräußern von gesellschaftsrechtlichen Beteiligungen ist keine unternehmerische Tätigkeit (Abschn. 15.22 Abs. 2 Satz 1 UStAE). Somit scheidet der Vorsteuerabzug im Fall der Veräußerung einer nicht unternehmerisch gehaltenen gesellschaftsrechtlichen Beteiligung wegen des direkten und unmittelbaren Zusammenhangs mit diesem nicht steuerbaren Umsatz aus (Abschn. 15.22 Abs. 2 Satz 4 UStAE). Sogenannte reine Finanzholdings sind deshalb nicht zum Vorsteuerabzug aus den Übertragungskosten berechtigt. 20.63

Vorsteuern, die in Zusammenhang mit den im unternehmerischen Bereich gehaltenen gesellschaftsrechtlichen Beteiligungen anfallen, sind unter den allgemeinen Voraussetzungen des § 15 UStG abziehbar. Ist der Verkauf im Inland steuerbar und nach § 4 Nr. 8 Buchst. f) UStG steuerfrei, scheidet ein Vorsteuerabzug aus den Transaktionskosten beim Veräußerer aus (§ 15 Abs. 2 Nr. 1 UStG). Optiert der Veräußerer hingegen zur Umsatzsteuer nach § 9 UStG, steht ihm das Recht auf Vorsteuerabzug zu.[23)] 20.64

Ist der Verkauf der Anteile hingegen in einem anderen EU-Mitgliedstaat steuerbar (Verkauf der Anteile an einen Unternehmer im EU-Ausland), ist der Vorsteuerabzug grundsätzlich nach § 15 Abs. 2 Nr. 2 UStG ausgeschlossen, sofern für den Verkauf im Empfangsland nicht zur Umsatzsteuer optiert wurde.[24)] Vor diesem Hintergrund sollte der Kaufvertrag stets eine Option enthalten, soweit dies im Empfangsland zulässig ist, wenn der Veräußerer den Vorsteuerabzug geltend machen möchte. 20.65

Ist der Umsatz hingegen im Drittland steuerbar (Verkauf der Anteile an einen Unternehmer oder Nichtunternehmer im Drittland), steht dem Veräußerer stets der Vorsteuerabzug zu (§ 15 Abs. 3 Nr. 2 Buchst. b) UStG). 20.66

Soweit die Übertragung eine Geschäftsveräußerung im Ganzen darstellt, richtet sich der Vorsteuerabzug nach Maßgabe der vor der Übertragung erzielten Umsätze (siehe Rdnr. 20.43 ff.). 20.67

---

23) Vgl. BFH, Urt. v. 27.01.2011 – V R 38/09, BStBl II 2012, 68; BFH, Urt. v. 18.09.2019 – XI R 33/18, MwStR 2020, 101.

24) Vgl. BFH, Urt. v. 06.05.2004 – V R 73/03, BStBl II, 856; Abschn. 15.14 Abs. 1 UStAE.

20.68

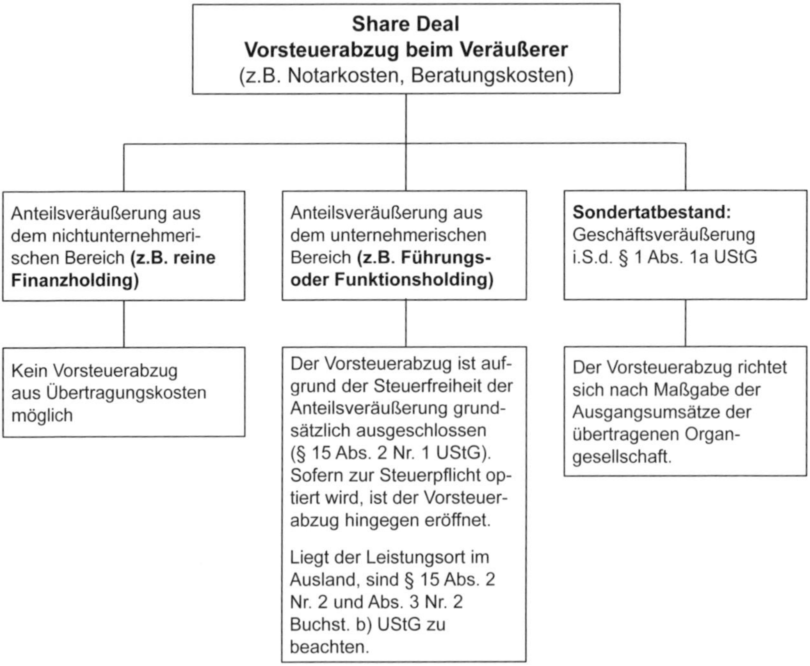

20.3.2.3.2 Vorsteuerabzug beim Erwerber

20.69 Der Vorsteuerabzug beim Erwerber richtet sich danach, ob die Beteiligung bei ihm unternehmerisch oder nichtunternehmerisch gehalten wird. Hält der Erwerber die Beteiligung unternehmerisch, weil er entgeltliche Leistungen an die erworbene Gesellschaft erbringt, richtet sich der Vorsteuerabzug nach Maßgabe der an die Beteiligungsgesellschaft erbrachten Leistungen.[25] Soweit der Erwerber mit der erworbenen Gesellschaft eine Organschaft begründet, richtet sich der Vorsteuerabzug aus den Erwerbskosten nach Maßgabe der Tätigkeit der Organgesellschaft.

20.70 **Beispiel**

V veräußert alle Anteile an der OG-GmbH an E. E überlässt der OG-GmbH nach dem Erwerb ein Betriebsgrundstück gegen Mietzahlung.

---

25) Vgl. Abschn. 15.22 Abs. 1 UStAE; BFH, Urt. v. 09.02.2012 – V R 40/10, BStBl II, 844; EuGH, Urt. v. 16.07.2015 – C-108/14 und C-109/14, „Larentia“ und „Minerva“, BStBl II 2017, 604.

Lösung

E erbringt mit der Vermietung eine entgeltliche Tätigkeit an die OG-GmbH. Insoweit liegen entgeltliche Eingriffsleistungen vor, so dass E beim Erwerb der Anteile als Unternehmer tätig wird. Soweit die Vermietung steuerfrei erfolgt (§ 4 Nr. 12 Buchst. a) UStG), ist E nicht zum Vorsteuerabzug aus den Erwerbskosten berechtigt. Optiert er hingegen zur Steuerpflicht (§ 9 UStG), steht E der volle Vorsteuerabzug zu. Soweit die OG-GmbH Organgesellschaft des E wird, bestimmt sich der Vorsteuerabzug nach Maßgabe der Ausgangsumsätze der OG-GmbH.

Beispiel: Sonderfall mittelbarer Beteiligungserwerb

Die M-AG hält 100 % der Anteile an der T-GmbH im unternehmerischen Bereich. Die T-GmbH erwirbt vom Veräußerer V alle Anteile an der E-GmbH und hält die Anteile nach dem Erwerb ebenfalls im unternehmerischen Bereich. Die mit dem Erwerb der Anteile zusammenhängenden Kosten (Beratungsleistungen, Notarkosten) hat die M-AG als Konzernmutter getragen.

Lösung

Inwieweit die M-AG aus den Erwerbskosten zum Vorsteuerabzug berechtigt ist, ist umsatzsteuerrechtlich bislang nicht abschließend geklärt. Problematisch ist, dass die M-AG nicht unmittelbar an der E-GmbH beteiligt ist, die Kosten mithin also nicht beim Erwerber der Beteiligung angefallen sind.

Soweit die M-AG die Eingangsleistungen an die T-GmbH weiterfakturiert, ist die M-AG aus den Eingangsleistungen zum Vorsteuerabzug berechtigt. Der Vorsteuerabzug auf Ebene der T-GmbH richtet sich sodann wiederum nach den Umsätzen, die die T-GmbH an die E-GmbH erbringt, um die Beteiligung dem unternehmerischen Bereich zuordnen zu können.[26)]

Soweit die M-AG die Eingangsleistungen nicht an die T-GmbH weiterfakturiert, stehen die Eingangsleistungen in keinem unmittelbaren Zusammenhang mit Ausgangsleistungen. Der Vorsteuerabzug richtet sich in diesem Fall nach der wirtschaftlichen Gesamttätigkeit der M-AG, wenn die T-GmbH im unternehmerischen Bereich der M-AG gehalten wird und die neu erworbene Beteiligung an der E-GmbH wiederum im unternehmerischen Bereich der T-GmbH.[27)] Wird auf einer der Stufen die Beteiligung hingegen nicht im unternehmerischen Bereich gehalten, scheidet ein Vorsteuerabzug mangels Zusammenhangs mit einer unternehmerischen Tätigkeit hingegen aus.

26) Vgl. BFH, Urt. v. 12.02.2020 – XI R 24/18, DB 2020, 1267.
27) Vgl. BFH, Urt. v. 12.02.2020 – XI R 24/18, DB 2020, 1267.

20.71

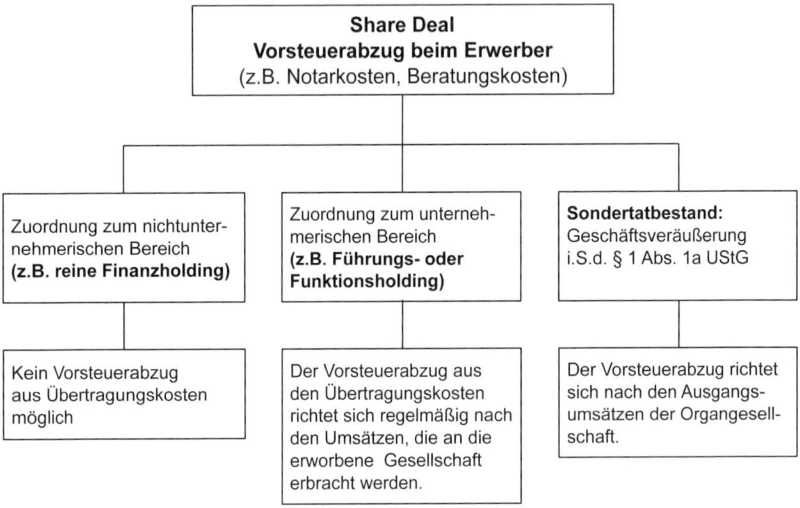

20.4 Umsatzsteuerrechtliche Schwerpunkte bei der Tax Due Diligence

20.72 Im Rahmen der Tax Due Diligence sind im Bereich der Umsatzsteuer verschiedene Schwerpunkte zu setzen, die von ganz unterschiedlichen Faktoren abhängen, z.B. von der Branche, der das verkaufte Unternehmen angehört, der Frage, ob ein Organschaftsverhältnis begründet wird, oder ob der Verkauf als Geschäftsveräußerung ausgestaltet ist. Die nachfolgende Übersicht dient deswegen allein der Orientierung, welche Bereiche geprüft werden können, ohne dass alle Punkte in jedem Fall von Bedeutung sind.

20.4.1 Typische Fehlerquellen

20.73 – **Fehlender oder falscher Umsatzsteuerausweis in Rechnungen**

Die Umsatzsteuer entsteht in der gesetzlich geschuldeten Höhe auch bei einem zu niedrigen oder fehlenden Umsatzsteuerausweis. Vorsicht ist in diesem Bereich geboten, wenn das Unternehmen Umsätze erklärt hat, bei denen es keine oder nur eine ermäßigte Steuer schuldet:

- steuerfreie Leistungen (z.B. innergemeinschaftliche Lieferungen, Kleinunternehmerregelung),
- Reverse-Charge-Umsätze (z.B. Bauleistungen),

- ermäßigt besteuerte Umsätze oder
- nicht steuerbare Umsätze (z.B. Umsätze mit Leistungsort im Ausland).

Hier gilt es stets zu prüfen, ob die Regelungen zutreffend angewendet wurden, ob bei steuerfreien Leistungen die Nachweisprozesse ordnungsgemäß sind, ob entsprechende Bescheinigungen (USt 1 TG bei Bauleistungen) vorliegen oder ob Regelungen zur Steuerschuld im Ausland zutreffend angewendet werden. Denn die Falschbehandlung von umsatzsteuerpflichtigen Umsätzen als umsatzsteuerfrei oder nicht umsatzsteuerbar kann später zu Umsatzsteuernachforderungen führen und stellt für den Käufer im Rahmen einer Transaktion ein entsprechendes Risiko dar.

Der umgekehrte Fall, dass für einen Umsatz zu viel Steuer ausgewiesen wird, ist regelmäßig mit einem niedrigeren Risiko verbunden. Die zu hoch ausgewiesene Steuer wird regelmäßig nach § 14c Abs. 1 Satz 1 UStG geschuldet. Hat das Unternehmen die Steuer abgeführt, ist mit keiner Steuernachforderung zu rechnen. Risiken ergeben sich insoweit jedoch daraus, dass der Leistungsempfänger eine Berichtigung der unzutreffenden Steuer verlangen kann, was einen entsprechenden Berichtigungsaufwand nach sich zieht.

- **Unberechtigter Vorsteuerabzug** 20.74

  Soweit das Unternehmen Vorsteuern geltend gemacht hat, ist zu prüfen, ob die Lieferanten und Dienstleister ihrerseits unzutreffend abgerechnet haben. Wurde in Eingangsrechnungen zu viel Steuer ausgewiesen, ist das Unternehmen gleichwohl nur in Höhe der gesetzlich geschuldeten Steuer zum Vorsteuerabzug berechtigt (§ 15 Abs. 1 Satz 1 Nr. 1 UStG). Die voranstehenden Ausführungen gelten somit in entsprechender Form auch für den Bereich des Leistungseinkaufs.

- **Weiterbelastung von Eingangsleistungen** 20.75

  Erfahrungsgemäß ist die umsatzsteuerrechtliche Beurteilung komplexerer Leistungsbeziehungen fehleranfällig, nicht zuletzt auch aufgrund der vielen Änderungen der höchstrichterlichen Rechtsprechung in den letzten Jahren. Insbesondere sollte im Rahmen von Transaktionen die umsatzsteuerrechtliche Beurteilung von Leistungskommissionen i.S.v. § 3 Abs. 11 UStG oder Sicherungsübereignungen bzw. Factoring geprüft werden. Hier ist bei der Prüfung zu beachten, dass Altfälle innerhalb bestimmter Fristen häufig noch Vertrauensschutz genießen.

- **Dokumentation und buchhalterische Behandlung** 20.76

  Grund für Steuernachzahlungen aufgrund einer Betriebsprüfung sind häufig Falschbuchungen. Die Daten der Buchhaltung sollten zumindest stichprobenartig mit der entsprechenden Dokumentation abgeglichen werden. Eine typische Fehlerquelle ist häufig auch die fehlende oder falsche Umsetzung von Korrekturen, wie z.B. bei Veränderung der Bemessungsgrundlage nach § 17 UStG, da diese i.d.R. nicht automatisiert, sondern manuell erfolgen. Arbeitet das Unternehmen mit einer automatischen Steuerfindung (z.B. mit einem ERP-System), sind hier deshalb insbesondere die manuellen Buchungen genauer zu prüfen.

20.77 – **Unzutreffende Erfassung von Ein- und Ausgangsleistungen**

Typische Praxisfälle unzutreffender Erfassung

- von Eingangsleistungen sind die Doppelerfassung oder überhöhte Erfassung von in Rechnung gestellten Eingangsleistungen und damit von Vorsteuern in solchen Rechnungen;
- von Ausgangsleistungen sind solche aus privaten „Leistungsbeziehungen" oder aus Beziehungen zwischen Gesellschafter und Gesellschaft.

Aus den vorgenannten Fehlern können sich Folgefehler ergeben, insbesondere im Zusammenhang mit der Ermittlung eines korrekten Vorsteuerschlüssels.

20.78 – **Dokumentationspflichten im Zusammenhang mit grenzüberschreitenden Leistungen**

Das Umsatzsteuerrecht wird von Finanzverwaltung und Rechtsprechung äußerst formal interpretiert. Die Verletzung von Dokumentationspflichten ist häufig nur schwer reversibel. Bei Nichteinhaltung der gebotenen Dokumentationspflichten kann es zu Umsatzsteuernachzahlungen bzw. zur Versagung des Vorsteuerabzugs kommen. Bei Lieferungen/Leistungen in das Ausland sollte auch abgefragt bzw. geprüft werden, ob Registrierungen im Ausland für Umsatzsteuerzwecke bestehen oder erforderlich sein könnten (z.B. Überschreiten von Lieferschwellen).

20.79 – **Veränderungen der tatsächlichen Verhältnisse**

Veränderungen der tatsächlichen Verwendung von Wirtschaftsgütern oder Leistungen können innerhalb des Berichtigungszeitraums nach § 15a UStG Vorsteuerkorrekturen nach sich ziehen. In der Praxis zeigt sich, dass insbesondere aus unterbliebenen Vorsteuerkorrekturen zuzüglich einer Verzinsung mit 6 % p.a. gem. § 238 AO hohe Steuernachforderungen drohen können.

20.4.2 Umsatzsteuerrechtliche Organschaft

20.4.2.1 Voraussetzungen (§ 2 Abs. 2 Nr. 2 UStG)

Nach § 2 Abs. 2 Nr. 2 UStG setzt die umsatzsteuerrechtliche Organschaft voraus, dass eine Kapital- oder Personengesellschaft finanziell, organisatorisch und wirtschaftlich in einen anderen Unternehmer (Organträger) eingegliedert ist. Ist umsatzsteuerrechtliche Organschaft gegeben, gilt die Tochtergesellschaft als umsatzsteuerrechtlich unselbständig und bildet zusammen mit dem Organträger ein einheitliches Unternehmen. Umsätze im Inland zwischen den einzelnen Mitgliedern der Organschaft sind als Innenumsätze nicht steuerbar, und der Organträger ist Schuldner der Umsatzsteuer für alle Umsätze des Organkreises (Abschn. 2.7 Abs. 1, Abschn. 2.9 UStAE). 20.80

Organträger kann jeder Unternehmer sein, d.h. auch natürliche Personen oder juristische Personen des öffentlichen Rechts. Eine reine Finanzholding kann hingegen mangels Unternehmereigenschaft kein Organträger sein. Denkbare Organgesellschaften sind die Kapital- und Personengesellschaften des Zivil- und Handelsrechts (Abschn. 2.8 Abs. 2 UStAE). Der Organträger muss die Organgesellschaft in seinem unternehmerischen Bereich halten. Dies setzt regelmäßig entgeltliche Leistungen an die Tochtergesellschaft voraus (siehe Rdnr. 20.53). 20.81

Die finanzielle Eingliederung setzt voraus, dass der Organträger eine entscheidende kapitalmäßige Beteiligung an der Organgesellschaft hat, die es ihm ermöglicht, durch Mehrheitsbeschlüsse seinen Willen in der Gesellschafterversammlung durchzusetzen.[28] Bei Kapitalgesellschaften ist die finanzielle Eingliederung gegeben, wenn der Organträger mehr als 50 % der Anteile hält, sofern die Beschlussfassung bei der Organgesellschaft nicht mit einer höheren qualifizierten Mehrheit getroffen wird. Die finanzielle Eingliederung kann auch mittelbar über eine andere Gesellschaft vorliegen (z.B. Eingliederung einer Enkelgesellschaft in die Konzernmutter; Abschn. 2.8 Abs. 5 UStAE). 20.82

Bei Personengesellschaften geht die Finanzverwaltung derzeit davon aus, dass eine finanzielle Eingliederung nur vorliegt, wenn alle an der Personengesellschaft beteiligten Personen ihrerseits finanziell in den Organträger eingegliedert sind (Abschn. 2.8 Abs. 5a UStAE). So kann die Ein-Mann-GmbH & Co. KG regelmäßig als Organschaft zwischen Gesellschafter und KG ausgestaltet werden. Gegebenenfalls genügt bei kapitalistisch strukturierten Personengesellschaften (Entscheidung per Mehrheitsbeschluss) jedoch auch ein Anteil von mehr als 50 % der Anteile an der Gesellschaft. Dies muss derzeit der EuGH klären.[29] 20.83

---

28) Vgl. BFH, Urt. v. 02.12.2015 – V R 12/14, UR 2016, 192.

29) Vgl. FG Berlin-Brandenburg, EuGH-Vorlage v. 21.11.2019 – 5 K 5044/19, DStR 2020, 281.

20.84 Eine organisatorische Eingliederung ist gegeben, wenn der Organträger in der laufenden Geschäftsführung seine aus der finanziellen Beteiligung folgende Beherrschungsmöglichkeit tatsächlich wahrnimmt. Organisatorische Eingliederung setzt deshalb im Kern voraus, dass der Organträger unmittelbar durch Weisungen an die Geschäftsführer der Organgesellschaft in ihre Geschäftstätigkeit eingreifen kann. Zudem muss er das Recht haben, die Geschäftsführer bei Verstößen gegen die Weisungen haftbar zu machen. Beide Rechte müssen schriftlich fixiert sein.[30]

20.85 Die organisatorische Eingliederung ist deshalb nicht nur dann gegeben, wenn Personenidentität in den Geschäftsführungsorganen zwischen Organträger und Organgesellschaft gegeben ist. Vielmehr kann die organisatorische Eingliederung auch über eine Konzernrichtline, eine Geschäftsführerordnung oder einen Beherrschungsvertrag erreicht werden. Denkbar ist zudem, dass der Geschäftsführer der Organgesellschaft als Arbeitnehmer beim Organträger angestellt ist. In diesem Fall sollte die Tätigkeit als Geschäftsführer im Arbeitsvertrag explizit aufgeführt sein, um das Weisungsrecht des Organträgers unproblematisch nachweisen zu können (Abschn. 2.8 Abs. 8 ff. UStAE).

20.86 Eine wirtschaftliche Eingliederung setzt eine Verflechtung der Unternehmensbereiche von Organträger und Organgesellschaft voraus. Diese Verflechtung kann sich insbesondere aus entgeltlichen Leistungen des Organträgers an seine Organgesellschaft ergeben, sofern die Leistungen für die Organgesellschaft wesentlich sind. Dies ist beispielsweise bei der Vermietung wesentlicher Betriebsgrundlagen oder bei der Erbringung von Geschäftsführungsleistungen gegeben. Bei der Betriebsaufspaltung liegt deshalb grundsätzlich eine wirtschaftliche Eingliederung vor. Die Überlassung von Darlehen, Verwaltungsleistungen oder andere, für die Organgesellschaft unwesentliche Leistungen sind hingegen nicht ausreichend.[31] Die Voraussetzungen für die wirtschaftliche Eingliederung gehen somit über das hinaus, was für die Annahme einer unternehmerisch gehaltenen Beteiligung erforderlich ist (hier genügt jede Form entgeltlicher Leistungen, siehe Rdnr. 20.53).

20.4.2.2 Besonderes Risiko beim Erwerb einer Organgesellschaft

20.87 Ist die Zielgesellschaft Organträger oder Organgesellschaft einer umsatzsteuerlichen Organschaft (§ 2 Abs. 2 Nr. 2 UStG), so ergeben sich besondere umsatzsteuerrechtliche Risiken, die es im Rahmen des Kaufvorgangs zu berücksichtigen gilt. In der Praxis liegt die Schwierigkeit i.d.R. darin festzustellen, ob die Tatbestandsmerkmale einer umsatzsteuerrechtlichen Organschaft tatsächlich erfüllt sind. Da es in Deutschland kein Antragsverfahren für die Organschaft gibt, ist hier stets eine genaue Prüfung erforderlich.

30) Vgl. BFH, Urt. v. 12.10.2016 – XI R 30/14, BStBl II 2017, 597.

31) Vgl. BFH, Beschl. v. 13.11.2019 – V R 30/18, DStR 2020, 111; Abschn. 2.8 Abs. 6 UStAE.

Das Risiko besteht hier sowohl bei unerkannter Organschaft als auch bei nachträglich erkannter Organschaft: 20.88

- Wurde die Organschaft nicht erkannt, hat der Organträger regelmäßig zu wenig Umsatzsteuer abgeführt, da er die Umsätze der Organgesellschaften nicht mit erklärt hat.
- Wird die Organschaft nachträglich erkannt, muss der Organträger die Steuer nachentrichten und hat nur einen Anspruch auf Ausgleich im Innenverhältnis gegenüber der Organgesellschaft. Ist diese in finanziellen Schwierigkeiten, ist der Anspruch ggf. wertlos.

Dies gilt bei fälschlich angenommener Organschaft genauso. Hier hat die Organgesellschaft keine Erklärung abgegeben und sieht sich ggf. mit einer Nachforderung konfrontiert, die nur durch einen Ausgleichsanspruch gegenüber dem Organträger im Innenverhältnis abgegolten werden kann. Ist der Organträger hier in finanziellen Schwierigkeiten, ist auch dieser Anspruch ggf. wertlos. Daneben führen die hohen Nachzahlungen oftmals zu erheblichen Zinsbelastungen nach § 233a AO. 20.89

Bei der Kaufvertragsgestaltung empfiehlt es sich daher, unbedingt eine Regelung darüber zu treffen, welche Vertragspartei eine Mehrsteuerbelastung ausgleichen muss, wenn fälschlich eine Organschaft angenommen oder nicht angenommen wurde. Zu beachten ist außerdem, dass nach § 73 AO eine Organgesellschaft für die Umsatzsteuern der Organmutter haftet. In den Kaufvertrag sollte folglich eine Freistellungsklausel aufgenommen werden, die im Innenverhältnis der Parteien eine solche Haftung ausschließt. 20.90

20.4.3 Prüfungsschwerpunkte beim Share und Asset Deal

Bei einem Share Deal eines Unternehmens, das ausschließlich Abzugsumsätze ausführt, ist aus Sicht der Umsatzsteuer hauptsächlich auf eine ordnungsgemäße umsatzsteuerliche Compliance zu achten. Prüfungsschwerpunkte im Rahmen der Transaktion können aus Sicht der Umsatzsteuer hier sein: 20.91

- vollständige und ordnungsgemäße Aufzeichnung von Eingangs- und Ausgangsleistungen,
- ordnungsgemäße Erklärung der Umsätze im Rahmen der Umsatzsteuer-Voranmeldungen, zusammenfassenden Meldungen und Umsatzsteuerjahreserklärungen,
- die umsatzsteuerrechtliche Beurteilung von Ausgangs- und Eingangsleistungen sowie deren Inrechnungstellung und Verbuchung.

20.92 Erfahrungsgemäß ist die umsatzsteuerrechtliche Beurteilung grenzüberschreitender Lieferungen und Leistungen sowie die Beurteilung von Reihengeschäften die fehleranfälligste Materie. Folglich sollte im Rahmen der Transaktion ein Schwerpunkt der Prüfung hierauf gelegt werden.

20.93 Beim Share Deal eines Unternehmens, das ausschließlich oder teilweise Ausschlussumsätze tätigt, sind mindestens folgende zusätzliche Prüfungsschwerpunkte erforderlich:

- Prüfung der Beurteilung der Umsätze als steuerpflichtig bzw. steuerfrei und/ oder ggf. nicht steuerbar,
- die Zuordnung von Eingangsleistungen und der geltend gemachte Vorsteuerabzug,
- die Durchführung bzw. Nichtdurchführung von Umsatzsteuerberichtigungen nach § 15a UStG infolge Änderung der tatsächlichen Verhältnisse.

20.5 Umsatzbesteuerung von Umwandlungs-, Einbringungs- und Übertragungsvorgängen

20.94 Umwandlungsvorgänge haben regelmäßig ertragsteuer- und grunderwerbsteuerliche Konsequenzen. Daneben sollten gleichwohl stets die umsatzsteuerlichen Folgen der jeweiligen Transaktion beleuchtet werden.

20.5.1 Formwechsel

20.95 Beim Formwechsel nach §§ 190 ff. UmwG erhält der Rechtsträger eine andere Rechtsform. Ein Übergang von Vermögenswerten von einem Rechtsträger auf einen anderen erfolgt jedoch nicht. Folglich erbringt der Rechtsträger im Rahmen des Formwechsels keine Leistungen i.S.d. Umsatzsteuerrechts.[32] Da sich nur die Rechtsform, nicht jedoch die Identität des Rechtsträgers ändert, besteht somit nicht nur wirtschaftliche und zivilrechtliche, sondern auch umsatzsteuerrechtliche Unternehmer- und Unternehmensidentität.[33] Im Fall eines Formwechsels einer Personen- in eine Kapitalgesellschaft oder Genossenschaft wird ertragsteuerlich die Einbringung von Betriebsvermögen fingiert (§ 25 UmwStG). Umsatzsteuerrechtlich ist eine Fiktion nach EuGH-Rechtsprechung nicht erforderlich,

---

32) Vgl. BFH, Urt. v. 18.08.2005 – V R 50/04, BStBl II 2006, 101.

33) Husmann, in: Rau/Dürrwächter, UStG, § 1 Rdnr. 981 f.; Stadie, in: Rau/Dürrwächter, UStG § 2 Rdnr. 737 (03/2023).

da bei der Umsatzsteuer der aus dem Verbrauchsteuercharakter der Umsatzsteuer herzuleitende Grundsatz der Rechtsformneutralität gilt.[34] Folglich ergeben sich aus dem Formwechsel keine umsatzsteuerrechtlichen Rechtsfolgen.

20.5.2 Verschmelzung

Bei der Verschmelzung wird das Vermögen des übertragenden Rechtsträgers als Ganzes unter Auflösung und ohne Abwicklung auf einen anderen, entweder bereits bestehenden Rechtsträger (Verschmelzung durch Aufnahme gem. § 2 Nr. 1 UmwStG) oder auf einen neuen, dadurch gegründeten Rechtsträger (Verschmelzung durch Neugründung gem. § 2 Nr. 2 UmwStG) übertragen. Den Gesellschaftern des übertragenden Rechtsträgers wird im Wege des Anteilstauschs eine Beteiligung an dem übernehmenden/neuen Rechtsträger als Gegenleistung gewährt. 20.96

– **Folgen für den übertragenden Rechtsträger** 20.97

Ist der übertragende Rechtsträger ausnahmsweise kein umsatzsteuerlicher Unternehmer i.S.d. § 2 Abs. 1 UStG, ist der Verschmelzungsvorgang umsatzsteuerrechtlich nicht relevant. Ist er hingegen, wie im Regelfall, Unternehmer, führt die Verschmelzung zur Übertragung von Unternehmensvermögen vom übertragenden auf den aufnehmenden Rechtsträger. Insoweit liegen grundsätzlich steuerbare Lieferungen und sonstige Leistungen vor.[35]

Das Entgelt für die erbrachten Lieferungen und sonstigen Leistungen i.S.d. § 10 Abs. 1 Satz 2 UStG besteht in der Gewährung von Anteilen und in der Übernahme der Verbindlichkeiten durch den übernehmenden Rechtsträger.[36] Zum Entgelt gehören auch Aufwendungen, die der Leistungsempfänger erbringt, vorausgesetzt, die Aufwendung erfolgt für Rechnung des leistenden Unternehmers.[37] Für die umsatzsteuerrechtliche Beurteilung als Gegenleistung ist insoweit nicht relevant, dass die Anteile nicht an den durch die Verschmelzung aufgelösten Rechtsträger, sondern an dessen Anteilseigner gewährt werden. 20.98

Da es sich bei der Verschmelzung um die Einbringung eines Unternehmens in eine Gesellschaft handelt, ist der Anwendungsbereich des § 1 Abs. 1a UStG grundsätzlich eröffnet. Soweit der übernehmende Rechtsträger Unternehmer ist oder durch die Übertragung wird, ist die Verschmelzung deshalb als 20.99

34) EuGH, Urt. v. 07.09.1999 – C-216/97, „Gregg“, UR 1999, 419, Rdnr. 20; BFH, Urt. v. 22.07.1999 – V R 51/98, BStBl II, 630; BFH, Urt. v. 23.01.2002 – V R 84/99, BStBl II 2005, 155.

35) Nieskens, in: Rau/Dürrwächter, UStG, § 1 Rdnr. 982 (03/2023).

36) BFH, Urt. v. 22.04.1971 – V R 86/67, BStBl II, 657; BFH, Urt. v. 22.04.1976 – V R 54/71, BStBl II, 518.

37) BFH, Urt. v. 10.07.1980 – V R 23/77, BStBl II, 620.

Geschäftsveräußerung i.S.d. § 1 Abs. 1a UStG nicht steuerbar. Etwas anderes gilt jedoch dann, wenn der aufnehmende Rechtsträger die Geschäftstätigkeit des übertragenden Rechtsträgers sofort abwickelt, da es in diesem Fall an der Fortführung des Unternehmens fehlt.[38)]

20.100 – **Folgen für den übernehmenden Rechtsträger**

Der aufnehmende Rechtsträger erbringt mit der Ausgabe der Anteile keine Leistung im umsatzsteuerrechtlichen Sinne.[39)] Dies gilt gleichermaßen auch für die Übernahme der Verbindlichkeiten des übertragenden Rechtsträgers durch den aufnehmenden Rechtsträger.[40)] Der aufnehmende Rechtsträger erbringt somit im Rahmen der Verschmelzung keine Leistung, die der Umsatzsteuer unterliegt.

20.101 Soweit die Verschmelzung als Geschäftsveräußerung i.S.d. § 1 Abs. 1a UStG zu qualifizieren ist, tritt der übernehmende Rechtsträger gem. § 1 Abs. 1a Satz 3 UStG „an Stelle" und damit in die umsatzsteuerrechtliche Position des Veräußerers. Für die Deklarationspraxis ist zu beachten, dass sich aus § 1 Abs. 1a Satz 3 UStG jedoch kein Übergang der steuerverfahrensrechtlichen Rechtsposition ergibt. Diese ergibt sich im Fall der Verschmelzung allerdings daraus, dass der übernehmende Rechtsträger zivilrechtlich Gesamtrechtsnachfolger des übertragenden Rechtsträgers ist. Nach § 45 Abs. 1 Satz 1 AO tritt ein Gesamtrechtsnachfolger in vollem Umfang in die Rechtstellung des Rechtsvorgängers ein.[41)] Insoweit geht die Wirkung der Verschmelzung über die Wirkung einer normalen Geschäftsveräußerung hinaus.

20.102 Dies hat zur Folge, dass der übernehmende Rechtsträger einen Anspruch auf Vorsteuerabzug aus Leistungen an den übertragenen Rechtsträger hat, soweit die Voraussetzungen des § 15 Abs. 1 Nr. 1 UStG vor dem Zeitpunkt der Umwandlung noch nicht vollständig erfüllt waren. In der Praxis ist dies z.B. der Fall, wenn die für den Vorsteuerabzug erforderliche Rechnung vor Ablauf des letzten Voranmeldungszeitraums der Existenz des übertragenen Rechtsträgers noch nicht vorlag.

20.103 In der Praxis stellt sich außerdem häufig die Frage nach dem Vorsteuerabzug aus Leistungen im Zusammenhang mit der Umwandlung, wie z.B. Kosten für die notarielle Beurkundung, Rechts- oder Steuerberatung. Der Vorsteuer-

38) Vgl. EuGH, Urt. v. 27.11.2003 – C-497/01, „Zita Modes", DStR 2003, 2220; EuGH, Urt. v. 10.11.2011 – C-444/10, „Schriever", UR 2011, 937; Abschn. 1.5 Abs. 1 Satz 4 UStAE.

39) Vgl. EuGH, Urt. v. 26.05.2005 – C-465/03, „Kretztechnik AG", IStR 2005, 416.

40) Vgl. BFH, Urt. v. 31.07.1969 – V 94/65, BStBl II, 637.

41) BFH, Urt. v. 21.03.1969 – VI R 208/67, BStBl II, 520; BFH, Urt. v. 25.08.1983 – IV R 99/80, BStBl II 1984, 31; BFH, Urt. v. 17.12.2007 – GrS 2/04, BStBl II 2008, 608.

abzug aus diesen Leistungen steht dem übernehmenden Rechtsträger zu. Insoweit gelten die Ausführungen zum Vorsteuerabzug beim Erwerber im Rahmen eines Asset Deals entsprechend (siehe Rdnr. 20.47 f.).

20.5.3 Spaltung

Die Spaltung i.S.d. § 123 UmwG umfasst die Aufspaltung, Abspaltung und Ausgliederung. Bei der **Aufspaltung** teilt der Rechtsträger sein Vermögen unter Auflösung ohne Abwicklung auf und überträgt die Teile jeweils als Gesamtheit im Wege der Sonderrechtsnachfolge auf mindestens zwei andere schon bestehende Rechtsträger (Aufspaltung zur Aufnahme nach § 123 Abs. 1 Nr. 1 UmwG) oder auf neu gegründete Rechtsträger (Aufspaltung zur Neugründung nach § 123 Abs. 1 Nr. 2 UmwG). 20.104

Bei der **Abspaltung** überträgt der übertragende, sich spaltende Rechtsträger gem. § 123 Abs. 2 Nr. 1 und 2 UmwG nur einen Teil seines Vermögens als Gesamtheit auf einen oder mehrere andere, bereits bestehende oder neu gegründete Rechtsträger im Wege der Sonderrechtsnachfolge. Anders als bei der Aufspaltung wird der übertragende Rechtsträger nicht aufgelöst. Er bleibt vielmehr als „Rumpfunternehmen" bestehen. Als Gegenleistung erhalten die Gesellschafter des abspaltenden Rechtsträgers Anteile an dem übernehmenden bzw. neuen Rechtsträger. 20.105

Im Unterschied zur Abspaltung werden bei der **Ausgliederung** die Anteile an den übernehmenden bzw. neuen Rechtsträgern dem übertragenden Rechtsträger selbst und nicht dessen Gesellschaftern gewährt. 20.106

– **Folgen für den übertragenden Rechtsträger** 20.107

Die Ausführungen zur Verschmelzung (Rdnr. 20.97 ff.) gelten entsprechend für die Spaltung. Im Unterschied zur Verschmelzung wird bei der Spaltung jedoch kein Unternehmen im Ganzen auf einen Rechtsträger übertragen. Vielmehr erfolgt eine Übertragung auf mindestens zwei übernehmende Rechtsträger. Somit ist für jeden einzelnen Übertragungsvorgang zu prüfen, ob das übertragene Vermögen einen Teilbetrieb bildet. Andernfalls ist der jeweilige Übertragungsvorgang nicht als Teilbetriebsveräußerung i.S.d. § 1 Abs. 1a UStG zu qualifizieren.[42] Dabei ist zu berücksichtigen, dass die Teilbetriebsfiktion des § 15 Abs. 1 Satz 3 UmwStG nicht für umsatzsteuerrechtliche Zwecke gilt.[43]

In der Praxis werden deshalb vielfach keine Teilbetriebe vorliegen, so dass sich die einzelne Übertragung im Rahmen der Spaltung nicht als Geschäfts- 20.108

42) Reiss, UR 1996, 357 ff.; Husmann, in: Rau/Dürrwächter, UStG, § 1 Rdnr. 983 (03/2023).
43) Vgl. Reiss, UR 1996, 357 ff.

veräußerung i.S.d. § 1 Abs. 1a UStG darstellt. Der übertragende Rechtsträger erbringt somit vielfach steuerbare Lieferungen und sonstige Leistungen an den übernehmenden Rechtsträger. Die Ausführungen zum Asset Deal (siehe Rdnr. 20.28 ff.) sind insoweit zu beachten. Besonderes Augenmerk ist in diesem Zusammenhang mit Blick auf die Option zur Steuerpflicht nach § 9 UStG geboten, wenn zum übertragenen Vermögen auch Grundstücke gehören. In diesem Fall ist der Verzicht auf die Steuerbefreiung in dem nach § 125 i.V.m. § 6 UmwG notariell zu beurkundenden Spaltungsvertrag zu erklären.

20.109 In den Fällen der Abspaltung oder Ausgliederung besteht der übertragende Rechtsträger fort. Ihm steht somit nach den allgemeinen Grundsätzen des § 15 UStG ein Vorsteuerabzug aus den Leistungen im Zusammenhang mit der Übertragung zu.

20.110 – **Folgen für den übernehmenden Rechtsträger**

Die Ausführungen zur Verschmelzung (Rdnr. 20.100 ff.) gelten entsprechend für die Spaltung. Mit der Ausgabe von Anteilen und der Übernahme von Verbindlichkeiten für das übernommene Vermögen erbringen die übernehmenden Rechtsträger keine Leistungen i.S.d. Umsatzsteuerrechts. Abhängig vom Vorliegen einer Teilbetriebsübertragung greift zudem § 1 Abs. 1a Satz 3 UStG.

20.111 Besonderheiten ergeben sich mit Blick auf die verfahrensrechtliche Rechtsnachfolge. Nur im Fall der Aufspaltung nach § 123 Abs. 1 UmwG liegt eine zivilrechtliche Gesamtrechtnachfolge vor. Nur in diesem Fall tritt der übernehmende Rechtsträger in die steuerverfahrensrechtliche und materiellrechtliche Position des übertragenden Rechtsträgers ein.[44] Aus der Sicht von mehreren Rechtsträgern, auf die das Vermögen in mehreren voneinander getrennten Teilen jeweils als Gesamtheit übergeht, liegt eine partielle Gesamtrechtsnachfolge i.S.d. § 45 Abs. 1 Satz 1 AO vor (AEAO zu § 45, Rdnr. 2 Satz 2).

20.112 Für den einzelnen übernehmenden Rechtsträger sind die umsatzsteuerrechtlichen Auswirkungen der Gesamtrechtsnachfolge, wie z.B. die Berichtigung bei Änderung der Bemessungsgrundlage nach § 17 UStG, Rechnungserteilung nach § 14 UStG oder Vorsteuerabzug nach § 15 UStG auf den übernommenen Vermögensanteil begrenzt. In der Praxis ist folglich darauf abzustellen, welchem Vermögensteil die Eingangs- bzw. Ausgangsleistung sachlich zuzuordnen ist.[45]

20.113 Unter den allgemeinen Voraussetzungen des § 15 UStG steht dem übernehmenden Rechtsträger, soweit er Leistungsempfänger ist, der Vorsteuerabzug aus Leistungen im Zusammenhang mit der Umwandlung, wie Notar-, Rechts-

---

44) Reiss, UR 1996, 357 ff.

45) Reiss, UR 1996, 357 ff.

anwalts- oder Steuerberatungskosten, zu. Dies gilt gleichermaßen auch für den Vorsteuerabzug aus dem Erwerb des übertragenen Vermögens, soweit keine Geschäftsveräußerung vorliegt.

20.5.4 Vermögensübertragung

Bei der Vollübertragung gem. § 174 Abs. 1 UmwG erfolgt die Übertragung des gesamten Vermögens als Ganzes auf einen anderen bestehenden Rechtsträger. Bei der Teilübertragung i.S.d. § 174 Abs. 2 UmwG werden Vermögensteile jeweils als Gesamtheit auf einen oder mehrere bestehende Rechtsträger übertragen. Im Unterschied zur Verschmelzung bzw. Spaltung besteht die Gegenleistung für das übertragene Vermögen nicht in Anteilen, sondern in einer Gegenleistung anderer Art (z.B. Bargeld). Der Anwendungsbereich ist auf wenige Fälle begrenzt (z.B. Übertragung zwischen Versicherungsunternehmen oder einen Zusammenschluss von Gebietskörperschaften). 20.114

- **Folgen für den übertragenden Rechtsträger** 20.115

  Da an Fällen der Vermögensübertragung häufig juristische Personen des öffentlichen Rechts beteiligt sind, bedarf es einer genauen Prüfung der Unternehmenseigenschaft.[46] Soweit der übertragende Rechtsträger Unternehmer ist, gelten für die Vermögensübertragung die Grundsätze der Spaltung und Verschmelzung entsprechend (siehe Rdnr. 20.96 ff.). Bei einer Vollübertragung liegt regelmäßig eine Geschäftsveräußerung i.S.d. § 1 Abs. 1a UStG vor. Bei der Teilübertragung ist dies für jede Einzelübertragung zu prüfen.[47]

  Besonderheiten ergeben sich hier bei Übertragung an eine juristische Person des öffentlichen Rechts, da diese mit ihren hoheitlichen Tätigkeiten keine Unternehmerin ist, so dass es an der Übertragung an einen Unternehmer fehlen kann. Erfolgen die Leistungen für den hoheitlichen Bereich des übernehmenden Rechtsträgers, sind diese umsatzsteuerbar, ggf. nach § 4 UStG umsatzsteuerfrei. Bei Übertragungen zwischen Versicherungsunternehmen ist grundsätzlich § 4 Nr. 28 i.V.m. Nr. 10 Buchst. a) oder b) UStG einschlägig. 20.116

- **Folgen für den übernehmenden Rechtsträger** 20.117

  Mit der Gegenleistung führt der übernehmende Rechtsträger ggf. einen steuerbaren Umsatz, z.B. im Wege des Tauschs oder tauschähnlichen Umsatzes, aus. Dies trifft jedoch nicht für den Fall einer bloßen Geldzahlung zu, da dies

46) Abschn. 2.11 UStAE; BFH, Urt. v. 20.08.2009 – V R 30/06, BStBl II 2010, 863 (**a.A.** Finanzverwaltung).

47) Reiss, UR 1996, 357 ff.

keine Leistung im wirtschaftlichen Sinne ist (Abschn. 1.1 Abs. 3 Satz 2 und 3 UStAE). Für den Vorsteuerabzug gelten die vorgenannten Grundsätze zur Verschmelzung und Spaltung entsprechend (siehe Rdnr. 20.96 ff.).

20.5.5 Einbringungsvorgänge

20.5.5.1 Einbringung in eine Kapitalgesellschaft

20.118 Nach § 20 UmwStG kann ein Betrieb oder Teilbetrieb oder ein Mitunternehmeranteil in eine Kapitalgesellschaft oder eine Genossenschaft gegen Gewährung neuer Anteile eingebracht werden. Hierbei handelt es sich um den Fall einer sogenannten Sacheinlage.

20.119 – **Folgen für den Einbringenden**

Ist Einbringungsgegenstand ein Betrieb oder Teilbetrieb, so ist die Einbringung als Geschäftsveräußerung nach § 1 Abs. 1a UStG nicht umsatzsteuerbar. Besonderheiten ergeben sich insoweit, wenn eine Mitunternehmerschaft ihren gesamten Betrieb einbringt. Umsatzsteuerrechtlich ist hier zwischen Mitunternehmerschaft und Mitunternehmer zu trennen. Beide Ebenen sind umsatzsteuerrechtlich gesondert zu betrachten. Somit ist die Übertragung aller Vermögensgegenstände durch die Mitunternehmerschaft eine Geschäftsveräußerung i.S.d. § 1 Abs. 1a UStG, selbst wenn das Sonderbetriebsvermögen nicht mit eingebracht wird. Wird auch das Sonderbetriebsvermögen mit eingebracht, ist für den jeweiligen Mitunternehmer gesondert zu prüfen, ob insoweit eine weitere Geschäftsveräußerung i.S.d. § 1 Abs. 1a UStG vorliegt.[48] Dies setzt voraus, dass die Kapitalgesellschaft den Gegenstand genauso nutzt wie vorher, d.h. zur entgeltlichen Überlassung an einen Dritten.

20.120 Die Einbringung von Mitunternehmeranteilen ist hingegen gesondert zu betrachten. Hier ist zwischen der Ebene des Mitunternehmers und der Mitunternehmerschaft zu trennen. Einbringender ist der Mitunternehmer. Für diesen ist zu prüfen, ob er überhaupt Unternehmer ist. Dies setzt voraus, dass er Wirtschaftsgüter des Sonderbetriebsvermögens entgeltlich an die Mitunternehmerschaft überlässt.[49] Eine entgeltliche Überlassung liegt vor, wenn ein Sonderentgelt für die Nutzugsüberlassung gezahlt wird. Ist die Überlassung durch Beteiligung am Gewinn der Gesellschaft abgegolten, liegt hingegen keine entgeltliche Leistung und damit im Regelfall auch keine Unternehmereigenschaft vor.[50]

---

48) Vgl. Reiss, UR 1996, 357 ff.

49) Vgl. BFH, Urt. v. 07.11.1991 – V R 116/86, BStBl II 1992, 269; BFH, Urt. v. 25.05.2000 – V R 66/99, BStBl II 2004, 310.

50) BFH, Urt. v. 06.06.2002 – V R 43/01, BStBl II 2003, 36; EuGH, Urt. v. 27.01.2000 – C-23/98, „Heerma“, DB 2000, 460; Abschn. 1.6 Abs. 3–7 UStAE mit diversen Beispielen.

Wenn der Mitunternehmer Unternehmer i.S.d. § 2 Abs. 1 UStG ist, ist die Einbringung von Anteilen an einer Personengesellschaft regelmäßig keine Geschäftsveräußerung, sondern ein steuerfreier Umsatz nach § 4 Nr. 8 Buchst. f) UStG. Bringt der Mitunternehmer hingegen auch sein Sonderbetriebsvermögen mit ein, das an die Mitunternehmerschaft entgeltlich überlassen wird, liegt eine Geschäftsveräußerung i.S.d. § 1 Abs. 1a UStG vor, wenn die aufnehmende Gesellschaft die Tätigkeit des Mitunternehmers (entgeltliche Überlassung von Wirtschaftsgütern an einen Dritten) entsprechend fortführt.[51) 20.121

– **Folgen für die aufnehmende Gesellschaft** 20.122

Nicht umsatzsteuerbar sind die Gewährung von Anteilen an der aufnehmenden Kapitalgesellschaft sowie die Übernahme der Verbindlichkeiten. Im Fall der Gewährung anderer Wirtschaftsgüter durch die aufnehmende Kapitalgesellschaft liegt grundsätzlich eine umsatzsteuerbare – und vorbehaltlich etwaiger Steuerbefreiungen – auch eine umsatzsteuerpflichtige Leistung in Form des Tauschs bzw. tauschähnlichem Umsatz nach § 3 Abs. 12 UStG vor.

– **Sonderfall Anteilstausch** 20.123

Ertragsteuerlich liegt in Fällen der Einbringung von Anteilen an Kapitalgesellschaften in eine Kapitalgesellschaft ein sogenannter Anteilstausch i.S.v. §§ 20, 21 UmwStG vor. Umsatzsteuerrechtlich ist die Übertragung der Gesellschaftsanteile grundsätzlich nicht steuerbar, da die Gesellschafterstellung noch nicht zur Unternehmereigenschaft des Gesellschafters führt. Ist der Gesellschafter ausnahmsweise Unternehmer, und gehört die Beteiligung zum Unternehmensvermögen (z.B. weil der Gesellschafter entgeltliche Eingriffsleistungen an die Gesellschaft erbringt), ist die Übertragung steuerbar, aber nach § 4 Nr. 8 Buchst. f) UStG steuerfrei.

20.5.5.2 Einbringung in eine Personengesellschaft

– **Folgen für den Einbringenden** 20.124

Die Einbringung eines Betriebs oder Teilbetriebs in eine Personengesellschaft i.S.d. § 24 UmwStG vollzieht sich grundsätzlich im Rahmen einer Geschäftsveräußerung i.S.d. § 1 Abs. 1a UStG. Gegenleistung sind die Übernahme der zum eingebrachten Betrieb gehörenden Verbindlichkeiten sowie die Anteile an der aufnehmenden Personengesellschaft.[52)

Soweit Wirtschaftsgüter des bisherigen Betriebs nicht in das Gesamthandsvermögen der Personengesellschaft übertragen, sondern dieser gegen (Sonder-) 20.125

51) Reiss, UR 1996, 357 ff.

52) BFH, Urt. v. 13.11.2003 – V R 79/01, BStBl II 2004, 375.

Entgelt zur Nutzung überlassen werden, bleiben die Wirtschaftsgüter Unternehmensvermögen des Einbringenden. Gleichwohl liegt umsatzsteuerrechtlich in diesem Fall eine nicht steuerbare Geschäftsveräußerung vor, wenn eine dauerhafte Nutzungsmöglichkeit gegeben ist (siehe Rdnr. 20.14).[53]

20.126 – **Folgen für die aufnehmende Gesellschaft**

Die Leistungen der aufnehmenden Personengesellschaft an den Einbringenden sind nicht steuerbar. Dies gilt sowohl für die Übernahme von Verbindlichkeiten des eingebrachten Betriebs oder Teilbetriebs, da es sich insoweit nicht um eine Leistung im wirtschaftlichen Sinn handelt,[54] als auch für die Gewährung von Anteilen, da die Personengesellschaft insoweit nicht unternehmerisch tätig wird.[55]

20.5.6 Überführung/Übertragung von einzelnen Wirtschaftsgütern nach § 6 Abs. 5 EStG

20.127 Bei Übertragungen von einzelnen Wirtschaftsgütern ist grundsätzlich zu unterscheiden, dass bei Überführungen zwischen verschiedenen Betriebsvermögen desselben Steuerpflichtigen nach § 6 Abs. 5 Satz 1, 2 EStG kein Rechtsträgerwechsel stattfindet. Übertragungen i.S.d. § 6 Abs. 5 Satz 3 EStG sind dagegen mit einem Rechtsträgerwechsel verbunden.

20.128 – **Aus einem Betrieb in einen anderen Betrieb desselben Steuerpflichtigen (§ 6 Abs. 5 Satz 1 EStG)**

Bei der Überführung von einzelnen Wirtschaftsgütern nach § 6 Abs. 5 Satz 1 EStG treten keine umsatzsteuerrechtlichen Rechtsfolgen ein. Das umsatzsteuerrechtliche Unternehmen umfasst die gesamte unternehmerische Tätigkeit und somit beide Betriebe (§ 2 Abs. 1 Satz 2 UStG). Folglich fehlt es an einer Leistung an eine andere Person, was Voraussetzung für einen Leistungsaustausch nach § 1 Abs. 1 Nr. 1 UStG ist. Auch eine unentgeltliche Wertabgabe i.S.d. § 3 Abs. 1 Satz 1 Nr. liegt nicht vor, da das übertragene Wirtschaftsgut weiterhin zum Unternehmensvermögen gehört.[56] Ebenso umsatzsteuerrechtlich unbeachtlich ist es, wenn der Unternehmer als Ausgleich für die Verschiebung der stillen Reserven Bargeld aus einem Betrieb in den anderen einzahlt.[57]

---

53) BFH, Urt. v. 15.10.1998 – V R 69/97, BStBl II 1999, 41; Abschn. 1.5 Abs. 3 Satz 2 und 3 UStAE; EuGH, Urt. v. 10.11.2011 – C-444/10, „Schriever“, UR 2011, 937.

54) BFH, Urt. v. 31.07.1969 – V 94/65, BStBl II, 637.

55) EuGH, Urt. v. 10.11.2011 – C-444/10, „Schriever“, UR 2011, 937.

56) Leonhard, in: Bunjes/Robisch, UStG, 21. Aufl. 2022, § 3 Rdnr. 146.

57) Rasche, UStB 2002, 14.

- **Aus dem Betrieb des Steuerpflichtigen in dessen Sonderbetriebsvermögen bei einer Mitunternehmerschaft (§ 6 Abs. 5 Satz 2 erster Halbsatz EStG)** 20.129

  § 6 Abs. 5 Satz 2 erster Halbsatz EStG erfasst in der Praxis regelmäßig die Fälle, in denen die zuvor zum eigenen Betriebsvermögen des Mitunternehmers gehörenden Wirtschaftsgüter nunmehr an den Betrieb der Mitunternehmerschaft zur Nutzung überlassen werden.

  - Erfolgt die Nutzungsüberlassung **gegen (Sonder-)Entgelt**, z.B. auf der Grundlage eines Mietvertrags, gehören die Wirtschaftsgüter ertragsteuerrechtlich zum Sonderbetriebsvermögen des Mitunternehmers und umsatzsteuerrechtlich nunmehr zur beruflichen Tätigkeit des Gesellschafters, z.B. als Vermieter, und damit weiterhin zu seinem Unternehmensvermögen. Die Überführung in das Sonderbetriebsvermögen ist folglich nicht umsatzsteuerbar. Die Ausführungen zur Übertragung zwischen Betrieben desselben Steuerpflichtigen gelten insoweit entsprechend.

  - Erfolgt die Nutzungsüberlassung an die Personengesellschaft dagegen **unentgeltlich**, so ist die Tätigkeit grundsätzlich nicht unternehmerisch i.S.d. § 2 Abs. 1 UStG. Folglich entnimmt der Gesellschafter das Wirtschaftsgut für unternehmensfremde Zwecke und verwirklicht insoweit den Tatbestand einer unentgeltlichen Wertabgabe nach § 3 Abs. 1b Satz 1 Nr. 1 und Satz 2 UStG, sofern er bei der Anschaffung/Herstellung des Wirtschaftsguts zum Vorsteuerabzug berechtigt war. Dieser Umsatz ist steuerbar und grundsätzlich auch umsatzsteuerpflichtig. Ist Gegenstand der Entnahme ein Grundstück, ist die Entnahme steuerfrei, löst jedoch ggf. eine Vorsteuerkorrektur nach § 15a UStG aus (Abschn. 4.9.1 Abs. 2 Nr. 6 UStAE).

  - Im Fall der Überführung eines Wirtschaftsguts aus dem Sonderbetriebsvermögen eines Mitunternehmers in dessen Einzelunternehmen ist in der Praxis ebenfalls wie folgt zu unterscheiden: 20.130

    - Für den Fall, dass der Mitunternehmer das Wirtschaftsgut der Mitunternehmerschaft **entgeltlich** überlassen hat, war der Gesellschafter Unternehmer. Das Wirtschaftsgut verlässt mit der Überführung in den Einzelbetrieb nicht sein Unternehmen. Die Überführung aus dem Sonderbetriebsvermögen ist folglich nicht umsatzsteuerbar. Es liegt weder eine Leistung im Rahmen eines Leistungsaustauschs noch eine unentgeltliche Wertabgabe vor. In der Praxis könnte bei einer späteren Nutzungsänderung des Wirtschaftsguts jedoch eine Steuerbefreiung oder eine Vorsteuerberichtigung nach § 15a UStG in Betracht kommen.

    - Für den Fall, dass der Mitunternehmer das Wirtschaftsgut der Mitunternehmerschaft **unentgeltlich** überlassen hat, gehört das Wirtschaftsgut nicht zu seinem umsatzsteuerrechtlichen Unternehmensvermögen. Die Überführung des Wirtschaftsguts aus der nichtunternehmerischen in die unternehmerische Sphäre durch Einlage berechtigt nicht zum Abzug damalig aufgewendeter Umsatzsteuerbeträge als Vorsteuer.[58] Es ist auch keine Vorsteuerberichtigung i.S.d. § 15a UStG zugunsten des Unternehmers vorzunehmen.[59]

20.131 – **Zwischen verschiedenen Sonderbetriebsvermögen desselben Steuerpflichtigen bei verschiedenen Mitunternehmerschaften (§ 6 Abs. 5 Satz 2 zweiter Halbsatz EStG)**

Die ertragsteuerrechtliche Änderung der Zuordnung des Wirtschaftsguts zu einem anderen Betrieb hat grundsätzlich keine umsatzsteuerrechtliche Auswirkung. Umsatzsteuerrechtlich gehört das Wirtschaftsgut nicht zum Unternehmensvermögen der jeweils nutzenden Mitunternehmerschaft. Aber:

- Für den Fall, dass die Nutzungsüberlassung **sowohl an die Mitunternehmerschaft 1 als auch an die Mitunternehmerschaft 2 entgeltlich** erfolgt, liegt kein umsatzsteuerbarer Vorgang vor, da das Wirtschaftsgut das Unternehmen des Gesellschafters nicht verlässt. Bei einer Nutzungsänderung bei Überlassung des Wirtschaftsguts an die Mitunternehmerschaft 2 kommt jedoch grundsätzlich eine Vorsteuerberichtigung nach § 15a UStG in Betracht.

- Für den Fall, dass die Nutzungsüberlassung **sowohl an die Mitunternehmerschaft 1 als auch an die Mitunternehmerschaft 2 unentgeltlich** erfolgt, gehört das überlassene Wirtschaftsgut weiterhin nicht zum Unternehmensvermögen des Gesellschafters, so dass sich keine umsatzsteuerrechtlichen Konsequenzen ergeben.

- Für den Fall, dass die Nutzungsüberlassung **an die Mitunternehmerschaft 1 entgeltlich erfolgt und an die Mitunternehmerschaft 2 unentgeltlich** erfolgt, tätigt der Gesellschafter eine unentgeltliche Wertabgabe nach § 3 Abs. 1b Satz 1 Nr. 1 und Satz 2 UStG, sofern er für die Anschaffung/Herstellung des Wirtschaftsguts zum Vorsteuerabzug berechtigt war.

- Für den Fall, dass die **Nutzungsüberlassung an die Mitunternehmerschaft 1 unentgeltlich erfolgt und an die Mitunternehmerschaft 2 nunmehr entgeltlich** erfolgt, gelangt das Wirtschaftsgut im Wege der Ein-

58) Wenzel, in: Rau/Dürrwächter, UStG, § 15 Rdnr. 181 ff. (03/2023); EuGH, Urt. v. 11.07.1991 – C-97/90, „Lennartz", DB 1992, 122; EuGH, Urt. v. 30.03.2006 – C-184/04, „Uudenkaupungin kaupunki", DB 2006, 821.

59) Abschn. 15a.1 Abs. 6 UStAE; a.A. Frey, in: Rau/Dürrwächter, UStG, § 15a Rdnr. 162 ff. (03/2023).

lage in das Unternehmensvermögen des Gesellschafters und berechtigt den Gesellschafter nicht zum Abzug bei einer damaligen Anschaffung/Herstellung aufgewendeter Umsatzsteuerbeträge als Vorsteuer.

- **Aus dem Betrieb des Steuerpflichtigen in das Gesamthandsvermögen einer Mitunternehmerschaft und umgekehrt (§ 6 Abs. 5 Satz 3 Nr. 1 EStG)** 20.132

Bei der Einbringung gegen Gewährung von Gesellschaftsrechten handelt es sich um entgeltliche Leistungen des Gesellschafters an die Personengesellschaft, die nach § 1 Abs. 1 Nr. 1 UStG steuerbar sind. Eine nicht umsatzsteuerbare Geschäftsveräußerung im Ganzen i.S.d. § 1 Abs. 1a UStG ist regelmäßig ausgeschlossen, da Gegenstand der Lieferung einzelne Wirtschaftsgüter und gerade keine Sachgesamtheiten wie Betriebe oder Teilbetriebe sind (Ausnahmefall vermietete Grundstücke).

Bemessungsgrundlage für den tauschähnlichen Umsatz ist der Wert der Gesellschaftsrechte.[60] Da dieser in der Praxis häufig schwer zu ermitteln ist, behilft sich die Praxis mit der Zugrundelegung des gemeinen Werts des auf die Personengesellschaft übergegangenen Vermögens. In Fällen einer verbilligten Leistung ist die Mindestbemessungsgrundlage nach § 10 Abs. 5 Nr. 1 i.V.m. Abs. 4 UStG zu beachten. 20.133

Grundsätzlich ist die Mitunternehmerschaft zum Vorsteuerabzug aus den steuerpflichtigen Lieferungen berechtigt. Der Gesellschafter ist verpflichtet, eine Rechnung mit gesondertem Steuerausweis zu erteilen. Dies gilt auch für den Fall der verbilligten Leistung und der Anwendung der Mindestbemessungsgrundlage (Abschn. 14.9 UStAE). 20.134

Überträgt der Gesellschafter ein Wirtschaftsgut unentgeltlich auf die Personengesellschaft, liegt umsatzsteuerrechtlich eine steuerbare und grundsätzlich steuerpflichtige unentgeltliche Wertabgabe vor, sofern der Gesellschafter bei der Anschaffung/Herstellung des Wirtschaftsguts zum Vorsteuerabzug berechtigt war. Der Gesellschafter kann insoweit keine Rechnung mit gesondertem Steuerausweis erteilen, so dass die Personengesellschaft keinen Vorsteuerabzug geltend machen kann (Abschn. 3.2 Abs. 2 Satz 5 und 6 UStAE). Wirtschaftlich betrachtet wird die Umsatzsteuer in diesen Fällen – anders als in den Fällen der Einbringung gegen Gewährung von Gesellschaftsrechten – zu einer definitiven Belastung, die nach § 12 Nr. 3 EStG als nicht abzugsfähige Betriebsausgabe auch nicht die Einkommensteuer des Gesellschafters mindert. 20.135

60) BFH, Urt. v. 30.09.1999 – V R 9/97, BFH/NV 2000, 607.

20.136 Überträgt die Gesellschaft aus dem Gesamthandsvermögen ein Wirtschaftsgut unentgeltlich in den Betrieb eines Mitunternehmers, ergibt sich umsatzsteuerrechtlich die gleiche vorgenannte Problematik, dass die Umsatzsteuer zur definitiven Belastung wird.

20.137 – **Aus dem Sonderbetriebsvermögen des Steuerpflichtigen in das Gesamthandsvermögen einer Mitunternehmerschaft, an der er beteiligt ist und umgekehrt (§ 6 Abs. 5 Satz 3 Nr. 2 EStG)**

Umsatzsteuerrechtliche Konsequenzen ergeben sich nur, soweit die übertragenen Wirtschaftsgüter zum Unternehmensvermögen des Mitunternehmers gehören, d.h., dass eine entgeltliche Nutzungsüberlassung erfolgte:

- Bei der Übertragung der Wirtschaftsgüter gegen Gewährung von Gesellschaftsrechten handelt es sich um eine entgeltliche Leistung des Gesellschafters. Werden alle funktional wesentlichen Wirtschaftsgüter aus dem Sonderbetriebsvermögen übertragen, liegt regelmäßig eine nicht umsatzsteuerbare Geschäftsveräußerung im Ganzen nach § 1 Abs. 1a UStG vor.
- Bei der unentgeltlichen Übertragung der Wirtschaftsgüter aus dem Sonderbetriebsvermögen des Gesellschafters in das Gesamthandsvermögen der Mitunternehmerschaft handelt es sich um unentgeltliche Wertabgaben nach § 3 Abs. 1b bzw. Abs. 9a UStG. Diese wird jedoch ebenfalls durch eine Geschäftsveräußerung nach § 1 Abs. 1a UStG überlagert, wenn alle funktional wesentlichen Wirtschaftsgüter des Sonderbetriebsvermögens unentgeltlich übertragen werden, da auch unentgeltliche Vorgänge in den Anwendungsbereich von § 1 Abs. 1a UStG fallen (Abschn. 1.5 Abs. 8 UStAE).
- In dem Fall, in dem die Mitunternehmerschaft Wirtschaftsgüter in das Sonderbetriebsvermögen des Mitunternehmers gegen Minderung von Gesellschaftsrechten überträgt, tätigt die Personengesellschaft entgeltliche Leistungen, die nach § 1 Abs. 1 Nr. 1 UStG steuerbar und vorbehaltlich einer Steuerbefreiung nach § 4 UStG steuerpflichtig sind.
- Im Fall der unentgeltlichen Übertragung von Wirtschaftsgütern der Mitunternehmerschaft in das Sonderbetriebsvermögen des Mitunternehmers liegt umsatzsteuerrechtlich regelmäßig eine steuerbare unentgeltliche Wertabgabe vor.

20.138 – **Aus dem Sonderbetriebsvermögen eines Mitunternehmers in das Sonderbetriebsvermögen eines anderen Mitunternehmers derselben Mitunternehmerschaft (§ 6 Abs. 5 Satz 3 Nr. 3 EStG)**

Umsatzsteuerrechtliche Konsequenzen ergeben sich nur, wenn die Wirtschaftsgüter zum Unternehmensvermögen des übertragenden Mitunternehmers/Gesellschafters gehörten, d.h. gegen Entgelt an die Personengesellschaft zur Nutzung überlassen wurden:

- Erfolgt die Übertragung **unentgeltlich**, stellt diese eine unentgeltliche Wertabgabe nach § 3 Abs. 1b bzw. Abs. 9a UStG dar. Der Vorgang ist ggf. als nicht umsatzsteuerbare Geschäftsveräußerung im Ganzen gem. § 1 Abs. 1 UStG zu qualifizieren.
- Erfolgt die Übertragung **entgeltlich**, liegt umsatzsteuerrechtlich eine Leistung im Rahmen eines Leistungsaustauschs nach § 1 Abs. 1 Nr. 1 UStG vor, die unter den Voraussetzungen des § 1 Abs. 1 UStG nicht steuerbar sein kann. Dies setzt insbesondere voraus, dass auch der Erwerber das Wirtschaftsgut entgeltlich an die Mitunternehmerschaft überlässt.
- Liegen die Voraussetzungen einer **nicht umsatzsteuerbaren Geschäftsveräußerung** im Ganzen z.B. mangels Übertragung eines „gesondert geführten Betriebs" nicht vor, ist die Leistung steuerbar und vorbehaltlich einer Steuerbefreiung nach § 4 UStG auch steuerpflichtig. Die Mindestbemessungsgrundlage nach § 10 Abs. 5 UStG ist in den Fällen der Teilentgeltlichkeit zu beachten.

Nachbereitungsphase

21. Veräußerungsvorgänge bei vermögensverwaltenden Personengesellschaften

Inhalt **Rdnr.**

21.1 Begriff

21.1 Die vermögensverwaltende Personengesellschaft ist nach wie vor ein Dauerbrenner in der Vertrags- und Steuergestaltung, ermöglicht diese Gesellschaftsform doch in vielfacher Weise die Einbindung Familienangehöriger bei der gemeinsamen Nutzung und Verwaltung von Vermögen. Ziel ist zumeist die generationenübergreifende Vermögensbindung des Familienvermögens. Dabei hat die Einbindung in eine gesellschaftsrechtliche Struktur für die Beteiligten den Vorteil, bestimmte Bindungen wie Kündigungsbeschränkungen, ehe- und erbrechtliche Vorgaben treffen zu können, die bei einer Miteigentümergemeinschaft nicht möglich sind.[1] Auch für das Halten und Verwalten von Immobilien durch mehrere Investoren ist die vermögensverwaltende Personengesellschaft oft die ideale Form. Sie kann nicht nur den Zusammenhalt des Immobilienvermögens, z.B. durch restriktive gesellschaftsrechtliche Kündigungs- und Abfindungsregelungen, sichern, sondern gewährleistet zugleich eine funktionierende Verwaltung durch die Geschäftsführung unabhängig von Eigentumsverhältnissen.

21.2 Die vermögensverwaltende Personengesellschaft ist keine eigene Rechtsform, sondern nur eine Erscheinungsform der Gesellschaften des deutschen oder ausländischen Rechts, die i.d.R. durch einen sogenannten Typenzwang gekennzeichnet sind. Am häufigsten ist die vermögensverwaltende Personengesellschaft wohl in der Rechtsform der GbR (§ 705 BGB) oder der GmbH & Co. KG (§ 161 Abs. 2, § 105 Abs. 2 HGB) anzutreffen. Nach § 14 Satz 3 AO liegt eine Vermögensverwaltung vor, wenn Vermögen genutzt, z.B. Kapitalvermögen verzinslich angelegt, oder unbewegliches Vermögen vermietet oder verpachtet wird. Die Einordnung der Gesellschaft als vermögensverwaltend allein schließt indes nicht aus, dass die Gesellschaft (insgesamt) gewerbliche Einkünfte erzielt, etwa weil sie

1) Geck, ködsi 2010, 16842.

gewerblich infiziert (§ 15 Abs. 3 Nr. 1 EStG) oder gewerblich geprägt (§ 15 Abs. 3 Nr. 2 EStG) ist. Ob auch **ertragsteuerlich** eine vermögensverwaltende Personengesellschaft vorliegt, bestimmt sich daher in Abgrenzung zu § 15 EStG. Von einer vermögensverwaltenden Personengesellschaft spricht man daher im Allgemeinen, wenn die Gesellschaft vermögensverwaltend tätig und nicht gewerblich infiziert/geprägt ist, mithin **Überschusseinkünfte** (§§ 20, 21, 22 EStG) erzielt.

Die **steuerliche Behandlung** von vermögensverwaltenden Personengesellschaften ist in der Praxis oft immer noch ein „Buch mit sieben Siegeln", weil es – anders als bei gewerblichen Personengesellschaften – an einem klaren Besteuerungskonzept fehlt. Die für gewerbliche Personengesellschaften geltenden Regeln sind gerade nicht auf vermögensverwaltende Personengesellschaften übertragbar, die Rechtsprechung zur vermögensverwaltenden Personengesellschaft ist von einer umfangreichen Kasuistik geprägt, ein roter Faden nur bedingt erkennbar. Die Besonderheiten und Probleme bei der Besteuerung der vermögensverwaltenden Personengesellschaft bzw. ihrer Gesellschafter zeigen sich speziell beim Erwerb und der Veräußerung von Anteilen an vermögensverwaltenden Personengesellschaften, dem Ein- und Austritt von Gesellschaftern, Umstrukturierungsvorgängen sowie allgemein bei Rechtsgeschäften zwischen der vermögensverwaltenden Personengesellschaft und ihren Gesellschaftern. Vor diesem Hintergrund wird zunächst ein Überblick über die Besteuerungssystematik gegeben, um so dann die (steuerlichen) Besonderheiten beim „Unternehmenskauf" aufzuzeigen. 21.3

21.2 Steuerliche Bruchteilsbetrachtung

21.2.1 Gesamthand – Anwendung § 39 Abs. 2 Nr. 2 AO

Der Gesellschaftsanteil an einer Personengesellschaft ist steuerrechtlich – anders als im Zivilrecht – kein (eigenständiges) immaterielles Wirtschaftsgut.[2] Die gesellschaftsrechtliche Beteiligung verkörpert nach § 39 Abs. 2 Nr. 2 AO vielmehr die quotale Berechtigung des Gesellschafters an den zum Gesamthandsvermögen gehörenden Wirtschaftsgütern.[3] Gemäß § 39 Abs. 2 Nr. 2 AO werden Wirtschaftsgüter, die mehreren zur gesamten Hand zustehen, nämlich den Beteiligten anteilig zugerechnet, soweit eine getrennte Zurechnung für die Besteuerung erforderlich ist. Die getrennte Zurechnung ist auch für die Besteuerung erforderlich i.S.v. § 39 Abs. 2 Nr. 2 AO, weil die Personengesellschaft selbst nicht Subjekt der Einkommensteuer ist; dies sind vielmehr die **einzelnen Gesellschafter**.[4] Steuer- 21.4

2) BFH, Urt. v. 06.05.2010 – IV R 52/08, BStBl II 2011, 261.

3) St. Rspr., z.B. BFH, Beschl. v. 25.02.1991 – GrS 7/89, BStBl II, 691; BFH, Urt. v. 12.12.1996 – IV R 77/93, BStBl II 1998, 180.

4) Ebenso FG Düsseldorf, Urt. v. 08.10.2019 – 13 K 1695/19 F, EFG 2020, 93; mit Hinweis auf BFH, Urt. v. 22.08.2007 – III R 3/06, BFH/NV 2008, 345, unter II.2.b bb m.w.N.

rechtlich wird die (vermögensverwaltende) Gesamthandsgemeinschaft daher als sogenannte **Bruchteilsgemeinschaft** angesehen.[5] Demgegenüber ist eine **mitunternehmerische** Personengesellschaft als Subjekt der Gewinnerzielung und Gewinnermittlung anzusehen;[6] die Anwendung des § 39 Abs. 2 Nr. 2 AO wird in diesen Fällen durch § 15 Abs. 1 Satz 1 Nr. 2 Satz 1 erster Halbsatz EStG verdrängt.[7]

21.2.2 Aufgabe des Gesamthandsprinzips durch das Gesetz zur Modernisierung des Personengesellschaftsrechts (MoPeG)

21.5 Das Gesetz zur Modernisierung des Personengesellschaftsrechts (Personengesellschaftsrechtsmodernisierungsgesetz – MoPeG) ist vom Deutschen Bundestag am 24.06.2021 verabschiedet worden,[8] hat am 25.06.2021 den Bundesrat passiert[9] und ist am 17.08.2021 im Bundesgesetzblatt veröffentlicht worden.[10] **Das MoPeG tritt am 01.01.2024 in Kraft.** Ziel des MoPeG ist es, das Recht der GbR zu konsolidieren und die geltenden Vorschriften an die praktischen Bedürfnisse von Gesellschaften und Gesellschaftern anzupassen. Hierfür sollen die Vorschriften auf das Leitbild einer auf Dauer angelegten GbR ausgerichtet werden, die als solche am Rechtsverkehr teilnimmt, selbst Rechte erwerben und Verbindlichkeiten eingehen kann.[11]

21.6 Ein Kernaspekt des MoPeG ist dabei die Aufgabe des Gesamthandsprinzips. Ausgangspunkt des Gesamthandsprinzips ist die in § 718 BGB ausdrücklich artikulierte Vorstellung, dass das dem gemeinsamen Zweck gewidmete oder bei Zweckerfüllung erworbene Vermögen den Gesellschaftern gemeinsam gehört. Mit Anerkennung der Rechtsfähigkeit der Gesellschaft ist das Gesamthandsprinzip unter dem Gesichtspunkt der Vermögenstrennung nach Auffassung des Gesetzgebers entbehrlich geworden.[12] § 713 BGB i.d.F. des MoPeG stellt daher klar, dass das dem gemeinsamen Zweck gewidmete wie auch das daraufhin erworbene Vermögen nicht den Gesellschaftern zur gesamten Hand, **sondern der Gesellschaft**

5) BFH, Urt. v. 18.05.2004 – IX R 42/01, BFH/NV 2005, 168.
6) BFH, Beschl. v. 25.02.1991 – GrS 7/89, BStBl II, 691 unter C.III.2.
7) BFH, Urt. v. 02.04.2008 – IX R 18/06, BStBl II, 679 m.w.N.
8) Beschlussempfehlung des Rechtsausschusses zum RegE MoPeG, BT-Drucks. 19/30942; Bericht des Rechtsausschusses zum RegE MoPeG, BT-Drucks. 19/31105.
9) Gesetzesbeschluss des Bundestages zum MoPeG, BR-Drucks. 567/21.
10) Gesetz zur Modernisierung des Personengesellschaftsrechts (Personengesellschaftsrechtsmodernisierungsgesetz – MoPeG) v. 10.08.2021, BGBl I, 3436.
11) RegE MoPeG, BT-Drucks. 19/27635, S. 2.
12) Vgl. z.B. auch Kilincsoy, FR 2021, 248, 249; Hubert, StuB 2021, 113, 114; Karsten Schmidt, ZHR 2021, 16, 27.

selbst gehört. Über § 105 Abs. 2, § 161 Abs. 2 HGB und § 1 Abs. 4 PartGG findet die Vorschrift auch auf die OHG, die KG und die PartG entsprechende Anwendung.

Hiervon ausgehend stellt sich die Frage, welche Auswirkung die Aufgabe des Gesamthandsprinzips auf die Besteuerung von Personengesellschaften und ihrer Gesellschafter im Allgemeinen und im Besonderen für die Bruchteilsbetrachtung (§ 39 Abs. 2 Nr. 2 AO) bei vermögensverwaltenden Personengesellschaften hat. Teils wurden Befürchtungen geäußert, dass die rechtliche Verselbständigung der Gesellschaft bürgerlichen Rechts mit eigenem Gesellschaftsvermögen in Richtung Trennungsprinzip hinsichtlich der Besteuerung von Gesellschaft und Gesellschaftern weise.[13] 21.7

Nach zutreffender Auffassung des Gesetzgebers[14] selbst führen die Neuerungen durch das MoPeG nicht zu einer Veränderung der ertragsteuerlichen Grundsätze bei der Besteuerung von Personengesellschaften. Dies gilt insbesondere für die transparente Besteuerung von Personengesellschaften. Soweit in den Steuergesetzen von Gesamthandsvermögen gesprochen wird, ist dies bei rechtsfähigen Personengesellschaften dahin gehend zu verstehen, dass damit das Vermögen der Gesellschaft in Abgrenzung zum Vermögen der einzelnen Gesellschafter gemeint ist.[15] Damit hat die Gesetzesänderung expressis verbis auch keine Auswirkung auf die Bruchteilsbetrachtung bei vermögensverwaltenden Personengesellschaften. 21.8

21.3 Einkunftsart und Einkünfteermittlung

21.3.1 Grundlagen

Die Art der Einkünfte einer Personengesellschaft wird durch die Tätigkeit ihrer Gesellschafter in ihrer gesamthänderischen Verbundenheit, mithin durch die 21.9

13) Z.B. Stellungnahme der Bundessteuerberaterkammer zum Entwurf des MoPeG v. 16.12.2020, abrufbar unter https://www.bmjv.de/SharedDocs/Gesetzgebungsverfahren/Stellungnahmen/2020/Downloads/121620_Stellungnahme_Bundessteuerberaterkammer_RefE_Personengesellschaftsrecht.pdf;jsessionid=8F85BCC60ADB2C5AF60E6D55C3059031.2_cid289?__blob=publicationFile=2; vgl. auch Heinze, DStR 2020, 2107, 2108; Prinz, DB 2020, 1766, 1768; Hubert, StuB 2021, 113, 115.

14) RegE MoPeG, BT-Drucks. 19/27635, S. 106.

15) Ebenso Karsten Schmidt, ZHR 2021, 16, 28, sowie Herrmann/Heuer/Raupach, EStG/KStG, § 6 EStG Rdnr. 1552 (12/2022); Arbeitskreis Bilanzrecht Hochschullehrer Rechtswissenschaft, ZIP 2021, Beilage zu Heft 2, 3, 5 ff.; Wertenbruch, GmbHR 2020, R196, R197; zweifelnd wohl Schall, ZIP 2020, 1443, 1446 ff.; RegE MoPeG, BT-Drucks. 19/27635, S. 106.

Tätigkeit der Gesellschaft selbst bestimmt.[16] Eine (vermögensverwaltende) Personengesellschaft unterliegt zwar als solche nicht der Einkommensteuer, sie ist jedoch gleichwohl für die Einkommen- oder Körperschaftsteuer insoweit Steuerrechtssubjekt, als sie in der Einheit ihrer Gesellschafter die Merkmale eines Besteuerungstatbestands verwirklicht, die den Gesellschaftern für deren Besteuerung zuzurechnen sind (**partielle Steuerrechtssubjektivität**).[17] Daraus folgt, dass für die Ergebnisermittlung – ebenso wie bei Mitunternehmerschaften – die Ebene der Personengesellschaft maßgebend ist; die Personengesellschaft ist es, die den Tatbestand einer **Überschusseinkunftsart** verwirklicht und im Rahmen dieser Einkunftsart einen Überschuss erzielt. Dem steht die Bruchteilsbetrachtung nach § 39 Abs. 2 Nr. 2 AO nicht entgegen, weil die Vorschrift nicht die Ermittlung von Einkünften, sondern „nur" die anteilige Zurechnung von Wirtschaftsgütern regelt.

21.10 So sind auf dieser **ersten Stufe** der Überschussermittlung die Zu- und Abflüsse bei der Gesellschaft als solcher zu erfassen und die Einnahmen- oder Werbungskostenüberschüsse den Gesellschaftern anteilig zuzurechnen;[18] die im Gesellschaftsvertrag vereinbarte Ergebnisverteilung ist grundsätzlich auch für die steuerrechtliche Verteilung maßgeblich.[19]

- Maßgeblich für den **Zeitpunkt der Versteuerung** ist der Zufluss der Einnahmen bei der Gesellschaft (§§ 8, 11 Abs. 1 EStG) respektive der Abfluss ihrer Werbungskosten (§§ 9, 11 Abs. 2 EStG). Auf den Zufluss/Abfluss beim Gesellschafter kommt es nicht an, soweit die Einnahmen/Werbungskosten die Gesellschaft selbst betreffen.
- Ungeachtet der partiellen Steuerrechtssubjektivität ist **Abschreibungsberechtigter** nicht die Gesellschaft selbst, sondern der einzelne Gesellschafter; dies gilt nur dann nicht, wenn die Personengesellschaft selbst zur Inanspruchnahme der Steuervergünstigungen berechtigt ist (z.B. nach dem FördG).[20]
- Da die vermögensverwaltende Personengesellschaft nicht mitunternehmerisch tätig ist, weil die Betätigung eben nicht über die „private Vermögensverwaltung" hinausgeht (Umkehrschluss aus § 15 Abs. 2 EStG), verfügt sie (selbst) über **kein steuerliches Betriebsvermögen**. Ungeachtet dessen sind die Anteile an den einzelnen Wirtschaftsgütern bei einem Gesellschafter, bei dem

16) Vgl. BFH, Urt. v. 20.11.1990 – VIII R 15/87, BStBl II 1991, 345.
17) BFH, Beschl. v. 25.06.1984 – GrS 4/82, BStBl II, 751.
18) Engel, Vermögensverwaltende Personengesellschaften im Ertragsteuerrecht, 2. Aufl. 2015, Rdnr. 141 m.w.N.; BFH, Beschl. v. 25.06.1984 – GrS 4/82, BStBl II, 751; BFH, Urt. v. 27.07.2004 – IX R 20/03, BStBl II 2005, 33.
19) BFH, Beschl. v. 10.11.1980 – GrS 1/79, BStBl II 1981, 164.
20) BFH, Urt. v. 27.07.2004 – IX R 20/03, BStBl II 2005, 33.

die Anteile an der vermögensverwaltenden Personengesellschaft zu dessen Betriebsvermögen gehören (betrieblich beteiligter Gesellschafter), auch dessen Betriebsvermögen zuzurechnen (siehe dazu Rdnr. 21.17 ff.).

Auf der **zweiten Stufe** der Ergebnisermittlung sind sodann die **Sonderwerbungskosten** der einzelnen Gesellschafter zu berücksichtigen (z.B. Fremdfinanzierungsaufwendungen für den Erwerb des Gesellschaftsanteils, Fahrtkosten, Versicherungsprämien etc.). 21.11

21.3.2 Buchführungspflicht

Die Einkünfte der Gesellschafter sind **auf der Ebene der vermögensverwaltenden Personengesellschaft** auch dann einheitlich als Überschuss der Einnahmen über die Werbungskosten (§ 2 Abs. 2 Nr. 2 EStG) zu ermitteln, wenn die Gesellschaft als Personenhandelsgesellschaft (§ 105 Abs. 2, § 161 Abs. 2 HGB) nach §§ 6, 238 ff. HGB verpflichtet ist, Bücher zu führen und Abschlüsse zu erstellen. Zwar ordnet § 140 AO grundsätzlich eine derivative **Buchführungspflicht** für das Steuerrecht an. Diese wird jedoch – zumindest im Hinblick auf die Ermittlung der Einkünfte – durch § 2 EStG verdrängt. § 2 Abs. 2 Nr. 2 EStG schreibt die Art der Einkünfteermittlung durch Gegenüberstellung von Einnahmen und Werbungskosten (§§ 8–9a EStG) zwingend vor. § 141 AO kann daher ebenfalls keine Buchführungspflicht begründen; diese Vorschrift gilt im Übrigen nur für Gewerbetreibende und Land- und Forstwirte. Eine vermögensverwaltende (nicht gewerbliche geprägte) Personengesellschaft erzielt aber gerade keine Einkünfte aus Gewerbebetrieb. Eine Gewinnermittlung nach §§ 4,5 EStG verbietet sich daher.[21] 21.12

21.4 Zebragesellschaft als besondere Ausgestaltung der vermögensverwaltenden Personengesellschaft

21.4.1 Begriff

Als Zebragesellschaft wird im Allgemeinen eine vermögensverwaltende Personengesellschaft bezeichnet, die die Voraussetzungen des § 15 Abs. 3 Nr. 2 EStG nicht erfüllt (nicht gewerblich geprägte Personengesellschaft), deren Anteile aber von einem oder mehreren Gesellschaftern im Betriebsvermögen gehalten werden. 21.13

21) So auch Kemcke/Schäffer, in: Haase/Dorn, Vermögensverwaltende Personengesellschaften, 5. Aufl. 2022, Teil 3 Rdnr. 51 m.w.N.

21.14 Der eine Gesellschafter bezieht demnach Überschuss-, der andere Gesellschafter Gewinneinkünfte. Dieses Nebeneinander wird durch den Namen „Zebra“ verbildlicht. „Weiß“ steht für Überschuss-, „schwarz“ für Gewinneinkünfte. Eine Beteiligung an einer vermögensverwaltenden Personengesellschaft gehört zum Betriebsvermögen des Gesellschafters, wenn die Gesellschafterin

- eine Kapitalgesellschaft ist, bei der kraft Gesetzes alle Einkünfte solche aus Gewerbebetrieb sind (§ 8 Abs. 2 KStG),
- eine gewerblich tätige oder gewerblich geprägte Personengesellschaft ist oder
- eine natürliche Person ist, deren Beteiligung zum notwendigen oder gewillkürten (Sonder-)Betriebsvermögen rechnet.

21.15 Die Beteiligung eines oder mehrerer gewerblich tätiger Gesellschafter an einer vermögensverwaltenden Personengesellschaft führt zwar nicht dazu, dass die Tätigkeit der Zebragesellschaft selbst als gewerblich einzustufen ist. Eine Zebragesellschaft liegt auch dann vor, wenn die Beteiligung an der vermögensverwaltenden Personengesellschaft in einem freiberuflichen oder land- und forstwirtschaftlichen Betriebsvermögen gehalten wird. Auf der **Ebene der vermögensverwaltenden** Personengesellschaft bleibt es (weiterhin) bei **Überschusseinkünften.**[22] Diese Bestimmung der maßgebenden Einkunftsart hat die weitergehende Folge, dass die Einkünfte **aller** Gesellschafter auf der Ebene der Zebragesellschaft einheitlich als Überschuss der Einnahmen über die Werbungskosten (§ 2 Abs. 2 Nr. 2 EStG) zu ermitteln sind. Diese werden so dann aber auf der Ebene des Gesellschafters umqualifiziert.

21.16 Das heißt, die verbindliche Entscheidung über die Einkünfte eines betrieblich an einer vermögensverwaltenden Gesellschaft beteiligten Gesellschafters ist sowohl

22) BFH, Beschl. v. 11.04.2005 – GrS 2/02, BStBl II, 679; vgl. auch BMF-Schreiben v. 29.04.1994 – IV B 2 – S 2241 – 9/94, BStBl I, 282, Rdnr. 3.

ihrer **Art** als auch ihrer **Höhe** nach durch das für die persönliche Besteuerung dieses Gesellschafters zuständige Finanzamt zu treffen. Daraus folgt in verfahrens- und materiellrechtlicher Hinsicht, dass die Bindungswirkung des Feststellungsbescheids insoweit eingeschränkt ist, als die Einkünfte – auf der Ebene des Gesellschafters – in gewerbliche, freiberufliche oder land- und forstwirtschaftliche Einkünfte umzuqualifizieren sind und der Gewinn auf der Ebene des Gesellschafters nach § 4 Abs. 1, § 5 bzw. nach § 4 Abs. 3 EStG zu ermitteln ist. Dadurch ergeben sich regelmäßig zahlreiche Abweichungen zum gesondert und einheitlich festgestellten Gewinn (z.B. wegen der Aktivierung von Forderungen, der Passivierung von Verbindlichkeiten, Rechnungsabgrenzungsposten, Erfassung von Veräußerungsgewinnen, Teilwertabschreibungen, Rücklagen etc.; vgl. hierzu Beispiel Rdnr. 21.19).

21.4.2 Bilanzierung

Handelsrechtlich stellt der Anteil an einer (vermögensverwaltenden) Personengesellschaft einen bilanzierungsfähigen Vermögensgegenstand (§§ 246, 253 HGB) dar. Der Gesellschaftsanteil gehört regelmäßig zu den Beteiligungen i.S.d. § 271 Abs. 1 HGB und ist in der Handelsbilanz unter den Finanzanlagen auszuweisen (§ 266 Abs. 2 A.III.3 HGB). Die Beteiligung an einer Personengesellschaft ist mithin in der Handelsbilanz eigenständig bewertbar, d.h., sie ist im Handelsrecht nach den allgemeinen Grundsätzen mit den Anschaffungskosten anzusetzen (§ 253 Abs. 1 HGB) und kann grundsätzlich auch auf den niedrigsten beizulegenden Wert abgeschrieben werden (§ 253 Abs. 3 HGB). 21.17

Demgegenüber stellt der Gesellschaftsanteil an einer Personengesellschaft **steuerrechtlich** – anders als im Zivilrecht – kein (eigenständiges) immaterielles Wirtschaftsgut dar.[23] Die Beteiligung verkörpert nach § 39 Abs. 2 Nr. 2 AO vielmehr die quotale Berechtigung des Gesellschafters an den zum Gesamthandsvermögen gehörenden Wirtschaftsgütern, weshalb die gesamthänderisch gebundenen Wirtschaftsgüter der Zebragesellschaft gem. § 39 Abs. 2 Nr. 2 AO anteilig im steuerlichen Betriebsvermögen des Gesellschafters zu bilanzieren sind.[24] Steuerrechtlich hat der Gesellschafter also alle Wirtschaftsgüter der vermögensverwaltenden Personengesellschaft anteilig im Rahmen seines **eigenen Buchführungswerks** zu erfassen und den Gewinnanteil, der sich für ihn aus den einzelnen Geschäftsvorfällen der Personengesellschaft ergibt, nach den **Grundsätzen über die Gewinn-** 21.18

23) BFH, Urt. v. 06.05.2010 – IV R 52/08, BStBl II 2011, 261.

24) Vgl. BMF-Schreiben v. 29.04.1994 – IV B 2 – S 2241 – 9/94, BStBl I, 282, Rdnr. 5.

ermittlung nach §§ 4, 5 EStG (neu) zu berechnen und anzusetzen.[25] Dies umfasst neben dem Ausweis des anteiligen Anlage- und Umlaufvermögens auch den entsprechenden Ausweis anteiliger Verbindlichkeiten.[26]

21.19 **Beispiel**

Die A & B GbR (Gesellschafter sind die Eheleute A und B zu je 50 %) hat mit Wirkung zum 01.01.05 ein bebautes Grundstück erworben (Anschaffungskosten Grund und Boden 100.000 €, Gebäude 600.000, Bauantrag nach dem 31.03.1985, keine Wohnzwecke). Der Kaufpreis wurde teils durch private Eigenmittel der Gesellschafter (je 100.000 €) und teils durch Fremdmittel (Darlehen i.H.v. 500.000 €) finanziert. Ebenfalls mit Wirkung zum 01.01.05 hat die A & B GbR das Grundstück an die gewerblich tätige A & C GmbH & Co. KG verpachtet, an der A zu 40 % und C zu 60 % beteiligt ist. Der monatliche Pachtzins beläuft sich auf 3.000 € und ist auf das private Konto der Eheleute überwiesen worden. Die Dezembermiete des Jahres 05 ist allerdings erst am 25.01.06 überwiesen worden. Von dem privaten Konto der Eheleute sind in 05 auch die laufenden Aufwendungen (Grundsteuer, Strom etc.) i.H.v. monatlich 700 € sowie die Annuität für das Darlehen (Zins 20.000 €, Tilgung 8.000 €) überwiesen worden.

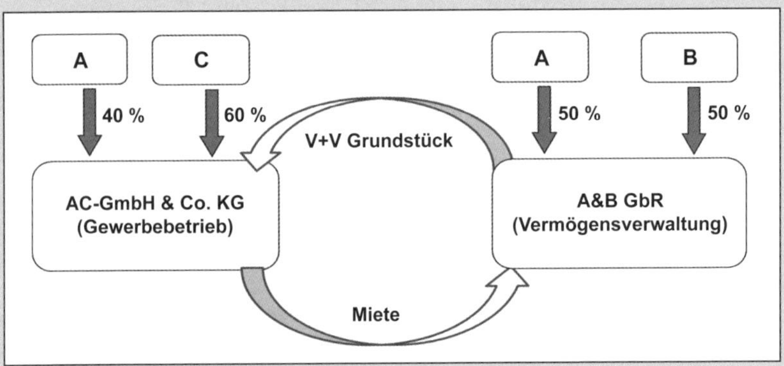

Lösung

Bei der A & B GbR handelt es sich um eine sogenannte Zebragesellschaft, weil die Gesellschaft selbst lediglich eine vermögensverwaltende Tätigkeit ausübt (Vermietung von einem Grundstück) und daher nicht gewerblich tätig und vorliegend auch nicht nach § 15 Abs. 3 Nr. 2 EStG gewerblich geprägt ist. Während der

25) BFH, Beschl. v. 11.04.2005 – GrS 2/02, BStBl II, 679.

26) Hierbei lässt die Finanzverwaltung insbesondere in Fällen eines Minderheitsgesellschafters (Anteile < 10 %) Ausnahmen/Vereinfachungen zu, vgl. BMF-Schreiben v. 29.04.1994 – IV B 2 – S 2241 – 9/94, BStBl I, 282, Rdnr. 6 ff.

Anteil der B zu ihrem Privatvermögen rechnet, rechnet der „Anteil" des A bzw. die dadurch verkörperten Wirtschaftsgüter zum notwendigen Sonderbetriebsvermögen des A bei der A & C GmbH & Co. KG. Dies folgt aus § 4 Abs. 1, § 15 Abs. 1 Nr. 2 Satz 1 zweiter Halbsatz EStG.[27] Aufgrund ihrer vermögensverwaltenden Tätigkeit hat die GbR Einkünfte aus Vermietung und Verpachtung i.S.v. § 21 EStG erzielt. Diese Bestimmung der maßgebenden Einkunftsart hat die weitergehende Folge, dass die Einkünfte auf der Ebene der **Zebra**gesellschaft einheitlich als Überschuss der Einnahmen über die Werbungskosten (§ 2 Abs. 2 Nr. 2 EStG) zu ermitteln sind. Demnach ermitteln sich die Einkünfte aus Vermietung und Verpachtung (= Ergebnis der gesonderten und einheitlichen Feststellung nach § 180 Abs. 1 Nr. 2a AO) wie folgt:

Mieteinnahmen (Zuflussprinzip: 11 x 3.000 €)	33.000 €
abzüglich	
– Absetzung für Abnutzung:	
AK Gebäude 600.000 € x 2 % (§ 7 Abs. 4 Nr. 2a EStG)	– 12.000 €
– lfd. Aufwendungen (12 x 700 €)	– 8.400 €
– Schuldzinsen	– 20.000 €
Einkünfte aus Vermietung und Verpachtung	**– 7.400 €**
Einkünfte aus V + V (A)	**– 3.700 €**
Einkünfte aus V + V (B)	**– 3.700 €**

Für A – als betrieblich beteiligten Gesellschafter – sind die nach § 180 Abs. 1 Nr. 2a AO gesondert und einheitlich festgestellten Einkünfte aus Vermietung und Verpachtung auf Gesellschafterebene jedoch noch zu bereinigen. Gehört der Geschäftsanteil nämlich – wie vorliegend – zum (Sonder-)Betriebsvermögen des Gesellschafters, hat dieser alle Wirtschaftsgüter der Zebragesellschaft anteilig im Rahmen seines eigenen Buchführungswerks zu erfassen (§ 39 Abs. 2 Nr. 2 AO) und den Gewinnanteil, der sich für ihn aus den einzelnen Geschäftsvorfällen der Personengesellschaft ergibt, nach **den Grundsätzen der Gewinnermittlung** (neu) zu berechnen und anzusetzen. Dies umfasst neben dem Ausweis des anteiligen Grundstücks, den Entnahmen und Einlagen, hier auch den entsprechenden Ausweis der Darlehensschuld. Darüber hinaus ermittelt sich die auf A entfallende AfA nicht nach § 7 Abs. 4 Nr. 2a EStG (= 2 %), sondern vielmehr nach § 7 Abs. 4

27) Vgl. H 4.2 Abs. 12 „Miteigentum von Nichtgesellschaftern" EStH 2021; BFH, Urt. v. 18.03.1958 – I 147/57 U, BStBl III, 262.

Nr. 1 EStG (= 3 %). Ebenso ist die anteilige Mietzahlung für 12/05 in der Sonderbilanz gewinnwirksam als Forderung zu erfassen. Demnach ermittelt sich für **A** folgender (Sonderbilanz-)Gewinn:

Mieteinnahmen (Realisationsprinzip: 12 x 1.500 €)		18.000 €
abzüglich		
–	Absetzung für Abnutzung:	
	AK Gebäude 300.000 € x 3 % (§ 7 Abs. 4 Nr. 1 EStG)	– 9.000 €
–	lfd. Aufwendungen (12 x 350 €)	– 4.200 €
–	Schuldzinsen	– 10.000 €
Einkünfte aus Gewerbebetrieb		**– 5.200 €**

Die für A gesondert und einheitlich festgestellten Einkünfte aus Vermietung und Verpachtung sind folglich in solche aus Gewerbebetrieb (§ 15 Abs. 1 Nr. 2 Satz 1 zweiter Halbsatz EStG) umzuqualifizieren. Die Bindungswirkung des Feststellungsbescheids ist insoweit hinsichtlich der Einkunftsart und der Höhe der Einkünfte eingeschränkt. Demnach hat A die Geschäftsvorfälle im Rahmen der Sonderbilanz wie folgt zu berücksichtigen:

Erwerb Grundstück				
Grubo	50.000 €	an	Privateinlage	100.000 €
Gebäude	300.000 €		Darl.-Vb	250.000 €
Miteinnahmen				
Privatentnahmen	16.500 €	an	Mietertrag	18.000 €
Forderung	1.500 €			
Betriebsausgaben				
s.b. Aufwand	4.200 €	an	Privateinlage	14.200 €
Schuldzinsen	10.000 €			
AfA Gebäude	9.000 €	an	Gebäude	9.000 €
Darlehensschuld				
Darlehens-Vb	4.000 €	an	Privateinlage	4.000 €

Die **Sonderbilanz des A zum 31.12.05** stellt sich daher wie folgt dar:

Grubo		50.000 €	Kapital		
Gebäude			01.01	0 €	
01.01	300.000 €		Einlagen	118.200 €	
Afa	– 9.000 €	291.000 €	Entnahmen	– 16.500 €	
			Gewinn	– 5.200 €	96.500 €
Forderung		1.500 €			
			Darl.-Vb.		
			01.01	250.00 €	
			Tilgung	– 4.000 €	246.000 €
		342.500 €			342.500 €

Fortführung Beispiel

Nach 20 Jahren veräußert die A & B GbR das Grundstück an X (Kaufpreis: 400.000 €). Das Darlehen ist bereits vollständig getilgt.

Lösung

Da die Veräußerung erst nach 20 Jahren erfolgte, liegt kein „privates Veräußerungsgeschäft" i.S.d. § 23 EStG vor. Der Gewinn aus der Veräußerung des Grundstücks ist daher nicht gesondert und einheitlich festzustellen.

Wird ein Gesellschaftsanteil an einer vermögensverwaltenden Personengesellschaft von einem Gesellschafter im (Sonder-)Betriebsvermögen gehalten, führt dies dazu, dass die **Anteile an den Wirtschaftsgütern** der vermögensverwaltenden Gesellschaft bei dem Gesellschafter Betriebsvermögen sind und infolgedessen die Gewinne aus der Veräußerung von Wirtschaftsgütern durch die Zebragesellschaft anteilig beim Gesellschafter zu erfassen sind.[28] Diese Betrachtung führt dazu, dass bei einer Veräußerung von Wirtschaftsgütern durch die Zebragesellschaft – und auch bei einer Veräußerung der Beteiligung der Zebragesellschaft selbst – die §§ 16, 34 EStG nicht anwendbar sind. Demnach ermittelt sich für **A** folgender **laufender** (Sonderbilanz-)Gewinn:

28) BFH, Urt. v. 26.04.2012 – IV R 44/09, BStBl II 2013, 142.

Anteiliger Veräußerungserlös (400.000 x 1/2)		200.000 €
abzüglich Buchwert		
Gebäude:	300.000 – 180.000 (20 Jahre x 9 TE)	– 120.000 €
Grubo:		– 50.000 €
Einkünfte aus Gewerbebetrieb		**30.000 €**

Dieser Gewinn unterliegt – auf der Ebene der AC-GmbH & Co. KG – auch der **Gewerbesteuer**. Den Gewinn könnte der Gesellschafter A durch die Anwendung des **§ 6b EStG** (z.B. steuermindernde Rücklage nach § 6b Abs. 3 EStG) neutralisieren.

Abwandlung

Nach 20 Jahren veräußern A und B die Anteile an der A & B GbR an X und Y (Kaufpreis: 400.000 €). Das Darlehen ist bereits vollständig getilgt.

Lösung

Die Gewinne aus der Veräußerung der Beteiligungen selbst bleiben bei der gesonderten und einheitlichen Feststellung der A & B GbR unberücksichtigt; dies gilt auch dann, wenn diese Veräußerung ein privates Veräußerungsgeschäft i.S.d. § 23 EStG darstellt.[29] Gegenstand der Veräußerung ist steuerrechtlich – anders als im Zivilrecht – nicht der Anteil selbst, sondern vielmehr die durch den Anteil verkörperten anteiligen Wirtschaftsgüter. Für A ist die Lösung daher unverändert.

21.4.3 Steuerliche Gewinnermittlungsvorschriften/Wahlrechte

21.20 Da der Gesellschafter nicht den Anteil an der Zebragesellschaft, sondern vielmehr die einzelnen Wirtschaftsgüter der Zebragesellschaft zu bilanzieren hat,[30] gilt auch hier der Grundsatz der Einzelbewertung, d.h., es sind wirtschaftsgutbezogen die allgemeinen **Bewertungs- und Gewinnermittlungsvorschriften** (§§ 6 ff. EStG) anzuwenden, z.B.:

- Anschaffungskosten(höchst)prinzip (§ 6 Abs. 1 Nr. 1 Satz 1 und Nr. 2 Satz 1 EStG)

29) BFH, Urt. v. 13.10.1993 – X R 49/92, BStBl II 1994, 86.

30) An dieser Stelle soll davon ausgegangen werden, dass der betrieblich beteiligte Gesellschafter verpflichtet ist, Bücher zu führen und Abschlüsse zu erstellen.

- Teilwertabschreibung nur bei dauernder Wertminderung (§ 6 Abs. 1 Nr. 1 Satz 2 und Nr. 2 Satz 2 EStG)[31]
- Zuschreibungspflicht bei nicht (mehr) dauernder Wertminderung (§ 6 Abs. 1 Nr. 1 Satz 4 und Nr. 2 Satz 3 EStG)
- GWG- und Sammelpostenregelung (§ 6 Abs. 2 und 2a EStG)
- Abzinsung unverzinslicher Verbindlichkeiten (§ 6 Abs. 1 Nr. 3 EStG)
- Anwendung von § 6b und § 7g EStG

Über **steuerliche Wahlrechte** (z.B. §§ 6b, 7g EStG) entscheidet ausschließlich der 21.21
betrieblich beteiligte Gesellschafter.

21.4.4 Steuerliche Einkommensermittlungsvorschriften

Der betrieblich beteiligte Gesellschafter hat nicht nur die Wirtschaftsgüter der 21.22
Zebragesellschaft zu bilanzieren, sondern ebenso alle sich für ihn aus den einzelnen Geschäftsvorfällen der Personengesellschaft ergebenden Rechtsfolgen nach den Grundsätzen über die Gewinnermittlung nach §§ 4, 5 EStG abzubilden.[32] Hieran knüpfen die allgemeinen Einkommensermittlungsvorschriften (z.B. § 4 Abs. 5, Abs. 5b, § 3 Nr. 40, § 3c Abs. 2 EStG, § 8b KStG) an.

21.4.4.1 Zinsschranke (§ 4h EStG)

Die in § 4h EStG normierte Zinsschrankenregelung kommt mangels Vorliegens 21.23
eines Betriebs i.S.d. Zinsschranke nicht auf der Ebene der Zebragesellschaft, sondern erst auf der Ebene des betrieblich beteiligten Gesellschafters zum Tragen. Erst beim Gesellschafter sind die auf ihn aufgrund der auf § 39 Abs. 2 Nr. 2 AO beruhenden Bruchteilsbetrachtung anteilig entfallenden Zinsaufwendungen, Zinserträge und Abschreibungen der Zebragesellschaft zu berücksichtigen.[33]

31) Ebenso Engel, Vermögensverwaltende Personengesellschaften im Ertragsteuerrecht, 2. Aufl. 2015, Rdnr. 1241 m.w.N.; Stapperfend u.a., in: Herrmann/Heuer/Raupach, EStG/KStG, § 15 EStG Rdnr. 1476 (12/2022).

32) BFH, Beschl. v. 11.04.2005 – GrS 2/02, BStBl II, 679.

33) Siehe auch BMF-Schreiben v. 04.07.2008 – IV C 7 – S 2742 a/07/10001, BStBl I, 718, Rdnr. 43; zu den aus einer parallelen Anwendung von § 4h und § 15a EStG bei einer Zebragesellschaft folgenden Problemen siehe Schuck/Faller, DB 2012, 1893; Kröner/Bolik, DStR 2008, 1309; Köster-Böckenförde/Clauss, DB 2008, 2213; van Lishaut/Schuhmacher/Heinemann, DStR 2008, 2341.

21.4.4.2 Anwendung des § 8b KStG

21.24 Gemäß § 8b Abs. 6 Satz 1 KStG gelten die Regelungen in § 8b Abs. 1–5 (Steuerbefreiungen und Abzugsverbote) KStG auch für die dort genannten Bezüge, Gewinne und Gewinnminderungen, die dem Steuerpflichtigen im Rahmen des Gewinnanteils aus einer **Mitunternehmerschaft** zugerechnet werden. Damit ist den Gesellschaftern einer Zebragesellschaft aber nicht der Anwendungsbereich des § 8b KStG versperrt. Die Anwendung von § 8b Abs. 1–5 KStG auf Kapitalgesellschaften als Gesellschafter einer Zebragesellschaft folgt nämlich bereits aus der Bruchteilsbetrachtung nach § 39 Abs. 2 Nr. 2 AO.[34]

21.25 Die Anwendung des § 8b Abs. 1 KStG (Steuerfreistellung von Dividenden) wird auch nicht generell durch § 8b Abs. 4 Satz 1 KStG suspendiert. § 8b Abs. 4 Satz 1 KStG versagt zwar die Steuerbefreiung, wenn die Beteiligung zu Beginn des Kalenderjahres **unmittelbar** weniger als 10 % des Grund- oder Stammkapitals betragen hat. Der Gesellschafter der Zebragesellschaft ist aber gerade nicht unmittelbar, sondern nur mittelbar (über die Zebragesellschaft) an der ausschüttenden Kapitalgesellschaft beteiligt. Diese zivilrechtliche Betrachtung wird aber ebenso durch § 39 Abs. 2 Nr. 2 AO verdrängt; auch für Zwecke des § 8b Abs. 4 KStG ist also von einer unmittelbaren Beteiligung auszugehen.[35] Einer entsprechenden Anwendung von § 8b Abs. 4 Satz 4, 5 KStG, nach der „nur" mittelbare Beteiligungen über eine Mitunternehmerschaft als unmittelbare Beteiligungen fingiert werden, bedarf es daher nicht.

21.26 **Beispiel**

An der vermögensverwaltenden ABC-GmbH & Co. KG sind die A-GmbH zu 60 % sowie B und C zu je 20 % beteiligt. B und C halten ihre Anteile im Privatvermögen. Bei der A-GmbH stellt der Anteil Betriebsvermögen dar (§ 8 Abs. 2 KStG). Zum Gesamthandsvermögen der ABC-GmbH & Co. KG gehört ein 20-%-Anteil an der E-GmbH, die Anschaffungskosten betrugen 1 Mio. €. Die E-GmbH nimmt im Wirtschaftsjahr 20 eine Gewinnausschüttung vor, davon entfallen 100.000 € auf die ABC-GmbH & Co. KG. Die Nettoausschüttung i.H.v. 73.625 € fließt auf das Bankkonto der ABC-GmbH & Co. KG.

---

34) Pung, in: Dötsch/Pung/Möhlenbrock, Die Körperschaftsteuer, § 8b KStG Rdnr. 406 (09/2022) m.w.N.; Crezelius, DB 2001, 221, 225; ebenso BMF-Schreiben v. 28.04.2003 – IV A 2 – S 2750a – 7/03, BStBl I, 292, Rdnr. 56.

35) Ebenso wohl Pung, in: Dötsch/Pung/Möhlenbrock, Die Körperschaftsteuer, § 8b KStG Rdnr. 282, 406 (09/2022); Frotscher, in: Frotscher/Drüen, KStG, § 8b KStG Rdnr. 509 (05/2022) m.w.N.; Engel, Vermögensverwaltende Personengesellschaften im Ertragsteuerrecht, 2. Aufl. 2015, Rdnr. 514.

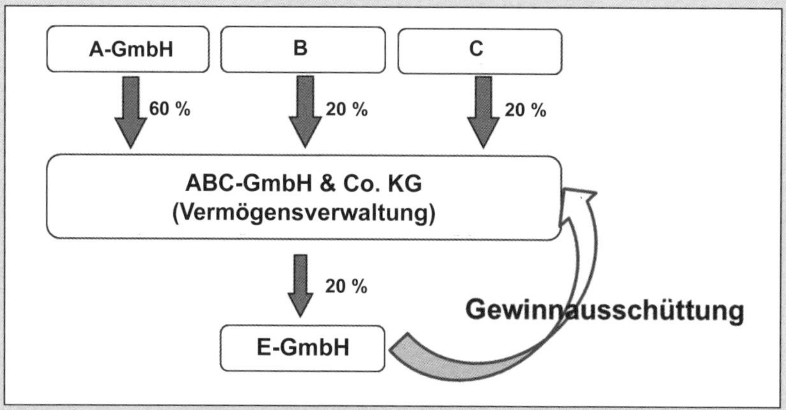

Lösung

A-GmbH: Die A-GmbH hat in ihrer Steuerbilanz den Anteil an der E-GmbH mit den auf sie entfallenden Anschaffungskosten (§ 39 Abs. 2 Nr. 2 AO) anzusetzen. Die Bewertung erfolgt nach § 6 Abs. 1 Nr. 2 Satz 1 EStG (= 400.000 €). Neben der Kapitalbeteiligung ist auch das (anteilige) Bankguthaben der ABC-GmbH & Co. KG zu bilanzieren. Darüber hinaus ist die auf die A-GmbH entfallende Gewinnausschüttung (der E-GmbH an die ABC-GmbH & Co. KG) bilanziell zu erfassen.

Gewinnausschüttung

Bank	44.175 €	an	Beteiligungsertrag	60.000 €
Steuern vom Einkommen				
– KapESt	15.000 €			
– Solz	825 €			

Auf der Ebene der A-GmbH ist im Rahmen der Einkommensermittlung § 8b Abs. 1 und 5 KStG anzuwenden. Dem steht auch nicht § 8b Abs. 4 Satz 1 KStG entgegen, weil die Beteiligung der A-GmbH an der E-GmbH 12 % (60 % x 20 %) beträgt. Dies folgt aus der Bruchteilsbetrachtung nach § 39 Abs. 2 Nr. 2 AO (anteilige Zurechnung der Wirtschaftsgüter auf die Beteiligten); danach liegt also eine unmittelbare Beteiligung der A-GmbH an der E-GmbH vor.[36] Demnach ermittelt sich das Einkommen der A-GmbH wie folgt:

36) Vgl. auch BMF-Schreiben v. 28.04.2003 – IV A 2 – S 2750a – 7/03, BStBl I, 292, Rdnr. 56; Crezelius, DB 2001, 221, 225, und Pung, in: Dötsch/Pung/Möhlenbrock, Die Körperschaftsteuer, § 8b KStG Rdnr. 406 (09/2022) m.w.N.

Einkommensermittlung A-GmbH	
Jahresüberschuss	44.175 €
– Hinzurechnung Steueraufwand (§ 10 Nr. 2 KStG	15.825 €
Zwischensumme	60.000 €
– Steuerfreistellung (§ 8b Abs. 1, 4, 6 KStG)	– 60.000 €
– Hinzurechnung (§ 8b Abs. 5 Satz 1 KStG)	3.000 €
Einkommen/z.v.E.	**3.000 €**

Exkurs Gewerbesteuer: Das nach den körperschaftsteuerlichen Vorschriften ermittelte Einkommen ist Ausgangsgröße für die Ermittlung des Gewerbeertrags. Bei steuerfreien Dividenden, die infolge des § 3 Nr. 40 Satz 1 Buchst. d) EStG bzw. hier § 8b Abs. 1 KStG bereits im Gewerbeertrag nach § 7 GewStG nicht mehr enthalten sind und die nicht die Voraussetzungen des § 9 Nr. 2a bzw. Nr. 7 GewStG (vgl. R 9.3 und 9.5 GewStR) erfüllen, ist die **Hinzurechnungsvorschrift des § 8 Nr. 5 GewStG** zu beachten, wonach die steuerfreien Einkünfte dem Gewerbeertrag wieder hinzuzurechnen sind. Betroffen von dieser Regelung sind mithin die **Streubesitzanteile** (Beteiligungen von weniger als 15 %). Die Dividenden sind zwar körperschaftsteuerfrei, unterliegen aber gleichwohl bei der empfangenden Gesellschaft der Gewerbesteuer. Liegen also die Tatbestandsvoraussetzungen des § 8 Nr. 5 GewStG – wie vorliegend vor – vor, so sind dem (vorläufigen) Gewerbeertrag bei Kapitalgesellschaften im Ergebnis 95 % der Dividende wieder hinzuzurechnen.

Ermittlung Gewerbeertrag	
Einkommen nach KStG	3.000 €
– Hinzurechnung nach § 8 Nr. 5 GewStG	57.000 €
Gewerbeertrag (nach Hinzurechnung)	**60.000 €**

B und C: Da die Anteile an der ABC-GmbH & Co. KG bei B und C zum Privatvermögen gehören, erzielen B und C Einkünfte aus Kapitalvermögen (§ 20 Abs. 1 Nr. 1 EStG).

21.4.4.3 Keine Anwendung mitunternehmerspezifischer Regelungen

Die die Übertragung von Mitunternehmeranteilen begünstigenden Regelungen nach **§ 6 Abs. 3 und §§ 16, 34 EStG** sind bei den Zebragesellschaften bzw. ihren betrieblich beteiligten Gesellschaftern – mangels der Übertragung eines Mitunternehmeranteils – nicht anwendbar. Steuerlich werden vielmehr die Anteile an den einzelnen Wirtschaftsgütern veräußert. Die Anteile an (einzelnen bilanzierten) Vermögensgegenständen bilden grundsätzlich auch keinen Teilbetrieb i.S.d. vorbezeichneten Vorschriften. Diese Grundsätze gelten ungeachtet dessen, dass die Anteile (richtigerweise die einzelnen Wirtschaftsgüter) an der Zebragesellschaft zum Betriebsvermögen des Gesellschafters gehören.[37] Die Voraussetzungen für eine Begünstigung können dann aber erfüllt sein, wenn der Anteil zusammen mit der Übertragung der betrieblichen Sachgesamtheit des Gesellschafters übertragen wird.[38] 21.27

Wird ein **(Teil-)Betrieb** oder ein **Mitunternehmeranteil** in eine vermögensverwaltende Personengesellschaft eingebracht und dadurch gem. § 15 Abs. 3 Nr. 1 EStG gewerblich infiziert, liegt nach im Schrifttum vertretener Auffassung eine begünstigte **Einbringung nach § 24 UmwStG** vor; denn der Einbringende erwirbt eine Mitunternehmerstellung, auch wenn diese erst durch die Einbringung selbst geschaffen wird.[39] Die Einbringung einer **100%igen Beteiligung an einer Kapitalgesellschaft** aus dem Betriebsvermögen in eine vermögensverwaltende Personengesellschaft gegen Gewährung von Gesellschaftsrechten wird indes nicht von § 24 UmwStG erfasst. Zwar ist der Einbringungsgegenstand (zumindest nach Auffassung der Finanzverwaltung) begünstigt,[40] es fehlt aber an der Einräumung oder Erweiterung einer Mitunternehmerstellung, weil die vermögensverwaltende Personengesellschaft durch die Einbringung eines Anteils an einer Kapitalgesellschaft nicht nach § 15 Abs. 3 Nr. 1 EStG infiziert wird. Es wird daher zwar eine Gesellschafter-, aber keine Mitunternehmerstellung eingeräumt. 21.28

Überträgt ein gewerblich tätiger Gesellschafter einer vermögensverwaltenden Personengesellschaft (Zebragesellschaft) ein Wirtschaftsgut seines Betriebsvermögens in das Gesamthandsvermögen der vermögensverwaltenden Personengesell- 21.29

37) BFH, Urt. v. 11.07.1996 – IV R 103/94, BStBl II 1997, 39.

38) Herrmann/Heuer/Raupach, EStG/KStG, § 6 EStG Rdnr. 1220 (12/2022) zur Anwendung von § 6 Abs. 3 EStG.

39) Z.B. Patt, in: Dötsch/Pung/Möhlenbrock, Die Körperschaftsteuer, § 24 UmwStG Rdnr. 75 (03/2023) m.w.N.

40) Vgl. BMF-Schreiben v. 11.11.2011 – IV C 2 – S 1978-b/08/10001 (Umwandlungssteuer-Erlass), BStBl I, 1314, Rdnr. 24.02; a.A. BFH, Urt. v. 17.07.2008 – I R 77/06, BStBl II 2009, 464.

schaft, bleibt es wegen der Bruchteilsbetrachtung (§ 39 Abs. 2 Nr. 2 AO) in der Höhe Betriebsvermögen des Gesellschafters, in der er an der Zebragesellschaft betrieblich beteiligt ist; in dieser Höhe führt die Übertragung auch dann nicht zur Aufdeckung der stillen Reserven, wenn sie entgeltlich erfolgt.[41] Dogmatisch gesehen ist dieser Vorgang nicht unter **§ 6 Abs. 5 Satz 1 oder Satz 3 EStG** zu subsumieren, weil das Wirtschaftsgut das Betriebsvermögen gar nicht verlässt; eine Überführung i.S.v. § 6 Abs. 5 Satz 1 EStG setzt indes voraus, dass ein Wirtschaftsgut von einem Betriebsvermögen in ein anderes Betriebsvermögen desselben Steuerpflichtigen wechselt.[42] § 6 Abs. 5 Satz 3 EStG greift ebenfalls nicht. Zwar führt die Übertragung – zivilrechtlich – zu einem Rechtsträgerwechsel, sie führt aber ebenfalls nicht zu einer abweichenden Zurechnung des Betriebsvermögens (siehe dazu Rdnr. 21.74 ff. mit Beispiel).

21.4.4.4 Gewerbesteuer

21.30 Die Zebragesellschaft selbst unterliegt – mangels Gewerbetriebs – nicht der Gewerbesteuer,[43] jedoch gehen die Geschäftsvorfälle der vermögensverwaltenden Personengesellschaft anteilig in die Ermittlung des Gewerbeertrags der betrieblich beteiligten Gesellschafter ein. Auf der Ebene des Gesellschafters sind daher auch die Hinzurechnungs- und Kürzungsvorschriften (§§ 8, 9 GewStG) anzuwenden.[44] Dies gilt nur **nicht** für die Hinzurechnungsvorschrift des § 8 Nr. 8 GewStG respektive die Kürzungsvorschrift des § 9 Nr. 2 GewStG. Die Vorschriften regeln – zwecks Vermeidung einer Doppelberücksichtigung – die Hinzurechnung von Verlusten bzw. die Kürzung von Gewinnanteilen aus einer Mitunternehmerschaft. Die Zebragesellschaft ist aber gerade keine Mitunternehmerschaft und unterliegt somit nicht der Gewerbesteuer. Deshalb ist der Anwendungsbereich von § 8 Nr. 8 und § 9 Nr. 2 GewStG hier gesperrt.

21.31 **Grundbesitzverwaltenden Unternehmen** steht ein Wahlrecht zu, die „normale“ Kürzung des Gewerbeertrags nach § 9 Nr. 1 Satz 1 GewStG (1,2 % des Einheitswerts des zum Betriebsvermögen gehörenden und nicht von der Grundsteuer befreiten Grundbesitzes) in Anspruch zu nehmen oder die **erweiterte Kürzung nach § 9 Nr. 1 Satz 2 GewStG** (Kürzung um den Teil des Gewerbeertrags, der auf die Verwaltung und Nutzung eigenen Grundbesitzes entfällt). Voraussetzung

---

41) BFH, Urt. v. 26.04.2012 – IV R 44/09, BStBl II 2013, 142.

42) A.A. wohl Schmidt/Kulosa, EStG, 42. Aufl. 2023, § 6 Rdnr. 763, die den Vorgang unter § 6 Abs. 5 Satz 1 EStG einordnen wollen; siehe hierzu auch Stapperfend u.a., in: Herrmann/Heuer/Raupach, EStG/KStG, § 15 EStG Rdnr. 1474 (12/2022).

43) Bünning, BB 2010, 2357, 2359; Schlagheck, StuB 2003, 346, 350.

44) Ebenso Engel, Vermögensverwaltende Personengesellschaften im Ertragsteuerrecht, 2. Aufl. 2015, Rdnr. 1260.

für die auf Antrag zu gewährende erweiterte Kürzung ist, dass das Unternehmen ausschließlich „eigenen“ Grundbesitz verwaltet und nutzt. Bisher war streitig, ob eine vermögensverwaltende gewerbliche Obergesellschaft, die als Gesellschafterin an einer grundstücksverwaltenden Unterpersonengesellschaft beteiligt ist, Anspruch auf die erweiterte Kürzung nach § 9 Nr. 1 Satz 2 GewStG hat oder ob ihr diese zu versagen ist, weil sie keinen „eigenen“ Grundbesitz verwaltet. Der Große Senat des BFH[45] hat sich nunmehr für die erweiterte Kürzung ausgesprochen. Die Begriffe „eigener Grundbesitz“ i.S.d. § 9 Nr. 1 Satz 2 GewStG und „zum Betriebsvermögen des Unternehmers gehörender Grundbesitz“ i.S.d. § 9 Nr. 1 Satz 1 GewStG seien im Hinblick auf die ertragsteuerrechtliche Zurechnung des Grundbesitzes bedeutungsgleich. Für die Zurechnung von Wirtschaftsgütern einer rein vermögensverwaltenden Personengesellschaft gelte die Bruchteilsbetrachtung gem. § 39 Abs. 2 Nr. 2 AO.

21.32

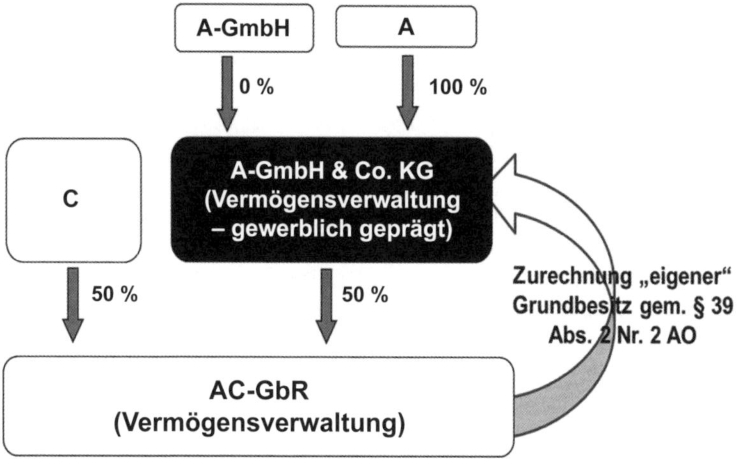

Mit der Entscheidung korrigiert der Große Senat eine Rechtsprechungswende[46] des I. Senats des BFH **zum Vorteil von Holdinggesellschaften** mit Beteiligungen an rein vermögensverwaltenden Tochterpersonengesellschaften und gewährt auch diesen wieder gewerbesteuerrechtlich die sogenannte erweiterte Kürzung.[47] 21.33

45) BFH, Beschl. v. 25.09.2018 – GrS 2/16, BStBl II 2019, 262.

46) Der I. Senat des BFH, Urt. v. 19.10.2010 – I R 67/09, BStBl II, 2011, 367, hatte sich gegen eine erweiterte Grundbesitzkürzung ausgesprochen.

47) Wendt, BFH/PR 2019, 135.

21.34 **Hinweis**

Das Halten der Beteiligung an der vermögensverwaltenden Zebragesellschaft ist zwar nunmehr keine schädliche Tätigkeit für die erweiterte Kürzung nach § 9 Nr. 1 Satz 2 GewStG, allerdings kann sich auch aus der Art der Beteiligung an einer grundstücksverwaltenden, nicht gewerblich geprägten Unterpersonengesellschaft eine kürzungsschädliche Tätigkeit ergeben. Insoweit kommt es darauf an, ob und ggf. welche Aufgaben der Beteiligte bei der Gesellschaft übernimmt. Führt der Beteiligte die Geschäfte der Gesellschaft zusammen mit allen anderen Beteiligten (gemeinschaftliche Geschäftsführung gem. § 709 BGB), so verwaltet er ausschließlich eigenen und nicht auch teilweise fremden Grundbesitz. Ist der Beteiligte allerdings in der grundstücksverwaltenden Gesellschaft zur **alleinigen** Wahrnehmung der Verwaltungsrechte in Bezug auf den Grundbesitz berechtigt (wie z.B. der geschäftsführende Gesellschafter einer GbR oder der geschäftsführende Kommanditist einer nicht gewerblich geprägten GmbH & Co. KG), verwaltet er teilweise fremden Grundbesitz. Eine derartige Mitverwaltung fremden Grundbesitzes ist dann kürzungsschädlich, wenn sie **entgeltlich** erfolgt.[48]

21.4.4.5 Abgrenzung: Umgekehrte Zebragesellschaft

21.35 Hält oder erwirbt die vermögensverwaltende Personengesellschaft Anteile einer gewerblichen Personengesellschaft, so spricht man von einer „umgekehrten Zebragesellschaft". Die gewerblichen Beteiligungseinkünfte nach § 15 Abs. 1 Nr. 2 EStG führen in diesem Fall gem. § 15 Abs. 3 Nr. 1 Satz 1 zweiter Halbsatz EStG zur Infektion der (vermögensverwaltenden) Oberpersonengesellschaft mit der Folge, dass sich die vermögensverwaltende Personengesellschaft in eine Mitunternehmerschaft wandelt und die gesamten Einkünfte der Obergesellschaft als Einkünfte aus Gewerbebetrieb zu qualifizieren sind.[49] Ferner werden die bei

---

48) BFH, Vorlagebeschl. v. 21.07.2016 – IV R 26/14, BStBl II 2017, 202.

49) Der BFH, Urt. v. 06.06.2019 – IV R 30/16, BStBl II 2020, 649, hat entschieden, dass § 15 Abs. 3 Nr. 1 zweite Alternative EStG in einkommensteuerrechtlicher Hinsicht ohne Berücksichtigung einer Geringfügigkeitsgrenze anzuwenden ist. Das heißt, für eine Aufwärtsinfektion kommt es weder auf den Umfang der Beteiligung noch auf die Höhe der zugerechneten gewerblichen Einkünfte seitens der Untergesellschaft an; zur Verfassungsmäßigkeit dieser Frage vgl. auch FG Münster, Urt. v. 13.05.2022 – 15 K 26/20 E,F, Revision anhängig beim BFH unter dem Az.: IV R 18/22, sowie Pohl, Ubg 2019, 523. Gewerbesteuerrechtlich gilt ein gewerbliches Unternehmen i.S.d. § 15 Abs. 3 Nr. 1 zweite Alternative EStG nach Auffassung des BFH indes nicht als ein nach § 2 Abs. 1 Satz 1 GewStG der Gewerbesteuer unterliegender Gewerbebetrieb. Nach dem Ergebnis einer Erörterung der obersten Finanzbehörden der Länder werden die im Urteil zum Ausdruck kommenden gewerbesteuerlichen Grundsätze nicht allgemein angewendet, vgl. gleichlautende Erlasse der obersten Finanzbehörden der Länder zu Folgen des BFH, Urt. v. 06.06.2019 – IV R 30/16, auf die Gewerbesteuer vom 01.10.2020, BStBl I, 1032.

der Personengesellschaft zur Einkünfteerzielung eingesetzten Wirtschaftsgüter als steuerliches Betriebsvermögen umfassend steuerverhaftet; insbesondere bei vermögensverwaltenden Gesellschaften mit vorhandenem Immobilienvermögen ist dies von weitreichender Bedeutung. Kapitaleinkünfte unterliegen dann nicht mehr der Abgeltungsteuer, sondern dem Teileinkünfteverfahren, was bei laufenden positiven Einkünften aufgrund des Steuersatzes und der Progressionswirkung i.d.R. ungünstiger ist.

Beteiligungen von vermögensverwaltenden Personengesellschaften an vermögensverwaltenden Personengesellschaften bergen mithin ein hohes Risiko, da die Aufnahme einer gewerblichen Tätigkeit oder eine Abfärbung bei diesen (Unter-) Gesellschaften unmittelbar auch zu einer Abfärbung auf Ebene der Obergesellschaft führt; dies gilt umso mehr, als die Obergesellschaft nicht selten nur begrenzt Einfluss auf die Untergesellschaft hat. Derartige Überlegungen sind daher bei einem Anteilskauf mit einzubeziehen. 21.36

21.37

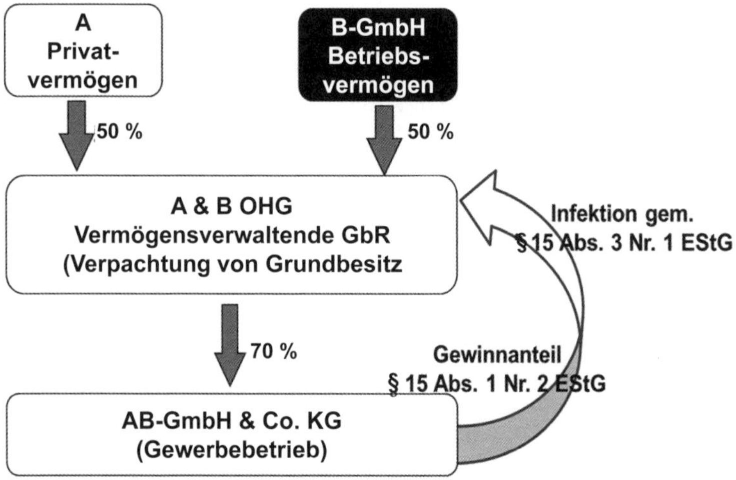

Ist die vermögensverwaltend tätige (aber infizierte) Personengesellschaft zur Buchführung verpflichtet (z.B. OHG, GmbH & Co. KG gem. § 161 Abs. 2, § 105 Abs. 2 i.V.m. §§ 6, 238 ff. HGB), greift ab dem Zeitpunkt der Infizierung auch wieder § 140 AO ein, d.h., die Gesellschaft hat nunmehr auch für steuerliche Zwecke Bücher zu führen und Abschlüsse zu erstellen (einschließlich Eröffnungsbilanz). Soweit die Wirtschaftsgüter wegen der Bruchteilsbetrachtung (§ 39 Abs. 2 Nr. 2 AO) bisher zum **Privatvermögen** der Gesellschafter gehörten, sind 21.38

diese mit dem Wert nach § 6 Abs. 1 Nr. 5, 6 EStG einzulegen.[50] Hinsichtlich der AfA-Bemessungsgrundlage nach Einlage ist § 7 Abs. 1 Satz 5 EStG zu beachten.[51] Danach mindern sich bei Wirtschaftsgütern, die zuvor im Rahmen der Überschusseinkunftsarten zur Erzielung von Einkünften angesetzt worden sind, die Anschaffungskosten um die AfA, die bis zum Zeitpunkt der Einlage bei den Überschusseinkünften vorgenommen worden sind.

21.39 Soweit die Wirtschaftsgüter bisher dem **Betriebsvermögen** der betrieblich beteiligten Gesellschafter zuzurechnen waren, ändert sich nunmehr die Zurechnung „zugunsten" der infizierten Personengesellschaft, weil § 39 Abs. 2 Nr. 2 AO nunmehr durch § 15 Abs. 1 Nr. 2 EStG verdrängt wird. Der Wechsel vom Betriebsvermögen des Gesellschafters in das Betriebsvermögen der Personengesellschaft vollzieht sich zum Buchwert; zwar fällt die Zurechnung der Wirtschaftsgüter zum Betriebsvermögen der Personengesellschaft nicht unter den Wortlaut des § 6 Abs. 5 Satz 3 Nr. 1 EStG, weil es an einem für eine Übertragung erforderlichem Rechtsträgerwechsel mangelt. Da es sich hierbei um eine ungewollte Regelungslücke handelt, ist § 6 Abs. 5 Satz 3 Nr. 1 EStG analog anzuwenden.

21.40 Bei einer Infektion nach § 15 Abs. 3 Nr. 1 erster Halbsatz EStG und einer gewerblichen Prägung gem. § 15 Abs. 3 Nr. 2 EStG gelten die vorstehenden Ausführungen entsprechend.

21.5 Anteilsveräußerungen

21.5.1 Bruchteilsbetrachtung

21.41 Aus der in § 39 Abs. 2 Nr. 2 AO normierten sogenannten Bruchteilsbetrachtung folgt für das materielle Steuerrecht im Grundsatz, dass Gegenstand der Veräußerung bzw. Anschaffung – anders als im Zivilrecht – nicht die Beteiligung als solche, sondern vielmehr die entsprechenden **Anteile an den einzelnen materiellen** (und ggf. immateriellen) **Wirtschaftsgütern** sind. Steuerlich wird somit das Gesamthandsvermögen der Gesellschaft negiert, und es erfolgt eine Zurechnung sowohl der zum Gesamthandsvermögen gehörenden Wirtschaftsgüter als auch der den Veräußerungsgewinn bestimmenden Merkmale (Veräußerungspreis, Anschaffungs-/Herstellungskosten, Veräußerungskosten) **nach Bruchteilen.**[52]

---

50) Ebenso BMF-Schreiben v. 11.07.2011 – IV C 6 – S 2178/09/10001, BStBl I, 713, zu III, für den Fall der gewerblichen Prägung (§ 15 Abs. 3 Nr. 2 EStG) einer vermögensverwaltenden Personengesellschaft.

51) Vgl. dazu BMF-Schreiben v. 27.10.2010 – IV C 3 – S 2190/09/10007, BStBl I, 1204.

52) BFH, Urt. v. 03.05.2022 – IX R 22/19, DStR 2022, 1945; Kemcke/Schäffer, in: Haase/Dorn, Vermögensverwaltende Personengesellschaften, 5. Aufl. 2022, Teil 3 Rdnr. 104.

Das heißt, dass der vom Erwerber für den Anteil an der vermögensverwaltenden Personengesellschaft gezahlte Kaufpreis auf die im Gesamthandsvermögen der Gesellschaft befindlichen Wirtschaftsgüter (i.d.R. Grundstücke und Kapitalbeteiligungen) aufgeteilt werden muss. Übersteigen die Anschaffungskosten des Erwerbers hierbei die anteilig erworbenen Buchwerte des Gesamthandsvermögens (Mehranschaffungskosten), sind sie nach Auffassung des BFH[53] auf diejenigen Wirtschaftsgüter zu verteilen, in denen stille Reserven ruhen, und zwar im Verhältnis der stillen Reserven zueinander.

Hinsichtlich der weiteren Rechtsfolgen ist danach zu differenzieren, ob sich die Anteile an der vermögensverwaltenden Personengesellschaft im Privatvermögen oder aber im Betriebsvermögen des jeweiligen Gesellschafters der Zebragesellschaft befinden. 21.42

21.5.2 Anteile im Privatvermögen des Gesellschafters

Befinden sich die Anteile an der vermögensverwaltenden Personengesellschaft im **Privatvermögen** des Gesellschafters, so sind regelmäßig die Einkunftstatbestände der §§ 17, 20 und §§ 22, 23 EStG zu prüfen. 21.43

21.5.2.1 Anteile an Kapitalgesellschaften i.S.d. § 17 EStG

Kapitalbeteiligungen (GmbH-Anteile, Aktien) einer vermögensverwaltenden Personengesellschaft sind den Gesellschaftern für die Bestimmung des Veräußerungstatbestands nach § 17 EStG anteilig nach § 39 Abs. 2 Nr. 2 AO zuzurechnen. Die (anteilige) Zurechnung der gesamthänderisch gebundenen Kapitalgesellschaftsbeteiligung nach § 39 Abs. 2 Nr. 2 AO erfolgt grundsätzlich nach den den Gesellschaftern zustehenden nominellen Kapitalanteilen, also der Beteiligungsquote.[54] Es ist also nicht auf die Personengesellschaft als solche abzustellen (vgl. auch H 17 Abs. 2 Gesamthandsvermögen EStH 2018). Die Veräußerung der Beteiligung an einer vermögensverwaltenden Personengesellschaft löst daher für den veräußernden Gesellschafter den Tatbestand des § 17 EStG aus, wenn der Gesellschafter anteilig (über die vermögensverwaltende Personengesellschaft) zu mindestens 1 % an einer im Gesamthandsvermögen der vermögensverwaltenden Personengesellschaft gehaltenen Kapitalgesellschaft beteiligt ist. 21.44

53) BFH, Urt. v. 03.05.2022 – IX R 22/19, DStR 2022, 1945; nach a.A. soll die Aufteilung im Verhältnis der gemeinen Werte der im Gesamthandsvermögen befindlichen Wirtschaftsgüter erfolgen; Engel, Vermögensverwaltende Personengesellschaften im Ertragsteuerrecht, 2. Aufl. 2015, Rdnr. 907.

54) Dazu ausführlich und mit zahlreichen Beispielen Engel, Vermögensverwaltende Personengesellschaften im Ertragsteuerrecht, 2. Aufl. 2015, Rdnr. 898 m.w.N.

21.45 **Beispiel**

An der vermögensverwaltend tätigen AB-GbR sind die Gesellschafter A zu 20 % und B zu 80 % beteiligt. Zum Gesamthandsvermögen der AB-GbR gehört ausschließlich eine 2%ige Beteiligung an der X-GmbH. A und B veräußern ihre Anteile an der AB-GbR an C und D.

Lösung

A ist nach dem Verhältnis der Beteiligungsquoten gem. § 39 Abs. 2 Nr. 2 AO ein Anteil an der GmbH i.H.v. 0,4 % (20 % x 2 %), B ein Anteil i.H.v. 1,6 % (80 % x 2 %) zuzurechnen. Daher fällt nur die Veräußerung des Anteils durch B unter § 17 EStG.

Abwandlung

Die Beteiligung der AB-GbR an der X-GmbH beträgt nur 1,2 %.

Lösung

In diesem Fall fällt auch die Veräußerung durch B nicht unter § 17 EStG, weil B nach dem Verhältnis der Beteiligungsquoten gem. § 39 Abs. 2 Nr. 2 AO ein Anteil an der GmbH i.H.v. 0,96 % (80 % x 1,2 %) zuzurechnen ist, es ist hier also nicht auf die Quote der Personengesellschaft selbst (1,2 %) abzustellen.

21.46 Die Ermittlung des Veräußerungsgewinns erfolgt im Übrigen nach den allgemeinen Vorschriften, mithin aus der Differenz zwischen dem Veräußerungserlös nach Abzug der Veräußerungskosten und den Anschaffungskosten der Beteiligung (§ 17 Abs. 2 Satz 1 EStG).

21.47 **Hinweis**

Die mittelbare Veräußerung der Kapitalbeteiligung i.S.d. § 17 EStG (durch Veräußerung des Anteils an der vermögensverwaltenden Personengesellschaft) ist nicht im Rahmen der gesonderten und einheitlichen Einkünftefeststellung gem. § 179 Abs. 2 Satz 2, § 180 Abs. 1 Nr. 2 Buchst. a) AO zu erfassen, da es sich nicht um einen Fall gemeinschaftlicher Einkünfteerzielung handelt.[55)]

21.5.2.2 Veräußerungsgeschäfte nach § 20 Abs. 2 EStG

21.48 Nach § 20 Abs. 2 Satz 3 EStG gilt die Anschaffung oder Veräußerung einer mittelbaren oder unmittelbaren Beteiligung an einer Personengesellschaft als Anschaf-

55) Vgl. z.B. BFH, Urt. v. 09.05.2000 – VIII R 41/99, BStBl II, 686; OFD Frankfurt/Main, Vfg. v. 02.09.2015 – S 2256 A-41-St 213, DStR 2015, 2554, Rdnr. 18.

fung oder Veräußerung der anteiligen Wirtschaftsgüter.[56] Die Vorschrift erfasst denknotwendigerweise nur vermögensverwaltende Personengesellschaften, da Mitunternehmerschaften nicht in den Einzugsbereich des § 20 Abs. 2 EStG fallen. Über den Wortlaut des § 20 Abs. 2 Satz 3 EStG hinaus erfasst die Vorschrift auch „Mischfälle“, in denen das Wirtschaftsgut von der Personengesellschaft angeschafft und die Beteiligung an dieser vom Gesellschafter veräußert wird (und umgekehrt).[57]

Beispiel 21.49

A ist seit dem Jahr 10 zu 40 % an der vermögensverwaltenden ABC-GmbH & Co. KG beteiligt (Anteil = Privatvermögen des A). Im Gesamthandsvermögen der ABC-GmbH & Co. KG befindet sich ein Aktiendepot. Die Anschaffung der Aktien erfolgte im Jahr 15 (Anschaffungskosten 100.000 €). Im Jahr 19 veräußert A seinen Anteil an der ABC-GmbH & Co. KG zum Kaufpreis von 50.000 €. Zu diesem Zeitpunkt befindet sich im Gesamthandsvermögen der ABC-GmbH & Co. KG nur noch das Aktiendepot.

Lösung

A verwirklicht ein Veräußerungsgeschäft i.S.d. § 20 Abs. 2 Nr. 1 i.V.m. Abs. 2 Satz 3 EStG. Der steuerpflichtige Veräußerungsgewinn gem. § 20 Abs. 4 EStG beträgt 10.000 €.

Kapitaleinkünfte, die aufgrund einer Anteilsveräußerung gem. § 20 Abs. 2 Satz 3 21.50
EStG entstehen, unterliegen – mangels Einschaltung einer inländischen Zahlstelle i.S.d. § 43 EStG – nicht dem Kapitalertragsteuerabzug und sind daher gem. § 32d Abs. 3 Satz 1 EStG vom Gesellschafter in seiner Einkommensteuererklärung zu erklären. Über das Vorliegen und die Höhe dieser Einkünfte ist abschließend im Rahmen der Veranlagung zu entscheiden.[58]

56) Diese Regelung entspricht § 23 Abs. 1 Satz 4 EStG und ist eine Reaktion des Gesetzgebers auf die Rechtsprechung des BFH, wonach der Anteil an einer vermögensverwaltenden Personengesellschaft nicht identisch sein soll mit den von dieser Personengesellschaft gehaltenen Wirtschaftsgütern; vgl. zuletzt BFH, Urt. v. 20.11.2018 – VIII R 39/15, BStBl II 2019, 239, mit Verweis auf BFH, Urt. v. 10.07.1996 – X R 103/95, BStBl II 1997, 678.

57) RegE eines Unternehmensteuerreformgesetzes 2008, BT-Drucks. 16/4841, S. 57; siehe auch HERRMANN/HEUER/RAUPACH, EStG/KStG, § 20 EStG Rdnr. 537 (12/2022).

58) Vgl. auch BMF-Schreiben v. 18.01.2016 – IV C 1 – S 2252/08/10004 :017, BStBl I, 85, Rdnr. 79.

21.51 Gehören zum Bestand einer Personengesellschaft Wertpapiere, die **vor dem 01.01.2009** erworben wurden, findet § 20 Abs. 2 Satz 3 EStG bei der Veräußerung **keine** Anwendung, sofern ein Fall des Bestandsschutzes i.S.d. § 52 Abs. 28 Satz 11 EStG vorliegt.[59]

21.52 **Hinweis**

Kapitaleinkünfte gem. § 20 Abs. 2 EStG, die aufgrund einer Anteilsveräußerung gem. § 20 Abs. 2 Satz 3 EStG entstehen, werden nicht gem. § 179 Abs. 1, § 180 Abs. 1 Satz 1 Nr. 2 Buchst. a) AO gemeinschaftlich erzielt und sind daher nicht gesondert und einheitlich festzustellen.[60] Nach Auffassung der Finanzverwaltung[61] soll die Veräußerung aber auch im Rahmen der gesonderten und einheitlichen Feststellung zu erklären sein; das Feststellungsfinanzamt habe dem Wohnsitzfinanzamt des Gesellschafters die Besteuerungsgrundlagen insoweit nachrichtlich mitzuteilen.

21.5.2.3 Private Veräußerungsgeschäfte (§ 22 Nr. 2, § 23 EStG)

21.53 Auch für die Anwendung des § 23 EStG sind die Wirtschaftsgüter der vermögensverwaltenden Personengesellschaft den Gesellschaftern anteilig zuzurechnen. § 23 Abs. 1 Satz 4 EStG ordnet ausdrücklich an, dass die Anschaffung oder Veräußerung einer unmittelbaren oder mittelbaren Beteiligung an einer (vermögensverwaltenden) Personengesellschaft als Anschaffung oder Veräußerung der anteiligen Wirtschaftsgüter gilt.[62] § 23 Abs. 1 Satz 4 EStG ist mit der ganz h.M.[63] auch in „**Mischfällen**" anzuwenden.

---

59) BMF-Schreiben v. 18.01.2016 – IV C 1 – S 2252/08/10004 :017, BStBl I, 85, Rdnr. 76.

60) BFH, Urt. v. 20.11.2018 – VIII R 39/15, BStBl II 2019, 239.

61) BMF-Schreiben v. 18.01.2016 – IV C 1 – S 2252/08/10004 :017, BStBl I, 85, Rdnr. 79.

62) § 23 Abs. 1 Satz 4 EStG wurde mit dem Mißbrauchsbekämpfungs- und Steuerbereinigungsgesetz (StMBG) v. 21.12.1993, BGBl I, 2310, eingefügt, nachdem der BFH mit Urt. v. 04.10.1990 – X R 148/88, BStBl II 1992, 211, entschieden hatte, dass die Beteiligung an einer vermögensverwaltenden Personengesellschaft auch dann kein Grundstück i.S.d. § 23 Abs. 1 Satz 1 Nr. 1 (früher Abs. 1 Nr. 1 Buchst. a)) EStG repräsentiere, wenn das Vermögen der Gesellschaft nur aus Grundstücken bestehe. Wacker, DStR 2005, 2014, 2017, sieht die Norm hingegen bloß als deklaratorisch an.

63) Musil, in: Herrmann/Heuer/Raupach, EStG/KStG, § 23 EStG Rdnr. 241 (12/2022); FG Düsseldorf, Urt. v. 14.01.2015 – 15 K 2051/12 F, EFG 2015, 522; BFH, Urt. v. 21.01.2014 – IX R 9/13, BFH/NV 2014, 745; im vorstehenden Sinne auch BFH, Urt. v. 19.11.2019 – IX R 24/18, DStR 2020, 386; OFD Frankfurt/Main, Vfg. v. 02.09.2015 – S 2256 A-41-St 213, DStR 2015, 2554; **a.A.** Stephan, DB 1994, 1588, sowie Engel, Vermögensverwaltende Personengesellschaften im Ertragsteuerrecht, 2. Aufl. 2015, Rdnr. 971.

Beispiel 21.54

Zum Gesamthandsvermögen der ABC-GbR (A, B und C sind zu je 1/3 beteiligt) gehört ein unbebautes Grundstück, dass die GbR im Jahr 01 für 300.000 € angeschafft hat. Im Jahr 08 erwirbt D den Anteil von A zu einem Kaufpreis von 150.000 €. Im Jahr 12 veräußert D seinen Anteil an E für 160.000 €.

Lösung

Da die Anschaffung und Veräußerung einer Beteiligung an einer (vermögensverwaltenden) Personengesellschaft als Anschaffung oder Veräußerung der anteiligen Wirtschaftsgüter gelten, tätigt D ein privates Veräußerungsgeschäft i.S.d. § 22 Nr. 2 i.V.m. § 23 Abs. 1 Nr. 1 EStG. Der Veräußerungsgewinn beträgt 10.000 € (§ 23 Abs. 3 Satz 1 EStG). E hat Anschaffungskosten für den auf ihn entfallenden Grundstücksanteil i.H.v. 160.000 €.

Folgt man der h.M., so tätigt auch A im vorstehenden Beispiel ein privates Veräußerungsgeschäft i.S.d. § 22 Nr. 2 i.V.m. § 23 Abs. 1 Nr. 1 EStG. Der Veräußerungsgewinn beträgt 50.000 € (§ 23 Abs. 3 Satz 1 EStG).

Gehören zum Vermögen der vermögensverwaltenden Personengesellschaft mehrere Wirtschaftsgüter i.S.d. § 23 EStG, ist wegen der unterschiedlichen Haltefristen für jedes Wirtschaftsgut gesondert zu beurteilen, ob es sich um ein privates Veräußerungsgeschäft handelt. Auch die Ermittlung der Einkünfte aus dem privaten Veräußerungsgeschäft ist **wirtschaftsgutbezogen** vorzunehmen. 21.55

Hinweis 21.56

Eine einheitliche und gesonderte Feststellung nach § 180 Abs. 1 Nr. 2a AO ist in den Fällen des § 23 Abs. 1 Satz 4 EStG nicht durchzuführen, da die Einkünfte nicht von der Gesellschaft/Gemeinschaft erzielt werden, sondern von dem jeweiligen Beteiligten.[64)]

21.5.2.4 Anteile im Betriebsvermögen des Gesellschafters (Zebragesellschaft)

Wird ein Gesellschaftsanteil an einer vermögensverwaltenden Personengesellschaft (Zebragesellschaft) von einem Gesellschafter im Betriebsvermögen gehalten, so hat der Gesellschafter steuerrechtlich nicht den Anteil selbst, sondern vielmehr die gesamthänderisch gebundenen Wirtschaftsgüter der Zebragesellschaft anteilig (§ 39 Abs. 2 Nr. 2 AO) im Rahmen seines eigenen Buchführungswerks zu 21.57

64) BFH, Urt. v. 21.01.2014 – IX R 9/13, BFH/NV 2014, 745; OFD Frankfurt/Main, Vfg. v. 02.09.2015 – S 2256 A-41-St 213, DStR 2015, 2554.

erfassen.[65] Dem folgend ist Gegenstand der Veräußerung auch nicht der Anteil an der Zebragesellschaft, sondern vielmehr die durch den Anteil verkörperten und beim Gesellschafter bilanzierten Wirtschaftsgüter.[66]

21.58 Wird **keine Begünstigung nach §§ 16, 34 EStG** angenommen, so führt diese Betrachtung dazu, dass bei einer Veräußerung der Beteiligung an der vermögensverwaltenden Personengesellschaft die §§ 16, 34 EStG nicht anwendbar sind, weil Gegenstand der Veräußerung steuerrechtlich nicht die Beteiligung als solche, sondern vielmehr die durch die Beteiligung verkörperten Wirtschaftsgüter sind.

21.59 **Beispiel**

An der vermögensverwaltenden ABC-GbR sind die Gesellschafter A (natürliche Person) und die gewerblich tätige BC-OHG zu je 1/2, an der BC-OHG sind die natürliche Person B und die C-GmbH zu je 1/2 beteiligt. Zum Vermögen der ABC-GbR gehört seit acht Jahren ein unbebautes Grundstück (fremdvermietet) sowie ein Anteil an einer GmbH.

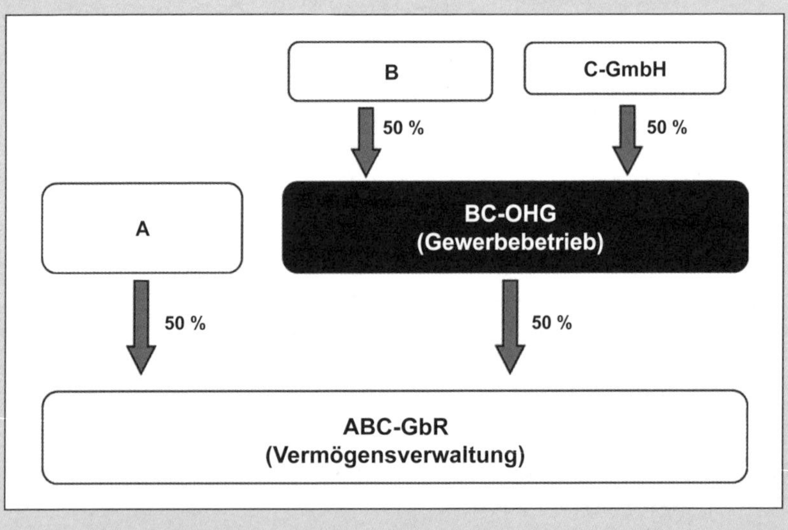

Die BC-OHG hat die Wirtschaftsgüter der ABC-GbR (Zebragesellschaft) wegen der Bruchteilsbetrachtung (§ 39 Abs. 2 Nr. 2 AO) anteilig in ihrer **Steuerbilanz zutreffend bilanziert**; die in der Steuerbilanz der BC-OHG ausgewiesenen Buchwerte betragen zum 31.12.20 100.000 € (Grundstück) bzw. 200.000 € (Anteil

65) BFH, Beschl. v. 11.04.2005 – GrS 2/02, BStBl II, 679.
66) BFH, Urt. v. 06.05.2010 – IV R 52/08, BStBl II 2011, 261.

GmbH). Zum 31.12.20 veräußert die BC-OHG ihren Anteil an der ABC-GbR an Z zum Kaufpreis von 600.000 €. Vom Kaufpreis entfallen 200.000 € auf das Grundstück und 400.000 € auf den GmbH-Anteil.

Lösung

Gegenstand der Veräußerung sind – anders als im Zivilrecht – nicht die Beteiligung als solche, sondern vielmehr die entsprechenden Anteile an den einzelnen Wirtschaftsgütern (hier Grundstück und GmbH-Anteil). Die aufgedeckten stillen Reserven sind mithin als **laufender nicht** nach §§ 16, 34 begünstigter Gewinn zu besteuern. Demnach ermitteln sich die Veräußerungsgewinne auf der Ebene der BC-OHG wie folgt:

	Grundstück	**GmbH-Anteil**	**gesamt**
Veräußerungspreis	200.000 €	400.00 €	600.000 €
abzgl. Buchwert	– 100.000 €	– 200.000 €	– 300.000 €
Gewinn	**100.000 €**	**200.000 €**	**300.000 €**

Der auf die Veräußerung des GmbH-Anteils entfallende Gewinn unterliegt bei B dem **Teileinkünfteverfahren** (§ 3 Nr. 40a, § 3c Abs. 2 EStG) und bei der C-GmbH der Steuerbefreiungsvorschrift des **§ 8b KStG** (Transparenzprinzip). Für B und die C-GmbH ermittelt sich daher der steuerpflichtige Gewinn aus der Veräußerung des „GmbH-Anteils" wie folgt:

	B	**C-GmbH**	**gesamt**
Gewinn GmbH-Anteil	100.000 €	100.000 €	200.000 €
§ 3 Nr. 40a, § 3c Abs. 2 EStG	– 40.000 €		– 40.000 €
§ 8b Abs. 1, 5 KStG		– 95.000 €	– 95.000 €
Steuerpflichtiger Gewinn	**60.000 €**	**5.000 €**	**65.000 €**

Der steuerpflichtige Gewinn aus der Veräußerung des GmbH-Anteils i.H.v. 65.000 € sowie der Gewinn aus der Veräußerung des Grundstücks i.H.v. 100.000 € gehen auf der **Ebene der BC-OHG** mit in den **Gewerbeertrag** ein (§ 7 Satz 1 und Satz 4 GewStG) ein.

Exkurs (§ 6b EStG): Soweit der Gewinn auf das Grundstück entfällt, könnte dieser – unter den weiteren Voraussetzungen – gem. § 6b Abs. 1, 3 EStG neutralisiert werden; soweit er auf den GmbH-Anteil entfällt, besteht gem. § 6b Abs. 10 EStG nur für die natürliche Person B ein Wahlrecht.

21.5.3 Ergänzungsrechnung Neugesellschafter

21.60 In Fällen, in denen der Kaufpreis die (fortgeführten) Anschaffungskosten der einzelnen gesamthänderisch gebundenen Wirtschaftsgüter der Gesellschaft übersteigt, hat der neu eintretende Gesellschafter **(zusätzliche) Anschaffungskosten** für die anteiligen Wirtschaftsgüter des Gesellschaftsvermögens (stille Reserven), die sich in den „Buchwerten" – richtigerweise spricht man bei Überschusseinkünften nicht von Buchwerten, sondern von den (fortgeführten) Anschaffungskosten – der Gesellschaft nicht widerspiegeln. Da für die Ergebnisermittlung die Ebene der Personengesellschaft maßgebend ist, hat der (neu) eintretende Gesellschafter seine Mehranschaffungskosten in einer sogenannten **Ergänzungsrechnung** auszuweisen.

21.61 Dieses Instrument dient der Ermittlung des zutreffenden Ergebnisanteils, weil der (neu) eintretende Gesellschafter andere Anschaffungskosten als die Altgesellschafter hat. Denn Gegenstand der Anschaffung ist einkommensteuerlich nicht der Gesellschaftsanteil (als einheitlich abnutzbares Wirtschaftsgut), sondern vielmehr die entsprechenden Anteile an den einzelnen materiellen Wirtschaftsgütern des Gesellschaftsvermögens. Die Anschaffungskosten des neu eintretenden Gesellschafters setzen sich damit zusammen aus

- den auf Gesellschaftsebene anteilig auf den Neugesellschafter entfallenden ausgewiesenen (fortgeführten) Anschaffungskosten und
- den aufgedeckten stillen Reserven. Letztere sind in der Ergänzungsrechnung auszuweisen.

21.62 Die AfA für die miterworbenen abnutzbaren Wirtschaftsgüter des eintretenden Gesellschafters bemessen sich nur nach Maßgabe seiner Anschaffungskosten und der Restnutzungsdauer des jeweiligen Wirtschaftsguts im Zeitpunkt des Anteilserwerbs. Wegen der Bruchteilsbetrachtung (§ 39 Abs. 2 Nr. 2 AO) gehören zum Kaufpreis auch die auf den neuen Gesellschafter entfallenden Verbindlichkeiten der vermögensverwaltenden Personengesellschaft.[67] Im Hinblick auf die zutreffende Ermittlung der Anschaffungskosten und der Beträge für AfA übernimmt die Ergänzungsrechnung damit dieselbe Aufgabe wie die Ergänzungsbilanz bei der gewerblichen/bilanzierenden Mitunternehmerschaft. Daher kann diesbezüglich für die **Fortführung der Ergänzungsrechnung** auf die zu den mitunternehmerischen Gesellschaften ergangene Rechtsprechung zurückgegriffen werden.[68]

---

67) BFH, Urt. v. 03.05.2022 – IX R 22/19, DStR 2022, 1945; Engel, Vermögensverwaltende Personengesellschaften im Ertragsteuerrecht, 2. Aufl. 2015, Rdnr. 227 mit Beispiel.

68) Vgl. hierzu insbesondere BFH, Urt. v. 03.05.2022 – IX R 22/19, DStR 2022, 1945, mit Hinweis auf BFH, Urt. v. 20.11.2014 – IV R 1/11, BStBl II 2017, 34; BMF-Schreiben v. 19.12.2016 – IV C 6 – S 2241/15/10005, BStBl I 2017, 34.

21.6 Eintritt eines Gesellschafters in eine vermögensverwaltende Personengesellschaft

21.63 Der Eintritt eines Gesellschafters in eine vermögensverwaltende Personengesellschaft gegen Einlage führt beim **eintretenden Gesellschafter** steuerrechtlich zur Anschaffung der anteiligen Wirtschaftsgüter. Dies folgt allgemein aus § 39 Abs. 2 Nr. 2 AO (siehe Rdnr. 21.4) und für die §§ 20, 23 EStG speziell aus § 20 Abs. 2 Satz 3 bzw. § 23 Abs. 1 Satz 4 EStG. Als Anschaffungskosten der erworbenen Wirtschaftsgüter gilt der Anteil, der nach dem Verhältnis der Verkehrswerte der erworbenen Wirtschaftsgüter zueinander auf das entsprechende Wirtschaftsgut entfällt.[69] Die Wirtschaftsgüter sind dann nach den allgemeinen Regeln (§§ 20, 23 EStG oder weil die Wirtschaftsgüter beim Gesellschafter Betriebsvermögen darstellen) steuerverhaftet. Erfolgt die Einlage im Rahmen einer **Sacheinlage** gegen **Gewährung von Gesellschaftsrechten (offene Einlage)**,[70] ist der Einbringungsvorgang insoweit als Veräußerung anzusehen, als der Gesellschafter und bisherige Eigentümer nach der Übertragung am Vermögen der Gesellschaft oder Gemeinschaft nicht mehr beteiligt ist (vgl. hierzu auch Beispiel Rdnr. 21.72).[71]

21.64 Durch den Neueintritt eines Gesellschafters veräußern die **Altgesellschafter** zugleich einen Anteil der Wirtschaftsgüter der vermögensverwaltenden Personengesellschaft an den neuen Gesellschafter. Gehören die Anteile zum Privatvermögen der Altgesellschafter, kommt es nur bei Vorliegen der Voraussetzungen der §§ 17, 20, 22, 23 EStG zur Aufdeckung der stillen Reserven (vgl. hierzu auch § 20 Abs. 2 Satz 3 und § 23 Abs. 1 EStG).[72] Hält der Altgesellschafter seine Anteile im Betriebsvermögen, so entsteht dort ein laufender (nicht nach §§ 16, 34 EStG begünstigter) Gewinn. Bei Vorliegen der übrigen Voraussetzungen kann die Aufdeckung der stillen Reserven nach § 6b EStG verhindert werden. Der Gewinn ermittelt sich aus der Differenz des dem Altgesellschafter zuzurechnenden Veräußerungspreises (anteilige Einlage des Neugesellschafters) abzüglich der anteiligen Anschaffungskosten (der an den Neugesellschafter veräußerten Wirtschaftsgüter). Der Veräußerungspreis ist nach dem Verhältnis der Verkehrswerte der veräußerten Wirtschaftsgüter zueinander aufzuteilen.[73]

---

69) BMF-Schreiben v. 18.01.2016 – IV C 1 – S 2252/08/10004 :017, BStBl I, 85, Rdnr. 74.

70) Zur Frage der Gewährung von Gesellschaftsrechten vgl. BMF-Schreiben v. 11.07.2011 – IV C 6 – S 2178/09/10001, BStBl I, 713, und v. 26.07.2016 – IV C 6 – S 2178/09/10001, BStBl I, 684.

71) BFH, Urt. v. 02.04.2008 – IX R 18/06, BStBl II, 679 m.w.N.; ebenso BMF-Schreiben v. 05.10.2000 – IV C 3 – S 2256 – 263/00, BStBl I, 1383, Rdnr. 8.

72) BFH, Urt. v. 06.09.2016 – IX R 44/14, BStBl II 2018, 323.

73) BMF-Schreiben v. 18.01.2016 – IV C 1 – S 2252/08/10004 :017, BStBl I, 85, Rdnr. 75 mit zahlreichen Beispielen.

21.7 Austritt – Ausscheiden und Anwachsung

21.65 Beim Ausscheiden eines Gesellschafters aus einer GbR wird die Gesellschaft typischerweise nach den gesellschaftsvertraglichen Regelungen nicht aufgelöst, sondern mit den verbleibenden Gesellschaftern fortgesetzt (§ 736 BGB, Fortsetzungsklausel).[74] Beim Ausscheiden eines Gesellschafters aus einer OHG/KG tritt diese Rechtsfolge – auch ohne Fortsetzungsklausel – kraft Gesetzes ein (§ 161 Abs. 2, § 131 Abs. 3 HGB). Im Unterschied zum Gesellschafterwechsel, bei dem der Mitunternehmeranteil auf einen neuen oder einen anderen Gesellschafter übergeht, handelt es sich beim Ausscheiden aus einer Personengesellschaft um einen Vorgang, bei dem der Gesellschaftsanteil zivilrechtlich untergeht und die Mitgliedschaft des Ausgeschiedenen allen übrigen Gesellschaftern nach Maßgabe deren Beteiligung anwächst (§ 738 Abs. 1 BGB, ggf. i.V.m. § 105 Abs. 3, § 161 Abs. 2 HGB). Nach § 738 Abs. 1 Satz 2 BGB ist die Personengesellschaft verpflichtet, dem Ausgeschiedenen dasjenige zu zahlen, was dieser bei einer Auseinandersetzung erhalten würde, wenn die Gesellschaft zum Zeitpunkt des Ausscheidens aufgelöst worden wäre; hierbei richtet sich der Abfindungsanspruch – anders als im Fall der Liquidation – gegen die Gesellschaft[75] und nicht gegen die verbleibenden Gesellschafter.[76]

21.66 **Steuerrechtlich** führt die Anwachsung bei den verbleibenden Gesellschaftern zur Anschaffung der auf den ausscheidenden Gesellschafter anteilig entfallenden Wirtschaftsgüter.[77] Dies folgt wiederum allgemein aus § 39 Abs. 2 Nr. 2 AO und für die §§ 20, 23 EStG speziell aus § 20 Abs. 2 Satz 3 bzw. § 23 Abs. 1 Satz 4 EStG. Aus der Sicht des Ausgeschiedenen ist die Abfindung Veräußerungspreis für die im Gesellschaftsanteil anteilig verkörperten Wirtschaftsgüter. Hier gelten mithin die gleichen Regeln wie beim Anteilserwerb bzw. der Anteilsveräußerung (siehe hierzu im Einzelnen Rdnr. 21.41 ff.).

21.8 Formwechsel/Verschmelzung einer Kapitalgesellschaft auf eine Zebragesellschaft

21.67 Bei einem Vermögensübergang auf einen Rechtsträger **ohne Betriebsvermögen** (vermögensverwaltende Personengesellschaft) ist eine entsprechende Anwendung von § 3 UmwStG und damit ein Buchwertansatz nach § 8 Abs. 1 Satz 2 UmwStG

74) Mit Inkrafttreten des MoPeG zum 01.01.2024 ist die Fortführung der rechtsfähigen GbR der gesetzlich normierte Regelfall (§ 723 BGB i.d.F. des MoPeG).

75) BGH, Urt. v. 12.07.2016 – II ZR 74/14, DB 2016, 1985.

76) Vgl. dazu auch BGH, Urt. v. 17.05.2011 – II ZR 285/09, DB 2011, 1631, Rdnr. 11 f. m.w.N.

77) Nach Meinung des BFH, Urt. v. 19.11.2019 – IX R 24/18, DStR 2020, 386, vollzieht sich der Anwachsungserwerb verfahrensrechtlich jeweils einzeln beim Gesellschafter und nicht in der Einheit der Gesellschaft.

nicht vorgesehen. Es ist danach streitig, ob ein steuerneutraler Formwechsel bzw. eine Verschmelzung einer Kapitalgesellschaft auf eine vermögensverwaltende Personengesellschaft auch dann nicht in Betracht kommt, **wenn die Anteile an der umgewandelten Gesellschaft in den Betriebsvermögen** der an der vermögensverwaltenden Personengesellschaft beteiligten Gesellschafter gehalten werden. Die Besonderheit bei der Zebragesellschaft besteht darin, dass die Ermittlung der Einkünfte auf der Ebene der Gesellschaft erfolgt, während die Qualifizierung der Einkünfte als vermögensverwaltend oder als gewerblich erst auf der Ebene ihrer Gesellschafter erfolgt. Es stellt sich daher die Frage, ob § 8 UmwStG für den Vermögensübergang insgesamt anzuwenden ist, weil eine vermögensverwaltende Personengesellschaft nicht über Betriebsvermögen verfügt, oder ob der Vermögensübergang jeweils anteilig zu Buchwerten und zu gemeinen Werten zu erfolgen hat, je nachdem, ob der Gesellschafter der Zebragesellschaft Gewinneinkünfte erzielt oder nicht.[78] Die Finanzverwaltung lehnt eine steuerneutrale Umwandlung ab,[79] während Teile des Schrifttums[80] den Anwendungsbereich für eine Buchwertfortführung – vor dem Hintergrund der weiteren steuerlichen Verstrickung – für eröffnet halten.

Hinweis 21.68

Behrens/Renner[81] empfehlen als „**Ausweichgestaltung**", die Kapitalgesellschaft zunächst in eine gewerbliche KG (Mitunternehmerschaft) und nachträglich in eine sogenannte Treuhandpersonengesellschaft[82] umzuwandeln. Eine direkte Umwandlung in eine Treuhandpersonengesellschaft ist ebenso nicht unter einer Buchwertfortführung möglich.[83]

---

78) Möhlenbrock, in: Dötsch/Pung/Möhlenbrock, Die Körperschaftsteuer, § 8 UmwStG Rdnr. 11 (12/2011).

79) Vgl. BMF-Schreiben v. 11.11.2011 – IV C 2 – S 1978-b/08/10001 (Umwandlungssteuererlass), BStBl I, 1314, Rdnr. 03.16, 08.03.

80) Stapperfend u.a., in: Herrmann/Heuer/Raupach, EStG/KStG, § 15 EStG, Rdnr. 1476 (12/2022); Huber/Marat, DB 2011, 1823, 1826 ff.; Behrens/Renner, BB 2016, 683, 685; Levedag, GmbHR 2013, 243, 245; Schnitter, in: Frotscher/Drüen, UmwStG, § 8 Rdnr. 13 (10/2021) m.w.N.; a.A. Möhlenbrock, in: Dötsch/Pung/Möhlenbrock, Die Körperschaftsteuer, § 8 UmwStG Rdnr. 11 (12/2011).

81) Behrens/Renner, BB 2016, 683, 685.

82) Zum sog. Treuhandmodell Hinweis auf BFH, Urt. v. 03.02.2010 – IV R 26/07, BStBl II, 751.

83) Schnitter, in: Frotscher/Drüen, UmwStG, § 8 Rdnr. 13a (10/2021); OFD Niedersachsen, Vfg. v. 07.02.2014 – S 1978 – 97 – St 243.

21.9 Leistungen zwischen Gesellschaft und Gesellschafter

21.69 Da für einen Unternehmenskauf nicht zuletzt auch die zukünftigen Rechtsbeziehungen (z.B. Miet- und Pachtverträge, Darlehensvertrag etc.) zwischen Erwerber und Gesellschaft eine wesentliche Rolle spielen, sind an dieser Stelle auch die (zivil- und steuerrechtlichen) Rechtsfolgen der Leistungen zwischen Gesellschaft und Gesellschafter näher zu beleuchten. Dies gilt umso mehr, als die diesbezüglichen steuerlichen Fragestellungen und Rechtsfolgen vielfältig und komplex sind. Daher sollten diese Aspekte bereits im Rahmen der **Vorbereitung des Unternehmenskaufs** geprüft werden.

21.9.1 Veräußerungsvorgänge

21.9.1.1 Grundsätze

21.70 Nach ständiger Rechtsprechung des BFH kann der Gesellschafter einer **mitunternehmerisch** tätigen Personengesellschaft einzelne Wirtschaftsgüter an „seine" Personengesellschaft wie ein fremder Dritter entgeltlich veräußern.[84] Grund dafür ist der in diesen Fällen vorrangige Gesichtspunkt der Einheit der Personengesellschaft. Danach sind es die Gesellschafter in ihrer gesellschaftlichen Verbundenheit, die die Merkmale eines Besteuerungstatbestands verwirklichen. Demgegenüber ist die Übertragung eines Wirtschaftsguts auf „seine" **vermögensverwaltende** Personengesellschaft oder Gemeinschaft **gegen Entgelt** oder gegen **Gewährung von Gesellschaftsrechten** insoweit nicht als Veräußerung anzusehen, als der Gesellschafter und bisherige Eigentümer nach der Übertragung am Vermögen der Gesellschaft oder Gemeinschaft beteiligt ist.[85] In diesem Umfang kommt es steuerrechtlich zu keinem Wechsel des Rechtsträgers, weil der Gesellschafter (weiterhin) nach § 39 Abs. 2 Nr. 2 AO als Bruchteilseigentümer des Wirtschaftsguts anzusehen ist. Der Gesichtspunkt der Einheit der Personengesellschaft rechtfertigt eine andere Zuordnung in diesem Fall nicht. Denn eine vermögensverwaltende – anders als eine mitunternehmerische – Personengesellschaft ist insoweit nicht Subjekt der Gewinnerzielung und Gewinnermittlung; die Anwendung des § 39 Abs. 2 Nr. 2 AO wird in diesem Fall nicht – wie bei einer mitunternehmerischen Personengesellschaft – durch § 15 Abs. 1 Satz 1 Nr. 2 Satz 1 erster Halbsatz EStG verdrängt.

---

84) Z.B. BFH, Beschl. v. 03.05.1993 – GrS 3/92, BStBl II, 616 unter C.III.6.a cc.

85) BFH, Urt. v. 02.04.2008 – IX R 18/06, BStBl II, 679 m.w.N.; ebenso BMF-Schreiben v. 05.10.2000 – IV C 3 – S 2256 – 263/00, BStBl I, 1383, Rdnr. 8.

21.9.1.2 Wirtschaftsgüter des Privatvermögens

Sind Gegenstand der Veräußerung Wirtschaftsgüter des Privatvermögens, so können die Übertragungen unter den Voraussetzungen der §§ 17, 20, 22, 23 EStG zur Aufdeckung der stillen Reserven führen. 21.71

Beispiel 21.72

An der vermögensverwaltend tätigen BC-GbR sind B und C zu je 1/2 beteiligt. Im Jahr 10 beteiligt sich A an der GbR und bringt dazu ein unbebautes Grundstück mit einem Wert von 240.000 €, das er im Jahr 03 für 180.000 € erworben hatte, in die GbR ein (gegen Gewährung von Gesellschaftsrechten). Danach sind A, B und C zu je 1/3 an der GbR beteiligt. Im Jahr 14 veräußert die GbR das Grundstück zu einem Kaufpreis von 270.000 € an den Gesellschafter B, der es seinerseits im Jahr 15 für 300.000 € an einen fremden Dritten verkauft.[86]

Lösung

1. Einbringung durch A in GbR

Die Übertragung des Grundstücks auf die GbR gegen Gewährung von Gesellschaftsrechten ist zu 1/3 nicht als Veräußerung anzusehen, weil A in diesem Umfang an der GbR beteiligt ist. In Höhe von 2/3 liegt ein entgeltliches Veräußerungsgeschäft vor. Die Gegenleistung für die Übertragung des Grundstücks besteht in der Gewährung von Gesellschaftsrechten. Damit ist der Tatbestand des § 23 Abs. 1 Nr. 1 EStG (privates Veräußerungsgeschäft) erfüllt. Der Gewinn ermittelt sich nach § 23 Abs. 3 Satz 1 EStG wie folgt:

2/3 des Veräußerungspreises von 240.000 €	160.000 €
abzüglich 2/3 der Anschaffungskosten von 180.000 €	– 120.000 €
Veräußerungsgewinn des A	**40.000 €**

2. Verkauf GbR an B

Die Veräußerung durch die GbR an B ist als anteilige Veräußerung des Grundstücks durch A und C an B zu behandeln. Der von A erzielte Veräußerungsgewinn unterliegt nicht der Besteuerung nach § 23 Abs. 1 Satz 1 Nr. 1 EStG, weil er das Grundstück, das ihm noch zu 1/3 zuzurechnen ist, vor mehr als zehn Jahren vor der Veräußerung erworben hat. Für C ermittelt sich der Veräußerungsgewinn nach § 23 Abs. 3 Satz 1 EStG wie folgt:

86) Beispiel in Anlehnung an das BMF-Schreiben v. 05.10.2000 – IV C 3 – S 2256 – 263/00, BStBl I, 1383, Rdnr. 8.

1/3 des Veräußerungspreises von 270.000 €	90.000 €
abzüglich 1/3 der Anschaffungskosten von 240.000 € im Jahr 10	– 80.000 €
Veräußerungsgewinn des C	**10.000 €**

3. Verkauf B an Dritten

Der Erwerb des Grundstücks durch die GbR im Jahr 10 ist zu 1/3 als Anschaffung durch B und der Erwerb des Grundstücks von der GbR durch B im Jahr 14 zu 2/3 als Anschaffung des Grundstücks durch B zu behandeln. Da die Anschaffungsvorgänge und die Veräußerung der jeweiligen Grundstücksanteile innerhalb der Zehnjahresfrist erfolgten, unterliegt der gesamte Vorgang der Besteuerung nach § 23 Abs. 1 Satz 1 Nr. 1 EStG. Der Gewinn ermittelt sich nach § 23 Abs. 3 Satz 1 EStG wie folgt:

Veräußerungserlös		300.000 €
abzüglich Anschaffungskosten		
– 1/3 von 240.000 € im Jahr 10	80.000 €	
– 2/3 von 270.000 € im Jahr 12	180.000 €	– 260.000 €
Veräußerungsgewinn B		**40.000 €**

21.73 Die vorstehenden Grundsätze gelten entsprechend, wenn die Gesellschaft an den Gesellschafter ein Wirtschaftsgut gegen ein fremdübliches Entgelt überträgt.[87]

21.9.1.3 Wirtschaftsgüter des Betriebsvermögens

21.74 Überträgt ein **betrieblich beteiligter Gesellschafter** einer vermögensverwaltenden Personengesellschaft (Zebragesellschaft) ein Wirtschaftsgut seines Betriebsvermögens in das Gesamthandsvermögen der vermögensverwaltenden Personengesellschaft, führt dies steuerlich ebenfalls nicht zur Aufdeckung der stillen Reserven bei dem Gesellschafter, soweit dieser an der Zebragesellschaft betrieblich beteiligt ist.[88] Denn durch die Veräußerung ändert sich das Betriebsvermögen des Gesellschafters insoweit nicht, als es seiner Beteiligung an der vermögensverwaltenden

87) In diesem Sinne auch BMF-Schreiben v. 05.10.2000 – IV C 3 – S 2256 – 263/00, BStBl I, 1383, Rdnr. 8.

88) BFH, Urt. v. 26.04.2012 – IV R 44/09, BStBl II 2013, 142.

Personengesellschaft entspricht. Die Anwendung des § 39 Abs. 2 Nr. 2 AO wird in diesem Fall nicht – wie bei einer gewerblichen Personengesellschaft – durch § 15 Abs. 1 Satz 1 Nr. 2 Satz 1 erster Halbsatz EStG verdrängt.[89)]

Beispiel 21.75

Die gewerblich geprägte A-GmbH & Co. KG ist zu 99 % an der vermögensverwaltenden A & B GbR beteiligt. B (natürliche Person, Anteil Privatvermögen) ist zu 1 % an der GbR beteiligt. Gesellschafter der A-GmbH & Co. KG sind die natürliche Person A (Kommanditist =100 %) sowie die vermögenslos beteiligte A-GmbH. Die A & B GbR vermietet verschiedene Grundstücke zu Wohnzwecken. Am 31.12.11 hat die A-GmbH & Co. KG ein zu ihrem Betriebsvermögen gehörendes Grundstück (Buchwert 100.000 €) zu einem fremdüblichen Veräußerungspreis i.H.v. 1,1 Mio. € an die A & B GbR veräußert. Der Kaufpreis wird vom Bankkonto der A & B GbR auf das betriebliche Bankkonto der A-GmbH & Co. KG überwiesen.

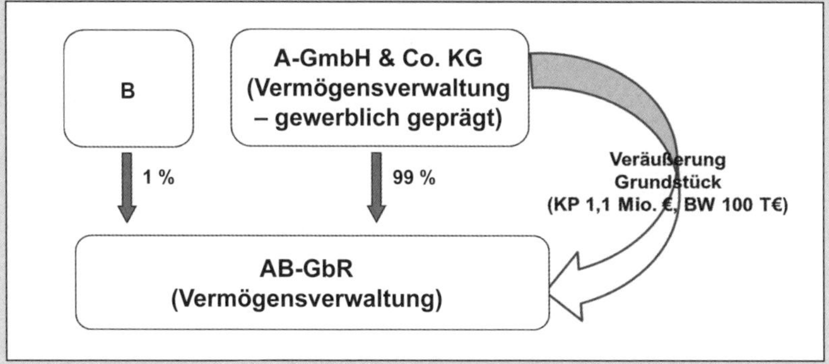

Lösung

Stille Reserven sind aufzudecken, wenn ein Besteuerungstatbestand erfüllt wird. Voraussetzung dafür ist bei Steuerpflichtigen, die den Gewinn durch Betriebsvermögensvergleich ermitteln (§ 4 Abs. 1, § 5 EStG), eine Änderung des Betriebsvermögens.

Veräußert eine gewerbliche Personengesellschaft (hier: A-GmbH & Co. KG) ein Wirtschaftsgut ihres Betriebsvermögens an eine vermögensverwaltende Personengesellschaft (hier: A & B GbR), an der sie beteiligt ist (Zebragesellschaft), ändert sich das Betriebsvermögen der gewerblichen Personengesellschaft insoweit nicht, als es ihrer Beteiligung an der vermögensverwaltenden Personen-

89) BFH, Urt. v. 02.04.2008 – IX R 18/06, BStBl II, 679, unter II.2. m.w.N.

gesellschaft entspricht. Dies gilt auch dann, wenn die Veräußerung zu fremdüblichen Bedingungen erfolgt, weil Wirtschaftsgüter, die mehreren zur gesamten Hand zustehen, den Beteiligten nach § 39 Abs. 2 Nr. 2 AO anteilig zuzurechnen sind, wenn die Beteiligung an einer vermögensverwaltenden Personengesellschaft gehalten wird.

Die Veräußerung des Grundstücks an die vermögensverwaltende A & B GbR führt danach insoweit nicht zur Aufdeckung von stillen Reserven, als die A-GmbH & Co. KG an der A & B GbR beteiligt ist. Im Umfang ihrer Beteiligung an der A & B GbR (= 99 %) änderte sich mithin durch die Veräußerung nichts. Zwar wurde das Grundstück (zivilrechtlich) in vollem Umfang veräußert; die Veräußerung erfüllt jedoch keinen Besteuerungstatbestand, soweit das Grundstück unverändert zum Betriebsvermögen der A-GmbH & Co. KG rechnet. Folglich sind auf der Ebene der A-GmbH & Co. KG nur 1 % der stillen Reserven (1 Mio. €) aufzudecken. Die A-GmbH hat die Veräußerung in ihrer Buchführung daher wie folgt zu erfassen:

Bank	1.100.000 €	an	Grundstück	1.000 €
			Bank (A & B GbR)	1.089.000 €
			s.b. Erträge	10.000 €

Hierbei ist zu beachten, dass die A-GmbH & Co. KG wegen der anteiligen Zurechnung der Wirtschaftsgüter (§ 39 Abs. 2 Nr. 2 AO) der A & B GbR auch das anteilige Bankkonto der A & B GbR zu bilanzieren hat. Deshalb führt die Kaufpreiszahlung i.H.v. 1.089.000 € zu einem reinen Aktivtausch (Minderung Bankkonto A & B GbR, Erhöhung Bankkonto A-GmbH & Co. KG). In der Bilanz der A-GmbH & Co. KG ist das Grundstück daher zum 31.12.11 i.H.v. 99.000 € auszuweisen.

Auch aus Sicht der A & B GbR ist die Übertragung des Grundstücks insoweit nicht als Veräußerung anzusehen, als der bisherige Eigentümer nach der Übertragung am Vermögen der Gesellschaft beteiligt ist. Dies hat zur Folge, dass nur für B ein Anschaffungsvorgang vorliegt.[90] Die Anschaffungskosten des B belaufen sich daher auf 11.000 € (1 % von 1,1 Mio. €).

Abwandlung

Wie vorheriges Beispiel, jedoch mit dem Unterschied, dass der Gesellschafter B der A & B GbR eine GmbH ist.

90) Vgl. auch BMF-Schreiben v. 05.10.2000 – IV C 3 – S 2256 – 263/00, BStBl I, 1383.

Lösung

Bei der A & B GbR handelt es nunmehr **nicht** um eine vermögensverwaltende, sondern vielmehr um eine gewerbliche geprägte Personengesellschaft i.S.d. § 15 Abs. 3 Nr. 2 **Satz 2** EStG. Hier führt die Veräußerung des Grundstücks daher zur Aufdeckung aller im Grundstück enthaltenen stillen Reserven. Grund dafür ist der in diesen Fällen vorrangige Gesichtspunkt der Einheit der Personengesellschaft (§ 15 Abs. 1 Nr. 2 EStG). Daraus folgt, dass Wirtschaftsgüter im Gesamthandsvermögen einer **gewerblichen** Personengesellschaft deren Betriebsvermögen und nicht (anteilig) dem Betriebsvermögen ihrer – ebenfalls gewerblichen – Gesellschafter zuzuordnen sind. Daher verlässt das Grundstück hier auch das Betriebsvermögen der A-GmbH & Co. KG. Die A & B GbR hat das Grundstück mit ihren Anschaffungskosten i.H.v. 1,1 Mio. € anzusetzen.

21.9.2 Hingabe von Darlehen

Die Grundsätze zur Bruchteilsbetrachtung nach § 39 Abs. 2 Nr. 2 AO (Rdnr. 21.4) gelten auch dann, wenn der Gesellschafter seiner vermögensverwaltenden Personengesellschaft (z.B. zum Erwerb von Immobilien) ein verzinsliches Darlehen gewährt.[91] Der Darlehensvertrag ist steuerrechtlich insoweit nicht anzuerkennen, als der Gesellschafter an der Personengesellschaft beteiligt ist.[92] 21.76

Die teilweise steuerrechtliche Nichtanerkennung des Darlehensverhältnisses hat damit zur Folge, dass die seitens der vermögensverwaltenden Personengesellschaft gezahlten Zinsen **insoweit** 21.77

- keine Werbungskosten bei den Einkünften aus Vermietung und Verpachtung
- und in dieser Höhe auch keine steuerbaren Einnahmen aus Kapitalvermögen des darlehensgewährenden Gesellschafters darstellen.

91) FG München, Urt. v. 18.03.2021 – 10 K 2756/19, EFG 2021, 1524, Revision anhängig beim BFH unter dem Az. I R 19/21; FG Düsseldorf, Urt. v. 08.10.2019 – 13 K 1695/19 F, EFG 2020, 93; OFD NRW, Kurzinformation ESt Nr. 01/2016 v. 07.01.2016, DB 2016, 80.

92) BFH, Urt. v. 18.05.2004 – IX R 83/00, BStBl II, 898; BFH, Urt. v. 18.05.2004 – IX R 49/02, BStBl II, 929; BFH, Urt. v. 18.05.2004 – IX R 42/01, BFH/NV 2005, 168; ebenso FG Düsseldorf, Urt. v. 08.10.2019 – 13 K 1695/19 F, EFG 2020, 93; anders noch BFH, Urt. v. 18.11.1980 – VIII R 194/78, BStBl II 1981, 510.

21.78 Nach (zutreffender) Auffassung des FG Düsseldorf[93] führt die teilweise steuerrechtliche Nichtanerkennung des Darlehensvertrags im Weiteren dazu, dass die anteilig nicht als Werbungskosten zu berücksichtigen Darlehenszinsen dem darlehensgewährenden Gesellschafter vorab als Einnahme aus Vermietung und Verpachtung zuzurechnen sind. Diese Sichtweise trägt dem Umstand Rechnung, dass diese Beträge für eine Einkünfteverteilung nach Quote nicht zur Verfügung stehen, weil sie von der Personengesellschaft – entsprechend der zivilrechtlich in Gänze wirksamen Darlehensverträge – als Schuldzinsen an den darlehensgewährenden Gesellschafter verausgabt wurden.

21.79 Etwaige **Refinanzierungskosten** des Gesellschafters stellen nur insoweit **Sonderwerbungskosten** bei den Einkünften aus Vermietung und Verpachtung dar, als die Darlehensverhältnisse zwischen ihm und der Personengesellschaft steuerrechtlich keine Anerkennung finden, denn in dieser Höhe stehen die Refinanzierungsaufwendungen mit den ihm nach § 39 Abs. 2 Nr. 2 AO anteilig zuzurechnenden Wirtschaftsgütern der Personengesellschaft im wirtschaftlichen Zusammenhang. Soweit das Darlehensverhältnis auch mit steuerlicher Wirkung Anerkennung findet (soweit die Anteile am Gesellschaftsvermögen nicht dem Darlehensgeber zuzurechnen sind), erzielt der Gesellschafter nämlich **Einkünfte aus Kapitalvermögen** (§ 20 Abs. 1 Nr. 7 EStG).[94] Demzufolge stehen die Refinanzierungsaufwendungen insoweit dann auch nicht mit den Einkünften aus Vermietung und Verpachtung, sondern vielmehr mit den Einkünften aus Kapitalvermögen im wirtschaftlichen Zusammenhang.[95]

21.80 Die Einnahmen nach § 20 Abs. 1 Nr. 7 EStG unterliegen grundsätzlich der Abgeltungsteuer (Ausnahme: § 32d Abs. 2 Nr. 1a EStG),[96] die damit im Zusammenhang stehenden Aufwendungen unterliegen jedoch dem **Werbungskostenabzugsverbot** nach § 20 Abs. 9 Satz 1 letzter Halbsatz EStG.

21.81 **Praxistipp**

Eine Gestaltungsmöglichkeit liegt hier in der modifizierten Verteilung der Anteile am Überschuss der vermögensverwaltenden Personengesellschaft. Die Gesellschafter können im Gesellschaftsvertrag vereinbaren, dass dem Leistenden

93) FG Düsseldorf, Urt. v. 08.10.2019 – 13 K 1695/19 F, EFG 2020, 93–95.

94) So auch OFD NRW, Kurzinformation ESt Nr. 01/2016 v. 07.01.2016, DB 2016, 80.

95) Ebenso FG Düsseldorf, Urt. v. 08.10.2019 – 13 K 1695/19 F, EFG 2020, 93.

96) Zur Anwendung des § 32d Abs. 2 Nr. 1a EStG bei vermögensverwaltenden Personengesellschaften vgl. FG Bremen, Urt. v. 15.05.2019 – 1 K 59/18 (3), EFG 2019, 1393, sowie Weiss, ErbStB 2019, 256.

statt einer schuldrechtlichen Vergütung (hier: Zins) ein „Ergebnisvorab" für den Gesellschafterbeitrag (hier: Darlehensgewährung) zu gewähren ist.[97] In diesem Fall erzielt der Gesellschafter keine Einkünfte aus Kapitalvermögen mit der Folge, dass die Refinanzierungsaufwendungen in voller Höhe als Sonderwerbungskosten beim Gesellschafter zu berücksichtigen sind (vgl. Beispiel zu Rdnr. 21.83, dort die Abwandlung).[98] Kehrseite der Medaille ist, dass die (so erhöhten) Einkünfte aus Vermietung und Verpachtung nicht dem begünstigten Tarif nach § 32d Abs. 1 EStG unterliegen.

Auch den Gesellschaften einer vermögensverwaltenden Personengesellschaft steht es im Rahmen ihrer Vertragsfreiheit zu, zwischen einer Ergebnisvorabregelung oder einer schuldrechtlichen Vereinbarung zu wählen. Hierbei sollten neben den zivilrechtlichen auch die vorstehenden steuerlichen Aspekte berücksichtigt werden.[99] 21.82

Beispiel 21.83

An der vermögensverwaltenden ABC-GbR (Vermietung und Verpachtung) sind die Gesellschafter A, B und C zu je 1/3 beteiligt. Die ABC-GbR hat mit Wirkung zum 01.01.20 ein Grundstück erworben, das sie an Y fremdvermietet. Zur Finanzierung des Kaufpreises hat die GbR mit dem Gesellschafter A einen Darlehensvertrag geschlossen. Die danach zu zahlenden Schuldzinsen belaufen sich auf 9.000 € (fremdüblich) und wurden im Kalenderjahr 20 an A bezahlt. A hat das Darlehen (teilweise) refinanziert, die diesbezüglichen Schuldzinsen betragen 6.000 €. Weitere Werbungskosten sollen (aus Vereinfachungsgründen) nicht angefallen sein. Die ABC-GbR hat im Kalenderjahr 20 Mieteinnahmen i.H.v. 120.000 € erzielt.

---

97) Kemcke/Schäffer, in: Haase/Dorn, Vermögensverwaltende Personengesellschaften, 5. Aufl. 2022, Teil 3 Rdnr. 67.

98) Engel, Vermögensverwaltende Personengesellschaften im Ertragsteuerrecht, 2. Aufl. 2015, Rdnr. 264, 273; BFH, Urt. v. 18.11.1980 – VIII R 194/78, BStBl II 1981, 510, 512; Kemcke/Schäffer, in: Haase/Dorn, Vermögensverwaltende Personengesellschaften, 5. Aufl. 2022, Teil 3 Rdnr. 71.

99) Vgl. hierzu auch Kemcke/Schäffer, in: Haase/Dorn, Vermögensverwaltende Personengesellschaften, 5. Aufl. 2022, Teil 3 Rdnr. 61 ff.

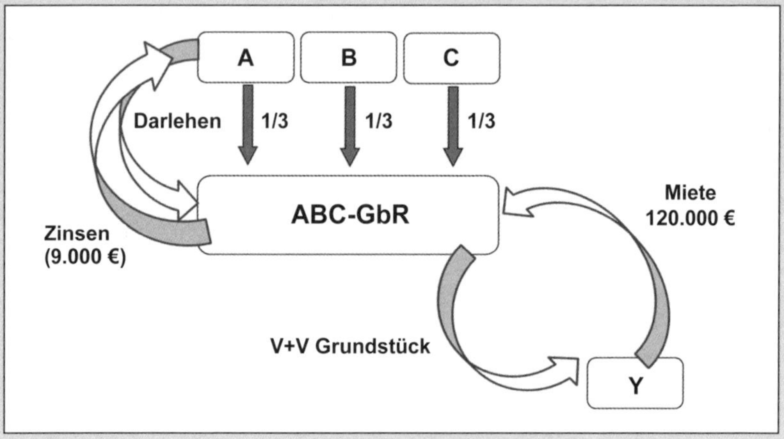

Lösung

Der (zivilrechtlich in Gänze wirksame) Darlehensvertrag ist wegen der für vermögensverwaltende Personengesellschaften geltenden Bruchteilsbetrachtung (§ 39 Abs. 2 Nr. 2 AO) steuerrechtlich insoweit nicht anzuerkennen, als der darlehensgewährende Gesellschafter A an der ABC-GbR selbst beteiligt ist (i.H.v. 1/3). Dies hat zur Folge, dass die seitens der ABC-GbR gezahlten Zinsen i.H.v. 3.000 € keine Werbungskosten bei den Einkünften aus Vermietung und Verpachtung darstellen. In dieser Höhe sind A vorab Einnahmen aus Vermietung und Verpachtung zuzurechnen. Diese Beträge stehen für eine Einkünfteverteilung nach Quote nicht mehr zur Verfügung, weil sie eben von der ABC-GbR – entsprechend der zivilrechtlich in Gänze wirksamen Darlehensverträge – als Schuldzinsen an den darlehensgewährenden Gesellschafter A verausgabt wurden.

Die Refinanzierungskosten des A i.H.v. insgesamt 6.000 € stellen nur insoweit Sonderwerbungskosten bei seinen Einkünften aus Vermietung und Verpachtung dar, als das Darlehensverhältnis zwischen ihm und der ABC-GbR steuerrechtlich keine Anerkennung findet (also i.H.v. 1/3 von 6.000 € = 2.000 €), denn in dieser Höhe stehen die Refinanzierungsaufwendungen mit dem ihm nach § 39 Abs. 2 Nr. 2 AO anteilig zuzurechnenden Grundstück der ABC-GbR im wirtschaftlichen Zusammenhang.

Soweit das Darlehensverhältnis auch mit steuerlicher Wirkung Anerkennung findet (hier i.H.v. 2/3), erzielt A Einkünfte aus Kapitalvermögen (§ 20 Abs. 1 Nr. 7 EStG),[100] hier i.H.v. 6.000 € (2/3 von 9.000 €). Demzufolge stehen die Refinanzierungsaufwendungen insoweit (2/3 von 6.000 € = 4.000 €) dann auch nicht mit

100) So auch OFD NRW, Kurzinformation ESt Nr. 01/2016 v. 07.01.2016, DB 2016, 80.

den Einkünften aus Vermietung und Verpachtung, sondern vielmehr mit den Einkünften aus Kapitalvermögen im wirtschaftlichen Zusammenhang.[101] Hier greift aber das in § 20 Abs. 9 Satz 1 erster Halbsatz EStG normierte **Werbungskostenabzugsverbot** ein.

Danach ermitteln sich die **Einkünfte aus Vermietung und Verpachtung** für A, B und C wie folgt:

Gesamthandsebene	
Mieteinnahmen	120.000 €
abzgl. Schuldzinsen 2/3 v. 9.000 €)	– 6.000 €
Summe	114.000 €
Sonderwerbungskosten A	– 2.000 €
Gesamt	**112.000 €**

Demnach stellt sich die **Ergebnisverteilung** wie folgt dar.

Ergebnisanteil		**A**	**B**	**C**	**gesamt**
Gesamthand	114.000 €				
Vorabanteil A	– 3.000 €	3.000 €			3.000 €
Restergebnisanteil	111.000 €				
zu verteilen nach Quote	– 111.000 €	37.000 €	37.000 €	37.000 €	111.000 €
Ergebnisanteil Gesamthand		40.000 €	37.000 €	37.000 €	114.000 €
Sonderbereich A		– 2.000 €			– 2.000 €
Gesamt		**38.000 €**	**37.000 €**	**37.000 €**	**112.000 €**

101) Ebenso FG Düsseldorf, Urt. v. 08.10.2019 – 13 K 1695/19 F, EFG 2020, 93.

Werden die Einnahmen und Werbungskosten den Gesellschaftern **direkt zugeordnet**, kommt man zum identischen Ergebnis:

Ergebnisanteil		A	B	C	gesamt
Gesamthand					
Mieteinnahmen	120.000 €	40.000 €	40.000 €	40.000 €	120.000 €
Schuldzinsen	– 6.000 €		– 3.000 €	– 3.000 €	– 6.000 €
Ergebnisanteil Gesamthand	114.000 €	40.000 €	37.000 €	37.000 €	114.000 €
Sonderbereich A		– 2.000 €			– 2.000 €
Gesamt		**38.000 €**	**37.000 €**	**37.000 €**	**112.000 €**

Hinzu kommen für A noch die **Einnahmen aus Kapitalvermögen** nach § 20 Abs. 1 Nr. 7 EStG i.H.v. 6.000 € (2/3 von 9.000 €). Die damit im Zusammenhang stehenden Werbungskosten (Refinanzierungsaufwendungen) i.H.v. 4.000 € (2/3 von 6.000 €) unterliegen dem **Werbungskostenabzugsverbot** (§ 20 Abs. 9 Satz 1 erster Halbsatz EStG).

Abwandlung

Wie vorhergehendes Beispiel, jedoch mit dem Unterschied, dass A für die Hingabe der Finanzmittel laut Gesellschaftsvertrag (im Gewinnfall) einen Ergebnisvorabanteil i.H.v. 9.000 € erhält.

Lösung

In diesem Fall erzielt A keine Einkünfte aus Kapitalvermögen mit der Folge, dass die Refinanzierungsaufwendungen in voller Höhe als Sonderwerbungskosten zu berücksichtigen sind. Die Einkünfte aus Vermietung und Verpachtung ermitteln und verteilen sich nunmehr für A, B und C wie folgt:

Ergebnisanteil		A	B	C	gesamt
Gesamthand	120.000 €				
Vorabanteil A	– 9.000 €	9.000 €			9.000 €
Restergebnisanteil	111.000 €				
zu verteilen nach Quote	– 111.000 €	37.000 €	37.000 €	37.000 €	111.000 €
Ergebnisanteil Gesamthand		46.000 €	37.000 €	37.000 €	120.000 €
Sonderbereich A		– 6.000 €			– 6.000 €
Gesamt		**40.000 €**	**37.000 €**	**37.000 €**	**114.000 €**

Wie das Beispiel zeigt, haben sich die Ergebnisanteile für B und C nicht geändert. Der Ergebnisanteil für A laut Gesamthand erhöht sich von 40.000 € auf 46.000 € (Ergebnisvorabanteil hat sich um 6.000 € erhöht). Nunmehr betragen die Sonderwerbungskosten aber 6.000 € (statt bisher 2.000 €). Damit erhöhen sich die Einkünfte aus Vermietung und Verpachtung für A um insgesamt 2.000 € auf 40.000 € (bisher 38.000 €). Dafür entfallen aber die Einkünfte aus Kapitalvermögen (bisher 6.000 €). In Summe mindern sich daher die Einkünfte des A um 4.000 €. Dies entspricht der Erhöhung der Sonderwerbungskosten (von bisher 2.000 € auf nunmehr 6.000 €).

21.9.3 Miet- und Pachtverträge

Ein Mietvertrag zwischen einer vermögensverwaltenden Personengesellschaft 21.84
und einem Gesellschafter ist steuerrechtlich nicht anzuerkennen, wenn und soweit diesem das Wirtschaftsgut (i.d.R. Grundstück) nach § 39 Abs. 2 Nr. 2 AO anteilig zuzurechnen ist, weil in der Nutzung dieses Anteils am Gesamthandsvermögen die Nutzung eines „eigenen" Rechts liegt.[102] Dies gilt sowohl für den Fall, dass die Gesellschaft an den Gesellschafter ein Wirtschaftsgut zur Nutzung überlässt[103] als auch für den umgekehrten Fall. Denn § 15 Abs. 1 Nr. 2 Satz 1 zwei-

102) BFH, Urt. v. 18.05.2004 – IX R 83/00, BStBl II, 898; a.A. für den Fall einer Nutzungsüberlassung des Gesellschafters an die Gesellschaft Kemcke/Schäffer, in: Haase/Dorn, Vermögensverwaltende Personengesellschaft, 5. Aufl. 2022, Teil 3 Rdnr. 83. Diese Gegenansicht dürfte durch die jüngere Rechtsprechung überholt sein; in diesem Sinne auch H 21.6 Miteigentum und Gesamthand EStH 2021.

103) Vgl. hierzu BFH, Urt. v. 18.05.2004 – IX R 83/00, BStBl II, 898.

ter Halbsatz EStG ist bei Überschusseinkünften nicht (analog) anwendbar.[104] Daraus folgt, dass Aufwendungen im Zusammenhang mit der Grundstücksüberlassung eines Gesellschafters insoweit nicht als Werbungskosten bei ihm abziehbar sind, als er an der (vermögensverwaltenden) Personengesellschaft beteiligt ist; umgekehrt sind ihm in Höhe seiner Beteiligungsquote auch keine Einnahmen i.S.d. § 21 EStG zuzurechnen.

21.85 **Praxistipp**

Eine Gestaltungsmöglichkeit kann hier einmal mehr in der modifizierten Verteilung der Anteile am Überschuss der vermögensverwaltenden Personengesellschaft bestehen. Der Gesellschafter kann sich die Nutzungsüberlassung auch mit einem Ergebnisvorab „entlohnen" lassen, dadurch erhöht sich dann sein Anteil am Überschuss entsprechend. Die mit der Grundstücksüberlassung im Zusammenhang stehenden Aufwendungen sind dann in voller Höhe als Sonderwerbungskosten zu berücksichtigen.[105]

21.86 Vermietet der Gesellschafter ein Grundstück an die Gesellschaft, sind diese Einkünfte aus Vermietung und Verpachtung nicht in die einheitliche und gesonderte Feststellung der Einkünfte der Gesellschaft einzubeziehen.[106]

21.10 Anwendung des § 8c KStG

21.87 § 8c Abs. 1 Satz 1 KStG versagt den Abzug nicht genutzter Verluste, wenn innerhalb von fünf Jahren mittelbar oder unmittelbar mehr als 50 % des gezeichneten Kapitals, der Mitgliedschaftsrechte, der Beteiligungsrechte oder der Stimmrechte an einer Körperschaft an einen Erwerber oder diesem nahestehende Personen übertragen werden. Den sogenannten **Erwerberkreis** bildet der

1. Erwerber gemeinsam mit ihm,
2. nahestehenden Personen und
3. Personen, die mit ihm oder den nahestehenden Personen **gleichgerichtete Interessen** haben (§ 8c Abs. 1 Satz 2 KStG).

---

104) Ebenso Pfirrmann, in: Herrmann/Heuer/Raupach, EStG/KStG, § 21 EStG Rdnr. 23 (12/2022).

105) Engel, Vermögensverwaltende Personengesellschaften im Ertragsteuerrecht, 2. Aufl. 2015, Rdnr. 264, 273; BFH, Urt. v. 18.11.1980 – VIII R 194/78, BStBl II 1981, 510, 512; Kemcke/Schäffer, in: Haase/Dorn, Vermögensverwaltende Personengesellschaften, 5. Aufl. 2022, Teil 3 Rdnr. 71.

106) So auch Pfirrmann, in: Herrmann/Heuer/Raupach, EStG/KStG, § 21 EStG Rdnr. 23 (12/2022) m.w.N.

Erwerber kann hierbei jede natürliche Person, juristische Person oder **Mitunternehmerschaft** sein. Im Fall des Erwerbs durch eine Mitunternehmerschaft ist diese also selbst der unmittelbare Erwerber; insoweit erfolgt keine transparente Betrachtung. Etwas anderes gilt für **vermögensverwaltende Personengesellschaften**; hier gilt eine **anteilige Zurechnung** nach § 39 Abs. 2 Nr. 2 AO;[107] hier ist der unmittelbare Erwerber also der Gesellschafter der vermögensverwaltenden Personengesellschaft. 21.88

Von einer **Erwerbergruppe mit gleichgerichteten Interessen** ist nach Meinung der Finanzverwaltung[108] regelmäßig auszugehen, wenn eine Abstimmung zwischen den Erwerbern stattfindet, wobei kein Vertrag vorliegen muss. Die Abstimmung darf jedoch nicht nur auf Absprachen beschränkt sein, die sich auf den Erwerb als solchen beziehen – z.B. mit Blick auf die Preisfindung oder das Bewahren eines bisher vorliegenden Verhältnisses im Anteilsbesitz.[109] Ein Anwendungsfall des § 8c Abs. 1 Satz 2 KStG liegt daher regelmäßig dann vor, wenn sich eine vermögensverwaltende Personengesellschaft in erforderlichem Umfang an einer Verlustkapitalgesellschaft beteiligt. Zwar sind bei einer vermögensverwaltenden Personengesellschaft die Anteile an der Verlustkapitalgesellschaft anteilig den Gesellschaftern zuzurechnen (§ 39 Abs. 2 Nr. 2 AO). Wegen der Gleichausrichtung der Interessen sind die Gesellschafter der vermögensverwaltenden Personengesellschaft jedoch als Gruppe von Erwerbern mit gleichgerichteten Interessen i.S.d. § 8c Abs. 1 Satz 3 KStG anzusehen.[110] Jedenfalls stellt die Poolung der Anteile in einer vermögensverwaltenden Personengesellschaft ein gewichtiges Indiz für die Annahme gemeinsamer Interessen dar, das die Gesellschafter nur durch die Darlegung tatsächlich widerstreitender Interessen widerlegen können.[111] 21.89

Beispiel 21.90

An der AB-GmbH sind die Gesellschafter A und B zu 60 % bzw. 40 % beteiligt. Im Kalenderjahr 19 erwirbt die vermögensverwaltende CD-GbR (Gesellschafter C und D zu je 50 %) sämtliche Anteile des A.

107) BMF-Schreiben v. 28.11.2017 – IV C 2 – S 2745-a/09/10002 :004, BStBl I, 1645, Rdnr. 25.

108) BMF-Schreiben v. 28.11.2017 – IV C 2 – S 2745-a/09/10002 :004, BStBl I, 1645, Rdnr. 28.

109) Vgl. BFH, Urt. v. 22.11.2016 – I R 30/15, BStBl II 2017, 921.

110) So auch Dötsch/Leibner, in: Dötsch/Pung/Möhlenbrock, Die Körperschaftsteuer, § 8c KStG Rdnr. 124 (12/2022).

111) Frotscher, in: Frotscher/Drüen, KStG, § 8c KStG Rdnr. 87b (01/2019).

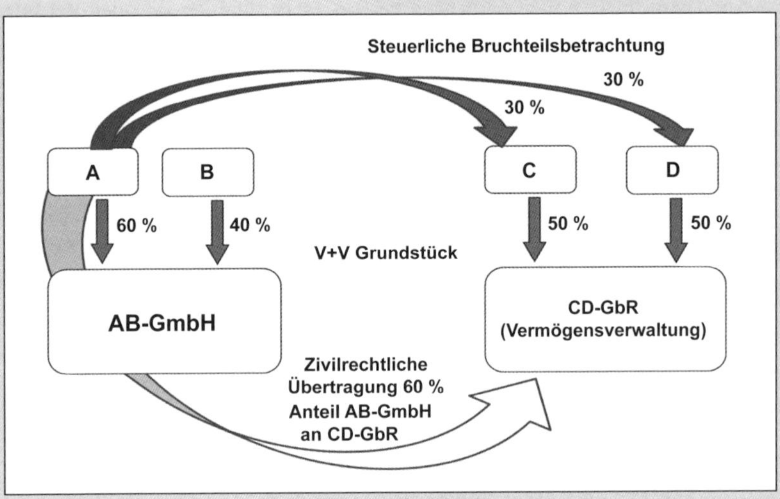

Lösung

Die vermögensverwaltende CD-GbR ist zwar die zivilrechtliche Erwerberin und Eigentümerin des Anteils an der AB-GmbH. Steuerrechtlich ist der Erwerb jedoch anteilig C und D zuzurechnen (§ 39 Abs. 2 Nr. 2 AO). Damit fallen C und D mit ihrem Anteil von je 30 % (1/2 von 60 %) grundsätzlich nicht unter § 8c Abs. 1 Satz 1 KStG. In diesen Fällen ist jedoch weiter zu prüfen, ob C und D ggf. einen „Erwerberkreis mit gleichgerichteten Interessen" i.S.d. § 8c Abs. 1 Satz 3 KStG bilden. Bejaht man diese Frage, weil man von einer Gleichausrichtung der Interessen ausgeht, lösen die Erwerbe die Abzugsbeschränkung nach § 8c Abs. 1 Satz 1 KStG aus. Vorliegend ist von gleichgerichteten Interessen auszugehen, da die Führung der Geschäfte den Gesellschaftern C und D – mangels dispositiver Regelung im Gesellschaftsvertrag – nur gemeinschaftlich zusteht; für jedes Geschäft ist die Zustimmung aller Gesellschafter erforderlich (§ 709 Abs. 1 BGB).

21.11 Anwendung des § 15a EStG bei einer vermögensverwaltenden Kommanditgesellschaft

21.91 Nach § 21 Abs. 1 Satz 2 EStG ist § 15a EStG bei den Einkünften aus Vermietung und Verpachtung sinngemäß anzuwenden. Überträgt man diese Regelung auf die Einkünfte aus Vermietung und Verpachtung, muss es statt „Verlust" „Werbungskostenüberschuss" heißen. Danach darf der einem **Kommanditisten** zuzurechnende Anteil am Verlust der Kommanditgesellschaft (Werbungskostenüberschuss) weder mit anderen Einkünften aus Vermietung und Verpachtung noch mit Einkünften aus anderen Einkunftsarten ausgeglichen werden, soweit ein **negatives Kapitalkonto** des Kommanditisten entsteht oder sich erhöht.

Bei der **sinngemäßen Anwendung des § 15a EStG** im Rahmen des § 21 Abs. 1 21.92
Satz 2 EStG kann nicht – wie bei gewerblich tätigen Kommanditgesellschaften – das **Kapitalkonto** der Steuerbilanz maßgebend sein. Vielmehr ist das Kapitalkonto jedes Gesellschafters selbständig zu ermitteln, wobei von den geleisteten Einlagen der einzelnen Gesellschafter auszugehen ist. Diese Einlagen sind um spätere Einlagen sowie um die positiven Einkünfte der Vorjahre zu erhöhen und um die Entnahmen und negativen Einkünfte der Vorjahre zu vermindern.[112] Es ist nicht gerechtfertigt und auch praktisch nicht durchführbar, für jede Einkunftsart (Einkünfte aus Kapitalvermögen, Einkünfte aus Vermietung und Verpachtung, sonstige Einkünfte) ein gesondertes Kapitalkonto zu ermitteln.

Hinweis 21.93

Bei der Ermittlung des Kapitalkontos sind daher auch positive Überschüsse aus anderen Einkunftsarten zu berücksichtigen.[113]

Ob auch Vermögensmehrungen oder -minderungen, die nicht der Besteuerung 21.94
unterliegen (z.B. nicht steuerbare Veräußerungsgewinne einerseits oder steuerlich nicht abziehbare Ausgaben andererseits), bei der Ermittlung des fiktiven Kapitalkontos zu berücksichtigen sind, ist umstritten.[114] Nach Auffassung der Finanzverwaltung sind auch solche Vermögensänderungen bei der Ermittlung des fiktiven Kapitalkontos zu berücksichtigen.[115]

Der einem Kommanditisten zuzurechnende, nicht ausgeglichene oder abgezogene 21.95
Verlustanteil ist mit Überschüssen, die ihm in späteren Wirtschaftsjahren aus seiner Beteiligung an der Kommanditgesellschaft zuzurechnen sind, **zu verrechnen.** Da § 15a Abs. 2 EStG unabhängig von der Einkunftsart formuliert ist und die Verrechenbarkeit mit künftigen Überschüssen allein an die gesellschaftsrechtliche Beteiligung knüpft,[116] sind alle Überschüsse (§§ 17, 20, 22 EStG) verrechnungs-

---

112) BFH, Urt. v. 02.09.2014 – IX R 52/13, BStBl II 2015, 263; ebenso BMF-Schreiben v. 15.09.2020 – IV C 1 – S 2253/08/10006 :033, BStBl I, 919, Rdnr. 3; vgl. dazu auch Pfirrmann, in: Herrmann/Heuer/Raupach, EStG/KStG, § 21 EStG Rdnr. 177 (12/2022).

113) BFH, Urt. v. 02.09.2014 – IX R 52/13, BStBl II 2015, 263.

114) Dazu allgemein Pfirrmann, in: Herrmann/Heuer/Raupach, EStG/KStG, § 21 EStG Rdnr. 177 (12/2022); ablehnend z.B. Bührer, DStR 2015, 1546, mit Hinweis auf BFH, Urt. v. 28.03.1994 – IX B 81/93, BStBl II, 793.

115) BMF-Schreiben v. 15.09.2020 – IV C 1 – S 2253/08/10006 :033, BStBl I, 919, Rdnr. 4.

116) Jakob, BB 1987, 1469, 1473.

fähig, die mit der Beteiligung in Zusammenhang stehen (mit Ausnahme der Kapitaleinkünfte, die der Abgeltungsteuer unterliegen).[117] Zu solchen Überschüssen zählen auch positive Einkünfte aus privaten Veräußerungsgeschäften.[118] Von einer vermögensverwaltenden Grundstücks-KG erzielte Grundstücksveräußerungsgewinne i.S.v. § 23 Abs. 1 Nr. 1 EStG können daher gem. § 15a Abs. 2 Satz 1, § 21 Abs. 1 Satz 2 EStG mit den von dieser KG bei der vorherigen Vermietung erlittenen verrechenbaren Verlusten gemindert werden. Die Verrechnung nach § 15a Abs. 4 EStG festgestellter Werbungskostenüberschüsse aus Vermietung und Verpachtung mit in späteren Jahren demselben Kommanditisten aus der KG zugewiesenen Gewinnen setzt nicht voraus, dass auch diese Gewinne zu den Einkünften aus Vermietung und Verpachtung gehören.

21.96 Im **umgekehrten Fall** (positive Einkünfte aus Vermietung, Verlust aus privaten Veräußerungsgeschäften) beschränkt nicht § 15a, sondern § 23 Abs. 3 Satz 7 ff. EStG den Abzug des Veräußerungsverlusts bzw. schließt seinen Abzug von den positiven Einkünften aus Vermietung aus. Der Kommanditist kann den ihm aus der KG zugewiesenen Veräußerungsverlust i.S.v. § 23 Abs. 1 Nr. 1 EStG von einem von ihm außerhalb der KG erzielten Gewinn i.S.v. § 23 Abs. 1 Nr. 1 EStG abziehen.[119] Entsprechendes gilt für § 20 Abs. 6 EStG.

21.12 Umsatzsteuer bei Erwerb und Veräußerung von Beteiligungen

21.12.1 Unternehmerbegriff

21.97 Der Unternehmerbegriff setzt nach § 2 Abs. 1 UStG eine selbständige gewerbliche oder berufliche Tätigkeit voraus. Hierbei kommt es weder auf die Rechtsform noch auf die Rechtsfähigkeit des Leistenden an.[120] Für die Unternehmereigenschaft einer Personengesellschaft ist es insbesondere unerheblich, ob ihre Gesellschafter Mitunternehmer i.S.d. § 15 Abs. 1 Nr. 2 EStG sind.[121] Damit können auch vermögensverwaltende Personengesellschaften – bei Vorliegen der übrigen Voraussetzungen – Unternehmer i.S.d. § 2 UStG sein. Die einzelnen Gesellschafter einer umsatzsteuerfähigen Personenvereinigung werden (für sich betrachtet) durch ihre Gesellschafterstellung nicht Unternehmer.[122] Gleichwohl können diese Personen (Gesellschafter) ein Unternehmen betreiben und in ihrer Eigenschaft als Unternehmer auch gegenüber der Gesellschaft Leistungen erbringen.

117) Bührer, DStR 2015, 1546.
118) BFH, Urt. v. 02.09.2014 – IX R 52/13, BStBl II 2015, 263.
119) Vgl. Behrens/Renner, BB 2015, 677.
120) BFH, Urt. v. 21.04.1994 – V R 105/91, BStBl II, 671.
121) BFH, Urt. v. 18.12.1980 – V R 142/73, BStBl II 1981, 408.
122) EuGH, Urt. v. 21.10.2004 – C-8/03, „BBL“, DB 2004, 2458.

21.12.2 Erwerb von Beteiligungen

Eine gewerbliche oder berufliche Tätigkeit setzt voraus, dass Leistungen im wirtschaftlichen Sinn ausgeführt werden. Besonderheiten ergeben sich hier bei (vermögensverwaltenden) Holdinggesellschaften, denn das **bloße Erwerben, Halten und Veräußern** von gesellschaftsrechtlichen **Beteiligungen** ist keine wirtschaftliche Tätigkeit i.S.d. § 2 Abs. 1 Satz 1 UStG. Wer sich an einer Personen- oder Kapitalgesellschaft beteiligt, übt zwar eine „Tätigkeit zur Erzielung von Einnahmen“ aus. Gleichwohl ist er im Regelfall nicht Unternehmer i.S.d. UStG, weil Dividenden und andere Gewinnbeteiligungen aus Gesellschaftsverhältnissen nicht als umsatzsteuerrechtliches Entgelt im Rahmen eines Leistungsaustauschs anzusehen sind.[123] 21.98

Hinweis 21.99

Der Erwerb von Beteiligungen und die nachfolgende Wahrnehmung von Gesellschaftsrechten begründen daher für sich genommen – namentlich bei der **reinen Finanzholding** – nicht die Eigenschaft als zum Vorsteuerabzug berechtigter Unternehmer i.S.d. § 2 Abs. 1 Satz 1 UStG.[124]

Dies bedeutet, dass eine Holding, deren Zweck sich auf das Halten und Verwalten gesellschaftsrechtlicher Beteiligungen beschränkt und die keine Leistungen gegen Entgelt erbringt (sog. Finanzholding), nicht Unternehmerin i.S.d. § 2 UStG ist. Soweit der Inhaber der Beteiligung (z.B. die vermögensverwaltende Personengesellschaft) bereits aufgrund anderer wirtschaftlicher Tätigkeiten den Unternehmerstatus erlangt hat, kann er gleichwohl hinsichtlich derjenigen Eingangsleistungen, die durch die bloße Beteiligungsverwaltung veranlasst sind, keinen Vorsteuerabzug geltend machen.[125] Unternehmer, die neben ihrer unternehmerischen Betätigung auch Beteiligungen an anderen Gesellschaften halten, können diese Beteiligungen grundsätzlich auch nicht dem Unternehmen zuordnen (Abschn. 2.3. Abs. 2 Satz 5 UStAE). 21.100

---

123) EuGH, Urt. v. 14.11.2000 – C-142/99, „Floridienne und Berginvest“, ECLI:EU:C:2000:623, DB 2000, 2412; EuGH, Urt. v. 27.09.2001 – C-16/00, „Cibo Participations“, DB 2001, 2482; EuGH, Urt. v. 29.04.2004 – C-77/01, „EDM“, DB 2004, 1246; Abschn. 2.2 Abs. 2 Satz 1, 2 UStAE.

124) Grundlegend EuGH, Urt. v. 20.06.1991 – C-60/90, „Polysar“, ECLI:EU:C:1991:268, UR 1993, 119, Rdnr. 17; krit. Englisch, UR 2020, 216 m.w.N.

125) EuGH, Urt. v. 13.03.2008 – C-437/06, „Securenta“, ECLI:EU:C:2008:166, UR 2008, 344; Englisch, UR 2020, 216 m.w.N.

21.101 **Hinweis**

Der EUGH[126] erachtet den Erwerb und das Halten von Beteiligungen u.a. dann als unternehmerische Tätigkeit, wenn die Holdinggesellschaft im Wege einer wirtschaftlichen Tätigkeit „in die Verwaltung der Tochtergesellschaft eingreift" (**sog. Führungs- oder Funktionsholding**), d.h., wenn sie steuerbare Ausgangsumsätze an die abhängige Gesellschaft erbringt. Die „Eingriffe" müssen dabei zwingend durch unternehmerische Leistungen gegen Sonderentgelt i.S.d. § 1 Abs. 1 Nr. 1 und § 2 Abs. 1 UStG erfolgen. Hierbei kann es sich z.B. um administrative, finanzielle, kaufmännische oder technische Dienstleistungen an die jeweilige Beteiligungsgesellschaft handeln, er hat aber etwa auch Vermietungsleistungen dazu gerechnet.[127]

21.102 Darüber hinaus stellt das Erwerben, Halten und Veräußern einer gesellschaftsrechtlichen Beteiligung nur dann eine unternehmerische Tätigkeit dar (Abschn. 2.3. Abs. 2 Satz 5 UStAE m.w.N.), wenn

1. Beteiligungen im Sinne eines gewerblichen Wertpapierhandels gewerbsmäßig erworben und veräußert werden und dadurch eine nachhaltige, auf Einnahmeerzielungsabsicht gerichtete Tätigkeit entfaltet wird[128] oder
2. die Beteiligung nicht um ihrer selbst willen (bloßer Wille, Dividenden zu erhalten) gehalten wird, sondern der Förderung einer bestehenden oder beabsichtigten unternehmerischen Tätigkeit (z.B. Sicherung günstiger Einkaufskonditionen, Verschaffung von Einfluss bei potenziellen Konkurrenten, Sicherung günstiger Absatzkonditionen) dient.[129]

21.103 Wird der Gesellschafter (insbesondere auch die vermögensverwaltende Holdinggesellschaft) nach den vorstehenden Grundsätzen beim Erwerb einer gesellschaftsrechtlichen Beteiligung unternehmerisch tätig, muss er die Beteiligung seinem Unternehmen zuordnen. Die **Vorsteuern**, die im Zusammenhang mit den im unternehmerischen Bereich gehaltenen gesellschaftsrechtlichen Beteiligungen anfallen, sind unter den allgemeinen Voraussetzungen des § 15 UStG **abziehbar** (Abschn. 15.22 Abs. 1 UStAE). Bei einer sogenannten **gemischten Holding**, die

---

126) Grundlegend EuGH, Urt. v. 14.11.2000 – C-142/99, „Floridienne und Berginvest", ECLI:EU:C:2000:623, DB 2000, 2412, Rdnr. 19.

127) EuGH, Urt. v. 05.07.2018 – C-320/17, „Marle Participations", ECLI:EU:C:2018:537, UR 2018, 762, Rdnr. 30 ff.; Englisch, UR 2020, 216 m.w.N.; vgl. auch Abschn. 2.3 Abs. 3 Satz 5 Nr. 3 UStAE.

128) BFH, Urt. v. 15.01.1987 – V R 3/77, BStBl II, 512; EuGH, Urt. v. 29.04.2004 – C-77/01, „EDM", DB 2004, 1246.

129) EuGH, Urt. v. 11.07.1996 – C-306/94, „Régie dauphinoise", DB 1996, 1960.

gesellschaftsrechtliche Beteiligungen sowohl im nicht- als auch im unternehmerischen Bereich hält, sind Eingangsleistungen, die sowohl für den unternehmerischen als auch für den nichtunternehmerischen Bereich (nicht wirtschaftlichen Bereich im engeren Sinne, Abschn. 2.3 Abs. 1a Satz 4 UStAE) bezogen werden (z.B. allgemeine Verwaltungskosten der Holding, allgemeine Beratungskosten, Steuerberatungskosten usw.), für Zwecke des Vorsteuerabzugs aufzuteilen.[130)]

21.12.3 Veräußerung von Beteiligungen

Auch bei der Veräußerung einer Beteiligung ist nach allgemeinen Grundsätzen 21.104
für Zwecke des Vorsteuerabzugs zunächst zu entscheiden, ob die Veräußerung einen nicht steuerbaren Vorgang darstellt oder aber als eine wirtschaftliche Tätigkeit dem UStG unterliegt. Auch hier gilt, dass das bloße Veräußern von gesellschaftsrechtlichen Beteiligungen grundsätzlich keine unternehmerische Tätigkeit begründet; dies gilt dann aber nicht, wenn die Beteiligung nach den vorstehenden Grundsätzen zum Unternehmensvermögen gehört (siehe dazu Rdnr. 21.101 ff. sowie Abschn. 2.3 Abs. 3 Satz 5 ff. UStAE). Ein Vorsteuerabzug ist damit nur dann gegeben, wenn die Veräußerung der Beteiligung steuerbar ist bzw. steuerbar wäre, wenn sie im Inland ausgeführt würde und der Vorsteuerabzug nicht nach § 15 Abs. 2 i.V.m. Abs. 3 UStG ausgeschlossen ist.[131)]

Im Fall der Veräußerung einer **nicht im Unternehmensvermögen** gehaltenen 21.105
gesellschaftsrechtlichen Beteiligung scheidet ein Vorsteuerabzug aus Aufwendungen, die im direkten und unmittelbaren Zusammenhang mit der Veräußerung einer gesellschaftsrechtlichen Beteiligung stehen, wegen des direkten und unmittelbaren Zusammenhangs mit diesem nicht steuerbaren Umsatz aus. Im Fall einer nach § 4 Nr. 8 Buchst. E) oder f) UStG steuerfreien Veräußerung einer **im Unternehmensvermögen** gehaltenen Beteiligung scheidet der Vorsteuerabzug wegen des direkten und unmittelbaren Zusammenhangs mit dieser den Vorsteuerabzug nach § 15 Abs. 2 Satz 1 Nr. 1 UStG ausschließenden Veräußerung aus, sofern nicht auf die Steuerfreiheit verzichtet wird (Option gem. § 9 Abs. 1 UStG).[132)] Voraussetzung dafür ist, dass die Beteiligung bisher im Unternehmensvermögen gehalten worden ist, der Erwerber Unternehmer ist und er die Beteiligung für sein Unternehmen erwirbt.

Soweit eine unternehmerische Beteiligung an einen Erwerber mit Sitz im **Drittland** 21.106
veräußert wird, ist der Vorsteuerabzug gem. § 15 Abs. 2 Nr. 2 i.V.m. Abs. 3 Nr. 2b UStG nicht ausgeschlossen. Dabei ist unerheblich, ob der Erwerber ein Unterneh-

130) BFH, Urt. v. 09.02.2012 – V R 40/10, BStBl II, 844; Abschn. 15.2b Abs. 2 UStAE.
131) BFH, Urt. v. 06.05.2010 – V R 29/09, BStBl II, 885.
132) BFH, Urt. v. 27.01.2011 – V R 38/09, BStBl II 2012, 68.

mer oder ein Nichtunternehmer ist oder für den nichtunternehmerischen Bereich die Beteiligung erwirbt. Denn der Ort der Veräußerung der Beteiligung bestimmt sich entweder gem. § 3a Abs. 2 UStG, wenn Leistungsempfänger ein Unternehmer ist, der für sein Unternehmen erwirbt, oder gem. § 3a Abs. 4 Satz 1, Satz 2 Nr. 6a UStG für alle anderen Fallgestaltungen.

21.12.4 Beteiligungsveräußerung und Geschäftsveräußerung im Ganzen

21.107 Die bloße Veräußerung einer im Unternehmensvermögen gehaltenen Beteiligung, auch wenn es sich um eine 100%ige Beteiligung handelt, stellt i.d.R. keine gem. § 1 Abs. 1a USG nicht steuerbare Geschäftsveräußerung im Ganzen dar (Abschn. 1.5 Abs. 9 UStAE). Eine Anteilsveräußerung ohne gleichzeitige Übertragung von Vermögenswerten versetzt den Erwerber nicht in die Lage, eine selbständige wirtschaftliche Tätigkeit als Rechtsnachfolger des Veräußerers fortzuführen.[133] Geht bei der Veräußerung einer im Unternehmensvermögen gehaltenen Beteiligung auch das an die Tochtergesellschaft vermietete Betriebsgrundstück und ggf. auch der Vertrag über die Geschäftsführung auf den Erwerber über, die dieser unverändert fortführt, so wäre einen Geschäftsveräußerung im Ganzen gegeben. Ein Vorsteuerabzug aus den Transaktionskosten des Veräußerers würde dann nach der bisherigen (Gesamt-)Tätigkeit des Veräußerers beurteilt, da die Geschäftsveräußerung selbst keinen Verwendungsumsatz darstellt (Abschn. 1.5 Abs. 7 UStAE).

21.13 Teilentgeltliche Übertragungen und Schenkungsteuer

21.108 Da ein Unternehmens-/Anteilskauf, insbesondere im Rahmen der vorweggenommenen Erbfolge, auch **teilentgeltlich** erfolgen kann, sollten im Rahmen der Vorbereitungsphase eines Unternehmens- bzw. Anteilskaufs auch schenkungsteuerliche Fragestellungen respektive Belastungen in den Entscheidungsprozess mit einfließen. Dies beginnt bereits mit der Frage, wer eine etwaige anfallende Schenkungsteuer zu übernehmen hat. Denn bei einer Schenkung sind Steuerschuldner gem. § 20 Abs. 1 ErbStG nebeneinander der Erwerber und auch der Schenker. Beide sind Gesamtschuldner, jeder von ihnen schuldet die gesamte Leistung. Gehören zum Vermögen der (vermögensverwaltenden) Personengesellschaft **Anteile an Kapitalgesellschaften**, oder befinden sich die Anteile an der vermögensverwaltenden Personengesellschaft **im Betriebsvermögen des Gesellschafters (Zebragesellschaft)**, so stellt sich die Frage nach der Anwendung der **Steuervergünstigungen** der §§ 13a, 13b ErbStG.

133) EuGH, Urt. v. 30.05.2013 – C-651/11, „X“, DB 2013, 1531.

21.13.1 Anteile an Kapitalgesellschaften

Nach § 13b Abs. 1 Nr. 3 ErbStG gehören Anteile an einer Kapitalgesellschaft u.a. nur dann zum begünstigten Betriebsvermögen, wenn der Erblasser oder Schenker am Nennkapital dieser Gesellschaft **unmittelbar** zu mehr als 25 % beteiligt war (Mindestbeteiligung). Wird mithin ein Anteil an einer vermögensverwaltenden Personengesellschaft übertragen, zu deren Vermögen Anteile an einer Kapitalgesellschaft i.S.d. § 13b Abs. 1 Nr. 3 ErbStG gehören, so kommen die Entlastungen nach §§ 13a, 19a ErbStG nicht in Betracht, weil der Erblasser oder Schenker nicht unmittelbar am Nennkapital der Kapitalgesellschaft beteiligt war.[134] Dem steht nach Auffassung des BFH[135] auch § 10 Abs. 1 Satz 4 ErbStG – danach gilt der unmittelbare oder mittelbare Erwerb einer Beteiligung an einer (vermögensverwaltenden) Personengesellschaft als Erwerb der anteiligen Wirtschaftsgüter – nicht entgegen, denn die Vorschrift betreffe schon ihrer systematischen Stellung nach nicht die in § 13a ErbStG geregelten Steuervergünstigungen. Die Vorschrift diene lediglich der Bewertung des Anteils an einer vermögensverwaltenden Personengesellschaft. Damit schließt die zivilrechtliche Rechtszuständigkeit der Personengesellschaft notwendigerweise die unmittelbare Beteiligung ihres Gesellschafters an der Kapitalgesellschaft und damit auch die Anwendung von §§ 13a, 13b Abs. 1 Nr. 3 ErbStG aus. 21.109

Praxistipp 21.110

Das bedeutet für die **(Gestaltungs-)Praxis**, dass Anteile an Kapitalgesellschaften **nicht** über vermögensverwaltende Gesellschaften gehalten werden sollten, wenn es um die Voraussetzung der Mindestbeteiligungsquote geht. Diese Betrachtungsweise gilt auch für eine **Poolvereinbarung** i.S.d. § 13b Abs. 1 Nr. 3 Satz 2 ErbStG; die Anteile an der Kapitalgesellschaft sind bei einer Poolung im Eigentum der Gesellschafter zu belassen, so dass weiterhin eine **unmittelbare** Beteiligung gegeben ist.[136]

21.13.2 Anteile an Zebragesellschaft

Die im Ertragsteuerrecht geltende Bruchteilsbetrachtung ist auch im ErbStG verankert. Nach § 10 Abs. 1 Satz 4 ErbStG gilt der unmittelbare oder mittelbare Erwerb einer Beteiligung an einer (vermögensverwaltenden) Personengesell- 21.111

134) BFH, Urt. v. 11.06.2013 – II R 4/12, BStBl II, 742; H E 10.4 „Übertragung eines Anteils an einer vermögensverwaltenden Personengesellschaft" ErbStG.

135) BFH, Urt. v. 11.06.2013 – II R 4/12, BStBl II, 742; BFH, Urt. v. 18.09.2013 – II R 63/11, BFH/NV 2014, 349.

136) Geck, in: Kapp/Ebeling, ErbStG, § 13b Rdnr. 54 (11/2022).

schaft als Erwerb der anteiligen Wirtschaftsgüter. Die Reichweite der Vorschrift beschränkt sich allerdings auf die Bewertung des Anteils, sie schlägt indes nicht auf die Anwendung des § 13a ErbStG durch (siehe dazu Rdnr. 21.109).[137]

21.112 § 13b Abs. 1 Nr. 2 ErbStG begünstigt u.a. eine Beteiligung an einer Gesellschaft i.S.d. § 15 Abs. 1 Nr. 2 und Abs. 3 EStG. Der Anteil an einer vermögensverwaltenden Personengesellschaft stellt aber gerade keinen Mitunternehmeranteil i.S.d. § 15 Abs. 1 Nr. 2 und Abs. 3 EStG dar. Dass die Wirtschaftsgüter beim Gesellschafter ertragsteuerlich anteilig zum Betriebsvermögen gehören (§ 39 Abs. 2 Nr. 2 AO), ändert daran nichts, weil die Vorschrift nicht jedwedes Betriebsvermögen begünstigt, sondern nur speziell den Anteil an einer Mitunternehmerschaft oder aber **Betriebsvermögen** beim Erwerb eines **ganzen Gewerbebetriebs** oder **Teilbetriebs.**[138] Letztere Alternative greift i.d.R. aber auch nicht ein, weil die Veräußerung des Anteils an einer vermögensverwaltenden Personengesellschaft – auch unter Berücksichtigung der Bruchteilsbetrachtung – nicht gleichzusetzen ist mit der Veräußerung eines ganzen Gewerbebetriebs oder Teilbetriebs. Etwas anderes könnte nur dann gelten, wenn der betrieblich beteiligte Gesellschafter zu 100 % an der Zebragesellschaft beteiligt wäre (z.B. bei einer GmbH & Co. KG) und die Wirtschaftsgüter beim Gesellschafter einen (Teil-)Betrieb bildeten.

21.113 **Praxistipp**

Insofern ist in geeigneten Fällen zu erwägen, vor der Übertragung die vermögensverwaltende Personengesellschaft in eine gewerblich tätige oder gewerblich geprägte Gesellschaft zu wandeln. Dabei sind nicht nur die Grenzen des schädlichen Verwaltungsvermögens (§ 13b Abs. 2 und 4 ErbStG) wie der Ausschluss jungen Verwaltungsvermögens (§ 13b Abs. 7 Satz 2 ErbStG) zu bedenken, sondern ebenso die ertragsteuerlichen Konsequenzen der Steuerverstrickung.

137) BFH, Urt. v. 11.06.2013 – II R 4/12, BStBl II, 742; BFH, Urt. v. 18.09.2013 – II R 63/11, BFH/NV 2014, 349.

138) Geck, in: Kapp/Ebeling, ErbStG, § 13b Rdnr. 54 (11/2022); Geck, kösdi 2010, 16842; a.A. Dorn, in: Haase/Dorn, Vermögensverwaltende Personengesellschaften, 5. Aufl. 2022, Teil 3 Rdnr. 446.

22. Die Beendigung einer ertragsteuerlichen Organschaft im Rahmen eines Unternehmenskaufs

Inhalt **Rdnr.**

22.1 Überblick

Die ertragsteuerliche Organschaft findet in Deutschland auch im Mittelstand 22.1
zunehmende Verbreitung. Laut der in diesem Jahr erschienenen Körperschaftsteuerstatistik des Statistischen Bundesamts betrug die Anzahl der Organgesellschaften in Deutschland über 30.000. Zehn Jahre zuvor waren es noch 15.000.[1] Dies ist nicht verwunderlich, ermöglicht es doch allein die ertragsteuerliche Organschaft, durch Abschluss eines auf mindestens fünf Jahre abgeschlossenen Gewinnabführungsvertrags Gewinne und Verluste einer Kapitalgesellschaft mit Gewinnen und Verlusten in anderen Gesellschaften steuerwirksam zu verrechnen.[2] Ihre zunehmende Verbreitung rückt sie auch immer mehr im Rahmen von Unternehmenstransaktionen in den Fokus.

1) Körperschaftsteuerstatistik 2018 v. 10.02.2023, abrufbar unter https://www.destatis.de/DE/Themen/Staat/Steuern/Unternehmenssteuern/_inhalt.html.

2) Im Weiteren wird zur Vereinfachung stets nur der Begriff der Organschaft verwendet, wobei stets die ertragsteuerliche Organschaft gemeint ist.

22.2 Nach § 14 Abs. 1 Satz 1 KStG erfordert die Begründung einer Organschaft neben einer Mehrheitsbeteiligung an der Organgesellschaft den Abschluss eines Gewinnabführungsvertrags über eine Mindestlaufzeit von fünf Jahren sowie dessen tatsächliche Durchführung. Trotz regelmäßig geäußerter Kritik[3] bleibt der Abschluss eines Gewinnabführungsvertrags damit Kernvoraussetzung der Organschaft. Zur Vermeidung von missbräuchlichen Gestaltungen erfordert § 14 Abs. 1 Satz 1 Nr. 3 KStG eine Mindestlaufzeit von fünf Jahren für einen Gewinnabführungsvertrag, der als Grundlage für eine Organschaft dienen soll. Hierdurch soll verhindert werden, dass der Steuerpflichtige zur Optimierung seiner Steuerbelastung die Wirkungen der Organschaft nach freiem Belieben ein- und ausschalten kann.[4]

22.2 Vertragsbeendigung im Rahmen eines Unternehmensverkaufs

22.2.1 Unterschiedliche Zeitpunkte der Beendigung von Gewinnabführungsvertrag und Organschaft

22.3 Im Rahmen der Vorbereitung des Verkaufs einer Organgesellschaft sollte zunächst geklärt werden, zu welchem Zeitpunkt der laufende Gewinnabführungsvertrag überhaupt beendet werden kann. Insbesondere hinsichtlich des Zeitpunkts, ab welchem der Gewinnabführungsvertrag einerseits und die Organschaft andererseits ihre Wirkungen verlieren, kann es zu einem Auseinanderfallen von Gesellschaftsrecht und Steuerrecht kommen.

22.2.1.1 Gesellschaftsrechtliche Vorgaben zur Vertragsbeendigung

22.4 Gesellschaftsrechtlich kann ein Gewinnabführungsvertrag – auch einvernehmlich – nicht zu jedem beliebigen Zeitpunkt beendet werden. Klarzustellen ist hier zunächst, dass die Beteiligungsveräußerung nicht automatisch zur Beendigung des Gewinnabführungsvertrags führt. Auch wenn dies in der Praxis regelmäßig nicht gewünscht sein dürfte, kann ein Gewinnabführungsvertrag auch mit einem beteiligungsfremden Unternehmen bestehen, da der Gewinnabführungsvertrag

3) Vgl. statt vieler zur Kritik am derzeitigen Organschaftsregime und einem Vergleich zur Gruppenbesteuerung im Ausland: Rödder/Liekenbrock, in: Rödder/Herlinghaus/Neumann, KStG, 2. Aufl. 2023, § 14 Rdnr. 87 ff.

4) BFH, Urt. v. 10.05.2017 – I R 19/15, BStBl II 2019, 81, Rdnr. 9; BFH, Urt. v. 10.05.2017 – I R 51/15, BStBl II 2018, 30, Rdnr. 27.

gesellschaftsrechtlich eine Beteiligung an der verpflichteten Gesellschaft nicht voraussetzt.[5] Ein Gewinnabführungsvertrag muss daher stets gesondert beendet werden.

Nach § 296 Abs. 1 Satz 2 AktG kann ein Gewinnabführungsvertrag frühestens zum Ablauf des laufenden Geschäftsjahres aufgehoben werden, eine rückwirkende Beendigung ist gesetzlich ausgeschlossen. Eine hiergegen verstoßende Vereinbarung ist gem. § 134 BGB nichtig und damit rechtlich nicht existent.[6] Ausnahmsweise kann nach § 297 AktG ein Gewinnabführungsvertrag mit sofortiger Wirkung bzw. zu einem zukünftigen unterjährigen Stichtag beendet werden, wenn ein wichtiger Grund vorliegt.[7] In jedem Fall entfallen die vertraglichen Pflichten grundsätzlich erst mit dem Zeitpunkt der Vertragsbeendigung. Der Gewinnabführungsanspruch bzw. die Verlustausgleichsverpflichtung sind damit im Fall einer unterjährigen Beendigung zunächst im Grundsatz anteilig durchzuführen.[8] 22.5

22.2.1.2 Steuerliche Beendigungszeitpunkte Vertragsbeendigung

Steuerlich lässt der Verkauf einer Organgesellschaft die Wirkungen der Organschaft dagegen entweder zum Ende eines Wirtschaftsjahres oder von Anfang an entfallen. Eine zeitanteilige Durchführung der Organschaft innerhalb eines Wirtschaftsjahres kennt das Steuerrecht nicht, so ausdrücklich § 14 Abs. 1 Satz 1 Nr. 3 Satz 2 KStG. Eine gewisse zeitliche Flexibilität ermöglicht hier die Bildung eines abgekürzten Wirtschaftsjahres. Nach § 14 Abs. 1 KStG wird die Organschaft stets nur für die Wirtschaftsjahre anerkannt, in denen ihre Voraussetzungen während des gesamten Wirtschaftsjahres vorgelegen haben. Ein Verkauf der Organgesellschaft zum Ablauf eines Wirtschaftsjahres lässt die Organschaft in diesem Jahr unberührt, ein Verkauf innerhalb eines laufenden Wirtschaftsjahres lässt die Organschaft zum Ende des vorangegangenen Wirtschaftsjahres entfallen.[9] 22.6

---

5) Vgl. MüKo-AktG/Altmeppen, 5. Aufl. 2020, § 297 Rdnr. 29.

6) Vgl. Henkel, in: Schüppen/Schaub, MAH AktR, 3. Aufl. 2018, § 53 Rdnr. 155; Liebscher, in: Beck'sches Hdb AG, 3. Aufl. 2018, § 14 Rdnr. 174.

7) Auch aus wichtigem Grund ist damit keine rückwirkende Kündigung möglich, vgl. Koch, in: Koch, AktG, 17. Aufl. 2023, § 297 Rdnr. 3: „*eine Kündigung mit Rückwirkung gibt es nicht*".

8) Vgl. Koch, in: Koch, AktG, 17. Aufl. 2023, § 297 Rdnr. 21; Rödder/Liekenbrock, in: Rödder/Herlinghaus/Neumann, KStG, 2. Aufl. 2023, § 14 Rdnr. 344.

9) Vgl. zum Übergang des wirtschaftlichen Eigentums an den Anteilen der Organgesellschaft zwischen Unterzeichnung des Kaufvertrags und dem Vollzug der Transaktion: Kleinheisterkamp/Schell, DStR 2010, 833, sowie FG Münster, Urt. v. 19.11.2015 – 9 K 3400/13 K, F, EFG 2016, 594, Rdnr. 68.

22.7 **Beispiel**

Die A-GmbH hält alle Anteile an der produktiv tätigen B-GmbH, mit der auf Grundlage eines Gewinnabführungsvertrags bereits seit mehr als fünf Jahren eine ertragsteuerliche Organschaft besteht. Die A-GmbH will die B-GmbH im April 02 an C verkaufen. Im Gewinnabführungsvertrag besteht für beide Vertragsparteien ein außerordentliches Kündigungsrecht, wenn die A-GmbH nicht mehr die Mehrheit der Anteile an der B-GmbH hält.

Lösung

Zivilrechtlich kann der Gewinnabführungsvertrag mit Verkauf der Anteile an der B-GmbH außerordentlich gekündigt werden. Zivilrechtlich ist er dann für das Jahr 02 noch bis zum Wirksamwerden der Kündigung durchzuführen. Steuerlich entfällt mit der Übertragung der Anteile die finanzielle Eingliederung der B-GmbH, so dass die Voraussetzungen der ertragsteuerlichen Organschaft schon deshalb für das Jahr 02 nicht mehr vorliegen. Die ertragsteuerliche Organschaft ist daher nur bis zum Ende des Jahres 01 durchzuführen.

22.8 Vor Ablauf der Mindestlaufzeit entfallen die Wirkungen der Organschaft darüber hinaus auch rückwirkend über die gesamte bisherige Laufzeit der Organschaft, wenn die Beendigung nicht ausnahmsweise mit einem wichtigen Grund gerechtfertigt werden kann (so ausdrücklich § 14 Abs. 1 Satz 1 Nr. 3 Satz 2 KStG).

22.9 **Praxistipp**

Im Rahmen einer Unternehmenstransaktion ist auf die Voraussetzungen einer für die bereits abgelaufenen Wirtschaftsjahre steuerunschädlichen Beendigung eines laufenden Gewinnabführungsvertrags besonderes Augenmerk zu legen, wenn die Mindestvertragslaufzeit des Gewinnabführungsvertrags noch nicht abgelaufen ist.

22.2.2 Unterschiedliches Verständnis des wichtigen Grunds aus gesellschaftsrechtlicher und steuerlicher Sicht

22.10 Kommt es im Einzelfall – insbesondere innerhalb der fünfjährigen Mindestlaufzeit der Organschaft – auf das Vorliegen eines wichtigen Grunds zur Beendigung des Gewinnabführungsvertrags an, sind hier gesellschaftsrechtlich und steuerlich unterschiedliche Anforderungen zu beachten. Nach h.M. ist der Verkauf der

Organgesellschaft kein wichtiger Grund für die Beendigung eines Gewinnabführungsvertrags, wenn dieser Fall nicht ausdrücklich im Gewinnabführungsvertrag als außerordentlicher Kündigungsgrund vereinbart wurde.[10]

Praxistipp 22.11

In der Gestaltungspraxis ist es bereits seit längerer Zeit üblich, den Beteiligungsverkauf als außerordentlichen Kündigungsgrund ausdrücklich zu regeln.[11] Gerade bei älteren Gewinnabführungsverträgen sollte jedoch stets geprüft werden, ob der Anteilsverkauf bereits als vertraglich vereinbarter wichtiger Grund aufgeführt ist.

Steuerlich ist das Vorliegen eines wichtigen Grunds allein dann relevant, wenn 22.12
die fünfjährige Mindestlaufzeit im Zeitpunkt der Vertragsbeendigung noch nicht abgelaufen ist. Hier ist die vorzeitige Beendigung nach § 14 Abs. 1 Satz 1 Nr. 3 Satz 3 KStG nur dann unschädlich, wenn ein wichtiger Grund die Kündigung rechtfertigt.[12] Laut BFH[13] ist das Vorliegen eines wichtigen Grunds i.S.v. § 14 Abs. 1 Satz 1 Nr. 3 Satz 3 KStG steuerlich eigenständig zu beurteilen und zu prüfen, da aus steuerlicher Sicht sichergestellt werden müsse, dass die der Missbrauchsvermeidung dienende Mindestlaufzeit nicht unterlaufen werde. Jedenfalls der Verkauf innerhalb verbundener Unternehmen wird auf dieser Grundlage durch den BFH kritisch gesehen.[14] Laut R 14.5 Abs. 6 Satz 2 KStR kann ein wichtiger Grund insbesondere in der Veräußerung der Organbeteiligung durch

10) Vgl. OLG Düsseldorf, Beschl. v. 19.08.1994 – 3 Wx 178/94, AG 1995, 137, 138; OLG München, Urt. v. 20.11.2013 – 7 U 5025/11, GmbHR 2014, 535, 538 f.; OLG Oldenburg, Urt. v. 23.03.2000 – 1 U 175/99, NZG 2000, 1138, Rdnr. 43; Koch, in: Koch, AktG, 17. Aufl. 2023, § 297 Rdnr. 7 m.w.N.

11) Vgl. Fuhrmann, in: Fuhrmann/Wälzholz, Formularbuch GesR, 4. Aufl. 2022, Kap. 31 I. 4.; Henkel, in: Schüppen/Schaub, MAH AktR, 3. Aufl. 2018, § 53 Rdnr. 175; Messerschmidt, in: Beck'sches Formularbuch GmbH-Recht, 1. Aufl. 2010, Kap. L 1; Stangl/Winter, in: Formularbuch Recht und Steuern, 10. Aufl. 2021, A.10.02.

12) Über den Wortlaut der Norm hinaus ist allgemein anerkannt, dass der Gewinnabführungsvertrag aus wichtigem Grund auch durch eine einvernehmliche Vertragsaufhebung wirksam beendet werden kann, vgl. BFH, Urt. v. 13.11.2013 – I R 45/12, BStBl II 2014, 486, Rdnr. 21; R 14.5 Satz 1 KStR.

13) Vgl. BFH, Urt. v. 13.11.2013 – I R 45/12, BStBl II 2014, 486, Rdnr. 21 f.

14) Vgl. hierzu ausführlich: Schwan, DStR 2020, 575, 577.

den Organträger zu sehen sein. Dieser soll umgekehrt nur dann nicht anzunehmen sein, wenn im Zeitpunkt des Vertragsabschlusses feststand, dass der Gewinnabführungsvertrag vor Ablauf von fünf Jahren beendet werden würde.[15)]

22.3 Die unterjährige Beendigung als Regelfall

22.3.1 Hintergrund der unterjährigen Vertragsbeendigung als Regelfall im Rahmen von Transaktionen

22.13 Auch wenn die Mindestvertragslaufzeit bereits abgelaufen ist, werden laufende Gewinnabführungsverträge nur selten in einem Stadium beendet, in dem die Transaktion lediglich beabsichtigt ist. Zu groß sind selbst nach Unterzeichnung des Kaufvertrags die ggf. eintretenden Nachteile für den Verkäufer, falls die Transaktion im letzten Moment – beispielsweise aufgrund einer gescheiterten Bankenfinanzierung – doch nicht zustande kommt.

22.14 Der beendete Gewinnabführungsvertrag erfordert in jedem Fall eine Abrechnung auf den Beendigungsstichtag, wofür eine Zwischenbilanz bzw. eine Zwischengewinn- und -verlustrechnung erforderlich ist.[16)] Soll die einmal beendete Organschaft wiederhergestellt werden, erfordert dies eine neue fünfjährige Mindestlaufzeit. Ist ein Verkauf weiterhin beabsichtigt, verhindert dies die Anerkennung der Organschaft, falls die Anteile vor Ablauf der Mindestlaufzeit verkauft werden. Denn dies dürfte steuerlich als unzulässige Umgehung der gesetzlich vorgeschriebenen Mindestlaufzeit einzuordnen sein (R 14.5 Abs. 6 Satz 3 KStR).

22.15 Regelmäßig wird der Unternehmensvertrag aus diesen Gründen erst am Tag des Vollzugs des Anteilsverkaufs beendet. Der Vollzug wird jedoch nur selten auf das Ende des laufenden Wirtschaftsjahres gelegt. Im Gegenteil erfolgt dies meist zeitnah oder zeitgleich mit der Vertragsunterzeichnung, da beide Seiten ein erhebliches Interesse an einem schnellen Vollzug des Vertrags haben. Damit besteht in der Praxis ein häufiges Bedürfnis, einen laufenden Gewinnabführungsvertrag unterjährig zu beenden.

---

15) Vgl. Schwan, DStR 2020, 575, 578, zu Handlungsoptionen, falls ein Unternehmensverkauf zu einem vom Geschäftsjahr abweichenden Stichtag vollzogen werden soll und der konkrete Unternehmensvertrag die Möglichkeit zur Kündigung aus wichtigem Grund für den Fall einer Unternehmensveräußerung nicht vorsieht.

16) Vgl. Rödder/Liekenbrock, in: Rödder/Herlinghaus/Neumann, KStG, 2. Aufl. 2023, § 14 Rdnr. 368.

22.3.2 Abgekürztes Wirtschaftsjahr vs. „harte" Organschaftsbeendigung

Nach Ablauf der Mindestlaufzeit ist in einer Transaktion aus steuerlicher Sicht abzuwägen, wie eine unterjährige Beendigung des Gewinnabführungsvertrags herbeigeführt werden soll. In Betracht kommt hier einerseits die Bildung eines Rumpfwirtschaftsjahres auf den Tag des Kaufvertragvollzugs (Closing), verbunden mit der Beendigung des Vertrags zu diesem Stichtag oder eine „harte" Organschaftsbeendigung durch außerordentliche Kündigung des Vertrags zum Closing. Die Vor- und Nachteile der beiden Beendigungswege unterscheiden sich, je nachdem ob die Organgesellschaft im Rumpfzeitraum einen Gewinn oder einen Verlust erzielen wird (Gewinn- oder Verlustfall). 22.16

22.3.2.1 Bildung eines Rumpfwirtschaftsjahres

Die Bildung eines Rumpfwirtschaftsjahres bei der Organgesellschaft erfordert die Änderung des Gesellschaftsvertrags der Organgesellschaft. Nach § 7 Abs. 4 Satz 3 KStG ist zudem die Zustimmung des Finanzamts erforderlich, damit die Umstellung des Geschäftsjahres auch steuerlich gilt. Laut R 14.4 Abs. 3 Satz 1 KStR ist diese Zustimmung zu erteilen, wenn sie dazu dient, die Organschaft zum Ende des Wirtschaftsjahres zu beenden.[17] Die Satzungsänderung wird erst mit Eintragung in das Handelsregister wirksam. Damit verbleibt stets eine Unsicherheit, wie viel Zeit diese Schritte in Anspruch nehmen und ob es hierdurch zu einer Verzögerung der Transaktion kommen kann. 22.17

22.3.2.2 Außerordentliche Vertragskündigung zum Closing

Vorausgesetzt, der Vertrag enthält den heute üblichen Verweis auf den Beteiligungsverkauf als außerordentlichen Kündigungsgrund, reicht für eine unterjährige „harte" Beendigung der Organschaft die Kündigung des Vertrags mit Verweis auf die unmittelbar bevorstehende Anteilsveräußerung. Wie (Rdnr. 22.5) dargelegt, kann der Vertrag gesellschaftsrechtlich nicht rückwirkend, sondern lediglich mit sofortiger Wirkung beseitigt werden. Infolgedessen ist der Vertrag im Fall einer Beendigung beispielsweise zum 30.04. bei einem kalenderjahrgleichen Geschäftsjahr letztmalig für den Zeitraum 01.01–30.04. durchzuführen und abzurechnen.[18] 22.18

---

17) Vgl. R 14.4 Abs. 3 Satz 1 KStR: „Wird im Zusammenhang mit der […] Beendigung eines Organschaftsverhältnisses [das Wirtschaftsjahr] der Organgesellschaft auf einen vom [Kalenderjahr] abweichenden Zeitraum umgestellt, ist dafür die nach § 7 Abs. 4 Satz 3 KStG erforderliche Zustimmung zu erteilen."

18) BGH, Urt. v. 14.12.1987 – II ZR 170/87, NJW 1988, 1326, 1327 f.; MüKo-AktG/Altmeppen, 5. Aufl. 2020, § 302 Rdnr. 24; Rödder/Liekenbrock, in: Rödder/Herlinghaus/Neumann, KStG, 2015, § 14 Rdnr. 111.

22.3.2.3 Der Gewinnfall

22.3.2.3.1 Ertragsteuerliche Behandlung der Gewinnabführung

22.19 Bei einer harten Organschaftsbeendigung unterliegt die Zielgesellschaft im Rumpfzeitraum der regulären Ertragsbesteuerung, da der Gewinnabführungsvertrag nicht bis zum Ende des Wirtschaftsjahres durchgeführt wurde (vgl. § 14 Abs. 1 Satz 1 Nr. 3 Satz 3 KStG).

22.20 Der mit Ablauf des Vertragsendes entstehende Anspruch des ehemaligen Organträgers auf Abführung des Rumpfgewinns steht in keinem Zusammenhang mit einer ordentlichen Gewinnausschüttung und löst daher steuerlich die Folgen einer verdeckten Gewinnausschüttung aus. Dies gilt ausnahmsweise dann nicht, wenn das steuerliche Einlagekonto der Organgesellschaft gem. § 27 KStG in Anspruch genommen werden kann. Im Gewinnfall führt eine harte Organschaftsbeendigung damit beim Verkäufer zu einer Definitivbesteuerung des Gewinns der Zielgesellschaft aus dem Rumpfzeitraum. Bei einer Kapitalgesellschaft als Organträger unterliegt diese einer Steuerbelastung von ca. 1,5 %, bei natürlichen Personen unterliegt sie dem Teileinkünfteverfahren. Die genaue Ertragsteuerbelastung ist abhängig vom jeweils einschlägigen Gewerbesteuerhebesatz, bei natürlichen Personen vom individuellen Einkommensteuersatz.

22.21 Die verdeckte Gewinnausschüttung auf die Gewinnabführung unterliegt bei der Zielgesellschaft zudem der Kapitalertragsteuer. Dies birgt einerseits Probleme bei der Umsetzung und ist andererseits bei der Ablaufplanung der Transaktion zu berücksichtigen. Denn nach § 44 Abs. 1 Satz 2 EStG entsteht die Kapitalertragsteuer mit Zufluss der Kapitalerträge beim Gläubiger. Nach § 44 Satz 5 zweiter Halbsatz EStG ist sie auch unmittelbar in diesem Zeitpunkt abzuführen und beträgt im Regelfall 25 % zzgl. Solidaritätszuschlag. Dies gilt auch für bilanzierende Steuerpflichtige. Die Kapitalertragsteuer entsteht damit nicht nur am Tag des Closing, sie ist auch an diesem abzuführen.

22.22 Diese Vorgaben bringen im Fall einer harten Organschaftsbeendigung zum Closing-Stichtag verschiedene Schwierigkeiten mit sich. So dürfte es regelmäßig erhebliche Probleme bereiten, am Tag der Beendigung des Gewinnabführungsvertrags bereits berechnen zu können, welcher Gewinn an den ehemaligen Organträger und damit in welcher Höhe die Kapitalertragsteuer abzuführen ist.

22.23 **Praxistipp**

Hier empfiehlt es sich, die Gewinnabführungsverpflichtung auf Grundlage der vorhandenen Forecasts und unternehmerischen Kennzahlen näherungsweise zu ermitteln und die Kapitalertragsteuer auf dieser Grundlage abzuführen. Nachdem die genaue Gewinnabführungsverpflichtung ermittelt ist, sollte der zutreffende Kapitalertragsteuerbetrag zeitnah nacherklärt und abgeführt werden. Nach § 233a Abs. 1 Satz 2 AO fallen auf die Kapitalertragsteuer als Abzugsteuer allerdings keine Steuerzinsen an.

Aufgrund des oftmals nicht geringfügigen Gewinnabführungsbetrags sollte die hierauf anfallende Kapitalertragsteuer bereits im Zuge der Vertragsverhandlungen und der Cashflowberechnungen einbezogen werden. Je nach Höhe des voraussichtlichen Abführungsbetrags muss die Zielgesellschaft Vorsorge tragen, damit entsprechende Barmittel am Tag des Closing zur Verfügung stehen. 22.24

Praxistipp 22.25

Darüber hinaus empfiehlt sich eine vertragliche Flankierung dieser Umsetzung, da sie zu einem Zeitpunkt erfolgt, zu dem die Zielgesellschaft in die Hände des Erwerbers übergeht. Der Erwerber wird hier ein Interesse daran haben, dass – je nach Zeitpunkt der Ergebnisabgrenzung zwischen den Parteien – die dem Verkäufer mögliche Anrechnung der Kapitalertragsteuer auf die eigene Steuerschuld im Rahmen der Kaufpreisberechnung Berücksichtigung findet. Der Verkäufer wiederum sollte sich zusichern lassen, dass er die hierfür notwendigen Bescheinigungen von der Zielgesellschaft erhält, da er auf die ausstellende Gesellschaft keinen Einfluss mehr hat.

Dagegen unterliegt die letztmalige Gewinnabführung bei vorheriger Umstellung des Wirtschaftsjahres und Beendigung des Gewinnabführungsvertrags zum Ende des Wirtschaftsjahres keiner zusätzlichen Ertragsteuerbelastung.[19] 22.26

22.3.2.3.2 Vorheriger Verzicht auf den Gewinnabführungsanspruch

Auf den ersten Blick spricht im Gewinnfall neben den etwaigen Friktionen infolge der Kapitalertragsteuerabführung zum Closing vor allem die Definitivbesteuerung der Gewinnabführung gegen eine harte Beendigung der Organschaft. Alternativ wird teilweise vertreten, dass dies durch einen vorherigen Verzicht auf den Gewinnabführungsanspruch vermieden werden kann.[20] Allerdings hat das FG 22.27

19) Vgl. Rödder/Liekenbrock, in: Rödder/Herlinghaus/Neumann, KStG, 2015, § 14 Rdnr. 372; Frotscher, in: Frotscher/Drüen, KStG, § 14 Rdnr. 669 (01/2023).

20) Vgl. ausführlich Hahn, Ubg 2014, 427, 431; befürwortend: Schwan, DStR 2020, 575, 581; Rödder/Liekenbrock, in: Rödder/Herlinghaus/Neumann, KStG, 2015, § 14 Rdnr. 370.

Münster[21] entschieden, dass auf einen Gewinnabführungsanspruch nicht vor dessen Entstehung, sondern erst zum Ende des laufenden Geschäftsjahres verzichtet werden könne. In der Literatur[22] wird diese Auffassung zu Recht abgelehnt.

22.3.2.3.3 Ertragsallokation

22.28 Neben der Frage einer zusätzlichen Ertragsteuerbelastung stellt sich im Gewinnfall zudem die Frage, ob der Rumpfgewinn der Organgesellschaft ggf. durch Beibehaltung oder vorzeitige Beendigung der Organschaft steuereffizienter allokiert werden kann. Unter der Organschaft kann ein etwaiger Gewinn der Organgesellschaft mit Verlusten aus dem Organkreis verrechnet werden. Fehlt es dagegen voraussichtlich an Verrechnungspotential im Organkreis, kann die harte Organschaftsbeendigung die Chance bieten, ggf. noch bei der Organgesellschaft bislang eingekapselte vororganschaftliche Verlustvorträge mit dem Rumpfgewinn zu verrechnen.

22.29 Zuletzt sollte stets geprüft werden, wie sich ein etwaiger Wechsel von der nach § 15 KStG stattfindenden außerbilanziellen Korrektur auf Ebene des Organträgers auswirkt, wenn durch eine harte Organschaftsbeendigung bereits vorzeitig zur Besteuerung auf Stand-alone-Basis gewechselt wird. Erwirtschaftet die Organgesellschaft beispielsweise in erheblichem Umfang Zinserträge, so kann deren Ausscheiden für den verbleibenden Organkreis zu Nachteilen bei der Anwendung der Zinsschranke nach § 4h EStG bzw. § 8a KStG führen, da der Saldo von Zinserträgen und Zinsaufwendungen nach § 15 Satz 1 Nr. 3 KStG innerhalb eines Organkreises auf Ebene des Organträgers ermittelt wird.

22.3.2.3.4 Zusammenfassung Gewinnfall

22.30 Folgt man der hier vertretenen Auffassung, so entfällt im Fall des vorherigen Verzichts auf den Gewinnabführungsanspruch die verdeckte Gewinnausschüttung sowie die Pflicht zur Abführung von Kapitalertragsteuer zum Zeitpunkt des Closing. Steuerlich können damit beide Wege ohne zusätzliche Ertragsteuerbelastung beschritten werden.

22.31 Die Möglichkeit zur Verlustverrechnung kann im Einzelfall für die Bildung eines Rumpfwirtschaftsjahres (bei Verrechnungspotential im Organkreis) oder auch

---

21) Vgl. FG Münster, Urt. v. 20.08.2014 – 10 K 2192/13 F, DStRE 2016, 1232; zustimmend: Neumann, in: Gosch, KStG, 4. Aufl. 2020, § 14 Rdnr. 257.

22) Vgl. Füger/Rieger/Schell, DStZ 2015, 404, 412; Pyszka, GmbHR 2014, 1296, 1298 f.; sowie ausführlich Schwan, DStR 2020, 575, 581.

für eine harte Organschaftsbeendigung sprechen (im Fall vororganschaftlicher Verlustvorträge bei der Organgesellschaft). Auch etwaige Auswirkungen auf außerbilanzielle Korrekturen sollten in die Betrachtung miteinbezogen werden.

22.3.2.4 Der Verlustfall

22.3.2.4.1 Ertragsteuerbelastung der Organschaftsbeendigung

Im Verlustfall ist der Organträger aus dem Gewinnabführungsvertrag zum Ausgleich des bis zum Closing entstandenen Verlusts verpflichtet.[23] Dies gilt unabhängig davon, ob der Gewinnabführungsvertrag zu einem unterjährigen Stichtag gekündigt wird oder mit Ablauf eines Rumpfgeschäftsjahres endet. 22.32

Allerdings unterscheidet sich nach h.M.[24] die steuerliche Behandlung der Verlustausgleichsverpflichtung auf der Ebene des Organträgers. Denn nach h.M. bleibt der innerorganschaftliche Verlustausgleich in gleicher Weise ohne steuerliche Auswirkung wie die innerorganschaftliche Gewinnabführung. Während demnach der Beteiligungsbuchwert beim innerorganschaftlichen Verlustausgleich unverändert bleibt, ist man sich einig, dass der Verlustausgleich in einem Jahr ohne wirksame Organschaft als verdeckte Einlage zu behandeln ist und damit den Beteiligungsbuchwert der Organgesellschaft beim Organträger erhöht.[25] 22.33

Ertragsteuerlich kann die Verlustausgleichsverpflichtung damit im Wege einer harten Organschaftsbeendigung nutzbar gemacht werden. Denn die Erhöhung des Beteiligungsbuchwerts als Folge der verdeckten Einlage reduziert die Differenz zwischen Kaufpreis und Beteiligungsbuchwert als Ausgangsgröße für die Ermittlung des vom Organträger zu versteuernden Veräußerungsgewinns. 22.34

Im Unterschied zur Gewinnabführung kann die Verlustausgleichverpflichtung nicht vermieden werden. Insbesondere ein vorheriger Verzicht ist nicht möglich, da dieser gem. § 302 Abs. 3 Satz 1 AktG bis zum Ablauf von drei Jahren nach Anspruchsentstehung gesellschaftsrechtlich ausdrücklich ausgeschlossen ist. 22.35

---

23) BGH, Urt. v. 14.12.1987 – II ZR 170/87, NJW 1988, 1326, 1327 f.; MüKo-AktG/Altmeppen, 5. Aufl. 2020, § 302 Rdnr. 24; Bünning, BB 2015, 2795, 2796; Koch, in: Koch, AktG, 17. Aufl. 2023, § 302 Rdnr. 11.

24) BFH, Urt. v. 16.05.1990 – I R 96/88, BStBl II, 797, Rdnr. 9; BFH, Urt. v. 24.07.1996 – I R 41/93, BStBl II, 614, 616; Neumann, in: Gosch, KStG, 4. Aufl. 2020, § 14 Rdnr. 415.

25) BFH, Urt. v. 16.05.1990 – I R 96/88, BStBl II, 797, Rdnr. 10; Rödder/Liekenbrock, in: Rödder/Herlinghaus/Neumann, KStG, 2015, § 14 Rdnr. 370.

22.3.2.4.2 Verlustallokation

22.36 Spiegelbildlich mit dem Gewinnfall können sich auch im Verlustfall Vorteile aus der Möglichkeit ergeben, die negativen Einkünfte der Organgesellschaft aus dem Rumpfzeitraum in den Organkreis zu transferieren. Dies gilt insbesondere dann, wenn den Verlusten im Fall einer harten Organschaftsbeendigung gem. § 8c KStG ein Untergang aufgrund des schädlichen Beteiligungserwerbs droht.

22.3.2.4.3 Zusammenfassung Verlustfall

22.37 Im Verlustfall bietet nur die harte Beendigung der Organschaft die Möglichkeit, den Aufwand aus dem Verlustausgleich steuerlich zumindest im Rahmen der Besteuerung des Veräußerungsgewinns nutzbar zu machen. Für die Bildung eines Rumpfwirtschaftsjahres kann dagegen die Möglichkeit sprechen, die Verluste aus dem Rumpfzeitraum mit anderweitigen Gewinnen im Organkreis zu verrechnen.

22.3.2.5 Ertragsunabhängige Aspekte

22.38 Unabhängig von der Ertragssituation der Organgesellschaft gibt es weitere Aspekte, die bei der Entscheidung zwischen harter Organschaftsbeendigung und abgekürztem Wirtschaftsjahr zu bedenken sind und sich als entscheidend erweisen können:

- Aus Sicht des Erwerbers ermöglicht ein bereits durch den Verkäufer gebildetes Rumpfwirtschaftsjahr auf den Closing-Zeitpunkt den Vorteil, dass die Organgesellschaft nach dem Erwerb auch in der Erwerbersphäre ohne Aufwand oder zeitlichen Verzug und damit ohne eine zumindest kurzzeitige Standalone-Besteuerung organschaftlich angebunden werden kann. Nach R 14.4 Abs. 2 KStR setzt dies die Beendigung und den Verkauf der Organgesellschaft als sogenanntes Mitternachtsgeschäft voraus.

22.39 – Regelmäßig wird bei Unternehmenstransaktionen das letzte zurückliegende Geschäftsjahresende als Stichtag für die Ergebnisabgrenzung gewählt. Das Ergebnis des laufenden Wirtschaftsjahres soll nach dem Willen der Vertragsparteien damit wirtschaftlich bereits dem Käufer zustehen (sog. Locked-Box-Konzept). Alternativ besteht auch die Möglichkeit, dass die Parteien für die Ergebnisabgrenzung auf den Tag des Closing abstellen (sog. Closing-Accounts).

22.40 – Entscheiden sich die Parteien für ein Locked-Box-Konzept, führt eine bis zum Closing wirksame Organschaft ggf. zu zusätzlicher Komplexität bei der Ergebnisabgrenzung. Denn dann wird das Ergebnis des Rumpfzeitraums steuerlich noch dem Verkäufer zugerechnet. Wirtschaftlich steht dieses aber schon dem Käufer zu. Dann sind aber vertragliche Ausgleichsregelungen erforderlich, damit dieser Betrag dem Käufer zufließt, zugleich muss aber auch der Verkäufer von einer etwaigen Steuerbelastung aus der Einkommenszurechnung entlastet werden.

- Wegen der je nach Relevanz des Rumpfzeitraums zusätzlich zu vereinbarenden wechselseitigen Kooperationspflichten entspricht es hier oft eher dem Interesse der Parteien, dass das Ende der Organschaft nicht über den Zeitpunkt der wirtschaftlichen Ergebnisabgrenzung hinaus reicht. Bei der Vereinbarung eines Locked-Box-Konzepts empfiehlt sich daher eher eine harte Organschaftsbeendigung, Closing-Accounts sprechen dagegen für ein Rumpfwirtschaftsjahr. 22.41

23. Entgeltlicher Erwerb eines Mitunternehmeranteils

Inhalt **Rdnr.**

23.1 Rechtlicher Rahmen

23.1 Der entgeltliche Erwerb eines Mitunternehmeranteils kann zivilrechtlich betrachtet auf einer Abtretung des Gesellschaftsanteils (§§ 413, 398 BGB) gegen Kaufpreis mit Zustimmung der übrigen Gesellschafter oder aufgrund Zulassung der Abtretung im Gesellschaftsvertrag beruhen. Dabei kann die Annahme der Abtretung dazu führen, dass die Mitunternehmerstellung in dieser Gesellschaft erstmals erworben wird. In Betracht kommt auch, dass ein bereits beteiligter Gesellschafter einen weiteren Anteil erwirbt. In diesem Fall vereinigen sich der bisherige und der erworbene Mitunternehmeranteil zu einem einheitlichen Mitunternehmeranteil, denn der Gesellschafter kann nur einen Gesellschaftsanteil halten.[1)]

23.2 Ein weiterer Rechtsgrund für den entgeltlichen Erwerb eines Mitunternehmeranteils kann auf einer Anwachsung nach Ausscheiden eines Mitgesellschafters gegen Abfindung beruhen (§§ 736, 738 Abs. 1 Satz 1 BGB bzw. §§ 712, 728 BGB i.d.F. des MoPeG ab 01.01.2024). Mit dem Ausscheiden geht der Gesellschaftsanteil zivilrechtlich unter und die Mitgliedschaft des Ausgeschiedenen und die Teilhabe am Gesellschaftsvermögen wachsen allen übrigen Gesellschaftern nach Maßgabe deren Beteiligung im Wege der Gesamtrechtsnachfolge zu. Die angewachsenen Gesellschaftsanteile verlieren dabei ihre Selbständigkeit.

23.3 **Beispiel**

An der Z-GmbH & Co. KG sind die Komplementär-GmbH ohne Einlage sowie die Kommanditisten X mit 75 %, Y mit 15 % und Z mit 10 % beteiligt. Z scheidet aus der Gesellschaft aus.

Lösung

Der Anteil des Z wächst den verbleibenden Gesellschaftern X und Y im Verhältnis 75 : 15 zu. Demzufolge verändert sich die Beteiligung des X von 75 % auf 83 1/3 % und die Beteiligung des Y von 10 % auf 16 2/3 %.

23.4 Die Anwachsung kann dabei ebenso Folge eines Ausscheidens von Todes wegen mit Abfindung der Erben sein wie das Ausscheiden unter Lebenden nach Kündigung der Gesellschaft (§ 723 BGB bzw. § 726 BGB i.d.F. des MoPeG ab 01.01.2024, § 132 HGB) oder nach Ausschließung (§ 140 HGB). Schließlich kann der Erwerb eines Mitunternehmeranteils auf einem Eintritt in eine bereits bestehende Personengesellschaft beruhen oder auf der erstmaligen Erlangung der Mitunternehmerstellung im Zusammenhang mit der Gründung der Gesellschaft.

1) BFH, Beschl. v. 06.08.2019 – VIII R 12/16, BStBl II 2020, 378, Rdnr. 40 m.w.N.; IDW RS HFA 7 v. 30.01.2018, IDW Life 2018, 258, Rdnr. 42.

Die in diesem Zusammenhang geleisteten Einlagen in das Gesellschaftsvermögen sind als Gegenleistung mit den Rechtsfolgen aus § 24 UmwStG zu beurteilen, soweit damit die Einbringung eines Betriebs oder eines Mitunternehmeranteils verbunden ist. Letzteres gilt regelmäßig beim Eintritt in eine bestehende Personengesellschaft, denn in diesem Fall bringen die bisherigen Gesellschafter ihre Mitunternehmeranteile – abweichend vom Zivilrecht – in eine um den eintretenden Gesellschafter erweiterte Mitunternehmerschaft ein.[2] Damit steht für jeden schon bisher beteiligten Gesellschafter das Wahlrecht offen, anstelle des gemeinen Werts die Buchwerte bezogen auf seinen Mitunternehmeranteil gem. § 24 Abs. 2 UmwStG fortzuführen.[3]

Übersteigt die Einlage den gemeinen Wert des erworbenen Mitunternehmeranteils, liegt allerdings insoweit keine Gegenleistung vor. Vielmehr handelt es sich steuerrechtlich betrachtet um eine Einlage i.S.d. § 4 Abs. 1 Satz 8 EStG, die nicht von § 24 UmwStG erfasst wird. Sollte eine solche Einlage über das Maß der eigenen Beteiligungsquote hinausgehen und daher eine sogenannte **disquotale Einlage** vorliegen, werden die anderen Gesellschafter aufgrund einer freigebigen Zuwendung (Schenkung) dadurch bereichert, dass sich deren Beteiligung am Gesellschaftsvermögen erhöht (§§ 516, 718 ff. BGB bzw. § 713 BGB i.d.F. des MoPeG ab 01.01.2024; § 7 Abs. 1 Nr. 1 ErbStG).[4] Die dagegen eingereichte Verfassungsbeschwerde wurde vom BVerfG nicht zur Entscheidung angenommen.[5] 23.5

23.2 Erwerb der Mitunternehmerstellung

Voraussetzung für den Erwerb eines Mitunternehmeranteils ist der Eintritt in die Rechtsstellung des Veräußerers des Anteils. Davon ist nur auszugehen, wenn der Erwerber des Rechts eine auf den Erwerb des Anteils rechtlich geschützte Position zivilrechtlich als Gesellschafter oder ausnahmsweise eine wirtschaftlich vergleichbare Stellung (Rdnr. 23.8) erworben hat, die ihm gegen seinen Willen nicht mehr entzogen werden kann. Erforderlich ist weitergehend die Befähigung, Mitunternehmerinitiative zu entfalten und das Mitunternehmerrisiko mit der Absicht der Gewinnerzielung zu tragen. Dabei bedeutet Wahrnehmung der **Mitunternehmerinitiative** die Teilnahme an unternehmerischen Entscheidungen, wobei die Möglichkeit zur Ausübung von Gesellschaftsrechten ausreichend ist, 23.6

2) BFH, Urt. v. 30.03.2017 – IV R 11/15, BStBl II 2019, 29, Rdnr. 31–32; BFH, Urt. v. 20.09.2007 – IV R 70/05, BStBl II 2008, 265; BFH, Urt. v. 25.04.2006 – VIII R 52/04, BStBl II, 847 zu B.2. der Gründe m.w.N.

3) BMF-Schreiben v. 11.11.2011 – IV C 2 – S 1978-b/08/10001, BStBl I, 1314 (UmwSt-Erlass), Rdnr. 24.01 i.V.m. 01.47 aa) – dritter Spiegelstrich.

4) BFH, Urt. v. 05.02.2020 – II R 9/17, BStBl II, 658.

5) BVerfG, Beschl. v. 29.04.2021 – 1 BvR 2072/20.

wenn diese mindestens den Stimmrechten sowie den Kontroll- und Widerspruchsrechten eines Kommanditisten nach §§ 164, 166 HGB oder den Kontrollrechten nach § 716 Abs. 1 BGB bzw. den Informationsrechten und -pflichten gem. § 717 BGB i.d.F. des MoPeG ab 01.01.2024 entsprechen.[6] **Mitunternehmerrisiko** trägt der Erwerber eines Anteils nur, wenn er aufgrund Gesellschaftsrechts oder diesem Recht vergleichbar wirtschaftlich am Unternehmenserfolg beteiligt ist, indem ihm Gewinn- sowie Verlustanteile zugerechnet werden und eine Teilhabe an den stillen Reserven des Anlagevermögens einschließlich Firmen- und Geschäftswert nicht ausgeschlossen ist.[7]

23.7 Für den Zeitpunkt des Übergangs der Mitunternehmerstellung ist grundsätzlich das Zivilrecht maßgebend. Dem folgt auch die steuerrechtliche Beurteilung (§ 39 Abs. 1 AO). Ein von den Vertragspartnern notariell oder aufgrund anderer bindender Vereinbarung gewählter Zeitpunkt des Übergangs des wirtschaftlichen Eigentums mit rechtlicher Wirkung vor dem Vertragsabschluss ist unbeachtlich.[8] Auf die Dauer der Stellung eines Mitunternehmers kommt es nicht an. Soweit alle mit dem Erwerb des Mitunternehmeranteils verbundenen Rechte und Pflichten übergegangen sind, ist auch derjenige Mitunternehmer, der einen Anteil an einer Personengesellschaft erwirbt, um ihn kurze Zeit später, ggf. sogar taggleich, wieder zu veräußern.[9]

23.8 Die Zurechnung eines Mitunternehmeranteils kann nach den Grundsätzen des § 39 Abs. 2 Nr. 1 AO von der zivilrechtlichen Gesellschafterstellung abweichen, wenn ein anderer als der zivilrechtlich Berechtigte die tatsächliche Herrschaft über den Mitunternehmeranteil in der Weise ausübt, dass er den Eigentümer im Regelfall von der Einwirkung auf das Wirtschaftsgut wirtschaftlich ausschließen kann. Erfüllt deshalb ein anderer als der zivilrechtliche Gesellschafter die Voraussetzungen für eine Stellung als Mitunternehmer, weil er anstelle des Gesellschafters dessen gesellschaftsrechtliche Position einnehmen kann, die es ihm ermöglicht, Mitunternehmerrisiko zu tragen und Mitunternehmerinitiative zu entfalten, ist dem wirtschaftlichen Berechtigten der Mitunternehmeranteil zuzurechnen.[10] Nach Maßgabe dieser Grundsätze kann in Ausnahmefällen die wirtschaftliche Inhaberschaft nach den zugrundeliegenden Vereinbarungen bereits vor der rechtlichen auf einen Erwerber übergegangen sein, so dass dieser wirtschaftlicher Eigentümer geworden ist (§ 246 Abs. 1 Satz 2 HGB, § 39 Abs. 2 Nr. 1 AO).[11]

6) BFH, Urt. v. 21.10.2015 – IV R 43/12, BStBl II 2016, 517, Rdnr. 30.
7) BFH, Beschl. v. 25.06.1984 – GrS 4/82, BStBl II, 751; BFH, Urt. v. 13.07.2017 – IV R 41/14, BStBl II, 1133, Rdnr. 20 m.w.N.
8) BFH, Urt. v. 20.10.2011 – IV R 35/08, BFH/NV 2012, 377.
9) BFH, Urt. v. 22.06.2017 – IV R 42/13, BFH/NV 2018, 265.
10) BFH, Urt. v. 25.06.2009 – IV R 3/07, BStBl II 2010, 182.
11) BFH, Urt. v. 01.03.2018 – IV R 15/15, BStBl II, 539.

Ein Erwerb eines Mitunternehmeranteils liegt auch vor, wenn ein Gesellschafter ohne Erben verstirbt oder alle vorhandenen Erben die Erbschaft ausschlagen. Erwerber ist in diesem Fall das Bundesland, vertreten durch die Bezirksdirektion, in deren Bezirk der Erblasser zur Zeit des Erbfalls seinen letzten Wohnsitz hatte (§ 1936 BGB), denn der Staat (Fiskalerbe) als gesetzlicher Erbe darf die Erbschaft nicht ausschlagen (§ 1942 Abs. 2 BGB) und auch nicht darauf verzichten (§ 2346 BGB). Das betreffende Bundesland wird im Wege der Gesamtrechtsnachfolge Mitunternehmer anstelle des verstorbenen Gesellschafters (§ 1922 Abs. 1 BGB).[12] Das gilt jedenfalls dann, wenn dem Gesellschaftsvertrag zufolge nach dem Tod eines Gesellschafters die Fortsetzung der Gesellschaft mit dem Erben geregelt ist. Scheidet das Bundesland aus der Gesellschaft aus, wird erst jetzt eine Aufgabe des Mitunternehmeranteils i.S.d. § 16 Abs. 3 Satz 1 i.V.m. Abs. 1 Nr. 2 EStG verwirklicht. In der Person des Erblassers ist dagegen ein Aufgabegewinn nicht entstanden, denn der Mitunternehmeranteil ist von Todes wegen auf den Rechtsnachfolger (Fiskus) ohne Gegenleistung übergegangen (§ 6 Abs. 3 Satz 1 EStG).[13] Der Aufgabegewinn ist stattdessen auch mit Wirkung für den Gewerbeertrag (§ 7 Satz 2 Nr. 2 GewStG) dem Erwerber des Mitunternehmeranteils, hier dem Bundesland als Fiskalerben, zuzurechnen. 23.9

23.3 Handelsbilanz des Erwerbers

Ist der Erwerber des Mitunternehmeranteils Gewerbetreibender, und dient die Beteiligung an der Personengesellschaft diesem Betrieb, dann ist der Gesellschaftsanteil als **Vermögensgegenstand** in der Handelsbilanz unter den Finanzanlagen, und zwar regelmäßig als Beteiligung, auszuweisen (§ 246 Abs. 1, § 247 Abs. 2, § 266 Abs. 2 A. III.3, § 271 Abs. 1 HGB). Die **Zugangsbewertung** erfolgt mit den Anschaffungskosten (§ 253 Abs. 1, § 255 Abs. 1 HGB),[14] die den Zahlungen des neuen an den bisherigen Gesellschafter oder dessen Rechtsnachfolger für den **Anteil an der Personengesellschaft** entsprechen. Anschaffungsnebenkosten sind ebenso wie eine Minderung des Anschaffungspreises zu berücksichtigen. Zu den Anschaffungskosten gehört auch eine Schuldübernahme, soweit die Schuld bisher das Vermögen des Veräußerers selbst belastet hat. Die im Handelsregister eingetragene Haftsumme ist für die Bestimmung der Anschaffungskosten unbeachtlich. Diese Grundsätze gelten unabhängig davon, ob der Erwerber eine natürliche Person ist oder wiederum eine Personengesellschaft (doppelstöckige Personen- 23.10

12) BFH, Urt. v. 19.09.2019 – IV R 50/16, BStBl II 2020, 57; Wendt, BFH/PR 2020, 65.

13) Schmidt/Wacker, EStG, 42. Aufl. 2023, § 16 Rdnr. 40, 590.

14) IDW RS HFA 18 v. 04.06.2014, IDW-FN 7/2014, 417, Rdnr. 6 ff., insbesondere auch zur Aktivierung im Fall von Sacheinlagen.

gesellschaft) oder auch eine Kapitalgesellschaft (GmbH, AG, KGaA, Genossenschaft). Die Bilanzierung in der **Steuerbilanz** der Personengesellschaft ist insoweit unbeachtlich.

23.11 Handelt es sich lediglich um den Erwerb eines Bruchteils eines Mitunternehmeranteils, richtet sich die Zugangsbewertung nach den Anschaffungskosten für diesen Teilanteil. Für den Fall des Erwerbs eines weiteren Anteils an einer Personengesellschaft – insbesondere durch Anwachsung – vereinigen sich der vorhandene und der erworbene Anteil zu einem Vermögensgegenstand.[15] Die Anschaffungskosten für den bereits vorhandenen und den hinzuerworbenen Bruchteil bilden in Addition die Bewertungsobergrenze (§ 253 Abs. 1 HGB). Bei einer Bewertung mit einem niedrigeren beizulegenden Wert (§ 253 Abs. 3 Satz 5 und 6 HGB) bezieht sich die Bewertung auf den (ganzen) Gesellschaftsanteil und nicht auf den jeweils erworbenen Bruchteil. Bei einer Veräußerung bedarf es zur Bestimmung des Buchwerts bezogen auf die Anschaffungskosten einer Durchschnittsbewertung, wenn Gegenstand der Veräußerung wiederum ein Bruchteil sein sollte.

23.12 Wurde neben dem Kommanditanteil an einer GmbH & Co. KG auch der Anteil an der **Komplementär-GmbH** erworben, ist ein weiterer Vermögensgegenstand als Posten des Finanzanlagevermögens zu aktivieren. Auch insoweit erfolgt eine Bewertung mit den Anschaffungskosten. Weil die Anteilsübertragung an einer GmbH & Co. KG, bei der sowohl die Geschäftsanteile der Komplementär-GmbH als auch die Kommanditanteile abgetreten werden, insgesamt **beurkundungspflichtig** ist (§ 15 Abs. 4 Satz 1 GmbHG),[16] sind die Notariatskosten ebenso wie Beratungskosten im wirtschaftlichen Zusammenhang mit dem Erwerbsvorgang aufzuteilen und als **Anschaffungsnebenkosten** (§ 255 Abs. 1 Satz 2 HGB) sowohl den Bilanzposten für die Beteiligung an der KG als auch für die Beteiligung an der GmbH nach Maßgabe der Gegenstandswerte zuzuordnen. Sollte die Personengesellschaft diese Aufwendungen tragen, liegen auf deren Ebene lediglich Entnahmen des erwerbenden Gesellschafters vor (§ 4 Abs. 1 Satz 2 EStG). Ein Abzug als Betriebsausgabe zu Lasten des Gewinns der Gesellschaft ist ebenso ausgeschlossen[17] wie ein Abzug als Sonderbetriebsausgabe des Erwerbers.

15) BFH, Urt. v. 06.08.2019 – VIII R 12/16, BStBl II 2020, 378; BFH, Urt. v. 03.09.2020 – IV R 29/19, BFH/NV 2021, 438, zur Rechtslage beim Veräußerer, der einen gewerbesteuerpflichtigen laufenden Gewinn aufgrund Teilanteilsübertragung gem. § 16 Abs. 1 Satz 2 EStG realisiert.

16) BGH, Beschl. v. 20.10.2009 – VIII ZB 13/08, ZIP 2010, 250. Wird nur die Übertragung der Geschäftsanteile der GmbH beurkundet, ist das Rechtsgeschäft insgesamt nichtig. § 15 Abs. 4 Satz 2 GmbHG ist nicht anwendbar.

17) BFH, Urt. v. 16.04.2015 – IV R 44/12, BFH/NV 2015, 1085.

Gehörten zum Mitunternehmeranteil beim Veräußerer auch andere Wirtschaftsgüter des **Sonderbetriebsvermögens**, ist deren Sachbehandlung davon abhängig, ob auch insoweit eine Eigentumsübertragung bei Sachen bzw. Abtretung bei Rechten an den Erwerber erfolgt ist. In Betracht kommen hier oftmals Forderungen gegenüber der Personengesellschaft, die aufgrund korrespondierender Bilanzierung bisher in der Sonderbilanz des Altgesellschafters zu aktivieren waren. Der Erwerb dieser Ansprüche führt zur Aktivierung unter den Forderungen gegen Unternehmen, mit denen ein Beteiligungsverhältnis besteht (§ 246 Abs. 1, § 266 Abs. 2.B.II.3 HGB), und zur Bewertung mit den Anschaffungskosten (§ 253 Abs. 1, § 255 Abs. 1 HGB). Eine Bindung an die Bewertung des entsprechenden Schuldpostens in der Handelsbilanz der Personengesellschaft besteht nicht. 23.13

Sollte der Gesellschafterwechsel zu einer Änderung des Gesellschafterbestands bei einer grundbesitzenden Personengesellschaft i.S.d. § 1 Abs. 2a GrEStG[18)] führen, liegen im Hinblick auf die **Grunderwerbsteuer** keine Anschaffungskosten für den Gesellschaftsanteil vor. Die Grunderwerbsteuer schuldet in diesen Fällen nicht der Erwerber des Mitunternehmeranteils, sondern die Personengesellschaft, an der der Anteil erworben wurde (§ 13 Nr. 6 GrEStG). Die Grunderwerbsteuer stellt daher Aufwand dieser Gesellschaft dar und ist dort als Betriebsausgabe abziehbar.[19)] 23.14

23.4 Steuerbilanz des Erwerbers

23.4.1 Bilanzierung der Beteiligung – Spiegelbildmethode

Der Bilanzausweis in der Handelsbilanz ist für Zwecke der **Steuerbilanz** nicht maßgeblich,[20)] weil der Erwerber eines Mitunternehmeranteils steuerrechtlich betrachtet weder einen Vermögensgegenstand noch ein eigenständiges immate- 23.15

18) Zur Absenkung der Beteiligungsgrenze von 95 % auf 90 % durch Änderung des GrEStG v. 12.05.2021, BGBl I, 986 = BStBl I, 838; gleichlautende Erlasse der obersten Finanzbehörden der Länder zur Anwendung des § 1 Abs. 2a GrEStG v. 10.05.2022 – FM3 – S 4501 – 2/82, BStBl I, 801; vgl. zu den Übergangsregelungen gem. § 23 Abs. 18–24 GrEStG die gleich lautenden Erlasse der obersten Finanzbehörden der Länder v. 29.06.2021 – FM3 – S 4430 – 1/29, BStBl I, 1006; vgl. dazu auch Rdnr. 19.1 ff.

19) BFH, Urt. v. 02.09.2014 – IX R 50/13, BStBl II 2015, 260; vgl. dazu Rdnr. 23.38.

20) BFH, Urt. v. 24.03.1999 – I R 114/97, BStBl II 2000, 399, zu IV.1b der Gründe m.w.N.

rielles Wirtschaftsgut erwirbt.[21] Die Aufwendungen für den erworbenen Mitunternehmeranteil oder eines Bruchteils daran[22] werden deshalb nicht als solche in einer Steuerbilanz des neuen Gesellschafters ausgewiesen. Stattdessen stellen die Kaufpreiszahlungen bzw. geleisteten Abfindungen sowie die Erwerbsnebenkosten (Notariatskosten, erwerbsbezogene Beratungskosten etc.) jeweils **Anschaffungskosten** für die erworbenen **Anteile** an den Buchwerten und den stillen Reserven der bilanzierten und nicht bilanzierten Wirtschaftsgüter einschließlich Firmen- bzw. Geschäftswert der Personengesellschaft dar, die dem Gesellschafter aufgrund seiner Beteiligung am Gesellschaftsvermögen[23] nach Maßgabe einer Bruchteilsbetrachtung entsprechend § 39 Abs. 2 Nr. 2 AO anteilig zuzurechnen sind.[24] Das gilt auch dann, wenn die Beteiligung dem Betrieb des neuen Gesellschafters in der Rechtsform etwa einer GmbH & Co. KG oder GmbH dient und nach handelsrechtlichen Grundsätzen als Vermögensgegenstand im handelsrechtlichen Jahresabschluss zu aktivieren ist.

23.16 Obwohl kein eigenständiges Wirtschaftsgut vorliegt, ist dennoch ein Bilanzposten für die Beteiligung in der Steuerbilanz des Anteilseigners (Erwerbers) auszuweisen, der die quotale Berechtigung des Gesellschafters an den zum Gesellschaftsvermögen gehörenden Wirtschaftsgütern verkörpert.[25] Dem entspricht auch die

21) BFH, Urt. v. 06.11.1985 – I R 242/81, BStBl II 1986, 333; BFH, Beschl. v. 25.02.1991 – GrS 7/89, BStBl II, 691, 700; BFH, Urt. v. 10.12.1991 – VIII R 69/86, BStBl II 1992, 385, 390; BFH, Urt. v. 06.07.1995 – IV R 30/93, BStBl II, 831; BFH, Urt. v. 30.04.2003 – I R 102/01, BStBl II 2004, 804, sowie BFH, Urt. v. 25.02.2010 – IV R 49/08, BStBl II, 726, Rdnr. 19 jeweils m.w.N.; Schindler, in: Kirchhof/Seer, EStG, 22. Aufl. 2023, § 6 Rdnr. 131; Falterbaum/Bolk/Reiss/Kirchner, Buchführung und Bilanz, 23. Aufl. 2020, Kap. 11.5.3.3; nach Schmidt/Wacker, EStG, 42. Aufl. 2023, § 15 Rdnr. 690, soll es sich zwar um ein Wirtschaftsgut handeln, das aber nicht selbständig zu bewerten ist. Den Bilanzausweis beeinflusst diese Ansicht im Grundsatz nicht, denn zutreffend soll die „Summe der Anteile an den Wirtschaftsgütern" nach der Spiegelbildmethode ausgewiesen werden.

22) BFH, Urt. v. 06.08.2019 – VIII R 12/16, BStBl II 2020, 378; BFH, Urt. 03.09.2020 – IV R 29/19, BFH/NV 2021, 438, zur Rechtslage beim Veräußerer; zum Erwerb eines Bruchteils aus steuerlicher Sicht vgl. Rdnr. 23.69–71.

23) Bis zum 31.12.2023 ist insoweit der Begriff „Gesamthandsvermögen" üblich. Mit dem MoPeG wird mit Wirkung vom 01.01.2024 das sog. „Gesamthandsprinzip" nach § 719 BGB bisheriger Fassung aufgegeben.

24) BFH, Urt. v. 01.03.2018 – IV R 15/15, BStBl II, 539, Rdnr. 32; BFH, Urt. v. 22.06.2017 – IV R 42/13, BFH/NV 2018, 265, Rdnr. 33; BFH, Urt. v. 20.11.2014 – IV R 1/11, BStBl II 2017, 34.

25) BFH, Urt. v. 26.04.2012 – IV R 44/09, BStBl II 2013, 142, Rdnr. 18; BFH, Urt. v. 12.05.2016 – IV R 1/13, BStBl II 2017, 489, Rdnr. 42, sowie BFH, Urt. v. 08.12.2016 – IV R 14/13, BStBl II 2017, 494, Rdnr. 16, und BFH, Urt. v. 22.06.2017 – IV R 42/13, BFH/NV 2018, 265, Rdnr. 33; missverständlich insoweit Reddig, in: Kirchhof/Seer, EStG, 22. Aufl. 2023, § 5 Rdnr. 237, der eine Aktivierung als Wirtschaftsgut zutreffend ablehnt, aber eine Festlegung zur Bilanzierung im Übrigen vermeidet.

Sachbehandlung nach Gewerbesteuerrecht, denn die Ergebnisse aus der Beteiligung als Mitunternehmer gehören auf seiner Ebene als Gewerbetreibender zum Gewerbeertrag (§ 7 Satz 1 GewStG), wobei anschließen nach § 9 Nr. 2 GewStG bezogen auf Gewinnanteile eine Kürzung oder nach § 8 Nr. 8 GewStG bezogen auf Verlustanteile eine Hinzurechnung erfolgt.

Abweichend von der Handelsbilanz beruht der Bilanzposten dabei allerdings nicht auf einer Bewertung nach § 6 Abs. 1 Nr. 2 EStG im Rahmen der Gewinnermittlung für den Betrieb des Erwerbers, sondern auf der Bewertung der Anteile an den Wirtschaftsgütern auf Ebene der Personengesellschaft. Diese Bewertung erfolgt für die Anteile an den abnutzbaren Wirtschaftsgütern mit den Anschaffungskosten nach § 6 Abs. 1 Nr. 1 Satz 1 EStG und für die Anteile an den nicht abnutzbaren Wirtschaftsgütern und am Umlaufvermögen mit den Anschaffungskosten nach § 6 Abs. 1 Nr. 2 Satz 1 EStG sowie für die Verbindlichkeiten nach § 6 Abs. 1 Nr. 3 EStG und die Anteile an den Rückstellungen nach § 6 Abs. 1 Nr. 3a EStG. 23.17

Sollte im Zuge des Erwerbs durch eine Kapitalgesellschaft eine **verdeckte Einlage** festzustellen sein, weil der Kaufpreis für den Mitunternehmeranteil den gemeinen Wert des Mitunternehmeranteils aus gesellschaftsrechtlicher Veranlassung unterschreitet, erfolgt aufseiten der Personengesellschaft insoweit eine Bewertung nach Einlagegrundsätzen (§ 6 Abs. 1 Nr. 5 EStG). Auch diese Bewertung beeinflusst den Bilanzansatz „Beteiligung" in der Steuerbilanz der erwerbenden Kapitalgesellschaft (siehe dazu auch Rdnr. 23.76). 23.18

Bei dieser Bewertung ist zu berücksichtigen, dass die Anteile an den **Buchwerten** bereits in der **Bilanz** der Personengesellschaft aktiviert bzw. passiviert sind und dass der übernommene **Kapitalanteil** unverändert der Höhe nach und im Fall der Kapitalkontentrennung hinsichtlich seiner Zusammensetzung fortgeführt wird. Soweit die Summe der Anschaffungskosten für die Anteile an den erworbenen Wirtschaftsgütern vom übernommenen Kapitalanteil (Buchwert) abweicht, sind Korrekturposten bezogen auf die anteiligen Wirtschaftsgüter, in denen stille Reserven ruhen und bezahlt wurden, in einer positiven **Ergänzungsbilanz** zu aktivieren.[26] Sollte der Kaufpreis den Kapitalanteil aus betrieblichen Gründen unterschreiten, muss die Differenz in einer negativen Ergänzungsbilanz passiviert werden.[27] 23.19

---

26) BFH, Urt. v. 20.11.2014 – IV R 1/11, BStBl II 2017, 34, Rdnr. 17.

27) Nach Seer, in: Kirchhof/Seer, EStG, 22. Aufl. 2023, § 16 Rdnr. 145, soll eine „Abstockung der Wirtschaftsgüter" erfolgen. Richtigerweise handelt es sich indes um negative Korrekturposten für die in der Steuerbilanz der Gesellschaft ausgewiesenen Wirtschaftsgüter.

23.20 Damit richtet sich der Wertansatz für die mitunternehmerschaftliche Beteiligung allein nach dem **Anteil am Betriebsvermögen** der Personengesellschaft, das durch den **Mitunternehmeranteil** repräsentiert wird[28] und im Kapitalanteil des Mitunternehmers in der Steuerbilanz der Personengesellschaft sichtbar wird. Folgerichtig entspricht der Bilanzposten in der Steuerbilanz des Erwerbers insoweit der Höhe nach diesem Kapitalanteil zuzüglich des Mehrkapitals bzw. abzüglich des Minderkapitals in der Ergänzungsbilanz.[29] Diese Bewertung und die darauf folgende Feststellung des Gewinn- oder Verlustanteils ist für die Gewinnermittlung auf Ebene des **Betriebs des Erwerbers** bindend (§ 180 Abs. 1 Nr. 2 Buchst. a), § 182 AO).[30]

23.21 Aufgrund dieser Bindung ist die Beteiligung in der **Steuerbilanz** des Gewerbebetriebs des Erwerbers des Mitunternehmeranteils abhängig von der Bewertung auf Ebene der Personengesellschaft allein nach den Grundsätzen der sogenannten **Spiegelbildmethode** auszuweisen.[31] Daher entspricht der Bilanzausweis der Beteiligung im Ergebnis spiegelbildlich der Summe der Kapitalkonten für diesen Mitunternehmer in der Gesamtbilanz der Mitunternehmerschaft, die sich aufgrund additiver Gewinnermittlung gem. § 15 Abs. 1 Nr. 2 EStG aus Steuerbilanz der Gesellschaft, Ergänzungsbilanz sowie Sonderbilanz auf Ebene der Personengesellschaft, an der die Beteiligung gehalten wird, zusammensetzt. Diese Bilanzierung wird nunmehr auch zwingend mit der Taxonomie zur E-Bilanz umgesetzt.[32]

23.22 Im Zeitpunkt des Erwerbs des Mitunternehmeranteils unterscheidet sich die Summe der Aktiva laut Handelsbilanz nicht von der Summe der Aktiva laut Steuerbilanz. Demzufolge besteht in diesem Zeitpunkt auch kein Unterschied im Hinblick auf den Ausweis des Eigenkapitals im handelsrechtlich maßgeblichen Jahresabschluss gegenüber dem Eigenkapital in der Steuerbilanz des Erwerbers. Dies ändert sich in der Folge jedoch regelmäßig, insbesondere einerseits durch

---

28) BFH, Urt. v. 30.04.2003 – I R 102/01, BStBl II 2004, 804; Ley, DStR 2004, 1498; Schmidt/Wacker, EStG, 42. Aufl. 2023, § 15 Rdnr. 690; Atilgan, StuB 2019, 137; Reiss, in: Festschrift Crezelius, 2018, S. 371, 384; Bolk, Bilanzierung und Besteuerung der Personengesellschaft und ihrer Gesellschafter, 5. Aufl. 2023, Rdnr. 16.19 ff.

29) BFH, Urt. v. 06.11.1985 – I R 242/81, BStBl II 1986, 333; BFH, Urt. v. 30.04.2003 – I R 102/01, BStBl II 2004, 804; BFH, Urt. v. 25.02.2010 – IV R 49/08, BStBl II, 726, Rdnr. 19.

30) BFH, Urt. v. 04.03.2009 – I R 58/07, BFH/NV 2009, 1953.

31) Vgl. dazu auch IDW RS HFA 18 v. 04.06.2014, IDW-FN 7/2014, 417, Rdnr. 43; Schubert/Hutzler, Beck'scher Bilanzkommentar, 13. Aufl. 2022, § 255 HGB Rdnr. 141; Falterbaum/Bolk/Reiss/Kirchner, Buchführung und Bilanz, 23. Aufl. 2020, Kap. 11.5.3.3.

32) Zur Taxonomie 6.5 für Wirtschaftsjahre, die nach dem 31.12.2021 beginnen, vgl. BMF-Schreiben v. 09.07.2021 – IV C 6 – S 2133-b/21/10001 :002, BStBl I, 911; zur Taxonomie 6.6 für Wirtschaftsjahre, die nach dem 31.12.2022 beginnen, vgl. BMF-Schreiben v. 21.06.2022 – IV C 6 – S 2133-b/21/10002 :003, BStBl I, 954.

die Folgebewertung in der Handelsbilanz (§ 253 Abs. 3 Satz 5 und 6 HGB) und andererseits vor allem durch die Fortschreibung der Ergänzungsbilanzen. Diese Abweichungen erfordern im handelsrechtlichen Jahresabschluss die Beurteilung latenter Steuern (§ 274 HGB).

In der Steuerbilanz der erwerbenden Mitunternehmerin ist die Differenz zwischen dem handelsrechtlich auszuweisenden Eigenkapital und dem Eigenkapital laut Steuerbilanz im Rahmen der Folgebewertung bei einer Kapitalgesellschaft als **steuerlicher Ausgleichsposten** (StAP) gesondert auszuweisen. Bei einer Personengesellschaft als Mitunternehmerin im Rahmen einer doppelstöckigen Personengesellschaft (§ 15 Abs. 1 Nr. 2 Satz 2 EStG) sollte die Differenz als steuerliches **Mehr- oder Minderkapital** mit Personenbezug nach dem Eigenkapital und vor den Rückstellungen passiviert werden.[33] Das sollte auch für den Fall gelten, dass die Differenz negativ ist. Eine Veränderung der handelsrechtlichen Positionen des Eigenkapitals ist – obwohl in der Praxis teilweise anzutreffen – unzulässig. Weder steht dafür die Eigenkapitalposition „Jahresüberschuss" zur Verfügung noch (und schon gar nicht) die Position „Gewinnvortrag". Bei Verstoß gegen diese Grundsätze liegt eine Durchbrechung des Bilanzenzusammenhangs vor.[34] 23.23

Im Fall der zivilrechtlich begründeten **Rückabwicklung** des Erwerbs der Beteiligung liegt ertragsteuerrechtlich lediglich ein Vorgang auf der Vermögensebene vor. Die Rückzahlung der Einlage ist deshalb erfolgsneutral. Die Rückabwicklung ändert nichts an der persönlichen Zurechnung der Einkünfte mit Wirkung für die Vergangenheit.[35] 23.24

Leistet der erwerbende Gesellschafter nach Erlangung der Stellung eines Mitunternehmers eine Zahlung in das Gesellschaftsvermögen, liegt grundsätzlich eine Einlage vor. Dient diese Einlage nicht der Tilgung ausstehender Einlagen oder einer nachträglichen Erhöhung einer vereinbarten Pflichteinlage (Kapitalkonto I), so ist der Betrag dem variablen (Eigen-)Kapitalkonto II oder der gemeinsamen Rücklage[36] gutzuschreiben, soweit der Gesellschaftsvertrag entsprechende (freiwillige) Einlagen vorsieht. Fehlt es jedoch an einer entsprechenden Regelung oder an einem wirksamen satzungsändernden bzw. -ergänzenden Beschluss der Gesellschafterversammlung, so liegt eine geleistete Einlage tatsächlich nicht vor, 23.25

33) Ley, KÖSDI 2019, 21228 ff., zum Ausweis in der E-Bilanz.

34) Störk/Büssow, in: Beck'scher Bilanzkommentar, 13. Aufl. 2022, § 252 HGB Rdnr. 5 ff.

35) BFH, Urt. v. 19.07.2022 – IX R 18/20, DStR 2022, 2360.

36) Die Praxis verwendet insoweit (verbreitet) den Begriff „gesamthänderisch gebundene Rücklage". Mit Wirkung vom 01.01.2024 fehlt diesem Begriff die rechtliche Grundlage, weil das Gesamthandsprinzip entsprechend § 719 BGB bisheriger Fassung mit dem MoPeG aufgegeben wird.

und gewünschte Folgen im Hinblick auf § 15a EStG treten nicht ein. Das gilt in gleicher Weise auch für Sacheinlagen.[37)] Die Gesellschaft hat die erlangte Vermögensmehrung zurückzugewähren.

23.4.2 Einfluss von Wirtschaftsgütern des Sonderbetriebsvermögens

23.4.2.1 Anteile an der Komplementär-GmbH

23.26 Soweit zugleich der Erwerb von Anteilen an der **Komplementär-GmbH** erfolgt, sind auch die Anschaffungskosten hierfür in die spiegelbildliche Bilanzierung einzubeziehen, denn diese Anteile gehören bei der GmbH & Co. KG regelmäßig zum **Sonderbetriebsvermögen II**[38)] und dürfen folglich nicht in der Steuerbilanz des Neugesellschafters als (selbständiges) Wirtschaftsgut angesetzt werden.[39)]

23.27 **Beispiel**

A hat seinen Kommanditanteil an der X-GmbH & Co. KG ebenso wie seinen Geschäftsanteil an der Komplementär-GmbH dieser KG an B abgetreten. Als Kaufpreis wurden für den Kommanditanteil 235.000 € bei einem Kapitalanteil von 100.000 € und für den Geschäftsanteil an der GmbH i.H.v. 15.000 € vereinbart. Die Nebenkosten des Transfers haben 10.000 € zzgl. 1.900 € Umsatzsteuer betragen.

B hat die Beteiligung aufgrund der intensiven Geschäftsbeziehungen seinem Betrieb zugeordnet.

Lösung

1. Die Beteiligungen an der KG und der GmbH sind in der **Handelsbilanz** des Betriebs des B jeweils als Vermögensgegenstände des Finanzanlagevermögens auszuweisen und mit den Anschaffungskosten zu bewerten. Die Anschaffungskosten betragen für den Kommanditanteil einschließlich Nebenkosten 244.400 € und für den GmbH-Anteil 15.600 €. Die Vorsteuer ist abziehbar

37) BFH, Urt. v. 10.11.2022 – IV R 8/19, DStR 2023, 80.

38) BFH, Urt. v. 16.04.2015 – IV R 1/12, BStBl II, 705 m.w.N.; BFH, Urt. v. 20.09.2018 – IV R 39/11, BStBl II 2019, 131, Rdnr. 30, zu den gewerbesteuerlichen Folgen im Fall einer Veräußerung; vgl. zur Auffassung der Finanzverwaltung, die im Grundsatz mit der Rechtsprechung des BFH übereinstimmt, OFD Frankfurt, Vfg. v. 12.12.2022 – S 2134 A-014-St 517, DStR 2023, 151.

39) BFH, Urt. v. 24.03.1999 – I R 92/86, BStBl II 2000, 399: „Sonder-BV kann nicht noch einmal in der Steuerbilanz des Mitunternehmers angesetzt werden"; vgl. auch IDW RS HFA 18 v. 04.06.2014, IDW-FN 7/2014, 417, Rdnr. 43.

(§ 15 Abs. 1 Nr. 1 UStG), denn der Erwerb der Anteile geht über das bloße Halten und Verwalten von Beteiligungen hinaus und gehört deshalb zur unternehmerischen Tätigkeit (Abschn. 2.3 Abs. 2 und 3 Nr. 2 UStAE).

2. In der Steuerbilanz des Betriebs des A ist nur die mitunternehmerschaftliche Beteiligung nach den Grundsätzen der Spiegelbildmethode auszuweisen. Dem Betrag nach entspricht dieser Bilanzposten der Summe aus dem Kapitalanteil laut Steuerbilanz (100.000 €), dem Mehrkapital laut Ergänzungsbilanz (144.400 €) und dem Kapital laut Sonderbilanz (Sonderkapital 15.600 €), mithin 260.000 €. Dies entspricht dem Gesamtkaufpreis der Transaktion zzgl. Nebenkosten, jedoch ohne die nach § 15 Abs. 1 Nr. 1 UStG abziehbare Vorsteuer, die nach § 9b Abs. 1 EStG nicht zu den Anschaffungskosten gehört.

Die zwingende Zuordnung einer Beteiligung an der Komplementär-GmbH zum notwendigen Sonderbetriebsvermögen II erfolgt nach Auffassung des BFH allerdings nicht, wenn die Beteiligung **weniger als 10 %** beträgt und die Abstimmung in Angelegenheiten der GmbH ausgehend vom Regelfall nach der Mehrheit der abgegebenen Stimmen erfolgt.[40] Offengelassen wurde, welche Entscheidung bei einer Beteiligung von **10 %–25 %** geboten ist. Da eine solche Beteiligung grundsätzlich keinen Einfluss auf die Geschäftsführung der GmbH vermittelt, dürften die dem Gesellschafter nur zustehenden Minderheitsrechte (§ 50 GmbHG) wohl nicht ausreichen, um darin eine Stärkung seiner Beteiligung an der KG zu erkennen.[41] Bei einer Beteiligung **von mehr als 25 %** geht der BFH[42] indes davon aus, dass die notwendige Mitwirkung bei der Änderung der Satzung (§ 50 Abs. 2 GmbHG) ausreicht, um von einem Einfluss auf die GmbH zu sprechen, mit der eine Stärkung der KG-Beteiligung verbunden ist. 23.28

Notwendiges Sonderbetriebsvermögen liegt auch dann nicht vor, wenn die GmbH neben ihren Aufgaben als Komplementärin im Rahmen eines eigenen wirtschaftlichen Geschäftsbetriebs von wirtschaftlicher Bedeutung tätig ist. Dies kann sich auch auf das Halten von Beteiligungen an anderen Gesellschaften erstrecken. Dies gilt auch dann, wenn es sich nur um eine zweigliedrige KG (Einpersonen-GmbH & Co. KG/umgangssprachlich: Ein-Mann-GmbH & Co. KG) handelt, bei der der alleinige Kommanditist zugleich alleiniger Gesellschafter der Komplementär-GmbH ist.[43] 23.29

40) BFH, Urt. v. 16.04.2015 – IV R 1/12, BStBl II, 705. Die Beteiligung der GmbH am Gewinn der KG ist unbeachtlich; vgl. dazu auch OFD Frankfurt, Vfg. v. 12.12.2022 – S 2134 – A-014-St 517, zu 1.1.1., DStR 2023, 151.

41) Wendt, BFH/PR 2015, 286.

42) BFH, Urt. v. 16.04.2015 – IV R 1/12, BStBl II, 705, Rdnr. 19.

43) BFH, Urt. v. 21.12.2021 – IV R 15/19, DStR 2022, 467, Rdnr. 35; BFH, Urt. v. 19.12.2019 – IV R 53/16, BStBl II 2020, 534; BFH, Urt. v. 18.06.2015 – IV R 5/12, BStBl II, 935.

23.30 Die Existenz eines eigenen wirtschaftlich bedeutenden Geschäftsbetriebs der Komplementär-GmbH verhindert die Zuordnung zum Sonderbetriebsvermögen und damit die Bejahung einer wesentlichen Betriebsgrundlage. Das gilt auch dann, wenn die Komplementär-GmbH auch wirtschaftlich mit der GmbH & Co. KG verflochten ist und die Geschäftsbeziehung zur GmbH nicht von geringer Bedeutung ist.[44] Die Finanzverwaltung[45] folgt dem offensichtlich widerstrebend, nachdem das Urteil des BFH im Bundessteuerblatt veröffentlicht wurde, so dass es über den entschiedenen Einzelfall hinaus anzuwenden ist.

23.4.2.2 Nutzungsüberlassung und Darlehensgewährung

23.31 Soweit im Zusammenhang mit dem Erwerb des Mitunternehmeranteils auch andere Wirtschaftsgüter erworben werden, die weiterhin der Personengesellschaft dienen, erstreckt sich die Einbeziehung in das Spiegelbild auch auf diese Wirtschaftsgüter. Dem entspricht, dass diese Wirtschaftsgüter als solche nicht in der Steuerbilanz des Erwerbers, sondern vorrangig als **Sonderbetriebsvermögen I** in einer Sonderbilanz für den Neugesellschafter auf Ebene der Mitunternehmerschaft, an der die Beteiligung erworben wurde, auszuweisen sind.[46] Handelt es sich dabei um **Forderungen**, etwa um Darlehensforderungen oder den Anspruch auf Auszahlung von Gewinnanteilen (§ 169 Abs. 1 Satz 2 HGB), sind diese Ansprüche mit ihren Anschaffungskosten in der Sonderbilanz korrespondierend mit der in der Bilanz der Gesellschaft passivierten Verbindlichkeit zu bewerten und mit diesem Betrag in die spiegelbildliche Bilanzierung einzubeziehen. Der Grundsatz korrespondierender Aktivierung in der Sonderbilanz für den Mitunternehmer kommt indes nicht zum Tragen, wenn die Anschaffungskosten für die Forderung mangels Werthaltigkeit vom Nennwert und daher von der Passivierung in der Bilanz der Personengesellschaft abweichen sollten.[47]

23.32 Für diese Sachbehandlung ist es unbeachtlich, ob die Wirtschaftsgüter, die der Mitunternehmerschaft dienen, unabhängig von ihrer Zuordnung zum Sonderbetriebsvermögen zu einem Betrieb des Mitunternehmers gehören würden. Die

44) BFH, Urt. v. 21.12.2021 – IV R 15/19, BStBl II 2022, 651.

45) OFD Frankfurt, Vfg. v. 12.12.2022 – S 2134 – A-014-St 517, zu 1.3.2., DStR 2023, 151.

46) Vgl. dazu ausführlich Bolk, Bilanzierung und Besteuerung der Personengesellschaft und ihrer Gesellschafter, 5. Aufl. 2023, Rdnr. 3.41 ff.

47) BFH, Urt. v. 16.03.2017 – IV R 1/15, BStBl II, 943, Rdnr. 37 ff.; vgl. dazu Wendt, BFH/PR 2017, 257.

Bilanzierungskonkurrenz gegenüber dem eigenen Betrieb des Gesellschafters ist zugunsten der Sonderbilanz auf Ebene der Personengesellschaft aufzulösen, denn der Ausweis in der Sonderbilanz hat zwingend Vorrang.[48]

Diese Grundsätze sind auch für Wirtschaftsgüter maßgebend, die dem Erwerber des Mitunternehmeranteils zuzurechnen und dazu bestimmt sind, der Beteiligung an der Personengesellschaft zu dienen und diese zu fördern und die deshalb zum **Sonderbetriebsvermögen II** gehören. 23.33

23.4.3 Nicht abziehbare Betriebsausgaben und steuerfreie Einnahmen

Die Veränderung des Bilanzpostens „Beteiligung" in der **Steuerbilanz des** Betriebs des Mitunternehmers ist regelmäßig nicht identisch mit dem nach § 180 Abs. 1 Nr. 2 Buchst. a) AO gesondert und einheitlich festgestellten Gewinn- bzw. Verlustanteil des Mitunternehmers. Ursächlich dafür ist, dass der zu versteuernde Gewinnanteil auch durch Hinzurechnungen/Kürzungen außerhalb der Steuerbilanz beeinflusst ist. Im Hinblick auf die Hinzurechnung der Gewerbesteuer nach § 4 Abs. 5b EStG ist dies grundsätzlich der Fall. Weitergehend betrifft dies insbesondere auch Hinzurechnungen nach § 4 Abs. 5 sowie nach § 4 Abs. 4a EStG oder der Zinsschranke nach § 4h EStG. Kürzungen außerhalb der Steuerbilanz können bei steuerfreien Gewinnanteilen aufgrund des § 3 Nr. 40 EStG oder den Vorgaben aus Doppelbesteuerungsabkommen (DBA) zu berücksichtigen sein. Deshalb ist wie folgt abzugrenzen: 23.34

- Gewinnauswirkungen, die den Steuerbilanzgewinn der Personengesellschaft auf Grundlage des § 4 Abs. 1 Satz 1 EStG beeinflussen und/oder die sich unmittelbar aus einer Ergänzungs- und/oder Sonderbilanz für den Gesellschafter auf Ebene der Personengesellschaft ergeben, erhöhen bzw. vermindern das jeweilige Kapitalkonto und folglich spiegelbildlich den Beteiligungsbuchwert in der Steuerbilanz des Betriebs des Anteilseigners, vornehmlich einer Kapitalgesellschaft oder einer anderen Personengesellschaft (Obergesellschaft).
- Hinzu- und Abrechnungen **außerhalb** der Steuerbilanz[49] oder einer Sonderbilanz, etwa nach § 4i EStG, beeinflussen nicht spiegelbildlich den Beteiligungs-

48) BFH, Urt. v. 24.03.1999 – I R 114/97, BStBl II 2000, 399; BFH, Urt. v. 06.03.2002 – XI R 9/01, BStBl II, 737; BFH, Urt. v. 07.12.2000 – III R 35/98, BStBl II 2001, 316; etwas anderes würde nach BFH, Urt. v. 18.08.2005 – IV R 59/04, BStBl II, 830, nur im Fall einer mitunternehmerischen Betriebsaufspaltung gelten; vgl. dazu BMF-Schreiben v. 20.11.2019 – IV C 6 – S 2241/15/10003, BStBl I, 1291, i.d.F. v. 05.05.2021 – IV C 6 – S 2240/19/10003 :017, BStBl I, 696, Rdnr. 37 ff.

49) Oftmals als „außerbilanzielle Korrekturen" bezeichnet, obwohl im eigentlichen Sinne keine Korrekturen erfolgen, insbesondere wird der Steuerbilanzgewinn als solcher nicht korrigiert (berichtigt).

buchwert in der Steuerbilanz, sondern sind (auch) auf Ebene des Betriebs des Anteilseigners außerhalb der Steuerbilanz in dessen Gewinnermittlung und ggf. die Gewinnfeststellung einzubeziehen.[50)]

23.5 Handelsbilanz der Gesellschaft, an der die Beteiligung erworben wurde

23.35 Die Übertragung eines Gesellschafteranteils auf einen neuen oder anderen Gesellschafter ist kein Geschäftsvorfall, der das Gesellschaftsvermögen einer Personengesellschaft ändert und sich in deren Bilanz widerspiegelt.[51)] Das gilt sowohl im Fall des unentgeltlichen Erwerbs als auch bei einem Erwerb gegen Kaufpreiszahlung. In der der Handelsbilanz zugrundeliegenden Finanzbuchhaltung sind lediglich das einheitliche Kapitalkonto bzw. bei Kontentrennung die im Einzelfall geführten Eigenkapitalkonten[52)] ohne Änderung der Höhe nach, aber unter dem Namen des Neugesellschafters fortzuführen. Handelt es sich um den Erwerb eines weiteren Anteils an derselben Personengesellschaft, vereinigen sich der bisherige und der erworbene Anteil zu einem einheitlichen Gesellschaftsanteil und in der Folge auch zu einem einheitlichen Kapitalanteil. Dies betrifft auch den Erwerb im Rahmen einer Anwachsung von Todes wegen, wenn die verbleibenden Gesellschafter die Gesellschaft fortsetzen und Erben nicht an die Stelle des Verstorbenen treten.[53)]

23.36 Soweit **Verbindlichkeiten** gegenüber dem Altgesellschafter passiviert sind, wird diese Bilanzierung unverändert fortgesetzt, soweit diese Verpflichtungen trotz Übertragung des Anteils gegenüber diesem Gesellschafter weiterhin bestehen. Ein Bilanzausweis unter den „Verbindlichkeiten gegenüber Gesellschaftern" kommt allerdings nach dem Gesellschafterwechsel nicht mehr in Betracht (vgl. § 264c Abs. 1 HGB). Soweit die diesen Verbindlichkeiten zugrundeliegenden Forderungen ebenfalls an den Erwerber des Mitunternehmeranteils abgetreten wurden,

---

50) Zur Handhabung dieser systematisch bedeutenden Unterschiede im Rahmen der elektronischen Übermittlung der Jahresabschlüsse nach § 5b EStG vgl. Ley, KÖSDI 2019, 21228.

51) Zu den Folgen im Hinblick auf die Bilanzierung in Handels- und Steuerbilanz nach einer Anwachsung mit Abfindung an den ausscheidenden Gesellschafter vgl. Bolk, Bilanzierung und Besteuerung der Personengesellschaft und ihrer Gesellschafter, 5. Aufl. 2023, Rdnr. 15.41 ff.

52) Vgl. BFH, Urt. v. 17.10.2008 – IV R 98/06, BStBl II 2009, 272, und BFH, Urt. v. 10.11.2022 – IV R 8/19, DStR 2023, 80, Rdnr. 45, zur Qualität der Kapitalkonten bei einer GmbH & Co. KG; vgl. dazu ausführlich Bolk, Bilanzierung und Besteuerung der Personengesellschaft und ihrer Gesellschafter, 5. Aufl. 2023, Rdnr. 2.18 ff.

53) BFH, Beschl. v. 06.08.2019 – VIII R 12/16, BStBl II 2020, 378; IDW RS HFA 18 v. 04.06.2014, IDW-FN 7/2014, 417, Rdnr. 42.

bleibt es natürlich bei dem besonderen Bilanzausweis nach § 264c Abs. 1 HGB. Zugleich sind die Forderungen in einer Sonderbilanz für den Neugesellschafter zu aktivieren.

Der handelsrechtliche Jahresabschluss wird weitergehend durch den Gesellschafterwechsel nur beeinflusst, wenn der Veräußerungsgewinn der **Gewerbesteuer** unterliegt. Dies ist der Fall, wenn eine Teilanteilsveräußerung vorliegen sollte (§ 16 Abs. 1 Satz 2 EStG) oder wenn der veräußernde Gesellschafter wiederum eine Personengesellschaft oder eine Kapitalgesellschaft war (§ 7 Satz 2 GewStG). Der Gewerbesteueraufwand, der der Passivierung der insoweit erhöhten Gewerbesteuerschuld (Gewerbesteuerrückstellung) gegenübersteht, belastet – vorbehaltlich einer Regelung im Gesellschaftsvertrag – den Gewinnanteil aller Gesellschafter der Personengesellschaft nach Maßgabe der Gewinnverteilungsabrede **nach** dem Gesellschafterwechsel (vgl. dazu weitergehend Rdnr. 23.43 ff.). 23.37

Ein Einfluss auf den Jahresabschluss kann sich auch ergeben, wenn der Erwerb des Mitunternehmeranteils eine Änderung des Gesellschafterbestands einer grundbesitzenden Gesellschaft i.S.d. § 1 Abs. 2a GrEStG[54] auslöst. Schuldner dieser **Grunderwerbsteuer** ist die Personengesellschaft (§ 13 Nr. 6 GrEStG). Deshalb gehört die in diesem Fall geschuldete Grunderwerbsteuer nicht zu den Anschaffungskosten für den Gesellschaftsanteil. Vielmehr liegen sofort abziehbare Betriebsausgaben der Personengesellschaft (Mitunternehmerschaft) vor.[55] 23.38

23.6 Steuerbilanz der Gesellschaft, an der die Beteiligung erworben wurde, und Sonderbilanz für den Erwerber

23.6.1 Steuerbilanz der Gesellschaft

Die Steuerbilanz der Gesellschaft weicht aufgrund eines Gesellschafterwechsels grundsätzlich nicht von der handelsrechtlich gebotenen Bilanzierung ab. Dennoch ist zu berücksichtigen, dass mit dem Erwerb des Mitunternehmeranteils steuerrechtlich betrachtet – anders als nach Handels- und Gesellschaftsrecht – keine Anschaffung eines Vermögensgegenstands oder Wirtschaftsguts verbun- 23.39

54) Zur Absenkung der Beteiligungsgrenze von 95 % auf 90 % durch Änderung des GrEStG v. 12.05.2021, BGBl I, 986 = BStBl I, 838; gleichlautende Erlasse der obersten Finanzbehörden der Länder zur Anwendung des § 1 Abs. 2a GrEStG v. 10.05.2022 – FM3 – S 4501 – 2/82, BStBl I, 801; vgl. zu den Übergangsregelungen gem. § 23 Abs. 18–24 GrEStG die gleichlautenden Erlasse der obersten Finanzbehörden der Länder v. 29.06.2021 – FM3 – S 4430 – 1/29, BStBl I, 1006; vgl. auch Rdnr. 19.1 ff.

55) BFH, Urt. v. 02.09.2014 – IX R 50/13, BStBl II 2015, 260; zur Anteilsvereinigung nach § 1 Abs. 3 i.V.m. § 13 Nr. 5 GrEStG vgl. BFH, Urt. v. 22.02.2017 – II R 52/14, BStBl II, 653.

den ist. Vielmehr handelt es sich um den entgeltlichen Erwerb der Anteile an den zum Gesellschaftsvermögen gehörenden bilanzierten und nicht bilanzierten Wirtschaftsgütern nach Maßgabe des § 39 Abs. 2 Nr. 2 AO.[56] Der Erwerb dieser Anteile ist mit den Anschaffungskosten nach § 6 Abs. 1 EStG zu bewerten. Die dem folgende Aktivierung geschieht in der Steuerbilanz der Gesellschaft durch Fortführung der bereits bilanzierten anteiligen Buchwerte. Weil die Zahlung des Erwerbers des Mitunternehmeranteils nicht das Gesellschaftsvermögen beeinflusst, sondern nur das Vermögen des Altgesellschafters, verursacht der Erwerb auch keine Änderung der Bewertung des Gesellschaftsvermögens. Für den Erwerber ist deshalb das Kapitalkonto (ggf. die Kapitalkonten bei Kontentrennung) nach Maßgabe des Gesellschaftsvertrags in gleicher Höhe fortzuführen.

23.40 Soweit die Anschaffungskosten für den Mitunternehmeranteil und folglich für die quotalen Anteile an den Wirtschaftsgütern deren Buchwerte in der unverändert fortzuführenden Steuerbilanz über- oder unterschreiten, ist der Unterschiedsbetrag bei Überschreitung als Mehrkapital in einer positiven und bei Unterschreitung als Minderkapital in einer negativen Ergänzungsbilanz unter Bilanzierung entsprechender Korrekturposten auszuweisen (vgl. dazu Rdnr. 23.61 ff.).

23.41 Die Belastung durch **Grunderwerbsteuer** ist nicht Teil der Anschaffungskosten, wenn der Wechsel im Gesellschafterbestand von § 1 Abs. 2a GrEStG[57] erfasst wird. Die Grunderwerbsteuer wird von der Personengesellschaft geschuldet und ist daher bei dieser sofort abziehbarer Aufwand[58] (vgl. dazu ausführlich Rdnr. 19.1 ff.).

23.42 Ein **Vorsteuerabzug** im Zusammenhang mit dem Erwerb des Mitunternehmeranteils ist unzulässig (§ 15 Abs. 2 Nr. 1 UStG). Die Abtretung der Anteile gegen Entgelt erfolgt zwar als sonstige Leistung im Leistungsaustausch (§ 1 Abs. 1 Nr. 1, § 3 Abs. 9 UStG; Abschn. 3.6 Abs. 8 UStAE) und ist deshalb steuerbar, jedoch nach § 4 Nr. 8 Buchst. f) UStG steuerfrei.

23.43 Sollte der Veräußerungsgewinn der **Gewerbesteuer** unterliegen (vgl. dazu bereits oben Rdnr. 23.37), trifft diese Belastung alle Gesellschafter nach Maßgabe des Gewinnverteilungsschlüssels jeweils vor und nach dem Gesellschafterwech-

56) BFH, Urt. v. 20.11.2014 – IV R 1/11, BStBl II 2017, 34, Rdnr. 14; BFH, Urt. v. 22.06.2017 – IV R 42/13, BFH/NV 2018, 265, Rdnr. 33; dazu Bolk, DStZ 2015, 472; ders., DStR 2018, 424 und DStR 2020, 584; Dornheim, StW 2016, 143; Krumm, in: Kirchhof/Seer, EStG, 22. Aufl. 2023, § 15 Rdnr. 251.

57) Vgl. dazu umfassend gleichlautende Erlasse der obersten Finanzbehörden der Länder v. 10.05.2022 – FM 3 – S 4501 – 2/82, BStBl I, 801.

58) BFH, Urt. v. 02.09.2014 – IX R 50/13, BStBl II 2015, 260.

sel.[59] Dies gewinnt im Hinblick auf eine Anrechnung der Gewerbesteuer nach § 35 EStG vor allem dann besondere Bedeutung, wenn der Gesellschafterwechsel unterjährig erfolgt, denn zur Anrechnung sind nur die zum Ende des Erhebungszeitraums beteiligten Mitunternehmer berechtigt,[60] soweit sie natürliche Personen sind. Dem entspricht, dass die gesonderte und einheitliche Feststellung des Gewerbesteuermessbetrags und der tatsächlich zu zahlenden Gewerbesteuer nach § 35 Abs. 2 EStG nach einem **unterjährigem Gesellschafterwechsel** – ggf. auch mit Ablauf des 31.12. und damit eine juristische Sekunde vor Ablauf des Erhebungszeitraums – **nur** für solche Gesellschafter erfolgt, die zum Zeitpunkt der Entstehung der Gewerbesteuer, also zum Schluss des Wirtschaftsjahres, Mitunternehmer der fortgesetzten Gesellschaft sind.[61] Ob vor der Veräußerung bereits Vorauszahlungen zu entrichten waren, deren Entstehung § 21 GewStG regelt, ist dagegen unbeachtlich.[62] Die Vermeidung solcher Rechtsfolgen setzt eine Veräußerung des Mitunternehmeranteils mit dinglicher Wirkung auf den 01.01., 0:00 Uhr des Folgejahres voraus.[63] Obwohl oftmals vorgeschlagen und für unbedenklich gehalten, kann die Vereinbarung eines Wechsels mit „Ablauf des 31.12.“ eines Jahres nicht empfohlen werden.

Die mit der Anrechnung verbundenen Folgen für die einzelnen Gesellschafter können durch eine gesellschaftsvertragliche Regelung oder durch Vereinbarungen im Einzelfall gelöst werden.[64] Soweit in diesen Fällen zur Berücksichtigung der Belastungsunterschiede mangels gesellschaftsvertraglicher Regelung im Rahmen der Gewinnverteilung[65] eine Vereinbarung zur Übernahme der Gewerbesteuer durch den Gesellschafter getroffen wird, in dessen Person die Gewerbesteuerbe- 23.44

59) Gläser/Zöller, BB 2017, 987; Dressler/Oenings, DStR 2017, 625; Hautkappe/Linnemann, DB 2018, 1178.

60) BFH, Urt. v. 14.01.2016 – IV R 5/14, BStBl II, 875; BMF-Schreiben v. 03.11.2016 – IV C 6 – S 2296-a/08/10002 :003, BStBl I, 1187; Schindler, in: Kirchhof/Seer, EStG, 22. Aufl. 2023, § 35 Rdnr. 24.

61) BFH, Urt. v. 14.01.2016 – IV R 5/14, BStBl II, 875; BFH, Urt. v. 14.01.2016 – IV R 48/12, BFH/NV 2016, 1024; zu den voneinander unabhängigen und selbständig in Bestandskraft erwachsenden Feststellungen nach § 35 Abs. 2 Satz 1 EStG vgl. BFH, Urt. v. 14.01.2016 – IV R 5/14, BStBl II, 875, Rdnr. 27.

62) Vgl. zur Diskussion Dressler/Oenings, DStR 2017, 625.

63) Ebenso Schindler, in Kirchhof/Seer, EStG, 22. Aufl. 2023, § 35 Rdnr. 28; zur zeitpunktabhängigen Ertragsteuerbelastung vgl. Hautkappe/Linnemann, DB 2018, 1178.

64) Vgl. dazu Kutt/Möllmann, DB 2010, 1662; Levedag, GmbHR 2009, 13, und Bolk, Bilanzierung und Besteuerung der Personengesellschaft und ihrer Gesellschafter, 5. Aufl. 2023, Rdnr. 1.137 ff., jeweils mit Formulierungsvorschlägen für den Gesellschaftsvertrag.

65) Siehe dazu Beispiel bei Bolk, Bilanzierung und Besteuerung der Personengesellschaft und ihrer Gesellschafter, 5. Aufl. 2023, Rdnr. 1.139.

lastung verursacht wurde, hat der BFH[66] den Abzug als **Sonderbetriebsausgabe** grundsätzlich versagt. Dieses Abzugsverbot beruht nicht auf § 4 Abs. 5b EStG, sondern folgt bereits aus § 4 Abs. 4 EStG, weil es an einer Betriebsausgabe fehlt. Die Übernahme der Gewerbesteuerbelastung ist nicht betrieblich, sondern durch das Gesellschaftsverhältnis veranlasst und stellt sich lediglich als Modifikation der Gewinnverteilungsabrede dar. Auf Ebene der Gesellschaft handelt es sich um eine Einlage, so dass sich der Gewerbesteueraufwand und folglich auch die Hinzurechnung nach § 4 Abs. 5b EStG außerhalb der Steuerbilanz aufgrund dieser Vereinbarung nicht ändert.

23.45 Diese Grundsätze gelten auch dann, wenn der Veräußerer die Gewerbesteuerbelastung für eine gewerbesteuerpflichtige **Veräußerung** des Mitunternehmeranteils im Fall des § 7 Satz 2 Nr. 2 GewStG oder für die Veräußerung eines Teils eines Mitunternehmeranteils (§ 16 Abs. 1 Satz 2 EStG) der Personengesellschaft erstattet.[67] Weil die Erstattung nicht betrieblich veranlasst ist, fehlt es an einer Betriebsausgabe gem. § 4 Abs. 4 EStG, so dass **Veräußerungskosten** nicht vorliegen und folgerichtig keine Minderung des steuerpflichtigen **Veräußerungsgewinns** eintritt (§ 16 Abs. 2 EStG). Das Abzugsverbot nach § 4 Abs. 5b EStG greift insoweit schon dem Grunde nach nicht.

23.46 Nach diesen Grundsätzen ist die Übernahme der Gewerbesteuer durch den Veräußerer jedenfalls steuerrechtlich betrachtet als **Einlage** zugunsten aller Gesellschafter, auch des Veräußerers, zu beurteilen (§ 4 Abs. 1 Satz 8 EStG). Folgerichtig erhöht diese Einlage nach Maßgabe der Beteiligungsquote im Zeitpunkt der Veräußerung den Kapitalanteil aller Gesellschafter. Das gilt auch für den Kapitalanteil des veräußernden Gesellschafters, so dass sich dessen Veräußerungsgewinn (nur) insoweit mindert.[68] Zur Erreichung dieser Vorgaben ist eine entsprechende Forderung gegenüber dem Veräußerer auf den Zeitpunkt der Veräußerung (vor Abgang des Kapitalanteils) zu aktivieren.

23.47 Sollte die Zahlung davon abweichend als Minderung des Gewerbesteueraufwands gebucht worden sein, beeinflusst dies zwar den Jahresüberschuss nach Handelsrecht (§ 275 Abs. 2 Nr. 17 HGB) und folgerichtig auch den Steuerbilanzgewinn (§ 4 Abs. 1 Satz 1 EStG), nicht jedoch den Gewinn aus Gewerbebetrieb, weil die Vermögensmehrung auf einer Einlage beruht, die bei der steuerlichen Gewinnermittlung wieder abzuziehen ist. Die Übernahme der durch den Veräußerer verursachten Gewerbesteuer beeinflusst folglich nicht den **Gewerbeer-**

66) BFH, Urt. v. 19.07.2018 – IV R 14/16, BStBl II 2022, 513 = DStR 2018, 2259 m. Anm. Wittwer. Dies gilt dem zweiten Leitsatz zufolge unabhängig davon, dass die Entscheidung zur Gewinnermittlung nach § 5a EStG ergangen ist.

67) BFH, Urt. v. 07.03.2019 – IV R 18/17, BStBl II, 696.

68) BFH, Urt. v. 07.03.2019 – IV R 18/17, BStBl II, 696, Rdnr. 28.

trag der Personengesellschaft, die die Gewerbesteuer schuldet (§ 5 Abs. 1 Satz 3 GewStG), denn entweder wird die Übernahme unmittelbar erfolgsneutral als Einlage gebucht, oder der Buchung als Ertrag folgt die Kürzung außerhalb der Steuerbilanz. Die anteiligen Gewerbesteuermessbeträge bleiben trotz eines (ggf. unterjährigen) Gesellschafterwechsels unverändert und sind nur den zum Schluss des Erhebungszeitraums beteiligten Mitunternehmern zuzurechnen.

In der **Steuerbilanz** der Personengesellschaft ist der Kapitalanteil regelmäßig nach gesellschaftsvertraglichen Vorgaben in der Form getrennter **Kapitalkonten** für den Erwerber mit dem Betrag fortzuführen, der der Summe der Kapitalkonten des Veräußerers im Zeitpunkt der Veräußerung entspricht, denn der Gesellschafterwechsel ist kein Geschäftsvorfall mit Einfluss auf das Gesellschaftsvermögen und die Kapitalanteile (vgl. dazu Rdnr. 23.35 ff., 23.39 ff.). Da die durch das Gesellschaftsverhältnis veranlasste Einlage **quotal** auch das Kapitalkonto (variables (Eigen-)Kapitalkonto II oder Rücklage) des Veräußerers im Zeitpunkt der Veräußerung erhöht hat, ist dieser Betrag in der Steuerbilanz ebenso wie in der Handelsbilanz der Personengesellschaft für den Erwerber fortzuführen. 23.48

Der Unterschiedsbetrag im Verhältnis zum geleisteten Kaufpreis verringert sich insoweit und mindert infolgedessen auch den Ausweis von Korrekturposten in der Ergänzungsbilanz für den Erwerber (vgl. zur Ergänzungsbilanz Rdnr. 23.61 ff.). Dem fortzuführenden Mehrkapital in der Steuerbilanz steht die Gewinnminderung aufgrund der Gewerbesteuer gegenüber, soweit diese den Erwerber als Gesellschafter der Personengesellschaft bei unterjährigem Gesellschafterwechsel anteilig belastet. Einen Vermögensnachteil erleidet der Erwerber folglich richtigerweise nicht. 23.49

Erstattet der Veräußerer die anteilige Gewerbesteuerbelastung nicht der Gesellschaft, sondern zahlt er vereinbarungsgemäß unmittelbar an den Erwerber des Mitunternehmeranteils, der anschließend den Gewerbesteueraufwand quotal mitzutragen hat, dürfte keine Veranlassung durch das Gesellschaftsverhältnis anzunehmen sein: 23.50

- Auf Seiten des Veräußerers liegen dann **Veräußerungskosten** vor, die vom Abzugsverbot nach § 4 Abs. 5b EStG nicht erfasst werden, weil der Gesellschafter als solcher nicht Schuldner der Gewerbesteuer nach § 5 Abs. 1 Satz 3 GewStG ist.[69]
- Auf Seiten des Erwerbers dürfte es sich in diesem Fall schlicht um eine Kaufpreisreduktion handeln. Weil das Kapitalkonto in der Steuerbilanz bei dieser Sachlage unverändert bleibt, wirken sich die reduzierten Anschaffungskosten

69) BFH, Urt. v. 14.01.2016 – IV R 5/14, BStBl II, 875, Rdnr. 47.

auf die Summe der in der Ergänzungsbilanz auszuweisenden Korrekturposten für den Erwerber ebenfalls mindernd aus, so dass diese Zahlungsmodalität nicht zu einem anderen Ergebnis führt als das der Einlage in das Vermögen der Gesellschaft.

23.6.2 Sonderbilanz

23.51 Gehören zum Mitunternehmeranteil **Grundstücke**, die ebenfalls erworben und weiterhin der Mitunternehmerschaft entgeltlich[70] oder unentgeltlich dienen, erfolgt abweichend von der Handelsbilanz keine Aktivierung in der Steuerbilanz des Erwerbers unter der Bilanzposition „Grundstücke", sondern eine Einbeziehung in die spiegelbildliche Bilanzierung der erworbenen Beteiligung. Die erworbenen Grundstücke als solche sind als Wirtschaftsgüter des Sonderbetriebsvermögens I vorrangig in der Sonderbilanz zu aktivieren und mit den Anschaffungskosten, die den Grundstücken anteilig zuzurechnen sind, zu bewerten. Dazu gehören auch die Erwerbsnebenkosten (Grunderwerbsteuer, Notarkosten, Grundbuchkosten). Abschreibungen, die dem Erwerb von Gebäuden nach § 7 Abs. 4 EStG folgen, beeinflussen den Sonderbilanzgewinn und gehen auf diese Weise in die gesonderte und einheitliche Feststellung des Gewinns der Mitunternehmerschaft ein (§ 180 Abs. 1 Nr. 2a AO) und werden dem Erwerber nur auf diese Weise bindend zugerechnet (§ 182 AO).

23.52 Wird in diesem Zusammenhang rechtsgeschäftlich **Wohnungseigentum** oder **Teileigentum** an einem Grundstück (§ 1 Abs. 2 oder 3 WEG) erworben, gehört die im Kaufpreis enthaltene Abfindung für die angesammelte **Erhaltungsrücklage** (§ 19 Abs. 2 Nr. 4 WEG[71]) nicht zu den Anschaffungskosten für das Grundstück. Stattdessen ist in der Sonderbilanz insoweit eine Forderung zu aktivieren. Dafür ist unbeachtlich, dass das angesammelte Guthaben zivilrechtlich der Wohnungseigentümergemeinschaft als Verwaltungsvermögen zuzurechnen ist.[72] Erst in dem Zeitpunkt, in dem die Wohnungseigentümergemeinschaft die Rücklage verwendet, um Instandhaltungen zu finanzieren, ist die Forderung gegen Aufwand ganz oder teilweise auszubuchen. Für diese ertragsteuerrechtliche Sachbehandlung ist es ohne Bedeutung, dass die Bemessungsgrundlage für die **Grunderwerbsteuer** nach Auffassung des BFH[73] nicht um die im Kaufpreis enthaltene anteilige Erhaltungsrücklage gemindert werden darf, weil ein rechtsgeschäftlicher Erwerb losge-

70) BFH, Urt. v. 04.12.2006 – GrS 1/05, BStBl II 2007, 508, zur Überlassung zum Abbau von Bodenschätzen.

71) Erhaltungsrücklage ist der seit dem 01.12.2020 maßgebliche Begriff. Vor der Gesetzesänderung wurde die Ansammlung im Prinzip unzutreffend als Instandhaltungsrückstellung bezeichnet, obwohl es sich tatsächlich nicht um ungewisse Verbindlichkeiten handelt.

72) BFH, Urt. v. 05.11.2011 – I R 94/10, BStBl II 2012, 244.

73) BFH, Urt. v. 16.09.2020 – II R 49/17, BStBl II 2021, 339.

löst vom Teileigentum zivilrechtlich nicht in Betracht komme. Diese Grundsätze gelten auch für den Erwerb von Wohnungseigentum und sind anzuwenden, wenn der Notarvertrag nach dem 20.05.2021 geschlossen worden ist.[74]

Forderungen des Erwerbers des Mitunternehmeranteils gegenüber der Perso- 23.53
nengesellschaft sind in der Sonderbilanz als Wirtschaftsgüter des notwendigen Sonderbetriebsvermögens I zu aktivieren. Dies betrifft nicht nur Forderungen aufgrund eines Darlehensvertrags, sondern auch andere Ansprüche gegen die Gesellschaft, die in deren Bilanz als Verbindlichkeiten passiviert sind. Auf die Bezeichnung des Passivpostens kommt es nicht an und betrifft deshalb auch sogenannte Verrechnungs- oder Privatkonten, soweit diese steuerrechtlich betrachtet über die Qualifikation von Fremdkapital verfügen. Das gilt einerseits für Forderungen, die schon vor dem Erwerb des Anteils bestanden haben, und andererseits auch für solche, die aus Anlass des Erwerbs begründet oder im Wege der Abtretung vom bisherigen Gesellschafter übernommen wurden. Der Aktivierung steht eine Einlage gegenüber, die das Sonderkapital entsprechend erhöht (§ 4 Abs. 1 Satz 8 EStG). Zinserträge sind Vergütungen gem. § 15 Abs. 1 Nr. 2 zweiter Halbsatz EStG.

Die Bewertung der Forderungen erfolgt mit den Anschaffungskosten, die regel- 23.54
mäßig mit dem Nennwert der entsprechenden Verbindlichkeiten in der Bilanz der Gesellschaft übereinstimmen (korrespondierende Bilanzierung). Von diesem Grundsatz ist indes abzuweichen, wenn die Anschaffungskosten für die Forderungen mangels Werthaltigkeit vom Nennwert und daher von der Passivierung in der Bilanz der Personengesellschaft tatsächlich abweichen sollten.[75]

Neben der Beteiligung an der Komplementär-GmbH (Rdnr. 23.26 ff.) können 23.55
auch andere **Beteiligungen** an Kapitalgesellschaften zum notwendigen Sonderbetriebsvermögen II gehören und müssen daher in der Sonderbilanz des Erwerbers des Mitunternehmeranteils aktiviert werden. Dabei kann es sich um Beteiligungen handeln, die vom Veräußerer des Mitunternehmeranteils ebenfalls erworben wurden. In Betracht können aber auch Beteiligungen an in- oder ausländischen Kapitalgesellschaften kommen, die dem Erwerber des Anteils bereits vorher zuzurechnen waren und nach dem Erwerb des Mitunternehmeranteils der Begründung oder Stärkung der Beteiligung des neuen Gesellschafters dienen.[76] Diese Grundsätze gelten nicht nur für das Sonderbetriebsvermögen einer einstöckigen

74) Koordinierte Ländererlasse v. 19.03.2021 – 3 – S 4521/41, BStBl I, 621.
75) BFH, Urt. v. 16.03.2017 – IV R 1/15, BStBl II, 943, Rdnr. 37 ff.; vgl. dazu Wendt, BFH/PR 2017, 257.
76) BFH, Urt. v. 16.04.2015 – IV R 1/12, BStBl II, 705 m.w.N.; BFH, Urt. v. 28.06.2020 – IV R 17/17, BFH/NV 2020, 1401.

Personengesellschaft, sondern ebenso für Anteile an Kapitalgesellschaften, die einem Obergesellschafter bei doppel- oder mehrstöckigen Personengesellschaften zuzurechnen sind und der Untergesellschaft wirtschaftlich zum Vorteil gereichen oder der Mitunternehmerstellung dienen.[77)]

23.56 Nach diesen Grundsätzen gehört die **Beteiligung** an einer Kapitalgesellschaft zum Sonderbetriebsvermögen II, wenn

- der Kommanditist an einer Kapitalgesellschaft beteiligt ist, die ihrerseits ebenfalls Kommanditistin der nämlichen KG ist;[78)]
- eine atypisch stille Gesellschafterin an einer GmbH beteiligt ist. Mit der Begründung der stillen Gesellschaft entsteht steuerrechtlich betrachtet neben der GmbH eine atypisch stille Gesellschaft, zu deren Sonderbetriebsvermögen II die Anteile an der GmbH gehören, wenn die Beteiligung mindestens 10 % erreicht;[79)]
- zwischen der Personengesellschaft und der Kapitalgesellschaft eine **enge wirtschaftliche Verflechtung** besteht und die Beteiligung in erster Linie im geschäftlichen Interesse der Personengesellschaft gehalten wird.[80)] Davon ist auszugehen, wenn die Kapitalgesellschaft zum Vorteil der Personengesellschaft tätig wird, indem sie eine wesentliche wirtschaftliche Funktion (Vertrieb, Einkauf, Lizenzgewährung etc.) für die Personengesellschaft nach Art einer Betriebsabteilung erfüllt oder deren gewerbliche Tätigkeit maßgeblich ergänzt, und wenn der Gesellschafter auf die Entscheidungen der Kapitalgesellschaft zugunsten der Personengesellschaft **Einfluss** nehmen kann.[81)] Dies erfordert, dass der Mitunternehmer ggf. zusammen mit anderen die Kapitalgesellschaft beherrscht[82)] und seinen Einfluss auf die Geschäftsführung dieser Gesellschaft im wirtschaftlichen Interesse der Personengesellschaft geltend macht.[83)]

---

77) BFH, Urt. v. 12.10.2016 – I R 92/12, BStBl II 2022, 123, Rdnr.12, 13.

78) BFH, Urt. v. 23.01.2001 – VIII R 12/99, BStBl II, 825.

79) BFH, Urt. v. 18.06.2015 – IV R 5/12, BStBl II, 935; vgl. bereits BFH v. 16.04.2015 – IV R 1/12, BStBl II, 705, zur Minderheitsbeteiligung an der Komplementär-GmbH von weniger als 10 %.

80) BFH, Urt. v. 19.12.2019 – IV R 53/16, BStBl II 2020, 534, Rdnr. 37 ff.

81) BFH, Urt. v. 03.03.1998 – VIII R 66/96, BStBl II, 383; BFH, Urt. v. 24.02.2005 – IV R 12/03, BStBl II 2006, 361.

82) BFH, Urt. v. 03.03.1998 – VIII R 66/96, BStBl II, 383; BFH, Urt. v. 13.02.2008 – I R 63/06, BStBl II 2009, 414; BFH, Urt. v. 28.08.2003 – IV R 46/02, BStBl II 2004, 216, zur Organschaft.

83) BFH, Urt. v. 23.02.2012 – IV R 13/08, BFH/NV 2012, 1112.

Die **Beteiligung** an einer Kapitalgesellschaft gehört dagegen **nicht** zum Sonderbetriebsvermögen II, wenn

- die Personengesellschaft umgekehrt zum wirtschaftlichen Vorteil der Kapitalgesellschaft tätig wird;[84]
- zwischen Kapitalgesellschaft und Personengesellschaft Geschäftsbeziehungen bestehen, wie sie üblicherweise auch mit anderen Unternehmen gepflegt werden. Das gilt bei fehlender wirtschaftlicher Verflechtung auch dann, wenn diese Geschäftsbeziehungen besonders intensiv sind und die Gesellschaften in derselben Branche tätig sind;[85]
- die Kapitalgesellschaft weitere, nicht unwesentliche Beteiligungen an anderen Gesellschaften hält;[86]
- die Kapitalgesellschaft einen eigenen Geschäftsbetrieb von nicht ganz untergeordneter Bedeutung unterhält.[87] Dem folgt inzwischen die Finanzverwaltung[88] auch für den Fall, dass die Kapitalgesellschaft im Rahmen ihres Geschäftsbetriebs auch für die Personengesellschaft tätig wird.

Gehört die Beteiligung an der Kapitalgesellschaft danach zum Sonderbetriebsvermögen II, dann sind **Gewinnausschüttungen** an den Gesellschafter der Personengesellschaft und Erwerber des Mitunternehmeranteils gewerbliche Beteiligungserträge (Sonderbetriebseinnahmen) und keine Einnahmen aus Kapitalvermögen (vgl. § 20 Abs. 8 EStG). Die Steuerfreistellung im Teileinkünfteverfahren i.H.v. 60 % der Einnahmen, soweit natürliche Personen beteiligt sind, und nach § 8b KStG bei juristischen Personen als Beteiligten ist bereits in der gesonderten und einheitlichen Feststellung (§ 180 Abs. 1 Nr. 2 Buchst. a) AO) zu berücksichtigen. Eine „Brutto-Feststellung“ ist nur dann ausreichend, wenn sich aus weiteren Feststellungen für einen „verständigen Empfänger“ zweifelsfrei ergibt, dass die Ermittlung der steuerpflichtigen Beträge einen zusätzlichen Rechenschritt erfordert.[89] Das gilt auch für Zwecke der Gewerbesteuer (§ 7 Satz 4 GewStG). Entsprechendes gilt für einen Gewinn aufgrund einer Veräußerung oder Entnahme der Beteiligung an der Kapitalgesellschaft. Im Hinblick auf einen Veräußerungsgewinn einer natürlichen Person kommt bei Erfüllung der weiteren Voraussetzungen die Begünstigung nach § 6b Abs. 10 EStG in Betracht. 23.57

84) BFH, Urt. v. 21.12.2021 – IV R 15/19, BStBl II 2022, 651, Rdnr. 33, 34 m.w.N.
85) BFH, Urt. v. 23.02.2012 – IV R 13/08, BFH/NV 2012, 1112, Rdnr. 58.
86) BFH, Urt. v. 17.11.2011 – IV R 51/08, BFH/NV 2012, 723; BFH, Urt. v. 19.12.2019 – IV R 53/16, BStBl II 2020, 534, Rdnr. 34 ff.
87) BFH, Urt. v. 21.12.2021 – IV R 15/19, DStR 2022, 467, Rdnr. 35.
88) OFD Frankfurt, Vfg. v. 12.12.2022 – S 2134 – A-014-St 517, zu 1.3.2, DStR 2023, 151.
89) BFH, Urt. v. 25.07.2019 – IV R 47/16, BStBl II 2020, 142; BFH, Urt. v. 06.02.2020 – IV R 5/18, BStBl II, 448, Rdnr. 17, 30.

23.58 Die Beteiligung an der Personengesellschaft selbst ist kein Wirtschaftsgut des Sonderbetriebsvermögens. Das gilt auch für die Beteiligung an anderen Personengesellschaften, und zwar selbst dann, wenn die andere Personengesellschaft unter dem Einfluss des Erwerbers des Mitunternehmeranteils wirtschaftlich zum Vorteil tätig werden sollte.[90] Das gilt anders als bei der (klassischen) Betriebsaufspaltung auch für die Mitunternehmeranteile der Gesellschafter der Besitzgesellschaft an der Betriebspersonengesellschaft im Rahmen einer mitunternehmerischen Betriebsaufspaltung.[91] Die insoweit gehaltenen Mitunternehmeranteile unterliegen selbständig der gesonderten und einheitlichen Feststellung ihres Gewinns bzw. Verlusts nach § 180 Abs. 2 Nr. 1a EStG. Dieses Feststellungsergebnis kann nur dann in die gesonderte und einheitliche Feststellung einer anderen Personengesellschaft (Obergesellschaft) einbezogen werden (Folgebescheid), wenn die Beteiligung von der Obergesellschaft als solcher gehalten wird und daher in deren Steuerbilanz spiegelbildlich auszuweisen ist.

23.59 Neben Grundstücken und Beteiligungen kann der Ausweis in der Sonderbilanz auch für sonstige Wirtschaftsgüter (Patentrechte, Lizenzen, Fahrzeuge, Außenanlagen etc.) zwingend sein, soweit diese Wirtschaftsgüter der Personengesellschaft im Rahmen einer Überlassung gegen Entgelt oder unentgeltlich dienen.

23.60 Die Verpflichtung zur Aufstellung der Sonderbilanz und der elektronischen Einreichung beim Finanzamt nach § 5b EStG trifft die Geschäftsführung der Personengesellschaft und nicht den einzelnen Gesellschafter.[92] Allerdings sind Bilanzierungs- oder Bewertungswahlrechte, etwa nach § 6b EStG nach Vorgaben des Gesellschafters auszuüben.

---

90) Zutreffend Grosse/Hübner, DStR 2021, 2033 m.w.N. Nach Schmidt/Wacker, EStG, 42. Aufl. 2023, § 15 Rdnr. 507, können Anteile an gewerblichen Personengesellschaften zum Sonderbetriebsvermögen II gehören (unzutreffend). Dies soll indes nicht dazu führen, dass dieser Mitunternehmeranteil seine verfahrensrechtliche Selbständigkeit verliert. Welchem anderen Zweck der Ausweis in der Sonderbilanz dienen soll, bleibt offen.

91) BFH, Urt. v. 12.05.2016 – IV R 1/13, BStBl II 2017, 489 m.w.N. Der Ansicht der OFD Frankfurt, Vfg. v. 16.09.2014 – S 2241 – A – 99 – St 213, DStR 2014, 2180 a.E., ist insoweit auch nicht mit Blick auf R 16 Abs. 13 Satz 6 und 7 sowie R 34.5 Abs. 2 Satz 3 EStR zu folgen; vgl. zur mitunternehmerischen Betriebsaufspaltung ausführlich Bolk, Bilanzierung und Besteuerung der Personengesellschaft und ihrer Gesellschafter, 5. Aufl. 2023, Rdnr. 3.177 ff.

92) BFH, Urt. v. 25.01.2006 – IV R 14/04, BStBl II, 418; BFH, Urt. v. 10.09.2020 – IV R 14/18, BStBl II 2021, 36, Rdnr. 17 a.E.

23.7 Ergänzungsbilanz

23.7.1 Kaufpreis überschreitet den Kapitalanteil

Übersteigt die Zahlung des Erwerbers des Mitunternehmeranteils die in der Steuerbilanz der Personengesellschaft fortgeführten anteiligen Buchwerte, ist in einer **positiven Ergänzungsbilanz** für den Erwerber in gleicher Höhe ein **Mehrkapital** zu passivieren. Dieser Passivierung stehen auf der Aktivseite dieser Bilanz jeweils Korrekturposten gegenüber, die der Höhe nach den über den anteiligen Buchwert hinausgehenden Anschaffungskosten für die Anteile an den Wirtschaftsgütern des Gesellschaftsvermögens entsprechen. Damit spiegeln die Korrekturposten die stillen Reserven wider, die der Erwerber im Zuge des Anteilserwerbs bezahlt hat. Diese Korrekturposten sind keine eigenständigen Wirtschaftsgüter, die unabhängig von der Steuerbilanz bewertet und fortgeführt werden.[93] Vielmehr stehen die Korrekturposten ausschließlich in einer korrespondierenden Verbindung zur Bewertung der Anteile an den fraglichen Wirtschaftsgütern in der Steuerbilanz für das jeweilige Wirtschaftsjahr.[94] Da diese Anteile beim Erwerb eines Mitunternehmeranteils mit den Anschaffungskosten zu bewerten sind, bezieht sich die AfA-Bemessungsgrundlage und die AfA-Methode auf diese Anschaffungskosten, die anteilig in der Steuerbilanz und im Übrigen in der Ergänzungsbilanz aktiviert sind.[95] 23.61

Beispiel 23.62

X hat mit Wirkung vom 01.04.02 einen Kommanditanteil an der A-GmbH & Co. KG für 500.000 € von dem bisherigen Gesellschafter C erworben. Der Anteil vermittelt eine Beteiligung von 25 % bezogen auf Ergebnisverteilung und Teilhabe an den stillen Reserven einschließlich Geschäftswert.

---

93) Missverständlich ist insoweit der Leitsatz zur Entscheidung des BFH, Urt. v. 20.11.2014 – IV R 1/11, BStBl II 2017, 34; wie hier Wendt, FR 2015, 552; Bolk, DStZ 2015, 472; Freikamp, DB 2015, 1063; Krumm, in: Kirchhof/Seer, EStG, 22. Aufl. 2023, § 15 Rdnr. 251 m.w.N.; Schmidt/Wacker, EStG, 42. Aufl. 2023, § 15 Rdnr. 465.

94) Krumm, in: Kirchhof/Seer, EStG, 22. Aufl. 2023, § 15 Rdnr. 255; Schmidt/Wacker, EStG, 42. Aufl. 2023, § 15 Rdnr. 472; Bolk, DStR 2018, 424 und DStR 2020, 584, zu Ergänzungsbilanzen nach einer Einbringung gem. § 24 UmwStG, die (nur) in Korrespondenz zur Steuerbilanz aufzulösen sind. A.A. Freikamp, DB 2021, 2037, der eine negative Ergänzungsbilanz unabhängig von der Steuerbilanz auflösen will. Dem ist im Hinblick auf die klaren Vorgaben entsprechend § 24 Abs. 4 i.V.m. § 23 Abs. 1 i.V.m. § 12 Abs. 3 Satz 1 UmwStG nicht zu folgen.

95) Dies bestätigend und auf den Erwerb eines Anteils an einer vermögensverwaltenden Personengesellschaft übertragend BFH, Urt. v. 03.05.2022 – IX R 22/19, BStBl II 2023, 186, Rdnr. 25, 27 m.w.N.

Die A-GmbH & Co. KG hat zum 31.03.02 eine Zwischenbilanz erstellen und zur Ermittlung der stillen Reserven ein Gutachten fertigen lassen.

A	**Zwischenbilanz der KG zum 31.03.02**		P
Grundstücke	300.000	Kapital II GmbH	5.000
Gebäude	400.000	Kapital I A	100.000
Geschäftsausstattung	200.000	Kapital II A	180.000
Vorräte	350.000	Kapital I B	200.000
Forderungen	250.000	Kapital II B	130.000
Geldkonten	50.000	Kapital C I	100.000
Rechnungsabgrenzung	10.000	Kapital C II	50.000
		Rückstellungen	150.000
		Verbindlichkeiten	325.000
		Verbindlichkeiten/Gesellschafter	320.000
	1.560.000		1.560.000

Erläuterungen:

Die variablen (Eigen-)Kapitalkonten II sind durch Einlagen entstanden, die nicht das Haftkapital erhöht haben, sowie durch Gewinnanteile, die dem Gesellschaftsvertrag zufolge nicht zur Auszahlung bestimmt sind.

In den Verbindlichkeiten gegenüber Gesellschaftern (§ 264c Abs. 1 HGB) ist eine Schuld gegenüber C i.H.v. 80.000 € enthalten. Es handelt sich um die Gewinnanteile für 01 und für die Zeit vom 01.01.–31.03.02, auf deren Auszahlung C nach § 169 Abs. 1 Satz 2 HGB Anspruch hat. Eine Abtretung ist insoweit nicht erfolgt.

Das Wertgutachten weist die folgenden stillen Reserven aus:

Grund und Boden	400.000 €
Gebäude	100.000 €
Patentrechte (nicht bilanziert)	300.000 €
Firmenwert	600.000 €
	1.400.000 €

Lösung

a) Buchführung und Bilanz der KG

1. Die Kapitalkonten I und II werden von C auf X umgebucht.

2. Die Verbindlichkeiten gegenüber C bleiben bestehen, sind jedoch nicht mehr als „Verbindlichkeiten gegenüber Gesellschaftern" zu passivieren. Soweit eine Verzinsung der Forderungen vereinbart sein sollte, gehören die Zinsen mit Wirkung vom 01.04.02 nicht mehr zu den Vergütungen i.S.d. § 15 Abs. 1 Nr. 2 EStG, sondern zu den Einnahmen gem. § 20 Abs. 1 Nr. 7 EStG. § 15 Abs. 1 Satz 2 EStG greift nicht, weil keine nachträglichen Einkünfte i.S.d. § 24 Nr. 2 EStG vorliegen.

b) Ergänzungsbilanz für X zum 01.04.02

In der Ergänzungsbilanz sind die über den Buchwert des Gesellschaftsanteils hinausgehenden Anschaffungskosten für den Erwerber X als Korrekturposten zu den Wirtschaftsgütern des Gesellschaftsvermögens zu aktivieren, die stille Reserven enthalten und ihm nunmehr aufgrund seiner Beteiligung von 25 % anteilig zuzurechnen sind (§ 39 Abs. 2 Nr. 2 AO). Dies geschieht zunächst auf den **Zeitpunkt des Erwerbs zum 01.04.02**.

A **Ergänzungsbilanz X zum 01.04.02** P

Firmenwert	150.000	Mehrkapital	350.000
Patentrechte	75.000		
Grund und Boden	100.000		
Gebäude	25.000		
	350.000		350.000

Die Aufstellung der Ergänzungsbilanz nebst Gewinn- und Verlustrechnung sowie Kapitalkontenentwicklung obliegt der Geschäftsführung der A-GmbH & Co. KG (§§ 140, 141 AO).[96] Dem entspricht, dass die Ergänzungsbilanz nicht vom Gesellschafter, sondern für den Gesellschafter aufgestellt wird. Nicht zu folgen ist deshalb Vorgaben, wonach der jeweilige Mitunternehmer aufgefordert wird, 23.63

96) BFH, Urt. v. 20.11.2014 – IV R 1/11, BStBl II 2017, 34, Rdnr. 17; BFH, Urt. v. 25.01.2006 – IV R 14/04, BStBl II, 418, sowie AEAO zu § 141 Nr. 1, zur Sonderbilanz.

Ergänzungsbilanzen aufzustellen.[97] Vielmehr sind Ergänzungsbilanzen zusammen mit der Steuerbilanz der Gesellschaft und den Sonderbilanzen als Bestandteile der **Gesamtbilanz der Mitunternehmerschaft** nebst jeweiliger GuV und Kapitalentwicklung sowie einem Betriebsvermögensvergleich dem Finanzamt zur Feststellungserklärung der Mitunternehmerschaft elektronisch einzureichen (§ 5b EStG). Dies erfolgt auf Grundlage einer Taxonomie zur E-Bilanz.[98]

23.64 Für den Fall eines Rechtsstreits ist verfahrensrechtlich zu beachten, dass der laufende Gewinn oder Verlust aus einer Ergänzungsbilanz eine gesondert festzustellende und selbständig anfechtbare Besteuerungsgrundlage ist.[99] Steht der Gewinn oder Verlust aus der Auflösung einer Ergänzungsbilanz im Zusammenhang mit der Veräußerung oder Aufgabe des Mitunternehmeranteils, handelt es sich insoweit allerdings um einen unselbständigen Bestandteil des Veräußerungs- oder Aufgabegewinns (§ 16 Abs. 2 EStG), der seinerseits gesondert festzustellen und selbständig anfechtbar ist.[100]

23.65 Soweit der Kaufpreis wegen **stiller Lasten** in einem Wirtschaftsgut gemindert sein sollte, weil der Teilwert dessen Buchwert unterschreitet, ist ein passiver Korrekturposten bezogen auf dieses Wirtschaftsgut in der Ergänzungsbilanz auszuweisen.[101] Ein passiver Korrekturposten kann sich auch ergeben, soweit ein Passivposten in der Steuerbilanz der Gesellschaft aus der Sicht des Erwerbers eine über die Anschaffungskosten hinausgehende Bewertung erfordert, wie dies etwa bei Fremdwährungsverbindlichkeiten in Betracht kommen kann.

---

97) Unzutreffend insoweit BMF-Schreiben v. 11.11.2011 – IV C 2 – S 1978-b/08/10001, BStBl I, 1314 (UmwSt-Erlass), Rdnr. 24.14. Ähnlich auch *Schmidt/Wacker*, EStG, 42. Aufl. 2023, § 15 Rdnr. 462: „Der Erwerber hat ... zu aktivieren" sowie *Rätke*, in: *Herrmann/Heuer/Raupach*, EStG/GewStG, § 15 EStG Rdnr. 637 (04/2022), wonach die Obergesellschaft bei einer doppelstöckigen Personengesellschaft die Ergänzungsbilanz bei der Untergesellschaft zu bilden habe. Richtigerweise trifft die Pflicht, eine Ergänzungsbilanz für die Obergesellschaft aufzustellen (und im Fall des § 6b EStG z.B. im Wahlrecht unter Mitwirkung des Mitunternehmers), die Geschäftsführung der Untergesellschaft.

98) Vgl. BMF-Schreiben v. 21.06.2022 – IV C 6 – S 2133-b/21/10002 :003, BStBl I, 954, zur Taxonomie 6.6, die der Einreichung von Bilanzen der Wirtschaftsjahre zugrunde zu legen ist, die nach dem 31.12.2022 beginnen. Das Schreiben verweist zugleich auf die Veröffentlichung der jeweiligen Taxonomie für die Vorjahre.

99) BFH, Urt. v. 16.12.2021 – IV R 7/19, BStBl II 2023, 378; BFH, Urt. v. 03.05.2022 – IX R 22/19, BStBl II 2023, 186, Rdnr. 13; auch zur Klagebefugnis des Erwerbers eines Gesellschaftsanteils, § 48 Abs. 1 Nr. 5 FGO bezogen auf den Ergänzungsbilanzgewinn; vgl. dazu vorangehend bereits BFH, Urt. v. 29.10.2019 – IX R 38/17, BStBl II 2021, 202, Rdnr. 23.

100) BFH, Urt. v. 03.09.2020 – IV R 29/19, BFH/NV 2021, 438, Rdnr. 36.

101) So auch Kahle, FR 2013, 873, 878.

Schließlich kann ein passiver Korrekturposten geboten sein, wenn der Mitunternehmeranteil (anteilig) durch Verpflichtungen belastet ist, die in der Steuerbilanz nicht oder nur begrenzt passiviert werden dürfen, wie dies etwa bei der Rückstellung für drohende Verluste aus schwebenden Geschäften der Fall ist (§ 5 Abs. 4a EStG) oder bei der Bewertung von Pensionsrückstellungen gem. § 6a EStG in Betracht kommt. Diese Korrekturposten sind zum Schluss des Wirtschaftsjahres nach dem Gesellschafterwechsel gewinnerhöhend aufzulösen (§ 5 Abs. 7 Satz 1 EStG). Zugleich kann nach § 5 Abs. 7 Satz 5 EStG eine den Gewinn mindernde Rücklage i.H.v. 14/15 der Gewinnauswirkung in der Ergänzungsbilanz passiviert werden, die in den folgenden 14 Wirtschaftsjahren gewinnerhöhend aufzulösen ist. 23.66

23.7.2 Kaufpreis unterschreitet den Kapitalanteil

Leistet der Erwerber eine Zahlung für den Mitunternehmeranteil, die den Kapitalanteil (Summe der Kapitalkonten) des übernommenen Anteils unterschreitet, ist eine **negative Ergänzungsbilanz** aufzustellen. In dieser Ergänzungsbilanz sind zu den fraglichen Wirtschaftsgütern, denen der Unterpreis zuzuordnen ist, im Wege der **Abstockung** Minderwerte zu passivieren, soweit es sich nicht um Geldkonten handelt. Eine weitergehende Unterschreitung des Buchkapitals stellt keinen Erwerbsgewinn dar, darf aber auch nicht als negativer Firmenwert ausgewiesen werden.[102] Stattdessen ist in der Ergänzungsbilanz erfolgsneutral ein **Ausgleichsposten** zu passivieren.[103] Dieser ist gewinnerhöhend aufzulösen, soweit dem Erwerber Verlustanteile aus dieser Beteiligung auf Ebene der Gesellschaft zugerechnet werden.[104] 23.67

Beispiel 23.68

Z hat den Kommanditanteil des Y an der B-GmbH & Co. KG zum Kaufpreis von 60.000 € erworben. Der Kapitalanteil des Y in der Zwischenbilanz auf den Tag des Gesellschafterwechsels am 01.04.02 belief sich auf 150.000 €. Die Differenz betrifft eine Überbewertung der Wirtschaftsgüter der B-GmbH & Co. KG, die anteilig auf Grundstücke (25.000 €) und das Vorratsvermögen (35.000 €) entfällt und im Übrigen einen sogenannten Badwill aufzeigt.

102) BFH, Urt. v. 26.06.2002 – IV R 3/01, BStBl II 2003, 112; BFH, Urt. v. 09.05.2017 – VIII R 1/14, BFH/NV 2017, 1418, Rdnr. 56.

103) BFH, Urt. v. 12.12.1996 – IV R 77/93, BStBl II 1998, 180.

104) BFH, Urt. v. 21.04.1994 – IV R 70/92, BStBl II, 745.

Lösung

A	Ergänzungsbilanz des Z zum 01.04.02		P
Minderkapital	90.000	Grundstücke	25.000
		Vorräte	35.000
		Ausgleichsposten	30.000
	90.000		90.000

23.7.3 Erwerb eines Bruchteils eines Mitunternehmeranteils

23.69 Bezieht sich die Abtretung auf einen quotalen Anteil eines Gesellschaftsanteils an einer Personengesellschaft, dann sind die Anschaffungskosten des Erwerbers den Wirtschaftsgütern des Gesellschaftsvermögens ebenfalls quotal zuzurechnen. Übersteigen die Anschaffungskosten den übernommenen anteiligen Kapitalanteil (Summe der Kapitalkonten), ist der übersteigende Betrag als Mehrkapital in einer (eigenen) Ergänzungsbilanz für den Neugesellschafter zu passivieren. Dieser Passivierung stehen auf der Aktivseite Korrekturposten zu den Wirtschaftsgütern anteilig gegenüber, in denen stille Reserven ruhen, die bezahlt wurden (siehe dazu bereits oben Rdnr. 23.61). Die Fortführung einer Ergänzungsbilanz, die für den Veräußerer aufzustellen war, kommt in der Person des Erwerbers eines Bruchteils am Mitunternehmeranteil weder im Ganzen noch quotal in Betracht.

23.70 Der Veräußerer realisiert einen gewerbesteuerpflichtigen laufenden Gewinn (§ 16 Abs. 1 Satz 2 i.V.m. Abs. 1 Nr. 2 EStG), der als Teil des Veräußerungsgewinns nach § 180 Abs. 1 Nr. 2a AO gesondert festzustellen ist und auch selbständig in Bestandskraft erwächst.[105] Soweit aufgrund vorangegangenen entgeltlichen Erwerbs oder einer Einbringung nach § 24 UmwStG **Ergänzungsbilanzen** im Zeitpunkt der Veräußerung für den veräußernden Mitunternehmer aufgestellt sind, sind diese ebenfalls unabhängig vom Zeitpunkt ihrer erstmaligen Aufstellung und des Grunds dafür der Quote entsprechend mit gewerbesteuerlicher Wirkung aufzulösen.[106] Im Fall einer positiven Ergänzungsbilanz führt dies zur

105) BFH, Urt. v. 03.09.2020 – IV R 29/19, BFH/NV 2021, 438, Rdnr. 36 m.w.N.

106) BFH, Urt. v. 06.08.2019 – VIII R 12/16, BStBl II 2020, 378; BFH, Urt. v. 03.09.2020 – IV R 29/19, BFH/NV 2021, 438, Rdnr. 29, 30.

Minderung des Veräußerungsgewinns, bei einer negativen Ergänzungsbilanz zur entsprechenden Erhöhung. Die Ergänzungsbilanzen der anderen Gesellschafter sind davon nicht berührt.[107)]

Der **Gewerbesteueraufwand** belastet den Gewinn innerhalb der Handels- und Steuerbilanz mit Wirkung für alle Gesellschafter (§ 7 Satz 1 GewStG).[108)] Bei einem unterjährigen Erwerb des Mitunternehmeranteils trifft diese Belastung quotal auch den Erwerber. Dieser ist allerdings – wenn es sich um eine natürliche Person handelt – zur Anrechnung der Gewerbesteuer nach § 35 EStG berechtigt, soweit die Beteiligung zum Schluss des Erhebungszeitraums noch besteht.[109)] Eine Vermeidung der Zurechnung der Belastung durch den Gewerbesteueraufwand kann durch gesellschaftsvertragliche Regelungen oder auch durch rechtsgeschäftliche Vereinbarungen zwischen den Beteiligten erfolgen. Solche Vereinbarungen beeinflussen zwar nicht die Anrechnung der Gewerbesteuer nach § 35 EStG, können aber zu einem Interessenausgleich und auf handelsrechtlicher Ebene zu einer zutreffenden Belastungsverteilung führen.[110)] 23.71

23.7.4 Ergänzungsbilanzen und Umwandlung

Wird eine Personengesellschaft in eine Kapitalgesellschaft durch **Verschmelzung** (§§ 2 ff. UmwG) oder **Formwechsel** (§§ 190 ff. UmwG) umgewandelt, und wurden vor der Umwandlung für einzelne oder alle Mitunternehmer Ergänzungsbilanzen nach einem **Gesellschafterwechsel** oder aus anderen Gründen (Einbringung nach § 24 UmwStG, Übertragung nach § 6 Abs. 5 EStG, Begünstigung nach § 6b EStG) geführt, sind diese aufzulösen. 23.72

- Erfolgt die Bewertung aus Anlass der Umwandlung mit dem gemeinen Wert, sind die Ergänzungsbilanzen **erfolgswirksam** zugunsten des Veräußerungsgewinns aufzulösen (§ 20 Abs. 2 Satz 1, Abs. 3 und 4 UmwStG).
- Wird die Umwandlung nach § 20 Abs. 2 Satz 2 UmwStG auf **Antrag zu Buchwerten** durchgeführt, sind die Ergänzungsbilanzen **erfolgsneutral** aufzulösen. Abweichend von der Handelsbilanz erhöhen oder vermindern die bisher in den Ergänzungsbilanzen ausgewiesenen Mehr- oder Minderwerte in der Steuerbilanz der übernehmenden Kapitalgesellschaft die **Buchwerte** derjeni-

---

107) Bolk, DStR 2020, 584; a.A. Niedersächsisches FG, Beschl. v. 09.09.2019 – 3 K 52/17, BB 2020, 302; die Revision des Steuerpflichtigen ist beim BFH unter dem Az. IV R 27/19 anhängig.

108) BFH, Urt. v. 08.12.2016 – IV R 14/13, BStBl II 2017, 494.

109) BFH, Urt. v. 14.01.2016 – IV R 5/14, BStBl II, 875; BMF-Schreiben v. 03.11.2016 – IV C 6 – S 2296-a/08/10002, BStBl I, 1187, Rdnr. 28.

110) Vgl. dazu ausführlich Bolk, Bilanzierung und Besteuerung der Personengesellschaft und ihrer Gesellschafter, 5. Aufl. 2023, Rdnr. 1.145 ff.; vgl. dazu oben Rdnr. 21.32 ff.

gen Bilanzposten, für die Korrekturwerte im Übertragungsstichtag ausgewiesen sind. Der Summe (Saldo) der Änderungen steht in der **Steuerbilanz** im Eigenkapital ein zusätzlicher Bilanzposten als positiver oder negativer **„Steuerlicher Ausgleichsposten“** gegenüber.[111)]

Soweit dabei eine Erhöhung des Abschreibungsvolumens aufgrund **positiver** Ergänzungsbilanz oder das Überspringen stiller Reserven aufgrund **negativer** Ergänzungsbilanz auch mit Wirkung für andere Gesellschafter verbunden ist, sollte eine Vergütung vereinbart werden.[112)] Denkbar ist stattdessen auch die Vereinbarung **disquotaler Gewinnausschüttungen**. Dies bedarf einer gesellschaftsrechtlich wirksamen Vereinbarung (§ 29 Abs. 3 Satz 2 GmbHG). Eine solche Vereinbarung ist nicht rechtsmissbräuchlich, denn sie ist Folge der personenbezogenen Zuordnung von Anschaffungskosten und/oder stillen Reserven, die in den Ergänzungsbilanzen zum Ausdruck gekommen sind.[113)]

23.73 Diese Grundsätze sind auch für den Fall maßgeblich, dass eine Personengesellschaft auf Antrag nach § 1a KStG zur Körperschaftsteuer optiert (**Optionsmodell**)[114)] Den Übergang zur Besteuerung wie eine Kapitalgesellschaft ohne das Rechtskleid als Personenhandelsgesellschaft aufzugeben, **gilt** als **Formwechsel** (§ 1a Abs. 2 Satz 1 KStG i.V.m. § 1 Abs. 3 Nr. 3 UmwStG). Damit sind die Vorschriften des Umwandlungssteuergesetzes zu beachten und insbesondere § 25 i.V.m. §§ 20–23 UmwStG anzuwenden.[115)]

23.74 Die Veränderung der Bilanzposten durch Zuordnung der Korrekturposten aus den bisherigen **Ergänzungsbilanzen** nach der Option im Zeitpunkt von deren Wirksamwerden[116)] und damit auch in der Eröffnungsbilanz der optierenden Gesellschaft verändert nicht nur das bilanzielle Eigenkapital (§ 25 Satz 1 i.V.m. § 9 Satz 2 UmwStG), sondern beeinflusst das **steuerliche Einlagekonto** im vollen

---

111) Vgl. dazu ausführlich BOLK, in: BOLK, Beratungsschwerpunkte Kapitalgesellschaft, 2. Aufl. 2022, Rdnr. 9.12 ff.

112) Vgl. dazu OTT, BB 2017, 495 m.w.N. sowie KUBIK/MÜNCH, BB 2019, 1194.

113) BMF-Schreiben v. 17.12.2013 – IV C 2 – S 2750a/11/10001, BStBl I 2014, 63.

114) Gesetz zur Modernisierung des Körperschaftsteuerrechts (KöMoG) v. 25.06.2021, BGBl I, 2050 = BStBl I, 889.

115) Vgl. weitergehend zu Einzelheiten DEMUTH, KÖSDI 2021, 22241; WACKER/KRÜGER/LEVEDAG/LOSCHELDER, DStR-Beihefter 2021, 3; SCHIFFERS/JACOBSEN, DStZ 2021, 530; Ott, DStZ 2021, 559; PRINZ, FR 2021, 561; BRÜHL/WEISS, DStR 2021, 1617; DORN/WEISS, DStR 2021, 2489; LEITSCH, BB 2021, 1943; EGGERT, BBK 2021, 833; RÄTKE, BBK 2021, 477; WAGNER, DStZ 2021, 604; BEHRENS/SEEMAIER, DStR 2021, 1673 zur GrESt nach Option.

116) Nach § 34 Abs. 1a KStG kann der Antrag erstmals für nach dem 31.12.2021 beginnende Wirtschaftsjahre gestellt werden; BMF-Schreiben v. 10.11.2021 – IV C 2 – S 2707/21/10001 :004, BStBl I, 2212.

Umfang (§ 1a Abs. 2 Satz 3 i.V.m. § 27 KStG). Anders als bei einer originären Kapitalgesellschaft, bei der das Nennkapital als „Gezeichnetes Kapital“ in der Handels- und Steuerbilanz ohne Abweichung zu passivieren ist, so dass das Mehr- oder Minderkapital aufgrund steuerrechtlicher Abweichungen in der Steuerbilanz als „Steuerlicher Ausgleichsposten“ auszuweisen ist, wird das jeweilige Mehr- oder Minderkapital aus den aufgelösten Ergänzungsbilanzen den Gesellschaftern einer Personengesellschaft **nach Option** gem. § 1a Abs. 1 KStG in deren Steuerbilanz personenbezogen vorzugsweise in besonderer Bilanzposition im Rahmen des **Eigenkapitals** zugewiesen. Diese besonderen Bilanzpositionen sind nicht Teil des handelsrechtlich maßgeblichen Kapitalanteils, so dass gesellschaftsvertraglich geregelte Entnahmebefugnisse diese Positionen nicht beeinflussen können. Es handelt sich auch nicht um Fremdkapital, so dass sich irreführende Bezeichnungen (Verrechnungskonto, Gesellschafterdarlehenskonto etc.) bereits im Ansatz verbieten.

Der Einfluss der Auflösung der Ergänzungsbilanzen auf die Bestimmung des steuerlichen Einlagekontos im Zeitpunkt des Wirksamwerdens der Option darf nicht zu der Annahme verleiten, das steuerliche Einlagekonto selbst sei in der Steuerbilanz der optierenden Gesellschaft zu passivieren. In diesem Zusammenhang ist derzeit ungeklärt, welche Positionen in der E-Bilanz zu übermitteln sind. Die Finanzverwaltung geht davon aus, dass eine Steuerbilanz nebst Gewinn- und Verlustrechnung nach den für eine Körperschaft maßgeblichen Grundätzen elektronisch zu übermitteln ist.[117] Diese Vorgabe kann jedoch nicht zielführend sein, denn die für eine Kapitalgesellschaft maßgeblichen Eigenkapitalpositionen gem. § 266 Abs. 3 A. HGB sind sämtlich für eine optierende Gesellschaft nicht maßgeblich. Es ist zu erwarten, dass eine Anpassung durch Anweisungen in einer zu diesem Zweck ergänzenden E-Taxonomie geregelt wird. 23.75

23.7.5 Ergänzungsbilanz und verdeckte Einlage

Erwirbt eine Kapitalgesellschaft einen Mitunternehmeranteil insbesondere an einer GmbH & Co. KG und unterschreitet der Kaufpreis, veranlasst durch das Gesellschaftsverhältnis des Übertragenden oder einer nahestehenden Person zur Kapitalgesellschaft – insbesondere nach Feststellung durch die Betriebsprüfung –, den gemeinen Wert des Anteils, so liegt in Höhe der Differenz eine **verdeckte Einlage** vor (§ 8 Abs. 3 Satz 3 KStG). Die durch den Mitunternehmeranteil quotal repräsentierte Beteiligung an den Wirtschaftsgütern des Gesellschaftsvermögens der GmbH & Co. KG ist in einem solchen Fall aufgrund eines teilentgeltlichen Rechtsgeschäfts bis zur Höhe des Kaufpreises mit den Anschaffungskosten zu bewerten. Im Hinblick auf die **verdeckte Einlage** erfolgt die Bewertung 23.76

117) BMF-Schreiben v. 10.11.2021 – IV C 2 – S 2707/21/10001 :004, BStBl I, 2212, Rdnr. 101.

mit dem Teilwert (§ 6 Abs. 1 Nr. 5 Satz 1 EStG). Diese Bewertung erfolgt allein auf Ebene der Mitunternehmerschaft mit Bindung für die Gewinnermittlung und damit für den Körperschaftsteuerbescheid der Kapitalgesellschaft (§ 180 Abs. 1 Nr. 2a, § 182 AO).

23.77 Soweit mit dieser Bewertung die Buchwerte der im Mitunternehmeranteil quotal gebundenen Wirtschaftsgüter überschritten werden, ist die Aktivierung entsprechender Korrekturposten in einer positiven Ergänzungsbilanz zwingend. Das gilt auch für den Betrag, der durch die verdeckte Einlage verursacht wurde. Die Auflösung der Ergänzungsbilanz folgt den Grundsätzen der Abschreibung gem. § 7 EStG auch hinsichtlich der durch die Einlage entstandenen Korrekturposten (siehe dazu Rdnr. 23.79 ff.).

23.78 Das Mehrkapital in dieser Ergänzungsbilanz erhöht den spiegelbildlich auszuweisenden Bilanzposten „Beteiligung" in der Steuerbilanz der erwerbenden Kapitalgesellschaft. In Höhe der verdeckten Einlage ist ein **steuerlicher Ausgleichsposten** als Teil des steuerlichen Eigenkapitals zu passivieren, soweit nicht handelsrechtlich zugleich ein Zugang zur Kapitalrücklage erfasst wurde (§ 272 Abs. 2 Nr. 4 HGB). Unzutreffend wäre es dagegen, wenn die verdeckte Einlage durch die Betriebsprüfung nur als „Merkposten" in der **Prüferbilanz** für die Kapitalgesellschaft ausgewiesen und eine Abschreibung aufgrund fehlender Beachtung der verfahrensrechtlich zweistufigen Gewinnermittlung versagt würde.[118)]

23.8 Fortführung (Auflösung) der Ergänzungsbilanz

23.8.1 Fortführung einer positiven Ergänzungsbilanz

23.79 Die Fortführung der Ergänzungsbilanz erfolgt entsprechend der Qualität der fraglichen Wirtschaftsgüter, für die ein Korrekturposten in der Ergänzungsbilanz aktiviert wurde und in der Steuerbilanz der Gesellschaft Abschreibungen vorgenommen werden oder ein Abgang durch Entnahme oder Veräußerung erfasst wird. Dabei können sich Gewinnminderungen oder auch -erhöhungen ergeben, die dem Erwerber des Mitunternehmeranteils neben dem Gewinnanteil nach § 15 Abs. 1 Nr. 2 erster Halbsatz EStG ggf. mit Wirkung auch für § 15a EStG im Rahmen der gesonderten und einheitlichen Feststellung zugerechnet werden. Gewinnminderungen sind als Ergänzungsbilanzergebnis zu erklären, ein Abzug als Sonderbetriebsausgabe ist unzutreffend.[119)] Eine Verletzung dieses Grundsatzes geht

---

118) BFH, Urt. v. 16.12.2021 – IV R 7/19, BStBl II 2023, 378, Rdnr. 23–26; BFH, Urt. v. 03.09.2020 – IV R 29/19, BFH/NV 2021, 438, Rdnr. 31 ff.

119) BFH, Urt. v. 09.05.2017 – VIII R 1/14, BFH/NV 2017, 1418, Rdnr. 60 ff.

zu Lasten des Mitunternehmers, denn die Ergebnisse von Ergänzungsbilanzen und die Sonderbetriebsausgaben sind unabhängig voneinander anfechtbar und erwachsen eigenständig in Bestandskraft.[120)]

Ausgehend davon, dass der Erwerb eines Mitunternehmeranteils als **Anschaffung von Anteilen an den einzelnen Wirtschaftsgütern** des Gesellschaftsvermögens zu werten ist,[121)] sind – nach Auffassung des BFH vergleichbar einem Einzelunternehmer[122)] – die vom Erwerber für das jeweilige Wirtschaftsgut gemessen an der Aufteilung des Gesamtkaufpreises aufgewendeten Anschaffungskosten nach Maßgabe der im Zeitpunkt des Erwerbs geltenden Rechtsvorschriften zu bewerten und abzuschreiben.[123)] Dabei bestimmen sich die Abschreibungen für die Anteile an den abnutzbaren Wirtschaftsgütern unter Berücksichtigung einer denkbaren Wahl einer – ggf. auch von der Steuerbilanz der Gesellschaft abweichenden, aber zulässigen –[124)] AfA-Methode gemessen an der **Restnutzungsdauer** im Zeitpunkt des Gesellschafterwechsels. 23.80

Bei Gebäuden greift insoweit § 7 Abs. 4 EStG, so dass die danach vorgeschriebene Abschreibungszeit vom Zeitpunkt des Erwerbs an zugrunde zu legen ist. Sollte das Gebäude dem Anlageverzeichnis zufolge noch anhand fallender AfA-Sätze nach § 7 Abs. 5 EStG abgeschrieben werden, steht dem Erwerber des Mitunternehmeranteils eine entsprechende Abschreibung mangels Bauherreneigenschaft nicht zu. Das Gleiche gilt unter den Voraussetzungen des § 7b EStG im Fall der Sonderabschreibung für den Neubau von Mietwohnungen, wenn der Gesellschafterwechsel nach dem Ende des Jahres der Fertigstellung erfolgt. 23.81

Da die Anschaffungskosten, soweit sie auf abnutzbare Wirtschaftsgüter entfallen, bereits in der Steuerbilanz (anteilig) und darüber hinaus in der Ergänzungs- 23.82

---

120) BFH, Urt. v. 06.02.2014 – IV R 19/10, BStBl II, 522; BFH, Urt. v. 27.10.2015 – VIII R 47/12, BStBl II 2016, 600, Rdnr. 30, 31; BFH, Urt. v. 16.12.2021 – IV R 7/19, BStBl II 2023, 378.

121) BFH, Urt. v. 20.11.2014 – IV R 1/11, BStBl II 2017, 34; BFH, Urt. v. 08.09.2005 – IV R 52/03, BStBl II 2006, 128 m.w.N.

122) BFH, Urt. v. 20.11.2014 – IV R 1/11, BStBl II 2017, 34, Rdnr. 18–19; zur Gleichstellungsthese in der Rechtsprechung des BFH umfassend und kritisch Hallerbach, FR 2016, 1117, sowie Kahle, BB 2018, 747 m.w.N.

123) BFH, Urt. v. 20.11.2014 – IV R 1/11, BStBl II 2017, 34; FR 2015, 552 m. Anm. Wendt; vgl. zur Entscheidung ausführlich Bolk, DStZ 2015, 472; ders., DStR 2018, 424; Freikamp, DB 2015, 1063; Dornheim, StW 2016, 143; Ley, KÖSDI 2017, 20278; Kahle, FR 2013, 873.

124) Zur degressiven AfA für Investitionen nach dem 31.12.2019 und vor dem 01.01.2023 vgl. § 7 Abs. 2 Satz 1 EStG i.d.F. des Vierten Corona-Steuerhilfegesetzes v. 19.06.2022, BGBl I, 911.

bilanz (additiv) ausgewiesen sind, ergibt sich als Folge, dass der Abschreibung eine **anteilige Berechnung** der AfA gemessen an den Anschaffungskosten des Erwerbers gegenüberzustellen ist. Ergibt diese Berechnung einen Unterschiedsbetrag, mindert oder erhöht nur dieser Betrag den entsprechenden Korrekturposten und beeinflusst auf diese Weise die Ergänzungsgewinn- und -verlustrechnung.[125] Je nach Sachverhalt können sich die Korrekturposten – entgegen mancher Sachbehandlung in der Praxis – rechtlich zutreffend auch zunächst gewinnerhöhend entwickeln.[126] Nur dies wird der Aufgabe der Ergänzungsbilanz gerecht, in der (lediglich) Korrekturen zu den Wertansätzen in der Steuerbilanz ausgewiesen sind[127] und den Mehr- oder Minderwerten in der Ergänzungsbilanz keine eigenständige Bedeutung zukommt. Insbesondere unterliegen diese nicht als solche der Abschreibung nach § 7 EStG. Zutreffend folgt diesen Grundsätzen inzwischen auch die Finanzverwaltung.[128]

23.83 Der Berechnung eines Unterschiedsbetrags zum Zwecke der Auflösung des Korrekturpostens in der Ergänzungsbilanz bedarf es allerdings nur, wenn das fragliche Wirtschaftsgut, für das stille Reserven vergütet werden, in der Steuerbilanz ausgewiesen und abgeschrieben wird. Das ist bei bereits vollends abgeschriebenen Wirtschaftsgütern und insbesondere bei den selbstgeschaffenen immateriellen Wirtschaftsgütern sowie dem originären Firmen- und Geschäftswert – jedenfalls in der Steuerbilanz (§ 5 Abs. 2 EStG; zur Handelsbilanz vgl. dagegen § 248 Abs. 2 HGB) – nicht der Fall.

---

125) So auch zutreffend Freikamp, DB 2015, 1063, und Wendt, FR 552, 554, abweichend vom Leitsatz und Rdnr. 24 von BFH, Urt. v. 20.11.2014 – IV R 1/11, BStBl II 2017, 34, sowie der Presseerklärung 9/15 des BFH dazu.

126) Krumm, in: Kirchhof/Seer, EStG, 22. Aufl. 2023, § 15 Rdnr. 251; Schmidt/Wacker, EStG, 42. Aufl. 2023, § 15 Rdnr. 462; Bolk, DStZ 2015, 472; ders., DStR 2018, 424 und DStR 2020, 584; Dornheim, StW 2016, 143.

127) BFH, Urt. v. 07.09.2016 – I R 57/14, BFH/NV 2017, 423, Rdnr. 13.

128) BMF-Schreiben v. 19.12.2016 – IV C 6 – S 2241/15/10005, BStBl I 2017, 34. Das Schreiben interpretiert zutreffend die Folgen von BFH, Urt. v. 20.11.2014 – IV R 1/11, BStBl II 2017, 34, abweichend von dessen Leitsatz und Begründung und erläutert die gebotene Berechnung mit zwei Beispielen; vgl. dazu auch Prinz/Keller, DB 2017, 1607, wobei damit allerdings keine Neubesinnung zur Auflösung von Ergänzungsbilanzen nach einer Einbringung gem. § 24 UmwStG verbunden ist. Zur Auflösung von Ergänzungsbilanzen nach einer Einbringung gem. § 24, die entsprechend § 24 Abs. 4 i.V.m. § 23 Abs. 1 i.V.m. § 12 Abs. 3 Satz 1 UmwStG (nur) in Korrespondenz zur Steuerbilanz aufzulösen sind, vgl. Krumm, in: Kirchhof/Seer, EStG, 22. Aufl. 2023, § 15 Rdnr. 255; Schmidt/Wacker, EStG, 42. Aufl. 2023, § 15 Rdnr. 472; Bolk, DStR 2018, 424 und DStR 2020, 584. A.A. Freikamp, DB 2021, 2037, der eine negative Ergänzungsbilanz unabhängig von der Steuerbilanz auflösen will. Dem ist nicht zu folgen.

Beispiel 1 23.84

Gesellschafter G1 erwirbt den Anteil des Gesellschafters X an der A-GmbH & Co. KG. Von dem Kaufpreis entfallen auf stille Reserven im Firmenwert 60.000 €. Der Firmenwert ist in der Steuerbilanz nicht ausgewiesen (§ 5 Abs. 2 EStG).

Lösung

Die Anschaffungskosten für den Anteil am Firmenwert sind nur als Korrekturposten in der Ergänzungsbilanz zu aktivieren. Mangels Abschreibung in der Steuerbilanz erfolgt die Auflösung des Korrekturpostens ohne Berechnung einer Differenz jährlich mit 1/15 gewinnmindernd (§ 7 Abs. 1 Satz 3 EStG), hier mit 4.000 €.

Beispiel 2 23.85

Zum Betriebsvermögen gehört eine Betriebsvorrichtung, die bereits auf den Restwert von 1 € abgeschrieben ist. Im Zeitpunkt des Erwerbs des Mitunternehmeranteils beträgt die betriebsgewöhnliche Restnutzungsdauer (bRND) unstreitig noch acht Jahre. Der Erwerber hat für diese Betriebsvorrichtung anteilig stille Reserven i.H.v. 80.000 € vergütet.

Lösung

Die Anschaffungskosten für den Anteil an der Betriebsvorrichtung sind nur als Korrekturposten in der Ergänzungsbilanz zu aktivieren. Die gewinnmindernde Auflösung des Korrekturpostens beträgt hier ohne Berechnung einer Differenz jährlich 1/8 (§ 7 Abs. 1 Satz 1 EStG), und zwar 10.000 € (80.000 € x 12,5 %). Erfolgt der Gesellschafterwechsel nach dem 31.12.2019 und vor dem 01.01.2023 kann auch die degressive AfA mit 25 % berücksichtigt werden (§ 7 Abs. 2 EStG).

Stimmt die Restnutzungsdauer des Erwerbs mit der verbleibenden Abschreibungszeit des fraglichen abnutzbaren Wirtschaftsguts laut Anlagenverzeichnis überein, bedarf es ebenfalls keiner Berechnung einer Differenz. Dies dürfte bei vielen Wirtschaftsgütern des beweglichen Sachanlagevermögens in der Praxis regelmäßig der Fall sein. 23.86

Beispiel 3 23.87

Die Y-GmbH & Co. KG betreibt ein Reisebusunternehmen. Die Reisebusse sind bisher mit 12,5 % aufgrund einer AfA-Bemessungsgrundlage von 900.000 € mit 112.500 € p.a. abgeschrieben worden, so dass deren Buchwert noch 675.000 €

beträgt. Die Restabschreibungszeit laut Anlageverzeichnis beträgt noch sechs Jahre; das entspricht auch der tatsächlichen Restnutzungsdauer im Betrieb. Bei Erwerb eines Anteils mit Beteiligungsquote von 30 % wurden stille Reserven i.H.v. 30.000 € vergütet.

Lösung

AfA in der Steuerbilanz

900.000 € x 12,5 % =	112.500 €	
Davon entfallen auf den Erwerber (30 %)		33.750 €

Anschaffungskosten des Erwerbers

Buchwert 675.000 € x 30 %	202.500 €	
+ stille Reserven	30.000 €	
= Anschaffungskosten	232.500 €	
AfA (232.500 € / 6)		38.750 €
Gewinnminderung lt. Ergänzungsbilanz		5.000 €

Da die Abschreibungszeit im Zeitpunkt des Erwerbs mit der Abschreibungszeit lt. Anlageverzeichnis übereinstimmt, ergibt sich (rechnerisch) dasselbe Ergebnis, wenn der Korrekturposten von 30.000 € auf die Restlaufzeit von sechs Jahren verteilt wird.

23.88 Die Korrekturposten sind – nach Art einer Zuschreibung – zunächst **gewinnerhöhend** fortzuführen, wenn die **Restnutzungsdauer** des fraglichen Wirtschaftsguts im Zeitpunkt des Erwerbs des Mitunternehmeranteils länger ist als die Abschreibungszeit laut Anlageverzeichnis zur Steuerbilanz der Gesellschaft.

23.89 **Beispiel 4**

Sachverhalt wie vorangehend, jedoch beträgt der Buchwert 225.000 € und die Restabschreibungszeit lt. Anlageverzeichnis noch zwei Jahre. Nach den Feststellungen eines Wertgutachtens ist von einer Restnutzungsdauer von fünf Jahren auszugehen.

Lösung

AfA in der Steuerbilanz

900.000 € x 12,5 % =	112.500 €	
Davon entfallen auf den Erwerber (30 %)		33.750 €

Anschaffungskosten des Erwerbers

Buchwert 225.000 € x 30 %	67.500 €	
+ stille Reserven	30.000 €	
= Anschaffungskosten	97.500 €	
AfA (97.500 € / 5)		19.500 €
Erhöhung des Korrekturpostens		14.250 €
Gewinnerhöhung lt. Ergänzungsbilanz		+ 14.250 €

Zum Ende des ersten Jahres beträgt der Korrekturposten 44.250 € (30.000 € + 14.250 €) und zum Ende des zweiten Jahres nach dem Erwerb 58.500 €. Mit dem dritten Jahr verringert sich der Korrekturposten jährlich – und zwar noch drei Jahre lang – um jeweils 19.500 € (58.500 € / 3), weil ab diesem Zeitpunkt AfA für Zwecke der Steuerbilanz nicht mehr verrechnet wird.

Mit dieser Berechnung der Fortführung der Korrekturposten wird rechtlich und sachlich zutreffend dem Erwerber seit Erwerb jährlich nur die AfA gewinnmindernd zugerechnet, zu deren Inanspruchnahme er aufgrund seiner Anschaffungskosten nach § 7 EStG berechtigt ist. Soweit der Gesellschafterwechsel unterjährig erfolgt, ist natürlich eine zeitanteilige Berechnung erforderlich (§ 7 Abs. 1 Satz 4 EStG). 23.90

Diese Grundsätze kommen insbesondere auch bei Gebäuden in Betracht, deren Abschreibung sich nur nach den gesetzlichen Vorgaben entsprechend § 7 Abs. 4 EStG richtet. Weil die AfA mit festem AfA-Satz gemessen an den Anschaffungs- oder Herstellungskosten berechnet wird und so die Abschreibung für Zwecke der Steuerbilanz der Gesellschaft bestimmt, kann die AfA aus der Sicht des Erwerbers wegen niedrigerer Anschaffungskosten diesen Betrag unterschreiten und führt so zunächst zu einer Gewinnerhöhung bei der Fortführung der Ergänzungsbilanz. 23.91

23.92 **Beispiel 5**

Ein Gebäude ist bisher bei einem AfA-Satz von 3 % und einer AfA-Bemessungsgrundlage aufgrund der Herstellungskosten von 1.500.000 € mit 45.000 € p.a. abgeschrieben worden. Beim Erwerb des Mitunternehmeranteils mit einer Beteiligungsquote von 30 % beträgt der Buchwert 675.000 €, und die stillen Reserven betragen 97.500 €.

Lösung

AfA in der Steuerbilanz

1.500.000 € x 3 % =	45.000 €	
Davon entfallen auf den Erwerber (30 %)		13.500 €

Anschaffungskosten des Erwerbers

Buchwert 675.000 € x 30 %	202.500 €	
+ stille Reserven	97.500 €	
= Anschaffungskosten	300.000 €	
AfA = 300.000 € x 3 %		9.000 €
Erhöhung des Korrekturpostens		4.500 €
Gewinnerhöhung lt. Ergänzungsbilanz		+ 4.500 €

Unzutreffend wäre eine gewinnmindernde Auflösung i.H.v. 97.500 € x 3 % = 2.925 €. Die vorstehende Erhöhung des Korrekturpostens erfolgt so lange, bis das Gebäude in der Steuerbilanz abgeschrieben sein wird. Hier ist dies beim Buchwert von 675.000 € und einer Jahres-AfA i.H.v. 45.000 € in 15 Jahren der Fall. Bis zu diesem Zeitpunkt steigt der Korrekturwert in der Ergänzungsbilanz auf 165.000 € (97.500 € + [4.500 € x 15]). Ab dem 16. Jahr mindert sich der Korrekturposten jährlich um 9.000 €, und wird nach 18 1/3 Jahren gewinnmindernd aufgelöst sein. Nur dies ist auch zutreffend, denn der Gesellschafter darf – vergleichbar einem Einzelunternehmer, so der BFH – nur eine AfA von jeweils 3 % p.a. abziehen, was einer Abschreibungszeit von insgesamt 33 1/3 Jahren entspricht.

23.93 Die Beispiele zeigen deutlich, dass die Berechnung des Unterschiedsbetrags zur Ermittlung der Fortschreibung der Korrekturposten insbesondere bei Gebäuden, aber auch bei anderen besonders wertvollen Wirtschaftsgütern mit langer betriebsgewöhnlicher Nutzungsdauer (Windkraftanlagen, Photovoltaik, Schiffe, Flugzeuge etc.) mit dem Ziel einer zutreffenden Gewinnermittlung und Feststellung der Gewinnanteile zwingend ist.

Soweit sich bei den gängigen Wirtschaftsgütern des beweglichen Anlagevermögens (Betriebs- und Geschäftsausstattung, Maschinen, Fahrzeuge etc.) keine signifikanten Abweichungen zwischen der betriebsgewöhnlichen Restnutzungsdauer und der dem Anlageverzeichnis zugrundeliegenden Restabschreibungszeit ergeben, dürfte regelmäßig eine (einfache, vgl. Beispiel 3 Rdnr. 23.87) gewinnmindernde Auflösung der Korrekturposten in der Ergänzungsbilanz aufgrund der Zeitvorgabe aus dem Anlageverzeichnis zulässig sein. Das **BMF**[129] nimmt zu diesen Überlegungen keine Stellung. 23.94

23.8.2 Geringwertige Wirtschaftsgüter und Sammelposten

Entfallen bezahlte stille Reserven auf geringwertige Wirtschaftsgüter i.S.d. § 6 Abs. 2 EStG, so kann der Korrekturwert sofort abgeschrieben werden, soweit die Anschaffungskosten im Zeitpunkt des Gesellschafterwechsels jeweils anteilig die nach § 6 Abs. 2 EStG jeweils maßgebende Grenze (800 € ab 2018) nicht übersteigen.[130] Unbeachtlich ist, ob die fraglichen Wirtschaftsgüter vorangehend bereits als geringfügig nach § 6 Abs. 2 EStG zu beurteilen waren. Dem entspricht, dass dem Erwerber jene Wahlrechte zustehen, die auch einem Einzelunternehmer zustehen würden.[131] 23.95

Sind Zahlungen auch für einen Mehrwert in Wirtschaftsgütern erfolgt, die zu einem **Sammelposten** nach § 6 Abs. 2a EStG zusammengefasst wurden, kann auch in der Ergänzungsbilanz ein Sammelposten aktiviert werden, soweit die anteiligen Anschaffungskosten je Wirtschaftsgut die 1.000-€-Grenze beschränkt auf die Beteiligungsquote nicht überschreiten. Die Auflösung erfolgt unabhängig vom Zeitpunkt des Gesellschafterwechsels mit 1/5 jährlich und mindert das Ergänzungsbilanzergebnis. Unbeachtlich sind dagegen die verbleibenden Laufzeiten der jeweiligen Sammelposten.[132] 23.96

Soweit dem BMF[133] zufolge aus Vereinfachungsgründen nur ein Sammelposten für Mehr- oder Minderaufwendungen in der Ergänzungsbilanz ausgewiesen werden soll, unabhängig davon, ob die anteiligen Anschaffungskosten im Zeitpunkt 23.97

---

129) BMF-Schreiben v. 19.12.2016 – IV C 6 – S 2241/15/10005, BStBl I 2017, 34.

130) Schmidt/Wacker, EStG, 42. Aufl. 2023, § 15 Rdnr. 468; Krumm, in: Kirchhof/Seer, EStG, 22. Aufl. 2023, § 15 Rdnr. 251a.

131) BFH, Urt. v. 20.11.2014 – IV R 1/11, BStBl II 2017, 34.

132) Vgl. dazu mit Beispielen Ley, KÖSDI 2017, 20178, 20286.

133) BMF-Schreiben v. 30.09.2010 – IV C 6 – S 2180/09/10001, BStBl I, 755, Rdnr. 25 Satz 3.

des Gesellschafterwechsels die Grenzen nach § 6 Abs. 2a EStG jeweils unterschreiten, kann dem aus Vereinfachungsgründen gefolgt werden, soweit dies zum steuerlichen Vorteil gereicht.[134] Auch in diesem Fall ist der Sammelposten in der Ergänzungsbilanz über fünf Jahre unabhängig von der Steuerbilanz der Gesellschaft linear aufzulösen.[135] Nachdem der Gesetzgeber die Wertgrenze für geringfügige Wirtschaftsgüter bereits von 410 € auf 800 € angehoben hat, erscheint es fragwürdig, warum man an einem Sammelposten bei Beträgen bis zu 1.000 € festgehalten hat. § 6 Abs. 2a EStG produziert mehr Bürokratie als erforderlich. Dem entspricht, dass die Praxis davon kaum Gebrauch macht.

23.8.3 Teilwertabschreibungen

23.98 Werden in der Steuerbilanz Teilwertabschreibungen nach § 6 Abs. 1 Nr. 1 Satz 2 oder Nr. 2 Satz 2 EStG aufgrund voraussichtlich dauernder Wertminderung bezogen auf Wirtschaftsgüter vorgenommen, für die in der Ergänzungsbilanz ein Korrekturposten ausgewiesen ist, muss eine entsprechende Auflösung des Korrekturpostens in der Ergänzungsbilanz erfolgen. Der Höhe nach entspricht die gewinnmindernde Auflösung der Differenz zwischen dem **anteiligen Teilwert** aus der Sicht des Gesellschafters und dem anteiligen Buchwert in der Steuerbilanz zuzüglich Mehrwert in der Ergänzungsbilanz.

23.99 **Beispiel**

Der Buchwert eines Gebäudes der A-KG, an der A zu 1/3 beteiligt ist, beträgt 300.000 €. In der Ergänzungsbilanz ist nach dem Erwerb des Mitunternehmeranteils durch A ein Betrag von 50.000 € aktiviert. Der Teilwert des Gebäudes beträgt 360.000 €. Die KG macht von der nach § 6 Abs. 1 Nr. 1 Satz 2 EStG zulässigen Abschreibung Gebrauch.

Lösung

Anteil am Teilwert (1/3)		120.000 €
Anteil am Buchwert Gesamthandsbilanz (1/3)		– 100.000 €
Aktivierung in der Ergänzungsbilanz	– 50.000 €	
Minderung des Korrekturpostens		30.000 €

134) Das BMF-Schreiben v. 19.12.2016 – IV C 6 – S 2241/15/10005, BStBl I 2017, 34, zur BFH-Entscheidung v. 20.11.2014 – IV R 1/11, BStBl II 2017, 34, geht auf den Sammelposten nicht ein.

135) BMF-Schreiben v. 30.09.2010 – IV C 6 – S 2180/09/10001, BStBl I, 755, Rdnr. 25 Satz 4 mit Beispiel.

23.8.4 Sonderabschreibungen

Sonderabschreibungen nach § 7g Abs. 5 EStG auf den (anteiligen) Mehrwert beweglicher Wirtschaftsgüter sind in der Ergänzungsbilanz unzulässig, selbst wenn die Personengesellschaft insgesamt betrachtet die Voraussetzungen dafür erfüllt. Gleiches gilt für Sonderabschreibungen nach § 7b EStG oder erhöhte Absetzungen nach § 7h und § 7i EStG, soweit die Begünstigung sich danach auf Herstellungskosten bezieht. 23.100

23.8.5 Korrekturposten zu Bilanzposten, die nicht der AfA unterliegen

Soweit ein Korrekturposten für Wirtschaftsgüter des **Umlaufvermögens** in der Ergänzungsbilanz aktiviert wird, ist dieser Posten **gewinnmindernd** aufzulösen, sobald das fragliche Wirtschaftsgut aus dem Gesellschaftsvermögen durch Veräußerung, Entnahme oder ggf. Vernichtung ausgeschieden ist. Diese Grundsätze gelten gleichermaßen für Korrekturposten, die auf Wirtschaftsgüter des **nicht abnutzbaren Anlagevermögens** entfallen, die Gegenstand einer Veräußerung oder Entnahme geworden sind. 23.101

Hat der Erwerber des Mitunternehmeranteils auch stille Reserven vergütet, die in der Steuerbilanz in einer **Rücklage** nach § 6b Abs. 3 Satz 1, ggf. auch Abs. 10 Satz 5 EStG oder R 6.6 Abs. 4 EStR passiviert sind, muss auch insoweit ein Mehrwert in der Ergänzungsbilanz aktiviert werden. Dieser Korrekturposten ist gewinnmindernd aufzulösen, wenn die Rücklage in der Steuerbilanz der Gesellschaft gewinnerhöhend etwa wegen Fristablaufs aufgelöst wird (§ 6b Abs. 3 Satz 5 EStG). Werden die in der Rücklage gebundenen stillen Reserven dagegen von den Investitionskosten eines begünstigten Wirtschaftsguts nach § 6b Abs. 3 Satz 2–4 EStG oder R.6.6 Satz 8 EStR abgezogen, tritt in der Ergänzungsbilanz an die Stelle des Korrekturpostens für die Rücklage nunmehr ein Mehrwert bezogen auf das Wirtschaftsgut, das Gegenstand der begünstigten Übertragung stiller Reserven geworden ist.[136)] 23.102

23.8.6 Fortführung einer negativen Ergänzungsbilanz

Ist eine negative Ergänzungsbilanz aufzustellen, weil der Erwerber des Mitunternehmeranteils dafür eine Zahlung leistet, die den Kapitalanteil (Summe der Kapitalkonten) unterschreitet, sind in dieser Ergänzungsbilanz zu den fraglichen 23.103

136) Vgl. zur personenbezogenen Sachbehandlung nach § 6b EStG bei Personengesellschaften ausführlich und mit Fallstudien Bolk, Bilanzierung und Besteuerung der Personengesellschaften und Ihrer Gesellschafter, 5. Aufl. 2023, Rdnr. 20.1 ff.

Wirtschaftsgütern, denen der Unterpreis zuzuordnen ist, im Wege der **Abstockung** Minderwerte zu passivieren. Dies kommt bei Geldkonten oder Forderungen und Verbindlichkeiten, die mit dem Nennwert bewertet werden, nicht in Betracht.

23.104 Ebenso wie bei einem Kaufpreis, der den Buchwert übersteigt, sind für die **Auflösung** dieser Minderwerte bei einem Erwerb zum Unterpreis die Anschaffungskosten für den Anteil am Wirtschaftsgut im Hinblick auf dessen gesunkene Werthaltigkeit maßgebend. Dem folgend ergeben sich die Anschaffungskosten für ein zum Gesellschaftsvermögen gehörendes Wirtschaftsgut aus dem Anteil am Buchwert **verringert** um den Minderwert, der als Korrekturposten in der Ergänzungsbilanz passiviert ist. Die AfA, zu deren Abzug der Erwerber berechtigt ist, ist anschließend auf der Grundlage dieser Anschaffungskosten als AfA-Bemessungsgrundlage und der betriebsgewöhnlichen Restnutzungsdauer (§ 7 Abs. 1 und 4 Satz 2 EStG) bzw. Abschreibungszeit (§ 7 Abs. 4 Satz 1 EStG) zu berechnen.[137] Dem folgt inzwischen auch die Finanzverwaltung und schließt sich zu Recht der Bruchteilsbetrachtung mit Differenzrechnung auch bei einem Unterpreis aufgrund stiller Lasten an.[138]

23.105 Die Differenz zwischen der so ermittelten AfA und der anteiligen Abschreibung für Zwecke der Steuerbilanz bestimmt die Auflösung des Minderwerts. Je nach Sachverhalt kann es auch hier zu einer Korrektur der AfA mit gegenläufiger Auswirkung in der Ergänzungsbilanz kommen.[139]

23.106 **Beispiel**

Von dem Kaufpreis für einen Mitunternehmeranteil, der eine Beteiligung am Vermögen und Ergebnis von 20 % vermittelt, entfallen 60.000 € auf eine Betriebsvorrichtung, die im Zeitpunkt des Gesellschafterwechsels zum 01.01.01 mit

---

137) Wendt, FR 2015, 552, 554, beurteilt die Fälle unterschiedlich. Dem ist nicht zu folgen, denn es kann bezogen auf die Beurteilung der Anschaffungskosten – vergleichbar einem Einzelunternehmer – keinen Unterschied geben, ob diese den Kapitalanteil über- oder unterschreiten. In beiden Fällen zwingt die Bruchteilsbetrachtung nach § 39 Abs. 2 Nr. 2 AO zur gleichen Rechtsfolge. Schmidt/Wacker, EStG, 42. Aufl. 2023, § 15 Rdnr. 463, befürwortet eine Auflösung der negativen Ergänzungsbilanz nicht nach Maßgabe der Berechnung eines Unterschiedsbetrags, sondern eine gewinnerhöhende Auflösung entsprechend „Abgang oder Verbrauch". Offen bleibt, nach welchen Grundsätzen der Verbrauch zu bestimmen ist und ob eine Abhängigkeit von der Sachbehandlung in der Steuerbilanz besteht.

138) BMF-Schreiben v. 19.12.2016 – IV C 6 – S 2241/15/10005, BStBl I 2017, 34, zur BFH-Entscheidung v. 20.11.2014 – IV R 1/11, BStBl II 2017, 34.

139) Ebenso dezidiert Ley, in: Schulze-Osterloh/Hennrichs/Wüstemann, Handbuch des Jahresabschlusses, VII/5 Rdnr. 73 (10/2019); ablehnend wohl insoweit Schmidt/Wacker, EStG, 42. Aufl. 2023, § 15 Rdnr. 463, ohne selbst einen Rechenweg zu benennen.

400.000 € bilanziert ist (Buchwertanteil 80.000 €). Die Betriebsvorrichtung wurde bisher mit 10 % von 1.000.000 € linear abgeschrieben. Die betriebsgewöhnliche Restnutzungsdauer (bRND) zum 01.01.01 beträgt noch fünf Jahre.

Ergänzungsbilanz zum 01.01.01

Minder-kapital	20.000 €	Betriebs-vorrichtung	20.000 €

Lösung

Berechnung der AfA

Gesamthandsbilanz: 1.000.000 € x 10 % =	100.000 €	
Davon entfallen auf den Erwerber 20 % =		20.000 €
Anschaffungskosten des Erwerbers = 60.000 €		
AfA als Erwerber (20 % von 60.000 €) =		12.000 €
Unterschiedsbetrag		– 8.000 €

Der negative Korrekturwert ist wie folgt fortzuschreiben:

Zugang 01.01.01	– 20.000 €
Auflösung 01	+ 8.000 €
31.12.01	– 12.000 €
Auflösung 02	+ 8.000 €
31.12.02	– 4.000 €
Auflösung 03	+ 8.000 €
31.12.03	+ 4.000 €
Auflösung 04	+ 8.000 €
31.12.04	+ 12.000 €
Auflösung 05	– 12.000 €
31.12.05	0 €

Damit wird sichergestellt, dass dem Erwerber alljährlich nur eine AfA i.H.v. 12.000 € steuerrechtlich zutreffend zugerechnet wird. Weil dem Erwerber in den vier Jahren der Restabschreibungszeit mit Wirkung für die Steuerbilanz noch jeweils 20.000 € an (anteiliger) Abschreibung zugerechnet werden, muss in dieser Zeit jeweils eine Gewinnerhöhung in der negativen Ergänzungsbilanz berücksichtigt werden. Im fünften Jahr der betriebsgewöhnlichen Restnutzungsdauer ist dem Erwerber die ihm zustehende AfA ausschließlich über die Ergänzungsbilanz zuzurechnen.[140)]

Soweit das Minderkapital die Summe der den Wirtschaftsgütern zuzuordnenden stillen Lasten (Minderwerte) übersteigt, ist ein passiver **Ausgleichsposten** in der 23.107

140) Das Beispiel stammt aus dem Beitrag von Bolk, DStZ 2015, 472, 476.

Ergänzungsbilanz auszuweisen. Weder kommt die Zurechnung eines Erwerbsgewinns noch die Passivierung eines negativen Firmenwerts in Betracht.[141] Die Auflösung des Ausgleichspostens erfolgt in dem Umfang gewinnmindernd, in dem dem Erwerber Gewinnanteile aus dieser Beteiligung zugerechnet werden, spätestens bei Veräußerung oder Aufgabe des Mitunternehmeranteils.[142] Diese Zurechnung ist auch im Fall der Verlustausgleichsbeschränkung nach § 15a EStG zu berücksichtigen.

23.8.7 Korrekturposten trotz fehlender bezahlter stiller Reserven

23.108 Für Wirtschaftsgüter, für die stille Reserven beim Erwerb eines Mitunternehmeranteils nicht vergütet werden, ist ein Korrekturposten (natürlich) nicht in der Ergänzungsbilanz auszuweisen. Beim Vergleich der Abschreibung für Zwecke der Steuerbilanz mit der AfA, zu deren Inanspruchnahme der Erwerber in seiner Person berechtigt ist, kann sich auf Grundlage der Bruchteilsbetrachtung durchaus im Rahmen der Folgebewertung ein Unterschiedsbetrag ergeben.[143] Die Berechnung einer Differenz, die trotz fehlender Aufdeckung stiller Reserven zur Korrektur in der Ergänzungsbilanz Anlass geben könnte, kommt allerdings i.d.R. bei gängigen abnutzbaren beweglichen Wirtschaftsgütern (Maschinen, Fahrzeuge, Geschäftsausstattung etc.) schon aus Gründen der Praktikabilität nicht in Betracht, weil die betriebsgewöhnliche Nutzungsdauer in diesen Fällen regelmäßig nicht von der verbleibenden Abschreibungszeit des fraglichen Wirtschaftsguts laut Anlageverzeichnis für das Gesellschaftsvermögen abweichen dürfte.[144] Anderes könnte durchaus im Hinblick auf die Abschreibung von Gebäuden in Betracht kommen, weil die gesetzlich geregelten AfA-Sätze zur unterschiedlichen Sachbehandlung in der Steuerbilanz der Gesellschaft einerseits und bezogen auf die anteiligen Anschaffungskosten des Erwerbers andererseits führen können.[145]

23.9 Gewinnermittlung nach § 4 Abs. 3 EStG

23.109 Die vorstehenden Grundsätze zur steuerrechtlichen Beurteilung des Erwerbs eines Mitunternehmeranteils gelten nicht nur bei Beteiligungen an einer gewerblich tätigen (§ 15 Abs. 1 Nr. 1 EStG), infizierten (§ 15 Abs. 3 Nr. 1 EStG) oder gepräg-

141) BFH, Urt. v. 12.12.1996 – IV R 77/93, BStBl II 1998, 180.

142) Schmidt/Wacker, EStG, 42. Aufl. 2023, § 15 Rdnr. 463.

143) Ley, KÖSDI, 2017, 20278, 20282; dies., in: Schulze Osterloh/Hennrichs/Wüstemann, Handbuch des Jahresabschlusses, VII/5, Rdnr. 55 (10/2019); Bolk, Bilanzierung und Besteuerung der Personengesellschaft und ihrer Gesellschafter, 5. Aufl. 2023, Rdnr. 14.175 ff. mit Beispiel.

144) Freikamp, DB 2015, 1063, 1068.

145) BFH, Urt. v. 03.05.2022 – IX R 22/19, BStBl II 2023, 186.

ten (§ 15 Abs. 3 Nr. 2 EStG) Personengesellschaft, sondern in gleicher Weise beim Erwerb eines Mitunternehmeranteils an einer land- und forstwirtschaftlich (§ 13 EStG) oder einer freiberuflich oder sonst selbständig tätigen (§ 18 EStG) Personengesellschaft als Mitunternehmerschaft, soweit die Gewinnermittlung nach § 4 Abs. 3 EStG durch Einnahmenüberschussrechnung (EÜR) erfolgt. Nach § 4 Abs. 3 Satz 3 EStG sind auch die Vorschriften über die Absetzung für Abnutzung (AfA) nach § 7 EStG zu beachten. Die Anschaffungskosten für einen Praxiswert sind bei einer freiberuflich tätigen Berufsausübungsgemeinschaft (GbR, PartG oder PartGmbB) allerdings abweichend von § 7 Abs. 1 Satz 3 EStG auf sechs bis zehn Jahre abzuschreiben.[146]

Wird der Gewinn nach § 4 Abs. 3 EStG ermittelt, treten an die Stelle der Steuerbilanz und der Ergänzungsbilanz die **Überschussrechnung** mit der Gegenüberstellung der Betriebseinnahmen und Betriebsausgaben für die gemeinschaftliche Tätigkeit und eine **Ergänzungsrechnung** für den Erwerber des Mitunternehmeranteils. Die Aufzeichnungspflichten gem. § 4 Abs. 3 Satz 5 EStG bezogen auf die Wirtschaftsgüter und deren Anschaffungs- oder Herstellungskosten erstrecken sich auch auf die Ergänzungsrechnung. Zu diesem Zweck sind bei einem Erwerb eines Mitunternehmeranteils für die über den Buchwert hinausgehenden Anschaffungskosten **Korrekturposten** zu bilden und mit Gewinnauswirkung fortzuführen. Bezogen auf diese Korrekturposten hat das sogenannte Zufluss-/Abflussprinzip (§ 11 EStG) allerdings keine Bedeutung.[147] Vielmehr sind die Grundsätze, die für die Auflösung einer Ergänzungsbilanz gelten, uneingeschränkt und ohne Unterschied auch für die Ergänzungsrechnung maßgeblich. 23.110

Die dem Erwerber zustehende AfA ist nach Maßgabe seiner Anschaffungskosten für die zum Gesellschaftsvermögen gehörenden Wirtschaftsgüter auf Grundlage der Bruchteilsbetrachtung (§ 39 Abs. 2 Nr. 2 AO) zu berechnen und mit der auf ihn entfallenden anteiligen und zugewiesenen AfA in der Überschussrechnung zu vergleichen. Dieser Berechnung ist die betriebsgewöhnliche Restnutzungsdauer im Zeitpunkt des Anteilserwerbs zugrunde zu legen.[148] Ein Mehrbetrag verringert den entsprechenden Korrekturposten in der Ergänzungsrechnung und in der Folge den Gewinnanteil des Erwerbers. Für einen Minderbetrag gelten diese Grundsätze mit umgekehrten Vorzeichen (vgl. dazu oben Rdnr. 23.79 ff.). 23.111

---

146) BFH, Urt. v. 24.02.1994 – IV R 33/93, BStBl II, 590.

147) Vgl. dazu BFH, Urt. v. 24.06.2009 – VIII R 13/07, BStBl II, 993; BFH, Urt. v. 29.10.2019 – IX R 38/17, BStBl II 2021, 202, Rdnr. 33; BFH, Urt. v. 03.05.2022 – IX R 22/19, BStBl II 2023, 186, zur vermögensverwaltenden Gesellschaft.

148) Vgl. auch BMF-Schreiben v. 19.12.2016 – IV C 6 – S 2241/15/1005, BStBl I 2017, 34, zur entsprechenden Sachbehandlung mit Bezug auf eine Ergänzungsbilanz.

23.112 Der Korrekturposten in der Ergänzungsrechnung signalisiert insbesondere beim Erwerb von Anteilen an einer Berufsausübungsgemeinschaft – abweichend von mancher Annahme in der Praxis – nicht ohne weiteres eine zusätzliche Gewinnminderung, die eine Steuerentlastung nach sich zieht und die Tilgung einer Kaufpreiszahlung bzw. deren Finanzierung erleichtert. Das gilt vor allem dann, wenn der erworbene Mitunternehmeranteil (Praxisanteil) anteilig Wirtschaftsgüter repräsentiert, die aufgrund ihrer bisherigen Bewertung im Gesellschaftsvermögen bereits einer Abschreibung unterliegen. Auch in diesen Fällen kann eine steuerliche Auswirkung nur die **Differenz** zwischen der Abschreibung der Gesellschaft (EÜR) und der Abschreibung aufgrund der den jeweiligen Wirtschaftsgütern zuzurechnenden anteiligen Anschaffungskosten haben.

23.113 **Beispiel**

Rechtsanwalt R2 erwirbt den 20%igen Anteil des Gesellschafters R1 an der RR&R-PartG für 200.000 €. Von dem Kaufpreis entfallen auf den Praxiswert 60.000 € und auf das Anlagevermögen der Kanzlei bestehend aus der Betriebs- und Geschäftsausstattung 20.000 € sowie auf die Praxisräume, die sich im Teileigentum der R&R-PartG befinden, 120.000 € (davon Grund- und Bodenwert 30.000 €).

Ein Praxiswert ist bisher nicht aufgezeichnet. Der zum Teileigentum gehörende Grund und Boden ist mit Anschaffungskosten von 100.000 € und der Gebäudeteil mit Herstellungskosten von 400.000 € im Anlageverzeichnis nach § 4 Abs. 3 Satz 5 EStG erfasst. Zum Zeitpunkt des Anteilserwerbs sind bei einer AfA von 3 % bisher insgesamt 180.000 € bezogen auf den Gebäudeteil abgeschrieben worden. Die Betriebs- und Geschäftsausstattung enthält keine stillen Reserven.

Lösung

- Die Anschaffungskosten für den Anteil am Praxiswert i.H.v. 60.000 € sind nur als Korrekturposten in der Ergänzungsrechnung zu erfassen. Mangels entsprechender Abschreibung in der Überschussrechnung der R&R-PartG erfolgt die Auflösung des Korrekturpostens ohne Berechnung einer Differenz jährlich mit mindestens 1/6 gewinnmindernd, hier 10.000 €.
- Für die Betriebs- und Geschäftsausstattung ist mangels stiller Reserven kein Korrekturposten zu bilden (zur Frage, ob in diesen Fällen ebenfalls eine vergleichende AfA-Berechnung auch im Hinblick auf eine mögliche degressive AfA aus Sicht des Erwerbers geboten ist, vgl. Rdnr. 23.108).
- Die Anschaffungskosten für den Bodenwertanteil sind im Hinblick auf die bezahlten stillen Reserven i.H.v. 10.000 € (30.000 € – 20 % von 100.000 €) als Korrekturposten zu erfassen und mit diesem Wert mangels AfA-Berechtigung fortzuführen.

Die Anschaffungskosten für den Gebäudeteil des Teileigentums betragen anteilig 90.000 €. Im Zeitpunkt des Anteilserwerbs belaufen sich die fortgeführten Herstellungskosten anteilig auf 44.000 € (400.000 € – 180.000 € = 220.000 € x 20 %). Daraus folgt ein Korrekturposten i.H.v. 46.000 €. Gemessen an den anteiligen Anschaffungskosten i.H.v. 90.000 € ist der Erwerber R2 zur Inanspruchnahme von AfA i.H.v. 2.700 € berechtigt. Weil ihm aber bereits im Rahmen der Überschussrechnung für die PartG eine AfA i.H.v. anteilig 2.400 € (400.000 € x 3 % x 20 %) zugerechnet wird, darf der Korrekturposten nur i.H.v. 300 € jährlich gewinnmindernd aufgelöst werden. Das gilt bis zur Vollabschreibung auf Ebene der PartG. Danach beträgt die Auflösung jährlich 2.700 €.

23.10 Erwerb eines Anteils an einer vermögensverwaltenden Personengesellschaft

23.10.1 Ermittlung der Einkünfte

Ausschließlich **vermögensverwaltende Personengesellschaften** werden oftmals unzutreffend mit § 4 Abs. 3 EStG in Verbindung gebracht. Da § 4 Abs. 3 EStG jedoch eine Gewinnermittlungsvorschrift für Einkünfte i.S.d. §§ 13, 15 und 18 EStG ist, ist diese Regelung nicht einschlägig für die Ermittlung des Überschusses der Einnahmen über die Werbungskosten der Einkünfte gem. § 2 Abs. 2 Nr. 2 EStG, insbesondere der Einkünfte aus Vermietung und Verpachtung sowie Kapitalvermögen vermögensverwaltender Gesellschaften gem. §§ 20, 21 EStG. Der Gewinnermittlung nach § 4 Abs. 3 EStG und der Ermittlung des Überschusses über die Werbungskosten ist allerdings gemein, dass nicht das Realisationsprinzip bilanzierender Steuerpflichtiger zu beachten ist, sondern das Prinzip der Besteuerung nach Maßgabe von Vereinnahmung und Verausgabung gem. § 11 EStG. Dafür ist unbeachtlich, dass vermögensverwaltende Personengesellschaften in der Rechtsform der GmbH & Co. KG (oder UG (haftungsbeschränkt) & Co. KG) zwar nach Handelsrecht bilanzierungs- und buchführungspflichtig sind (§ 1 Abs. 1 und 6 i.V.m. §§ 238 ff., §§ 264a ff. i.V.m. §§ 105 ff. oder §§ 161 ff. HGB), nicht jedoch nach Steuerrecht (§ 140 AO). Eine Gewinnermittlung aufgrund Buchführungspflicht nach § 141 AO scheidet ebenso schon dem Grunde nach aus (zu Veräußerungsvorgängen bei vermögensverwaltenden Personengesellschaften siehe Rdnr. 21.1 ff.). 23.114

Die gemeinschaftlich erzielten Einkünfte der vermögensverwaltenden Personengesellschaft, die durch Überschussrechnung für die Gesellschaft zu ermitteln sind, werden gesondert und einheitlich festgestellt (§ 180 Abs. 1 Nr. 2a AO) und den Gesellschaftern nach Maßgabe ihrer Beteiligung zugerechnet.[149] Anders als bei 23.115

149) BFH, Urt. v. 25.09.2018 – IX R 35/17, BStBl II 2019, 167 m.w.N.

einer gewerblich tätigen Mitunternehmerschaft, die als Gewinnermittlungssubjekt mit dem Vorrang eigenen Betriebsvermögens zu beurteilen ist, werden die Wirtschaftsgüter, die zum Gesellschaftsvermögen einer vermögensverwaltenden Personengesellschaft gehören, den Gesellschaftern anteilig zugerechnet, denn insoweit ist eine getrennte Zurechnung für die Besteuerung erforderlich (§ 39 Abs. 2 Nr. 2 AO).[150)]

23.10.2 Zurechnung der Anschaffungskosten bei Anteilserwerb

23.116 Trotz dieser Unterschiede im Grundsatz geht der BFH[151)] davon aus, dass die für die Gewinnermittlung geltenden Grundsätze bei einem Anteilserwerb im „*Interesse einer zutreffenden, einzelfallbezogenen Besteuerung nach dem Leistungsfähigkeitsprinzip*“ auch bei einer vermögensverwaltenden Personengesellschaft Anwendung finden müssen. Deshalb sind die Anschaffungskosten für den Erwerb eines Anteils[152)] an einer vermögensverwaltenden Personengesellschaft in einer „*Ergänzungsrechnung*“ zu erfassen und fortzuschreiben, „***soweit** sie den Betrag des auf den neuen Gesellschafter übergehenden Kapitalkontos übersteigen*“. Bei dem in diesem Zusammenhang beschriebenen „Kapitalkonto“ handelt es sich – ohne dass der BFH darauf eingeht – natürlich nicht um den Kapitalanteil auf Grundlage einer Steuerbilanz. Vielmehr bedarf es dafür einer Nebenrechnung zur Überschussrechnung, die aus der handelsrechtlich maßgeblichen Buchführung abgeleitet werden kann, aber durch steuerrechtlich veranlasste Einflüsse zu modifizieren ist.

23.117 Trotz der klaren Aussage des IX. Senats,[153)] dass nur die den Kapitalanteil übersteigenden Anschaffungskosten in der Ergänzungsrechnung anzusetzen sind, und dem Verweis, dass dies auch bei Mitunternehmerschaften so zu handhaben sei, kommt der Senat jedoch zu der von diesen Grundsätzen tatsächlich abweichenden Schlussfolgerung, dass die gesamten Anschaffungskosten für den erworbenen Anteil am Gesellschaftsvermögen in der Ergänzungsrechnung anzusetzen seien, und nicht lediglich der den Kapitalanteil übersteigende Teil.[154)] Nur hier sei die Abschreibung im vollen Umfang zu berücksichtigen. Eine Abschreibung im Bereich der Ermittlung des Ergebnisses der Gesellschaft selbst sei nicht davon abzuziehen. Wenigstens ist das Ergebnis wieder zutreffend, denn es wird hoffent-

150) BFH, Urt. v. 03.05.2022 – IX R 22/19, BStBl II 2023, 186, Rdnr. 21; BFH, Urt. v. 29.10.2019 – IX R 38/17, BStBl II 2021, 202, Rdnr. 34.

151) BFH, Urt. v. 29.10.2019 – IX R 38/17, BStBl II 2021, 202, Rdnr. 29–32.

152) Zum Erwerb durch Anwachsung nach Ausscheiden eines Gesellschafters und Veräußerung im Rahmen des § 23 EStG vgl. BFH, Urt. v. 19.11.2019 – IX R 24/18, BStBl II 2020, 225.

153) BFH, Urt. v. 29.10.2019 – IX R 38/17, BStBl II 2021, 202, Rdnr. 32 letzter Satz.

154) BFH, Urt. v. 29.10.2019 – IX R 38/17, BStBl II 2021, 202, Rdnr. 36; Farwick, StuB 2020, 548, folgt dem ohne weiteres.

lich eine doppelte AfA vermieden, wenn – ohne dass der BFH dies ausführt – diese anteilige Abschreibung unberücksichtigt bleibt, soweit es um den Anteil des Erwerbers geht.[155)]

Mit dieser Entscheidung wird die Ermittlung des Überschusses über die Werbungskosten der Gesellschaft erschwert. Damit es nicht zu Verwerfungen kommt, muss – folgt man dem – die Abschreibung insgesamt aus der Überschussrechnung für die Gesellschaft ausgesondert und allen Beteiligten jeweils nach Maßgabe der im Einzelfall für sie zutreffenden Anschaffungs- oder Herstellungskosten unmittelbar vorab nur aufgrund jeweils einer Ergänzungsrechnung zugerechnet werden. 23.118

Offenbar hat der IX. Senat Kenntnis von dieser Kritik erlangt, denn in seiner aktuellen Entscheidung v. 03.05.2022[156)] wird ausgeführt, dass sich nichts anderes ergibt, *„wenn man bei der Ermittlung der AfA-Berechtigung des Erwerbers vom Buchwert des anteilig miterworbenen Wirtschaftsguts ausgeht und die in der Ergänzungsbilanz oder -rechnung ausgewiesenen Mehr- oder Minder-Anschaffungskosten hinzuaddiert ...“* (oder davon subtrahiert), um auf diese Weise die AfA-Bemessungsgrundlage zu bestimmen. 23.119

Ausgehend von dieser Klarstellung ist der Praxis weiterhin zu empfehlen, eine Ergänzungsrechnung für jeden Erwerber eines Gesellschaftsanteils nur mit den den Kapitalanteil übersteigenden Anschaffungskosten zu erstellen und dort nur die Differenz zwischen der anteiligen Abschreibung in der Überschussrechnung für die Gesellschaft und der für den Erwerber maßgeblichen Abschreibung zu berücksichtigen. Dies vereinfacht die Ermittlung des Überschusses signifikant und erleichtert die personenbezogene Zurechnung gem. § 180 Abs. 1 Nr. 2a AO im Rahmen der gesonderten und einheitlichen Feststellung des Überschusses der Gesellschaft. Vor allem aber leistet dieses Vorgehen einen wichtigen Beitrag für 23.120

155) Die insoweit vom IX. Senat bemühten Verweise auf SCHMIDT/WACKER, 42. Aufl. 2023, § 15 Rdnr. 465; BOLK, DStZ 2015, 474, sowie BMF-Schreiben v. 19.12.2016 – IV C 6 – S 2241/15/10005, BStBl I 2017, 34, belegen diese Auffassung aber gerade nicht, denn dort wird auf Grundlage der Entscheidung des IV. Senats v. 20.11.2014 – IV R 1/11, BStBl II 2017, 34, ausdrücklich nur die Differenz zwischen der dem Erwerber tatsächlich zustehenden Abschreibung nach Vergleich mit der anteiligen Abschreibung auf Ebene der Gesellschaft als erfolgswirksame Änderung der Ergänzungsbilanz, hier Ergänzungsrechnung, als zutreffende Sachbehandlung dargestellt; so auch KRUMM, in: KIRCHHOF/SEER, EStG, 22. Aufl. 2023, § 15 Rdnr. 251.

156) BFH, Urt. v. 03.05.2022 – IX R 22/19, BStBl II 2023, 186, Rdnr. 27, mit Bezug auf BOLK, DStZ 2015, 472, 474.

die Entwicklung der fortgeführten Anschaffungs- oder Herstellungskosten, um für den Fall einer personenbezogenen Besteuerung nach § 23 EStG gerüstet zu sein.[157)]

23.121 Ergänzungsrechnungen nach Maßgabe der vorstehend beschriebenen Grundsätze sind auch zu erstellen, wenn ein Gesellschafter aus einer vermögensverwaltenden Personengesellschaft gegen Abfindung ausscheidet und eine **Anwachsung** seines Anteils bei den übrigen Gesellschaftern erfolgt (§ 738 Abs. 1 Satz 1 BGB, § 712 Abs. 1 i.d.F. des MoPeG). Nach Maßgabe der Bruchteilsbetrachtung gem. § 39 Abs. 2 Nr. 2 AO ist insoweit ein Anschaffungsvorgang eines jeden verbleibenden Gesellschafters bezogen auf die Immobilien anteilig gegeben.[158)]

23.122 Bei **Veräußerung** dieser Immobilien innerhalb des zehnjährigen Zeitraums gem. § 23 EStG realisiert jeder Gesellschafter selbst den Gewinn, denn der Veräußerungsgewinn nach Anwachsung wird jeweils einzeln als gesellschafterbezogener Vorgang und nicht durch das gemeinschaftliche Handeln der Gesellschaft verwirklicht (§ 23 Abs. 1 Satz 4 EStG). Eine Einbeziehung des im Anschluss an die Anwachsung erzielten Veräußerungsgewinns in das gesonderte und einheitliche Feststellungsverfahren für die Gesellschaft kommt daher insoweit nicht in Betracht.[159)]

23.10.3 Bilanzierungsfragen aus Sicht des Erwerbers

23.10.3.1 Handelsbilanz

23.123 Ist eine Kapitalgesellschaft oder eine Personenhandelsgesellschaft (GbR, OHG, KG, auch GmbH & Co. KG) an einer vermögensverwaltenden Gesellschaft beteiligt, ist die Beteiligung als **Vermögensgegenstand** des **Finanzanlagevermögens** zu aktivieren (§ 246 Abs. 1 HGB) und zu bewerten (§ 253 HGB).

23.124 Ansprüche auf Auszahlung von **Gewinnanteilen** – etwa nach § 169 Abs. 1 Satz 2 HGB bei einer vermögensverwaltenden KG – sind als Forderungen mit Ablauf des Geschäftsjahres, in dem die Gewinne entstanden sind, zu aktivieren. **Verlustanteile** sind nicht Gegenstand eines Geschäftsvorfalls. Allenfalls kommt eine außerplanmäßige Abschreibung auf die Beteiligung nach Maßgabe des § 253 Abs. 3 Satz 5 und 6 HGB bei voraussichtlich dauernder Wertminderung zwingend oder bei vorübergehender Wertminderung im Wahlrecht in Betracht.

157) BFH, Urt. v. 19.11.2019 – IX R 24/18, BStBl II 2020, 225.

158) BFH, Urt. v. 21.01.2014 – IX R 9/13, BStBl II 2016, 515.

159) BFH, Urt. v. 19.11.2019 – IX R 24/18, BStBl II 2020, 225.

Soweit auf schuldrechtlicher Grundlage Vergütungen vereinbart sind, erfolgt eine Sachbehandlung nach allgemein gültigen Grundsätzen als Werbungskosten auf Seiten der vermögensverwaltenden Gesellschaft und Ertrag auf der anderen Seite mit entsprechender Bilanzierung von Forderungen bis zum Zahlungseingang. Dies ist auch **umsatzsteuerrechtlich** bezogen auf Steuerpflicht, Rechnungserteilung und Vorsteuerabzug zu beachten. 23.125

23.10.3.2 Steuerbilanz

Grundsätzlich sind jedem Gesellschafter diejenigen nach § 180 Abs. 1 Nr. 2a AO gesondert und einheitlich festgestellten Einkünfte anteilig zuzurechnen, die von der vermögensverwaltenden Gesellschaft tatsächlich erzielt werden. Ist jedoch eine Kapitalgesellschaft, eine gewerblich tätige oder geprägte Personengesellschaft oder ein Einzelunternehmer als Gesellschafter an der (nur) vermögensverwaltenden Personengesellschaft beteiligt, erfolgt auf Ebene der Gesellschafter eine **Umqualifizierung** in gewerbliche Einkünfte. Damit verbunden ist eine Zurechnung der Anteile an den Wirtschaftsgütern als deren Betriebsvermögen (**Zebragesellschaft**). Für den Fall, dass die Beteiligung an der Zebragesellschaft von einer gewerblich tätigen oder geprägten Personengesellschaft (Mitunternehmerschaft) gehalten wird, handelt es sich folglich nicht um eine doppelstöckige Personengesellschaft i.S.d. § 15 Abs. 1 Nr. 2 Satz 2 EStG. 23.126

Im Rahmen der Umqualifizierung der Einkünfte auf Ebene des gewerblich beteiligten Gesellschafters sind die im jeweiligen Einzelfall geltenden Grundsätze für dessen Gewinnermittlung durch Bilanzierung oder Überschussrechnung maßgebend. Insoweit erfolgt keine Bindung an den Feststellungsbescheid für die vermögensverwaltende Personengesellschaft.[160] Die Umqualifizierung der Einkünfte auf Feststellungsebene der Gesellschafter, bei denen die Beteiligung an der Zebragesellschaft zum Betriebsvermögen gehört, hat zur Folge, dass alle zwingenden oder im Wahlrecht zulässigen Bilanzierungs- und Bewertungsgrundsätze hier Anwendung finden (z.B. Teilwertabschreibung, Sonderabschreibungen und erhöhte Absetzungen mit Einschränkung nach § 7a Abs. 7 EStG, Begünstigung nach § 6b EStG). 23.127

Aufgrund dieser Vorgaben erfolgt steuerrechtlich betrachtet **keine Bilanzierung einer Beteiligung** an der Zebragesellschaft, auch nicht nach den Grundsätzen der Spiegelbildmethode, wie dies bei der Beteiligung an einer gewerblich tätigen oder geprägten Mitunternehmerschaft der Fall wäre.[161] Vielmehr gehören die Antei- 23.128

160) BFH, Beschl. v. 11.04.2005 – GrS 2/02, BStBl II, 679; BFH, Beschl. v. 25.09.2018 – GrS 2/16, BStBl II 2019, 262, Rdnr. 82.

161) BFH, Urt. v. 26.04.2012 – IV R 44/09, BStBl II 2013, 143; BFH, Beschl. v. 10.06.2008 – IV B 52/07, BFH/NV 2008, 1443; BFH, Urt. v. 02.04.2008 – IX R 18/06, BStBl II, 679.

le an den Wirtschaftsgütern (Anlagevermögen, Umlaufvermögen, Rückstellungen, Verbindlichkeiten, Darlehensschulden) aufgrund der Bruchteilsbetrachtung unmittelbar zum Betriebsvermögen der beteiligten Gesellschaft (§ 39 Abs. 2 Nr. 2 AO). Diese Zuordnung erfordert eine entsprechende Aktivierung und Bewertung in der Steuerbilanz für den Betrieb des Gesellschafters (§§ 5 ff. EStG). Für Zwecke der Aufstellung dieser Steuerbilanz ist eine die handelsrechtliche Buchführung ergänzende Buchführung nebst Anlagenverzeichnis erforderlich. Abweichend davon sind Darlehensschulden, die nicht durch die vermietende Tätigkeit der Zebragesellschaft veranlasst sind, nicht aufgrund der Bruchteilsbetrachtung dem Gesellschafter zuzurechnen. Folgerichtig können die anteiligen Zinsen nicht als Aufwand auf Ebene des Gesellschafters gewinnmindernd berücksichtigt werden. Denkbar ist ein solcher Fall, wenn die Zebragesellschaft ein Darlehen aufnimmt, um Ausschüttungen aus den Gewinnrücklagen finanzieren zu können.[162)]

23.129 Ist eine KG an der Zebragesellschaft beteiligt, werden die Kapitalkonten der Kommanditisten der KG durch dieses anteilige Betriebsvermögen beeinflusst. Verlustanteile, die sich aufgrund eines partiellen Betriebsvermögensvergleichs auf dieser Ebene ergeben, unterliegen der Verlustausgleichsbeschränkung nach § 15a EStG.[163)] Unbeachtlich ist dafür, ob die Zebragesellschaft ihrerseits eine Gesellschaft ohne Haftungsbeschränkung ist.

23.130 Im Prinzip wäre auch eine Überleitungsrechnung zur Handelsbilanz rechtlich zutreffend (§ 5b Abs. 1 Satz 2 EStG, § 60 Abs. 2 Satz 1 EStDV). Angesichts der regelmäßig langfristigen Abweichungen verbunden mit einer eigenständigen Buchwertfortführung im Bilanzenzusammenhang auch zur Sicherstellung einer zutreffenden Besteuerung künftiger Veräußerungen oder Entnahmen sollte die Praxis allerdings die von der Handelsbilanz abweichende Steuerbilanz bevorzugen (§ 5b Abs. 1 Satz 3 EStG, § 60 Abs. 2 Satz 2 EStDV).

23.131 **Beispiel**

Die gewerblich tätige G-GmbH & Co. KG (G-KG) mit den Gesellschaftern G1 (60 %) und G2 (40 %) neben der nicht am Vermögen der KG beteiligten G-GmbH als Komplementärin ist an der vermögensverwaltenden und nicht gewerblich geprägten V-GmbH & Co. KG (V-KG) als Kommanditistin mit einer Haftsumme, zugleich Pflichteinlage i.H.v. 50.000 € am Gesellschaftsvermögen und am Ergebnis mit 20 % beteiligt.

162) BFH, Beschl. v. 16.10.2020 – IX B 126/19, BFH/NV 2021, 433.

163) BFH, Urt. v. 19.09.2019 – IV R 32/16, BStBl II 2020, 199; vgl. dazu Wendt, BFH/PR 2020, 123.

Mitgesellschafter sind die natürlichen Personen ABC. Die Gewinnanteile der Gesellschafter der V-KG werden mit Ablauf des Geschäftsjahres als Verbindlichkeiten gegenüber Gesellschaftern passiviert und jeweils zum 30.04. eines Jahres ausgezahlt.

Handelsbilanz der G-KG zum 31.12.02

Beteiligungen	50.000	Kapital G1*	600.000
Andere Aktiva	2.000.000	Kapital G2*	400.000
Forderungen V-KG	20.000	Rückstellungen	70.000
		Verbindlichkeiten	1.000.000
	2.070.000		2.070.000

* In diesen Beträgen ist der Gewinnanteil aus der Beteiligung an der V-KG jeweils als Beteiligungsertrag mit 12.000 € bzw. 8.000 € enthalten.

Handelsbilanz der V-KG zum 31.12.02

Grundstücke	800.000	Kapital ABC	200.000
Bankguthaben	50.000	Kapital G-KG	50.000
		Verbindlichkeiten	500.000
		Verbindlichkeiten ggü. Gesellschaftern	100.000
	850.000		850.000

Lösung

Die zum Gesellschaftsvermögen gehörenden Wirtschaftsgüter und Verbindlichkeiten der V-KG weichen steuerrechtlich betrachtet von der Handelsbilanz im Umfang von 20 % Betriebsvermögen der G-KG ab. Der Gewinnanteil, der auf die G-KG entfällt, erhöht deren Steuerbilanzgewinn (20.000 €) und damit das steuerlich maßgebliche Kapitalkonto ihrer Gesellschafter (§ 4 Abs. 1 Satz 1 EStG). Insoweit stimmen die Kapitalkonten mit den Kapitalanteilen in der Handelsbilanz bereits überein.

Steuerbilanz der G-KG zum 31.12.02

Grundstücke (V-KG)*	160.000	Kapital G1	600.000
Bankguthaben (V-KG)*	10.000	Kapital G2	400.000
Andere Aktiva	2.000.000	Rückstellungen	70.000
		Verbindlichkeiten	1.000.000
		Verbindl. (V-KG)*	**100.000**
	2.170.000		2.170.000

* 20 % der Wirtschaftsgüter und Verbindlichkeiten der V-KG, die der G-KG anteilig zuzurechnen sind.

Die Forderung auf Auszahlung des Gewinnanteils (20.000 €) entspricht den anteilig der G-KG nach § 39 Abs. 2 Nr. 2 AO zuzurechnenden Verbindlichkeiten gegenüber Gesellschaftern i.H.v. 20.000 €. Ein Bilanzausweis kommt deshalb in der Steuerbilanz jedenfalls verpflichtend nicht in Betracht.

23.132 Eine besondere Situation ergibt sich im Zeitpunkt der Auszahlung des Gewinnanteils bezogen auf die Steuerbilanz und der ihr zugrundeliegenden (ergänzenden) Buchführung der beteiligten Gesellschaft. Dem Zugang beim Bankguthaben (im Beispiel 20.000 €) steht zugleich abweichend von der Handelsbilanz eine Minderung des Bankguthabens der Zebragesellschaft gegenüber, die steuerrechtlich betrachtet nach § 39 Abs. 2 Nr. 2 AO anteilig (20.000 €) der beteiligten Gesellschaft zuzurechnen ist.

Beispiel (Fortsetzung)

Buchung für Zwecke der Aufstellung der Handelsbilanz				
Bank	20.000 €	an	Forderungen	20.000 €
Buchung für Zwecke der Aufstellung der Steuerbilanz				
Bank (G-KG)	20.000 €	an	Bank (V-KG)	20.000 €

Sollten bisher Forderungen und anteilige Verbindlichkeiten in der Steuerbilanz trotz Korrespondenz ausgewiesen worden sein, ist spätestens jetzt eine Ausbuchung beider Positionen geboten.

23.10.3.3 Veräußerungsgeschäfte

Veräußert eine vermögensverwaltende Zebragesellschaft Wirtschaftsgüter, führt dies auf Ebene der gewerblich beteiligten Gesellschafter aufgrund der Bruchteilsbetrachtung nach § 39 Abs. 2 Nr. 2 AO zu einem gewerblichen **Veräußerungsgewinn** in Höhe der anteilig aufgedeckten stillen Reserven. Soweit die Voraussetzungen im Einzelfall vorliegen, kommt die Begünstigung nach § 6b Abs. 1 EStG bei Grundstücken und nach § 6b Abs. 10 EStG bei Anteilen an Kapitalgesellschaften in Betracht. Handelt es sich um Veräußerungsgeschäfte zwischen der Zebragesellschaft und der beteiligten Kapitalgesellschaft oder Mitunternehmerschaft, gelten die folgenden Besonderheiten: 23.133

- Veräußert die Zebragesellschaft ein Wirtschaftsgut an den gewerblich beteiligten Gesellschafter, liegt im Umfang der Beteiligung kein Anschaffungsgeschäft vor, denn das Wirtschaftsgut war insoweit bereits vorher anteilig seinem Betriebsvermögen zugeordnet. 23.134

- Veräußert der gewerblich beteiligte Gesellschafter seinerseits ein Wirtschaftsgut seines Betriebsvermögens an die Zebragesellschaft, liegt nur im Umfang der Beteiligung der anderen Gesellschafter ein Veräußerungsgeschäft vor. Vorbehaltlich der Begünstigung nach § 6b EStG kommt auch nur insoweit eine Aufdeckung stiller Reserven in Betracht. Das veräußerte Wirtschaftsgut, das zwar der Zebragesellschaft nach der Veräußerung zivilrechtlich zuzurechnen ist, ist aufgrund der Bruchteilsbetrachtung bezogen auf den dem Gesellschafter gehörenden Anteil dennoch unverändert weiterhin ein Wirtschaftsgut seines Betriebsvermögens.[164] 23.135

Beispiel 23.136

Die G-KG veräußert ein Betriebsgrundstück (Buchwert 60.000 €) an die vermögensverwaltende V-GbR, an der sie zu 30 % beteiligt ist, zum Kaufpreis von 150.000 €. Die GbR hat den Kaufpreis durch Bankkredit vollständig fremdfinanziert und den Betrag auf ein Bankkonto der G-KG überwiesen.

Lösung

Die Veräußerung führt zur Aufdeckung stiller Reserven im Umfang von 63.000 € (90.000 € x 70 %). Das Grundstück ist der G-KG weiterhin zum Buchwert von 18.000 € zuzurechnen. Gleiches gilt für die Bankverbindlichkeiten i.H.v. 45.000 € (150.000 € x 30 %).

164) BFH, Urt. v. 26.04.2012 – IV R 44/09, BStBl II 2013, 143.

Buchung für Zwecke der Aufstellung der Handelsbilanz

Bank	150.000 €	an	Grundstück	60.000 €
		an	Erträge	90.000 €

Buchung für Zwecke der Aufstellung der Steuerbilanz

Bank	150.000 €	an	Grundstück	42.000 €
		an	Erträge	63.000 €
		an	Bankverbindlichkeiten	45.000 €

Der BFH hat sich zu den Folgen für die Steuerbilanz in Abweichung von der Handelsbilanz nicht geäußert.

23.10.3.4 Darlehensgewährung

23.137 Hat der Gesellschafter seiner vermögensverwaltenden Personengesellschaft betrieblich veranlasst ein Darlehen gewährt, ist die Darlehensschuld in der Handelsbilanz der darlehensgewährenden Gesellschaft mit dem Nennwert zu aktivieren. In der Steuerbilanz darf die Darlehensschuld aufgrund der Bruchteilsbetrachtung nach § 39 Abs. 2 Nr. 2 AO im Umfang der Beteiligungsquote dieses Gesellschafters dagegen nicht aktiviert werden.

23.138 Zinszahlungen der Zebragesellschaft sind im Umfang der eigenen Beteiligungsquote bei ihr keine Werbungskosten, und auf Seiten des Gesellschafters sind insoweit Zinserträge anteilig nicht zuzurechnen. Handels- und Steuerbilanz sowie die dazugehörigen Gewinn- und Verlustrechnungen aufgrund der nur partiellen Zurechnung bezogen auf Forderungen und Zinserträge einerseits und des Eigenkapitals andererseits weichen zwangsläufig voneinander ab.

24. Optimale Verlustnutzung

Inhalt **Rdnr.**

24.1 Der Verlustuntergang nach § 8c KStG

24.1 Sofern im Rahmen eines Unternehmenskaufs (auch) Anteile an einer Kapitalgesellschaft erworben werden, welche über steuerlich bislang ungenutzte Verluste verfügt, sind stets die §§ 8c und 8d KStG zu beachten. § 8c KStG wurde im Zuge des Unternehmensteuerreformgesetzes 2008[1)] eingeführt und hat seitdem mehrere einschneidende Änderungen und Anpassungen erfahren. Ob die in Rede stehende Norm *de lege lata* einer verfassungsrechtlichen Überprüfung standhält, erscheint jedoch nach wie vor fraglich.[2)]

1) Unternehmensteuerreformgesetz 2008 v. 14.08.2007, BGBl I, 1912.

2) Dazu ausführlich Kessler/Egelhof/Probst, DStR 2018, 1945; Kessler/Egelhof/Probst, DStR 2017, 1289.

24.2 Die Vorschrift führt in bestimmten Fällen des Anteilserwerbs zu einem vollständigen Untergang der steuerlichen Verluste. Gerechtfertigt wird dieser Verlustuntergang damit, „dass sich die wirtschaftliche Identität einer Gesellschaft durch das wirtschaftliche Engagement eines anderen Anteilseigners (oder Anteilseignerkreises) ändert.“[3] Nachfolgend werden zunächst die Tatbestandsmerkmale der Regelung analysiert, um sodann die Rechtsfolgen und die Ausnahmeregelungen des § 8c KStG abzuleiten sowie die Voraussetzungen für die Bildung eines sogenannten fortführungsgebundenen Verlustvortrags nach § 8d KStG darzustellen. Abschließend werden mögliche Ausweichgestaltungen aufgezeigt, vermittels deren die Verlustnutzung im Rahmen eines Unternehmenserwerbs gewährleistet bzw. optimiert werden kann.

24.1.1 Der Tatbestand des schädlichen Beteiligungserwerbs

24.3 Ein schädlicher Beteiligungserwerb i.S.d. § 8c Abs. 1 Satz 1 KStG setzt voraus, dass innerhalb von fünf Jahren mittelbar oder unmittelbar mehr als 50 % des gezeichneten Kapitals, der Mitgliedschaftsrechte, der Beteiligungsrechte oder der Stimmrechte an einer Körperschaft an einen Erwerber oder diesem nahestehende Personen übertragen werden oder ein vergleichbarer Sachverhalt vorliegt.

24.4 Mehrere Anteilsübertragungen an einen Erwerber, die für sich jeweils nicht die 50-%-Grenze überschreiten und in den Fünfjahreszeitraum fallen, werden addiert. Dabei ist es unerheblich, ob die einzelnen Übertragungen sachlich zusammenhängen.[4] Die Zerstückelung eines Erwerbs in mehrere kleinere Erwerbe bringt mithin im Hinblick auf § 8c KStG keinen Vorteil, solange zwischen dem ersten und dem letzten Erwerb nicht mehr als fünf Jahre liegen. Wann der Fünfjahreszeitraum beginnt, ist umstritten. Nach Finanzverwaltungsauffassung beginnt mit jedem Beteiligungserwerb ein Fünfjahreszeitraum, unabhängig davon, ob Verluste vorliegen.[5] In der Literatur wird indes überwiegend vertreten, ein Fünfjahreszeitraum könne nur dann beginnen, wenn bereits Verluste vorlägen.[6] In der Folge wären Anteilsübertragungen unschädlich, die vor dem Entstehen des Verlusts vorgenommen wurden.

---

3) FraktionsE eines Unternehmensteuerreformgesetzes 2008, BT-Drucks. 16/4841, S. 76; dazu kritisch Lang, in: Bott/Walter, KStG, § 8c Rdnr. 3 (05/2019).

4) Frotscher, in: Frotscher/Drüen, KStG/GewStG/UmwStG, § 8c KStG Rdnr. 72 (01/2019); Dötsch/Leibner, in: Dötsch/Pung/Möhlenbrock, Die Körperschaftsteuer, § 8c KStG Rdnr. 51 (06/2022).

5) BMF-Schreiben v. 28.11.2017 – IV C 2 – S 2745a/09/10002 :004, BStBl I, 1645, Rdnr. 17; ebenso Dötsch/Leibner, in: Dötsch/Pung/Möhlenbrock, KStG, § 8c Rdnr. 52 (06/2022).

6) Frotscher, in: Frotscher/Drüen, KStG/GewStG/UmwStG, § 8c KStG Rdnr. 72c (01/2019); Brandis, in: Brandis/Heuermann, Ertragsteuerrecht, § 8c KStG Rdnr. 50 (05/2022); Suchanek/Rüsch, FR 2016, 260, 261; Suchanek/Rüsch, DStZ 2014, 419, 421; Alrichter-Herzberg, GmbHR 2010, 799, 803 f.

Beispiel 24.5

A erwirbt am 20.05.2019 einen 30-%-Anteil an der X-GmbH. Zu diesem Zeitpunkt verfügt die X-GmbH über keinen Verlustvortrag. Am 28.07.2023 erwirbt A einen weiteren 30-%-Anteil. Zwischenzeitlich ist bei der X-GmbH ein Verlustvortrag von 1.000.000 € entstanden. Der laufende Verlust des Wirtschaftsjahres 2020 beträgt 200.000 €.

Lösung

Nach der Finanzverwaltungsauffassung geht am 28.07.2023 sowohl der Verlustvortrag i.H.v. 1.000.000 € als auch der laufende Verlust von 200.000 € unter, da durch den Erwerb am 28.07.2020 die 50-%-Grenze des § 8c Abs. 1 Satz 1 KStG überschritten wird. Nach der Literaturauffassung bleiben die Verluste indes bestehen, da der Erwerb am 20.05.2019 mangels vorhandener Verluste nicht zu berücksichtigen ist.

Als Erwerber i.S.d. § 8c KStG kommt jede natürliche Person, jede juristische Person und jede Mitunternehmerschaft infrage.[7] Erwerbe von nahestehenden Personen werden zusammengefasst. Dasselbe gilt nach § 8c Abs. 1 Satz 2 KStG auch für eine Gruppe von Erwerbern mit gleichgerichteten Interessen. Sowohl der Begriff der nahestehenden Person als auch der Begriff der Gruppe von Erwerbern mit gleichgerichteten Interessen werden in § 8c KStG nicht definiert und sind daher hoch umstritten. 24.6

Nach Auffassung der Finanzverwaltung[8] reicht jede rechtliche oder tatsächliche Beziehung zu einer anderen Person aus, um das Nahestehen zu begründen. Der im BMF-Schreiben vom 28.11.2017[9] enthaltene Verweis auf H 8.5 KStR 2015 macht deutlich, dass die Finanzverwaltung den Ausdruck entsprechend der Rechtsprechung zur verdeckten Gewinnausschüttung auslegen will. Danach können neben gesellschaftsrechtlichen auch familien- und schuldrechtliche Beziehungen sowie Beziehungen rein tatsächlicher Art ein Nahestehen begründen.[10] 24.7

Im Schrifttum findet sich eine Vielzahl unterschiedlicher Interpretationen des Begriffs der nahestehenden Person. Ein Großteil des Schrifttums geht jedoch davon aus, dass die nahestehende Person im Rahmen des § 8c KStG der nahe- 24.8

7) BMF-Schreiben v. 28.11.2017 – IV C 2 – S 2745a/09/10002 :004, BStBl I, 1645, Rdnr. 25.
8) BMF-Schreiben v. 28.11.2017 – IV C 2 – S 2745a/09/10002 :004, BStBl I, 1645, Rdnr. 28.
9) BMF-Schreiben v. 28.11.2017 – IV C 2 – S 2745a/09/10002 :004, BStBl I, 1645, Rdnr. 28.
10) BFH, Urt. v. 18.12.1996 – I R 139/94, BStBl II 1997, 301.

stehenden Person des § 1 Abs. 2 AStG entspricht.[11] Nach hier vertretener Auffassung ist der Begriff eigenständig auszulegen. Danach ist eine Zusammenfassung nur dann gerechtfertigt, wenn zwischen den beiden Personen ein Abhängigkeitsverhältnis besteht, so dass ein eigener Entscheidungsspielraum faktisch ausgeschlossen werden kann, und wenn davon ausgegangen werden kann, dass dieses Abhängigkeitsverhältnis im Hinblick auf die zukünftige Lenkung der Körperschaft genutzt wird.[12]

24.9 **Beispiel**

Die M-GmbH ist die 100%ige Muttergesellschaft der T-GmbH. Am 05.06.2023 erwirbt die M-GmbH 25 % der Anteile an der V-GmbH und weist zusätzlich die T-GmbH an, weitere 35 % der Anteile an der V-GmbH zu erwerben.

Lösung

Die M-GmbH und die T-GmbH sind als nahestehende Personen zu qualifizieren. Folglich lösen die Erwerbe den vollständigen Verlustuntergang nach § 8c Abs. 1 Satz 1 KStG aus.

24.10 Eine Gruppe von Erwerbern mit gleichgerichteten Interessen liegt laut Finanzverwaltung[13] vor, wenn zwischen den Erwerbern eine Abstimmung erfolgt ist. Ein Vertrag sei nicht notwendig. Absprachen, die sich nur auf den Erwerb als solchen beziehen, seien nicht ausreichend. Bei Verfolgung eines gemeinsamen Zwecks i.S.d. § 705 BGB lägen zwar gleichgerichtete Interessen vor, allerdings sei die Verfolgung eines gemeinsamen Zwecks i.S.d. § 705 BGB nicht Voraussetzung gleichgerichteter Interessen. Auf den Erhalt des Verlustvortrags müssten sich die gleichgerichteten Interessen ebenfalls nicht beziehen. Das vom Gesetzgeber[14] genannte Indiz gleichgerichteter Interessen – die gemeinsame Beherrschung der Gesellschaft durch die Erwerber – wurde von der Finanzverwaltung ebenfalls aufgegriffen. Dazu verweist die Finanzverwaltung auf H 8.5 KStR 2015.

---

11) Gohr, in: Schnitger/Fehrenbacher, KStG, 2. Aufl. 2018, § 8c Rdnr. 140; Hinder/Hentschel, GmbHR 2015, 16, 20; Neumann, in: Rödder/Herlinghaus/Neumann, KStG, 2. Aufl. 2023, § 8c Rdnr. 146; Honert/Imschweiler, EStB 2009, 32, 34; Meiisel/Bokeloh, BB 2008, 808, 812; Hans, FR 2007, 775, 777; Neyer, BB 2007, 1415, 1418; Zerwas/Fröhlich, DStR 2007, 1933, 1934.

12) Dazu ausführlich Probst, Problemfelder Verlustabzugsbeschränkung, 2020, S. 58 ff.

13) BMF-Schreiben v. 28.11.2017 – IV C 2 – S 2745a/09/10002 :004, BStBl I, 1645, Rdnr. 28.

14) Finanzausschuss zum FraktionsE eines Unternehmensteuerreformgesetzes 2008, BT-Drucks. 16/5491, S. 22.

In der Literatur besteht Einigkeit darüber, dass vertragliche Absprachen der Erwerber über die zukünftige Lenkung der Gesellschaft die Annahme gleichgerichteter Interessen rechtfertigen.[15] Das Abstimmen des Erwerbes allein wird indes überwiegend als nicht ausreichend für das Begründen gleichgerichteter Interessen betrachtet.[16] Ebenso wird die gemeinsame Beherrschungsmöglichkeit übereinstimmend als Indiz gleichgerichteter Interessen abgelehnt.[17] Als Beispiele für Erwerber mit gleichgerichteten Interessen werden in der Literatur der Organkreis[18] und die Gesellschafter einer vermögensverwaltenden Personengesellschaft bei Erwerb durch die Gesellschaft[19] sowie der Abschluss eines Stimmbindungsvertrags[20] genannt. 24.11

Das FG Niedersachsen[21] bestätigte die restriktiveren Literaturmeinungen. Drei Voraussetzungen müssen nach Ansicht des FG kumulativ erfüllt sein: 24.12

1. Mehrere Erwerber müssen hinsichtlich des Erwerbs der Anteile der Verlustgesellschaft zusammenwirken, und
2. diese Erwerber müssen nach dem Erwerb in der Lage sein, einen beherrschenden einheitlichen Einfluss auf die Verlustgesellschaft auszuüben, und
3. dies auch tatsächlich tun.

---

15) Dötsch/Leibner, in: Dötsch/Pung/Möhlenbrock, Die Körperschaftsteuer, § 8c KStG Rdnr. 120 (12/2022); Suchanek, in: Herrmann/Heuer/Raupach, EStG/KStG, § 8c KStG Rdnr. 39 (11/2021); Haskamp, DStR 2015, 1593, 1595; Möhlenbrock, in: Rödder/Möhlenbrock, Ubg 2008, 595, 601; Zerwas/Fröhlich, DStR 2007, 1933, 1934; a.A. soweit ersichtlich einzig Meiisel/Bokeloh, BB 2008, 808, 813.

16) Dötsch/Leibner, in: Dötsch/Pung/Möhlenbrock, Die Körperschaftsteuer, § 8c KStG Rdnr. 120 (12/2022); van Lishaut, FR 2008, 789, 799.

17) Frotscher, in: Frotscher/Drüen, KStG/GewStG/UmwStG, § 8c KStG Rdnr. 88 (01/2019); Gläser/Zöller, BB 2018, 87, 88; Dötsch/Leibner, in: Dötsch/Pung/Möhlenbrock, Die Körperschaftsteuer, § 8c KStG Rdnr. 120 (12/2022); Brandis, in: Brandis/Heuermann, Ertragsteuerrecht, § 8c KStG Rdnr. 52 (05/2022); Honert/Imschweiler, EStB 2009, 32, 34; Roser, DStR 2008, 77, 79; Sistermann/Brinkmann, BB 2008, 1928, 1935; Neyer, BB 2007, 1415, 1417; Suchanek/Herbst, FR 2007, 863, 868.

18) Frotscher, in: Frotscher/Drüen, KStG/GewStG/UmwStG, § 8c KStG Rdnr. 87a (01/2019); Dötsch/Leibner, in: Dötsch/Pung/Möhlenbrock, Die Körperschaftsteuer, § 8c KStG Rdnr. 120 (12/2022).

19) Frotscher, in: Frotscher/Drüen, KStG/GewStG/UmwStG, § 8c KStG Rdnr. 87b (01/2019); Dötsch/Leibner, in: Dötsch/Pung/Möhlenbrock, Die Körperschaftsteuer, § 8c KStG Rdnr. 120 (12/2022); Neumann, in: Rödder/Herlinghaus/Neumann, KStG, 2. Aufl. 2023, § 8c Rdnr. 155.

20) Suchanek, in: Herrmann/Heuer/Raupach, EStG/KStG, § 8c KStG Rdnr. 39 (11/2021).

21) FG Niedersachsen, Urt. v. 26.02.2015 – 6 K 424/13, EFG 2015, 1297.

24.13 Dieser Auffassung hat sich der BFH[22] angeschlossen. Der Gesetzeszweck erlaube die Verlustkürzung nur, wenn die Erwerber über den Zeitpunkt des Anteilserwerbs hinaus als Gruppe auftreten wollten und dazu auch in der Lage seien. Die Beweislast hinsichtlich des Vorliegens gleichgerichteter Interessen liege bei der Finanzverwaltung.

24.14 Da sich aus der Entwurfsbegründung[23] entnehmen lässt, dass die Regelung über die Zusammenfassung von Personen mit gleichgerichteten Interessen als ergänzende Missbrauchsvermeidungsklausel zu verstehen ist, ist der Tatbestand der gleichgerichteten Interessen sehr eng auszulegen. Die Zusammenfassung mehrerer Personen als Erwerbergruppe mit gleichgerichteten Interessen ist daher nur dann gerechtfertigt, wenn eine Abstimmung im Hinblick auf die zukünftige Lenkung der Gesellschaft in Form eines oder mehrerer schriftlicher Verträge erfolgt ist.[24]

24.15 **Beispiel**

A und B sind alte Schulfreunde. Beide sehen auf Ebene der V-GmbH, die seit Jahren Verluste erzielt, erhebliches Restrukturierungspotenzial. Aus diesem Grund legen sie vertraglich fest, wie sie die V-GmbH zurück in die Gewinnzone führen wollen und erwerben im Anschluss jeweils 45 % der Geschäftsanteile.

Lösung

A und B sind als Erwerber mit gleichgerichteten Interessen anzusehen. Daher gehen infolge des schädlichen Anteilserwerbs sämtliche Verluste der V-GmbH unter.

24.1.2 Rechtsfolge: Vollständige Verlustkürzung

24.16 Liegen die Voraussetzungen des § 8c KStG vor, werden nicht genutzte Verluste nach § 8c Abs. 1 Satz 1 KStG nicht abziehbar, und zwar ab dem Stichtag des Anteilserwerbs.[25] Nach dem Stichtag des schädlichen Beteiligungserwerbs erziel-

---

22) BFH, Urt. v. 22.11.2016 – I R 30/15, BStBl II 2017, 921.

23) Finanzausschuss zum FraktionsE eines Unternehmensteuerreformgesetzes 2008, BT-Drucks. 16/5491, S. 22.

24) Dazu ausführlich Probst, Problemfelder Verlustabzugsbeschränkung, 2020, S. 74 ff.

25) Frotscher, in: Frotscher/Drüen, KStG/GewStG/UmwStG, § 8c KStG Rdnr. 75 (01/2019); ablehnend Neumann, in: Rödder/Herlinghaus/Neumann, KStG, 2. Aufl. 2023, § 8c Rdnr. 166, 173, nach dessen Auffassung ein laufender Verlust abzugsfähig bleibt. Laut dem FG Köln fallen nach § 15a EStG nicht abziehbare Verluste nicht in den Anwendungsbereich der Norm: FG Köln, Urt. v. 28.10.2021 – 1 K 2563/17, Revision anhängig beim BFH unter dem Az. IV R 27/21.

te Verluste bleiben indes erhalten.[26] Auch ein etwaiger bestehender Zinsvortrag geht nach § 8a Abs. 1 Satz 3 i.V.m. § 8c Abs. 1 Satz 1 KStG im Zeitpunkt des schädlichen Beteiligungserwerbs unter.

Beispiel 24.17

Die X-GmbH erwirbt am 30.06.2023 sämtliche Anteile der V-GmbH. Die V-GmbH erwirtschaftet seit Jahren Verluste und hat auch in der ersten Jahreshälfte 2023 einen Verlust i.H.v. 200.000 € und in der zweiten Jahreshälfte einen Verlust i.H.v. 100.000 € erzielt.

Lösung

Der bestehende Verlustvortrag und der bis zum 30.06.2023 erzielte laufende Verlust i.H.v. 200.000 € gehen infolge des schädlichen Anteilserwerbs nach § 8c Abs. 1 Satz 1 KStG vollständig unter. Der in der zweiten Jahreshälfte erzielte Verlust i.H.v. 100.000 € bleibt jedoch erhalten.

Hat die erworbene Verlustgesellschaft im vorangegangenen Veranlagungszeit- 24.18
raum einen Gewinn erzielt, so kann der bis zum unterjährigen schädlichen Beteiligungserwerb erzielte Verlust in den vorangegangenen Veranlagungszeitraum zurückgetragen werden.[27]

Beispiel 24.19

Die Y-GmbH erwirbt am 01.04.2023 sämtliche Anteile der A-GmbH. Die A-GmbH hat in den letzten Jahren immer Gewinne im mehrstelligen Millionenbereich erzielt, im Jahr 2023 wurde jedoch aufgrund einer unerwarteten Absatzschwäche ein Verlust i.H.v. 1.200.000 € erwirtschaftet. Dieser Verlust entfällt i.H.v. 500.000 € auf den Zeitraum bis zum 01.04.2023 und i.H.v. 700.000 € auf den Zeitraum ab dem 01.04.2023.

Lösung

Der bis zum schädlichen Beteiligungserwerb entstandene Verlust i.H.v. 500.000 € kann nach § 10d Abs. 1 Satz 1 EStG vollständig in den vorangegangenen Veranlagungszeitraum zurückgetragen werden. Der ab dem schädlichen Beteiligungserwerb erzielte Verlust i.H.v. 700.000 € ist nicht vom Abzugsverbot des § 8c KStG betroffen.

---

26) Frotscher, in: Frotscher/Drüen, KStG/GewStG/UmwStG, § 8c KStG Rdnr. 76 (01/2019).
27) Dazu ausführlich Probst, Problemfelder Verlustabzugsbeschränkung, 2020, S. 108 ff.

24.1.3 Ausnahmeregelungen

22.20 § 8c KStG sieht drei Ausnahmeregelungen vor, nach denen entweder im Fall eines schädlichen Beteiligungserwerbs die Verluste bestehen bleiben oder bereits kein schädlicher Beteiligungserwerb vorliegt:

- die Konzernklausel,
- die Stille-Reserven-Klausel und
- die Sanierungsklausel.

24.1.3.1 Konzernklausel

24.21 Durch die Konzernklausel sollen Sachverhalte aus dem Anwendungsbereich des § 8c KStG ausgenommen werden, in denen „die Verschiebung von Verlusten auf Dritte ausgeschlossen ist".[28] Diesem Zweck trug die ursprüngliche Fassung jedoch nicht annähernd Rechnung.[29] Unter anderem erforderte die Anwendung der Konzernklausel einen mindestens dreistufigen Konzernaufbau. Übertragungen, in denen die Konzernspitze Erwerber oder Veräußerer war, wurden daher von der Konzernklausel nicht erfasst.[30] Deshalb wurde die Konzernklausel im Rahmen des StÄndG 2015[31] rückwirkend für Beteiligungserwerbe nach dem 31.12.2009 neu gefasst. Seither werden auch Personenhandelsgesellschaften als Konzernspitze ausdrücklich von der Ausnahmeregelung erfasst.

24.22 **Hinweis**

Da dem Gesetzeswortlaut nicht zu entnehmen ist, dass die Personenhandelsgesellschaft als Mitunternehmerschaft zu qualifizieren sein muss, fallen auch vermögensverwaltende Personenhandelsgesellschaften in den Anwendungsbereich der Konzernklausel.[32]

28) FraktionsE eines Gesetzes zur Beschleunigung des Wirtschaftswachstums (Wachstumsbeschleunigungsgesetz), BT-Drucks. 17/15, S. 19.

29) Dazu und zur Neufassung ausführlich Strahl, kösdi 2016, 19679, 19683 ff.; Suchanek/Hesse, DStZ 2016, 27; Adrian, Ubg 2015, 288; Gohr/Richter, DB 2016, 127; Ortmann-Babel/Gauss, DB 2015, 2470; Unterberg, GmbHR 2015, 1190.

30) Dötsch/Leibner, in: Dötsch/Pung/Möhlenbrock, Die Körperschaftsteuer, § 8c KStG Rdnr. 218 (10/2020).

31) Steueränderungsgesetz 2015 (StÄndG 2015) v. 02.11.2015, BGBl I, 1834.

32) Vgl. auch Unterberg, GmbHR 2015, 1200; Suchanek/Hesse, DStZ 2016, 32; Lang, in: Bott/Walter, KStG, § 8c Rdnr. 113.1 (05/2019); kritisch aber im Hinblick auf § 39 Abs. 2 AO Gohr/Richter, DB 2016, 131.

Nach § 8c Abs. 1 Satz 4 KStG liegt ein schädlicher Beteiligungserwerb nicht vor, wenn 24.23

- „*1. an dem übertragenden Rechtsträger der Erwerber zu 100 Prozent mittelbar oder unmittelbar beteiligt ist und der Erwerber eine natürliche oder juristische Person oder eine Personenhandelsgesellschaft ist,*
- *2. an dem übernehmenden Rechtsträger der Veräußerer zu 100 Prozent mittelbar oder unmittelbar beteiligt ist und der Veräußerer eine natürliche oder juristische Person oder eine Personenhandelsgesellschaft ist oder*
- *3. an dem übertragenden und an dem übernehmenden Rechtsträger dieselbe natürliche oder juristische Person oder dieselbe Personenhandelsgesellschaft zu jeweils 100 Prozent mittelbar oder unmittelbar beteiligt ist.*“

Beispiel 24.24

Die M-AG ist zu 100 % an der T-GmbH beteiligt, welche wiederum zu 100 % an der E-GmbH beteiligt ist. Die E-GmbH hat in den letzten Jahren durchgehend Verluste erzielt. Zum 31.12.2023 wird die Beteiligung an der E-GmbH von der T-GmbH an die M-AG veräußert.

Lösung

Gemäß § 8c Abs. 1 Satz 4 Nr. 1 KStG liegt kein schädlicher Beteiligungserwerb vor.

Auch nach der Neufassung durch das StÄndG 2015 setzt die Konzernklausel eine 100%ige Beteiligung voraus. Bei weniger als 100%iger Beteiligung treten daher im Fall eines schädlichen Beteiligungserwerbs – auch bei konzerninterner Veräußerung – die Rechtsfolgen des § 8c Abs. 1 Satz 1 KStG ein.[33] 24.25

Beispiel 24.26

Die M-AG ist zu 100 % an der T-GmbH beteiligt, welche wiederum zu 99 % an der E-GmbH beteiligt ist. Die übrigen 1 % wurden an Mitarbeiter der E-GmbH ausgegeben. Die E-GmbH hat in den letzten Jahren durchgehend Verluste erzielt. Zum 31.12.2023 wird die Beteiligung an der E-GmbH von der T-GmbH an die M-AG veräußert.

33) Dötsch/Leibner, in: Dötsch/Pung/Möhlenbrock, Die Körperschaftsteuer, § 8c KStG Rdnr. 220 (10/2020); Adrian, Ubg 2015, 288, 289.

Lösung

Mangels 100%iger Beteiligung greift die Konzernklausel nicht. Die nicht genutzten Verluste der E-GmbH gehen daher zum 21.12.2023 vollständig gem. § 8c Abs. 1 Satz 1 KStG unter.

24.27 Die Einschlägigkeit der Konzernklausel zieht die vollständige Nichtberücksichtigung der jeweiligen Anteilserwerbe im Rahmen des § 8c KStG nach sich. Somit können solche konzerninternen Übertragungen nicht nur keinen unmittelbaren Verlustuntergang bedingen, sondern stellen auch keine Zählerwerbe dar, die – gemeinsam mit anderen Übertragungsvorgängen an denselben Erwerber – zu einem Überschreiten der Erwerbsschwellen führen könnten, und setzen ebenso wenig den fünfjährigen Beobachtungszeitraum in Gang.[34]

24.28 **Beispiel**

Die M-AG ist zu 100 % an der T-GmbH beteiligt, welche wiederum zu 100 % an der E-GmbH beteiligt ist. Die E-GmbH hat in den letzten Jahren durchgehend Verluste erzielt. Zum 01.07.2021 erwirbt die M-AG 30 % der Anteile an der E-GmbH. Am 31.12.2021 erwirbt ein fremder Dritter 15 % der Anteile an der E-GmbH. Am 31.12.2023 erwirbt die M-AG weitere 30 % der Anteile.

Lösung

Der erste Anteilserwerb der M-AG stellt nach § 8c Abs. 1 Satz 4 Nr. 1 KStG keinen schädlichen Beteiligungserwerb dar. Folglich führt auch der zweite Anteilserwerb durch die M-AG nicht zum Verlustuntergang.

24.1.3.2 Stille-Reserven-Klausel

24.29 Nach § 8c Abs. 1 Satz 5 KStG kann ein nicht genutzter Verlust abweichend von § 8c Abs. 1 Satz 1 KStG abgezogen werden, soweit er die gesamten zum Zeitpunkt des schädlichen Beteiligungserwerbs vorhandenen im Inland steuerpflichtigen stillen Reserven des Betriebsvermögens der Körperschaft nicht übersteigt. Diese Behandlung ist sachgerecht, da die Verlustkörperschaft die stillen Reserven auch vor dem schädlichen Beteiligungserwerb aufdecken und – in den Gren-

34) BMF-Schreiben v. 28.11.2017 – IV C 2 – S 2745a/09/10002 :004, BStBl I, 1645, Rdnr. 48.

zen des § 10d EStG – mit bestehenden Verlustvorträgen verrechnen könnte. Die erzwungene Aufdeckung stiller Reserven wird somit durch die Stille-Reserven-Klausel verhindert.[35)]

Die stillen Reserven i.S.d. Stille-Reserven-Klausel ergeben sich nach § 8c Abs. 1 Satz 6 KStG als Unterschiedsbetrag zwischen dem in der steuerlichen Gewinnermittlung ausgewiesenen Eigenkapital und dem auf dieses Eigenkapital jeweils entfallenden gemeinen Wert der Anteile an der Körperschaft, soweit diese im Inland steuerpflichtig sind. § 8c Abs. 1 Satz 7 KStG enthält eine Sonderregelung hinsichtlich der Bestimmung der stillen Reserven bei negativem Eigenkapital. Nach § 8c Abs. 1 Satz 8 KStG sind die stillen Reserven ohne Beachtung der steuerrechtlichen Rückwirkung zu ermitteln. 24.30

Bei positivem Eigenkapital ergibt sich mithin das folgende Berechnungsschema: 24.31

	gemeiner Wert der Anteile an der Körperschaft
–	steuerliches Eigenkapital
=	**gesamte stille Reserven**
–	nicht im Inland steuerpflichtige stille Reserven
–	nach § 2 Abs. 1 KStG rückwirkend zugeordnete stille Reserven
=	**maßgebliche stille Reserven i.S.d. Stille-Reserven-Klausel**

Beispiel 24.32

Die X-AG erwirbt zum 01.01.2023 sämtliche Anteile an der Y-AG. Der zum 31.12.2022 festgestellte Verlustvortrag der Y-AG beträgt 3.000.000 €. Der gemeine Wert der Anteile an der Y-AG beträgt 10.000.000 €. Die Bilanz der Y-AG zum 31.12. sieht folgendermaßen aus:

35) Neumann, in: Rödder/Herlinghaus/Neumann, KStG, 2. Aufl. 2023, § 8c Rdnr. 253; Ritzer/Stangl, DStR 2014, 977, 986; Rödder/von Freeden, Ubg 2010, 551, 551; Bien/Wagner, BB 2009, 2627, 2630.

Steuerbilanz Y-AG zum 31.12.

	gemeiner Wert	Buchwert		
Umlaufvermögen	4.000.000 €	4.000.000 €	Eigenkapital	5.025.000 €
Beteiligung X-GmbH	3.000.000 €	25.000 €	Fremdkapital	2.000.000 €
Sonstiges Anlagevermögen	5.000.000 €	3.000.000 €		
		7.025.000 €		7.025.000 €

Lösung

Die stillen Reserven i.S.d. § 8c Abs. 1 Satz 6 KStG berechnen sich folgendermaßen:

	10.000.000 € (gemeiner Wert der Anteile)
–	5.025.000 € (steuerliches Eigenkapital)
=	4.975.000 € (gesamte stille Reserven)
–	2.975.000 € (nicht im Inland steuerpflichtige stille Reserven)[36)
=	2.000.000 €

Mithin geht der Verlustvortrag der Y-AG nach § 8c Abs. 1 Satz 1 i.V.m. Satz 5 und 6 KStG i.H.v. 1.000.000 € unter.

24.1.3.3 Sanierungsklausel

24.33 Erfolgt ein Beteiligungserwerb zum Zwecke der Sanierung, ist dieser Beteiligungserwerb nach § 8c Abs. 1a KStG nicht schädlich i.S.d. § 8c Abs. 1 Satz 1 KStG. Nach § 8c Abs. 1a Satz 2 KStG ist die Sanierung eine Maßnahme, die darauf gerichtet ist, die Zahlungsunfähigkeit oder Überschuldung zu verhindern oder zu beseitigen und zugleich die wesentlichen Betriebsstrukturen zu erhalten. Die Erhaltung der wesentlichen Betriebsstrukturen setzt nach § 8c Abs. 1a Satz 3 KStG voraus, dass

– *„1. die Körperschaft eine geschlossene Betriebsvereinbarung mit einer Arbeitsplatzregelung befolgt oder*

36) Zur Kritik an der Kürzung von stillen Reserven in Kapitalgesellschaftsanteilen, die unter § 8b Abs. 2 KStG fallen, vgl. Suchanek, in: Herrmann/Heuer/Raupach, EStG/KStG, § 8c KStG Rdnr. 57 (04/2019).

– *2. die Summe der maßgebenden jährlichen Lohnsummen der Körperschaft innerhalb von fünf Jahren nach dem Beteiligungserwerb 400 Prozent der Ausgangslohnsumme nicht unterschreitet; § 13a Absatz 1 Satz 3 und 4 und Absatz 4 des Erbschaftsteuer- und Schenkungsteuergesetzes in der Fassung des Gesetzes vom 24. Dezember 2008 (BGBl. I S. 3018) gilt sinngemäß; oder*

– *3. der Körperschaft durch Einlagen wesentliches Betriebsvermögen zugeführt wird. Eine wesentliche Betriebsvermögenszuführung liegt vor, wenn der Körperschaft innerhalb von zwölf Monaten nach dem Beteiligungserwerb neues Betriebsvermögen zugeführt wird, das mindestens 25 Prozent des in der Steuerbilanz zum Schluss des vorangehenden Wirtschaftsjahrs enthaltenen Aktivvermögens entspricht. Wird nur ein Anteil an der Körperschaft erworben, ist nur der entsprechende Anteil des Aktivvermögens zuzuführen. Der Erlass von Verbindlichkeiten durch den Erwerber oder eine diesem nahestehende Person steht der Zuführung neuen Betriebsvermögens gleich, soweit die Verbindlichkeiten werthaltig sind. Leistungen der Kapitalgesellschaft, die innerhalb von drei Jahren nach der Zuführung des neuen Betriebsvermögens erfolgen, mindern den Wert des zugeführten Betriebsvermögens. Wird dadurch die erforderliche Zuführung nicht mehr erreicht, ist Satz 1 nicht mehr anzuwenden.*“

Eine Sanierung liegt nach § 8c Abs. 1a Satz 4 KStG nicht vor, wenn die Körperschaft ihren Geschäftsbetrieb im Zeitpunkt des Beteiligungserwerbs im Wesentlichen eingestellt hat oder innerhalb eines Zeitraums von fünf Jahren nach dem Beteiligungserwerb ein Branchenwechsel vorgenommen wird. 24.34

Da die Sanierungsklausel von der EU-Kommission als verbotene Beihilfe i.S.d. Art. 107 AEUV eingeordnet wurde,[37] wurde sie zunächst nicht mehr angewendet.[38] Nachdem das EuG[39] die Sichtweise der EU-Kommission vorerst bestätigt hatte, hob der EuGH[40] die Entscheidung der Kommission auf. Diese Entscheidung nahm die Bundesregierung zum Anlass, die Sanierungsklausel wieder anzuwenden.[41] Zur Beihilfequalität der Sanierungsklausel hat sich der EuGH 24.35

---

37) EU-Kommission, Beschl. v. 26.01.2011 – 2011/527/EG, EU C 7/10 (ex CP 250/09 und NN 5/10), ABl Nr. L 235/26, dazu DRÜEN, DStR 2011, 289.

38) Finanzausschuss zum RegE Beitreibungsrichtlinie-Umsetzungsgesetz – BeitrRLUmsG, BT-Drucks. 17/7469, S. 3.

39) EuG, Urt. v. 04.02.2016 – T-287/11, „Heitkamp BauHolding GmbH“, ECLI:EU:T:2016:60, BeckRS 2016, 80234; dazu HACKEMANN/FIEDLER, IStR 2016, 259; EuG, Urt. v. 04.02.2016 – T-620/11, „GFKL Financial Services AG/Kommission“, ECLI:EU:T:2016:59, DStR 2016, 390 (inhaltsgleiches Parallelverfahren).

40) EuGH, Urt. v. 28.06.2018 – C-203/16 P, „Heitkamp BauHolding GmbH/Kommission“, ECLI:EU:C:2018:505, IStR 2018, 552.

41) RegE eines Gesetzes zur Vermeidung von Umsatzsteuerausfällen beim Handel mit Waren im Internet und zur Änderung weiterer steuerlicher Vorschriften, BT-Drucks. 19/4455, S. 53.

in seinem Urteil allerdings nicht geäußert.[42] Es ist daher nicht auszuschließen, dass es sich bei der Sanierungsklausel – trotz der EuGH-Entscheidung – um eine schädliche Beihilfe handelt.[43]

24.2 Fortführungsgebundener Verlustvortrag (§ 8d KStG)

24.2.1 Zielvorstellungen des Gesetzgebers

24.36 § 8d KStG wurde im Rahmen des Gesetzes zur Weiterentwicklung der steuerlichen Verlustverrechnung bei Körperschaften[44] zum Jahreswechsel 2016/2017 eingeführt. Die Regelung soll denjenigen Unternehmen, die weder die Konzernklausel noch die Stille-Reserven-Klausel in Anspruch nehmen können, die Ausstattung mit frischem Eigenkapital ermöglichen.[45] Diese Möglichkeit soll nach dem Willen des Gesetzgebers jedoch nur dann eröffnet werden, wenn der Erhalt des Geschäftsbetriebs sichergestellt und eine anderweitige Verlustnutzung ausgeschlossen ist. Der Gesetzgeber zielt mit der Regelung insbesondere auf erfolgversprechende Wachstumsunternehmen. Organträger und Mitunternehmer sind nach § 8d Abs. 1 Satz 2 Nr. 2 KStG aus dem Anwendungsbereich der Norm ausgenommen.[46] In sachlicher Hinsicht gilt § 8d KStG nicht für Verluste aus der Zeit vor einer Einstellung oder Ruhendstellung des Geschäftsbetriebs (§ 8d Abs. 1 Satz 2 Nr. 1 KStG).

24.2.2 Voraussetzungen

24.37 Gemäß § 8d Abs. 1 Satz 1 ist § 8c KStG nach einem schädlichen Beteiligungserwerb auf Antrag nicht anzuwenden, wenn die Körperschaft seit ihrer Gründung oder zumindest seit dem Beginn des dritten Veranlagungszeitraums, der dem Veranlagungszeitraum des schädlichen Beteiligungserwerbs vorausgeht, ausschließlich denselben Geschäftsbetrieb unterhält und in diesem Zeitraum bis zum Schluss des Veranlagungszeitraums des schädlichen Beteiligungserwerbs kein Ereignis i.S.v. § 8d Abs. 2 KStG stattgefunden hat.

---

42) Kessler/Egelhof/Probst, DStR 2018, 1945, 1948; a.A. Frotscher, in: Frotscher/Drüen, KStG/GewStG/UmwStG, § 8c KStG Rdnr. 167a (01/2019).

43) Dazu ausführlich Kessler/Egelhof/Probst, DStR 2018, 1945.

44) Gesetz zur Weiterentwicklung der steuerlichen Verlustverrechnung bei Körperschaften v. 20.12.2016, BGBl I, 2998.

45) RegE eines Gesetzes zur Weiterentwicklung der steuerlichen Verlustverrechnung bei Körperschaften, BT-Drucks. 18/9986, S. 1.

46) Brandis, in: Brandis/Heuermann, Ertragsteuerrecht, § 8d KStG Rdnr. 25 (02/2023); Suchanek/Rüsch, in: Herrmann/Heuer/Raupach, EStG/KStG, § 8d KStG Rdnr. 10 (04/2022).

Hinweis 24.38

§ 8d KStG kann nur im Fall eines schädlichen Beteiligungserwerbs zur Anwendung gelangen. Mithin ist zunächst die Anwendbarkeit der Konzernklausel und der Sanierungsklausel des § 8c KStG zu überprüfen.[47]

Notwendige Voraussetzung des § 8d KStG ist ein entsprechender Antrag. Eine Anwendung des § 8d KStG von Amts wegen erfolgt nicht. Der Antrag ist nach § 8d Abs. 1 Satz 5 KStG in der Steuererklärung für die Veranlagung des Veranlagungszeitraums zu stellen, in den der schädliche Beteiligungserwerb fällt. 24.39

Hinweis 24.40

Der Antrag muss nicht zwingend in der erstmaligen Steuererklärung gestellt werden, sondern kann bis zur Unanfechtbarkeit der Steuerfestsetzung oder bis zur Unanfechtbarkeit der Feststellung über den Verlustvortrag nachgeholt werden.[48] Für gewerbesteuerliche Fehlbeträge existiert ein gesondertes Antragsrecht, sofern keine körperschaftsteuerlichen Verluste vorliegen (siehe Rdnr. 24.53 ff.).

Weitere Voraussetzung der Anwendung des § 8d KStG ist, dass die Körperschaft seit ihrer Gründung oder zumindest seit dem Beginn des dritten Veranlagungszeitraums, der dem Veranlagungszeitraum nach Satz 5 vorausgeht, ausschließlich denselben Geschäftsbetrieb unterhält. Durch diese Regelung soll sichergestellt werden, dass spätere Gewinne nur mit Verlusten aus demselben Geschäftsbetrieb verrechnet werden können.[49] 24.41

Die Legaldefinition bzw. Umschreibung des Geschäftsbetriebs findet sich in § 8d Abs. 1 Satz 3 und 4 KStG. Ein Geschäftsbetrieb umfasst danach die von einer einheitlichen Gewinnerzielungsabsicht getragenen, nachhaltigen, sich gegenseitig ergänzenden und fördernden Betätigungen der Körperschaft und bestimmt sich 24.42

47) Förster/von Cölln, DStR 2017, 8, 9; ebenso betreffend die Konzernklausel Leibner/Dötsch, in: Dötsch/Pung/Möhlenbrock, Die Körperschaftsteuer, § 8d KStG Rdnr. 6 f. (12/2022); Suchanek/Rüsch, in: Herrmann/Heuer/Raupach, EStG/KStG, § 8d KStG Rdnr. 15 (04/2022).

48) Vgl. dazu BMF-Schreiben v. 18.03.2021 – IV C 2 – S 2745-b/19/10002 :002, Rdnr. 7; Heerdt, DStR 2019, 198; FG Thüringen, Urt. v. 05.10.2018 – 1 K 348/18, EFG 2018, 1907; Suchanek/Rüsch, GmbHR 2019, 33; Suchanek/Rüsch, GmbHR 2018, 57, 61; Förster/von Cölln, DStR 2017, 8, 10; a.A. Brandis, in: Brandis/Heuermann, Ertragsteuerrecht, § 8d KStG Rdnr. 41 (02/2023).

49) RegE eines Gesetzes zur Weiterentwicklung der steuerlichen Verlustverrechnung bei Körperschaften, BT-Drucks. 18/9986, S. 13.

nach qualitativen Merkmalen in einer Gesamtbetrachtung. Als qualitative Merkmale werden beispielhaft die angebotenen Dienstleistungen oder Produkte, der Kunden- und Lieferantenkreis, die bedienten Märkte und die Qualifikation der Arbeitnehmer genannt (§ 8d Abs. 1 Satz 4 KStG).[50)]

24.43 Aus § 8d Abs. 2 Satz 2 Nr. 3 KStG (siehe unten) wird deutlich, dass eine Körperschaft über mehrere Geschäftsbetriebe verfügen kann.[51)] Ob eine Körperschaft mit mehreren Geschäftsbetrieben überhaupt antragsberechtigt ist, ist fraglich.[52)] Der Wortlaut „denselben" könnte zunächst gegen eine solche Möglichkeit sprechen.[53)] Angesichts des Sinns und Zwecks der Norm, die Verlustverrechnung mit einem „neuen" Geschäftsbetrieb zu verhindern, wäre der Ausschluss von Körperschaften mit mehreren gleichbleibenden Geschäftsbetrieben jedoch zweckwidrig.[54)] Zudem wäre die Ungleichbehandlung von Körperschaften mit mehreren gleichbleibenden Geschäftsbetrieben und mit einem gleichbleibenden Geschäftsbetrieb auch aus verfassungsrechtlicher Perspektive hoch problematisch. Es spricht folglich vieles dafür, dass auch Körperschaften mit mehreren Geschäftsbetrieben einen Antrag i.S.d. § 8d KStG stellen können. Allerdings lehnt die Finanzverwaltung ein solches Verständnis ab.[55)] Mehrere selbständige Betätigungen führen demnach zu mehreren Geschäftsbetrieben. Nur wenn zwischen mehreren selbständigen Betätigungen ein gegenseitiger Förder- und Sachzusammenhang bestehe, könne von einem einheitlichen Geschäftsbetrieb ausgegangen werden.[56)] Ein solcher einheitlicher Geschäftsbetrieb liege etwa vor, wenn ein Autohändler zusätzlich eine Autowerkstatt betreibe, beide Betätigungen unter einem einheitlichen Markennamen betrieben würden und die Werkstatt auch dazu diene, Fahrzeuge für den Verkauf vorzubereiten.

---

50) Kritisch zum Begriff des Geschäftsbetriebs Leibner/Dötsch, in: Dötsch/Pung/Möhlenbrock, Die Körperschaftsteuer, § 8d KStG Rdnr. 35 f. (12/2022); Zinowsky/Jochimsen, StBp 2017, 35, 36 f.; Bakeberg/Krüger, BB 2016, 2967, 2968; Dressler/Rogall, DB 2016, 2375, 2377; Frey/Thürmer, GmbHR 2016, 1083, 1085.

51) Förster/von Cölln, DStR 2017, 8, 11; Kessler/Egelhof/Probst, DStR 2017, 1289, 1293 f.; Neumann/Heuser, GmbHR 2017, 281, 283; a.A. Frotscher, in: Frotscher/Drüen, KStG/GewStG/UmwStG, § 8d KStG Rdnr. 11 (04/2021).

52) Kessler/Egelhof/Probst, DStR 2017, 1289, 1293; Suchanek/Rüsch, Ubg 2016, 576, 577; Strahl, kösdi 2017, 20170, 20178 f.

53) Kessler/Egelhof/Probst, DStR 2017, 1289, 1293 f.; Neumann/Heuser, GmbHR 2017, 281, 283.

54) Förster/von Cölln, DStR 2017, 8, 11; Kessler/Egelhof/Probst, DStR 2017, 1289, 1294; Leibner/Dötsch, in: Dötsch/Pung/Möhlenbrock, Die Körperschaftsteuer, § 8d KStG Rdnr. 39 (12/2022); Mirbach, kösdi 2017, 20330, Rdnr. 23; Suchanek/Rüsch, in: Herrmann/Heuer/Raupach, EStG/KStG, § 8d KStG Rdnr. 23 (04/2022).

55) BMF-Schreiben v. 18.03.2021 – IV C 2 – S 2745-b/19/10002 :002, Rdnr. 20.

56) BMF-Schreiben v. 18.03.2021 – IV C 2 – S 2745-b/19/10002 :002, Rdnr. 21.

In § 8d Abs. 2 KStG findet sich die Aufzählung der schädlichen Ereignisse, die zum Untergang des fortführungsgebundenen Verlustvortrags führen bzw. dessen Entstehung verhindern. Ein schädliches Ereignis liegt nach § 8d Abs. 2 Satz 1 KStG vor, wenn der Geschäftsbetrieb eingestellt wird. Dasselbe gilt nach § 8d Abs. 2 Satz 2 KStG, wenn 24.44

- *„1. der Geschäftsbetrieb ruhend gestellt wird,*
- *2. der Geschäftsbetrieb einer andersartigen Zweckbestimmung zugeführt wird,*
- *3. die Körperschaft einen zusätzlichen Geschäftsbetrieb aufnimmt,*
- *4. die Körperschaft sich an einer Mitunternehmerschaft beteiligt,*
- *5. die Körperschaft eine Organträgerstellung einnimmt oder*
- *6. auf die Körperschaft Wirtschaftsgüter übertragen werden, die diese zu einem Wert unterhalb des gemeinen Werts ansetzt.“*

Der Gesetzgeber versteht unter der Einstellung des Geschäftsbetriebs die Beendigung nach den Grundsätzen der Betriebsaufgabe.[57] Warum bereits das **Ruhendstellen** eines Geschäftsbetriebs zum Untergang des fortführungsgebundenen Verlustvortrags führt, ist nicht ersichtlich. Wird derselbe Geschäftsbetrieb wieder aufgenommen, droht keine „zweckwidrige Inanspruchnahme“.[58] 24.45

Einer **andersartigen Zweckbestimmung** wird der Geschäftsbetrieb durch einen Branchenwechsel zugeführt.[59] Ein Branchenwechsel liegt bei einer Änderung 24.46

---

57) RegE eines Gesetzes zur Weiterentwicklung der steuerlichen Verlustverrechnung bei Körperschaften, BT-Drucks. 18/9986, S. 13; dazu ausführlich Förster/von Cölln, DStR 2017, 8, 12; Leibner/Dötsch, in: Dötsch/Pung/Möhlenbrock, Die Körperschaftsteuer, § 8d KStG Rdnr. 54 (12/2021).

58) RegE eines Gesetzes zur Weiterentwicklung der steuerlichen Verlustverrechnung bei Körperschaften, BT-Drucks. 18/9986, S. 13; so auch Leibner/Dötsch, in: Dötsch/Pung/Möhlenbrock, Die Körperschaftsteuer, § 8d KStG Rdnr. 60 (06/2022); kritisch auch Zinowsky/Jochimsen, StBp 2017, 35, 38.

59) BMF-Schreiben v. 18.03.2021 – IV C 2 – S 2745-b/19/10002 :002, Rdnr. 31; RegE eines Gesetzes zur Weiterentwicklung der steuerlichen Verlustverrechnung bei Körperschaften, BT-Drucks. 18/9986, S. 13; dazu ausführlich Förster/von Cölln, DStR 2017, 8, 12; Leibner/Dötsch, in: Dötsch/Pung/Möhlenbrock, Die Körperschaftsteuer, § 8d KStG Rdnr. 61 (12/2021); Suchanek/Rüsch, in: Herrmann/Heuer/Raupach, EStG/KStG, § 8d KStG Rdnr. 57 (04/2022).

des satzungsmäßigen Unternehmensgegenstands vor.[60] Solange mithin kein Branchenwechsel vorgenommen wird, ist ein unternehmerischer Strukturwandel unschädlich.

24.47 Die Sanktionierung der Aufnahme eines **zusätzlichen Geschäftsbetriebs** kann bei einer engen Auslegung wirtschaftlich sinnvolle Erweiterungen der Geschäftstätigkeit verhindern und ist daher kritisch zu sehen.[61] Im Umkehrschluss lässt sich jedoch folgern, dass die bloße Erweiterung des bestehenden Geschäftsbetriebs nicht schädlich ist.

24.48 **Beispiel**

Die X-GmbH produziert seit Jahren Autoreifen. Aufgrund des gestiegenen Konkurrenzdrucks will die X-GmbH ihr Geschäftsmodell diversifizieren, erwirbt dazu 100 % der Anteile an der H-GmbH, einem Handyhersteller, und verschmilzt die H-GmbH anschließend auf die X-GmbH.

Lösung

Die Finanzverwaltung wird in diesem Sachverhalt die Aufnahme eines zusätzlichen Geschäftsbetriebs sehen, da zwischen beiden Geschäftsbereichen keine Verbindung besteht.

Abwandlung

Die X-GmbH produziert seit Jahren Autoreifen. Aufgrund des gestiegenen Konkurrenzdrucks will die X-GmbH ihren Absatz steigern und beginnt deshalb mit der Produktion und dem Vertrieb von Reiseführern.

Lösung

Nach hier vertretener Auffassung liegt eine Erweiterung des bestehenden Geschäftsbetriebs und somit kein schädliches Ereignis i.S.d. § 8d Abs. 2 KStG vor.

---

60) Leibner/Dötsch, in: Dötsch/Pung/Möhlenbrock, Die Körperschaftsteuer, § 8d KStG Rdnr. 61 (12/2021), wobei die Anpassung des satzungsmäßigen Zwecks an die tatsächlichen Verhältnisse keine andersartige Zweckbestimmung darstellen kann; vgl. dazu Förster/von Cölln, DStR 2017, 8, 12; Mirbach, kösdi 2017, 20330, Rdnr. 32.

61) Dazu ausführlich Zinowsky/Jochimsen, StBp 2017, 35, 38.

Ebenso wird in der Literatur[62] zu Recht kritisiert, dass auch das Innehaben einer Mitunternehmer- oder Organträgerstellung als schädlich erachtet wird. Bestand die Mitunternehmer- oder die Organträgerstellung schon lange vor dem schädlichen Beteiligungserwerb, droht gerade keine zweckwidrige Verlustnutzung.[63] 24.49

Beispiel 24.50

Die X-GmbH ist seit 20 Jahren an der gewerblich tätigen XY-OHG beteiligt. Im Jahr 2020 erwirbt A sämtliche Anteile an der X-GmbH, die zu diesem Zeitpunkt über hohe Verlustvorträge verfügt.

Lösung

Obwohl offensichtlich kein missbräuchlicher Sachverhalt vorliegt, kann die X-GmbH keinen Antrag nach § 8d KStG stellen.

Der Beobachtungszeitraum, innerhalb dessen die Voraussetzungen des § 8d KStG vorgelegen haben müssen, beginnt grundsätzlich mit dem Beginn des dritten Veranlagungszeitraums vor dem Veranlagungszeitraum des schädlichen Beteiligungserwerbs und endet mit dem Schluss des Veranlagungszeitraums des schädlichen Beteiligungserwerbs (§ 8d Abs. 1 Satz 1 KStG).[64] Somit umfasst der Beobachtungszeitraum regelmäßig und höchstens vier Kalenderjahre.[65] Ist der Zeitraum zwischen der Gründung der Körperschaft und dem schädlichen Beteiligungserwerb kürzer, ist dieser kürzere Zeitraum maßgeblich.[66] 24.51

---

62) Dörr/Reisich/Plum, NWB 2017, 496, 504; Förster/von Cölln, DStR 2017, 8, 13; Kessler/Egelhof/Probst, DStR 2017, 1289, 1294 f.; Leibner/Dötsch, in: Dötsch/Pung/Möhlenbrock, Die Körperschaftsteuer, § 8d KStG Rdnr. 20 (12/2022); Ortmann-Babel/Bolik, DB 2016, 2984, 2985; Suchanek/Rüsch, in: Herrmann/Heuer/Raupach, EStG/KStG, § 8d KStG Rdnr. 59 f. (04/2022).

63) Kessler/Egelhof/Probst, DStR 2017, 1289, 1294 f.; Ortmann-Babel/Bolik, DB 2016, 2984, 2985.

64) Leibner/Dötsch, in: Dötsch/Pung/Möhlenbrock, Die Körperschaftsteuer, § 8d KStG Rdnr. 14, Rdnr. 16 (12/2021); Brandis, in: Brandis/Heuermann, Ertragsteuerrecht, § 8d KStG Rdnr. 40 (02/2023); Förster/von Cölln, DStR 2017, 8, 11; Mirbach, kösdi 2017, 20330, Rdnr. 13; Neumann/Heuser, GmbHR 2017, 281, 282; a.A. Suchanek/Rüsch, in: Herrmann/Heuer/Raupach, EStG/KStG, § 8d KStG Rdnr. 24 (04/2022), die davon ausgehen, der Beobachtungszeitraum ende mit dem schädlichen Beteiligungserwerb.

65) Förster/von Cölln, DStR 2017, 8, 11; Leibner/Dötsch, in: Dötsch/Pung/Möhlenbrock, Die Körperschaftsteuer, § 8d KStG Rdnr. 16 (12/2021); Mirbach, kösdi 2017, 20330, Rdnr. 26.

66) Leibner/Dötsch, in: Dötsch/Pung/Möhlenbrock, Die Körperschaftsteuer, § 8d KStG Rdnr. 16 (12/2021); Suchanek/Rüsch, in: Herrmann/Heuer/Raupach, EStG/KStG, § 8d KStG Rdnr. 24 (04/2022); Frotscher, in: Frotscher/Drüen, KStG/GewStG/UmwStG, § 8d KStG Rdnr. 49 (04/2021); Förster/von Cölln, DStR 2017, 8, 11.

24.52 **Beispiel**

A erwirbt am 30.06.2020 einen 60-%-Anteil an der V-GmbH, die über hohe Verlustvorträge, aber keine im Inland steuerpflichtigen stillen Reserven verfügt.

Lösung

Der Beobachtungszeitraum, innerhalb dessen die Voraussetzungen des § 8d KStG vorgelegen haben müssen, beginnt am 01.01.2017 und endet am 31.12.2020.

24.2.3 Rechtsfolge

24.53 Liegen die Voraussetzungen der Norm vor, wird der Verlustvortrag, der zum Schluss des Veranlagungszeitraums verbleibt, in den der schädliche Beteiligungserwerb fällt, zum fortführungsgebundenen Verlustvortrag (§ 8d Abs. 1 Satz 6 KStG). Folglich umfasst der fortführungsgebundene Verlustvortrag im Fall eines unterjährigen schädlichen Beteiligungserwerbs den gesamten laufenden Verlust des Veranlagungszeitraums.[67] Ein verbleibender Zinsvortrag wird zum fortführungsgebundenen Zinsvortrag (§ 8a Abs. 1 Satz 3 i.V.m. § 8d Abs. 1 Satz 6 KStG).[68]

24.54 **Beispiel**

Die Y-GmbH erwirbt am 30.06.2020 sämtliche Anteile der V-GmbH. Die V-GmbH verfügt über einen Verlustvortrag i.H.v. 1.000.000 € und hat in der ersten Jahreshälfte 2020 einen Verlust i.H.v. 200.000 € und in der zweiten Jahreshälfte einen Verlust i.H.v. 100.000 € erzielt. Die V-GmbH stellt einen Antrag nach § 8d KStG.

Lösung

Der Verlustvortrag i.H.v. 1.000.000 € und der gesamte Verlust des Veranlagungszeitraums 2020 i.H.v. 300.000 € werden zum fortführungsgebundenen Verlustvortrag.

---

67) Dörr/Reisich/Plum, NWB 2017, 496, 501; Leibner/Dötsch, in: Dötsch/Pung/Möhlenbrock, Die Körperschaftsteuer, § 8d KStG Rdnr. 40 (12/2022); Neumann/Heuser, GmbHR 2017, 281, 287 f.

68) Ausführlich zur Anwendung des § 8d KStG auf den Zinsvortrag Leibner/Dötsch, in: Dötsch/Pung/Möhlenbrock, Die Körperschaftsteuer, § 8d KStG Rdnr. 85 (12/2021).

Hinweis 24.55

Ein Antrag nach § 8d KStG lässt den gesamten verbleibenden Verlustvortrag zum fortführungsgebundenen Verlustvortrag werden. Etwaig vorhandene stille Reserven werden nicht berücksichtigt.

Entsteht im Anschluss an einen Antrag nach § 8d Abs. 1 Satz 1 KStG ein erneuter Verlustvortrag nach § 10d EStG, so ist der fortführungsgebundene Verlustvortrag zuerst abzuziehen (§ 8d Abs. 1 Satz 8 KStG). Tritt ein schädliches Ereignis i.S.d. § 8d Abs. 2 KStG ein, geht der zuletzt festgestellte fortführungsgebundene Verlustvortrag – vorbehaltlich der Anwendung der Stille-Reserven-Klausel[69] – unter.[70] Ob auch ein weiterer schädlicher Beteiligungserwerb zum Untergang des fortführungsgebundenen Verlustvortrags führt, ist streitig.[71] 24.56

Beispiel 24.57

Zum 31.12.2018 erwirbt A sämtliche Anteile an der V-GmbH, die über einen Verlustvortrag von 200.000 € verfügt. Die V-GmbH stellt einen Antrag i.S.d. § 8d KStG, sodass der Verlustvortrag zum fortführungsgebundenen Verlustvortrag wird. Nachdem die V-GmbH 2019 erneut einen Verlust i.H.v. 300.000 € erzielt hat, erwirtschaftet sie schließlich 2020 einen Gewinn von 400.000 €.

Lösung

Der Gewinn des Veranlagungszeitraums 2020 wird zunächst i.H.v. 200.000 € mit dem fortführungsgebundenen Verlustvortrag i.S.d. § 8d KStG verrechnet und erst darüber hinaus i.H.v. 200.000 € mit dem „regulären" Verlustvortrag i.S.d. § 10d EStG.

---

69) Zur Anwendung der Stille-Reserven-Klausel auf den fortführungsgebundenen Verlustvortrag ausführlich Förster/von Cölln, DStR 2017, 8, 16; Leibner/Dötsch, in: Dötsch/Pung/Möhlenbrock, Die Körperschaftsteuer, § 8d KStG Rdnr. 79 (12/2021); Mirbach, kösdi 2017, 20330, Rdnr. 35.

70) Zur Kritik wegen der fehlenden zeitlichen Begrenzung Engelen/Bärsch, DK 2017, 22, 27; Kessler/Egelhof/Probst, DStR 2017, 1289, 1293; Keilhoff/Risse, FR 2016, 1085, 1089 f.

71) Vom Untergang ausgehend Förster/von Cölln, DStR 2017, 8, 17; Neumann/Heuser, GmbHR 2017, 281, 289; den Untergang ablehnend Leibner/Dötsch, in: Dötsch/Pung/Möhlenbrock, Die Körperschaftsteuer, § 8d KStG Rdnr. 48 (12/2021); Suchanek/Rüsch, Ubg 2016, 576, 582.

24.2.4 Anwendung auf gewerbesteuerliche Fehlbeträge

24.58 Die Regelung des § 8d KStG gilt gem. § 10a Satz 1 erster Halbsatz GewStG a.F.[72] seither entsprechend in Bezug auf einen gewerbesteuerlichen Fehlbetrag. Damit sollte eine körperschaft- und gewerbesteuerlich einheitliche Anwendung von § 8d KStG erreicht werden.[73] Nach der gewählten Formulierung stand dies jedoch unter der weiteren Voraussetzung, dass *„ein fortführungsgebundener Verlustvortrag nach § 8d KStG gesondert festgestellt wird"*.

24.59 Eine solche Anknüpfung führt jedoch stets dann zu unbilligen Ergebnissen, wenn ein fortführungsgebundener Verlustvortrag nicht festgestellt wurde, weil körperschaftsteuerlich kein Verlust vorliegt, gewerbesteuerlich allerdings aufgrund der Kürzungen nach § 9 GewStG ein Fehlbetrag entstanden ist. Um diesen Missstand zu beheben, wurde § 10a GewStG im Zuge des JStG 2020[74] um zwei Sätze (11 und 12) ergänzt, die ein „gesondertes gewerbesteuerrechtliches Antragsrecht" für § 8d KStG ermöglichen sollen.[75] Diese Regelung würde mit Rückwirkung für alle noch offenen Fälle eingefügt (§ 36 Abs. 5a GewStG i.d.F. des JStG 2020).

24.60 Probleme können sich jedoch (weiterhin) ergeben, wenn zum Zeitpunkt des schädlichen Beteiligungserwerbs noch ein körperschaftsteuerlicher Verlust vorgelegen hat, zum Jahresende indes nicht mehr. Denn der fortführungsgebundene Verlustvortrag wird nicht aus den nicht genutzten Verlusten i.S.d. § 8c KStG zum Zeitpunkt des schädlichen Beteiligungserwerbs gebildet, sondern aus dem Verlustvortrag, der zum Schluss des Veranlagungszeitraums verbleibt, in den der schädliche Beteiligungserwerb fällt (§ 8d Abs. 1 Satz 6 KStG).

24.61 **Beispiel**

Die Y-GmbH erwirbt am 30.06.2020 sämtliche Anteile der V-GmbH. Die V-GmbH verfügt an diesem Stichtag (körperschaft- wie gewerbesteuerlich) über einen Verlustvortrag i.H.v. 500.000 €. Bis zum Jahresende erzielt die V-GmbH ein positives Ergebnis von 600.000 €, welches allerdings aufgrund von Kürzungen nach § 9 GewStG den Gewerbeertrag nur um 300.000 € erhöht. Am 31.12.2020 weist die V-GmbH damit keinen körperschaftsteuerlichen Verlust mehr auf, wohl aber einen gewerbesteuerlichen Fehlbetrag von 200.000 €.

---

72) § 10a Satz 10 GewStG i.d.F. des Gesetzes v. 20.12.2016, BGBl I, 2998, 2999.

73) Finanzausschuss zum RegE eines Gesetzes zur Weiterentwicklung der steuerlichen Verlustverrechnung bei Körperschaften, BT-Drucks. 18/10495, S. 15.

74) JStG 2020 v. 21.12.2020, BGBl I, 3096.

75) Finanzausschuss zum RegE JStG 2020, BT-Drucks. 19/25160, S. 196.

Lösung

Die Voraussetzung des § 10a Satz 11 GewStG ist nicht gegeben, da per 31.12.2020 die nach dem schädlichen Beteiligungserwerb erwirtschafteten Gewinne die nicht genutzten (und über § 8d KStG konservierten) Verluste aufzehren. Somit wird kein fortführungsgebundener Verlustvortrag nach § 8d KStG gesondert festgestellt. Allerdings erscheint auch die Einschlägigkeit von § 10a Satz 12 GewStG zweifelhaft, weil im Zeitpunkt des schädlichen Beteiligungserwerbs noch nicht genutzte Verluste i.S.d. § 8c Abs. 1 Satz 1 KStG vorgelegen hatten.

Hinweis 24.62

Dieses – sich nach wortlautgetreuer Anwendung des § 10a GewStG zeigende – Ergebnis resultiert aus der Diskrepanz zwischen § 8c Abs. 1 Satz 1 KStG, der stichtagsbezogen auf den Zeitpunkt des schädlichen Beteiligungserwerbs anzuwenden ist, und § 8d KStG, welcher auf nicht genutzte Verluste zum Schluss des Veranlagungszeitraums abhebt. Da eine solche Regelungslücke jedoch mit dem Sinn und Zweck der Neuregelung nicht vereinbar scheint, sollte die Norm des § 10a Satz 12 GewStG im Wege der teleologischen Auslegung auch im vorstehenden Beispielfall Anwendung finden. Es dürfte anzunehmen sein, dass insoweit nur abstrakt auf nicht genutzte Verluste i.S.d. § 8c Abs. 1 Satz 1 KStG abgestellt werden, nicht jedoch auch der Zeitpunktbezug dieser Regelung zur Tatbestandsvoraussetzung für die Anwendung des § 10a Satz 12 GewStG erhoben werden soll.[76)]

24.3 Gestaltungsmöglichkeiten

24.3.1 Prospektive Maßnahmen

Sofern Anteile an einer Kapitalgesellschaft übertragen werden sollen, ist das Vorliegen noch nicht ausgeschöpfter Verluste zu prüfen. Hierbei ist maßgeblich auf den Zeitpunkt der geplanten Transaktion abzustellen, so dass auch bis dahin voraussichtlich noch anfallende Verluste zu erfassen sind, die durch Rücktrag nicht ausgeschöpft werden können und auch nicht durch vorhandene stille Reserven „gedeckt“ sind (vgl. oben Rdnr. 24.29). Ist dies der Fall, können die folgenden Maßnahmen erwogen werden: 24.63

- Hinauszögerung der Übertragung bis zum Verbrauch des Verlustvortrags bzw. Vorverlagerung auf einen Zeitpunkt, in dem für die Zukunft befürchtete Verluste noch nicht eingetreten sind;

76) Ebenso Suchanek/Rüsch, FR 2021, 196 f.

- „Beschleunigung des Verlustverbrauchs“ durch gewinnrealisierende schuldrechtliche Vereinbarungen (z.B. Zahlung von Dienstleistungsentgelten) oder bis 2022 Ausnutzung des Abzinsungsgebots gem. § 6 Abs. 1 Nr. 3 EStG a.F. durch Gewährung eines zinslosen Gesellschafterdarlehens.[77] Mit Art. 3 des Vierten Corona-Steuerhilfegesetzes[78] wurde § 6 Abs. 1 Nr. 3 EStG jedoch dahin gehend geändert, dass der Grundsatz der Abzinsung mit 5,5 % aufgehoben wurde und keine Abzinsung vorzunehmen ist, so dass diese Maßnahme fortan ausscheidet;
- Veräußerung von Anteilen an Kapitalgesellschaften mit erheblichen stillen Reserven: Diese sollen im Rahmen der Stille-Reserven-Klausel nicht in voller Höhe berücksichtigt werden. Durch Veräußerung können somit wenigstens die nach § 8b Abs. 3 Satz 1 KStG steuerpflichtigen 5 % des Veräußerungsgewinns zur Minderung bestehender Verlustvorträge genutzt werden.

24.3.2 Gestaffelte Anteilsübertragung

24.64 Veräußerungen an einen Erwerber innerhalb eines fünfjährigen Zeitraumes werden im Rahmen des § 8c KStG zusammengefasst. Der Verkauf in zeitlich entzerrten Tranchen von jeweils 50 % führt daher nicht zu einem Verlustuntergang, sofern zwischen den einzelnen Übertragungen fünf Jahre abgewartet werden.[79]

24.65 **Beispiel**

A überträgt an B am 31.12.2014 50 % und am 01.01.2020 die übrigen 50 %. Beide Übertragungen berühren die bestehenden, ungenutzten Verluste nicht.

Lösung

Als gestaltungsmissbräuchlich wird diese Vorgehensweise nicht eingestuft werden können, da mit § 8c KStG eine spezielle gesetzliche Antimissbrauchsregelung (Fünfjahresfrist) vorliegt.

24.66 Steuerliche Probleme könnten allerdings auftreten, wenn bereits bei der Veräußerung der „ersten“ 50 % vertragliche Vereinbarungen getroffen werden, die auf die Sicherung der späteren Anteilsübertragungen gerichtet sind.[80]

---

77) Vgl. auch Frotscher, in: Frotscher/Drüen, KStG/GewStG/UmwStG, § 8c KStG Rdnr. 160 (01/2019); Rolf/Pankoke, BB 2008, 2275 f.; Mirbach/Mirbach, NWB 2019, 396 ff.

78) Viertes Gesetz zur Umsetzung steuerlicher Hilfsmaßnahmen zur Bewältigung der Corona-Krise v. 19.06.2022, BGBl I, 911.

79) So auch die Gestaltungsvorschläge von Lang, DStZ 2007, 652, 659; Neumann, GmbH-StB 2007, 249, 250.

80) Vgl. BFH, Urt. v. 11.07.2006 – VIII R 32/04, BStBl II 2007, 296.

24.3.3 Einsatz mezzaniner Finanzinstrumente

Hat eine verlustbehaftete Kapitalgesellschaft nicht beteiligungsproportional zu deckenden Kapitalbedarf, ist – zumindest bis zum steuerlichen Verbrauch der einstweilen wegfallgefährdeten Verluste – anstelle der Gesellschafteraufnahme eine mezzanine Finanzierungsform in Betracht zu ziehen, die nicht zu den in § 8c Abs. 1 Satz 1 KStG genannten bzw. vergleichbaren Sachverhalten gehört. 24.67

Hierzu zählen etwa: 24.68

- nicht beteiligungsähnliche Genussrechte,
- typisch und atypisch stille Beteiligung,
- partiarisches Darlehen.

24.3.4 Erlangung der Vorteile der Konzernklausel

24.3.4.1 Schaffung der erforderlichen Beteiligungsvoraussetzungen im Übertragungszeitpunkt

Ein für sich betrachtet schädlicher Erwerb gilt im Rahmen des § 8c KStG als „nicht geschehen", sofern die Konzernvoraussetzungen nach § 8c Abs. 1 Satz 4 KStG vorliegen (dazu oben Rdnr. 24.21). Damit findet zum einen kein Untergang bis dahin ungenutzter Verlustvorträge statt. Zum anderen liegt jedoch auch kein Zählerwerb vor, der in Kombination mit anderen Anteilsveräußerungen in einem Fünfjahreszeitraum zusammengefasst wird. Maßgeblich für die Erlangung der Vorteile der Konzernklausel des § 8c Abs. 1 Satz 4 KStG ist die vollumfängliche Beteiligung an dem übertragenden bzw. an dem übernehmenden Rechtsträger. 24.69

In welchem Zeitpunkt oder Zeitraum diese Beteiligungsvoraussetzung vorliegen muss, ist gesetzlich nicht bestimmt. Es existiert insbesondere keine Regelung zu einer Mindestvorbesitzzeit, und auch eine Fortgeltung der Beteiligungsquote ist gesetzlich nicht gefordert. Damit hat eine strenge Stichtagsbetrachtung zu erfolgen; entscheidend ist mithin der Moment des schädlichen Beteiligungserwerbs.[81] Es kann daher sehr vorteilhaft sein, wenn die Beteiligungsvoraussetzungen der Konzernklausel – zumindest im Zeitpunkt der Übertragung – erfüllt sind. 24.70

24.3.4.2 Formwechsel in eine Personenhandelsgesellschaft

Nach der Neufassung der Konzernklausel erfasst diese auch all jene Konstellationen, in denen eine Personenhandelsgesellschaft die Konzernspitze bildet. Damit ist insbesondere die GbR nicht erfasst. Um gleichwohl in den Genuss der Konzernklausel zu kommen, ist in der Gestaltungssituation vor der Anteilsüber- 24.71

81) Dazu auch Roser, in: Gosch, KStG, 4. Aufl. 2020, § 8c Rdnr. 124; Franz, BB 2010, 991.

tragung ein „Formwechsel" einer GbR in eine OHG oder KG durchzuführen. § 105 Abs. 2 Satz 1 zweite Alternative HGB räumt einer vermögensverwaltenden GbR die Möglichkeit ein, durch Eintragung im Handelsregister zur OHG oder KG zu werden. Infolge des Personengesellschaftsrechtsmodernisierungsgesetzes (MoPeG)[82] wird diese Möglichkeit ab dem 01.01.2024 nicht mehr in § 105 HGB, sondern in § 107 Abs. 1 Satz 1 HGB enthalten sein.

24.72 Der Formwechsel selbst führt zudem nicht zu einem Verlustverfall.[83]

24.3.4.3 Bewusstes Herbeiführen eines schädlichen Erwerbs

24.73 Vormals war fraglich, ob die Rechtsfolgen der Konzernklausel auch dann Anwendung finden, wenn ein Erwerb unterhalb der gem. § 8c Abs. 1 KStG maßgeblichen Beteiligungsgrenze erfolgt.[84] Eine am Wortlaut der Norm orientierte Auslegung hätte nahelegen können, dass sie solche Erwerbe ebenfalls als „Zählerwerbe" zu berücksichtigen sind. Um dieses (widersinnige) Ergebnis zu vermeiden, konnte es sich bei Vorliegen der übrigen Konzernvoraussetzungen daher anbieten, bewusst die Schädlichkeitsgrenze des § 8c Abs. 1 KStG zu überschreiten. Inzwischen hat die Finanzverwaltung ihre Auffassung jedoch dahingehend präzisiert, dass einzelne Beteiligungserwerbe, welche die Voraussetzungen der Konzernklausel erfüllen, weder bei der Ermittlung der schädlichen Grenze von 50 % noch bei der Berechnung des Fünfjahreszeitraums zu berücksichtigen sind. Damit sind lediglich einem solchen Beteiligungserwerb folgende und vorangegangene Erwerbe, welche die Voraussetzungen der Konzernklausel nicht erfüllen, in die Ermittlung der schädlichen Grenze und des Fünfjahreszeitraums einzubeziehen (vgl. auch Rdnr. 24.27).[85] Ein bewusstes Herbeiführen eines schädlichen Erwerbs ist damit als Gestaltungsmittel nicht (mehr) erforderlich.

24.3.5 Stille-Reserven-Klausel: Umgehung der Sonderregelung bei negativem Eigenkapital

24.74 Im Fall negativen Eigenkapitals findet im Rahmen der Stille-Reserven-Klausel die Sonderregelung des § 8c Abs. 1 Satz 7 KStG Anwendung. Diese kann jedoch zu geringeren stillen Reserven führen und erfordert eine aufwendigere Ermittlungstechnik als die „Grundregel" des Satzes 6.[86] Daher sollte in derlei Fällen der Versuch unternommen werden, in den Anwendungsbereich des Satzes 6 zu gelangen.

82) Gesetz zur Modernisierung des Personengesellschaftsrechts (MoPeG) v. 10.08.2021, BGBl I, 3436.

83) Vgl. BMF-Schreiben v. 04.07.2008 – IV C 7 – S 2745 – a/08/10001 (2008/0349554), BStBl I, 736, Rdnr. 11.

84) Dies problematisierend, jedoch zu Recht ablehnend: Bien/Wagner, BB 2010, 928 m.w.N.

85) BMF-Schreiben v. 28.11.2017 – IV C 2 – S 2745a/09/10002 :004, BStBl I, 1645, Rdnr. 48.

86) Dazu ausf. Wagner, DB 2010, 2754.

Um das Eigenkapital aus dem negativen Bereich zu heben, bieten sich im Vorfeld eines schädlichen Beteiligungserwerbs insbesondere die folgenden Gestaltungsmöglichkeiten an:[87] 24.75

- gezielte Hebung stiller Reserven (unter Nutzung bestehender Verlustvorträge), z.B. durch den Verzicht auf einen nicht werthaltigen Darlehens- oder Zinsanspruch innerhalb eines Konzerns oder im Verhältnis zwischen Gesellschafter und Gesellschaft, sowie
- Zuführung von Einlagen durch den Gesellschafter, z.B. im Wege einer Kapitalerhöhung (offene Einlage) oder durch den Verzicht auf einen werthaltigen Darlehens- oder Zinsanspruch (verdeckte Einlage) unter entsprechender Anpassung des Kaufpreises.

24.3.6 Verlustnutzung durch Verschmelzung

Insbesondere innerhalb eines Konzerns kommen Umstrukturierungsmaßnahmen in Betracht, durch die eine Verlustnutzung auch bei Nichtvorliegen der strengen Voraussetzungen der Konzernklausel erreicht werden kann. Erwogen werden kann zu diesem Zwecke die Verschmelzung einer Gewinn- auf die Verlustgesellschaft.[88] In diesem Fall ist die Konzernklausel nicht von Bedeutung, da bei der Verlustgesellschaft bereits kein schädlicher Beteiligungserwerb i.S.d. § 8c KStG vorliegt (grundsätzlich keine Änderung der Beteiligungsverhältnisse; zu Ausnahmen unten Rdnr. 24.78). Zudem ist auch § 4 Abs. 2 Satz 2 UmwStG insoweit nicht zu beachten, da dieser lediglich für den umgekehrten Fall der Verschmelzung einer Verlust- auf eine Gewinngesellschaft einschlägig ist. 24.76

Hingewiesen sei insoweit jedoch auf § 2 Abs. 4 Satz 3–6 UmwStG, wonach bei Verschmelzung einer Gewinn- auf eine Verlustgesellschaft der Ausgleich oder die Verrechnung von positiven Einkünften des übertragenden Rechtsträgers mit Verlusten des übernehmenden Rechtsträgers im Rückwirkungszeitraum nicht zulässig ist. Stille Reserven aus den Wirtschaftsgütern der übertragenden Gesellschaft stehen aber gleichwohl für eine Verrechnung mit Verlusten des übernehmenden Rechtsträgers zur Verfügung, soweit ihre Realisation außerhalb des Rückwirkungszeitraums erfolgt (also erst nach der zivilrechtlichen Wirksamkeit der Umwandlung).[89] Zudem ist nach dem Wortlaut des § 2 Abs. 4 Satz 3 UmwStG auch ein Verlustrücktrag nicht ausgeschlossen. Schließlich kann diese Gestal- 24.77

87) Wagner, DB 2010, 2754; Brinkmann, Ubg 2011, 99.

88) Wittkowski/Hielscher, DB 2010, 14 (Bsp. 4); Ott, Stbg 2014, 25; Fuhrmann, kösdi 2016, 19742.

89) van Lishaut, in: Rödder/Herlinghaus/van Lishaut, UmwStG, 3. Aufl. 2019, § 2 Rdnr. 132, sowie Dötsch, in: Dötsch/Pung/Möhlenbrock, Die Körperschaftsteuer, § 2 UmwStG Rdnr. 106 (08/2015).

tungsvariante dazu eingesetzt werden, die bei der aufnehmenden Gesellschaft bestehenden Verlustpositionen durch die Verlagerung von Gewinnpotenzialen künftig nutzen zu können. Diese Gestaltungsmöglichkeit stellt auch keinen Missbrauch rechtlicher Gestaltungsmöglichkeiten i.S.d. § 42 AO dar.[90)]

24.78 Zwingend zu beachten ist bei dieser Gestaltung allerdings, dass eine mit der Verschmelzung einhergehende Kapitalerhöhung bei der aufnehmenden Verlustgesellschaft einen der Anteilsübertragung vergleichbaren Sachverhalt i.S.d. § 8c Abs. 1 Satz 3 KStG darstellt. Dieser führt bei entsprechend hoher Veränderung der Beteiligungsquoten an der Verlustgesellschaft zu einem vollständigen Verlustuntergang (§ 8c Abs. 1 Satz 1 KStG). Die Verschmelzung von beteiligungsidentischen Schwestergesellschaften ist demnach unproblematisch. Auch Veränderungen der Beteiligungsquoten bei der Verlustgesellschaft bis zu 50 % führen per se nicht zu einem Verlustuntergang nach § 8c KStG; sie stellen jedoch Zählerwerbe dar, die ggf. gemeinsam mit weiteren Erwerben desselben Erwerbers oder einer diesem nahestehenden Person innerhalb des maßgeblichen Fünfjahreszeitraums einen schädlichen Erwerb darstellen. Zur Bestimmung der insoweit maßgeblichen Quote ist auf das Verhältnis zum Nennkapital nach der Kapitalerhöhung abzustellen.[91)]

24.3.7 Forderungsverzicht mit Besserungsabrede

24.79 Der Verzicht auf eine Forderung durch einen Gläubiger, der weder Gesellschafter noch eine nahestehende Person eines Gesellschafters ist, führt zu einer Erhöhung des Betriebsvermögens. Diese ist auch grundsätzlich steuerpflichtig und führt – in den Grenzen der Mindestbesteuerung des § 10d Abs. 2 EStG – zum Verbrauch bestehender Verluste.[92)] Anders liegt dies bei einem Verzicht durch einen Gesellschafter (oder eine diesem nahestehende Person) auf gegenüber der Gesellschaft bereits entstandene Forderungen.

24.80 In diesem Fall ist zwischen einer betrieblich veranlassten Sanierungsmaßnahme einerseits sowie einer gesellschaftsrechtlich veranlassten verdeckten Einlage andererseits zu unterscheiden:[93)]

- Ist der Verzicht **betrieblich veranlasst**, liegt in vollem Umfang ein außerordentlicher Ertrag vor, der – sofern er nicht als Sanierungsgewinn unter § 3a

---

90) BFH, Urt. v. 18.12.2013 – I R 25/12, BFH/NV 2014, 904; vgl. zu dieser Entscheidung auch Strahl, BeSt 2014, 17 f.

91) Vgl. BMF-Schreiben v. 04.07.2008 – IV C 7 – S 2745 – a/08/10001 (2008/0349554), BStBl I, 736, Rdnr. 9.

92) Dazu ausf. Fuhrmann, kösdi 2016, 19734 f.

93) Vgl. dazu ausf. Fuhrmann, kösdi 2016, 19734 f.

EStG fällt – auch nicht außerbilanziell zu kürzen ist. Somit steht dieser – unter Berücksichtigung der Mindestbesteuerung des § 10d Abs. 2 EStG – für eine Verlustverrechnung zur Verfügung.

- Indes ist im Fall eines **gesellschaftsrechtlich veranlassten** Verzichts hinsichtlich des werthaltigen und nicht werthaltigen Teils der Forderung zu differenzieren:
  - In Höhe des werthaltigen Teils der Forderung liegt eine verdeckte Einlage vor,[94] so dass es insoweit auf Ebene der Kapitalgesellschaft nicht zu einem „Wegfallgewinn" kommt.[95]
  - In Höhe des nicht werthaltigen Teils bewirkt der Forderungsverzicht allerdings einen steuerpflichtigen Ertrag, der – im Rahmen der Grundsätze der Mindestbesteuerung – zur Verrechnung mit bestehenden Verlusten genutzt werden kann.[96]

Eine Gestaltungsmöglichkeit ergibt sich nach Auffassung des BFH[97] bei folgender Gestaltung[98] zur Vermeidung der Verlustbeschränkungen, die bereits während der Geltung der Vorgängerregelung des § 8 Abs. 4 KStG a.F. häufig verwendet wurde: 24.81

- Ein Gesellschafter verzichtet auf seine gegenüber der verlustbehafteten Kapitalgesellschaft bestehende Forderung gegen Besserungsabrede. Mit dem Verzicht unter der auflösenden Bedingung des Vorliegens entsprechender zukünftiger Gewinne (= Besserungsfall) ist die Verbindlichkeit bei der Gesellschaft auszubuchen. Dies führt – sofern eine betriebliche Veranlassung für den Verzicht vorliegt – zu einem außerordentlichen Ertrag, welcher – innerhalb der Grenzen des § 10d EStG – mit bis dato ungenutzten Verlusten verrechnet werden kann, soweit § 3a EStG nicht einschlägig ist.
- Infolgedessen wird die Gesellschaftsbeteiligung veräußert. Dabei ist der Verlustvortrag entsprechend geringer oder gar vollständig aufgezehrt. Der Erwerber nutzt die erworbene Gesellschaft z.B. zur Verschmelzung mit (s)einer gewinnträchtigen Gesellschaft.
- Die Besserungsanwartschaft wird anschließend ebenfalls an den Anteilserwerber veräußert.

---

94) BFH, Urt. v. 29.07.1997 – VIII R 57/94, BStBl II 1998, 652.

95) BFH, Beschl. v. 09.06.1997 – GrS 1/94, BStBl II 1998, 307.

96) Dazu ausf. Fuhrmann, kösdi 2016, 19736 ff.

97) BFH, Urt. v. 12.07.2012 – I R 23/11, BFH/NV 2012, 1901; vgl. zu dieser Entscheidung auch Brill, BeSt 2013, 8 f.

98) Vgl. hierzu Pohl, DB 2008, 1531; Becker/Pape/Wobbe, DStR 2010, 506; Bildstein/Dallwitz, DStR 2009, 1177; Neumann/Stimpel, GmbHR 2007, 1194; Rolf/Pankoke, BB 2008, 2274.

- Bei Eintritt des Besserungsfalls entstehen bei der Gesellschaft durch (Wieder-) Einbuchung der Verbindlichkeit und Erfüllung der Forderung Betriebsausgaben, die zur Ergebnisverrechnung genutzt werden können.

24.82 Das vorzitierte Urteil des I. Senats, in dem namentlich auch die Anwendbarkeit des § 42 AO für die vorstehend beschriebene Gestaltung ausdrücklich negiert wurde, kann als Anerkennung dieser Verlusterhaltungsstrategie interpretiert werden. Dies muss in Gestalt eines „Erst-recht-Schlusses" auch für die derzeitige Rechtslage gelten,[99] denn § 8c KStG haftet noch viel weniger als seiner Vorgängerregelung der Charakter einer Missbrauchsvermeidungsnorm an. Das BFH-Urteil vom 21.02.2018,[100] in dem die Wiedereinbuchung der Verbindlichkeit als verdeckte Gewinnausschüttung qualifiziert wurde, steht der vorstehend erläuterten Gestaltung nicht entgegen. Der Sachverhalt wies nämlich die Besonderheit eines Schuldnerwechsels auf. Die Entscheidung ist daher auf ein bloßes Wiederaufleben der ursprünglich betrieblich verursachten Verbindlichkeit ohne Schuldnerwechsel nicht übertragbar.[101]

24.83 Dadurch bietet sich bei entsprechender Sachlage die Möglichkeit, Verlustvorträge unbeschadet des § 8c KStG über Gesellschafterwechsel hinaus zu erhalten. Dabei wird jedoch Gegenwehr der Finanzverwaltung nicht auszuschließen sein.

24.84 **Hinweis**

Es darf freilich nicht unberücksichtigt bleiben, dass der BFH (IV. Senat) in einem sehr ähnlich gelagerten Sachverhalt, in dem es ausschließlich um die Besteuerung der Gesellschafter ging, einen Gestaltungsmissbrauch nach § 42 AO bejaht hat.[102] In dem zuvor besprochenen Urteil des I. Senats ging es hingegen um die Folgen für die Gesellschaft selbst, bei der der „Vorteil" des Betriebsausgabenabzugs allenfalls einen Reflex der von den Gesellschaftern gewählten Gestaltung darstellt, was für einen Rekurs auf § 42 AO nicht ausreicht. Es besteht folglich das Risiko, dass – soweit die Besteuerungsebene der Gesellschafter betroffen ist – der Gestaltung unter Berufung auf § 42 AO die Anerkennung versagt wird. Dann könnten etwa die Zahlungen der GmbH auf die (wieder-)eingebuchte Gesellschafterforderung nicht als Darlehensrückzahlung gelten, sondern müssten als Gewinnausschüttungen qualifiziert werden.

---

99) Roser, in Gosch, KStG, 4. Aufl. 2020, § 8c Rdnr. 106; Dörr/Egger, NWB 2013, 22; Hoffmann, DStR 2004, 293; Berg/Schmich, FR 2004, 520.

100) BFH, Urt. v. 21.02.2018 – I R 46/16, BFH/NV 2018, 893.

101) So wohl auch BFH, Urt. v. 21.02.2018 – I R 46/16, BFH/NV 2018, 893, Rdnr. 19 f.

102) BFH, Urt. v. 01.02.2001 – IV R 3/00, BStBl II, 520.

25. Haftungsrisiken für den Erwerber

Inhalt **Rdnr.**

25.1 Arten von Haftungsrisiken

Regelmäßig will ein Erwerber bei der Übernahme eines Betriebs oder einer Beteiligung keine Haftung für Verbindlichkeiten oder Risiken übernehmen, die auf die Zeit des Betriebs durch den Veräußerer entfallen. Bei den möglichen Haftungsrisiken ist danach zu unterscheiden, welche Rechtsform die übertragene rechtliche Einheit hatte. Dabei sind weiterhin arbeitsrechtliche, steuerrechtliche, sozialversicherungsrechtliche und handels-/zivilrechtliche Haftungsrisiken zu betrachten. 25.1

25.2 Steuerliche Haftungsrisiken des Erwerbers

25.2.1 Haftung nach § 75 AO

Nach § 75 AO haftet der Erwerber, wenn ein Unternehmen oder ein in der Struktur eines Unternehmens gesondert geführter Betrieb im Ganzen übereignet wird, für Steuern, die durch den Betrieb des Unternehmens ausgelöst werden, und für Steuerabzugsbeträge, vorausgesetzt, dass die Steuern seit dem Beginn des letzten, vor der Übereignung liegenden Kalenderjahres entstanden sind und bis zum Ablauf von einem Jahr nach Anmeldung des Betriebs durch den Erwerber festgesetzt oder angemeldet werden. Die Haftung beschränkt sich auf den Bestand des übernommenen Vermögens. Den Steuern stehen die Ansprüche auf Erstattung von Steuervergütungen gleich. Dies gilt jedoch nicht für Erwerbe aus einer Insolvenzmasse und für Erwerbe im Vollstreckungsverfahren. 25.2

25.3 Der Begriff des Unternehmens in diesem Sinne ist nach Ansicht des BFH weit zu verstehen und erfasst jede organische Zusammenfassung von persönlichen und sachlichen Mitteln zur Verfolgung eines wirtschaftlichen oder ideellen Zwecks.[1] Daher ist der Begriff „Unternehmen" i.S.d. § 75 AO inhaltlich identisch wie der Begriff „Unternehmer" i.S.d. § 2 Abs. 1 UStG.[2]

25.4 Steuern, für die gehaftet wird, mithin auf den Betrieb des Unternehmens zurückzuführen sind, sind solche, die bei einem Nichtunternehmer nicht anfallen können, also die Umsatzsteuer und die Gewerbesteuer einschließlich der Rückforderungsansprüche für zu Unrecht dem Unternehmensvorgänger gezahlte Steuern, jedoch nicht die Einkommensteuer sowie die Körperschaftsteuer.[3] Hinzu kommt zudem eine Haftung für die Zweitwohnungsteuer und die kommunalen Bettensteuern (z.B. die Kultur- und Tourismustaxe in Hamburg), soweit das Unternehmen einen entsprechenden Unternehmensgegenstand verfolgt, z.B. ein Gastgewerbe (Hotel, Pension). Die Haftung erstreckt sich auch nicht auf die Nebenleistungen wie Zinsen, Verspätungs- und Säumniszuschläge.[4]

25.5 Die Haftung gilt, um Unternehmensfortführungen von Betrieben in wirtschaftlichen Schwierigkeiten zu vermeiden, nicht für einen Erwerb aus der Insolvenzmasse oder im Vollstreckungsverfahren. Der Erwerber sollte in diesen Fällen aus Vorsicht darauf achten, entsprechende Unterlagen oder Nachweise vorlegen zu können, falls die Finanzverwaltung eine Haftung für Steuerschulden des Vorgängers verfolgt.

25.6 Die Haftung tritt unter den Voraussetzungen des § 75 AO bei Betriebsübernahme ein. Als Betrieb in diesem Sinne gilt dabei die Übernahme von Einzelunternehmen oder Mitunternehmeranteilen, soweit eine persönliche Haftung der Mitunternehmer besteht, nicht jedoch die Übernahme von einer Beteiligung an Kapitalgesellschaften, selbst bei der Übernahme von 100 % des Nennkapitals. Ferner kommt eine Haftung nach § 75 AO in Betracht, wenn der gesamte Betrieb eines anderen Unternehmers, gleich welcher Rechtsform übernommen wird.

25.7 Die Bestimmungen des § 75 AO sind für den Erwerber nicht disponibel, der Erwerber kann also die Folgen der Haftung lediglich vermindern, wenn er einen entsprechenden Freistellungsanspruch mit dem Veräußerer vereinbart. Dieser Anspruch hilft dem Erwerber allerdings nur dann, wenn der Veräußerer über ausreichend Bonität und Liquidität verfügt, um den Anspruch erfolgreich durchzuset-

1) Loose, in: Tipke/Kruse, AO/FGO, § 75 AO Rdnr. 4 (03/2023).
2) Loose, in: Tipke/Kruse, AO/FGO, § 75 AO Rdnr. 4 (03/2023).
3) Loose, in: Tipke/Kruse, AO/FGO, § 75 AO Rdnr. 40 (03/2023).
4) Loose, in: Tipke/Kruse, AO/FGO, § 75 AO Rdnr. 40 (03/2023).

zen. Alternativ kann der Erwerber versuchen, sich eine entsprechende Sicherheit vom Veräußerer einräumen zu lassen oder einen Teil des Kaufpreises zurückzuhalten, bis Klarheit über die steuerlichen Verhältnisse der Veranlagungszeiträume vor dem Erwerber besteht. Fraglich ist allerdings, ob und inwieweit sich der Veräußerer darauf einlässt. Letztlich lässt sich in einer umfangreichen Due Diligence, die auch steuerliche Risiken einschließt, das Risiko einer steuerlichen Haftung vermindern bzw. über die Anpassung des Kaufpreises entsprechend auffangen.

25.2.2 Haftung des Eigentümers von Gegenständen

Nach § 74 AO haftet für den Fall, dass Gegenstände, die einem Unternehmen dienen, nicht dem Unternehmer, sondern einer an dem Unternehmen wesentlich beteiligten Person gehören, der Eigentümer mit diesen Gegenständen für diejenigen Steuern des Unternehmens, die auf den Betrieb des Unternehmens zurückzuführen ist. Die Haftung erstreckt sich jedoch nur auf die Steuern, die während des Bestehens der wesentlichen Beteiligung entstanden sind. Den Steuern stehen die Ansprüche auf Erstattung von Steuervergütungen gleich. 25.8

Die Steuern, für die nach § 74 AO gehaftet wird, entsprechen denjenigen Steuern, für die nach § 75 AO gehaftet wird, also Umsatz- und Gewerbesteuer, aber nicht die Einkommen- und Körperschaftsteuer. Die Haftung erstreckt sich auch auf Zinsen, aber nicht auf die übrigen Nebenleistungen wie Verspätungs- und Säumniszuschläge.[5] Sie bezieht sich lediglich auf den Gegenstand, mit dem gehaftet wird. Die Haftung muss durch Zwangsvollstreckung in den fraglichen Gegenstand durchgesetzt werden und setzt sich an einem möglichen Surrogat für den Gegenstand fort, also einem eventuell erzielten Veräußerungserlös.[6] 25.9

Nach § 74 Abs. 2 AO ist eine Person an dem Unternehmen wesentlich beteiligt, wenn sie unmittelbar oder mittelbar zu mehr als 1/4 am Grund- oder Stammkapital oder am Vermögen des Unternehmens beteiligt ist. Als wesentlich beteiligt gilt auch, wer auf das Unternehmen einen beherrschenden Einfluss ausübt und durch sein Verhalten dazu beiträgt, dass fällige Steuern, für die nach § 74 AO gehaftet wird, nicht entrichtet werden. Eine Haftung nach § 74 AO kommt also insbesondere in den Konstellationen einer Betriebsaufspaltung oder von Sonderbetriebsvermögen I in Frage, also in den Fällen, in denen Wirtschaftsgüter, die im Eigentum des Gesellschafters stehen, der Mitunternehmerschaft (Personengesellschaft wie KG, OHG oder GbR) zur Nutzung überlassen werden. 25.10

5) Loose, in: Tipke/Kruse, AO/FGO, § 74 AO Rdnr. 15 (03/2023).

6) Loose, in: Tipke/Kruse, AO/FGO, § 74 AO Rdnr. 17 (03/2023).

25.2.3 Haftung für Steuerschulden aufgrund einer Organschaft

25.11 Nach § 73 AO haftet eine Organgesellschaft für Steuerschulden des Organträgers, soweit die Organschaft für die Steuern von Bedeutung ist. Die Haftung kann sich also auf die Ertragsteuern und Umsatzsteuern erstrecken. Dies hängt im Einzelfall davon ab, ob die Voraussetzungen der Organschaft bei den Ertragsteuern und der Umsatzsteuer erfüllt sind.[7] Die Organgesellschaft haftet, wenn im Zeitpunkt der Entstehung des Haftungsanspruches die Organschaft bestanden hat.[8] Dem Erwerber eines Unternehmens, das zuvor in einen Organkreis eingegliedert war, muss sich also darüber bewusst sein, dass u.U. auch noch ein Risiko hinsichtlich der Haftung für Steuerschulden aus dem ehemaligen Organkreis besteht. Gleichzeitig muss ein Erwerber, der das Unternehmen in einen Organkreis eingliedern will, bewusst sein, dass er damit möglicherweise den Finanzbehörden einen weiteren potenziellen Haftungsschuldner verschafft.

25.2.4 Haftung für Steuerschulden aufgrund einer Betriebsprüfung

25.12 Kommt es nach dem Erwerb aufgrund einer steuerlichen Betriebsprüfung zur Festsetzung von Mehrsteuern für Veranlagungszeiträume vor dem Übergabestichtag an den Erwerber, stellt sich die Frage, wer dafür aufzukommen hat. Bei den Steuern, die das Unternehmen selbst zu tragen hat, sind diese unabhängig vom Erwerb vom Unternehmen selbst zu zahlen. Der Erwerber wird also dadurch belastet. Dies gilt für die Gewerbesteuer und die Umsatzsteuer sowie die Körperschaftsteuer und, was praktisch eher von untergeordneter Bedeutung ist, auch für die Grundsteuer. In allen diesen Fällen ergibt sich die Haftung direkt aus dem jeweiligen materiellen Steuergesetz, z.B. § 5 GewStG.

25.13 Insoweit geht es für den Erwerber lediglich darum, bei einer eventuellen Verpflichtung zur Zahlung dieser Steuern eine Rückgriffsmöglichkeit auf den Veräußerer zu haben. Es muss also im Kaufvertrag über das Unternehmen geklärt werden, ob es zur Anpassung des Kaufpreises an das Ergebnis einer steuerlichen Betriebsprüfung nach dem Übergabezeitpunkt für das Unternehmen kommt und Veranlagungszeiträume vor dem Übergabezeitpunkt betrifft.

7) Loose, in: Tipke/Kruse, AO/FGO, § 73 AO Rdnr. 5 (03/2023).
8) Loose, in: Tipke/Kruse, AO/FGO, § 73 AO Rdnr. 8 (03/2023).

Beispiel 25.14

Die A-GmbH möchte das Unternehmen der B-GmbH übernehmen. Im Kaufvertrag soll durch entsprechende Klauseln das Haftungsrisiko so weit wie möglich dem Veräußerer auferlegt werden.

Lösung

Dazu dient folgende Musterformulierung:

Musterklausel zur Übernahme des steuerlichen Haftungsrisikos durch den Veräußerer

§ X Steuern

(1) Steuern i.S.d. Vertrags sind alle von einer zuständigen inländischen Bundes-, Landes- oder Kommunalbehörde oder einer entsprechenden ausländischen Behörde („Steuerbehörde/n") erhobenen Steuern i.S.v. § 3 Abs. 1–3 AO oder entsprechende Regelungen eines ausländischen Rechts, einschließlich steuerlicher Nebenleistungen (wie z.B. Zinsen, Kosten, Steuerzuschläge) i.S.v. § 3 Abs. 4 AO oder entsprechende Regelungen eines ausländischen Rechts sowie Haftungsverbindlichkeiten für vorstehend genannte Steuern (nachfolgend zusammen „Steuern" genannt).

(2) Der Verkäufer stellt die Käuferin bzw. die Gesellschaft nach Maßgabe der folgenden im Zusammenhang mit Steuern und damit im Zusammenhang stehenden weiteren Aufwendungen frei:

a) Der Verkäufer ist verpflichtet, an die Käuferin denjenigen Betrag zu zahlen, der erforderlich ist, um die Gesellschaft von sämtlichen Steuern und damit im Zusammenhang stehenden weiteren Aufwendungen freizustellen, die Zeiträume und Zeitpunkte betreffen, die bis zum ... enden oder vor diesem Stichtag bereits geendet haben. Die Käuferin kann verlangen, dass der Betrag unmittelbar an die Gesellschaft gezahlt wird.

b) Die Freistellungsverpflichtung des Verkäufers erstreckt sich nur auf Steuerfestsetzungen für Zeiträume bis zum ... aufgrund einer steuerlichen Außenprüfung oder ähnlicher Maßnahmen der Steuerverwaltung, die zu Steuernachzahlungen führen.

c) Die Verpflichtung des Verkäufers nach diesem Absatz 2 gilt nicht, soweit die betreffende Mehrsteuer zu Steuervorteilen bei der Gesellschaft in einem Zeitraum von bis zu fünf Jahren nach dem ... führt („steuerlicher Umkehreffekt"). Dies gilt insbesondere dann, wenn es aufgrund der Änderung von Steuerbescheiden lediglich zu einer Verschiebung von steuerlichem Aufwand in spätere Veranlagungszeiträume kommt (Phasenverschiebung). In diesem Fall wird der nach diesem Absatz 2 von dem Verkäufer zu zahlende Betrag um den Betrag der zukünftigen Steuerminderungen reduziert. Eine Steuerminderung nach dem ... wird auch angenommen, wenn durch die Minderung der steuerlichen Bemessungsgrundlage ein Verlust entsteht oder sich erhöht.

d) Zahlungen des Verkäufers an die Käuferin aufgrund dieses Absatzes 2 werden innerhalb von zehn Bankarbeitstagen fällig, nachdem die Käuferin den Verkäufer schriftlich über die Zahlungsverpflichtung und den entsprechenden Zahlungstag unter Beifügung der Kopie der entsprechenden Steuerfestsetzung (oder Steueranmeldung) oder sonstige Unterlagen, aus denen sich die Verpflichtung zur Zahlung der betreffenden Mehrsteuern ergibt, informiert hat, aber in keinem Fall früher als zwei Bankarbeitstage, bevor die betreffende Mehrsteuer gegenüber der Finanzbehörde zur Zahlung fällig ist. Die Mitteilung der Käuferin hat gegenüber dem Verkäufer zu erfolgen.

(3) Soweit eine Inanspruchnahme des Verkäufers nach Absatz 2 droht, wird die Käuferin im Rahmen ihrer rechtlichen Möglichkeiten dafür sorgen, dass der Verkäufer oder eine von ihm beauftragte Person, die zur Berufsverschwiegenheit verpflichtet ist, von der Durchführung von Betriebsprüfungen und/oder von steuerlichen Maßnahmen unterrichtet wird und Gelegenheit erhält, alle wesentlichen Maßnahmen der Gesellschaft im Zusammenhang mit Betriebsprüfungen und/oder von steuerlichen Maßnahmen mit den beteiligten Personen zu erörtern. Die Käuferin wird ferner dafür sorgen, dass über die Einlegung, die Rücknahme oder die Änderung von Rechtsbehelfen und/oder Rechtsmitteln gegen Steuerbescheide, die insbesondere aufgrund von steuerlichen Außenprüfungen geändert wurden, und/oder gegen sonstige steuerlichen Maßnahmen nur nach vorheriger Konsultation und Abstimmung mit dem Verkäufer durch die Gesellschaft entschieden wird. Auf Wunsch und auf Kosten des Verkäufers hat die Käuferin dafür Sorge zu tragen, dass ein Rechtsbehelfs- und/oder Rechtsmittelverfahren betrieben wird.

(4) Die Käuferin wird die Steuererklärungen der Gesellschaft für ... innerhalb eines Monats nach Aufstellung des Jahresabschlusses für ... erstellen.

(5) Die auf Zeiträume ab dem ... entfallende Gewerbesteuer für den Veranlagungszeitraum ... oder spätere Zeiträume ist durch die Käuferin zu tragen.

(6) Der Verkäufer verpflichtet sich, die Gesellschaft bei der Erstellung von Steuererklärungen, Steuer-Voranmeldungen und sonstigen Erklärungen im Zusammenhang mit Steuern, die Zeiträume bis einschließlich ... betreffen, zu unterstützen. Dies gilt auch für die Unterstützung bei Rechtsbehelfsverfahren, Rechtsmittelverfahren oder Betriebsprüfungen der Gesellschaft, die diese Zeiträume betreffen.

zusätzlich bei der Übernahme einer Kommanditbeteiligung:

(7) Steuernachzahlungen oder Steuererstattungen aufgrund der einheitlichen und gesonderten Gewinnfeststellung für das Kalenderjahr ... sind von der Käuferin zu tragen bzw. stehen ihr zu, soweit diese auf Sachverhalte für die Zeit vom ... bis zum ... entfallen. Steuernachzahlungen oder Steuererstattungen aufgrund der einheitlichen und gesonderten Gewinnfeststellung für das Kalenderjahr ... sind vom Verkäufer zu tragen bzw. stehen ihm zu, soweit diese auf Sachverhalte für die Zeit vom ... bis zum ... entfallen bzw. im Zwischenabschluss per ... enthalten sind.

25.3 Haftung für sozialversicherungsrechtliche Ansprüche

Für sozialversicherungsrechtliche Ansprüche existiert keine vergleichbare Haftungsgrundlage wie §§ 74, 75 AO. Ebenso scheidet eine Haftung aufgrund eines Betriebsübergangs aus.[9] Eine Haftung für solche Ansprüche kann jedoch in Frage kommen, wenn eine sozialversicherungsrechtliche Prüfung zu Nachforderungen an das Unternehmen führt und das Unternehmen unabhängig vom Inhaber für diese Nachforderungen aufzukommen hat. Dies ist z.B. bei Kapitalgesellschaften oder Personengesellschaften der Fall, wenn lediglich ein Gesellschafterwechsel erfolgt ist, das Unternehmen als eigenständige juristische Person oder teilrechtsfähige Personengesellschaft unverändert aber bestehen geblieben ist. Dann folgt die Haftung aus § 28e Abs. 1 Satz 1 SGB IV. 25.15

Ein Sonderfall gilt für die Verschmelzung: Das verschmolzene Unternehmen geht nach der Verschmelzung unter, so dass der Rechtsträger, auf den verschmolzen worden ist, auch für die Sozialversicherungsbeiträge des verschmolzenen Rechtsträgers haftet.[10] 25.16

Die eben (Rdnr. 25.15 und 25.16) skizzierte Haftung bezieht sich hier jeweils auf rückständige Sozialversicherungsbeiträge, also auf solche, die auf Zeiträume vor dem Erwerb entfallen. Für die Sozialversicherungsbeiträge für Zeiträume nach dem Erwerb folgt die Haftung ebenfalls aus § 28e Abs. 1 Satz 1 SGB IV und bedarf insoweit keiner weiteren Erläuterung. 25.17

Der Erwerber sollte also, wenn eine Haftung auch für rückständige Sozialversicherungsbeiträge nicht auszuschließen ist, wie für Steuern eine Freistellung vom 25.18

9) Z.B. LSG Bayern, Beschl. v. 28.01.2011 – L 5 R 848/10 B ER, NZA 2011, 904, DRV Bund, summa summarum 5/2014, 12 f.

10) BSG, Urt. v. 10.08.2000 – B 12 KR 21/98 R, NZS 2001, 414.

Veräußerer vertraglich verlangen, weil auch diese Ansprüche ebenso wie Steuerforderungen für die Vertragspartner nicht disponibel sind. Dabei reicht es aus, auf die für Steuern getroffenen Regelungen im Vertrag zu verweisen und diese für entsprechend anwendbar zu bestimmen.

25.19 Eine entsprechende Musterformulierung für die Freistellung von Forderungen aus rückständigen Sozialversicherungsbeiträgen lautet:

Musterklausel für die Freistellung von Forderungen aus rückständigen Sozialversicherungsbeiträgen

§ Y
Sozialversicherungsbeiträge

Käufer und Verkäufer sind sich einig, dass die in § X für Steuern getroffenen Regelungen auch für bis zum Übergabestichtag rückständige Sozialversicherungsbeiträge entsprechend gelten.

25.4 Zivilrechtliche Haftungsansprüche

25.20 Bei den zivilrechtlichen Haftungsansprüchen kommt vor allem eine Haftung wegen der Firmenfortführung (§ 25 HGB) und wegen eines Betriebsübergangs (§ 613a BGB) in Betracht. Ferner ist an eine deliktische Haftung zu denken, wenn der Erwerber im Rahmen der Übernahme der betrieblichen Einheit eigene Pflichtverletzungen – z.B. durch Unterlassen, nachdem er erkannt hat, dass der Veräußerer es unterlassen hat, bestimmte Pflichten zu erfüllen, und durch Untätigkeit diese Pflichtverletzung als eigene fortsetzt – begeht. Allerdings wird grundsätzlich unterstellt, dass sich der Erwerber rechtskonform verhält.

25.4.1 Haftung wegen Firmenfortführung

25.21 Nach § 25 HGB kommt eine Haftung für Verbindlichkeiten des Veräußerers in Frage, wenn er bei einem durch Rechtsgeschäft erworbenen Handelsgeschäft unter der bisherigen Firma mit oder ohne Beifügung eines das Nachfolgeverhältnis andeutenden Zusatzes das Handelsgeschäft fortführt. Die in dem Betrieb begründeten Forderungen gelten den Schuldnern gegenüber als auf den Erwerber übergegangen, falls der bisherige Inhaber oder seine Erben in die Fortführung der Firma eingewilligt haben. Ist diese Haftung vertraglich bei der Übernahme ausgeschlossen worden, so gilt diese abweichende Vereinbarung einem Dritten gegenüber nur, wenn diese Vereinbarung in das Handelsregister eingetragen und bekanntgemacht oder von dem Erwerber oder dem Veräußerer dem Dritten mitgeteilt worden ist.

Wird hingegen die Firma nicht fortgeführt, so haftet der Erwerber eines Handelsgeschäfts für die früheren Geschäftsverbindlichkeiten nur, wenn ein besonderer Verpflichtungsgrund vorliegt, insbesondere wenn die Übernahme der Verbindlichkeiten in handelsüblicher Weise von dem Erwerber bekanntgemacht worden ist. 25.22

Der Erwerber muss also darauf achten, wenn er die bisherige Firma fortführen will, dass eine Haftungsbeschränkung unbedingt im Handelsregister eingetragen und entsprechend bekanntgemacht wird. Alternativ kann diese Vereinbarung auch eventuellen Gläubigern bekanntgemacht werden. Hierbei bietet sich aus Nachweisgründen an, die Mitteilung an den Gläubiger gemeinsam mit dem Veräußerer als bisherigem Schuldner vorzunehmen. 25.23

25.4.2 Haftung des Erwerbers aufgrund gesellschaftsrechtlicher Vorschriften

Gesellschafter einer GbR oder OHG und der Komplementär einer KG haften persönlich für die Verbindlichkeiten der Gesellschaft (§§ 128, 129 HGB). Dies gilt auch für den eintretenden Gesellschafter in eine GbR oder OHG (§ 130 HGB). Der ausscheidende Gesellschafter haftet noch für fünf Jahre nach seinem Ausscheiden für Verbindlichkeiten, die bis zum Zeitpunkt seines Ausscheidens aus der Gesellschaft begründet worden sind (§ 160 HGB). Vereinbarungen, die die Haftung des eintretenden oder ausscheidenden Gesellschafters modifizieren sollen, sind Dritten gegenüber unwirksam, so dass die Gesellschafter lediglich durch Vereinbarung regeln können, dass sie bei einer Inanspruchnahme einen Rückgriff auf die Gesellschaft oder andere Gesellschafter einschließlich des Erwerbers bzw. Veräußerers haben. Diese Ansprüche stehen allerdings unter dem Vorbehalt der jeweiligen Bonität und ausreichender Liquidität des Anspruchsverpflichteten. Diese Haftungslage ist allerdings der jeweils gewählten Rechtsform geschuldet, so dass sich insoweit eintretender und ausscheidender Gesellschafter darüber im Klaren sein müssen. 25.24

Eine Besonderheit gilt für den Erwerb eines Kommanditanteils: Um sicherzustellen, dass der Erwerber des Kommanditanteils nicht noch einmal für die Aufbringung der Kommanditeinlage in Anspruch genommen werden kann, ist in der Anmeldung zum Handelsregister von dem Erwerber, dem Veräußerer und den übrigen Gesellschaftern zu versichern, dass der Erwerber im Wege der Sonderrechtsnachfolge in die Gesellschaft eingetreten ist, also die ursprünglich erbrachte Kommanditeinlage übernimmt und diese nicht noch einmal erbringen muss. 25.25

25.5 Haftung für einen Betriebsübergang

25.26 Relevant für den Erwerber ist insbesondere eine mögliche Haftung für Forderungen von Arbeitnehmern, die mit dem Betrieb übernommen werden (dazu ausführlich Rdnr. 9.1 ff.). Insoweit kann eine Haftung nach § 613a BGB in Frage kommen. § 613a BGB setzt einen Betriebsübergang durch Rechtsgeschäft voraus, der beim Erwerber eines gesamten Betriebs regelmäßig vorliegen wird. Fraglich kann dies bei einem Asset Deal sein, wenn nicht alle für einen Betriebsübergang erforderlichen Vermögensgegenstände mit übernommen werden, um eine funktionsfähige betriebliche Einheit zu erwerben. Bei einem bloßen Erwerb von Anteilen an einer Kapitalgesellschaft oder Personengesellschaft liegt regelmäßig ein Betriebsübergang insoweit nicht vor, weil nicht der Betrieb übertragen wird, sondern der Erwerb auf der Ebene der Gesellschafter erfolgt. Der Arbeitgeber bleibt formal gleich, die Neugesellschafter haften daher indirekt für die Verbindlichkeiten gegenüber den Arbeitnehmern. Diese Haftung folgt aber nicht aus § 613a BGB, sondern unmittelbar aus den bestehenden Anstellungsverträgen. Die Anspruchsgrundlage für den Erwerber dürfte aber letztlich gleichgültig sein. Für ihn ist im Rahmen der Verhandlungen lediglich von Bedeutung, ob und in welcher Höhe er ggf. für Altverbindlichkeiten gegenüber den übernommenen Arbeitnehmern haftet.

25.27 Für den Berater gibt es bei dieser Sachlage zwei Ansatzpunkte für eine Haftungsvermeidung bzw. -reduzierung: Ist von einem Betriebsübergang auszugehen, ist darauf hinzuwirken, dass die Information der betroffenen Arbeitgeber nach § 613a Abs. 6 BGB so früh wie möglich erfolgt, um das Widerspruchsrecht von einem Monat in Gang zu setzen. Darüber hinaus sollte mit dem Veräußerer eine klare Absprache getroffen werden, wer die Mitarbeiter wann informiert. Dies sollte am besten durch ein abgestimmtes Schreiben von Veräußerer und Erwerber zu einem festgelegten Zeitpunkt erfolgen.

25.28 Gleichzeitig muss sich der Erwerber Klarheit darüber verschaffen, ob er alle im Betrieb des Veräußerers angestellten Mitarbeiter übernehmen will. Ist das der Fall, ist nur das Informationsschreiben zu veranlassen, die Mitarbeiter gehen von Gesetzes wegen auf den Erwerber über. Gegebenenfalls sollte mit bestimmten Arbeitnehmern, die der Erwerber unbedingt übernehmen will, im Vorfeld eine vertragliche Vereinbarung getroffen werden, um diese langfristig an den zu übernehmenden Betrieb zu binden.

25.29 Im Umkehrschluss ist eine Regelung zu finden, wenn bestimmte Mitarbeiter nicht übernommen werden sollen. Eine Kündigung wegen des Betriebsübergangs ist nichtig (§ 613a Abs. 4 BGB). Diese Vorschrift schließt eine Kündigung aus anderen Gründen jedoch nicht aus, z.B. verhaltensbedingt oder wegen Wegfalls des Arbeitsplatzes. Insoweit ist es sinnvoll, mit dem Veräußerer zu regeln, wenn kein oder nur bestimmtes Personal übernommen werden soll, dass dieser vor dem Betriebsübergang, und zwar vor dessen Bekanntwerden den betroffenen Mitarbeitern kündigt. Dabei ist zu berücksichtigen, dass, wie dargestellt, eine Kündigung wegen des Betriebsübergangs nichtig ist. Es können also vertraglich ggf. nur Regelungen getroffen werden, die die Folgen des gesetzlich angeordneten Betriebsübergangs abmildern, wie z.B. die Kostenübernahme für mögliche Arbeitsgerichtsstreitigkeiten und Personalaufwendungen bis zum Ausscheiden. Eine solche Klausel könnte z.B. lauten:

Musterklausel zur Regelung der Risikoverteilung beim Betriebsübergang 25.30

§ Z
Anstellungsverhältnisse

(1) Die Käuferin übernimmt keine Mitarbeiter des Verkäufers.

(2) Die Parteien sind sich einig, dass durch diesen Vertrag kein Betriebsübergang nach § 613a BGB erfolgt. Sollten Arbeitnehmer des Verkäufers gleichwohl gem. § 613a BGB eine Anstellung bei der Käuferin erwirken, verpflichtet sich der Verkäufer, sämtliche Gehaltsansprüche einschließlich Lohnsteuer und Sozialversicherungsbeiträgen sowie Abfindungen für die Zeit zu tragen, bis die Arbeitnehmer bei der Käuferin ausscheiden. Die Käuferin verpflichtet sich, zum rechtlich nächstmöglichen Zeitpunkt den Arbeitnehmern zu kündigen. Kündigungsschutzklagen der Arbeitnehmer wird die Käuferin in Abstimmung mit dem Verkäufer führen. Angefallene Rechtsverfolgungskosten, insbesondere Gerichtskosten und Anwaltskosten sind von dem Verkäufer zu tragen.

Praxistipp 25.31

Zur Überprüfung von möglichen Haftungsrisiken nach einem erfolgten Unternehmenskauf ist eine Checkliste hilfreich:

Checkliste für Haftungsrisiken nach dem erfolgten Unternehmenskauf

- Übertragung einer betrieblichen Einheit oder von Anteilen an einer Gesellschaft
- Bei Unternehmensfortführung: Haftung nach § 25 HGB und/oder §§ 74, 75 AO und/oder §§ 128, 129, 130 oder 160 HGB
- Vertragliche Haftungsbeschränkung: bei gesetzlicher Haftung nach §§ 25 HGB und/oder §§ 74, 75 AO und/oder §§ 128, 129, 130 oder 160 HGB nicht wirksam gegenüber Dritten, also Vereinbarung eines Freistellungsanspruchs gegenüber dem Veräußerer bzw. Erwerber
- Bei Übertragung eines Kommanditanteils: Anmeldung der Sonderrechtsnachfolge ans Handelsregister
- Bei Sozialversicherungs- und Steuernachforderungen: nur Haftung für rückständige Abgaben, wenn ein Gesellschafterwechsel stattgefunden hat und das nämliche Unternehmen fortbesteht; Ausnahme § 75 AO
- Bei Betriebsübergang nach § 613a BGB: Übergang der Anstellungsverhältnisse von Gesetzes wegen, daher nur eine vertragliche Vereinbarung zur Abmilderung der Folgen möglich

26. Rechtsformwahl nach Erwerb

Inhalt **Rdnr.**

26.1 Entscheidungskriterien

26.1 „*Die Rechtsform muss zum Unternehmen passen wie ein gut geschnittenes Kleid.*“[1] Ändern sich die Rahmenbedingungen einer Unternehmung, ist eine Überprüfung der Rechtsform angezeigt. Deshalb sollte der Unternehmenskauf stets zum Anlass genommen werden, zu überprüfen, inwieweit die Rechtsform des erworbenen Unternehmens einerseits noch zur wirtschaftlichen Tätigkeit der erworbenen Einheit selbst und andererseits zur Struktur, in die die Unternehmung eingegliedert werden soll, passt. In diese Überprüfung müssen sowohl steuerliche als auch außersteuerliche Entscheidungskriterien einbezogen werden. Zu den außersteuerlichen Entscheidungskriterien zählen die Haftung, die Vertretungs- und Geschäftsführungsbefugnis, die Möglichkeiten der Erfolgsbeteiligung, die Ausgestaltung der Mitbestimmung, Finanzierungsmöglichkeiten, die Publizitätspflicht und der rechtsformspezifische Aufwand.

1) Kessler/Schiffers/Teufel, Rechtsformwahl, 2002, S. V.

26.2 Hinsichtlich der außersteuerlichen Entscheidungskriterien kann auf die bestehende Fachliteratur[2] verwiesen werden. Die nachfolgenden Ausführungen beschränken sich auf die Entscheidung für eine Personen- oder eine Kapitalgesellschaft, ohne die zahlreichen Ausgestaltungsvarianten und Mischformen, grenzüberschreitende Gestaltungsaspekte oder Wechselwirkungen zu anderen Konzerngesellschaften zu thematisieren und können daher nur einen ersten Anhaltspunkt liefern, ob eine Rechtsformänderung aus steuerlicher Perspektive angezeigt sein könnte. Die konkrete Wahl des Rechtskleids und dessen genaue „Ausstaffierung" bedarf indes einer intensiven Auseinandersetzung mit den Eigenschaften der jeweiligen Rechtsformvariante.[3]

26.2 Laufende Besteuerung von Personen- und Kapitalgesellschaften

26.2.1 Gewerblich tätige Personengesellschaften

26.3 Für Zwecke der Einkommen- bzw. Körperschaftsteuer wird die Personengesellschaft grundsätzlich transparent behandelt (Transparenzprinzip).[4] Die Personengesellschaft ist folglich in diesen Fällen einkommen- und körperschaftsteuerlich nur Subjekt der Einkünfteermittlung, besteuert wird indes der Gesellschafter. Dieser Grundsatz gilt jedoch seit Einführung des KöMoG[5] nicht mehr uneingeschränkt. Nach dem neuen § 1a KStG können Personengesellschaften auf Antrag für Zwecke der Besteuerung nach dem Einkommen wie eine Kapitalgesellschaft behandelt werden.[6] Die nachfolgenden Ausführungen zur Kapitalgesellschaftsbesteuerung gelten daher für eine nach § 1a KStG optierte Personengesellschaft entsprechend. Zur besseren Lesbarkeit beschränken sich die nachfolgenden Erläuterungen jedoch auf die Verwendung der Begriffe „Kapitalgesellschaft" und „Personengesellschaft", ohne jeweils explizit auf die Möglichkeit von optierten Personengesellschaften hinzuweisen.

26.4 Die natürliche Person als Gesellschafterin einer Personengesellschaft erzielt gewerbliche Einkünfte i.S.d. § 15 Abs. 1 Satz 1 Nr. 2 EStG, wenn die Personengesellschaft gewerbliche Einkünfte erzielt und der Gesellschafter als Mitunterneh-

---

2) Vgl. etwa Huber/Rinnert, Rechtsformen und Rechtsformwahl, 2. Aufl. 2019.

3) Eine ausführliche Betrachtung der einzelnen Rechtsformen findet sich bei Jacobs/Scheffler/Spengel, Unternehmensbesteuerung und Rechtsform, 5. Aufl. 2015.

4) Hennrichs, in: Tipke/Lang, Steuerrecht, 24. Aufl. 2021, Rdnr. 10.1.

5) Gesetz zur Modernisierung des Körperschaftsteuerrechts (KöMoG) v. 25.06.2021, BGBl I, 2050; vgl. zur Option nach § 1a KStG BMF-Schreiben v. 10.11.2021 – IV C 2 – S 2707/21/10001 :004, BStBl I, 2212.

6) Ausführlich zum KöMoG Probst, in: Bolk, Beratungsschwerpunkte Kapitalgesellschaft, 2. Aufl. 2022, Rdnr. 34.1 ff.

mer anzusehen ist. Die Mitunternehmerstellung liegt vor, wenn der Gesellschafter Mitunternehmerrisiko trägt und Mitunternehmerinitiative entfaltet. Eine unbeschränkt körperschaftsteuerpflichtige Kapitalgesellschaft als Gesellschafterin einer Personengesellschaft erzielt indes stets gewerbliche Einkünfte.

Abhängig davon, ob es sich bei der Gesellschafterin um eine natürliche Person oder um eine Kapitalgesellschaft handelt, unterliegen die auf Ebene der Personengesellschaft ermittelten Einkünfte auf Ebene des Gesellschafters entweder der Einkommensteuer oder der Körperschaftsteuer. Ist der Gesellschafter eine in Deutschland unbeschränkt steuerpflichtige natürliche Person, unterliegen die Einkünfte seinem persönlichen Einkommensteuersatz. Die Höhe der Einkommensteuerbelastung kann somit zwischen 0 und 45 % betragen (§ 32a Abs. 1 EStG). Handelt es sich bei dem Gesellschafter indes um eine Kapitalgesellschaft, unterliegt der steuerliche Gewinnanteil der 15%igen Körperschaftsteuer (§ 23 Abs. 1 KStG). 26.5

Gewerbesteuerlich ist die Personengesellschaft selbst Steuerobjekt und somit intransparent. Um eine annähernd gleiche Gesamtbelastung der Investition über eine Kapitalgesellschaft und der Investition über eine Personengesellschaft zu erreichen, können natürliche Personen die anteilig auf sie entfallende Gewerbesteuer nach § 35 EStG auf die Einkommensteuer anrechnen. 26.6

Da die Thesaurierungsbelastung einer Personengesellschaft mit natürlichen Personen als Gesellschaftern im Spitzensteuersatz deutlich über derjenigen einer Kapitalgesellschaft liegt, hat der Gesetzgeber mit § 34a EStG eine Thesaurierungsbegünstigung für Personengesellschaften geschaffen.[7] Danach werden die thesaurierten Gewinne einer Personengesellschaft auf Antrag mit 28,25 % besteuert (§ 34a Abs. 1 EStG). Allerdings steigt die (effektive) Thesaurierungsbelastung auf ca. 35,43 % an, wenn die Einkommensteuer aus dem Unternehmensvermögen entnommen werden muss und nicht etwa aus steuerfreien Gewinnen bedient werden kann (sog. Schattenbesteuerung).[8] Werden die thesaurierten Gewinne später entnommen, fällt darauf Einkommensteuer i.H.v. 25 % an (§ 34a Abs. 4 EStG). 26.7

7) Ausführlich zur Thesaurierungsbegünstigung Pfuhl, Steuerorientierte Rechtsformplanung mittels Thesaurierungsbegünstigung und Abgeltungsteuer, 2014.

8) Pfuhl, Steuerorientierte Rechtsformplanung mittels Thesaurierungsbegünstigung und Abgeltungsteuer, 2014, S. 64. Aber auch bei Zahlung des Steuerbetrags aus anderweitig vorhandener Liquidität liegt bei ökonomischer Betrachtung die effektive Steuerbelastung weit über den in der Norm genannten 28,25 %. Denn auch diese privat verfügbaren Mittel haben in der Vergangenheit einst einer Besteuerung mit dem persönlichen Steuersatz unterlegen und sind somit gleichsam latent vorbelastet, vgl. Mirbach, Steuerplanung bei personenbezogenen Immobilieninvestitionen, 2017, S. 113.

26.2.2 Kapitalgesellschaften

26.8 Die Besteuerung von Kapitalgesellschaften folgt dem Trennungsprinzip.[9] Der von einer Kapitalgesellschaft erwirtschaftete Gewinn unterliegt zunächst auf Ebene der Körperschaft der Besteuerung mit Körperschaftsteuer, Gewerbesteuer und Solidaritätszuschlag, so dass sich je nach Hebesatz eine Thesaurierungsbelastung von ca. 23 % bis zu ca. 47 % ergibt.[10] Die mittlere Thesaurierungsbelastung einer Kapitalgesellschaft beträgt ca. 30 %.[11] Wird der erwirtschaftete Gewinn ausgeschüttet, erfolgt auf Ebene des Gesellschafters ein weiterer Steuerzugriff (Zwei-Ebenen-Besteuerung). Die Besteuerung der Ausschüttung ist abhängig davon, ob es sich bei der Anteilseignerin um eine Kapitalgesellschaft oder um eine natürliche Person handelt. Bei natürlichen Personen ist zusätzlich zu unterscheiden, ob die Beteiligung im Privatvermögen oder im Betriebsvermögen gehalten wird.

26.9 Ausschüttungen an Kapitalgesellschaften sind nach § 8b Abs. 1 i.V.m. Abs. 5 KStG effektiv zu 95 % steuerfrei, sofern die Beteiligungshöhe mindestens 10 % beträgt (§ 8b Abs. 4 KStG). Mit der Beteiligung zusammenhängende Aufwendungen können – systematisch zutreffend[12] – vollständig abgezogen werden.

26.10 Wird die Beteiligung im Betriebsvermögen einer natürlichen Person gehalten, so unterliegt die Ausschüttung dem Teileinkünfteverfahren und ist nach § 3 Nr. 40 Buchst. d) EStG zu 40 % steuerfrei. Mit der Beteiligung im Zusammenhang stehende Aufwendungen können im Rahmen des Teileinkünfteverfahrens nach § 3c Abs. 2 EStG lediglich zu 60 % abgezogen werden.

26.11 Befindet sich die Beteiligung im Privatvermögen einer natürlichen Person, unterliegt sie grundsätzlich der Abgeltungsteuer i.H.v. 25 %. Die zugehörigen Werbungskosten sind nach § 20 Abs. 9 Satz 1 zweiter Halbsatz EStG nicht abzugsfähig. Stattdessen kann lediglich der Sparerpauschbetrag i.H.v. 801 € (bzw. 1.000 € ab dem Veranlagungszeitraum 2023) nach § 20 Abs. 9 Satz 1 erster Halbsatz EStG geltend gemacht werden.

26.12 Die natürliche Person kann jedoch zum Teileinkünfteverfahren optieren, wenn die Beteiligung im Privatvermögen gehalten wird und die Gesellschafterin zu mindestens 25 % an der Kapitalgesellschaft beteiligt ist oder sie zu mindestens

9) Hennrichs, in: Tipke/Lang, Steuerrecht, 24. Aufl. 2021, Rdnr. 11.1.

10) Kessler/Egelhof/Probst, StuW 2018, 255, 266.

11) Bei einem Gewerbesteuerhebesatz von 402 %, was dem durchschnittlichen Hebesatz des Jahres 2018 entspricht, vgl. Pressemitteilung des Statistischen Bundesamts v. 30.08.2019 – Nr. 331, beträgt die Gesamtsteuerbelastung auf Ebene der Körperschaft 29,895 %.

12) Kessler/Egelhof/Probst, StuW 2018, 255, 259.

1 % an der Kapitalgesellschaft beteiligt ist und durch eine berufliche Tätigkeit für diese maßgeblichen unternehmerischen Einfluss auf deren wirtschaftliche Tätigkeit nehmen kann (§ 32d Abs. 2 Nr. 3 EStG).

Steuerliche Behandlung von Gewinnausschüttungen in Abhängigkeit vom Anteilseigner

Anteilseignerin				
Kapitalgesellschaft		Natürliche Person		
Beteiligungshöhe ≥ 10 %	Beteiligungshöhe < 10 %	Betriebsvermögen	Privatvermögen	
§ 8b KStG:	§ 8b Abs. 4 KStG:	TEV:	ohne Option:	mit Option:
– effektiv 5%ige Steuerpflicht – 100%iger BA-Abzug	– volle Steuerpflicht	– 60%ige Steuerpflicht – 60%iger BA-Abzug	– 25%iger Steuersatz – kein WK-Abzug, stattdessen Sparer-Pauschbetrag i.H.v. 801 € (1.000 € ab VZ 2023)	TEV: – 60%ige Steuerpflicht – 60%iger WK-Abzug

26.3 Steuerbelastungsvergleich

26.3.1 Grundfall

In der nachfolgenden Tabelle sind zunächst die Steuerbelastungen der Kapital- 26.13
gesellschaft und der Personengesellschaft für den Fall gegenübergestellt, in dem keine Thesaurierung stattfindet. Der Berechnung der Gesamtbelastung wurde dabei jeweils der Reichensteuersatz von 45 % zugrunde gelegt. Der Blick auf die Gesamtbelastung beider Rechtsformvarianten verdeutlicht die vom Gesetzgeber beabsichtigte Gleichbehandlung der beiden Investitionsvehikel. Trotzdem zeigt sich ein leichter Vorteil der Personengesellschaft gegenüber der Kapitalgesellschaft.

Steuerbelastungsvergleich Kapitalgesellschaft zu Personengesellschaft

	KapG		PersG
	PV	BV	
Gewinn	100,00	100,00	100,00
GewSt (400 %)	14,00	14,00	14,00
KSt (15 %)	15,00	15,00	
SolZ (5,5 %)	0,83	0,83	
Steuerbelastung Gesellschaft	29,83	29,83	14,00
Nettodividende	70,18	70,18	
davon steuerpflichtig	70,18	42,11	
Abgeltungsteuer (25 %)	17,54	–	
Einkommensteuer (45 %)	–	18,95	31,00
SolZ (5,5 %)	0,96	1,04	1,71
Steuerbelastung Gesellschafter	18,51	19,99	32,71
Gesamtsteuerbelastung	**48,34**	**49,82**	**46,71**

26.3.2 Einfluss des persönlichen Steuersatzes

26.14 Im Gegensatz zur Gesamtsteuerbelastung einer Kapitalgesellschaft wird die Gesamtsteuerbelastung einer Personengesellschaft erheblich vom persönlichen Steuersatz des Gesellschafters geprägt. Unterliegt der Gesellschafter nicht dem Reichensteuersatz, sondern einem niedrigeren Steuersatz, ist die Personengesellschaft der Kapitalgesellschaft – wie nachfolgend exemplarisch für einen 30%igen Durchschnittssteuersatz dargestellt – deutlich überlegen. Dieser Vorteil wird besonders dramatisch, wenn sich die Kapitalgesellschaftsbeteiligung im Privatvermögen befindet. Aber auch bei Anwendung des Teileinkünfteverfahrens ist der Vorteil der Personengesellschaft gegenüber der Kapitalgesellschaft erheblich, denn die Gesamtbelastung der Kapitalgesellschaft wird in hohem Maß durch die Körperschaft- und die Gewerbesteuer auf Kapitalgesellschaftsebene bestimmt.

Steuerbelastungsvergleich Kapitalgesellschaft zu Personengesellschaft (30%iger Steuersatz)

	KapG		PersG
	PV	BV	
Gewinn	100,00	100,00	100,00
GewSt (400 %)	14,00	14,00	14,00
KSt (15 %)	15,00	15,00	
SolZ (5,5 %)	0,83	0,83	
Steuerbelastung Gesellschaft	29,83	29,83	14,00
Nettodividende	70,18	70,18	
davon steuerpflichtig	70,18	42,11	
Abgeltungsteuer (25 %)	17,54	–	
Einkommensteuer (30 %)	–	12,63	16,00
SolZ (5,5 %)	0,96	0,69	0,88
Steuerbelastung Gesellschafter	18,51	13,33	16,88
Gesamtsteuerbelastung	**48,34**	**43,16**	**30,88**

26.3.3 Einfluss der Gewerbesteuer

Besonders deutliche Unterschiede zwischen der Steuerbelastung der Personen- 26.15
gesellschaft und der Kapitalgesellschaft bestehen zudem in dem unterschiedlichen Einfluss der Gewerbesteuer. Bei der Personengesellschaft hat ein niedriger Gewerbesteuerhebesatz zur Folge, dass die natürliche Person als Gesellschafterin entsprechend weniger Gewerbesteuer nach § 35 EStG auf ihre Einkommensteuer anrechnen kann.[13] Die Gesamtsteuerbelastung einer Personengesellschaft reagiert daher – im Gegensatz zur Gesamtsteuerbelastung einer Kapitalgesellschaft – kaum auf einen niedrigen Gewerbesteuerhebesatz. Dieser Effekt wird in der nachfolgenden Tabelle verdeutlicht, in der die Gesamtsteuerbelastung der Personengesellschaft derjenigen der Kapitalgesellschaft für verschiedene Gewer-

13) Durch das Zweite Gesetz zur Umsetzung steuerlicher Hilfsmaßnahmen zur Bewältigung der Corona-Krise (Zweites Corona-Steuerhilfegesetz) v. 29.06.2020, BGBl I, 1512, ist der Faktor der Gewerbesteueranrechnung (§ 35 EStG) von 3,8 auf 4,0 erhöht worden.

besteuerhebesätze gegenübergestellt ist. Wie sich der Tabelle entnehmen lässt, ist die Gesamtsteuerbelastung einer Kapitalgesellschaft bis zu einem Gewerbesteuerhebesatz von 285 % niedriger als diejenige einer Personengesellschaft.

Gesamtsteuerbelastung in Abhängigkeit des Gewerbesteuerhebesatzes

Gewerbesteuerhebesätze	200 %		285 %		400 %		600 %	
	KapG	**PersG**	**KapG**	**PersG**	**KapG**	**PersG**	**KapG**	**PersG**
Gewinn	100,00	100,00	100,00	100,00	100,00	100,00	100,00	100,00
GewSt	7,00	7,00	9,98	9,98	14,00	14,00	21,00	21,00
KSt (15 %)	15,00		15,00		15,00		15,00	
SolZ (5,5 %)	0,83		0,83		0,83		0,83	
Steuerbelastung Gesellschaft	22,83	7,00	25,80	9,98	29,83	14,00	36,83	21,00
Nettodividende	77,18		74,20		70,18		63,18	
davon steuerpflichtig	46,31		44,52		42,11		37,91	
Abgeltungsteuer (25 %)	–		–		–		–	
Einkommensteuer (45 %)	20,84	38,00	20,03	35,03	18,95	31,00	17,06	31,00
SolZ (5,5 %)	1,15	2,09	1,10	1,93	1,04	1,71	0,94	1,71
Steuerbelastung Gesellschafter	21,98	40,09	21,14	36,95	19,99	32,71	18,00	32,71
Gesamtsteuerbelastung	**44,81**	**47,09**	**46,94**	**46,93**	**49,82**	**46,71**	**54,83**	**53,71**

26.3.4 Thesaurierungsbelastung

26.16 Der Vorteil der Kapitalgesellschaft bei niedrigen Gewerbesteuerhebesätzen wird noch deutlicher, wenn die Gewinne nicht ausgeschüttet, sondern thesauriert werden. In der nachfolgenden Tabelle ist die Thesaurierungsbelastung der Kapitalgesellschaft derjenigen der Personengesellschaft bei Anwendung der Thesaurierungsbegünstigung nach § 34a EStG in Abhängigkeit des Hebesatzes gegenübergestellt. Besonders eindrucksvoll zeigt sich die Vorteilhaftigkeit der Kapitalgesellschaft bei einem Hebesatz von 200 % (so etwa in der Gemeinde Langenwolschendorf), bei dem die Thesaurierungsbelastung von Kapitalgesellschaft und Personengesellschaft um 6,59 Prozentpunkte differiert. Dabei handelt es sich zugegebenermaßen um einen praktisch kaum relevanten Extremfall; aber auch bei einem Gewerbesteuerhebesatz von 285 % beträgt der Vorteil der Kapitalgesellschaft noch 3,46 Prozentpunkte.

Thesaurierungsbelastung ohne Steuerzahlungsentnahme

Gewerbesteuer-hebesätze	200 %		285 %		400 %		600 %	
	KapG	**PersG**	**KapG**	**PersG**	**KapG**	**PersG**	**KapG**	**PersG**
Gewinn	100,00	100,00	100,00	100,00	100,00	100,00	100,00	100,00
GewSt	7,00	7,00	9,98	9,98	14,00	14,00	21,00	21,00
KSt bzw. ESt	15,00	21,25	15,00	18,28	15,00	14,25	15,00	14,25
SolZ (5,5 %)	0,83	1,17	0,83	1,01	0,83	0,88	0,83	0,78
Thesaurierungs-belastung	**22,83**	**29,42**	**25,81**	**29,27**	**29,83**	**29,03**	**36,83**	**36,03**

Bei Zugrundelegung der effektiven Steuerbelastung des § 34a EStG vergrößert sich der Nachteil der Personengesellschaft.[14] Die Thesaurierungsbelastung der Personengesellschaft übersteigt diejenige der Kapitalgesellschaft dann selbst bei hohen Hebesätzen erheblich. So ergibt sich bei einem Hebesatz von 200 % eine Differenz von 12,9 Prozentpunkten, bei einem Hebesatz von 400 % eine Differenz von 5,59 Prozentpunkten und bei einem Hebesatz von 600 % eine Differenz von 7,1 Prozentpunkten. Aus diesem Grund wird schon länger von verschiedenen Seiten eine Reform der Thesaurierungsbegünstigung gefordert.[15] 26.17

14) Dazu ausführlich PFUHL, Steuerorientierte Rechtsformplanung mittels Thesaurierungsbegünstigung und Abgeltungsteuer, 2014, S. 63 f.; KESSLER/ORTMANN-BABEL/ZIPFEL, BB 2007, 523, 526.

15) So forderte etwa das Land Nordrhein-Westfalen im Rahmen seines am 27.06.2018 in den Bundesrat eingebrachten Antrags (BR-Drucks. 310/18), die auf den Begünstigungsbetrag entfallenden Ertragsteuern in den Begünstigungsbetrag einzubeziehen. Ein entsprechender Gesetzesentwurf lässt jedoch bislang auf sich warten.

Thesaurierungsbelastung mit Steuerzahlungsentnahme

Gewerbesteuer-hebesätze	200 %		285 %		400 %		600 %	
	KapG	**PersG**	**KapG**	**PersG**	**KapG**	**PersG**	**KapG**	**PersG**
Gewinn	100,00	100,00	100,00	100,00	100,00	100,00	100,00	100,00
GewSt	7,00	7,00	9,98	9,98	14,00	14,00	21,00	21,00
Begünstigter Gewinn (§ 34a EStG)		64,27		64,47		63,84		55,33
Nicht begünstigter Gewinn		35,73		35,53		36,16		44,67
KSt bzw. ESt	15,00	27,24	15,00	24,23	15,00	20,31	15,00	21,73
SolZ (5,5 %)	0,83	1,50	0,83	1,33	0,83	1,12	0,83	1,20
Thesaurierungs-belastung	**22,83**	**35,73**	**25,81**	**35,53**	**29,83**	**35,42**	**36,83**	**43,93**

26.3.5 Behandlung von Verlusten

26.18 Einer gesonderten Betrachtung bedarf es, wenn es sich bei der erworbenen Gesellschaft um eine verlustbringende Gesellschaft handelt. Während die Verluste einer Personengesellschaft dem Gesellschafter zugerechnet werden, sind die Verluste einer Kapitalgesellschaft grundsätzlich (in Abwesenheit einer ertragsteuerlichen Organschaft) auf Ebene der Gesellschaft eingeschlossen (sog. Lock-in-Effekt). Der Gesellschafter einer Personengesellschaft kann die Verluste aus der Beteiligung daher mit anderen positiven Einkünften verrechnen (bei Kommanditgesellschaften ist § 15a EStG zu beachten), während der Gesellschafter einer Kapitalgesellschaft die Verluste der Kapitalgesellschaft grundsätzlich nicht nutzen kann.[16)] Nur gewerbesteuerlich ist die Personengesellschaft ebenfalls intransparent. Da die Personengesellschaft nicht Organgesellschaft i.S.d. § 14 KStG sein kann, besteht zudem – anders als bei der Kapitalgesellschaft – keine Möglichkeit, die gewerbesteuerliche Intransparenz zu durchbrechen.

16) Der Gesellschafter einer Kapitalgesellschaft kann jedoch durch Verträge mit der Gesellschaft z.B. durch eine erfolgsabhängige Tätigkeitsvergütung den Gewinn der Gesellschaft in gewissen Grenzen beeinflussen, vgl. dazu König/Maßbaum/Sureth-Sloane, Besteuerung und Rechtsformwahl, 8. Aufl. 2021, S. 57.

Beispiel 26.19

A, B und C sind zu gleichen Teilen an der gewerblich tätigen ABC-OHG beteiligt. Die ABC-OHG erwirtschaftet einen Gesamthandsverlust von 150.000 €. Sonderbetriebseinnahmen und -ausgaben liegen nicht vor. A erzielt zusätzlich Einkünfte aus nichtselbständiger Tätigkeit i.H.v. 50.000 €.

Lösung

Im Rahmen des vertikalen Verlustausgleichs gem. § 2 Abs. 3 EStG kann der Verlust aus Gewerbebetrieb i.S.d. § 15 Abs. 1 Satz 1 Nr. 2 EStG mit den positiven Einkünften aus nichtselbständiger Tätigkeit i.S.d. § 19 EStG verrechnet werden, so dass A keine Steuerzahlung entrichten muss.

Abwandlung

Es handelt sich nicht um eine OHG, sondern um eine GmbH.

Lösung

Die positiven Einkünfte des A aus § 19 EStG können nicht mit den negativen Einkünften der ABC-GmbH verrechnet werden. Folglich hat A die Einkünfte aus nichtselbständiger Tätigkeit in voller Höhe von 50.000 € zu versteuern.

Hinweis 26.20

Es besteht die Gefahr, dass in der Kapitalgesellschaft eingeschlossene Verluste bei einem späteren Anteilseignerwechsel ungenutzt und in vollem Umfang untergehen können (vgl. hierzu ausführlich Rdnr. 24.1 ff.).

26.3.6 Abzugsfähigkeit von Beteiligungsaufwand

Hinsichtlich der Behandlung von Beteiligungsaufwand auf Ebene des Gesellschafters ist die Personengesellschaft im Vorteil. Denn im Zusammenhang mit der Beteiligung stehende Aufwendungen können als Sonderbetriebsausgaben geltend gemacht werden. Der Anteilseigner einer Kapitalgesellschaft kann seinen Beteiligungsaufwand demgegenüber – solange es sich beim Anteilseigner nicht ebenfalls um eine Körperschaft handelt – nicht (§ 20 Abs. 9 EStG) bzw. nur anteilig (§ 3c Abs. 2 EStG) abziehen. 26.21

26.22 **Beispiel**

X, Y und Z sind zu gleichen Teilen an der XYZ-KG beteiligt. X hat seine Einlage in die XYZ-KG mit einem Darlehen bei der B-Bank refinanziert. Für dieses Darlehen zahlt er jährlich 6.000 € Zinsen.

Lösung

Das Darlehen zählt zum negativen Sonderbetriebsvermögen II des X. Die Zinsen stellen daher Sonderbetriebsausgaben dar (§ 15 Abs. 1 Nr. 2 Satz 1 zweiter Halbsatz EStG) und mindern den Gewinnanteil des X aus der Beteiligung an der XYZ-KG um 6.000 €.

Abwandlung

Es handelt sich nicht um eine KG, sondern um eine GmbH. X hält die Beteiligung an der XYZ-GmbH in seinem Privatvermögen.

Lösung

Sofern X nicht nach § 32d Abs. 2 Nr. 3 EStG zum Teileinkünfteverfahren optiert, kann er lediglich den Sparerpauschbetrag i.H.v. 801 € (ab dem Veranlagungszeitraum 2023 1.000 €) geltend machen (§ 20 Abs. 9 Satz 1 EStG). Ein Ansatz der tatsächlichen Werbungskosten i.H.v. 6.000 € ist ausgeschlossen. Optiert X zum Teileinkünfteverfahren, kann er nach § 3c Abs. 2 EStG nur 3.600 € (= 60 % x 6.000 €) als Werbungskosten abziehen.

26.3.7 Behandlung steuerfreier Einnahmen

26.23 Erzielt die Gesellschaft hauptsächlich steuerfreie Einnahmen, z.B. Betriebsstättengewinne, die im Inland von der Besteuerung freigestellt werden (Art. 7 Abs. 1 OECD-MA), ist ebenfalls die Personengesellschaft im Vorteil. Durch die transparente Besteuerung der Personengesellschaft ist die steuerfreie Betriebseinnahme nämlich für den Gesellschafter steuerfrei, während die steuerfreie Betriebseinnahme einer Kapitalgesellschaft bei der Ausschüttung an die Gesellschafter der Besteuerung unterliegt.

26.24 **Beispiel**

An der ABC-OHG sind die natürlichen Personen A, B und C zu gleichen Teilen beteiligt. Die ABC-OHG unterhält eine Betriebsstätte in Frankreich. Auf diese Betriebsstätte entfällt ein Gewinn von 100.000 €.

Lösung

Nach Art. 4 Abs. 1 DBA-Frankreich steht das Besteuerungsrecht betreffend den französischen Betriebsstättengewinn allein Frankreich zu. Der Betriebsstättengewinn wird daher durch Deutschland nicht besteuert.

Abwandlung

Es handelt sich nicht um eine OHG, sondern um eine GmbH.

Lösung

Nach Art. 4 Abs. 1 DBA-Frankreich steht das Besteuerungsrecht betreffend den französischen Betriebsstättengewinn allein Frankreich zu. Der Betriebsstättengewinn wird daher durch Deutschland zunächst nicht besteuert. Wird der Betriebsstättengewinn von 100.000 € jedoch an die Gesellschafter A, B und C ausgeschüttet, unterliegt die Ausschüttung der Besteuerung nach § 20 Abs. 1 Nr. 1 EStG.[17)]

26.3.8 Behandlung von Verträgen zwischen Gesellschaft und Gesellschafter

Auch die steuerliche Behandlung von Verträgen zwischen der Gesellschaft und dem Gesellschafter unterscheidet sich erheblich zwischen Personengesellschaften und Kapitalgesellschaften. Während zivilrechtlich wirksame Verträge zwischen einer Kapitalgesellschaft und ihren Gesellschaftern grundsätzlich auch steuerrechtlich anerkannt werden, werden zivilrechtlich wirksame Verträge zwischen einer Personengesellschaft und ihren Gesellschaftern getreu der Gleichstellungsthese im Rahmen der steuerlichen Gewinnermittlung nivelliert.[18)] 26.25

Beispiel 26.26

A und B sind an der AB-GmbH zu jeweils 50 % beteiligt. A überlässt der AB-GmbH ein Grundstück für eine monatliche Zahlung von 1.000 €.

Lösung

Die Zahlung stellt auf Ebene der AB-GmbH eine Betriebsausgabe dar. A erzielt in entsprechender Höhe Einkünfte aus Vermietung und Verpachtung gem. § 21 Abs. 1 Nr. 1 EStG.

17) Dieses Ergebnis lässt sich durch eine ertragsteuerliche Organschaft vermeiden, vgl. dazu Haun/Klumpp, IStR 2019, 452.

18) Jacobs/Scheffler/Spengel, Unternehmensbesteuerung und Rechtsform, 5. Aufl. 2015, S. 612.

Abwandlung

Es handelt sich nicht um eine GmbH, sondern um eine OHG.

Lösung

Die Zahlung wird bei der Ermittlung des Gesamthandsergebnisses gewinnmindernd berücksichtigt. Anschließend wird die Zahlung als Sondervergütung gem. § 15 Abs. 1 Satz 1 Nr. 2 EStG wieder hinzugerechnet, so dass sich die Mietzahlung im Ergebnis nicht auf den steuerlichen Gewinn der Mitunternehmerschaft auswirkt.

26.4 Aperiodische Besteuerung

26.4.1 Veräußerungsgewinne bzw. -verluste

26.4.1.1 Personengesellschaftsanteile

26.27 Die Veräußerung eines Personengesellschaftsanteils entspricht steuerlich der anteiligen Veräußerung der Wirtschaftsgüter der Personengesellschaft und ist unabhängig von der Rechtsform des Gesellschafters auf dessen Ebene grundsätzlich vollumfänglich steuerpflichtig. Handelt es sich bei der Gesellschafterin um eine natürliche Person, können der Freibetrag des § 16 Abs. 4 EStG und die ermäßigte Besteuerung des § 34 EStG zur Anwendung gelangen. Soweit der Gewinn aus der Veräußerung des gesamten Mitunternehmeranteils auf eine natürliche Person als unmittelbar beteiligte Gesellschafterin entfällt, ist dieser Gewinn nach § 7 Satz 2 GewStG von der Besteuerung ausgenommen. Veräußerungsverluste können grundsätzlich vollständig mit anderen Einkünften verrechnet werden.

26.4.1.2 Kapitalgesellschaftsanteile

26.28 Wird eine Kapitalgesellschaftsbeteiligung veräußert, richten sich die steuerlichen Folgen wiederum nach der Qualität des Anteilseigners. Ist die Anteilseignerin ebenfalls eine Kapitalgesellschaft, ist die Veräußerung nach § 8b Abs. 2 i.V.m. Abs. 3 KStG effektiv zu 95 % steuerfrei. Die Mindestbeteiligungshöhe des § 8b Abs. 4 KStG gilt lediglich für Gewinnausschüttungen und ist daher im Rahmen der Veräußerung nicht zu beachten.

26.29 Handelt es sich bei der Anteilseignerin indes um eine natürliche Person, so ist wieder zu unterscheiden, ob die Beteiligung im Betriebsvermögen oder im Privatvermögen gehalten wird. Befindet sich die Beteiligung im Betriebsvermögen, findet das Teileinkünfteverfahren Anwendung, und die Veräußerung ist nur zu 60 % steuerpflichtig (§ 3 Nr. 40 Buchst. a) i.V.m. § 3c Abs. 2 EStG). Werden die Anteile im Privatvermögen gehalten, ist hinsichtlich der Beteiligungshöhe zu unterscheiden: Bei mehr als 1 %iger Beteiligungshöhe unterliegt die Veräußerung dem Teileinkünfteverfahren (§ 3 Nr. 40 Buchst. c) i.V.m. § 3c Abs. 2 EStG). Bei weniger als 1 %iger Beteiligung kommt die Abgeltungsteuer zur Anwendung (§ 32d EStG).

Steuerliche Behandlung der Veräußerung von Kapitalgesellschaften in Abhängigkeit vom Anteilseigner

<table>
<tr><th colspan="4">Anteilseignerin</th></tr>
<tr><th>Kapitalgesellschaft</th><th colspan="3">Natürliche Person</th></tr>
<tr><td rowspan="3">§ 8b KStG:
– effektiv 5%ige Steuerpflicht
– 100%iger BA-Abzug</td><td>Betriebs-vermögen</td><td colspan="2">Privatvermögen</td></tr>
<tr><td rowspan="2">TEV:
– 60%ige Steuerpflicht
– 60%iger BA-Abzug</td><td>Beteiligung < 1 %</td><td>Beteiligung ≥ 1 %</td></tr>
<tr><td>– 25%iger Steuersatz
– kein WK-Abzug, stattdessen Sparer-Pauschbetrag i.H.v. 801 € (1.000 € ab VZ 2023)</td><td>TEV:
– 60%ige Steuerpflicht
– 60%iger WK-Abzug</td></tr>
</table>

Die Behandlung von Veräußerungsverlusten ist ebenfalls abhängig von der 26.30
Qualität des Anteilseigners. Entfällt der Veräußerungsverlust auf eine Kapitalgesellschaft, ist der Veräußerungsverlust nach § 8b Abs. 3 Satz 3 KStG nicht abzugsfähig. Eine natürliche Person als Anteilseigner kann den Verlust, sofern die Beteiligung im Betriebsvermögen gehalten wird, zu 60 % geltend machen. Im Privatvermögen ist die Verlustverrechnungsbeschränkung des § 20 Abs. 6 EStG zu beachten. Danach dürfen die Verluste grundsätzlich weder mit anderen Einkünften ausgeglichen noch von ihnen abgezogen werden.[19)]

19) Dazu ausführlich Ratschow, in: Brandis/Heuermann, Ertragsteuerrecht, § 20 EStG Rdnr. 464 ff. (12/2022).

26.4.2 Anschaffungskosten

26.31 Die Anschaffungskosten einer Kapitalgesellschaftsbeteiligung können steuerlich grundsätzlich nicht genutzt werden. Schließlich ist die Beteiligung kein abnutzbares Wirtschaftsgut, und selbst wenn zu einem späteren Zeitpunkt die Voraussetzungen für eine Teilwertabschreibung vorlägen, wären die resultierenden Aufwendungen entweder nicht (§ 8b Abs. 3 Satz 3 KStG, § 20 Abs. 9 Satz 1 EStG) oder nicht vollständig (§ 3c Abs. 2 EStG) abzugsfähig. Demgegenüber können die Anschaffungskosten beim Erwerb eines Personengesellschaftsanteils – soweit sie auf abnutzbare Wirtschaftsgüter des Anlagevermögens entfallen – im Rahmen der Abschreibung steuerlich genutzt werden.

26.32 **Beispiel**

Z erwirbt 60 % der Anteile an der XY-OHG zum Kaufpreis von 1,5 Mio. €. Der Kaufpreis entspricht der Summe der gemeinen Werte der Einzelwirtschaftsgüter. Das Betriebsvermögen der XY-OHG besteht aus mehreren Wirtschaftsgütern, deren Buchwert dem gemeinen Wert entspricht und einem Patent (Buchwert: 150.000 €, gemeiner Wert: 450.000 €) mit einer Restlaufzeit von zehn Jahren.

Lösung

Für Z ist eine Ergänzungsbilanz aufzustellen, in der die in dem Patent enthaltenen stillen Reserven anteilig i.H.v. 180.000 € (= 60 % x 300.000 €) zu aktivieren sind. Neben der aus dem Gesamthandsvermögen resultierenden AfA, ist für Z daher jährlich eine AfA i.H.v. 18.000 € aus seiner Ergänzungsbilanz zu berücksichtigen.

Abwandlung

Es handelt sich nicht um eine OHG, sondern um eine GmbH.

Lösung

Z kann die Anschaffungskosten nicht steuerlich nutzen. Sie wirken sich erst bei einer späteren Anteilsveräußerung im Rahmen der Ermittlung des Veräußerungsgewinnes aus (§ 17 Abs. 2 Satz 1 EStG).

26.5 Rechtsformänderung

26.33 Die Umwandlung einer inländischen Personengesellschaft in eine Kapitalgesellschaft kann nach den §§ 20–23 und § 25 UmwStG grundsätzlich steuerneutral vorgenommen werden. Problematisch sind jedoch Fälle, in denen auf Ebene der

Personengesellschaft die Thesaurierungsbegünstigung gewählt wurde.[20] Denn nach § 34a Abs. 6 Nr. 2 EStG ziehen sowohl die Einbringung als auch der Formwechsel in eine Kapitalgesellschaft eine Nachversteuerung nach § 34a Abs. 4 EStG nach sich.[21] Daran ändert auch das KöMoG nichts. Denn § 1a Abs. 2 KStG erklärt lediglich die Vorschriften über den Formwechsel für entsprechend anwendbar.[22] Insoweit weist die Option zur Besteuerung wie eine Kapitalgesellschaft folglich keinen Vorteil gegenüber dem tatsächlichen Formwechsel auf.

Als Ausweichgestaltung wird in der Literatur vorgeschlagen, den Betrieb der Personengesellschaft zunächst nach § 24 UmwStG in eine Tochterpersonengesellschaft einzubringen und im Anschluss diese Tochterpersonengesellschaft in eine Kapitalgesellschaft umzuwandeln. Die Nachversteuerung nach § 34a Abs. 6 Nr. 2 EStG wird in diesem Fall vermieden, da die Mutterpersonengesellschaft erhalten bleibt. Der für den eingebrachten Betrieb festgestellte nachversteuerungspflichtige Betrag geht lediglich auf den neuen Mitunternehmeranteil über (§ 34a Abs. 7 Satz 2 EStG). 26.34

Die Umwandlung einer Kapitalgesellschaft in eine Personengesellschaft ist aus steuerlicher Perspektive ungleich problematischer. Zwar sind in den §§ 3–9 UmwStG steuerrechtliche Sonderregelungen vorgesehen, die die Umwandlung in eine Personengesellschaft ermöglichen sollen; die fingierte Vollausschüttung nach § 7 UmwStG macht diese Änderungsrichtung jedoch vielfach unattraktiv. Dies gilt entsprechend für die Rückoption i.S.d. § 1a Abs. 4 KStG.[23] 26.35

Vor einer jeden Rechtsformänderung ist angesichts der damit verbundenen Hürden zu erwägen, ob die verfolgten Gestaltungsziele nicht bereits im Wege einer „Rechtsformoptimierung" erreicht werden können.[24] Die hierzu in Betracht kommenden zahlreichen Möglichkeiten, etwa der Abschluss schuldrechtlicher Verträge mit der Gesellschaft oder der Einsatz hybrider Finanzierungsinstrumente, sollten im Einzelfall stets sorgfältig geprüft werden. 26.36

---

20) Cordes, WpG 2007, 526, 529.

21) Dazu ausführlich Ratschow, in: Brandis/Heuermann, Ertragsteuerrecht, EStG/KStG/GewStG, § 34a EStG Rdnr. 70 (11/2020).

22) Dazu ausführlich Probst, in: Bolk, Beratungsschwerpunkte Kapitalgesellschaft, 2. Aufl. 2022, Rdnr. 34.8 ff.

23) Dazu ausführlich Probst, in: Bolk, Beratungsschwerpunkte Kapitalgesellschaft, 2. Aufl. 2022, Rdnr. 34.13 ff.

24) Dazu ausführlich Kessler/Schiffers/Teufel, Rechtsformwahl, 2002, S. 273 ff.

26.6 Zusammenfassung

26.37 Die wesentlichen steuerlichen Kriterien der Rechtsformwahl sind in der nachfolgenden Übersicht zusammengefasst:

Steuerliche Kriterien der Rechtsformwahl

Laufende Besteuerung	PersG	KapG
Persönlicher Steuersatz	hoher Einfluss auf Gesamtsteuerbelastung; PersG bei niedrigem persönlichen Steuersatz vorteilhaft	geringer bis kein Einfluss auf Gesamtsteuerbelastung
Gewerbesteuerhebesatz	Gesamtsteuerbelastung reagiert kaum auf niedrige Gewerbesteuerhebesätze.	Gesamtsteuerbelastung reagiert stark auf niedrige Gewerbesteuerhebesätze.
Thesaurierungsbelastung (GewSt-Hebesatz: 400 %, ESt-Satz: 45 %)	ca. 30 % (KSt, GewSt, SolZ)	29,77 %; 36,16 % oder 45 % (Thesaurierungsbegünstigung ohne Steuerentnahme, mit Steuerentnahme und keine Thesaurierungsbegünstigung)
Verluste	grundsätzlich uneingeschränkte Verlustverrechnung; aber keine gewerbesteuerliche Verlustverrechnung	grundsätzlich keine Verlustverrechnung, aber Organschaft
Beteiligungsaufwand	voll abzugsfähig	nicht bzw. nur teilweise abzugsfähig; voller Abzug, wenn Anteilseignerin = KapG
Steuerfreie Einnahmen	für die Gesellschafter steuerfrei	nur für die Gesellschaft steuerfrei
Verträge zwischen Gesellschaft und Gesellschafter	steuerliche Nivellierung	grundsätzlich Anerkennung
Aperiodische Besteuerung		
Anteilsveräußerung	grundsätzlich voll steuerpflichtig	(anteilige) Freistellung bzw. reduzierter Steuersatz
Anschaffungskosten	Abschreibungspotenzial	kein Abschreibungspotenzial

27. Weitere Tätigkeiten des Veräußeres

Inhalt **Rdnr.**

27.1 Konstellationen für eine Veräußererposition nach Unternehmensübertragung

27.1 Bei Übertragung einer betrieblichen Einheit – gleichgültig, ob eines Einzelunternehmens oder eines Anteils an einer Personen- oder Kapitalgesellschaft – stellt sich für den übernehmenden und den übertragenden Gesellschafter die Frage, ob und in welchem Umfang eine weitere Tätigkeit des Veräußerers nach der Übertragung möglich sein soll.

27.2 Hierbei sind aus Sicht des Erwerbers unterschiedliche Gesichtspunkte zu berücksichtigen: Zum einen kann zum Schutz des im Zielunternehmens erworbenen Kunden- oder Mandantenstamms gewollt sein, dass der Veräußerer seine Tätigkeit vollständig einstellt, um eine Abwanderung der Kunden und Mandanten zum Veräußerer, der an einem anderen Ort seine Tätigkeit fortführt, zu vermeiden. Bei dieser Interessenlage bietet sich ein nachvertragliches Wettbewerbsverbot des Veräußerers an.

27.3 Andererseits kann aber auch, wie dies oft bei Freiberuflerkanzleien der Fall ist, eine fortführende Tätigkeit des Veräußerers für eine Übergangszeit gewollt sein, damit dieser die Kundenbeziehungen auf den Erwerber überleiten kann und für diese Übergangszeit noch als Ansprechperson für die bisherigen Kunden/Mandanten zur Verfügung steht. In diesem Zusammenhang braucht ein eventuelles Wettbewerbsverbot nicht so weitgehend zu sein wie bei der vom Erwerber gewollten Einstellung der Tätigkeit des Veräußerers. Bei dieser Gestaltung stellt sich die Frage, welche rechtliche Stellung der Veräußerer hat: Entweder bleibt er für eine Übergangszeit noch Gesellschafter, oder es kommt zu einem Wechsel des arbeitsrechtlichen Status vom Gesellschafter zum Angestellten oder freien Mitarbeiter. In beiden Fällen bleibt der Veräußerer in den bisherigen betrieblichen Organismus eingegliedert. Wenn dies nicht gewollt ist, der Veräußerer aber weiterhin Dienstleistungen für das Zielunternehmen erbringen soll, kommt eine Beauftragung des Veräußerers als Handelsvertreter in Betracht, wobei zu klären ist, ob der Handelsvertreter noch Produkte weiterer Unternehmen vertreiben darf und ob er Ausschließlichkeit erhalten soll.

27.4 Schließlich kann der Erwerber auch darauf verzichten, sich die Dienste des Veräußerers zu sichern, und diesem die Entscheidung überlassen, ob er künftig noch eine vergleichbare Tätigkeit ausüben will, ohne daran durch den Kaufvertrag irgendwie gebunden zu sein.

27.5 Bei allen diesen Gestaltungen stellen sich für den Veräußerer steuerliche Fragen, insbesondere ob die Veräußerung steuerlich anerkannt wird, und für beide Beteiligten ergeben sich Fragen des Wettbewerbsrechts.

27.2 Steuerliche Fragen bei einer weiteren Tätigkeit des Veräußerers

27.2.1 Völlige Aufgabe der bisherigen Tätigkeit (Betriebsaufgabe)

27.6 Die vollständige Aufgabe der bisherigen Tätigkeit bzw. die Veräußerung des gesamten Anteils ist steuerlich ein Fall des § 16 EStG bzw. bei entsprechender Beteiligungshöhe des § 17 EStG. Dies führt im Fall des § 16 EStG jedenfalls zum begünstigten Steuersatz nach § 34 Abs. 1 EStG. Liegen die Voraussetzungen des § 16 Abs. 4 EStG – Vollendung des 55. Lebensjahres oder dauernde Berufsunfähigkeit i.S.d. Sozialversicherungsrechts – vor, kommt auch der begünstigte Steuersatz des § 34 Abs. 3 EStG zur Anwendung, wenn ein entsprechender Antrag gestellt wird. Diese Vergünstigungen können einmal in Anspruch genommen werden, also bei verschiedenen Gewinneinkünften muss entsprechend abgewogen werden, für welchen Betrieb oder Mitunternehmeranteil die Vergünstigung in Anspruch genommen werden soll, während der begünstigte Steuersatz nach § 34 Abs. 1 EStG bei jeder Aufgabe oder Veräußerung i.S.d. § 16 EStG angesetzt werden kann.

27.7 Problematisch ist insoweit nur, wann eine vollständige Aufgabe der bisherigen Tätigkeit vorliegt. Die Betriebsaufgabe liegt vor, wenn alle wesentlichen Grundlagen des Betriebs in einem einheitlichen Vorgang und innerhalb kurzer Zeit veräußert oder in das Privatvermögen überführt werden. Die Abwicklung kann sich über einen längeren Zeitraum erstrecken, wenn der gesamte Vorgang auf einem einheitlichen Aufgabeentschluss beruht.[1] Zu den wesentlichen Betriebsgrundlagen gehören Wirtschaftsgüter des Anlagevermögens, die zur Erreichung des Betriebszwecks erforderlich sind und ein besonderes wirtschaftliches Gewicht für die Betriebsführung besitzen,[2] aber auch solche, in denen erhebliche stille Reserven enthalten sind. Damit sind Grundstücke und Gebäude fast immer wesentliche Betriebsgrundlagen.

Hinweis 27.8

Der Veräußerer sollte also genau prüfen, ob er auch tatsächlich alle wesentlichen Betriebsgrundlagen an den Erwerber überträgt oder ins Privatvermögen überführt, also die darin enthaltenen stillen Reserven aufdeckt und entsprechend versteuert. Schwierigkeiten können hier insbesondere bei Sonderbetriebsvermögen (Wirtschaftsgütern im zivilrechtlichen Eigentum des Gesellschafters, der die Wirtschaftsgüter zur Nutzung an die Gesellschaft überlässt) auftreten, weil die Einordnung als Sonderbetriebsvermögen nicht erkannt wird. Dies führt dazu, dass für die vollständige Aufgabe auch das Sonderbetriebsvermögen mit verkauft werden muss oder, wenn es weiter an die Personengesellschaft überlassen werden soll, ins Privatvermögen überführt werden muss. Eine vergleichbare Problematik besteht bei einer Überlassung von Wirtschaftsgütern an eine Kapitalgesellschaft, wenn eine Betriebsaufspaltung besteht, also der Gesellschafter an der Kapitalgesellschaft mehrheitlich beteiligt ist. Auch hier erfordert eine vollständige Aufgabe die Veräußerung des überlassenen Wirtschaftsguts oder deren Überführung ins Privatvermögen. Die Überführung ins Privatvermögen ist regelmäßig mit der Versteuerung der stillen Reserven verbunden, ohne dass es insoweit zu einen Liquiditätszufluss kommt. Die ausgelösten Steuern müssen also aus dem vorhandenen Vermögen bestritten oder fremdfinanziert werden.

Eine Betriebsaufgabe ist hingegen bei einer unentgeltlichen Betriebsübertragung, Betriebsverlegung oder -unterbrechung nicht gegeben. 27.9

Neben der Übertragung der wesentlichen Betriebsgrundlagen ist die Beendigung der bisherigen gewerblichen Tätigkeit Voraussetzung für eine begünstigte Betriebsaufgabe i.S.v. § 16 EStG. Bei der Veräußerung einer freiberuflichen Praxis ist von einer Beendigung nach bisheriger Auffassung der Finanzverwaltung auch noch auszugehen, wenn einzelne Mandate zurückbehalten werden, auf die in den 27.10

1) BFH, Urt. v. 03.09.2009 – IV R 61/06, BFH/NV 2010, 404.
2) BFH, Urt. v. 18.08.2009 – X R 20/06, BFH/NV 2010, 92.

letzten drei Jahren weniger als 10 % der gesamten Einnahmen entfielen.[3] Der BFH sieht dies allerdings etwas differenzierter und stellt nicht auf einen starren Zeitraum ab. Nach der aktuellen Rechtsprechung des BFH kommt es vielmehr auf Folgendes an:

27.11 Die Veräußerung einer Praxis setzt voraus, dass der Freiberufler die für die Ausübung der selbständigen Tätigkeit wesentlichen vermögensmäßigen Grundlagen entgeltlich und definitiv auf einen anderen überträgt. Hierzu gehören insbesondere die immateriellen Wirtschaftsgüter der Praxis wie Mandantenstamm bzw. Praxiswert.[4] Darüber hinaus muss der Veräußerer seine freiberufliche Tätigkeit in dem bisherigen örtlichen Wirkungskreis wenigstens für eine gewisse Zeit einstellen. Wann eine „definitive" Übertragung der wesentlichen Betriebsgrundlagen vorliegt, hängt jeweils von den Umständen des Einzelfalls ab. Neben der Dauer der Einstellung der freiberuflichen Tätigkeit sind insbesondere die räumliche Entfernung einer wieder aufgenommenen Berufstätigkeit zur veräußerten Praxis, die Vergleichbarkeit der Betätigungen, die Art und Struktur der Mandate sowie die Nutzungsdauer des erworbenen Praxiswerts zu berücksichtigen. Eine starre zeitliche Grenze, nach der die Tätigkeit steuerunschädlich wieder aufgenommen werden kann, besteht nicht. Dementsprechend ist auch keine „Wartezeit" von mindestens drei Jahren einzuhalten. Je nach den Umständen des Einzelfalls kann ein Zeitraum von etwa zwei bis drei Jahren ausreichend sein.[5]

27.12 Nimmt der Veräußerer seine freiberufliche Tätigkeit nach einer gewissen Zeit wieder auf, kann dies auch dann schädlich sein, wenn die Wiederaufnahme zum Zeitpunkt der Übertragung der Praxis nicht geplant war. Maßgebend ist allein, ob es objektiv zu einer definitiven Übertragung der wesentlichen Praxisgrundlagen gekommen ist. Maßnahmen des Veräußerers, die wegen einer von Anfang an geplanten Wiederaufnahme dazu dienen sollen, die spätere Zurückgewinnung der Mandanten zu erleichtern, können eine definitive Übertragung des Mandantenstamms von vornherein ausschließen bzw. die erforderliche Zeitspanne für die Einstellung der Tätigkeit verlängern.[6]

27.13 Grundsätzlich unschädlich ist es, wenn der Veräußerer als Arbeitnehmer oder als freier Mitarbeiter im Auftrag und für Rechnung des Erwerbers tätig wird, denn der Erwerber ist trotzdem zivilrechtlich und wirtschaftlich in der Lage, die Beziehungen zu den früheren Mandanten des Veräußerers zu verwerten. Auch eine geringfügige Fortführung der bisherigen freiberuflichen Tätigkeit steht der

3) OFD Berlin, Vfg. v. 15.08.2003 – St 122 – S-2249 – 3/03, FR 2003, 1146.
4) BFH, Urt. v. 21.08.2018 – VIII R 2/15, BStBl II 2019, 64, Rdnr. 15.
5) BFH, Urt. v. 11.02.2020 – VIII B 131/19, DStR 2020, 486.
6) BFH, Urt. v. 11.02.2020 – VIII B 131/19, DStR 2020, 486.

Annahme einer begünstigten Praxisveräußerung nicht entgegen. Eine solche geringfügige Tätigkeit liegt regelmäßig vor, wenn die auf sie entfallenden Umsätze in den letzten drei Jahren vor der Veräußerung weniger als 10 % der gesamten Einnahmen ausmachten.[7]

Offen ist, ob dieser Ansatz auf die Veräußerung eines Gewerbebetriebs übertragbar ist. Der BFH hat dies offengelassen,[8] die Literatur[9] bejaht es, während die Finanzverwaltung[10] darin eine bloße Strukturveränderung des bisherigen Betriebs sieht. 27.14

Praxistipp 27.15

Der Veräußerer hat also in diesem Punkt zwei Möglichkeiten, um bei einer späteren steuerlichen Betriebsprüfung keine nachteiligen Folgen befürchten zu müssen: Der Berater holt im Vorfeld eine verbindliche Auskunft ein, die allerdings gebührenpflichtig ist, aber zu Rechtsklarheit und -sicherheit führt. Die Antragstellung bzw. die Erteilung der verbindlichen Auskunft ist mit einigem Zeitaufwand verbunden, so dass der Berater ggf. im Vorfeld darauf nicht warten will. In diesem Fall sollte der Veräußerer also die spätere Tätigkeit im Auftrag und für Rechnung des Erwerbers erbringen, also seine Tätigkeit damit vollständig einstellen. Denn eine Tätigkeit des Veräußerers als Arbeitnehmer oder als freier Mitarbeiter im Auftrag und für Rechnung des Erwerbers ist bezüglich der Inanspruchnahme der Begünstigungen des § 16 EStG unschädlich.[11]

27.2.2 Teilweise Aufgabe der bisherigen Tätigkeit

Als teilweise Aufgabe im Sinne dieses Abschnitts ist zunächst eine Beibehaltung der bisherigen Tätigkeit in einem Umfang von mehr als 10 % der gesamten Einnahmen innerhalb der letzten drei Jahre zu verstehen. Denn andernfalls ist noch von einer vollständigen Aufgabe auszugehen (siehe Rdnr. 27.6). In diesem Fall ist zu unterscheiden: 27.16

- Entweder führt der Veräußerer gemeinsam mit dem Erwerber seine bisherige Tätigkeit fort, es ist also faktisch nur ein Teil der Beteiligung übertragen worden. Dies war bei dem früheren Stufenmodell üblich, bei dem zunächst ein kleiner Anteil der Beteiligung oder ein neuer Mitunternehmer mit einem geringen Anteil aufgenommen wird, um diesen für eine bestimmte Zeit zu 27.17

7) BFH, Urt. v. 11.02.2020 – VIII B 131/19, DStR 2020, 486.
8) BFH, Urt. v. 17.07.2008 – X R 40/07, BFH/NV 2008, 2099.
9) Schmidt/Wacker, EStG, 42. Aufl. 2023, § 16 Rdnr. 81.
10) OFD Berlin, Vfg. v. 15.08.2003 – St 122 – S-2249 – 3/03, FR 2003, 1146.
11) BFH, Urt. v. 29.06.1994 – I R 105/93, BFH/NV 1995, 109.

erproben. Anschließend wurde dann nach einigen Jahren die restliche Beteiligung übertragen. Dies wurde früher, da ein einheitlicher Wille vorlag, als Fall des § 16 EStG behandelt. Inzwischen gilt aber der Veräußerungsgewinn eines Teils des Mitunternehmeranteils als laufender Gewinn (§ 16 Abs. 1 Satz 2 EStG). Die entgeltliche Aufnahme eines Mitunternehmers zur Begründung einer Mitunternehmerschaft fällt ebenfalls schon begrifflich nicht unter § 16 EStG, so dass diese Gestaltung eine Teilveräußerung der vorhandenen Wirtschaftsgüter der Mitunternehmerschaft darstellt.

27.18 – Denkbar ist auch, dass der bisherige Unternehmer seine Tätigkeit ohne den Erwerber fortführt und seine gewerbliche oder freiberufliche Tätigkeit in einem „neuen" Betrieb fortsetzt. Sofern hier die Begünstigungen des § 16 EStG nicht greifen, hat der Unternehmer also den erzielten Veräußerungsgewinn vollständig zu versteuern, lediglich der begünstigte Steuersatz nach § 34 Abs. 1 EStG kann in Anspruch genommen werden. Allerdings kann der Unternehmer unter den Voraussetzungen des § 6b EStG die aufgedeckten stillen Reserven auf die in dieser Vorschrift genannten Wirtschaftsgüter übertragen, wenn diese zeitnah angeschafft wurden (im Jahr vor der Veräußerung) bzw. werden (im Jahr der Veräußerung). Diese Vorschrift berücksichtigt allerdings nur den Verkauf von Grund und Boden, Gebäuden und Binnenschiffen sowie Anteilen an Kapitalgesellschaften, also nicht vollständige Betriebe und bewegliche Wirtschaftsgüter oder Rechte bzw. Forderungen.

27.19 Hinsichtlich der Einkünfteerzielung ist nun zu unterscheiden:

- Wird die ursprüngliche Tätigkeit fortgeführt, erzielt der Unternehmer also weiterhin Einkünfte aus dem (eigentlich verkauften) Gewerbebetrieb. Der Veräußerungsgewinn zählt zum laufenden Gewinn und ist gewerbesteuerpflichtig. Dies gilt für den Verkauf des Betriebs an eine Mitunternehmerschaft auch in dem Umfang, in dem der Unternehmer an der Mitunternehmerschaft selbst beteiligt ist.

27.20 – § 16 EStG gilt allerdings, wenn der Unternehmer seine bisherigen wesentlichen Betriebsgrundlagen vollständig aufgibt oder verkauft und eine neue gewerbliche Tätigkeit aufnimmt. Insoweit wird der bisherige Betrieb nicht fortgesetzt. Gleiches gilt, wenn der Unternehmer in eine Gesellschaft eintritt und deren Tätigkeit künftig mit ausführt, auch hier wird der bisherige Betrieb nicht teilweise fortgeführt bzw. aufrechterhalten.

27.21 – Werden Anteile an einer Kapitalgesellschaft veräußert, unterscheidet § 17 EStG, sofern eine für diese Vorschrift relevante Beteiligungshöhe vor und nach der Veräußerung (noch) vorliegt, nicht danach, ob die gesamte Beteiligung übertragen wird. Der Freibetrag nach § 17 Abs. 3 EStG wird im Verhältnis der Beteiligung zum Nennkapital geltend gemacht, also auch bei mehrfachen

Veräußerungsvorgängen insgesamt bis zur gesamten Beteiligungshöhe. Insoweit ist die Frage der lediglich teilweisen Aufgabe einer Beteiligung bei einem Verkauf i.S.d. § 17 EStG aus steuerlicher Sicht nicht relevant.

- Von den vorstehenden Konstellationen zu unterscheiden ist die Gestaltung, dass der bisherige Unternehmer für den Erwerber nach der Übertragung tätig wird, und zwar auf dessen Rechnung. Dies kann als Angestellter geschehen, dann erzielt der Veräußerer Einkünfte aus nichtselbständiger Arbeit. 27.22

Praxistipp 27.23

Hierbei ist zu beachten, dass sich aufgrund des Angestelltenverhältnisses jedenfalls bei bisherigen Einzelunternehmern und mehrheitlich beteiligten Mitunternehmern sowie Mehrheitsgesellschaftern einer Kapitalgesellschaft auch der sozialversicherungsrechtliche Status ändert und diese ggf. zwangsläufig, aber ungewollt Mitglied in den gesetzlichen Sozialversicherungssystemen werden. Die Beteiligten sollten dies vor Beginn der Tätigkeit durch ein Statusfeststellungsverfahren von der Deutschen Rentenversicherung Bund bindend klären lassen, damit nicht ungewollt zusätzliche Kosten mit der Beschäftigung verbunden sind.

Sofern der ehemalige (Mit-)Unternehmer nach dem Verkauf als freier Mitarbeiter tätig wird, erzielt er entweder Einkünfte aus Gewerbebetrieb oder aus selbständiger Tätigkeit, dies hängt davon ab, was der ursprüngliche Betrieb für Einkünfte erzielt. 27.24

Hinweis 27.25

Bei dieser Gestaltung kann die Sozialversicherung regelmäßig nur ein Problem werden, wenn der Veräußerer entweder als scheinselbständig oder arbeitnehmerähnlicher Beschäftigter eingestuft wird, also neben dem Erwerber bzw. der Mitunternehmerschaft, aus der er ausgeschieden ist, keine (potenziellen) weiteren Auftraggeber hat. Dies sollte aber durch entsprechende Vorkehrungen zu vermeiden sein.

Beispiel 27.26

A verkauft seine Bierbrauerei an B mit einem Veräußerungsgewinn von 100.000 €. Da er erst Anfang 40 ist, vereinbart er mit B, dass er für die nächsten 20 Jahre seine bisherigen Brauereiprodukte als Handelsvertreter für B vertreibt und seine bisherigen Kunden im Auftrag des B betreut sowie bedient.

Lösung

A gibt seine bisherige Tätigkeit durch den Verkauf vollständig auf. Die anschließende Betreuung als Handelsvertreter und damit auf Rechnung des Erwerbers B ist unschädlich. Der Veräußerungsgewinn ist grundsätzlich nach § 16 EStG begünstigt, allerdings liegen die Voraussetzungen für den Freibetrag bei A nicht vor. Die Ergebnisse aus der Handelsvertretung stellen bei A gewerbliche Einkünfte dar.

27.3 Wettbewerbsrechtliche Fragen bei einer weiteren Tätigkeit des Veräußerers

27.27 Grundsätzlich ist das Abwerben von Kunden nach einem Arbeitgeberwechsel nicht unzulässig.[12] Um dies zu verhindern, kommen deshalb häufig Kundenschutz- oder Mandantenschutzklauseln zur Anwendung. Umfassende Tätigkeitsverbote (Wettbewerbsverbot) sollen dagegen insgesamt dem Schutz der Betriebs- und Geschäftsgeheimnisse dienen.

27.3.1 Kundenschutz- oder Mandantenschutzklauseln nach dem Ausscheiden

27.28 Will sich der Unternehmer nur vor einer Abwerbung seiner Kunden schützen, kann eine **Kundenschutz- oder Mandantenschutzklausel** reichen. Danach darf der Verpflichtete nach seinem Ausscheiden keine Kunden des Auftraggebers betreuen, kann jedoch weiter in seinem Tätigkeitsfeld arbeiten und sein Wissen nutzen. Damit unterliegt er keinem Berufsverbot. Diese Regelung kann, wenn sie hinsichtlich des zeitlichen, räumlichen und gegenständlichen Umfangs angemessen ist, ohne Vereinbarung einer Entschädigung zulässig sein.

27.29 **Hinweis**

Wird die wirtschaftliche Handlungsfreiheit des verpflichteten Geschäftsführers zu sehr eingeschränkt, wird die Kundenschutzklausel zum nachvertraglichen Wettbewerbsverbot. Nachvertragliche Wettbewerbsverbote sind allerdings nur unter bestimmten Voraussetzungen wirksam (siehe Rdnr. 27.39 ff.).

12) BAG, Urt. v. 07.04.2005 – I ZR 140/02, NJW 2005, 2012; BAG, Urt. v. 22.04.2004 – I ZR 303/01, NJW 2004, 2385.

27.3.2 Wettbewerbsverbote während der Mitgliedschaft von Gesellschaftern

Gesetzlich geregelt ist grundsätzlich nur der Schutz vor Wettbewerb für die Gesellschaft bzw. deren Gesellschafter **für die Dauer der Mitgliedschaft von Gesellschaftern.** Das Gesetz sieht folgende Wettbewerbsverbote während der Mitgliedschaft vor: 27.30

Ein Gesellschafter unterliegt während seiner Mitgliedschaft jedenfalls bei einer GbR und OHG einem Wettbewerbsverbot. Bei einem Komplementär und einem Partner einer PartG gilt dies ebenfalls. Für einen Kommanditisten, der keine Dienstleistungen für die Kommanditgesellschaft erbringt, ist dies anders. Er unterliegt keinem strikten Wettbewerbsverbot, bedarf aber der Zustimmung der Gesellschaft, wenn er Geschäftschancen der Kommanditgesellschaft wahrnehmen will. Hat der Kommanditist Einfluss auf die Geschäftsführung in der Kommanditgesellschaft, oder ist er mehrheitlich beteiligt, unterliegt er ebenfalls dem Wettbewerbsverbot eines Komplementärs. 27.31

Für Gesellschafter von Kapitalgesellschaften gelten ebenfalls keine ausdrücklichen Wettbewerbsverbote. Für diesen Personenkreis hat die Rechtsprechung aber ein vergleichbares Verhalten aus der Treuepflicht des Gesellschafters nach § 242 BGB entwickelt. Sind die Gesellschafter der Kapitalgesellschaften auch gleichzeitig Mitglied des geschäftsführenden Organs der Gesellschaft, unterliegen sie aufgrund dieser Tätigkeit wiederum einem Wettbewerbsverbot. 27.32

27.3.3 Wettbewerbsverbote nach dem Ausscheiden des Veräußerers

Die gerade geschilderten Wettbewerbsverbote gelten allerdings nicht nach dem Ausscheiden des Gesellschafters aus der Gesellschaft, sondern nur während dessen Mitgliedschaft. Daher müssen Wettbewerbsverbote **für die Zeit nach dem Ausscheiden des Gesellschafters** gesondert vereinbart werden (sog. nachvertragliches Wettbewerbsverbot). Für die Wirksamkeit einer Vereinbarung eines nachvertraglichen Wettbewerbsverbots gelten grundsätzlich die **allgemeinen Grenzen** (der §§ 138, 242 und 826 BGB und ggf. § 1 GWB), da es auch hinsichtlich der Wirksamkeit an gesetzlichen Regelungen fehlt (siehe Rdnr. 27.39). Die Wirksamkeit einer solchen Konstellation ist nur für den besonderen Fall spezialgesetzlich geregelt, dass der **Veräußerer auf Rechnung des Erwerbers tätig wird** (§§ 74 ff. und §§ 84 ff. HGB). 27.33

Bei einer **Tätigkeit auf Rechnung des Erwerbers** wechselt der Veräußerer entweder ins Angestelltenverhältnis oder wird als Handelsvertreter tätig. Hierbei gelten 27.34

Besonderheiten: Bei selbständigen Handelsvertretertätigkeiten gelten die §§ 84 ff. HGB und für den Angestellten die §§ 74 ff. HGB. Die §§ 74 HGB ff. gelten auch im Rahmen des § 90a HGB.

27.35 § 74 und § 90a HGB sehen für ein nachvertragliches Wettbewerbsverbot – die Beschränkung des § 90a HGB wird insoweit zu einem Verbot – jeweils die Zahlung einer Karenzentschädigung vor. Der Veräußerer ist in diesen Gestaltungen finanziell besser gestellt als bei bloßer Einstellung der Tätigkeit.

27.36 Die Karenzentschädigung muss für die Dauer des Verbots mindestens die Hälfte des zuletzt bezahlten Gehalts (Bruttogrundgehalt, Provisionsanspruch und ggf. anteilige monatliche Sonderzahlungen) ausmachen. Allerdings muss sich der Veräußerer als Begünstigter anderweitige Einkünfte anrechnen lassen, wenn er während des Verbots einschließlich der Entschädigung mehr als 110 % seines früheren Einkommens erzielt oder böswillig nicht erzielt (vgl. § 74 Abs. 2 HGB).

27.37 Ferner wird das **Wettbewerbsverbot** (nach § 74 und 90a HGB) **unverbindlich** (§ 74a Abs. 1 HGB), soweit es unter Berücksichtigung der gewährten Entschädigung nach Zeit, Ort oder Gegenstand das Fortkommen des Verpflichteten unbillig erschwert. Deshalb müssen folgende Voraussetzungen erfüllt werden:

- Das Verbot darf einen Zeitraum von maximal zwei Jahren nach dem Ende des Vertragsverhältnisses umfassen (§ 74a Abs. 1 Satz 3 HGB direkt oder analog).[13]
- Die Konkurrenztätigkeit darf nur in dem Gebiet untersagt werden, in dem der Verpflichtete seine Kenntnisse bei einem Konkurrenten auch tatsächlich verwenden könnte. Ein nur regional tätiges Unternehmen kann kein deutschland- oder weltweites Wettbewerbsverbot verhängen; für Führungskräfte international tätiger Unternehmen kann hingegen ein globales Wettbewerbsverbot wirksam sein. Dabei darf das Verbot allerdings lediglich die wesentlichen Elemente der ursprünglichen Tätigkeit betreffen. Unwesentliche Tätigkeiten müssen ausgenommen werden bzw. zulässig bleiben. So darf mit der vereinbarten Regelung eine – wohl theoretisch denkbare – Tätigkeit als Hausmeister oder Lagerist nicht mit ausgeschlossen sein, wenn zuvor eine leitende Tätigkeit (Geschäftsführer, Vorstand etc.) ausgeübt worden ist.[14]

---

13) BGH, Urt. v. 20.01.2015 – II ZR 369/13, NJW 2015, 1012.

14) OLG Hamm, Urt. v. 08.08.2016 – 8 U 23/16, GmbHR 2017, 245; OLG Hamm, Urt. v. 14.07.2014 – 8 U 131/12; OLG München, Beschl. v. 02.08.2018 – 7 U 2107/18, NZA-RR 2019, 82; OLG Bamberg, Urt. v. 15.12.2020 – 6 U 172/18, GmbHR 2021, 647, Rdnr. 52; zust. Paefgen, in: Habersack/Casper/Löbbe, GmbHG, 3. Aufl. 2020, § 35 Rdnr. 494.

- Inhaltlich muss das Wettbewerbsverbot dem Schutz eines berechtigten geschäftlichen Interesses des Unternehmens dienen. Das ist lediglich der Fall, wenn der Verpflichtete während der Tätigkeit die Gelegenheit erhält, Kenntnisse bzw. Erfahrungen zu erwerben oder geschäftliche Beziehungen herzustellen bzw. zu vertiefen, die für die Konkurrenz von Interesse sind.

Vergleichbare Grundsätze gelten auch für ein **nachvertragliches Wettbewerbsverbot**, wenn der ehemalige Gesellschafter nach dem Verkauf eine weitere berufliche Tätigkeit ausüben wird (und zwar nicht auf Rechnung des Erwerbers). 27.38

Ein **nachvertragliches Wettbewerbsverbot** muss gesondert vereinbart werden (siehe Rdnr. 27.33). Die Wirksamkeit von nachvertraglichen Wettbewerbsverboten bei weiterer beruflicher Tätigkeit (nicht auf Rechnung des Erwerbers) ist gesetzlich nicht geregelt. Insbesondere finden §§ 74 ff. bzw. §§ 84 ff. HGB keine Anwendung. Daher gelten für die Wirksamkeit dieses nachvertraglichen Wettbewerbsverbots die allgemeinen Grenzen der §§ 138, 242 und 826 BGB und ggf. § 1 GWB. 27.39

Sofern durch das nachvertragliche Wettbewerbsverbot die Existenz des ausscheidenden Gesellschafters nicht gefährdet wird, ist das Wettbewerbsverbot regelmäßig wirksam. Das Wettbewerbsverbot muss, wie beim Handelsvertreter, zeitlich, räumlich und sachlich beschränkt sein, hier gelten die für den Handelsvertreter bzw. den Handlungsgehilfen genannten Grundsätze (siehe Rdnr. 27.34 ff.) entsprechend, lediglich die Rechtsgrundlage (§§ 148, 242, 826 BGB) ist eine andere. 27.40

Bei Personenhandelsgesellschaften folgt das Wettbewerbsverbot aus § 112 HGB, allerdings nicht für den Kommanditisten (§ 165 HGB), bei der GbR aus der Treuepflicht (§ 242 HGB). Bei Kapitalgesellschaften muss die Vereinbarung eines nachvertraglichen Wettbewerbsverbots zum einen schützenswerte Interessen der Gesellschaft in zeitlicher, räumlicher und sachlicher Hinsicht betreffen und darf zum anderen die Berufsausübungsfreiheit des ehemaligen Gesellschafters/Unternehmers nicht zu sehr beschränken. Dabei wird auf die Grundsätze der §§ 138, 242 und 826 BGB zurückgegriffen, so dass eine Prognose im Einzelfall schwierig ist. 27.41

Dies bedeutet insbesondere auch, dass für **Gesellschafter** ein nachvertragliches Wettbewerbsverbot **ohne Karenzentschädigung in den Grenzen von § 138 BGB zulässig ist.** Eine Karenzenzentschädigung für den **ausscheidenden Gesellschafter** kann erforderlich sein, wenn durch das vereinbarte Wettbewerbsverbot eine wesentliche Beeinträchtigung der Berufsausübung des Gesellschafters zu befürchten ist. 27.42

27.43 **Hinweis**

Da dies einzelfallabhängig zu entscheiden ist, sollte im Zweifel aus Vorsichtsgründen auch beim Gesellschafter eine Karenzentschädigung vereinbart werden.

27.44 Bei **Geschäftsführern** ist dagegen grundsätzlich eine Karenzentschädigung erforderlich. Nachvertragliche Wettbewerbsverbote sind bei Geschäftsführern nur wirksam, wenn der Verpflichtete eine Karenzentschädigung zusagt und soweit die Vereinbarung maximal zwei Jahre nicht überschreitet und die regionale Begrenzung eingehalten sind. In diesem Fall ist für die Wirksamkeit also eine Entschädigung zu vereinbaren.

27.45 **Hinweis**

Hierbei ist allerdings zu beachten, dass eine Mindermeinung in der Literatur der Auffassung ist, dass auch **bei Geschäftsführern** ohne Sperrminorität die §§ 74 ff. HGB Anwendung finden sollten.[15] Der BGH folgt dieser Ansicht zwar derzeit nicht, aber gleichwohl sollte aus Vorsichtsgründen ggf. bei der Formulierung von Wettbewerbsverboten ehemaliger bzw. ausgeschiedener **Minderheitsgesellschafter** der Kapital- oder Personengesellschaft eine Karenzentschädigung vorgesehen werden.

27.3.4 Vertragsstrafe

27.46 Um das Wettbewerbsverbot oder auch Kundenschutzklauseln wirksam durchsetzbar zu machen, sollte es oder sie mit einer **Vertragsstrafe** für den Fall des Verstoßes verbunden werden. Hierbei ist wiederum zu bedenken, dass die Vereinbarung einer Vertragsstrafe bestimmte Voraussetzungen erfüllen muss,[16] um auch gerichtlich durchsetzbar zu sein:

- Erforderlich ist eine ausreichende Bestimmtheit der Vertragsstrafenvereinbarung, d.h., dass die auslösende Pflichtverletzung so klar und eindeutig bestimmt ist, dass sich der Versprechende in seinem Verhalten darauf einstellen kann und die zu leistende Strafe ihrer Höhe nach klar und bestimmt ist.

15) Gravenhorst, DB 2019, 1572, 1573.

16) BGH, Urt. v. 14.07.1997 – II ZR 238/96, NJW 1997, 3089 m.w.N.; BGH, Urt. v. 08.05.2000 – II ZR 308/98, NJW 2000, 2584; BGH, Urt. v. 29.09.2003 – II ZR 59/02, NJW 2004, 66; BGH, Urt. v. 18.07.2005 – II ZR 159/03, NJW 2005, 3061; BGH, Urt. v. 10.12.2008 – KZR 54/08, NJW 2009, 1751, Rdnr. 24 – Subunternehmervertrag II; BGH, Beschl. v. 31.05.2012 – I ZR 198/11, GRUR-RR 2012, 495, Rdnr. 9 – Kundenschutzklausel; OLG Koblenz, Urt. v. 22.02.2012 – 5 U 1233/11, NZG 2012, 386.

- Zudem muss erkennbar sein, wann eine „dauerhafte Verletzung“ vertraglicher Pflichten vorliegt und wann ein einmaliger Vertragsverstoß gegeben sein soll, für den nur eine einmalige Vertragsstrafe verwirkt sein soll. In diesem Zusammenhang muss definiert sein, was unter „Fortdauer des Verstoßes“ zu verstehen ist.
- Weiterhin muss eine ausreichende Differenzierung zwischen der Tätigkeit für das Konkurrenzunternehmen und der Vermittlung von Kunden vorgenommen werden.
- Auch die Höhe der Vertragsstrafe muss angemessen sein. Eine Vertragsstrafe i.H.v. 1,5–2 durchschnittlichen Monatsvergütungen dürfte angemessen sein.

Musterformulierung für Wettbewerbsverbot für einen Unternehmer, der sein Unternehmen übertragen hat 27.47

§ X Wettbewerbsverbot

1. Der Verkäufer verpflichtet sich, auf die Dauer von zwei Jahren ab dem Übergangsstichtag im bisher räumlichen und sachlichen Tätigkeitsbereich des Verkäufers jeden Wettbewerb mit der Käuferin zu unterlassen, insbesondere sich an Konkurrenzunternehmen weder unmittelbar noch mittelbar zu beteiligen, in Dienste eines Konkurrenzunternehmens zu treten oder ein solches Unternehmen auf sonstige Weise unmittelbar oder mittelbar durch Rat oder Tat zu fördern, sofern es sich hierbei um die wesentlichen Tätigkeiten i.S.d. Unternehmensgegenstands handelt. Ausgenommen von diesem Verbot sind also untergeordnete Tätigkeiten bei einem Konkurrenzunternehmen, die keinen Bezug zur vorherigen Tätigkeit bei dem Unternehmen haben. Ausgenommen sind weiterhin die noch erforderlichen Abwicklungstätigkeiten betreffend der dem Verkäufer bis zum Stichtag noch zustehenden Ansprüche und Rechte an den auf die Käuferin übergegangenen Vermögensgegenständen, Verträgen und Rechten. Ebenso von dem Wettbewerbsverbot ausgenommen sind Tätigkeiten und Vorgänge, die Vermögensgegenstände, Verträge und Rechte betreffen, die nicht Gegenstand der mit diesem Vertrag übertragenen Vermögensgegenstände, Verträge und Rechte sind. Der Verkäufer wird seinen Internetauftritt ab dem Stichtag einstellen und auch keine Werbung in anderen Medien mehr machen.
2. Soweit gesetzlich nicht zwingend etwas anderes vorgeschrieben ist, finden die §§ 74 ff. HGB auf dieses Wettbewerbsverbot keine Anwendung.

3. Für jeden Fall der Zuwiderhandlung gegen das vorstehende Wettbewerbsverbot hat der Verkäufer an die Käuferin eine Vertragsstrafe von 25.000 € zu zahlen. Wird die Zuwiderhandlung trotz schriftlicher Abmahnung durch die Käuferin fortgesetzt, so ist für jeden weiteren begonnenen Monat der Zuwiderhandlung eine weitere Vertragsstrafe von 25.000 € zu zahlen. Sollte ein angerufenes Gericht diese Vertragsstrafe als zu hoch beurteilen, wird als Vertragsstrafe derjenige Betrag vereinbart, der nach dem Ermessen dieses Gerichts angemessen und zulässig ist. Die Ansprüche der Käuferin auf Ersatz etwa weitergehenden Schadens sowie auf Unterlassung künftigen verbotswidrigen Verhaltens bleiben unberührt.
4. Für den Verkäufer gelten die Regelungen des Wettbewerbsverbots nicht, soweit er für die Käuferin tätig wird.

27.48 **Musterformulierung für ein nachvertragliches Wettbewerbsverbot eines Unternehmers, der als Handelsvertreter weiterhin tätig wird**

§ X Wettbewerbsabreden

(1) Der Handelsvertreter hat gegenwärtig keine Vertretung für ein weiteres Unternehmen inne.

(2) Während des Bestehens des Vertragsverhältnisses mit dem Unternehmen ist der Handelsvertreter nur mit ausdrücklicher schriftlicher Zustimmung des Unternehmens berechtigt, Vertretungen für andere Unternehmungen zu übernehmen, sich direkt oder indirekt an einem anderen Unternehmen zu beteiligen oder ein anderes Unternehmen selbst zu unterstützen, sofern dieses andere Unternehmen Erzeugnisse herstellt und/oder vertreibt und/ oder sonstige Leistungen anbietet, die denen des Unternehmens gleich oder gleichartig sind. Für jeden Fall des Verstoßes gegen dieses Wettbewerbsverbot zahlt der Handelsvertreter an das Unternehmen eine Vertragsstrafe i.H.v. zwei durchschnittlichen Monatsprovisionen der letzten beiden Jahre, mindestens jedoch 25.000 € bzw. den in das Ermessen des anzurufenden Landgerichts zu stellenden Betrag. Besteht die Zuwiderhandlung in einer fortgesetzten Handlung, so ist für jeden angefangenen Monat eine Verstoßhandlung anzunehmen. Weitergehende Ansprüche des Unternehmens bleiben unberührt. Ausgenommen von diesem Wettbewerbsverbot sind die Handlungen des Handelsvertreters zur Abwicklung seines bisherigen Unternehmens. Ein Verstoß gegen das Wettbewerbsverbot stellt einen wichtigen Grund dar, der zur fristlosen Kündigung dieses Vertrags berechtigt.

(3) Der Handelsvertreter verpflichtet sich hiermit, für die Dauer von zwei Jahren nach Beendigung des Vertragsverhältnisses eine Tätigkeit in vergleichbarer Position für ein Unternehmen – unmittelbar, mittelbar oder auf sonstige Weise – innerhalb des Vertragsgebiets i.S.d. § 1 Abs. 1 dieses Vertrags hinsichtlich der vom Unternehmen vertriebenen Erzeugnisse und angebotenen Leistungen für ein Konkurrenzunternehmen zu unterlassen. Diese Verpflichtung erstreckt sich auf Tätigkeiten im Anstellungsverhältnis ebenso wie auf solche als Selbständiger (etwa als Handelsvertreter oder Vertragshändler). Dem Handelsvertreter ist auch untersagt, sich während des genannten Zeitraums an einem Konkurrenzunternehmen direkt oder indirekt zu beteiligen oder dieses direkt oder indirekt zu unterstützen. Von diesem Verbot erfasst werden jeweils nur die wesentlichen Kernbereiche des Unternehmens, die nach dem Unternehmensgegenstand und dem Anteil des Umsatzes am Gesamtumsatz zu bestimmen sind. Ausgenommen von diesem Verbot sind also untergeordnete Tätigkeiten bei einem entsprechenden Konkurrenzunternehmen, die keinen Bezug zur vorherigen Tätigkeit bei dem Unternehmen aufweisen. Für einen Verstoß gegen das in diesem Absatz geregelte Wettbewerbsverbot gilt Absatz 2 Satz 2 und 3 entsprechend.

(4) Für die Geltungsdauer des Wettbewerbsverbots nach Absatz 3 zahlt das Unternehmen dem Handelsvertreter eine Wettbewerbsentschädigung, die monatlich nachträglich zahlbar ist. Die Entschädigung beträgt 50 % der nach dem Durchschnitt der letzten drei Jahre – bei kürzerer Vertragsdauer während dieser – zugunsten des Handelsvertreters entstandenen Monatsvergütung. Während der Dauer des Wettbewerbsverbots vom Handelsvertreter anderweitig erzielter Erwerb ist entsprechend § 74c HGB auf die Entschädigungszahlung anzurechnen.

Musterformulierung für eine Kundenschutzklausel mit Entschädigungsvereinbarung 27.49

§ X Kundenschutz

1. Der Veräußerer verpflichtet sich im Sinne eines nachvertraglichen Kundenabwerbeverbots, für die Dauer von zwei Jahren nach der Übergabe des Betriebs keine Kunden abzuwerben.

2. Der Veräußerer verpflichtet sich, nach der Übergabe des Betriebs nicht für einen seiner ehemaligen Kunden tätig zu sein.

3. Für die Dauer dieses Wettbewerbsverbots verpflichtet sich der Erwerber, dem Veräußerer monatlich für diese Zeit eine Entschädigung zu zahlen. Die Entschädigung beträgt für jedes Jahr des Verbots mindestens die Hälfte der vertragsgemäßen Leistungen, die ein Mitarbeiter im Vertrieb des Unternehmens des Veräußerers zuletzt bezogen hat, mindestens jedoch einen monatlichen Betrag von ... € (Karenzentschädigung).

4. Für jeden Fall des Verstoßes gegen diese Kundenschutzklausel zahlt der Erwerber an das Unternehmen eine Vertragsstrafe i.H.v. zwei durchschnittlichen Monatsprovisionen der letzten beiden Jahre, mindestens jedoch ... € bzw. den in das Ermessen des anzurufenden Landgerichts zu stellenden Betrag. Besteht die Zuwiderhandlung in einer fortgesetzten Handlung, so ist für jeden angefangenen Monat eine Verstoßhandlung anzunehmen. Weitergehende Ansprüche des Unternehmens bleiben unberührt. Ein Verstoß gegen die Kundenschutzklausel stellt einen wichtigen Grund dar, der zur fristlosen Kündigung dieses Vertrags berechtigt.

27.50 Zeigt sich während der Vertragslaufzeit, dass das nachvertragliche Wettbewerbsverbot von Seiten des Erwerbers nicht mehr gewollt ist, kann er unter den Voraussetzungen des Handelsvertreterrechts darauf verzichten, er kann also schriftlich mit einer Frist von einem Jahr darauf verzichten. Einvernehmlich kann das nachvertragliche Wettbewerbsverbot auch (schriftlich) aufgehoben werden.

27.51 Checkliste bei einer weiteren Tätigkeit des Veräußerers

Prüfungspunkt	Erläuterungen
Aufgabe der gesamten bisherigen Tätigkeit	Dazu zählt jedenfalls bei freiberuflicher Tätigkeit auch eine Weiterbetreuung von Mandaten, die weniger als 10 % der Einnahmen in den letzten drei Jahren ausmachen.
Vorliegen der Voraussetzungen von § 16 Abs. 4 und § 34 Abs. 3 EStG	Vollendung des 55. Lebensjahres oder dauernde Berufsunfähigkeit i.S.d. Sozialversicherungsrechts, dann können auf Antrag diese Begünstigungen (Freibetrag und begünstigter Steuersatz) in Anspruch genommen werden, einmalig im Leben möglich.
Bei Mitunternehmerschaft oder Betriebsaufspaltung	Veräußerung oder Übernahme ins Privatvermögen von **allen** wesentlichen Betriebsgrundlagen einschließlich Sonderbetriebsvermögen.
Bei Verkauf von Anteilen i.S.d. § 17 EStG	Der Freibetrag ist nach § 17 Abs. 3 EStG ggf. anteilig zu beantragen.
Künftiges Einstellen der Tätigkeit des bisherigen Unternehmers	Soll der bisherige Unternehmer seine Tätigkeit künftig einstellen, sollte ein nachvertragliches Wettbewerbsverbot oder eine Kundenschutzklausel vereinbart werden. Problem: Erforderlichkeit einer Karenzentschädigung?

Prüfungspunkt	Erläuterungen
Künftige Tätigkeit des bisherigen Unternehmers für den Erwerber	Soll der bisherige Unternehmer für den Erwerber tätig werden, sollte, um eine Betriebsaufgabe i.S.d. § 16 EStG nicht zu gefährden, der Veräußerer entweder Angestellter oder freier Mitarbeiter des Erwerbers, also auf Rechnung des Erwerbers tätig werden.
Tätigkeit im Angestelltenverhältnis nach der Veräußerung	Achtung: Auswirkung auf den sozialversicherungsrechtlichen Status prüfen – wird der Veräußerer Angestellter im sozialversicherungsrechtlichen Sinne?
Wettbewerbsverbot	Bei Tätigkeit für den Erwerber sollte ein Wettbewerbsverbot, sowohl während der Vertragslaufzeit als auch nachvertraglich, geprüft und ggfs. vereinbart werden; hierbei ist zwingend an eine Karenzentschädigung zu denken.
Kundenschutzklausel	Ist nur ein Kundenschutz gewollt und keine Einstellung der Tätigkeit, kann eine Kundenschutzklausel ausreichen, die auch ohne Zahlung einer Karenzentschädigung möglich ist.
Vertragsstrafe	Um das nachvertragliche Wettbewerbsverbot oder die Kundenschutzklausel wirksam durchsetzbar zu machen, sollte die Vereinbarung jeweils mit einem Vertragsstrafeversprechen verbunden werden; die Höhe der Vertragsstrafe muss im angemessenen Verhältnis zur monatlichen Vergütung stehen.

28. Abwicklung des Altunternehmens

Inhalt **Rdnr.**

28.1 Erwerb des Unternehmens als Ganzes oder der wesentlichen Wirtschaftsgüter

28.1 Hat der Erwerber das bisherige Unternehmen des Veräußerers als Einheit erworben, muss sich der Veräußerer hinsichtlich der Abwicklung regelmäßig keine weiteren Gedanken machen oder Tätigkeiten entfalten. Denn sein Unternehmen bzw. Mitunternehmeranteil ist übertragen, und der Erwerber tritt in diese Rechtsstellung ein, hat also ab dem Übergabe- oder Abtretungsstichtag die betrieblichen Belange zu erledigen. Falls vereinbart worden ist, dass der Erwerber die betrieblichen Forderungen und Verbindlichkeiten ab einem bestimmten Stichtag übernimmt bzw. in diese eintritt, hat der Veräußerung dafür Sorge zu tragen, dass bis zu diesem Stichtag begründete Forderungen und Verbindlichkeiten von ihm eingezogen bzw. ausgeglichen werden. Bei einer solchen Veräußerung bzw. Aufgabe des bisherigen Unternehmens ist dies dem zuständigen Finanzamt anzuzeigen, damit der Aufgabegewinn entsprechend ermittelt und versteuert werden kann.

28.2 Sofern nicht das Unternehmen als Ganzes, sondern lediglich die einzelnen, insbesondere wesentlichen Wirtschaftsgüter des bisherigen Unternehmens übertragen worden sind, muss der Veräußerer das bisherige Unternehmen, das quasi als Hülle verbleibt, beenden. Dazu bedarf es jedenfalls einer Aufgabeerklärung beim zuständigen Finanzamt, verbunden mit der Versteuerung der stillen Reserven. Vergleichbares gilt, wenn der Veräußerer Gesellschaftsanteile übertragen hat und diese Anteile ursprünglich fremdfinanziert worden waren. In dieser Situation übernimmt der Erwerber selten die ursprunglichen Darlehen, sondern der Veräußerer muss aus dem erzielten Veräußerungsgewinn diese Darlehen bedienen oder ablösen. Allerdings führt der Erwerber das Unternehmen fort, eine gesonderte Aufgabeerklärung ans Finanzamt ist entbehrlich, dies kann im Rahmen der Steuererklärungen erfolgen.

28.2 Steuerliche Beurteilung

28.3 Ist ein Teilbetrieb übertragen worden, und der Unternehmer führt seine Tätigkeit mit einem bei ihm verbliebenen Teilbetrieb fort, ist dies insoweit unproblematisch, als der Verkauf des Teilbetriebs nach § 16 EStG zu beurteilen ist.

28.4 Sind bei der Veräußerung eines Einzelunternehmens Wirtschaftsgüter zurückbehalten worden, die nicht wesentlich sind und auch keinen Teilbetrieb darstellen, steht dies einer Betriebsaufgabe i.S.d. § 16 EStG nicht entgegen. Diese Wirtschaftsgüter können dann entweder gesondert verkauft oder ins Privatvermögen überführt werden. In beiden Fällen kommt es zu einer Aufdeckung der stillen Reserven und Versteuerung im Rahmen der Aufgabe. Werden dabei z.B. Forderungen später nicht eingenommen oder erst nach einem Rechtsstreit gezahlt, kann es zu nachträglichen Betriebseinnahmen und Ausgaben kommen. Denn auf den Tag der Übertragung ist eine Schlussbilanz vom Veräußerer zu erstellen. Darin sind die betrieblichen Forderungen und Verbindlichkeiten erhalten.

28.5 Werden also die Forderungen nicht eingenommen, können diese später, wenn deren Ausfall feststeht, wertberichtigt und die darin enthaltene Umsatzsteuer nach § 17 UStG korrigiert und erstattet werden. Dies kann ggf. auch ein rückwirkendes Ereignis i.S.d. § 175 AO sein, so dass die Schlussbilanz zu ändern ist. Weil regelmäßig kein Zusammenhang mit der Betriebsaufgabe/-veräußerung besteht, dürfte es sich dabei aber um kein rückwirkendes Ereignis handeln, sondern um nachträgliche Betriebsausgaben in Form der Forderungsabschreibungen. Insoweit gilt dann nicht mehr die Ergebnisermittlung durch Betriebsvermögensvergleich/ Bilanzierung, sondern nach den Grundsätzen der Einnahmenüberschussrechnung. Negative nachträgliche Einkünfte aus Gewerbebetrieb können dann mit anderen Einkünften im Jahr der Forderungsabschreibung verrechnet werden. Gleiches gilt für eventuelle Beratungskosten oder Gerichtskosten, die im Zusammenhang mit der gerichtlichen Geltendmachung von Forderungen anfallen. Die darin enthaltenen Vorsteuerbeträge können nachträglich vom Finanzamt erstattet werden.

28.6 Werden Forderungen vereinnahmt, deren Ausfall in der Schlussbilanz angenommen worden ist, stellen diese nachträgliche Betriebseinnahmen dar und sind entsprechend als nachträgliche Einkünfte aus Gewerbebetrieb zu versteuern. Die darin enthaltene **Umsatzsteuer** ist ans Finanzamt abzuführen.

28.7 **Gewerbesteuer** fällt hierbei nicht an, weil es sich nicht um Einkünfte aus einem stehenden Gewerbebetrieb handelt.

28.8 Werden Verbindlichkeiten nachträglich gezahlt, die in der Schlussbilanz noch nicht enthalten sind, stellt sich die Frage, ob diese als **nachträgliche Betriebsaus-**

gaben abgezogen werden können. Sofern die fragliche Verbindlichkeit noch durch eine Änderung der Schlussbilanz berücksichtigt werden kann, ändert sich dadurch der Veräußerungsgewinn. Ist dies nicht möglich, sind laufende nachträgliche Einkünfte gegeben, wenn eine Änderung verfahrensrechtlich zulässig ist. Voraussetzung ist jedoch stets, dass der bei der Aufgabe erhaltene Veräußerungspreis und die ins Privatvermögen überführten Wirtschaftsgüter des Veräußerers nicht ausreichten, um diese Verbindlichkeiten auszugleichen.[1] Andernfalls handelt es sich um Vorgänge in der privaten Vermögenssphäre, die steuerlich nicht relevant sind.

Dies gilt nicht, wenn der Veräußerer nachträglich für Verbindlichkeiten einstehen 28.9
muss, die der Erwerber mit übernommen hat. Diese Zahlungen wirken zurück auf den Zeitpunkt der Betriebsaufgabe/-veräußerung und führen zur Korrektur des Aufgabe-/Veräußerungsgewinns.

Für Mitunternehmer gelten vergleichbare Grundsätze. War im Zeitpunkt der Ver- 28.10
äußerung oder Aufgabe noch ein Darlehen zur Finanzierung des Anteilserwerbs vorhanden, war dieses im Rahmen einer Ergänzungsbilanz bei der Gewinnermittlung zu berücksichtigen. Spätere Zahlungen wirken sich daher nur aus, wenn der bei der Aufgabe erhaltene Veräußerungspreis und die ins Privatvermögen überführten Wirtschaftsgüter des Veräußerers nicht ausreichten, um diese Verbindlichkeiten auszugleichen.[2] Steuerlich auswirken können sich dabei nur die Schuldzinsen, die in den Zahlungen enthalten sind, die Tilgungsleistungen nicht, diese sind neutral.

War der Veräußerer an einer Kapitalgesellschaft beteiligt und hielt die Anteile im 28.11
Privatvermögen, kann im Zeitpunkt der Veräußerung noch eine Darlehensverbindlichkeit vorliegen, mit der die Anteile ursprünglich erworben worden sind. Wird diese Verbindlichkeit abgelöst, bestimmt sich der Abzug als Werbungskosten nach den Bestimmungen des Teileinkünfteverfahrens: Nach § 20 Abs. 9 EStG ist ein Abzug grundsätzlich ausgeschlossen, lediglich unter den Voraussetzungen des § 32d Abs. 2 EStG ist ein Abzug auf Antrag möglich, dies trifft insbesondere auf den zu mindestens 25 % beteiligten Gesellschafter zu.

Hat der Veräußerer im Rahmen der Veräußerung Wirtschaftsgüter ins Privatver- 28.12
mögen überführt oder als Teil des Veräußerungspreises erhalten, können diese anschließend zur Einkünfteerzielung eingesetzt werden. Ist der Zusammenhang mit dem ursprünglichen Betrieb gelöst, bestimmt sich die Einkunftsart nach der jeweiligen damit ausgeübten Tätigkeit. Werden Wirtschaftsgüter anderen zur Nutzung überlassen, so werden Einkünfte aus Vermietung und Verpachtung vor-

1) Schmidt/Wacker, 42. Aufl. 2023, § 16 Rdnr. 341 i.V.m. Rdnr. 109.
2) Schmidt/Wacker, EStG, 42. Aufl. 2023, § 16 Rdnr. 369.

liegen. Die Abschreibung bemisst sich nach den Anschaffungskosten oder dem Entnahmewert, im Zweifel also dem Teilwert. Es können also künftig höhere Abschreibungen generiert werden, denn die stillen Reserven, die bis zu diesem Zeitpunkt entstanden sind, wurden im Rahmen des Verkaufs aufgedeckt.

28.13 Hat der Veräußerer noch andere Wirtschaftsgüter als Forderungen und Verbindlichkeiten im Rahmen der Veräußerung zurückbehalten, z.B. Warenvorräte, kann er diese freihändig verkaufen oder ins Privatvermögen überführen. Der Verkauf führt zu laufenden Einnahmen, wenn diese zeitnah zur Veräußerung erfolgen. Erfolgt der Verkauf hingegen sukzessive nach der Veräußerung, ist im Rahmen der Aufgabe bereits ein Wert für diese Wirtschaftsgüter in der Aufgabebilanz angesetzt worden. Der spätere Verkauf führt dann nicht zu zusätzlichen Einkünften. Lediglich erhebliche Wertunterschiede in dem Ansatz in der Schlussbilanz und beim Verkauf dürften sich auf nachträgliche Einkünfte aus dem aufgegebenen Betrieb auswirken bzw. solche darstellen.

28.14 Unabhängig von der Behandlung des Aufgabegewinns bzw. der Behandlung der noch nicht mitverkauften Wirtschaftsgüter stellt sich für den Veräußerer die Frage, wie er nach dem Verkauf sein Einkommen bestreitet: Lebt er vom Veräußerungserlös, muss dem Finanzamt für die Festsetzung künftiger Vorauszahlungen mitgeteilt werden, welche weiteren Einkünfte in der Zukunft erzielt werden. Ebenso muss mitgeteilt werden, ob noch eine unternehmerische Tätigkeit ausgeübt wird, damit das Finanzamt ggf. den Veräußerer von der künftigen Abgabe der Umsatzsteuer-Voranmeldungen und -jahreserklärungen befreien kann. Dies gilt ebenso, wenn der Veräußerer eine andere unternehmerische Tätigkeit oder eine Angestelltentätigkeit ausübt. Auch insoweit sollte dies dem Finanzamt für Zwecke der Festsetzung von Vorauszahlungen für die Ertragsteuern und die Umsatzsteuern mitgeteilt werden.

28.3 Gesellschaftsrechtliche Beurteilung

28.15 Ist das Unternehmen des Veräußerers als Asset Deal übertragen worden, besteht das Unternehmen des Veräußerers zivilrechtlich noch. Dies bedeutet, dass in Abhängigkeit von der Rechtsform des Veräußerers das bisherige Unternehmen noch abgewickelt werden muss.

28.16 Hatte der Veräußerer die Rechtsform eines Einzelunternehmens, muss er jedenfalls das Gewerbe bei der zuständigen Gemeinde abmelden und bei einer Eintragung im Handelsregister zusätzlich auch die Löschung im Handelsregister anmelden. Dies ist mit vergleichsweise wenig Aufwand verbunden. Zudem muss der Veräußerer dem Finanzamt gegenüber die Aufgabe erklären (vgl. dazu Rdnr. 28.1).

War der Veräußerer Gesellschafter, muss sein Ausscheiden dem zuständigen **Handelsregister** angezeigt werden. Dies ist unabhängig von der Rechtsform, hat allerdings von der Rechtsform abhängige Rechtsfolgen bzw. Gründe. 28.17

- War der Veräußerer Gesellschafter einer Kapitalgesellschaft, ist eine berichtigte Liste der Gesellschafter einzureichen. Dies ist jedoch von einem Notar zu erledigen, wenn dieser die Übertragung beurkundet hat. Dies erfolgt bei Übertragungen in Deutschland regelmäßig. Bei Auslandsbeurkundungen ist dies Aufgabe des Geschäftsführers der GmbH. Die Gesellschafterliste dient u.a. dazu, den Gutglaubensschutz bei Übertragungen der Gesellschaftsanteile herzustellen. Der Erwerber hat daher i.d.R. ein eigenes Interesse daran, die Berichtigung herbeizuführen. Ist dies ausnahmsweise nicht der Fall, sollte der Veräußerer diesen Prozess in Gang bringen, insbesondere, um dem Rechtsverkehr gegenüber zum Ausdruck zu bringen, dass die Gesellschafterstellung beendet worden ist. 28.18
- War der Veräußerer Gesellschafter einer im Handelsregister eingetragenen Gesellschaft, führt die Eintragung des Gesellschafterwechsels bzw. -ausscheidens dazu, dass die Haftung gegenüber dem Veräußerer begrenzt wird auf die Verbindlichkeiten, die bis zu seinem Ausscheiden bestanden haben. Der neu eintretende Kommanditist haftet daher nicht für die Erbringung der Kommanditeinlage, wenn seine Sonderrechtsnachfolge im Handelsregister eingetragen ist. 28.19
- Bei den übrigen Personengesellschaften bleibt die Nachhaftung des ausscheidenden Gesellschafters bestehen, und der eintretende Gesellschafter haftet für die bestehenden Verbindlichkeiten nach Maßgabe der §§ 128, 129 HGB. Aber auch hier ist die Eintragung des Gesellschafterausscheidens bzw. -wechsels ins jeweilige Register (Handels- oder Partnerschaftsregister) wichtig, um die Haftung auf den Stand zu einem bestimmten Stichtag zu begrenzen. 28.20

Vergleichbares ist auch für die Beurteilung eventueller insolvenzrechtlicher Straftaten entscheidend. Die Pflichten als Gesellschafter oder Geschäftsführer enden zwar faktisch mit dem Ausscheiden, gleichwohl kann der durch die Eintragung im Register gesetzte Rechtsschein noch zur ungewollten Nachhaftung führen. Der Veräußerer sollte daher zeitnah zu seinem Ausscheiden die entsprechende Eintragung ins Register veranlassen. 28.21

Ist das Unternehmen in Form eines Asset Deals von einer Handelsgesellschaft übernommen worden, besteht dieses auch nach der Übernahme noch fort. Die Gesellschafter müssen also möglichst zeitnah die Auflösung der Gesellschaft beschließen, um deren Löschung im Handelsregister zu erreichen. Dazu muss das gesamte noch vorhandene Vermögen der Gesellschaft versilbert und die Verbind- 28.22

lichkeiten der Gesellschaft ausgeglichen werden. Der danach verbleibende Überschuss kann an die Gesellschafter ausgekehrt werden, eine verbleibende Unterdeckung muss ggf. von ihnen ausgeglichen werden.

28.23 Der Eintritt in die Liquidation führt dazu, dass künftig die Zerschlagungswerte in der Bilanz angesetzt werden müssen und nicht mehr unter der Fortführungsannahme des Unternehmens zu bewerten ist. Gleichzeitig sind auf den Tag der Liquidation die Offenlegungspflichten neu zu berücksichtigen. Die Schlussbilanz des werbenden Unternehmens ist auf den Vortag zu erstellen und offenzulegen, ebenso wie die Liquidationseröffnungsbilanz auf den Tag der Beschlussfassung zur Auflösung zu erstellen ist. Während der Liquidation sind weiterhin Jahresabschlüsse offenzulegen, und zwar immer für ein Geschäftsjahr, das grundsätzlich ab dem Tag der Eröffnung der Liquidation berechnet wird, also nicht einem Kalenderjahr entsprechend muss. Gegebenenfalls sollte hier ein Beschluss gefasst und auch zum Handelsregister angemeldet werden oder im Gesellschaftsvertrag enthalten sein, dass auch während der Liquidation das Geschäftsjahr dem Kalenderjahr entspricht und ggf. das erste Jahr der Liquidation ein Rumpfgeschäftsjahr darstellt.

28.24 In Abhängigkeit von der Rechtsform kann die Liquidation der Gesellschaft noch deutlich nach der Veräußerung nicht abgeschlossen sein: Eine GmbH muss das sogenannte Sperrjahr abwarten, d.h., die Gesellschaft darf grundsätzlich erst ein Jahr nach der Veröffentlichung der Auflösung im Bundesanzeiger aus dem Handelsregister gelöscht werden. Auch zu diesem Zeitpunkt darf das Vermögen verteilt werden, wenn die Liquidatoren sich nicht einer möglichen Haftungsinanspruchnahme ausgesetzt sehen wollen. Während dieses Sperrjahres hat der Liquidator die Gesellschaft abzuwickeln, die Forderungen einzuziehen und Verbindlichkeiten auszugleichen sowie Steuererklärungen abzugeben. Der Veranlagungszeitraum verlängert sich auf maximal drei Jahre.

28.25 Soll die Löschung im Handelsregister eher erreicht werden, also vor Ablauf des Sperrjahres, muss der Liquidator dem Handelsregister gegenüber persönlich versichern, dass kein nennenswertes Vermögen und/oder Verbindlichkeiten vorhanden sind. Falls die anzuhörenden Behörden – wie z.B. Finanzamt, Bundesamt für Justiz wegen der Offenlegung, IHK – keine Einwände haben bzw. die diesen Behörden gegenüber bestehenden Pflichten erfüllt sind und diese der vorzeitigen Löschung zustimmen, kann die Eintragung der Löschung auch schon vor Ablauf eines Jahres nach der Veröffentlichung der Auflösung im Handelsregister erfolgen. Der Regelfall ist dies jedoch nicht.

28.26 Die Einstellung der Tätigkeit des Unternehmens führt bei natürlichen Personen und Personengesellschaften regelmäßig zum Erlöschen der Mitgliedschaft in der

IHK bzw. einem verminderten Beitrag. Dies ist bei Kapitalgesellschaften nicht so, daher sollte bei diesen mit der zuständigen IHK über eine Beitragsreduzierung oder -stundung verhandelt werden, wenn die Einnahmelage trotz der Veräußerung ungünstig ist.

28.4 Arbeitsrechtliche Beurteilung

Ist im Rahmen der Veräußerung nicht das gesamte Personal auf den Erwerber 28.27
übergegangen oder von diesem übernommen worden, bestehen die mit dem Veräußerer geschlossenen Anstellungsverträge fort. Die gilt freilich nur, wenn kein Betriebsübergang nach § 613a BGB vorliegt oder die betroffenen Mitarbeiter einem solchen Übergang wirksam widersprochen haben. Der Veräußerer sieht sich dann in der unangenehmen Situation, dass er Vertragspartner von Angestellten ist, diesen aber wegen des Verkaufs auch keine Beschäftigung anbieten kann. In diesem Fall kann der Veräußerer die Anstellungsverhältnisse zwar betriebsbedingt kündigen, die Arbeitsplätze sind in aller Regel entfallen, aber die vertraglichen oder gesetzlichen Kündigungsfristen sind dabei einzuhalten. Ein fristloses Sonderkündigungsrecht besteht nicht. Zwar dürfte es selten zu Schwierigkeiten mit der Sozialauswahl kommen, aber es ist nicht gänzlich ausgeschlossen, dass auch Abfindungen von den Mitarbeitern verlangt werden.

Um diesem Problem vorzubeugen, sollte der Veräußerer vor der Übertragung 28.28
über den Umgang mit dem Personal nachdenken. Der für ihn günstigste Weg besteht darin, dass das Personal vom Erwerber übernommen wird. Ansonsten sollte der Veräußerer über einen Ausspruch der Kündigung vor dem Übergabestichtag nachdenken. Damit sind allerdings mehrere Probleme verbunden:

- Zum einen muss dem Personal vor dem Übergabestichtag die Veräußerungs- 28.29
  absicht mitgeteilt werden. Dies ist nicht immer hilfreich für Kaufvertragsverhandlungen, die üblicherweise nicht bekanntgegeben werden sollen, um Unruhe in der Belegschaft zu vermeiden und die Abwanderung von Personal – insbesondere guten Mitarbeitern – zu verhindern. Scheitert der Verkauf hinterher, sind ausgeschiedene Mitarbeiter selten zurückzugewinnen und schwer zu ersetzen. Ferner kann die Verkaufsabsicht auch zu Unruhe im Kunden- oder Lieferantenkreis führen, die ebenfalls nicht gewollt ist. Hier sind also Vorsicht und Zurückhaltung geboten.
- Zum anderen besteht die Problematik, dass bei vielfachen Kündigungen der 28.30
  Bereich der Anzeige von Massenkündigungen bei der Bundesagentur für Arbeit eröffnet ist und ein Sozialplan erstellt werden muss, der oft mit erheblichen finanziellen Belastungen verbunden sein kann.

28.31 Wird der Veräußerer nach der Übertragung für den Erwerber oder einen anderen Unternehmer tätig, muss er sich neben der neuen Tätigkeit noch um die Abwicklung des Restunternehmens kümmern. Hierzu stellt sich dann die Frage, ob der Veräußerer dies darf oder damit gegen ein eventuelles Wettbewerbsverbot verstößt. Um diese Problematik zu vermeiden, sollten entsprechende Vereinbarungen geschlossen werden (siehe dazu Rdnr. 27.1 ff.).

28.32 **Checkliste für die Abwicklung eines Unternehmens**

Wird die gesamte unternehmerische Einheit übernommen?	❑
Bei Übernahme der gesamten unternehmerischen Einheit:	❑
Werden Wirtschaftsgüter zurückbehalten, sind diese wesentlich?	❑
Wenn ja, liegt keine begünstigte Betriebsaufgabe nach § 16 EStG vor.	❑
Wenn nein, müssen diese ebenfalls verkauft oder ins Privatvermögen überführt werden, die darin enthaltenen stillen Reserven also mit versteuert werden.	❑
Bei Einstellung der Tätigkeit	❑
Es muss eine Gewerbeabmeldung erfolgen,	❑
ebenso eine Mitteilung ans Finanzamt, wie die künftige Einkünftesituation ist, also wie die künftigen Vorauszahlungen festzusetzen sind.	❑
Werden Teile des Unternehmens zurückbehalten oder nicht vom Erwerber übernommen?	❑
Diese müssen, wenn damit kein Teilbetrieb fortgeführt wird, entsprechend verkauft bzw. entnommen werden. Hier stellt sich die Frage nach nachträglichen Einkünften – ist in Abhängigkeit von der Veranlassung durch die Veräußerung/Aufgabe zu entscheiden.	❑
Besteht noch eine „Mantelgesellschaft"?	❑
Diese ist nach den für die jeweilige Rechtsform geltenden Abwicklungsvorschriften zu liquidieren.	❑
Bei einer GmbH ist das sogenannte Sperrjahr abzuwarten.	❑
Das Sperrjahr kann selten verkürzt werden, die Verkürzung bedarf der Zustimmung des Handelsregisters und besonderer Versicherungen des Liquidators.	❑
Auswirkungen des Verkaufs auf noch vorhandenes und nicht durch einen Betriebsübergang übergehendes Personal	❑
Die Arbeitsverhältnisse müssen geprüft und ggf. gekündigt werden.	❑

29. Sperrfristverstöße durch reale oder fiktive Umwandlungsvorgänge

Inhalt **Rdnr.**

29.1 Einführung

Die deutschen Steuergesetze enthalten eine Vielzahl von unterschiedlichen Sperrfristregelungen, deren Nichtbeachtung mitunter gravierende Steuerfolgen in der Praxis auslösen kann. Als „Sperrfrist" ist regelmäßig eine bestimmte Zeitspanne von unterschiedlicher Dauer normiert, innerhalb derer nach gesetzlichen Vorschriften bestimmte Handlungen oder Vorgänge zum Eintritt ertragsteuerlicher Rechtsfolgen führen. 29.1

Vor allem Umwandlungs- und Einbringungsvorgänge sowie ein Formwechsel können Sperrfristverstöße herbeiführen, weil diese Vorgänge nach Rdnr. 00.02 UmwSt-Erlass[1)] als Veräußerungs- und Anschaffungsgeschäfte betrachtet werden. 29.2

1) Vgl. BMF-Schreiben v. 11.11.2011 – IV C 2 – S 1978-b/08/10001, BStBl I, 1314 (UmwSt-Erlass).

Vor diesem Hintergrund ist jeweils sorgfältig zu prüfen, ob ggf. durch Umstrukturierungsmaßnahmen in der Vergangenheit in Gang gesetzte Sperrfristen noch laufen, bevor aktuell ein Umstrukturierungsvorgang realisiert wird.

29.2 Sperrfristverstoß durch Option nach § 1a KStG

29.3 Während bisher vor allem Sperrfristverstöße im Anschluss an eine echte Einbringung nach § 20 UmwStG unter Ansatz von Buch- oder Zwischenwerten diskutiert worden sind, hat deren Bedeutung in jüngster Zeit durch das in § 1a KStG eingeführte Optionsmodell zugenommen. Denn der Übergang zur Körperschaftsbesteuerung durch unwiderruflichen Antrag gilt nach § 1a Abs. 2 KStG als fiktiver Formwechsel, auf den die §§ 1 und 25 UmwStG und damit auch die Einbringungsvorschriften der §§ 20–23 UmwStG entsprechend anzuwenden sind.

29.4 Sofern der fiktive Formwechsel zu Buch- oder Zwischenwerten erfolgt, entstehen nach der Verwaltungsauffassung sowie nach h.M.[2] sperrfristbehaftete Anteile.[3] Im Schrifttum wird jedoch auch die Mindermeinung vertreten, die Option führe nicht zur Entstehung sperrfristbehafteter Anteile,[4] weil die gesetzliche Fiktion nach § 1a Abs. 2 Satz 1 KStG nicht ausreicht, um den von § 25 UmwStG vorausgesetzten Formwechsel i.S.d. § 190 UmwG durchzuführen, sondern auf das Steuerrecht begrenzt ist, und eines der entscheidenden Tatbestandsmerkmale des § 20 UmwStG, nämlich die Gewährung neuer Anteile, bei der Option nach § 1a KStG nicht erfüllt ist.

29.5 Die Tatsache, dass im Zuge des fiktiven Formwechsels sperrfristbehaftete Anteile an der optierenden Gesellschaft entstehen, führt nach der Verwaltungsauffassung sowie nach h.M. dazu, dass die Rückoption oder die sonstige Beendigung nach § 1a Abs. 4 KStG – mit Ausnahme des Formwechsels in eine Körperschaft nach § 1a Abs. 4 Satz 7 KStG – innerhalb von sieben Jahren nach der erstmaligen Wirksamkeit der Option als fiktiver Formwechsel zurück in eine Personengesellschaft – ebenso wie die echte Umwandlung einer Kapitalgesellschaft in ein Personenunternehmen – einen Sperrfristverstoß auslöst.[5]

---

2) Vgl. nur Pung, in: Dötsch/Pung/Möhlenbrock, Die Körperschaftsteuer, § 1a KStG Rdnr. 87 (12/2021).

3) So explizit das Anwendungsschreiben zum Optionsmodell, BMF-Schreiben v. 10.11.2021 – IV C 2 – S 2707/21/10001 :004, BStBl I, 2212, Rdnr. 46.

4) Vgl. von Goldacker/Mathy/Schuster, BB 2021, 2967.

5) So BMF-Schreiben v. 10.11.2021 – IV C 2 – S 2707/21/10001 :004, BStBl I, 2212, Rdnr. 98; vgl. auch Pung, in: Dötsch/Pung/Möhlenbrock, Die Körperschaftsteuer, § 1a KStG Rdnr. 87 (12/2021); für eine teleologische Reduktion bei unverändertem Gesellschafterbestand vgl. Schiffers, DStZ 2021, 900, 910.

Nach Auffassung der Finanzverwaltung kann der fiktive Formwechsel nach § 1a Abs. 2 KStG – ebenso wie eine echte Einbringung oder ein echter Formwechsel – auch dazu führen, dass Sperrfristverstöße ausgelöst werden, die sich aus anderen ertragsteuerlichen Vorschriften aufgrund eines Veräußerungsvorgangs ergeben.[6)] Dies ist darauf zurückzuführen, dass nach der Verwaltungsansicht in Rdnr. 00.02 UmwSt-Erlass Umwandlungen und Einbringungen – zum Teil unabhängig vom gewählten Wertansatz – ebenso wie der fiktive Formwechsel nach § 1a Abs. 2 KStG Anschaffungs- und Veräußerungsvorgänge darstellen.[7)] Auch im BMF-Schreiben vom 10.11.2021 zur Option nach § 1a KStG[8)] werden beispielsweise folgende Vorschriften mit unterschiedlichen Sperrfristen von drei, fünf oder sieben Jahren aufgeführt: 29.6

29.7

Vorschrift	**Dauer**
§ 6 Abs. 3 Satz 2 EStG i.V.m. BMF-Schreiben vom 20.11.2019 – IV C 6 – S 2241/15/10003, BStBl I, 1291, Rdnr. 29	5 Jahre
§ 6 Abs. 5 Satz 4 und 6 EStG i.V.m. BMF-Schreiben vom 08.12.2011 – IV C 6 – S 2241/10/10002, BStBl I, 1279, Rdnr. 33, 34	3 Jahre bzw. 7 Jahre
§ 16 Abs. 3 Satz 3 und Abs. 5 EStG	3 Jahre bzw. 7 Jahre
§ 15 Abs. 2 Satz 4 UmwStG	5 Jahre
§ 18 Abs. 3 Satz 2 UmwStG	5 Jahre
§ 22 Abs. 1 Satz 6 Nr. 2 UmwStG	7 Jahre
§ 24 Abs. 5 UmwStG	7 Jahre

Daneben existiert noch mit § 23 Abs. 1 Satz 5 EStG ein Sonderfall, der im Zusammenhang mit der Einlage von Grundstücken aus dem Privatvermögen in ein Betriebsvermögen eine Sperrfrist von zehn Jahren vorsieht. Dieser Sonderfall wird im Folgenden ebenso wie die Sperrfristen nach § 6 Abs. 3 Satz 2 und Abs. 5 Satz 4 und 6, § 16 Abs. 3 und Abs. 5 EStG sowie nach wichtigen umwandlungssteuerrechtlichen Vorschriften erörtert. 29.8

6) Vgl. BMF-Schreiben v. 10.11.2021 – IV C 2 – S 2707/21/10001 :004, BStBl I, 2212, Rdnr. 45.

7) Vgl. dazu Brühl/Weiss, DStR 2021, 889, 945; Müller, NWB 2021, 2190.

8) BMF-Schreiben v. 10.11.2021 – IV C 2 – S 2707/21/10001 :004, BStBl I, 2212, Rdnr. 45.

29.3 Verstoß gegen einkommensteuerliche Sperrfristen

29.3.1 Unterquotale Übertragung von Sonderbetriebsvermögen nach § 6 Abs. 3 Satz 2 EStG

29.3.1.1 Grundfall

29.9 Werden bei der Übertragung eines Teils eines Mitunternehmeranteils funktional wesentliche Wirtschaftsgüter im Sonderbetriebsvermögen gar nicht oder nur unterquotal übertragen, liegt insgesamt eine Übertragung nach § 6 Abs. 3 Satz 2 EStG vor. Entsprechendes gilt bei der Aufnahme einer natürlichen Person in ein Einzelunternehmen, wenn der bisherige Betriebsinhaber Wirtschaftsgüter in seinem Eigentum zurückbehält und fortan als Sonderbetriebsvermögen der entstandenen Mitunternehmerschaft zur Nutzung überlässt.

29.10 Voraussetzung für die Buchwertfortführung bei der unterquotalen Übertragung ist, dass der Übernehmer bzw. der in das Einzelunternehmen aufgenommene neue Mitunternehmer den übernommenen Mitunternehmerteil über einen **Zeitraum von mindestens fünf Jahren** nicht veräußert oder aufgibt. Der Veräußerung des Mitunternehmeranteils steht gleich, wenn innerhalb der fünfjährigen Sperrfrist

- der Anteil am Gesamthandsvermögen oder eines Teils davon und/oder
- das mit dem Mitunternehmeranteil übernommene funktional wesentliche Sonderbetriebsvermögen oder eines Teils davon

veräußert wird.

29.11 Unabhängig vom gewählten Wertansatz wird nach der Verwaltungsauffassung als Veräußerung i.S.d. § 6 Abs. 3 Satz 2 EStG grundsätzlich auch eine Einbringung nach den §§ 20 oder 24 UmwStG oder ein Formwechsel nach § 25 UmwStG angesehen.[9)]

29.3.1.2 Rückausnahme

29.12 Eine **Rückausnahme** besteht allerdings für den Fall, dass der nach § 6 Abs. 3 Satz 2 EStG übertragene Teil eines Mitunternehmeranteils vom Übernehmer zu einem späteren Zeitpunkt insgesamt zu Buchwerten nach den §§ 20 oder 24 UmwStG in eine Kapitalgesellschaft bzw. Personengesellschaft eingebracht wird. Eine schädliche Veräußerung i.S.d. § 6 Abs. 3 Satz 2 EStG liegt dann nicht vor, wenn der Einbringende die hierfür erhaltene Beteiligung an der Kapitalgesellschaft oder den erhaltenen Mitunternehmeranteil über einen Zeitraum von mindestens fünf Jahren – beginnend mit der ursprünglichen Übertragung des Mitunternehmeran-

9) Vgl. BMF-Schreiben v. 20.11.2019 – IV C 6 – S 2241/15/10003, BStBl I, 1291, Rdnr. 29.

teils nach § 6 Abs. 3 Satz 2 EStG – nicht veräußert oder aufgibt und die Kapitalgesellschaft oder die Personengesellschaft den eingebrachten Mitunternehmeranteil oder die eingebrachten Wirtschaftsgüter innerhalb der genannten Frist nicht veräußert.[10)]

Beispiel 29.13

Vater V ist alleiniger Kommanditist der X-GmbH & Co. KG und Alleingesellschafter der ohne Vermögenseinlage an der KG beteiligten Komplementär-GmbH. Zugleich vermietet er ein in seinem Alleineigentum stehendes Betriebsgrundstück an die X-GmbH & Co. KG. Zum 01.01.2021 hat V seiner Tochter T die Hälfte seines Kommanditanteils an der X-GmbH & Co. KG und die Hälfte der Anteile an der Komplementär-GmbH unentgeltlich übertragen. Das zum Sonderbetriebsvermögen des V gehörende Grundstück wurde nicht auf T übertragen. Im Jahr 2022 beschließen die Gesellschafter der X-GmbH & Co. KG rückwirkend zum 01.01.2022 einen Formwechsel in die X-GmbH. Am 01.10.2023 veräußert T ihre gesamten Anteile an der X-GmbH.

Lösung

Aufgrund der unterquotalen Übertragung des Sonderbetriebsvermögens löst die Übertragung des Mitunternehmeranteils zum 01.01.2021 nach § 6 Abs. 3 Satz 2 EStG die dort vorgesehene fünfjährige Sperrfrist aus, innerhalb derer die Veräußerung oder Aufgabe des Mitunternehmeranteils durch die Tochter einen rückwirkenden Ansatz des Teilwerts zum 01.01.2021 bewirkt, der zu einem laufenden Gewinn und einer korrespondierenden Gewerbesteuerpflicht beim Vater führt. Der innerhalb der Sperrfrist im Jahr 2022 beschlossene Formwechsel führt grundsätzlich zu einer die Sperrfrist verletzenden Veräußerung des Mitunternehmeranteils.

Werden jedoch beim Formwechsel in eine GmbH auf Antrag die Buchwerte fortgeführt, so greift die oben skizzierte Rückausnahme, wenn 29.14

- weder die Tochter ihre im Zuge des Formwechsels erhaltenen Anteile an der GmbH
- noch die X-GmbH den eingebrachten Mitunternehmeranteil oder die eingebrachten Wirtschaftsgüter

innerhalb der verbleibenden fünfjährigen Sperrfrist (im vorstehenden Beispiel: Beginn am 01.01.2021, Ende am 31.12.2025) veräußern. Stattdessen sind zwei

10) Vgl. BMF-Schreiben v. 20.11.2019 – IV C 6 – S 2241/15/10003, BStBl I, 1291, Rdnr. 29.

– zeitweise parallel laufende – Sperrfristen zu beachten, nämlich die siebenjährige Sperrfrist nach § 22 Abs. 1 UmwStG aus dem Formwechsel sowie die noch laufende fünfjährige Sperrfrist des § 6 Abs. 3 Satz 2 EStG.

29.15 Wird von der Option nach § 1a KStG Gebrauch gemacht, so bewirkt dies nach § 1a Abs. 2 KStG einen fiktiven Formwechsel, auf den die §§ 1 und 25 UmwStG und damit auch die §§ 20–23 UmwStG Anwendung finden. Die ebenfalls hiermit verbundene fiktive Veräußerung der Mitunternehmeranteile an der optierenden Personengesellschaft stellt damit grundsätzlich einen Sperrfristverstoß nach § 6 Abs. 3 Satz 2 EStG dar, soweit nicht die vorstehend skizzierte Rückausnahme bei Buchwertfortführung greift.

29.16 Sowohl beim echten als auch beim fiktiven Formwechsel gehen die Mitunternehmeranteile unter, weil die Körperschaft anschließend unmittelbar das eingebrachte Betriebsvermögen hält. Ein Eintritt der Körperschaft in die noch laufende Sperrfrist nach § 6 Abs. 3 Satz 2 EStG ist daher im Hinblick auf den eingebrachten Mitunternehmeranteil überhaupt nicht möglich, da dieser nicht mehr veräußert werden kann.

29.17 Unklar ist im Übrigen, wie die Rückausnahme zu verstehen ist, wonach auch die eingebrachten Wirtschaftsgüter innerhalb der verbleibenden Sperrfrist nicht veräußert werden dürfen. Offensichtlich sind damit nur die eingebrachten wesentlichen Betriebsgrundlagen gemeint. Sind nämlich alle durch den Mitunternehmeranteil repräsentierten Wirtschaftsgüter gemeint, so führt z.B. bereits die Veräußerung von Umlaufvermögen (z.B. fertige Erzeugnisse und Waren) zu einem rückwirkenden Teilwertansatz nach § 6 Abs. 3 Satz 2 EStG, so dass die Rückausnahme verhältnismäßig bedeutungslos wäre. Soweit ersichtlich existiert hierzu weder einschlägige Rechtsprechung noch eine Verwaltungsanweisung.

29.18 **Fortsetzung der Lösung**

Veräußert T am 01.10.2023 ihre sperrfristbehafteten Anteile an der X-GmbH, so ergibt sich Folgendes:

- Im Hinblick auf den übertragenen Mitunternehmeranteil ist zunächst bei V nach § 6 Abs. 3 Satz 2 EStG rückwirkend zum 01.01.2021 der Teilwert anzusetzen.
- Nach § 22 Abs. 1 UmwStG ist bei T rückwirkend auf den Einbringungszeitpunkt zum 01.01.2022 der Einbringungsgewinn I zu ermitteln und zu versteuern. Bei der Ermittlung des Einbringungsgewinns I sind bei T die aufgrund des Teilwertansatzes bei V erhöhten Buchwerte zu berücksichtigen, so dass

sich die zum 01.01.2022 vorhandenen stillen Reserven und damit auch der Einbringungsgewinn I entsprechend vermindern. Der Einbringungsgewinn I wird nach § 22 Abs.1 Satz 3 UmwStG zusätzlich um 1/7 gekürzt.

- Der Gewinn aus der Veräußerung der Anteile an der X-GmbH ist gem. § 17 EStG nach dem Teileinkünfteverfahren zu versteuern. Bei der Ermittlung des Veräußerungsgewinns gilt der Einbringungsgewinn I als nachträgliche Anschaffungskosten der Anteile an der X-GmbH.
- Schließlich kann die X-GmbH den versteuerten Einbringungsgewinn unter den Voraussetzungen des § 23 Abs. 2 UmwStG auf Antrag als Erhöhungsbetrag ansetzen. Die Werterhöhung erfolgt nach h.M.[11] und analog zu § 23 Abs. 3 Satz 2 UmwStG zu Beginn des Wirtschaftsjahres, in welches das schädliche Ereignis fällt (hier: die Veräußerung der Anteile an der X-GmbH). Somit erfolgt die Aufstockung zum 01.01.2023.

29.3.2 Übertragung von Einzelwirtschaftsgütern nach § 6 Abs. 5 EStG

29.3.2.1 Sperrfrist und Rückausnahmen

Für die steuerneutrale Übertragung von Einzelwirtschaftsgütern sieht § 6 Abs. 5 Satz 3 EStG eine Vielzahl von Möglichkeiten vor. Sämtliche begünstigten Vorgänge sind regelmäßig an eine **dreijährige Sperrfrist** geknüpft. Werden nämlich die nach § 6 Abs. 5 Satz 3 EStG übertragenen Wirtschaftsgüter innerhalb von drei Jahren nach Abgabe der Steuererklärung des Übertragenden für das Jahr, in dem die Übertragung stattgefunden hat, veräußert oder entnommen, so ist rückwirkend auf den Zeitpunkt der Übertragung der Teilwert anzusetzen. Es bestehen jedoch **zwei Rückausnahmen**, denn der rückwirkende Teilwertansatz entfällt, wenn 29.19

- die bis zur Übertragung entstandenen stillen Reserven durch Erstellung einer Ergänzungsbilanz dem übertragenden Gesellschafter zugeordnet worden sind;
- ein Wirtschaftsgut durch den an einer KG zu 100 % beteiligten Kommanditisten (natürliche Person oder Körperschaft) aus dessen (Sonder-)Betriebsvermögen nach § 6 Abs. 5 Satz 3 EStG in das Gesamthandsvermögen der KG übertragen worden ist und die KG das Wirtschaftsgut – bei unveränderten

11) Vgl. nur Bilitewski, in: Haritz/Menner/Bilitewski, UmwStG, 5. Aufl. 2019, § 23 Rdnr. 121.

Beteiligungsverhältnissen und unabhängig von der Erstellung einer Ergänzungsbilanz für den Übertragenden – innerhalb der Sperrfrist nach § 6 Abs. 5 Satz 4 EStG veräußert.[12)]

29.20 Nach der neueren Rechtsprechung des BFH erfasst § 6 Abs. 5 Satz 4 EStG nur die Veräußerung oder Entnahme des nach § 6 Abs. 5 Satz 3 EStG übertragenen Wirtschaftsguts. Dagegen ist die Veräußerung des (Teils-)Mitunternehmeranteils an der Personengesellschaft, auf welche das Wirtschaftsgut nach § 6 Abs. 5 Satz 3 EStG übertragen worden ist, nicht unter § 6 Abs. 5 Satz 4 EStG zu subsumieren.[13)]

29.21 Als schädliche Veräußerung innerhalb der Sperrfrist gilt jedoch z.B. die Einbringung i.S.d. § 20 UmwStG innerhalb der Sperrfrist, wobei unerheblich ist, ob bei der Einbringung die Buchwerte, die gemeinen Werte oder Zwischenwerte angesetzt werden.[14)] Sperrfristrelevant i.S.d. § 6 Abs. 5 Satz 4 EStG ist daher sowohl der echte Formwechsel nach § 25 UmwStG als auch der fiktive Formwechsel i.S.d. § 1a Abs. 2 KStG i.V.m. § 25 UmwStG, da in beiden Fällen eine Einbringung i.S.d. § 20 UmwStG vorliegt.

29.3.2.2 Körperschaftsklausel

29.22 Nach der sogenannten Körperschaftsklausel gem. § 6 Abs. 5 Satz 5 und 6 EStG ist rückwirkend der Teilwert auch dann anzusetzen, soweit

- **im Zeitpunkt der Übertragung** in den Fällen des § 6 Abs. 5 Satz 3 EStG der Anteil einer Körperschaft an dem Wirtschaftsgut unmittelbar oder mittelbar begründet wird oder dieser sich erhöht (§ 6 Abs. 5 Satz 5 EStG) bzw.
- innerhalb von sieben Jahren **nach der Übertragung des Wirtschaftsguts** nach § 6 Abs. 5 Satz 3 EStG der Anteil einer Körperschaft an dem übertragenen Wirtschaftsgut **aus einem anderen Grund** unmittelbar oder mittelbar begründet wird oder dieser sich erhöht (§ 6 Abs. 5 Satz 6 EStG).

Die Anwendung der Körperschaftsklausel kann nach h.M. sowie nach Ansicht der Finanzverwaltung nicht durch die Erstellung einer Ergänzungsbilanz mit Zuordnung der stillen Reserven zum Übertragenden verhindert werden.[15)]

12) Vgl. BFH, Urt. v. 31.07.2013 – I R 44/12, BStBl II 2015, 450; BFH, Urt. v. 26.06.2014 – IV R 31/12, BStBl II 2015, 463; vgl. auch H 6.15 EStH 2019.

13) Vgl. BFH, Urt. v. 15.07.2021 – IV R 36/18, DStR 2021, 2575; BFH, Urt. v. 18.08.2021 – XI R 43/20, DStR 2022, 402.

14) Vgl. BMF-Schreiben v. 08.12.2011 – IV C 6 – S 2241/10/10002, BStBl I, 1279, Rdnr. 33.

15) Vgl. nur Schmidt/Kulosa, EStG, 42. Aufl. 2023, § 6 Rdnr. 838; vgl. auch BMF-Schreiben v. 08.12.2011 – IV C 6 – S 2241/10/10002, BStBl I, 1279, Rdnr. 28.

Mit den Urteilen vom 15.07.2021 sowie vom 18.08.2021[16] hat sich der BFH intensiv mit der Körperschaftsklausel des § 6 Abs. 5 EStG auseinandergesetzt. Zunächst hat er klargestellt, dass mit der Formulierung **„aus einem anderen Grund"** i.S.d. § 6 Abs. 5 Satz 6 EStG jeder „Vorgang beliebiger Art" erfasst wird, der – zeitlich der Übertragung nach § 6 Abs. 5 Satz 3 EStG nachfolgend – zur unmittelbaren oder mittelbaren Erhöhung des Anteils eines Körperschaftsteuersubjekts am übertragenen Wirtschaftsgut führt. Dazu gehört z.B. der **echte oder fiktive Formwechsel** einer Personengesellschaft nach § 20 UmwStG, wenn die Personengesellschaft als Mitunternehmerin an der Personengesellschaft beteiligt ist, auf die zuvor ein Wirtschaftsgut nach § 6 Abs. 5 Satz 3 EStG übertragen worden ist. 29.23

Die **Körperschaftsklausel** greift auch bei **mehrstöckigen Personengesellschaften,** wenn z.B. innerhalb der Sperrfrist eine an der Tochterpersonengesellschaft beteiligte Mutterpersonengesellschaft zu Buchwerten einen Rechtsformwechsel in eine Kapitalgesellschaft vollzieht und hierdurch ein mittelbarer Anteil dieser Kapitalgesellschaft an einem zuvor nach § 6 Abs. 5 Satz 3 EStG auf die Tochterpersonengesellschaft übertragenen Wirtschaftsgut begründet wird. 29.24

Vor dem Hintergrund des Zwecks der Körperschaftsklausel hat der BFH in seinen Urteilen aus unterschiedlichen Gründen jeweils eine **teleologische Reduktion** des über den Gesetzeszweck hinausgehenden Wortlauts des § 6 Abs. 5 Satz 6 EStG vorgenommen: 29.25

- Nach Ansicht des IV. Senat des **BFH im Urteil vom 15.07.2021** hat § 6 Abs. 5 Satz 6 EStG den Zweck, eine Verschiebung von stillen Reserven aus dem Regime der Einkommensteuer in das Regime der Körperschaftsteuer zu verhindern. Im Umkehrschluss folgt daraus, dass § 6 Abs. 5 Satz 6 EStG dann nicht greift, wenn z.B. durch die Beteiligung einer anderen Körperschaft an dem Wirtschaftsgut die stillen Reserven lediglich **zwischen zwei Körperschaften „verschoben"** werden. Daher liegt **kein Sperrfristverstoß** vor, wenn eine Körperschaft ihren Mitunternehmeranteil an der Personengesellschaft, auf welche zuvor das Wirtschaftsgut nach § 6 Abs. 5 Satz 3 EStG übertragen worden ist, an eine andere Körperschaft veräußert. Entgegen der Verwaltungsauffassung im BMF-Schreiben vom 08.12.2011[17] gelten die vorstehenden Grundsätze auch bei § 6 Abs. 5 Satz 5 EStG.
- Auf diesen „Regimewechsel" ist der XI. Senat des **BFH im Urteil vom 18.08.2021** nicht eingegangen. Dennoch hat er einen Sperrfristverstoß i.S.d.

16) Vgl. BFH, Urt. v. 15.07.2021 – IV R 36/18, DStR 2021, 2575; BFH, Urt. v. 18.08.2021 – XI R 43/20, DStR 2022, 402; BFH, Urt. v. 18.08.2021 – XI R 20/19, n.v.

17) Vgl. BMF-Schreiben v. 08.12.2011 – IV C 6 – S 2241/10/10002, BStBl I, 1279, Rdnr. 31.

§ 6 Abs. 5 Satz 6 EStG deshalb ausgeschlossen, weil durch den Einbringenden bereits im Zuge einer **vollentgeltlichen Übertragung** eine Aufdeckung der stillen Reserven in den zuvor eingebrachten Wirtschaftsgütern erfolgt ist. Damit gehen gerade keine stillen Reserven auf ein anderes Körperschaftsteuersubjekt über.

29.26 Aufgrund des weiten Wortlauts von § 6 Abs. 5 Satz 6 EStG (*... aus einem anderen Grund ...*) ist die Körperschaftsklausel wegen des „Regimewechsels" auch bei einer Einbringung bzw. einem Formwechsel in eine Kapitalgesellschaft nach den §§ 20, 25 UmwStG zu beachten. Dies gilt auch bei der Option nach § 1a KStG, bei der ein fiktiver Formwechsel in eine Kapitalgesellschaft erfolgt. Dem steht nicht entgegen, dass auch in Einbringungsfällen im Hinblick auf die stillen Reserven ein Regimewechsel erfolgt und mit § 22 Abs. 1 UmwStG eigene Sperrfristregelungen existieren. Nach Ansicht des BFH sind § 6 Abs. 5 Satz 6 EStG und § 22 Abs. 1 UmwStG jedoch nicht deckungsgleich, sondern haben unterschiedliche Zielsetzungen. Während § 22 Abs. 1 UmwStG die Schädlichkeit auf die Ebene der erhaltenen Anteile beschränkt, soll die Körperschaftsklausel in § 6 Abs. 5 EStG bereits den Transfer von stillen Reserven vom Einkommensteuer- in das Körperschaftsteuerregime unterbinden.

29.27 Weitere typische **Anwendungsfälle der Körperschaftsklausel** nach § 6 Abs. 5 Satz 6 EStG sind z.B.:

- der spätere Beitritt einer Körperschaft zu einer Mitunternehmerschaft;
- die spätere Erhöhung der Beteiligungsquote einer Körperschaft an der Mitunternehmerschaft, wenn zuvor an der Mitunternehmerschaft unmittelbar oder mittelbar über Mitunternehmerschaften natürliche Personen beteiligt waren;
- die Umwandlung oder der Formwechsel eines nicht körperschaftlichen Mitunternehmers in eine Körperschaft;
- Einbringung eines Mitunternehmeranteils durch eine natürliche Person in eine Körperschaft.

29.28 **Beispiel**

X und Y sind zu je 50 % an der originär gewerblich tätigen XY-KG beteiligt, die ein mit dem Kalenderjahr übereinstimmendes Wirtschaftsjahr hat. X hat am 01.07.2018 ein Grundstück (funktional wesentliche Betriebsgrundlage) von seinem Sonderbetriebsvermögen nach § 6 Abs. 5 Satz 3 Nr. 2 EStG zu Buchwerten in das Gesamthandvermögen der XY-KG übertragen. Die bis zur Übertragung entstandenen stillen Reserven i.H.v. 200.000 € sind durch Erstellung einer Ergänzungsbilanz dem X zugeordnet worden. Zum 01.01.2023 bringen X und Y im Wege des Formwechsels ihre Mitunternehmeranteile in die XY-GmbH ein.

Variante

X und Y beantragen am 24.10.2022 unwiderruflich die Körperschaftsbesteuerung nach § 1a KStG ab dem 01.01.2023. Einbringungszeitpunkt ist nach § 1a Abs. 2 Satz 3 KStG das Ende des Wirtschaftsjahres 2022.

Lösung

Der Formwechsel, der unter den Voraussetzungen des § 20 Abs. 2 Satz 2 UmwStG auf Antrag unter Ansatz von Buchwerten möglich ist, führt zu einem Sperrfristverstoß, da innerhalb von sieben Jahren der Anteil einer Körperschaft an dem Grundstück erstmals begründet wird. Zum 01.07.2018 ist daher rückwirkend der Teilwert des Grundstücks anzusetzen mit der Folge, dass stille Reserven im Umfang von 200.000 € zu versteuern sind. Der rückwirkende Teilwertansatz kann nicht durch die Zuordnung der stillen Reserven durch Aufstellung der Ergänzungsbilanz für A verhindert werden.

Lösung zur Variante

Der Übergang zur Körperschaftsbesteuerung gilt als Formwechsel i.S.d. § 1 Abs. 3 Nr. 3 UmwStG, der unter den Voraussetzungen des § 20 Abs. 2 Satz 2 UmwStG auf Antrag unter Buchwertfortführung möglich ist. Jedoch stellt die Option eine Sperrfristverletzung nach § 6 Abs. 5 Satz 6 EStG dar, da innerhalb von sieben Jahren der Anteil einer Körperschaft an dem Grundstück erstmals begründet wird. Daher sind rückwirkend zum 01.07.2018 die stillen Reserven des Grundstücks im Umfang von 200.000 € zu versteuern.

Hinweis 29.29

Wird dagegen eine funktional wesentliche Betriebsgrundlage (z.B. das Grundstück im vorstehenden Beispiel) erst **im zeitlichen und wirtschaftlichen Zusammenhang** mit der **Antragstellung nach § 1a KStG** (z.B. im Zeitraum vom 24.10.2022 bis zum Einbringungszeitpunkt am 31.12.2022) vom Sonderbetriebsvermögen in das Gesamthandsvermögen der optierenden Gesellschaft übertragen, sieht die Finanzverwaltung nach Rdnr. 34 des BMF-Schreibens vom 10.11.2021 hierin einen **einheitlichen Vorgang**, der insgesamt unter § 20 UmwStG fällt. Es wird kein Anwendungsfall von § 6 Abs. 5 Satz 3 EStG begründet. Daraus folgt, dass mangels Anwendung des § 6 Abs. 5 Satz 3 EStG in diesem Fall die Körperschaftsklausel nach § 6 Abs. 5 Satz 6 EStG nicht einschlägig ist. Diese

Verwaltungsauffassung ist sehr zu begrüßen, weil sie auch zur Klärung der vergleichbaren Problematik bei einem echten Formwechsel beiträgt. Hier wurde bisher vorgeschlagen, entweder das Sonderbetriebsvermögen aufschiebend bedingt auf den Zeitpunkt der steuerlichen Wirksamkeit der Eintragung der Einbringung bzw. des Formwechsels im Handelsregister oder zumindest bis spätestens zu diesem Zeitpunkt auf die Kapitalgesellschaft zu übertragen.[18)]

29.3.2.3 Doppel- und mehrstöckige Personengesellschaften

29.30 Die Körperschaftklausel nach § 6 Abs. 5 Satz 6 EStG kann auch bei doppel- oder mehrstöckigen Personengesellschaften zur Anwendung kommen, wenn ein einzelnes Wirtschaftsgut nach § 6 Abs. 5 Satz 3 EStG von der Obergesellschaft auf die Tochtergesellschaft übertragen wurde und im Anschluss daran eine Umwandlung der Obergesellschaft in eine Kapitalgesellschaft erfolgt oder die Obergesellschaft nach § 1a KStG zur Körperschaftsbesteuerung optiert.

29.31 **Beispiel**

An der T-GmbH & Co. KG sind die X-GmbH zu 30 % und die M-GmbH Co. KG zu 70 % beteiligt. Die M-GmbH & Co. KG, an der A und B zu jeweils 50 % als Kommanditisten und die M-Verwaltungs-GmbH als Komplementärin ohne Vermögenseinlage beteiligt sind, hat zum 01.07.2020 ein Wirtschaftsgut zu Buchwerten aus ihrem Betriebsvermögen nach § 6 Abs. 5 Satz 3 Nr. 1 EStG gegen Gewährung von Gesellschaftsrechten in das Gesamthandsvermögen der T-GmbH & Co. KG übertragen. Zum 01.01.2021 hat die X-GmbH ihren Mitunternehmeranteil an der T-GmbH & Co. KG an die Z-GmbH veräußert. Rückwirkend zum 01.01.2022 bringen A und B ihre Kommanditanteile an der M-GmbH & Co. KG nach § 20 UmwStG gegen Gewährung von Gesellschaftsrechten in die M-Verwaltungs-GmbH ein, der anschließend das Vermögen der M-GmbH & Co. KG anwächst (erweitertes Anwachsungsmodell).

18) Vgl. nur Schiessl, in: Widmann/Mayer, Umwandlungsrecht, § 25 UmwStG Rdnr. 28 (08/2021); Schmitt, in: Schmitt/Hörtnagl, UmwG/UmwStG, 9. Aufl. 2020, § 25 UmwStG Rdnr. 20.

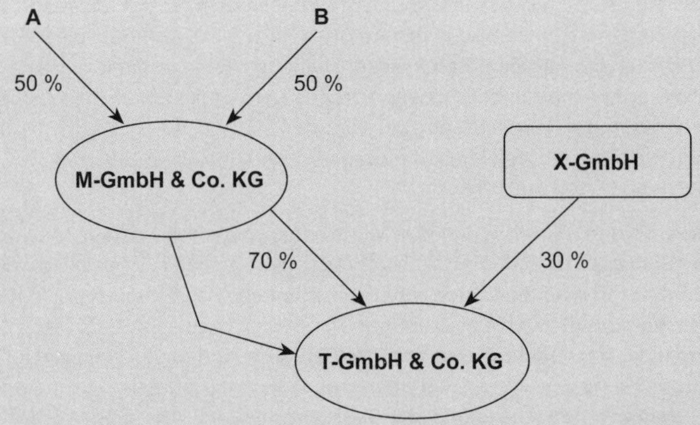

Übertragung eines WG gem. § 6 Abs. 5 Satz 3 Nr. 1 EStG

Nach der Veräußerung des Anteils an der T-GmbH & Co. KG durch die X-GmbH ist die Z-GmbH i.H.v. 30 % neue Kommanditistin der T-GmbH & Co. KG. Nach Durchführung des erweiterten Anwachsungsmodells ist die M-GmbH neue Kommanditistin der T-GmbH & Co. KG i.H.v. 70 %.

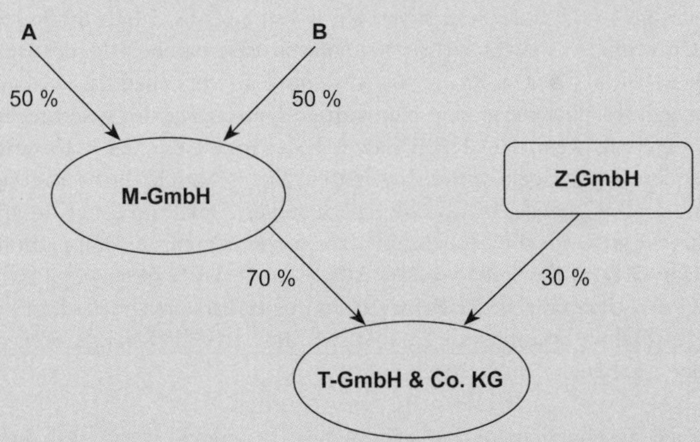

Lösung

Die Übertragung des 30%igen Anteils von der X-GmbH auf die Z-GmbH wird zwar vom Wortlaut des § 6 Abs. 5 Satz 6 EStG erfasst, da die Veräußerung eines Mitunternehmeranteils *„einen anderen Grund"* i.S.d. Vorschrift darstellt. Der Vorgang ist aber nicht unter § 6 Abs. 5 Satz 4 EStG zu subsumieren, weil dort eindeutig nur von Veräußerung oder Entnahme des nach Satz 3 übertragenen

Wirtschaftsguts und nicht etwa von einem Anteil an dem Wirtschaftsgut die Rede ist.[19] Bei Annahme eines Sperrfristverstoßes nach § 6 Abs. 5 Satz 6 EStG käme es nämlich **zu sinnwidrigen Ergebnissen**, weil eben keine im übertragenen Wirtschaftsgut gespeicherten stillen Reserven aus dem Einkommen- in das Körperschaftsteuerregime wechseln. Der Wortlaut des § 6 Abs. 5 Satz 6 EStG ist daher einschränkend im Wege der teleologischen Reduktion dahin auszulegen, dass ein Sperrfristverstoß ausscheidet.

Die steuerneutrale Einbringung der Mitunternehmeranteile an der M-GmbH & Co. KG durch A und B zum 01.01.2022 führt dagegen – ebenso wie ein Formwechsel in eine GmbH oder die Option zur Körperschaftsbesteuerung nach § 1a KStG – zu einem Verstoß gegen die siebenjährige Sperrfrist nach § 6 Abs. 5 Satz 6 EStG, weil durch die Umwandlung eine **unmittelbare Beteiligung** der M-GmbH an dem zuvor nach § 6 Abs. 5 Satz 3 EStG übertragenen Wirtschaftsgut begründet wird. Eine einschränkende Auslegung des Wortlauts des § 6 Abs. 5 Satz 6 EStG im Wege der teleologischen Reduktion ist nicht möglich

29.3.2.4 Verhältnis von § 6 Abs. 5 Satz 6 EStG zu § 22 Abs. 1 UmwStG

29.32 Von besonderem Interesse für die Praxis sind auch die Ausführungen des BFH im Urteil vom 15.07.2021[20] zum **Verhältnis von § 6 Abs. 5 Satz 6 EStG zu § 22 Abs. 1 UmwStG**. Aus Gründen der Systematik wäre nämlich bei der Umwandlung der M-GmbH & Co. KG in die M-GmbH im vorstehenden Beispiel unter Fortführung der Buchwerte eine **planwidrige Umsetzung des gesetzgeberischen Willens** denkbar, wenn § 6 Abs. 5 Satz 6 EStG und § 22 Abs. 1 UmwStG das **gleichgerichtete gesetzgeberische Ziel** hätten, die steuerschädliche Sanktion auf die Ebene der im Zuge der Umwandlung erhaltenen Anteile an dem Körperschaftsteuersubjekt (also auf die Gesellschafterebene) zu begrenzen. Dann könnte § 22 Abs. 1 UmwStG an die Stelle von § 6 Abs. 5 Satz 6 EStG treten, weil auch § 20 UmwStG den Übergang stiller Reserven von einer Personengesellschaft auf eine Kapitalgesellschaft erlaubt und § 22 Abs. 1 UmwStG die Schädlichkeit auf die Ebene der erhaltenen Anteile beschränkt.

29.33 Eine solche gleichgerichtete Zielsetzung besteht jedoch nicht, weil durch § 6 Abs. 5 Satz 6 EStG von vornherein der Transfer stiller Reserven aus dem Einkommen- in das Körperschaftsteuerregime auch auf Ebene der Mitunternehmerschaft verhindert werden soll. Im Übrigen gehen die Regelungszwecke in § 6

19) Vgl. BFH, Urt. v. 15.07.2021 – IV R 36/18, DStR 2021, 2575; so auch FG München, Urt. v. 10.07.2017 – 7 K 1253/17, DStRE 2020, 321; vgl. auch Schmidt/Kulosa, EStG, 42. Aufl. 2023, § 6 Rdnr. 825.

20) Vgl. BFH, Urt. v. 15.07.2021 – IV R 36/18, DStR 2021, 2575.

Abs. 5 Satz 6 EStG über § 22 Abs. 1 UmwStG hinaus, weil sie – so der BFH im Urteil vom 15.07.2021 – auch eine auf Ebene der Mitunternehmerschaft dadurch eintretende Statusänderung der stillen Reserven verhindert werden soll, so dass diese nunmehr (unmittelbar oder mittelbar) einem an der Mitunternehmerschaft beteiligten Körperschaftsteuersubjekt zuzurechnen sind. Wie sich aus den Gesetzesmaterialien zu § 6 Abs. 5 Satz 5 und 6 EStG ergibt,[21] will der Gesetzgeber verhindern, dass bei den in § 6 Abs. 5 Satz 3 EStG genannten Konstellationen die im Zeitpunkt der Übertragung vorhandenen stillen Reserven entweder nach § 6 Abs. 5 Satz 5 EStG **zu diesem Zeitpunkt** bzw. nach § 6 Abs. 5 Satz 6 EStG **zu einem späteren Zeitpunkt** innerhalb der siebenjährigen Sperrfrist vom Einkommen- in das Körperschaftsteuerregime wechseln.

Unabhängig davon, ob es innerhalb der dreijährigen Sperrfrist des § 6 Abs. 5 Satz 4 EStG zu einer schädlichen Veräußerung des nach § 6 Abs. 5 Satz 3 EStG übertragenen Wirtschaftsguts durch die aufnehmende Mitunternehmerschaft kommt, folgt daraus zweierlei: 29.34

- Der Gesetzgeber sanktioniert zum einen die auf Ebene der Mitunternehmerschaft dadurch eintretende Statusänderung der stillen Reserven, dass diese erstmals einem Körperschaftsteuersubjekt (unmittelbar oder mittelbar) zuzurechnen sind (**Statusänderung auf Ebene der Mitunternehmerschaft**).
- Daneben soll Vorsorge dagegen getroffen werden, dass die in dem nach § 6 Abs. 5 Satz 3 EStG übertragenen Wirtschaftsgut gespeicherten stillen Reserven nicht durch Verfügung über das Wirtschaftsgut selbst, sondern unter Nutzung des Teileinkünfteverfahrens durch Veräußerung der Anteile am Körperschaftsteuersubjekt realisiert werden, die infolge der Übertragung im Wert gestiegen sind. Damit wird eine Statusänderung der stillen Reserven auch auf Ebene des Gesellschafters vermieden, der seinerseits am mitunternehmerisch beteiligten Körperschaftsteuersubjekt beteiligt ist (**Statusänderung auf Ebene des Gesellschafters**).

Schließlich greift die Körperschaftsklausel nicht ein, soweit dem Körperschaftsteuersubjekt vor und nach der Übertragung nach § 6 Abs. 5 Satz 3 EStG das Wirtschaftsgut vermögensmäßig unverändert zusteht und sich nur Alleineigentum in Gesamthandseigentum umwandelt. Gleiches gilt bei einer mehrstöckigen Personengesellschaft auch dann, wenn dem Körperschaftsteuersubjekt das Wirtschaftsgut bei mittelbarer Beteiligung durch die Mitunternehmerstellung an einer Oberpersonengesellschaft bereits vor und auch nach der Übertragung vermögensmäßig unverändert zusteht und sich nur die Beteiligungskette ändert. 29.35

21) RegE Unternehmensteuerfortentwicklungsgesetz – UntStFG, BT-Drucks. 14/6882, S. 33.

29.3.2.5 Steuerneutrale Übertragung von Einzelwirtschaftsgütern zwischen Kapitalgesellschaften

29.36 In der Praxis wird mitunter überlegt, (werthaltige) Einzelwirtschaftsgüter (z.B. Grundstücke) unentgeltlich von einer GmbH auf eine Tochter-GmbH bzw. eine Schwester-GmbH zu übertragen. Motive hierfür können sein:

- die Vorab-Auslagerung bestimmter Einzelwirtschaftsgüter zur Vorbereitung einer entgeltlichen bzw. unentgeltlichen Veräußerung oder einer geplanten Umstrukturierung durch Übertragung auf eine Schwester-GmbH;
- die Sanierung einer verlustträchtigen Tochter-GmbH, die anschließend die Wirtschaftsgüter unter Auflösung der stillen Reserven und unter Nutzung ihres Verlustvortrags veräußert;
- die Reduzierung der Bilanzsumme als eines der Größenmerkmale des § 267 HGB, um damit z.B. die größenabhängigen Erleichterungen für kleine Kapitalgesellschaften nach § 326 HGB in Anspruch nehmen zu können oder die Abschlussprüfungspflicht nach § 316 HGB zu vermeiden.

Wie das nachfolgende Beispiel zeigt, führt die Übertragung eines Einzelwirtschaftsguts von der Mutter-GmbH auf die Tochter-GmbH grundsätzlich zur Auflösung der stillen Reserven.

29.37 **Beispiel 1**

An der T-GmbH ist die M-GmbH zu 100 % beteiligt. Die Beteiligung an der T-GmbH ist bei der M-GmbH mit Anschaffungskosten i.H.v. 200.000 € aktiviert. Die M-GmbH ist Eigentümerin eines im Jahr 2015 erworbenen Grundstücks. Die Anschaffungskosten (= Buchwert) für das Grundstück einschließlich Anschaffungsnebenkosten betrugen 1 Mio. €. Dieses Grundstück mit einem Teilwert von 2 Mio. € überträgt die M-GmbH im Jahr 2022 unentgeltlich auf die T-GmbH.

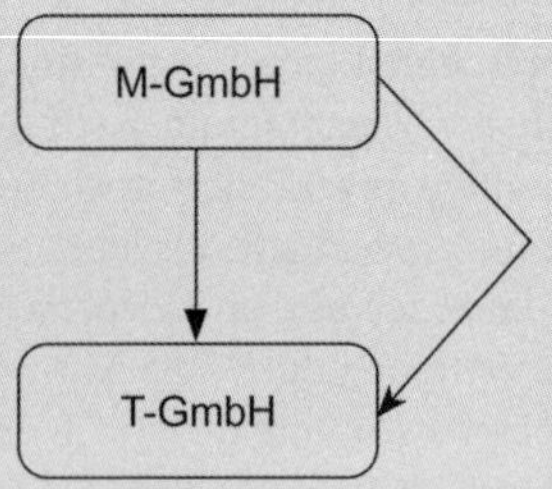

Lösung

Die unentgeltliche Übertragung des Grundstücks führt dazu, dass die M-GmbH der T-GmbH einen einlagefähigen Vermögensvorteil zuwendet. Die verdeckte Einlage in die T-GmbH beträgt 2 Mio. € und führt bei der M-GmbH nach § 6 Abs. 6 Satz 2 EStG zu einer Erhöhung des Buchwerts der Beteiligung an der T-GmbH von 200.000 € auf 2,2 Mio. €. Bei der M-GmbH kommt es insgesamt zu einem steuerpflichtigen Ertrag i.H.v. 1 Mio. € (Erhöhung Beteiligungsbuchwert um 2 Mio. € abzgl. Buchwert des Grundstücks 1 Mio. €).

Die T-GmbH hat das Grundstück in ihrer Bilanz mit dem Teilwert von 2 Mio. € anzusetzen. Erfolgt die Einbuchung erfolgswirksam, so ist bei der Ermittlung des zu versteuernden Einkommens der T-GmbH die verdeckte Einlage außerbilanziell nach § 8 Abs. 3 Satz 3 KStG zu kürzen. Ist die Einbuchung des Grundstücks erfolgsneutral gegen Erhöhung der Kapitalrücklage erfolgt, so ist eine Korrektur des Einkommens nicht erforderlich. In beiden Fällen kommt es zu einem Zugang zum steuerlichen Einlagekonto (§ 27 Abs. 1 KStG) i.H.v. 2 Mio. €.

Die verdeckte Einlage führt im Ergebnis zu einem steuerpflichtigen Ertrag bei der M-GmbH. Die Übertragung des Grundstücks unterliegt auch der Grunderwerbsteuer. Bemessungsgrundlage ist nach § 8 Abs. 2 GrEStG der Grundbesitzwert i.S.d. § 151 Abs. 1 Satz 1 i.V.m. § 157 Abs. 1–3 BewG. Die anfallende Grunderwerbsteuer, die für die T-GmbH aktivierungspflichtige Anschaffungsnebenkosten für das Grundstück darstellt und zu aktivieren ist, wird nachfolgend nicht weiter berücksichtigt.

Beispiel 2 29.38

Das Grundstück aus Beispiel 1 gehört der T-GmbH und soll unentgeltlich auf die M-GmbH übertragen werden.

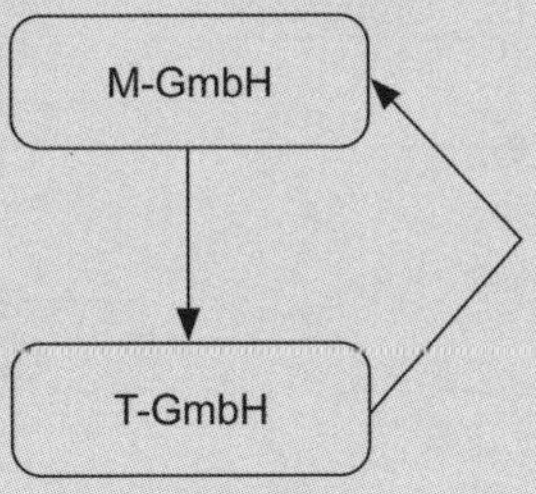

Lösung

In diesem Fall liegt eine verdeckte Gewinnausschüttung (verhinderte Vermögensmehrung) nach § 8 Abs. 3 Satz 2 KStG der T-GmbH an die M-GmbH i.H.v. 2 Mio. € vor, die das Einkommen bei der T-GmbH erhöht. Gleichzeitig ist bei der T-GmbH der Buchwert des Grundstücks von 1 Mio. € erfolgswirksam auszubuchen. Die Einkommenserhöhung beträgt insgesamt 1 Mio. €. Die M-GmbH hat das Grundstück mit 2 Mio. € zu aktivieren und erzielt insoweit einen Beteiligungsertrag, der nach § 8b Abs. 1 KStG i.H.v. 2 Mio. € steuerfrei ist, während 5 % = 100.000 € nach § 8b Abs. 5 KStG nichtabzugsfähige Betriebsausgaben darstellen und der Besteuerung unterliegen. Somit ist auch die Übertragung des Grundstücks von der T-GmbH auf die M-GmbH nicht steuerneutral.

29.39 Der vom IV. Senat des BFH im Urteil vom 15.07.2021[22] herausgestellte **Zweck des § 6 Abs. 5 Satz 6 EStG,** einen Regimewechsel der stillen Reserven von der Einkommen- in die Körperschaftsteuer zu verhindern, kann in den vorstehenden Fällen **zu Gestaltungszwecken genutzt werden,** wenn eine unentgeltliche Übertragung von Einzelwirtschaftsgütern zwischen zwei Kapitalgesellschaften beabsichtigt ist.[23] Eine steuerneutrale Buchwertübertragung von der M-GmbH auf die T-GmbH lässt sich **im Beispiel 1** durch folgende Schritte erreichen:

29.40 **Schritt 1:** Die M-GmbH überträgt das Grundstück nach § 6 Abs. 5 Satz 3 Nr. 1 EStG unentgeltlich oder gegen Gewährung von Gesellschaftsrechten zu Buchwerten auf die A-GmbH & Co. KG (A-KG), deren alleinige Kommanditistin die M-GmbH ist. Die Komplementär-GmbH (die A-GmbH), deren Anteile ebenfalls zu 100 % von der M-GmbH gehalten werden, ist am Vermögen der A-KG nicht beteiligt.

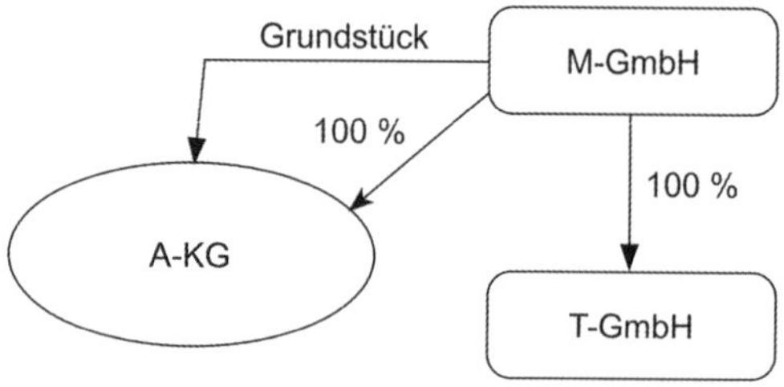

22) Vgl. BFH, Urt. v. 15.07.2021 – IV R 36/18, DStR 2021, 2575.
23) Vgl. Broemel/Kölle, DStR 2021, 2877.

Hinweis 29.41

Eine Mitübertragung von Schulden ist nicht empfehlenswert, weil dies bei Anwendung des § 6 Abs. 5 Satz 3 EStG zu einem teilentgeltlichen Vorgang führt. Das gilt auch, wenn diese mit dem Einzelwirtschaftsgut wirtschaftlich zusammenhängen.

Schritt 2: Die M-GmbH bringt den gesamten Mitunternehmeranteil an der A-KG einschließlich der Anteile an der Komplementär-GmbH nach § 20 UmwStG unter Buchwertfortführung in die T-GmbH ein. Die der M-GmbH hierfür gewährten Anteile sind sperrfristbehaftet i.S.v. § 22 Abs. 1 UmwStG. Nach der Einbringung der Anteile an der A-KG in die T-GmbH ergibt sich folgende Struktur: 29.42

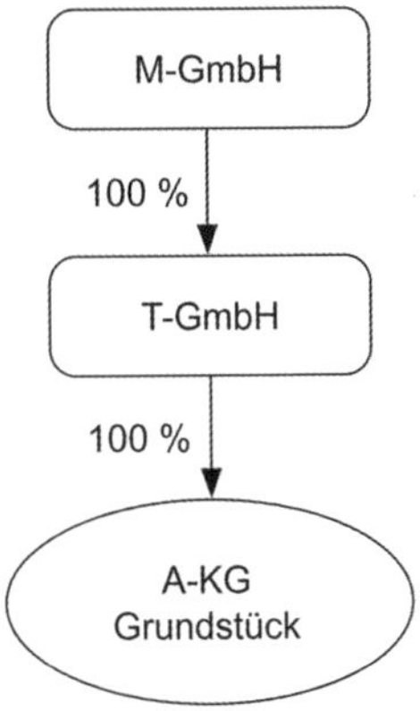

Durch die Übertragung des Grundstücks von der M-GmbH auf die A-KG im ersten Schritt wird die Sperrfrist nach § 6 Abs. 5 Satz 4 EStG in Gang gesetzt. Wird der Anteil an der A-KG innerhalb der Sperrfrist nach § 20 UmwStG in die T-GmbH eingebracht und gehört zum eingebrachten Betriebsvermögen ein Wirtschaftsgut, für das noch die Sperrfrist nach § 6 Abs. 5 Satz 4 EStG läuft (hier: das Grundstück der A-KG), so stellt dies **nach Ansicht der Finanzverwaltung** – unabhängig vom gewählten Wertansatz – eine **Veräußerung** dar,[24] die zum rückwirkenden Teilwertansatz führt. Dieser Ansicht ist der BFH in den Urteilen vom 15.07.2021 und vom 18.08.2021 nicht gefolgt und hat entschieden, es 29.43

24) Vgl. BMF-Schreiben v. 08.12.2011 – IV C 6 – S 2241/10/10002, BStBl I, 1279, Rdnr. 33.

sei nicht möglich, die Veräußerung eines Mitunternehmeranteils unter § 6 Abs. 5 Satz 4 EStG zu subsumieren. Aus diesem Grund ist auch die Einbringung der Mitunternehmeranteils an der A-KG in eine Kapitalgesellschaft unschädlich.

29.44 Die Einbringung in die T-GmbH führt auch nicht zur Anwendung der Körperschaftsklausel gem. § 6 Abs. 5 Satz 6 EStG. Zwar wird hierdurch der Anteil einer Körperschaft aus einem anderen Grund unmittelbar oder – wie hier – mittelbar begründet. Das Grundstück ist nämlich nach der Übertragung auf die A-KG mittelbar der M-GmbH zuzurechnen. Nach der anschließenden Einbringung des Mitunternehmeranteils an der A-KG in die T-GmbH ist das Grundstück mittelbar der T-GmbH zuzurechnen. Hierdurch tritt jedoch **kein Regimewechsel der stillen Reserven** ein. Die Einbringung des Anteils an der A-KG nach § 20 UmwStG in die T-GmbH führt somit – ebenso wie die entgeltliche Übertragung dieses Mitunternehmeranteils – nicht zu einem Sperrfristverstoß nach § 6 Abs. 5 Satz 6 EStG. Die entgeltliche Übertragung eines Mitunternehmeranteils zwischen Kapitalgesellschaften hat der BFH in den Urteilen vom 15.07.2021 und vom 18.08.2021 im Wege der teleologischen Reduktion der Vorschrift **nicht als Sperrfristverstoß** i.S.d. § 6 Abs. 5 Satz 6 EStG angesehen.

29.45 Die im Zuge der Einbringung der Anteile an der A-KG von der T-GmbH gewährten Anteile sind sperrfristbehaftet und setzen die **siebenjährige Sperrfrist** nach § 22 Abs. 1 UmwStG in Gang. Nach § 22 Abs. 1 Satz 1 UmwStG führt die Veräußerung der sperrfristbehafteten Anteile an der T-GmbH durch die M-GmbH oder die Realisation eines Ersatztatbestands i.S.v. § 22 Abs. 1 Satz 6 UmwStG innerhalb der Sperrfrist zu einer rückwirkenden Auflösung der im Zeitpunkt der Einbringung vorhandenen stillen Reserven und zur Besteuerung des Einbringungsgewinns I.

29.46 Die mehrstufige Struktur nach Durchführung der oben dargestellten zwei Schritte muss nicht zwingend beibehalten werden. So kann z.B. das Grundstück vom Gesamthandsvermögen der A-KG nach § 6 Abs. 5 Satz 3 Nr. 1 EStG gegen Minderung der Gesellschaftsrechte direkt auf die T-GmbH übertragen werden. Das gleiche Ergebnis tritt z.B. ein, wenn die Komplementär-GmbH der A-KG aus dieser austritt oder im Wege der Aufwärtsverschmelzung auf die T-GmbH verschmolzen wird. In beiden Fällen wächst das Vermögen der A-KG dann jeweils der T-GmbH steuerneutral an.[25] Umstrukturierungen der vorstehenden Art führen auch nicht zu einer Sperrfristverletzung i.S.d. § 22 Abs. 1 UmwStG.

---

25) Vgl. OFD Berlin, Vfg. v. 11.11.2002 – St 122 – S 2241 – 2/02, DStR 2002, 1811.

Nach dem vorstehend beschriebenen Modell kann grundsätzlich auch die **umgekehrte Übertragung** eines Wirtschaftsguts der T-GmbH auf die M-GmbH steuerneutral erfolgen: 29.47

- **Im ersten Schritt** wird dabei das Wirtschaftsgut von der T-GmbH nach § 6 Abs. 5 Satz 3 Nr. 1 EStG auf eine neu gegründete A-KG übertragen.
- **Im zweiten Schritt** bringt die T-GmbH dann den Mitunternehmeranteil an der A-KG nach § 20 UmwStG in die M-GmbH gegen Gewährung neuer Anteile ein. Hierdurch entsteht eine wechselseitige Beteiligung der M-GmbH und der T-GmbH, so dass vor Durchführung der Umstrukturierungsmaßnahme zu prüfen ist, ob diese tatsächlich zielführend ist.

Schließlich lässt sich ebenso die steuerneutrale Übertragung von Einzelwirtschaftsgütern zwischen zwei Schwester-GmbHs unter Nutzung von § 6 Abs. 5 EStG durchführen. Bezogen auf das obige Beispiel wird zu diesem Zweck das zu übertragende Grundstück im **ersten Schritt** von der M-GmbH nach § 6 Abs. 5 Satz 3 EStG zu Buchwerten in die A-KG (Tochter-KG) übertragen. Dieser Mitunternehmeranteil, der einen fiktiven Teilbetrieb darstellt, wird dann im **zweiten Schritt** im **Wege der Abspaltung** nach § 15 UmwStG auf die Schwester-GmbH übertragen. 29.48

Die Abspaltung des Mitunternehmeranteils unter Fortführung der Buchwerte setzt Folgendes voraus: 29.49

- Bei der abspaltenden M-GmbH muss nach § 15 Abs. 1 UmwStG ein Teilbetrieb, ein Mitunternehmeranteil oder eine 100%ige Beteiligung an einer Kapitalgesellschaft verbleiben (sog. doppeltes Teilbetriebserfordernis);
- der betreffende Mitunternehmeranteil muss nach § 15 Abs. 2 Satz 1 UmwStG bereits länger als drei Jahre bestehen, wenn dieser durch Übertragung von Wirtschaftsgütern, die kein Teilbetrieb sind, erworben oder aufgestockt worden ist;
- schließlich sind die Nachspaltungsveräußerungssperre nach § 15 Abs. 2 Satz 2 UmwStG sowie die Fünfjahresfrist nach § 15 Abs. 2 Satz 5 UmwStG bei der Trennung von Gesellschafterstämmen zu beachten.

Nach der Abspaltung ist die Schwester-GmbH an der A-KG als alleinige Gesellschafterin beteiligt. Auch bei der Abspaltungsvariante findet kein unversteuerter Regimewechsel der stillen Reserven des Wirtschaftsguts von der Einkommen- in die Körperschaftsteuer statt. Die stillen Reserven sind nämlich durchgängig einem Körperschaftsteuersubjekt zugeordnet, so dass § 6 Abs. 5 Satz 6 EStG keine Anwendung findet. Auch nach Durchführung der Abspaltung kann die entstehen- 29.50

de mehrstufige Struktur ggf. durch die oben beschriebenen Maßnahmen beseitigt werden, indem das Wirtschaftsgut unmittelbar im Wege der Anwachsung auf die Schwester-GmbH übergeht.

29.3.3 Realteilung

29.51 In § 16 Abs. 3 Satz 3 sowie in Abs. 5 EStG sind für bestimmte Fälle Sperrfristen von drei bzw. sieben Jahren vorgesehen, bei denen jeweils durch eine Veräußerung ein Sperrfristverstoß ausgelöst wird.

29.52 Werden im Rahmen einer steuerneutralen Realteilung **einzelne Wirtschaftsgüter** in ein Betriebsvermögen des Realteilers übertragen, so ist für den jeweiligen Übertragungsvorgang nach § 16 Abs. 3 Satz 3 EStG **rückwirkend der gemeine Wert** anzusetzen, soweit übertragener Grund und Boden, übertragene Gebäude oder andere übertragene wesentliche Betriebsgrundlagen innerhalb der Sperrfrist veräußert oder entnommen werden. Die **Sperrfrist endet drei Jahre** nach Abgabe der Steuererklärung der Mitunternehmerschaft für den Veranlagungszeitraum der Realteilung. Zu einem rückwirkenden Ansatz des gemeinen Werts kommt es auch dann, wenn sämtliche betroffenen Wirtschaftsgüter im Rahmen einer Betriebsveräußerung übertragen werden.[26] Nach neuerer Rechtsprechung des BFH ist der Gewinn in diesem Fall allein dem Realteiler zuzurechnen, der seinen Betrieb veräußert.[27]

29.53 Nach Auffassung der Finanzverwaltung ist eine Veräußerung grundsätzlich auch eine Einbringung der im Rahmen der Realteilung erhaltenen einzelnen Wirtschaftsgüter, wenn sie zusammen mit einem begünstigten Sacheinlagegegenstand nach den §§ 20 oder 24 UmwStG in eine Kapital- bzw. Personengesellschaft eingebracht werden. Unerheblich ist, ob dabei die Buchwerte, die gemeinen Werte oder Zwischenwerte angesetzt werden.[28]

29.54 Daneben enthält § 16 Abs. 5 EStG als Ergänzung zu § 16 Abs. 3 Satz 4 EStG eine **Körperschaftsklausel** für folgende Fälle: Werden bei einer Realteilung, bei der **Teilbetriebe** auf einzelne Mitunternehmer übertragen werden, **Anteile an einer Körperschaft** unmittelbar oder mittelbar von einem nicht nach § 8b Abs. 2 KStG begünstigten Steuerpflichtigen (z.B. natürliche Person) auf einen nach § 8b Abs. 2 KStG begünstigten Mitunternehmer (z.B. eine GmbH) übertragen, so ist **rückwirkend** auf den Zeitpunkt der Realteilung der gemeine Wert anzusetzen, wenn

26) Vgl. BFH, Urt. v. 23.11.2021 – VIII R 14/19, DStR 2022, 599; BMF-Schreiben v. 19.12.2018 – IV C 6 – S 2242/07/10002, BStBl I 2019, 6, Rdnr. 28; Schmidt/Wacker, EStG, 42. Aufl. 2023, § 16 Rdnr. 550.

27) Vgl. BFH, Urt. v. 23.11.2021 – VIII R 14/19, DStR 2022, 599.

28) Vgl. BMF-Schreiben v. 19.12.2018 – IV C 6 – S 2242/07/10002, BStBl I 2019, 6, Rdnr. 26.

der übernehmende Mitunternehmer die Anteile **innerhalb eines Zeitraums von sieben Jahren** nach der Realteilung unmittelbar oder mittelbar veräußert oder durch einen Vorgang nach § 22 Abs. 1 Satz 6 Nr. 1–5 UmwStG weiter überträgt.

Nach der Verwaltungsansicht werden sowohl in § 16 Abs. 3 Satz 3 als auch in Abs. 5 EStG grundsätzlich die Einbringung und der Formwechsel nach § 25 UmwStG einer Veräußerung gleichgestellt.[29] 29.55

Eine Besonderheit sieht § 16 Abs. 5 EStG vor, weil von dieser Regelung – im Gegensatz zu § 16 Abs. 3 Satz 3 EStG – neben der Veräußerung auch die Weiterübertragung durch Vorgänge nach § 22 Abs. 1 Satz 6 Nr. 1–5 UmwStG angesprochen wird. Aus der zu § 22 Abs. 1 Satz 6 UmwStG geführten Diskussion lässt sich entnehmen, dass die vorgenannten Vorgänge als entgeltliche Übertragungen auch Veräußerungsvorgänge darstellen.[30] Sofern aber bei der Weiterübertragung nach § 22 Abs. 1 Satz 6 Nr. 2, 4 oder 5 UmwStG durch einen Vorgang nach § 20 Abs. 1 oder § 21 Abs. 1 UmwStG nachweislich eine Buchwertfortführung erfolgt ist, liegt keine schädliche Veräußerung vor.[31] 29.56

29.3.4 Grundstücksübertragung aus dem Privatvermögen auf eine Personengesellschaft

Wird ein Grundstück, dessen Anschaffung innerhalb der letzten zehn Jahre erfolgt ist, aus dem Privatvermögen in das Gesamthandsvermögen einer gewerblich tätigen oder geprägten Personengesellschaft eingelegt, so stellt diese Einlage grundsätzlich keine Veräußerung dar. Nach § 23 Abs. 1 Satz 5 Nr. 1 EStG gilt aber die Einlage in das Betriebsvermögen ausnahmsweise dann als Veräußerung, wenn das Grundstück aus dem Betriebsvermögen **innerhalb von zehn Jahren** seit der ursprünglichen Anschaffung des Grundstücks veräußert wird. Insoweit sieht § 23 EStG versteckt eine **Sperrfrist von zehn Jahren** vor. 29.57

Beispiel 29.58

X hat am 01.10.2021 ein in seinem Alleineigentum stehendes fremdvermietetes Grundstück seines Privatvermögens in das Gesamthandsvermögen der gewerblich tätigen X-GmbH & Co. KG übertragen. Das Grundstück hatte X im Jahr 2020 entgeltlich erworben. Um eine die Steuerpflicht nach § 23 Abs. 1 Satz 1 Nr. 1 EStG auslösende Veräußerung zu vermeiden, wurde das Grundstück nicht

29) Vgl. BMF-Schreiben v. 19.12.2018 – IV C 6 – S 2242/07/10002, BStBl I 2019, 6, Rdnr. 26.
30) Vgl. nur Patt, in: Dötsch/Pung/Möhlenbrock, Die Körperschaftsteuer, § 22 UmwStG Rdnr. 33 ff. (02/2020).
31) Vgl. Patt, in: Dötsch/Pung/Möhlenbrock, Die Körperschaftsteuer, § 22 UmwStG Rdnr. 41 (06/2017) und Rdnr. 49 (06/2019) jeweils m.w.N.

gegen Gewährung von Gesellschaftsrechten, sondern im Wege der Einlage in das Gesamthandsvermögen der X-GmbH & Co. KG übertragen. Mit unwiderruflichem Antrag vom 15.11.2022 optiert die X-GmbH & Co. KG zur Körperschaftsbesteuerung nach § 1a KStG für das mit dem Kalenderjahr identische Wirtschaftsjahr 2023.

Lösung

Für die Anwendung des § 23 Abs. 1 Satz 5 Nr. 1 EStG gilt nach dem BMF-Schreiben vom 05.10.2000[32] als Veräußerung auch die Einbringung des zuvor eingelegten Grundstücks zusammen mit einem Betrieb, Teilbetrieb oder Mitunternehmeranteil nach § 20 UmwStG in eine Kapitalgesellschaft gegen Gewährung von Gesellschaftsrechten. Keine Rolle spielt, ob die Einbringung unter Ansatz der Buchwerte, Zwischenwerte oder der gemeinen Werte erfolgt. Die Option gilt nach § 1a Abs. 2 Satz 1 KStG i.V.m. § 25 UmwStG als fiktiver Formwechsel, so dass auch § 20 UmwStG entsprechend anwendbar ist.

Obwohl beim Formwechsel keine Gesellschaftsrechte gewährt werden, gilt nach Auffassung der Finanzverwaltung[33] die Option als Anschaffungs- und Veräußerungsgeschäft. Daher kann davon ausgegangen werden, dass sie den fiktiven Formwechsel innerhalb der zehnjährigen Sperrfrist des § 23 Abs. 1 Satz 5 Nr. 1 EStG auch als fiktive Veräußerung aus dem Betriebsvermögen ansieht, weil das zuvor in das Betriebsvermögen eingelegte Grundstück zusammen mit einem Mitunternehmeranteil in eine Kapitalgesellschaft eingebracht wird. Damit wird die Einlage des Grundstücks in das Betriebsvermögen nachträglich als Veräußerung qualifiziert, wenn die Veräußerung aus dem Betriebsvermögen innerhalb eines Zeitraums von zehn Jahren seit der Anschaffung erfolgt.

29.59 Eine weitere **Sperrfrist von zehn Jahren** ist auch im Rahmen der grunderwerbsteuerlichen Behandlung zu beachten: Für Zwecke der Grunderwerbsteuer führt die Übertragung des Grundstücks in das Gesamthandsvermögen der gewerblich tätigen X-GmbH & Co. KG zur Anwendung der partiellen Steuerbefreiung nach § 5 Abs. 2 GrEStG. Danach wird die Steuer in Höhe des Anteils nicht erhoben, zu dem der Veräußerer am Vermögen der Gesamthand beteiligt ist. Nach § 5 Abs. 2 Satz 2 i.V.m. Abs. 1 Satz 2 GrEStG gilt die Steuerbefreiung jedoch nicht beim Übergang auf eine Gesamthand, die nach § 1a KStG optiert hat. Eine Rückausnahme ist für den Fall vorgesehen, dass die Ausübung und Wirksamkeit der Option **länger als zehn Jahre** zurückliegt und die jeweilige Beteiligung am Vermögen der Gesamthand **länger als zehn Jahre** besteht.

32) Vgl. BMF-Schreiben v. 05.10.2000 – IV C 3 – S 2256 – 263/00, BStBl I, 1383, Rdnr. 4 Nr. 3.

33) Vgl. BMF-Schreiben v. 10.11.2021 – IV C 2 – S 2707/21/10001 :004, BStBl I, 2212, Rdnr. 24 i.V.m. Rdnr. 00.02 UmwSt-Erlass.

Die Steuerbefreiung nach § 5 Abs. 2 GrEStG ist nach § 5 Abs. 3 Satz 1 GrEStG insoweit nicht anzuwenden und entfällt rückwirkend, als sich der Anteil des Veräußerers am Vermögen der Gesamthand **innerhalb von zehn Jahren** nach dem Übergang des Grundstücks vermindert. Als eine solche Verminderung des Anteils gilt z.B. 29.60

- die echte Umwandlung der GmbH & Co. KG in eine GmbH im obigen Beispiel[34] oder
- die Ausübung der Option nach § 1a KStG, wenn die Option innerhalb von zehn Jahren nach dem Übergang des Grundstücks auf die Gesamthand ausgeübt und wirksam wird (§ 5 Abs. 3 Satz 3 GrEStG).

29.4 Verstoß gegen umwandlungsteuerliche Sperrfristen

29.4.1 Einbringung in eine Personengesellschaft

Gewisse Irritationen löst in der Praxis regelmäßig § 24 Abs. 5 UmwStG aus, der eine **Sperrfrist von sieben Jahren** vorsieht, soweit im Rahmen einer Einbringung nach § 24 UmwStG Anteile an einer Kapitalgesellschaft auf die Personengesellschaft übertragen worden sind. Bei näherer Betrachtung zeigt sich jedoch, dass die in § 24 Abs. 5 UmwStG normierte entsprechende Anwendung des § 22 Abs. 2, 3 und 5–7 nach Rdnr. 24.18 UmwSt-Erlass nur unter den folgenden **kumulativen Voraussetzungen** greift: 29.61

- Die Einbringung nach § 24 UmwStG muss durch einen nicht von § 8b Abs. 2 KStG begünstigten Einbringenden (also z.B. durch eine natürliche Person) erfolgt sein;
- (mit) eingebracht werden Anteile an einer Kapitalgesellschaft unter Ansatz des Buch- oder eines Zwischenwerts, und
- die Veräußerung dieser Anteile durch die übernehmende Personengesellschaft oder die Realisation eines Ersatztatbestands nach § 22 Abs. 1 Satz 6 Nr. 1–5 UmwStG entfällt auf einen im Zeitpunkt der Veräußerung beteiligten Mitunternehmer, für den insoweit die Steuerbefreiung nach § 8b Abs. 2 KStG Anwendung findet (also eine Körperschaft).

Die Missbrauchsvorschrift des § 24 Abs. 5 UmwStG soll verhindern, dass durch eine nach § 24 UmwStG steuerneutrale Einbringung von Anteilen an Kapitalgesellschaften in eine Personengesellschaft die Voraussetzungen für eine Steuerbefreiung des Gewinns aus der Veräußerung der eingebrachten Anteile nach § 8b Abs. 2 KStG geschaffen werden, soweit der Veräußerungsgewinn auf eine an 29.62

34) Vgl. gleichlautender Ländererlass v. 12.11.2018 – S 4514, BStBl I, 1334, Rdnr. 7.3.1.2.

der Personengesellschaft beteiligte Körperschaft entfällt. Die Körperschaft muss **im Zeitpunkt der Anteilsveräußerung** an der Personengesellschaft beteiligt sein, wobei es nicht darauf ankommt, ob die Körperschaft auch schon zum Zeitpunkt der ursprünglichen Einbringung nach § 24 UmwStG Mitunternehmer der übernehmenden Personengesellschaft war.

29.63 Vor dem Hintergrund, dass der von § 24 Abs. 5 UmwStG ins Auge gefasste Fall in der Praxis regelmäßig durch Bildung von Ergänzungsbilanzen von vornherein verhindert werden kann und regelmäßig auch wird, hat § 24 Abs. 5 UmwStG nur eine **eingeschränkte praktische Relevanz**, so dass deren Sinnhaftigkeit im Schrifttum zu Recht in Zweifel gezogen wird.[35]

29.64 Nach Rdnr. 45 des Anwendungsschreibens zum Optionsmodell vom 10.11.2021[36] soll der fiktive Formwechsel nach § 1a Abs. 2 KStG einen Sperrfristverstoß auslösen können, wobei u.a. § 24 Abs. 5 UmwStG erwähnt wird. Vor dem Hintergrund des vorstehend skizzierten eingeschränkten Anwendungsbereichs ist jedoch nicht ersichtlich, welche konkreten Anwendungsfälle hiervon erfasst werden sollen. So könnte fraglich sein, ob z.B. durch einen fiktiven Formwechsel nach § 1a Abs. 2 KStG die von einer natürlichen Person als Bestandteil ihres Betriebs oder Mitunternehmeranteils eingebrachten Anteile an einer GmbH gem. § 24 Abs. 5 UmwStG „veräußert" werden.

29.65 Die Option nach § 1a KStG führt zwar im Hinblick auf solche Anteile zu einer Statusverbesserung, weil die Anteile als Ergebnis der Option vom Teileinkünfteverfahren in die Steuerfreistellung nach § 8b Abs. 2 KStG wechseln. Bei einer Buchwertfortführung nach § 24 UmwStG entsteht aber ohnehin kein Veräußerungsgewinn, der auf einen Mitunternehmer entfällt, für den § 8b Abs. 2 KStG Anwendung findet. Im Übrigen wird die Veräußerung der eingebrachten Anteile innerhalb der siebenjährigen Sperrfrist durch den nach § 22 Abs. 2 UmwStG zu versteuernden Einbringungsgewinn II sanktioniert.

29.66 **Beispiel**

Die natürliche Person A hat im Jahr 01 ihren Betrieb, zu dem auch eine 100%ige Beteiligung an der A-GmbH gehört, nach § 24 Abs. 2 Satz 2 UmwStG unter Ansatz des Buchwerts in die X-GmbH & Co. KG eingebracht. An der X-GmbH & Co. KG ist neben der vermögensmäßig nicht beteiligten Komplementär-GmbH

35) Vgl. nur FUHRMANN, in: WIDMANN/MAYER, Umwandlungsrecht, § 24 UmwStG Rdnr. 1485 (11/2020); RASCHE, in: RÖDDER/HERLINGHAUS/VAN LISHAUT, UmwStG, 3. Aufl. 2019, § 24 Rdnr. 168.

36) Vgl. BMF-Schreiben v. 10.11.2021 – IV C 2 – S 2707/21/10001 :004, BStBl I, 2212.

A als alleiniger Kommanditist beteiligt. Rechtzeitig bis zum 30.11.02 optiert die X-GmbH & Co. KG für das Jahr 03 zur Körperschaftsbesteuerung nach § 1a KStG und beantragt die Buchwertfortführung. Im Jahr 04 veräußert die optierende GmbH & Co. KG die gesamte Beteiligung an der A-GmbH.

Lösung

Durch den fiktiven Formwechsel nach § 1a Abs. 2 KStG ist die Beteiligung an der A-GmbH durch die Einbringung des Mitunternehmeranteils an der X-GmbH & Co. KG in die fiktive Kapitalgesellschaft nach § 25 i.V.m. § 20 UmwStG eingebracht worden. Zwar stellt nach § 24 Abs. 5 UmwStG jeder dieser Einbringung innerhalb von sieben Jahren nachfolgende Formwechsel bzw. jede nachfolgende Einbringung – unabhängig vom gewählten Wertansatz – als entgeltliche Übertragung gegen Gewährung von Gesellschaftsrechten grundsätzlich eine Veräußerung nach § 22 Abs. 1 Satz 1 UmwStG dar. Eine schädliche Veräußerung liegt jedoch nach § 22 Abs. 1 Satz 6 Nr. 2 UmwStG nicht vor,[37] wenn der Einbringende nachweist, dass

- die Übertragung der Anteile durch einen Vorgang i.S.d. § 20 Abs. 1 oder § 21 Abs. 1 UmwStG oder aufgrund vergleichbarer ausländischer Vorgänge zu Buchwerten erfolgte und
- keine der Grenzen des § 20 Abs. 2 Satz 2 Nr. 4 oder § 21 Abs. 1 Satz 2 Nr. 2 UmwStG überschritten wird.

Erfolgt der fiktive Formwechsel nach § 1a Abs. 2 KStG mit Buchwertfortführung, so liegt keine schädliche Veräußerung i.S.v. § 24 Abs. 5 UmwStG vor. Im Übrigen scheitert § 24 Abs. 5 UmwStG bereits daran, dass ein etwaiger Veräußerungsgewinn, der bei einer Buchwertfortführung ohnehin nicht entstehen kann, nicht auf einen Mitunternehmer entfällt, für den insoweit § 8b Abs. 2 KStG Anwendung findet. 29.67

Somit bleibt festzuhalten, dass § 24 Abs. 5 UmwStG nur Anwendung finden kann, wenn beim fiktiven Formwechsel nach § 1 Abs. 2a KStG die gemeinen Werte oder Zwischenwerte angesetzt werden. 29.68

Dennoch führt im vorstehenden Beispiel die Veräußerung im Jahr 04 durch die optierende Gesellschaft zu steuerlichen Folgen: Der Gewinn aus der Veräußerung der im Rahmen des fiktiven Formwechsels eingebrachten Beteiligung an der A-GmbH ist bei der optierenden Gesellschaft nach § 8b Abs. 2 i.V.m. Abs. 3 KStG zu 95 % steuerfrei und löst nach § 22 Abs. 2 Satz 1 UmwStG einen rück- 29.69

37) Vgl. Patt, in: Dötsch/Pung/Möhlenbrock, Die Körperschaftsteuer, § 24 UmwStG Rdnr. 250 (11/2019).

wirkend zu versteuernden Einbringungsgewinn II in Höhe der stillen Reserven des GmbH-Anteils aus. Es tritt zudem eine Statusverbesserung ein, weil der bei der Veräußerung durch die X-GmbH & Co. KG auf A entfallende Gewinn dem Teileinkünfteverfahren unterlegen hätte, während aufgrund der Option nunmehr bei der optierenden Gesellschaft die Steuerfreistellung nach § 8b Abs. 2 KStG zur Anwendung kommt.

29.70 Generell scheidet in der Praxis die Anwendung von § 24 Abs. 5 UmwStG aus, wenn – wie üblich – stille Reserven dem Einbringenden über eine Ergänzungsbilanz zugeordnet werden und darüber hinaus ohnehin von § 24 Abs. 5 UmwStG nach h.M. nur die bis zur Einbringung entstandenen stillen Reserven erfasst werden.[38)]

29.71 **Beispiel**

Die natürliche Person A hat im Jahr 01 ihren Betrieb, zu dem auch eine 100%ige Beteiligung an der A-GmbH mit einem Buchwert von 100.000 € (gemeiner Wert: 300.000 €) gehört, nach § 24 Abs. 2 Satz 2 UmwStG insgesamt unter Fortführung der Buchwerte in die X-GmbH & Co. KG eingebracht. An der X-GmbH & KG sind neben der vermögensmäßig nicht beteiligten Komplementär-GmbH die natürliche Person A und die Z KG (an welcher ausschließlich die natürlichen Personen B und C beteiligt sind) zu jeweils 50 % als Kommanditisten beteiligt. Die eingebrachte Beteiligung an der A-GmbH wurde in der Gesamthandsbilanz mit 300.000 € angesetzt. Steuerlich wurde die Beteiligung mittels einer negativen Ergänzungsbilanz i.H.v. 200.000 € für A zum Buchwert eingebracht.

Für das Jahr 03 optiert die Z-KG bis zum 30.11.02 zur Körperschaftsbesteuerung nach § 1a KStG und beantragt für den fiktiven Formwechsel die Buchwertfortführung. Im Jahr 04 veräußert die X-GmbH & Co. KG, an der nunmehr eine fiktive Kapitalgesellschaft (ehemals Z-KG) beteiligt ist, die gesamte Beteiligung an der A-GmbH zum Preis von 340.000 €.

Lösung

Der Gewinn in der Gesamthandsbilanz der X-GmbH & Co. KG aus der Veräußerung der Beteiligung an der A-GmbH im Jahr 03 beträgt 40.000 € (340.000 € – 300.000 €) und entfällt jeweils zur Hälfte mit 20.000 € auf A und auf die Z-KG als optierende Gesellschaft. Aus der Auflösung der negativen Ergänzungsbilanz des A ergibt sich für diesen ein weiterer Gewinn i.H.v. 200.000 €. Insgesamt entfällt somit auf die Z-KG als optierende Gesellschaft ein Gewinn i.H.v. 10 % (stille Reserven von 20.000 € von insgesamt 200.000 €).

---

38) So implizit Rdnr. 24.21 UmwSt-Erlass; vgl. auch Patt, in: Dötsch/Pung/Möhlenbrock, Die Körperschaftsteuer, § 24 UmwStG Rdnr. 264 (11/2019); Schmitt, in: Schmitt/Hörtnagl, UmwG/UmwStG, 9. Aufl. 2020, § 24 UmwStG Rdnr. 287.

Bei der optierenden Z-KG kommt die Steuerbefreiung nach § 8b Abs. 2 KStG zur Anwendung, so dass nach § 24 Abs. 5 UmwStG bei A grundsätzlich ein rückwirkender Einbringungsgewinn II (ggf. mit Anwendung der Siebtelungsregelung nach § 22 Abs. 2 Satz 3 UmwStG) zu ermitteln und versteuern ist, soweit der Gewinn auf die Z-KG entfällt. Gemäß Rdnr. 24.21 UmwSt-Erlass sowie nach h.M. bleiben die **nach dem Einbringungszeitpunkt** entstandenen stillen Reserven (hier: i.H.v. 40.000 €) außer Betracht. Soweit bei der Einbringung im Jahr 01 die stillen Reserven in der eingebrachten Beteiligung an der A-GmbH (i.H.v. 200.000 €) dem A zugeordnet worden sind, ergibt sich somit ein anteilig auf die optierende Z-KG entfallender Veräußerungsgewinn i.H.v. 0 €. Somit bleibt für die Anwendung des § 24 Abs. 5 UmwStG kein Raum.

29.4.2 Nachspaltungsveräußerungssperre bei Auf- oder Abspaltung

Die Buchwertfortführung gem. § 11 Abs. 2 UmwStG wird nach § 15 Abs. 2 Satz 2 und 3 UmwStG durch eine Nachspaltungsveräußerungssperre versagt, wenn durch die Spaltung die Veräußerung an außenstehende Personen (d.h. Personen, die am steuerlichen Übertragungsstichtag nicht am übertragenden Rechtsträger beteiligt sind) vollzogen wird oder die Voraussetzungen hierfür geschaffen werden. Davon ist nach § 15 Abs. 2 Satz 4 UmwStG auszugehen, wenn **innerhalb von fünf Jahren** nach dem steuerlichen Übertragungsstichtag Anteile an einer an der Spaltung beteiligten Körperschaft, die mehr als 20 % der vor Wirksamkeit der Spaltung an der Körperschaft bestehenden Anteile ausmachen, veräußert werden. 29.72

§ 15 Abs. 2 Satz 4 UmwStG führt nämlich zu den Fragen, 29.73

- in welchem Verhältnis die Regelungen in § 15 Abs. 2 Satz 2 und 3 UmwStG und § 15 Abs. 2 Satz 4 UmwStG zueinanderstehen und
- ob § 15 Abs. 2 Satz 4 UmwStG einen eigenständigen und von der Nachspaltungsveräußerungssperre gem. § 15 Abs. 2 Satz 3 UmwStG unabhängigen Anwendungsbereich hat.[39]

Mit der Nachspaltungsveräußerungssperre hat sich in jüngster Zeit auch die Rechtsprechung auseinandergesetzt: 29.74

- Das **FG Berlin-Brandenburg** sieht in seinem **Urteil vom 31.05.2018** in § 15 Abs. 2 Satz 3 und 4 UmwStG einen **einheitlichen Ausschlusstatbestand** mit

39) Zum Streitstand vgl. nur Dötsch/Stimpel, in: Dötsch/Pung/Möhlenbrock, Die Körperschaftsteuer, § 15 UmwStG Rdnr. 271 ff. (11/2022); Schumacher, in: Rödder/Herlinghaus/van Lishaut, UmwStG, 3. Aufl. 2019, § 15 UmwStG Rdnr. 241 ff., jeweils m.w.N.

der Folge, dass § 15 Abs. 2 Satz 3 UmwStG **nur dann zur Anwendung** kommen kann, wenn die 20-%-Grenze nach § 15 Abs. 2 Satz 4 UmwStG überschritten ist.[40] Die hierzu ergangene **Revisionsentscheidung des BFH vom 11.08.2021**[41] hat sich zu der Frage, ob § 15 Abs. 2 Satz 3 UmwStG gegenüber dessen Satz 4 einen eigenständigen Anwendungsbereich hat, nicht geäußert.

29.75 – Das **FG Hamburg** hat mit **Urteil vom 18.09.2018**[42] § 15 Abs. 2 Satz 3 UmwStG einen **eigenständigen Anwendungsbereich** zugewiesen und – wenngleich nicht entscheidungserheblich – die Ansicht vertreten, eine Spaltung zu Buchwerten sei selbst dann ausgeschlossen, wenn – Rdnr. 15.32 UmwSt-Erlass – die schädliche Veräußerung erst **nach Ablauf der fünfjährigen Sperrfrist** erfolgt. Der **BFH hat mit Urteil vom 11.08.2021**[43] das Urteil des FG Hamburg aufgehoben und entschieden, dass § 15 Abs. 2 Satz 3 UmwStG nur die Grundlage für die Vermutung des Satzes 4 bildet und **kein eigenständiger Ausschlussgrund** für eine Buchwertfortführung ist. Es handelt sich vielmehr um eine aus den Sätzen 3 und 4 bestehende **einheitliche Missbrauchsvermeidungsregelung.**

29.76 Ein **Sperrfristverstoß** i.S.v. § 15 Abs. 2 Satz 2–4 UmwStG hat – ebenso wie ein Verstoß gegen § 15 Abs. 2 Satz 1 UmwStG – einen **Fallbeileffekt**, denn es gibt weder eine anteilige Verletzung („soweit"), noch ist eine Abschmelzung der Rechtsfolgen wie z.B. bei § 22 UmwStG vorgesehen. Nach Rdnr. 15.33 UmwSt-Erlass ist das gesamte Vermögen, das auf den bzw. die übernehmenden Rechtsträger übergeht, mit dem gemeinen Wert anzusetzen, während wiederum die Anwendung der übrigen Vorschriften (§§ 2, 12 und 13 UmwStG) unberührt bleibt. Besondere Bedeutung erlangt die Nachspaltungsveräußerungssperre in der Praxis nicht zuletzt deshalb, weil nach der inzwischen vom BFH bestätigten Verwaltungsauffassung in Rdnr. 15.24 i.V.m. Rdnr. 00.02 UmwSt-Erlass auch Folgeumwandlungen und Folgeeinbringungen als schädliche Veräußerungen gelten.[44] Einer Veräußerung gleichgestellt ist auch die Option nach § 1a KStG.

29.77 Mangels Erwähnung von § 22 Abs. 1 Satz 6 Nr. 2, 4 oder 5 UmwStG kommt es nicht darauf an, ob die Einbringung mit Buchwertfortführung erfolgt oder nicht. Folgt man dagegen der Auffassung, dass nur eine Veräußerung an außenstehende

---

40) Vgl. FG Berlin-Brandenburg, Urt. v. 31.05.2018 – 9 K 9143/16, EFG 2018, 1681.

41) Vgl. BFH, Urt. v. 11.08.2021 – I R 27/18, DStR 2021, 2783.

42) Vgl. FG Hamburg, Urt. v. 18.09.2018 – 6 K 77/16, EFG 2019, 140.

43) Vgl. BFH, Urt. v. 11.08.2021 – I R 39/18, DStR 2022, 41; vgl. auch Broemel/Kölle, DStR 2022, 513; Binnewies/Cleve, GmbHR 2022, 272.

44) Vgl. BFH, Urt. v. 24.01.2018 – I R 48/15, BStBl II 2019, 45; nach Rdnr. 15.25 UmwSt-Erlass kann auch eine Kapitalerhöhung innerhalb der Sperrfrist schädlich sein.

Personen sanktioniert werden soll, ist eine Einbringung dann unschädlich, wenn die erwerbende Gesellschaft bzw. beim Formwechsel die neue Gesellschaft nicht als eine solche außenstehende Person qualifiziert wird.[45]

Nach dem **BFH-Urteil vom 03.08.2005**[46] konkretisiert § 15 Abs. 2 Satz 4 UmwStG im Wege einer **unwiderlegbaren gesetzlichen Vermutung** und ohne Möglichkeit eines Gegenbeweises § 15 Abs. 2 Satz 3 UmwStG, wonach durch die Spaltung die **Voraussetzungen für eine die Steuerneutralität ausschließende Veräußerung** zumindest dann geschaffen werden, wenn die 20-%-Anteilsgrenze überschritten wird. 29.78

Ob eine Spaltung i.S.v. § 15 Abs. 1 UmwStG zur Vorbereitung einer zeitnah nachfolgenden Veräußerung durchgeführt wird, ist nach den konkreten Umständen des Einzelfalls zu beurteilen. Anhaltspunkte hierfür können sich z.B. aus Sachverhaltsschilderungen des Steuerpflichtigen im Rahmen eines Antrags auf verbindliche Auskunft oder aus sonstigen Unterlagen (z.B. Bilanzerläuterungen, Vertragsentwürfen oder Geschäftsplänen) ergeben, aus denen sich bereits zum Zeitpunkt des Spaltungsstichtags bzw. des steuerlichen Übertragungsstichtags auf eine Veräußerungsabsicht schließen lässt. 29.79

29.4.3 Gewerbesteuerfalle nach § 18 Abs. 3 Satz 2 UmwStG

Die Missbrauchsregelung des § 18 Abs. 3 UmwStG enthält eine weitere – in der Praxis oftmals übersehene – **fünfjährige Sperrfrist** im Anschluss an die Umwandlung einer Körperschaft in ein Personenunternehmen. Wird nämlich der Betrieb des übernehmenden Rechtsträgers **innerhalb von fünf Jahren** nach der Umwandlung aufgegeben oder veräußert, unterliegt der Aufgabe- oder Veräußerungsgewinn neben der Einkommensteuer auch der Gewerbesteuer. 29.80

Entsprechendes gilt, soweit ein Teilbetrieb oder ein Anteil bzw. Teilanteil an der Personengesellschaft innerhalb der fünfjährigen Sperrfrist aufgegeben oder veräußert wird. Von der Gewerbesteuer erfasst wird auch das Betriebsvermögen, das bereits vor der Umwandlung im Betrieb der übernehmenden Personengesellschaft oder der natürlichen Person vorhanden war. Die fünfjährige Sperrfrist beginnt nach Rdnr. 18.05 i.V.m. Rdnr. 06.10 UmwSt-Erlass mit Ablauf des steuerlichen Übertragungsstichtags[47] und endet nach fünf Zeitjahren. 29.81

45) Vgl. Dötsch/Stimpel, in: Dötsch/Pung/Möhlenbrock, Die Körperschaftsteuer, § 15 UmwStG Rdnr. 231 ff. (03/2021); Hörtnagl, in: Schmitt/Hörtnagl, UmwG/UmwStG, 9. Aufl. 2020, § 15 UmwStG Rdnr. 198 m.w.N.

46) Vgl. BFH, Urt. v. 03.08.2005 – I R 62/04, BStBl II 2006, 391.

47) Vgl. auch BFH, Urt. v. 26.04.2012 – IV R 24/09, BStBl II, 703.

29.82 Besondere praktische Bedeutung erlangt § 18 Abs. 3 UmwStG, der keine Missbrauchsabsicht voraussetzt und dem § 42 AO vorgeht,[48] weil einerseits die **Anrechnung der Gewerbesteuer** auf die Einkommensteuer nach § 35 EStG **ausgeschlossen** ist und andererseits auch der Freibetrag nach § 16 Abs. 4 EStG für Zwecke der Gewerbesteuer nicht gewährt wird.[49]

29.83 Von der Gewerbesteuer erfasst wird auch das Betriebsvermögen, das bereits vor der Umwandlung im Betrieb der übernehmenden Personengesellschaft oder der natürlichen Person vorhanden war.[50] Nach h.M. ist § 18 Abs. 3 UmwStG auch auf die Veräußerung oder Aufgabe von Mitunternehmer(teil-)anteilen innerhalb der Sperrfrist anzuwenden, wenn ein Mitunternehmer erst nach der Umwandlung in die übernehmende Personengesellschaft eingetreten ist.[51] Letzteres soll nicht gelten, wenn der neue Mitunternehmer durch voll entgeltlichen Erwerb des Mitunternehmeranteils eingetreten ist.[52]

29.84 Schließlich erfasst § 18 Abs. 3 UmwStG i.V.m. Rdnr. 18.09 UmwSt-Erlass gewerbesteuerlich auch die stillen Reserven, die erst nach der Umwandlung neu gebildet wurden.[53]

29.85 Nach dem Urteil des **FG Mecklenburg-Vorpommern vom 11.08.2021**[54] wird jedoch von § 18 Abs. 3 UmwStG nicht das bei oder nach dem Formwechsel einer GmbH in eine GmbH & Co. KG entstandene **Sonderbetriebsvermögen** gewerbesteuerlich erfasst. Im Streitfall wurde die Betriebs-GmbH einer Betriebsaufspaltung im Wege des Formwechsels in eine GmbH & Co. KG umgewandelt. Der Gesellschafter der Betriebs-GmbH hatte dieser ein Grundstück (wesentliche Betriebsgrundlage) vermietet. Das Grundstück wurde nach dem Formwechsel dem Sonderbetriebsvermögen des Gesellschafters der GmbH & Co. KG zugeordnet. Ein Jahr nach dem Formwechsel wurde sowohl der Betrieb der GmbH & Co. KG als auch das Grundstück im Sonderbetriebsvermögen veräußert. Das Finanzamt unterwarf auch den Gewinn aus der Veräußerung des Grundstücks der Gewerbesteuer nach § 18 Abs. 3 UmwStG und vertrat die Auffassung, es sei

48) Vgl. BFH, Urt. v. 28.04.2016 – IV R 6/13, BStBl II, 725.

49) Vgl. BFH, Urt. v. 26.03.2015 – IV R 3/12, BStBl II 2016, 553.

50) Zu dieser Infektionswirkung vgl. Förster, DB 2016, 789; Ott, DStZ 2016, 769.

51) Vgl. Schiessl, in: Widmann/Mayer, Umwandlungsrecht, § 18 UmwStG, Rdnr. 211 (11/2019).

52) Vgl. Förster, DB 2016, 789, 793.

53) Vgl. BFH, Urt. v. 26.06.2007 – IV R 58/06, BStBl II 2008, 73.

54) Vgl. FG Mecklenburg-Vorpommern, Urt. v. 11.08.2021 – 2 K 194/17, EFG 2022, 453, die Revision ist anhängig beim BFH unter dem Az. IV R 20/21.

unerheblich, dass sich das Grundstück zuvor nie im Betriebsvermögen der GmbH befunden habe. Das **FG Mecklenburg-Vorpommern** ist jedenfalls für einen Formwechsel der **Verwaltungsansicht nicht gefolgt.**

Eine Veräußerung i.S.d. § 18 Abs. 3 UmwStG stellt nach Rdnr. 18.07 UmwSt-Erlass auch die Einbringung in eine Kapital- oder Personengesellschaft nach den §§ 20 bzw. 24 UmwStG gegen Gewährung von Gesellschaftsrechten dar. Ein von § 18 Abs. 3 UmwStG erfasster Gewinn kann allerdings nur entstehen, wenn bei der Einbringung ein Ansatz zum gemeinen Wert oder zum Zwischenwert erfolgt. Bei einer Einbringung nach § 20 UmwStG unter Ansatz der Buch- oder Zwischenwerte ist die übernehmende Gesellschaft nach Rdnr. 18.07 UmwSt-Erlass als Rechtsnachfolgerin für den Rest der Fünfjahresfrist dem § 18 Abs. 3 UmwStG unterworfen. Der Gewinn aus der Veräußerung der im Zuge der Einbringung erhaltenen sperrfristbehafteten Anteile soll unter § 18 Abs. 3 UmwStG fallen, sofern die ursprüngliche fünfjährige Sperrfrist nach § 22 Abs. 1 UmwStG noch nicht abgelaufen ist.[55] 29.86

Im Fall der Einbringung nach § 20 UmwStG können sich die siebenjährige Sperrfrist gem. § 22 Abs. 1 UmwStG und die Sperrfrist gem. § 18 Abs. 3 UmwStG teilweise überlappen, womit sich die Sperrfrist nach § 18 Abs. 3 UmwStG faktisch verlängern kann. Ist nämlich die Einbringung nach § 20 UmwStG innerhalb der fünfjährigen Sperrfrist des § 18 Abs. 3 UmwStG erfolgt, so lösen die nachfolgende Veräußerung der erhaltenen Anteile ebenso wie die Verwirklichung eines Ersatztatbestands gem. § 22 Abs. 1 Satz 6 Nr. 1–6 UmwStG oder die Verletzung der Nachweispflicht nach § 22 Abs. 3 UmwStG rückwirkend einen Einbringungsgewinn I nach § 22 Abs. 1 UmwStG aus. Der nach § 22 Abs. 1 Satz 3 UmwStG ggf. abgeschmolzene Einbringungsgewinn I wird gewerbesteuerlich selbst dann von § 18 Abs. 3 UmwStG erfasst, wenn die fünfjährige Sperrfrist zwar im Zeitpunkt des Sperrfristverstoßes, aber noch nicht zum Zeitpunkt der rückwirkenden Erfassung des Einbringungsgewinns nach § 22 Abs. 1 UmwStG abgelaufen ist.[56] 29.87

Im Extremfall kann z.B. eine rückwirkend zum 01.01.2021 erfolgte Umwandlung einer Kapitalgesellschaft in eine Personengesellschaft zur Anwendung des § 18 Abs. 3 UmwStG führen, wenn anschließend eine Buchwerteinbringung nach § 20 UmwStG mit einem Einbringungszeitpunkt zum 31.12.2025 erfolgt und im Hinblick auf die bei der Einbringung erhaltenen Anteile bis zum 30.12.2032 (vor 29.88

55) Vgl. nur Bernhagen/Pung, in: Dötsch/Pung/Möhlenbrock, Die Körperschaftsteuer, § 18 UmwStG Rdnr. 38 m.w.N. (06/2022); a.A. Plewka/Herr, BB 2009, 2736, 2737.

56) Vgl. Schiessl, in: Widmann/Mayer, Umwandlungsrecht, § 18 UmwStG Rdnr. 231 (11/2019); Trossen, in: Rödder/Herlinghaus/van Lishaut, UmwStG, 3. Aufl. 2019, § 18 Rdnr. 66.

Ablauf der siebenjährigen Sperrfrist des § 22 Abs. 1 UmwStG) ein Realisationstatbestand verwirklicht wird. Der ggf. abgeschmolzene Einbringungsgewinn, der rückwirkend zum 31.12.2025 entsteht, ist dann nach § 18 Abs. 3 UmwStG gewerbesteuerpflichtig.

29.89 **Kontrovers diskutiert** wird, ob auch ein echter Formwechsel zurück in die ursprüngliche Kapitalgesellschaft eine Veräußerung darstellt. Im Schrifttum wird dies zwar überwiegend bejaht,[57] zum Teil aber auch verneint, weil nach einem echten Formwechsel die Versteuerung der stillen Reserven, die von § 18 Abs. 3 UmwStG gesichert werden sollen, wieder der Gewerbesteuer bei der Kapitalgesellschaft unterliegen.[58] Entsprechendes gilt für den fiktiven Formwechsel im Rahmen der Option nach § 1a KStG. Ein Sperrfristverstoß kann somit nur vorliegen, wenn ein Veräußerungsgewinn bei der fiktiven Einbringung in die optierende Gesellschaft durch Ansatz von Zwischenwerten oder gemeinen Werten entsteht.

29.5 Zusammenfassung

29.90 Die vorstehenden Ausführungen zeigen, dass sowohl durch einen Einbringungsvorgang als auch durch einen Formwechsel ein Sperrfristverstoß nach verschiedenen Vorschriften des EStG oder des UmwStG ausgelöst werden kann, weil diese Vorgänge nach Rdnr. 00.02 UmwSt-Erlass als Veräußerungs- und Anschaffungsgeschäfte betrachtet werden. Die denkbaren Anwendungsfälle haben durch das nunmehr in § 1a KStG eingeführte Optionsmodell deutlich zugenommen. Denn der Übergang zur Körperschaftsbesteuerung durch unwiderruflichen Antrag gilt nach § 1a Abs. 2 KStG als fiktiver Formwechsel, auf den die §§ 1 und 25 UmwStG und damit auch die Einbringungsvorschriften der §§ 20–23 UmwStG entsprechend anzuwenden sind. Als Veräußerungsvorgang löst somit auch die Option nach § 1a KStG in vielen Fällen einen Sperrfristverstoß aus.

29.91 Vorstehend wurden mögliche Sperrfristverstöße im Hinblick auf verschiedene einkommensteuerliche sowie umwandlungssteuerrechtliche Vorschriften diskutiert. Vor diesem Hintergrund muss vor einer aktuell anstehenden Umstrukturierung jeweils sorgfältig die „Historie“ erforscht werden. Dies erfordert oftmals

57) Vgl. Trossen, in: Rödder/Herlinghaus/van Lishaut, UmwStG, 3. Aufl. 2019, § 18 Rdnr. 66; Bernhagen/Pung, in: Dötsch/Pung/Möhlenbrock, Die Körperschaftsteuer, § 18 UmwStG Rdnr. 38 (06/2022); zweifelnd Schmitt, in: Schmitt/Hörtnagl, UmwG/UmwStG, 9. Aufl. 2020, § 18 UmwStG Rdnr. 54.

58) So Bohnhardt, in: Haritz/Menner/Bilitewski, UmwStG, 5. Aufl. 2019, § 18 UmwStG, Rdnr. 157.

eine sorgfältige Dokumentation im Rahmen eines Fristenmanagements.[59] Nicht selten führt nämlich die aktuelle Einbringung nach § 20 UmwStG bzw. der echte oder fiktive Formwechsel nach § 25 UmwStG als Veräußerungsvorgang zu einem Verstoß gegen eine in der Vergangenheit in Gang gesetzte Sperrfrist, die aus einer anderen ertragsteuerlichen Vorschrift resultiert.

59) Zu diesem Begriff sowie zur rechtzeitigen Ausgliederung von sperrfristverhafteten Wirtschaftsgütern vgl. Müller, NWB 2021, 2190, 2200 f.

Stichwortverzeichnis

A

F

H

I

K

L

M

N

O

P

T

U

V

W

Z